발달장애 아동, 청소년, 성인을 위한

보완대체의사소통

Stephen von Tetzchner · Harald Martinsen · Kristine Stadskleiv 공저
박은혜 · 연석정 · 이현주 공역

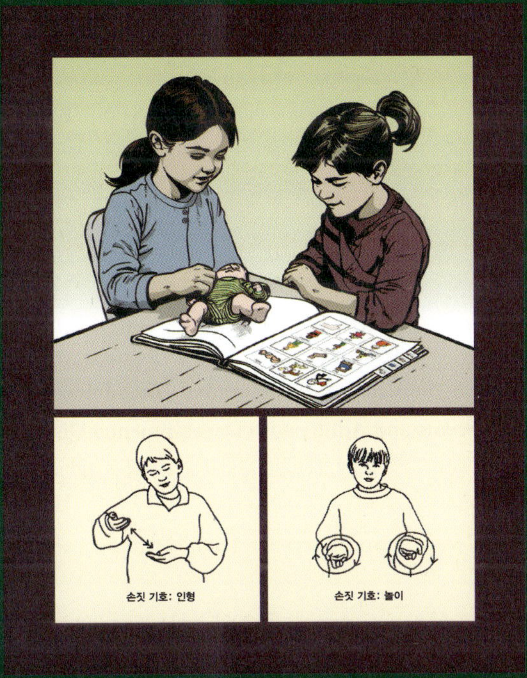

학지사

Introduction to Augmentative and Alternative Communication for Children, Adolescents and Adults with Developmental Disorders
by Stephen von Tetzchner, Harald Martinsen, and Kristine Stadskleiv

역자 서문

보완대체의사소통(Augmentative and Alternative Communication, AAC)에 대한 관심은 최근 들어 학문적인 측면은 물론, 실제 교육 및 임상 현장에서도 꾸준히 확대되고 있습니다. 초기에는 주로 지체장애 특수학교를 중심으로 활용되었지만, 이제는 지적장애, 자폐범주성장애, 그리고 다양한 후천적 장애로 인해 의사소통에 어려움을 겪는 이들까지 그 필요성과 적용이 점차 넓어지고 있습니다. 연령 또한 더 이상 학령기에만 국한되지 않고, 언어 발달이 시작되는 유아기부터 성인기의 일상생활에 이르기까지 AAC가 활용되고 있는 추세입니다.

이러한 흐름에 발맞추어 특수교육뿐 아니라 언어치료, 사회복지 등 다양한 분야에서 AAC에 대한 연구가 이루어지고 있으며, 한국보완대체의사소통학회가 창립된 지도 어느덧 10년이 넘었습니다. 그만큼 이 분야는 빠르게 발전하고 있고, 변화도 계속되고 있습니다.

하지만 이러한 관심과 실천의 확산에 비해, 국내에서 AAC에 대한 정확하고 체계적인 지식을 얻을 수 있는 전문 서적은 아직도 매우 제한적입니다. 물론 다양한 인터넷 자료들을 통해 정보를 접할 수는 있지만, 이는 학문적 기반 위에 정리된 자료들과는 그 깊이나 신뢰성에서 차이가 있을 수밖에 없습니다. 그런 의미에서 이 번역서는 국내 독자들에게 꼭 필요한 참고서가 될 것이라 확신합니다.

이 책은 오랫동안 AAC 분야에서 활발한 연구를 이어오고 계신 노르웨이 오슬로대학의 Stephen von Tetzchner, Harald Martinsen, Kristine Stadskleiv가 저술한 최근 저서를 번역한 것입니다. 이 저서는 아동, 청소년, 성인 등 생애 전반을 아우르는 AAC 접근에 대해 설명하며, 단순히 AAC의 초기 적용만이 아니라 어휘의 확장과 문장 구성, 활동 참여 등과 같은 보다 발전된 AAC와 구어 발달까지 연계하여 설명하고 있습니다. 또한 그림 상징만이 AAC의 전부인 것으로 오해하는 경우가 많은 현실 속에서 손짓 기호 체계와 다중양식 접근의 중요성을 강조하고, 책 전체에 걸쳐 사용자 특성에 따라 세 가지 주요 그룹으로 나누어 설명함으로써 AAC의 다양한 활용 방식을 이해할 수 있도록 한 것도 이 책의 주요 특성입니다.

번역 과정에서 한국에서 실제로 사용되고 있는 그래픽 상징 체계나 손짓 기호 체계를 책에 함께 소개하는 것이 독자들에게 도움이 될 것이라는 적극적인 저자의 권유에 따라, 한국형 보완대체의사소통 상징 체계, 위톡 상징, 손담 등 국내에서 활용되는 AAC 자료들에 대한 소개를 추가하여 이 책이 한국 독자들에게 더 실질적인 가치를 지닐 수 있도록 하였습니다.

무엇보다도 이 책은 AAC 사용자의 의사소통 발달을 촉진하기 위해 세심하게 환경을 구성하고 자연스러운 맥락 속에서 효과적으로 중재할 수 있는 다양한 실제 사례와 구체적인 설명을 풍부하게 담고 있습니다. AAC에 대한 기본적인 개념부터 실제 현장에서 활용할 수 있는 중재 전략에 이르기까지 폭넓고 깊이 있는 내용을 다루고 있어, 의사소통 장애를 지닌 이들을 위한 실천적 접근을 고민하는 모든 분에게 유익한 길잡이가 될 것입니다. 언어치료사, 특수교사 등 AAC 중재의 최전선에 있는 전문가들에게 실질적인 도움을 제공하고, 아울러 자녀의 의사소통을 돕고자 하는 가족들에게도 AAC를 이해하고 적용하는 데 있어 소중한 참고자료가 되기를 바랍니다.

AAC에 대한 이해와 실천이 더욱 넓고 깊게 확산되어, 누구나 자신의 방식으로 생각을 표현하고 소통할 수 있는 환경이 마련되는 데에 이 책이 작은 디딤돌이 되기를 진심으로 바랍니다.

2025년

역자 일동

저자 서문

이 책은 중증 발달장애로 인해 말(speech) 발달에 어려움을 겪는 아동, 청소년, 성인들이 의사소통 및 언어를 발달시킬 수 있는 다양한 가능성에 주목하여 집필되었습니다. 이들 대부분은 적절한 기회를 제공받을 경우, 말이 아닌 다른 방식으로도 언어를 발달시킬 수 있는 능력을 가지고 있습니다. 보완대체의사소통(Augmentative and Alternative Communication, AAC)을 배우는 것은 음성 언어의 지연 또는 제한된 발달을 보완하거나 보충할 수 있게 해 주는 중요한 성취입니다. 그러나 전형적으로 발달하는 아동의 의사소통과 언어 발달이 그러하듯, AAC의 발달 또한 언어 환경의 지지와 안내가 필요한 복잡한 과정입니다. 부모, 형제자매, 또래, 치료사 교사 등 대부분의 사람은 AAC가 필요한 사람들과 관계를 맺기 전까지는 대체 언어 방식에 익숙하지 않습니다. 그러나 전문가의 지원이 있다면, 이들은 AAC 사용자와 상호작용하고, 그들의 의사소통과 언어 발달을 도울 수 있으며, 접근 가능한 언어 환경의 일원이 될 수 있습니다.

이 책의 목적은 AAC가 필요한 사람들과 관계 맺고 있는 이들이 AAC 역량을 갖출 수 있도록 토대를 제공하는 것입니다. 이 책은 발달성 장애가 있는 다양한 사용자 집단의 AAC 발달, 다양한 형태의 대체 의사소통 체계, 음성 언어가 제한된 사람들의 의사소통 가능성을 넓히는 중재 전략에 대한 종합적인 정보를 담고 있습니다. 또한 방대한 참고문헌 목록은 독자들이 자신의 관심사에 따라 발달장애와 AAC에 관한 통찰을 확장해 나갈 수 있도록 도울 것입니다.

AAC 분야는 1960년대 초반에 시작된 이래로 크게 발전해 왔습니다. 수년간의 다양한 연구와 실천, 그리고 AAC 사용자들과 그 가족들로부터 많은 새로운 아이디어와 통찰이 나왔습니다. 이 분야의 지식 발달에 이름을 일일이 언급할 수 없을 만큼 많은 이들이 기여했습니다. 우리는 AAC 관련 출판물, 국제 및 국내 학술대회에서의 논의, AAC 사용자가 있는 가족과의 협업을 통해 많은 것을 배웠습니다. 국제보완대체의사소통학회(International Society for Augmentative and Alternative Communication, ISAAC)의 국제 및 국내 학술대회는 전 세계의 연구자들과 가족들이 아이디어를 나눌 수 있는 기회를 제공해 주었습니다. 특히, ISAAC 내의 협력으로 추진된 대규모 국제 연구인 '도구적 의사소통자 되기(Becoming an Aided Communicator, BAC)'는 AAC 습득을 하나의 언어 발달 형태로 개념화하는 데 큰 영향을 미쳤으며, 이 책에 제시된 여러 원칙과 아이디어의 발전에도 크게 기여하였습니다.

이 책은 학생들과 현장의 임상심리사, 언어치료사, 유치원 및 학교 교사와 특수교사, 물리치료사, 작업치료사, 간호 인력 등 다양한 전문 인력뿐만 아니라, 중증의 발달성 말·언어장애가 있는 가족 구성원을 둔 가족들을 위한 입문서로 활용될 수 있습니다. 또한 전문가 간 협력 및 전문가와 가족 간의 협력을 촉진하는 데에도 기여할 수 있을 것입니다.

끝으로, 박은혜, 연석정, 이현주 교수님의 친절하고 건설적인 협력에 깊이 감사드립니다.

2024년 6월, Oslo에서

Stephen von Tetzchner

Harald Martinsen

Kristine Stadskleiv

일러두기

그림 목록 손짓 기호와 그래픽 상징 목록 삽화 정보

- [그림 1.14, 1.15, 2.1, 2.5, 2.8, 2.9, 2.10, 4.5, 9.2, 10.1, 10.2, 10.3, 10.4, 12.2, 12.3, 12.4]는 Øivin Horvei가 제작하였습니다.
- 아동이 수행한 손짓 기호는 Astrid H. Støren이 그림으로 표현하였습니다.
- 성인이 수행한 손짓 기호는 Kristin Torp가 그림으로 표현하였습니다.
- 아라곤 AAC 포털(Aragonese Portal of Augmentative and Alternative Communication)은 아라곤 보완대체의사소통 센터(Aragonese Center of Augmentative and Alternative Communication)에서 제작하였으며, http://arasaac.org에서 이용할 수 있습니다.
- 블리스 상징(Blissymbolics)은 Charles Bliss가 개발하였으며, 국제 블리스 상징 의사소통(Blissymbolics Communication International, www.blissymbolics.org)에서 제공하고 있습니다.
- 픽토그램(Pictogram Ideogram Communication)은 Subhas C. Maharaj가 개발하였으며, www.pictoworld.com에서 이용할 수 있습니다.
- 그림의사소통상징(Picture Communication Symbols©)은 Tobii Dynavox의 허가를 받아 사용하였으며, www.tobiidynavox.com에서 확인할 수 있습니다.
- 위짓 상징(Widgit Symbols©)은 Widgit Software Ltd(2002–2024)의 허가를 받아 사용하였으며, www.widgit.com에서 확인할 수 있습니다.

차례

◎ 역자 서문 _ 3
◎ 저자 서문 _ 5
◎ 일러두기: 그림 목록 손짓 기호와 그래픽 상징 목록 삽화 정보 _ 7

서론 들어가며 15

언어와 말에 대하여 _ 16
보완대체의사소통의 역사 _ 17
비음성 의사소통 체계가 필요한 사람의 다양성 _ 19
각 장의 개관 _ 21
용어 _ 23

1장 보완대체의사소통 27

손짓 기호 _ 30
그래픽 의사소통 상징 _ 33
그림 _ 45
철자 쓰기 _ 48
유형 및 촉각 상징 _ 49
손짓 기호와 그래픽 의사소통 상징 중에서 선택하기 _ 51
매일 일상에서의 사용 _ 58

2장 의사소통 도구 61

의사소통 도구의 유형 및 하위 유형 _ 63
보조공학의 다른 영역 _ 73
접근 _ 74
의사소통 도구 선택하기 _ 86
도구적 의사소통의 특성 _ 95

3장 AAC가 필요한 아동, 청소년, 성인 103

세 가지 기능 그룹 _ 104
AAC를 많이 사용하는 장애 그룹 _ 108
심한 의사소통장애인을 위한 의사소통 중재와 관련된 문제 _ 127

4장 평가 131

평가 및 예측 _ 133
AAC 피라미드: 평가 및 후속 평가를 위한 체제 _ 133
평가 방법 _ 135
기본 정보로 시작 _ 147
일반적인 문제 _ 153
운동 기술 _ 157
시각 및 청각 _ 160
의사소통과 언어 _ 161
도전행동 _ 176
의사소통 상대자와 환경 평가 _ 177
언어 중재 평가 _ 178
학교, 직장, 집 등에 변화가 있을 때 정보의 전달 _ 182
계획을 실행으로 옮기기: 책임 영역 정의 _ 185

5장 중재 상황 187

의사소통 상황 _ 189
통합 _ 190
교수 상황 구성하기 _ 192
기술의 일반화, 유지, 새로운 상황으로의 전이를 위해 계획하기 _ 195
구조화하기 _ 198
구조화된 또는 비구조화된 중재 상황 _ 204
계획된 그리고 계획되지 않은 언어 사용 _ 207

6장 중재 전략 209

증거 기반의 실제 _ 211
AAC 중재 시작하기 _ 212
공동 관심 _ 214
암묵적 및 명시적 학습과 교수 _ 218
손짓 기호와 그래픽 상징의 사용 _ 220
AAC 이해를 촉진하기 위한 초기 중재 전략 _ 222
AAC 사용을 촉진하기 위한 초기 전략 _ 228
일반적인 AAC 교수 전략 _ 237
준비 훈련 _ 251
AAC의 공식적 교육 _ 259
기술 촉진의 문제 _ 260
이중언어 환경에서의 AAC _ 262
AAC가 구어 발달에 미치는 영향 _ 265
AAC 중재 종료하기 _ 267

7장 초기 손짓 기호와 그래픽 상징 269

기존에 사용하고 있는 의사소통 _ 274
빠른 낱말 연결 _ 275
과잉 확장과 과소 확장 _ 275
일반 어휘와 특정 어휘 _ 276
의사소통의 성공 _ 278
반복 _ 280
운동 기술 _ 282
지각 _ 283
도상성 _ 284
단순한 개념과 복잡한 개념 _ 293
초기에 기대할 수 있는 것 _ 297

8장 지속적인 어휘 발달 299

어휘의 크기 측정 _ 301
체계적인 어휘 선정 _ 302
대체 언어 그룹 _ 304
지원 언어 그룹 _ 312
표현 언어 그룹 _ 313
조합과 다의어로 어휘 사용 확장 _ 321
미리 만들어진 어휘 _ 326
발달적이고 균형 잡힌 어휘를 위한 24가지 원칙 _ 333
개인 사전 _ 342
그래픽 상징에서 문자까지 _ 343

9장 손짓 기호 또는 그래픽 상징으로 문장 구성 349

기호 또는 상징 문장 지원 전략 _ 354
기호 또는 상징 순서 _ 364
굴절, 문법 기호 및 상징 _ 375
미리 만들어진 문장 _ 377
인지적 노력 _ 378
언어 경험 _ 379
이해의 틀이 되는 문장 _ 381
언어 사용의 다양성 _ 383

10장 AAC, 참여와 활동 385

루틴 활동과 다양성 _ 387
놀이 _ 389
활동의 일부인 대화 계획 _ 399
역할 놀이에서 실제 세상으로 _ 401
상호적 그림책 읽기 _ 402
AAC와 소셜 미디어 참여 _ 404
도전적 상황에서의 AAC _ 405

11장 대화 기술과 내러티브 411

대화 시작하기, 바꾸기, 종료하기 _ 415
대체 언어 그룹 _ 422
지원 언어 그룹 _ 425
표현 언어 그룹 _ 428
내러티브 _ 443

12장 언어 환경 453

초기와 후기 언어 환경 적응시키기 _ 455

말과 손짓 기호 또는 그래픽 상징의 동시 사용 _ 458

가족 안에서의 AAC _ 462

AAC와 또래 환경 _ 471

역할 모델로서의 성인 AAC 사용자 _ 483

교사 및 관련 직원에 대한 지원 _ 484

마치며 _ 491

◎ 용어 해설 _ 493

◎ 참고자료 _ 503

◎ 참고문헌 _ 507

◎ 찾아보기 _ 587

서론

들어가며

말로 충분히 의사소통하지 못하는 사람들의 수는 상당히 많다. 그들은 말을 전혀 할 수 없거나 필요한 의사소통을 말로 충분히 하지 못하지만, 구어를 대신하거나 보완할 수 있는 대안적인 의사소통 방법을 사용하여 언어 역량을 성취할 수 있다. 운동장애, 지적장애, 자폐범주성장애, 말/언어장애, 기타 발달적 또는 후천적 장애가 있는 아동과 성인이 여기에 포함된다. 이런 사람들이 얼마나 있는지는 정확하게 파악되지 않지만(3장 참조), 연구에 의하면 대안적 의사소통 방법이 필요한 경우에 비해 실제로 이를 사용하는 경우가 더 적으며, 이는 제한된 구어를 사용하는 많은 아동, 청소년 및 성인이 그들의 잠재적 의사소통 능력에 도달하기 위해 필요한 수단을 얻지 못한다는 것을 말한다(Andzik & Chung, 2022; Binger et al., 2021; Creer et al., 2016; Lillehaug et al., 2023).

이 책은 발달적 언어 및 의사소통장애가 있는 사람들을 위한 보완대체의사소통(augmentative and alternative communication, 이하 AAC)에 대한 것을 주로 다룬다. 선천적이거나 생애 초기에 발생한 장애의 결과는 더 나이가 든 이후에 발생한 장애의 결과와 많이 다르다. 선천적 또는 생애 초기에 발생한 장애는 장애와 직접 관련되지 않은 기술의 발달도 어렵게 할 수 있다. 예를 들면, 성인이 된 후에 시각이나 청각을 상실하더라도 대부분 말하거나 쓰는 데 어려움이 없지만, 선천적 농인이나 맹인은 이를 배우기가 매우 어렵다. 심한 운동장애와 말장애가 있는 아동은 읽기와 쓰기장애를 가지는 경우가 많지만, 비슷한 운동 및 말장애를 성인기에 가지게 된 사람은 그런 어려움을 겪는 경우가 거의 없다. 또한 발달 시기에 두 그룹이 겪는 경험도 매우 다르기 때문에 후천적 장애를 포함하려면 별도의 책이 필요할 것이다.

언어와 말에 대하여

언어(language)와 말(speech)을 구분하는 것은 AAC의 기본이다. 언어는 사람, 장소, 생각 등을 나타내는 상징(단어) 세트와 상징을 나열하는 순서(단어 순서)에 대한 규범, 그리고 다른 의미를 만들기 위해 상징을 변형(modifying)하는 것(굴절, inflection)으로 구성된다. 언어 발달은 언어 양식(mode)을 이해하고 사용하는 것을 배우는 과정이다. 이러한 발달은 전형적이거나 비전형적일 수 있다(von Tetzchner, 2019a).

대부분의 사람들은 음성 언어(vocal language), 즉 말로 표현하는 언어를 발달시킨다. 자연적인 말은 말소리(speech sound)를 물리적으로 조음하는 것이다. 구어(spoken language)는 한국어, 영어, 스페인어, 노르웨이어 등과 같이 말로 산출되는 모든 언어를 말한다(Paul, 1997). 그래픽 언어양식으로 구성되고 인공적인 말소리 산출을 제공하는 전자적 의사소통 도구도 있지만(2장 참조), 자연적인 말로 산출되는 언어만이 말 발달(speech development)로 간주된다.

언어는 손짓 기호나 그래픽 양식과 같은 비음성(non-vocal) 양식으로 산출될 수도 있다. 이는 말 산출에 어려움이 있는 아동, 청소년 및 성인이 언어를 사용하는 것을 가능하게 한다(3장 참조).

수어는 영국 수어(British Sign Language), 미국 수어(American Sign Language), 노르웨이 수어(Norwegian Sign Language)와 같이 손짓 기호(sign)로 산출되는 모든 나라의 언어를 포함한다. 수어는 농인 커뮤니티에서 생성된 자연적 언어이다.

Paget Gorman 수화 체계와 Seeing Exact English와 같이 자연적인 수어보다 훨씬 단순하게 만들어진 손짓 기호 체계도 있다(1장 참조). 이러한 손짓 기호 체계는 AAC의 일부이며 말을 못하는 건청인의 언어 기능 성취를 위해 사용된다. 알파벳의 각 글자(letter)를 손 모양으로 나타내는 지문자(manual letters)도 있다.

그래픽 언어 양식은 그래픽 상징뿐 아니라 글자와 다른 쓰기 기호(written character)를 포함한다. 키릴(Cyrillic) 알파벳이나 로마 알파벳, 중국 한문 등 많은 쓰기 체계(writing systems)가 있다(Coulmas, 2022; Perfetti-Dunlap, 2008), 문어(written language)는 글자 및 다른 쓰기 기호로 표현된 모든 언어를 포함한다.

다양한 형태와 내용, 복잡성을 가진 많은 그래픽 상징 체계가 있다(1장 참조). 상징을 조합하여 서로 다른 의미를 가진 발화(utterances)를 만든다. 따라서 그래픽 상징은 그래픽 의사소통 체계의 단어이며, 사람, 사물, 장소, 생각 및 다른 내용뿐 아니라 전치사, 접속사 및 다른 문법적 요소들을 나타낸다.

'음성(vocal)'이란 목소리나 말을 사용하는 것을 의미하며, '언어적(verbal)'이란 어떤 양식으로든지 단어/언어(language)를 사용하는 것을 의미한다. 문어와 AAC와 같은 비구어적 언어 양식을 포함하여 언어 양식을 사용하는 모든 의사소통은 언어적(verbal)이며, 제스처와 얼굴 표정이나 몸, 발성과 같은 행동의 의사소통은 비언어(non-verbal)이다(Hall et al., 2019).

보완대체의사소통의 역사

AAC는 새로운 연구 및 임상 분야이지만 긴 뿌리를 갖고 있다. 의사소통, 언어 및 말 발달에 장애가 있는 사람은 항상 있었으며, 이러한 장애의 특성과 어떻게 이들을 치료하는가에 대한 관심은 오래전부터 나타났다(Jacobson, 1968; Marx, 1967; O'Neil, 1980). 말을 거의 못하는 건청 발달장애인이 손짓 기호(manual sign)를 사용했다는 보고는 약 200년 전에도 찾아볼 수 있다(예: Itard, 1801; Lane, 1977). 그러나 구어를 표현하기 위해 만들어진 손짓 기호 체계는 원래 농인을 위한 것이었다(Moores, 2010). 청력에 문제가 없으나 말을 사용하기 어려운 발달장애인의 비음성(non-vocal) 의사소통에 대한 보고가 간헐적으로 있긴 하지만, 비음성 언어 양식을 체계적인 자료와 중재로 이들에게 제공하기까지는 오랜 시간이 걸렸다. 손짓 기호 체계나 그래픽 상징 체계가 소개되기 전의 말을 하지 못하는 삶에 대해서는 가족이나 친구의 도움으로 작성된 초기의 몇몇 자서전에 기록되어 있다(예: Deacon, 1974; Steenbuch, 1957).

1970년대에 청력에 문제가 없는 자폐범주성장애인 및 지적장애인을 대상으로 손짓 기호, 그래픽 상징, 또는 유형 상징(만질 수 있는 상징, tangible symbol)을 적용하는 연구가 증가하였다(예: Berg & Sørhuglen, 1980; Deich & Hodges, 1977; Kiernan, 1977; Topper, 1975). 농인 사회의 수어는 AAC에 포함되지 않지만, 1970년대와 1980년대의 강한 수어 사용 운동은 말이 제한된 정상 청력 아동을 위한 의사소통 도구로 손짓 기호 체계 사용이 증가하는 데 기여했다(von Tetzchner & Jensen, 1996; Zangari et al., 1994).

글자와 단어로 된 최초의 의사소통 보드는 1900년대 초에 나타났다. 그래픽 상징 체계는 없었으며 뇌성마비 아동의 부모는 잡지의 사진을 잘라서 의사소통 보드를 만들었다(von Tetzchner, 1990). McDonald와 Schultz(1973)가 만든 의사소통 보드는 이후 그래픽 상징을 사용한 의사소통 보드의 발달에 도움을 주었다. 1971년에 비구어(without speech) 장애인의 의사소통을 위해 사용된 최초의 공식적인 그래픽 상징 체계인 블리스 상징(Blissymbolics)이 소개됨에 따라, 다양한 그래픽 상징 체계가 나오기 시작했다(von Tetzchner & Jensen, 1996). 블리스 상징 체계의 복잡성이 아마도 표현 언어 수단으로서의 그래픽 상징 체계를 수용하는 데 도움이 되었을 것이다.

대부분의 초기 연구는 발전된 의사소통 기능이나 대화 기술보다는 요구하기와 같은 기초적 의사소통 기술에 초점을 맞추었다. 테크놀로지 발전이 가져오는 새로운 가능성을 보게 됨에 따라, 운동장애로 인해 말을 전혀 못 하거나 말이 명료하지 못한 사람에 대한 관심이 다시 높아지게 되었다(Peters & Kirstein, 1978; Vanderheiden, 2002). 이렇게 도구적 의사소통자(aided communicator) 중 많은 경우는 인지능력과 구어 이해능력이 좋으며, 따라서 복잡한 메시지를 의사소통할 수 있는 표현 방법이 필요했다. 도구적 의사소통을 통한 대화에 대한 최초의 과학적 리뷰는 11개의 미발표 연구를 포함했으며(Kraat, 1985), 그 이후 많은 연구가 출판되었다.

오늘날 AAC는 대부분의 국가에서 사용되며, 여러 가지 손짓 기호 체계와 그래픽 상징 체계가 있다. 가장 보편적인 체계는 1장에 설명되어 있다. 새로운 의사소통 가능성의 출현과 함께 많은 나라에서 전문적인 AAC 서비스도 만들어졌다(예: Kalman & Pajor, 1996; Mendes & Rato, 1996; Zangari et al., 1994).

1983년에 국제보완대체의사소통협회(The Society for Augmentative and Alternative Communication, ISAAC)가 설립되었으며, 격년으로 열리는 ISAAC의 학술대회는 AAC에 관한 지식을 나누고 주요 이슈를 토의하는 중요한 국제적 만남의 장소이다. 그 외에도 Communication

Matters Conference(영국), Eastern and Central European Regional AAC Conference, Easten Asian Rigional AAC Conference와 같이 나라별 또는 지역별로 개최되는 정기적 학술대회가 있다. AAC에 관한 연구들이 광범위한 과학적 학술지에 게재되지만, 1985년에 창간된 『The Journal of Augmentative and Alternative Communication』은 이 분야의 가장 중심이 되는 학술지이다. Blackstone과 Bruskin은 1986년에 최초의 AAC 교재를 출판하였다.

비음성 의사소통 체계가 필요한 사람의 다양성

이 책은 언어 중재에서 손짓 기호와 그래픽 상징, 유형 상징을 사용하는 것에 대해 설명한다. 손짓 기호를 가장 많이 사용하는 사람은 농인이다. 하지만 농 아동은 건청 아동이 구어를 배우는 것과 같이 비공식적인 방법으로 수어를 배운다. 만약 그들이 수어를 사용하는 환경에서 성장한다면 수어를 배우기 위한 어떤 특별한 교육이 없어도 수어를 배울 수 있다. 따라서 본 책은 농인에 대한 부분을 포함하지 않는다. 운동장애 때문에 수어 표현을 하기 어려워서 의사소통 도구를 필요로 하는 농인은 예외이다(Lanphere & Terlektsi, 2023).

AAC가 필요한 사람 중에도 많은 차이가 있다. 그들의 유일한 공통점은 말 사용 능력이 부족하다는 것과 말을 보완하거나 대신하기 위한 대안적인 언어 양식이 필요하다는 것이다. 어렸을 때 AAC를 사용하다가 구어가 발달하여 더 이상 AAC가 필요하지 않게 된 아동도 하나의 하위 그룹이다.

평생 AAC를 사용해야 하는 사람들의 경우, 그들의 구어 이해력과 운동능력이 일상적인 사회 및 사회적 활동에 참여하는 정도와 삶의 코스를 결정할 수 있다. 어떤 그룹은 타인이 말하는 것을 이해하지만, 그들에게 대안적 의사소통 체계가 필요로 하는 주된 이유는 말 사용을 어렵게 하는 운동장애 때문이다. 이들은 대부분 운동장애 때문에 의사소통 이외의 다른 활동에도 어려움을 겪으며, 보조공학이나 다른 사람의 도움을 받는다. 다른 하위 그룹은 말의 이해와 산출에 모두 어려움을 겪으며, 이들의 언어장애는 다른 지적 및 사회적 기술에도 영향을 미치는 보다 전반적인 장애의 일부분이다(3장 참조).

타인과의 의사소통이 어렵게 되면 삶의 모든 단계와 연령대에서 폭넓은 영향을 받게 된다. 언이이전기(pre-lingual period)에는 의사소통의 어려움이 아동과 보호자 간의 상호작용에 영향을 미치며 자연스러운 사회화 과정을 방해한다. 자녀의 의사소통장애가 심하면 부모는 자녀와 소통하기가 매우 어렵다. 자녀의 흥미, 좋아하는 것과 싫어하는 것을 잘 알지 못하고 자녀를 어떻게 대해야 하는지 확신하기 어려운 경우가 많다. 아동은 사회적 환경 안에 있는 자연스러운 학습 기회를 잃을 수도 있다. 아동이 성장하며 배우는 대부분의 것은 더 능숙한 사회 구성원과 함께 공동으로 구성된다. 예를 들면, 공유된 관심, 성인과 다른 아동의 반응, 다른 사람들이 사물에 대해 설명하고 말해 주는 것, 다른 사람들이 말하고 행동하는 것을 보거나 듣는 것을 통해 전달되는 것이다. 아동이 언어를 배우고 문화적 가치와 기준, 지식을 습득하는 것도 이런 방식으로 이루어진다(Nelson, 2007; Tomasello, 2003, 2020). 심한 언어 및 의사소통장애가 있는 아동은 다른 아동보다 이러한 학습 기회가 부족하다. 이는 조기 AAC 중재와 아동기, 청소년기 및 성인기에 이루어지는 후속 지도의 필요성을 강조한다.

아동기부터 성인기에 이르기까지, 자기 효능감 및 자신을 가치있게 생각하고 존중하는 것은 자기 자신을 표현하는 능력과 밀접하게 관련되어 있다. 스스로를 독립적이고 타인과 동등하다고 인식하는 것은 **의사소통적 자율성**(*communicative autonomy*)의 발달과 관계가 있다. 의사소통적 자율성이란 자신의 생각과 아이디어를 말하고 감정을 단어로 옮기는 것과 같이 자신의 마음속에 있는 것에 대해 의사소통하는 능력을 말한다. 이런 능력이 부족하면, 자신의 생각을 타인에게 전달하기가 어렵고 자신의 삶에 대한 통제력을 상실할 수 있다. 사회적으로 공유되는 것에서 배제되거나 고립될 수도 있다. 다른 사람이 대신해서 결정하거나 무시하는 말을 하는 등 타인에 의해 과소 평가되는 경험을 할 수도 있다. 다른 한편으로는, 실제와 달리 상황을 이해하고 통제하고 있다고 과대평가됨으로써 사회적 상호작용에 적절히 반응하는 능력이 부족한 것을 나쁜 의도를 가진 행동으로 비난받게 되기도 한다. 심한 장애가 있는 사람에게 이러한 부정적인 경험은—그들의 의사소통 시도와 요구에 대한 일관적이지 않고 부족한 반응과 함께—좌절하고 낙심하게 할 뿐 아니라 학습된 무기력과 타인에 대한 의존성을 증가시킨다. AAC 중재의 목표는 개인의 의사소통 능력을 향상시키는 것뿐 아니라, 주변 사람들이 이들을 이해하고 이들의 의사소통 기술에 적응하는 능력을 키울 수 있게 하는 것이다. 일반적으로 개인의 환경 내에 있는 가까운 성인과 또래가 AAC 역량을 개발하려면 도움과 지원이 필요하다. 즉, 대안적 의사소통 방법을 사용하는 사람과 환경 내의 다른 사람 모두가 중재를 통해 변화해야 한다.

의사소통 중재는 개인 생활의 모든 면에서 매우 중요하다. 말 사용 능력이 거의 없는 아동과 성인에게 AAC를 제공하는 것은 삶의 질과 사회 안에서 동등함을 느낄 수 있는 기회를 증가시키며, 자기 존중감과 자신의 생활에 대한 통제력을 향상시킨다. 또한 심한 운동장애가 있는 사람에게는 다른 기술보다 언어와 의사소통을 발달시키는 것이 쉬울 수 있다. 또한 그들에게 표현 언어 능력이 향상된다는 것은 또 다른 기능을 할 수 있는데, 모든 종류의 가족 및 사회적 활동에 좀 더 많이 참여할 수 있게 된다는 것이다.

그렇기 때문에 AAC를 선택하는 것은 넓은 관점에서 보아야 한다. 제공되는 의사소통 체계는 차이를 만들고 자율성을 증가시키며 개인이 장애를 덜 느끼며 좀 더 삶을 통제할 수 있어야 한다. 어떤 의사소통 체계를 선택할 것인가 하는 것은 개인의 총체적인 상황을 기반으로 해야 한다. AAC가 필요한 사람은 대부분 다른 유형의 중재도 필요하다. 새로운 의사소통 체계를 제공하는 것은 교육, 치료 지원, 생활 지도 등과 같은 다른 서비스들과도 잘 조화되어야 한다. 의사소통 및 언어 중재는 다른 중재들과 단절되면 안 된다. 다른 의사소통 및 언어 양식과 마찬가지로 AAC 체계는 생활의 모든 면에서 사용하는 도구가 되어야 한다.

새로운 의사소통 체계와 도구가 지속적으로 개발되면서, 개발되는 모든 것들에 대한 설명이나 평가 의견을 알기 어려울 수 있다. AAC가 필요한 그룹은 다양하므로 서로 다른 의사소통 체계를 필요로 하는 경우가 많다. 최신 모델이 항상 가장 좋은 것은 아니지만, 올바른 결정을 하려면 어떤 의사소통 체계가 나와 있는지에 대해서는 필수적으로 알아야 한다. 또한 개별 사용자의 필요에 맞도록 의사소통 체계와 도구를 적용하는 방법과 어떤 지원이 필요한지도 알아야 한다.

각 장의 개관

이 책에서는 AAC에 대한 상세한 소개, 초기와 후기 AAC 중재의 기초, 영유아기부터 성인기까지의 AAC 발달에 대하여 설명한다. 각 장에서는 AAC 체계, AAC 중재와 AAC 발달에 대한 서로 다른 측면들을 소개하지만, 서로의 내용은 연결되어 있으며 전체적인 일관성을 가진다.

- 1장은 AAC에 관련된 기본적인 용어를 소개하고 가장 보편적인 손짓 기호 체계, 그래픽 상징 체계 및 유형 상징 체계의 개관과 말 사용을 대체하거나 보완해야 하는 아동, 청소년 및 성인에게 적용하는 것에 대하여 설명하였다.
- 2장은 의사소통 책과 의사소통 보드부터 음성출력 전자적 의사소통 도구, 그리고 의사소통 속도를 높이는 전략을 포함하여 의사소통 도구를 작동하고 접근하는 다양한 방법 등 의사소통 도구에 대한 개관을 제공한다. 이 장에서는 의사소통 도구를 선택하는 원리를 제시하고 도구적 의사소통의 공통된 특성을 설명하며, 의사소통 도구의 사용이 어떻게 의사소통 상호작용에 영향을 미치는가에 대하여 논의하였다. 또한 원격 의사소통과 소셜미디어에서의 AAC, 다른 형태의 보조공학에 대한 설명도 포함하였다.
- 3장은 AAC가 필요한 사람들을 세 개의 주요 그룹으로 나누어, 각 그룹 간의 차이와 그룹 안에서의 기술과 능력의 상당한 다양성에 대해 설명하였다. 또한 주요 진단 그룹—운동장애, 지적장애, 자폐범주성장애와 언어발달장애—의 특성과 심한 의사소통 및 언어장애가 있는 사람의 의사소통 중재와 관련된 문제점을 논의하였다.
- 4장은 의사소통 체계와 어휘를 선택하는 데 중요한 정보를 제공하는 관찰, 검사, 체크리스트, 인터뷰 등 AAC가 필요할 수도 있는 사람을 위한 종합적인 진단을 하는 방법을 설명하였다.

- 5장은 구조화(structuring), 서로 다른 훈련 및 의사소통 상황의 구성(organization), 통합과 같은 다양한 중재 상황을 제시하고, 훈련 상황을 넘어서서 AAC를 사용할 수 있도록 하는 것과 AAC 지원적인 언어 환경을 만드는 것에 대하여 설명하였다.
- 6장은 AAC의 형태와 발달 단계가 각각 다른 사람에게 AAC를 교수하는 주요 원리를 소개하였다. 여기에는 AAC 이해 및 사용에 관한 초기와 후기 중재 접근, AAC 중재 시작 전략과 공동 관심 증진 및 구조화된 과잉 해석, 총체적 의사소통, 그리고 다양한 암묵적/명시적 교수전략과 증거 기반 실제들이 포함된다. AAC와 이중언어(bilingualism), AAC가 말 발달에 미치는 영향도 논의하였다.
- 7장은 20~30개 미만의 단어, 손짓 기호 또는 상징을 사용하는 개인을 위한 초기 어휘를 선정하고 교수 원리와 전략을 제시하였다. 의사소통 성공과 도구적 성공 간의 중요한 구분을 소개하였다.
- 8장은 세 가지 기능적 그룹에 속하는 개인이 초기 어휘의 사용을 학습한 후 보다 다양한 어휘를 습득하도록 지원하는 전략과 AAC 어휘 확장의 원리를 소개하였다. 사용자 그룹 간의 차이점뿐 아니라 어휘의 개별화 필요성을 강조하였다. 어휘를 구성하는 방법, 핵심, 기초, 개인(fringe) 어휘의 개념, 새로운 손짓 기호나 그래픽 상징을 교수하고 구어를 보완하며, 기존에 학습한 어휘와 새로운 어휘의 사용을 확장하는 방법, 또한 원하는 의미의 손짓 기호나 그래픽 상징이 부족할 때 개인이 이를 구성하기 위해 사용하는 전략 등에 대하여 논의하였다. 이 장은 또한 그래픽 상징에서 철자 쓰기로의 전환에 대해서도 논의하였다.
- 9장은 단순한 발화에서 보다 복잡한 발화로의 전환에 대한 것이며, AAC 사용자가 발달시키는 전략을 포함하여, 일상생활에서 두 개 이상의 손짓 기호나 그래픽 상징으로 발화를 구성하는 데 있어서 AAC 사용 아동, 청소년 및 성인을 위한 전략과 원리에 대한 내용이다.
- 10장은 활동 참여와 AAC 사용을 놀이나 아동의 다른 활동뿐 아니라 소셜미디어와 같은 청소년과 성인 생활의 전형적인 사회적 활동이나 사건에 적용하는 방법에 대한 것이다. 이 장은 의사소통과 언어 발달을 위한 사회적 참여의 중요성을 강조하며, 놀이, 함께 책 읽기(shared book reading) 및 다른 일상 활동에서 대화(dialogue)를 증진시키는 전략과 어떻게 팬데믹과 사회적 불안(unrest), 전쟁의 시기에 AAC 발달과 사회적 참여를 지원할 것인가를 설명하였다.
- 11장은 대화의 시작, 유지 및 종료하기, 실수를 발견하고 복구하기, 내러티브 기술과 같은 대화 기술의 발달에 대한 것이다. 이 장은 AAC 사용자가 또래 및 성인과 보다 긴 대화를 할 수 있도록 하고, 대화를 관리하도록 돕고, 이야기를 할 때 독립적 AAC 사용을 증가시킬 수 있는 전략들을 강조한다. 또한 세 그룹에 속하는 개인들의 의사소통 상대자가 사용하는 전략에 대해서도 논의하였다.

- 12장은 언어 환경을 지원하기, 부모, 교사, 또래 및 가까운 사람의 AAC 역량을 증진시키기, AAC 사용 아동, 청소년 및 성인들을 위하여 의사소통 접근성이 있는 환경 만들기에 관한 내용이다. 부모, 형제자매, 또래, 교사 및 다른 직원과 환경 내의 가까운 사람들의 역량을 증가시키는 중재방법을 제시하였다.
- 용어 해설(glossary) 부분에서는 AAC와 AAC 중재에 관련된 핵심 전문용어(terminology)를 설명하였다.

용어

청력에 이상이 없는 언어 및 의사소통장애인의 손짓 기호[1]나 그래픽 상징 사용에 대한 연구 및 임상은 비교적 최근의 일이며 관련 용어도 많은 변화가 있었다. 이 책에서 사용하는 용어는 최근의 전공 문헌(von Tetzchner & Basil, 2011 참조)을 따르고 있다. 그래픽과 실물을 사용하는 의사소통 형태를 '상징(symbol)'으로 부르는 데 비해 손을 사용하는 의사소통 형태는 '기호(sign)'라는 용어가 사용된다. 하지만 구어, 그래픽 상징, 유형 상징, 손짓 기호는 모두 상징이라는 점을 기억해야 하며, 그 이유는 이들이 모두 다른 무엇인가를 나타내고 있고, 이를 사용한다는 것은 상징의 기능을 사용한다는 의미이기 때문이다(Deacon, 2017; DeLoache, 2004).

이 책에서 대안적 의사소통 방법을 사용하는 사람을 지칭하는 용어들은 국제적으로 통용되는 용어를 사용하였다. 손짓 기호를 사용하는 사람은 '손짓 기호 사용자(signer)'로 지칭하며, **도구적 의사소통자**(*aided communicator*)는 의사소통 도구를 사용하는 사람이다. '도구적 화자(aided speaker)'는 음성출력이 되는 도구(aided speech)를 사용하는 사람을 지칭하기 위해 사용하였으며, **일반적인 화자**(*natural speaker*)는 일반적인 방법으로 구어를 사용하는 사람을 말한다. **의사소통 상대자**는 구어만을 듣는 것이 아니며, 손짓 기호를 이해하고, 그래픽 상징을 '읽거나' 또 다른 형태의 의사소통을 해석할 수 있다.

이 책은 AAC를 사용하는 사람의 성취, 즉 **무엇을 할 수 있는가** 하는 관점에서 서술한다. 전문 보고서나 논문에서는 손짓 기호와 그래픽 상징, 유형 상징의 산출과 이해 및 구어 산출이나 이해의 정도를 제시하는 것이 필요할 수 있다. **무발화**(*non-speaking*)라는 용어는 말 사용이 어려운 사람을 나타내는 반면, **비언어적**(*non-verbal*)은 구어, 손짓, 그래픽 등 어느 유형의 언어든지

1) 역주: 손짓 기호는 수어(sign language)와 다른 개념으로, 손으로 표현하는 단어나 구를 말하며, 수지기호(手指記號)라고도 한다. 개별적인 수어 어휘표현도 포함된다. 국내에서는 중도중복장애학생을 위해 개발된 손담(국립특수교육원, 2018; 이현주 외, 2019)이 여기에 해당된다.

사용하기 어려운 사람을 말한다. 그러나 자연적인 말 이외의 언어 형태의 발달 및 사용에 대해 설명할 때에는 그들의 성취 및 관련된 과정에 초점을 맞추는 것이 가장 중요하다.

AAC 발달을 위한 중재를 받는 사람은 대부분 아동이지만, 많은 발달장애 청소년과 성인도 그러한 의사소통 체계를 사용하기 위한 지원이 필요하다. 이에 대한 한 가지 이유는 심한 장애가 있는 많은 사람이 성인기까지 또는 평생 의사소통 및 언어 중재를 필요로 하기 때문이다. 또 다른 이유는 대부분의 나라에서 조기에 대안적 의사소통 방법이 필요했었던 발달장애 성인이 어렸을 때 이를 배울 기회가 없었기 때문이다(Stancliff et al., 2010). 아동, 청소년 또는 성인이 맥락상 명백하지 않는 경우, 개인(*individual*)이란 용어를 AAC 중재를 받는 사람으로 언급하였다. 위와 같은 이유로, 중재 대상자를 교육하는 모든 전문가는 **교사/선생님**으로 언급하였다. 따라서 '교사'는 어린이집 교사, 일반교사, 특수교사, 간호사, 언어재활사, 심리학자 등이 될 수 있다. **가까운 사람**(*significant people*)이라는 용어는 가족, 친구, 그룹홈의 생활 교사나 요양보호사 또는 해당 개인과 가깝거나 필요한 부분을 돕고 있는 사람들을 지칭한다. 교사나 다른 교육자는 일반적으로 여기에 포함하지 않는다.

표기법

AAC를 사용한 의사소통에 대해 서술할 때는 특별한 표기법상의 규약이 필요하다. 이 책은 〈표 1〉에 요약된 von Tetzchner와 Basil(2011)의 표기법을 사용하였다.

표 1 표기법 규약 요약

발화 형태	표기법	예시
손짓 기호와 제스처 어휘	대문자	MANUAL SIGN
그래픽 상징 어휘	대문자 이탤릭체	*GRAHPHIC SYMBOL*
유형 상징 어휘	대문자와 별표	OBJECT* SYMBOL*
철자로 하나씩 쓴 단어	밑줄과 하이픈	S-p-e-l-l-e-d w-o-r-d
철자와 단어 예측으로 쓴 단어	철자와 철자군에 밑줄	c-a-cat c-cat-cats
개별적으로 선택한 단어	각 단어에 밑줄	individual whole words
여러 단어 혹은 문장을 선택한 경우 (미리 만들어진 것)	연결된 밑줄	Sentence with several words
지문자	대문자와 하이픈	B-O-Y
자연스러운 발화	이탤릭체	*Naturally spoken words*

도구적 발화(기계에서 산출되는 녹음 혹은 합성음성)	이탤릭체와 인용부호	*'Words and sentences spoken by the machine'*
기타 참조적(referring) 표현의 해석	큰따옴표와 괄호 안에 설명	"No"(머리를 흔든다) "I"(자신의 방을 바라본다) "Out"(창문밖을 바라본다)
비구어 발화의 해석	큰따옴표 안에 설명	DOG GONE = "The dog has run away."
두 형태의 동시 산출	중괄호{ }	{PETER *Peter*} *is* {NOT *not*} *here today*

손짓 기호를 사용한 표현은 BOY RUN과 같이 대문자로 쓴다. 그래픽 상징을 사용한 표현은 이탤릭체와 대문자를 함께 사용한다(예: *BOY DRIVE FAST*)([그림 1] 참조). 개별 문자 단어와 미리 만들어진 문장은 밑줄을 사용한다. 하나씩 철자를 쓴 단어들도 밑줄을 사용한다(예: S.p.e.l.l.e.d).

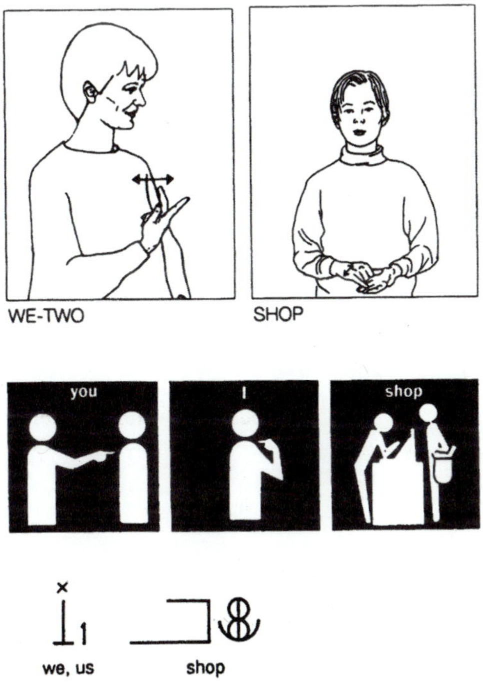

[그림 1] "우리 쇼핑하러 가요"를 의미하는 WE-TWO SHOP(손짓 기호), *YOU I SHOP*(픽토그램) 또는 *WE SHOP*(블리스 단어).

인용부호와 괄호 안의 설명을 함께 사용하여 제스처, 상징적 가리키기, 얼굴 표정 등의 서로 다른 표현 형태의 의미를 나타낸다. 예를 들면, "no"(고개를 좌우로 흔들며) 또는 "out"(창문을 가리키기) 등과 같다. 그래픽 상징을 가리키는 것처럼, **상징적 가리키기**(*symbolic pointing*)는 일반적인 지시적(deictic) 가리키기와는 다르다. 지시적 가리키기는 사물이나 사람의 위치나 존재를 나타내기 위해 사용된다. 이에 비해, 상징적 가리키기는 정의된 의미나 용도가 있는 단어 형태로 기능하며, 의사소통 보드의 글자나 그래픽 상징을 나타내거나 철자를 하나씩 나타내는 것보다 빠르기 때문에 주로 사용된다. 예를 들어, 8세 아동은 아빠와 대화할 때 아빠에게 의사소통 책을 넘겨서 *I*(나)라는 그래픽 상징을 찾지 않고, 자기 방의 문을 응시하였다(von Tetzchner & Martinsen, 1996).

중괄호 {…}는 예를 들면, 구어와 손짓 기호, 또는 손짓 기호와 그래픽 상징과 같이 표현 형태가 동시에 일어났음을 나타낸다. {HAPPY *I am happy*}는 손짓 기호 HAPPY가 *I am happy*라는 자연스러운 발화 문장과 동시에 산출된 것을 의미한다.

1장

보완대체의사소통

말은 인간의 의사소통에서 가장 발전된 형태이며 청력에 문제가 없는 사람들이 가장 선호하는 방법이다. 그러나 아무리 훈련을 많이 받아도 구어를 사용할 수 없는 사람들도 존재한다. 이들은 AAC 방법을 사용하여 의사소통할 수 있다. 제한적인 말장애가 있는 경우도 있다. 그들은 구어가 발달하는 동안 다른 형태로 의사소통해야 할 수도 있고, 발음의 불명료함을 보완하기 위해 대안적인 의사소통 방법을 사용하기도 한다. 따라서 AAC는 구어를 보완하거나 대신할 수 있다. 가장 많이 사용하는 AAC 양식은 손짓 기호, 그래픽 상징, 유형 상징, 글자와 단어이다.

- 대체적 의사소통(*alternative communication*)은 구어를 사용할 수 없는 사람이 대면 상호작용에서 의사소통할 수 있는 수단이다.

- 보완적 의사소통(*augmentative communication*)은 보충하거나 지원하는 의사소통이다. '보완적'이라는 단어는 대안적 의사소통 방법을 사용하는 중재가 두 가지 목적을 가지고 있음을 강조한다. 즉 말을 촉진하고 지원하기 위한 목적과 말 사용 능력이 부족할 때 다른 양식의 의사소통을 할 수 있도록 하기 위한 것이다.

모든 비음성적(non-vocal) 의사소통 체계는 '보완적이고 대체적인' 것이다. **기호 체계**(*sign system*)와 **상징 체계**(*symbol system*)는 손짓 기호, 그래픽 상징과 유형 상징을 나타내기 위한 용어이다.

- 손짓 기호는 손을 사용하여 표현한다. 손짓 기호 체계는 AAC의 한 형태로 사용되는 손짓 기호의 모음이다. 반면 수어는 농인들이 사용하는 언어이다. 수어는 자연스러운 언어이며 AAC의 한 형태로 포함되지 않는다. 영어에서의 to sign이라는 동사는 수어와 손짓 기호 체계를 산출할 때를 모두 지칭한다.

- 그래픽 의사소통 상징은 블리스 상징(Bliss symbol), 그림의사소통상징(Picture Communication Symbols, PCS), 픽토그램(Pictographic Ideographic Communication, PIC), 위짓 상징(Widgit Symbols, WS), 심볼스틱스(SymbolStix)와 같이 그래픽으로 만들어진 상징을 모두 포함한다.

유형 상징은 대부분 나무나 플라스틱으로 되어있다. 촉각으로 쉽게 구분할 수 있도록 특정한 모양이나 표면의 질감(예: 실크, 모래)을 가지고 있다. 실제 사물이나 작은 모형도 포함된다.

AAC의 주요한 두 가지 양식에는 **도구적**(*aided*) 의사소통과 **비도구적**(*unaided*) 의사소통이 있다.

- **도구적 의사소통**은 의사소통 형태가 사용자 외부의 물리적 형태로 존재하는 모든 형태의 의사소통을 말한다. 그러한 표현들이 선택되는 것이다. 의사소통 보드나 의사소통 책, 음성 출력 전자기기 및 기타 형태의 의사소통 도구들이 여기에 속한다. 그래픽 상징이나 사진, 글자를 가리키는 것도 도구적 의사소통에 포함되는데 이는 그래픽 상징, 사진, 글자가 의사소통 표현을 만들거나 발화를 구성하는 데 사용되기 때문이다.

- **비도구적 의사소통**에서 의사소통하는 사람은 스스로 의사소통 표현을 만든다. 표현들이 산출되는 것이다. 여기에는 손짓 기호가 가장 많지만 지문자(hand alphabet)도 여기에 포함될 수 있다. "예"와 "아니요"를 나타내기 위해 눈을 깜박거리는 것도 비도구 의사소통의 한 형태이다. 손을 사용한 일반적인 가리키기(pointing)나 눈 응시 및 기타 제스처도 마찬가지인데, 이러한 가리키기는 그 자체가 의사소통 표현이기 때문이다.

의사소통적 제스처에서 일반적인 가리키기는 그래픽이나 유형 상징을 가리키는 것과는 분명한 차이가 있다. 일반적인 가리키기는 대부분 검지로 무엇인가의 위치를 나타내기 위해 사용하지만, 손을 사용할 수 없을 때 "어디 있어요?"라는 질문에 답하거나 메시지를 산출하기 위해 무엇인가를 쳐다보는 것처럼, 명확한 눈 응시나 물건을 사용하는 등 다양하게 이루어질 수 있다(Sargent et al., 2013).

의존적인(*dependent*) 것과 **독립적인**(*independent*) 의사소통의 구분은 대안적 의사소통 형태가 어떻게 사용되는지, 그리고 대화 상대자가 AAC 사용자의 표현을 만드는 데 어떤 역할을 하는지와 관련된다.

- **의존적 의사소통**은 AAC 사용자가 표현하고자 하는 것의 의미를 해석하고 만들어 가기 위해 타인에게 의존하는 것을 의미한다. 의존적인 의사소통은 글자나 그래픽 상징으로 된 의사소통 보드를 사용하는 경우에 흔하게 발생하지만 핵심어 손짓 기호(keyword manual sign)나 손짓 기호를 '전보식(telegraphic)'으로 사용할 때에도 대화 상대자가 의미를 해석하고 만들어야 할 수 있다.

- **독립적 의사소통**은 대안적인 양식으로 메시지를 완전히 형성하는 경우를 말한다. 그래픽 상징을 사용하는 경우에는 화면에 문장이 나오거나 음성이 출력되는 전자적 의사소통 도구의 도움

으로 독립적인 의사소통이 가능할 수 있다.

의사소통이 의존적인 양식일 때, 의사소통 상대자는 자칫 자신이 AAC 사용자가 말했으면 하는 방향으로 의사소통을 이끌 수 있다. 따라서 의사소통 상대자가 바라는 내용이 아니라 AAC 사용자가 의도하는 메시지가 표현되도록 가능한 모든 노력을 기울여야 하는 특별한 윤리적 책임이 있다(Grove et al., 1999).

손짓 기호

대부분의 국가에는 두 가지의 손짓 기호가 있다. 첫 번째 유형은 청각장애인들이 사용하는 수어이다(Sandler & Lillo-Martin, 2017). 수어는 영국 수어(British sign language, BSL), 미국 수어(American sign language, ASL)와 같이 국가의 이름에 따라 명명된다. 수어는 구어로부터 유래된 것이 아니라 그 자체가 고유하다. 수어는 자연적으로 발달하였고 다른 수어나 구어 및 문어와 접하면서 변화되어 왔다(Emmorey & Lane, 2000; Quinto-Pozos & Adam, 2020). 수어는 그 나라의 구어와 다른 고유의 문법, 굴절(inflection) 및 문장 구조(syntax)를 가지고 있다(Napoli & Sutton-Spence, 2014). 수어는 구어처럼 나라마다 다르다([그림 1.1] 참조). 수어 어휘의 표현 방법이 다르며(Sandler, 2017), 문장 구조와 굴절도 다양하다(Fischer, 2017). 한 국가 안에서도 지역에 따라 다른 경우도 있다. 수어는 AAC의 한 형태는 아니지만 손짓 기호 체계는 종종 해당 국가의 수어 기호를 차용한다.

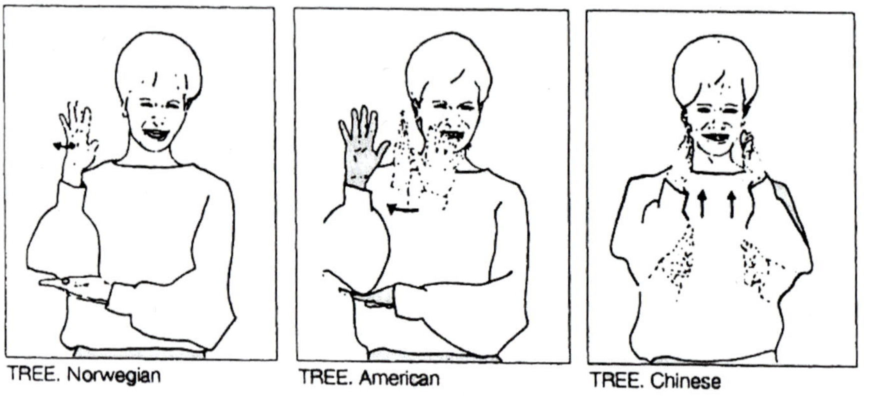

[그림 1.1] 노르웨이, 미국, 중국 수어에서의 TREE

손짓 기호의 두 번째 유형은 손짓 기호 체계이다. 이는 해당 국가 구어의 구문과 문법을 따라 구성되며, 이차적인 것이다. 따라서 *Signing Exact English*(Gustason et al., 1980)나 *Paget-Gorman Sign System*(Paget et al., 1976)과 같이 나라마다 다르다. 손짓 기호 체계는 구어를 표현하기 위해 고안되었으며, 구어의 굴절이나 문장 구조는 손을 사용하는 시각적인 언어와 잘 맞지 않기 때문에 농인들 사이에서 손짓 기호 체계가 널리 사용된 경우는 없다. 손짓 기호 체계는 AAC의 한 형태로 간주된다.

촉수어 체계(tactile sign system)도 있으며, 주로 시청각 중복장애가 있는 사람들이 사용한다. 의사소통 상대자의 손을 움직여서 표현을 산출하고, 상대자의 손 위에 한 손이나 두 손을 올리고 손의 움직임을 따라감으로써 상대자가 만드는 표현을 지각한다(Lindstrøm, 2019; Willoughby et al., 2018).

의사소통과 언어 장애가 있는 청인의 중재에서는 구어 다음으로 손짓 기호 체계가 가장 많이 사용된다. 가정이나 직장에서 AAC로서 손짓 기호를 사용하는 사람을 만나기 전에는 청인이 수어를 잘 하는 경우는 드물다. 손짓 기호 체계는 구어를 따르기 때문에 말하면서 함께 사용하기가 쉬우며, 이는 AAC 중재에서 구어와 손짓 기호가 대개 동시에 사용되기 때문에 중요한 점이다. 또한 외국어 습득 능력은 일반 대중들 사이에서도 차이가 나며 대부분의 사람들이 새로운 언어를 배우려면 많은 노력이 필요하다. 말을 하는 사람들에게는 문법의 차이가 큰 수어보다는 구어와 훨씬 유사한 손짓 기호 체계를 배우기가 더 용이하다. 그러나 수어 사용에 능숙한 사람에게는 구어를 따라가는 손짓 기호 체계가 자연적인 수어보다 덜 효율적일 수 있다(Scott & Hanner 2021).

손담

손담은 구어 발달이 제한되거나 수어나 그림 상징 등을 이용한 AAC 도구를 사용하기 어려운, 유아기부터 성인기까지 모든 연령대의 중도중복장애인의 의사소통 교육을 위해 쉽게 이해하고 사용할 수 있도록 개발된 손짓 기호이다. 손담의 표현은 한국수어를 기반으로 하여 쉽고 단순하며 보편성을 띤 표현을 그대로 사용하거나 일부 어려운 표현을 수정하여 사용하였고, 표정과 눈짓, 머리, 손이나 팔의 움직임을 포함한 몸짓 등의 비도구적 표현을 손짓과 함께 사용하도록 하였다(국립특수교육원, 2018).

손담의 표현은 국립특수교육원(2017)의 '중도 · 중복장애학생 의사소통 몸짓언어 개발 기초 연구'에서 개발된 약 200개의 기초어휘 목록에 기반하여 272개의 어휘에 대한 204개의 몸짓상징 표현으로 이루어져 있다. 손담에서는 표현 학습에 대한 부담을 줄이기 위해 표현 맥락에 따라 하나의 표현을 여러 개의 어휘로 표현하도록 하였으며, 손담을 구성하는 어휘 범주는 [그림 1.2]와 같다.

[그림 1.2] 손담 어휘 범주별 목록(출처: 국립특수교육원(2019), p. 7 참조)

손담의 표현은 다음과 같은 개발 원리를 기초하여 개발되었다.

첫째, 기존의 방식으로 의사소통이 어려운 중도중복장애인을 대상으로 하므로, 가능한 한 쉽고 단순하게 손 표현이 가능하도록 개발하였다. 이를 위해 생각, 의도, 감정이 드러나도록 표정, 목소리, 터치 단서 등을 함께 사용하고, 뻗기, 당기기, 밀기, 가리키기, 상대자 쳐다보기 등 기존에 학생이 사용하던 관점을 끄는 움직임을 함께 사용하도록 하였다.

둘째, 중도 · 중복장애인의 학습 특성을 고려하였다. 의사소통의 가독성을 높이기 위해 한국수어와 해외의 몸짓상징 표현을 참고하여 보편적인 표현은 그대로 사용하였고, 표현과 학습의 수월성을 위해 일부 표현을 단순화시켰으며, 가급적 어휘의 개수를 줄이고자 하나의 표현으로 나타낼 수 있는 어휘들을 통합하거나(예: 먹다/식사/간식), 하나의 표현도 상황과 맥락에 따라 다양한 의미로 사용하도록 하였다(예: 자다/졸리다/눕다).

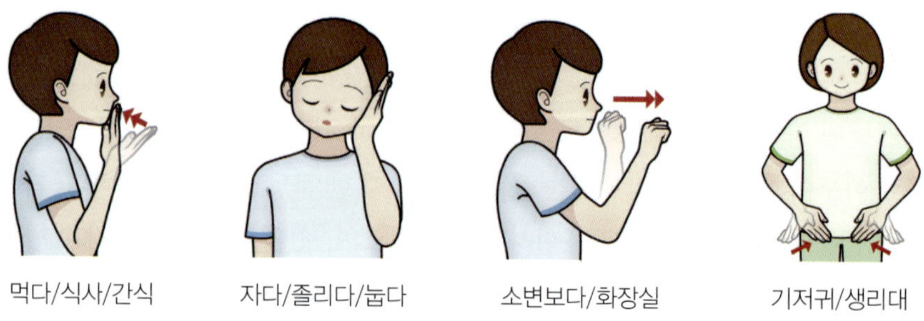

셋째, 유치부부터 성인까지 모든 연령대의 중도·중복장애인이 사용할 수 있도록 하였다. 이에 따라 연령에 부적절하거나 혐오적인 표현이 포함되지 않도록 하였으며(예: 소변보다/화장실), 시간이 흘러도 보편적으로 사용할 수 있는 표현을 고려하였다(예: 기저귀/생리대).

넷째, 자폐성 장애를 포함한 지적장애, 시각중복장애, 청각중복장애, 지체중복장애 등 다양한 장애 유형을 나타내는 중도중복장애인의 장애 유형별 다양성과 특성을 고려하여 활용 및 확장 방법을 별도로 제시하였고, 특히 시각중복 및 지체중복장애학생을 위한 대안적 표현 방안을 부가적으로 제시하였다([그림 1.3] 참조).

8) 시각으로 확인해야 하는 표현은 촉각 표현으로 수정하여 사용해도 돼요. 예) 고맙다, 느리다/천천히

[그림 1.3] 시각중복장애학생 손담 활용 팁(출처: 국립특수교육원(2019), p. 37)

손담을 활용한 교육을 지원하기 위해 교사와 학부모, 지역사회 전문가 등 다양한 사람들이 활용할 수 있는 다양한 손담 교수학습자료가 개발되어 있으며, 각 자료는 국립특수교육원 온맘 사이트(https://www.nise.go.kr/onmam)에서 무료로 내려받을 수 있다.

그래픽 의사소통 상징

그래픽 의사소통 상징은 이미지와 함께 이미지 아래 또는 위에 쓰여있는 어휘(a written gloss)로 구성된다. 상징은 사람, 동물, 사물, 행위, 특성, 장소 등의 카테고리를 나타낸다. 크기나 색, 모양에 상관없이 '공'이라는 카테고리에 속하는 모든 사물을 나타내기 위해 작고 둥근 공의 그림을 사용하거나 '개'라는 카테고리에 속하는 모든 동물을 나타내기 위해 독일 셰퍼드의 그림을 사용하는 것처럼, 그래픽 상징의 이미지는 대개 상징으로 나타내는 카테고리의 한가지 속성을 묘사한다(von Tetzchner, 2015). 그래픽 의사소통 상징은 구어와 동일한 기능을 하며, 사용자의 그래픽 어휘가 된다. 부모와 주변 사람들이 아동의 그래픽 의사소통 상징을 그래픽 어휘로 받아들이고, 구어나 손짓 기호 어휘와 같은 기능을 가진다는 것을 인정하는 것이 매우 중요하다.

여러 가지 그래픽 의사소통 상징 체계가 AAC로서 사용되어 왔으며(von Tetzchner & Jensen, 1996) 여기에는 가장 흔히 사용되는 것만 제시하였다. 대부분 다음 두 가지의 그래픽 그룹에 해당되는데 (1) 픽토그램(PIC, Pictographic Ideographic Communication)과 같이 검은 배경에 흰색의 실루엣과 어휘(gloss)를 가진 경우 또는 (2) PCS와 같이 흑백이나 컬러 선화와 검은색 어휘가 있는 것이다. 위짓 상징 체계는 그래픽 의사소통 상징과 글자를 통합하였다. 그 외에 주로 의미 기반 그래픽(ideographic) 상징인 블리스 상징 체계가 있다. 또한 민스피크(Minspeak)는 전통적 그래픽 체계가 아니라 부호화된 단어나 구를 음성합성으로 출력할 수 있는 그래픽 아이콘 세트이지만 여기에 포함하였다. 각 체계의 웹사이트는 참고자료(resources)에 제시되어 있다.

블리스 상징

블리스 상징(*Blissymbolics*)은 블리스 문자(Bliss-characters), 블리스 표시어(indicator), 블리스 단어(word)로 구성되는 체계이며 소리-글자 대응 기반이 아닌 문자 체계, 즉 **로고 그래픽**(*logographic*) 또는 **표의 문자**(*ideographic*) 체계의 한 형태이다(Kessler & Treiman, 2015). 블리스 상징은 한문에서 착안하여 국제적인 문자로 사용하고자 개발되었으며(Bliss, 1965), 1971년 캐나다에서 읽고 쓰기를 배우는데 심한 어려움을 겪는 운동 및 언어 장애 아동들에게 처음 사용되었다(McNaughton, 2003, 2014). 심한 조음장애가 있거나 구어 사용이 거의 불가능한 아동은 알파벳 철자 기반의 문어를 배우는 데 큰 어려움을 겪는다(p. 344 참조). 그들의 문제는 알파벳 철자로 단어를 구성하는 것과 관련이 있으며, 이런 아동은 일반적으로 블리스 단어와 같이 로고 그래픽 또는 의미 그래픽 문자로 이루어진 단어를 읽는 것을 좀 더 잘 배울 수 있다(Geschwind, 1972; Smith, 2005a).

블리스 상징 체계는 기본 블리스 문자 세트로 구성되는데, 이는 그 자체로 사용되거나 다른 블리스 문자와 함께 사용될 수 있다. 일부의 블리스 문자 조합은 관습적으로 사용되는 블리스 단어가 되었다. **국제 블리스 상징 의사소통**(*Blissymbolics Communication International*)은 블리스 상징에 대한 공식적 권리를 갖고 있는 비영리 단체이며, 영어 어휘 및 서로 다른 언어와 문화에 맞도록 '번역'된 블리스 단어는 5,500개 이상이다. 블리스 문자 및 블리스 단어는 서로 다른 나라에서 약간씩 다르게 사용되는데, 이는 음성 언어로 번역될 때 단어의 사용이나 의미의 범위가 타 언어에서 반드시 동일하지는 않기 때문이다. 사용되는 블리스 단어가 없을 때는 블리스 단어들을 조합해서 만들 수도 있다. 이러한 변형이 가능한 것은 블리스 상징이 융통적이며 창의적인 성격을 갖고 있기 때문이다. 어떤 메시지도 블리스 단어로 표현할 수 있다.

블리스 문자는 서로 조합해서 이해될 수 있는 **의미론적 요소**를 나타낸다. 예를 들어, 블리스 단어 *DEER*(사슴)은 *ANIMAL*(동물)+*HORN*(뿔), *HOME*(가정)은 *HOUSE*(집)+*FEELINGS*(감

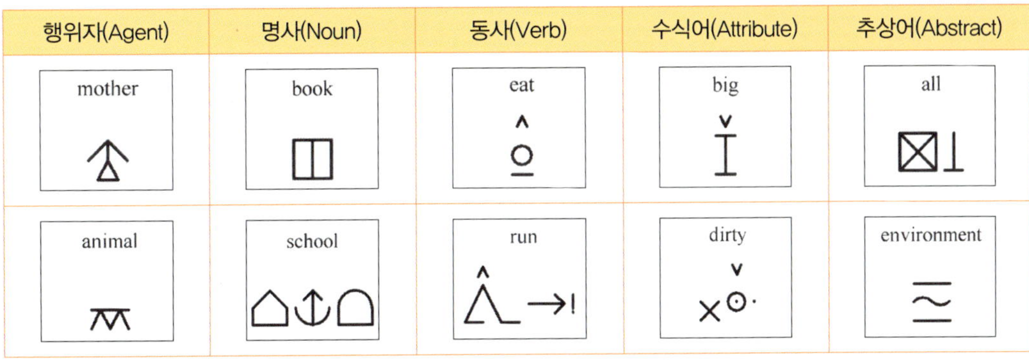

[그림 1.4] 블리스 단어

정), *TOILET*(화장실)은 *CHAIR*(의자)+*WATER*(물), *HAPPY*(행복)는 *FEELINGS*(감정)+*UP*(위)으로 구성된다([그림 1.4]). 몇 개의 블리스 문자를 사용하여 새로운 블리스 단어를 만들 때, 첫 문자는 감정, 동물 등과 같이 어떤 유형의 개념을 나타내는지를 표시하는 **범주어**(*classifier*)이다. 그 다음에 오는 문자는 범주어의 의미를 구체화하거나 좁혀주는 **세부어**(*specifier*)이다. 예를 들면 *FEELING*(감정)+*DOWN*(아래)으로 *SAD*(슬프다)를 만들거나, *PERSON*(사람)+*GIVE*(주다)+*KNOWLEDGE*(지식)로 *TEACHER*(선생님)를 만들고, *PERSON*(사람)+*RECEIVE*(받다)+*KNOWLEDGE*(지식)로 *STUDENT*(학생)를 만든다(Blissymbolics Communication International, 2020; Jennische & Zetterlund, 2015).

단어 전체에 연결되는 블리스 문자 외에도, *PAST-TENSE*(과거-시제), *PLURAL*(복수형), *THING*(물건), *ACTION*(동작), *ADJECTIVE*(형용사) 등과 같이 문법적인 면이나 언어의 구성요소를 말해 주는 **표시어**(indicators)도 있다. 동작 표시어를 붙이면 명사가 동사로 변화된다. *BOAT*(배)+*ACTION*(동작)은 (*to*)*SAIL*(항해하다)이 되며, *BICYCLE*(자전거)+*ACTION*(동작)은 *BICYCLE*(자전거 타다)이 된다. 마찬가지로, *TIME*(시간)+*THING*(물건)은 *CLOCK*(시계)이 된다. 이런 체계성의 예를 *MOUTH*(입)와 관련된 여러가지 변형(variation)에서 볼 수 있다. *MOUTH*(입)+*ACTION*(동작)은 *SPEAK*(말하다)가 되며, *MOUTH*(입)+*EARTH*(땅)는 *FOOD*(음식), *MOUTH*(입)+*LIQUID*(액체)는 *DRINK*(음료수)가 된다. 또한 *MOUTH*(입)+*EARTH*(땅)+*ACTION*(동작)은 (to)*EAT*(먹다), *MOUTH*(입)+*MUSICAL-NOTE*(음표)+*ACTION*(동작)은 *SING*(노래하다)가 된다([그림 1.5] 참조). 이런 문법적 상징은 구어 문법을 이해하는 것을 도울 수 있으므로, 한글과 같은 문자 사용으로의 전환도 도울 수 있다.

어떤 블리스 문자들은 **유사 의미**(*SIMILAR-TO*), **같은 소리**(*SOUND-LIKE*), **같은 모양**(*LOOK-LIKE*)과 같이, 블리스 단어의 의미를 근본적으로 바꾸거나 의사소통 상대자에서 블리스 단어의 해석에 대해 지시하는 면이 있다는 점에서 '전략적'이다. 따라서 블리스 상징은 블리스 문자, 표

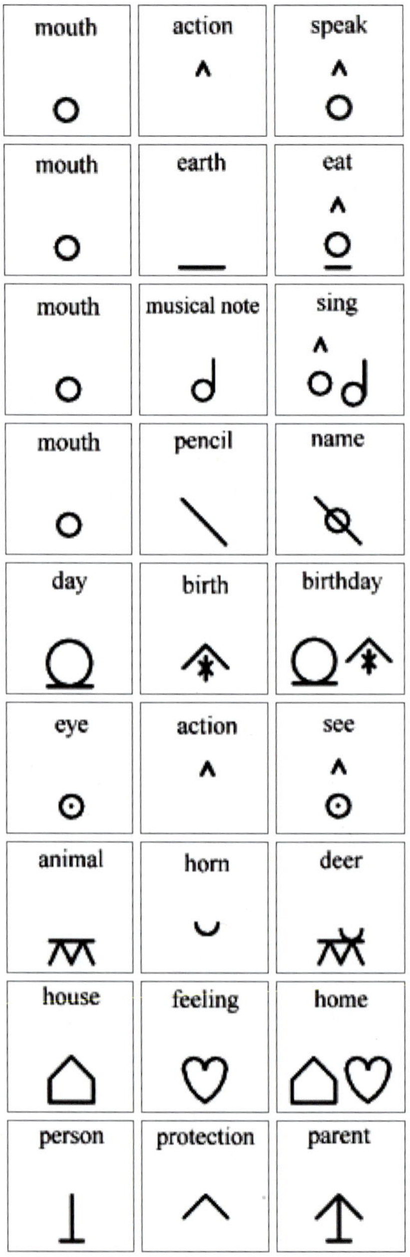

[그림 1.5] 여러 가지 마커와 조합을 사용한 블리스 단어

시어, 서로 다른 기능의 전략들을 조합하기 때문에 구성이 상당히 복잡하다. 또한 블리스 문자나 블리스 단어를 철자와 함께 사용할 수도 있다. 예를 들면, *GIRL+c*는 Carmen이나 Catherine처럼 활자 c로 시작하는 이름을 가진 소녀를 지칭한다. 중재자들은 자주 글자와 함께 제시된 블리스 단어에 다양한 배경 색을 사용하여 단어의 분류를 나타낸다. 그러나 블리스 상징 사용자

중에는 이런 배경 색이 각 블리스 단어가 가질 수 있는 의미의 수와 그들이 창의적으로 블리스 상징 체계를 쓰는 것을 제한한다고 불만을 가진다(Koller, 1999).

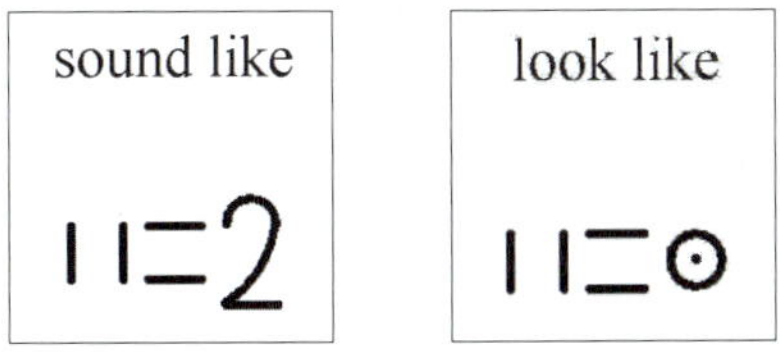

블리스 단어: *SOUND-LIKE, LOOK-LIKE*

블리스 단어를 함께 사용하여 문장을 형성할 수도 있다. 블리스(1965)는 블리스 상징 사용을 위한 독특한 구문론을 제안했지만, 원칙적으로 어떤 단어 순서로 사용해도 무방하다. 대부분의 나라에서, 블리스 단어를 위해 교수되는 단어 순서는 구어의 단어 순서와 가깝다. 하지만 이런 단어 순서가 그래픽 의사소통 형태에 항상 가장 적합한 것은 아니다(9장 참조).

블리스 상징은 인간의 의사소통에서 필요한 많은 다양한 메시지들을 사용자가 표현할 수 있도록 하기 위해 필요한 요소들을 갖고 있는 종합적이고 유연한 체계이다. 알파벳 체계에는 적은 수의 활자들이 모여서 언어의 말소리를 표현하지만, 블리스 단어는 더 많은 의미론적 요소를 가지고 있다. 하지만, 체계적으로 블리스 상징 체계에 대해 교육받으면, 정상 시력과 전형적인 언어 및 인지발달을 보이는 유아도 이 체계의 기본 원리를 금방 학습한다(Jennische & Zetterlund, 2015; Kristic & Littorin, 2014).

블리스 상징은 많은 나라에서 처음 사용된 그래픽 상징 체계이며(McNaughton, 2003; von Tetzchner & Jensen, 1996), 음성 출력 의사소통 도구에서 처음 사용된 체계 중 하나이기도 하다(Hunnicutt, 1984; Olaszi et al., 2002). 시간이 지나며 블리스 상징 체계의 사용은 감소하였다. 그러나 블리스 상징 체계는 가장 발전된 상징 체계이며, 글자를 쓸 수 없는 도구적 의사소통자에게 가장 의사소통 가능성을 많이 제공하는데, 이는 의사소통 보드나 음성 출력 의사소통 도구에 모두 해당된다. 따라서 이 체계를 학습할 수 있는 사람들에게는 블리스 상징 체계를 가능한 한 일찍 제공하는 것이 중요하다.

블리스 단어 위에 글자로 뜻을 써놓기 때문에 글을 읽을 수 있는 대화 상대자는 블리스 상징 체계를 알 필요가 없다고 말하기도 한다. 도구적 의사소통자의 의사소통 보드나 도구에 블리스 단어가 있을 때는 이 말이 맞다. 하지만 사용자가 블리스 문자와 블리스 단어를 조합하여 의사소통 보드에 없는 블리스 단어를 만들 때는, 의사소통 상대자는 이를 해석하기 위해 블리스 상징 체계의 구성 원리에 대한 충분한 지식이 있어야 한다. 그럴 때 블리스 상징 체계의 장점을 충분히 활용할 수 있다. 따라서 가족, 교사, 또래 도구적 의사소통자가 정기적으로 만나는 사람들에게 상징 체계를 가르치는 것은 블리스 상징 체계(및 다른 상징 체계도)를 사용하는 의사소통 중재의 필수 요소이다. 내재된 논리성과 체계 때문에 성인은 블리스 상징 체계를 배우기 쉽다. 한편 도구적 의사소통자는 상대자가 얼마나 이해할 수 있는지 알고 있어야 한다. 의사소통 도구에 있는 블리스 단어가 제한되어 있거나 도구적 의사소통자가 새로운 블리스 단어를 만드는 경험이 적다면 표현을 만드는 것과 해석하는 것이 모두 어렵다. 다음의 예에서 어린 도구적 의사소통자의 창의성과 의사소통 상대자가 겪을 수 있는 어려움을 볼 수 있다.

> 한 스웨덴 아동이 동물 그림에 이름을 적고 있었는데 그가 사용하는 음성 출력 의사소통 도구에 ZEBRA가 없었다. 스웨덴어에서는 *look*이 *se*이고 *good*이 *bra*이다. 아동은 *SE+BRA(LOOK+GOOD)*을 가리켜서 도구에서 '*zebr*'와 유사한 음성이 나오도록 했다 (Deliberato et al., 2018).

> 한 10세 아동이 학교에서 선생님에게 그래픽 상징으로 *MOTHER ALMOST COCA-COLA*(엄마 거의 코카콜라)라고 말했다. 선생님은 학생에게 질문했지만 그날 늦게 어머니가 학교에 와서 아침에 아들에게 화가 났었다는 말을 하기까지는 아동이 말하고자 하는 바를 알 수 없었다. 아동이 한 표현이 "엄마가 화가 났었다"는 것을 말하고자 했다는 것을 이해할 수 있었다. 아동은 코카콜라의 거품이 부글거리는 것을 화가 난 것에 비유하기 위해 사용한 것이다.

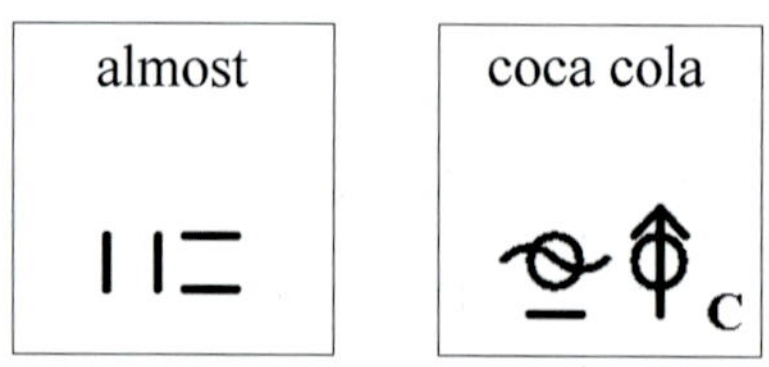

블리스 단어: *ALMOST, COCA-COLA*

이 사례는 의사소통 상대자도 상징 체계를 알아야 하며 복잡한 생각이나 문제를 포함하는 대화에서 의미를 유추하기 위해서 창의적이 되어야 함을 보여 준다.

픽토그램

픽토그램(Pictogram Ideogram Communication, PIC)은 캐나다에서 시작되었다(Maharaj, 1980). 픽토그램은 중증 지적장애인 사이에서 블리스 단어 사용을 대체하기 위해 사용된 첫 번째 상징 체계였으며, 포르투갈과 북유럽 국가에서 많이 사용되고 있다. 검정 배경에 흰색 실루엣으로 양식화된 그림들로 구성되어 있다. 강한 대비와 제한된 세부 묘사 때문에 픽토그램은 피질 시각장애(cerebral visual impairment, CVI) 아동에게 유용하다(Roman-Lantzy, 2007). 상징의 어휘는 항상 흰색으로 이미지 위에 제시한다([그림 1.6]). 현재 픽토그램의 수는 2,500개를 넘는다(픽토그램에 대한 개관은 Maharaj, 2022a, b 참조).

행위자	명사	동사	수식어	추상어
			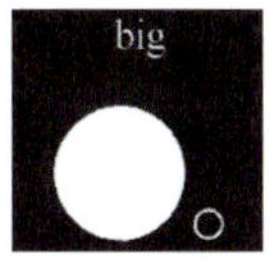	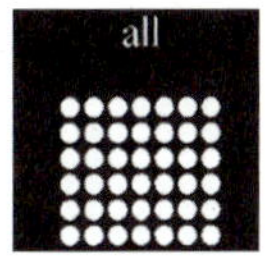

[그림 1.6] 픽토그램 의사소통

픽토그램은 블리스 단어보다 간단하기 때문에 부모와 전문가들이 이해하고 사용하기도 더 쉽다. 그러나 픽토그램 체계는 블리스 상징 체계보다 유연성과 활용도가 떨어진다. 어휘의 수가 상대적으로 적고, 조합해서 더 복잡한 의미를 만들기 어렵지만, 픽토그램으로 간단한 문장을 만드는 것은 가능하다(Maharaj, 2022). 어휘의 수가 적기 때문에 표현할 수 있는 의미와 만들 수 있는 문장에 제한이 있다. 하지만 픽토그램을 사용하는 도구적 의사소통자가 더 많은 어휘가 필요할 때는 다른 체계의 그래픽 상징으로 보충해서 픽토그램과 함께 사용할 수 있다.

많은 사람들이 픽토그램을 사용하여 큰 도움을 받지만, 아동의 인지 및 의사소통의 발달에 따라 더 발전된 체계나 글자 체계로 변경하는 것이 중요하다.

그림의사소통상징

그림의사소통상징(picture communication symbols, PCS, Johnson, 1981; 1985, 1992, 2001)은 미국에서 시작되었다. 이 상징 체계는 현재 약 40,000개의 어휘 항목으로 구성되어 있다. 단순한 선화이며, 그림 상징과 함께 어휘가 제시되어 있다([그림 1.7]). PCS는 일반적으로 칼라 상징이지만 흑백으로도 제공되고 있다. 고도대비 상징은 시각장애 아동에게 큰 도움이 될 수 있다. 고도대비 상징은 단순하게 표현되어 있고, 검정색 배경에 노란색, 분홍색, 파란색 또는 녹색으로 그려져 있는데, 이 색상은 시각장애 아동이 가장 잘 인식하는 색상이다(Roman-Lantzy, 2007). PCS는 오늘날 가장 널리 사용되는 그래픽 상징 체계이다.

[그림 1.7] 그림의사소통상징(PCS)

아라곤 AAC 포털

아라곤 AAC 포털(Aragonese Portal of Augmentative and Alternative Communication, ARASAAC)은 선화 상징과 실루엣 상징을 포함하는 스페인의 그림 상징 체계이다([그림 1.8]). 칼라와 흑백의 그래픽 그림 상징으로 구성되어 있다. 이 상징 체계 개발은 스페인 아라곤주 정부의 교육문화체육부의 지원을 받아 개발되었다(Paolieri & Marful, 2018). 이 그래픽 그림 상징과 기타 자료는 영어, 중국어, 한국어, 프랑스어 등 현재 19개 언어로 다운로드할 수 있다(참고자료 참조).

[그림 1.8] 아라곤 AAC 포털(ARASAAC)

한국형 보완대체의사소통 기본 상징체계집

한국형 보완대체의사소통 기본 상징체계집(KAAC Symbols, 이하 KAAC 상징)은 한국형 음성산출 의사소통 콘텐츠 및 시스템 프로토콜 개발 과제 연구팀에 의해 개발되었다(박은혜 외, 2016; Park et al., 2014). KAAC 상징은 한국의 문화적 특성과 한국어의 언어적 특성을 반영하여, 유아부터 성인까지 사용할 수 있도록 설계된 약 10,000개의 그래픽 상징으로 구성되어 있다. KAAC 상징은 초등학생 연령대의 남자아이를 기본 캐릭터로 설정하여 제작되었으며, 사물과의 유사성, 의미 전달의 명확성, 디자인의 심미성, 시각적 통일성, 언어 표현의 용이성을 고려한 색상 사용의 원칙을 바탕으로 개발되었다.

KAAC 상징 개발을 위해 국내 유아, 아동, 초기 성인기 장애인을 대상으로 필요 어휘를 수집하고, 해당 어휘의 타당성을 분석하여 어휘 리스트를 구축하였다. 이후, 이 어휘를 기반으로 그림 상징을 디자인하였으며, 언어치료사, 특수교육 전문가, 장애학생 부모 등을 대상으로 타당도 검증을 거쳐 상징을 수정·보완하는 과정을 통해 개발을 완료하였다.

개발된 KAAC 상징은 가정, 학교, 지역사회 등 다양한 생활 환경에서 사용할 수 있도록 구성되었으며, 애완동물 돌보기, 종교생활, 대학생활, 직장생활 등 특정 상황에 필요한 상징도 포함하고 있다. 현재 KAAC 상징은 국내에서 개발된 다양한 한국형 AAC 애플리케이션에 탑재되어 활용되고 있으며, 대표적으로 마이토키 스마트(MyTalkie Smart), 스마트 AAC, 나의 AAC 등의 앱에서 사용되고 있다(참고자료 참조). KAAC 상징의 의미범주별 예를 [그림 1.9]에 제시하였다.

[그림 1.9] 한국형 보완대체의사소통 기본 상징체계의 예

위톡 그림 상징

2021년도에 개발된 발달장애인을 위한 위톡 그림 상징은 2019년도에 개발된 그림상징 203개와 2021년도에 추가로 개발된 230개의 그림상징을 모두 합하여 최종 430개가 개발되었다. 2021년 성인 발달장애인을 위한 AAC 그림 상징 개발을 위해, 코로나19 팬데믹 상황과 성인기 독립적인 생활을 위해 필요한 AAC 어휘와 그림상징이 무엇인지 발달장애인 가족, 평생교육기관 및 관련 기관 종사자, 특수교사와 언어재활사를 대상으로 면담을 실시하여 감염병 예방, 온

라인 활동 참여, 자기관리와 주거환경, 시간, 날짜와 날씨, 직장생활과 감정표현의 어휘와 그림 상징 개발의 요구를 확인 후 개발하였다.

이 연구에서 개발한 성인 발달장애인을 위한 AAC 그림 상징은 개발 자체만으로도 큰 의미를 갖는다. 그동안 교육 및 재활 현장에서는 해외에서 개발한 그림상징을 번안하여 사용하거나, 어린 연령의 유아용 그림상징 사용으로 인해 성인 연령기에 적합한 그림상징을 사용하는 데 매우 제한이 있었는데, 본 연구에서 개발한 성인 발달장애인용 AAC 그림상징은 20대의 활발하고, 적극적인 캐주얼한 남녀를 기본 콘셉트로 하였고, 직장생활, 데이트, 자기관리, 지역사회 등 발달장애인의 필요와 요구를 반영하여 실제 성인기 발달장애인이 사용하는 데 활용성이 높을 것으로 기대된다. 또한 최근 전 세계적으로 피하기 어려운 코로나19 팬데믹으로 인해, 일상의 변화를 반영한 온라인 활동 일러스트로 개발되어 있어 활용성이 클 것으로 보인다. [그림 1.10]에 위톡 그림상징의 예를 제시하였다(참고자료 참조).

[그림 1.10] 위톡 그림 상징

위짓 상징

위짓 상징 체계(Widgit Symbol System, WSS)는 오랜 역사와 여러 가지 이름이 있다. 리버스(Rebus)라는 이름으로 미국에서 처음 시작되었다(Jones, 1979). 몇 년 후, 약 11,000개의 마카톤(Makaton) 상징으로 확장된(Walker et al., 1985, Walker et al., 2019) 영국 버전이 등장했다(van Oosterom & Devereux, 1985). 리버스(Rebus)는 약 20,000개의 그래픽 상징으로 구성된 위짓 상징 체계에 통합되었다(Detheridge & Detheridge, 2002; Detheridge et al., 2002)([그림 1.11]). 리버스는 저시력 환자를 위해 더 두꺼운 이미지 선과 기타 수정된 약 2,400개의 그래픽 상징 하위세트가 있다.

위짓 상징은 다양한 방식으로 결합될 수 있다. 예를 들어, *STREET*(길)+*LIGHT*(등)는 *STREETLIGHT*(가로등)가 된다. 기본 이미지 중 일부가 새로운 의미로 결합될 수 있다는 점에서 블리스 단어와 몇 가지 유사점이 있다. 예를 들어, *MOTHER*(엄마) 상징은 *WOMAN*(여자) 상징 주위에 원을 그려 나타냈다([그림 1.11] 참조). 또한 그림상징 어휘도 계속 수정하여 생산적으로 사용할 수 있다. 예를 들어, *LIGHT*는 "밝다"와 "무겁지 않다"를 모두 의미할 수 있다. 이것은 블리스 상징의 *SOUND-LIKE*(같은-소리)' 전략과 다소 유사한 위짓 상징의 특징이다.

[그림 1.11] 위짓 상징

리버스 상징 체계는 원래 경도 또는 중등도의 지적장애인이 읽기를 배울 수 있도록 고안되었으며, 그래픽 상징과 함께 글자를 사용하는 것에 중점을 두었다(Jones, 1979). 그래픽 상징의 상단 또는 하단에 제시되는 글자는 하나 이상의 글자와 결합하여 새로운 단어를 형성한다. 그래픽 상징이 글자와 함께 결합되면, 두 가지 요소(그림과 글자)가 함께 새로운 단어가 결정된다. 그래픽 기호의 의미는 아무런 역할을 하지 않는다. 예를 들어 c+*OLD*는 "cold"가 되고, p+*LIGHT*는 "plight"가 된다. 그리고 c+AT는 "cat"([그림 1.12])가 된다. 이것은 일반적으로 블리스 문자가 문자와 결합되는 방식과 다르다(위 참조). 위짓 상징은 문해 능력에 계속 초점을 맞추고 있으며, 이는 위짓이 '문해 상징(literacy symbols)'이라는 이름을 선택한 것에서도 확실히 알 수 있다. 위짓 상징은 일반적으로 컴퓨터 프로그램인 심라이터(SymWriter)와 함께 사용되며, 사용자는 위짓 문해 상징과 문자, 그리고 다른 그래픽 상징의 어휘를 결합할 수 있다. 그러나 위짓 상징은 다양한 기능을 가진 여러 앱이 있으며, 다양한 의사소통 기기(device)에서 사용할 수 있다(2장 참조).

초기 연구에 의하면 리버스 상징 체계를 사용하면 읽기 기술에 긍정적인 영향을 미치는 것으로 나타났는데(Kiernan et al., 1982), 이는 아마도 그래픽 상징과 함께 제시된 글자의 소리를 활용했기 때문일 것이다. 리버스 및 위짓 상징 체계에 적용된 문자 전략(letter strategies)은 학습자가 단어의 모든 글자를 읽을 필요가 없기 때문에 철자 기술(spelling skills)에 대한 요구가 낮다. 읽기와 소리 인식 교육에 대한 연구에 따르면, 읽기 학습 초기 단계의 전형적인 발달을 보이는 아동은 단어의 첫 글자 또는 음절에 해당하는 소리는 발음할 수 있지만 단어의 나머지 글자에 해당하는 소리는 소리 내어 읽지 못하는 것으로 나타났다. 따라서 위짓 상징 체계는 읽기 및 쓰기 기술 습득의 중간 단계를 활용하여 이러한 기술의 발달을 촉진시키는 것으로 보인다. 읽기 중심 전략은 위짓 상징의 강점이며 읽기 및 쓰기 지원은 위짓이 강조하는 부분이다. 그러나 위짓 상징은 대면 대화에도 사용될 수 있으며, 많은 전략이 다른 체계와 함께 사용될 수 있다.

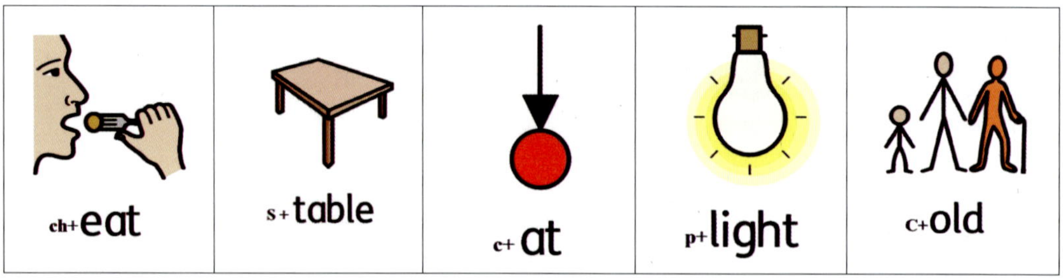

[그림 1.12] 철자와 조합한 위짓 상징

민스피크

민스피크(Minspeak)는 미리 코딩된 단어와 문구를 생성하는 데 사용되는 그래픽 상징 체계(민스피크에서는 아이콘이라고 부름)을 갖춘 컴퓨터 프로그램이다(Baker, 1982, 1986). 이는 전통적인 의미의 그래픽 의사소통 체계가 아니라 전자적 의사소통 기기의 음성 출력을 작동하기 위한 코딩 체계이다. 예를 들어, BED(침대) 키를 선택하면 '침대'가 출력되고, BED와 NOUN(명사)을 순서대로 선택하면 '가구', BED와 VERB(동사)를 순서대로 선택하며 '자다', BED와 ADJECTIVE(형용사)를 순서대로 선택하면 '피곤하다'가 출력된다. 아이콘은 PCS 및 기타 선화로 나타내는 그래픽 의사소통 상징과 유사하며, 아이콘의 그래픽 표현은 의미 내용과 연관되도록 선정되었다(van der Merwe & Alant, 2004).

아이콘의 내용과 순서는 블리스 상징 시스템의 구조와 일부 유사하며, 연구 결과에 따르면 블리스 상징을 민스피크 프로그램과 함께 사용하면 긍정적인 결과를 얻을 수 있는 것으로 나타났다(Ferm et al., 2001). 민스피크에서 아이콘의 순서는 코드의 일부이며 장치에서 말하는 사전 코딩된 단어 또는 구문을 결정한다. 예를 들어, *MILK*(우유)와 *HOT*(뜨겁다)의 순서를 사용하면 기기는 '*I want hot milk*(따뜻한 우유 주세요)'라고 말할 수 있고, *HOT*과 *MILK*의 순서는 '*The milk is too hot*(우유가 너무 뜨거워요)'를 생성할 수 있다. 조합을 통해 하나의 단어를 표현할 수도 있다(2장 참조).

민스피크 사용자는 먼저 제한된 아이콘 세트(약 40~80개)의 의미를 학습한 다음, 아이콘을 조합하여 미리 코딩된 단어와 구문을 생성하는 방법을 학습한다. 민스피크 체계를 사용하려면 구어에 대한 이해력을 기반으로 하며, 상당한 수준의 인지 능력과 언어 능력이 필요하다.

그림

그래픽 의사소통 상징은 많은 도구적 의사소통자의 언어이다. 많은 의사소통 상징 체계가 그림(pictographic)으로 구성되어 있지만 그래픽 의사소통 상징 체계 본질을 구성하는 것은 그래픽 표현이 아니라 사용과 의미이다(von Tetchner, 2015). 따라서 그래픽 의사소통 상징을 '그림'이라고 부르거나 '그림으로 의사소통한다'고 말하지 않는 것이 중요하다.

여기서 비체계적인 그림(drawings)과 사진(photograph)으로 정의되는 그림(pictures)은 일반적으로 유아에게 제공되는 첫 번째 그래픽 의사소통 형태이다. 유아는 그림에서 사물을 인식할 수 있지만 그림에 대한 이해는 천천히 나타나는 복잡한 인지 기술이다(Troseth et al., 2004). 유아는 그림과 현실의 관계 또는 그림이 의사소통에서 갖는 기능을 완전히 이해하지 못한다(Harris et al., 1997). 지적장애 아동은 이러한 이해력 발달에서 지연을 보인다(Stephenson & Linfoot, 1996). 지적장애가 있는 많은 사람들은 그림 이해 능력이 제한되어 있으며, 사진은 선화보다 이해하기가 더 어려울 수 있다(Dixon, 1981; McNaughton & Light, 1989). AAC가 필요한 개인이 그림이 무엇을 표상하는지 이해하지 못하는 것 같다면 의사소통 체계의 그래픽 상징 대신 그림을 사용하는 것은 의미가 없다.

그림을 사용하는 이유 중 하나는 개인에게 익숙한 사물을 묘사할 수 있다는 점이다. 그러나 그림에서 사물과 행동을 인식하는 것 자체가 목표는 아니다. 문제는 그림이 개인이 더 잘 소통하는 데 도움이 되는지 여부이다. 이러한 관점에서 보면 그림에는 장단점이 있다. 아동이 그림에 관심을 보인다면 그림 체계를 사용할 수 있지만, 아동이 일상에서 단순히 그림을 쳐다봤다고 해서 관심으로 해석하면 안 된다. 아동이 특정 그림에 관심이 있는 경우, 그 그림의 사용법은 아동이 그 그림과 무엇을 연관시키는지에 따라 달라진다. 그림을 보고 반응하는 것은 언어적 사용법이 아니며, 이미지를 언어로 사용하려면 이미지의 원래 사용법과 다르게 사용할 수도 있다. 익숙한 그림에 대한 기존의 반응을 바꾸는 것은 사회적 상호작용에 대한 개인의 기초의 일부를 제거하는 것으로 의미하며, 이는 필요하지도 현명하지도 않은 일이다.

대부분의 아동과 성인은 그림으로 둘러싸여 있다. 어떤 그림이 개인의 어휘로 기능해야 하는 경우, 이러한 용도와 일반적으로 사용되는 방식(무언가를 보고 기억하기 위한 단서, 이야기하기, 장식 또는 삽화 등)을 구분할 필요가 있다. 어휘의 일부인 그림은 다른 그림과 뚜렷하게 구별되어야 한다. 그래픽 의사소통 상징에 사용되는 대부분의 이미지는 가정된 상징성을 기반으로 선택되며, 그림의 내용이 의도된 단어 의미와 혼동될 수 있다. 예를 들어, 아동은 사람과 의자가 PCS에서 *SIT* 항목의 의미의 일부가 아니라는 것을 이해하는 데 어려움을 겪을 수 있다(Smith, 1996). 동시에 PCS, PIC 및 기타 그래픽 체계에는 도구적 의사소통자와 대화 상대자가 그래픽 의사소통 상징의 기능을 일반 그림 사용과 구별하는 데 도움이 될 수 있는 몇 가지 특수한 특징이 있다. 즉, 상징과 함께 사용된 글자는 그래픽 의사소통 상징이 갖는 의미의 질을 강조하는 데 도움이 된다. 따라서 비체계적 그림 대신 체계성을 갖춘 그래픽 의사소통 상징을 사용하는 것이 더 실용적이다.

PCS: *SIT*

또한 그래픽 체계를 사용하면 아동이 그림 체계를 사용할 때 종종 어려운 이름을 가르치는 것이 더 쉬워질 수 있다. 자연스러운 말을 하는 부모와 자녀는 종종 그림책을 함께 보며 책에 묘사된 사물의 이름을 말하기도 한다(Fletcher & Reese, 2005). 이 또한 의사소통 도구를 사용하는 아동과 부모에게는 자연스러운 활동이지만, 아동은 자신의 말로 이름을 말하는 대신 의사소통 도구를 사용한다. 그러나 의사소통 보드나 의사소통 도구에 있는 (비체계적) 그림이 책에 있는 그림과 비슷하다면, 의사소통 도구를 사용하는 어린 아동은 왜 책에 있는 그림과 의사소통 보드에 있는 그림을 모두 가리켜야 하는지 이해하기 어려울 수 있다. 아동은 이 활동을 언어적 이름대기가 아니라 많은 장애 아동이 훈련하는 그림 맞추기의 한 형태로 인식할 수 있다. 이 활동이 부모와 자녀가 함께 책을 볼 때 사용하는 언어와 매우 유사하더라도 아동은 의사소통 보드의 그림 선택을 단순히 그림을 가리키는 것으로 인식하고 책에 묘사된 사물이나 활동의 이름을 지정하는 것으로 인식하지 않을 수 있다. 일반적인 그림 대신 그래픽 체계를 사용하면 그래픽 상징의 언어적 질과 이름대기 기능이 더 명확해져 도구적 의사소통자가 중요한 언어 기능을 사용하는 데 도움이 될 수 있다.

일반적인 그림과 관련된 문제점은 주변 사람들이 그림을 아동의 언어로 쉽게 인식하지 못할 수 있다는 것이다. 도구적 의사소통자는 그림으로 의사소통할 때 때때로 진지하게 받아들여지지 않고, 그림을 가리키는 것이 할 말이 있다는 뜻임을 사람들이 항상 이해하지 못한다는 것을 경험한다(Conway, 1986). 이는 그림 의사소통 상징에서도 문제가 될 수 있다. Basil(1989)은 일부 부모가 자녀가 그래픽 상징을 가리킬 때 마치 일반적으로 그림을 가리키는 것과 동일하게 반응한다고 설명하고 있다. 그들은 아이의 말에 대답하는 대신 그래픽 의사소통 상징의 이미지에 있는 사물과 그곳에서 일어나는 일에 대해 이야기하기 시작했다고 하였다.

어린 아동과 중증 지적장애인을 위한 의사소통 보드를 만들 때는 아동의 주변 환경에 있는 사물의 사진을 사용하는 것이 일반적이다. 예를 들어, 부모는 전에는 본 적 없는 자동차보다 익숙한 자동차를 더 쉽게 인식할 수 있다고 생각하여 가족 자동차 사진을 찍고 이 사진을 "자동차"라고 말하는 일반적인 방법으로 사용할 수 있다. 그러나 이렇게 하면 아동이 가족용 자동차가 아닌 다른 자동차에 대해 이야기할 때 이 사진을 사용하기가 어렵다. 이 사진은 모든 종류의 자동차에 대해 이야기할 때 사용할 수 있는 "자동차"의 일반적인 이름이 아니라 "엄마 아빠의 자동차"라는 고유명사처럼 취급된다. 아이의 엄마, 아빠 사진을 남자와 여자, 즉 일반적인 남자와 여자에 대해 이야기할 때 사용했다고 상상해 보면 친숙한 사물의 사진을 일반적인 범주를 나타내는 것으로 사용하는 것의 문제점이 더욱 명확해진다.

의사소통 보드에서 사진의 가장 중요한 기능은 사람(및 동물)의 이름을 표현하는 것일 수 있다. 이름은 특정 사람을 지칭하기 때문에 사진은 이 기능을 잘 수행한다. 아이는 사진을 사용하여 자신의 어머니에 대해 이야기하고 그래픽 상징 *MOTHER*(엄마)를 사용하여 일반적으로 어머니에 대해 이야기할 수 있다. 그러나 사진에 다른 기능이 있는 경우, 아이가 등장하는 경우가 종종 있다. 이로 인해 아이가 사진을 유연하게 사용하는 방법을 배우기 어렵고 의사소통 상대자가 의미를 해석하고 사진이 어떻게 사용되는지 알기 어려울 수 있다. 놀이터에서 그네를 타는 아이의 모습을 담은 사진의 경우 장소, 그네, 아이 또는 기타 여러 측면을 나타낼 수도 있고, 전체 상황을 나타낼 수도 있다. 더 중요한 것은 의사소통이 도구적 의사소통자만을 위한 것이어서는 안 된다는 것이다. 그네를 타는 아이와 함께 찍은 사진을 사용하여 그네를 이용하는 다른 아이와 어른에 대해 소통하는 것은 아이와 어른 모두에게 어려울 수 있다. 이러한 문제를 방지하려면 아이의 사진을 따로 찍어 사물, 행동, 활동 등을 나타내는 하나 이상의 사진 또는 그래픽 의사소통 상징과 함께 사용하는 것이 좋다. 아동의 사진과, 행동 또는 상황을 나타내는 사진을 하나의 어휘 항목에 통합하는 대신 별도의 사진을 사용하면 아동의 사진을 유지하면서 행동, 활동, 사물 등을 변경할 수 있을 뿐만 아니라 다른 아동 또는 성인의 사진과 행동, 사물, 위치 등을 나타내는 그래픽 의사소통 상징과 결합하여 다른 사람에 대한 의사소통을 할 수 있다. 또한, 처음에는 아동의 사진과 활동을 나타내는 상징을 나란히 제시하더라도 추후에는 상징을 연결하여 표현할 수 있는 토대를 마련할 수 있다(9장 참조).

철자 쓰기(Orthographic writing)

철자 쓰기는 손짓 기호와 그래픽 모드 둘 다에 사용된다. 몇 가지 지문자가 있지만 한 손을 사용하는 국제 지문자(one-handed international alphabet, [그림 1.13] 참조)가 가장 많이 사용된다. 좋은 소근육 협응 기술을 가진 개인의 경우 지문자가 효율적이고, 철자를 빨리 만들 수 있다. 손으로 만드는 글자는 항상 유용하다.

[그림 1.13] 국제 지문자

그래픽 철자 모드에는 인쇄된 낱자와 단어가 포함된다. 읽고 쓰는 법을 배우기 시작한 대부분의 도구적 의사소통자는 철자 기반의 의사소통 도구를 갖고 있다. 일부는 그래픽 의사소통 상징에서 문자 언어로 전환하기 위해 그래픽 상징을 문자 단어와 함께 보완하여 시작할 수도 있다. 일부 의사소통 도구에는 주로 문자와 문자로 된 단어가 포함되어 있다. 주로 수용 언어에 대한 이해도가 비교적 높고 비음성적 언어 표현 능력이 있는 사람이 이 도구를 사용한다. 중증 운동장애가 있는 사람은 단어와 문장을 철자하는 데 시간이 오래 걸릴 수 있으므로 의사소통 도구에는 단일 문자 및 일반적인 문자 모음 외에도 단어와 구가 포함되어 있는 경우가 많다. 어휘력이 제한적인 도구적 의사소통자의 경우 의사소통 도구는 주로 단일 단어로 구성된다([그림 1.14]).

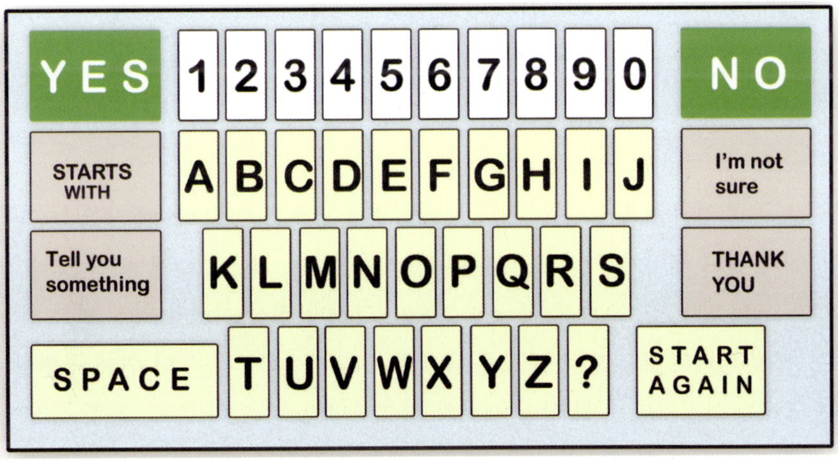

[그림 1.14] 활자와 단어로 이루어진 의사소통 보드

유형 및 촉각 상징

유형 상징(tangible symbols)는 일반적으로 나무나 플라스틱으로 만들어지며 다양한 형태와 질감을 가질 수 있고 물리적으로 탐색하고 조작하고 움직일 수 있다([그림 1.15])(Rowland et al., 2014; Rowland & Schweigert, 2000; Sigafoos et al., 2008). 상징으로 사용되는 사물 또는 사물의 모형을 '참조 대상'이라고도 한다(McLarty, 1997; Park, 1997). 유형 상징 인식은 촉각에 기반하기 때문에 종종 '촉각 상징(tactile symbols)'이라고도 한다(Aasen & Nærland, 2014; Hagood, 2002; Murray-Branch, Udavari-Solner & Bailey, 1991). 유형 상징, 참조 대상, 촉각 상징 사이에는 명확한 구분이 없으며, 이 용어들은 종종 같은 의미로 사용된다. 포괄적인 체계는 없지만 Trief와 동료들(2009, 2013)은 55개의 유형 상징으로 구성된 표준 세트를 개발하였다.

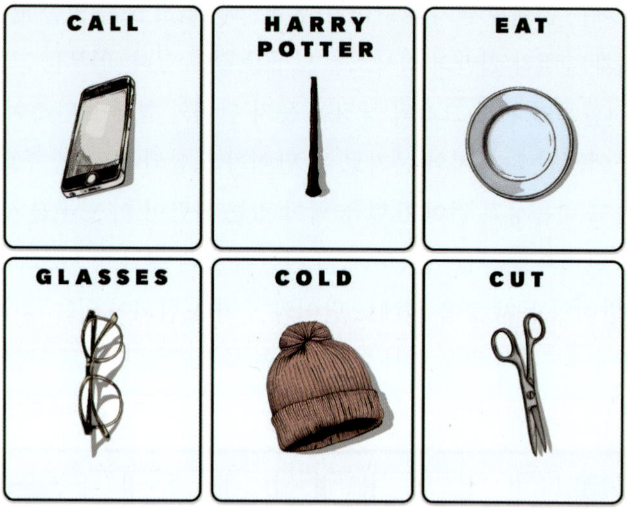

[그림 1.15] 유형 상징

유형 상징은 주로 점자를 배울 수 없거나 자폐범주성장애 또는 중복장애가 있는 아동을 포함하여 시각장애가 있고 구어가 거의 또는 전혀 없는 아동(Hagood, 2002)을 위한 것이다(Aasen & Nærland, 2014; Lund & Troha, 2008; Trief et al., 2009). 그러나 정상 시력을 가진 일부 사람들은 눈으로 살펴보는 것 외에도 촉각으로 상징을 탐색할 수 있을 때 상징을 더 쉽게 구별할 수 있다. 이들에게는 그래픽 상징보다 유형 상징 세트가 더 효과적일 수 있다. 많은 유형 상징이 사물 또는 사물의 모형이지만, 유형 상징이 반드시 지시하는 사물이나 행동과 유사할 필요는 없으며, 상징적이지 않은 나무나 플라스틱 모양도 포함될 수 있다. 다른 의미를 전달하기 위해 사용해야 하므로 도구적 의사소통자가 이를 구별하는 방법을 배울 수 있는 것이 더 중요하다(Bloom, 1990; Rowland와 Schweigert, 1989).

시각장애인이 그래픽 체계에 더 쉽게 접근할 수 있도록 픽토그램과 블리스 상징을 조각처럼 그래픽 표현을 높여 사용자가 패턴을 느낄 수 있도록 하는 소재를 만들려는 시도가 있었다(Edman, 1991; Garrett, 1986; Isacson & Lloyd, 2015). Volswitch는 블리스 단어를 부조로 구현하기 위해 3D 프린터를 이용하여 Bliss Tactile System을 개발했다(참고자료 참조). 이는 시각적 인식을 지원하기 위해 터치를 사용할 수 있는 시력이 저하된 사람들에게 유용할 수 있다. 그러나 상징을 구분할 때 전적으로 촉각에 의존하는 사람들에게는 손가락으로 그래픽 상징을 쉽게 인식할 수 없다. 시각적으로 쉽게 구별할 수 있는 많은 패턴은 촉각으로 식별하기가 매우 어렵다. 이 그룹의 경우 시각장애의 가능성과 한계를 충분히 고려한 체계를 사용하는 것이 좋으며, 형태와 질감이 뚜렷한 유형 상징을 사용하는 것이 좋다. 작은 사물은 개인이 사물을 인식할 수 있는 충분한 경험이 있다면 조작을 통해 촉각적으로 인식하고 탐색하기가 비교적 쉬울 수 있다.

손짓 기호와 그래픽 의사소통 상징 중에서 선택하기

여러 가지 손짓 기호와 상징 체계를 비교하는 것은 쉬운 일이 아니다. 한 국가 내에서는 공통된 AAC 체계 세트를 사용하는 것이 실용적이다. AAC 사용 학생은 교사의 교체 때문에 체계를 바꾸어서는 안 된다. 가능한 한 많은 사람들이 동일한 체계를 사용해야 교사와 기타 전문가가 다른 학교나 기관에서 온 아동 및 청소년과 쉽게 작업을 계속할 수 있다. 또한 공통된 체계는 AAC를 사용하는 아동이 직접 의사소통하고 서로에게서 배울 수 있는 가능성을 높인다. 이는 또한 일반적으로 국가별 자원, 영국에서는 영국 수어 및 영어 대응 수화 시스템, 한국에서는 한국 수어 및 한국어 대응 수화 등을 사용하는 것이 가장 좋다는 것을 의미한다. 국가별 그래픽 의사소통 체계는 AAC를 필요로 하는 개인 간의 이질성을 반영해야 한다. 흑백 실루엣 상징(PIC), 선화 상징(PCS, 심볼스틱스 또는 아라곤 AAC 포털), 블리스 상징, 위짓 상징 중 하나로 구성될 수 있다. 민스피크 또는 이와 유사한 프로그램도 국가 의사소통 체계 세트의 일부일 수 있지만 모든 언어에서 사용이 가능한 것은 아니다. 모든 그래픽 의사소통 상징은 개인의 환경에서 사용되는 언어(때로는 두 가지 이상)로 그림상징과 함께 어휘를 제시해야 한다. 새로운 체계를 도입하기 전에 이 특정 체계가 실제로 필요하며, 이미 사용 중인 체계과 비교하여 사용자에게 새로운 의사소통 가능성을 제공한다는 설득력 있는 증거가 있어야 한다. 또한 공통된 AAC 체계 세트를 사용하면 교사와 기타 전문가가 이러한 체계에 대한 경험을 쌓고 장단점을 모두 파악할 가능성이 높아진다.

AAC가 필요한 개인에게 가장 적합한 의사소통 방식을 찾으려면 아동 또는 성인의 특성, 특히 운동 능력과 동작, 형태 및 그림을 인지하는 능력에 대한 지식을 바탕으로 체계를 선택해야 한다(4장 참조). 전문가는 먼저 개인이 도구적 또는 비도구적 의사소통으로 시작해야 하는지 또는 둘 다로 시작해야 하는지 결정하고 손짓 기호, 그래픽 상징 체계 및 유형 상징 체계 중에서 선택해야 한다. 개인에게 두 가지 이상의 체계가 필요한 경우, 어떤 체계를 먼저 도입해야 할지 결정해야 한다.

손짓 기호 또는 그래픽 상징

손짓 기호와 그래픽 상징 중 하나를 선택할 때는 몇 가지 요인이 중요하며, 철저한 평가를 바탕으로 결정해야 한다(4장 참조). 개인의 지각 능력을 고려해야 한다. 시력이 낮은 사람은 그래픽 상징의 선보다 손짓 기호의 움직임을 더 쉽게 인식할 수 있다. 시청각장애인 간의 의사소통에서 대화 상대자의 손에 대고 수화 동작을 함으로써 운동감각적(촉지각적)으로도 이해할 수 있다. 일부 개인에게는 그래픽 의사소통 상징 및 합성 음성 출력 기능이 있는 전자적 의사소통 기기가 도움이 될 수 있다. 어떤 지적장애인은 그래픽 상징을 사용하는 것이 도움이 되지 않는 반면, 어떤 지적장애인에게는 그래픽 상징에 큰 주의 집중력을 발휘하기도 한다. 일부 개인은 유형 상징을 느끼고 조작할 수 있다는 점에서 이점을 얻는 것으로 보이지만 일반적으로 이것이 학습과 사용에 어떤 영향을 미칠 수 있는지에 대해서는 알려진 바가 거의 없다.

손짓 기호와 그래픽 상징의 중요한 차이점 중 하나는 그래픽 의사소통 상징은 선택된다는 점이고 반면에 손짓 기호는 직접 만들어 내야 한다는 사실이다. 따라서 손짓 기호는 사용자의 운동 능력과 주의력 및 기억력이 더 많이 요구된다. 손짓 기호를 표현하기 위해서 손과 팔을 능숙하게 사용할 수 있어야 한다. 심한 소근육 장애가 있는 아동은 도구적 의사소통이 필요하다. 손짓 기호와 그래픽 의사소통 상징을 인식하려면 의사소통 상대자에게 주의를 기울이고 대화 상대자가 표현하는 손짓 기호와 상징의 의사소통 기능을 이해할 수 있어야 한다. 의사소통 표현에서는 주의집중에 대한 요구가 다소 다르다. 손짓 기호를 사용하는 사용자는 의사소통 상대자나 손짓을 하는 동안 언급되는 사람, 사물 또는 사건에 주의를 기울여야 할 수 있다. 그래픽 의사소통 상징 사용자는 자신이 선택한 그래픽 상징을 찾아야 하므로 의사소통하는 동안 의사소통 보드 또는 기기에 주의를 기울여야 한다. 이로 인해 의사소통 상대자와 주변 상황에 동시에 주의를 기울이기 어려울 수 있다.

자폐범주성장애 및 지적장애가 있지만 시각이나 운동장애가 심하지 않은 대부분의 아동은 일반적으로 손짓 기호와 그래픽 상징을 모두 배울 수 있다. 이 그룹의 소수 아동은 그래픽 상징을 잘 사용하지 못하고 손짓 기호를 더 잘 사용한다(Tincani, 2004; van der Meer et al., 2014). 또한 그래픽 상징은 들고 다녀야 하는 반면, 손짓 기호는 개인의 손으로 표현할 수 있다는 장점이 있다. 주변의 사람들은 일반적으로 손짓 기호에 익숙하지 않지만 아동이 이해하고 사용하는 적당한 수의 손짓 기호를 쉽게 배울 수 있다. 어떤 아이들은 1년 또는 그 이상에 걸쳐 수백 개의 손짓 기호를 배울 수 있는데, 아이의 긍정적인 발전으로 인해 주변 사람들도 일반적으로 아이를 따라가는 데 문제가 없다.

이 그룹에 속하는 또 다른 아동들은 그래픽 상징을 더 잘 사용한다(Hodges & Schwethelm, 1984; von Tetzchner, 2019). 그 이유 중 하나는 그래픽 의사소통 상징의 정적인 이미지가 손짓 기호의 움직임보다 더 쉽게 인식되고 의미를 부여할 수 있기 때문이다. 그래픽 상징의 또 다른 장점은 전자적 의사소통 기기에서 사용할 수 있다는 점인데, 이는 많은 아동에게 긍정적인 결과를 가져다주는 것으로 보인다(van der Meer et al., 2014). 손짓 기호 교육에 실패한 후 도구적 의사소통을 배운 아동의 사례도 있다. 9세 아동은 이전에 손짓 기호 교육이 실패로 끝났음에도 불구하고 유형 상징 체계 사용법을 빠르게 배웠다. 그 후 그는 손짓 기호를 사용하는 방법도 배웠다(Deich & Hodges, 1977). 이는 하나의 의사소통 체계를 학습하면 다른 체계를 학습하는 데 도움이 될 수 있음을 보여 준다. 그러나 한 가지 문제는 제한된 훈련 상황 외에는 성인이 그래픽 의사소통 상징을 정기적으로 사용하는 경우가 드물다는 것이다. 유치원에서 다른 아이들과 함께 공동 활동을 할 때 그래픽 의사소통 상징을 사용할 수 있더라도(von Tetzchner et al., 2005), 일반적으로 아동의 환경에서 아동이 관찰할 수 있고 아동이 그래픽 의사소통 상징을 사용하는 방법을 배울 수 있는 사람은 매우 드물다.

아동이 심각한 지각 또는 운동장애가 없는 경우, 한 가지 의사소통 양식을 선택하고 다른 양식을 배제할 필요는 없다. 그래픽 상징과 손짓 기호는 다음의 사례에서와 같이 서로를 보완할 수 있다.

Jessica는 청각과 인지 능력은 정상이고 구어 이해력은 전형적인 수준이지만 표현 언어 장애가 심하고 말로 의사소통하는 데 큰 문제가 있는 미취학 아동이었다. 그녀의 가족은 일찍부터 손짓 기호를 사용하기 시작했고 Jessica는 전형적인 방식으로 주변에서 새로운 손짓 기호를 자연스럽게 습득했다. 그녀는 유치원과 학교에서 손짓 기호를 모르는 어른이나 또래 친구들과 함께 사용할 수 있도록 그래픽 상징과 음성 출력 기능이 있는 전자 의사소통 기기와 읽기 및 쓰기 교육을 위한 문자를 제공받았다. 부모와 Jessica 모두 도구적 의사소통보다 손짓 기호의 자발성과 접근성을 선호하여 일상적인 의사소통에서 손짓 기호를 계속 사용했다. 대부분의 언어발달장애 아동과 마찬가지로 Jessica는 발달 언어 지원 그룹에 속해 있었으며 음성 언어에서 상당한 진전을 보였다(3장 참조). 그녀는 구어가 부족하거나 자신의 말을 이해하지 못할 때 계속해서 손짓 기호를 사용하여 말을 보완했다(Light et al., 2021).

중등도의 지적장애 13세 남학생은 손짓 기호 사용을 선호했지만 작은 전자적 보조 기기에 짧은 메시지를 쓸 수 있었고, 손짓 기호를 모르는 사람들을 만났을 때 사용했다. 그는 또한 사람들에게 손짓 기호를 아는지 서면으로 먼저 물어보는 법을 배웠다. 대답이 긍정적이면 그는 손짓 기호를 사용하기 시작했고, 이는 그에게 더 빨랐다. 대답이 부정적이면 그는 계속 글을 썼다. 그는 손짓 기호와 쓰기에서 거의 같은 어휘력을 가지고 있었는데, 300단어가 조금 넘었다(Reichle & Ward, 1985).

총체적 의사소통(tatal communication)의 핵심은 가능한 모든 수단을 활용하는 것이다. AAC가 필요한 많은 아동은 손짓 기호와 그래픽 상징을 모두 배울 수 있겠지만, 일부는 두 가지 양식 중 하나를 선호하거나 두 가지 양식에서 다소 다른 어휘를 사용할 수 있다(Achmadi et al., 2014; Tincani, 2004). 이렇게 하면 의사소통이 더 유연해지고 다양한 상황과 다양한 사람들과의 관계에서 더 잘 대처할 수 있다. 자폐범주성장애 청년이 자신이 선호하는 의사소통 방식인 손짓 기호뿐만 아니라 그래픽 상징을 사용하여 문장으로 자신을 표현한 사례가 총체적 의사소통 접근법의 긍정적인 영향을 잘 보여 준다. 그는 음성 출력 기능이 있는 전자적 의사소통 기기에서 단어의 철자를 입력할 수 있었고, 키를 누르기 전에 한 손으로 국제 지문자(international manual alphabet)를 사용하여 각 글자를 만들었다. 따라서 전문가가 구어가 거의 또는 전혀 없는 아동의 언어발달을 지원하기 위해 교육과정의 일부로 손짓 기호 및 다양한 그래픽 상징 체계를 모두 갖추어야 하는 이유는 여러 가지가 있다.

손짓 기호

청각장애 아동 교육과 관련하여, 어떤 수어 또는 손짓 기호 체계가 다른 체계보다 배우기 더 쉽거나 어렵다는 증거는 거의 없다. 그러나 개별적으로 수행하기 쉬운 수화와 더 어려운 수화가 있다. 전형적인 발달을 보이는 어린 아동들이 많은 구어를 미숙하게 발음하는 것과 비슷한 방식으로 아동은 손짓 기호를 할 수 있다. 실행증(자발적 행동 수행의 어려움) 또는 다른 형태의 운동장애가 있는 사람의 경우, 손짓 기호는 수행하기 쉬워야 한다. 그러나 한 사회에서 일반적으로 사용되는 많은 손짓 기호는 복잡하지만 소근육 장애가 있는 개인이 수행하기 쉽도록 단순화할 수 있다(Bonvillian et al.,, 2020a,b; Grove, 1990). 이것은 효과가 있었다.

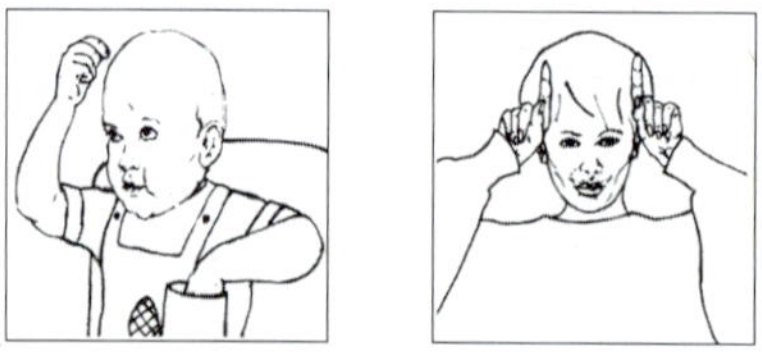

손짓 기호: COW(아동), COW(성인)

말을 따라가는 손짓 기호 체계는 구어의 굴절을 반영할 수 있으며 이러한 굴절이 포함되면 많은 기호가 다소 복잡해질 수 있다. 자연발생적인 수어(Natual Sign Language, NSL)에도 굴절이 있다. 복잡성은 손짓 기호 체계에 의존하기보다는 굴절의 정도에 따라 달라진다. 교육 초기 단계에서는 굴절을 사용할 필요가 없다. 그러나 지적장애 아동은 예를 들어 더 작거나 더 큰 움직임을 만드는 등 손짓 기호의 표현을 수정하여 의미를 더 정확하게 만드는 방법을 배울 수 있다(Rudd et al., 2007).

그래픽 의사소통 상징

도구적 의사소통자를 위한 그래픽 체계를 선택할 때는 여러 가지 요인이 중요하다. 언어 및 인지 능력은 아동이 어떤 종류의 그래픽 체계로 시작할지 선택하는 데 결정적인 역할을 한다. 예를 들어, 블리스 상징은 PCS 및 PIC와 같은 픽토그램 체계보다 인지 및 언어 이해력이 더 많이 요구되므로 픽토그램 체계로 시작하는 것이 일반적이다.

대부분의 도구적 의사소통자는 컬러 그래픽 상징을 사용한다. 그러나 픽토그래픽 자료를 사용할 때는 그래픽 표현을 구별할 수 있는 개인의 능력을 평가해야 한다. 색맹은 전형적인 발달을 보이는 아동, 특히 남자 아이에게 흔하며(Simunovic, 2010), 일부 개인은 색각이 완전히 결여된 무채색증(Haque et al., 2018; Sacks, 1996)을 가지고 있기도 하다. 교사가 강하게 인식할 수 있는 색상 대비가 색맹인 개인에게는 보이지 않을 수 있다. 감각장애는 일반적인 발달장애가 있는 사람보다 지적장애가 있는 사람에게 더 흔하다. 이들은 색맹이거나 다른 이유로 색 정보를 활용하지 못할 수 있으며(Misra et al., 2019), 세부 사항이 너무 많으면 시각적 지각에 어려움을 겪을 수 있다(Ego et al., 2015). 이러한 사람들은 대비가 큰 흑백 그래픽 상징이 필요할 수 있다. 또한 그림에 대한 인식과 관련하여 상당한 문화적 차이가 있다. 일부 문화권에서는 흑백 그림은 이해하지만 컬러 사진을 인식하지 못하는 사람들이 있다(Stephenson & Linfoot, 1996). 따라서 사용자가 의사소통 보드 또는 기기에서 상징 간의 차이를 인식하고 이해할 수 있도록 컬러 대신 흑백 상징 체계를 선택하는 데는 여러 가지 이유가 있을 수 있다. 그러나 컬러 상징을 사용하도록 교육받은 개인이 상징을 잘 인식하고 식별할 수 있으면 컬러 상징을 사용할 수 있다.

수년 동안 그래픽 상징 체계의 특성과 학습이 얼마나 쉽고 빠른지에 대한 상당한 논의가 있어 왔다(Barton et al., 2006; Fuller and Lloyd, 1987; Schlosser, 1997a, b). 픽토그래픽 체계와 표의문자 체계 중 하나를 선택하는 경우가 많았다. 실험 연구에 따르면 PCS의 그림 상징이 블리스 단어보다 학습 속도가 더 빠르다는 사실이 밝혀졌다(Alant et al., 2005; Clark, 1981, Mizuko, 1987)(6장 참조). 배우지 않고 블리스 단어의 의미를 유추하는 것이 얼마나 쉬운지는 사람마다 다르다(Bornman et al., 2009; Krstic & Littorin, 2014). 그러나 초기 학습이 빠르다고 해서 그래픽 체계가 장기적으로 더 유용하다는 것을 의미하는지는 확실하지 않다. 블리스 상징은 가장 진보된 그래픽 의사소통 체계이며, 3세 아동의 경우 블리스 단어를 배우는 데 시간이 조금 더 걸릴 수 있지만, 블리스 단어가 픽토그래픽보다 실제 의사소통에서 더 기능적일 수 있다.

구어 표현이 거의 또는 전혀 없는 사람이 몇 가지 상징을 얼마나 빨리 학습하고 단기간에 어떻게 기억하는지에 대한 실험적 연구가 있다. 그러나 다양한 의사소통 체계의 그래픽 의사소통 상징이 청각장애인의 일상 생활에서 시간이 지남에 따라 어떻게 기능하는지에 대한 연구는 아직 없다. 또한 일반적인 구어 발달에서 어휘의 성장은 첫 단어가 나타난 후 몇 달 동안은 다소 느리다(Harris, 1992). 일반적으로 두 번째 생일이 가까워지면 상당히 빠른 성장이 이루어진다(MacWhinney, 2015).

중증 지적장애인은 블리스 상징 체계를 배우는 데 어려움을 겪을 수 있다. 지적장애인에게 블리스 단어를 가르치는 실험은 제한된 수의 간단한 블리스 단어만 사용하는 경우를 제외하고는 그다지 성공적이지 못했다. 이 사용자 그룹은 더 단순하고 그림이 많은 체계를 학습하는 것이 더 큰 도움이 될 수 있다. 블리스 상징을 사용함으로써 가장 많은 것을 얻은 대상은 상대적으로 인지 능력이 좋고 언어장애가 있으며 읽기 및 쓰기에 어려움을 겪는 아동이다(McNaughton, 2003, 2013). 또한 자폐범주성장애가 있고 인지 능력이 비교적 우수한 아동의 경우, 블리스 상징을 사용하면 의사소통과 개념 발달에 도움이 될 수 있으므로 이 그룹에게 긍정적인 교육적 기회가 될 수 있다(Alant et al., 2013; Jennische, 1988).

블리스 상징은 포괄적이지만 그다지 복잡하지는 않으며, 이 체계의 유용성은 적절한 교육에 달려 있다(Jennische & Zetterlund, 2015). 블리스 상징을 배우는 아동은 일반적으로 구어에 대한 이해도가 높으며, 일반적인 교수 전략은 일반적인 제2외국어 교육과 유사하게 블리스 단어가 해당하는 구어를 말하는 것이다. 그러나 아동이 이 체계를 완전히 이해하려면 블리스 문자, 블리스 표시어 및 블리스 상징 전략의 의미와 기능, 그리고 이들을 결합하여 새로운 의미를 구성하는 방법을 설명할 필요가 있다. 교사가 블리스 단어의 어휘를 간단히 명명하는 것만으로도 아동은 하나의 블리스 문자 또는 매우 간단한 조합으로 블리스 단어를 배우기에 충분할 수 있다. 보다 복잡하고 추상적인 블리스 단어의 학습을 촉진하려면 교사는 *BIRTH*(출생)와 *PARENT*(부모) 모두 블리스 단어 *PROTECTION*(보호)([그림 1.5] 참조)을 포함한다는 사실과 같이 블리스 단어에서 각 요소의 의미와 그 기능에 대한 철저한 설명을 아동에게 제공하는 것이 중요하다(Schlosser & Lloyd, 1997; Shepherd & Haaf, 1995). 이는 아동이 다양한 의미를 구성하는 법을 배우는 데 도움이 되며, 블리스 상징 체계를 유연하고 창의적으로 사용할 수 있는 역량을 키우는 데 기여한다.

중재자들은 때때로 *HOUSE*(집)에 문과 창문을 그리는 등 언급된 범주의 예시처럼 보이게 하는 세부 사항을 추가하여 블리스 단어를 더욱 그림처럼 만들려고 시도한다. 이 아이디어는 어린 아동과 지적장애인이 개별 블리스 단어를 더 쉽게 기억할 수 있도록 하기 위한 것이지만(Raghavendra & Fristoe, 1990, 1995), 추가된 그림 세부 사항은 블리스 상징의 일반적인 원칙에 방해가 된다. 국제 블리스 상징 의사소통(Blissymbolics Communication International)은 체계의 유연성과 유용성을 감소시킬 수 있으므로 블리스 단어를 더 비유적으로 만드는 것을 권장하지 않고 있다. PCS 또는 PIC와 같은 그림 체계에서 시작하여 사용자가 이에 대한 발달 준비가 된 것처럼 보일 때 점진적으로 블리스 단어로 진행하는 것이 더 나을 수 있다.

인지 능력이 좋은 학령전기 아동의 경우, 동일한 그림 상징 체계를 계속 사용해야 할지 아니면 블리스 상징, 민스피크 또는 위짓 같은 고급 체계로 변경해야 할지에 대한 질문이 종종 제기된다. 블리스 상징으로 변경하는 것이 도움이 될 수 있는 일부 아동들은 교사가 이 체계를 배우는 데 시간이 너무 많이 걸리고 다른 활동에 방해가 될까 봐 이 체계를 도입하지 않는다. 심한 언어 및 운동장애를 가진 초등 2학년 남학생의 교육에 대해 인터뷰한 한 교사는 PIC를 사용하던 남학생이 5세였을 때의 일을 회상했다:

> "여전히 어휘력과 의사소통 능력을 확장해야 할 필요성이 있었어요. 그런 다음 읽기와 쓰기에 대한 문제와 그와 관련된 그의 가능성도 살펴봐야 했어요. 그렇다면 시간을 어떻게 보내야 할까요? 만약 아이가 블리스 상징을 배운다면 놀이에 할애할 수 있는 시간이 얼마나 남을까요? 이것이 진짜 문제였어요. 만약 아이가 1학년이 되기 전에 픽토그램에서 읽기까지 빠르게 넘어갈 수 있다면, 우리는 블리스 상징을 가르치는 데 시간을 할애하지 않을 거예요. 놀이에 활용하면 되죠."
> (von Tetzchner, 1997a, p. 229)

위에서 인용한 교사는 놀이의 중요성을 인정하면서도 언어 및 운동장애가 있는 아동의 경우 언어가 대화뿐만 아니라 놀이 참여의 핵심이 될 수 있다는 사실을 간과한 것 같다. 구어를 비교적 잘 이해하는 어린 도구적 의사소통자 중에도 중증 운동장애가 있는 경우가 많으며, 이들에게 언어는 최고의 기술인 경우가 많다. 이들은 놀이 및 기타 활동을 포함하여 스스로 할 수 없는 행동을 다른 사람에게 지시하기 위해 언어를 사용할 수 있다(10장 참조). 따라서 아동이 사용할 수 있는 가장 진보된 의사소통 체계의 발달을 지원하면 아동이 놀이 및 기타 사회적 상호작용에 참여할 수 있는 최상의 기회를 갖게 된다. 만약 도구적 의사소통자가 자신의 능력보다 덜 발달된 체계에 의존해야 한다면, 그 결과 글자쓰기를 할 수 있을 때까지 표현 언어 발달이 불필요하게 오랫동안 정체 상태에 머물게 될 수 있다. 철자를 외울 수 있는 사람은 단어를 일일이 기억할 필요 없이 무제한으로 단어를 접할 수 있다. 그러나 언어 및 운동 장애가 있는 아동은 읽기 및 쓰기 장애가 발생할 위험이 있다(Smith, 2005). 처음 철자를 쓰는 단어부터 대부분의 일반 단어를 쉽게 철자할 수 있는 철자 능력 수준에 도달하기까지 몇 년이 걸릴 수 있다(8장 참조). 이 아동은 일반적으로 철자 쓰기보다 블리스 단어와 위짓 심볼을 배우기 쉬우며, 그림 의사소통 상징과 글자 쓰기 사이의 중간 단계로 사용할 수 있다. 고급 형태의 그래픽 의사소통에 대한 접근성이 부족하면 일반적인 언어 발달이 느려질 수 있다.

그래픽 상징체계에서 일반적으로 제공되는 어휘는 각 사용자에게 충분하지 않을 수 있다. 체계를 구성하는 상징을 선정하는 데 많은 노력을 기울였음에도 불구하고 어휘는 제안 사항으로 간주해야 한다. 개별 도구적 의사소통자의 생각, 관심사 및 필요에 따라 의사소통 도구의 그래픽 상징 선택이 결정되어야 한다. 선택한 단어에 해당하는 그래픽 상징이 없는 경우 새로운 그래픽 상징을 디자인할 수 있다. 그래픽 의사소통 상징의 언어적 기능을 강조하기 위해 직접 만든 상징이 개인이 사용 중인 의사소통 체계에 이미 존재하는 그래픽 상징과 유사하면 도움이 될 수 있다. 그러나 여러 가지 체계의 그래픽 상징을 혼합해서는 안 될 이유는 없다. 하나의 의사소통 체계만 사용해야 하는 마법의 체계는 존재하지 않는다. 픽토그램의 수는 제한되어 있으며, 심볼스틱스나 ARSAAC 등의 상징으로 보완해야 할 수도 있다. 아동은 다양한 체계의 그래픽 상징을 사용할 수 있으며 새로운 그래픽 상징이 필요할 때 특정 체계 중 하나의 상징을 선호할 수 있다. 따라서 선택이 쉬워진다. PCS와 PIC가 사용자에게 너무 제한적일 경우, 블리스 상징 체계로 점진적으로 전환하기 위한 시작점으로 PIC 또는 PCS의 상징 사이에 블리스 단어를 배치할 수 있다. 블리스 단어는 일반적으로 PCS나 PIC보다 더 폭넓게 사용되므로 사용자에게 더 효율적이고 유용한 도구가 될 수 있다. 블리스 단어는 더 복잡하지만 사용자가 PIC, PCS 또는 기타 다른 그림상징 체계를 초기에 사용하면서 습득한 의사소통 및 언어 능력을 기반으로 한다.

유형 상징

시각장애가 없는 사람들에게 가장 일반적으로 사용되는 유형 상징은 아마도 사물과 사물의 모형과 같은 참조 대상(object reference)일 것이다. 이러한 상징은 일반적으로 개인의 환경에 있는 사물 중에서 선택되며 그 의미는 고유한 경향이 있다(Bloom, 1990). 그러나 아동이 사물을 가지고 다니는 것은 비실용적인 경우가 많기 때문에 훈련이나 루틴 외에는 사물을 사용할 가능성이 적다. 또한 어린 아동은 그래픽으로 표현할 때보다 사물이 그 자체가 아닌 다른 것을 상징한다는 것을 이해하는 데 더 큰 어려움을 겪을 수 있다(DeLoache et al., 1998). 일반 사물과의 혼동을 피하기 위해 가능한 한 빨리 그래픽 상징 또는 손짓 기호로 변경하는 것이 좋다. 중증 시각장애인은 시각적 지원 없이도 촉각적으로 구별할 수 있는 상징(또는 손짓 기호)이 필요하다(Mathy-Laikko et al., 1989). 일반적으로 사용 가능한 유형 체계가 없기 때문에 대부분의 학교와 기관은 개별 사용자에 대한 요구와 지식에 기반하여 개별 맞춤형 세트를 만들어 사용한다.

매일 일상에서의 사용

개인의 능력 및 학습과 관련된 요소를 평가한 결과 어떤 손짓 기호 또는 그래픽 상징 체계가 가장 적합한지 알 수 없는 경우, 개인의 환경이 갖는 특정한 측면과 같은 다른 조건에 더 많은 가중치를 부여할 수 있다. 가족이 손짓 기호 학습에 긍정적이지 않고 그래픽 상징을 선호하거나 그 반대의 경우도 있을 수 있다. 이동성, 많은 어휘, 많은 사람이 쉽게 이해할 수 있는 것에 대한 욕구는 AAC 체계를 선택할 때 종종 모순되는 경우가 많다. 우선순위를 두어야 하는 것은 체계를 사용할 개인에 따라 다르다. 읽고 쓸 수는 없지만 인지 및 사회적 기능이 뛰어나고 친구나 대인관계가 많으며 새로운 사람을 자주 만나는 청소년의 경우 그래픽 체계가 가장 유용할 수 있다. 자폐범주성장애 및 지적장애가 있고 집, 학교 또는 기관 외부의 사람들과 거의 접촉하지 않는 아동 또는 청소년의 경우 손짓 기호가 가장 적합할 수 있다. 주변 사람들은 손짓 기호를 이해하고 표현하는 방법을 배울 수 있으며, 청소년은 의사소통 보드나 기기를 항상 휴대할 필요가 없다. 개인에게 제공되는 AAC 체계는 다른 사람과 의사소통하는 데 결정적인 영향을 미칠 수 있다. 체계 선택은 철저한 평가를 바탕으로 이루어져야 하며(4장 참조), 전문가는 AAC가 필요한 개인에게 사회적 상호작용과 사회 참여를 위한 최상의 가능성을 제공하는 의사소통 수단을 제공하기 위해 창의적이고 실용적인 태도를 갖춰야 한다.

2장

의사소통 도구

'의사소통 도구(communication aids)'는 사람이 자신을 표현하도록 돕는 보조도구를 나타내는데, 여기에는 의사소통을 돕는 데 사용된 기구(tools)와 자료를 포함한다. 비전자적 도구와 다양한 수준의 복잡성을 가진 전자적 도구가 포함된다(〈표 2.1〉 참조). 비전자적 의사소통 도구는 종이, 플라스틱, 다른 견고한 자료 등이고, 전자적 의사소통 도구는 대면 의사소통 또는 표준 컴퓨터, 태블릿, 스마트폰 등에 사용되는 의사소통 소프트웨어에 맞게 특별히 고안된 기기이다. 의사소통 도구는 오랫동안 사용되어 왔지만, 의사소통 도구의 발달과 사용은 컴퓨터 기술의 보편적 사용에 기초하여 특별한 주목을 받아왔다(Hourcade et al., 2004; Vanderheiden, 2002). 2000년 이후, 의사소통 기술은 더 접하기 쉬워지고 저렴해졌다(Tönsing et al., 2022a,b). 기술은 교육적 목적이나 단어와 문법의 학습 촉진 등에 따라 다른 방식으로 사용된다(Cook et al., 2020; Morel & Spector, 2023; Shadiev & Yang, 2020). 이런 기술은 의사소통 도구를 사용하는 아동의 교육에도 사용되나, 전자적 의사소통 도구 자체는 교육 수단이 아니라 언어를 구성하기 위한 수단이다.

의사소통 도구는 견고하고 휴대가 가능해야 하며, 그럼으로써 다양한 상황에서 접근할 수 있어야 한다. 비전자 및 전자적 의사소통 도구는 유아 또는 근력이 약한 아동이나 성인의 경우 휴대가 어려울 수 있다. 휠체어 사용자는 의사소통 도구를 휠체어의 선반에 장착할 수 있으므로 일반적으로 의사소통 도구를 휴대하는 것이 더 쉽다. 음성출력 전자기기는 사용자가 음성에 접근하도록 해 주고 소셜 미디어에 접속하게 해 주지만, 도구를 사용하는 일부 의사소통자는 일상적인 의사소통에서 비전자적 의사소통 보드나 의사소통 책을 더 선호한다. 왜냐하면 비전자적 보드나 책은 어떤 유형의 날씨라도 견딜 수 있고, 종종 사용이 효율적이며, 휴대하기가 더 쉽기 때문이다(Iacono et al., 2011; Smith et al., 2010). 다른 의사소통자는 환경에 따라 전자적 장치와 비전자적 장치의 조합을 선호하는데, 예를 들어 덜 친숙한 의사소통 대화상대자와 소통할 때는 전자적 장치를 사용하고, 친숙한 상대방과 빠르고 일상적인 의사소통을 할 때는 비전자적 장치의 사용을 선호한다.

모든 의사소통 도구의 기능은 제한된 말에도 불구하고 사용자가 자신을 표현할 수 있게 하는 것이지만, 보조도구의 물리적 형태, 작동, 내용 및 출력에는 상당한 차이가 있다. 따라서 개인을 위한 의사소통 도구의 선택은 접근 방법과 출력 양식뿐 아니라 소근육 운동 기술과 같은 사용자의 특징, 레이아웃의 복잡성, 비전자 및 전자적 보조도구의 유용성, 보조도구 안에서 상징의 위치를 찾는 것 등에 대한 평가를 기반으로 해야 한다. 또한 시간 사용, 이동성 및 의사소통 상대자의 역할과 같은 의사소통 도구의 사용과 관련된 몇 가지 특별한 이슈가 있다.

의사소통 도구의 유형 및 하위 유형

의사소통 도구에는 두 가지 주요 유형이 있는데, 전자적 및 비전자적 도구이다. 각 유형 내에는 몇 가지 하위 유형이 있다(〈표 2.1〉). 하위 유형은 페이지 및 어휘 항목의 수와 복잡성의 수준이 다르다([그림 2.1]). 어휘 항목의 수는 아동이 다른 의미를 표현하는 능력에 영향을 준다. 어린

표 2.1 의사소통 도구의 주요 분류와 유형

분류	유형	설명
비전자적	상자(박스)	개별 그래픽 상징, 사진, 선화 또는 사물이 든 상자로, 도구적 의사소통자 또는 의사소통 상대자에게 보여 주거나 건네줄 수 있음.
	폴더	벨크로가 붙은 그래픽 상징, 사진, 선화, 코팅된 숫자나 단어 카드 등이 든 여러 장의 폴더로, 도구적 의사소통자 또는 의사소통 상대자에게 보여 주거나 건네줄 수 있음.
	보드(판)	만화나 다른 고체 재료의 차트로, 그래픽 상징, 사진, 선화, 사물, 숫자, 철자나 단어가 들어 있고, 안정적인 위치에 조직됨.
	책	그래픽, 사진, 선화, 숫자, 철자나 단어, 어휘가 담긴 여러 쪽의 책으로, 안정적인 위치에 조직되고, 목차가 맨 앞쪽과 각 페이지의 윗부분에 탭으로 안내되어 쉽게 찾을 수 있음.
전자적	단일 메시지 도구	한 개의 단어나 문장을 미리 녹음해 두는 간단한 기기로, 새로 녹음할 때마다 내용을 바꿀 수 있음. 누르면 메시지가 나오는 키 위에 그래픽 상징, 사진, 선화 등으로 표시할 수 있음.
	제한된 메시지 도구	두 개 또는 그 이상의 단어나 문장을 미리 녹음해 둘 수 있는 간단한 기기로, 새로 녹음할 때마다 내용을 바꿀 수 있음. 누르면 메시지가 나오는 키 위에 그래픽 상징, 사진, 선화 등으로 표시할 수 있음.
	기계적 도구	그래픽 상징, 사진, 선화를 나타내기 위해 전자 스위치로 작동되는 화살표나 조명이 있는 보드.
	화면 기반 도구	그래픽 상징, 사진, 선화, 문자나 단어가 있는 전자기기로, 화면에서 메시지를 선택하거나 구성하기 위해 직접 터치하거나 스위치를 사용하여 작동시킴.
	음성 산출 전자기기	키보드나 화면에서 그래픽 상징, 사진, 선화, 문자나 단어를 터치하는 의사소통 전용 기기로, 안정적인 위치에 조직되고, 전자화되거나 합성된 음성으로 출력됨.
	음성 산출 컴퓨터 기기	그래픽 상징, 사진, 선화, 문자나 단어가 동적으로 디스플레이되는 전자기기로, 안정적인 위치를 가진 도메인에서 구성됨. 화면에 메시지를 선택하거나 구성하기 위해 눈 응시, 직접 터치, 스위치를 사용하여 작동하고, 전자화되거나 합성된 음성으로 출력됨.

	단일 상징	주제(토픽) 보드	의사소통 책/ 다이나믹 디스플레이
종이 기반 도구			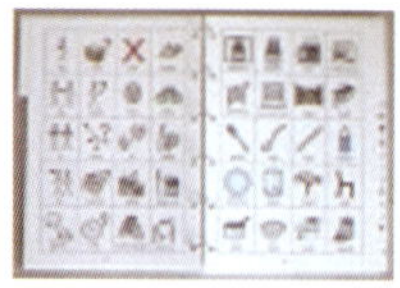
전자 기반 도구			

[그림 2.1] 다양한 수준의 복잡성(complexity)을 가진 전자적 및 비전자적 의사소통 도구

아동의 경우, 넷 중 하나를 선택하는 것이 둘 중 하나를 선택하는 것보다 더 어렵다. 네 개의 그래픽 상징에서 선택하는 것보다 더 큰 의사소통 폴더나 책에서 그래픽 상징을 선택할 때 더 많은 인지 자원이 필요하다(이는 또한 평가에도 적용된다, 4장 참조). 그러나 불필요하게 아동의 의사소통을 제한하지 않는 것이 중요하다. 의사소통 도구는 항상 아동이 상황에서 실제로 다룰 수 있는 만큼의 어휘 항목 개수를 포함해야 한다.

비전자적 도구를 사용하는 의사소통과 전자적 도구를 사용하는 의사소통 간의 차이는 절대적이지 않다. 대부분의 전자적 도구를 사용하여 의사소통하는 사람은 전자적 도구가 적합하지 않은 상황이나 보다 제한적인 어휘가 필요할 것 같은 상황에서 사용하기 위해 비전자적 의사소통 도구를 갖고 있고, 장비 고장 시 백업으로도 사용한다.

비전자적 의사소통 도구

비전자적 의사소통 도구에는 그래픽 상징, 그림, 사진, 문자, 단어, 숫자 또는 문구가 있는 상자, 폴더, 보드 또는 책 등이 있다(〈표 2.1〉 참조). 의사소통 도구가 없는 중도 지적장애 아동에게 처음에는 장난감, 음식, 활동 중 하나를 선택할 수 있는 두세 개의 그래픽 상징을 보여 준다(7장 참조). 학교에서 아동은 플라스틱이나 카드, 틀에 벨크로(velcro)로 붙여놓은 상징 중에서, 또는 그래픽 상징이 나타나는 다른 장치 등에서 그래픽 상징 *BALL*(공) 또는 *BOOK*(책)을 선택하여 공놀이 또는 책 보기를 선택할 수 있다. 집에서 아동은 그래픽 상징 *BOOK*(책)과 *TV*(텔레비전)에서 비슷한 선택을 할 수 있고, 학교에서 돌아왔을 때 그래픽 상징 *BANANA*(바나나)와 *APPLE*(사과) 사이에서 비슷한 선택을 할 수 있다. 두 개 이상의 그래픽 상징을 보여 줌으로써

제한된 선택을 하게 하는 이 방법은 아직 한 번에 여러 개의—일반적으로 열 개 미만—다른 상징에 주의를 기울이지 못하는 초기의 도구적 의사소통자(emerging aided communicators)에게 가장 적합하다. 또한 의사소통 메시지를 명확히 하기 위해 다른 사람에게 그래픽 상징을 물리적으로 건네는 방법이 도움이 되는 의사소통자에게도 유용하다(p. 243 참조).

PCS: *BALL, TV*

일부 아동에 있어서 의사소통의 다음 단계는 **의사소통 상자**이다. 상자에는 그래픽 상징이나 사진이 있는 개별 카드가 들어 있다. 아동이 사용하도록 의사소통 상자를 가져오는 사람은 대부분 성인이다. 아동은 의사소통 상대자에게 선택한 항목을 보여 주거나 건넨다. 성인 또한 아동에게 제한된 선택을 제시하기 위해 같은 항목을 사용한다. 한 아동이 한동안 놀이 가방을 사용했는데, 이 가방은 아이가 무엇인가를 요구하고 싶을 때 가져오는 것이다([그림 2.2]). 그러나 **의사소통 폴더**를 사용하는 것이 더 일반적인데, 이것은 그래픽 상징을 벨크로로 각 페이지에 붙일 수 있는 소책자이다. 아동은 하나 이상의 항목을 의사소통 상대자에게 보여 주거나 건네주거나 메시지가 구성된 접이식 페이지에 배치할 수 있다([그림 2.3]). 성인도 폴더에서 항목을 꺼내서 아동에게 제한된 선택을 제시할 수 있다.

도구적 의사소통자는 자신을 표현하기 위해 그래픽 상징을 가리키거나 나타낼 수 있고, 더 많은 수의 어휘를 갖기 시작하면 일반적으로 어휘 항목이 고정된 위치에 있는 **의사소통 보드**나 **의사소통 책**이 더 효율적이다. 의사소통 보드의 고정된 위치에 그래픽 상징을 두는 것은 의사소통 속도를 증가시킬 수 있는데, 사용자가 각 항목의 위치로 이동하는 데 사용하는 운동 움직임

[그림 2.2] 의사소통 도구로서 놀이 가방

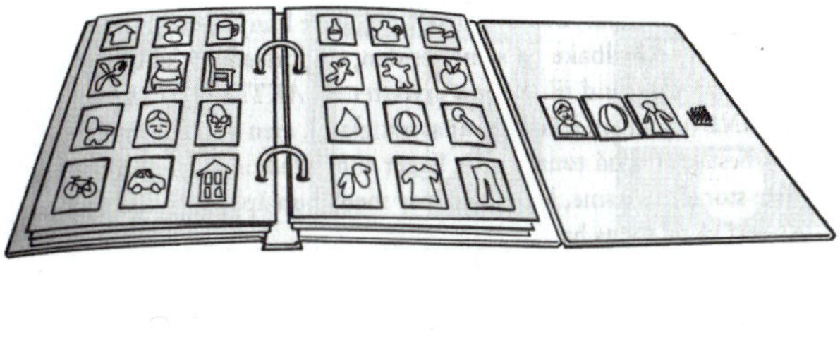

[그림 2.3] 메시지 구성을 위한 접이식 페이지가 있는 의사소통 폴더

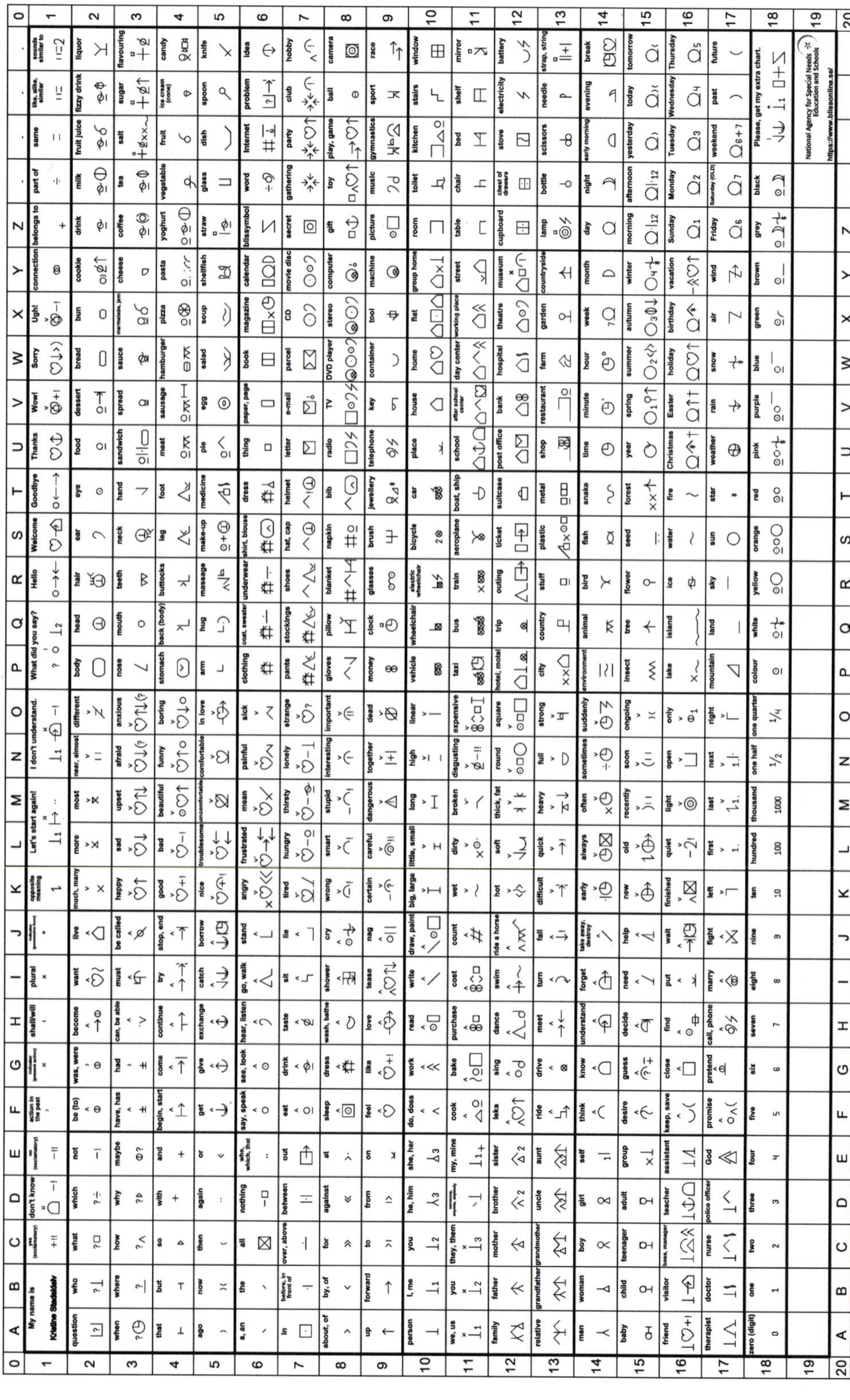

[그림 2.4] 블리스 단어 의사소통 보드

을 어느 정도 자동화하고, 더불어 그래픽 상징의 이미지와 어휘를 알기 때문이다. 예를 들어, 표준 블리스 상징 의사소통 보드에는 지역사회에서 사용되는 언어와 관계없이 항상 동일한 방식으로 구성된 약 400개의 그래픽 상징이 포함되어 있다([그림 2.4] 참조).

보드에 많은 수의 어휘 항목이 있다면, 사용 가능한 그래픽 상징에 대한 좋은 개요를 도구적 의사소통자에게 제공할 것이다. 사용자가 좋은 시력과 소근육 운동 기술을 갖고 있다면 효율적으로 그래픽 상징을 찾는 데 도움이 된다. 그러나 그래픽 상징이 너무 작다면 소근육 운동장애가 있는 도구적 의사소통자는 상징 접근이 어려울 수 있다. 한 가지 해결책은 그래픽 상징을 그룹 지은 후에 각 그룹 안에 각각의 상징을 부호화하는 것이다. 예를 들어, 색 부호화를 사용해서 사용자는 먼저 그래픽 상징이 어떤 상징 그룹에 속하는지 표시한 후, 그 그룹에 있는 해당 상징의 색깔을 나타낸다([그림 2.8] 참조). 또 다른 해결책으로 숫자만 포함하는 보드나 단어 목록(the glossary)을 나타내는 다른 형태의 부호화를 사용할 수 있다. 이 부호는 도구적 의사소통자에게 그가 도달할 수 있는 것보다 더 많은 수의 그래픽 상징, 단어, 문구를 표현하는 수단을 제공할 수 있지만, 사용자는 많은 것을 기억해야 한다. 또 다른 해결책은 여러 페이지가 있는 의사소통 책이 될 수 있는데, 일부 아동에게는 첫 번째 의사소통 도구가 책이다.

의사소통은 선택하기 이상의 것이다. 개인의 AAC 어휘가 늘어감에 따라(8장 참조) **의사소통 책**을 구성해야 할 수도 있다. 의사소통 책은 여러 페이지로 구성할 수 있는데, 어휘는 (1) 상징 범주(예: '사람', '장난감', '음식', '장소' 및 '활동'), (2) 화용론적 기능(예: '말하기', '질문하기', '요구하기'), (3) 품사 분류(예: '명사', '동사' 및 '형용사'), (4) 철자(예: 용어의 첫 글자 뒤에 동사 구성하기), (5) 주제(예: 동작 수행과 가장 많이 관련된 신체 부분 뒤에 동사 구성하기) 등으로 구성될 수 있다. 많은 의사소통 책이 PODD(Pragmatic Organization Dynamic Display, Porter & Cafiero, 2009)와 같은 영역의 조합을 사용한다.

[그림 2.5] 인텍스 탭을 가진 의사소통 책

이 의사소통 책에서 어휘 항목은 고정된 위치에 있고, 첫 페이지에는 일반적으로 다른 페이지에 대한 인덱스가 포함되어 있으며, 각 페이지에는 인덱스 상징이 표시된 탭이 있다([그림 2.5]). 이를 통해 도구적 의사소통자(및 의사소통 상대자)는 의사소통 책에서 더 빠르고 효율적으로 찾을 수 있다. 사용자가 페이지를 넘기는 도움이 필요한 경우, 모든 페이지에 그래픽 상징 *FRONT PAGE*나 *NEXT PAGE*(다음 페이지)와 같은 화면 이동 탐색 상징(navigation symbol)을 넣을 수 있다. 어떤 의사소통 책은 페이지의 왼쪽에는 사람(예: *MOTHER*(어머니), *FATHER*(아버지), *TEACHER*(선생님)), 대명사(예: *I*(나), *YOU*(너), *THEY*(그들)), 감정(예: *HAPPY*(행복하다), *TIRED*(피곤하다), *PAIN*(아프다)), 동사(예: *PLAY*(놀다), *LOOK*(보다), *FETCH*(가져오다))와 같이 책 전체에 걸쳐 똑같은 그래픽 상징 세트를 갖는 반면, 페이지의 오른쪽에는 왼쪽과는 다른 특정 주제(예: *VEHICLE*(탈것), *DINOSAUR*(공룡), *BALLET*(발레))를 위한 어휘 항목이 제시되어 있다. 이러한 배열은 문장을 더 쉽게 구성할 수 있게 한다. 예를 들어, 그래픽 상징 *I*(나)와 *LIKE*(좋아하다)는 페이지 왼쪽에, *DANCE*(춤)와 *TV*(텔레비전)는 페이지의 오른쪽에 있으므로, *I LIKE DANCE*(나 춤 좋아하다) 또는 *MOTHER LIKE TV*(엄마 텔레비전 좋아하다)와 같은 문장을 쉽게 만들 수 있다. 전자적 의사소통 도구도 유사한 구성을 갖는다. 의사소통 책은 아동의 주요 의사소통 표현 수단이지만, 학교와 같은 일부 상황에서도 아동이 특별한 주제별 보드를 갖는 것이 보다 유용하다. 어떤 상황에서는 어린 도구적 의사소통자가 특정 상황이나 활동에 빠르게 접근하기 위해 작은 보드를 갖는 것이 더 효율적일 수 있다. 예를 들어, '참/거짓' 퀴즈를 할 경우 그래픽 상징 *YES*(예), *NO*(아니요), *DON'T KNOW*(몰라요)를 나타내는 작은 보드를 갖거나, 손 사용이 제한된 도구적 의사소통자가 또래 친구와 체스를 두거나 게임을 할 때 문자 A-H와 숫자 1-8을 나타내는 별도의 작은 보드를 갖는 것이 더 효율적이다. 그러나 게임 상대방과 대화를 할 때에는 메인 의사소통 도구를 사용할 수 있을 것이다.

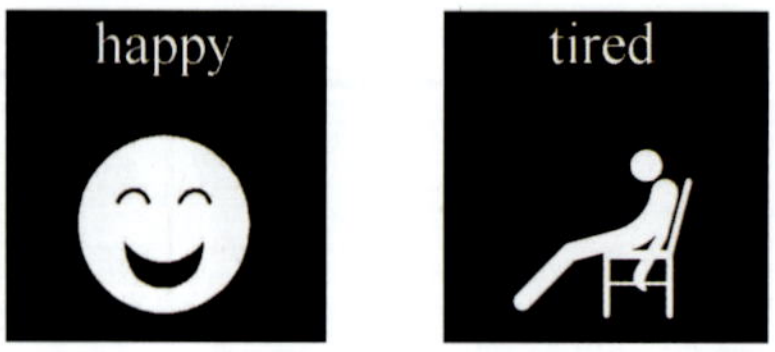

PIC: *HAPPY, TIRED*

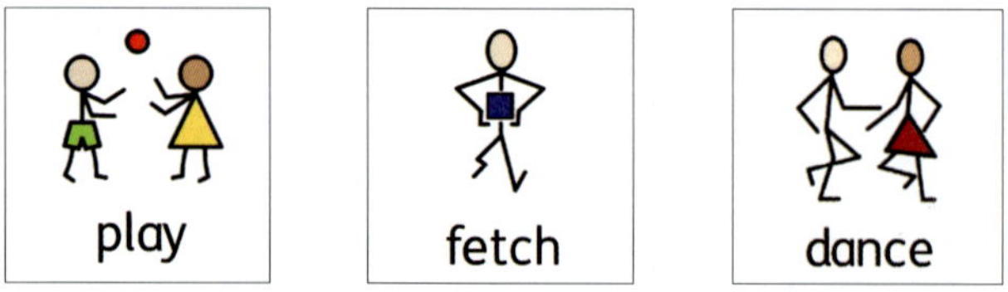

위짓 상징: *PLAY, FETCH, DANCE*

비전자적 의사소통 도구는 말이 제한되거나 말을 못 하는 개인의 표현 의사소통을 가능하게 하는 데 중요하지만, 몇 가지 단점이 있다. 도구적 의사소통자가 심한 운동장애가 있는 경우, 의사소통을 위해 보드나 책을 사용하는 데 시간이 많이 걸린다. 그래픽 상징으로 짧은 문장을 구성하는 데 몇 분이 걸릴 수도 있다(Deliberato et al., 2018). 철자를 사용하는 도구적 의사소통자가 글자판 위에 긴 발화를 생성할 때, 의사소통 상대자는 다음에 올 단어 철자가 입력되는 동안 이전에 말한 단어를 기억하는 것이 어려워 의사소통에 실패할 수 있다. 도구적 의사소통자도 다음에 올 철자, 단어, 그래픽 상징을 찾는 동안 어떤 단어를 전달했는지 잊어버릴 수 있다(p. 83 참조). 또한 의사소통 상대자가 도구적 의사소통자가 하고 있는 일에 장시간 집중하는 것이 어려울 수도 있다(Smith et al., 2010). 일반적인 대화에서 의사소통 상대자는 시선을 다른 곳으로 돌려도 대화를 따라가는 데 문제가 없다. 비전자적 도구를 사용하는 의사소통자와의 대화에서는 주의를 기울이지 않는 순간 상대방이 의사소통 표현을 이해하지 못하거나 오해하여 의사소통 중단과 좌절로 이어질 수 있다. 그러나 도구적 의사소통자와 의사소통하기 위해 요구되는 지속적인 관심은 대화 중 협력과 친밀감을 확립하는 기능도 한다(Smith et al., 2010 참조).

전자적 의사소통 도구

전자적 의사소통 도구에는 여러 가지 유형이 있으며, 전부는 아니지만 대부분 음성 출력을 사용한다(〈표 2.1〉). 일부 전자적 의사소통 도구는 '로우테크'라고 하며, 스위치나 버튼, 디지털 음성 출력과 같이 매우 단순한 기술을 갖는다. 기기는 디지털 음성으로 미리 녹음된 몇 개의 메시지를 포함한다. 메시지가 하나만 있는 장치는 추가 선택 또는 메시지 선택의 가능성이 부족하므로 사용성이 제한된다. 저장된 메시지는 일반적으로 하나나 그 이상의 버튼을 눌러서 활성화된다. 여러 개의 버튼이 있는 로우테크 도구는 그래픽 상징이나 사진과 함께 사용할 수 있다. 이 도구는 놀이 활동에서 '우리 집에 왜 왔니'나 '여우야, 여우야, 뭐하니'와 같은 맥락 기반 메시지를 표현하도록 안내할 수 있고, 그럼으로써 더 큰 그래픽 상징이나 사진 세트를 독립적으로 사용할 수 있는 기초를 만들어준다.

'하이테크' 의사소통 도구는 컴퓨터 기술을 기반으로 하며, 일반적으로 터치스크린과 합성 음성 출력이 포함된다. 일부 하이테크 기기의 중요한 특징은 눈 응시 기술을 사용하여 의사소통 도구를 작동시킬 수 있다는 점이다(Griffiths, 2020; Karlsson et al., 2019). 이것은 스위치를 사용하여 스캔하는 것보다 훨씬 더 빠르다(p. 75 참조). 하이테크 기기에는 전용 의사소통 도구와 태블릿, 스마트폰, 노트북에 사용되는 소프트웨어와 앱이 모두 포함된다. 일부 프로그램 및 앱에서는 그래픽 상징 체계를 선택하는 것이 가능하지만, 어떤 프로그램에서는 사용자가 의사소통 도구를 변경하는 경우 의사소통 상징 유형까지 변경해야 할 수도 있다(예: PCS에서 위짓 상징

(Widget Symbols)으로 변경). 그러나 텍스트에서 상징으로, 상징에서 텍스트로의 번역을 더 쉽게 하도록 그래픽 상징 체계를 통합시키고 상호 운용이 가능하게 만들려는 시도도 있다(Drafan et al., 2020; Judge et al., 2023).

의미 축약(*Semantic compacting*)은 일부 하이테크 의사소통 도구에 사용할 수 있는 특수 코딩 체계이다. 이것은 음성 합성이 필요하며, 현재 덴마크어, 네덜란드어, 영어, 프랑스어, 독일어, 노르웨이어, 스페인어, 스웨덴어에서 사용할 수 있다. 가장 일반적인 형태는 **민스피크**(*Minspeak*)이다(Baker, 1982, 1986). 사용자는 제한된 수의 그래픽 상징인 민스피크 아이콘(Minspeak icons)을 결합하여 미리 만들어진 말을 생성한다(p. 44 참조). 따라서 민스피크는 말 구성보다는 단어와 문장 선택을 위한 체계이다. 민스피크는 운동장애인뿐만 아니라 지적장애나 자폐범주성장애인을 위한 의사소통 도구로도 사용된다(Mathisen et al., 2009).

블리스 상징(*Blissymbolics*)은 사용자가 핵심 그래픽 세트를 결합하여 새로운 의미를 구성할 수 있는 발전된 상징 체계이다(p. 34 참조). 다른 그래픽 상징과 동일한 방식으로 하이테크 도구에서 사용할 수 있다. 블리스 상징은 전 세계의 모든 컴퓨터에서 블리스 문자(Bliss-character)를 사용할 수 있게 해 주는 **개념 코딩 프레임워크**(*Concept Coding Framework*)의 일부이다(Lundälv & Derbring, 2012a, b). 컴퓨터 쓰기를 위한 국제 표준인 유니코드로 블리스 단어를 코딩하기 위해 지속적으로 연구되고 있다(Unicode Consortium, 2020). 유니코드를 사용하여 블리스 문자나 기타 그래픽 상징 체계를 일반 파일로 저장할 수 있고, 이메일로 전송하여 웹 페이지에 게시할 수 있다. 유니코드를 준수하는 모든 소프트웨어는 모든 언어에서 작동한다(MacKay et al., 2007).

로우테크와 하이테크 기기는 모두 다양한 사용자 그룹에서 사용된다(Lancioni et al., 2019; Manzoor & Vimarlund, 2018; Sigafoos et al., 2016). 테블릿과 스마트폰이 저렴해지면서 하이테크 기기의 사용이 증가했고, 특히 심각한 운동장애는 없지만 말을 거의 또는 전혀 하지 못하는 개인을 위한 중재에 사용되고 있다. 이런 기기는 많은 장점이 있지만 유의할 부분도 있다. 모든 전자기기처럼 기술적인 문제가 있거나 배터리가 부족할 수 있다(Murray et al., 2020; Shepherd et al., 2009). 방수가 되거나 낮은 기온에서 다룰 수 있는 의사소통 도구는 매우 적다. 많은 도구적 의사소통자에게 로우테크 의사소통 기기가 제공되는데, 견고하고 사용하기 쉬우며 밝은 조명에서 항목을 쉽게 볼 수 있고, 메시지가 녹음되기 때문에 어떤 언어로도 음성 출력을 할 수 있어서 음성 합성기가 필요하지 않기 때문이다. 그러나 전자적 의사소통 도구를 사용하는 모든 도구적 의사소통자는 자신의 전자기기에 접속하기 어려워 의사 표현이 방해되는 상황에 대비하여 비전자적 도구가 필요하다. 더불어, 자폐범주성장애나 지적장애가 있는 일부 아동은 태블릿의 상징이 의사소통적 기능을 갖는다는 것을 이해하는 데 어려움을 가질 수 있는데, 그들이 테블릿을 게임이나 비디오 시청에 사용해 왔다면 더 그럴 것이다. 이런 대상에게는 의사소통 폴더나 책의 상징을 가리키거나 의사소통 상대자에게 신체적으로 상징을 건네는 것이 더 쉽게 이해시키는 방법일 것이다.

디지털 음성과 합성 음성

의사소통 도구에서 중요한 기술 발달은 음성 출력의 사용이다. 의사소통 도구 중 음성의 형태에는 디지털 음성과 합성 음성의 두 가지가 있다(Bendel, 2019; Venkatagiri, 2010).

- 디지털 음성(*digitalized speech*)은 사운드 샘플러의 도움으로 녹음되어 의사소통 도구의 메모리에 저장되는 자연스러운 음성이다. 사운드 샘플러는 음파(아날로그 신호)를 숫자(디지털 신호)로 변환시킨다. 음성은 이 디지털 형식으로 저장된다. 디지털 음성은 모든 언어를 기록할 수 있으므로 언어에 따라 다르지 않다. 디지털 음성을 사용하는 대부분의 전자적 도구는 제한된 어휘를 가진 로우테크이다. 디지털 음성의 장점은 좋은 음질과 방언, 나이, 성별 등의 측면에서 도구적 의사소통자에 적합한 음성을 녹음할 수 있다는 점이다. 디지털 음성의 단점은 각 단어를 녹음해야 하기 때문에 유연성이 부족하다는 점이다. 문장은 여러 단어를 선택하여 함께 묶어 나타낼 수 있지만, 문장의 억양은 전체 문장이 하나의 실체로 녹음되어야 한다.

- 합성 음성(*synthetic speech*)은 문자 조합을 음성으로 전송하기 위한 일련의 규칙을 포함하는 소프트웨어로 만들어진다(text-to-speech, TTS). 이런 규칙은 언어에 따라 달라서 각 언어는 그 언어만의 소프트웨어가 필요하다. 합성 음성을 사용한 의사소통 도구는 사용자가 쓰거나 표현한 모든 것을 텍스트에 연결된 그래픽 상징으로 말할 수 있다. 합성 음성은 자연스러운 음성보다 이해하기가 조금 더 어려울 수도 있는데 특히 소음 상황에서 더욱 그렇다. 그러나 대부분의 언어에서 합성 음성의 품질은 좋고, 정기적으로 사용하면 사람이 다른 방언에 적응하듯 의사소통 상대자는 합성 음성에 익숙해진다(Higginbotham, 2010; Pinkoski-Ball et al., 2012). 그러나 합성된 언어의 원어민이 아닌 사람이나 어린 아동은 출력된 음성을 이해하는 데 좀 더 어려움을 겪는 경향이 있다(Drager et al., 2010). 일반적인 합성 음성은 지역적 배경이나 구분되는 목소리를 반영하기 위해 사용자에게 말소리를 다양하게 제공하지는 않는다. 그러나 형제나 또래, 기증자의 음성을 전자화시킨 음성 샘플과 일반적인 합성 음성을 섞어서 개별 음성을 만들어내는 것이 현재는 가능한데(Chen et al., 2023; Creer et al., 2013; Westley, 2018), 아동의 음성은 성인의 음성보다는 좀 더 만들기가 어렵다(Georgila, 2023).

음성 생성 의사소통 도구의 사용은 뇌성마비, 지적장애 및 자폐범주성장애인을 포함한 모든 사용자 그룹의 아동과 성인의 의사소통을 향상시켜 왔다. 음성 출력은 긍정적인 사회적 결과를 낳는다. 산출된 발화는 같은 환경에 있는 사람의 언어와 더 유사하고, 도구적 의사소통자는 발화 시작 전에 의사소통 상대자와 눈을 마주칠 때까지 기다리거나 벨 또는 다른 주의를 끄는 기기를 사용해야 할 필요가 없다. 그는 대화에 참여하는 다른 사람과 같은 방식으로 말을 끊거나 시작할 수 있고, 자신이 산출한 발화를 즉시 들어서 선택한 단어나 그래픽 상징이 맞는지를 확인하고 실수를 신속하게 수정할 수 있다. 그러나 의사소통 도구의 합성 음성은 다소 단조로워서 다른 톤의 목소리로 전환할 수 있는 느낌을 표현하기는 어렵다(Pullin & Hennig, 2015). 또 다른 중요한 장점은 비장애인이 해석하거나 도움을 주지 않아도 도구적 의사소통자가 직접 음성 출력을 통해 서로 의사소통하기가 더 쉽다는 점이다.

원격 의사소통과 소셜 미디어

언어 중재는 주로 대면 의사소통으로 이루어져 왔다. 그러나 지난 수십 년 동안의 기술 발전은 원격 의사소통을 위한 새로운 길을 열었고, 도구적 의사소통자에게 소셜 미디어, 블로그, 팟캐스트 등을 통해 더 확장된 청중의 옵션을 제공해 주었다(Buchholz et al., 2020; Hemsley et al., 2017; Smith, 2019). 그래픽 상징을 사용하는 많은 수의 젊은 도구적 의사소통자는 혼자의 힘으로는 전혀 문자를 쓰지 못한다. (문자와 결합된) 그래픽 상징 쓰기 프로그램은 완전히 새로운 기회의 영역을 제공해 주었고(Parette et al., 2008), 쓰기 기술 발달을 지원한다(Hetzroni, 2013; p. 345 참

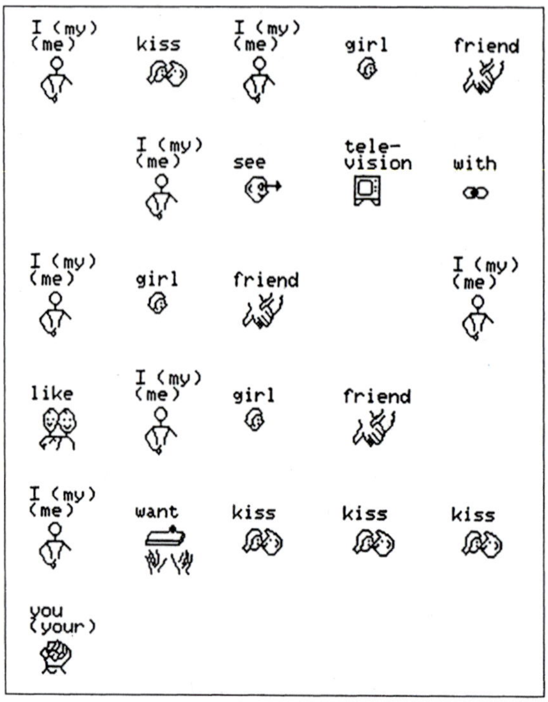

[그림 2.6] 여자 친구에게 보내는 그래픽 상징 편지

조). 이는 읽기에 어려움을 겪는 상대적으로 좋은 인지 기술을 가진 개인에게 유용할 뿐만 아니라, [그림 2.6]에 나온 것과 같이 생일 인사, 메시지 등의 편지 보내기를 즐기는 지적장애인에게도 유용하다(Hine & Arnott, 2002).

Ken은 12세로, 뇌성마비를 진단받았고, 중등도의 지적장애가 있다. 그는 말을 할 수 없었지만 구어에 대한 이해력은 좋았다. 그는 몇 개의 손짓 기호와 리버스(Rebus) 상징으로 된 의사소통 보드를 사용하고 있다. 그는 철자를 쓰지 못했다. Ken이 수정된 키보드가 있는 컴퓨터를 받았을 때, 그는 특히 여자 친구에게 편지쓰기를 시작하기까지 시간이 전혀 걸리지 않았다(Osguthorpe & Chang, 1987).

그래픽 상징으로 이메일을 쓰는 것이 가능하고(Sundqvist & Rönnberg, 2010), 메시지 앱으로 하는 의사소통이 더욱 기호 기반으로 변하고 주류 사용자와 청중조차도 문자를 적게 사용함에 따라, 도구적 의사소통자에게는 새로운 가능성이 열렸다. Skype나 Zoom과 같은 화상 통신과 웹 기반의 회의 방식은 손짓 기호나 도구적 의사소통으로 원격 의사소통을 가능하게 만들었다(Buchholz et al., 2020; Grace et al., 2019). 인터넷상의 소셜 미디어는 스마트폰, 태블릿 또는 컴퓨터를 통한 사회적 만남이 이루어지는 곳이다(Lauricella et al., 2014; O'Keeffe, 2016). 많은 수의 운동장애가 있는 도구적 의사소통자는 소셜 미디어에 참여하고자 하는 강한 열망이 있다(Hynan et al., 2015). 또한 메시지를 작성하는 데 시간이 오래 걸리는 도구적 의사소통자의 경우, 소셜 미디어를 통한 대화가 비동시성이라는 점에서 실시간보다는 장점이 있다. 소셜 미디어를 통해 그들은 충분한 시간을 갖고 의견을 표현할 수 있고, 더 평등한 입장에서 다른 사람과 의사소통할 수 있다(Caron & Light, 2017; Howery, 2018a).

보조공학의 다른 영역

많은 도구적 의사소통자는 심한 운동장애를 가지고 있으며 다른 영역에서도 보조공학을 필요로 한다(Cook et al., 2020; Lancioni et al., 2019; Oliver, 2019). 하이테크 의사소통 도구에서와 동일한 작동 양식을 교수 영역에서도 사용할 수 있다. 의사소통 도구의 역할 외에도 공학적 기기는 문제 해결, 환경 제어, 게임 및 기타 여가 활동을 수행하는 데 사용될 수 있고, 교육 도구로서도 사용될 수 있다. 문 열기, 음악이나 오디오북 틀기, 텔레비전이나 인터넷, 조명 켜고 끄기, 책의 페이지 넘기기 등의 환경 제어는 사용자의 **자존감**(*self-esteem*)과 **자기효능감**(*self-efficacy*)을 높일 수 있다(Bandura, 1997; Beauchamp et al., 2018). 아동이 기술의 도움으로 놀이 활동을 수행할 수 있는 **도구적 놀이**(*aided play*)는 독립적인 활동을 위한 기회를 제공하고, 운동장애가 있는 아동과 보호자에게 의사소통할 수 있는 공통의 관심사를 제공할 수 있다(10장 참조).

교육용 소프트웨어는 장애 유무와 상관없이 학생에게 중요한 자원이다(Fernández-Batanero et al., 2022; Morel & Spector, 2023). 전자적 의사소통 도구를 사용하는 운동장애 아동은 동일한 접근 양식을 사용하여 교육 프로그램을 조작할 수 있다. 이것은 개별 및 그룹 활동, 그리고 더 간단하고 복잡한 학습 환경에서 자율성과 학교 업무에 대한 동등한 참여를 증가시킬 수 있다(Dell & Newton, 2014; Woodward & Ferretti, 2014).

전자 게임은 젊은 사람에게 일반적인 활동이 되었고(Rideout, 2015), 중증 운동장애인은 스위치나 시선 제어로 일부 게임을 조작할 수 있다(Bekteshi et al., 2020; Cairns et al., 2019; Compañ-Rosique et al., 2019; Hassan, 2023). 사실상, 새로운 기술을 통해 중증 장애인은 단 하나의 스위치를 사용하여 일부 그룹 게임에 참여할 수 있다(Bulgarelli et al., 2018; López, et al., 2017). 컴퓨터 게임은 재미있는데, 이는 일반 장난감에 대한 접근이 제한된 아동이 게임을 더 좋아하는 이유이다. 또한 게임은 아동이 나중에 의사소통 도구 조작에 필요한 기술을 훈련 시키는 데 도움이 될 수 있다(Hemmingsson et al., 2018). 많은 컴퓨터 게임이 합성 음성을 사용하지만, 인공 음성이 나오는 게임이 아동의 의사소통 능력을 향상시키지는 않을 것이다. 게임은 '말'을 하지만 아동을 대화에 참여시키지는 않는다. 기계가 말하는 것은 의사소통적인 의미가 없으며, 의사소통 기술을 키워주는 대신 전형적인 컴퓨터 발화가 오히려 수동적인 의사소통 스타일을 유지시킬 수 있다(p. 108 참조).

컴퓨터와 태블릿이 다양한 활동에 사용될 수 있다는 점은 장점이다. 그러나 도구적 의사소통자가 그의 기기를 다른 용도로 사용하는 동안 의사소통을 할 수 없다는 점은 분명한 단점이다. 아동과 청소년이 전자 게임을 함께 하거나 다른 공동 활동을 위해 컴퓨터를 사용할 때 일반적으로 많은 의사소통이 진행된다. 따라서 도구적 의사소통자는 게임이나 다른 활동에 참여하는 동안 의사소통할 수 있는 수단을 갖거나, 자신의 기기가 게임에 사용되는 경우 게임과 의사소통 양식 사이를 빠르고 독립적으로 전환할 수 있는 기회를 갖는 것이 중요하다. 때로는 의사소통을 위해 하나의 도구를 사용하고, 게임을 위해 별도의 기기를 사용하는 것이 바람직하다. 이는 학교 환경에서도 동일하게 적용되는데, 아동은 한 도구를 학교 과제에 사용하고, 다른 도구를 의사소통에 사용할 필요가 있다.

접근

개인을 위한 의사소통 도구의 유용성은 접근(access) 양식에 따라 다르다. 접근은 의사소통 도구의 작동으로, 도구적 의사소통자가 그래픽 상징, 사진 및 문자로 메시지를 구성하는 방식이다. 선택 기법은 직접 선택 또는 스캐닝이 될 수 있다. 둘 다 운동, 지각 및 인지 기술의 협응이 포함된 복잡한 작업이다. 전문가가 최적의 스위치, 키보드 및 다른 선택 양식을 찾는 데 오랜 시간이 걸릴 수 있고, 특히 개인의 손 운동 기능이 매우 가변적인 경우 더욱 그렇다.

- 직접 선택(*direct selection*)은 사용자가 보드, 책 또는 화면에서 선택하는 그래픽이나 유형 상징을 가리키거나 터치하거나 키보드를 누르는 것을 의미한다. 직접 선택에는 선택한 항목을 폴더나 화면의 특별한 위치로 이동하거나 의사소통 상대자에게 건네는 것도 포함된다.

심한 운동장애가 있는 도구적 의사소통자는 일반적으로 스캐닝을 사용한다. 스캐닝에는 자동적(automatic) 스캐닝 또는 유도적(directed) 스캐닝이 있다.

- 자동적 스캐닝(*automatic scanning*)에서 마커의 일부 형태는 그래픽 상징, 사진, 문자나 단어 세트를 따라 움직인다. 도구적 의사소통자는 마커가 의사소통을 원하는 어휘 항목에 있을 때 스위치를 활성화한다.

- 유도적 스캐닝(*directed scanning*)은 일반적으로 두 개 이상의 스위치로 수행된다. 한 개의 스위치는 그래픽 상징, 사진, 문자나 단어 세트를 따라 마커를 이동시키는 데 사용되고, 다른 스위치는 의사소통 선택에 사용된다.

스캐닝을 구성하는 방법에는 여러 가지가 있다. 유도적 및 자동적 스캐닝은 둘 다 단순(simple)하거나 순차적(sequential)일 수 있다([그림 2.7] 참조).

- 단순 스캐닝(*simple scanning*)은 보드 또는 화면 위의 모든 항목을 한 번의 움직임으로 스캔

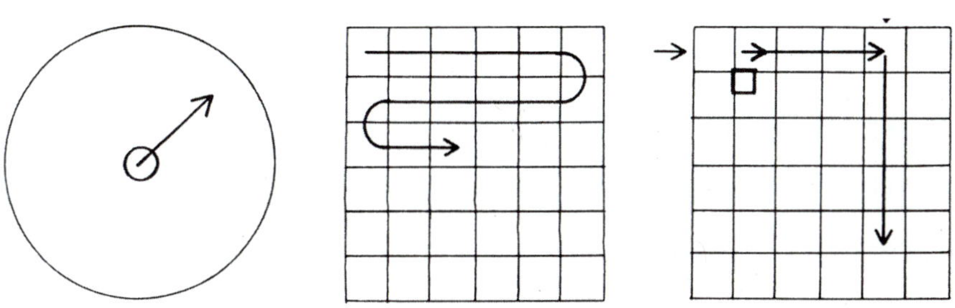

[그림 2.7] 단순 스캐닝과 순차 스캐닝

하는 것이다.

- 순차 스캐닝(*sequential scanning*)은 각 차원이 개별적으로 스캔된다는 것을 의미한다. 사용자는 먼저 행을 선택한 다음 말하고 싶은 것을 나타내는 행의 어휘 항목을 선택할 수 있다.

도구적 의사소통자가 방대한 어휘를 가지고 있다면, 단순 스캐닝은 많은 시간이 소모될 수 있다. 순차 스캐닝이 더 빠르고 효율적이다. 어린 아동과 지적장애인의 경우 단순 스캐닝으로 시작한 후 단순 스캐닝이 숙달되었을 때 순차 스캐닝으로 진행하는 것이 자연스럽다. 또한 독립적인 형태와 의존적인 형태의 스캐닝이 있는데, 둘 다 단순 스캐닝이나 순차 스캐닝을 적용시킬 수 있다.

- 독립적 스캐닝(*independent scanning*)은 사용자가 다른 사람의 도움 없이 스캔 표시기를 지시하거나 멈추는 것을 의미한다. 이것은 스위치로 제어할 수 있는 전자기기에 사용된다.

- 의존적 또는 파트너 보조 스캐닝(*dependent* or *partner assisted scanning*)은 의사소통 상대자 또는 다른 사람이 보드, 책 또는 화면을 체계적으로 가리키는 것을 의미한다. 도구적 의사소통자는 의사소통 상대자 또는 도우미가 원하는 행, 그래픽 상징 또는 단어를 가리킬 때, 예를 들어 눈을 깜박이거나 신체에 힘을 주거나 발성하는 등의 방법으로 알려준다.

파트너 보조 스캐닝은 도구적 의사소통자가 도구를 독립적으로 작동할 수 없는 경우, 또는 예를 들어 안전상의 이유로 이동 중 개인의 의사소통 도구를 휠체어 선반에 장착할 수 없는 경우, 전자적 또는 비전자적 의사소통 도구 둘 다와 함께 사용할 수 있다.

직접 선택

직접 선택에는 일반적으로 키보드의 버튼이나 키 만지기, 누르기, 다른 형태의 가리키기, 손으로 그래픽 상징 건네주기가 포함된다. 터치를 통한 직접 선택은 비교적 우수한 운동 협응과 도달이 필요하다. 가리키기가 반드시 검지를 사용하는 것을 의미하는 것은 아니다. 운동장애가 있는 많은 사람이 검지를 펴거나 검지를 사용하여 가리킬 수 없다. 사용자가 할 수 있는 가리키기 형태를 융통성 있게 선택하고 수용하는 것이 중요하다.

Peter는 30세이고 심한 운동장애를 가지고 있다. 그는 수다 떠는 것을 좋아하고 의사소통 보

> 드의 블리스 단어로 다양한 주제에 대해 효율적으로 의사소통할 수 있다. 그러나 주간보호센터(day centre)의 직원이 Peter에게 검지로 블리스 단어를 가리켜야 한다고 해서 Peter는 종종 어려움을 경험한다. Peter에게는 엄지손가락의 안쪽 관절을 사용하는 것이 가장 쉬운 방법이고, 이 전략은 그의 부모, 형제와 집에서 사용해 온 방식이었다. 직원의 융통성 부족은 Peter의 언어 사용을 방해하고 불필요한 좌절감을 유발하며 삶의 질을 떨어뜨린다.

손으로 가리킬 수 없는 도구적 의사소통자에게는 가리키기를 할 수 있는 몇 가지의 다른 방법이 있다: 시선, 발, 헤드 스틱, 머리나 안경 또는 신체의 다른 부분에 부착한 레이저포인터.

몸과 손을 사용하는 능력이 제한적인 개인이 눈 응시(*eye-gaze*)를 사용하는 방법에는 여러 가지가 있다. 심한 운동장애가 있는 도구적 의사소통자 중에는 손이나 다른 신체 부위를 사용하여 가리킬 수는 없어도 눈 운동 조절은 잘하는 사람이 많다. 그에게 **아이 포인팅**(*eye-pointing*)은 생각, 바라는 것이나 기타 메시지를 전달하는 효과적인 수단이 될 수 있다. 아이 포인팅(또는 시선 포인팅)은 다른 형태의 가리키기와 동일한 방식으로 항목을 선택하는 데 사용될 수 있지만 E-Tran([그림 2.8])과 같이 아이 포인팅을 위해 특별히 설계된 부호화 체계도 있다. 아이 포인팅을 하기 위해서는 의사소통 상대자가 도구적 의사소통자의 시선을 따라갈 수 있는 위치에 있어야 한다.

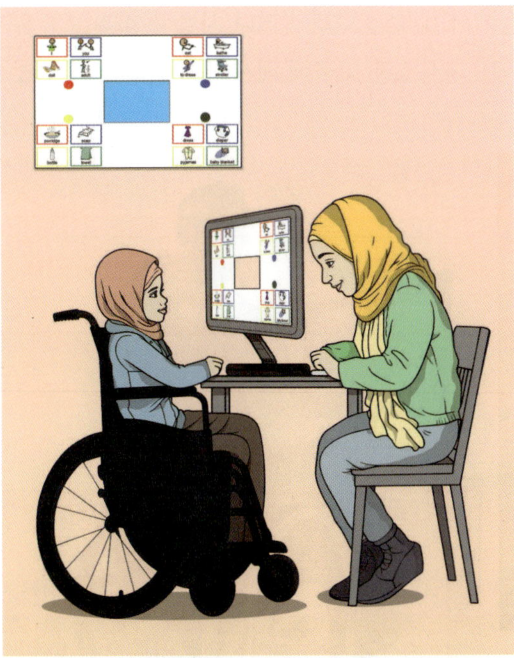

[그림 2.8] 색 부호화를 사용한 E-Tran

눈 응시 기술은 하이테크 의사소통 도구를 작동하는 데 사용될 수 있다(Griffiths, 2020; Vessoyan et al., 2023). 컴퓨터는 사용자의 시선 방향을 추적하고, 사용자는 0.5초 이상 길게 바라봄으로써 문자, 단어 또는 그래픽 상징을 선택한다([그림 2.9]). 눈 응시도 스캐닝과 함께 사용될 수 있는데, 커서가 원하는 위치에 왔을 때 사용자가 눈을 움직이거나 깜박여서 선택한다. 따라서 눈 응시는 마우스의 기능을 대체할 수 있다(Cognolato et al., 2018). 개인은 의사소통, 게임 등 각각 다른 컴퓨터 프로그램을 조작하기 위해 화면 콘트롤(on-screen control)을 사용한다(Hsieh et al., 2022). 눈 응시 기술의 발달은 중도 운동장애인에게 중요한데, 눈 응시 기술을 통한 직접 선택이 스위치를 사용하는 것보다 훨씬 더 빠르게 메시지를 구성할 수 있기 때문이다. 지난 몇십 년 동안 이 기술은 급속히 발달해 왔다(Hemmingsson & Borgestig, 2020; Perfect et al., 2020). 이제는 일반 컴퓨터 및 태블릿과 함께 사용할 수 있으므로 더 저렴해지긴 했지만, 여전히 가격이 비싼 나라가 많다.

도구를 가리키거나 작동시키기 위해 눈 응시를 사용하려면 좋은 안구 운동 제어와 자발적으로 시선을 고정하고 돌리는 능력이 필요하다(Cognolato et al., 2018; Sargent et al., 2013). 이는 눈 응시 분류 평정척도(*Eye-pointing Classification Scale*, Clarke et al., 2022)로 평가할 수 있다. 또한 도구적 의사소통자가 의사소통에서 아이 포인팅을 자연스럽게 사용할 수 있다고 하더라도, 환경 안에서 사물과 사건을 나타내기 위해 아이 포인팅을 사용하는 것과 의사소통 도구를 작동시키기 위해 아이 포인팅을 사용하는 것에는 상당한 차이가 있다. 때로 의사소통 상대자는 도구적 의사소통자가 환경 안에서 방향을 나타내거나 사물을 바라보고 무언가를 주시하거나(구체적이거나 상징적인 가리키기), 의사소통 도구에 메시지를 구성할 때 그것을 알아차리기 어려울 수

[그림 2.9] 눈 응시로 작동되는 전자기기

있다. 그러나 시간, 교육 및 연습을 통해 도구적 의사소통자와 의사소통 상대자 모두 기술에 대한 경험이 풍부해지고 화면 배치에 더 익숙해지기 때문에, 이것은 크게 문제가 되지 않을 것이다(Borgestig et al., 2017; Karlsson et al., 2019).

충분한 소근육 운동 기술이 있는 지적장애인과 자폐범주성장애인의 경우, 의사소통 책의 페이지를 넘기며 그래픽 상징을 사용할 수 있다. 도구적 언어 전략(aided language strategy)의 초기 단계에서는 도구적 의사소통자가 그래픽 상징을 의사소통 상대자에게 건네는 것이 실제적이고, 또한 아동이 상징의 의사소통적 기능을 이해하기에 더 쉬울 것이다. 또 다른 전략은 그래픽 상징을 특정 위치(벨크로를 사용하여 제자리에 고정), 예를 들면 의사소통 보드의 영역 또는 의사소통 책의 접이식 페이지에 붙여놓는 것이다([그림 2.2와 2.3], p. 65 참조). 의사소통 상대자도 도구적 의사소통자의 체계에 있는 어휘 항목의 핵심어(keyword)를 사용하여 함께 대화할 수 있다. 이 상호작용 전략은 진정한 대화와 상호적인 의사소통의 발달을 촉진시킬 수 있다. 또한 다른 사람의 도구적 의사소통을 관찰하는 것은 도구적 의사소통자가 자신의 AAC 표현과 주변 사람의 발화 사이의 차이를 극복하는 데 도움이 될 수 있다. 전자적 의사소통 도구에서는 선택한 항목이 종종 화면의 위나 아래로 이동한다. 이렇게 하면 도구적 의사소통자가 그래픽 상징의 기능을 이해하고 대화 상대방이 메시지를 볼 수 있게 하는 데 도움이 된다. 어떤 사람은 너무 빠르게 가리켜서 의사소통 상대자가 그의 포인팅에 시각적 집중을 맞추기 어렵다. 함께 선택된 항목을 말하기 창에 함께 넣는 것도 도구적 의사소통자가 더 긴 발화를 구성할 때 유용한데, 발화가 완료될 때까지 단어나 그래픽 상징이 계속 보이기 때문이다.

의사소통 보드에는 없는 외부의 사물, 사람, 위치를 가리키거나 나타내는 다른 방식은 일반적인 도구적 언어 전략인데, 이는 의사소통 도구에 있는 제한된 어휘를 보완하고 의사소통 속도를 높여준다. 의사소통 책에서 사람, 사물, 장소를 나타내는 그래픽 상징을 찾는 것보다 그것을 직접 보는 것이 더 빠르기 때문에 시간이 절약된다. 때로 사람이나 사물을 보거나 가리키는 것은 상징적이다: 사람, 사물이나 장소로 표시된 것은 무엇인가를 대표하는 상징으로서, 범주를 나타내는 데 사용된다(Deacon, 2011; de Villiers, 2007). 예를 들어, 8세 아동이 "I(나)"라고 말하기 위해 자기 방의 문을 바라보았다. 이것은 그의 의사소통 책에서 픽토그램 *I*(나)를 찾는 것보다 훨씬 빨랐고, 그의 평소 의사소통 상대자 사이에서는 잘 알려진 방식이다(von Tetzchner & Martinsen, 1996).

스캐닝과 스위치

독립적 스캐닝은 도구적 의사소통자가 스위치를 활성화하여 도구를 제어하는 것을 의미한다. 일반적으로 하나 또는 두 개의 스위치가 있지만 필요한 경우 더 많은 스위치를 사용할 수 있다. 스위치는 손, 팔, 발, 머리, 입, 턱 또는 눈 근육 등 다양한 방법을 이용하여 활성화될 수 있다. 살짝만 눌러도 되는 스위치와 세게 눌러야 하는 스위치가 있다. 스위치는 크거나 작을 수 있다. 일반 조명 스위치처럼 생긴 것이 있고, 손을 미끄러뜨려 치는 '덮개'가 있거나, 손이나 발로 누를 수 있는 구조도 있다. 또한 스위치는 빨거나 불어서 활성화시키거나 근육을 살짝 수축시켜서 활성화시킬 수 있다. 사용자가 팔다리를 더 잘 제어할 수 있다면, 조이스틱도 스위치로 사용할 수 있다(Cook et al., 2020; Ntoa et al., 2014; Steriadis & Constantinou, 2003). 현재 뇌-컴퓨터 인터페이스에 대해 많이 연구되고 있는데, 신체를 거의 또는 전혀 제어하지 못하는 개인이 자신의 뇌파를 조절하여 하이테크 의사소통 도구와 기타 전자적 도구를 작동하게 하는 연구이다. 그러나 이 작업은 여전히 실험 단계에 있다(Chang & Anumanchipalli, 2020; Peters et al., 2022).

스위치의 유용성은 도구적 의사소통자가 의사소통 도구 조작 방법을 얼마나 잘 배우는지를 결정한다. 스위치에는 여러 가지 유형이 있으며, 스위치를 조정하는 것은 광범위한 운동장애가 있는 개인을 위해 도구적 의사소통을 적응시키는 과정 중 어렵고 시간이 많이 걸리는 부분이다. 전문가는 종종 손 기능으로 시작하는데, 이것이 가장 '자연스럽게' 보이기 때문이다. 만약 손을 성공적으로 사용하지 못한다면 신체의 다른 부분을 계속 시도하게 된다. 경험상 이 사용자 그룹의 대다수는 머리를 가장 잘 제어할 수 있고, 이들은 헤드 스위치나 헤드 포인터 사용 방법을 먼저 배우는 것이 가장 효과적일 수 있다. 그런 다음 손이나 발이 2번 스위치를 위한 첫 번째 선택이 될 수 있다.[1)] 손을 사용할 수 있다면 가장 좋겠지만, 도구를 사용한 의사소통을 시작하고, 좌절하지 않도록 하는 것이 보다 중요하다. 따라서 개인의 손 기능이 불확실할 때의 가장 좋은 전략은 스위치를 작동시키기 위해 머리를 사용하는 것이다. 나중에 충분히 좋은 손 제어 능력이 발달하면, 손으로 작동하는 스위치로 변경할 수 있다.

전문가는 종종 도구적 의사소통자에게 가장 잘 기능하는 최고의 스위치를 찾으려고 노력한다. 그러나 최고의 스위치조차도 개인이 조작 방법을 배우는 데 어려움을 겪을 수 있고, 오랫동안 사용하는 것이 불가능할 수 있다. 도구적 의사소통자는 의사소통의 내용보다 스위치를 활성화시키는 데 힘을 더 많이 쓰고 빠르게 지칠 수 있다. 헤드 스위치가 좋은 시작이 될 수 있지만 시간이 지남에 따라 목 근육에 부담을 주고 현기증을 유발할 수 있다. 또한 도구적 의사소통자의 전반적인 신체 상태는 날마다 다를 수 있고, 이는 다른 스위치를 사용하여 의사소통하는 능력에 영향을 줄 수 있다. 따라서 사용자의 근육에 가해지는 부담을 줄이고 가능한 표현 의사소통에 접근하도록 하기 위해서는, 많은 도구적 의사소통자가 여러 가지 방식으로 활성화되는 여러 개의 스위치를 갖는 것이 중요하다.

1) 역주: 두 개의 스위치를 사용하는 경우에 대한 설명이다.

유도적 스캐닝은 사용자가 반복된 움직임을 수행할 수 있어야 하는 반면, 자동적 스캐닝에서는 사용자가 커서의 움직임에 맞춰 적절히 누를 수 있어야 한다. 독립적 스캐닝이 어렵다고 판명되면 **파트너 보조 스캐닝**이 더 나은 해결책일 수 있다. 인간은 기술적인 기기보다 더 민감하다. 의사소통 상대자가 도구적 의사소통자를 잘 알고 있는 경우 파트너 보조 스캐닝에서는 표정이나 자세의 변화만 필요하고, 신체적 노력이 적게 들면 개인은 의사소통의 내용에 집중하기가 더 쉽다. 따라서 파트너 보조 스캐닝은 스캐닝에 의존하나 여전히 독립 스캐닝 기술을 습득하지는 못한 아동이 보다 다양한 의사소통의 발달을 시작하는 좋은 방법인데, 도구적 의사소통의 물리적 측면보다는 내용에 중점을 둔다. 아동이 스캐닝을 처음에 소개받아서 완전히 숙달하기까지 오랜 시간이 걸릴 수 있고, 때로 몇 년이 걸릴 수도 있다(Jones & Stewart, 2004). 게임 사용을 포함하여 스캐닝을 가르치는 몇 가지 접근이 있다(Hemmingsson et al., 2018; Marina et al., 2012). 의사소통 도구의 작동은 지속적으로 개인의 현재 기술에 맞춰져야 하고, 도구 안에 있는 어휘 항목은 정기적으로 개인의 인지 및 언어에 맞춰져야 한다(7장과 8장 참조). 목표는 스캐닝이 점진적으로 가능한 독립적이 되도록 해야만 한다. 그러나 개인이 일관되게 통제할 수 있는 움직임을 찾는 것이 불가능하고 눈 응시 조절이 잘 기능하지 않는다면, 파트너 보조 스캐닝은 그가 의사소통 도구를 작동시키기 위한 최상의 방법이 될 수 있다. 또한 파트너 보조 스캐닝은 독립적 스캐닝보다는 친숙한 의사소통 상대자와 더 편안하게 의사소통하는 양식이고, 이는 경험이 많은 도구적 의사소통자에게도 마찬가지다.

키보드

키보드는 컴퓨터를 작동시키는 일반적인 도구이다. 많은 전자적 의사소통 기기는 문자 키가 있는 일반적인 키보드나 적응형(adapted) 키보드를 사용하며, 특별한 기능을 위한 추가 키가 있는 기기도 있다. 적응형 키보드는 문자뿐 아니라 단어나 그래픽 상징을 포함할 수도 있다. 먼 곳까지 닿지 않는 개인을 위해 축소형 키보드가 있고, 손 움직임이 부정확한 개인을 위해 키의 크기가 더 크거나 키 사이의 공간이 더 넓은 키보드가 있다. 키 위에 손가락을 위한 구멍이 있는 투명한 판(키가드)을 놓으면 손의 조준이 향상될 수 있다. 이는 사용자가 손을 판 위에 기댈 수 있기 때문에 정확한 키에 도달하게 하고, 실수와 물리적 노력을 줄이도록 도와준다. 그와 같은 키가드는 태블릿이나 터치스크린 기기에도 사용될 수 있다. 키보드에서는 키의 민감도도 조절할 수 있다. 보통 키를 누르고 있으면 해당 문자가 반복되는데, 이 기능을 끄면 해당 키를 다시 활성화하기 전까지는 키에 대한 압력이 풀린다. 또한 키를 다시 활성화하기 전에 키를 누르고 있는 시간을 조정하는 것이 가능한데, 그렇게 해서 문자나 그래픽 상징이 키를 2~3초 동안 누른 후에만 반복되도록 할 수도 있다. 컴퓨터 작동에는 종종 사용자가 동시에 두 개의 키를 눌러야 하는 경우가 있다. 이는 소근육 운동 제어가 어렵거나 한 손만 사용할 수 있거나 헤드 스틱을 사용하는 개인에게는 어렵거나 불가능할 수 있다. 따라서 사용자가 하나의 키를 누른 후 이어서 다른 키를 누를 때 두 개의 키가 동시에 활성화되는 기능을 수행해 주는 소프트웨어가 있다.[2)]

터치스크린에서 화상 키보드를 사용하면, 도구적 의사소통자는 더 이상 키보드와 스크린 사이를 오가며 집중을 분산시킬 필요가 없다. 종종 '역동적(dynamic)' 키보드가 의사소통 프로그램이나 앱에 내장되어 있는데, 이는 터치 감지 영역의 '키'의 표면이 화면 페이지만큼 쉽게 변경될 수 있음을 의미한다. 터치에 민감한 화면 위의 키보드는 화면 터치뿐 아니라 스위치 또는 눈 응시 기술로도 접근할 수 있다.

문자 축약 및 예측

하이테크 도구를 위한 많은 수의 의사소통 프로그램은 축약어와 예측을 사용할 수 있는 기회를 포함하고 있다.

- 축약어(*Abbreviation*)는 사용자가 몇 글자만 작성한 다음 스페이스 바 또는 다른 키를 눌러 단어나 구를 생성하면, 키 스트로크와 시간을 줄여줄 수 있음을 의미한다. 예를 들어, 사용자가 c-a를 쓰면 화면에 cat(고양이)이 나타나고, s-y-l이나 c-y-a만 써서 See you later(나중에 보자)를 나타내고, t-b-c만 써서 to be continued(다음에 계속)를 나타낸다. 축약어는 미리 결정되어 있고 개별적인데, 철자와 부호화를 결합시키고 표준 그래픽 상징과 구 또는 절을 나타내는 그래픽 상징을 결합한다.

축약어는 스마트폰의 일반적인 문자 메시지에서도 사용되는데, 예를 들어 'laugh out loud(큰 소리로 웃다)'를 의미하는 LOL과 같은 축약어를 발신자와 수신자 모두 알아야 한다(Kemp, 2023: Partey et al., 2018). 원칙적으로 도구적 의사소통자가 계획된 대화를 나누기 전에 문장이나 이야기를 준비할 때도 동일한 기능이 적용된다. 전자적 의사소통 도구를 사용하면, 몇 번의 키 입력으로 문장이나 이야기를 진행 중인 대화에 통합시킬 수 있다. 이것은 도구적 의사소통자가 진행 중인 대화를 너무 많이 늦추지 않으면서 다른 도시로의 여행이나 파티에서의 농담에 대해 친구에게 더 빠르게 이야기할 수 있게 한다(Waller & O'Mara, 2003). 그러나 도구적 의사소통자가 진행될 대화의 내용을 알고 있어야 한다는 준비가 요구된다.

2) 역주: 컴퓨터프로그램(윈도우)이나 스마트폰의 제어판에는 손쉬운 사용으로 키의 기능을 조정해 주는 선택사항이 있다.

- 예측(*Prediction*)은 사용자가 쓰고 있을 때 기기가 단어를 완성하기 위한 제안 또는 다음 단어를 위한 제안을 제공하는 것을 의미한다(Vertanen et al., 2012). 제안이 적절하지 않다면 도구적 의사소통자는 그저 계속해서 글을 쓰면 된다. 제안된 단어나 그래픽 상징이 맞다면 도구적 의사소통자는 마침표를 입력하거나 스페이스 바를 눌러 계속해서 다음 단어나 문장을 쓴다. 의사소통 도구에 의해 생성된 제안은 일반적인 단어 빈도와 도구적 의사소통자에 의해 사용된 단어에 근거한다. 기기는 어떤 단어가 사용되었는지 기억하고, 도구적 의사소통자가 선택해 온 문자가 포함된 가장 일반적으로 사용되는 단어를 제안한다. 예를 들어, 기기는 m 뒤에 man, m-o 뒤에는 more, m-o-t 뒤에는 mother를 제안할 수 있다. 만약 mother가 사용자가 쓰려던 단어라면 '*mother*(어머니)'를 입력하거나 말하는 데 필요한 키의 절반만 입력해도 된다. 일부 프로그램에서는 몇 가지 대안이 나타나고 사용자는 이 중 하나를 선택하거나 계속 타이핑할 수 있다.

인공지능이 발전하면서 단어 예측은 주류 앱에서 점점 일반화되고 있다. 도구적 의사소통에서 예측은 철자를 쓸 때 일반적으로 사용되지만, 그래픽 상징을 사용하는 도구적 의사소통자를 위한 발화에서도 다음에 올 그래픽 상징을 제안하는 기능을 할 수 있다(Hervás et al., 2020; Pereira et al., 2022). 약어와 예측이 유용할 수 있지만, 두 체계 모두 단어가 상당히 복잡하고 자주 사용되어야 시간을 절약할 수 있다. 연구에 따르면 예측 체계 중 일부는 약 절반 정도의 키를 덜 누르게 하는데, 이는 의사소통의 속도를 높이고 에너지를 줄여 준다(Garcia et al., 2014; Jordan et al., 2020). 운동장애로 인해 가리키는 것은 느리지만 시선은 빠르게 움직일 수 있는 도구적 의사소통자에게 예측은 상당한 시간을 절약시켜 준다. 문자를 쓰거나 그래픽 상징을 빠르게 선택할 수 있는 소근육 운동 기술을 가진 사람은 스크린이 제안하는 것에 주의를 기울이는 것만으로도 산만해질 수 있고, 오히려 이로 인해 의사소통의 속도가 늦어질 수 있다.

운동 및 언어장애가 있는 아동은 구어에 대한 이해가 좋더라도 종종 문어에서 문제가 있다(Smith, 2005a). 이 그룹의 경우, 예측은 쓰기 학습을 위한 쓰기 보조와 교육적 도구 역할을 할 수 있다(McCarthy et al., 2015; Newell et al., 1991; von Tetzchner et al., 1997).

발전된 형태의 예측은 사용자가 이미 선택한 것에 기초한 단어 또는 그래픽 상징에 대한 제안뿐만 아니라 실용적인 기능, 대화 설정 및 사용자의 감정 상태에 따른 선택을 포함한다(Alm & Newell, 1996; Judge et al., 2015). 일부 의사소통 앱은 도구적 의사소통자의 위치 정보를 사용하여 화면에 표시되는 어휘를 조정한다(Garcia et al., 2016). 예를 들어, 도구적 의사소통자가 빵집 밖에 있을 때 화면에는 *I*(나), *WANT*(원해요), *LIKE*(좋아해요), *PAY*(지불하다), *PLEASE*(부탁해요), *THANK*(감사합니다)와 같은 어휘와 함께 *CAPPUCINO*(카푸치노)와 *BUN*(빵) 같은 사물의 그래픽 상징을 표시할 수 있다. 앞의 예시에서 먹고 마실 것을 요청하는 것과 같이, 이 체계는 도구적 의사소통자가 다른 환경에서 말하고 싶은 것에 관한 다소 간단한 전제를 기반으로 한다. 그러나 도구적 의사소통자는 빵집에서 완전히 다른 것에 대해 이야기하고 싶을 수도 있다. 예를 들어, 그의 어린 조카가 글루텐 불내증으로 인해 빵을 먹을 수 없어서 슬프다는 이야기를 하고 싶을 수도 있다. 또한 위치 정보 감지 기능을 사용하면 사용자의 개인 정보 보호에 대한 우려가 제기된다.

블리스 단어: *I, PAY*

최근 인공지능에 기반한 ChatGPT와 같은 컴퓨터 프로그램이 출현했는데, 이는 즉각적으로 지침을 따르고 세부적인 답변을 제공하도록 훈련된 프로그램이다. 이는 하나 또는 몇 개의 그래픽 상징을 기초로 하여 문법적으로 수정되고 완성된 문장을 생성하기 위해 특정 상황에서 문장 예측의 틀로 작동하는 매크로를 생성하기 위하여, 실제 언어 샘플을 기반으로 하는 대규모 언어 모델이나 고급 언어 모델로 예측 기능성을 확장하는 데 사용될 수 있다(Lang et al., 2023). 예측된 발화는 〈표 2.2〉에 설명된 것처럼 상당히 다양할 수 있는데, 도구적 의사소통자는 생성된 발화가 그의 의사소통 의도를 반영하지 않고 너무 대본처럼 쓰였거나 모든 도구적 의사소통자가 같은 방식으로 말하는 것처럼 나타낸다는 우려를 표명한다. 인공지능에 기반한 기술은 하이테크(최첨단) 의사소통 기기로 유망하지만, 여전히 개발 중이고 그 적용에 대한 추가 연구가

표 2.2 **인공지능과 매크로에 기반하여 "Do you want to get pizza(피자 먹고 싶어요?)" 질문에 대한 한 단어의 대답에서 예측한 문장의 보기. 굵게 표시된 답변이 선호하는 답이다(Valencia et al., 2023에서 인용).**

질문	도구적 의사소통자의 대답	예측	평가
피자 먹고 싶어요?	나중에 (Later)	1. 나는 피자를 나중에 먹고 싶어요, 당신도 그래요?	매우 적절함
		2. 언제 피자 먹으러 가고 싶어요?	
		3. 물론이죠, 피자 먹으러 갑시다.	
		4. 좋아요, 어디로 가고 싶어요?	
	먹어요 (Eat)	**1. 나는 항상 피자 먹을 준비가 되어 있어요.**	상당히 적절함
		2. 미안해요, 지금은 배가 고프지 않아요.	
		3. 배가 고프지 않아요.	
		4. 배가 고파요.	

	일해요 (Work)	**1. 미안해요, 나는 오늘 오후에 나갈 수 없어요.**	전혀 적절하지 않음
		2. 나는 이미 직장에 왔어요.	
		3. 나는 오늘 일이 바빠요.	
		4. 나는 오늘 일하고 있어요.	

필요하다(Valencia et al., 2023).

내비게이션

여러 페이지가 있는 의사소통 책과 역동적 디스플레이가 있는 전자적 의사소통 도구를 사용하려면 사용자는 도구 안에서 필요한 것을 탐색하고 다단어나 다상징 발화를 구성할 수 있는 기술을 갖추어야 한다. '내비게이션(Navigation)'은 특정 그래픽 상징에 도달하기 위해 사용되는 전략으로 정의될 수 있다. 의사소통 도구에 있는 어휘는 대체로 도메인으로 구성되고 점진적으로 더 세밀한 내용이 있는 수준까지 위계화되도록 구성된다. 예를 들어, 바나나에 대해 말하기 위해, 도구적 의사소통자는 위계 수준에 따라 그래픽 상징 *BANANA*(바나나)까지 도달하는 전략을 가동해야 한다. 이 예시에서 도구적 의사소통자는 전자기기를 사용하고 있다.

1. 인덱스 페이지에서 *THINGS*(사물) 도메인을 선택하면 다양한 종류의 사물에 대한 그래픽 상징 페이지가 열린다.
2. 사물 페이지에서 *FOOD*(음식)를 선택하면 다양한 종류의 음식에 대한 그래픽 상징 페이지가 열린다.
3. 음식 페이지에서 *FRUIT*(과일)을 선택하면 바나나를 포함한 다양한 종류의 과일에 대한 그래픽 상징 페이지가 열린다.
4. *BANANA*(바나나)를 선택한다.

PCS: *THING, FOOD, FRUIT, BANANA*

유사한 구성 진행이 의사소통 책에 적용되어서 처음에는 *THINGS*(p. 67 참조) 탭이 있는 페이지를 선택하고, 그 다음에 FOOD 탭이 있는 페이지, 그 다음에 *FRUIT* 탭이 있는 페이지, 마지막으로 *BANANA*를 나타내면 된다.

일반적으로 보드나 디스플레이의 한 페이지에 알파벳이 표시되므로, 알파벳이 보드의 그래픽 상징으로 있는 의사소통 도구에는 이런 종류의 조직이 가장 일반적이다. 간혹 알파벳에 전체 단어나 구가 덧붙여져 있을 수도 있는데, 이런 경우 내비게이션이 필요하다.

어휘가 많을수록, 페이지가 많은 의사소통 책보다는 전자기기에서 어휘를 탐색하는 것이 더 빠르다. 또한 파트너 보조 스캐닝에서, 페이지가 많은 의사소통 책보다는 전자기기를 가동시키는 것이 의사소통 상대자에게는 더 빠를 수 있다. 따라서 큰 도구적 어휘집을 가진 도구적 의사소통자는 본인이 스스로 조작할 수 없더라도 전자기기를 가질 수 있다. 메시지가 시각적으로 출력이 되면, 메시지를 지우거나 새로운 말로 바꾸기 전까지는 스크린에 남아 있다. 따라서 하이테크 도구는 의사소통 상대자의 주의집중에 대한 요구가 더 적다. 이것은 도구적 의사소통자와 그 의사소통 상대자의 주의력 부담을 줄여 의사소통이 더 원활하게 진행될 수 있다. 이것은 또한 대화 상대자가 대화의 요지를 놓치지 않으면서 도구적 의사소통자의 얼굴 표정이나 자세 같은 비구어적 행동을 더 쉽게 관찰할 수 있게 한다. 반면, 전자기기를 사용하는 심한 운동장애가 있는 의사소통자가 언어 구성을 할 때까지 오래 기다려야 하는 경우, 이 의사소통 과정에는 의사소통 상대자가 덜 참여하게 될 것이다(Smith et al., 2010).

의사소통 도구 선택하기

의사소통 도구는 철저한 평가를 기반으로 선택해야 한다(4장 참조). 운동장애나 인지적 어려움이 있는 개인의 경우 의사소통 도구를 작동하려면 상당한 노력과 자원이 필요하므로, 최적의 의사소통 도구를 선택하기 위해 충분한 시간을 들이는 것이 중요하다(Murray et al., 2020). 최상의 접근 양식을 찾는 것이 어려울 수도 있다. 몸통과 머리의 제어뿐 아니라 좌석과 자세도 평가하고 최적화해야 한다. 어린 도구적 의사소통자가 의사소통 도구의 어휘 내용과 구성 및 다른 어휘 항목으로의 경로를 학습함과 동시에 도구를 조작하고 탐색하는 방법을 배우는 데에는 시간이 걸린다. 또한 심한 운동장애가 있는 많은 사람은 제한적인 움직임을 조절하고 비자발적인 움직임을 억제하느라 피로도가 커진다. 여러 가지 의사소통 도구가 필요하고, 접 양식의 전환이 가능해야 한다.

의사소통 도구는 보통 손짓 기호, 상징적인 가리키기, 제스처, 발성과 함께 사용된다. 평가의 목표는 개인의 현재 의사소통 기술을 가장 잘 지원해 주는 한 개 또는 여러 개의 도구와 도구적 의사소통자가 가까운 미래에 습득할 수 있으리라 기대되는 기술을 찾는 것이다. 따라서 도구적 의사소통자에게는 새로운 의사소통 기술을 개발할 수 있게 해 주는 의사소통 도구가 제공되어야 한다. 많은 아동에게 있어서 첫 번째 의사소통 체계는 비교적 가까운 미래에도 의사소통 잠재력을 실현시켜 주지 못할 수도 있다. 표현 수단에서 다소간의 단절이 나타나므로, 아동의 의사소통 체계는 정기적으로 업데이트되거나 교체되어야 한다(Smith-Lewis, 1994). 도구적 의사소통자는 정신적으로나 육체적으로 변화하므로 개인의 체계가 최적화되지 않았다면 전문가는 다른 의사소통 체계나 도구, 접근 양식을 시도해야 한다. 이것은 의사소통 책에서 전자기기로 변경하는 것을 의미하지만, 전자적 의사소통 도구에서 비전자적 보드로의 변경이 도구적 의사소통자에게 더 기능적일 경우에는 그렇게 바꿀 수도 있다(Iacono et al., 2013; Smith et al., 2010 참조). 도구적 의사소통자가 자신의 의사소통 도구를 사용하여 편안함을 느끼는 것이 중요하지만 다른 사람이 도구적 의사소통자의 능력을 인식할 수 있게 하는 것 또한 중요하다.

개인의 의사소통 요구를 평가하는 것으로 시작하고, 적합한 의사소통 도구를 목록에 추가하거나 제거하며, 이러한 요구에 가장 적합한 의사소통 도구를 찾는 것이 권장된다. 철자를 쓸 수 있는 개인의 능력은 도구의 선택에 중요한데, 철자 기술이 있으면 의사소통 도구의 어휘와 음성 출력에 제한 없이 접근할 수 있기 때문이다(p. 343 참조). 그러나 전자 또는 비전자적 편지, 에세이, 보고서 등을 작성하는 필요가 다양하고, 대면 의사소통을 위한 도구와는 별도로 글자로 쓰인 저작물(written production)을 위한 작업 장치(workstation)[3]의 필요가 고려될 수 있다.

그래픽 체계의 선택과 의사소통 도구의 선택을 구별하는 것이 중요하다. 개인의 언어 기술과 환경의 의사소통 접근성은 의사소통 도구의 선택보다 그래픽 체계의 선택에 의해 결정될 것이다. 의사소통 도구의 선택은 개인의 신체적, 인지적, 언어적 능력, 의사소통 도구의 물리적 디자인, 휴대와 사용법, 작동법을 얼마나 쉽게 배울 수 있는지에 따라 달라진다. 예를 들어, 겨울이 추운 지역에 거주하는 개인의 경우 장비는 극한의 기온과 비와 눈이 오는 날에도 작동해야 한다. 따뜻한 지역에서 휴가를 보내는 도구적 의사소통자의 경우, 일부 의사소통 도구는 직사광선과 고온을 견딜 수 있어야 한다. 전문가는 아동 또는 성인을 위한 의사소통 체계를 선택하거나 도구적 의사소통자가 의사소통 체계를 선택하도록 도울 때 우선순위를 정하고, 종종 어려운 결정을 내려야 하며, 이는 의사소통 도구가 여전히 개발되고 있는 중이라는 사실을 반영한다(Elsahar et al., 2019; Kristensson et al., 2020; Sennott et al., 2019; Smith, 2019). 때로는 우선순위와 의사 결정이 변경되어야 하고, 사용 가능한 의사소통 체계에 새로운 특징이 추가되는 경우가 있다.

3) 역주: 특수분야에 사용하기 위해 만들어진 고성능의 컴퓨터로, 이 글에서는 쓰기 프로그램 등의 컴퓨터 장치를 의미한다.

도구적 의사소통자의 연령

구어가 전혀 없거나 거의 없는 아동은 가능한 한 빨리 의사소통 도구에 접근하게 해야 한다고 일반적으로 인식되고 있는데, 가능하다면 전형적인 언어 발달을 보이는 같은 연령의 아동이 말을 시작하는 것과 같은 때에 접근하게 해야 한다. 그러나 모든 종류의 보조 공학은 영유아에게는 잘 사용되지 않는 경향이 있다(Dugan et al., 2006; Romski & Sevcik, 2005). 주요 관심사는 의사소통 도구가 일반적으로 나이가 많은 아동과 성인을 위해 설계되었고, 2세 전의 아동을 대상으로 하지는 않는다는 점이다. 이는 도구적 의사소통을 발달시키는 아동 중에는 비음성적인 '옹알이'와 초기 언어 기술에 대한 대비책을 마련하기 어려울 수 있음을 의미한다. 이것이 2~3세 유아를 대상으로 한 도구적 언어 발달에 대한 보고서가 거의 없는 이유 중 하나일 것이다(Hemmingsson & Borgestig, 2020; Perfect et al., 2020; von Tetzchner et al., 2018). 그러나 다음 예시에서 보여 주듯, 하이테크 기기도 조기에 실행될 수 있다.

> Lucas는 손을 거의 사용하지 않는 심한 운동장애(사지마비)가 있었다. 그는 9개월에 눈 응시 기술을 제공받아 놀이 활동의 발달, 선택하기, 부모와의 사회적 상호작용을 지원받았다. 그는 15개월에 화면에 있는 10개의 사물 이미지 중에서 선택했고, 21개월에는 30개의 사물 이미지 중에서 선택했다(Hemmingsson et al., 2018).

10개의 그래픽 상징에 대한 Lucas의 표현 어휘는 전형적인 15개월 연령의 어휘발달 범위 안에 있다.

일부 연구자는 그리드 안에 그래픽 상징이 구성되어 있는 일반적인 디스플레이 대신 어린 아동을 위한 '시각적 장면 디스플레이'가 있는 전자기기를 소개하였다(Holyfield et al., 2017; Wilkinson et al., 2012). 시각적 장면은 집안의 방, 무언가를 가지고 노는 아동, 다른 일반적인 상황 등에 대한 사진이나 그림일 수 있다. 시각적 디스플레이에는 터치할 때 음성 출력으로 말을 활성화하는 '핫스팟(hotspot)'이 있다(Light & McNaughton, 2012a). 아동이 디스플레이의 핫스팟에 있는 사물이나 다른 것을 만지면 기기는 그 사물의 이름이나 그림의 상황과 관련 있는 다른 단어를 말한다. 예를 들어, 아동이 디스플레이의 생일 파티 그림에서 케이크를 가리키면, 기기는 '*cake*(케이크)'라고 말하거나 합성 또는 디지털화된 음성으로 생일 노래를 부른다. 때때로 이것은 *CAKE* 그래픽 상징 팝업과 함께 제공된다. 일반적으로 디스플레이에는 여러 개의 핫스팟이 있다. 예를 들어, 생일 장면에서 촛불 지점을 만지면 기기가 '*candles*'(촛불)이라고 말하고, 아동의 입 부분을 만지면 기기가 불기의 음향 효과와 함께 '*blow*'(불어요)라고 말하며, 아동이 있는 부분을 만지면 아동의 이름이 활성화될 수 있다(Wilkinson et al., 2014). 이 접근의 심각한 문제점은 단어 형식, 즉 특정 메시지를 표현하는 일관된 물리적 방법을 학습할 기회가 주어지지 않는다는 점인데, 격자형 레이아웃의 그래픽 상징이 있는 의사소통 도구에서는 이 학습이 이루어진다(von Tetzchner & Stadskleiv, 2016).

Light와 McNaughton(2012a)은 디스플레이에 있는 그림이 언어학습 맥락보다 더 많은 것을 포함하고 있다는 점이 시각적 장면 디스플레이의 장점이라고 주장한다. 그러나 이것은 '맥락' 개념에 대한 오해를 반영하는 것으로 보인다. 시각적 장면 디스플레이의 이미지는 의사소통 맥락이 아니고, 의사소통적 맥락은 대화가 이루어지는 환경, 이전 또는 진행 중인 대화의 주제, 관련된 의사소통 의도 등을 포함하는 도구적 의사소통자의 의사소통 상황이다. 위의 예시에서 '*cake*'는 아동이 생일 파티를 묘사한 그림의 특정 부분을 만질 때 소리가 생성된다. 이로 인해 아동은 케이크가 생일 파티와 관련해서만 사용된다고 잘못 생각하게 되어 *cake*라는 단어의 일반화 및 생성적 사용을 방해할 수 있다.

전형적으로 발달하는 유아는 처음 5~10개의 단어 사용을 배우는 데 여러 달이 소요된다(Harris, 1992). 따라서 그래픽 상징 사용을 배우는 어린 아동도 그의 첫 번째 그래픽 상징을 익히는 데 일정 시간이 필요할 것으로 예상된다. 단어의 숙달은 (어떤 양식에서도) 단어의 형태와 의미 또는 사용법을 모두 아는 것을 의미한다. 대부분의 아동이 시각적 디스플레이에서 핫스팟을 터치하는 것을 배울 수 있다는 것에는 의심의 여지가 없다. 문제는 적어도 생애 첫 몇 년 동안은 시각적 장면 디스플레이가 아동의 말(words)이 될 그래픽 상징 그리드를 대체한다는 점이다. 의사소통 도구를 뚜렷한 표현적 의사소통 형태로 대체함으로써 시각적 장면 디스플레이의 사용은 사실상 그래픽 상징 사용의 습득을 더욱 어렵게 만들 수 있다(von Tetzchner & Stadskleiv, 2016).

그럼에도 불구하고 놀이에서 시각적 장면 기술이 사용될 수 있다. 시각적 장면의 기능은 유아와 성인이 그림책을 함께 볼 때와 매우 유사하게 보인다. 유아는 전형적으로 그림책에 묘사된 것을 가리키고 성인은 그 명칭을 말한다(Clemens & Kegel, 2021). 어린 아동은 특별히 설계된 전자기기나 태블릿 디스플레이, 책의 페이지를 터치하여 새소리, 동물 소리, 노래나 말소리가 나는 것을 즐긴다. 그러나 성인과의 그림책 상호작용을 컴퓨터에서 나오는 단어로 대체할 때 어린 아동의 언어 학습이 향상될 것이라는 증거는 없다(Madigan et al., 2020).

이동성

아동과 성인은 모든 종류의 상황에서 많은 주제에 대해 의사소통을 한다. 도구적 의사소통자가 의사소통 체계를 휴대하는 방식은 의사소통 도구를 선택할 때 항상 중요한 요소이다. 목표는 주어진 시간에 표현 어휘의 대부분 또는 전부에 접근할 수 있어야 한다는 것이다. 전동 휠체

[그림 2.10] 누워 있는 자세를 포함하여, 여러 자세에서 가능한 의사소통

어를 사용하는 개인은 일반적으로 상당히 크고 무거운 도구를 휴대할 수 있다. 걷는 것이 약간 어렵지만 독립적으로 걸을 수는 있는 아동과 성인의 경우 의사소통 도구가 너무 무겁거나 부피가 크지 않아야 한다. 그래픽 상징이나 문자, 단어가 포함된 폴더나 책, 태블릿 또는 양쪽에 그래픽 상징이나 단어가 있는 얇은 보드가 이 그룹에게 가장 적합한 선택인데, 도구의 어휘 크기에 따라 다를 수 있다. 일반 종이 대신 찢어지지 않는 플라스틱 프린터 용지를 사용하면 의사소통 책의 무게를 크게 줄일 수 있는데, 이는 교수 시간 외에도 휴대하고 사용하도록 하는 데 중요하다. 구어가 거의 없거나 전혀 없지만 좋은 운동 기술을 가진 자폐범주성장애인이나 지적장애인은 일반적으로 의사소통 책과 태블릿을 소지할 수 있고, 스마트폰 사용이 유용할 수도 있다(King et al., 2020; Lancioni et al., 2019).

심한 운동장애가 있는 도구적 의사소통자는 의자나 휠체어에 앉을 때뿐만 아니라 다른 상황에서도 자신을 표현할 필요가 있다. 그는 종종 침대, 바닥 또는 소파에 누워 있을 때 무언가에 대해 의사소통하기를 원하기 때문에 누워 있는 동안 작동할 수 있도록 의사소통 도구를 조정할 수 있어야 한다([그림 2.10]).

휴대와 관련된 문제 때문에 도구적 의사소통자는 하나 이상의 의사소통 도구를 가져야 할 필요가 종종 생긴다. 그는 집과 교실, 또래와의 진지한 대화에 사용하기 위해 많은 어휘 상징, 눈 응시 기술, 합성 음성 출력, 프린터 등의 상당히 부피가 큰 전자적 의사소통 도구를 가질 수 있고, 휴식 시간 및 야외 활동 중 사용하기 위해 의사소통 보드 또는 디지털이나 합성 음성이 나오는 작고 가벼운 전자적 의사소통 도구나 태블릿을 가질 수 있다.

직접 선택 또는 스캐닝하기

의사소통 도구의 선택과 그래픽 상징, 문자, 단어 및 문장을 표시하기 위한 전략을 결정하는 것은 팔과 손을 사용하는 개인의 능력이다. 조이스틱과 직접 선택 간의 차이가 상당히 적지만, 사용자가 충분한 소근육 운동 제어 기능을 가지고 있다면 직접 선택은 스캐닝보다 더 빠르고 쉬운 방법이다(Lesher et al., 1998). 조이스틱은 저항력을 증가시켜 개인의 운동 기능에 맞게 조절할 수 있어 가해지는 힘의 양에 차이가 없도록 안정화시킬 수 있다는 장점이 있다. 그러나 조이스틱은 상당히 우수한 소근육 제어와 방향 감각이 필요하다. 스캐닝은 직접 선택보다 주의집중과 인지 능력에 대한 요구가 더 높다(Horn & Jones, 1996; Ratcliff, 1994). 직접 선택과 스캐닝 사이의 선택은 개인의 도달 범위, 가리킬 때의 정확성, 속도, 여러 가지 제어된 움직임을 연속적으로 수행할 수 있는 능력 및 활성화 강도에 의해 결정된다. 개인의 지각 기술과 시각 방향 조절 능력은 간단한 의사소통 보드와 전자기기를 모두 사용하는 데 있어서도 중요하다.

시각

시각적 인식은 의사소통 도구의 사용에 매우 중요하다. 운동장애 및 발달장애가 있는 개인 중에는 시각장애가 흔히 발생하며, 시력 평가와 개인의 시각 능력 사용은 항상 필요하다(4장 참조). 도구적 의사소통자의 시야가 제한되거나 한쪽 눈의 시력이 심각하게 낮은 경우, 의사소통 보드나 디스플레이의 일부만 사용해야 할 수도 있고, 의사소통 도구를 놓을 때 이를 간과할 수 있다.

도구적 의사소통이 필요한 아동은 눈이나 후방 시각 경로 자체에는 아무런 문제가 없어도 뇌병변이나 기능 장애로 인해 시각 인식에 장애가 생기는 피질시각장애(Cerebral Visual Impairment, CVI)의 위험 역시 증가된다(Blackstone et al., 2022; Ortibus et al., 2019). 피질시각장애가 있는 아동은 시각적인 세부사항이 적고 대비가 명확한 상징 체계로 이점을 얻을 수 있으며, 이는 의사소통 책이나 장치의 페이지를 구성하는 방식과 관련하여 고려될 수 있다. 예를 들어, 각 상징을 더 쉽게 변별할 수 있도록 검정색 배경을 사용하고, 상징 사이에 약간의 공간을 둔다. 시각장애인은 청각적 스캐닝을 사용할 수 있지만 느린 속도와 단어의 지속적인 반복은 일반적인 상황의 안내를 방해한다. 그러나 음성 출력 기기는 사용자가 자신의 기기에서 즉각적인 피드백을 제공받기 때문에 유용하다. 중증 시각장애인을 위한 의사소통 도구는 내비게이션을 지원하기 위해 촉각 마커와 다른 재질의 표면을 가질 수 있다(Horton et al., 2017; Lancioni et al., 2016). 그래픽 상징이 보드 위에서 고정적인 위치를 갖는 것이 매우 중요하며, 이는 도구적 의사소통자가 상징 구성을 새로 학습할 부담을 줄여준다.

도달 범위 및 정확성

도구적 의사소통이 작동하려면 정확한 선택이 필요하다. 움직임이 부정확하다면 의사소통 상대자가 메시지를 확신하지 못하거나 오해할 수 있다. 아이 포인팅이나 빔을 제외하고, 직접 선택은 개인이 충분한 수의 그래픽 상징이나 단어에 도달할 수 있어야 한다. 예를 들어, 근육 질환을 앓고 있는 사람은 종종 도달 범위가 제한적이다. 이것은 소형화된 의사소통 책, 스크린 또는 키보드를 사용하여 해결할 수 있다. 대형 스마트폰이 종종 태블릿이나 컴퓨터보다 더 잘 기능하기도 한다. 스위치 또는 조이스틱으로 스캐닝하는 것은 개인의 기능적 도달 범위를 늘리는 또 다른 방법이다.

직접 선택은 충분한 정확도를 전제로 한다. 많은 수의 뇌성마비인이 소근육 운동 협응에 어려움이 있어서 가리키는 위치를 의사소통 상대자가 명확하게 파악하기 어려우므로, 다소 큰 그래픽 상징이나 단어를 사용하거나 항목 사이에 어느 정도의 거리를 둘 필요가 있다. 정확도는 또한 스위치의 선택과 스위치 사이의 거리를 결정한다. 보드에 어휘를 배치하는 것이 중요하며 때로는 보드의 일부만 사용할 수도 있다.

속도

개인의 잠재적인 의사소통 속도는 의사소통 도구를 선택할 때 중요하다. 도구적 의사소통은 항상 자연스러운 발화보다 오래 걸리지만, 특히 심한 운동장애가 있는 사람은 도구적 발화를 구성할 때 항목 선택에 오랜 시간이 필요하다(Deliberato et al., 2018). 스캐닝은 느린 방법이고, 예전에 스캐닝을 사용했던 도구적 의사소통자 중 많은 사람이 눈 응시 기술을 사용하여 직접 선택으로 변경하는 경우 의사소통 속도가 빨라진다. 그러나 개인의 머리가 무의식적으로 움직이고 다른 움직임이 부정확할 때 많은 오류가 있을 수 있으며 의사소통에 지쳐서 시간이 오래 걸릴 수 있다. 움직임이 시작된 후 완료될 때까지 오랜 시간이 걸리는 경우, 개인이 기기를 스캐닝하고 자신의 움직임을 시작하는 시간을 활용할 수 있으므로 스캐닝이 더 나은 해결책일 수 있다. 개인의 속도는 또한 도구의 스캐닝 속도, 즉 커서가 한 항목에서 다른 항목으로 얼마나 빨리 이동할 수 있는지를 결정한다. 일부 개인의 경우, 의사소통 상대자가 도구적 의사소통자의 자발적이거나 비자발적인 움직임에 적응할 수 있으므로 파트너 보조 스캐닝이 가장 효율적일 수 있다(p. 136 참조).

반복된 움직임

스위치 또는 키를 누를 수 있는 개인의 능력 프로파일은 어떤 유형의 스캐닝이 가장 잘 작동할 수 있는지를 결정한다. 타이밍에 어려움은 있어도 여러 움직임을 연속적으로 빠르게 수행할 수 있는 사람은 자동 스캐닝보다 유도적 스캐닝이 더 빠를 수 있다. 필요한 회수만큼 스위치를 누르고 멈추는 데 문제가 있는 사람은 자동 스캐닝이 더 적합하다. 전자적 의사소통 도구를 사용하면 일정 시간이 지난 후에만 스위치가 반응하도록 조정함으로써 사용자가 이중 키를 입력하는 것을 방지할 수 있다.

체력

의사소통 도구를 쓰려면 사용자는 체력과 지구력이 필요하다. 도구적 의사소통자가 주로 가리키는 경우라면 사용자의 체력에 대한 요구가 상대적으로 적지만, 오랫동안 정확하게 조절해서 가리키려면 체력과 에너지가 필요하다. 도구적 의사소통자가 화면이나 합성 음성으로 메시지를 생성하기 위해 스위치나 키를 눌러야 하는 경우 상당한 체력이 필요할 수 있다. 키보드와 스위치는 활성화 강도에 대해 서로 다른 요구를 할 수 있다. 일부는 아주 작은 압력을 요구하는 반면, 다른 일부는 상당한 양의 압력을 필요로 한다. 전자기기를 사용하면 필요한 압력을 조정할 수 있지만 도구적 의사소통자의 운동 협응력이 빈약한 경우 스위치가 견고해야 하고 압력이 필요할 수 있으며, 스위치를 사용하는 것이 피곤할 수 있다.

전자적 의사소통 도구와 비전자적 의사소통 도구

의사소통 도구 선택의 원칙에 대한 논의에서 종종 보드 또는 책의 필요성과 전자적 의사소통 도구의 필요성을 구별 짓는다. 그러나 이러한 구별에만 초점을 맞추면 다른 의사소통 도구가 개인에게 어떻게 작용할 수 있는지에 대해서는 주의를 분산시킬 수 있다. 전자기기의 기능은 다양한 요인에 따라 다른데, 전자기기의 사용 여부보다 더 중요한 것은 의사소통 도구에 접근하는 것이다. 경제적 자원이 제한되어 있다면 집이나 학교에서 만든 의사소통 책과 보드가 잘 기능할 수 있다(Iacono et al., 2013).

기술적으로 발달된 의사소통 도구를 사용하려면 어린 도구적 의사소통자가 우선적으로 의사소통 책이나 보드를 잘 사용할 수 있어야 한다는 주장도 있다. 교사가 도구적 의사소통자와 그의 가족에게 도메인과 수준별 구성 방법에 대해 설명하는 데 그래픽 상징이 도움이 되기 때문에 의사소통 책이나 폴더로 시작하는 것이 종종 실용적이지만, 아동이 항상 비전자적 의사소통 체계로 시작해야 한다는 주장에 대한 증거는 거의 없다. 전자적 의사소통 도구의 사용법을 배운 사람이 직접 선택 또는 파트너 보조 스캐닝으로 의사소통 책이나 보드를 사용하는 경우가 있는데, 이는 기술적인 실패나 전원 공급의 문제와 같은 필요가 생기는 경우 때문이다.

그러나 첨단 기술은 종종 비전자적 의사소통 보드나 책에 비해 더 높은 위치로 여겨진다. 많은 도구적 의사소통자, 가족 및 친구와 전문가는 컴퓨터, 태블릿 또는 스마트폰에서 의사소통 소프트웨어의 사용을 가장 높은 형태의 의사소통 성과로 간주하는 것처럼 보인다. 그러나 많은 도구적 의사소통자는 전자적 의사소통 도구보다 훨씬 빠르고 생산적으로 비전자적 의사소통 보드나 책을 사용한다. 따라서 여러 가지 의사소통 도구 중에서 선택할 때는 다양한 의사소통 상대자와 상황을 고려하여 어떻게 기능하는지 평가하는 것이 중요하다(Smith et al., 2010 참조).

음성 산출

전자적 의사소통 도구의 중요한 특징은 종종 사용자가 그래픽 상징, 사진, 문자 또는 단어를 선택할 때 사용자가 들을 수 있는 음성을 출력한다는 점이다. 이것은 대화에 긍정적인 영향을 줄 수 있다. 또한 어린 아동과 지적장애인이 그래픽 상징과 구어 단어 사이의 관계와 그래픽 상징이 다양한 의사소통 목적을 위해 어떻게 사용될 수 있는지를 배우는 데 도움이 될 수 있다. 개인의 구어 이해력이 충분히 활용되어 진행 중인 사건에 대한 이해에 기여할 수 있다. 시각장애인의 경우 음성 출력은 도구적 의사소통을 배우는 데 결정적이다. 자신의 '합성 음성(synthetic speech)'을 다른 사람의 말과 비교할 수 있기 때문에 새로운 단어 습득을 촉진한다. 따라서 음성 출력은 이미 언어 기술이 발달된 사람뿐 아니라 언어 발달의 초기 단계에서도 중요하다. 몇몇 연구는 뇌성마비, 지적장애 및 자폐범주성장애가 있는 아동과 관련된 의사소통 상호작용을 위해 음성 출력이 되는 의사소통 도구의 사용에 대한 긍정적인 효과를 입증했다(An et al., 2017; Lancioni et al., 2013; Savolainen et al., 2020; Schlosser & Koul, 2015; Tegler, 2020).

구어 이해력이 일부 제한된 개인의 경우, 의사소통 도구의 기본 작동이 충분히 설명되고 시연되는 것이 중요하다. 비록 어휘 성장이 조금 느리더라도 의사소통 도구가 어떻게 기능하는지 이해하기까지 필요 이상으로 오래 걸리지 않아야 한다. 이것은 의사소통 도구가 기술적으로 단순해야 한다는 의미는 아니다. 음성 출력이 되는 의사소통 도구의 기능은 개인의 의사소통 행동의 결과가 더 명확해질 수 있으므로 비전자적 의사소통 보드나 책보다 사용법을 배우는 것이 더 쉬울 수 있다.

반면, 음성 출력의 완전한 이득을 얻으려면 구어에 대해 어느 정도의 이해가 필요하다는 연구 결과도 있다. Romski와 Sevcik(1996)의 연구에서는 비교적 좋은 구어 이해력을 가진 아동('고급 학습자'라고 함)이 음성 출력 기기 중재로 이득을 얻은 것 같다고 하였다. 언어 이해력이 떨어지는 아동('초기 학습자'라고 함)은 동일한 진전을 보이지 않았으며, 이는 그들에게 다른 접근법이 필요했을 수 있음을 나타낸다. 한 가지 이유는 개인이 말하면—기기의 도움을 받아서 말했더라도—대화 상대자는 도구적 의사소통자가 그가 말하는 것을 이해한다고 가정할 가능성이 있다는 점이다. 그 결과 그들은 도구적 의사소통자의 실제적인 구어 이해력에 맞게 의사소통을 전하는 데 실패했고, 말과 함께 핵심 손짓 기호나 그래픽 상징을 덜 사용했을 수 있다. Romski와 Sevcik이 구어의 이해력에 의존하지 않는 이 그룹을 위해 중재 전략을 사용했다면, '초기 학습자'는 훨씬 더 나은 진전을 보였을 것이다(von Tetzchner et al., 2004).

가격

지난 10~20년 동안 일반적으로 기술 비용이 크게 절감되었다는 사실에도 불구하고, 많은 전자 의사소통 도구는 여전히 비싸고, 특히 눈 응시 기술을 포함하는 경우 더욱 그렇다(Nerişanu et al., 2017). 이것은 의사소통 도구의 사용에 대한 논쟁은 아니지만, 유용성은 가격과 일치해야 한다. 그중 일부는 의사소통 기능이 제한되어 있을 수 있다. 의사소통 보드의 그래픽 상징으로 신속하고 효율적으로 의사소통하는 아동의 경우, 음성 출력이 되는 전자적 의사소통 도구의 작동과 휴대가 더 어렵다면 그 기기의 사용이 반드시 의사소통의 개선을 의미하지는 않는다(Iacono et al., 2013; Smith et al., 2010). 반면, 읽기에 어려움이 있는 아동의 경우, 합성 음성을 가진 컴퓨터는 읽기 기술 습득을 촉진시킬 수 있다(Grunér et al., 2018; Stauter et al., 2019, p. 344 참조). 전문가가 비구어 아동의 읽기 장애를 예방할 수 있다면 가격은 거의 문제가 되지 않는다.

도구적 의사소통의 특성

도구적 의사소통의 발달은 구어가 없거나 거의 없는 많은 수의 개인이 크고 작은 사회적 이벤트에서 의사소통할 수 있게 해 주는 중요한 성과이지만, 이들의 의사소통은 자연스러운 말을 사용하는 개인에 비해 어려움을 나타내기도 한다. 도구적 의사소통자는 환경에 있는 사람들의 도구적 언어 능력과 도구적 의사소통자의 능력에 대한 언어 환경의 적응에 의존한다(12장 참조). 교사는 도구적 언어 개발을 위한 적절한 교육과 지원을 제공해야 하고, 또한 좋은 의사소통 상대자가 되어야 한다. 이를 위해서 도구적 의사소통의 특별한 특성, 즉 한 상대자가 의사소통 도구를 사용할 때 대화가 어떻게 진행될 수 있는지에 대한 철저한 지식을 갖는 것이 요구된다. 자연스러운 발화를 하는 사람과 참여자 중 한 명이 도구적 의사소통자(또는 드문 경우이지만 두 명 이상)인 대화 사이에는 많은 차이가 있다. 또한 도구적 의사소통자와 그들이 사용하는 의사소통 도구의 작동과 어휘의 내용 사이에는 상당한 개인차가 있지만, 도구적 언어 구성은 항상 자연스러운 발화의 조음과 여러 가지 면에서 다를 것이다. 의사소통 상대자는 종종 자신의 메시지를 형성하고 의미를 협상하는 것 외에도 지원 기능을 갖는다. 중재 전문가와 의사소통 상대자가 이러한 특성을 인식하고 의사소통 상호작용에 대한 잠재적인 부정적 영향을 최소화하려고 노력하는 것이 중요하다. 또한 자주 혹은 가끔 의사소통 상대자가 되는 사람은 도구적 의사소통자가 자신의 의사소통 상대가 어떻게 행동하기를 원하는지에 대해 정보를 갖는 것이 중요하다(Midtlin et al., 2015).

발화 구성

자연스럽게 말하는 사람은 일반적으로 자신이 말하는 단어를 어떻게 조음하는지, 혀와 입을 어떻게 움직이는지, 성대를 어떻게 진동시키는지에 대해 생각하지 않는다. 익숙하지 않은 단어를 사용하거나 외국어를 사용하는 경우를 제외하고, 조음은 자동 프로세스다. 가끔 멈춰서 말하고 싶은 것을 가장 잘 표현할 수 있는 단어를 찾는다.

발화를 구성하기 위해 의사소통 도구를 작동시키는 것은 소리를 발음하는 것과 기능적으로 동등하다고 간주할 수 있지만, 의사소통 도구를 사용한 발화를 물리적으로 산출하는 것은 자동화된 프로세스가 아니다. 도구적 의사소통에서는 **발화 구성**(*utterance construction*)과 **발화 산출**(*utterance production*)을 구별하는 것이 유용하다(Trudeau et al., 2010). 전자적 의사소통 도구를 사용하면 그래픽 상징을 사용한 사용자의 구성과 의사소통 상대자가 인식하는 시각적 또는 청각적 산출 사이에 상당한 차이가 있을 수 있다. 발화 구성은 상당한 관심과 인지 노력이 요구되는 의식적인 행동이며, 더 긴 메시지를 구성하려면 상당한 노력이 필요하다. 운동 협응의 부족과 비자발적인 움직임은 실수로 이어질 수 있고, 문자, 단어 또는 그래픽 상징이 화면이나 합성 또는 디지털화된 발화로 제시되지 않는 경우 부정확한 움직임은 의사소통 상대자가 도구적 의사소통자의 메시지 구성 선택과 내용을 이해하는 것을 어렵게 만들 수 있다. 그 결과로 오해, 의사소통의 단절 및 좌절이 초래될 수 있다. 또한 도구적 의사소통자가 실제로 의사소통하고 있는 것으로부터 관심이 멀어질 수 있다.

시간

발화를 생성하는 데 필요한 시간은 아마도 자연스러운 말과 도구적 의사소통 간의 가장 중요한 차이일 것이다. 의사소통 도구가 빠르게 작동하더라도, 그래픽 상징 또는 단어의 산출은 자연스러운 발화의 단어 조음보다는 상당히 느려진다(Deliberato et al., 2018). 느린 구성 속도는 도구적 의사소통자가 자연스러운 발화를 사용하는 의사소통자보다 말하고 싶은 것을 표현하는 데 더 오랜 시간이 걸린다는 것을 의미한다. 필요한 시간은 의사소통 상대자에게 특별한 요구를 제기하고, 도구적 의사소통자가 많은 의사소통 상황에 참여하는 것을 방해할 수 있다(Blackstone et al., 2007; Hanley et al., 2022; Howery, 2018a).

간단한 메시지를 전달하는 데 걸리는 시간은 von Tetzchner와 Martinsen(1996)의 아래 예시에 설명되어 있다. 7세 George는 아이 포인팅과 파트너 보조 스캐닝으로 의사소통을 했다. 그의 의사소통 책에는 845개의 픽토그램, 그림 및 사진이 포함되어 있었다. George(G)와 아버지(F)는 놀이를 시작하려던 참이었는데, 아버지는 뭔가 잘못되었다는 George의 표현을 보았다.

F: 여기? (페이지를 넘기면서, 각 페이지를 물어본다).
G: *BODY*(몸).
F: 몸. 몸? (페이지를 넘긴다).
G: 음성을 내면서 몸에서 긴장감을 느낀다.
F: 흠? 그것은 몸이 아니었니? 무엇이지? 이거였니?
G: "No(아니요)"(눈 움직임).
F: 이거? (*CLOTHES*(옷)을 가리킨다)
G: "Yes(예)"(눈 움직임).
F: 옷. (상징 범주를 보여 준다. 페이지를 넘겨서 옷 페이지로 바꾼다). 그리고 여기?
G: "Yes(예)"(눈 움직임).
F: 어떤 거?
G: *SWEATER*(스웨터) (응시).
F: 이것은 스웨터와 관련된 거니?
G: "Yes(예)"(눈 움직임).
F: 어떤 거?
G: "Yes(예)"(눈 움직임. 아마도 추측을 촉구하는 것).
F: 소매가 너무 기니?
G: "Yes(예)"(눈 움직임).
F: 아, 그렇구나. 알았다.

PIC: *BODY, CLOTHES, SWEATER*

이 성공적인 의사소통에서 George가 아버지에게 소매를 걷어달라고 요청하기까지 2분이 걸렸다. 자연스러운 발화를 하는 그 나이의 아동은 말하는 데 3~4초밖에 걸리지 않았을 것이다(Deliberato et al., 2018; Walker & Archibald, 2006). 다음 예시에서는 메시지를 생성하는 데 시간이 훨씬 더 오래 걸렸다. Bob(B)은 50개의 그래픽 상징이 있는 의사소통 보드를 가지고 있었고 몇 가지 제스처를 취할 수 있었다. 대화 상대자 John(J)은 남성 간호사였다(Kraat, 1985, p. 81).

B: *HOME*(집).
J: 집? 집에 대한 무엇이에요? 누나와 관련이 있나요?
B: "No(아니요)"(머리를 흔든다).
B: *DAY-OF-THE-WEEK*(요일).
J: 일요일? 월요일? 화요일? ... 토요일?
B: "Yes(예)"(끄덕임).
J: 집과 토요일과 관련이 있나요?
B: *MAN*(남자).
J: 남자? 오기로 한 특별한 사람이 있습니까?
B: "No(아니요)"(머리를 흔든다).
J: 그 사람이 누군지 내가 찾아볼까요?
B: "Yes(예)"(단호하게 고개를 끄덕임).
J: 친척이요? 친구? 병원에 있는 사람인가요?
B: "Yes(예)"(끄덕임).
J: 병원에 있는 사람. 어디 보자, 의사, 치료사, 친구?
나에게 더 많은 단서를 줄 수 있나요?
B: (John의 머리 꼭대기를 본다).
J: 머리. 머리의 일부. 뇌. 그는 머리로 일하나요?
B: *COLOUR*(색깔).

PCS: *WEEKDAY, HOME, MAN, COLOUR*

이 전체 '대화'는 100회 이상의 주고받기로 이루어졌고, Bob이 묻고 싶은 것을 John이 이해하기까지 20분 동안 지속되었다: "Carl(염색한 경비원)이 토요일에 병원 밴으로 나를 집으로 데려다줄 수 있습니까?" 이러한 대화 발췌문은 도구적 의사소통자가 자신을 얼마나 잘 표현할 수 있는지에 대해 대화 상대자가 결정적임을 보여 준다.

다른 요인뿐 아니라 느린 산출 속도로 인해 도구적 의사소통자가 산출하는 언어의 총량은 전형적으로 자연스러운 화자가 산출하는 언어보다 상당히 적다. 이것을 조사한 연구는 거의 없지만 Beukelman과 동료들(1984)은 네 명의 성인 도구적 의사소통자가 2주 동안 하루에 269~728개의 단어를 산출한다는 것을 발견했다. 비슷한 숫자가 아동에게 적용되지는 않지만, 부모 및 전문가와의 인터뷰에 따르면 의사소통 도구로 생성된 단어와 그래픽 상징의 수가 아동의 경우 훨씬 적을 수 있다. 이것은 3~12세의 전형적으로 발달하는 아동이 하루에 20,000~30,000개의 단어를 산출한다는 점과 뚜렷하게 대조된다(Wagner, 1985). 또한 도구적 의사소통자는 종종 일상의 많은 상황에서 그들의 의사소통 도구에 접근할 수 없다(von Tetzchner et al., 2018). 비록 기술 발달이 도구적 의사소통자의 평균적인 일상 언어 산출을 증가시키는 데 공헌했다고는 해도, 의사소통 도구를 사용하는 아동은 여전히 전형적인 언어 발달을 하는 아동보다 자신을 표현하는 법을 배울 수 있는 기회가 더 드물고 제한적이다.

의사소통 상대자의 역할

자연스러운 발화로 나누는 대부분의 대화에서 참여자는 평등하다. 두 대화자 모두 자신이 말하고 싶은 것을 명확하게 말할 수 있고 의미의 협상은 대화의 고유한 부분이지만(Elder & Haugh, 2018), 말할 수 있는 개인은 일반적으로 자신을 표현하기 위해 의사소통 상대자의 도움에 의존하지 않는다. 도구적 의사소통자는 상당히 다른 상황을 경험한다. 앞의 대화 발췌문에서와 마찬가지로, 문자 또는 그래픽 상징으로 구성된 불완전하고 단편화된 단어와 문장을 기초로 일관된 발화를 산출하기 위해 **메시지 해석자**(*message interpreter*)와 **구성자**(*formulator*)가 필요할 수 있다(Murray et al., 2018; Smith et al., 2018). 따라서 대화 상대자는 자신의 발화와 도구적 의사소통자의 발화를 모두 표현해야 할 수도 있다(12장 참조). 사실, 앞의 예시에서 George와 Bob이 말하고 싶었던 것을 산출하는 것은 그들과 의사소통 상대자인 George 아버지와 John 사이의 협력적 노력의 결과로 나온 것이다. 전형적인 언어 연구에서 이것은 종종 **의미의 공동구성**(*co-construction of meaning*)이라고 언급된다(Jacoby & Ochs, 1995; Kelly & Bailey, 2013). 사실, 100번의 공동 구성적인 대화를 교환한 후에도 John은 아직 자신의 말을 하지 않았다: 그는 단지 Bob이 말한 것을 해석했을 뿐이었다.

특히 도구적 의사소통자가 그래픽 상징을 사용하고 제한된 어휘를 갖는 경우, 대화 상대자는 도구적 의사소통자가 말하고 싶은 것을 해석하고 명료화해야 한다. 종종 느린 의사소통 도구의 속도를 높이기 위해 의사소통 상대자는 너무 일찍부터 도구적 의사소통자가 말하고 싶어하는 것을 추론하려는 시도를 할 수 있다. 앞의 예시에서 George가 아버지에게 소매에 대해 말하면서 추론은 성공적이었다. 의사소통의 목표는 George가 완전한 문장을 만들었어야 했던 것보다 훨씬 빨리 달성되었지만, 완전한 문장 생성은 George에게 가능했었을 것이다. Bob의 의사소통 보드에는 제한된 수의 어휘 항목만 있었기 때문에 Bob이 메시지를 전달하기 위해서는 John의 추론이 필요했다. 두 상대자 모두 성공적이었다. 그러나 메시지 해석자와 의사소통 상대자라는 이중 역할을 가진 상대방은 때때로 도구적 의사소통자의 구성에 대해 충분한 주의를 기울이는 데 실패하거나 도구적 메시지를 구성하는 것이 끝날 때까지 도구적 의사소통자를 기다리지 않고 그 자신의 생각으로 메시지를 추론하려고 시도한다. 이는 어린 도구적 의사소통자(A)가 또래 친구(P)에게 비디오의 내용—휠체어를 탄 아동이 바나나를 먹은 후 껍질을 던져버리고, 그 껍질에 한 여자가 미끄러지는 내용—에 대해 음성 출력 도구로 말하기 시작한 다음의 대화에서 잘 나타난다(Smith et al., 2018).

A: "*Stop*(멈춰)".
P: 강도를 멈춰?
B: "*Girl*(여자아이)".
P: 여자아이가… 강도를 창문 밖으로 밀어?
A: "*Boy*(남자아이)".
J: 한 여자아이와 한 남자아이, 한 남자아이가 광대처럼 옷을 입었어? 서커스에서?

또래 친구는 비디오를 보지 않았다. 그는 도구적 화자가 주는 정보에 의존하였지만, 그의 창의적 해석이 도구적 발화에서 주어진 정보를 훨씬 뛰어넘었다. 의사소통 상대자는 때때로 맥락과 그가 생각한 그럴듯한 시나리오로부터 얻은 최소한의 정보를 기반으로 정확하게 의미를 추론할 수 있다. 예를 들어, 도구적 의사소통자가 아침 식사 자리에서 그래픽 상징으로 *COLOR EAT*(색깔 먹다)이라는 발화를 구성하면 '바나나'를 추론하는 것처럼 말이다. 그러나 도구적 의사소통자가 덜 기대되고 상황적 단서가 없는 것을 전달할 때는 이것이 잘 작동하지 않을 수 있다. 의사소통 상대자가 부정확한 추론을 하는 경우, 발화의 산출은 시간을 줄이기는커녕 더 시간이 걸리게 하거나 심지어는 완전한 의사소통 붕괴로 이어지기도 한다(Dahlgren Sandberg & Hjelmquist, 1996; Murray et al., 2018; Neuvonen et al., 2022a).

의사소통 환경을 도구적 의사소통자에게 적용할 때 의사소통 상대자가 사용하는 전략에 특별한 주의를 기울여야 한다(12장 참조). 위의 발췌문에서 의사소통 상대자는 도구적 의사소통자가 자신을 표현하는 가능성의 촉진과 방해를 모두 할 수 있음이 분명하다. 예를 들어, 추론(때로는 추측조차도)은 의사소통 속도를 높이는 데 유용한 전략이지만 성급한 추론은 도구적 의사소통자의 의사소통 효능감을 제한시키고 심지어는 그의 메시지 산출과 공동 구성 프로세스를 늦출 수 있다. 의사소통 상대자가 종종 일반적인 도우미로만 기능하고, 그가 의사소통에 어떻게 영향을 미치는지 알아채지 못할 때 민감성의 부족은 더욱 심해질 수 있다.

여기에 설명된 문제는 도구를 사용하는 의사소통자 또는 대화 상대자가 아니라 그들의 관계에 있다는 점에 유의해야 한다. 도구적 의사소통자가 자신을 표현하는 잠재력은 제한될 수 있지만 의사소통 상대자는 도구적 의사소통자가 무엇을 의사소통하고자 하는지를 이해하는 데 어려움을 겪을 수 있다. 그들은 둘 다 최선의 가능한 방법으로 의사소통 문제를 해결하려고 노력한다. 그러나 이러한 상보성은 고르지 않은 권력 분배의 관계를 형성하기 때문에 이는 윤리적 고려를 필요하게 만드는 조건이다. **자율성**(*autonomy*)에 대한 도덕적 요구, 즉 동등한 발판이나 표현의 권리는 다른 사람이 표현한 것에 민감해지고, 비대칭적 관계를 극복하며, 도구적 의사소통자가 진정한 메시지를 만들어 내도록 돕는 것을 보다 유능한 의사소통 상대자의 윤리적 의무로 둔다(Grove et al., 1999; von Tetzchner & Jensen, 1999).

3장

AAC가 필요한 아동, 청소년, 성인

발달 및 후천적 장애가 있는 인구의 상당수는 구어가 거의 또는 전혀 없거나 명료하지 않기 때문에 AAC가 필요하다. 일시적으로 또는 평생 동안 AAC가 필요한 개인의 유병률은 0.4~1.2%로 추정되고 있다(Creer et al., 2016; Scope, 2008; Light et al., 2003). Creer와 동료들(2016)은 구어 불충분을 나타내는 진단과 개인적 특성을 가진 개인에 대한 연구에서 발달 및 후천적 조건을 모두 포함하여 영국 전체 인구의 0.5%에서 AAC가 필요하다고 추정했지만, 저자들은 이 수치가 낮게 추정되었다고 하였다. 한국의 인구는 약 5,200만 명이다. 0.5%라는 추정치를 적용하면 한국에서는 약 26만 명이 AAC를 주요 의사소통 수단으로 사용할 수 있을 만큼 충분히 이해할 수 있는 언어를 산출하지 못한다는 뜻이다. 0~20세 연령층이 전체 인구의 약 4분의 1을 차지한다는 점을 감안하면 한국 내 아동 및 청소년 중 약 6만 5천 명 이상이 AAC를 필요로 하는 것으로 추정되고 있다.

세 가지 기능 그룹

AAC가 필요한 개인은 AAC 체계의 기능, 즉 표현 수단, 지원 언어 또는 대체 언어가 필요한지 여부에 따라 표현 언어 그룹(expressive language), 지원 언어 그룹(supportive language group), 대체 언어 그룹(alternative group)의 세 가지 주요 그룹으로 분류할 수 있다. 세 그룹 모두 일반적인 연령에 말을 시작하지 못했거나 질병이나 부상으로 인해 어린 나이에 언어 능력을 상실했다는 특징이 있다. 세 그룹의 가장 큰 차이점이자 이들을 구분하는 기준은 구어 이해 정도와 미래에 명료한 말 발달 가능성 예후의 차이이다.

표현 언어 그룹

표현 언어 그룹에 속하는 아동과 성인은 다른 사람의 말을 이해하는 능력과 구어를 통해 자신을 표현하는 능력 사이에 큰 격차가 있다. 이들은 손짓 기호, 그래픽 상징 또는 문자를 사용할 수 있다. 이 그룹에는 뇌성마비에서 나타나는 것처럼, 조음기관을 충분히 제어하지 못해 말소리를 명료하게 발음할 수 없는(마비말장애(dysarthria) 또는 실구어증(anarthria)) 사람이 포함된다. 이 그룹의 사람은 움직임의 전부 또는 대부분에 영향을 미치는 운동장애가 있는 경우가 많으므로 그래픽 의사소통 체계를 선택하는 것이 당연하다. 일부 개인은 자신의 나이에 적합한 구어 이해력을 가지고 있지만 표현 언어 그룹에 포함되기 위해 정상 범위 내의 지능이 필요하지 않다. 일부 지적장애 또는 언어발달장애인은 구어 이해와 구어 표현 능력 사이에 상당한 격차가 있을 수 있다. 예를 들어, 다운 증후군 중 일부는 표현 언어 그룹에 속한다(Launonen, 2019a).

표현 언어 그룹에 속하는 개인에게 AAC 중재의 목적은 영구적인 표현 수단이 될 언어 양식, 즉 모든 종류의 상황에서 평생 사용할 수 있는 의사소통 수단을 제공하는 것이다. 구어에 대한 이해력은 지적 수준과 비슷하기 때문에 일반적으로 이해력은 중재의 주요 대상이 아니다. 그러나 자연스러운 학습 상황에 참여하는 경험이 부족하므로 이를 보완하기 위해 특수교육이 필요할 수 있다(Batorowicz et al., 2014; Oates et al., 2011). 중재의 주요 초점은 환경에서 사용되는 음성 언어와 개인이 사용하는 대체 언어 형식 간의 관계이다. 그러나 중재에서는 손짓 기호 또는 그래픽 상징(예: PCS, PIC 또는 블리스 단어)의 이해가 목표가 되어야 한다. 일반적인 쓰기 교육도 중재의 일부가 될 수 있다(p. 343 참조).

지원 언어 그룹

지원 언어 그룹은 발달 그룹과 상황 그룹의 두 가지 하위 그룹으로 나눌 수 있다. 두 그룹 모두 개인의 능력과 가족의 선호도에 따라 손짓 기호 또는 그래픽 상징을 사용할 수 있다.

발달 그룹(*Developmental group*)에서 사용하는 AAC는 영구적인 의사소통 수단이 아니다. AAC 중재의 주요 목표는 구어의 조기 이해와 표현을 지원하는 것이다. 손짓 기호나 그래픽 상징은 정상적인 언어 습득으로 가는 길에 아동을 위한 언어 '목발' 역할을 한다. 발달의 지원 언어로서 AAC를 가장 확실하게 사용하는 경우는 말을 시작할 것으로 예상되지만 언어발달이 심하게 지연되는 아동이다. 언어발달장애 아동은 지적장애가 있는 많은 아동과 마찬가지로 이 그룹에 속한다(Launonen, 2019a; von Tetzchner, 1984a; Wright et al., 2013). 일부 아동은 후두 수술 후 기관절개술과 같은 질병이나 부상으로 인해 일정 기간 동안 말을 할 수 없기 때문에 AAC를 필요로 한다(Adamson & Dunbar, 1991; DeMauro et al., 2016). 이 하위 그룹에 대한 중재의 일반적인 초점은 언어와 대체 언어 형식 간의 관계를 명확히 하고 제한된 구어로 인해 나타날 수 있는 사회적 문제를 해결하도록 돕는 것이다. 구어에 대한 이해도는 이 그룹 내에서 다양하므로 중재에 이해력 훈련이 어느 정도 포함될 것이다.

상황 그룹(*situational group*)은 말은 할 수 있지만 말만으로는 자신의 의사를 표현하는 데 어려움을 겪는 아동, 청소년 및 성인으로 구성된다. 이 하위 그룹은 표현 언어 그룹과 유사하지만 대체 의사소통 체계가 아닌 말이 주요 의사소통 형태이다. 의사소통 상대자가 이들의 말을 이해할 수 있는 정도는 의사소통 상대자가 이들을 얼마나 잘 알고 있는지, 대화의 주제 및 환경의 소음 조건에 따라 다르다. 예를 들어, 이 그룹의 한 사람이 의사소통 상대자와 공유한 경험에 대해 이야기할 때 상대자는 쉽게 이해할 수 있을 것이다. 그러나 의사소통 상대자가 모르는 영화나 책에 대한 설명을 할 경우는 그 사람의 말을 이해하지 못할 수 있다. 작은 교실에서는 아동의 말을 잘 알아들을 수 있지만 교통 소음이 심한 기차나 거리에서는 그 아동의 말을 거의 알아듣지 못할 수도 있다. 이러한 환경이나 낯선 사람들과 함께 있을 때 상황 그룹에 속한 사람은 손짓 기호, 그래픽 상징, 글자 또는 단어로 자신의 말을 보완해야 한다. 이 그룹의 경우 중재는 언제 말을 보완해야 하는지, 의사소통 상대자의 이해도를 모니터링하는 방법, 다양한 상황에서 AAC와 의사소통 전략을 사용하는 방법을 배우도록 돕는 데 중점을 둔다(11장 참조).

언어발달은 느리지만 말이 나올 가능성이 있다는 진단을 받을 수 있다. 그러나 대부분의 경우 처음부터 상황이 항상 이렇게 명확하지는 않다. 예를 들어, 다운 증후군 아동 중 일부는 매우 뛰어난 구어 발달을 보이는 반면, 일부는 알아듣기 어려운 구어를 보이며, 일부는 알아듣을 수 있는 구어가 전혀 없거나 거의 발달하지 않는다. 전문가들은 항상 말을 지원하고 아동이 명료한 구어를 산출할 수 있길 바라지만, 시간이 지나야만 그 여부를 알 수 있다(de Almeida Barbosa et al., 2018; Launonen, 2019a).

연구에 따르면 언어장애가 있는 아동은 전형적인 언어발달을 보이는 아동보다 정신 건강 문제가 더 많이 발생하며, 정서 및 행동장애가 있는 아동은 그러한 장애가 없는 아동보다 언어장애 발생률이 더 높은 것으로 나타났다(Burnley et al., 2023; Im-Bolter & Cohen, 2007; van Daal et al., 2007). 아동의 언어장애는 가족 간의 오해, 의사소통 단절 및 갈등을 유발할 수 있으며, 의사소통 문제와 관련된 어려움과 좌절은 어려운 가정 상황을 만들 수 있다. 따라서 이 그룹의 AAC 중재 목표 중 하나는 언어장애로 인한 잠재적인 부정적인 결과를 줄일 수 있는 일시적인 언어적 수단을 제공하는 것이다.

대체 언어 그룹

대체 언어 그룹에 속하는 사람은 음성 언어의 이해와 산출 능력이 거의 또는 전혀 발달하지 않으며, 대체 의사소통 양식은 평생 동안 사용하게 될 언어이다. 또한 다른 사람들이 이들과 의사소통하기 위해 일반적으로 사용해야 하는 언어 형식이기도 하다. 따라서 이 그룹의 개인에게는 대체 의사소통 양식을 자신의 주 언어로 사용하도록 가르치고 안내하는 것이 목표이다. 중재는 AAC의 이해와 산출 모두를 목표로 한다. 주변에서 사람들은 항상 음성언어와 함께 동시적으로 손짓 기호 또는 그래픽 상징을 사용하지만, 주요 목표는 개인이 말을 이해하지 못하더라도 AAC를 이해하고 사용하는 방법을 배울 수 있는 상황을 만드는 것이다. 즉, 전문가는 대체 언어 형식이 실제로 기능할 수 있는 환경을 조성해야 하며, 다양한 상황 안에서 손짓 기호 또는 그래픽 상징의 사용에 대한 단서를 제공해야 한다.

대체 언어 그룹은 자폐범주성장애, 중도 또는 최중도의 지적장애 및 중증 언어장애가 있는 사람들로 구성된다. 이 그룹에는 소리를 식별하고 의미를 부여하는 데 문제가 있는 청각 실어증

(*auditory agnosia*) 또는 '단어 난청(word deafness)'이 있는 사람들도 포함된다. 이들은 소리가 입력된다는 점에서 정상적인 청력을 가지고 있지만, 심한 경우 말소리와 아이가 우는 소리와 경적 소리를 구별하지 못한다(Luchsinger & Arnold, 1965; Musiek et al., 2019). 대체 언어 그룹의 일부는 운동장애를 포함한 여러 장애를 가지고 있을 수 있다.

그룹 간 구분하기

표현 언어, 지원 언어, 대체 언어 그룹을 구분하는 주된 이유는 AAC가 필요한 아동이 성취하는 능력에 따라 발달 경로가 다를 수 있다는 점을 강조하기 위해서이다. AAC 교육은 각 그룹마다 다른 목표를 가질 수 있으며 중재 방식도 다를 수 있다. 중재 목표는 각 개인의 강점과 약점을 바탕으로 수립해야 하며, 이러한 목표를 수립할 때 세 그룹으로 구분하는 것이 도움이 될 수 있다.

Romski와 Sevcik(1996)의 연구는 이런 그룹들을 구별하는 것의 중요성을 보여 준다. 그들은 지적장애 아동에게 그래픽 상징과 음성 출력으로 구성된 의사소통 도구를 사용한 중재를 제공하였다. 일부 아동은 다른 아동보다 더 나은 성과를 보였고, Romski와 Sevcik이 **발전된 학습 패턴**(*advanced learning pattern*)으로 명명한 학습 패턴을 보였으며, 다른 그룹은 그에 비해 부족한 진보를 나타냈고 연구에서는 이를 **초기 학습 패턴**(*beginning learning pattern*)을 보이는 것으로 명명했다. 두 패턴의 이름을 보면 Romski와 Sevcik은 두 그룹이 동일한 발달 경로에서 서로 다른 단계에 있다고 본 것 같다. 그러나 두 그룹의 가장 큰 차이점은 구어 이해력에 있었다. 이 연구에서 구어 이해력이 높은 아동이 구어 이해력이 낮은 아동에 비해 음성 출력 의사소통 기기를 사용한 중재의 효과를 더 누렸을 가능성이 높다. 구어 이해력이 낮은 그룹은 구어 지시에 너무 많이 의존하지 않는 훈련을 통해 더 많은 향상을 보였을 수 있다(von Tetzchner et al., 2004). 두 그룹은 단순히 중재의 양을 다르게 제공할 것이 아니라 다른 학습 조건이 필요했다. '초기 학습자 패턴'을 보인 아동의 경우, 구어 지시와 음성 출력 장치에 기반한 중재는 실제로 아동을 '잘못된' 발달 경로로 이끌었을 수 있다. 이는 개인의 능력에 맞게 중재를 조정해야 할 필요성을 강조한다.

세 가지 기능의 그룹으로 나눈다고 해서 특정 개인이 어느 그룹에 속하는지를 항상 쉽게 결정할 수 있는 것은 아니다. 지원 언어 그룹에 속하는 개인과 대체 언어 그룹에 속하는 개인 또는 표현 언어 그룹에 속하는 개인과 지원 언어 그룹에 속하는 개인을 구별하는 것은 어렵다. 예를 들어, 다운 증후군을 가진 Eric은 오랫동안 표현 언어 그룹에 속하는 것으로 여겨졌다. 그는 많은 손짓 기호를 사용하였고, 굴절 및 복잡한 구문을 포함한 손짓 기호도 표현할 수 있었다. 그는 말을 표현하는 데 큰 어려움을 겪었고 많은 격려와 언어치료에도 불구하고 말의 명료도가 매우 떨어졌다. Eric은 13세 때 점차 말을 더 명확하게 하기 시작했고 17세에는 말이 그의 주요 표현 언어가 되었다. 그는 말이 부족한 상황에서만 손짓 기호를 보조 수단으로 사용했다(Launonen, 2019b; Launonen & Grove, 2003).

또한 AAC는 성인에게도 유용할 수 있다(Holyfield et al., 2017). AAC 초창기에는 지적장애와 자폐범주성장애가 있는 40~50세의 사람들이 수년간의 전통적인 언어 훈련에도 불구하고 언어 발달에 실패한 후 AAC의 혜택을 받는 것으로 나타났다. 이들 중 일부는 점차 말이 주요 의사소통 수단이 되었다. AAC를 제공하기 전에는 전통적인 언어치료의 결과에 근거하여 이들이 언어 발달은 물론 의사소통조차 할 수 없다고 가정하는 것이 합당했다. 그러나 AAC를 통한 중재는 잠재력이 있다는 것을 보여 주었을 뿐만 아니라 말 산출을 위해서는 AAC 접근 방식이 필요하다는 것을 보여 주고 있다.

AAC를 많이 사용하는 장애 그룹

이러한 세 유형의 기능적 언어 그룹에는 여러 장애 유형과 진단을 받은 사람들이 포함되며, 같은 진단명의 사람들이라도 하나 이상의 그룹에 포함될 수 있다. 어떤 뇌성마비인은 의사 표현을 하기 위해 의사소통 도구가 필요하며, 다른 사람은 구어 발성을 타인이 알아듣기 어려우므로 이에 대한 지원이나 보완(supplement)이 필요하거나 잠깐 동안만 도구를 사용할 수도 있다. 어떤 자폐범주성장애인은 손짓 기호나 그래픽 상징을 사용하다가 이후에 구어를 사용하게 되기도 한다. 또한 성인이 되어도 구어를 이해하거나 사용하지는 못하지만 몇 개의 손짓 기호나 그래픽 또는 유형 상징은 사용할 수 있는 경우도 있다.

운동장애

AAC를 필요로 하는 언어발달장애와 운동장애가 있는 몇몇 진단 그룹들이 있다(Creer et al., 2016). 약간의 구어 사용이 가능한 운동장애 아동들도 의사소통의 지원적 형태로서 의사소통 도구를 일시적으로 또는 영구적으로 사용할 필요가 있다.

구어 사용에 어려움을 겪는 대상은 뇌성마비 아동과 성인이 가장 우선적인 그룹이지만, 뇌종양과 신경근육계의 질환도 포함된다. 뇌성마비는 초기 발달 시기 동안의 비진행성인 두뇌 병변으로 인한 자세와 운동성의 장애이다(Rosenbaum et al., 2007). 뇌성마비의 출현율은 1,000명의 출생 중 국가의 경제적 상황에 따라 1.5~3.4명으로 보고된다(McIntyre et al., 2022). 뇌성마비가 있는 경우에는 운동장애 때문에 조음기관(혀, 입술, 인후 등) 조절 능력이 부족하여 정상적인 구어 조음을 하기 어려운 경우가 있다(구어장애(anarthria), 마비말장애(dysarthria)). 말할 때 조음기관의 마비 또는 경련 때문에 잘 모르는 사람이 들으면 이해하기 어려운 수준의 발화를 하기도 한다(Pennington, 2015; Pirila et al., 2007). 뇌성마비 아동 중 약 절반 정도가 구어의 어려움을 동반하며 1/4 정도는 구어가 거의 나타나지 않는 것(lacking speech)으로 분류되는데, 특히 보행이 불가능하거나 불수의 운동장애(dyskinetic motor impairment) 아동의 경우 자주 나타난다(Anderson et al., 2010; Novak et al., 2012). 구어에만 영향을 주는 운동장애는 드물다. 심한 운동구어장애가 있는 아동은 대부분 다른 운동기능에도 손상이 있다. 그들은 팔과 손 움직임의 협응이 제한된 경우가 많으며 그 정도는 다양하다. 많은 아동이 휠체어나 목발을 사용한다.

한국뿐 아니라 여러 나라에서, 매년 많은 아동이 AAC의 필요성이 높은 운동장애를 가지고 태어난다. 운동장애는 아동이 어떤 의사소통 형태를 사용할 수 있을지에 직접적인 영향을 미친다. 대부분의 소근육 운동장애가 있는 아동은 어떤 형태로든 의사소통 도구를 필요로 하게 될 것이다.

운동능력 또는 운동장애는 아동의 발달에 여러 면에서 영향을 미친다(Adolph & Holch, 2019; Campos et al., 2000). 이들의 반사와 불수의적 움직임은 환경 내의 사람이나 사건에 대해 반응하는 것에 영향을 준다. 예를 들어, 뇌성마비 아동이 사람이나 사물을 향해 손을 뻗을 때, 경직성 목반사(tonic neck reflex)와 관련된 목의 좌우 움직임 때문에 손을 뻗는 동작이 거부하는 것처럼 보이게 될 수 있으며, 아동이 해당 사물이나 사람에 흥미가 없는 것으로 상대방이 해석할 수 있다(Sigafoos et al., 2021). 뇌성마비 아동은 종종 근긴장도가 낮을 때보다 긴장도가 높을 때 더 각성되어 있고 주변에 관심을 가지는 것으로 간주된다(Burkhart, 1987). 높은 근긴장도는 운동 조절 능력을 감소시키고 AAC 사용 아동의 의사소통을 더 어렵게 할 수 있기 때문에 이러한 인식은 바람직하지 않을 수 있다. 또한 운동성과 구어 사용에서 어려움을 많이 경험한 아동은 수동적인 의사소통 스타일을 갖게 될 수 있는데, 이는 아동이 가진 장애의 결과일 뿐 아니라 주변 환경의 반응 때문이기도 하다. 치료와 훈련, 섭식과 위생관리에 많은 시간을 빼앗기므로 부모와 아동이 함께 활동에 참여하는 기회가 부족한 경우가 많다. 아동이 어릴 때는, 수동적인 아동의 태도에 대해 부모가 만족하고 긍정적으로 보기도 한다. 하지만 부모와 아동 간의 영향은 양방향성이다. 즉, 부모는 아동에게 영향을 미치고 아동은 부모에게 영향을 미친다(Sameroff, 2010; Zirpolo & Bell, 1987).

미소, 울음, 발성은 아동의 관심이나 정서적 상태를 나타내는 신호이다. 이런 신호는 아동에 대한 성인의 반응을 끌어내는 단서이며, 초기 상호작용에서 중요한 역할을 한다(von Tetzchner, 2019a). 운동장애 아동의 미소와 발성은 부정확하거나 비일관적이며, 울음도 더 많고 다른 아동과 차이가 있을 수 있다. 이런 신호는 부모가 이해하기 어렵다. 부모는 일반적으로 아동이 음식을 먹거나 기저귀를 간 지 얼마나 지났는지 등을 생각하면서, 아동의 울음이 어떤 필요를 나타낸다고 해석하고 울음에 반응한다. 어떤 운동장애 아동의 경우에는 높은 근긴장도로 인한 근육의 아픔, 위식도 역류나 다른 소화 기능의 장애 등과 같이 부모가 할 수 있는 범위를 넘어선 이유 때문에 울기도 한다(McKearnan et al., 2004; McKinnon et al., 2019; Vinkel et al., 2022). 부모가 아동을 진정시키는 것이 매우 어려워서 좌절하고 낙심하기도 한다. 오래 지속되고 빈번한 아동의 울음은 부모에게는 지속적인 짜증과 안타까움의 원인이 될 수 있다(Potharaju, 2022). 이런 모든 것을 고려하면 중도의 운동장애 아동의 부모가 자녀가 수동적일 때 자녀가 행복하다고 느끼는 것은 놀랄 일이 아니다.

운동장애 아동의 구어에 대한 이해는 언어발달의 신경학적 기초가 손상되지 않았더라도 또래에 비해 감소될 수도 있다. 심한 운동장애를 가진 아동은 아동들이 일반적으로 배우는 다양한 언어 경험의 많은 부분을 경험하지 못한다. 전형적으로 발달하는 아동은 전 언어 시기의 울음, 웃음, 사물을 잡거나 사물을 향해 손을 뻗는 행동, 단어를 흉내 내는 듯한 옹알이(gurgling noises) 등을 보임으로써 부모나 다른 성인들이 그들에게 반응하고 말하도록 하며, 이는 간접적으로 아동의 언어 학습을 가이드하게 된다(Service et al., 1989). 아동이 말을 시작하면 비슷한 방법으로 성인과 또래들과의 대화에 참여하며 언어를 발달시킨다. 그들이 말하거나 행동하는 것에 대해 코멘트를 받고, 관심 있거나 궁금한 물건이나 사건에 대해 질문하고 대답을 듣는다. 운동장애 아동은 이러한 경험 중 많은 부분을 상실하게 되며, 이는 언어 이해력의 감소와 환경에 대한 지식의 부족으로 이어질 수 있다(von Tetzchner, 2018).

운동장애는 아동의 개인적 발달에 상당한 제약을 가져올 수 있다. 아동들이 참여할 수 없는 활동이 많으며 경험이 제한되는 영역도 많다. 이러한 제한은 주로 운동장애 자체에 의한 것이지만, 부정적인 경험이 누적되면서 자신이 아무것도 할 수 없다고 믿는 학습된 무기력(learned helplessness)이 생기기 때문이기도 한다(Basil, 1992; Seligman, 1972). 나중에는 어쩌면 할 수 있었을 일들에 대해서도 해 보려는 시도를 하지 않게 될 수도 있다. 충분한 시간과 필요한 도구, 그리고 연습 기회가 있다면 자신이 혼자 할 수 있었을 일들도 타인이 대신 해 주기 때문에 자기 자신이 무능력하다고 생각하게 된다. 부모, 전문가 및 또래의 태도는 장애 아동들이 많은 부분 그대로 자신에 대한 것으로 받아들이기 때문에(Madge & Fassam, 1982), 그들의 삶과 개인적 성장을 위한 기회를 형성하는 데 매우 중요한 역할을 한다.

중도의 구어 및 운동장애를 가진 많은 아동과 청소년들은 반응적이고 수동적인 의사소통 스타일을 갖게 된다. 이러한 스타일을 형성하는 기초는 매우 초기 단계에 이미 시작된다. 많은 아동이 여러 해 동안 일종의 '스무고개' 질문에 대한 '예', '아니요'(예: 위를 보면 '예', 아래를 보면 '아니요') 형태로만 대부분의 의사소통을 한다. 그래픽 상징과 의사소통 도구의 도입은 의사소통의 새로운 기회를 의미한다. 그러나 의사소통 도구를 사용하는 많은 어린 아동이 뭔가 말할 것이 있어 보이고 의사소통 도구 사용을 익혔으며 여러 가지 질문에 대답을 할 수 있으면서도, 쉽게 대화를 시작하지 못한다. 오랫동안 질문에 대답하는 것만이 의사소통의 주된 혹은 유일한 전략이었던 아동에게는 새로운 방법으로 언어를 사용하는 것을 배우는 것이 어려울 수 있다. 따라서 자신을 표현하기 전에 타인이 질문할 때까지 기다려야 한다는 것을 배우지 않도록, 아동이 자발적으로 대화를 시작할 수 있는 의사소통 표현을 찾아주는 것이 중요하다.

중도 운동장애 때문에 구어의 어려움을 갖는 아동과 성인의 인지적 수준과 언어 이해력의 정도는 매우 다양하다(Cummings, 2008; Stadskleiv, 2020). 이 그룹의 많은 사람들이 구어 이해력과 구어 표현력 사이의 차이가 크기 때문에 표현 언어 그룹에 속하는 한편, 이해와 산출에 동일하게 어려움을 갖는 경우도 있다. 어떤 경우에는 대안적인 의사소통 체계가 그들이 가장 잘 이해하는 의사소통 형태가 된다. 따라서 중도의 구어 및 운동장애를 가진 사람 가운데 지원 언어 그룹과 대체 언어 그룹에 속하는 사람들도 있을 것이다.

언어발달장애

아동들은 대개 만 1세경에 첫 단어를 말하지만 개인차가 매우 크다. 9개월에 첫 단어를 말하는 경우도 있는 반면 17개월에서야 시작하는 아동도 있다. 만 2세경에는 평균적으로 150개 단어 정도를 말하게 되며, 10~450개 단어 정도를 학습할 수 있다(MacWhinney, 2015). 어휘력이 15개 단어 이상 증가하는 첫 달로 정의되는 **어휘 폭발기**(*vocabulary spurt*)(Poulin-Dubois & Graham, 1994) 이후에는 단어 학습이 엄청난 속도로 증가한다. 18세까지 하루 평균 5.5개의 단어에서 9개의 단어를 습득하는 것으로 추정된다. 6세 전후의 아동은 보통 10,000~15,000개의 단어를 이해하고, 그보다 약간 적은 단어를 산출한다(Anglin, 1993; Carey, 1978).

유아기의 언어장애에 대한 추정치는 상당히 다양하며, 4~5세 아동의 부모 중 25%가 자녀의 언어발달에 대해 걱정하는 것으로 나타났다(McLeod & Harrison, 2009). 연구에 따르면 전체 아동의 약 6~12%가 언어발달지연 또는 언어장애를 보이며, 1~2%는 심각한 언어장애를 보이는 것으로 나타났다. 학령기 아동의 약 7.5%가 언어발달장애(developmental language disorders)를 보인다(Calder et al., 2022; Paul, 2020). 이들에게는 지원이 필요하지만 AAC가 필요한 경우는 극소수에 불과하다. 어떤 아동들은 말소리 산출에 문제가 있고 어떤 아동들은 언어 자체에 문제가 있다. 일부는 주로 표현 언어장애가 있는 반면 다른 일부는 이해와 산출을 모두 포함하는 전반적인 언어 처리 장애가 있다. 수용 언어장애는 표현 언어장애보다 더 심각하며, 수용 언어장애는 항상 표현 언어에 영향을 미친다. 단순 표현 언어장애는 언어 학습 상황에 영향을 미치므로 아동의 수용 언어 능력에 어느 정도 영향을 미친다. 언어장애는 여아보다 남아에게 2~3배 더 흔하게 나타나고 있다(Cummings, 2008; Weindrich et al., 2000). 언어발달장애 아동의 비언어적(non-verbal) 인지능력은 지적장애부터 영재에 이르기까지 매우 다양하다. 언어발달장애의 원인은 알 수 없거나 다른 발달장애와 연관되어 나타나는 언어장애일 수도 있다(Bishop, 2014; Bishop et al., 2017).

언어발달 관련 장애에 여러 하위 그룹이 있다. **음운장애**(*phonological disorders*)가 있는 아동은 말소리를 인지하고 산출하는 데 어려움을 겪는 반면, **조음장애**(*articulation disorders*)가 있는 아동은 말소리 자체의 물리적 생성에 어려움이 있다. **문법장애**(*Grammatical impairments*)는 문장 구성과 활용에 문제가 있고(시제, 인칭, 단수/복수 등을 나타내기 위한 동사 변화 등), **의미장애**(*Semantic impairments*)는 언어의 내용에 문제가 있고, **화용장애**(*pragmatic disorders*)는 다른 사람의 의도를 이해하고, 주제를 선택하고, 의사소통의 실패를 발견하고 수정하며, 일관된 대화를 유지하는 등 언어의 의사소통과 사용에 문제가 있다. 발음이 좋고 문장 구조가 정확한 아동도 언어 사용 방법에 대한 이해가 부족할 수 있다(Bishop, 2006; Cummings, 2014).

주목할 만한 하위 그룹은 **실행에 어려움**(*dyspractic traits*)**이 있는 아동**, 즉 자발적인 행동, 특히 조정된 움직임이 필요한 행동을 수행하는 데 어려움을 겪는 아동이다. 이러한 아동은 다양한 활동에서 운동 동작을 수행하는 데 심각한 문제가 있을 수 있다. 약 1,000명의 아동 중 1명은 **아동기 말실행증**(*childhood apraxia of speech*) 또는 발달성실행증(developmental dyspraxia)이라고도 하는 **발달성 말실행증**(*developmental apraxia of speech*)을 보이며, 이는 신경근 결함이 없는 상태에서 언어의 기초가 되는 움직임의 정확성과 일관성이 손상되는 신경학적 아동기 말소리 장애로 정의되며 다른 신경 발달장애와 함께 발생할 수 있다(Murray et al., 2021; Shriberg et al., 2019). 이 문제는 운동 계획, 음운 표현을 운동 음성 명령으로 변환하는 능력 저하와 관련이 있으며, 그 결과 말이 느려지고 음성 소리 생성 및 운율에 일관되지 않은 오류가 발생한다. 언어 시작이 지연되고 어휘력 성장이 제한된다. 마비말장애는 근육 장애의 결과이기 때문에 말실행증과 마비말장애는 다르다(McNeil et al., 2017; Terband et al., 2019). 오류의 일관성이 부족하면 다른 사람들이 아동의 말을 이해하기가 어렵다. 또한 눈에 보이는 운동장애가 없기 때문에 아동의 어려움을 관찰하기가 더 어렵다. 이는 지속적인 언어장애이며 말 문제는 전반적인 언어처리 문제의 일부일 수 있다. 조음 문제가 해결되었더라도 학령기에는 언어 이해력이 손상될 수 있다(Lewis et al., 2004). 말실행증 아동은 수년간의 언어치료가 필요할 수 있고, 읽고 쓰는 법을 배우는 데 심각한 문제를 겪을 수 있으며, 이러한 상태가 성인기까지 지속될 수 있다(Gillon & Moriarty, 2007; Lewis et al., 2023). 어떤 사람은 조음에 초점을 맞춘 중재 후에도 최소한의 개선만 보이고 심각한 장애를 유지하기도 한다. 연구에 따르면 말실행증 아동은 자신을 표현하고 언어발달을 지원하기 위해 손짓 기호나 그래픽 상징을 사용하는 것이 도움이 될 수 있지만, 실행의 어려움으로 인해 손짓 기호 산출이 어려울 수도 있다(Iuzzini-Seigel et al., 2022; Oommen & McCarthy, 2015). 음성 출력이 가능한 전자적 보조기기는 의사소통과 아동의 말 발달 지원에 유용하다는 것이 입증되었다(Bornman et al., 2001; Lüke, 2014). 중요한 것은 중재가 구어산출에 초점을 맞춰야 하며, 비구어적인 구강 운동 훈련은 필요하지도, 충분하지도 않다(Watson & Lof, 2008).

대부분의 언어발달장애 아동은, 취학 전 기간 동안에 특히 가족 이외의 사람들에게는 명료하지 않을 수 있지만, 점차 말을 하기 시작한다. 취학 연령이 되면 대부분 모르는 사람들도 이해할 수 있을 정도로 명확하게 말하기 시작한다. 그러나 언어발달이 지연되기 때문에 아동은 일반적으로 또래보다 어휘가 적고 환경에 대한 지식이 부족한 경우가 많다. 이러한 현상의 정도는 아동이 다른 영역에서 어떻게 기능하는지에 따라 달라진다. 중등도 이상의 언어발달장애 아동은 일반적으로 학령기 또는 그 이후에도 지식이 부족한 경우가 많다(Kan & Windsor, 2010; Wren et al., 2016, 2021).

다른 아동 또는 성인과의 대화에서 언어발달장애 아동은 자신이 이해받지 못한다고 느낄 수 있다. 다른 사람들이 아동을 이해하는 데 어려움을 겪기 때문에 아동의 의사소통 노력에 대해 '예', '아니요', 또는 '음'과 같은 모호한 대답을 하는 경우가 많으며 아동은 질문에 대한 적절한 대답을 받지 못할 수 있다(Schjølberg, 1984). 성인은 아동과의 상호작용을 통제함으로써 이해하지 못하는 문제를 해결할 수 있다. 전형적인 언어발달을 보이는 아동의 부모에 비해 언어장애가 있는 아동의 부모는 더 많은 명령을 내리고 질문을 적게 하는 경향이 있다(Blackwell et al., 2015; Paul & Elwood, 1991). 이는 어른들이 아동의 말을 이해해야 한다는 부담을 줄여주지만, 동시에 아동이 관심 있는 주제로 대화를 이끌어 갈 기회를 박탈하는 결과를 초래한다. 아동이 일반적으로 즐기는 상호작용을 놓치게 될 뿐만 아니라, 낮은 명료도 때문에 다른 일반적인 사회적 상호작용에 대한 아동의 참여가 줄어들 수 있다. 이러한 상호작용은 자연스러운 학습 환경이며 아동이 언어, 개념 및 사회에 대한 일반적인 지식을 습득하는 데 중요하다.

성인과 다른 아동이 언어발달장애 아동과 함께 있을 때 겪는 문제로 인해 아동이 상호작용을 회피할 수 있다. 많은 취학 전 언어발달장애 아동은 모르는 성인이나 다른 아동과 함께 있을 때 수줍어하고 소심하다. 학교에 입학하면 다른 아이들과 관계를 맺는 데 어려움을 겪는 경우가 많다. 가족과 집 밖에서는 말을 하지 않는 선택적 함묵증을 보이는 아동들도 있으며, 그중 많은 경우는 언어 지연의 병력이 있다(Kotrba, 2015; Scott & Beidel, 2011). 어떤 언어발달장애 아동은 행동 장애를 보이고 방해하는 것으로 보일 수도 있다(St Clair et al., 2011; Valera-Pozo et al., 2020; Willinger et al., 2003).

이러한 아동들이 경험하는 문제는 자신을 이해하는 데 어려움을 겪는 데서 오는 간접적인 결과일 가능성이 높다. 대부분의 사회적 상황에서는 언어의 숙달이 필요하다. 새로운 사람을 만날 때 어린 아동은 일반적으로 '이름이 뭐니?', '몇 살이니?'와 같은 질문을 받게 되는데, 이러한 질문에 대해 이해할 수 있는 대답을 하지 못하면 언어발달장애가 바로 드러나게 된다. 경우에 따라 조음장애가 있는 아동은 '명확하고 이해하기 쉽게' 말하는 것이 너무 힘들어서 다른 일을 하는 데 어려움을 겪기도 한다. 그런 다음 말장애가 확산되어 더 광범위한 문제가 될 수 있다.

언어발달장애 아동은 일반적으로 모국어를 익히기 위해 대안적인 의사소통 체계를 배우지 않는다. 이들은 일반적으로 **지원 언어 그룹**의 하위발달 그룹에 속하며, 이들에게 AAC 중재의 목적은 주로 언어발달을 지원하는 것이다. 이들 중 많은 경우가 손짓 기호, 음성 출력이 가능한 그래픽 상징 및 의사소통 도구를 사용한 중재로 도움을 받을 수 있다(Bornman et al., 2001; Lüke, 2014; Navarro et al., 2020; Oomen & McCarthy, 2015; von Tetzchner, 1984a).

AAC가 아동의 의사소통 상대자에게 미칠 수 있는 영향은 AAC 학습이 아동에게 미치는 직접적인 영향만큼이나 중요하다. 어른은 말 사용이 어려운 아동이 얼마나 말을 이해하는지 과대평가하거나 과소평가할 수 있다. 아동이 말과 동시에 손짓 기호 또는 그래픽 상징 등 **총체적 의사소통**(*total communication*)을 사용하면 어른이 아동의 의사소통을 이해하고 의미 있게 대답하는 데 도움이 된다. 이는 아동에게 있어 어른과의 상호작용이 더 성공적이고 의미 있게 이루어질 수 있음을 의미한다. 동시에 어른은 전형적인 발달을 보이는 아동과 상호작용할 때와 같은 방식으로 아동이 하는 일에 대해 언급하고 현재 일어나고 있는 사물과 활동에 대해 이야기하는 것이 더 쉬울 수 있다. 이렇게 하면 아동이 물건의 이름, 사건에 대해 이야기하는 방법, 물건을 사용하는 방법, 사회적 규칙 등을 배울 확률이 높아진다. 이는 언어 발달의 중요한 기초이다(Nelson, 1996, 2007). 따라서 AAC 중재가 성공적으로 이루어지면 이 그룹의 아동은 더 많은 어휘와 적절한 개념 발달이 이루어질 것이다.

AAC 중재의 중요한 목표는 아동이 사회적 기술과 참여를 발달시키는 것이다. 아동이 명확하게 말하고 자신을 잘 이해하기 시작한 후에도 아직 배우지 못한, 그러나 또래 친구들에게는 익숙한, 사회적 및 상호작용 규칙이 많을 수 있다. 아동이 자신을 이해하는 능력을 향상시키고 가치 있는 사회적 상호작용에 대한 참여를 늘리면 수줍음과 소심함을 덜 느끼게되어 또래 및 잘 모르는 성인과의 사회적 상호작용을 개선하는 데 도움이 될 수 있을 것이다.

지적장애

학습과 발달의 좀 더 광범위하고 일반적인 장애에 관련된 용어는 계속 변화하고 있다. DSM-5(*Diagnostic and Statistical Manual of Mental Disorders, 5th edition*)에서는 '지적장애(intellectual disabilities)'라는 용어를 사용하는 반면(American Psychiatric Association, 2013), ICD-11(*International Classification of Diseases for Mortality and Morbidity Statistics, 11th edition*)에서는 '지적 발달 장애(disorders of intellectual development)'를 쓰고 있다(World Health Organization, 2022; Harrison et al., 2021 참조). 과거에 지적장애 그룹은 일반적인 학교 교육을 통해 교육받기 어려워서 특수학교를 다녀야 하는 모든 아동을 포함하였다. 오늘날 '지적장애'는 서로 다른 다양한 원인을 가진 광범위한 여러 조건을 의미하는 집합적 용어(collective form)로 사용된다. 하지만 공

통되는 것은, 그들의 지적능력과 사회 안에서 잘 대처할 가능성이 제한적이고, 이들의 장애가 발달기간 동안에 관찰된다는 점이다.

ICD-11은 IQ와 적응 기능에 기초하여 지적장애의 네 수준을 제시한다. 경도 지적장애 수준은 적응 기능과 IQ 점수가 연령 평균보다 2-3 표준편차 아래이다. 평균 점수가 100이고 표준편차가 15인 지능검사의 경우, 이는 IQ 69-55에 해당한다. 중등도 지적장애는 적응 기능과 IQ점수가 평균보다 3-4 표준편차 아래인 경우이다(IQ 54-40). 중도와 최중도 지적장애는 모두 지적 기능이 표준편차 4보다 더 밑인 경우가 해당된다(IQ 39 이하). 웩슬러 지능검사와 기타 최신의 지능검사들은 IQ 50 이하로 낮은 점수를 받는 사람들의 지적 기능을 신뢰할 수 있고 타당하게 변별할 수 있는 충분한 범위를 포함하지 않고 있다(Carlier & Roubertoux, 2014). 따라서 지적 발달의 중도와 최중도 장애는 발달척도나 인지 검사에서의 아동의 연령점수 또는 적응행동에 기초해서 변별된다. DSM-5에서는 IQ를 개념을 형성하고 사고하는 능력을 대략적으로 표현하는 것으로 보며, 지적장애의 분류를 위해 IQ를 사용하지 않는다. 대신, ICD-11에서 사용된 것과 같은 지적 및 적응행동 기능의 네 수준(경도, 중등도, 중도, 최중도)에 따라 개념적, 사회적, 실제적 기술을 설명한다. 지능검사는 지적 기능을 평가하는 중요한 도구이지만, DSM-5에서는 IQ 70 이상을 보인 아동도 지적장애 기준을 충족하는 경우도 있다. Schalock와 동료들은(2021) 지적장애가 지적 기능과 적응행동 모두의 심각한 제한으로 특징지어진다고 강조하며, 지적장애의 수준을 변별하는 가장 좋은 방법은 지원의 필요를 구체적으로 알아보는 것이라고 제안한다.

지적장애의 평가는 조심스럽게 이루어져야 하는데 특히 검사 점수가 안정적이지 않은 어린 아동의 경우에 더욱 유의해야 한다(Schneider et al., 2014). 또한 IQ 프로파일이 편향되어 있고 모든 결과가 다 낮은 범위에 있는 것이 아니라면 IQ 결과를 진단의 기초로 사용할 수 없다. 이런 경우에는, 아동의 평균 점수가 아동이 할 수 있는 것과 할 수 없는 것 모두에 대한 잘못된 정보를 제공할 수 있다(Greenspan & Woods, 2014). 예를 들어, 동작성 하위검사(non-verbal subscale)에서 연령에 맞는 평균 점수를 나타냈지만 언어성 검사(verbal subscale)에서 하나도 맞추지 못한 13세 여아가 있다고 하자. 두 점수의 중간에 있는 평균값은 동작성 기술에 대해서는 너무 낮은 추정치가 될 것이며 언어성 기술에 대해서는 너무 높은 수치가 될 것이다.

중도 지적장애 아동은 대부분의 영역에서 발달의 지체를 보이며 연령이 높아짐에 따라 전형적으로 발달하는 아동과의 차이가 커진다(Hall et al., 2005). 새로운 것, 복잡한 것과 불확실한 상황을 힘들어하며, 사회적이고 감정적인 단서를 이해하는 것도 어려워 한다(Whitman et al., 1997). 지적장애 아동은 일반아동 그룹에 비해 운동장애, 감각장애, 뇌전증(epilepsy), 자폐범주성장애, 주의력결핍 및 과다행동장애와 기타 장애의 발생률이 몇 배나 높다(Carr & O'Reilly, 2016a,b). 또한 시각이나 청각 문제가 심하지 않더라도 일반아동에 비해 지적장애 아동에게는 더 부정적으로 작용할 가능성이 높다. 가장 중증의 지적장애를 가진 경우에는 안경이나 보청기를 쉽게 망가뜨리거나 상처를 입게 되기 때문에 시각이나 청각장애를 보완하는 일이 어려워지기도 한다.

IQ와 적응행동 기술이 낮다는 것이 한 개인에 대한 모든 것을 말해 주는 것은 아니다. 지적장애 아동들은 공통적으로 학습에 대해 전반적인 어려움을 갖지만, 그 외에는 각자가 서로 다른 원인과 발달 배경을 가진 고유한 개인이다. 지적장애 아동을 동질 그룹으로 간주하면 각 개별 아동의 서로 다른 중요한 가능성과 제한점, 필요 등을 놓치게 된다(Leonard & Wen, 2002). 지능검사의 총점은 이러한 차이를 드러내기보다는 오히려 감추는 역할을 할 수 있다. 심지어 학습 능력이라고 불리는 것도 '동일한' 지능 수준의 아동들 간에도 상당한 차이를 나타낸다. 지능검사 점수 총점이나 비언어성 점수(nonverbal intelligence)를 기초로 언어 능력을 예측하는 것은 어렵다. 언어와 다른 인지능력과의 관계는 다운 증후군이나 윌리엄스 증후군 같은 원인 질환과, 측정하는 언어의 측면(예: 어휘, 문법)에 따라 다르다(McGregor, 2017). 언어성(verbal) 기술은 일반 지능검사의 일부이지만 별도로 평가되어야 한다. IQ 40-50 이상의 경우에는 IQ 점수와 언어발달의 마일스톤, 즉 말하기 시작하는 때, 첫 단어를 말하는 시기 간에 연결성이 없다. IQ 40-50 아래의 경우에는 현실적으로 또한 이론적으로 낮은 언어 및 의사소통 기술과 다른 인지기능을 구분하기가 어려울 수 있다. 의사소통 및 언어 능력이 낮으면 IQ 검사 수행을 위해 필요한 검사의 지시 사항을 이해하기가 어려운 경우가 많다. 언어 능력이 낮으면 IQ 검사에서 측정하는 다른 능력을 배우기가 힘들게 된다. 중등도 및 중도의 지적장애인 중에는 언어 능력과 IQ 간의 명확한 통계적 상관관계를 보이지만, 한편 최중도 지적장애인 중에도 기초적 언어 기술을 발달시키는 경우도 있다.

지적장애인은 다양한 원인을 가진 사람들의 그룹이다(Heikura et al., 2005). 알려진 원인 중 단일 원인으로 가장 큰 그룹은 다운 증후군을 가진 경우이다. 720명의 출생 중 1명의 발생률로서, 지적장애 아동의 약 6~8%를 차지한다(Presson et al., 2013; Vissers et al., 2016). 전형적인 발달을 보이는 아동에 비해 다운 증후군 아동은 유의미하게 지체된 언어발달을 보인다(Kent & Vorperian, 2013; Rondal, 2009). 한 연구에 따르면, 3세 다운 증후군 아동은 평균 45개의 단어를 사용했으며, 0~250개 단어의 범위를 나타냈다. 5세에는 한 아동만이 1.5 이상의 평균발화길이(Mean Length of Utterance, MLU)를 보였는데 이는 아동들이 대부분 한 단어 발화를 보였음을 의미한다(Smith & von Tetzchner, 1986). 다운 증후군 아동은 말의 결여를 보완하기 위해 자발적으로 제스처를 사용한다(Bello et al., 2020). 다운 증후군 아동의 구어 습득은 다른 영역의 발달과 연관되어 있으며, 보호자와 상호작용하는 정도와도 관련이 있다. 아동이 다른 사람과의 사회적 상호작용에 참여하고 그에 따르는 자연스러운 언어와 개념 학습의 기회를 갖는 것은, 이들이 다른 아동보다 감각적 인상을 처리하고 반응하는 데 더 많은 시간이 걸리고 활동의 수준이 낮아서 대부분의 상호작용이 성인에 의해 통제된다는 사실에 의해 영향을 받는다(Ryan, 1977).

다양한 수준의 지적장애를 보이는 또 다른 흔한 증후군에는 레트 증후군(Rett syndrome), 레쉬-니한 증후군(Lesch-Nyhan syndrome), 약체 X 증후군(Fragile X syndrome), 윌리엄스 증후군(Williams syndrome), 코넬리아 드 랑게 증후군(Cornelia de Lange syndrome), 프라더윌리 증후군(Prader-Willi syndrome), 엔젤만 증후군(Angelman syndrome)이 있다. 지적장애 아동의 절반 정도는 원인을 알 수 없으나, 새로운 증후군이 지속적으로 확인되고 있다(Abbeduto etlak., 2019; Savatt & Myers, 2021). 이 책에서는 다운 증후군 아동이 '지적장애' 유형의 예를 들기 위해 자주 사용된다. 하지만 서로 다른 진단명을 가진 그룹 간에, 그리고 동일한 진단명을 가진 아동 간에도 개인별 차이가 있으며, 이는 생물학적 기초와 처한 환경 모두에 해당된다(Thomas et al., 2020). 모든 아동은 각자 독특한 발달과정을 거친다.

지적장애 아동은 기능적 수준이 다양하고 감각 및 운동장애의 발생률이 높기 때문에 세 가지 기능적 그룹에 모두 속할 수 있다. 표현 그룹에 속하는 아동도 있고, 지원 그룹 또는 대체 그룹에 속하는 아동도 있다. 많은 다운 증후군 아동들이 구어를 배울 수 있으면서도 AAC를 필요로 하므로, 지원 언어 그룹에 속한다. 어떤 경우는 나이가 들어도 타인이 구어 발음을 알아듣기 어려워서 구어 이해와 표현 사이에 격차가 커지게 되고, 표현 언어 그룹에 속하게 된다. 구어 이해력이 거의 없거나 매우 부족해서 대체 언어 그룹에 속하는 지적장애 아동들은 매우 소수이다(Clibbens, 2001; Launonen, 2019a). 다운 증후군 아동의 가장 일반적인 AAC는 손짓 기호이다. 손짓 기호, 그래픽 상징, 음성 출력 전자적 의사소통 도구를 사용한 중재 연구들은 모두 긍정적인 결과를 보고하였다(de Almeida Barbosa et al., 2018; Foreman & Crews, 1998; Frizelle et al., 2023; Launonen, 2019a). 다운 증후군 유아에게 손짓 기호를 사용한 조기중재를 실시한 연구에 의하면, 만 2세에 평균 34개의 손짓 기호와 4개의 구어 어휘를 습득했으며, 만 3세에는 평균 93개의 손짓 기호와 17개의 구어 어휘를, 그리고 만 4세에는 평균 108개의 손짓 기호와 128개의 구어 어휘를 습득하였다(범위는 3~300개의 어휘). 손짓 기호 사용만 제외하고 동일한 조기중재를 받은 비교 그룹은 중재 그룹보다 느린 구어 어휘 습득속도를 보였다(Launonen, 1996, 2019a).

언어발달장애 아동과 마찬가지로 지적장애 아동을 위한 AAC 중재의 기본적인 목적은 구어 습득을 촉진하고 말을 시작하기 이전 시기의 상호작용의 질을 높이는 것이다. 동시에 구어를 거의 발달시키지 못하거나 구어의 발음이 매우 알아듣기 어려운 경우에는, AAC 중재를 통해 기능적 의사소통 양식을 확립할 수 있다.

자폐범주성장애

자폐범주성장애는 의사소통 및 사회적 상호작용의 결함과 반복적이고 제한적인 흥미와 행동을 보이는 중증의 신경발달적 장애이다(Lord et al., 2020). Kanner(1943)가 처음으로 증상을 설명한 이후 자폐범주성장애의 핵심 특성은 거의 변화하지 않았으나 시간이 흐르면서 진단절차는 변화해 왔다(Happe & Frith, 2020; Volkmar & MacPartland, 2014). 초기에 사용되던 **유아 자폐증**, **아스퍼거 증후군**, **비전형적**(*atypical*) **자폐증** 등과 하위 유형은 더이상 타당하다고 보지 않는다. 가장 최신의 진단도구인 DSM-5와 ICD-11에서 '자폐범주성장애'는 장애의 중증도와 도움이 필요한 정도가 매우 다양한 경우를 모두 지칭하는 집합적 용어이며, 지적장애나 언어장애, 또는 비구어일 가능성이 있다고 보고 있다. 이 진단명을 가진 사람들은 'individual with autism spectrum disorder'보다는 'autistic individual'로 불리기를 원한다(Tan, 2018). 자폐범주성장애가 아동기에 시작되지만 ICD-11과 DSM-5에서는 생후 3년 안에 증상이 나타나야 한다는 이전의 조건을 삭제하였는데, 이는 자폐범주성장애 아동의 많은 문제들과 상대적으로 인지 및 언어 기능이 높은 경우는 학령기 초기나 그 이후까지도 증상이 명백히 드러나지 않아서 진단되지 않을 수 있기 때문이다. 자폐범주성장애를 규정하는 특성은 적응행동 기능, 사회적(social) 관계와 사회 체계에서의(societal) 관계, 교육, 직업과 삶의 질에 영향을 미친다. 자폐범주성 진단은 항상 어느 정도의 도움과 지원의 필요성과 함께 예술이나 수학적 능력 등의 긍정적인 재능이 자폐범주성장애인에게서 나타날 수 있음을 시사한다(Happe & Frith, 2010).

처음에는 자폐범주성장애가 1만 명당 4~6명 정도로 나타나는 매우 드문 조건이라고 생각했으나(Lotter, 1966), 점차 출현율이 증가하여 1,000명당 15명 정도가 되었다(Baio et al., 2018). 출현율의 증가는 추가적 진단을 방해하는 지적 또는 언어적 문제가 없는 고기능 그룹에서 가장 두드러졌다(Wolff et al., 2022; Zheidan et al., 2022). 이런 증가 추세의 원인에 대해서는 여러 가지 논의가 있지만, 진단 기준의 확장, 조기 진단 확대, 고기능 아동에 대한 관심 증가 및 자폐범주성장애가 일생 동안 있는 것으로 보는 시각이 어느 정도 기여한 것으로 많은 연구자들이 동의하고 있다. 여아보다 남아의 자폐범주성장애 발생이 적어도 2배가 된다(Calderoni, 2018).

자폐 증상 및 다른 특성들의 출현과 발달적 궤도를 볼 때, 자폐범주성장애 진단을 받은 아동들의 원인에 대한 학설은 다양하다(Lord et al., 2015). 자폐범주성장애의 발달을 한 가지로 설명할 수 없으며 이런 증상의 발생은 여러 가지로 설명될 수 있다(Happe et al., 2006). 개인에 따른 차이는 유전적 영향의 다양성이나(Bishop et al., 2014; Persico & Naplioni, 2013), 해당되는 두뇌의 메커니즘(O'Neil et al., 2020), 환경적 영향(Emberti Gialloreti et al., 2019; Mandy & Lai, 2016)을 반영하는 것일 수 있다. 자폐범주성장애의 진단은 이 진단을 규정하는 특성을 아동이 나타낸다는 의미이다. 이러한 특성들 외에, 진단만으로는 아동의 기능 수준이나 감정, 생각과 행동 그리고 자폐적인 특성이 어떻게 시작되었는지 등에 대해 알 수 없다. 즉, 자폐범주성장애라는 진단만으로는 중재를 결정하기에 충분하지 않다(Thapar et al., 2017).

자폐범주성장애 아동은 비구어 지능과 기타 능력에서 상당한 다양성을 나타낸다(Ankenman et al., 2014; Hughes, 2009). 약 2/3 정도는 지능검사에서 정상범위 혹은 그 이상의 점수를 보인다

(IQ 70 이상)(Shenouda et al., 2023). 고른 인지적 프로파일을 가지는 경우도 있고, 특정 영역에서 좀 더 숙달된 기술을 보이는 경우도 있다(Wolff et al., 2022). 많은 자폐 성향의 아동들이 공동관심(Joint attention) 기술의 발달과 구어 및 비구어적 의사소통을 이해하고 사용하는 것이 지연된다(Landa et al., 2013; Mundy & Bullen, 2022). 공동관심 기술의 부족은 자폐범주성장애를 선별할 때 중요한 조기의 지표이다(Kim & Lord, 2013; Stenberg et al., 2014). 자폐성 유아와 아동은 제스처를 잘 배우지 못하는 경우가 흔하며, 타인이 이해하기 어려운 제스처를 보이기도 한다(Mishra et al., 2021; Sarria et al., 1996; Wu et al., 2024). 이러한 특성은 공동관심을 형성하고 맥락을 공유하는 것을 어렵게 한다. 그러나 그들은 다른 사람을 뭔가 요구하는 눈빛으로 쳐다보거나, 손을 잡고 무언가로 데리고 가거나, 원하는 것을 향해 손을 뻗거나 계속 쳐다봄으로써 다른 사람이 그것을 주도록 한다. 구어 사용이 제한된 아동이나 청소년 중에는 제한된 구어를 보충하기 위해 지시적 또는 긍정하거나 거부하는 제스처를 사용하기도 한다(Valle et al., 2021).

자폐 아동의 언어 능력은 의사소통 능력이 거의 없는 수준부터 발전된 언어기술까지 다양하게 나타난다. 구어가 부족한 경우도 있고, 끊임없이 말을 하는 사람도 있다(Rapin et al., 2009). 길고 복잡한 문장을 이해하고 표현할 수 있지만, 언제 어떻게 언어를 사용하는지 이해하지 못하는 경우도 있다. 상당수의 자폐 아동들은 적정한 언어환경에서 자라고 언어치료를 받아도, 구어 발달이 심하게 지연되거나 아예 구어 발달이 이루어지지 않는다. 단어를 3개 미만으로 말하는 자폐 아동은 '구어 결핍(lacking speech)'으로 분류된다(Norrelgen et al., 2015). '최소 발화(minimally verbal)'로 분류된 아동은 많게는 30개까지의 단어와 의사소통적으로 사용하는 고정된 구절을 구어로 표현할 수 있다(Tager-Flusberg & Kasari, 2013). 그들의 구어 사용 속도는 대개 매우 느리며 오랫동안 훈련된 스크립트 구절을 말하기도 한다(예: 'OO 하고 싶어요'). 또한 특정한 맥락에서만 사용하기도 하며 훈련된 요구하기나 친숙한 성인에게 인사하기 등과 같이 한두 개의 의사소통 기능으로만 사용하기도 한다. '최소 발화' 수준의 아동은 반향어나 의사소통 기능이 명확하지 않은 정형화된 언어를 사용하기도 한다. 많은 아동이 언어발달이 느릴 뿐만 아니라 말로 자신을 표현하는 것에 지속적으로 문제를 보인다. Anderson과 동료들(2007)은 만 3세 이전에 자폐범주성장애로 진단된 9세 아동의 30% 정도가 5개 혹은 그 이하의 구어 단어를 사용한다고 보고하였다. 노르웨이에서 64명의 자폐성장애 아동 및 청소년을 대상으로 한 조사에 따르면 학령전기부터 초기 성인기 기간까지 언어의 질적 측면의 발전을 보여 주는 근거가 거의 없었다. 드물게 나타난 예외는 체계적인 손짓 기호 교육을 받은 아동들이었다(Kvale et al., 1992).

과거에는 자폐범주성장애 성인의 50% 정도는 기능적인 말 사용이 어렵다고 보는 게 일반적이었다. 오늘날에는 이 숫자는 현저히 감소하여 약 20% 정도로 추산되고 있다. 약 30%는 최소 발화 수준에 머무른다(Koegel et al., 2019). 그러나 자폐범주성장애의 출현율이 증가함에 따라, 기능적 구어 사용이 어려운 아동의 실제 숫자는 아직도 증가하고 있다. 손짓 기호나 그래픽 상징을 배우는 대부분의 자폐성 아동은 구어 단어를 습득하는 수준까지 발전한다. 그들의 첫 낱말(first word)은 학습한 손짓 기호나 상징에 해당하는 경우가 대부분이며, 이는 이러한 학습이 구어 발달을 지원했음을 나타낸다. 상당수의 자폐성 아동이 구어를 이해하지 못하며 끝까지 말을 하지 못한다. 그림상징이나 손짓 의사소통 체계는 그들의 의사소통의 주된 형태이자 대안적 언어가 될 것이다. 따라서 자폐성장애 아동은 세 기능적 그룹 중 어디에도 속할 수 있다.

구어 결핍 또는 최소발화 수준인 자폐성장애인의 언어 이해력은 다양하다. 제한된 구어 표현에 비해 좀 더 나은 이해력을 보여 주는 경우도 있는 반면 구어 이해력이 거의 없는 경우도 있다(Rapin et al., 2009). 구어 결핍 또는 최소발화 수준 자폐성 아동의 지적능력도 매우 다양해서 비언어성 검사에서 정상범위를 나타내는 경우도 있다(Light et al., 1998); Schaeffer et al., 2023). 언어를 이해하지 못하는 아동은 비언어적(non-verbal), 즉 언어능력이 없다고 볼 수 있으며, 반면 말 표현은 거의 없지만 구어 이해력이 어느 정도 있는 경우는 표현 언어를 산출할 수는 없지만 이해할 수는 있기 때문에 언어적(verbal)이지만 **비음성적**(*non-vocal*)이라고 할 수 있다. AAC 중재는 이 두 그룹 모두에게 도움이 된다. 전형적 발달을 보이는 개인의 구어 사용과 비교할 수는 없지만, 손짓 기호나 그래픽 상징 중재는 그들의 의사소통 기술을 유의미하게 향상시킬 수 있으며, 종종 구어 사용에도 도움을 준다(Dunst et al., 2011; Schlosser & Wendt, 2008). 구어를 전혀 이해하지 못하는 아동도 손짓 기호나 그래픽 상징 사용을 배워서 의사소통할 수 있다(von Tetzchner et al., 2004). 발달적으로 '비언어적(non-verbal)'인 것과 '전언어적(pre-verbal)'인 것의 구분은 매우 중요하다. '전언어적'이란 아동이 언어를 향해 발달해 가는 중임을 의미하는 반면, '비언어적'은 아동이 언어를 발달시키지 못할 것임을 의미한다(Tager-Flusberg & Kasari, 2013). 그러나 초기에는 이 두 가지를 구분하는 것이 쉽지 않다. 어린 시기에 언어적 수단이 부족한 대부분의 자폐범주성장애아동은 나중에 보면 전구어적이었던 경우가 많다. 나중에 구어나 대안적 언어 형태를 이해하고 사용할 수 있게 되기 때문이다.

많은 자폐성장애 아동들은 감각자극에 비전형적으로 반응한다. 음성에 반응하지 않아서 청각장애가 있다고 의심되기도 한다. 지적기능이 높은 자폐범주성장애인 중에도, 다른 사람이 말할 때 주의를 기울이고 있는지 또는 말하는 내용에 관심이 있는지를 알기가 어려운 경우가 많다. 소리에 민감해서 특히 스트레스를 많이 받을 때면 일상적인 소리도 거슬리거나 고통스럽게 느끼기도 한다(Leekam et al., 2007; Robertson& Baron-Cohen, 2017).

자폐범주성장애인의 가장 핵심적인 특성은 그들의 매일의 루틴이 예기치 않게 깨지거나 변화가 생길 때와 같은 불확실성에 대해 보이는 부정적 반응(예: 분노, 불안 등)이다(Helverschou & Martinsen, 2011; Jenkinson et al., 2020). 그들은 초기 TEACCH(Treatment and Education of Autistic and Related Communication-Handicapped Children)(Mesibov & Shea, 2010; Mesibov et al., 2004) 프로그램에서 소개된 예측가능성과 구조화된 교수와 시각적 지원이 필요하며, 이는 대부분의 중

재프로그램의 중심 요소가 되었다(5장 참조). 또한 많은 자폐성장애인은 자신을 점유(occupy)하는 능력에 한계가 있다. 그들이 참여하는 활동은 매우 제한적이고 같은 활동을 오래 하거나 여러 달 또는 몇 해 동안 하기도 한다. 목적 없이 배회하거나 물건을 빙빙 돌리거나, 대야에 물을 채우거나, 책을 휘리릭 넘기거나, 불을 켰다 껐다 하거나, 물건을 두드리고, 전형적 발달을 보이는 아동들이 좋아하는 일반적인 장난감에 아무런 관심을 보이지 않기도 한다. TEACCH의 구조화된 접근은 자폐성장애인이 활동에 참여하도록 하는데 도움이 된다(Park & Kim, 2018). 자발적인 활동이 부족하다는 것은 자폐 진단의 핵심적 특성인 상동행동과 반복행동과 깊이 연관되어 있다. 앉아서 몸을 앞뒤로 흔들기, 손가락이나 손에 잡은 물건을 흔들기, 손가락으로 빛 가리기, 머리카락 꼬기, 팔 흔들기, 물건에 머리를 부딪히고 몸이나 팔, 손을 특이한 자세로 비틀기 등이 여기에 포함된다. 이런 행동이 빈번해지면 환경 안에 있는 사람들에게 도전행동으로 간주될 수 있다(Goldman et al., 2009; Melo et al., 2020). 따라서 자폐범주성장애 아동을 위한 AAC 중재의 중요한 목적은 좀 더 상호작용적이고 문화적으로 수용 가능한 활동에 좀 더 많이 참여할 수 있도록 지도하는 것이다.

AAC는 50년 넘게 자폐 중재의 일부로 포함되었다. 대부분의 자폐성장애인은 손짓 기호와 그래픽 상징을 모두 배울 수 있다. 최근까지, 손짓 기호는 이 그룹을 위한 AAC의 가장 흔한 형태였다. 많은 연구들은 구어 결핍 또는 최소 발화 자폐성장애인이 손짓 기호 사용을 학습할 수 있음을 보고하였다(Bonvillian, 2019; Schwartz & Nye, 2006; Tan et al., 2014; von Tetzchner, 1984b; Webster et al., 1973, 2016). 3세 반~23세의 구어 결핍 또는 최소 발화 자폐성장애인 100명 이상을 대상으로 한 20개의 연구를 리뷰한 연구에 의하면, 대상자 중 절반 정도가 손짓 기호 중재를 받기 이전에 응용행동분석에 기반한 구어 훈련을 받았으나 성공하지 못했다고 보고되었다. 그들은 모두 어느 정도 손짓 기호를 학습하였으며 학습한 어휘의 수는 손짓 기호 5개에서 335개까지 매우 다양했다(Bonvillian et al., 1981). 그래픽 상징보다 손짓 기호를 배울 때 더 잘하는 아동들이 소수지만 존재한다(Tincani, 2004; van der Meer et al., 2014). 그래픽 상징은 가지고 다녀야 하는 데 비해 손짓 기호는 아동의 손으로 산출하는 것이라는 장점이 있다. 어떤 자폐성장애 아동은 그래픽 상징을 더 잘 사용한다(Deich & Hodges, 1977; von Tetzchner, 2019b). 이 그룹에게는 그래픽 상징의 고정된 이미지가 손짓 기호의 동작보다 더 지각하기 쉽고 의미를 알기도 용이하기 때문일 수 있다. 그래픽 상징은 많은 아동에게 긍정적 결과를 가져온 전자적 의사소통 도구와 함께 사용할 수 있다는 장점도 있다(van der Meer et al., 2014).

자폐성장애 아동을 위한 AAC 문헌을 보면 PECS가 이들에게 사용되는 유일한 훈련방법인 것처럼 보이는 경우가 있다. 그래픽 상징을 손으로 건네주는 PECS의 훈련이 초기 단계에서 유용할 수 있고 다른 프로그램에서 사용되기도 하지만(p. 79 참조), 성인 주도적이고 강화에 기반한 이 접근은 다소 오래된 스타일이며, 제한적인 결과를 보이기도 한다(Howlinet al., 2007; Logan et al., 2017). 자폐성 아동은 손짓 기호와 그래픽 상징 중재 모두와 다양한 중재 전략을 통해서 도움을 받을 수 있다(5장과 6장 참조).

자폐성장애 아동에게 손짓 기호나 그래픽 상징 사용의 교육 경험이 긍정적이라는 것은 매우 명확하며, 이는 약간의 구어 사용이 가능한 아동의 의사소통 향상을 위해 손짓 기호나 그래픽 상징을 훈련한 경우도 마찬가지다. 모든 자폐성장애인이 많은 손짓 기호 또는 상징을 습득하지는 않지만, 대부분의 자폐성장애인은 적어도 몇 개의 손짓 기호나 그래픽 상징을 종종 짧은 시간 안에 학습한다(Bonvillian, 2019; Deich & Hodges, 1977; Holyfield et al., 2017; Lorah et al., 2022; Nunes, 2008; Schaeffer et al., 1994; Schlosser & Wendt, 2008). 장애인 중에는 수백 개의 손짓 기호나 그래픽 상징 어휘를 배우고 자발적으로 긴 문장을 표현하는 사람들도 있다. 인지기능이 매우 낮은 자폐성장애인도 1년의 중재 동안 5~10개의 손짓 기호나 그래픽 상징의 자발적 사용을 습득할 수 있다고 보는 것이 현실적이다. 이는 매우 소극적인 목표로 보일 수 있지만, 자기표현과 타인을 이해하는 능력에 있어서 이런 작은 발전도 매일의 웰빙에 큰 영향을 미치며, 사회적이고 실제적인 기술을 배울 수 있는 기회를 제공하고, 전반적인 삶의 질을 높일 수 있다. 또한 매우 낮은 수준의 장애인들도 처음에는 발달속도가 느릴지라도 지속적으로 어휘의 수를 늘려간다.

레트 증후군

중복장애와 최중도의 의사소통장애가 있는 사람은 소외되고 의사소통 중재를 제공받지 못할 위험이 높다. 레트 증후군(rett syndrome) 아동과 성인이 여기에 해당되는데, 이들은 다운 증후군 다음의 두 번째로 가장 많이 나타나는 유전적 질환이며 중도 및 최중도의 지적장애를 동반한다. 레트 증후군은 주로 여아들에게 나타나는 신경학적 장애이며 약 2만 명의 신생아 중 1명, 즉 1만 명 여아 중 1명꼴의 출현율을 보인다(Fu et al., 2020; Hagberg & Hagberg, 1997). 전형적인 레트 증후군에서, 6~18개월까지는 정상발달을 하는 것처럼 보이지만 나중에 생각해 보면 질병이 확연해지기 전에도 여아들이 좀 더 수동적이었을 수 있다. 6~18개월이 되면 이전에 습득했던 기술들을 잃어버리기 시작한다. 출생 시에 머리둘레는 정상이지만, 느리게 성장하여 시간이 지나면 정상적인 평균치보다 낮아진다(Neul et al., 2010; Sandweiss, Brandt & Zoghbi, 2020). 뇌전증의 발생이 흔하고 어느 시기든지 발생할 수 있다(Henriksen et al., 2018). 전형적인 레트 증후군의 모든 기준을 다 충족하지 못하는 여아들도 많으며 이들은 선천적 변형(variant), 초기 뇌전증 변형, 구어 보존(preserved speech) 변형을 포함해서 레트 증후군의 변형으로 간주된다(Hagberg & Skjeldal, 1994; Neul et al., 2010).

레트 증후군은 X염색체에 있는 조절(regulating) 유전자인 MeCP2의 돌연변이와 가장 크게 관련되어 있으나, 다른 여러 개의 유전자와도 연관되어 있고 MeCP2 돌연변이가 있는 사람들이 모두 레트 증후군의 특성을 보이는 것도 아니다(Collins & Neul, 2022; Ehrhart et al., 2018). 유전자 검사만으로 레트 증후군을 진단하는 것이 아니며, 레트 증후군인지를 결정하는 것은 발달의 과정이다(Chelly et al., 2006; Percy et al., 2018). 발달 과정은 다양성의 폭이 매우 크고, 레트 증후군 여아들에게 모든 특성이 동일한 정도로 나타나는 것이 아니다. 신뢰할 수 있는 초기 진단이 어려울 수 있으며 많은 레트 증후군 여아들이 레트 증후군 진단 이전에 다른 진단을 받는다(Davis et al., 2023). 전형적인 진단시기는 2~4세경이지만 훨씬 뒤에 받기도 한다(Vilvarajan et al., 2023). 일반 성인에 비해 기대 수명이 약간 짧지만 70%는 50세 이상 살며, 80세 이상이 되는 경우도 있다(Henriksen et al., 2020; Tarquinio et al., 2015).

질병의 초기에는 손 사용 능력이 감소한다. 점차로 소근육 운동 기술이 나빠지는데, 예를 들어 아동은 엄지와 검지를 이용한 물건 잡기(pincer grip)를 할 수 없게 된다. 계속 손 조절 능력이 감소하게 되면 사물을 조작하고 가지고 노는 능력을 잃게 된다. 동물이 앞발로 잡는 것처럼(pawing) 손 전체로 사물을 잡게 되고, 점차로 사물을 잡는 것이 어려워진다. 물건을 쉽게 떨어뜨리고 손에 물건을 올려주면 미끄러져 놓치게 된다. 이는 또한 레트 증후군 아동 및 성인이 스스로 무언가를 하기가 어려워지고 타인에게 더 의존하게 되는 것을 의미한다.

모두는 아니지만 대부분의 레트 증후군 아동들은 손을 씻는 것과 비슷하게 손을 비비는 특정한 상동행동적(stereotypical) 손 동작을 보이며, 거의 하루 종일 나타나는 경우도 있다. 또 거의 끊임없이 손을 쥐었다 폈다 하는 사람도 많다. 손을 씻는 듯한 상동행동적 손 동작은 지적장애 또는 자폐범주성장애 아동에게서도 흔히 볼 수 있지만, 레트 증후군 아동에게서 보이는 것보다는 적다. 따라서 손 씻는 듯한 동작은 레트 증후군 아동의 '트레이드마크'가 되었다.

레트 증후군

레트 증후군의 핵심 특성은 의도적인 동작을 수행하는 능력이 감소하는 **실행증**(*dyspraxia*)이다. 이는 익숙한 행동을 수행할 때뿐 아니라 새로운 기술을 배울 때도 확실하게 나타난다. 걷기 시작하거나 계단을 오르려고 다리를 드는 것도 시간이 오래 걸리며, 행동을 시작하기 위해 도움이 필요할 수도 있다. 협응운동장애는 흥분하면 더 심해지기 때문에 하고자 하는 동기가 강해지면 행동을 수행하기가 더 어려워진다. 레트 증후군 아동들이 부담을 느끼지 않는 평온한 환경에서 가장 잘 기능하는 것을 쉽게 볼 수 있다. 따라서 중재는 아동들이 행동을 수행하도록 도움으로써 그들의 좌절을 감소시키는 것을 목표로 한다.

레트 증후군 아동들은 심한 지적장애가 있는 것으로 보이며 머리둘레 성장의 감속(deceleration)과 낮은 뇌 중량도 나타난다(Armstron, 2001; Pohodich & Zoghbi, 2015). 인지기능 평가를 시도해 본 결과에 의하면 대부분의 레트 증후군 아동과 성인들은 검사받을 때의 연령과 상관없이 정상 발달하는 1세 아동의 수준보다 높은 과제를 수행하였으며, 많은 경우 더 낮은 연령대의 점수를 보였다(Cass et al., 2003; Garber & Veydt, 1990; Olsson & Rett, 1987, 1990; Woodyatt & Ozanne, 1992, 1993). 좀 더 높은 기능을 보이는 경우도 있다. 그러나 검사 결과를 해석할 때, 이 그룹을 평가하는 것이 매우 어렵다는 것과 레트 증후군 아동 및 성인의 인지기능 발달을 설명하는 데 적합한 카테고리가 불확실하다는 것을 고려해야 한다(Berger-Sweeney, 2011; Byiers & Symon, 2012). 인지기능의 평가는 주로 블록을 특정 패턴으로 쌓거나 숨겨진 물건으로 손을 뻗거나 물건을 옮기는 등의 조작을 하기 위해 손을 사용하는 과제로 이루어지는데, 대부분의 레트 증후군 아동 및 성인은 기능적인 손 사용 능력이 거의 없다. 이러한 손 사용 능력의 부족을 극복하기 위해 선호하는 것을 바라보기(preferential looking method)(Rose et al., 2013; von Tetzchner et al., 1996) 또는 눈 응시 테크놀로지를 사용할 수 있다(Ahonniska-Assa et al., 2018; Kurmanaviciute & Stadskleiv, 2017). 하지만 아동의 눈 응시를 관심과 흥미의 지표로 해석하는 것과 가리키기의 방법으로 보는 것을 구분하는 것이 중요하다. 가리키기는 검지, 눈 또는 어떤 신체 부위로 수행하든 의사소통 의도를 가진 지시적인 제스처이다(Tomasello et al., 2007). 레트 증후군 아동들에게서 관찰되는 뚫어지게 바라보는 것은 흥미를 보여 주는 것일 수 있지만 반드시 의사소통 의도가 있다거나 타인에게 영향을 주려고 하는 시도라고 볼 수는 없다(Sigaffos et al., 2001, 2011; von Tetzchner, 1997b; von Tetzchner et al., 1996; Woodyatt & Ozanne, 1992). 한 연구에 의하면 두 개의 물건을 제시했을 때 대부분의 레트 증후군 아동들은 그중 한 개를 좀 더 오래 바라보았지만 의사소통 의도를 암시하는 다른 행동을 보인 경우는 거의 없었다(Urbanowicz et al., 2018).

대부분의 레트 증후군 아동 및 성인은 발병 이후 말을 할 수 없다. 그들은 단어를 전혀 사용할 수 없으며 자신을 표현하기 위해서는 AAC를 사용해야 한다. 증상이 시작되기 전에 말을 할 수 있었더라도 대부분 잊어버리게 된다(von Tetzchner et al., 1996; Uchino et al., 2001). 예외적으로 구어가 남아 있는 소수의 그룹이 있는데, 이 경우에도 구어가 정상적이지 않으며 기능성의 차이가 심하다(Marschik et al., 2012; Renieri et al., 2009). 심한 실행증이 있고 자신이 이해한 것을 표현하기가 어려운 경우도 있지만 대부분의 레트 증후군 아동은 언어이해가 거의 안 되거나 매우 심하게 제한적이다. 초기 연구에서 제안된 것보다 이해력 차이의 범위가 더 넓을 수 있다(Wandin, 2020). 레트 증후군 아동 및 성인은 행동 레파토리가 매우 제한되어 있지만, 걸을 수 있는 경우에는 그들이 어디로 가는가에 따라 흥미나 선호를 유추하기도 한다. 사물을 건드리거나 바라보거나 사람이나 물건, 또는 특정 장소로 움직이기도 한다. 동작이 랜덤하게 보이는 경우가 자주 있지만 체계적인 관찰을 통해 그렇지 않음을 알 수도 있다(Sharpe, 1992). 하지만 이런 움직임은 **의사소통 의도**(*communicative intentions*)보다는 **행동 의도**(*action intentions*)를 나타내는 것일 수 있다. 대부분의 레트 증후군 아동은 다른 사람의 주의를 끌거나 다른 사람과 공동관심을 형성하는 것이 거의 불가능하다(von Tetzchner, 2006). 공동관심 기술이 없이는, 언어 습득이 매우 어렵거나 불가능하며(p. 214 참조), 대부분의 레트 증후군 아동 및 성인은 비구어이므로 **대체 언어 그룹**에 속한다.

레트 증후군 아동에 대한 도구 사용 의사소통 중재 사례들이 보고된 바 있다(Sigafoos et al., 2011, 2023; Simacek et al., 2015; von Tetzchner, 1997b; Urbanowicz et al., 2018). 중재는 전형적으로 두 개의 사물이나 활동 중에 선택하도록 하는 것을 목표로 하였다. 이러한 선택은 아동이 무엇을 바라보는가에 기초해서 해석되기 때문에 의사소통 의도보다는 흥미를, 공동관심보다는 단순한 관심을 나타내는 것일 수도 있다.

그러나 도구적 의사소통의 사용을 이해한다고 해도 이를 실행하는 것에도 문제가 있다. 가리키기와 같은 단순한 동작도 레트 증후군 아동에게는 어려울 수 있다. 동작 수행(이 경우에는 가리키기)에 주의를 집중하면 실행증을 악화시킬 수 있다. 사물이나 그림 또는 그래픽 상징을 가리키도록 교수할 때, 교사들은 일반적으로 손이나 눈을 사용하는 것부터 시작한다. 실행증의 영향을 줄이기 위해서는 아동의 관심이 동작에 집중되지 않고, 사물이나 그래픽 상징으로 향하도록 하는 것이 중요하다. 이것은 아동의 관심이 어디로 가는가를 통해 선호도를 평가하고자 할 때도 마찬가지로 적용된다. 레트 증후군 아동에게 눈 응시 행동의 운동장애가 있는 경우도 있으며, 이는 그들의 어려움을 증가시키고 환경 내의 사람들과의 사회적 상호작용을 방해한다. 또한 시간이 오래 걸리더라도 레트 증후군 아동 및 성인들이 시각적 정보 처리를 하는 데 필요한 시간을 충분히 갖도록 하는 것이 필수적이다. 이들이 환경 내의 사람과 사건에 대해 접촉을 시도하고 반응하는 데 필요한 시간을 고려하여 전략을 선택해야 한다(von Tetzchner, 1997b; von Tetzchner et al., 1996; Urbanowicz et al., 2018).

어떤 레트 증후군 아동들은 손의 기능적 운동 기술을 거의 잃은 후에도 오랫동안 사물을 건드리거나 칠 수 있다. 녹음된 단어나 구절을 재생할 수 있도록, 스위치를 누르도록 지도하는 중재 전략이 흔히 사용된다(Simasek et al., 2015). 그러나 레트 증후군 아동들이 확실한 의사소통 의도가 없어도(예: 해당 사물을 바라봄), '초콜릿 우유' 또는 '비스켓'이라고 음성이 나오는 스위치를 건드리는 것처럼, 녹음된 말을 산출하는 것에 긍정적으로 반응한다는 보고가 있다(von Tetzchner & Oien, 1989). 음악이 나오도록 스위치를 누르는 것을 지도받았지만 역시 의사소통 의도가 있음을 시사하는 것은 아니다. 많은 레트 증후군 아동들이 음악을 좋아한다고 보고되었지만, 음악을 나오게 하는 스위치를 치는 행동이 반드시 다른 사람에게 음악을 요청하는 의도가 있어야 하는 것은 아니다.

전형적인 레트 증후군을 가진 일부 아동들은 구어를 아주 기초적인 수준으로 이해하는 것이 가능하다. 그들은 몇 개의 사물과 단어를 연결할 수 있다(von Tetzchner, et al., 2002). 이들이 가진 언어 이해력이 제한적이긴 하지만, 언어표현과 이해 간에 격차가 있으므로 **표현 언어 그룹**에 속한다고 볼 수 있다. 하지만 일반적인 발달에서 초기 사물–단어 관계는 단어의 참조 기능에 대한 이해 없이 연상적으로 이루어진다는 증거가 있다(Werker, 2018a,b). 대부분의 레트 증후군 아동 및 성인은 타인의 관심을 끌거나 공동관심을 형성할 수 없는 것으로 보인다(von Tetzchner, 2006). 공동관심을 시작하고 반응하는 능력이 없이는 참조적 언어(referential language)의 습득은 불가능하거나 극도로 어렵다.

적절한 때 웃거나, 어떤 사람이 언급될 때 관심을 보이는 등의 일화가 보고되기도 한다. 구어 보존 변형(preserved speech variant)에 속하는 레트 증후군 아동의 단발적인 단어나 문장의 사용이 보고되는데 이는 보통 무언가에 흥분했을 때 나타난다.

> 레트 증후군 아동이 아버지와 함께 시내에 나갔다. 그들은 횡단보도에서 신호등의 '빨간색 사람[1]'이 초록색 사람으로 바뀌기를 기다리며 한참을 서 있었다. 아동이 신호등을 흥미롭게 바라보는 동안 아버지는 말을 걸었다. 그날 저녁 식사 식사를 하던 중 아동은 갑자기 "Red man(빨간 사람)"이라고 말했다(Lindberg, 1987, p. 89-90).

> 레트 증후군 아동의 집에 할아버지가 방문하였다. 할아버지가 아침을 먹기 위해 아래층으로 내려오자 아동은 명확하게 "Hi Granddad!(할아버지 안녕!)"하고 말했다(Lindberg, 1987, p. 90).

그러나 이런 일들을 임상적으로 활용하기는 어렵다. 이런 일은 의사소통 의도가 없는 지연된 모방의 예일 수도 있다. 일회성이고 독특한 사건이며 다른 유사한 일들이 이어서 발생하지 않는 경우가 많다. 이들은 긍정적 예후로서의 가치를 갖지 않으며, 구어가 출현하는 신호로 받아들이면 안 된다(von Tetzchner, 1997b).

레트 증후군 아동에게 일반적인 경우처럼 의사소통 의도성이 부족하거나 불명확할 때, 중재는 구조화된 과잉 해석(structured over-interpretation)을 포함하며, 이는 나중에 구조화된 총체적 의사소통으로 확대될 수 있다(p. 228 참조). 이런 전략의 목표는 아동이 자신의 환경에 대한 통제력을 가지도록 돕고, 의사소통 의도나 흥미, 필요, 선호도를 나타낼 수 있는 가능성을 제공하고자 하는 것이다. 이들은 제한적인 손 사용 능력 때문에 손짓 기호를 사용하기에 적합하지 않다.

1) 신호등 안에 사람 모양이 있는 것을 말함

따라서 도구 사용 의사소통이 자연스러운 선택이 되며, 여기에는 사물, 사진이나 그래픽 상징과 여러 가지 중재 전략이 포함된다. 다른 중도장애 아동의 부모와 마찬가지로, 레트 증후군 아동의 부모들도 자녀의 선호도와 흥미를 파악하고 그들이 하는 일에 대한 믿음을 가지기 위해서는 도움과 지원이 필요하다. 이는 또한 레트 증후군 아동과 일해 본 경험이 없거나 매우 적은 전문가들에게도 마찬가지이다. 또한 선호도와 흥미는 시간이 지나면서 변화할 수 있으므로, 너무 자주는 아니더라도 레트 증후군 아동 및 성인들을 관찰하고 정기적으로 평가하는 것이 필요하다.

많은 레트 증후군 아동 및 성인들이 구조화된 과잉-해석과 총체적 의사소통 중재를 통해서도 자발적이고 독립적인 의사소통을 발전시키지 못하지만, 이런 전략들은 공유된 생활 스타일을 발달시키는 데 기초가 되기 때문에 유용성을 갖는다. 체계적인 과잉-해석은 이들에게 환경을 좀 더 예측하고 이해할 수 있게 하고, 환경 내의 사람들은 서로 다른 상황에서 어떻게 반응해야 가장 좋은지 배울 수 있다. 레트 증후군 아동이 자신을 표현하는 것을 배우지 못하더라도, 아무것도 배우지 못한 것을 의미하는 것은 아니다. 생활방식의 한 형태로서의 과잉-해석(over-interpretation)은 안정적이고 예측 가능한 환경을 만든다는 것을 말한다. 이 접근에는 아동과 부모 모두의 학습이 포함되어 있다(Sameroff, 2009 참조). 구조화된 과잉-해석은 아동이 자신의 환경 안에서의 루틴과 규칙성에 대해 배운 것을 유지하도록 도우며, 아동이 다른 방법으로 환경에 영향을 미치는 것을 학습하는 데 기여할 수도 있다.

심한 의사소통장애인을 위한 의사소통 중재와 관련된 문제

심한 의사소통장애를 가진 사람들을 위한 중재에서 종종 발생하는 문제들이 있다. 이런 문제들은 이들이 학습하는 데 시간이 많이 걸리고 습득한 기술과 지식을 새로운 상황에 일반화하기가 어려우며, 수동적이거나 타인에 의존하게 되고 행동장애를 보이기도 하는 사실과 관련이 있다.

학습에는 시간이 걸린다

AAC 중재의 가장 흔한 장벽 중 하나는 교수와 수정에 시간이 매우 오래 걸린다는 점이다. 심한 의사소통장애 아동 중에는 보기에 간단한 의사소통과 언어 기술을 배우는 데도 여러 해가 걸리는 경우가 있는데, 특히 자폐범주성장애와 지적장애 아동 및 청소년 일부와 심한 운동장애가 있는 경우가 해당된다.

연구문헌에서 가장 많이 보고되는 초기의 단기적 진전이 잠재적인 장기 성취를 반영하지 못할 수 있다. 그러나 어떤 전문가는 아동의 진전 여부를 자신의 성공의 척도로 생각하여, 비현실적인 중재 목표를 수립하고 긍정적인 성취를 보기 위해 성급하게 되기도 한다. 이는 중재를 너무 빨리 종료하거나 다른 방법을 시도해 보는 결과를 초래할 수 있다. 사용한 중재 전략을 평가해 보는 것은 항상 중요하지만 (4장 참조), 전략을 충분히 실행해 볼 수 있도록 현실적인 장기목표와 단기목표를 수립하는 것이 필요하다.

중재를 위해 필요한 시간이 길다는 것은 또 다른 결과도 가져온다. 한 가지 간접적인 결과는 학습을 위해 가장 많은 시간이 필요한 학생이 또한 중재의 비일관성(discontinuity)을 경험할 가능성이 가장 높다는 사실이다(Smith-Lewis, 1994). 교사나 학교가 바뀌고, 새로운 교사는 학생이 무엇을 알고 있고 할 수 있는지에 대한 지식과 경험이 부족할 수 있다. 새로운 교사는 학생에게 이미 알고 있는 것을 가르치려고 하거나, 이미 표현할 수 있는 것을 새로운 방법으로 표현하도록 교수하려고 시도할 수 있다. 어떤 전략이 시도되었고 이전의 교수가 어떻게 구성되었는지에 대해 모를 수도 있으며, AAC 전체를 무시할 수도 있다. 결과적으로 학습의 진전이 부족하고, 습득했던 기술에 대한 교사의 반응이 부족하여 이를 잊어버리거나 배우지 못하게 된다. 중재 루틴의 변화나 비일관성은 좌절감을 갖게 하고 행동 문제로 이어지기도 하며, 이는 교수학습 활동을 더 악화시킨다.

교육 프로그램의 변화나 상실이 자폐범주성장애와 지적장애인을 위한 수년간의 중재를 무의미하게 만들었던 사례들이 있다(Kollinzas, 1983). 가장 장애가 심한 사람들은 중재가 지속되지 않으면 습득했던 기술들이 모두 함께 사라질 수 있는 위험이 매우 크다

일반화

AAC 중재의 심각한 문제는 의사소통과 언어기술이 종종 일대일 상황에서 교수되며 AAC 기술이 그 외의 환경으로 전이되지 않는다는 것이다(5장 참조). 예를 들어, 개별 교수 회기에서 일상의 생활로 일반화가 되지 않는 것은 지적장애를 가진 자폐성 아동을 위한 응용행동분석 기반의 프로그램에서 처음부터 주된 문제점이었다(Schreibman et al., 2015). 생활연령에 맞는 인지기술을 가진 사람도 매일의 상황에서 의사소통 접근성의 부족과 제한된 의사소통적 참여가 제안됨에 따라, 교수 상황 바깥의 환경으로 의사소통 기술을 일반화하는 것이 어려워졌다(Lund & Light, 2007; von Tetzchner et al., 2018).

지식과 기술을 새로운 상황으로 전이하는 문제를 중재하는 데 오랜 시간이 걸린다는 사실과 연관지어 생각해 보면, 의사소통 및 언어기술의 교수가 해당 기술의 유용성이 확실한 일상적인 상황에서 이루어져야 한다는 것이 중요하고 현실적이다(5장 참조). 이는 나아가 환경을 평가하고, 의사소통과 언어가 기능적이고, 교육 목적과 일상적인 사용 모두에 적합하고 상황을 찾는 데 시간을 할애해야 함을 시사한다. 특별 회기에서 교육을 계획하는 경우 새로운 기술을 적절

히 사용할 수 있는 여러 다른 상황으로 전이시키기 위한 계획을 세우는 것이 중요하다. 다원적 발달 모델(transactional model of development)(Sameroff & Fiese, 2000)에 따라, 중재는 아동의 일상 생활에 통합되어야 하며, 부모교육과 참여는 유치원과 학교에서의 교사 교육 및 추후 지도, 또래 지도와 함께 꼭 필요한 요소이다(12장 참조).

학습된 수동성과 타인 의존성

초기 언어중재는 아동에게 도움과 안내를 제공하는 것을 포함한다. 도움과 안내는 필수적이지만, 또한 문제가 되기도 한다. AAC를 사용하는 아동이 도움에 의존하게 되어 자신의 기술을 자발적으로 사용하지 못하게 되는 경우가 종종 있다. 예를 들어, 도구를 사용하는 어린 의사소통자는 많은 상황에서 자신의 독립적인 의사소통 방법을 가지지 못한다(von Tetzchner et al., 2018).

언어중재와 관련된 의존성은 학습된 수동성과 타인에 대한 의존성이며 이는 AAC를 필요로 하는 모든 그룹에서 발견된다. AAC를 사용하는 많은 아동은 그들의 표현을 해석하고 일관성 있는 메시지를 형성하기 위한 도움을 받기 위해 다른 사람에게 의존한다. 제한적인 표현 수단으로 초기에 의사소통하던 경험은 그러한 의사소통에 적응하는 방법과 습관을 형성하여 아동이 이후에 자신을 표현할 수 있는 새로운 의사소통 수단을 제공받아도 쉽게 바뀌지 않을 수 있다. 자발적 표현이 부족할 수 있으며 언어발달이 지체된 아동은 모르는 사람이 접근하면 부모에게 자신을 대신해서 말해달라고 하는 일이 흔한데 이는 추후 그들의 말이나 AAC가 타인에게 잘 이해되는 시기가 되어도 마찬가지이다. 예를 들어, 비구어 자폐성 아동은 의사소통 에피소드 발생이 다른 학생에 비해 낮으며 특히 자발적인 의사소통이 부족하다. 타인이 말을 걸 때만 대답하거나 말하도록 촉진된 후에야 대화의 주도성을 갖는다. 중재를 계획한 사람이 의도한 것이 아니더라도, 성인-중심의 교수는 아동의 의존성을 증가시킨다.

행동장애

의사소통과 언어기술의 제한은 삶의 모든 면에 영향을 줄 수 있다. 말의 제한을 가진 모든 주요 진단 그룹에 속한 개인들은 정서 및 행동장애(behavioral disorders)의 발생률이 증가된다. 그들은 일상적인 어려움이나 크고 작은 좌절스러운 상황과 삶의 사건들을 경험하며, 평범한 어려움을 관리하는 수단이 별로 없고, 어려운 삶의 상황에 대해 행동장애나 도전행동으로 반응할 수 있다(von Tetzchner, 2021a; von Tetzchner et al., 2019). 다른 사람을 공격하기, 기물을 파손하기, 크게 소리지르기, 스스로를 때리기 및 심한 상동행동을 보일 수도 있다. 심한 경우, 이런 행동이 자신과 타인의 건강에 심각한 위험이 되기도 한다(Didden et al., 2012; Emerson & Einfeld, 2011; Fodstad et al., 2012).

도전행동의 발달에는 많은 요인이 작용한다. 제한된 의사소통 기술과 행동문제 간의 관련성에 대한 입증이 자주 보고되었으며, 중재를 통해 의사소통 기술이 향상되면 행동문제가 감소되는 것이 전형적이다(Carr et al., 1994; Durand & Moskowitz, 2019). 이렇게 행동문제가 감소되는 주된 이유는 자신의 원하는 바나 문제, 생각을 전하기 위해 타인의 주의를 끄는 것에 숙달됨으로써, 세상이 좀 더 통제 가능하고 예측 가능하거나, 덜 위협적이라고 인식하게 되기 때문이다. 따라서 좌절이나 절망, 분노를 느끼는 경험이 감소한다. 예를 들어, 외출이나 휴식 시간 요청, 물건을 얻기, 대화 나누기, 누군가를 방문하기, 혼자 있기 등 자신이 원하는 것을 표현할 수 있다(p. 261 참조). 더 많은 의사소통 레퍼토리를 발달시킬 때 부정적 경험을 덜 하게 될 것이다(von Tetzchner, 2004). 하지만 의사소통 중재가 항상 긍정적 발달을 가져오는 것은 아니며, 여기에는 아동이 훈련을 의미있다고 생각하는 것이 필요하다(Koegel et al., 1992). 대상자가 이해하지 못하는 중재, 즉 대상자가 수행하도록 요구되는 행동의 기능을 이해하지 못한다면, 사실상 도전행동의 증가를 초래할 수도 있다(Carr et al., 1996)

의사소통 중재의 초기 단계에서 행동문제가 일시적으로 증가하는 경우가 종종 발생한다. 아동이 매우 자주 의사소통의 주도성을 갖거나 특정 활동에 참여하는 것을 거부하기 위해 새로 배운 기술을 사용할 수 있다. 개인의 의사소통 역량이 증가함에 따라, 협상이 더 쉬워지고 행동 조절과 자기조절이 향상된다. 중요한 점은 행동문제나 도전행동이 절대로 의사소통 및 언어 중재의 장애물로 간주되면 안 되며 오히려 무언가 의사소통하고자 하는데 이를 이해될 수 있는 방법으로 전달하는 방법을 모른다는 긍정적 신호로 생각해야 한다. 따라서 의사소통 중재는 매우 절실히 필요한 것이다.

4장

평가

평가는 모든 AAC 중재의 기초이다. 대체 의사소통 수단이 필요한 아동, 청소년 및 성인은 모든 연령대에 걸쳐 있으며 운동, 지각, 인지, 의사소통 및 사회적 능력 등 의사소통과 언어 발달의 기초가 되는 기술과 능력에 차이가 있다. 따라서 중재의 유형과 범위에는 큰 차이가 있을 수 있다. AAC가 필요한 세 가지 주요 그룹(3장 참조)에 속하는 다양한 사람들을 위한 최적의 중재는 개인의 기능과 신체적, 사회적 환경에 대한 철저한 평가에 달려 있다.

평가의 주요 목적은 중재가 필요한지, AAC가 필요하다고 판단되는 경우 어떤 종류의 AAC와 중재가 필요한지 파악하는 것이다. 평가는 일반적으로 여러 분야에 걸쳐 이루어지며 여러 영역을 포괄하고 다양한 방법을 활용한다. AAC가 필요한 사람을 평가하기 위해 특별히 개발된 방법과 표준화된 평가를 모두 포함할 수 있다. 평가는 개인의 기능과 환경의 다양한 측면이 서로 어떻게 다르고 관련있는지를 다루지만, 함께 살펴보고 전체적으로 해석해야 한다. 아래에 제시한 AAC 피라미드는 대상자 판별(identification), 후속 평가(follow-up), 새로운 평가(new assessments)에 이르는 과정을 안내하는 체제이다(Stadskleiv, 2015).

이 장에서는 평가에 대해 전반적으로 다루고 있지만 특히 평가가 어려운 장애인에 중점을 두고 있다. 여기에는 중도 인지장애가 있는 어린 아동과 고령자뿐만 아니라 연령에 맞는 인지 능력이 있는 중증 운동장애인도 포함된다. AAC가 필요한 사람이 정상 범위에 가까운 인지 능력이 있거나 더 좋은 운동 능력을 가진 경우에는 대부분의 일반적인 평가 방법을 적용할 수 있다.

개별 재활 계획(*Individual Habilitation Plan*)은 평가 결과를 개인의 한계와 가능성에 맞는 중재로 '변환(translating)'하기 위한 중요한 도구이다(Hesselberg & von Tetzchner, 2008). 평가 계획과 평가 및 중재의 여러 부분에 대한 책임 배분은 개별 재활 계획의 핵심 기능이다.

AAC 중재의 목표는 구어가 거의 또는 전혀 없는 사람의 의사소통 및 언어 발달을 촉진하고 신체적, 정서적, 사회적 요구, 경험, 기대, 관심사, 생각 등 다양한 주제에 대해 다양한 환경에서 이해하고, 이해시키며 다른 사람(성인과 아동)과 의사소통할 수 있도록 하는 것이다. 의사소통 대화상대자, 환경 및 대화 주제는 개인마다 다르며 시간이 지남에 따라 변경될 수 있다. 초기 평가의 결과는 어디서부터 시작해야 할지, 어떤 기술, 활동 및 상황에 먼저 집중해야 할지 결정하기 위한 기초가 된다. 그 후에는 인지, AAC 능력(competence) 및 사회 참여의 발달을 모니터링하기 위해 정기적인 평가가 필요하다.

또한 가장 광범위하고 복합적인 장애가 있는 사람은 능력에 변화를 보이는 경향이 있으며 평생 동안 AAC 적응, 환경 조정 및 지원이 필요할 수 있다(Garcia et al., 2020; Iacono et al., 2019; Smith et al., 2020). 즉, 적응과 지원이 적절하고 현재 상태, 학습 기회 및 생활 상황을 반영하는지 확인하기 위해 성인 생활 전반에 걸쳐 항상은 아니더라도 정기적으로 평가하는 것이 필요하다.

AAC를 발달시키는 대부분의 사람, 특히 더 광범위한 장애가 있는 사람들은 다른 형태의 중재가 필요하다. 즉, 평가는 AAC 제공에 필요한 것 이상으로 이루어져야 하며 AAC 평가 결과는 다른 평가 결과와 함께 확인되어야 한다. 평가에 따른 중재 조치는 구어가 거의 또는 전혀 없는 사람에게 가능한 최고의 삶의 질을 제공해야 한다. 조기 평가와 아동기 및 청소년기의 평가는 AAC 발달에 중요하지만, 발달과 학습은 성인기에도 계속되므로 평가가 지속적으로 필요하다. AAC를 사용하는 성인 발달장애인의 경우 대부분의 성인이 당연하게 여기는 삶의 질, 즉 자신의 집, 직업(또는 최소한 의미 있는 직업), 흥미로운 여가 시간, 가족 및 간병인뿐만 아니라 가능하면 친구 및 연인 관계와 같은 다른 사람과 함께 하는 즐거움을 가져야 한다는 것에 목표를 두어야 한다. 또한 자신이 삶의 주체라는 것과 자존감을 느낄 수 있어야 한다. AAC 평가의 또 다른 목표는 AAC가 필요한 사람이 이러한 삶의 질을 잃지 않도록 예방하는 것이다.

평가 및 예측

증거 기반 평가(evidence-based assessment)에서는 이론, 연구 및 실제 경험에서 얻은 광범위한 지식을 사용하여 평가 절차를 결정한다(Hunsley & Mash, 2007; Youngstrom et al., 2017). 기본 가정은 개인의 현재 특성과 중재에 대한 반응 사이에 관계가 있다는 것이다. 전문가는 특정 기능 장애를 보이거나 보이지 않을 가능성이 있는 것으로 밝혀진 사람 및 환경적 특징을 평가한다. 평가 결과는 중재를 하지 않았을 때와 특정 중재를 시행했을 때 아동의 미래 기능성을 예측하는 데 사용된다. 따라서 중재는 (1) 특수교육이나 적응 없이 환경이 동일하게 유지될 경우 아동의 발달 경로가 일반적인 발달에서 벗어날 것이라는 예측과, (2) 중재를 통해 아동의 발달 경로가 특정 방식으로 영향을 받을 것이라는 예측에 근거한다. 미래 기능성에 대한 이러한 예측은 중재의 효과를 평가하는 데 필요한 기초이다. 이러한 예측은 정확하거나 부정확할 수 있지만 전문가가 중재 효과의 가능성을 비판적으로 평가할 수 있게 해 준다(Dombrowski et al., 2021).

AAC 피라미드: 평가 및 후속 평가를 위한 체제

AAC 피라미드([그림 5.1])는 AAC를 사용하거나 필요할 수 있는 개인에 대한 평가 과정을 보여 준다(Stadskleiv, 2015). 피라미드의 기초가 되는 조기 판별은 AAC가 필요할 수 있는 가능성을 파악하고 가능한 한 빨리 AAC 중재를 시작하는 것이 중요함을 강조한다. '조기'의 의미는 AAC가 필요한 이유에 따라 달라진다. 다운 증후군이나 중증 불수의적 뇌성마비처럼 언어장애의 위험이 있는 것으로 알려진 선천성 질환의 경우 '조기'는 생후 첫해에 또는 아동이 비전형적인 발달 특징을 보인 후에 일상적으로 중재를 시작하는 것을 의미할 수 있다. 후천적 질환의 경우, 개인이 일시적 또는 영구적으로 AAC가 필요한 상해와 질병에 걸렸을 때 즉시 중재를 시작해야 한다. 퇴행성 질환이 있는 아동과 청소년의 경우, 질병이 진행됨에 따라 새로운 기술을 배우는 능력도 부정적인 영향을 받기 때문에 아직 말을 할 수 있는 상태에서도 AAC 중재를 시작할 수 있다(Tøssebro et al., 2019). AAC의 필요성을 인식하면 포괄적인 기본 평가가 이루어져야 하며, 이는 AAC 평가의 기초가 된다. 이 평가는 개인의 의사소통 능력과 다양한 AAC 양식 및 중재 전략의 잠재적 유용성을 평가한다. **AAC 모니터링**(*AAC Monitoring*)을 통해 시간이 지남에 따라 후속 평가를 실시하면서, 개인의 AAC 이해도와 사용을 평가하고, 중재를 평가하고, 이전 평가의 전부 또는 일부를 반복한다. AAC 모니터링은 AAC를 사용하는 모든 사람에게 중요하지만, 새로운 기술을 배우고 발달하며 새로운 사회적 및 사회적 활동에 참여함에 따라 AAC 중재를 정기적으로 수정해야 하는 아동에게 특히 중요하다.

기본 평가에는 개인의 일상 기능, 신체적 요인, 운동 기능, 지각, 구어 및 인지, 가족의 지원 필요성 등이 포함된다. 기능 및 가능한 원인에 관한 진단 평가는 종종 기본 평가의 일부이다. 질병이나 사고로 인해 발달 초기에 후천적 장애를 가진 아동의 경우, 기본 평가에는 질병이나 사고 발병 전 아동의 기능에 대한 정보도 포함될 수 있다.

AAC 평가는 관찰을 통해 정보를 얻으며 기본 평가의 결과를 기반으로 한다. 예를 들어, 운동 및 지각 기술에 대한 정보는 개인에게 가장 적합한 의사소통 양식을 결정하는 데 도움이 된다. AAC 평가는 의사소통 양식, 의사소통의 복잡성, 의사소통 도구에 접근하는 방법, AAC의 이해 및 사용으로 구성된다.

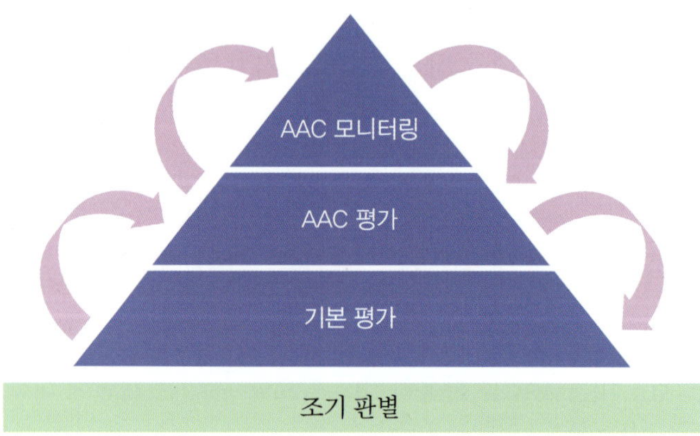

[그림 4.1] AAC 평가의 피라미드

AAC 모니터링은 개별 재활 계획과 같은 일반적인 후속 계획의 일부로, 모든 중재 영역과 중재의 각 부분에 대한 책임 배분을 상세히 설명한다. 가족과 전문가가 중재와 개인의 진행 상황을 논의하고 평가하는 정기 회의는 유치원에서 학교로, 초등교육에서 중등교육으로, 또는 가정에서 거주 시설로의 전환을 계획하고 평가하는 데 중요하다.

평가 방법

검사(test), 분류 체계(classification schemas), 체크리스트, 인터뷰, 설문지, 관찰 등 평가에 사용되는 다양한 방법은 AAC를 발달시키는 사람의 기능 및 관련 환경 요인을 평가하는 데 각각 장단점이 있다. 방법의 선택은 개인의 운동, 감각, 인지 및 의사소통 기능, 잠재적 평가자의 공식적인 기술 및 관련 도구의 접근 가능성(availability)에 따라 달라진다. 단순히 평가를 위해서나 습관적으로 도구를 사용해서는 안 되며, 검사 도구를 통해 얻을 수 있는 정보가 필요하다고 판단되는 경우에만 검사 도구를 사용해야 한다. 예를 들어, 구조화된 검사는 의사소통 및 언어 중재의 형태와 내용을 결정하는 데 유용한 정보를 제공할 수 있지만, 특정 검사 도구를 적용하기 전에 검사 결과를 어떻게 활용할 것인지, 결과가 중재 계획에 어떤 영향을 미칠 수 있는지 명시하는 것이 좋은 원칙이다. 평가 결과는 변화를 가져올 수 있는 잠재력을 가지고 있어야 한다.

평가를 수행하는 전문가가 문화적으로나 언어적으로 적절한 방법을 사용하고 필요한 전문 자격과 인증을 보유한 것이 중요하다. 특히 언어 능력 평가에서는 국가적 규준(norm)이 중요하다. 적절한 국가적 규준이 없는 검사의 사용은 직업윤리 위반으로 여겨진다(Leach & Oakland, 2007). 평가를 계획할 때 평가자에게 적절한 표준화를 갖춘 관련 검사 도구가 부족하다는 사실을 알게 될 수 있다.

수많은 검사, 설문지, 체크리스트가 존재하지만 이 장에서는 일반적으로 사용되는 몇 가지 도구만 언급한다. 대부분의 검사 도구는 영국이나 미국에서 표준화된 것으로, 기존 도구로 얻을 수 있는 정보를 제시하고 시사점을 주는 역할을 할 수 있다. 그러나 가능하면 한국 언어와 문화에 맞게 표준화된 유사한 도구로 대체하는 것이 좋다. 일부 아동용 발달 척도나 비구어적 검사는 문화권과 관계없이 사용할 수 있지만, 이 경우에도 규준(norm)을 신중하게 사용해야 한다. 반면에 자폐범주성장애와 지적장애인 대다수는 또래와 명백하게 다른 기능을 하기 때문에 이러한 차이에 대한 규준과 질문은 거의 의미가 없다. 평가의 목적은 무엇보다도 개인이 어떤 능력과 기술을 가지고 있는 지 발견하고 이를 바탕으로 중재하는 데 있다.

검사

검사(test)란 검사를 실시하기에 적절한 검사 대상 집단과 검사 시행 방법에 대한 명확한 설명이 포함된 일련의 작업 및 매뉴얼을 말한다(Roy & Chiat, 2022). **표준화 검사**(*standardized tests*)라고 언급되는 공식 검사는 규준화되어 있다. 표준화란 검사를 실시하는 모집단의 대표 표본을 대상으로 검사 과제를 시행하고 표준화 결과를 통해 다양한 연령대에서 기대할 수 있는 결과를 제시한다는 의미이다(Sherman et al., 2022). 검사는 일반적으로 전형적인 발달을 보이는 아동, 청소년 또는 성인 표본만을 대상으로 표준화된다(Neisworth & Bagnato, 2004).

공식 검사는 평가 대상자에 따라 평가에서 다양한 가치를 갖는다. 검사는 전형적으로 발달하는 개인 간의 점수 분포를 알 수 있다는 장점이 있다. 이는 일반적인 지능 검사와 언어 이해력, 기억력 또는 대근육 운동 기술과 같은 특정 능력 검사에 모두 적용된다. 그러나 여러 가지 조건으로 인해 AAC가 필요한 사람에게 일반적인 검사를 사용하는 것이 제한될 수 있다. 일반적인 검사 항목에는 대상자가 질문에 대답하고, 지시를 따르고, 그림을 그리고, 블록으로 패턴을 만들거나 일련의 숫자를 따라 말하는 것을 포함한다. 이는 대상자가 보고, 듣고, 구어 지시를 이해하고, 말을 할 수 있을 뿐만 아니라 블록이나 기타 물체를 조작할 수 있음을 의미한다. 많은 검사 항목은 수행한 시간에 따라 점수가 매겨지거나 제한 시간 내에 완료해야 하는데 경미한 운동장애도 수행 시간에 영향을 미칠 수 있다. 검사를 실시하기 위한 필요조건으로 이해력 장애, 운동장애 또는 시력 또는 청력 저하가 있는 사람을 평가할 때 규정된 방식으로 검사를 실시할 수 없음을 제시하고 있다.

검사는 항상 개인의 기술과 능력을 고려해야 한다. 검사는 특정 연령대 내의 대부분의 사람에게 적합하도록 설계되었지만, 개인의 능력에 따라 검사 상황과 검사 자료를 수정하거나 조정해야 할 수도 있다(Sireci & O'Riordan, 2020). 예를 들어, 중도 운동장애가 있는 사람에게 사용하도록 설계된 검사는 거의 없다. 이러한 대상에게 검사를 하려면 지시 사항, 과제 제시 방법, 필요한 답변의 종류 등 검사 절차를 상당히 변경해야 할 수도 있다(Stadskleiv et al., 2022). 규준은 규정된 방식으로 시행되는 검사를 기반으로 한다(Yin Foo et al., 2013). 변경된 절차로 검사를 실시한다는 것은 검사의 규준을 적용할 수 없고 검사 결과를 일반적인 방식으로 해석할 수 없음을 의미한다. 단, 시간 제한이 없는 객관식 검사에서 가리키기만 하면 되는 검사는 허용될 수 있다. 개인이 손가락으로 가리키기를 할 수 없는 경우, 다른 가리키기 또는 스캐닝을 사용할 수 있다. 예를 들어, 손 전체 또는 눈 응시를 사용하여 가리킬 수 있다. 스캐닝은 컴퓨터의 스위치를 사용하거나 상대방의 도움을 받을 수 있다. 파트너 보조 스캐닝에서는 검사자가 답 선택항목을 체계적으로 표시하고, 개인은 이를 수락하거나 거부한다(p. 76 참조). 연구에 따르면 답안 양식만 변경하고 검사 절차의 다른 측면은 변경하지 않는 경우, 이러한 조치는 검사 결과에 영향을 미치지 않는 것으로 나타났다(Fiske et al., 2020:; Kurmanaviciute & Stadskleiv, 2017).

재평가 및 후속 평가에 동일한 검사가 사용될 수 있다. 정답 여부를 개인에게 알려주지 않는 것이 중요하다. 이는 나중에 평가하는 검사 항목을 쓸모없게 만들 수 있기 때문이다. 따라서 정답 여부와 관계없이 개인의 노력은 긍정적으로 인정해야 한다.

원점수, 표준점수 및 연령 등가점수

원점수(raw score)는 개인이 하위 검사에서 받은 점수의 합계이다. 표준점수(standard score)는 검사의 표준화를 통해 도출된다. 표준점수는 점수가 모집단에서 **정규 통계 분포**(*normal statistical distribution*)를 갖는다는 가정, 즉 점수가 각 표준편차 내에서 모집단의 고정 비율로 평균을 중심으로 대칭적으로 분포한다는 가정에 기초한다([그림 4.2] 참조). 표준점수는 통계적 평균과 표준 표본 또는 규준집단의 점수 분포와 관련하여 아동의 위치를 나타내며, 이는 또래 그룹과 동일해야 한다. 표준점수의 예로는 연령 평균이 10이고 표준편차가 3인 척도 점수 또는 연령 평균이 100이고 표준편차가 15인 지능지수(IQ)를 들 수 있다.

정규분포에서 점수의 68%는 연령 평균의 표준편차 +1에서 −1 사이에 속한다. 이를 흔히 **연령 평균 범위**(*age-average range*) 또는 **정상 영역**(*normal area*)이라고 한다. 그러나 평균에서 표준편차가 2 이상 벗어나면 유의미한 것으로 간주된다. 대부분의 지능 검사와 많은 언어 검사

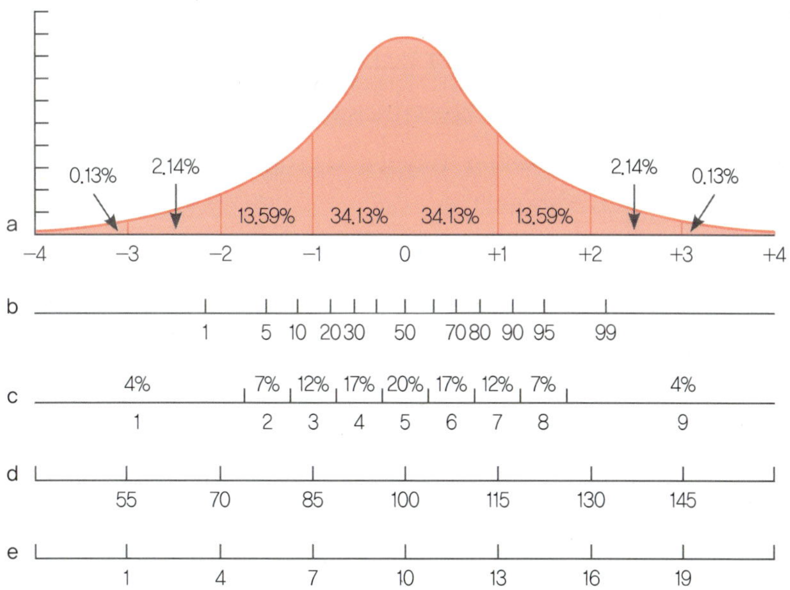

[그림 4.2] 정규분포

정규분포: a) 표준편차, b) 백분율, c) 9개의 다른 점수 또는 검사 유형과 그 백분율 분포로 구성된 스테나인 점수(stanine score), d) 웩슬러 검사에 기반한 지능지수, e) 웩슬러 하위검사의 표준점수

의 평균은 100점이고 표준편차는 15점이다. 연령대 평균보다 1 표준편차가 낮은 IQ(IQ 85)는 평균 하 점수(low normal score)이며, 임상에서 추가 평가가 필요하다는 기준으로 자주 사용된다. [그림 4.2]의 곡선은 인구의 약 95%가 70점에서 130점 사이의 IQ 점수를 받는다는 것을 보여 준다. 약 2.3%는 70점 이하, 약 2.3%는 130점 이상이다. 일반적인 능력 검사에서 70점 미만의 IQ 점수를 받고(연령 평균보다 2 표준편차 이상 낮음) 사회적 및 적응 기능에 상당한 지연이 있는 경우 지적장애 진단을 고려할 수 있다(American Psychiatric Association, 2013; World Health Organization, 2022). 그러나 인지장애의 정도가 심하지는 않지만 여전히 학교에서 후속 평가가 필요한 학생들도 많다.

검사가 유용하려면 결과를 의미 있는 방식으로 해석하고 적용해야 한다. 교육 환경에서 점수는 종종 **연령 등가 점수**(*age-equivalent scores*)로 '변환'된다. 이는 개인의 기능 수준을 설명하는 간단한 방법처럼 보일 수 있지만 개인에 대한 잘못된 인상을 줄 수도 있다. 예를 들어, 20세 남자가 평균적인 3세 아동과 비슷한 과제를 검사에서 수행했더라도, 그의 기능은 전형적인 발달을 보이는 3세 아동과 상당히 다를 것이다. 따라서 연령 등가 점수는 신중하게 사용해야 한다(Connelly, 2013; Maloney & Larrivee, 2007). 연령 등가 점수는 개인의 경험이나 관심사를 반영하지는 않고, 개인이 수행할 수 있는 작업의 복잡성 수준을 나타내는 대략적인 척도이다.

표준점수의 장점은 특정 연령대 내에서의 편차를 파악할 수 있다는 것이다. 표준점수는 같은 연령의 다른 사람들과 비교하여 개인이 주어진 과제를 어떻게 수행하는지를 나타내므로 연령에 따른 점수보다 더 많은 정보를 제공할 수 있다. 그러나 대부분의 지능 검사의 표준화 표본에는 일반적으로 기관 및 특수학교의 아동이 포함되지 않기 때문에 점수가 연령 평균보다 3 표준편차 이상 낮을 때(IQ 55)는 잘 변별되지 않는다(Neisworth & Bagnato, 2004). 실용적인 해결책은 표준점수를 사용하여 낮은 범위에 속하는 결과임을 나타내고 연령 등가 점수를 사용하여 평균 연령의 복잡성 수준을 설명하는 것이다.

검사 결과를 전달하는 데 사용되는 점수 형식에 관계없이 이러한 결과는 항상 모호하지 않으면서도 공감하는 방식으로 전달되어야 한다(Hesselberg & von Tetzchner, 2016). 예를 들어, 부모는 자신의 10대 자녀가 10세 또는 7세 아동이 습득하는 난이도와 비슷한 낮은 범위의 점수를 받았다는 사실을 알게 되면 당황할 수 있다. 전문가는 이 결과가 중재와 습득 목표 설정에 긍정적으로 사용될 수 있음을 강조해야 한다. 임상 환경에서는 단순히 기능 수준을 명시하고 결함을 강조하는 것보다 개선할 수 있는 기술과 개인의 발달을 지원하는 방법에 초점을 맞추는 것이 더 유익하다. 평가는 항상 중재 목표가 될 수 있는 강점과 약점을 모두 드러내도록 노력해야 한다.

평가를 수행하는 전문가는 완벽한 검사는 없으며, 검사 점수가 때때로 오해의 소지가 있을 수 있다는 점을 명심해야 한다. 예를 들어, 검사의 첫 번째 과제는 일반적으로 매우 쉬우며 개인이 과제의 성격을 이해하는 데 도움이 되는 역할을 한다. 검사의 첫 번째 과제가 개인에게 너무 어려운 경우, 이러한 도움 효과가 사라지고 자신의 능력보다 낮은 점수를 받을 수 있다. 이를 **바닥 효과**(*floor effect*)라고 한다. 점수가 충분히 높지 않은 경우, 표준화되는 연령대의 아동을 잘 구분하지 못하기 때문에 천장 효과(ceiling effects)가 있을 수 있다. 이는 연령대가 높을수록 점수 곡선이 평평해지는 것으로 확인할 수 있다. 또한 규준이 작은 표본이나 매우 제한된 과제 세트를 기반으로 하는 경우에도 주의해야 한다. 과제 세트가 적다는 것은 원점수의 사소한 차이로 인해 표준점수보다 훨씬 낮거나 높은 기능을 나타내는 연령 등가 점수가 나올 수 있음을 의미한다(Maloney & Larrivee, 2007). 따라서 사용하고자 하는 검사의 규준 개발에 대해 읽어보고 신뢰도와 타당도에 대한 정보를 얻는 것이 좋다. 이러한 정보는 일반적으로 검사 매뉴얼에 포함되어 있지만 출판된 논문에서도 찾을 수 있다.

검사 프로파일

많은 아동이 여러 영역에서 비교적 고른 수행을 보이는 반면, 어떤 아동은 강점과 약점이 더 뚜렷한 편향된 검사 프로파일을 보인다. 어떤 아동은 퍼즐을 빨리 풀고, 어떤 아동은 언어에 강하거나 특히 암산에 능숙할 수 있다. 아동의 인지 및 언어 기능에 대한 적절한 설명을 제공하려면 아동의 검사 프로파일을 확인해야 한다(Fluss & Lidzba, 2020; Stadskleiv et al., 2018b). 이를 위해서는 잘못된 추론을 하지 않도록 광범위한 능력에 대한 평가가 필요하다. 예를 들어, 수용 어휘력 검사에서 낮은 범위의 점수를 받은 경우, 이는 예상보다 수용 어휘력이 낮거나 단순언어장애(specific language impairment) 또는 전반적 인지장애가 있음을 나타낼 수 있다. 따라서 개인의 일반적인 이해력 수준 또는 기타 특정 문제에 대한 결론을 도출하기 위해서는 여러 인지 영역의 검사 점수 프로파일을 분석해야 한다. 특정 영역의 문제를 나타내는 고르지 않은 검사 프로파일은 일반적인 인지 기능 및 지적장애와 함께 발생할 수 있다(Toffalini et al., 2017). 마찬가지로 고른 검사 프로파일도 모든 IQ 수준에서 나타날 수 있다.

역동적 평가

첫 번째 평가에서 어떤 중재 전략이 개인에게 가장 적합한지에 대한 명확한 답을 항상 얻을 수 있는 것은 아니다. 이는 역동적 평가 접근법(Dynamic assessment)을 적용하여 살펴볼 수 있다(Barba-Colmenero et al., 2024; Boers et al., 2013; Valencia-Naranjo & Robles-Bello, 20200). 역동적 평가는 개인의 **학습 잠재력**, 학습 능력을 평가하고자 하며 표준화된 절차에서 크게 벗어난 방식으로 검사를 실시한다. 따라서 역동적 평가는 표준화된 방식의 정적 평가가 완료된 후에 실시해야 한다. 여기에는 교수 전략을 체계적으로 시도하는 검사 훈련 또는 실험적 교육이 포함될 수 있다. 목표는 특정 과제가 개인의 **근접 발달 영역**(*zone of proximal development*) 내에 있는지,

즉 개인이 교사 또는 다른 사람과 상호 의존적으로 과제를 수행함으로써 독립적인 숙달도를 높일 수 있는지 여부를 알아내는 것이다(Haywood & Lidz, 2006; Tzuriel, 2021). 근접 발달 영역에 속하는 과제는 개인이 독립적으로 할 수는 없지만 더 유능한 사람과 함께 상호 의존적으로 해결할 수 있는 과제이다(Vygotsky, 1962). 과제가 너무 쉬운 경우, 이는 개인이 독립적으로 통제할 수 있는 수준이며 새로운 지식을 추가하지 않는다. 개인이 과제의 성격을 이해하지 못하면 영역 밖에 있는 것으로 교사가 과제를 수행하는 것을 보더라도 아동의 지식이 발전하지 않는다. 새로운 지식은 사회적 협업을 통해 발달하지만 이는 과제가 새롭고, 아동이 이해할 수 있고, 교사의 도움의 형태와 양이 적절할 때만 발생한다(von Tetzchner, 2019a).

역동적 평가는 장애를 확인하고 언어와 의사소통 발달 과정에 대한 통찰력을 얻는 데 유용하며, 특히 모국어와 다른 언어를 사용하는 아동 및 청소년과 같이 언어적, 문화적으로 다양한 집단에서 유용하다(Bamford et al., 2022; Hasson & Joffe, 2007; Hunt et al., 2022; Orellanaet al., 2019). 역동적 평가는 또한 신경발달장애 아동을 평가하고(Valencia-Naranjo & Robles-Bello, 2020) AAC를 사용하는 아동의 교육 효과를 평가하는 데 사용된다(Binger et al., 2017; Gevarter et al., 2023b).

분류 도구

분류 도구(Classification instruments)는 여러 가지 영역에서 개인의 기능 수준에 대한 신속한 특성 파악과 의사소통의 용이성을 위해 개발되었다(Shanmugarajah et al., 2021)(〈표 4.1〉 참조). 분류 도구는 검사는 아니지만 전문 지식을 갖춘 전문가가 만든 광범위한 설명으로 구성된다. 분류 점수는 개인에 대한 관찰과 주요(의미있는) 주변인들의 정보를 기반으로 한다. 예를 들어, **대근육 운동 기능 분류 척도**(*Gross Motor Function Classification Scale*)는 운동 및 자세 조절에 대한 정보를 전달하는 데 사용되며, 일반적으로 물리치료사가 작성한다. 분류 도구의 사용은 뇌성마비 환자 치료에서 널리 사용되고 있지만 다른 그룹에도 사용될 수 있다. **아이 포인팅 분류 척도**(*Eye-Pointing Classification Scale*), **시각 기능 분류 체계**(*Visual Function Classification System*), **바이킹 스피치 척도**(*Viking Speech Scale*), **간편 손 기능 분류체계** (*Mini Manual Ability Classification System; MACS*), **손 기능 분류 체계**(*the Manual Ability Classification System*), **소근육 운동 기능 분류**(*the Bimanual Fine Motor Function Classification*) 및 **의사소통 기능 분류 체계**(*the Communication Function classification system*)는 AAC와 특히 관련이 있다. 이 모든 도구는 4~5단계의 비슷한 방식으로 구성된다. 1단계는 손상된 기능이 가장 적고 4단계 또는 5단계는 가장 심각하게 영향을 받는 기능을 나타낸다(Paulson & Vargus-Adams, 2017; Rosenbaum et al., 2014). 많은 분류 척도가 여러 언어로 제공되며 무료로 내려받을 수 있다(참고자료 참조).

표 4.1 **분류 도구**

척도	축약어	나이(세)	영역
소근육 운동 기능 분류 Bimanual Fine Motor Function Classification(Elvrum et al., 2017)	BFMF	3~18	각 손의 미세 운동 기능
의사소통 기능 분류 체계 Communication Function Classification System(Hidecker et al., 2011)	CFCS	2~18	잘 알고 있는 사람 또는 낯선 사람과의 의사소통에서의 수용 및 표현 능력
간편 섭식 및 마시기 능력 분류 체계 Mini Eating and Drinking Ability Classification System(Sellers et al., 2022)	Mini-EDACS	$1\frac{1}{2}$~3	섭식 및 마시기 능력
섭식 및 마시기 능력 분류 체계 Eating and Drinking Ability Classification System(Sellers et al., 2014)	EDACS	3+	섭식 및 마시기 능력
아이 포인팅 분류 척도 Eye-pointing classification scale(Clarke et al., 2022)	EPCS	0~6	전신에 영향을 미치는 비구어 뇌성마비 아동의 시선 가리키기 행동과 관련된 보기 행동
대근육 운동 기능 분류 척도 Gross Motor Function Classification Scale(Palisano et al., 1997)	GMFCS	1~6	대근육 운동 기능
대근육 운동 기능 분류 척도-확장 수정판 Gross Motor Function Classification Scale, Expanded and Revised(Palisano et al 2008)	GMFCS E&R	6~12	대근육 운동 기능
간편 손 기능 분류 체계 Mini Manual Ability Classification System(Eliasson et al., 2017)	Mini-MACS	1~4	손 운동 기술
손 기능 분류 체계 Manual Ability Classification System(Eliasson et al., 2006)	MACS	4~18	손 운동 기술
바이킹 스피치 척도 Viking Speech Scale(Penningston et al., 2013)	VSS	4+	운동장애로 인한 말명료도
시각 기능 분류 체계 Visual Function Classification System(Baranello et al., 2020)	VFCS	1~19	시각의 기능적 사용, 즉 시각을 의도적으로 사용하여 보고, 시선을 집중하고, 환경을 인식하고, 상호작용하고, 탐색하는 방법

가까운 사람으로부터의 정보수집

부모 및 가까운 사람들은 개인에 대한 중요한 정보원이며 일반적으로 평가에서 중요한 역할을 한다. 가까운 사람들이란 양육자, 교사 및 대상자를 잘 아는 다른 사람들이다. 이들의 정보는 인터뷰, 설문지 및 체크리스트를 통해 수집할 수 있다. 개인의 상황에 대해 부모 및 가까운 사람들과 대화를 통해 설문지 및 체크리스트에서 얻은 유사한 정보보다 더 상세하고 개인과 직접적으로 관련이 있는 정보를 얻을 수 있다. 가까운 사람들로부터 얻은 정보는 개인의 기술과 능력을 평가하는 데 유용하며 개인에 대한 자신의 의견과 개인이 할 수 있는 일에 대한 세부 정보도 제공한다. 그러나 동일한 문제에 대해 부모, 전문가 및 관련된 주변 사람들이 제공하는 정보는 크게 다를 수 있다(Gudmundsson & Gretarsson, 2009; Rescorla et al., 2013; Seifer et al., 2004). 따라서 다양한 출처의 정보를 통합하는 것이 중요하다.

체크리스트, 설문지 및 면담

체크리스트와 설문지는 선별 검사와 평가 모두에서 평가의 일반적인 요소이다(개관은 〈표 4.2〉 참조). 검사는 표준화된 상황에서 개인의 수행 능력을 측정하는 반면, 체크리스트와 설문지는 개인을 잘 아는 사람이 관찰한 내용을 바탕으로 작성한다. 체크리스트와 설문지의 차이가 절대적인 것은 아니다. 둘 다 개인의 기술, 행동, 일상 기능 및 환경에 대한 질문으로 구성된다. 체크리스트는 일반적으로 부모나 교사가 작성하지만, 나이가 많은 아동과 청소년도 스스로 작성할 수 있다. 또한 일부 체크리스트는 전문가 자신의 관찰 내용을 구성하는 데 사용되기도 한다.

지각, 운동, 사회성, 언어 및 일상 기술을 설명하기 위해 여러 가지 인터뷰와 설문지가 개발되었다. **바인랜드 적응 행동 척도**(*Vineland Adaptive Behavior Scale*) 또는 **적응 행동 평가 체계**(Adaptive Behavior *Assessment System*)는 일상생활 기술, 언어, 인지 및 사회적 기술에 대한 개요를 얻는 데 사용할 수 있다. **아헨바흐 행동 체크리스트**(*Achenbach Behavior Check List*)는 유아기부터 노년기까지 정서 및 행동 장애를 평가하는 데 사용할 수 있다(Achenbach et al., 2017). 다른 체크리스트는 삶의 질, 환경의 특성, 부모 및 기타 가까운 사람들이 자신의 상황을 어떻게 인식하는지를 측정한다. 인터뷰는 체크리스트 및 설문지와 동일한 많은 문제를 다룰 수 있지만, 일반적으로 더 개방적이며 대화 중에 다룰 주제에 대한 가이드 역할을 더 많이 한다.

일부 체크리스트와 설문지는 진단을 용이하게 한다. **자폐증 진단 인터뷰**(*Autism Diagnostic Interview*)(Rutter et al., 2003)는 자폐범주성장애 진단을 고려할 때 사용된다. **바인랜드 적응 행동 척도**와 **적응 행동 평가 체계**는 지적장애를 진단할 때 지능 검사와 함께 사용된다. 이 두 검사 도구는 자조 기술, 사회적 기술, 행동 문제 및 의사소통 기술과 같은 다양한 영역에서 개인의 기능

표 4.2 **체크리스트와 설문지**

도구명	약어	년;월	검사 영역
적응 행동 평가 체계 Adaptive Behaviour Assessment System (Harrison & Oakland, 2015)	ABAS	0~89	적응 행동과 기술
집행 기능 행동 측정 검사 Behavior Rating Inventory of Executive Function (Giola et al., 2000)	BRIEF	5~18	집행 기능
양육자 우선순위 및 장애 아동 건강 지수 Caregiver Priorities and Child Health Index of Life with Disabilities(Narayanan et al., 2006)	CPChild	5~18	활동 제한, 건강 상태, 웰빙 및 관리 용이성
아동 행동 체크리스트 Child Behaviour Checklist(Achenbach & Rescorla, 2000, 2001)	CBCL	1;6~18	행동과 감정 문제
아동 의사소통 체크리스트 Children's Communication Checklist(Wellnitz et al., 2021)	CCC	4~16	의사소통, 활용, 사회적 상호작용
의사소통 및 상징행동 척도 Communication and Symbolic Behavior Scales(Wetherby & Prizant, 2002)	CSBS	0;6~2;0	초기 의사소통과 상징 기능
의사소통 매트릭스 Communication Matrix(Rowland, 2004a)		0~2	전문가가 관찰한 의사소통 기능
보호자용 의사소통 매트릭스 Communication Matrix for parents(Rowland, 2004b)		0~2	부모가 관찰한 의사소통 기능
초기 사회적 의사소통 척도 Early Social Communication Scales(Mundy et al., 2003)	ESCS	0;8~$2\frac{1}{2}$	비언어적(Non-verbal) 의사소통
AAC를 위한 보조공학의 가족 영향 평가 Family impact of assistive technology scale of augmentative and alternative communication(Ryan et al., 2019)	FIATS-AAC	3~18	가족 기능
6세 미만 아동의 의사소통 성과 평가 Focus on the Outcomes of Communication Under Six (Thomas-Stojnell et al., 2020)	FOCUS	1;6~6;0	의사소통
잠재적 의사소통 행동 목록 Inventory of Potential Communicative Acts(Sigafoos et al., 2000)	IPCA	연령 표시 없음	의사소통 기능
Low Verbal Investigatory Survey(Naples et al., 2023)	LVIS	1~8	의사소통과 언어

맥아더-베이츠 의사소통 발달 평가-단어 및 제스처 McArthur-Bates Communicative Development Inventories, third edition-Words and Gestures form(Marchman et al., 2023)	MB-CDI	0;8~1;6	상징적 제스처, 단어, 구의 이해와 사용
맥아더-베이츠 의사소통 발달 평가-단어 및 문장 McArthur-Bates Communicative Development Inventories-Words and sentences form(Marchman et al., 2023)	MB-CDI	1;4~2;6	단어, 복수형-s와 같은 문법형태소, '엄마 양말'과 같은 낱말 조합
맥아더-베이츠 의사소통 발달 평가 III McArthur-Bates Communicative Development Inventories-CDI-III(Marchman et al., 2023)	MB-CDI III	2;6~3;1	표현 어휘와 문법
초기 시각 사용 평가 Measure of Early Vision Use(Deramore Denver et al., 2022)	MEVU	0~12	일상의 활동, 상호작용, 환경에서 시각의 사용
장애 목록 소아 평가 Pediatric Evaluation of Disability Inventory Computer Adaptive Test(Hayley et al., 2012)	PEDI-CAT	0~20	기능적 기술
아동의 일상적인 의사소통 능력에 대한 화용 프로파일 Pragmatics Profile of Everyday Communication Skills in Children(Devarts and Summers, 1995)		1~7	화용 기능
심리-교육 프로파일 Psycho-Educational Profile(Schopler et al., 2005)	PEP	0;6~7	교육과 관련된 기술과 행동, 자폐범주성장애의 가능성
반응적 보완대체의사소통 Responsive Augmentative and Alternative Communication (Broberg et al., 2012)	RAACS	1~5	AAC를 사용하는 자녀와의 상호작용에서 부모의 반응성 스타일
사회적 의사소통 설문지 Social Communication Questionnaire(Rutter et al., 2003)	SCQ	4+	자폐범주성장애에 초점을 둔 의사소통
바인랜드 적응 행동 척도 Vineland Adaptive Behaviour Scales(Sparrow et al., 2016)	VAPS	2~21	의사소통, 자조 기술, 사회적 기술, 행동 문제

설문지와 체크리스트는 정기적으로 업데이트된다. 참고 자료는 작성 시점의 가장 최신 버전을 참조하였다.

과 대처 능력에 대한 포괄적인 정보를 얻는 데 사용된다. 여기에는 옷 입기, 식사하기, 화장실 가기 등 개인의 일상적인 기능에 대한 구체적인 질문이 포함되어 있다. 가장 좋은 인터뷰에는 각 특정 영역에 대한 많은 질문이 포함되어 있어 개인의 프로파일을 작성할 수 있다.

일부 인터뷰는 특정 질문과 가능한 답변 범위가 제한된 설문지처럼 구조화되어 있다. 다른 인터뷰는 보다 개방적인 질문으로 구성된 반구조화 인터뷰로, 정보 제공자가 자세히 설명할 수 있으며, **소셜 네트워크**(*Social Networks*)(Blackstone & Hunt Berg, 2012)와 같이 가까운 사람들이 AAC 사용, 의사소통 상대자와 일반적인 대화 주제 등 일상생활에서 개인의 의사소통에 대한 정보를 제공하는 인터뷰도 있다.

개인의 기능에 대해 가까운 사람들을 인터뷰하는 데는 시간이 걸린다. 따라서 많은 전문가들이 인터뷰 대신 또는 인터뷰 보조 수단으로 설문지를 활용한다. 설문지는 부모와 교사가 검사 전에 작성할 수 있으며, 평가 과정을 계획하는 데 유용한 정보를 제공한다. **바인랜드 적응 행동 척도**와 같은 일부 도구는 설문지 버전과 인터뷰 버전이 모두 있다. **아동 의사소통 체크리스트**(*Children's Communication Checklist*), **양육자 우선순위 및 장애 아동 건강 지수**(*Caregiver Priorities and Child Health Index of Life with Disabilities*) 등 설문지로만 제공되는 도구도 있다. 일부 설문지에는 정보 제공자가 체크하는 특정 답변 선택 항목이 있다. 예를 들어, **6세 미만 아동의 의사소통 성과 평가**(*Focus on the Outcomes of Communication Under Six*)와 **AAC를 위한 보조공학의 가족 영향 척도**(*Family Impact of Assistive Technology Scale for Augmentative and Alternative Communication, FIATS-AAC*)는 '항상 그렇다'에서 '전혀 그렇지 않다'까지 7점 척도로 평가하는 문항으로 구성되어 있다. **잠재적 의사소통 행동 목록**(*Inventory of Potential Communicative Acts*)에는 개방형 질문이 포함되어 있으며, 정보 제공자는 물건을 요청하거나 인사에 반응하기와 같은 다양한 의사소통 상황에서 개인이 어떻게 행동하는지에 대한 예를 제공해야 한다.

대부분의 체크리스트, 인터뷰 및 설문지에는 개인이 특정 행동을 수행하기 위해 필요한 도움의 양과 형태, 그리고 이러한 행동이 어떤 상황에서 숙달되었는지에 대한 질문이 빠져 있다. 이 정보는 중재를 계획할 때 중요하다. **장애 목록 소아 평가**(*Pediatric Evaluation of Disability Inventory*)는 기능적 기술과 개인의 지원 필요성을 모두 파악한다. 이 검사 도구는 중증 운동장애가 있는 사람에게 사용하도록 권장되는 몇 안 되는 검사 도구 중 하나이기도 하다(James et al., 2014). CPChild는 아동의 기능과 보호자가 이 기능의 중요성을 어떻게 평가하는지에 대해 질문함으로써 보호자의 관점을 고려하는 검사이다.

체계적 관찰

개인의 장애와 관계없이 체계적인 관찰은 항상 평가에서 중요한 부분이다. 관찰은 개인과 그의 일상 환경을 모두 포함해야 한다. 개인은 다양한 상황과 활동, 성인 및 또래와 함께 또는 혼자서 관찰되어야 한다. 놀이는 아동의 핵심 활동이며 아동의 놀이는 발달의 척도로 사용될 수 있다(Besio et al., 2018; Lifter et al., 2022). 또한 놀이는 중재의 명시적인 목표가 될 수 있으며 중재의 성공 척도로 사용될 수 있다(Kasari et al., 2021; Kelly-Vance & Ryalls, 2008). 운동장애 아동의 경우, 다른 사람에게 신체 놀이 동작을 지시하기 위해 도구적 의사소통을 사용하는 과제 수행에서 도구적 언어 능력과 놀이의 복잡성에 대한 정보를 얻을 수 있다(Batorowicz et al., 2016).

도구

관찰은 일반적으로 의뢰 이유와 개인의 능력 및 장애에 대한 전문가의 질문에 따라 이루어진다. 유치원이나 학교에서 아동을 비교적 비구조적으로 관찰할 수도 있지만, 관찰을 구조화할 수 있는 도구도 있다. 이러한 도구(instruments) 중 일부는 체크리스트와 비슷하며, 전문가가 방에 있는 것 외에는 전문가의 간섭 없이 자연스러운 환경에서 발생하는 아동의 특정 행동의 사례를 기록한다. 예를 들어, **화용적 관찰 척도**(*Pragmatic Observational Measure*)는 아동의 일상적인 언어 사용을 관찰하는 데 사용된다(Cordier et al., 2014). 다른 도구에는 특정 행동을 유도하기 위해 고안된 상황이 포함되어 있다. 예를 들어, **자폐증 진단 관찰 스케줄**(*Autism Diagnostic Observation Schedule, ADOS*)(Lord et al., 2012)에는 레고 블록이 든 유리병을 열어 달라고 어른에게 도움을 요청하거나, 아동이 공동관심에 참여하게 하는 자연스러운 상황이 포함되어 있다. 이러한 상황에서 아동이 다른 사람과 어떻게 의사소통하고 참여하는지 관찰하는 것은 진단 목적에 도움이 되며 중재를 계획하는 데 유용한 정보를 제공한다. 이 도구를 사용하려면 자격 인증이 필요하다.

비디오

비디오(video) 영상은 장애인의 상호작용 및 의사소통 기술을 기록하는 데 중요하다. 의사소통 행동은 잠시 지속되다가 사라질 수 있지만, 동일한 상황의 비디오 영상은 여러 번 볼 수 있다. 여러 사람이 함께 비디오를 보고, 특정 연속적인 행동을 여러 번 볼 수도 있다. 전문가는 나중에 떠오르는 정보나 비디오 녹화 당시에는 미처 발견하지 못한 상황을 확인할 수 있다. 또한 비디오 녹화를 통해 발달이 느린 아동의 진행 상황을 더 쉽게 기록할 수 있다. 비디오 녹화는 다른 평가 접근 방식과 결합될 수 있다. 예를 들어, **자폐증 진단 관찰 스케줄**은 아동의 시선 사용과 기타 의사소통 및 주의력 행동에 대한 세심한 관찰에 따라 점수가 달라지므로 회기를 녹화하는 것이 일반적이다.

또한 비디오 영상은 전문가, 부모 및 가까운 사람들 간에 소통을 할 수 있게 하고 개인의 기능에 대한 합의를 도출하는 데 좋은 출발점이 될 수 있다. 부모는 비디오 영상에 나타난 행동이 자녀의 전형적인 행동인지 여부를 말할 수 있으며, 자녀가 할 수 있는 것과 할 수 없는 것에 대한 불확실했던 가정을 확인하고 판단할 수 있다. 비디오 영상을 분석하면 새로운 형태의 중재 및 의사소통 상황에 대한 혁신적인 아이디어가 떠오를 수 있다.

기본 정보로 시작

평가를 시작할 때는 주요 문제에 집중하고 중재를 시작하기 위해 무엇이 필요한지 파악해야 한다. 이러한 문제 중에는 언어 및 의사소통 중재의 목표, 예를 들어 개인이 표현 수단으로서, 언어 발달 지원, 또는 대체 언어로서 AAC가 필요할 가능성이 있는지에 대한 질문이 포함된다(3장 참조). 처음부터 이 질문에 대답할 수 없는 경우가 많지만, 조기 의사소통 중재가 될 가능성이 높은 항목에 집중하는 것이 도움이 된다. 또한 사회적 기능, 활동 수준, 놀이, 일상 상황 이해, 자조 기술, 일반적인 지식 수준, 시각, 청각 및 운동장애, 행동 문제 등에 대한 정보가 필요할 수 있다. 이러한 기본 정보가 확보되면 전체 평가를 단계적으로 계획하고 실행해야 한다. 개인이 가진 문제의 성격이 점차 명확해짐에 따라 정확한 정보의 필요성이 증가할 것이다. 중재 실행에 대한 평가는 지속적인 평가의 중요한 요소이다.

평가의 일부는 다소 시간이 오래 걸릴 수 있다. 평가는 중요하지만, 평가로 인해 중재의 실행이 불필요하게 지연되어서는 안 된다. 공식적인 평가가 시작되기 전에도 중재를 시작하기에 충분한 정보가 있을 수 있다(Goosens, 1989). 중도 운동장애 아동의 경우 다른 장애가 있는 것으로 간주되는 경우가 많으며, 예를 들어 아동이 구어를 이해할 수 있을 때까지 언어 중재를 미룰 수 있다. 이후에 제공된 의사소통 도구는 언어 능력의 발달을 지원하는 대신, 기존의 언어 능력을 드러내는 데 사용하게 된다.

평가를 시작할 때 부모에게 너무 많은 것을 물어보기 쉽다. 이는 추가 업무로 이어질 수 있으며 때로는 협력을 어렵게 만들 수 있다. 따라서 전문가는 질문을 하는 명확한 근거를 가지고 있어야 하며, 부모가 전혀 필요하지 않은 세부 정보를 제공한다고 느끼지 않도록 해야 한다. 전문가는 자신의 생각에 너무 몰입하여 부모와 다른 사람들의 귀중한 정보를 간과해서는 안 된다. '저희가 알아야 할 중요하다고 생각되는 정보가 더 있으신가요?' 또는 '저희가 당신에게 중요한 문제에 대해 모두 다루었나요?' 등의 개방형 질문을 포함하는 것이 좋다.

일과의 개요

언어 및 의사소통 중재를 시작하기 전에 개인이 참여하는 활동에 대한 대략적인 일과를 파악하는 것이 필요하다. 이를 통해 개인의 강점과 약점, 그리고 그가 어떤 삶을 살고 있는지에 대한 아이디어를 얻을 수 있다. 이러한 종류의 하루 일과를 파악하는 것은 개인의 기존 중재 프로그램과 중재가 언제 어디서 이루어지고 있는지에 대해서 알 수 있는 가장 빠른 방법이기도 하다. 이렇게 하면 개인의 현재 긍정적인 활동을 방해하지 않으면서도 충분히 다루지 않은 영역을 지원할 수 있는 새로운 중재를 계획할 수 있다. 일과를 파악하기 위해서 하루의 모든 시간이 포함되어야 하며, 하루 동안 발생하는 대부분의 활동을 명확하게 식별할 수 있을 정도로 세밀하게 구성되어야 한다.

일과 시계(*day clock*)는 전문가와 양육자를 위한 도구로 중재 계획에 정보를 제공할 수 있다. 이 도구는 특정 개인과 관련된 활동으로 채워진 여러 시간(slots)으로 구성되어 있다([그림 4.3]). 정보는 시간대별 활동 책임자가 누구인가에 따라 부모, 전문가 및 사람들과의 인터뷰를 통해 수집된다. 활동 및 학습 관리에서 개인을 지원하기 위한 도구인 **시각적 지원**과 일과 시계를 혼동해서는 안 된다(p. 201 참조).

일과 시계를 작성할 때 전형적인 하루 일과에 대해 물어봐야 한다. 전날에 대해 물어보는 것으로 시작하는 것이 좋다. 전형적인 날이 아니었다면 적절하게 전형적인 마지막 날에 대해 물어봐야 한다. 일과 시계의 시간 단위는 일반적으로 15분 간격으로 표시한다. 즉, 보고하는 날 15분 간격마다 개인이 무엇을 하고 있었는지, 누구와 함께 있었는지에 대한 정보가 필요하다. 중요한 것은 반복적인 일과와 드물지만 반복되는 사건에 변동이 있는 경우를 기록해야 한다는 점이다. 또한 각 시간대에 일반적으로 어떤 문제가 발생하는지, 의사소통이 이루어지는지, 의사소통이 이루어진다면 어떤 유형과 방식으로 이루어졌는지 물어보는 것도 유용하다. 유치원과 학교가 하루 중 많은 시간을 차지하는 평일과 가족과 주로 보내는 주말을 위해 일과 시계를 두 개 만드는 것이 좋다.

의사소통 중재를 계획할 때 의사소통을 위한 별도의 일과 시계를 작성하는 것이 유용하다. 여기에는 훈련 시간, 개인이 정기적으로 의사소통하는 상황과 가끔씩 의사소통하는 상황이 포함된다. 이렇게 하면 개인이 의사소통을 하지 않을 때가 분명해질 것이다. 연구에 따르면 많은 일반적인 상황에서 어린 도구적 의사소통자는 자신의 의사소통 도구에 접근할 수 없는 것으로 나타났다(von Tetzchner et al., 2018). 따라서 다양한 환경에서의 의사소통 도구의 이용 가능성과 사용 여부가 모두 일과 시계에 포함되어야 한다. 의사소통 일과 시계에는 일상생활에서 개인의 AAC 사용, 다양한 환경 및 의사소통 대화상대자에 대한 **소셜 네트워크**(p. 145 참조)의 정보를 통합할 수 있다.

좋은 일과 시계는 개인의 기존 중재, 활동 수준, 정기적으로 발생하는 활동 및 문제 행동에 대한 포괄적인 그림을 제공한다. 여기에는 주간 활동(어린이집, 학교, 직장 또는 직업 훈련), 여가 활동 및 다양한 형태의 복지 서비스를 포함한 개인의 중재에 대한 정보가 포함된다. 또한 평가와 인터뷰를 통해 자조 기술, 자립 및 의사소통 기술에 대한 정보를 제공한다. 이 정보를 가족 및 환경 내 다른 사람들이 수행하는 일상적인 작업과 함께 종합하면 기존의 총체적 중재가 어떻게 작동하는지에 대한 좋은 이해를 제공할 수 있다.

마지막으로, 일과 시계는 하루 중 의사소통 및 기타 훈련 중인 기술을 실제로 사용할 수 있는

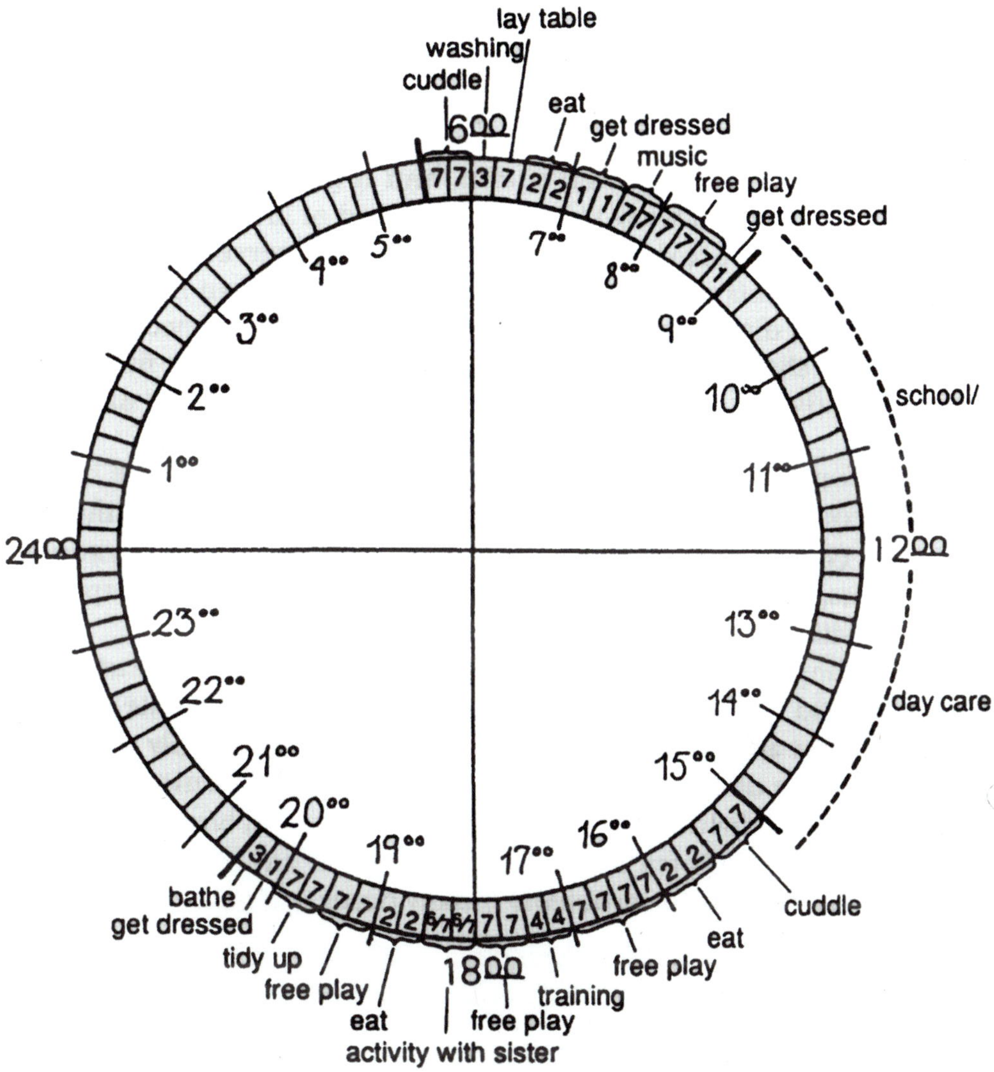

Situation	Code	Number	Time
Dressing/training	1	4	1
Eating	2	6	1.5
Washing/bathing	3	2	0.5
Training	4	2	0.5
Occupied alone	5	0	0
Occupied with children	6	2	0.5
Occupied with adults	7	20 (2)	5

[그림 4.3] 12세 자폐 아동의 일과 시계

기회를 찾는 데 사용된다. 새로운 활동이 도입되면 이러한 활동이 일과 시계에 포함되므로 개인의 현재 하루가 어떻게 구성되어 있는지 항상 확인할 수 있다. 서로 다른 기간의 일과 시계를 비교하면 개인이 어떻게 발달하고 있으며 중재가 어떻게 진행되고 있는지에 대해 이해할 수 있다. 따라서 일과 시계는 중재의 지속적인 평가에 중요한 역할을 할 수 있다.

진단

진단 평가는 항상 중요하다. 원칙적으로 진단에는 원인 진단과 기능 진단의 두 가지 종류가 있다. 원인 진단은 유전적 기형이나 뇌 손상과 같은 장애의 원인과 관련이 있다. 자폐범주성장애, 지적장애 또는 언어발달장애와 같은 기능적 진단은 관찰된 행동(증상)을 기반으로 한다. 많은 사람이 두 가지 유형의 진단을 모두 받는다. 다운 증후군 진단은 21번 염색체의 전체 또는 일부가 결손된 것을 의미한다. 그러나 다운 증후군이 있는 사람의 인지 수준은 상당히 다양하며 지적장애의 정도는 경도, 중등도, 중도 또는 최중도로 분류될 수 있다(American Psychiatric Association, 2013; World Health Organization, 2022).

장애의 원인과 개인의 기능 수준을 정확하게 진단하려면 종합적이고 다학제적인 평가 프로세스가 필요하다. 여기에는 유전자 분석과 신경, 감각, 운동, 인지 기능, 의사소통 및 언어에 대한 평가가 포함될 수 있다. 부모와 인터뷰할 때는 자녀의 발달 단계, 형제자매나 또래와 다르게 발달하는 것을 처음 알아차린 나이, 비슷한 어려움을 겪는 가족 구성원이 있는지 여부 등 자녀의 발달 이력에 대해 물어보는 것이 적절할 수 있다. 진단 목적에 필요한 다학제적인 평가는 AAC 피라미드에 설명된 종합 평가의 기본 평가에도 중요한 정보를 제공한다([그림 4.1] 참조). 전문가와 부모 모두 예후를 예측하기 위해서는 정확한 진단, 즉 근거 기반의 정보가 필요하다. 이는 유사한 진단을 받은 아동과 성인의 전형적인 발달 과정과 변화에 대해 알려진 내용을 바탕으로 예상되는 결과에 근거해야 한다.

의학적 진단이 중재 계획과 직접적인 관련이 없는 경우에도 정확한 의학적 진단의 필요성을 강조하는 데에는 몇 가지 이유가 있다. 일부 아동의 경우 적절한 치료를 제공하기 위해 의학적 진단이 필요할 수 있지만, 중재가 진단의 직접적인 결과인 경우는 드물다. 대부분의 중재 조치는 매우 서로 다른 진단 그룹에 속하는 개인에게 제공되는 것이 일반적이다. 그러나 통증, 섭식 또는 배설 문제, 뇌전증에 대한 정보 등 철저한 의료 검진에서 비롯된 정보는 개인의 반응과 필요를 제대로 이해하는 데 중요할 수 있다.

진단을 받는 중요한 이유는 많은 나라에서 공식적인 진단이 필요한 중재를 확보하는 수단이기 때문이다. 진단명을 사용하면 중재의 긴급성에 대한 지원을 더 쉽게 받을 수 있다. 부모 및 가까운 사람들에게 진단은 개인의 장애에 대한 현실적이고 실질적인 정보를 얻기 위해 필요할 수 있다. 이러한 종류의 정보는 유사한 장애가 있는 아동의 부모 및 기관, 교육 과정 및 인터넷을 통해서도 제공된다(참고자료 참조). 장애 아동 부모를 위한 협회는 자체 교육을 마련하고 전문가와 부모 모두에게 열려있는 교육에도 참여한다. 진단은 이러한 모든 다양한 정보들에 접근하기 위한 기초가 된다.

의사소통 및 언어 장애가 있는 아동과 성인에 대한 정확한 진단을 통해 더 적합한 형태의 중재가 이루어지고 향후 필요한 중재 계획이 개선된 사례가 많이 있다. 예를 들어, 한 아동이 이전에 생각했던 자폐범주성장애가 아닌 레트 증후군(p. 122 참조)으로 판명되어 여러 영역에서 중재 방식에 변화를 가져올 수 있었다. 예를 들어, 아동의 손 운동 능력이 저하될 가능성이 있다는 진단에 따라 손짓 기호 중재에서 의사소통 보드나 도구, 아동의 시선 행동에 대한 해석하기 중재로 전환할 수 있었다. 또한 레트 증후군 아동은 차분한 상태에서 가장 잘 기능하기 때문에 이 환경을 조성하려고 노력할 수도 있다(Lindberg, 2006; von Tetzchner, 1997b). 또 다른 예로는 중도 또는 최중도의 지적장애가 있는 것으로 추정되었던 중증 언어 및 운동 장애가 있는 개인이 경도 또는 중등도의 지적장애로 재진단되는 경우가 있다. 지적장애 진단 기준을 충족하는 것으로 정확하게 인식되더라도 이해력과 의사 표현 잠재력은 상당히 다를 수 있다. 매우 심한 언어 및 운동 장애가 있는 개인은 두 가지 대상 중에서 선택할 수 있는 표현 기회만 제공될 수 있는데, 이러한 기회가 주어졌다면 그래픽 상징을 사용하여 여러 단어 조합으로 자신을 표현할 수 있었을 것이다(Deacon, 1974; Kildal et al., 2021).

지원, 복지 및 도움에 대한 가족의 요구

중도장애 아동은 가족 모두의 삶에 큰 영향을 미친다(Seligman & Darling, 2007). 자녀는 가족에게 기쁨과 행복을 가져다주지만, 중도장애가 있고 말이 거의 또는 전혀 없는 자녀를 돌볼 준비가 된 부모는 거의 없다. 평가에는 자녀의 의사소통과 언어 발달을 지원하기 위한 정보, 훈련 및 후속 평가에 대한 필요성(12장 참조)과 함께 AAC가 필요한 자녀를 둔 가족들이 해야 하는 일과 미래에 대한 걱정도 포함해야 한다(Allen & Shane, 2014; Saito & Turnbull, 2007). 이러한 일은 종종 가족에게 큰 부담이 된다. **AAC를 위한 보조공학 기술의 가족 영향 척도**에는 아동을 돌보는 가족의 역할, 보호자의 에너지와 걱정, 가족의 재정 상황 등 도구적 의사소통이 발달하는 아동이 가족에게 미치는 정서적, 사회적, 경제적 결과와 관련된 항목이 포함되어 있으며(Delarosa et al., 2012; Kron et al., 2018), 가족 상황의 변화를 평가하기 위한 후속 평가에도 사용할 수 있다(Ryan et al., 2018).

가족이 받는 부담의 정도와 압력은 자녀가 어느 그룹에 속해 있는지에 따라 다를 수 있다. 중도 운동장애 아동의 부모는 일반적으로 신체적 스트레스를 많이 받는다. 일반적인 돌봄과 간호는 시간이 많이 걸리고 아이를 자주 들어 올리고 움직여야 하는 경우가 많다(Fritz & Sewell-Roberts, 2020; Glenn et al., 2009). 자폐범주성장애 아동의 부모는 자녀가 자해하거나 도망하거나 물건을 파손하는 것을 방지하기 위해 항상 곁에 있어야 한다는 압박감이 큰 경우가 많다(Bonis, 2016; Ludlow wt al., 2012). AAC가 필요한 아동을 둔 많은 가족의 공통점은 일상 생활에 다른 사람보다 훨씬 더 많은 시간이 소요되고, 다른 가족 및 친구와의 접촉이 줄어들며, 미래에 대해 걱정한다는 것이다(Doak, 2021; Goldbart & Marshall, 2004; Saito & Turnbull, 2007).

부담은 가족이 합리적인 수준의 교대 돌봄 서비스에 대한 필요성과 권리를 모두 가지고 있음을 의미한다. 부모의 걱정과 필요에 대한 평가는 전문가에게 AAC를 사용하여 자녀와의 의사소통 및 활동에 필요한 지원, 자원 및 시간을 제공하고 미래에 대한 안정적이고 긍정적인 기대를 키우는 데 필요한 가족의 삶에 대한 통찰력을 제공한다. 필요의 정도와 지원의 구성 방법은 가족의 조직 및 기타 의무와 가족의 재정 상황에 따라 달라질 수 있다. 가족의 재정 상황을 평가하고 가족에게 필요하고 받을 자격이 있는 경제적 도움과 지원을 제공하고 가족에게 권리를 알리는 것은 가족 중심 접근법의 필수적인 부분이다(van der Mark et al., 2017).

가족 평가의 목적은 가족의 요구와 강점을 모두 드러내는 것이다. 어려움에 대처하는 능력은 가족마다 다르다. 보살핌과 도움을 필요로 하는 가족이 많은 경우(어린 자녀, 아프거나 고령인 가족 구성원), 가족의 요구와 자원에 맞게 조정하는 것이 중요하다. 모든 사람이 똑같이 자원이 풍부하고 강하다고 가정하는 것은 합리적이지 않다. 어떤 가족은 장애 아동을 돌보면서 강해지는 반면(Tsibidaki, 2020; van Riper, 2007), 어떤 가족은 약해지기도 한다. 경험에 따르면 많은 경우 AAC를 포함한 효과적인 중재가 실행되지 않는데, 이는 지원과 도움이 충분하지 않은 가족에게 너무 큰 부담을 주기 때문이다(Doak, 2021; Moorcroft et al., 2020; Resch et al., 2010). 복지 서비스를 제공하는 좋은 지원 체계는 다른 중재를 더 쉽게 실행할 수 있게 해 준다. 가족이 좋은 대응 전략을 개발하면 이를 지원하고 아동과 가족을 위한 후속 평가에 포함시켜야 한다. 이를 위해서는 가족의 필요를 민감하고 철저하게 평가해야 한다(12장 참조).

평가는 지금의 필요를 넘어서는 것에 초점을 맞춰야 한다. 많은 가족은 스스로를 지키고자 하는 욕구가 있으며 도움이 거의 필요하지 않는다고 말한다. 그러나 시간이 지남에 따라 부담이 커져 때때로 소진(burnout)으로 이어질 수 있다(Moorcroft et al., 2021). 부모와 다른 가족 구성원이 각자의 활동을 할 수 있는 시간이 주어지면 소진을 예방하고 AAC를 사용하는 아동과 온 가족에게 긍정적일 수 있다. 또한 휴식은 다른 가족 구성원만을 위한 것이 아니다. 특히 또래와 함께 시간을 보내는 경우 가족과 떨어져 있으면 AAC를 사용하는 아동 및 청소년의 자율성과 자기 효능감이 증진될 수 있다(Tavares & Peixoto, 2003).

일반적인 문제

이러한 맥락에서 일반적인 문제(general issues)는 사람과 사물에 대한 개인의 주의, 주변 환경에 대한 지식과 관심, 자조 능력을 포함한다. 평가의 초점은 활동과 사회 참여에 있다. 평가에는 자연스러운 환경에서의 개인 관찰과 기초 훈련에 대한 반응이 모두 포함될 수 있다.

사람, 사물, 활동 및 사건에 대한 관심

AAC 중재의 기본 원칙은 모든 인간은 의사소통을 하고 싶어하지만 모든 사람이 도움 없이 의사소통을 할 수 있는 것은 아니라는 것이다. 개인의 동기 부여가 중재를 실행하기 위한 전제 조건이라고 종종 말하지만, 동기 부여가 없다는 것이 무엇을 의미하는지에 대한 의문이 제기된다. 개인이 '동기가 부족하다'라고 말하는 것은 그가 부정적이고 의지가 없어 보인다는 것을 나타낼 수 있다. 그러나 이를 일반적인 의사소통 거부감의 표현으로 받아들일 필요는 없으며, 오히려 의사소통을 하지 못하는 것이 답답하다는 사실의 표현으로 받아들여야 한다. 개인이 약간의 의사소통 기술을 습득했을 때 덜 주저하고 덜 부정적이 된다. 이를 위해서는 개인은 의사소통 훈련이 무엇에 관한 것인지, 그리고 그것이 자신에게 의미 있는 것인지를 이해해야 한다. 사람들은 모든 것에 대해 의사소통하려는 욕구를 갖지 않을 가능성이 높다. 중재가 성공하려면 개인이 알고 있고 관심 있는 사물, 활동 및 사건에 대해 의사소통하는 방법을 가르쳐야 한다. 따라서 AAC 중재를 위한 평가는 사람, 사물 및 활동과 관련된 개인의 관심사 및 선호도에 대한 평가로 시작해야 한다. 그래야만 잠재적 학습자의 관점에서 의미 있는 첫 번째 의사소통 중재가 될 수 있다.

중도 지적장애인의 경우, 잘 아는 양육자조차도 흥미를 보이는 사물이나 활동을 찾기가 어려울 때가 있다. 이는 의사소통 중재에 있어 어려운 조건이며, 초기 의사소통 훈련에는 흥미와 인식을 불러일으키기 위한 전략이 포함되어야 한다. 일반적인 첫 단계는 개인이 자발적으로 무엇을 하는지 주의 깊게 관찰하는 것이다. 처음에 상호작용을 형성하는 유일한 방법은 개인의 행동을 모방하고 반응을 기다리는 것일 수 있다. 예를 들어, 자폐 아동이 테이블 위에 있는 물건을 반복적으로 두드리는 소리를 낼 때 특히 몰입하는 것처럼 보이면 성인은 아동의 두드리는 소리를 모방하여 상호작용을 시도할 수 있다. 이때 성인은 노크 소리를 너무 오래 반복해서는 안 되며, 아이의 주의를 끌 수 있을 정도로만 반복해야 한다. 그런 다음 성인은 리듬, 강도 및 길이에 약간의 변화를 주어 이 '두드리기 게임'을 확장하여 청각적인 공동주의를 확립하고 차례를 따르는 기술을 장려할 수 있다. 다음 단계는 다른 소리를 내는 물체 중에서 선택할 수 있도록 하는 것이다. 모방 자체가 이 접근법의 목적은 아니며, 상호작용 과정을 시작하기 위한 수단일 뿐이라는 점을 유의해야 한다. 따라서 상호작용과 개인의 의사소통 발달에 도움이 되지 않는 '기계적인' 모방을 피하기 위해 성인은 활동을 매우 점진적으로 확장하고 진행 속도를 느리게 하더라도 확장 방법에 대한 계획을 세우는 것이 중요하다. 또한 아동의 행동을 모방한다는 것은 성인의 행동이 아동의 레퍼토리 내에 있다는 것을 의미하며, 아동이 성인에게 주의를 기울이고 성인이 하는 일에 관심을 가질 가능성을 높인다(Contaldo et al., 2016; Heimann et al., 2006). 여기서 평가와 중재 활동이 합쳐지게 된다.

주의 및 상호작용 시작

AAC가 필요한 사람들 사이에서 주의 집중과 다른 사람과의 상호작용 시작하기는 세 가지 주요 사용자 그룹 내에서도, 그리고 그룹 간에도 매우 다양하다(3장 참조). 따라서 관련 행동에 대한 평가가 중요하다. 어떤 사람들은 접촉과 상호작용을 시작하는 방식이 매우 독특해서 그들을 잘 아는 사람만이 그들의 표현을 이해할 수 있다. 이로 인하여 개인이 접촉 및 상호작용을 시도하는 대상에 대해 극도로 선택적으로 행동하게 될 수 있다. 개인이 고도로 개별화된 표현 수단을 사용할 때 의사소통을 촉진하려면 개인이 사용하는 의사소통 표현의 목록을 작성하는 것이 좋다. 이는 책으로 보관할 수도 있고, KnowMe와 같은 자기소개 전용 앱이나 북 크리에이터(Beghdadi, 2019 참조)와 같은 오픈 자료를 통해 전자적으로 보관할 수도 있다. 개인의 의사소통 표현에 대한 디지털 '표현 은행'은 손짓 기호 표현이나 그래픽 상징 등 개인의 의사소통 표현에 대한 작은 비디오 클립을 포함할 수 있다는 장점이 있다. 이를 통해 다른 사람들이 아동이 왼쪽 주먹으로 오른팔을 두드리며 손짓 기호 MORE(더)를 표현하거나, 검지 대신 엄지손가락을 사용하여 그래픽 상징을 표시하는 경우와 같이 개인의 독특한 손짓 기호 표현을 더 쉽게 이해할 수 있다.

중도 운동장애인은 이해력이 비교적 좋은 표현 언어 그룹에 속하더라도 다른 사람과 의사소통을 시작하는 데 제한적일 수 있다(3장 참조). 예를 들어, 평가는 개인의 휠체어 트레이에 '할 말이 있습니다'와 같이 미리 녹음된 메시지가 있는 의사소통 스위치를 부착하여 의사소통 상대자에게 개인의 의사소통 도구가 없는 경우 이를 가져와 대화를 시작하도록 알려주는 등 의사소통 주도권을 촉진하는 방법을 시도해 보아야 한다. 지원 언어 그룹에 속하는 사람들 사이에는 상당한 차이가 있지만, 이 그룹에서도 많은 사람이 다른 사람과 의사소통을 거의 시작하지 않는다. 이 그룹의 많은 사람들은 낯선 사람을 만날 때 수줍어하고 소심하며, 또 다른 사람들은 부정적이고 공격적으로 보일 수 있다. 이들은 말하기를 혐오하거나 극단적인 경우 유치원이나 학교와 같은 공공장소에서는 말을 하지 않고 가까운 가족 구성원에게만 말을 하는 **선택적 함묵증**

(*selective mutism*) 증상을 보일 수 있다(Steffenburg et al., 2018; Steinhausen et al., 2006). 선택적 함묵증은 불안의 한 형태이므로 의사소통을 강요하는 것은 문제를 악화시킬 수 있다. 오히려 모든 의사소통 방식을 좋은 의사소통으로 인정해 주고, 교사는 의사소통 실패와 관련된 불편함을 줄이기 위해 점진적인 단계를 취하며, 아동이 마침내 말을 할 때 이를 크게 문제 삼지 않는 접근 방식을 시도하는 것이 좋다(Standart & Le Couteur, 2003).

그러나 대체 언어 그룹에 속하는 사람은 주의력 및 타인과의 의사소통적 상호작용 시작 측면에서 가장 심각한 문제를 드러낼 수 있다. 이들은 일반적으로 의사소통, 언어 및 사회적 기술이 매우 부족하다. 시선, 가리키기 또는 기타 공동관심에 대한 단서를 이해하지 못하거나 그러한 행동을 사용하여 다른 사람의 주의를 유도하고 공동관심을 시작하는 방법을 이해하지 못할 수 있다(p. 214 참조). 이 그룹에는 레트 증후군(p. 122 참조)이 있는 아동과 성인이 포함된다. 자폐 아동, 청소년 및 성인에게는 다른 사람과의 관계 문제가 진단 기준이 된다. 그러나 의사소통의 시작하기와 타인에 대한 관심은 이 그룹 내에서 상당히 다양하며 상황에 따라 달라진다.

자조 기술

자조 기술(self-help skills)에는 씻기, 옷 입기, 식사하기 등 자신을 돌볼 수 있는 능력이 포함된다. 이러한 기술은 개인의 자기 결정권에서 중요한 부분을 차지하며 삶의 질을 높이는 데 기본이 된다. 아주 어린 아동과 매우 심한 운동장애인을 제외하고 AAC가 필요한 대부분의 개인은 어느 정도 자조 기술을 보유하고 있다. 따라서 필요한 도움의 정도를 포함하여 이러한 기술을 평가하는 것은 다른 영역의 중재뿐만 아니라 AAC 중재를 계획하는 데 중요하다. 가능한 한 의사소통 훈련과 언어 훈련을 자조 훈련에 통합하여 두 가지 형태의 훈련이 모두 개선될 수 있도록 해야 한다.

개인의 자조 기술은 일반적으로 부모 및 기타 중요한 사람들과의 인터뷰에서 논의되지만, 다양한 일상 상황에서 개인을 관찰하는 것도 유용할 수 있다. 세 가지 주요 사용자 그룹의 공통점은 성인과 주변 또래가 종종 개인이 실제로 할 수 있는 것보다 더 적은 일을 할 수 있다고 믿는다는 점이다(Dada, 2019; Radici et al., 2022). 가족과 교사는 중도의 운동장애인이 스스로 행동을 수행하지 못하더라도 **자율성**(*autonomy*)을 발달시키고 스스로 결정을 내릴 수 있다는 점을 인식해야 한다. 이들은 도구적 의사소통을 사용하여 다른 사람에게 일상생활의 대부분 또는 모든 신체적 행동을 수행하도록 지시하는 '행동을 위한 언어(language for action)'를 적용할 수 있다. 운동 능력이 더 나은 사람의 경우 그래픽 상징이 있는 일일 일정표나 단계별 작업 그림과 같은 시각적 지원을 포함한 구조화된 중재를 통해 자조 기술과 주체성 및 통제력을 모두 개발하는 데 도움이 될 수 있다(5장 참조).

자기 집중

사회 참여는 일상생활의 주요 목표이지만 대부분의 사람이 항상 상호작용을 하는 것은 아니다. 의미 있는 자기 집중(self-occupancy)은 일상생활과 삶의 질에 중요한 요소이다. 많은 가족은 당사자가 자기 집중을 하지 못하면 상당한 스트레스를 받는다는 사실을 알게 된다. 따라서 개인이 스스로에게 집중할 수 있는 활동에 참여하는지 평가하고, 중재를 통해 더 많은 독립 활동 목록을 개발하는 데 어떻게 도움이 될 수 있는지 평가해야 한다. 언어 및 의사소통 중재는 자기 표현력이 향상되면 개인이 무엇을 하고 싶은지 결정할 수 있는 더 나은 기회를 제공할 수 있기 때문에 자기 집중 정도를 높일 수 있다. 또한 원활한 의사소통과 언어 중재는 개인의 주도적인 대화 개시 기술(initiation skills)을 향상시키고 타인에 대한 의존도를 줄일 수 있다. 중도 운동장애인의 경우 스위치 또는 시선추적 기술로 제어되는 디지털 도구를 사용하면 음악, 비디오, 텔레비전, 게임, 인쇄물 또는 오디오북, 이메일, 인터넷 및 소셜 미디어에 독립적으로 접근할 수 있다(Hynan et al., 2014, 2015).

자기 모니터링

나이가 들어감에 따라 아동은 자신의 생각과 행동을 조절하는 능력이 발달한다. 단순히 행동만 하는 것이 아니라 상황을 고려하고 상황에 맞게 행동을 조정한다. 집행 기능에는 계획 및 조직화, 자신의 행동 모니터링, 인지 작업 간의 빠른 전환, 의도적인 자동 반응 억제 등의 능력이 포함된다(Baggetta & Alexander, 2016; Miyake & Friedman, 2012). 이러한 인지 기능은 일상 업무를 계획하고 성취하는 데 기초가 된다(Blair, 2016; Carlson et al., 2013). 이러한 기능을 통해 개인은 학교 과제를 계획하고 수행하거나 친구들과의 사교 활동을 계획하고 참여하는 등 점점 더 복잡해지는 과제를 관리할 수 있다. 집행 기능의 감소는 뇌성마비, 다운 증후군, 자폐범주성장애 아동 등 다양한 진단 그룹과 관련이 있다(Lai et al., 2017; Tungate and Conners, 2021; Weierink et al., 2013).

집행 기능은 모든 아동의 일상적인 기능, 특히 학습 및 학업 성취와 관련된 역할을 한다(Baggetta & Alexander, 2016). 하지만 도구적 의사소통을 사용하는 아동에게는 몇 가지 특별한 고려 사항이 있다. 자연스러운 말을 사용하는 아동은 조음 동작에 대해 의도적으로 생각할 필요가 없는 반면, 도구적 의사소통을 사용하는 아동, 특히 의사소통 책이나 전자기기의 의사소통 앱에서 그래픽 상징을 사용하는 아동은 발화를 구성하기 위해 계층적으로 구성된 상징을 의식적으로 탐색해야 한다(2장 참조). 이는 발화 산출과 관련이 없는 집행 과제에 대한 인지적 자원이 더 적다는 것을 의미할 수 있다(Stadskleiv et al., 2014). 과제 자체와 발화 산출 모두에 대한 이러한 집행 기능의 이중 부담은 중재를 계획하고 기능을 평가할 때 고려해야 할 중요한 사항이다. 5세에서 18세의 경우, **집행 기능의 행동 평가**(*Behavior Rating Inventory of Executive Function, BRIEF*)(Roth et al., 2013)를 사용하여 집행 기능을 평가할 수 있다.

운동 기술

이동성과 손 사용은 대부분의 일상 활동에 필수적이므로 운동 평가는 중요하다. AAC가 필요한 많은 사람은 심한 운동장애를 가지고 있다(3장 참조). 뇌성마비 아동의 하위 그룹에 따라 이러한 관계는 다르지만, 이동 기술과 손작업 기술 사이에는 제한적인 상관관계가 있다(Carnahan et al., 2007). 대근육 운동 기술은 사회 참여에 중요하지만 손의 사용은 의사소통 체계와 도구의 선택에 더 결정적일 수 있다. 손의 움직임은 개인이 이해할 수 있는 손짓 기호를 생성할 수 있는지, 즉 의사소통 상대자가 개별 신호를 식별할 수 있도록 손 모양, 관절 위치 및 신호의 방식을 변경할 수 있는지 여부를 결정하기 위해 평가된다(Bonvillian et al., 2020a,b; Grove, 1990 참조). 많은 의사소통 도구를 작동하려면 손 작업 기술이 필요하지만, 안구 운동과 시선 처리 기술이 우수하면 손 작업 기술이 제한적일지라도 의사소통 도구를 사용할 수 있다(Hoppenbrouwers et al., 2014; Karlsson et al., 2021).

중도의 소근육 운동장애가 있는 사람은 손짓 기호를 사용할 수 없는 것이 분명하지만, 평가에는 손짓 기호를 수행하는 데 어려움을 암시할 수 있는 덜 명백한 운동 협응 장애도 포함되어야 한다(Cancer et al., 2020; Vaivre-Douret et al., 2016). 또한 운동장애로 인한 손짓 기호를 만들어 내는 데의 어려움과 지시를 따르는 데 문제가 있는지 구분하는 것이 중요하다. 예를 들어, 최중도의 지적장애 아동은 손 모양을 모방한다는 개념을 이해하기 어려울 수 있다. 아동에게 명백한 신체 운동장애가 없는 경우, 일상 활동과 관련된 행동 수행을 출발점으로 삼는 것이 실용적이다([그림 4.4] 참조). 이러한 행동을 수행하는 방식은 놀이 및 기타 활동에 신체적으로 어떻게 참여할 수 있는지에 대한 단서를 제공할 뿐만 아니라(10장 참조), 손짓 기호를 더 쉽게 할 수 있도록 단순화하는 방법에 대한 단서를 제공한다(p. 54 참조). 중도 대근육 운동장애가 있는 사람은 손을 어느 정도 더 잘 제어할 수 있고 이해할 수 있는 손짓 기호나 제스처를 할 수 있다는 점에 유의해야 한다. 비록 그 수가 매우 적더라도, 이러한 기호나 제스처는 개인이 항상 접근할 수 있기 때문에 의사소통에 중요한 역할을 할 수 있다. 따라서 항상 개인의 기호와 제스처를 표현하는 능력과 주변 사람들이 실제로 이를 인식하는지 여부를 평가하는 것이 중요하다(p. 459 참조).

도구적 의사소통이 필요한 사람의 경우, 운동 기능 평가에는 키보드, 조이스틱, 스위치, 시선 추적 기술 등 가능한 한 적은 노력으로 가장 정확하게 의사소통 도구(및 기타 기술 장치)에 접근

Hand form	pull trousers up/down	pull shirt up/down	squeeze oranges for juice	palm on table, pick up pencil in fingers	put on sock	squeeze toothpaste onto toothbrush	hold brush handle when brushing hair	crumple paper	wipe table with cloth or sponge	turn key	pick up book from table edge
 1 squeeze	x	x	x	x							
 2 palmar						x	x	x			
 3 thumb adduction									x	x	x
 4 midposition of the forearm											
 5 thumb abduction											
 6 wrist movements							x				
 7 opposed grasp							x				
 8 pointing radial finger											
 9 release											
 10 full supination											
 11 crossed finger											
 12 pointing ulnar finger											
Movement											
1 unilateral			x								
2 bilateral mirror	x				x						
3 unilateral across midline									x		
4 bilateral/one base–one mover						x					
5 bilateral two movers											
6 bilateral crossing midline											

			x		x														self-feed using fingers/drink with cup
			x		x											x			self-feed using utensils
	x															x			turn steering wheel
															x				hold sandwich or finger foods
															x				hold jar of jam and twist lid
															x				turn knobs/dials
			x										x		x				comb hair
													x		x				brush teeth
													x						stir (contents in stable bowl)
		x																	pouring from container into glass held by other hand
	x											x							button/unbutton
												x							open and close zip on jacket
											x	x							dial phone number
											x	x							play instrument with keyboard
												x							use finger puppet
	x																		wring wash cloth
	x																		tear paper
							x			x									remove glove from fingers
										x									retrieve object from pocket
									x										throw ball up in air and catch

[그림 4.4] 운동 기술을 평가하기 위한 일상생활 활동

할 수 있는 최적의 위치와 자세를 찾는 것도 포함된다. 광범위한 운동장애가 있는 사람은 운동 기술을 사용하기 위해 안정된 앉은 자세가 필요하다(Costigan & Light, 2010; Treviranus & Roberts, 2003). 개인이 의사소통 도구를 사용하기로 결정한 경우, 가능한 한 최선의 접근 방법을 찾는 것이 중요하다. 이는 종종 어렵고 시간이 많이 걸리는 작업이지만 중도의 운동장애가 있는 사람이 가능한 최선의 방법으로 자신을 표현할 수 있도록 하기 위해 필수적이다. 운동 기능을 평가하도록 설계된 컴퓨터 프로그램도 있으며, 시선 추적 기술이나 스위치 사용법을 훈련하도록 설계된 게임 및 기타 프로그램도 있다(Griffiths, 2020). 표시(indication) 방법이 불분명하면 전체 의사소통 상호작용이 불분명해지고 따라서 언어 학습 상황도 불분명해진다. 흔히 손으로 가리키는 것에 집중하는 경향이 있지만, 의사소통 상대자가 손의 움직임을 읽기 어려운 경우 다른 가리키기 수단이나 보조 스캐닝(assisted scanning) 사용하는 것이 더 나을 수 있다(2장 참조).

중도의 운동장애가 있는 사람의 경우, 많은 신체 동작이 시간이 지남에 따라 수행될 때 긴장을 유발할 수 있다. 평가에서는 한 가지 이상의 동작이나 착석 자세를 찾아내어 개인이 다양한 자세를 취할 수 있도록 하여 신체적 긴장을 줄여야 한다.

시각 및 청각

지각 장애는 일반 인구보다 AAC를 사용하는 모든 진단 그룹에서 더 흔하다(Andersen et al., 2008; Emerson & Robertson, 2011; Herer, 2012; Hitoglou et al., 2010). 따라서 의사소통 체계를 선택하고 중재를 계획할 때 개인의 시각과 청각을 평가하는 것이 필요하다. 또한 행동과 검사 결과를 적절하게 해석할 수 있도록 지각 문제를 모든 평가자에게 알리는 것이 중요하다. 그러나 AAC가 필요한 사람의 시력과 청력을 검사하는 것은 어려울 수 있다. 따라서 청각 및 시각 평가는 전문가가 실시해야 한다.

시각과 청각 모두에 대한 '객관적' 검사, 즉 검사 대상자의 협조가 필요하지 않은 신경학적 유발 반응을 기반으로 한 검사가 있다. 이 검사는 눈과 귀의 기능이 정상인지, 시각 및 청각 기관의 자극이 뇌에 도달하는지 여부를 확인할 수 있다(Creel, 2019; Picton, 2010). 그러나 시각과 청각의 기능적 사용을 평가하는 것도 똑같이 중요하다(Ahmmed et al., 2022; Bennett et al., 2019). 발달장애가 있는 사람의 시각 기능을 평가하는 몇 가지 도구가 있지만(Shanmugarajah et al., 2021), 감각 기관이 온전해 보인다고 해서 지각이 정상이라고 보장할 수는 없다. 지적장애와 자폐범주성장애인은 AAC를 사용하는 아동을 포함하여 피질시각장애를 가지고 있는 경우가 많다(Blackstone et al.., 2021; Ortibus et al., 2019). 청각 또는 시각장애는 감각 자극을 뇌에서 해석하지 못하여 발생할 수 있다(Kaga, 2009; Riddoch & Humphreys, 2003). 이러한 장애는 개인이 자극의 변화에 반응하지만 감각 자극이 정상적으로 처리되고 지각되지 않기 때문에 관찰하기 어려울 수 있다. 따라서 객관적인 검사는 기능적 지각, 즉 개인이 일상 활동, 친숙한 환경, 그리고 덜 친숙한 환경에서 시각과 청각을 어떻게 사용하는지에 대한 관찰로 보완되어야 한다.

의사소통과 언어

신경발달장애가 있는 개인의 의사소통과 언어를 평가하려면 포괄적인 평가 도구와 전략이 필요하다(Hamrick, 2023). 평가에는 비언어적 의사소통뿐만 아니라 음성 언어 및 대체 언어 형식의 이해와 사용이 포함되어야 한다. 개인의 AAC 사용은 주변 사람들이 그 사람을 얼마나 이해하는지에 따라 달라진다. 따라서 평가에는 의사소통 접근성과 환경 내 가까운 사람들의 AAC에 대한 역량 및 태도가 포함되어야 한다. 이는 중재가 잘 진행되고 있을 때 특히 중요하다. 대부분의 아동은 둘 이상의 언어를 사용하는 지역사회에서 자라고(Grosjean, 2010), AAC를 사용하는 아동을 포함하며, 이들 중 일부는 난민이기도 하다(Brock & Thomas, 2021; Soto & Yu, 2014). 구어 이해력 및 사용 평가에는 아동의 환경에서 사용되는 모든 언어가 포함되어야 한다.

사용

음성 언어를 평가하는 데 사용할 수 있는 많은 검사가 있다. 한 리뷰에 의하면 76개의 표준화된 영어 언어 검사가 있는 것으로 나타났다(Denman et al., 2017). 그러나 대체 의사소통 체계를 배우기 시작하는 대부분의 사람은 말을 거의 또는 전혀 하지 못한다. 운동장애로 인해 가족이나 자신을 잘 아는 사람만 이해할 수 있을 정도로 알아들을 수 없는 말을 하는 아동과 성인은 예외이다. 많은 사람이 가족조차도 이해할 수 없는 말을 한다. 따라서 AAC 중재 전 개인의 의사소통 및 언어 사용에 대한 초기 평가는 주로 언어가 아닌 다른 형태의 의사소통에 집중한다. **맥아더-베이츠 의사소통발달 평가**(Marchman & Dale, 2023; 〈표 4.2〉 참조)는 한국어를 포함한 여러 언어에 존재하는 아동의 일반적인 단어와 구문의 사용력을 평하기 위한 세부적인 검사이다(Pae, 2003). 이 검사 도구는 언어지체(Heilmann et al., 2005), 자폐범주성장애(Charman et al., 2003), 지적장애(Thomas et al., 2020), 뇌성마비(Molinaro et al., 2020) 등 전형적인 발달 및 비전형적 발달 아동을 대상으로 한 연구에서 광범위하게 사용되었다. AAC 평가를 받는 아동에게 사용할 수 있지만 아동이 많은 단어를 사용하지 않기 때문에 이 검사에서는 이해력 부분이 더 중심이 된다. 그러나 표현 부분에는 아동이 손짓 기호 또는 그래픽 상징을 사용하는 것이 포함될 수 있다([그림 4.6] 참조).

AAC가 필요한 아동과 성인이 처음에 사용하는 의사소통 표현은 상당히 다양하다. 표현 의사소통 평가에는 모든 유형의 표현이 포함되어야 하며 초기 전구어적 의사소통 기술도 AAC 평가의 일부가 될 수 있다. **초기 사회적 의사소통 척도 및 사회적 의사소통 설문지**(*Early Social Communication Scales* and *Social Communication Questionnaire*)는 아동의 초기 가리키기 및 공동 관심을 끌기 위해 사용되는 기타 행동의 사용 여부를 조사한다(〈표 4.2〉 참조). 이 척도는 자폐범주성장애가 의심되는 아동을 선별하기 위해 고안되었지만, 아동의 초기 비구어적 의사소통에 대한 관찰은 다른 장애가 있는 아동의 조기 의사소통 중재를 계획하는 데에도 유용하다(Goldin-Meadow, 2020).

일부 중도 운동장애 아동의 경우, 관심 있는 사물을 바라보거나, 바라는 것과 관심의 표현으로 목소리를 내거나, 울거나 기타 흥분의 신호를 보내는 것으로 표현 의사소통이 제한될 수 있다. 때때로 가장 강력한 관심의 표현은 근육의 긴장도 변화로, 예를 들어 아동의 몸이 뻿뻿해지고 작은 움직임이 멈추는 것이다. 중도의 운동장애가 있는 다른 아동과 성인은 구어 언어를 비교적 잘 이해하며 눈을 위아래로 움직이거나 깜박이거나 고개를 끄덕이거나 고개를 흔드는 등의 방법으로 '예', '아니요'를 표현할 수 있다. 만약 발달장애 아동과 성인이 이러한 방식으로 의사소통을 하고, 심지어 첫 의사소통 도구로 어떤 도구가 가장 적절한지 평가하는 동안에도 그렇다면, 이는 그들이 이상적인 시기보다 훨씬 늦은 나이에 의사소통 도구를 받게 되는 것을 의미한다. 이들은 이미 상당한 언어 이해력을 발달시켰으며 아마도 오랫동안 자신을 표현하기 위해 의사소통 도구가 필요했을 것이다(von Tetzchner et al., 2018 참조).

대체 언어 그룹에 속하는 아동도 특이한 형태의 의사소통을 할 수 있다. 예를 들어, 자폐 아동은 어른에게 다가가 어른의 손을 잡고 원하는 물건이 있는 곳이나 특정 활동이 주로 이루어지는 장소로 안내할 수 있다. 예를 들어, 오렌지 주스가 있었던 냉장고가 그 장소일 수 있다. 이런 경우 일반적으로 일련의 사건을 통해 의사소통이 이루어진다. 아동과 어른이 냉장고에 도착한 후 어른이 냉장고 문을 열면 아동은 오렌지 주스 병을 찾으려고 손을 뻗으면서 동시에 '어 어' 소리를 내거나 다른 방식으로 발성을 할 수 있다.

대체 언어 그룹에 속하는 아동은 의사소통의 일부로 위치를 사용할 수도 있다. 화장실에 가고 싶을 때 식탁 아래에 앉아 있거나, 배가 고플 때 부엌문 옆에 서 있거나, 밖에 나가고 싶을 때 신발 옆에 앉는다고 보고된 아동이 있다. 이러한 행동은 의사소통 신호로 해석될 수 있지만, 다른 사람을 대상으로 하는 것이 아니기 때문에 다른 일상 업무 중에 있는 부모나 선생님은 이러한 신호를 발견하기 어려울 수 있다. 또한 레트 증후군이 있는 아동의 경우처럼 특정 장소로 이동하는 것이 항상 의사소통 의도의 표현이 아닐 수도 있다(3장 참조).

레트 증후군이 있는 아동은 때때로 부엌의 싱크대로 이동하여 그곳에 머물러 있었다. 마실 것을 주면 목이 말랐다는 표시로 열심히 마셨다. 그러나 싱크대 옆에 앉아 있을 때는 어른을 대상으로 신호를 보내거나 상호작용을 시작하지 않았다.

이 예에서 아동은 싱크대를 음료수와 연관시켰지만, 자신이 원하는 것을 요구하기 위해 누군가를 대상으로 하는 능력을 발달시키지 못한 것으로 보인다. 아래 예에서 어머니는 아동의 행동에서 아동의 흥미를 쉽게 유추할 수 있을 것이다.

Kathryn은 9세 자폐 아동이다. Kathryn은 말을 할 수 없었다. 아버지가 차를 몰고 차고로 들어오는 소리가 들리면 종종 문으로 가서 문 손잡이를 잡아당기면서 어머니를 바라보며 소리를 질렀다. 아버지와 함께 가도 된다고 허락하면 아동은 미소를 지으며 행복해 했다. 따라서 이러한 행동은 Kathryn이 아버지와 함께 드라이브를 가고 싶다는 것을 표현하는 방식으로 해석되었다.

운동 기능은 정상이지만 말이 발달하지 않은 아동은 매우 다른 방식으로 제스처를 사용한다. 언어발달장애 또는 발달성말실행증 아동은 전형적으로 가리키기, 관습적 제스처 및 자기가 개발한 상징적 제스처를 사용하여 의사소통을 시작한다(Capone & McGregor, 2004). 반면에 자폐 아동은 제스처와 다른 형태의 비언어적 의사소통을 잘 습득하지 못하는 경향이 있다(Watson et al., 2013). 제스처와 다른 형태의 지시 행동(directive behaviours)을 사용하는 방식을 평가하는 것은 여전히 중요하다(Ellawadi & Weismer, 2014; Phillips et al., 1995). 그렇게 하라고 가르쳤을 때만 가리키기를 사용하는 아동이 있다. 지원 언어 그룹과 대체 언어 그룹의 일부 아동은 단어 또는 손짓 기호와 유사한 방식으로 특이한 제스처(idiosyncratic gestures)를 사용한다. 청각장애 아동이 있는 가정에서는 이를 '홈사인(home signs)'이라고 한다(Napier & Leeson, 2016) 이러한 기호는 아동과 가족 간의 상호작용에서 나타나며 관습적인 기호와 유사하지 않다.

Geoffrey는 11세 자폐 아동이다. 그는 주먹으로 테이블을 두드리며 "아빠"라고 말한다(Steindal, 1990).

한 여성은 직접 손짓으로 가까운 사람의 손짓 기호 이름(manual name signs)을 만들었다. 손짓 기호 MOTHER(엄마)는 검지와 중지로 관자놀이를 따라 쓰다듬어 표현했다. 손짓 기호 FATHER(아버지)는 검지로 턱을 짚어 표현했다. 손짓 기호 AUNT-BEATE(이모)는 두 개 또는 세 개 손가락으로 귓바퀴를 잡아서 표현했다. 특수교사인 ELLEN의 손짓 기호는 검지를 목에 대고 조음하여 표현하였다. 다른 세 명의 선생님은 팔 위치에 따라 이름을 표현했다([그림 4.5]).

전형적인 발달을 보이는 아동의 초기 말 발달 단계에서는 이와 유사한 특이한 표현이 흔히

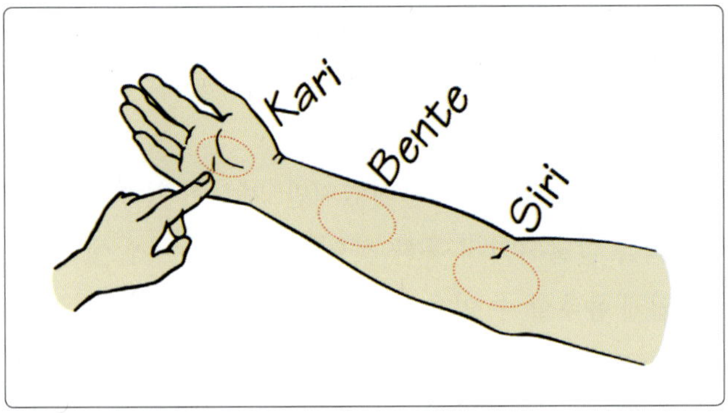

[그림 4.5] 이름을 나타내는 홈사인의 예

나타나는데, 이를 흔히 **보커블**(*vocables*)이라고 한다(Ferguson, 1978). 보커블은 고정되고 인식 가능한 음향 형태와 명확하게 정의된 용도를 가진 소리내기로 정의된다. 그러나 보커블은 관습적 단어와 음향적으로 유사하지 않다. 예를 들어, 장난감 자동차와 트랙터에 대해서는 **부르릉**을, 새, 비행기, 파리 및 기타 날아다니는 사물에 대해서는 **훨훨**을 사용할 수 있다. 언어장애 아동이 사용하는 보커블과 그에 상응하는 제스처는 구어의 특정 단어와 일치하지 않는 용도로 사용된다. 그러나 아동이 성인과 같은 방식으로 단어를 사용하지 않는다는 사실은 아동 언어의 일반적인 특징이며, 이는 보커블 사용과 관련이 있다(p. 275 참조). 1세 아동은 강아지, 고양이, 양에 대해 말할 때 **멍멍**을 사용하거나(과잉 확장, over-extension), 아버지가 턱받이에 그려진 강아지 그림을 가리킬 때만 개라고 말할 수 있다(과소 확장, under-extension). 수용 어휘력을 평가할 때는 동물 그림과 일반적인 사물의 이름을 부르는 수준을 넘어 문장과 대화에서 이해력을 관찰할 수 있어야 한다.

아동의 의사소통 빈도가 낮은 경우 부모와 다른 가까운 사람들이 제공하는 설명은 종종 아동의 다양한 의사소통 양식에 대한 가장 중요한 정보원이다. 의사소통 빈도가 낮다는 것은 일반적으로 아동과 밀접하게 접촉하는 사람들만이 아동의 의사소통 형식과 정도를 알 수 있는 기회를 갖게 된다는 것을 의미한다. 언어장애 아동의 문제는 아동이 가진 특이한 표현, 즉 단어와 가장 유사한 의사소통 양식이 선생님에 의해 '적절한' 의사소통으로 인식되지 않는 경우가 많다는 것이다. 부모들 또한 자녀의 특이한 의사소통에 대해 다른 사람들에게 이야기해도 믿어주지 않는다고 말한다. 가능한 한 많은 사람들이 아동을 이해해야 한다는 것이 목표이지만, 이러한 표현은 나중에 더 관습적인 표현으로 대체될 수 있기 때문에 이를 기록하고 인정하는 것이 중요하다. **의사소통 매트릭스**는 모든 의사소통 양식에서 아동의 초기 의사소통 기능을 기록하는 데 유용한 도구가 될 수 있다. 또한 **아동의 일상적 의사소통 기술 화용 프로파일**은 10세 전후의 아동에게 흔하지 않은 의사소통 표현을 기록하는 데 유용할 수 있다. 두 도구 모두 인사하기, 요구하기 또는 이름대기 등의 화용 기능과 개인이 이를 어떻게 관리하는지에 대한 질문이 포함되어 있다(〈표 4.2〉 참조).

AAC 사용

AAC 중재가 시작된 후 평가가 이루어지는 경우, 개인의 AAC 체계 이해 및 사용 여부가 평가의 자연스러운 일부가 되어야 한다. 초기 발달 단계에서는 각 손짓 기호, 그래픽 상징 또는 유형 상징이 개인에게 어떻게 사용되는지 평가해야 한다(의미 매핑, semantic mapping). 개인의 평균 발화 길이, 발화 구조 및 화용 기능을 측정할 수 있는 대체 언어 샘플을 얻기 위해 다양한 자연스러운 상황을 사용할 수 있다(9장 및 11장 참조). 그러나 대체 수단을 사용하는 언어 발달에 대한 규준이 아직 없다. 따라서 이 평가의 목적은 일종의 '대체 언어 수준'을 설정하는 것이 아니라 개인이 AAC 구성에 대한 복잡성을 이해하고 중재의 다음 단계를 결정하기 위한 기초를 형성하는 것이다. 이러한 설명은 성공적인 중재를 기반으로 개인의 더 복잡하고 정확한 의사소통 방법의 발달을 지속할 수 있는 새로운 형태의 중재를 제공하는 데 특히 중요하다.

AAC 표현 레퍼토리가 많이 발달한 아동을 평가하기 위해서는 어휘 목록만으로는 충분하지 않으며, 대체 의사소통을 통한 표현 능력을 측정하는 공식 검사는 매우 부족하다. 영국 수어 표현 검사(British Sign Language production)(Herman et al., 2004)와 다른 수어에 적용할 수 있는 몇 가지 다른 나라의 수어 검사가 있다(Enns et al., 2016; Kanto et al., 2021; Mann & Haug, 2015). 또한 AAC로 사용되는 손짓 기호에 대한 평가에도 아이디어를 줄 수 있지만, 각 국가의 수어가 가진 어휘와 문법은 손짓 기호로 AAC를 사용하는 아동의 발화 및 손짓 기호 체계보다 훨씬 더 복잡하다. Meuris와 동료들(2014)은 내러티브 형식을 사용하여 핵심어 손짓 기호를 사용하는 지적 장애인의 수어 능력을 폭넓게 파악하였다. 이 검사는 평가자가 글자 없는 그림책을 사용하여 처음에 들려준 이야기를 다시 들려주는 것이다. 개인의 내러티브에서 다른 손짓 기호 수(number of different manual signs)와 다른 단어 수(number of different word) 구어 단어의 수, 손짓 기호 수, 손짓 기호와 단어를 함께 사용하는 수, 발화 수, 평균 발화 길이 등 여러 가지 점수가 산출된다. 손짓 기호 사용 능력 평가를 위해 Grove는 지적장애 아동의 손짓 기호 표현(Grove et al., 2019), 다중 손짓 기호 구성(Grove, 2019a) 및 손짓 기호의 화용 기능(Grove, 2019b)에 대하여 설명하였다. Grove(2019a)는 아동의 전반적인 언어 능력을 파악하기 위해 손짓 기호와 구어를 결합한 발화가 어떻게 산출되는지를 평가에 포함해야 한다고 강조하고 있다.

도구적 언어를 사용하는 아동의 경우, 도구적 의사소통자 되기(Becoming an Aided Communicator, BAC) 프로젝트에서 사용되는 표현 과제를 사용하여 도구적 언어 구성을 유도하고 구어와 독립적인 그래픽 의사소통 능력을 평가할 수 있다(〈표 4.3〉). 많은 과제의 목적은 다른 사람이 모르는 어떤 내용에 대해 의사소통할 수 있는 개인의 능력을 평가하는 것이다. 이는

표 4.3 BAC 연구에 사용된 이해 및 산출 과제 요약(von Tetzchner, 2018)

BAC 과제	준비물	절차
이해 Comprehension		
어휘	한 개의 그래픽 상징과 네 개의 그림	개인에게 그래픽 상징에 해당하는 그림을 표시하도록 요청한다.
문장	한 개의 그래픽 문장과 네 개의 그림	개인에게 그래픽 문장에 해당하는 그림을 표시하도록 요청한다.
문장	한 개의 그림과 네 개의 그래픽 문장	개인에게 그림에 해당하는 문장을 표시하도록 요청한다.
문장	한 개의 동영상과 네 개의 그래픽 문장	개인에게 짧은 동영상을 보여 주고 동영상에 가장 잘 어울리는 문장을 선택하도록 요청한다. 첫 번째 답변 후 다시 동영상을 보여 주고 답변을 유지할 것인지 아니면 다른 문장을 표시할 것인지 질문한다.
상징순서	한 개의 그림과 네 개의 그래픽 문장	각 과제에 있는 네 문장은 동일한 그래픽 상징을 포함하고 있지만 순서가 다르다. 개인에게 그림과 가장 잘 어울리는 것을 선택하도록 요청한다.
이야기	그래픽 이야기	개인에게 자신의 그래픽 시스템으로 작성된 짧은 이야기를 보여 주고 내용에 대해 10개의 예/아니요 질문을 한다.
산출 Production		
BAC 이름대기	사물 그림	이 과제에는 2개의 훈련 그림과 20개의 과제 그림이 포함되어 있다. 아동에게 그림에 있는 각 사물의 이름을 말하도록 요청한다.
BAC 설명하기	사물 그림	3개의 훈련 그림과 9개의 과제가 있다. 그림은 상대방에게 숨겨져 있다. 상대방이 사물이 무엇인지 유추할 수 있도록 아동에게 사물을 설명하도록 요청한다.
BAC 장면 설명하기	상황 그림	3개의 훈련 그림과 8개의 과제가 있다. 그림은 상대방에게 숨겨져 있다. 상대방이 장면의 내용을 설명할 수 있도록 아동에게 상황 그림을 설명하도록 요청한다.
BAC 사건 설명하기	짧은 사건의 동영상	3개의 훈련 비디오와 15개의 과제가 있다. 상대방이 방 밖에 있는 동안 아동에게 비디오를 보여 준다. 상대방이 비디오에서 일어나는 일을 설명할 수 있도록 아동에게 동영상에 나타난 사건을 설명하도록 요청한다.
BAC 화용 만화	그림 순서대로 나열하기	여러 개의 그림이 있는 두 개의 훈련 만화와 12개의 과제가 있다. 만화의 대화는 아동에게 읽어 주지만 마지막 차례를 읽어 주지 않는다. 아동에게 마지막 그림의 만화 속 인물이 어떤 말을 하는지 질문한다.
BAC 지시하기와 구성하기	장난감	대상자는 볼 수 있으나 상대방은 볼 수 없는 구조와 동일한 구조를 만들도록 상대방에게 지시하는 과제이다. 트로 훈련 구조와 8가지 과제 구성이 있다.

AAC 발달의 초기 단계에 있는 개인뿐만 아니라 손짓 기호 및 그래픽 상징을 사용하는 발전된 사용자에게도 중요한 기술이다. BAC 과제에는 사물 이름대기, 그림 장면을 설명하기, 의사소통 상대자가 모르는 짧은 동영상 사건 설명하기 등이 포함된다. 당근으로 글씨를 쓰는 아이나 목줄을 맨 파인애플을 데리고 산책하는 남자와 같이 일부 장면과 영상은 매우 특이하여 상대방이 한두 가지 기호만으로 일반적인 시나리오를 유추하는 것을 방지한다. 다른 과제에서는 아동이 상대방에게 탑 쌓기나 인형 옷 입히기와 같은 특정 구성물을 만들도록 지시한다. 아동의 지시는 상대방이 아닌 아동이 볼 수 있는 탑이나 인형을 기반으로 한다. BAC 화용 만화(pragmatic cartoons)에서는 아동에게 간단한 대화로 구성된 일련의 그림을 보여 주고 마지막 대화 차례에서 어떤 대화를 할 것인지 응답하게 한다. 현재 도구적 언어 사용을 평가하기 위해 고안된 과제는 거의 없지만, 존재하는 과제는 창의적 중재 전문가에게 시사점을 주는 기능을 할 수 있다. BAC 과제의 원리를 바탕으로 다양한 복잡성을 가진 새로운 과제를 개발할 수 있다. 이 과제는 개인의 도구적 언어 구성 및 전략에 대한 정보를 제공한다. 이 정보는 중재 계획과 평가에 필수적이기 때문에 중재 활동에 통합된다.

또한 위에서 손짓 기호에 대해 설명한 Meuris, Maes와 Zink(2014)의 내러티브 형식을 도구적 언어에 쉽게 적용할 수 있다. **도구적 의사소통 상징 수행 검사**(*Test of Aided-Communication Symbol Performance, TASP*)(Bruno, 2010)는 구어 기반이며, 한동안 PCS를 사용한 적이 있는 개인의 도구적 언어의 일부 측면을 평가하는 데 사용할 수 있다. 대부분의 과제에서 아동은 평가자가 말한 단일 단어를 나타내는 PCS 또는 구어 문장을 나타내는 일련의 PCS를 선택해야 한다. 검사 항목은 구어에 대한 이해력, 시각적 지각력, 손가락으로 가리키는 소근육 운동 기술이 요구된다. 발전된 도구적 의사소통자의 경우, 자신의 추론 능력과 지식을 얼마나 잘 표현하는지 측정하기 위해 웩슬러 검사의 언어 과제같이 두 개 이상의 단어 또는 그래픽 상징을 사용하여 질문에 대답해야 하는 언어 과제를 사용할 수도 있다.

이해력

구어와 대체 의사소통 체계에 대한 이해력은 구어가 거의 또는 전혀 없는 사람마다 다르다. 주변 사람들을 이해하는 개인의 능력에 대한 지식은 중재 시 구어 지시, 손짓 기호를 사용한 지시 또는 그래픽 상징을 사용한 지시에서 각각 어느 정도 도움을 받을 수 있는지를 보여 준다. AAC 사용자의 주변 사람들은 일반적으로 음성 언어를 사용하여 의사소통하며, 중재자가 사용하는 지시와 전략은 명시적 또는 암묵적으로 음성 언어를 이해할 수 있다고 가정하는 경향이 있다. 언어 이해력에 대한 가정이 정확하지 않으면 최적의 중재 전략을 세울 수 없다. 따라서 음성 언어와 대체 언어 형식 모두에 대한 이해력 평가는 매우 중요하지만, 이해력을 평가하기가 어려울 수 있다(Bishop et al., 2016). 아동과 성인이 음성 언어를 잘 이해한다고 평가받았지만, 주의 깊게 관찰해 보면 단어를 이해한 것이 아니라 말에 수반되는 제스처나 상황의 단서 때문이었다는 것이 밝혀진 사례가 많다.

> Martin은 산출되는 말이 없는 3세 자폐 아동이다. Martin은 오렌지 주스를 좋아했으며 엄마가 '오렌지 주스 마시러 가자'라고 큰 소리로 말하면 달려오곤 하였다. AAC 평가의 일부로, 그의 어머니에게 평소와 같은 방식으로 외치되 움직이지 않고 가만히 앉아 있는 상태에서 외쳐보라고 하였다. 그러자 그녀는 Martin이 아무런 반응도 보이지 않고 장난감을 계속 돌리고 있다는 사실에 매우 놀라워했다. 잠시 후 그녀는 자리에서 일어나 오렌지 주스 병이 놓여 있는 식탁으로 걸어가 그 말을 다시 했다. Martin은 바로 달려왔다(Steindal, 1990).

Martin이 반응을 하지 않았다는 것은 그가 어머니의 말을 이해하지 못했다는 것을 나타낸다. 그러나 그가 어머니의 제스처에 반응했다는 사실은 Martin이 관찰력이 있고 다른 사회적 단서를 활용하고 있음을 보여 주며 아마도 훨씬 더 일찍 AAC를 접했다면 더 많은 혜택을 받았을 것임을 보여 준다.

매우 심한 운동장애가 있는 사람은 자신이 이해한다는 것을 보여 주는 일반적인 수단이 매우 부족할 수 있다. 말하기 능력과 주변에서 일어나는 일에 대한 이해력 모두에서 과소평가를 받는 경우도 많다. 과소평가로 인한 심각한 결과는 개인이 마땅히 받아야 할 자극과 발달의 기회를 얻지 못한다는 것이다.

> Joe Deacon 중도 운동장애로 3세부터 여러 지적장애인 거주 시설에서 생활했다. 24세에 발성을 할 수 있었지만 직원들은 그를 중도 지적장애인으로 간주하고 이해할 수 없는 발성에 아무런 의미가 없다고 생각했다. 그때 새로운 사람이 시설에 도착했다. 그는 어린 시절 Joe와 같은 시설에서 생활한 경험이 있어 Joe의 발성을 이해할 수 있었다. Joe의 인지 능력에 대한 재평가에서 그는 통역사의 역할을 맡았다. 그는 지적장애인이었는데 질문에 본인이 직접 대답하지 못하였고 Joe의 대답만 전달할 수 있었다. 검사 결과 Joe는 지적장애가 심하지 않은 것으로 나타났다. 나중에 두 사람은 타자기를 사용하는 지적장애인과 글씨를 쓸 수 있는 운동장애인과 함께 일하게 되었다. Joe는 이 친구들의 도움으로 자서전 *Tongue tied*(혀가 묶여 있다)(Decon, 1974)를 집필했다.

덜 극적인 형태의 과소 평가와 과대 평가는 자주 발생할 수 있다(Mei et al., 2016, 2020). 이 그룹은 의사소통을 시도하는 빈도가 낮을 수 있기 때문에 일반적인 체계적 관찰을 사용하기가 어렵다. 관찰을 수행하기에는 너무 오랜 시간이 소요되어 비현실적일 수 있다. 그러나 체계적인 관찰은 평소 그 사람과 함께 있는 사람이 수행하면 AAC 중재를 시작함과 동시에 유용하게 사용할 수 있다. 관찰은 개인의 기술에 대한 추가 정보를 제공하고 중재 평가의 기초를 형성한다.

개인의 표현 능력에 따라 이해력을 평가하는 데 사용할 수 있는 방법이 어느 정도 달라진다. 말하거나 글을 쓸 수 있고 자기 표현에 적절한 어휘를 가지고 있는 것처럼 보이는 사람의 경우, 대화와 다양한 일상적인 질문을 통해 언어 이해력에 대한 좋은 인상을 얻을 수 있다. 개인이 이해력을 보여 줄 수 있는 단어가 거의 없을 때는 이해력을 평가하기가 훨씬 더 어렵다(Mei et al., 2020). 8~18개월용 맥아더-베이츠 의사소통 발달 평가는 제스처, 일반적인 단어 및 구문에 대한 아동의 이해도를 평가하기 위한 세부 항목(Marchman & Dale, 2023; 〈표 4.2〉 참조)을 포함하고 있다. 표현 언어 그룹에 속하는 사람과 음성 언어에 대해 어느 정도 이해하고 있는 사람의 경우, 개인이 과제 지시를 수행하는 데 필요한 운동 기술을 가지고 있다면 일반적인 검사가 유용한 도구가 될 수 있다. 그러나 많은 검사 또는 검사 항목이 운동 기술을 상당히 요구한다. 예를 들어, **뉴 레이넬 언어발달 척도**(*New Reynell Developmental Language Scales*)(Edwards et al., 2011)에서 아동은 인형을 의자 위에 올려놓거나 갈색 말 뒤에 모든 돼지를 놓으라는 지시를 수행해야 한다. **영국판 그림 어휘력 검사**(*British Picture Vocabulary Scale, BPVS*)(Dunn et al., 2009), **피바디 그림 어휘력 검사**(*Peabody Picture Vocabulary Test, PPVT*)(Dunn, 2019), **문법 이해력 검사**(*Test for Reception of Grammar, TROG*)(Bishop, 2003) 등 문장 이해력을 평가하는 유사한 형식의 검사와 같이 여러 그림 중에서 하나의 그림을 가리키며 음성 어휘 이해력을 측정하는 수용 언어 검사도 최소한의 운동 능력을 요구한다. 이러한 검사는 여러 나라의 언어로 번역되어 사용되고 있다.

중도 운동장애가 있는 사람은 여러 가지 선택 항목 중 하나를 가리키는 것도 어려울 수 있다. 신체적으로 가리키는 데 상당한 인지적 노력이 필요한 경우, 문제 해결을 위한 인지적 자원이 줄어들고 정답의 수가 줄어들 수 있다. 안구 운동 조절 능력이 좋은 사람에게는 눈 응시를 통한 가리키기가 좋은 해결책이 될 수 있다. 또 다른 대안으로 검사자가 각 답안 선택 항목을 일정한 속도로 가리키고 개인은 검사자가 올바른 그림을 가리킬 때만 답하면 되는 보조적 스캐닝을 사용하는 것이다(Kurmanaviciute & Stadskleiv, 2017; Schiørbeck & Stadskleiv, 2008). 아동의 반응을 읽기 어려운 경우, 검사자는 답변을 해석해 주는 도움이 필요할 수 있다.

Ida는 5세 뇌성마비 아동이다. 중도 운동장애가 있고, 이해할 수 있는 말이 없고, '예' 대답을 위해 위를 쳐다보고, '아니요' 대답을 위해 아래를 쳐다볼 수 있었다. 임상심리사가 보조적 스캐닝을 사용하여 언어 이해력과 비언어적 인지 능력을 평가하였다. 임상심리사는 각 항목에 대해 답안을 나타내는 그림을 일정한 속도로 가리켰다. 하지만 Ida를 잘 모르는 사람은 Ida의 표정을 읽기 어려웠다. 따라서 어머니는 임상심리사에게 Ida의 표정을 해석해 주고, 임상심리사가 가리키는 답안을 Ida가 확인하고 결정하면 임상심리사에게 알려주는 역할을 하였다. 어머니는 임상심리사 뒤에 앉아 있기 때문에 임상심리사가 가리키는 것을 볼 수 없었다. 따라서 어머니는 Ida의 반응이 맞았는지 틀렸는지 알지 못하며 오직 Ida를 바라보고 Ida의 표정을 해석하기만 하였다.

Ida의 운동장애와 표정을 읽는 데 어려움을 겪은 유치원 선생님 중 일부는 Ida의 인지 능력을 의심하고 어머니가 Ida의 능력을 과대 평가한 것 같다고 생각했다. 따라서 어머니가 답에 영향을 미칠 수 없는 방식으로 검사를 진행하는 것이 중요했다. Ida는 전형적인 발달 범위의 능력을 나타냈다. 선생님들은 그 결과가 타당하다고 인정했고, 이는 의사소통 상호작용과 활동에 Ida를 참여시키는 방식에도 긍정적인 영향을 미쳤다.

운동장애 아동을 위해 특별히 개발된 몇 가지 검사가 있다. **컴퓨터 기반 저운동 언어 검사**(*Computer-based Inventory of Low Motor Language TestingC-BILLT*)(Geytenbeek et al., 2010, 2014)는 어휘와 문장 이해력을 측정하며 컴퓨터에서 가리키기, 스위치 또는 시선 응시 장치를 사용하여 응답할 수 있다. 이 검사는 현재 여러 언어가 지원되고 있다.

중도의 언어, 운동, 안구 운동 또는 시각장애가 있는 사람은 평가하기 가장 어려운 사람 중 하나이다. 그러나 이들은 수용 또는 거부에 대한 일관성 있는 신호 방식을 가지고 있을 수 있으므로 이를 활용할 수 있다. 예를 들어, '예'와 '아니요'를 표현할 수 있는 방법이 있는 경우 **일리노이 심리언어 능력 검사 1판**(*Illinois Test of Psycholinguistic Abilities 1st edition*)(Kirk et al., 1968)의 '아동은 먹을 수 있나요?' 또는 '토마토는 편지를 보낼 수 있나요?'와 같은 검사 질문을 사용하여 간단한 문장 이해도를 평가할 수 있다.

더 높은 수준의 언어 이해 능력 평가는 어휘력만을 기준으로 해서는 안 된다. BPVS 및 PPVT와 같은 어휘력 검사는 점점 더 희귀해지는 단어에 대한 지식을 기반으로 한다. 말이 거의 또는 전혀 없는 사람, 특히 중도 운동장애인은 전형적인 발달을 보이는 사람보다 언어 경험이 다양하지 않은 경향이 있다. 점점 더 희귀해지는 단어를 기반으로 한 검사에서 이들의 점수는 언어적 이해와 추론 능력보다는 경험 부족을 반영할 수 있다. 예를 들어, Lund(2015)는 PPVT에서 평균 100점보다 훨씬 낮은 77점의 표준 점수를 받은 도구적 의사소통을 사용하는 한 청년의 이야기를 소개하고 있다. 그는 대학에 다니며 성적이 좋았기 때문에 PPVT 점수는 그의 인지 및 학업 기능을 반영하지 못했다(Lund & Light, 2006). 문법 지식은 경험의 영향을 덜 받을 수 있기 때문에 TROG 또는 다른 문장 이해력 검사가 언어 능력을 더 잘 측정할 수 있다.

이해력이 제한된 사람에 대한 가장 좋은 정보는 그 사람이 속한 환경의 가까운 사람들이 제공하는 실질적인 보고에서 찾아볼 수 있다. 이들은 그 사람과 함께 지내면서 얻은 풍부한 경험을 가지고 있다는 장점이 있다. 또한 아동이나 청소년과 많은 시간을 함께 보내면서 언어와 의사소통에 대한 사용과 이해의 토대를 마련한 사람은 대상자에게 가까운 사람들, 특히 부모이다. 중도장애 아동과 청소년이 이해하는 방식은 다른 사람들이 알아차리기에는 매우 특이하고

범주	단어	이해	단어 표현 방식			
			말	손짓 기호	그래픽 상징	기타
동물	고양이	1	0	0	0	0
	개	1	0	1	1	0
	소	0	0	0	0	0
	말	0	0	0	0	0
음식	빵					
	잼					
옷	스웨터					
	바지					
	원피스					

아동이 이해하고 있는 단어와 아동이 말, 손짓 기호, 그래픽 상징 또는 다른 방법으로 표현했는지를 표시한다. 아동이 이해하는 단어는 1로 표시하고 이해하지 못하는 단어는 0으로 표시한다. 각 단어에 대해 완전 습득한 표현 방식은 1로 표시하고 아직 습득하지 못한 방식은 0으로 표시한다. 아동이 두 가지 이상의 양식으로 단어를 표현하는 경우 각각 1로 표시한다.

[그림 4.6] 맥아더-베이츠 의사소통발달 평가 확장판. 언어 이외의 다른 표현 양식을 기록할 수 있다. 위 예에서 부모는 자녀가 고양이와 개를 이해하고, 손짓 기호 및 그래픽 상징으로 개를 표현하지만 말로 표현하지 않으며, 소와 말이라는 단어를 이해하거나 표현하지 못한다고 표시하였다.

어려울 수 있다. 어린 자녀의 경우 부모는 맥아더-베이츠 의사소통 발달 평가(〈표 4.2〉 참조)와 같은 체크리스트를 작성할 수 있다. 일부 수어에서는 맥아더-베이츠 의사소통발달 평가를 수정하여 사용할 수 있다(Caselli et al., 2020). MB-CDI의 이해력 부분은 부모와 어휘 선택에 대해 논의할 때 좋은 출발점이 될 수 있지만, MB-CDI 단어 및 제스처 양식에는 가정 언어 환경의 특수한 특성이나 아동의 관심사를 반영하지 않는, 일반적으로 이해되고 사용되는 단어와 구가 포함되어 있다는 점에 유의해야 한다. 한 아동의 부모는 아이가 24개월이 되었을 때 MB-CDI에

341개의 단어를 이해한다고 기록했으나, MB-CDI에 속하지 않은 추가 338개를 포함해 총 679개의 단어를 사용하는 것을 들었다고 일기 연구에서 밝혀졌다(Roy et al., 2015). 아동이 손짓 기호나 그래픽 상징을 사용하는 것도 이 양식에 포함될 수 있지만([그림 4.6] 참조), 이 규준은 AAC를 발달시키는 아동의 특수한 상황을 고려하지 않고 있다.

중증 장애 아동의 부모는 자녀의 표현적 의사소통을 해석할 때 부모 자신이 사용하는 단서를 항상 인식하지는 못 하지만 체계적인 인터뷰를 통해 아동의 반응에 대한 정보를 얻을 수 있다. 이러한 정보는 중재를 계획하는 데 중요하며, 전문가는 가족 및 대상자와 밀접하게 접촉하는 다른 사람들과 대화할 때 충분한 시간을 가져야 한다. 처음에는 'John이 확실하게 말할 수 있는 것이나, 다른 방식으로 이해시킬 수 있는 것을 생각해 보세요. John이 당신을 이해했다고 확신하게 만드는 John의 행동은 무엇인가요?'와 같은 질문을 할 수 있다. 이러한 종류의 질문은 다양한 방식으로 할 수 있으며, 전문가가 선택하는 단어는 질문을 받는 사람에게 적절해야 한다.

인터뷰에서 부모나 다른 가까운 사람들은 처음에는 '보기만 해도 알 수 있어요'와 같이 매우 일반적인 대답을 할 수 있다. 한 사람의 언어 이해력에 대한 일반적인 특징이 정확할 수 있지만 그럼에도 불구하고 중재를 위한 근거로는 충분하지 않다. 일반적으로 '예, 물론입니다', '그런데 더 자세히 설명해 주세요', '그는 무엇을 하나요?', '그것을 할 때 어떤 모습인가요?', '그가 항상 이해하는 것은 무엇인가요?' 또는 '가끔씩 이해하는 것 같은 것은 무엇인가요?'와 같은 후속 질문이 필요하다. 면담자가 인내심이 있다면 가까운 사람들은 거의 항상 이러한 유형의 질문에 대답할 수 있다. 우리의 경험상 인지 기능이 매우 낮은 사람의 가까운 사람들이 이러한 반응을 보인다.

한 사람의 기능 수준에 대한 의견의 차이로 인해 중재에 대한 협력이 어려워질 수 있다. 평가는 개인의 강점과 약점에 대한 공유된 이해의 기초에 기반해야 한다. 그러나 일부 부모는 전문가가 자녀의 미래 발달에 대한 기대치를 낮추는 데 집중한다고 느낀다(Gohsman, 2021; Walter et al., 2022). 부모와 전문가가 공동으로 작성한 5년 후 개인의 비전을 기반으로 한 개별 재활 계획은 이러한 불일치를 극복하는 데 유용한 도구이다. 개별 재활 계획에는 AAC 개발을 포함하여 장기적인 목표에 도달하기 위한 발달 촉진을 위해 어떤 즉각적인 단계를 취해야 하는지에 대한 합의가 필요하다. 이러한 단계에 대한 논의를 통해 자녀의 강점과 약점에 대한 합의에 더 쉽게 도달할 수 있다(Hesselberg & von Tetzchner, 2008).

어느 정도의 과잉 해석은 긍정적일 수 있다. 구조화된 과잉 해석은 중재의 초기 단계의 전략이다(p. 228 참조). 그러나 평가의 목적은 개인의 언어 이해력에 대해 가능한 한 가장 정확한 인상을 얻는 것이다. 과대 평가는 언어 중재가 최적으로 적용되지 않을 수 있음을 의미한다. 특히 듣고 있는 내용을 어느 정도 이해하고 있는 개인의 언어 이해력을 과대 평가하기 쉽다. 예를 들어, 교육 또는 비공식 검사 상황에서 '빨간 공을 가리키세요'라고 하면, 그 사람은 정확하게 가리킬 수 있다. 이 관찰을 바탕으로 개인이 전체 발화를 이해하고 있다고 가정할 수 있다. 또한 개인이 특정 상황에서 이해한 단어를 관련 없는 다른 상황에서도 이해한다고 가정할 수도 있다. 발달 초기 단계에서는 그렇지 않은 경우가 많다. 예를 들어, 공과 같은 단일 단어뿐만 아니라 전체 구문을 이해해야 하는 그림 선택 항목이 있는 등 비공식 과제는 이러한 문제를 최소화하도록 설계해야 한다. 예를 들어, '파란 공', '빨간 자동차', '빨간 공', '골대'의 그림을 답 선택 항목으로 포함하면 된다. 마찬가지로 문장 이해력을 관찰할 때도 '강아지', '바구니', '안에', '누워 있다'와 같은 개별 단어에 대한 이해가 아니라 '강아지가 바구니 안에 누워 있는 그림'을 식별하여 바구니 앞에 누워 있거나 바구니 안에 앉아 있거나, 바구니에 누우려고 하는 그림을 무시하고 강아지가 바구니 안에 누워 있다는 문장 전체를 이해했는지 확인하는 것이 중요하다 (Geytenbeek et al., 2010 참조).

단어와 상황에 대한 이해

의사소통에서 무슨 일이 일어나고 있는지 이해하는 것은 언어적 표현 자체에만 의존하지 않는다. 여러 가지 조건이 상황을 이해하는 데 도움이 될 수 있으며, 전달하고자 하는 내용이 무엇인지에 대한 단서를 줄 수도 있다(8장 참조). 부엌에서 냄비와 프라이팬이 덜컹거리는 소리는 누군가 저녁 식사를 준비하고 있다는 것을 의미할 수 있고, 코트를 들고 있는 것은 누군가 곧 집을 나간다는 것을 의미할 수 있다. 또한 눈맞춤, 가리키기 및 기타 제스처를 동반한 상대방의 말은 그 자체로 이해되지 않더라도 상황을 이해하는 데 도움이 된다(앞의 Martin의 예에서처럼).

어떤 사람들은 특정 사람들과 함께 있을 때만 이해하는 모습을 보인다. 이것은 그들이 말하는 내용을 전혀 이해하지 못한다는 의미가 아니라 개별 단어나 구에 대한 이해가 상황에 따라 달라진다는 것을 의미한다. 이것은 경험이 증가함에 따라 나타나는 음성 단어와 손짓 기호 또는 그래픽 상징에 대한 더 깊은 이해의 시작일 수 있다.

개인의 음성 어휘 이해력이 제스처나 다른 유형의 비언어적 의사소통 사용과 관련이 있다는 사실은 가까운 사람과의 인터뷰에서는 잘 드러나지 않는 경우가 많다. 의사소통 상대자는 제스처를 취하거나 다른 의사소통 단서를 제공하는 것을 인식하지 못할 수 있다. 따라서 제공된 정보를 통해 의사소통이 특정 상황이나 사람에 의존한다는 인상을 주는 경우 의사소통 상황을 체계적으로 관찰할 필요가 있다. 이러한 의존성에 대한 기록은 부모 및 기타 가까운 사람들과 중재에 대한 추가 논의를 하기 위한 좋은 시작점이 될 수 있다.

부모와 다른 사람들이 대상자의 이해력을 평가하는 방법에 대한 정보는 또 다른 중요한 기능을 한다. 주변 사람들이 대상자의 이해력 징후를 어떻게 해석하고 반응하는지, 그리고 대상자의 이해력을 지원하기 위해 자신의 의사소통을 어느 정도 수정하려고 노력하는지에 대한 통찰력을 제공한다. 이 지식은 언어 환경을 평가하고 대상자의 의사소통 및 언어 능력을 최상의 방식으로 향상시키기 위해 의사소통 환경의 수정을 계획할 때 유용하다(12장 참조).

AAC에 대한 이해

AAC를 사용하는 사람은 두 가지 양식의 언어 상황을 경험한다(Smith & Grove, 1999). 대부분 음성 언어와 손짓 기호 또는 그래픽 상징을 모두 이해한다. 일반적으로 음성 언어에 대한 이해력를 평가하지만, AAC를 도입한 이후에 평가가 이루어지는 경우 개인의 AAC 체계에 대한 이해력도 평가에 포함되어야 한다.

이해 과정은 매우 복잡할 수 있다. AAC를 사용하는 사람 중에는 음성 단어만 있어도 이해하는 사람이 있고, 손짓 기호 또는 그래픽 상징을 함께 사용해야만 이해하는 사람도 있다. 어떤 사람은 손짓 기호나 그래픽 상징은 이해하지만, 또 다른 사람은 말을 함께 사용해야 이해할 수 있다. 수년간 음성 단어와 손짓 기호 또는 그래픽 상징을 동시에 제시했음에도 불구하고 손짓 기호 또는 그래픽 상징만 이해하는 사람도 있다. 말하기와 마찬가지로 평가는 단일 손짓 기호 및 그래픽 상징 또는 유형 상징에 대한 개인의 해석과 두 개 이상의 요소가 포함된 문장 구조를 포함하여 구성되어야 한다. 발전된 AAC 사용자의 경우 은유, 반어 등의 비유적 언어와 자신의 체계에서 제시된 복잡한 문장에 대한 이해력도 평가에 포함될 수 있다.

일부 수어에 대한 이해력 검사가 있다(Enns et al., 2016; Mann & Haug, 2015). **영국 수어 수용 능력 검사**(*British Sign Language Receptive Skills Test;* Herman & Roy, 2006) 및 기타 수어 검사는 AAC로 사용되는 손짓 기호 이해력을 평가하는 데 어느 정도 적용될 수 있지만, 각 국가에서 사용하는 수어의 어휘와 문법은 AAC로 사용되는 손짓 기호 체계보다 훨씬 더 복잡하다. 많은 핵심어 손짓 기호는 수어의 기호와 다르며 핵심어 손짓 기호에서는 문장의 사용이 제한되는 경우가 많다(Grove & Woll, 2017). 영국 수어(Woolfe et al., 2010), 미국 수어(American Sign Language; Casselli et al., 2020), 스페인 수어(Spanish Sign Language; Rodriguez-Ortiz et al., 2020) 및 기타 수어 평가를 위한 맥아더-베이츠 의사소통 발달 평가의 수정 및 표준화 버전이 있다. MB-CDI 양식은 AAC로 사용되는 손짓 기호 또는 그래픽 상징에 대한 이해도 점수를 포함하도록 확장할 수도 있다([그림 4.6] 참조).

그래픽 의사소통 체계를 사용하는 아동을 위한 BAC 프로젝트에서 사용되는 과제에는 그래픽 어휘와 문법에 대한 이해력 과제를 포함하고 있다(〈표 4.3〉 참조). 사용되는 형식은 BPVS, PPVT 및 TROG와 유사하지만 음성 단어 대신 그래픽 상징의 이해도를 측정한다([그림 4.7]). 도구적 언어 표현 평가와 마찬가지로, BAC 과제의 원리를 기반으로 새로운 이해력 과제를 만들 수 있다(〈표 4.3〉 참조).

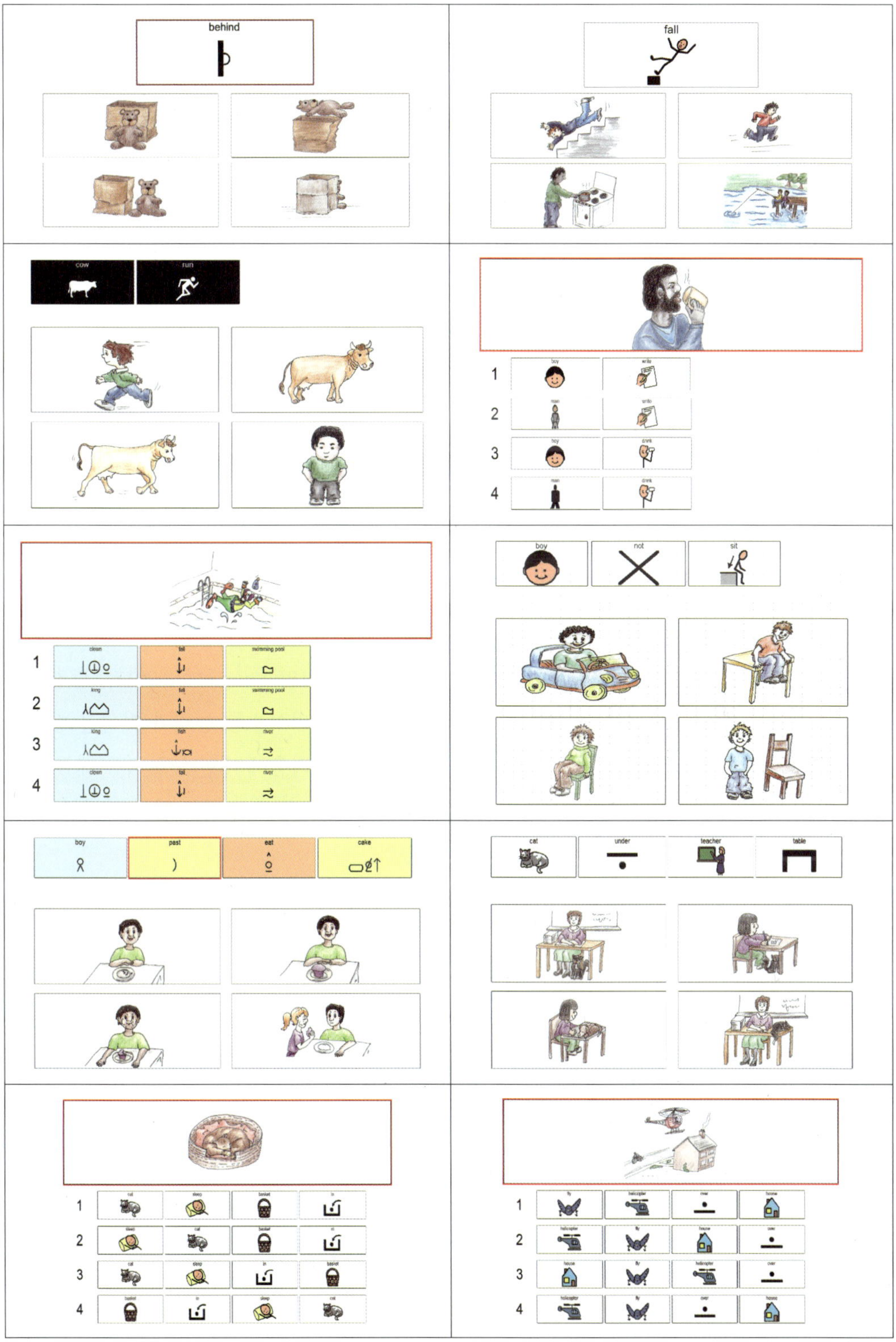

[그림 4.7] BAC 이해평가의 예

도전행동

중도 의사소통 및 언어 장애가 있는 사람은 여러 가지 어려운 상황을 경험하고 일반적으로 '문제적' 또는 '도전적'이라고 불리는 행동으로 반응할 수 있다. 비명을 지르거나 피해를 주거나 자신이나 타인에게 상해를 입힐 수 있다(p. 129 참조). 이러한 반응에는 여러 가지 이유가 있을 수 있으며, 특히 의사소통 및 언어 능력이 제한된 자폐범주성장애와 지적장애인(Didden et al.., 2012; Licence et al., 2020)과 확인되지 않은 언어장애인(Hollo et al., 2014)에게서 자해가 자주 나타난다. 따라서 AAC 평가 과정의 하나로 도전행동에 대한 정보를 수집해야 한다.

도전행동은 좌절감, 상황에 대한 이해 부족, 불안한 상황 또는 복잡한 요구에 대한 반응일 수 있으며, 이러한 상황을 처리할 수 있는 수단이 부족할 수도 있다(Oliver et al., 2022; Reyes-Martín et al., 2022; Rinaldi et al., 2022; von Tetzchner, 2004). 불안과 우울증은 자폐범주성장애와 지적장애가 있는 사람에게 흔하지만, 증상이 비전형적이고 인식하기 어려울 수 있다(Helverschou & Martinsen, 2011; Kerns & Kendall, 2014). 자해와 의사소통 기술 간에 나타난 매우 높은 상관관계는 자해가 의사소통 실패 경험과 관련이 있을 수 있음을 나타내며, 조기 의사소통 및 언어 중재가 도전행동의 발달을 예방하는 데 기여할 수 있음을 시사한다(Bowring et al., 2017). 도전행동은 개인의 주관적인 삶, 일상생활을 경험하고 대처하는 방식, 의사소통 능력과 자원을 반영한다. 따라서 도전행동에 대한 정보는 그 사람의 관심, 즐거움, 두려움에 대한 통찰력을 제공할 수 있다. 평가의 목적은 그 사람이 무엇에 관심이 있거나 걱정하는지, 왜 그리고 언제 좌절할 수 있는지 알아내는 것이다. 이는 상황에 따라 달라질 수 있다.

도전행동과 언어 기술 사이의 나타난 상관관계는 개인에게 자신을 표현할 수 있는 수단을 제공하는 것뿐만 아니라 좌절, 불확실성, 불안을 유발하는 상황과 그러한 상황에 대처할 수 있도록 의사소통 기술을 지원하는 방법을 밝히는 것이 중요하다는 점을 강조한다. AAC 중재는 좌절감을 줄이고 대처력을 높일 수 있는 수단일 수 있다. 또래의 의사소통 역량 또한 대상자의 의사소통 기술에 영향을 미쳐 도전행동에 영향을 주는 것으로 나타났다(Hofmann & Müller, 2022). 도전행동이 지속적으로 발생한다는 것은 적절한 의사소통 훈련이 부족하다는 것을 의미할 수 있으며, 해당 훈련이 그 대상자에게 의미가 있는지 여부도 고려해야 한다. 손짓 기호나 그래픽 상징을 사용한 중재는 최적의 방법이 아닐 수 있지만, 특히 실제의 의사소통을 위한 단어 사용이 없는 말 훈련은 개인에게 좌절감을 주고 무의미해 보일 수 있다. 예를 들어, 일부 보고에 의하면 응용 행동 분석의 원리를 기반으로 한 의사소통 훈련에서 도전행동의 유병률이 높다고 설명하고 있다(Carr et al., 1996). 의사소통 평가 및 중재에 대한 포괄적인 접근 방식은 대상자의 자해행동적 반응을 감소시키므로 의사소통 중재가 종료될 때 종종 나타나는 도전행동의 재발 가능성을 줄일 수 있다(Radhakrishnan et al., 2020). 따라서 도전행동의 발생률이 감소한다고 해서 중재를 중단하라는 의미로 간주해서는 안 되며, 오히려 중재를 지속하고 대상자의 의사소통 기술을 확장해야 한다.

의사소통 상대자와 환경 평가

주변 사람들의 AAC 역량에 따라 대상자의 표현이 얼마나 잘 이해되는지, 그리고 대상자가 배울 수 있는 사람이 있는지가 결정된다. 주변 사람들은 대상자의 표현적 의사소통을 이해하고, 대상자가 이해할 수 있는 의사소통 양식을 사용하며, 대화를 통해 대상자가 새로운 손짓 기호 또는 그래픽 상징 및 의사소통 전략을 배울 수 있는 방식으로 의사소통해야 한다(11장과 12장 참조). 대상자와 정기적으로 상호작용하는 모든 사람의 AAC 역량뿐만 아니라 유치원이나 학교, 주간 센터나 직장, 여가 시간, 가정, 교대 돌봄(respite) 및 기타 형태의 돌봄에서 대상자가 의사소통할 수 있는 기회도 평가해야 한다. 이 평가에는 **소셜 네트워크**(p. 145 참조)가 유용할 수 있다.

평가에는 주변 사람들의 손짓 기호나 그래픽 상징을 인식하는 능력, 손짓 기호나 그래픽 상징을 사용하여 만든 다양한 발화를 해석하는 방법, 비디오에서 대상자의 의사소통 표현을 해석하는 방법 등이 포함될 수 있다. 대상자가 어느 정도 의사소통 기술을 습득한 경우, 특별한 의사소통 과제를 통해 의사소통 상대자를 '검사'하는 것이 유용할 수 있다. 예를 들어, 대상자는 볼 수 있지만 상대방은 볼 수 없는 장면의 그림에 대한 대상자의 설명을 상대방이 어떻게 이해하는지 평가하는 BAC 과제를 사용하는 것이다(Murray et al., 2018). 또는 평가자는 의사소통 상대자가 다른 방에 있는 동안 대상자에게 비디오를 보여 줄 수 있다. 대상자와 상호작용하는 상대방의 역할은 손짓 기호 또는 그래픽 기호를 사용하여 개인의 발화에서 비디오의 내용을 찾아내는 것이다(Neuvonen et al., 2022; Smith et al., 2018 참조) (유사한 다른 과제를 통해 대상자의 정보 전달 능력을 평가할 수 있다). 이러한 유형의 대화는 대상자의 의사소통에 대한 의사소통 상대자의 이해와 대상자가 의사소통하고자 하는 내용을 파악하기 위해 상대방이 사용하는 전략에 대한 통찰력을 제공한다. 또한 대상자가 손짓 기호 또는 그래픽 어휘 및 기타 다른 의사소통 수단을 사용하여 메시지를 전달하는 방법에 대한 정보를 제공한다.

주변 사람들이 적절한 기술을 가지고 있더라도 이러한 기술이 항상 사용되는 것은 아니다. 가정과 학교 모두에서 손짓 기호를 자주 사용하지 않을 수 있으며(Launonen, 2019b; Rombouts et al., 2019), 상대방이 일상생활 대화에서 핵심어 그래픽 상징을 사용하는 경우는 드물 수 있다(p. 353 참조). 주변 사람들에 대한 평가는 그들이 일반적으로 대상자의 말과 대체 의사소통 양식에 어떻게 반응하는지에 대한 통찰력을 제공할 것이다. 또한 어떤 손짓 기호와 그래픽 상징을 사용하는지, 어떻게 그것들을 사용하는지, 그리고 다양한 상황에서 얼마나 자주 사용하는지에 대한 정보도 포함되어야 한다. 이는 새로운 어휘 항목과 문장 구성을 도입할 계획을 세울 때 중요한 정보이다. 평가에는 부모, 가까운 사람 및 기타 사람들의 AAC 사용에 대한 태도, 대상자의 대체 의사소통 형식에 동의하는지 여부, 사용 결정에 따르고 있는지 여부에 대한 인터뷰가 포함되어야 한다. 이러한 합의가 없다면 중재는 완전히 성공할 수 없다.

환경을 평가하면 부정적인 태도가 드러날 수 있으며, 이는 종종 AAC 역량 및 관련 기술 부족과 결합되어 나타날 수 있다. 이는 중재를 담당하는 전문가가 주변 사람들에게 더 나은 AAC 교육을 제공하고, AAC에 대한 정보와 자신의 역량이 대상자의 발달과 삶의 질에 어떤 의미가 있는지 알려주는 데 필요한 시간과 자원을 사용해야 한다는 것을 의미한다(12장 참조).

언어 중재 평가

AAC 피라미드의 마지막 단계는 AAC 모니터링이다(Stadskleiv, 2015). 이는 지속성과 변화, 중재 노력의 안정성과 발달의 진전에 관한 것이다. 중재가 사전에 아무리 잘 계획되어 있더라도 예상대로 발달이 진행된다고 당연하게 생각할 수는 없다. 따라서 AAC의 적용은 항상 명시적인 목표에 따라 중재를 지속적으로 평가하면서 긴밀히 따라가야 한다. 평가는 사전에 논의되어야 하며 처음부터 중재 계획의 일부가 되어야 한다. 계획된 평가는 교육 목표를 명확히 하고 중재의 여러 목표 간의 관계를 더 쉽게 파악하는 데 도움이 된다. 계획된 평가에 따라 중재를 변경하거나 수정하여 중재의 적절성을 높일 수 있다.

평가는 실제적으로 가능한 한 광범위해야 한다. 개인의 AAC 이해 및 사용과 관련된 모든 측면을 포괄해야 한다(Bean et al., 2023). AAC 중재를 위해 설정된 구체적인 목표뿐만 아니라 전반적인 생활 상황 측면에서 중재의 일반화 효과, 즉 개인이 자신의 바람과 생각을 표현할 기회가 더 많아졌는지, 더 많은 활동에 참여했는지, 학습 및 다른 사람과의 상호작용에서 더 주의 집중하는지, 더 사회적인지, 행동 문제가 더 적게 나타나는지 등을 다루어야 한다. 모니터링에는 의사소통 상대자의 역량과 환경의 의사소통 접근성도 포함되어야 한다.

AAC 중재 결과를 측정하기 위해 개발된 몇 가지 설문지가 있다(〈표 4.2〉 참조). **6세 미만 아동의 의사소통의 성과 평가**(*Focus on the Outcomes of Communication Under Six*)는 6세 미만 아동을 위한 중재 후 말명료도, 표현 언어, 사회적 놀이, 자립 및 대처 전략의 향상을 측정하기 위해 개발되었다. 부모는 아동의 발달에 관한 34개 문항에 대해 '1=우리 아이와 전혀 다르다'에서 '7=우리 아이와 아주 비슷하다'까지 또는 '1=전혀 할 수 없다'에서 '7=도움 없이 항상 할 수 있다'까지 1에서 7까지의 척도로 평가한다. 총점 범위는 34점에서 238점까지이며 점수가 높아질수록 긍정적인 변화를 나타낸다(Cunningham et al., 2021). AAC를 위한 보조공학의 가족 영향 척도(*Family Impact of Assistive Technology Scale for Augmentative and Alternative Communication, FIATS-AAC*)는 의사소통 도구의 사용이 아동의 기능과 가족 생활에 미치는 영향을 측정한다(Ryan et al., 2018). 표준화된 도구는 특정 중재의 모든 측면을 포괄하지 못할 수 있으므로 각 대상자의 목표에 맞게 평가를 맞춤화하는 것이 중요하다.

구체적인 목표

중재 계획에는 구체적인 목표가 명시되어야 하며, 평가에는 이러한 목표와 관련된 진전(또는 진전의 부족)에 대한 정보, 특히 개인의 구어, 손짓 기호, 그래픽 또는 유형 상징의 습득 및 사용에 대한 정보가 포함되어야 한다. 즉, 일상생활에서 손짓 기호와 상징의 사용과 기타 의사소통 및 언어 기술의 발달에 대한 기록을 의미한다. 구체적인 목표는 새로운 기호나 상징의 사용, 문장 구성, 화용 기능, 상호작용 전략, 더 높은 수준의 언어 활동 등이 될 수 있다. 대상자의 언어 산출의 효과를 평가하기 위해 구조화된 의사소통 과제가 유용할 수 있다(p. 177 참조). 진단에 사용되는 검사, 체크리스트 및 기타 검사 자료도 평가에 사용될 수 있다.

대상자가 항상 계획대로 학습하는 것은 아니다. 때로는 계획한 것과 다른 손짓 기호 또는 그래픽 상징의 사용을 학습하는 경우도 있다. 아래의 예처럼 항상 부정적인 것은 아니다.

Giles는 중도 지적장애 19세 청소년이다. Giles는 빵을 좋아해서 손짓 기호 BREAD(빵)을 배웠지만, 곧 이 손짓 기호를 일반적인 도움 요청이나 원하는 것이 있다는 것을 표현하는 데도 사용하기 시작했다. 이러한 손짓 기호의 사용은 그에게 매우 기능적이었고, 손짓 기호를 '올바르게' 사용하도록 강요하는 대신 '도와주세요'의 의미로 BREAD의 손짓 기호를 재정의하였다. Giles가 속한 환경의 모든 사람은 Giles의 어휘에서 손짓 기호 HELP의 특이한 형태에 대해 알게 되었다.

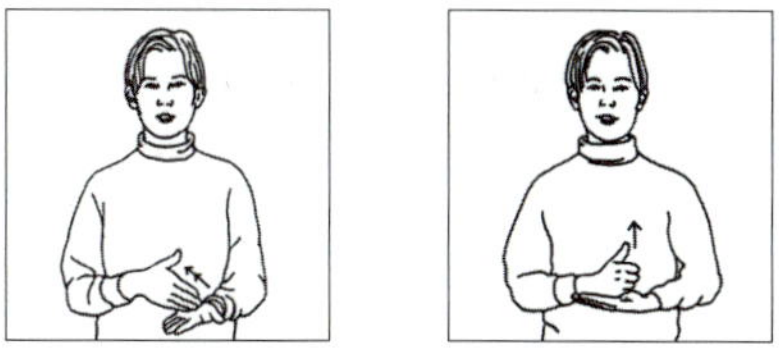

손짓 기호: BREAD, HELP

이 예는 단순히 맞거나 틀리게 사용하는 것을 기록하는 게 아니라, 대상자의 사용법을 통해 각 손짓 기호 또는 그래픽 상징에 대한 이해와 사용 패턴에 대해 알 수 있는 내용을 분석해야 한다는 점을 강조한다. 대상자의 손짓 기호 또는 그래픽 상징의 사용이 비정상적으로 보인다고 해서 무작위로 사용한다고 가정해서는 안 되며, 교사가 의도한 사용법이 아니더라도 유용한 고정된 용도를 설정해야 한다. 위의 예에서 교사가 Giles에게 손짓 기호 BREAD의 사용이 잘못되었다고만 말하면서 기존에 가르치려고 했던 의미를 그대로 사용하라고 고집했다면, Giles가 실제로 달성한 의사소통 기능을 빼앗아 갔을 것이다. 상황을 지속적으로 평가하고 반영함으로써 가장 기능적일 때 예상치 못한 발달로 이어지게 할 수 있다. 교사가 Giles가 손짓 기호 BREAD를 표현할 수 있는 것이 중요하다고 생각한다면, 그 기능을 수행할 수 있는 다른 기호를 찾거나 교사가 직접 만들어낼 수도 있다. 그러나 이러한 화용적 접근 방식을 사용하려면 모든 의사소통 상대자가 Giles가 사용하는 손짓 기호를 배워야 한다. 각 대상자의 손짓 기호 사전은 항상 유용하며 필요한 모든 사람에게 배포될 수 있다(p. 342 참조).

음성 언어를 잘 이해하는 어린 도구적 의사소통자의 의사소통 능력을 평가할 때도 동일한 주의를 기울여야 한다. 이들은 종종 어휘가 제한되어 있고 특정 의미를 표현할 단어가 부족할 때 흔하지 않은 방식으로 단어를 사용한다(8장 참조). 이러한 흔하지 않은 사용에 대한 정보는 도구적 의사소통자가 사용하는 전략에 대한 통찰력을 주며, 이러한 사용을 기록해 두면 어휘 및 도구적 언어 교육을 계획할 때 유용하다.

평가 보고서에는 교육 회기 안팎에서 특정 의사소통 행위를 달성하기 위해 개인의 특정 시점에 필요한 도움의 유형과 정도가 포함되어야 한다. 교육은 여러 가지 방법으로 수행될 수 있으며, 개인이 필요로 하는 도움의 양을 줄이는 것은 항상 전반적인 목표가 될 것이다. 손짓 기호나 그래픽 상징을 사용한 중재 보고서에는 단순히 교육 중이거나 사용 중인 기호나 상징의 수만 표시할 수 있으며, 종종 교육 회기에서 어떤 일이 벌어지고 있는지에 대해서만 설명한다. 이로 인해 학습자가 달성한 중요한 성과가 가려질 수 있다. 도움 수준이 손짓 기호 또는 상징 사용 기록에 포함되면 의사소통을 시작하고 반응하는 데 필요한 도움의 양이 줄어들었기 때문에 개인이 아직 새로운 손짓 기호 또는 상징을 자발적으로 사용하기 시작하지 않았더라도 평가에서 상당한 진전이 있는 것으로 보일 수 있다. 또한 도움 수준을 포함하면 전문가가 전형적인 의사소통과 비전형적인 의사소통 및 언어 발달의 근간이 되는 공동 구성과정(Co-Constructive processes)에 관심을 기울일 수 있다(Jacoby & Ochs, 1995; Solomon-Rice & Soto, 2011).

일반화 효과

AAC의 발달은 독립적으로 이루어지지 않는다. 발달 과정에서 서로 다른 능력과 기술이 서로 영향을 미친다. 따라서 의사소통 및 언어 이외의 다른 영역도 평가에 포함해야 한다. 일반적으로 중재 전 평가에 포함되었던 대상자의 기능 및 생활 상황의 측면도 평가에 포함되어야 한다.

새로운 언어 기술은 주변 환경에 대한 새로운 이해와 넓은 의미의 개념 및 사회적 기술 습득을 가져온다. 마찬가지로, 다양한 활동에 대한 경험과 이해는 다른 사람의 의사소통을 이해하고 스스로를 표현하는 개인의 능력에 긍정적인 영향을 미친다. 따라서 성공적인 의사소통과 언어 중재는 대부분의 활동에 영향을 미친다.

연구에 따르면 전문가들은 교육 환경 밖에서의 대상자 의사소통에 대한 지식이 제한적일 수 있다(von Tetzchner et al., 2018). 중재 평가에는 교육 중 진행 상황과 가정 및 기타 교육 외 환경에서 이루어지는 대상자의 의사소통에 대한 내용이 모두 포함되어야 한다. 배운 것을 다른 환경과 사람들에게 어느 정도 일반화하는지도 중요한 정보이다(p. 128 참조). 대상자가 의사소통 문제에 대처하는 방법과 손짓 기호 또는 그래픽 상징을 자발적으로 사용하는 것을 포함하는 것이 특히 중요하다. AAC를 사용하여 의사소통을 자발적으로 시작할 때 주변 사람들이 제공하는 도움이나 안내의 유형에 대한 정보도 포함하도록 한다. 대상자가 의사소통 시작하고, 손짓 기호 또는 그래픽 상징을 도움 없이 사용할 수 있지만, 교육받은 그대로만 사용할 수 있다. 자발적 사용이란 훈련 회기에서 연습한 것을 다른 주제에 대해 의사소통할 때도 손짓 기호 또는 그래픽 상징을 사용하는 것을 의미하며 이는 학교에서 학부모에게 보내는 메시지에 언급되기도 한다. 일부 발화는 중재 목표와 관련하여 '틀린 것'으로 해석될 수 있지만, 진정한 의사소통 시도를 나타낼 수도 있다. 이러한 시도가 성공하지 못할 때에도 이러한 시도를 기록하는 것이 중요하다. 따라서 평가에는 각 기호 또는 상징이 의사소통에 사용되는 물건, 활동 및 사건의 유형에 대한 정보가 포함되어야 한다. 또한 이러한 기호 또는 상징이 직접적인 교수의 일부가 아닌 다른 대상이나 활동에 대한 의사소통에 사용되는지 여부도 평가에 포함되어야 한다. 대상자가 손짓 기호 또는 그래픽 상징을 일반적인 사용보다 더 넓은 의미로 사용하는지(과잉 확장, over-extension), 아니면 더 제한된 방식으로, 즉 평소보다 더 작은 활동 및 대상에 대해 사용하는지(과소 확장, under-extension) 알아야 한다(p. 275 참조). 지적장애인에게 과잉 확장은 일반적으로 더 쉽게 관찰되지만, 과소 확장도 흔하게 나타난다.

언어 및 의사소통 중재를 다른 중재 목표와 연계한다는 것은 언어 중재의 결과가 대상자의 다른 영역에서의 발달과 관련되어 나타난다는 것을 의미한다. 대상자의 의미 범주에 대한 사고 연결망은 시간이 지남에 따라 변화할 가능성이 높으며, 이러한 과정의 징후는 전문가가 손짓 기호 또는 그래픽 상징을 더 일반적으로 사용하는 방향으로 의사소통을 지도하는 데 도움이 될 수 있다. 이렇게 하면 주변 사람들이 그를 더 쉽게 이해할 수 있다. 운동장애 아동과 청소년의 경우, 평가의 핵심 요소는 중재를 통해 더 많은 사회적 참여와 대화가 이루어지고, 교실이나 직장에서 개인의 적극적인 참여가 증가되고, 대화 내용에 대한 통제력을 더 많이 얻게 하는 데 있다.

학교, 직장, 집 등에 변화가 있을 때 정보의 전달

AAC를 발달시키는 많은 대상자는 장기적인 중재가 필요하다. 기존 환경과 새로운 환경 모두 개인이 유아기부터 노년기에 이르기까지 생애의 단계를 거치면서 기존 기술을 유지하고 새로운 기술을 계속 습득할 수 있도록 구성해야 한다(Balandin & Morgan, 2001; Lund & Light, 2006; von Tetzchner & Stadskleiv, 2016; Wickenden, 2011). 광범위한 운동장애가 있는 대상자의 경우, 테크놀로지의 발전은 의사소통과 지역사회 참여의 새로운 가능성을 의미하는 의사소통 기기가 구축으로 이어질 수 있다. 그러나 이러한 가능성을 활용하려면 당사자와 주변 사람들에게 새로운 기술에 대한 정보를 제공하고 새로운 기술 사용 방법에 대한 교육과 훈련을 제공해야 한다. 대체 언어 그룹에서는 새로운 기술을 습득하는 속도가 종종 느리고 중재의 필요성이 평생 지속될 가능성이 높다. 즉, 대상자의 학교, 직장 및 집이 바뀜에 따라 다른 환경에서 중재와 지원이 이루어진다. 제한된 기간 동안만 AAC 중재를 받는 지원 언어 그룹의 아동은 학교나 가정 환경이 바뀔 수도 있다.

평가의 암묵적인 목표는 대상자의 중재와 그에 따른 생활 상황의 일관성을 만드는 것이다. 적응된 환경에서 살던 대상자가 이사를 가게 될 경우, 중재를 담당했던 전문가가 새로 책임을 맡게 될 전문가에게 정보를 전달하는 절차가 존재하는 것은 매우 중요하다. 이러한 절차가 미흡한 경우가 너무 많기 때문에 교육이 중단되고 새로운 능력의 발달이 정체되거나 손실이 발생할 수 있다(Smith, 2015; Smith-Lewis, 1994 참조). 이러한 상황은 아래 사례 보고에 잘 나타나 있다.

> Raymond는 20세 지적장애 남자이다. 그는 특수학교 고등학교에 재학 중이다. 그는 간단한 음성 언어 지시를 따르지만 말을 하지 못하고 어떤 형태의 AAC도 사용하지 않는다. 보고서에 따르면 그는 13세부터 손짓 기호 중재를 받았다고 한다. 16세 때 다른 학교로 전학 갔을 때 그는 손짓 기호 EAT(먹다), WALK(걷다), TOILET(화장실)을 사용했고, 새로운 몇 가지 기호를 배우고 있었다. 18세 때 그는 새로운 학교로 전학하게 되었는데, 전학 간 학교의 기록에는 '손짓 기호 사용법을 배우는 중'이라고 적혀 있었다. 19세에 Raymond는 다시 학교를 옮겼다. 20세에 다시 학교를 옮겼을 때 선생님은 그동안 가르쳐준 50개 이상의 손짓 기호 목록과 Raymond가 손짓 기호를 어떻게 표현했는지에 대한 의견을 함께 보냈다. 그러나 보고서에는 Raymond가 손짓 기호를 자연스럽게 사용했다는 내용은 없었다. 6년 이상 가르친 후에도 Raymond는 자발적으로 손짓 기호를 사용하지 않았다(Kollinzas, 1983).

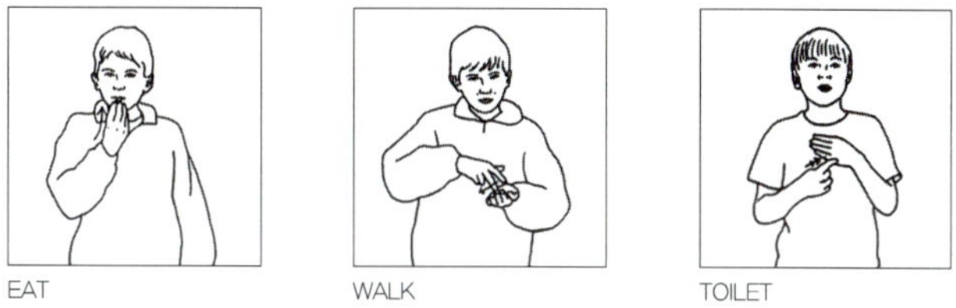

손짓 기호: EAT, WALK, TOILET

Raymond의 손짓 기호 기술 부족은 학교를 옮기고 손짓 기호 교육이 중단된 것과 관련이 있다고 믿을 만한 충분한 이유가 있다. **의사소통 기록**(*communication record*)은 의사소통 기술 및 교육에 관한 정보를 입력하고 전달하기 위해 만들어졌다(Kollinzas, 1983). 여기에는 대상자가 훈련 환경을 변경할 때 반드시 포함해야 하는 정보가 포함되어 있다. 여기에는 대상자가 사용했던 손짓 기호 체계 또는 그래픽 상징 체계에 대한 정보, 대상자가 사용하고 있거나 배우고 있는 손짓 기호 및 상징의 어휘, 손짓 기호를 만들어 내는 방법이나 그래픽 상징을 표현하는 방법에 대한 설명, 각 손짓 기호 또는 상징이 사용되는 상황에 대한 설명이 포함된다([그림 4.8]). 도구적 의사소통을 사용하는 아동, 청소년 및 성인의 경우, 비전자적 또는 전자적 의사소통 도구에 대한 설명과 보조 도구를 사용하기 위한 접근 방법의 설명도 포함되어야 한다.

의사소통 기록에 있는 정보는 새로운 환경의 직원들이 대상자에 대한 현실적인 기대치를—성취 수준과 한계 모두—발전시키고 환경의 여러 부분을 의사소통이 가능하도록 구성하는 데 도움이 될 수 있다. 새로운 환경의 직원들에게 전에 대상자와 함께 일했던 직원의 지침을 제공하고 새로운 환경의 사람들에게 필요한 교육이 무엇인지 파악하는 데 도움이 될 것이다. 외부 강사 및 슈퍼바이저는 종종 AAC 중재에 활용된다. **의사소통 기록**을 통해 인수인계하는 직원은 새로운 환경에서 AAC 지도 및 훈련에 동일한 외부 컨설턴트를 사용하는 것이 바람직하고 가능한지 여부를 결정할 수 있다.

어느 정도 언어 능력을 습득한 의사소통 장애인 중 일부는 아래의 사례와 같이 새로운 환경과 새로운 환경에 도착한 사람들을 교육하는 데 도움을 줄 수 있다.

Isabel은 다운 증후군 13세 아동이다. 그녀의 말은 명료하지 않아 약 70개의 손짓 기호 어휘를 적극적으로 사용한다. 그녀의 선생님은 그녀가 사용하는 모든 손짓 기호 그림으로 폴더를 만들었고, 그림 위에 손짓 기호 설명을 적었다. Isabel이 새로운 손짓 기호를 배울 때마다 폴더에 새로운 손짓 기호가 추가된다. Isabel은 어디를 가든 폴더를 가지고 다닌다. 새로운 직원이나 도우미가 나타나면 Isabel은 그들과 함께 앉아 폴더를 살펴본다. 새 도우미가 손짓 기호를 익히기 위해 고군분투하는 동안 그녀는 손짓 기호가 어떻게 표현되는지 보여 준다. 이러한 역할의 변화는 Isabel이 분명히 인정하는 부분이다(Steindal, 1990).

COMMUNICATION RECORD

Name : Per Hansen
Age: 13;7
Instructor: Hans Larsen
Place: Vik school
Date: 2–10–88
Page: 2 of 4

Sign system	*Code*
Pictogram	P
Manual signs	H

Sign	System	Execution	Situation Information
CHAIR	H	Normal	Performs the sign when the teacher shows the picture
TABLE	H	Normal	Performs the sign when the teacher shows the picture
KICK	P		Points himself in order to select the activity in the gymnasium
HORSE	H	Right hand between middle and ring finger	Executed alone when he knows he is going to ride
TOILET	H	Normal	Uses the sign spontaneously sometimes when he wants to go to the toilet. He is hand-guided to perform the sign when he is taken to the toilet
DOOR	H	Normal	Uses the sign spontaneously when he wants to go out
TELEVISION	P		Uses spontaneously at home when he wants to watch television
BOOTS	H	Indistinct	Not used spontaneously, the sign is hand-guided during dressing
SCARF	H	Indistinct	Not used spontaneously, the sign is hand-guided during dressing

[그림 4.8] 의사소통 기록

학습한 내용을 유지 및 발전시키지 않는 것은 대상자에게 불공평하며 자원을 제대로 활용하지 못하는 것이다. 또한 좌절감과 부정적인 정서적 반응의 위험도 높아진다. 따라서 대상자의 교육 및 생활 환경 변화로 인한 잠재적인 부정적 영향을 최소화할 수 있는 정보 전달은 매우 중요하다. 개인의 중재를 담당했던 사람은 이동이 있기 전에, 인수인계 계획의 일부로 **의사소통 기록**을 작성해야 한다. 중재의 책임을 인계받은 사람은 대상자를 알기 위해서 입학 평가의 한 과정으로 **의사소통 기록**을 검토해야 한다.

계획을 실행으로 옮기기: 책임 영역 정의

철저한 평가는 중재 계획의 기초를 제공한다. 각 중재의 질은 다른 중재의 유무와 질, 여러 기관 간의 협력에 따라 크게 좌우된다. 명확한 책임 배분이 없으면 중재의 일관성과 연속성을 보장하기 어려울 수 있다. 협력의 부족은 일반적으로 장기 중재 계획에서 가장 분명하게 나타난다. 대상자의 장애가 광범위할수록 제공되는 중재가 대상자의 현재와 미래의 필요에 따라 비례하여 이루어질 수 있도록 장기 및 단기 계획의 필요성이 커진다. 따라서 각 중재를 전체 목표의 관점에서 바라보고 개별 재활 계획에 전체 중재와 중재의 각 하위 영역에 대한 책임이 누구에게 있는지 명확하게 정의하는 것이 중요하다(Hesselberg & von Tetzchner, 2016).

중도 장애인을 위한 교육과 돌봄에 있어 협력과 계획의 필요성은 매우 중요하다. 많은 나라에서 이 기능을 수행하기 위해 **책임 그룹**(*responsibility groups*)이 만들어졌다. 이 그룹은 다학제적으로 구성되어 있으며 필요한 중재에 따라 참여하는 기관이 달라진다. 부모는 그룹 회의에 참여하고, 그룹 구성원은 다함께 중재에 대한 전체적인 내용을 파악하고, 새로운 중재를 시작하고, 재정적 책임과 중재 요소를 수정하고 합리적인 장기 계획의 관점에서 볼 수 있도록 책임을 할당할 수 있어야 한다. 조직과 모든 중재를 잘 알고 **케어매니저**(*care manager*) 역할을 할 수 있는 사람, 어떤 종류의 중재가 필요할 때 가족 및 관련 전문가가 연락할 수 있는 사람이 한 명 있어야 한다. 이 사람은 진단과 중재 평가에서 나타난 수정 사항을 논의하고 실행하며, 새로운 시도를 시작하는 루틴을 관리하고 필요할 때 회의를 조직하는 일을 주도적으로 맡게 된다.

5장

중재 상황

아동은 의사소통과 언어능력이 서로 다르지만(Kidd et al., 2018), 모두 '언어 습득 지원 체계(Language Acquisition Support System)'를 필요로 한다(Bruner, 1975). 아동의 언어는 매일의 상황에서 또래 아동과 성인과의 의사소통 상호작용을 통해서 발달한다. 전형적인 언어 발달을 보이는 아동들은 언어능력이 좋은 사람들과 함께 있는 환경에서 성장하며, 다양한 의사소통 상대자와 여러 가지 상황에서, 다양한 목적을 위한 언어적 상호작용에 참여한다. 그들은 폭넓은 언어 역량을 습득하고 집, 학교, 여가생활 등과 같은 여러 상황에서 의사소통적 창의성과 유연성을 나타낸다. 대부분의 아동은 연령에 맞는 언어능력을 보이고 이는 그 이후의 언어 발달을 위한 기초가 되기 때문에, 별도의 언어 중재가 필요하지 않다. 그러나 공식적인 학교 교육에서는 많은 영역의 지식과 기술이 필요하기 때문에 학교 교육은 어휘 확대의 중요한 원천이 된다(Nagy & Townsend, 2012).

언어 습득 지원 체계는 구어 사용이 어려워서 대안적인 의사소통 방법을 사용하는 아동을 도울 수 있어야 한다. 이들이 전형적인 언어 발달을 보이는 아동들과 동일한 상황에서 의사소통할 수 있도록 하는 것이 목표이다. 여기에는 그들의 환경이 '의사소통적으로 접근이 가능한' 곳이라는 전제가 있다. 이는 구어 사용이 어려운 아동들이 의사 표현 방법에 접근할 수 있고, 그들의 의사소통 방식을 이해하고 아동들이 이해하고 배울 수 있도록 답변해 주며, AAC를 발전시킬 수 있도록 가이드해 줄 수 있고 자신을 포함한 주변의 사람들이 구어와 AAC를 어떻게 사용하는지 관심을 가지는 성인과 또래들이 있는 환경을 말한다(12장 참조). 하지만 대부분의 사람이 AAC를 사용하거나, 아동이 부모나 형제자매, 또래 친구나 주변 성인들과의 일상적인 상호작용만을 통해서 AAC를 발전시킬 수 있는 사회는 존재하지 않는다. 그들을 위한 언어 습득 지원 체계는 매일의 활동에서의 언어 사용에 대한 비공식적인 스캐폴딩 그 이상이 되어야 한다. AAC를 교수하고 AAC를 이해하고 사용할 수 있도록 지도하고 지원할 수 있는 역량이 있는 교사와 충분한 자원이 있는 교육적 환경이 필요하다. 이는 통합교육 환경, 특수학급 또는 두 가지 모두일 수도 있다.

따라서 언어학습은—대안적인 언어 양식의 습득을 포함하는—공식적인(formal) 상황과 비공식적인(informal) 상황에서 모두 일어난다. 이 장은 AAC가 계획되고 교수되는 상황에 대한 내용이다. 중재 상황에 초점을 맞추는 이유는, 적용되는 훈련 방법과 관계없이 AAC 훈련이 작은 특수 훈련실에서 벗어나 보다 다양한 환경에서 이루어져야 하기 때문이다. 6장은 AAC 습득을 지원하는 다양한 전략들에 대한 것이다. 10장은 AAC 지원이 어떻게 놀이와 다른 활동에 통합될 수 있는지를 다루며, 12장은 주변의 또래와 성인들이 어떻게 AAC 역량을 길러서 아동이 의사소통적 접근성을 높이는 데 기여할 수 있는지 설명한다. 이 장들은 아동이 대안적인 언어 양식을 발전시키는 것을 돕는 언어 습득 지원 체계에서 서로 다르지만 똑같이 중요한 역할을 하는 부분이다.

의사소통 상황

언어는 대부분의 사회적 활동의 일부이며 아동은 다양한 활동에 참여함으로써 언어와 의사소통을 배운다. 의사소통 상황에서는 두 명 또는 그 이상의 대화 상대자가 있으며 적어도 한 명은 다른 사람에게 정보를 전달하거나 다른 의사소통 행동을 한다. AAC를 사용하는 중재는 아동이 AAC를 이해하고 사용할 수 있도록 지원하고 가이드할 수 있는 의사소통 상황을 구성하는 것으로 생각할 수 있다(Norrie et al., 2001; von Tetzchner & Stadskleiv, 2016). 전형적인 언어 중재는 새로운 의사소통 형태의 사용과 이해를 가르치고 **의사소통적 문제**를 발견하도록 안내하며, 의사소통적 방법으로 문제를 해결하도록 돕는 **직접 교수 상황**(*direct teaching situations*)을 포함한다. 대체 언어 그룹과 지원 언어 그룹의 아동들에게 첫 번째 목표는 다양한 의사소통 상대자와 함께 손짓 기호나 그래픽 상징을 사용하는 방법을 배울 수 있도록 다양한 언어 교수 상황을 만들어주는 것이다. 이는 의사소통을 배우는 아동과 한 명 또는 그 이상의 의사소통 상대자가 있을 뿐 아니라 사물, 사람, 사건, 주제 등에 대해 **공동참여**(*joint engagement*)를 형성할 가능성이 있는 상황을 의미한다. 물리적 환경과 진행 중인 활동은 아동에게 상황의 특정 측면에 관심을 가지도록 암묵적 또는 명시적으로 유도하여 다른 사람들이 구어와 대안적 언어 형태를 어떻게 사용되는지에 대한 단서를 제공하고, 환경 안의 사람들로부터 관련된 표현을 습득할 수 있게 한다. 이는 상황 안에서 발화를 이해할 수 있는 표상적인 틀(frame)을 확립하는 데 필요한 지식을 제공하며, 따라서 아동의 주변 환경의 특성이 중요하다(Mpahlele, 2020).

표현 언어 그룹도 AAC 교수가 필요하지만, 다른 언어 그룹보다는 기초 언어 교수의 필요성이 적다. 상대적으로 언어 이해력이 좋은 아동을 위한 중재의 중요한 목표는 매일의 환경을 구조화하여 아동의 발달과 AAC 사용을 지원하는 충분한 의사소통 상황을 조성하는 것이다. 이런 의사소통 상황에서는 아동이 항상 적정한 수의 손짓 기호나 그래픽 상징에 접근할 수 있고, 무엇을 표현하는지 의사소통 상대자도 쉽게 이해할 수 있다. 표현 언어 그룹의 도구적 의사소통자는 일상적인 하루 생활 중 타인과 의사소통하기가 어려운 상황을 많이 경험한다. 연구에 의하면, 사실상 생활연령에 맞는 인지능력을 가진 어린 도구적 의사소통자는 의사소통하기 좋은 상황에서 그들의 의사소통 도구에 접근할 수 없는 경우가 많다고 보고되었다(von Tetzchner et al., 2018). AAC 중재의 중요한 목표는 의사소통할 수 있는 상황에서의 이러한 장벽을 없애고, 여러 상황에서의 의사소통 접근성을 높이며, 교육환경 밖에서의 활동에서 의사소통적 상호작용과 의사소통적 문제해결의 기회를 더 많이 제공하는 것이다.

AAC를 사용하는 학령기 아동이나 청소년도 점점 더 다양한 상호작용에 참여하고 더 복잡한 의사소통적 도전을 접하게 됨에 따라, 복잡한 생각을 표현하는 방법이나 긴 발화를 구성하고 새로운 전략을 발달시키는 방법에 대해서 설명이나 지도가 필요하지만, 대개 직접 교수의 필요성은 표현 언어 그룹의 어린 아동들에게서 가장 높다(Clarke et al., 2001; Smith et al., 2018). 이 그룹에서 AAC 중재 회기는 다른 언어 교수와 유사할 수 있다.

통합

많이 논의되는 문제는 장애 아동이 어디서 교육과 훈련을 받아야 하는지, 그리고 어린이집이나 학교에서 그들의 교육이 어떻게 구성되어야 하는지이다(Amor et al., 2019; Guralnick, 2005; Hayes, 2014). 교육적 통합(Inclusion)은 '학습자 커뮤니티'의 구성원이 되는 것(Rogoff et al., 1996), 그리고 장애아동과 비장애아동이 학습 경험을 공유하고 사회적 상호작용에 참여하는 것으로 정의될 수 있다. 분리 교육은 특수학교와 같이 학생이 전형적으로 발달하는 또래들과의 상호작용이 거의 없는 별도의 교육환경에서 이루어진다. 그러나 통합적 중재는 교육을 넘어서서, 지역사회 참여를 통해 갖게 되는 다양한 모든 사회적 학습 기회를 누릴 수 있도록 해야 한다(Felder, 2018; Guralnick, 2005).

통합의 이론적 기반은 학습의 맥락이 중요하다는 것이다. 만약 시간이 지나도 계속 상황이 동일하다면, 학습은 제한될 수 있다. 교수와 학습은 동떨어진 비맥락적 활동이 아니다. 학습은 상황에 따라 일어난다. 즉, 학습이 이루어지는 상황에 기반한다(Jackson et al., 2009; Lave & Wenger, 1991). 장애가 있는 아동의 학습에는 교육과정, 과제, 시험과 경험에 대한 상당한 적응이 필요할 수 있고, 물리적, 사회적 환경의 적응도 필요하다. 그러나 통합의 실제는 장애 학생과 비장애 학생이 함께하는 활동(shared activity)이 의사소통과 타협하는 기술을 자연스럽게 제공하고, 공동 학습과 이해에 기여한다는 가정에 기반을 두고 있다. 어린이집/유치원과 학교 환경은 전형적인 언어 발달과 AAC 발달을 위한 언어 습득 지원 체계(Bruner, 1983)의 일부분이다.

언어학습을 위해서는 다양한 맥락이 중요하다(Goldenberg et al., 2022). AAC 사용 아동에게 언어적 자극(input)의 대부분은 교육활동에서의 직접 교수와 참여를 통해 이루어진다(Leonet et al., 2022; Lynch et al., 2018). 언어 발달에 대한 사용 기반(usage-based) 이론적 접근은 넓은 의미에서 문화와 언어적 경험의 역할을 강조한다(Tomasello, 2003, 2016; von Tetzchner & Grove, 2003 참조). 통합 어린이집/유치원과 학교는 집 밖에서 아동에게 가장 중요한 사회적 환경이고, 통합은 AAC를 사용하며 발달시켜 가는 아동을 위해 추천되는 실제이다(Calculator, 2009; Soto et al., 2001). 통합 유치원과 학교 환경은 AAC 사용 아동에게 다양한 의사소통 경험을 제공할 수 있는데, 특히 또래와의 의사소통적 상호작용이 가능하다(Iacono et al., 2022; von Tetzchner et al., 2005). 이는 학교의 언어 환경이 AAC 사용 아동의 능력과 장애를 고려하여 충분히 수정될 때 가능해진다(Brekke & von Tetzchner, 2003). 일대일 수업은 아동이 이해할 수 있고 의미 있는 내용으로 이루어져야 하며, 통합학급에서 참여할 수 있도록 지원하고 수업 이외의 시간에 또래와 성인과의 사회적 상호작용을 강화해야 한다. 예를 들어, 환경 내의 성인과 또래가 손짓 기호나 그래픽 상징을 사용하여 핵심 어휘를 표현한다면 통합적 AAC 실제를 지원하는 것이다(Cologon & Mevawalla, 2018). 통합은 AAC 중재를 위한 기초가 될 수 있지만, AAC를 이용하여 강화된 의사소통과 언어기술이 있을 때 성공적인 통합이 가능하다.

McNaughton(2003)은 통합환경이 AAC 사용 아동의 발달을 최적화하기 위한 충분한 언어 경험을 제공할 수 있는가 하는 의문을 제기한다. 특히, 손짓 기호와 그래픽 상징의 의미를 설명하고 시범을 보이며 실제로 사용하는 것과 같이 AAC 발달을 위해 계획되는 부분은 분리되지 않은 환경에서 관리하기가 어려울 수도 있다. 대부분의 중도장애 아동은 어느 정도의 일대일 또는 소그룹 훈련이 필요하며 이는 분리된 환경에서는 대개 어려움 없이 실행된다. 그러나 이는 AAC 사용 아동을 위해 통합교육과 분리교육 둘 중 하나를 택해야만 하는 문제라기보다는, 통합적 활동과 분리된 활동을 혼합하여 구성할 수 있다는 것이다. 통합의 정도는 비분리 환경에서도 상당히 다양하다. 일반 학교에 다녀도 수업이나 기타 활동 및 사회적 상호작용을 함께 공유하는 경험이 제한될 수도 있다(Qvortrup & Qvortrup, 2018). 다양한 영역에서의 능력은 AAC를 사용하는 진단 그룹 내에서 그리고 진단 그룹 간에도 다르고, 개인의 능력은 교육환경에 관한 결정에 영향을 미칠 수 있다(3장과 4장 참조). 그러나 통합환경에 참여하는 것은 항상 AAC 중재의 가장 중요한 목표이고, 각 아동에게 일대일 또는 소그룹 훈련과 학급 내에서 함께 하는 활동에 참여하는 것을 적절하게 섞어서 제공하는 것이 매우 중요하다.

통합교육은 학업 기술 습득뿐 아니라 사회적 기능성과 넓은 의미에서의 문화화—문화의 방식과 방법을 학습함—에도 매우 중요하며, 이는 아동의 발달에서 필수적 부분이다(von Tetzchner, 2019a). 통합은 쉬는 시간이나 학교 통학 시간 동안의 놀이나 사회적 상호작용 등과 같이, 유치원과 학교에서 의미를 만드는 기본이 되는 교육 및 기타 활동에 능동적으로 참여하는 것을 의미한다(Batorowicz et al., 2006; von Tetzchner et al., 2005). 또래와의 상호작용은 교사의 지도나 성인-아동 간의 상호작용으로는 쉽게 성취하기 어려운 방법으로 사회적, 문화적 지식과 기술의 발달과 통합교육에 기여한다.

교수 상황 구성하기

일반적으로 유치원이나 학교, 가정에서의 AAC 향상을 위해 필요한 환경이나 물건, 행동을 결정하는 것은 교사와 다른 전문가들이다. 중재를 위한 환경을 선택할 때, 전문가들은 아동이 다양한 언어 연습을 할 수 있도록 하는 상황에 참여하고 공동 참여(engagement)를 형성하는 것부터 의논을 시작해야 한다. 이 논의에서는 일과 시계(day clock)가 유용한 도구가 될 것이다(p. 148 참조). 교육적 상황과 일상생활의 루틴은 매우 다르며, 중재는 이러한 상황의 서로 다른 측면이 어떻게 언어학습에서 지원적인 기능을 할 수 있는가에 대한 지식에 기초해서 이루어져야 한다. 어휘의 일부는 특정한 상황과 활동에서 자주 사용되며, 이는 개인이 AAC 어휘와 메시지 구성을 확장할 수 있는 기회를 제공할 수 있다. 예를 들어, 그림책에 동물과 관련된 행동의 이름과 설명을 포함할 수 있는데, 그래픽 상징 *TIGER RUN FAST*(호랑이 빨리 달리다) 또는 *MONKEY CLIME HIGH TREE*(원숭이 나무 높이 올라가다)와 같은 예시를 들 수 있다. 교수 상황에서 의사소통 상대자가 아동의 주의를 적절한 상황적 단서로 돌릴 수 있어야 하며, 의사소통 상대자도 좌절하거나 오해함이 없이 아동의 표현을 일관성 있게 해석하기 위한 충분한 단서를 가질 수 있어야 한다. 의사소통 교수 상황이 명확하여 아동이 어떤 시도를 해도 의사소통 상대자가 알아챌 수 있어야 한다. 상황의 선정과 발화의 내용은 아동의 인지 수준과 AAC 기술에 따라 달라질 것이다.

PCS: *TIGER, FAST*

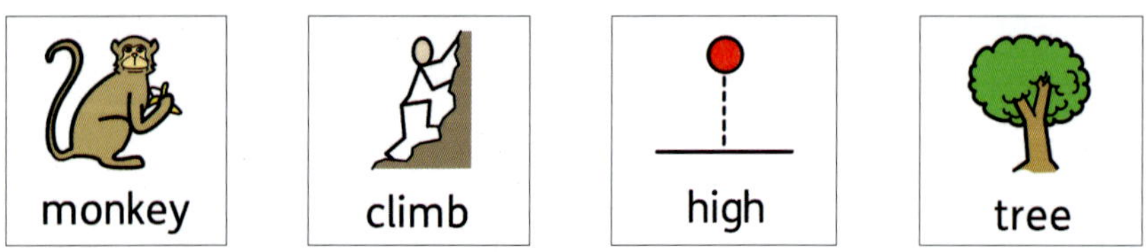

위짓 상징: *MONKEY, CLIME, HIGH, TREE*

주요 교육환경과는 별개로, **특수 훈련**(*special training*)과 **환경 중심 교수법**(*milieu teaching*)이라고도 부르는 **자연스러운 상황에서의 훈련**을 구분하는 것이 일반적이다(Kaiser & Wright, 2013). 특수 훈련에서 아동은 혼자 또는 소수의 다른 아동과 함께 통합학급 교실에서 나와서 훈련을 받는다. 교사가 구체적인 교수 목표와 절차를 정한다. 의사소통 양식, 연습할 손짓 기호나 그래픽 상징, 훈련 시간과 장소, 훈련에 함께할 사람, 사용될 자료 등 모든 것을 미리 계획한다. 자연스러운 상황은 집, 유치원, 학교 또는 놀이터 등 아동이 주로 머무는 환경을 포함한다. 자연스러운 상황에서의 중재에서 구체적인 손짓 기호나 그래픽 상징을 가르치는 것은 아동이 그 상징을 사용할 필요가 있다고 판단되는 상황에서 이루어진다.

특수 훈련과 자연적 상황에서의 훈련을 나누는 절대적인 기준은 없다. 아동의 일반적인 환경 안에서 교수가 이루어지는 경우 구조화의 정도 역시 매우 변화가 많다. 따라서 자연스러운 상황에서의 **계획된 교수**와 **자발적 교수**를 구분하는 것이 유용하다. 계획된 교수에서는 하나 혹은 여러 개의 교수 목표를 미리 결정한다. 어떤 어휘를 가르칠 것인가뿐만 아니라 교수시간, 장소, 자료, 교사도 달라질 수 있지만 적어도 이 중 한 가지는 미리 계획되어야 한다. 만약 모든 부분이 계획되면 자연스러운 상황에서의 계획된 교수와 특수 훈련 사이의 차이점은 학생이 주로 시간을 보내는 장소에서 계획된 교수가 일어나도록 진행한다는 점밖에 없을 것이다. 그러나 너무나 완벽히 계획되어서 아동이 익숙한 상황을 크게 바꾸게 된다면 이는 자연적이라고 볼 수 없다.

자발적 교수의 특징은 상대적으로 구조화의 정도가 낮다는 것이다. 이는 기본적으로 아동이 구체적인 손짓 기호나 그래픽 상징의 사용에 대해 인식하는 것의 문제이며, 특정 어휘를 사용할 기회를 제공하고 이를 깨닫도록 하는 것이다. 구체적인 손짓 기호나 그래픽 상징의 사용과 같이 미리 교수 목표를 정한 경우도 있지만, 이러한 계획 없이도 교수가 일어날 수 있는데 이는 단순히 갑자기 교수 기회가 생길 수 있기 때문이다. 다음은 서로 다른 수준의 자발성과 계획성을 보여 주는 예시다.

Jack은 정해진 시간에 유치원에서 별도의 방에 가서 개별 훈련을 받는다. 두 명의 교사가 과일을 가져와서 APPLE(사과), BANANA(바나나), ORANGE(오렌지) 손짓 기호를 연습한다. 두 명이 번갈아 가며 가르친다. 이는 분리된 환경에서 이루어지는 특수 훈련이다.

Jack은 손짓 기호 훈련의 일부로, 하루에 세 번 사과와 바나나 또는 사과와 오렌지 중에 선택할 기회를 얻는다. 이 훈련은 아동이 유치원의 식사하는 장소에서 식사하기 직전에 진행한다. Jack은 식사하기 전에 배가 부르지 않을 정도의 작은 과일 조각 10개를 선택한다. 이 교수는 높은 수준의 계획성을 가졌지만, 자연스러운 환경 내에서 이루어진다.

매일 오후 아동들은 유치원에서 과일을 먹는다. Jack이 현재 손짓 기호 APPLE, BANANA, ORANGE를 배우고 있으므로, 교사들은 Jack의 과일 접시에 사과, 바나나, 오렌지 중 두 종류만 놓도록 한다. 이 훈련은 낮은 수준의 계획성을 가지고 있으며 다소 수정된 자발적 교수로 볼 수도 있다.

> 오후에 어린이집 교사들은 모든 아동이 먹을 수 있도록 테이블에 사과, 바나나, 오렌지 등이 담긴 과일 쟁반을 놓는다. 만약 잭이 과일을 얻기 위해 손짓 기호를 하거나 누군가에게 다가서려고 한다면, 그는 손짓 기호를 사용하도록 도움을 받는다. 이것이 자발적 교수이다.

그래픽 상징을 사용한 중재도 유사한 방식으로 구성된다. 계획의 정도 또한 아동의 능력과 장애를 반영한다. 예를 들어, 아동의 운동장애가 자발적인 의사소통 시도를 방해한다면 높은 수준의 계획이 필요할 수 있다. 자폐성장애 아동을 위한 AAC 초기 중재 역시 세밀한 계획이 필요할 것이다.

계획된 교수와 자발적 교수 중에 선택해야 하는 것은 아니며, 특수 훈련과 자연스러운 상황에서의 교수가 서로 충돌하는 것도 아니다. 특수 교수와 자연스러운 상황에서의 교수는 동일한 중재의 일부분인 경우도 많다. 사실상 많은 접근법에는 자발성과 계획성이 섞여 있다. 아동이 자연적으로는 처하지 않을 만한 계획된 상황에서 하는 훈련을 교사가 수행할지 여부는 교수 목표에 달려 있다. 이러한 선택은 아동의 능력, 선호도, 흥미와 필요에 대한 진단과, 교수 목표가 어떻게 가장 쉽게 달성될 수 있겠는가 하는 전제에 기초한다. 교사는 특수 훈련 회기에서와 마찬가지로 자연스러운 환경에서의 계획된 교수를 준비해야 하지만, 자연스러운 환경에서의 교수는 보통 더 많은 변동성과 자발성을 가질 가능성이 높다. 더욱이 자발적 교수의 가능성을 계획할 때 위의 예에서 Jack에게 여러 종류의 FRUIT(과일) 손짓 기호에 초점을 두는 것과 같은 중재 목표와 전략을 아는 사람이 특수교사나 소수의 선택된 교사들만이 아니도록 해야 한다. Jack의 일상 환경에 있는 모든 성인은 그의 손짓 기호를 배워서 자발적으로 손짓 기호를 사용할 기회가 생길 때 그를 지원할 수 있도록 해야 한다. 훈련이 개인의 일상 환경에서 이루어진다고 해서 기술이 자동으로 향상되거나 유용하게 되는 것은 아니라는 점을 강조하는 것이 중요하다. 교사는 적절한 교수 목표를 정하고 아동의 동기와 관심을 확보해야 한다. 훈련하는 손짓 기호나 그래픽 상징이 아동이나 아동의 환경 내에 있는 가까운 사람들에게 꼭 필요한 것이어야 한다(7장과 8장 참조).

개인의 일상적인 환경 안에서 훈련하는 한 가지 중요한 이유는 훈련에 직접 관여하지 않는 전문가가 점진적으로 아동이 의사소통하고 있다는 사실에 익숙해지게 된다는 것이다. 불행히도, 생활시설이나 주간보호센터의 직원이—성공적인 중재 이후에도—대상자가 지나치게 의사소통을 많이 한다고 불평하는 일이 흔하다(Bird et al., 1989; Mitteer et al., 2020; Moller & von Tetzchner, 1996; Sidener et al., 2006). Beukelman과 Light(2020)는 AAC 사용자가 많은 사회적 상황에 접근하지 못하고 참여 기회도 부족하다는 사실에 우려를 나타낸다. 환경 내 사람들의 기술과 태도가 개인이 AAC 관련 능력을 사용하는 데 장벽이 될 수 있다(Baxter et al., 2012; Johnston et al., 2020). 이런 장벽은 개인의 자율성과 삶의 질에 미치는 AAC 중재의 긍정적 효과를 감소시킬 수 있으므로 이를 잘 파악하는 것이 중요하다. 어떤 상황 안에 존재한다는 것만으로 항상 최적의 학습이나 좀 더 나은 의사소통을 이끌어 내는 것은 아니다. 교수적 상황은 개인이 사용할 수 있는 의사소통 방식으로 시도하고 반응할 수 있는 기회를 충분히 제공해야 한다.

기술의 일반화, 유지, 새로운 상황으로의 전이를 위해 계획하기

특수 훈련 상황에서 손짓 기호나 그래픽 상징을 구어 단어나 원래의 참조물(reference)과 연결하는 것을 학습했더라도 다른 상황에서는 이를 사용하지 못하는 경우가 많다. 습득한 의사소통 기술의 자발적 사용과 일반화는 모든 AAC 중재의 주요 목표이다(Schlosser & Lee, 2000). AAC의 일반화는 손짓 기호나 그래픽 상징을 사용하여 새로운 상황에서 또는 새로운 사람에게, 새로운 사물이나 사건에 대해서 자발적으로 의사소통하는 것을 의미한다. 자발적으로 사용한다는 것은 누군가의 촉진 없이 손짓 기호나 그래픽 상징을 사용하는 것을 말한다. 자발적인 사용은 교수 상황이나 다른 상황에서 모두 일어날 수 있다. 교사는 가끔 아동의 자발적 의사소통의 내용이 교사의 의도에 맞지 않기 때문에 이를 중단시키는 경우가 있다. 초점을 내용에 둘 때에는 이것이 적절하지만, 의사소통의 실제 내용은 덜 중요하고 아동이 의사소통을 시작하는 것이 더 중요한 교육적 목표인 경우가 많다. 특히 개인이 자발적 의사소통을 거의 보이지 않는다면, 드물게 일어나는 자발적인 표현을 잘 활용하여 개인에게 응답해 주고 가능한 한 추가 대화에 참여시키는 것이 중요하다.

언어 중재, 특히 행동적 중재에서 일반화에 대한 관심이 적은 경우가 많다(Schreibman et al., 2015). 의사소통 형태, 즉 손짓 기호의 표현과 특정 그래픽 상징을 가리키거나 건네주도록 훈련하는 것이 주요 강조점이다. 일단 손짓 기호 표현이나 그래픽 상징을 가리켜서 반응하는 것을 배우면 어느 정도 자동적으로 일반화된 사용을 할 수 있을 거라고 가정하고 있는 것 같지만, 연구는 그렇지 않다고 말한다(Calculator, 1988; Schlosser & Lee, 2000). 이를 '일반화 문제'라고 한다(Shepherd, 1977). 최근 몇 년 동안, 아동의 자연환경에서 중재를 제공하는 것이 더 많이 강조되었는데, 예를 들어 자연주의적 발달 행동 중재(Schreibman et al., 2015)가 그렇다.

일반화를 **확장적 사용 교수**(*teaching extended use*)와 구분하는 것이 중요하다. 어떤 상황에서 손짓 기호나 그래픽 상징을 배운 후에 새로운 사물이나 행동, 상황 또는 사람과 사용하도록 가르친다면, 이것은 확장적 사용을 가르치는 것이다. 확장적 사용이 꼭 일반화를 가져오는 것은 아니지만, 일반화를 증진하기 위한 방법으로 많이 사용되었다. 그러나 덜 제한적인 교수 상황은 좀 더 일반화를 촉진할 수 있다. 손짓 기호나 그래픽 상징을 새로운 사물이나 사건에 일반화하여 사용하도록 하려면, 사물과 같은 범주(class)에 속하는 여러 개의 다른 예시를 사용해야 한다고 제안되었다. 예를 들어, *CUP*(컵)이라는 그래픽 상징을 연습할 때 서로 다른 모양과 크기, 색깔을 가진 컵을 사용해야 한다는 것이다. 그래픽 상징의 이미지와 컵 실물 간의 유사성 정도는 중요하지 않다. 왜냐하면 사용자가 모든 서로 다른 컵에 대해서 동일한 그래픽 상징을 사용하도록 하는 것이 목표이기 때문이다.

ARASAAC: *CUP*

한 명의 특정 교사에게서 배운 의사소통 기술은 다른 사람에게 전이되지 않을 수 있다. 여러 사람이 같은 훈련을 담당한다면 새로운 사람에 대한 일반화가 촉진될 수 있다. 종종 두 사람이 교수를 담당하는 것만으로도 아동이 습득한 의사소통 기술을 다른 상황에서도 사용할 수 있음을 이해하는 데 도움이 된다. 한 연구에서 교사는 지적장애 아동들에게 아침에 *hello*(안녕하세요)를 말하도록 훈련했다. 훈련은 잘 이루어졌지만 아동들은 그를 가르친 교사에게만 *hello*를 말했다. 교사는 '모든 교사에게 인사하는 대신 이 교사에게만 인사하기'라는 학습된 것의 한 요소가 되었다. 다른 교사가 추가되어 번갈아 가며 교수한 후에서야 아동들은 교실에서 다른 교사와 20명의 모든 학교 직원에게 인사를 하기 시작했다(Stokes et al., 1974). 교사를 다양화하는 것은 의사소통 기술을 새로운 상황으로 전이하는 것도 촉진할 수 있다.

대체 언어 그룹이나 지원 언어 그룹에 속하는 많은 사람이 훈련 회기에서 배운 것을 새로운 상황으로 전이하는 데 어려움을 겪는데, 특히 자폐성장애인은 새로운 기술을 일반화시키는 데 도움이 필요하다(de Marchena et al., 2015; Su et al., 2019). 특수한 훈련 상황에서 손짓 기호나 그래픽 상징의 사용을 배운 자폐성장애 아동은 새로운 상황에서 자발적인 사용을 시작하지 않을 수 있다. 위의 교사와 같이, 위치는 학습된 것의 일부가 될 수 있다. 또한 많은 사람 —특히 대체 언어 그룹에 속하는— 은 손짓 기호나 그래픽 상징으로 의사소통하는 것을 배우는 데 오랜 시간이 필요하다. 이러한 문제는 이들이 점진적으로 학습한 의사소통 기술을 자발적으로 사용할 수 있는 다양한 환경에서 교수를 구성해야 한다는 것을 알게 한다.

언어 교수를 특수 훈련 상황에서 하는 것으로 결정된다면, 새로운 기술이나 상황으로의 전이 문제를 어떻게 해결할 것인가에 대해 미리 계획을 세우는 것이 필수적이다. 한 가지 방법은 의사소통해야 할 상황의 요소를 포함하는 것인데, 즉 특수 훈련 상황을 좀 더 자연스러운 상황과 유사하게 만드는 것이다. 이를 효과적으로 하기 위해, 교사는 훈련 상황과 일반화가 필요한 상황에 대해 상세히 알아야 한다. 그러나 특수 훈련 상황을 계획하는 동안, 예비적인 특수 훈련 없이 대상자의 자연스러운 환경에서 교수하는 것이 편리하다는 것을 파악할 수도 있다. 따라서 자연스러운 상황으로 의사소통 기술이 전이되도록 계획할 때, 특수 훈련 회기는 실시하는 것이 강력하게 논의되었을 시에만 사용한다.

특수 훈련 상황에서 자연스러운 상황으로의 전이를 위한 전략이 있는 것과 마찬가지로 계획된 상황을 덜 구조화하는 전략도 있어야 한다. 계획단계에서, 자연스러운 상황이 처음 생각했던 것보다 덜 구조화된 훈련을 위해 사용될 수 있다는 것이 명확해지기도 한다.

훈련 회기의 지속 시간과 장소

훈련 회기의 시간은 다양하다. AAC를 포함하는 중재 연구는 제한된 언어 목표와 함께 단기—몇 주 동안에 몇 시간의 중재—로 이루어지는 경향이 있다(Langarika-Rocafort et al., 2021; O'Neill et al., 2018). 예를 들어, 그래픽 상징으로 문장을 만들고 그래픽 상징 문장을 분석하는 것을 배우는 공식적 언어 교수를 받는 사람에게는 일반적인 45분 수업이 해당될 수 있다. 좀 더 기본적인 언어와 의사소통 중재는 일상적인 활동의 필수 부분으로 포함되며 훈련 회기의 시간은 해당 활동에 따라 달라진다. 자연스러운 상황에서 계획된 훈련을 하는 경우 한 회기는 대부분 5~15분 정도로 짧고, 하루에 여러 번 반복된다. 짧은 회기 안에서 어휘를 여러 번 반복하는 것보다 사용자가 진짜 의사소통적 성공을 경험하는 것이 더 중요하다. 의사소통을 위한 특수 훈련의 한 회기 역시 짧지만 하루 동안 여러 번 분산되어야 한다. 이는 개인의 일상 환경에서 훈련 회기가 진행되어야 한다는 추가적인 논의점이다.

교수 상황을 지나치게 계획적이거나 구조화하게 되는 이유는 종종 전문가의 스케줄 때문이기도 하다.

> Kerry는 자폐성장애가 있는 5세 아동이다. 그녀는 자연스러운 상황에서 특수교사의 훈련을 받는다. 그러나 특수교사가 순회교사이기 때문에 교육은 정해진 시간에 이루어진다. 그의 스케줄에 의존하는 것을 줄이기 위해, 특수교사는 Kerry의 유치원 교사와 지원 인력에게 유치원 활동의 일부 또는 활동 사이에 짧은 훈련 회기를 실행하는 것과 자연발생적인 상황을 활용하는 방법을 알려주는 데 많은 시간을 할애하였다. 그 결과, 의사소통 훈련은 Kerry의 매일의 생활 속에 통합되었고 Kerry 자신이 더 훈련을 많이 받게 되었으며 훈련의 내용과 시간, 상대방도 더 다양화되었다. 이는 그녀가 배우는 기술을 일반화하는 데 도움이 되었다.

유연한 훈련과 교수 전략은 중재를 구성하는 데 가능한 최대로 자연스러운 상황과 장소의 요구사항을 적용한다. 전문가가 아동의 중재에 책임이 있는 유치원이나 어린이집, 학교에 직접 연결되어 일하지 않는 경우, 아동의 매일의 환경에서 일하는 사람을 지원하고 지도하는, 보다 간접적인 방식으로 일해야 한다.

개별 회기를 다소 길게, 그러나 지치거나 지루해하지 않을 정도로 하는 것이 실제적인 경우가 종종 있다. 또한 중재 회기 시간의 변화를 줌으로써 특정한 시간 스케줄에 지나치게 의존하는 일이 생기지 않도록 할 수 있다. 이는 자폐범주성장애와 지적장애 아동의 학습과 자기 조절을 지원하기 위해 하루의 활동을 구성할 때도 유용하다.

구조화하기

'구조(structure)'와 '구조화하기(structuring)'는 서로 다르게 사용되는 용어이고, 일반적으로 받아들여지는 하나의 정의가 있는 것은 아니다. 중재와 관련해서는 하루의 활동과 사건을 계획하는 것과 하루 중 언제 그리고 어디서 실행할 것인지를 나타내기 위해서 주로 사용된다. 구조화하기는 언어와 의사소통의 사용과 이해력의 발달을 지원할 수 있는 방식으로 활동을 구성하는 데 유용한 도구이다. 구조는 프레임 구조, 상황적 구조, 단서(cues)의 세 수준으로 나누어질 수 있다.

프레임 구조

프레임 구조는 루틴, 사건, 활동 등 여러 가지 상황으로 하루를 나누는 것이다. 하루는 계획을 했든 하지 않았든 항상 프레임 구조를 갖는다. 개인의 일상적 하루를 처음 전체적으로 살펴보기 위해 AAC 중재를 실행하기 전에 존재하는 프레임 구조를 진단한다(p. 147 참조). 이를 통해 중재 조치와 다른 활동이 어떻게 하루 중에 분산되어 있는지, 서로 다른 활동이 얼마나 오래 지속되는지, 깨어 있는 시간 중 어느 만큼이 계획되어 있는지 등을 알 수 있다. 진단을 통해 매일 반복되는 루틴 활동에 대한 정보와 매일의 루틴이 얼마나 고정되어 있는지도 알 수 있다. 이는 개인의 전체 중재를 위한 평가와 언어 및 의사소통 중재의 계획을 위한 기초 정보가 된다.

주중의 평일은 대부분 유사하며 프레임 구조가 다소 밀도 있게 짜인 편이다. 현재와 미래의 프레임 구조의 실행을 위한 계획의 내용을 결정하는 것은 개인의 전체적 삶의 상황과 훈련 및 적응의 필요성이다. 평범한 주중의 평일은 미래의 기능성, 사회적 상호작용, 매일의 루틴, 여가 활동과 휴식 시간을 지향하는 중재 조치를 포함해야 한다. 계획된 프레임 구조와 비공식적 프레임 구조를 구별하는 것은 정기적으로 반복되는 상황에 포함된 고정된 활동의 수이다. 빈 시간대에 기존의 활동이나 새로운 활동을 채워서 프레임 구조를 보다 밀도 있게 짤 수 있다.

계획된 밀도 높은 프레임 구조는 언어 및 의사소통 훈련을 매일의 활동 안에 통합하는데 유용한 도구가 될 수 있는데 특히 대체 언어 그룹의 경우에 더욱 많이 해당된다. 밀도 높은 프레임 구조가 도움이 되는 사람을 위해서는, 더 길거나 짧아질 수 있지만 전체적으로 15분 정도의 시간대로 구성하는 것이 기본이 되어야 한다. 즉, 각 15분씩의 시간에 대해 전문가는 어떤 일이 일어날지와 각 활동의 목표에 대해 작성한다. 실제에서는 프레임 구조가 항상 완전히 계획대로 실행되지는 않을 것이며 미리 알지 못했던 사건이나 학교 또는 가족의 변화 필요성을 고려하기 위해 어느 정도의 유연성이 필요하다.

표현 언어 그룹에게는 프레임 구조의 진단이 훈련을 계획하는 것뿐만 아니라 다른 기능도 가진다. 이 그룹에 속하는 많은 아동은 운동장애가 심하며 하루의 많은 부분이 변화가 적은 루틴으로 이루어져 있다. 아침 세안, 옷 입기, 휠체어에서 스탠더로의 이동과 같은 자세 바꾸기, 약 챙기기, 식사하기, 이동하기와 같은 돌봄 루틴은 시간이 오래 걸린다. 이들을 위한 계획에서 중요한 목표는 루틴을 넘어서 새로운 활동과 변화 유연성을 허용하고 아동에게 자신의 하루를 어떻게 보내는가에 대해 영향을 미칠 기회를 주는 것이다. 중도 운동장애인은 이동의 제한이 크다. 그들은 휠체어를 사용하며 환경을 탐색하거나 놀이 또는 다른 활동을 할 때 다른 사람의 도움이 필요할 수 있다. 학령기 아동의 프레임 구조 진단은 전형적으로 여가 활동과 수업 시간 이외에 또래와의 사회적 상호작용이 필요함을 드러낸다. 아동이 모든 여가 시간을 집에서만 보내는 것을 예방하기 위해 이러한 도움을 주는 것은 높은 우선순위가 되어야 한다. 이는 아동이 사회적 활동에 참여하고 자율성과 긍정적 자아상의 발달 기회를 지원할 것이다.

장애아동의 프레임 구조를 진단할 때 같은 환경에 있는 유사한 연령대의 아동의 프레임 구조를 진단해 보는 것이 유용할 수 있다. 그들의 프레임 구조를 비교해 보면 그들의 활동과 사회적 참여가 어떻게 다른지 알 수 있고 장애아동에게 어떤 활동을 도입하면 좋을지에 대한 아이디어를 얻을 수 있다.

상황적 구조

프레임 구조를 구성하는 상황은 각자 내재된 구조를 가지는데 이를 상황(적) 구조라고 한다. 상황마다 내용이 조직된 정도가 다양하기 때문에 구조화된 정도도 다양하다. 가장 구조화가 낮은 상황에서는 아동이 어디에 있을지, 누가 같이 있을지 또는 어떤 활동에 참여할지 미리 정하지 않는다. 가장 높은 구조화 상황에서는 정해진 중재 목표에 따라서 모든 것을 미리 결정한다.

높은 수준의 구조화는 전문가가 체계적으로 일할 수 있게 한다. 구조화의 목표는 전문가가 각각의 상황에서 어떻게 행동해야 하는지를 알기 쉽게 한다. 즉, 어떻게 반응하고 아동에게 일어날 일에 대한 기대를 만들고 의사소통을 촉진해야 하는가 하는 것이다. 상황적 구조를 진단하는 것은 의사소통과 언어 훈련을 위한 수정과 확장을 계획하는 기초를 제공한다.

단서

단어에 대한 지식은 단순히 글자 형태와 참조하는 것(referent)을 연결할 수 있음을 말하는 것이 아니라 언제 어떤 목적으로 그 단어를 사용하는지 안다는 것을 내포한다. 따라서 손짓 기호나 그래픽 상징을 배우는 것은 상황적 특성이나 단서를 포함한다. 단서는 타인이 의사소통하는 것을 이해할 수 있도록 돕는다. 특정 상황에서 이해에 사용되는 단서의 설명은 구조화의 세 번째 수준으로 간주된다. 언어와 의사소통 중재를 계획할 때, 훈련 상황이 어떻게 단서를 일상적인 상황이나 루틴으로 형성해 나가도록 만들 수 있는지를 물어보는 것은 종종 유용하다. 따라서 단서의 등록은 AAC를 배우기 시작하는 개인의 의사소통 평가에 대한 중요한 요소이다.

원칙적으로, 의사소통적 표현은 여러 가지 형태와 다양한 기능을 가지며, 서로 다른 여러 상황에서 일어나므로, 가능한 단서의 수는 제한이 없다. 구어 사용이 어려운 사람과의 의사소통에서, 그들의 행동이나 상황 안에서 발생하는 어떤 일이나 특정 사물에 관심을 보이는 것, 평소에 좋아하는 것이나 하던 일에 대한 지식, 문화적 규준 등이 이해를 돕기 위한 단서가 될 수 있다.

> Angela는 레트 증후군이 있는 12세 아동이다. 옆 방에서 할아버지의 목소리가 들렸을 때 그녀는 고개를 돌려 책을 응시하며 할아버지의 목소리를 책과 연결한다는 것을 나타냈다. 옆에 있던 사람들은 이것을 보고 평소 자주 해 주셨던 것처럼 할아버지가 책을 읽어 주기를 원하는 신호라고 해석했다. 이 상황에서 할아버지의 목소리와 Angela가 책을 응시하는 것이 모두 이런 해석이 합리적일 수 있게 만드는 단서다.

가능성 있는 맥락적 단서에 주의를 기울이는 것은 의사소통을 이해하기 어려운 사람을 위한 의사소통 중재를 계획할 때 특히 중요하다. 이런 경우에 단서는 과잉 해석(over interpretation)의 관점에서 설명될 수 있으며, 성인이 아동 행동을 마치 의사소통 의도가 있는 것처럼 반응하는 경향을 포함할 수 있다(p. 228 참조). 성인은 의사소통 의도를 가정하기 위한 가능한 단서를 찾으려 하고, 아동의 행동이 그런 의도를 가진 것처럼 반응할 것이다. 일반적으로 부모와 다른 가까운 주변인과의 구조화된 인터뷰는 그들과 아동이 관심을 줄 만한 단서를 조사하는 가장 좋은 방법이다(p. 142 참조).

관련 단서가 설명되면, 그것들은 계획된 상황 구조의 일부가 된다. 이것이 개인에게 손짓 기호나 그래픽 상징을 교수하는 것에 더하여, 말 이해력이 제한된 개인에게 의사소통적 표현의 사용이 타당하고 이해 가능하게 되도록 의사소통 상황을 정돈하는 것을 의미한다. 타당하고 이해 가능하게 해야 한다.

시각적 지원

시각적 지원은 1960년대에 TEACCH(Treatment and Education of Austistic and Communication-Handicapped Children) 프로그램에서 처음 소개된 것으로서, 구조화의 중요한 요소이다(Mesiboc & Shea, 2010; Mesibov et al., 2004). 시각적 지원이 자폐성장애 아동을 위한 프로그램의 표준적인 요소가 되었지만, 자폐성장애 진단을 받지 않은 지적장애 아동에게도 구조화가 필요하다(Chiang & Kemp, 2019; Koyama & Wang, 2011). 개인이 의사소통을 위해 사용하는 그래픽 상징은 하루의 스케줄이나 다른 형태의 시각적 지원에 사용되기도 하지만, 구조화된 시각적 지원은 행동 지원이며 의사소통 훈련의 일부는 아니다.

시각적 스케줄(*visual schedule*)은 프레임 구조를 나타내는 데 사용되기도 하며, 아동이 하루의 계획과 활동을 이해하고 앞으로 생길 일을 준비할 수 있도록 돕는다([그림 5.1]). 시각적 스케줄은 전형적으로 일어날 활동에 대한 정보를 담고 있는데, 예를 들어 *SPORT*(운동), *MEAL*(식사), *ENGLISH CLASS*(영어 수업), *AAC CLASS*(AAC 수업), *RECESS*(쉬는 시간), *MUSIC CLASS*(음악 수업) 등이다. 이는 타임라인을 나타내기 때문에, 시간에 대한 이해와 시간 관리를 소개하는 기능을 한다. 루틴과 활동에 더하여, 일부 개인은 그들이 있어야 하는 장소와 함께 하는 사람에 대한 정보가 필요하다. 두 개의 축을 가진 시각적 스케줄을 사용하는 것이 좋은 해결책인데, 하나는 활동에 대한 정보를, 다른 하나는 장소와 사람에 대한 정보를 나타낸다. 여기에는 가정에서의 할 일, 여가 활동, 또래와의 활동뿐 아니라 유치원이나 학교에서의 하루 활동이 포함될 수 있다(Rutherford et al., 2020a).

[그림 5.1] 유치원에서의 하루에 대한 시각적 스케줄의 예

시각적 마커를 사용하여 교육환경 간 전환을 표시하는데 이는 아동(그리고 환경 안의 다른 사람)이 이러한 전환을 더 쉽게 할 수 있게 한다. 아동이 학교를 옮길 때 아동의 시각적 스케줄을 새 학교에 가져가면 새 학교에 적응하는 것을 촉진한다. 시각적 지원에 익숙해지면, 성인기 직장생활이나 다른 낮 활동의 계획된 미래의 루틴을 나타내는 시각적 지원이 개인의 학교에서 성

인기 생활로의 전환을 도울 수 있다(Hart et al., 2021).

한 활동에서 다른 활동으로 전환하는 것은 지적장애와 자폐범주성장애가 있는 개인에게는 어려운 경우가 많으며, 특히 무엇을 하게 될지 잘 모를 때 더욱 어렵다. 시각적 지원은 이러한 전환을 촉진하고 자폐성장애 아동의 혼란과 불안, 나아가 정서 및 행동장애와 도전 행동의 위험을 감소시키는 데 도움을 줄 수 있다(Meadan et al., 2011; Zimmerman et al., 2020).

시각적 스케줄은 일반학급에서도 잘 활용된다(Banda et al., 2009). 학교에 다니는 모든 아동은 학교의 연간 구성과 하루 및 주간 스케줄에 대해 알아야 하며, 대부분 인쇄된 시간표를 통해 도움을 얻는다. 그러나 전형적 발달을 보이는 많은 학생에게도 발달장애 급우에게 제공되는 좀 더 세부적인 시각적 정보가 도움이 된다고 보고되었다(Rutherford et al., 2020b). 즉, 시각적 스케줄의 사용은 통합교육을 지원한다. 많은 학급에서 시각적 스케줄은 모든 학생이 사용하고 혜택을 받을 수 있는 디지털 화이트보드와 태블릿과 같은 기술 솔루션에 통합될 수 있다.

시각적 활동 스케줄(*visual activity schedule*)은 상황 구조, 즉 활동의 구조와 구성 또는 개인이 하게 될 과제를 표시한다. 스케줄은 시각적 레시피 또는 활동이나 과제의 단계 표시 등이 될 수 있다([그림 5.2]). 이러한 스케줄은 장애학생이 학업, 자조 기술과 기타 활동을 학습하고 계획하며 수행하는 것을 도울 수 있으며, 다 끝냈을 때 이를 알 수 있게 한다(Spriggs etal., 2017). 시각적 활동 스케줄은 아동에게 얼마나 해야 하는 지를 알려주며, 가끔 아동은 좀더 과제를 적게 하기 위해 교사와 타협하는 데 이 정보를 사용하기도 한다. 주요 교육 목표는 학생이 학교생활에서 보다 독립적이 되는 것이다. 시각적 활동 스케줄과 다른 형태의 시각적 지원은 학생이 교사가 알려주지 않아도 보다 독립적으로 과제를 수행하도록 돕는다(Bryan & Gast, 2000; Knight et al., 2015). 또한 높은 인지 기능을 가진 아동에게도 시각적 활동 스케줄이 도움이 될 수 있다. 종이에 인쇄하거나 태블릿이나 컴퓨터로 보게 할 수도 있다. 어려운 일이나 스스로 닥친 과제를 수행해야 할 때 스마트폰이나 웨어러블 전자시계에 있는 활동 스케줄을 사용할 수도 있다(Jimenez-Gomez et al., 2021).

그래픽 상징과 손짓 기호가 의사소통의 시각적 양식이긴 하지만, 시각적 지원은 AAC 중재의 일부는 아니다. 시각적 스케줄과 다른 형태의 시각적 지원은 AAC가 필요하지 않은 아동에게도 일반적으로 사용된다(Brij, 2019; Bryan & Gast, 2000).

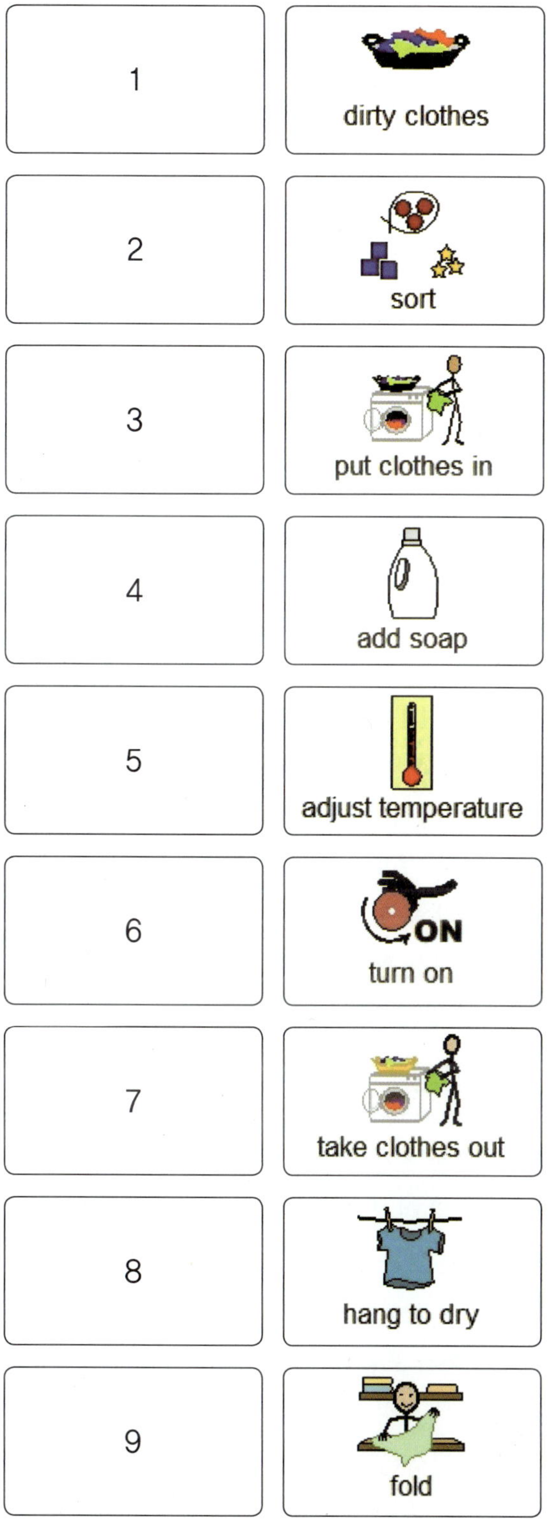

[그림 5.2] 시각적 활동 스케줄의 예

구조화된 또는 비구조화된 중재 상황

상황의 구조화는 언어 및 의사소통 중재에서 가장 좋은 도구 중 하나이며, 특히 가장 심한 언어 습득 문제를 가진 사람의 경우에 해당된다. 스스로 시작하는 활동이 적을수록 엄격한 구조의 필요성이 높아진다. 엄격한 구조는 중도장애인이 자발적으로 활동을 시작하는 것을 도울 수 있으며 종종 그들의 삶을 특징짓는 수동성을 없애는 데도 기여할 수 있다. 또 다른 목표는 최중도 장애인도 그들에게 생기는 일에 대해 가능한 많은 통제력을 가지고, 매일의 생활에서 주도성을 가질 수 있으며, 원하는 것을 선택할 수 있어야 한다는 것이다. 이런 것을 성취할 수 있도록 돕는 가장 쉬운 방법은 구조화된 활동과 교수 상황으로 잘 구성된 하루를 만들어 주는 것이다.

구조화는 개인의 자발성과 선택을 저해한다는 의견도 있지만(McLay et al., 2019), 구조화를 전략적이고 계획적으로 잘 사용하려면 개인의 상황에 대한 이해 및 의사소통과 활동의 수준을 향상시키고 보다 자율적으로 선택하게 하는 기반을 제공해야 한다. 더불어 나이가 들면서 개인은 구조화 과정에 적극적으로 참여하게 될 수 있다. 전형적인 발달 과정에서는, 목표를 달성하기 위한 계획을 세우며 그 진행 상황을 모니터링하는 능력이 아동의 집행 기능(executive functioning)과 함께 발달한다(p. 156 참조). 그러나 심각한 운동장애가 있는 많은 아동은 이러한 발달을 지원하는 자연스럽고 우발적인 기회를 제공받지 못하는데, 이는 그들이 스스로 필요한 행동을 수행할 수 없기 때문이다. 부모와 교사는 개인을 공동 계획 및 진행 상황 모니터링에 참여시켜 집행 기능 개발을 촉진할 수 있다. 표현 언어 교수에서 사용되는 여러 전략은 의사소통과 자발성을 기르기 위해 구조화를 활용한다. 프레임 구조는 개인에게 활동 중에서 선택할 수 있는 기회를 제공할 때 유용한 반면, **연쇄 형성 및 중단하기 전략**(*build-and-break strategy*)은 상황 구조를 활용하여 의사소통의 필요성을 만든다. **신호-유도된 기대행동에 반응하기**(*Reactions to signal-elicited anticipatory behavior*)도 유사한 방식으로 프레임 구조를 사용한다(6장 참조).

주목할 점은 구조화는 **도와주는 조건**(*condition*)이지, 그 자체가 목표는 아니라는 점이다. 사람들은 대부분 어느 정도 구조화된 현실 속에 있다. 아침에 일어나고, 아침 식사를 하고, 학교나 직장에 가고, 저녁을 먹고, TV를 보는 등이다. 그러나 구조는 상당히 유연하다. 식사 시간은 미루어질 수 있고, TV 시청은 공원 산책이나 영화관 가기, 친구와의 모임 등으로 대체될 수 있다. 유사하게 유연한 구조는 구조화가 포함된 중재를 받는 사람에게 이상적이다. 따라서 구조화의 목표는 유연한 행동 패턴과 의사 결정 능력의 발달을 위한 기초를 형성하는 것이다. 이는 구조를 변경할 근거가 생기면 즉시 변경해야 한다는 것을 의미한다.

프레임 구조가 성공적으로 확립되면, 즉 하루의 활동을 이해하고 잘 수행한다면 아마도 그 구조를 없애기 시작할 시기일 것이다. 어떤 사람에게는 하루의 모든 상황이 구조화되고 아무런 문제 없이 하루가 진행될 수도 있다. 스케줄이 너무 오랫동안 바뀌지 않고 지속되어서 그 개인이나 환경 내의 다른 사람도 매일의 루틴에서 의사소통할 필요를 자연스럽게 잊어버릴 수 있다. 그런 루틴은 의사소통을 지원하는 힘을 잃은 것이다. 시각적 스케줄은 형식이 되고 더 이상 개인이 환경에 대해 새롭게 이해하는 것을 돕지 못한다. 개인은 프레임 구조와 스케줄의 시각적 마커에 너무 묶여서 새로운 기술이나 선택 능력을 강화하는 대신 오히려 그런 능력의 발달에 방해를 받게 된다. 이런 불행한 발달의 결과를 **학습된 의존성**(*learned dependence*)이라고 한다.

하지만 구조는 다른 기능도 많이 수행할 수 있다. 전문가가 지나치게 루틴화된 구조를 허문 후에도 대상자는 시간 관리를 위한 보조로서 시각적 스케줄이 계속 필요할 수 있다. 예를 들어, 평일과 주말, 공휴일 또는 일하는 날과 휴가 등을 이해하기 위해 달력이 도움이 될 수 있다.

Edward는 자폐성장애가 있는 18세 청소년이며 구어를 약간 이해할 수 있다. 그는 학교에 가는 것을 좋아하고 휴일 때문에 일주일의 계획표가 달라져서 학교에 가지 않는다는 말을 들으면 대개 폭력적인 행동(tantrum)을 나타낸다. 그를 진정시키기는 어려우며 자기 자신이나 타인에게 상해를 입히지 않도록 힘으로 제지해야 하는 경우도 있다. Edward의 엄마는 그가 좋아하는 것이 포함된 달력을 만들었다. 달력의 날짜에 중요한 활동을 표시하기 위해 관련된 이미지를 사용했다([그림 5.3] 참조). Edward가 학교버스 타는 것을 항상 기다리므로, 학교 가는 날을 나타내기 위해 버스 그림을 그렸다. 학교에 가지 않는 날에는 삼촌의 트랙터를 운전할 수 있도록 하기 때문에, 트랙터가 그런 공휴일을 나타내는 상징이 되었다. 토요일에는 항상 바닥을 청소한다. 일요일에는 아침 식사로 달걀을 먹는다. 크리스마스 쇼핑, 크리스마스와 설날 모두 그가 배우고 이해하기 쉬운 그림으로 표현되었다. 이 달력을 부엌의 정해진 위치에 걸었다. 매일 아침 Edward는 이 달력을 보고 그날이 어떤 하루인지 확인한다. 매일 저녁 잠자리에 들기 전에 달력의 날짜를 선을 그어 지우면서 그날이 지나갔음을 표시한다. Edward가 이 달력을 사용하면서부터 그의 휴일은 훨씬 평화롭게 되었다. 학교에 다시 갈 수 있고, 휴일이 길어도 학교 가는 생활이 끝난 것이 아니라는 것을 아는 것이 Edward에게는 중요한 것으로 보인다(Steindal. 1990).

다른 사례도 대상자가 당장 눈앞의 시간을 넘어서는 사건에 대한 기대를 가지기 시작하면 곧바로 달력이 대안적 의사소통 방법의 일부가 되어야 한다는 것을 보여 준다(p. 489 참조).

제한된 구어 이해력을 가진 많은 자폐성장애인은 그들의 루틴 활동이 생략되거나 변화될 때 부정적으로 반응한다. 그런 상황에서 나타나는 행동 문제는 그 활동이 다른 활동으로 대체되거나 그들이 이해할 수 있는 방법으로 변화에 대해 미리 알려주면 예방되거나 상당히 감소될 수 있다(von Tetzchner, 2003). 이런 변화는 그날의 시각적 스케줄이나 한 주 또는 한 달의 활동을 포함하는 달력에 표시할 수 있다. 루틴 활동과 대체활동 모두 시각적 스케줄이나 달력에 표현

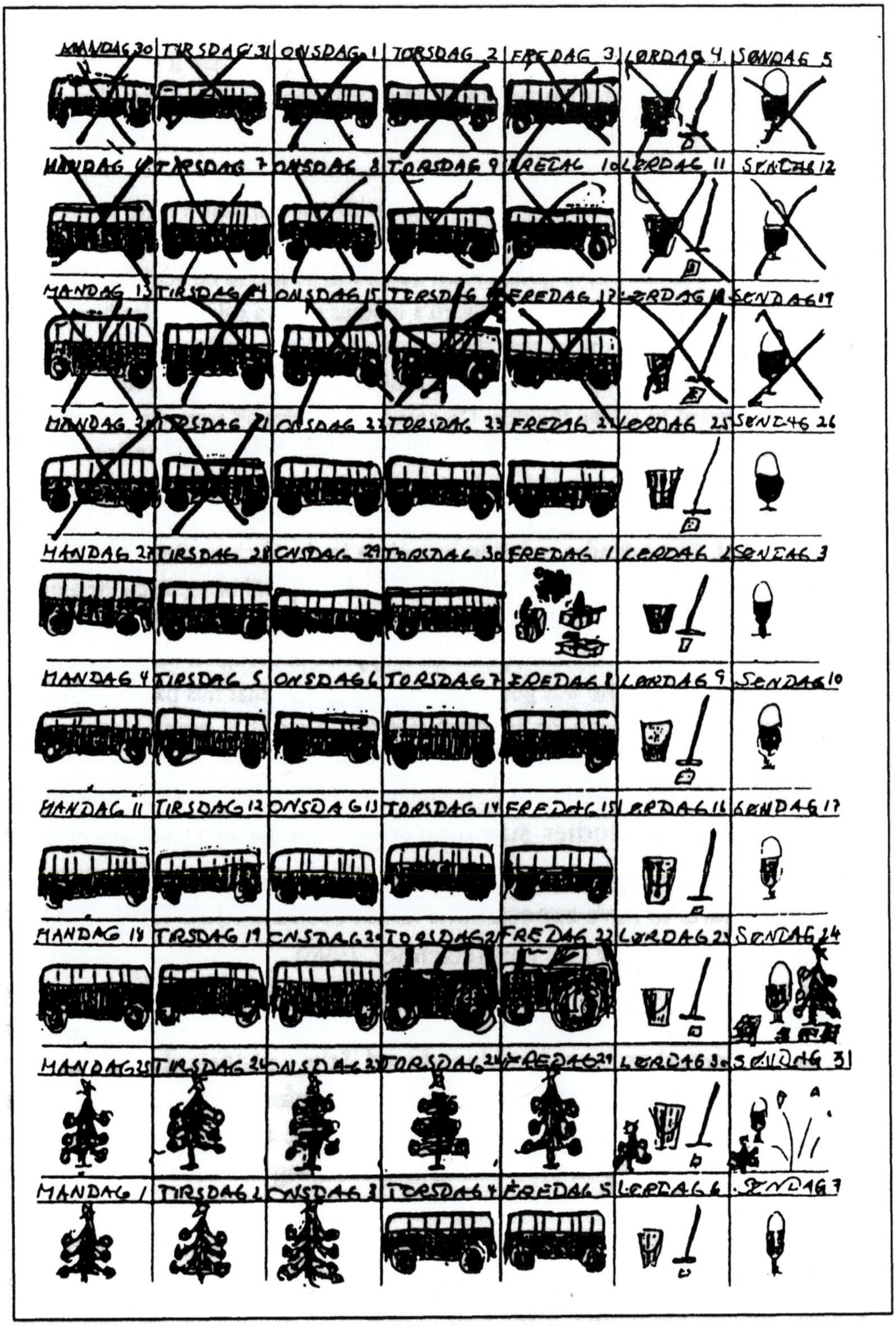

[그림 5.3] Edward의 달력

된다. 하루 중 생략된 활동의 그래픽 상징은 *NO*로 표시하는데, 예를 들어 투명한 붉은 카드에 검은 X 표시를 한 다음 생략된 활동에서부터 그 활동을 대체되는 활동을 나타내는 상징까지 초록색 화살표 그래픽 상징이 가리키도록 한다(Hawkes, 1998).

계획된 그리고 계획되지 않은 언어 사용

이 장은 다양한 AAC 중재 상황에 대한 것이다. 계획과 구조화된 상황은 많은 중재에서 필요한 요소이지만 AAC 중재의 최종 목적은 매일의 생활에서의 대화이다. 상황을 구조화하는 이유는 구어 이해가 어려운 사람에게 의사소통과 언어 기능을 보다 명확하게 알 수 있게 하고, 참여하는 활동에서 겪는 의사소통적 문제가 그들이 배울 수 있고 다룰 수 있는 정도를 넘지 않도록 하기 위한 것이다. 선택하기나 책 읽기와 같이 중재 상황에서 사용되는 많은 전략은 전형적 발달을 하는 아동에게는 매일의 의사소통 상호작용의 자연스러운 부분이기도 하다(von Tetzchner & Stadskleiv, 2016). 따라서 전반적인 목표는 의사소통적 접근성을 가지고 매일의 상황과 더 드물게 일어나는 사건 모두에서 자신이 가지고 있는 어떤 언어기술이라도 자발적으로 사용할 수 있도록 하는 것이며, 또한 점차로 구조화와 지원을 줄여서 궁극적으로는 계획된 중재 상황이 더 이상 필요하지 않도록 하는 것이다.

6장

중재 전략

개인에게 적합한 손짓 기호 체계나 의사소통 도구, 그래픽 상징 체계를 찾는 것은 AAC 중재의 시작일 뿐이다. 개인은 체계가 어떻게 작용하고 의사소통 상호작용 참여에 어떻게 사용될 수 있는지를 배워야 한다. 그 결과는 개인이 자기 삶의 상황을 더 잘 통제하고, 자기 결정과 자존감을 증가시키는 것이어야 한다. 의사소통 기능의 발달과 손짓 기호, 그래픽 또는 유형 상징의 이해와 사용을 지원하는 방법에는 여러 가지가 있다. 전략은 의사소통 행동의 유도와 안내를 추구하고, 인지, 언어, 사회적 기술의 개인차와 영유아기에서 후기 성인기까지의 발달 단계에 따라 세 개의 주요 사용자 그룹에서 달라질 것이다. 5장에서는 교수 상황에 초점을 두었다. 이 장에서는 AAC 중재에 적용할 수 있는 전략에 대한 개요를 제공한다. 이후의 장에서는 어휘 선택, 문장 구성, 대화 기술, 활동에 포함된 의사소통과 언어, 그리고 언어 환경에 더 중점을 둔다.

특정한 아동이나 성인의 의사소통과 언어를 촉진하는 데 사용되는 중재 전략은 의사소통과 언어 기술, 지각, 운동과 인지 능력뿐 아니라 중재 설정, 중재자의 의사소통 및 언어 발달에 대한 이론적 구조와 아이디어에 따라 달라진다. 중재는 각 개인의 능력과 어려움에 맞게 조정되어야 한다는 보편적인 합의가 있다. 예를 들어, 뇌성마비, 자폐범주성장애, 다운 증후군 아동의 의사소통과 말의 어려움에 기반한 문제에는 상당히 다른 접근 방식이 필요하다(3장 참고). 최적의 중재와 발달 성과는 개인의 능력과 장애 둘 다에 대한 중재 목표와 방법의 적응(adaptation)에 따라 달라진다. 조기 중재는 AAC가 필요한 아동뿐 아니라 대부분의 아동에게 중요한데, 지속적인 긍정적 의사소통과 언어 발달은 중재에 대한 아동의 발달과 반응에 따라 새로운 전략을 실행하는 데 달려 있고, 아동의 기존 역량을 확장시킬 것이다. 전략은 세 가지 주요 세트로 나눌 수 있다.

1. **초기**(*early*) **AAC 교수 전략**은 기본적인 의사소통 기술과 초기의 기능적 어휘 개발을 목표로 한다. 이 전략은 언어 발달의 초기 단계에 있는 초기 의사소통자와 개인을 위한 중재에 주로 사용되는데, 여기에는 의사소통 발달이 거의 없는 성인도 포함된다. 이 장에 제시된 많은 전략이 이 세트에 속한다.
2. **일반적**(*further*) **AAC 교수 전략**은 개인이 기본적인 의사소통 기능을 배우고, 손짓 기호나 그래픽 상징의 표현적 상징 기능에 대한 초기 이해를 습득했을 때 도입된다. 지원은 전형적인 언어 발달보다 더 명시적인 경향이 있지만, 이 세트의 많은 전략은 전형적인 언어 발달의 비공식적(informal) 스캐폴딩에서 나타나는 프로세스에서 영감을 받았다.
3. **공식적**(*formal*) **AAC 교수 전략**은 성인의 학습뿐 아니라 통합된 학교에서 전형적으로 발달하는 아동과 청소년의 제2언어의 교수 및 공식적인 제1언어 교육에서 사용되는 전략과 더 유사하다.

세 가지 전략 세트 사이에 절대적인 경계는 없다. 각 세트는 서로를 배제하지 않고, 종종 동시에 사용된다. 일부 전략은 성인기를 포함하여 대부분의 발달 단계에서 어느 정도 적용될 수 있다. 예를 들어, 다른 난이도 수준을 갖는 '이름대기를 하면서 그림책 읽기(picture book reading with naming)'와 '구조화된 대화(structured conversations)'가 있다. 전략을 세 가지 주요 세트로 그룹화하는 목적은 서로 다른 전략이 서로 다른 개별 역량을 가정하고, 학습자에 대한 다양한 수준의 전문적 계획과 구조 및 지식을 전제한다는 사실을 분명히 하기 위한 것이다. 모든 전략에는 강점과 약점이 있고, 특정 능력과 장애가 있는 개인에게 더 적합할 수 있다.

이 장의 목적은 미리 만들어진 '레시피'를 제공하는 것이 아니라 AAC 중재에 사용되는 **중재 원칙**과 **방법**을 검토하는 것이다. 이러한 원칙과 방법 중 일부는 이론에 근거하고, 다른 일부는 연구와 임상, 교육적 실제로부터 도출된 경험에 근거한다. 또한 AAC 중재에 대한 다양한 접근 방식을 겪은 부모의 경험은 중재를 계획할 때 정보의 중요한 출처이다(12장 참조). 중재의 목적과 방법은 개인에 따라 매우 다양하다. 따라서 전문가는 다양하고 방대한 방법을 알아야 하고, 중재 결정과 전략의 선택은 원칙과 경험에 의해 결정되어야 하며, 개인과 실제 상황에 맞게 적용되고, 개인의 전반적인 중재 프로그램과 일치해야 한다.

증거 기반의 실제

오늘날 대부분의 교육 및 건강 영역에서 중재는 적절한 평가에 근거해야 하고, 증거에 기반해야 하며, 중재 프로그램에서 제안된 기능성을 지원하는 연구 기반이 있어야 한다는 점을 강조한다(DeRosa et al., 2019; Kratochwill & Shernoff, 2004). 증거 기반의 실제는 AAC 분야에서도 강력하게 권장된다(Schlosser & Raghavendra, 2004; Smith, 2016). 그러나 Schlosser와 Sigafoos(2009)는 경험적 연구 지원만으로는 충분하지 않다고 지적한다. 증거 기반의 실제는 임상적 실제와 부모 및 기타 이해 관계자의 경험에 근거해야 한다.

임상적 조사 연구는 결과가 타당하고 유효한 경우 중재 계획을 위한 중요한 기초를 구성하나, 항상 그런 것은 아니다: 중재 전략은 특정 장애가 있는 일부 개인에게는 잘 기능하지만, 다른 사람에게는 그렇지 않을 수도 있다. 예를 들어, 자폐범주성장애인을 위한 몇 개의 중재 프로그램 중에 긍정적 결과를 보여 주는 연구가 있다는 점에서 경험적으로 뒷받침된다(Mesibov & Shea, 2010; Prizant, 2009). 그러나 이것은 모든 프로그램이 진단 그룹의 모든 구성원에게 유익하다는 것을 의미하는 것은 아니다. 사실상, 연구에 의하면 일반적인 프로그램은 관련 모집단의 약 절반에게만 효과적이다(Kasari & Smith, 2016). 평균 결과는 그룹에 속한 변수를 숨길 수 있다. 더불어 프로그램의 강점은 장애의 핵심 특징을 치료하는 것이 아닐 수도 있다. 예를 들어, 응용

행동 분석과 비연속 개별시도 훈련을 기반으로 한 프로그램은 전형적으로 인지 영역에서 가장 큰 향상을 보여 주고, 자폐범주성장애의 핵심 결함을 나타내는 사회성 기술, 의사소통과 언어에서는 가장 적은 향상을 보인다(Kasari & Smith, 2016; McGrew et al., 2016). 일대일 훈련은 지적장애가 있는 어린 자폐 아동에게 긍정적인 반면, 지적장애가 없는 자폐 아동의 경우에는 유치원이나 학교의 일반 교육과정에 통합되어 중재를 받을 때 더 많은 혜택을 얻을 수 있다. 이것은 중재자가 다양한 방법을 평가하고 적용할 수 있어야 함을 강조한다.

건전한 증거 기반은 실제에 중요하지만, 특히 특정 개인을 위한 중재를 계획할 때 연구 결과의 제한점을 인식하는 것도 똑같이 중요하다. 서로 다른 처치를 받은 두 그룹 간의 작지만 통계적으로 유의한 차이는 이론적으로는 흥미로우나 개별 중재 계획에 적용하기에는 제한적이다. 많은 AAC 연구에는 몇 가지 어휘 항목의 교수가 포함되며 때로는 다른 양식(그래픽 상징, 손짓 기호, 음성 출력 전자장치 등)에서 한두 가지만 훈련한다(예: Achmadi et al., 2014; McLay et al., 2017). 대부분의 AAC 중재 연구는 6주보다 더 짧게 지속되었고, 장기간 이루어진 연구는 드물다(McNaughton & Light, 2015). 실험 환경에서의 훈련 시도 횟수는 이 양식이 일상적인 의사소통에서는 어떻게 기능하는지에 대해 말해 주는 것이 거의 없어서, 실제적 타당도는 제한적일 것이다. 더불어, 첫 번째 습득의 속도는 자료나 방법이 연구 대상의 장기적인 의사소통 기능에 얼마나 유용할지는 나타내지 않는다.

습관은 실제를 결정하는 강력한 요인이지만 오랫동안 습관적으로 사용된 방법이 항상 최상의 실제를 나타내는 것은 아니다. 반면 새로운 방법론은 때때로 과대 평가되어 실제로 혜택을 받을 만한 그룹 이상으로 사용된다. 따라서 교사는 일반적으로 사용되는 중재 방법과 자신이 선호하는 중재 방법의 경험적, 실제적 기반을 잘 알고 있는지 확인할 필요가 있다.

AAC 중재 시작하기

장애가 있는 모든 개인의 경우 가능한 한 빨리 중재를 시작하는 것이 중요하다(Guralnick, 2011, 2017). 일반적으로 생후 첫 3년 안에 이루어지는 중재는 조기 중재로 여겨지며, 지적장애 아동의 경우 생후 첫 5년이 조기 중재 기간으로 간주된다(Baker et al., 2016). 의사소통과 언어 중재의 조기 시작에 대한 중요한 논거는 언어 습득에 민감한 시기가 있다는 일반적인 함의점이다. 뇌는 생후 첫 몇 해 동안 더 가소성이 있고, 미취학 아동이 나이가 많은 아동이나 성인보다 언어를 배우기가 더 쉽다(Kaiser & Roberts, 2011). AAC 중재에도 동일한 주장이 적용되며 중증의 운동 및 인지장애 아동을 위한 AAC 발달의 초기 단계에 상당한 초점이 맞춰져 있다(Branson & Demchak, 2009; Lorang et al., 2022; Romski et al., 2015; Smith & Hustad, 2015). 자폐 아동을 위한 모든 주요 중재 프로그램은 의사소통과 언어에 중점을 두고, 조기 시작의 이점을 강조한다. 만약 구어가 거의 또는 전혀 없는 아동이 짧은 기간의 구어 훈련에도 말하기에 상당한 진전을 보이지 않는다면, 많은 프로그램에서 AAC를 시작할 것이다(Almirall et al., 2016; Tager-Flusberg & Kasari, 2013; Vivanti et al., 2017). 손짓 기호나 그래픽 상징을 사용한 조기 중재는 자폐가 있고 구어가 거의 또는 전혀 없는 아동의 도전행동을 예방하기 위한 중추적 역할을 한다(von Tetzchner, 2004). 그러나 지적장애 아동과 연령에 적합한 인지 능력을 가진 아동 모두 손짓 기호나 그래픽 상징을 사용한 중재는 일반적으로 아동이 구어를 시작하는 연령보다 훨씬 늦게 시작되는 경우가 많다(Kristoffersson st al., 2020; Muharib & Alzrayrt, 2018; Tincani et al., 2006; von Tetzchner et al., 2018). 한 가지 이유는 뇌전증, 섭식 문제, 환기의 필요성과 같은 심각한 의학적 상태일 수 있는데, 언어 중재의 시작보다 이러한 상태를 관리하는 데 중점을 두기 때문이다. 중도 운동장애 아동의 경우 초기에는 종종 이동성에 중점을 둔다. 전문가들은 또한 중도 운동장애 아동의 부가적 장애를 예상할 수 있으므로 아동이 어느 정도 구어에 대한 이해를 보여 줄 때까지는 의사소통 도구의 도입을 지연시킬 수 있다. 그들의 의사소통 도구는 언어 기술의 발달을 촉진하기보다는 언어 기술을 드러내는 데 사용된다. 어떤 이유든 간에, AAC의 늦은 도입은 아동의 의사소통과 언어 발달에는 안타까운 일이다.

민감한 시기는 환경적 영향에 대해 민감성이 높아짐을 의미한다. 뇌는 다른 발달 시기보다 무엇인가를 더 쉽게 배우는 데 특별히 유능한 동시에 손상에 취약하다(Roth & Sweatt, 2011). 민감한 시기에 대한 두 가지의 주요 설명이 있다. 첫 번째는 언어를 배울 수 있는 잠재력이 경험과는 무관한 성숙 요인에 의해 결정되므로 독립적인 타이밍 장치로 기능한다는 것을 제안한다(Lenneberg, 1967; Newport et al., 2001). 두 번째 설명은 학습과 경험이 뇌의 신경학적 패턴의 발달을 결정한다는 것이다. 이러한 패턴이 확립됨에 따라, 변화시키거나 새로운 신경학적 패턴을 형성하는 것이 점차 더 어려워진다. 민감한 시기의 뇌 가소성의 종결은 중요한 기능을 갖는데, 이는 곧 자원을 절약하고 확립된 기능적 신경 패턴을 안정화시켜 쉽게 손실되지 않도록 하는 것이다. 만약 뇌가 준비될 때까지 특정한 자극을 받지 못했다면, 이 자극이 개인의 환경에 중요하지 않고, 이러한 유형의 자극을 처리하는 데에 체계나 자원이 필요하지 않다는 가정하에 발달이 진행될 것이다. 뇌의 자원은 오히려 다른 용도로 사용될 수 있다(Elman et al., 1996; Takesian & Hensch, 2013). 이 과정은 개인에게 기능적인 양식으로 언어를 처리하도록 신경 구조를 발달시키는 데 필요한 언어 자극을 가능한 한 빨리 아동에게 제공하는 것을 중요하게 만든다. 만약 민감한 시기에 언어가 발달하지 않는다면, 학습은 기존의 다른 신경 구조를 활용해야 할 것이다. 이는 학습을 더 어렵게 만들지만, 학습은 여전히 가능하다. 대부분의 인간은 신경 구조를 사용하여 민감한 시기 이후에 하나 이상의 추가 언어를 배우는데, 이 신경 구조는 그들의 초기에 발달된 언어를 배우면서 발달시킨 것이다(von Tetzchner, 2019a).

조기 중재는 민감한 시기를 활용하는 것 외에도 더 나은 초기의 부모-자녀 상호작용, 애착 및 아동을 위한 보다 긍정적인 학습 경험을 지원하고, 아동이 교육적 어려움과 사회적 상황에 대처하도록 돕는다. 조기 중재에 AAC를 포함시키는 중요성은 두 그룹의 다운 증후군 아동을 대상으로 한 연구에서 설명되었다. 두 그룹 모두 조기 교육에 대한 포테이지 아동발달 지침서(the Portage Guide to Early Education, Cameron, 1986)에 기초한 조기 중재 프로그램에 참여했는데, 한 그룹은 6개월에서 3세(또는 그 이상)까지 손짓 기호 중재를 추가로 받았다. 8년 차에 조기에 손짓 기호를 사용한 그룹은 손짓 기호 중재를 받지 않은 통제 집단보다 더 나은 사회성 기술을 보였다(Launonen, 2019).

언어 발달에 민감한 시기라는 개념에 따라 언어가 충분히 발달되지 않은 개인에 대한 연구는 구어 습득 측면에서 약 4~5세 전후에 중요한 분기점을 나타낸다고 제안한다. 구어를 발달시킨 지적장애 인구의 비율은 이 연령 이후에는 거의 증가하지 않는 것으로 보인다. 아동이 5세 이전에 구어를 시작하지 않고 일부는 이 연령 이후까지 기다리라고 제안한 경우, 아동의 구어 발달 가능성은 상당히 낮다(Koegel et al., 2016). 그러나 이 관찰은 대규모 그룹에서 나타나는 경향만을 반영한다. AAC를 사용하거나 사용하지 않은 6세에서 12세 사이에 구어를 시작한 개인의 사례가 많이 기록되어 있다(Pickett et al., 2009). Launonen은 다운 증후군 아동 Eric에 대해 설명했는데, 그는 어릴 때부터 언어치료를 받았음에도 어린 시절 내내 손짓 기호를 사용하였다(Launonen, 2019b; Launonen & Grove, 2003). Eric은 12세에 구어를 시작했고, 5년 후에 구어는 그의 주요한 의사소통 양식이 되었다.

또한 연구에 의하면 어린 시기에 대안적 의사소통 방식을 배울 기회가 없었고 더 나이가 들어서야 AAC 사용법을 배운, 표현 언어가 없는 사람이 많다고 기록되어 있다(Andzik & Chung, 2022; McLay et al., 2015, 2017; Pickett et al., 2009).

공동 관심

의사소통은 다른 사람의 마음에 영향을 미치는 문제이다. 의사소통 행동의 이면에 있는 의도는 다른 사람의 관심을 끌고 목적을 위해 무언가를 인식시키는 것이다. 이는 바로 주변 환경에 있는 것(예: 사람이나 사물), 다른 사람이 무언가를 하려는 의도(예: 무언가를 얻거나 떠나는 것), 또는 추상적인 생각(예: 상대성 이론)일 수 있다. 다른 사람의 관심을 끌기 위해서는 어떻게든 관심을 공유해야 한다. 공동의 관심을 갖게 하기 위해서는 두 명 이상이 같은 것을 바라보는 것만으로 충분하지 않고, 서로의 관심을 인식해야만 한다(Carpenter & Liebal, 2011). 이와 관련하여, '맥락(context)'은 상황과 관련된 물리적, 사회적, 구어적인 측면에 대한 개인의 인식으로 정의될 수 있다. **공유된 맥락**은 상황의 동일한 측면 중 일부에 대한 인식으로 정의될 수 있고, 공동 관심 활동은 이러한 인식을 습득하고 문화적으로 형성하는 중심에 있다. 공유된 관심, 의도, 맥락은 언어 습득의 전제 조건이다(Tomasello et al., 2005).

전형적으로 발달하는 생후 6~12개월 사이의 영유아는 다른 사람의 관심을 따르기 시작하고, 좀 더 크면 다른 사람의 관심을 무엇인가로 향하게 하려고 할 것이다. 의사소통은 아동이 공동 관심에 참여할 수 있게 되면서 나타난다. 아동은 시선, 몸짓, 말을 사용하여 자발적으로 공동 관심을 시작하고, 다른 사람의 공동 관심에 응하여 반응한다(Hansen et al., 2018). 아동은 창가에 앉아 있는 고양이에게 아빠의 관심을 향하게 하여 공동 관심을 유도하고, 아빠는 미소를 지으며 "그래, 예쁜 고양이네."라고 말할 수 있다. 성인은 아동의 관심과 흥미를 단서로 사용하여 아동이 적절한 의사소통 표현을 확실하게 인식하고 자신이 의사소통하고 있는 상황과 관련된 측면으로 아동의 주의를 이끌 수 있으며, 아동은 성인의 주의 방향에 따라 반응할 수 있다. 공동 관심에 관련된 상황에서는 종종 **공동 행동**(*joint action*)이 있다(Milward & Carpenter, 2018).

의사소통 의도에는 두 개의 주요 범주가 있다. 이는 서술적 의도(declarative)와 명령적(imperative) 또는 도구적(instrumental) 의도이다. **명령형 의사소통**에서 의도는 장난감을 주거나 공을 던지거나 무엇인가 하던 것을 멈추게 하는 것과 같이, 다른 사람에게 뭔가를 하도록 만드는 것이다. **서술형 의사소통**은 경험을 공유하려는 내적 동기에 기초하며, 흥미롭거나 무서운 동물, 멋진 옷을 입은 사람, 재미있는 사건 등을 다른 사람이 인식하도록 만든다. 관련 문헌에서 많은 연구자가 서술적 의도와 공동 관심을 동일시했으나(Yoder & McDuffie, 2006; Weisberg & Jones, 2019) 공동 관심은 명령형 의사소통의 발달에도 필요하다. 만약 아동과 성인이 표현의 목적에 대해 서로 다른 인식을 갖는다면, 아동은 성인의 표현이 무엇을 의미하는지 오해할 가능성이 있고 성인은 아동의 의사소통 시도를 이해하지 못할 것이다.

서술형 의사소통과 명령형 의사소통은 의사소통 상대자의 다른 반응을 의미한다. 아동이 도구적 성공을 거두기 위해서는 다른 사람이 아동이 요청하는 것, 예를 들어 아동이 원하는 사물을 아동에게 주거나 특정한 행동을 수행하는 것과 같은 것을 해야 한다. 서술형 의사소통은 성인이 관련 답변 외에는 아무것도 제공하지 않으면서 어떻게든 아동의 메시지를 인정하기만 하면 된다. 서술형 의사소통을 주도하는 아동에 대한 적절한 반응은, 예를 들어 아동이 가리키는 창가의 고양이에 대해 미소 지으며 말했던 앞서 언급한 아버지처럼, 언급하거나 미소와 같은 다른 정서적 표현을 보이는 것이다. 따라서 아동의 서술형 의사소통은 사물이나 '보상'의 제공이 아니라, 아동이 가리키는 사물이나 사건에 대한 인식을 보여 주는 것과 같이 공유된 경험을 인정하는 의사소통이 주어져야 하고, 의사소통 상호작용에서 아동의 코멘트가 계속 이어지게 해야 한다. 아동이 엄마에게 스웨터를 요구할 때 명령형 의사소통을 표현하지만, 엄마가 *no*(안 돼)라고 답하기 때문에 도구적 성공을 하지 못할 수 있다. 그러나 그의 요구가 이해되었으므로 그는 여전히 의사소통에 성공한 것이다.

전형적인 언어 습득에서, 시선 응시 방향과 지시적 몸짓은 일반적으로 관심 있는 사물이나 사건을 확립하는 수단으로 중요한 역할을 하며, 나중에는 상징적 몸짓과 단어 또는 기호와 함께 사용되기도 한다. 구어 의사소통과 관련된 공동 관심 활동은 아동에게 사회적 사건과 상호작용, 그리고 성인이 의사소통하는 내용과 그들 자신의 표현이 이해되는 방식에 대한 단서를 제공한다. 조기의 공동 관심 기술은 전형적으로 발달하는 아동과 발달장애 아동 모두의 후기 언어 발달을 예측할 수 있게 한다(Gulsrud et al., 2014; Mundy et al., 1990; Murza et al., 2016). 단순한 공동 관심과 더 넓은 공유 맥락을 확립하는 문제는 언어 학습에 큰 장애물이 될 수 있으며, 이러한 어려움은 언어 중재의 초기 목표가 되어야 한다.

공동 관심 중재

전형적이든 비전형적이든 의사소통 발달 초기에서 **공동 참여 에피소드**(*joint involvement episodes*)를 만들어 내는 사람은 주로 성인 상대자이다(Schaffer, 1989). 그들은 아동의 자발적인 표현을 (과도하게) 해석하고, 즉각적인 환경에서 단서를 활용하고, 아동에 대한 지식을 활용하며, 구어나 AAC의 사용이 포함될 수 있는 사회적 활동에 아동을 참여시킨다. 성인은 일반적으로 아동의 환경과 문화 전반에서 의미 있는 사람, 사물, 행동을 명시적으로 명명하고, 일부 언어 형식을 다른 것보다 더 두드러지게 만들며, 아동의 주의가 관련된 맥락적 측면을 향하도록 암묵적으로 유도하는 비언어적 특징을 대화에 포함시켜 언어의 이해와 사용을 위한 '틀'을 만든다 (p. 214 참조). 그들은 그러한 틀 안에서 아동이 표현하는 모든 것을 해석하여 이러한 표현이 어떻게 이해되는지를 아동이 암묵적으로 배우게 한다. 언어로의 전환은 아동이 단어, 손짓 기호나 그래픽 상징이 사람, 사물, 행동을 언급하는 데 사용된다는 것을 학습할 때 발생한다. 이것의 가장 중요한 부분은 아동이 구어 단어, 손짓 기호 또는 그래픽 상징이 발생한 상황을 어느 정도 성인과 유사한 방식으로 해석하는 방법을 배운다는 점이다. 이것은 아동과 성인이 상황의 일부 동일한 측면에 참여하는 공유된 맥락을 의미한다. 따라서 공동 관심에 대한 폭넓은 이해는 아동과 성인의 사회적, 문화적 지식을 반영하는 맥락적 틀이 포함된다. 또한 중증의 의사소통과 언어장애가 있는 아동은 사람, 활동, 사물에 대한 이전의 언어적, 비언어적 경험에 근거하여 공동 참여 에피소드를 가정한다. 아동의 의사소통과 언어가 향상됨에 따라 이러한 가정은 점차 상호작용에서 더 많은 역할을 할 것이다.

공동 관심은 언어 학습의 전제 조건이기 때문에, 원칙적으로 모든 언어 중재에는 손짓 기호나 그래픽 상징의 이해와 사용을 교수하기 위한 상황을 포함하여 공동 관심이 포함된다. 아동이 가르치는 의사소통적 표현과 관련된 것을 이해하려면, 교사는 표현 및 상황과 관련된 요소 모두에 아동이 주의를 기울이게끔 해야 한다. 사물이나 활동 사이에 명시적인 선택을 도입하는 것은 공동 관심을 형성하는 한 가지 방법이고, 대상이나 그림을 가리키면서 명명하는 것은 또 다른 방법이다. 그러나 공동 관심과 관련된 상황은 성인이나 아동이 공동 관심을 시작하기 위해 사물을 보여 주거나 지시적 제스처를 사용하는 것과 같이 비언어적(non-verbal)일 수도 있다.

자폐 아동은 특히 공동 관심에 문제가 있지만 중도 지적장애 아동도 지시적 제스처를 포함한 공동 관심 기술의 발달이 지연될 수 있다(Smith & von Tetzchner, 1986; Stenberg et al., 2014, 2021). 자폐 아동은 명령형 의사소통보다는 서술형 의사소통에 더 많은 문제를 갖는 경향이 있으며, 서술형 의사소통은 자폐 아동을 위한 대부분의 공동 관심 중재 연구의 핵심에서 명시된 강조점이다(Murza et al., 2016). 연구에 따르면 공동 관심에 특별히 초점을 맞춘 조기 중재 프로그램에 참여한 아동은 공동 관심 초점이 없었던 비교 프로그램보다 더 나은 의사소통과 언어 발달을 보였다(Chang et al., 2016; Kasari et al., 2006). 오늘날 자폐 아동을 위한 많은 조기 중재 프로그램은 공동 관심 기술을 촉진시키기 위한 전략을 포함한다. 이 전략은 아동이 다른 사람의 관심에 주의를 기울이도록 하고, 아동이 가리키기, 몸짓, 구어 단어를 사용하는 데 흥미를 보이는 장난감 등을 향해 성인이나 아동이 주의를 기울이게 하며, 자폐 아동을 관심 있는 것으로 안내하려는 사람들의 지시를 따르도록 지도하는 것 등이다(Hansen et al., 2018). 공동 관심 중재의 목적은 일반적으로 아동이 서술형 의사소통에 참여하도록 안내하는 것인데, 아동이 의도 없이 어떤 대상에 주의를 기울이는 것이다. 이를 달성하기 위해, 성인은 아동이 주도하는 대로 따르고, 아동의 행동을 모방하며, 아동이 관심을 보이는 사물, 사람, 사건과 관련된 의견을 말하고 참여를 보여 줄 수 있다. 장난감이나 다른 사물을 공동 탐색하고 명명하는 것 또한 전형적인 서술적 활동이다.

두 명 이상의 참가자(교사 또는 부모가 그중 하나일 수 있음)와 함께하는 놀이는 공동 관심 기술을 촉진하기 위한 이상적인 활동이다(10장 참조). 놀이의 많은 형태에는 대상이나 행동을 요청하기 위한 주의집중 유도(명령형 의사소통)와 요청의 의미 없이 경험을 공유하기 위한 주의집중 유도(서술형 의사소통)가 둘 다 포함된다. *JASPER(Joint Attention, Symbolic Play, Engagement & Regulation)* 중재 프로그램은 사회적이고 상징적인 놀이에서 공동 관심, 공유된 정서, 명령적이고 서술적인 의사소통을 활동에 통합시킨다(Kasari et al., 2021). JASPER 프로그램의 연구는 상징 놀이에 참여한 자폐 아동이 최상의 의사소통과 조기 언어 기술을 보였다고 밝혔다(Chang et al., 2016; Kasari et al., 2006).

성인의 보상과 칭찬은 아동이 의사소통으로 얻을 수 있는 것에 초점을 두게 하는데, 서술형 의사소통의 발달을 지원하기 위한 목표로 중재할 때에는 피해야 한다. 그러나 공동 관심 기술과 서술형 의사소통을 가르친다고 주장하는 일부 연구에서 중재자는 아동의 공동 관심 행동에 따라 우발적으로 대상이나 활동을 제공하거나(보상), 아동이 공동 관심 행동의 수행에 응하지 않았을 경우 아동의 장난감을 제거하였다(벌)(예: Weisberg & Jones, 2019; Whalen & Schreibman, 2003). 이러한 연구는 서술형 의사소통보다는 명령형 의사소통을 지원하는 것으로 보인다(p. 215 참조).

비구어적 의사소통과 공동 관심을 가진 경험이 있는 자폐 아동의 문제는 일반적으로 영구적이지 않다. 나이가 들어감에 따라 이 아동은 자신의 관심을 사로잡은 것을 보여 주기 위해 다른 사람의 관심을 끌 가능성이 다른 아동보다 적더라도, 공동 관심과 관련된 훨씬 더 다양한 상황에 처해 있다. 그들의 초기 의사소통은 경험을 공유하려는 의도로 서술적이기보다는 무엇인가를 얻으려는 의도로 명령적인 경향이 있다(Camaioni et al., 2003; Naber et al., 2008). 그러나 대부분의 자폐 아동은 구어를 이해하고 사용하게 되고, 일부는 손짓 기호나 그래픽 상징의 사용에 상당히 능숙해질 것이다. 아동의 발달에 맞추어 중재를 수정하는 것은 중요하다. 공동 관심 기술과 가리키기 훈련은 초기에는 유용할 수 있으나, 그 후에는 보다 발전된 의사소통과 언어에 초점을 두어야 하고, 가리키기는 더 이상 중재 목표가 되지 않을 것이다(Gulsrud et al., 2014). 이것은 또한 학령기 자폐 아동이 최소한의 구어를 구사한다고 하더라도 기본적인 공동 관심 기술과 언어 기술 간의 상관관계를 기대해서는 안 된다는 것을 의미한다(Pecukonis et al., 2019). 레트 증후군(p. 122 참조) 아동 및 성인과 같이, 중도 지적장애가 있는 사람은 기본적인 의사소통과 공동 관심 기술을 발달시키는 데 지속적인 문제가 있을 수 있다(von Tetzchner, 1997b). 이 그룹에게는 공동 관심 기술을 암묵적이거나 명시적으로 교수하는 놀이보다는 정서적인 참여와 구조화된 과잉 해석이 있는 상호작용이 이로울 것이다('AAC 사용을 촉진시키기 위한 초기 전략' 참조).

암묵적 및 명시적 학습과 교수

대부분의 아동은 명시적 교수 없이도 성인과 또래와의 의사소통 상호작용에 참여함으로써 모국어를 발달시킨다. 암묵적 학습은 개인이 의사소통 문제를 해결하려고 시도하지 않으면서 의식적인 작용 없이 발생한다(Berry & Dienes, 1993). 암묵적 교수는 학습자가 특별한 학습 전략을 알게 하려는 것이 아니라 특정 단어와 문법 구조의 사용을 설명하고, 개인이 다양한 의사소통 상황에서 단어와 문장을 사용하도록 돕고자 한다. 반면 명시적 학습에서 개인은 메타 관점을 취하고, 지식이나 기술을 습득하는 데 사용하는 전략을 알고 있다. 명시적 교수는 명시적 학습의 의식적인 작업을 활용한다(Baron & Arbel, 2022; Ellis, 2008). 암묵적 교수와 명시적 교수는 모두 능동적인 학습자를 가정하지만, 이 두 가지 학습 형태와 관련된 인지적인 작업과 기본 기술은 다르다.

명시적 학습 및 암묵적 학습과 교수 조건 간의 구별은 전형적으로 발달하는 아동의 일반적인 제1언어(모국어)와 제2언어 학습 및 교수에서 사용되는 전략의 차이점과 일부 유사하다

(Rebuschat, 2015). 모국어 습득에서는 암묵적 학습이 기본인데 비해 명시적 학습 및 교수 전략은 주로 학교에 속한다. 명시적 학습 전략과 교수는 제2언어 습득에서 더 두드러지지만, 암묵적 학습과 교수 또한 자리를 잡고 있다(Ellis, 2008).

명시적 학습 및 교수 전략과 암묵적 학습 및 교수 전략 간의 구분은 언어발달장애 아동을 위한 중재를 계획할 때 중요하다(Ebbels, 2014). 이것은 또한 AAC 중재의 기본이며, AAC가 필요한 개인을 세 가지 주요 그룹으로 구분하는 것과 직접적으로 관련되어 있다(3장 참조). 표현 언어 그룹의 경우, 조건은 종종 제2언어 학습 및 교수와 유사하다. 중재의 주요 초점은 일반적으로 환경 안에서 의사소통 상대자와 사람들이 사용하는 구어와 개인이 다른 수단으로 의미를 표현하는 방식 사이의 관계이다. 개인의 이해와 표현 사이에 큰 차이가 있기 때문에 교사는 어떻게 새로운 손짓 기호나 그래픽 상징을 사용할 수 있는지, 그리고 의사소통 도구의 어떤 곳에서 새로운 상징을 찾을 수 있는지를 설명하기 위해 음성지침을 사용할 수 있는데, 그럼으로써 명시적으로 어휘를 구조화시킨다. 전략은 언어에 대한 암묵적 학습과 지식을 초래할 수 있지만 종종 명시적이다. AAC를 사용한 개인의 발화 구성은 그 자체로 암묵적인 학습 상황을 구성한다. 명시적 전략은 학습자와 교사 사이에 존재하는 말과 대체언어 양식에 대한 지식이 대칭을 이루지 않는다는 점을 활용한다. 명시적 학습에서는 의사소통 문제를 해결하기 위해 가설을 세우고 특정 전략을 따르는 것이 가장 중요할 수 있다.

이 차원의 다른 쪽 끝에는 대체 언어 그룹이 있다. 이 그룹에 속한 개인에 대한 중재 목적은 제1언어인 모국어를 발전시키는 것이다. 암묵적 언어 학습은 비유적으로 개인이 어디로 가고 있는지 모른 채 새로운 영역을 탐험하는 것으로 설명될 수 있다. 이는 암묵적 전략을 필요로 하는데, 개인이 명시적 교수로부터 배울 수단을 갖고 있지 않기 때문이다. 개인은 다른 사람의 주의 어린 지시를 따르고, 다양한 목적을 위해 다른 사람에게 주의를 기울이는 것을 배워야 한다. 자폐인의 경우, 다른 사람의 주의를 따르고 다른 사람에게 주의를 기울이는 것에 대한 어려움이 두드러진 특징이다(3장 참조). 암묵적 교수 전략은 기능적 가치를 증가시키는 기술의 개발을 촉진하고, 어느 정도 말을 이해할 수 있는 아동의 경우 언어 형태(말, 손짓 기호, 유형 또는 그래픽 상징)와 그 사용법 간의 관계를 인식하도록 한다. 이는 암묵적 교수의 내용이 기능적이고 즉각적인 상황과 관련되어 있어야 함을 의미한다.

표현 언어 그룹에 속한 아동은 특정 구어 단어와 상응하는 손짓 기호를 수행하거나 그래픽 상징을 가리키도록 가르칠 수 있는데, 이는 제2언어 교수의 전형적인 '번역(translation)' 전략이다. 이 전략은 구어 지도가 안 되는 아동에게는 거의 의미가 없을 것이다. 그럼에도 불구하고 이런 교수는 대체 언어 그룹에 속한 개인을 위한 중재에서 빈번하게 관찰된다. 지시를 따르려면 이 그룹의 개인이 갖지 않은 기술이 필요하다. 그러나 개인이 대체 의사소통 체계의 사용에 보다 능숙해짐에 따라 이 체계는 명시적 교수에 활용될 수 있다.

지원 언어 그룹에 속한 아동의 경우, 아동의 구어에 대한 이해와 가르칠 의사소통 기능에 따라 명시적이거나 암묵적인 교수 전략에 중점을 둘 수 있다.

손짓 기호와 그래픽 상징의 사용

이해와 사용은 언어 능력의 보완적 측면이고, 이해와 사용 중 하나 또는 두 가지 모두 손짓 기호나 그래픽 또는 유형 상징의 이해와 사용 관련 중재를 포함하는 언어 중재에서 설명될 수 있다(p. 174 참조). **이해 훈련**(*comprehension training*)에서 손짓 기호를 생성하거나 그래픽 또는 유형 상징을 나타내는 것은 교사나 대화 상대자이다. 이 훈련의 목적은 개인이 손짓 기호나 유형 또는 그래픽 상징의 기능을 인식하고 이해하며, 대상을 나타내거나 행동을 수행하고, 표현된 내용에 답하거나 다른 방식으로 이해를 입증하는 법을 배우는 것이다. **표현 훈련**(*expressive training*)의 목적은 개인이 손짓 기호나 그래픽 또는 유형 상징을 다양한 의사소통 목적을 위해 사용할 수 있도록 하는 것이다.

AAC 중재는 3가지 유형의 기호와 상징의 사용이 포함되는데, 이는 신호, 명령, 표현이다. **신호 기호와 상징**(*signal signs & symbols*)은 학습자에게 후속 활동과 사건에 대한 정보를 주는 데 사용된다. 의사소통 발달의 초기 단계에 있고 구어 이해가 제한된 아동의 중재에 있어서, 이해 훈련에서 가르치는 많은 기호나 상징은 신호가 될 것이다. 교사는 학생이 손짓 기호를 표현하거나 그래픽 또는 유형 상징을 가리키도록 손으로 섬세하게 안내하거나, 교사 자신이 손짓 기호를 수행하거나 그래픽 또는 유형 상징을 가리킬 수 있다. 기호나 상징은 사람의 도착을 알리는 데 사용될 수 있다.

> Philip은 최중도 지적장애가 있는 23세 청년이다. 그는 지역사회 그룹홈(community unit)에 살고 있는데, 그의 아버지는 보통 토요일에 그를 방문한다. 아버지가 Philip의 방에 들어가기 전, 직원 중 한 명은 Philip이 FATHER(아버지) 손짓 기호를 만드는 동시에 단어 *father*를 말하도록 돕는다.

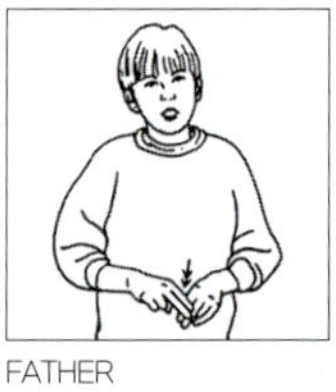

손짓 기호: FATHER

만약 개인이 그래픽 의사소통을 사용한다면, 아버지의 사진을 보여 주는 것이 같은 기능을 나타낼 것이다.

신호하기 기능의 이면에 있는 아이디어는 개인이 자기 통제(self-regulation)를 발달시키도록 지원하는 것이다. 따라서 기호와 상징을 가르치는 목적은 개인이 다음 활동이나 행사를 준비하게 하는 것이다. 개인이 기호를 섬세하게 안내받거나 그래픽 상징을 가리켰을 때, 그는 무엇이 일어날지를 알아차리고 표현하는 것을 배우는 것이다. 손짓 기호 FINISH(끝)는 행동이나 사건이 종료되었거나 곧 종료된다는 것을 개인에게 알려주는 데 유용하다.

명령 기호와 상징(*command signs and symbols*)의 주요 기능은 타인 통제(other-regulation)이다. 의사소통 상대자는 그것을 이용하여 개인에게 활동을 수행하거나 중단하도록 말한다. 손짓 기호로 표현한 NO(아니요), WAIT(기다리세요), CONTINUE(계속), STOP(그만하세요)은 개인의 행동을 규제하는 데 특히 유용할 수 있다.

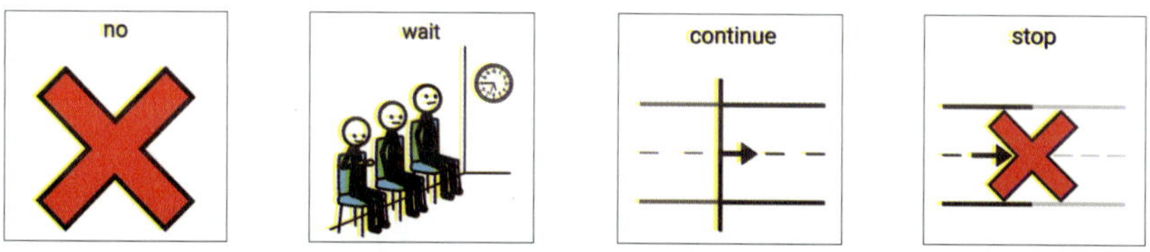

ARASSAAC: *NO, WATE, CONTINUE, STOP*

> David는 7세 자폐 아동이다. 그는 조명을 켰다 끄는 것을 반복하면서 오랫동안 서 있다. 교사는 David가 하는 일을 자제시키기 위해 단호하게 *stop*(그만해)이라고 말하면서 손짓 기호로 STOP을 한다.

신호와 명령 기호와 상징은 본래 표현적으로 배우지 않는다. 개인이 명령 기호 사용을 일찍 배우는 것이 목표는 아니지만, 그는 곧 그중 일부가 유용하다는 것을 알게 될 것이다. 예를 들어, 손짓 기호 NO와 FINISH는 AAC 발달의 초기 단계에서 개인에 의해 일반화되고 자발적으로 사용되었다고 자주 보고되어 왔다.

표현 기호와 상징(*Expressive signs and symbols*)은 개인이 특정 목표를 성취하기 위해 다른 사람을 언급하기, 특별한 행사 알리기, 활동 언급하기 등을 할 때 개인에 의해 사용된다. 교육은 손짓 기호와 그래픽 상징을 사용하는 방법에 초점을 두는데, 개인이 잠재적인 대화 상대자와 의사소통을 시작하는 데 어떻게 그것을 사용하는지도 포함시킨다. 대화 상대자는 손짓 기호나 그래픽 상징을 이해할 수 있어야 하고, 적절히 대답하거나 반응할 수 있어야 한다. 훈련을 하는 동안 개인은 손짓 기호를 만들거나 그래픽 또는 유형 상징을 선택하고 가리키도록 도움을 받을 수 있지만, 도움의 양은 필요한 정도만 주어야 한다. 도움은 가능한 한 빨리 줄여야만 한다.

Mary는 중증의 지적장애가 있는 14세 아동이다. 그녀는 댄스 음악 듣기를 좋아하고 특수교육 시간에 손짓 기호 MUSIC(음악)을 배웠다. 교사는 2명이었다. 음악을 스트리밍하는 데 사용되는 태블릿은 손이 닿지 않는 탁자에 놓여 있었다. 그녀가 태블릿에 손이 닿도록 뻗을 때, 교사 중 한 명이 그녀에게 손짓 기호 MUSIC을 만들도록 손을 잡고 안내하였다. 다른 교사가 그녀에게 태블릿을 주고, 댄스곡 듣기를 허락받았다.

이런 종류의 훈련에서, 교사는 각 훈련 세션 동안 많은 훈련 시도를 하기 위해 매우 짧은 곡을 재생한다. 그러나 이는 비정상적인 음악의 사용이고 개인을 좌절시킬 수 있다. 음악은 보상이 아니라 성공적인 의사소통 요구의 결과이다. 음악 시간을 이용하여 활동과 관련된 의사소통을 확장하는 것이 더 낫다. 예를 들어, 손짓 기호 GOOD(좋다), SWEET(달콤하다), FAST(빠르다), SLOW(느리다)와 같이 멜로디의 질을 언급하거나 아동을 노래 부르기나 춤추기에 참여시킨다. 개인을 일상적인 활동으로 이끄는 것은 의사소통과 언어 중재의 통합된 목표이다.

PCS: *GOOD, SWEET*

AAC 이해를 촉진하기 위한 초기 중재 전략

개인은 자신의 AAC 체계를 이해할 필요가 있다. 이해 훈련의 유형은 개인의 구어 이해에 따라 달라질 것이다. 기호나 상징에 대한 개인의 이해를 위한 중재는 자연스러운 상황에서 이루어지거나 특수 훈련 세션에서 이루어질 수 있다(5장 참조).

자연스러운 상황 전략

많은 수의 최중도 의사소통장애인들은 자신의 하루에 어떤 활동이나 사건이 일어날 것인지에 대한 개관이 거의 없다. 그들은 활동을 시작하는 일이 드물고, 그들이 이해하는 의사소통 양식으로 무엇이 일어날 것인지에 대한 정보를 듣지 못한 채 교사에 의해 한 활동에서 다른 활동으로 옮겨진다. 많은 자폐인은 불안이나 두려움을 가지고 일어나는 일에 대한 불확실성에 대해 반응한다. 누군가에 의해 새로운 활동에 노출될 때 그들은 수동적이고 비활동적이 되거나 강하게 저항할 수 있다.

Martin은 3세의 자폐 아동이다. 어린이집에서 활동을 바꾸어 다른 교실로 가야 할 때마다 그는 바닥에 누워서 발을 구르며 울었다. 그는 진정될 때까지 종종 오랜 시간이 걸렸다. 어린이집에서 보내는 그의 하루에는 이런 문제가 나타났다(Steindal, 1990).

활동을 나타내는 기호와 그래픽 상징이 있는 시각적 스케줄이(p. 220 참조) 변화를 알려주기 위해 사용되었을 때, 변화에 대한 Martin의 강력한 정서적 반응이 점차 감소되었다.

어떤 개인은 자신이 하고 싶은 것을 결정하고 표현하는 데 어려움이 있고, 적어도 무엇이 일어날 것인지 그들에게 명확히 해 줘야 한다. 유치원이나 학교에서 보내는 날에는 전형적으로 같은 장소, 같은 시간, 같은 순서로 발생하는 많은 일상적인 활동이 포함된다. 이것은 손짓 기호나 그래픽 상징으로 전해질 수 있고, 시각적 스케줄에 표시될 수도 있다(p. 201 참조). 이것을 신호-제어 프레임 구조화로 부를 수 있다. 그러나 일과 이외의 활동도 가능하면 신호로 만들어져야 한다.

시각적 스케줄은 주로 개인의 행동을 조절하는 기능을 하지만, 신호 기호(signal signs)와 상징은 일상적인 상호작용과 이해 훈련의 일부이다. 목표는 개인이 특정 활동과 이벤트에 앞서 확실한 손짓 기호나 그래픽 상징을 배워서 그것이 신호를 보내는 기능이 있음을 배우는 것이다. 기호나 상징은 학습자가 쉽게 서로를 인식하고 구별하도록 선택된다. 활동이 시작되기 직전에 선택되지만, 그런 방식은 하루 일과의 부분이 아닐 때조차도 개인이 변화에 대비할 시간이 거의 없다. FINISHED(끝났다)와 같이, 손짓 기호나 상징을 사용하여 활동이 종료되는 시기를 나타내는 것도 실용적이다. 원칙적으로 이런 표시는 특정 형태를 갖는데, 여기에는 필요시 손 안내를 제공하면서 개인과 함께 수행되는 전형적인 손짓 기호, 그래픽 상징, 활동에 사용되는 사물 등이 포함된다. 손짓 기호나 그래픽 상징은 개인이 더 방대한 의사소통 체계를 획득하도록 이끌 수 있기에, 가능하다면 손짓 기호나 그래픽 상징을 사용하는 것이 가장 좋다. 그러나 중재의 초기 단계에서는 사물이 종종 다른 활동을 상징하는 데 사용된다.

PIC: *FINISH*

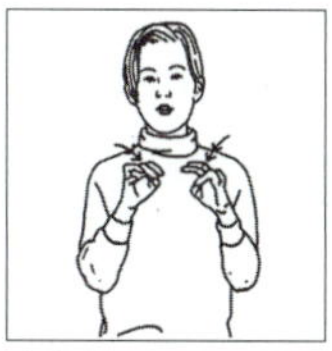

FINISHED

손짓 기호: FINISHED

일반적으로 긍정적인 사건의 신호에 가장 중점을 두지만, 신호 기호와 상징은 긍정적이고 부정적인 사건을 알리기 위해 모두 사용될 수 있다.

John은 휠체어로 여행가는 것을 좋아하는 10세의 중복장애 아동이다. 성인이 그와 함께 나가기 전에 John은 그래픽 상징 *WALK*(산책)를 표시하도록 안내된다.

위짓 상징: *WALK*

Marie는 최중도 지적장애가 있는 17세 청소년이다. 그녀는 치아 상태가 매우 나쁘고 종종 치과에 간다. 옆 건물에 위치한 치과에 방문하기 전에 Marie는 도움을 받아 DENTIST(치과의사)를 손짓 기호로 나타내도록 한다.

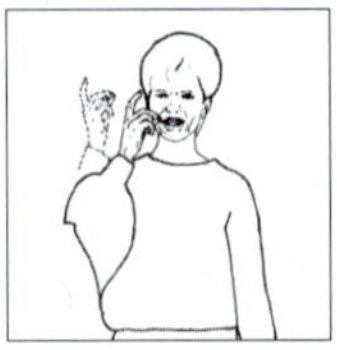

DENTIST

손짓 기호: DENTIST

다른 많은 사람과 마찬가지로, Marie도 치과에 가는 것을 두려워했으며, 때로 치과 쪽으로 걸어갈 때 불안감을 나타내기도 했다. 그러므로 그녀가 치과에 가는지 아닌지를 알게 하는 것이 중요했고, 그녀는 이유 없이 걱정하지 않았다. 치과를 방문할 때마다 알려주었기 때문에, 그녀는 치과와 같은 방향이라도 치과를 방문하지 않는 경우 불안감을 보이지 않게 되었다. 기호가 무엇을 신호하는지 점차 이해하게 되면서, 그녀는 직원이 DENTIST(치과 의사)를 손짓 기호로 나타냈을 때 저항하기 시작했지만, 그럼에도 마지못해 따라갔다.

기호나 상징이 개인에게 신호 기능을 갖기 시작했다는 가장 명백한 표시는 개인이 일어날 일에 대해 기대감을 나타내기 시작하는 것이다. 가장 심한 지적장애인의 경우, 기호나 상징이 제시되었을 때 더 흥분하거나 높아진 근육 긴장도를 보이면서 곧게 펴는 것에서 이런 부분이 나타난다. 개인은 신호하는 활동이 일어날 장소 또는 관련된 사물이 보관된 장소의 방향을 보거나 그쪽으로 움직이기 시작한다. 이러한 반응 또한 개인이 기호나 상징을 특정 사건과 연관시키는 지표로 사용할 수 있다.

가르치는 기호나 상징이 나타내는 활동이나 사건의 바로 직전에 제시되는 사물은 중요하다.

손짓 기호는 언제든지 만들어질 수 있다. 만약 교사나 보호자가 그래픽 상징을 사용한다면, 열쇠고리에 한 세트를 끼워 두면 그래픽 상징이 필요할 때 쉽게 사용할 수 있다. 만약 손짓 기호나 상징의 표현과 발생하는 활동 또는 사건 사이에 너무 많은 시간이 지나면, 주의를 산만하게 하는 일이 방해가 될 수 있고, 기호나 상징과 그것이 나타내는 활동이나 사건 간의 관계를 개인이 이해하기 어려울 수 있다.

Hannah는 지적장애가 있는 7세 아동이다. 수영장에 갈 때, 수영하러 간다는 신호로 그녀의 손을 끌어서 수영복의 감촉을 느끼게 하였다. 그런 다음 옷을 입고 버스 정류장에 동행하여 버스를 10분 또는 15분 동안 기다렸다가, 버스에서 약 20분간 앉아 있고, 5분 동안 걸어서, 탈의실에 도착하여 옷을 벗고 수영복을 입은 후, 마침내 수영을 했다. 그러나 그녀는 수영장에 갔을 때 물속에 있는 것을 분명히 즐겼음에도 불구하고 종종 가는 것을 내키지 않아 했다. Hannah에게는 수영복이 수영장에 방문한다는 신호라는 것을 이해하기가 어려웠을 것이다. 따라서 루틴이 변경되었다. 그녀가 집을 떠나기 전에 *BUS*(버스) 그래픽 상징을 보여 준 다음, 버스에서 내릴 때 수영장의 사진을 보여 주었다. 수영복은 그녀가 탈의실에서 지원 인력이 그녀의 탈의를 도울 준비를 할 때 도입되었다.

ARASAAC: *BUS*

반면, 손짓 기호나 상징의 기능을 가르칠 때 너무 늦게 제시하지 않는 것도 중요하다. 예를 들어, 개인이 이미 식탁에 앉아 있을 때 그가 곧 먹을 것이라고 말하기 위해 그래픽 상징 *FOOD*(음식)를 사용하는 것은 그다지 도움이 되는 정보가 아니다. 상징은 중의적이라서 의미가 없다. 왜냐하면 신호가 상황의 변화를 나타내지는 않기 때문이다. 개인이 곧 먹을 것이라는 사실은 식탁 위의 음식, 음식 냄새, 개인이 착용한 턱받이 등 이미 여러 가지 자연스러운 표시(마커)를 통해 전달되었다. 그래픽 상징은 개인이 그 방에 들어오기 직전에, 또는 식탁에 앉기 바로 전에 제시되어야 한다.

개인이 손짓 기호나 상징을 배우면, 신호의 제시와 활동 간의 간격이 점차 길어질 수 있는데, 초과 시간은 개인이 즉시 발생하지 않는 활동에 대해서 의사소통할 수 있게 한다. 이것은 또한 개인이 보이지 않는 것을 요구하거나 일반적으로 요구하는 시점에 발생하지는 않는 활동에 참여하고 싶다는 소망을 표현할 수 있는 토대를 마련할 것이다. 손짓 기호나 상징에 대한 개인의 반응은 다른 시각적 스케줄의 사용도 알려줄 것이다.

위의 예시에서 더 자세한 시각적 활동 스케줄을 사용할 수도 있었을 것이다(p. 202 참조). Hannah에게 개별적인 상징을 보여 주는 것의 이점은 그 상징이 다른 활동에서도 사용될 수 있다는 점이다. 시각적 스케줄을 사용한 신호-제어 프레임 구조화에서 다양한 활동의 고정 순서는 중재에서 중요한 요소이다. 개인은 그래픽 상징이 다른 용도를 위해 독립적으로 제시되기 전에, 되도록 특정 상황의 맥락에서 그래픽 상징의 신호 기능을 배워야 한다. 또한 개인은 그래픽 상징이 하루 전체의 활동을 리뷰하는 데 사용되기 전에 그래픽 상징이 신호하는 것에 대한 이해를 보여 주어야 한다. 만약 이것이 너무 일찍 수행되면, 개인이 각 상징의 신호 기능을 배우는 것이 어려울 수 있다.

구조화는 의사소통 학습을 지원하는 수단이지만, 의사소통과 구조를 혼동해서는 안 된다. 개인에게 환경에 대한 더 나은 이해를 제공하기 위해 손짓 기호나 상징을 사용하는 것은 프레임 구조화에 의존하는 것은 아니다. 손짓 기호나 그래픽 또는 유형 상징은 사건이 매일 또는 매번 같은 시간에 일어나지 않더라도 활동이나 사건을 알리는 데 사용될 수 있다. 개인이 손짓 기호나 상징을 이해하는 법을 배울 수 있도록 충분히 자주 반복되는 모든 활동과 사건과 함께 사용될 수 있다. 일상생활과 동일한 활동이나 사건이 같은 순서로 발생하는 다른 상황에서 손짓 기호와 상징을 사용하는 것이 특히 유용한데, 고정된 사건 순서와 손짓 기호 또는 상징의 사용이 상호적으로 효과를 향상시키기 때문이다. 신호는 개인의 일상적인 상황에 대한 이해를 촉진시키고, 이 이해는 손짓 기호와 상징의 학습을 촉진시킨다.

신호 기호가 실행되는 환경에서는 사람들이 계획된 상황 외에도 손짓 기호를 사용하려는 경향이 있다(Rombouts et al., 2019). 이는 그래픽 또는 유형 상징에서는 일반적이지 않다. 의사소통 도구는 많은 상황에서 사용되지 못할 수 있고(von Tetzchner et al., 2018), 사용이 가능한 경우에도 교사가 사용하기에 실용적이지 않을 수도 있다. '도구적 언어 자극'은 그래픽 상징을 교수할 때 일반적인 요소가 되었지만, 일반적인 환경보다는 훈련 세션에서 더 많이 사용된다(O'Neill et al., 2018). 그러나 환경에 있는 사람들이 구어 이해가 제한된 개인과 의사소통할 때에도 그래픽 또는 유형 상징을 사용하면 계획되지 않은 경험에서 개인의 학습이 추가될 수 있다. 그래픽 상징이 구어 단어에 상응한다는 점에 대한 개인의 이해를 촉진하기 위해, 환경에 있는 사람들은 실용적인 상황마다 말과 함께 그래픽 상징을 사용해야 한다. 이런 방식으로 개인은 그래픽 상징 및 단어를 다른 상황과 연관시킬 수 있고, 상징-단어 대응이 맥락에 따라 달라질 수 있다는 것을 배울 수 있다. 구어에 대한 이해가 제한된 개인의 경우, 환경에 있는 사람들이 그래픽 기호와 말을 동시에 사용하면 말하는 단어를 더 쉽게 이해할 수 있다.

특수 훈련 전략

이해 훈련의 일반적인 형태는 개인에게 손짓 기호나 그래픽 상징을 사물이나 동작과 함께 제시하는 것이다. 예를 들어, 손짓 기호나 그래픽 상징으로 말하는 동시에 BALL(공)과 공을 가리킨다. 또 다른 일반적인 전략은 교사가 손짓 기호로 표현하거나 유형 또는 그래픽 상징을 가리키면서, 학습자에게 상응하는 사물이나 그림을 가리키거나, 무엇인가를 집어 들거나, 행동을 수행하라고 요구하는 것이다. 교사는 학습자에게 자신의 반응이 맞는지 여부를 알려주고, 그럼으로써 시행착오를 통해 학습을 안내한다.

손짓 기호: BALL

이러한 유형의 이해 훈련에서 개인은 여러 물건이나 그림 중에서 올바른 항목을 찾아야 한다. 그림이나 사물의 위치는 다양해야 하므로, 개인은 단순히 사물을 집어 들거나 특정한 위치를 차지하는 그림을 가리키는 법을 배우지는 않는다.

> Dan은 지적장애가 있는 15세 청소년이다. 공과 숟가락이 그의 앞 책상 위에 놓여 있다. 교사는 손짓 기호 BALL(공)을 수행하면서 *Give me the ball*(나에게 공을 주세요)이라고 말했다. Dan은 교사에게 공을 주었다(Booth, 1978).

이는 개인의 반응이 틀리는 경우 안내되거나 수정될 수 있다는 점을 제외하고, 일반적인 어휘 검사와 유사하다.

이런 종류의 이해 훈련은 손짓 기호보다 그래픽 또는 유형 상징으로 하는 훈련이 덜 일반적이다. 한 가지 이유는 손짓 기호는 사용할 때마다 수행되어야 하는 반면, 그래픽과 유형 상징은 항상 존재할 수 있기 때문이다. 교사는 훈련 세션 동안 손짓 기호와 함께 말을 하는 것에 익숙해질 수 있지만, 유형이나 그래픽 상징을 가리키거나 보여 주는 동시에 말을 하는 것은 익숙하지 않다. 또 다른 이유는 많은 유형 상징은 미니어처 사물이고 그래픽 상징은 양식화된 그림이기 때문이다. 많은 교사는 개인이 훈련 없이 즉시 그것을 이해한다고 가정하는 것 같다. 사실상 그래픽 상징의 이해는 일반적으로 AAC에 대한 교재에서 거의 주의를 기울이지 않는다(예: Beukelman & Light, 2020). 그러나 그래픽 상징에 기능을 부여하는 것은 바로 무엇인가를 특정하게 표현하려고 그래픽 상징의 이미지와 어휘를 사용하고, 의사소통에서 이를 참조하고자 하는 결정이다. 글로 쓰인 단어는 언어 기능을 강조한다. 만약 개인이 상징의 기능을 이해하지 못하면, 그래픽 상징의 이미지는 단지 이미지일 뿐이다. 구어를 발달시키는 아동이 새로운 어휘를 배워야 하는 것과 비슷한 방식으로, 각 그래픽 상징의 상징 기능을 배워야 한다(von Tetzchner, 2015).

의사소통 상대자가 개인에게 그의 말을 모방하라는 요구 없이 그래픽 핵심어나 그래픽 문장을 생성하는 도구적 언어 자극(aided language stimulation)은 도구를 사용하는 의사소통자가 자신의 그래픽 체계를 이해하도록 하는 몰입 지원으로 여겨진다(O'Neill et al., 2018). 이 외에도, 도구를 사용하는 많은 의사소통자는 그래픽 수용 언어에 대한 경험이 거의 없을 수 있다(von Tetzchner, 2018; von Tetzchner & Grove, 2003). 그러나 전통적인 언어치료에 사용되는 많은 전략은 성인이 손짓 기호나 그래픽 상징을 사용하여 이야기를 제시하거나 그림책의 동물, 사물, 행위를 명명하는 공유된 책 읽기와 같이 AAC를 사용할 수 있다(Sennott & Mason, 2016; Trudeau et al., 2003). 성인이 아동의 의사소통을 모방하는 구조화된 대화는 더 발전된 그래픽 언어 사용의 이해를 지원할 수 있다(9장 참조). 그러한 대화는 구조화된 놀이나 다른 공동 활동의 일부일 수 있다(10장 참조).

AAC 사용을 촉진하기 위한 초기 전략

손짓 기호와 그래픽 상징의 사용을 교수하는 많은 방법이 있다. 대부분은 특수 훈련과 자연스러운 환경 모두에서 사용될 수 있다.

구조화된 과잉 해석과 총체적 의사소통

부모와 다른 성인은 일반적으로 유아가 의사소통적 의도를 갖는다고 가정되는 시기보다 더 어리더라도, 마치 그들과 의사소통을 하는 것처럼 전형적으로 아동이 주의를 기울이는 것의 이름을 부르고 유아의 행동에 반응하는 경향이 있다(Woodward & Markman, 1998). 과잉 해석(over-interpretation) 이론은 이러한 성인의 반응이 유아가 의사소통에 참여하는 데 도움이 된다고 제안한다(Lock, 1980). 이 이론은 언어 이해가 제한된 개인의 의사소통 발달을 지원하기 위해 구조화된 과잉-해석을 사용하기 위한 기초이다. '구조'는 개인의 자발적인 행동이나 움직임 중 일부가 의사소통 기능으로 인해 개인이 할 수 있고 관심 있는 것을 활용하는 계획된 전략임을 의미한다. 이 전략의 목적은 중도 및 최중도 장애인의 특정 행동이 다른 가까운 사람들의 체계적인 해석을 통해 개인의 관심, 필요, 선호도와 관련된 의도를 의사소통하고 나타내도록 하여 그들의 환경을 더 잘 통제하도록 돕는 것이다.

구조화된 총체적 의사소통(total communication)은 개인에게 의사소통 의도를 표현하는 몇 가지 수단을 제공하는데, 여기에는 말, 관습적이고 특이한 몸짓, 손짓 기호, 그래픽 상징, 사진, 유형 상징이나 사물이 포함된다. 총체적 의사소통의 기본 아이디어는 기능이 형식보다 더 중요하며, 의사소통 수단이 제한된 사람에게는 모든 의사소통 수단이 유효하고 인정되어야 한다는 것이다(Purwowibowo et al., 2018).

구조화된 과잉-해석은 의사소통이 거의 또는 전혀 없는 개인이 그러한 기술을 발달시킬 잠재 능력이 있는 경우 자신을 표현하는 데 도움이 될 수 있다. 만약 가족, 학교, 일시적 위탁을 포함하여 그들을 돌보는 데 관여하는 모든 사람이 행동을 동일한 방식으로 해석한다면 그들의 의사소통 발달을 지원할 것이다. 가능한 한 빨리 구조화된 과잉-해석에서 구조화된 총체적 의사소통으로 옮겨가는 것이 목표이다. 그러나 최중도 지적장애인의 경우, 구조화된 과잉-해석이나 다른 형태의 중재 모두 자발적이고 자기 주도적이며 독립적인 의사소통을 이끌어 낼 가능성이 없다. 그렇더라도, 이들과 보호자에게는 체계적인 과잉-해석이 가치가 있고, 개인의 라이프스타일을 구축하는 기초를 형성할 것이다(von Tetzchner, 1997b). 구조화된 과잉-해석에 내포된 조직은 물리적, 사회적 환경에 대한 더 나은 개요를 통해 개인의 일상생활 기초를 마련할 수 있고, 이를 통해 어떤 일이 일어나는지 더 잘 이해할 수 있게 된다. 환경 안에 있는 사람에게 있어서 구조화된 과잉-해석은 개인의 행동을 가장 잘 해석하고 다른 상황에서 그들에게 반응하는 가장 좋은 방법에 대한 지식을 축적시킬 수 있다. 따라서 개인에게 반응적이고 예측 가능한 환경을 제공할 수 있고, 그와 동시에 환경의 모든 가까운 사람이 사용할 수 있는 일련의 전략을 수립할 수 있다.

관찰하기, 기다리기, 반응하기

관찰하기, 기다리기, 반응하기(watch, wait & react) 전략은 **구조화된 과잉-해석**의 일부이다. 목적은 개인이 산출한 우연한 행동에 의사소통으로 반응함으로써 기호로 전환하는 것이지만, 개인의 행동이 의사소통 의도가 있는지는 명확하지 않고, 때때로 의도가 있을 가능성이 낮다. 교수는 비구조화된 상황에서 발생하고, 특정한 활동이나 행동을 장려하기 위해 특별한 조치를 취하지 않는다. 개인은 관찰되고 주시되는데, 이는 교사가 개인이 하는 것을 주의 깊고 민감하게 지켜본다는 것을 의미한다. 이후의 단계에서 반복된다면 인식될 수 있는 움직임을 만들자마자 교사는 마치 개인이 특정한 손짓 기호를 수행한 것처럼 이 움직임에 반응한다.

이 전략은 스스로 주도하는 활동을 거의 보이지 않는 개인에게 중재하는 것이 가장 적합하다. 몇 가지 긍정적인 효과가 있다. 예를 들어, 언어 및 의사소통 기술이 빈약한 아동의 특징인 수동성은 타인의 반응을 일으키는 행동을 나타내는 정도가 다른 아동보다 적다는 사실과 관련 있다고 여겨진다(Ryan, 1977). 관찰하기, 기다리기, 반응하기 전략은 개인의 행동이 긍정적인 반응을 유발할 가능성을 높이는데, 이는 차례로 개인의 활동 수준을 자극하고 의사소통을 시작하게 할 수 있다. 따라서 개인의 행동과 교사의 반응은 거래 효과를 가질 수 있는데, 이는 개인에게 새로운 행동과 더 많은 학습 기회를 이끌어 준다. 새로운 행동은 유사한 의사소통 기능으로 여겨지면서, 긍정적인 나선형 발달을 지속시킨다. 이것을 발생하게 하려면 우선 교사가 반응하는 행동은 개인에게 세심하고 동기가 부여되도록 하는 표현이어야 한다. 이것은 또한 개인이 상황에서 일어나는 일, 자신의 활동과 주변 사람의 반응 사이의 관계를 인식하게 될 가능성을 높인다.

> Harold는 중도 지적장애가 있는 4세 아동이다. 그는 수동적이고 자기 주도 활동을 거의 보이지 않는다. 그는 들어 올려지고 거칠게 넘어지는 놀이를 좋아한다. 그는 때때로 가슴을 친다. 그의 부모와 어린이집 직원은 이 행동에 "I want to play(나는 놀고 싶어요)"라는 의미를 부여해야 한다고 결정했다. 그가 가슴을 칠 때마다 성인은 그를 들어 올려서 거칠게 넘어뜨리는 놀이를 시작한다.

관찰하기, 기다리기, 반응하기는 환경 안에 있는 사람에게 긍정적인 전략이지만, 분명한 한계가 있다. 표현이 특이할 수 있고, 중재에 관여하지 않는 사람에게 의사소통으로 쉽게 인식되지 않을 수도 있다. 중재를 관리하는 사람은 선택된 행동이 언제 발생할 것인지를 제어하기가 어렵고, 행동이 반복되기 전에 오랜 시간을 기다려야 할 우려도 있다. 개인은 세심한 주의를 기울여야 하고, 다른 사람의 반응은 그의 관심을 끌 수 있어야 한다. 중재자는 개인이 비교적 자주 수행하는 행동을 선택하고, 개인의 흥미와 선호도에 대한 정보에 근거하여 행동에 의미를 부여하도록 하여 어느 정도 이런 조건을 확보할 것이다.

습관적 행동에 반응하기

습관적 행동에 반응하기(reacting to habitual behavior) 전략은 **구조화된 총체적 의사소통**(*structured total communication*)의 일부이다. 이는 어느 정도는 자기 주도 활동이 있지만 활동에 기능성이 부족한 개인에게 가장 적합하다. 예를 들어, 습관적 행동에 반응하는 것은 혼자 있을 때 방에서 목적 없이 돌아다니거나, 벽이나 가구를 걷어차거나, 지나가면서 탁자를 치거나, 선반에서 사물을 끌어 내리는 경향이 있는 아동과 성인에게 유용하다. 이 전략에서는 교사가 개인이 무엇에 관심이 있고 주어진 상황에서 무엇을 할 것인지를 알도록 요구한다. 목표는 비기능적 활동을 의사소통하고 사회적으로 수용할 수 있도록 만드는 것이다. 이를 달성하기 위해, 교사는 손짓 기호나 그래픽 상징의 사용을 가르치기 위해 특정 행동을 유도하고 활용하는 것이 가능한 중재 상황을 만들어야 한다.

Andrew는 8세의 자폐 아동으로, 몇 개의 손짓 기호를 사용한다. 그는 손에 잡히는 어떤 손가방도 비우려는 경향이 있다. 그는 손가방을 든 한 남자가 앉아 있고 특별한 일이 일어나지 않는 방에 배치되었다. 교사는 교실 안을 걸어 다니는 Andrew의 뒤를 따른다. 그가 가방에 손을 뻗자마자, 교사는 Andrew의 손으로 손짓 기호 HANDBAG(손가방)을 만들도록 안내한다. 그런 다음 앉아 있는 남자로부터 가방을 받는다.

만약 교사가 Andrew가 이미 배웠던 손짓 기호와 비교하여 GET(얻다)이나 GIVE(주다) 같은 손짓 기호를 배우는 것이 더 유용하다고 결정했다면, Andrew에게 일반적인 손짓 기호를 가르치기 위해 비슷한 상황을 이용할 수 있었을 것이다. 비슷한 절차를 그래픽 상징에 적용할 때, 개인은 그래픽 상징이 있는 카드를 받고, 위의 예에서 핸드백을 든 남자와 같은 다른 사람에게 그래픽 상징을 주거나 보여 주도록 민감하게 손으로 안내된다.

위짓 상징: *GET, GIVE*

손짓 기호: GET, GIVE

이 전략의 목적은 이전에 비기능적이었던 습관적 행동에 대해 마치 의사소통적인 행동인 것처럼 체계적으로 반응함으로써 의사소통적 기능을 부여하는 것이다. 이 전략은 개인이 자기 행동을 의사소통 상대자의 반응과 연관시킬 것이라는 가정을 기반으로 한다. 따라서 이 전략을 성공시키려면, 개인은 자기 행동과 타인의 반응을 둘 다 인식하고, 이로 인해 그가 반응이 반복되기를 원하게 만드는 것이 필수적이다.

자폐범주성장애와 지적장애가 있는 많은 사람들이 행동 문제를 보인다(Emerson & Einfeld, 2011). 습관적 행동에 반응하는 전략의 장점은 환경에 있는 사람이 일반적으로 문제로 간주하는 행동을 기반으로 할 수 있다는 것이다. 개인이 어려운 상황에 대처하도록 도울 수 있는 손짓 기호나 그래픽 상징을 배우기 때문에, 중재는 문제 행동의 감소로도 이어질 가능성이 있다 (p. 176 참조). 또 다른 장점은 교사가 행동이 습관적으로 발생하는 경향이 있는 상황을 계획하여 교수할 시간을 결정할 수 있다는 것이다. 이는 교사에게 손짓 기호나 그래픽 상징의 교수를 제어할 수 있게 하여 충분한 수의 자발적인 반복을 보장할 것이다.

연쇄 형성 및 중단하기

연쇄 형성 및 중단하기(build-and-break chains) 전략에서 교사는 먼저 개인이 수행하거나 수행하도록 동기 부여된 일련의 연쇄를 구성하고 실행한다. 그런 다음 교사는 도움 없이 이 연쇄를 완성하는 것이 불가능하도록 활동 중 하나를 방해한다(Carter & Grunsell, 2001). 개인이 혼란이나 좌절감을 보일 때, 그는 즉시 손짓 기호를 만들거나 유형 또는 그래픽 상징을 표시하도록 안내되고, 방해된 활동으로 이어져 행동 연쇄를 회복한다. 이 전략은 다양한 수준의 행동을 가진 개인에게 활용될 수 있고, 특히 자신의 주도로 일하도록 배울 필요가 있는 사람에게 적합하다.

이 전략은 일반적으로 행동 연쇄를 실행하는 것으로 시작하지만, 개인이 상황에서 충분히 동기를 부여받는다면, 배우지 않고 자연스럽게 발생하는 연쇄와 함께 사용할 수도 있다. 노래는 매우 짧은 연쇄를 구성할 수 있다.

> Linda는 중복장애가 있는 6세 아동이다. 그녀는 노래를 좋아하고 교사는 노래 *Wheels on the bus*를 가르쳐 왔는데, 그녀는 매일 아침 이 노래를 불렀다. 그들은 한 구절로 시작한 다음 GOING ROUND(빙글빙글 돌다)를 나타내는 동작과 결합하여 여러 구절을 추가했다. 3주 후 이 작은 연쇄가 잘 확립되었을 때, 교사는 노래를 멈추고 첫 구절 후에 움직이지 않고 Linda의 손을 잡은 채 반응을 기다렸다. 그래픽 상징 *SING*(노래하다)이 의자 옆 화이트보드에 제시되었다. Linda가 손을 움직이려고 할 때 교사는 그래픽 상징 *SING*을 가리키면서 *sing*이라고 말하고, 다시 노래를 시작했다.

PCS: *SING*

직소 퍼즐 역시 연쇄가 될 수 있다.

> Carl은 10세의 자폐 아동이다. 그는 직소 퍼즐의 조각이 그의 앞에 있을 때 왼쪽에서 오른쪽으로 간단한 직소 퍼즐을 완성하는 법을 배웠다. Carl은 퍼즐 조각을 왼쪽에서 오른쪽 순서로 차례대로 하나씩 가져오는 법을 배웠다. 퍼즐 조각을 손이 닿지 않는 곳에 두어 연쇄가 끊어져서, 퍼즐 조각을 잡으려면 도움이 필요했다. 교사가 2명 있었다. 한 명은 Carl의 뒤에서 그를 돕고, 다른 한 명은 Carl 앞에 앉아서 퍼즐 조각에 신경을 썼다. Carl은 직소 퍼즐의 조각(첫 번째 조각이 아닌 것이 바람직함)에서 하나가 빠진 것을 발견하자마자, 조각을 잡지 못하고 손을 뻗은 채 그의 앞에 앉아 있는 교사를 바라보았다. 도우미 교사는 그가 손짓 기호 PIECE(조각)을 수행하도록 손을 안내했다. 그런 다음 다른 교사가 그에게 필요한 직소 퍼즐 조각을 주었다.

PIECE

손짓 기호: PIECE

같은 절차가 그래픽 상징에도 실행될 수 있다. 이를 수행하는 한 가지 방법은 개인이 시각적 활동 스케줄을 따르는 법을 배우고(p. 202 참조) 연쇄를 중단하는 요소를 빼는 것이다. 이런 유형의 상황은 반복을 요청하거나 퍼즐 조각을 더 달라고 하거나 다른 것을 요구하는 방식으로 손짓 기호 MORE(더)를 소개할 때도 사용되었다.

근본적인 아이디어는 연쇄를 중단하는 것이 개인에게 '문제'를 일으키고, 이는 의사소통으로 해결될 수 있다는 것이다. 개인에게 손짓 기호나 그래픽 상징을 사용하도록 가르치려는 목적으로 연쇄를 중단하기 이전에, 개인이 이미 연쇄를 배우고 행동 실행에 동기를 부여받는 것이 필수적이다. 이는 교사에게 어려운 과제가 될 수 있다. 개인의 동기를 보장하는 한 가지 방법은 연쇄의 마지막 순서에 개인이 하고 싶은 것을 놓고 그에 앞서 연쇄를 중단하는 것으로 시작하는 것이다. 예를 들어, 개인이 드라이브하러 나가는 것을 좋아한다면, 드라이브를 가기 전에 옷을 입는 고정된 일과를 중단할 수 있다. 이런 경우, 드라이브하러 나가는 것이 신호로 만들어지고 옷을 입는 연쇄가 추가되지만, 옷을 입는 것이 항상 드라이브에 포함되는 것은 아니다. 누락된 그래픽 상징을 찾기 위해 위아래를 찾아보는 것과 같이, 때로는 유머와 놀라움을 사용하여 연쇄를 중단할 수 있는데, 이는 무엇이 빠졌는지를 의사소통하고 연쇄를 '회복'시키는 데 사용될 수 있다.

Olga는 중도 운동장애가 있는 5세 아동이다. 그녀는 유치원에서 인형 놀이 하는 것을 좋아하는데, 특히 인형이 일어나서, 침대 밖으로 나가고, 욕실에서 씻고, 아침 먹고, 화장실에 가는 아침 일과를 하면서 노는 것을 즐겼다. 그녀는 인형의 행동을 스스로 할 수는 없지만 시선을 이용하여 아침 일과의 여러 단계에서 필요한 사물을 가리켰다. 며칠 동안 이 놀이를 한 후, 교사는 욕조를 '잊어버렸고', 인형이 침대에서 나온 후 Olga가 혼란스러워할 때 교사는 아침 일과의 일부인 사물과 행동을 나타내는 그래픽 상징이 있는 보드에서 *BATHTUB*(욕조)를 찾도록 Olga를 도왔다.

옷 입기, 간단한 식사 만들기, 버스 타기와 같은 인형 놀이의 다른 형태와 관련된 연쇄로 비슷한 절차를 할 수 있을 것이다. 인형 놀이는 아동의 AAC 중재에 많이 사용된다(10장 참조). 그러나 이와 관련하여, 주요 요소는 인형 놀이가 아니라 일련의 연쇄를 중단하는 것이다.

연쇄 형성 및 중단하기 전략은 교사가 목표에 도달하려는 개인을 좌절시킨다는 것을 의미한다. 전반적인 목표는 개인이 의사소통의 필요성을 경험하고 손짓 기호나 그래픽 상징을 사용하는 것이 의사소통 문제를 해결하는 유용한 방법이 될 수 있음을 이해시키는 것이다. 학습자의 눈에는 개인이 겪는 좌절감이 상황적 환경의 결과로 보이는 것이 중요하다. 도우미 역할을 하는 대화 상대자가 만들어낸 것처럼 보이면 안 된다. 그렇지 않으면, 개인은 의사소통 상대자의 역할에 혼란을 느끼고, 이유 없이 괴롭히거나 벌 받는 것처럼 반응할 수 있다.

신호-유도된 기대 행동에 반응하기

신호-유도된 기대 행동에 반응하기(reacting to signal-elicited anticipatory behaviour) 전략의 기초는 친숙한 활동과 사건이 고정된 순서대로 발생하고 손짓 기호나 그래픽 상징으로 나타낼 수 있도록 교사가 프레임 구조를 구성했다는 점이다. 개인의 행동이 무슨 일이 일어날지 이해하고 있음을 나타낼 때, 그의 기대 반응은 새로운 손짓 기호나 그래픽 상징을 가르치는 데 사용될 수 있다. 만약 기대 반응이 그런 용도에 적합한 행동인 경우, 의미와 기능을 기호로 간주할 수 있고, 그가 기대 반응을 보인 직후 교사는 손짓 기호를 형성하거나 그래픽 상징을 가리키기 위해 개인의 손 모양을 만들어 줄 수 있다.

이 전략의 사용은 개인이 기대한 활동이나 사건이 개인이 반응하면 자연스럽게 뒤따를 것이라고 가정한다. 실질적으로 이것은 교사가 반응과 활동 사이에 손짓 기호나 그래픽 상징을 삽입하여 행동 연쇄를 설정한다는 것을 의미한다. 행동 연쇄는 개인이 손짓 기호나 상징이 참조하는 활동을 수행하면서 끝난다.

> Elaine은 19세의 자폐 청소년이다. 그녀는 바구니 뜨기를 좋아한다. Elaine은 손짓 기호 WORK로 신호를 보내는 상황에 익숙해져 있다. 교사가 *work*(일)를 말하는 동시에 WORK 손짓 기호로 신호를 할 때 Elaine은 바구니 뜨기 재료가 놓인 선반 쪽을 바라보았다. Elaine의 시선이 선반으로 향하는 순간 교사는 그녀의 손이 손짓 기호 MATERIAL(재료)을 만들도록 안내하고, 그 즉시 Elaine에게 필요한 재료를 가져왔다.

이것은 한 그룹의 활동을 나타내기 위해 손짓 기호를 사용하는 프레임 구조 사용의 한 가지 예이다. 개인이 점진적으로 손짓 기호나 그래픽 상징을 사용하여 다른 활동 중에서 선택하는 것을 배우는 상황을 만들기에 적합한 '작업(work)'에 속한 다양한 활동이 있다.

개인이 신호-유도된 기대 행동을 보일 때, 교수의 성공에 필수적인 몇 가지 기본 조건이 이미 존재한다. 그는 경청을 하고, 문제의 행동에 대해 동기가 부여되었으며, 상황이 수반하는 것을 이해한다. 이를 통해 그는 손짓 기호나 그래픽 상징의 이해와 사용을 더 쉽게 배울 수 있다. 또한 교사는 일어날 일을 통제하고 구조화를 도구로 사용하여 행동 레파토리가 제한된 개인이 적극적으로 참여하도록 격려할 수 있다.

구조화된 기다리기

장애인의 삶을 더 쉽게 만드는 방법으로, 많은 가족 구성원과 전문가가 그들의 필요와 희망을 예상하고, 표현하지 않고도 그들이 필요로 하는 것을 주려고 시도한다. 그러나 이렇게 함으로써 그들은 의사소통이 필요한 상황의 한 측면을 제거할지도 모른다. 도움이 없었다면 개인이 주도하는 것이 자연스러웠을 상황에서 주도할 기회를 갖지 못하는 결과를 만들 수도 있다. 이것은 **학습된 무기력**(*learned passivity*)의 형태를 만들 수 있다.

자기 주도적 의사소통을 촉진하기 위해, 교사는 학생이 이미 알고 있는 손짓 기호나 그래픽 상징을 사용할 수 있다고 믿을 때, 우발 교수뿐 아니라(p. 245 참조) 자연스러운 교수 상황에서 개인에게 반응하기 전에 시간 지연을 도입할 수 있다. **예상되는 시간 지연**(*expectant time delay*)이라고도 불리는 구조화된 기다리기(structured waiting)는 교사나 다른 사람이 자기 차례를 지키거나, 손짓 기호 또는 그래픽 상징을 나타내도록 개인을 돕거나, 촉진(prompt)을 하기 전에 개인의 행동을 잠시 기다리는 것을 의미한다(Leung, 1994; Liber et al., 2008). 기다림은 계획의 일부이고 지연 시간은 미리 결정되기 때문에 구조화되었다고 부른다. 짧은 간격으로 시작해서 약 10초까지 점진적으로 시간을 늘리는 것이 일반적이다. 더 오래 기다릴 수 있지만, 중도의 운동장애가 없는 사람의 경우 대기 시간을 더 길게 준다고 해서 더 자기 주도적이 되지는 않는다(Foxx et al., 1988). 그래픽 상징을 가리키는 데 어려움이 있는 심각한 소근육 운동 협응 문제를 가진 개인의 경우 상당히 오래 기다려야 할 수도 있다(Deliberato et al., 2018 참조).

Jay는 지적장애가 있는 7세 아동이다. 운동하기 전에 옷을 갈아입기 위해 교사는 그를 탈의실에 데려갔다. 그는 바지 단추를 푸는 데 도움이 필요하다. 교사는 단추에 손가락을 대고 있지만, Jay가 필요할 때 손짓 기호 HELP(돕다)를 수행하도록 그를 돕기 전에 약 10초 정도 기다렸다.

Jay는 팔 근육을 훈련 시키는 수단으로 물리치료사와 함께 작은 스쿠터를 밀었다. 물리치료사는 규칙적인 간격으로 멈춰서, 필요할 경우 Jay가 손짓 기호를 수행하도록 그를 돕기 전에 Jay가 손짓 기호 PUSH(밀다)를 표현하도록 10초간 기다렸다(Oliver & Halle, 1982).

교사가 도움을 주기 전에 기다리는 시간은 개인에게 행동할 시간을 주기 때문에 개인이 의사소통을 주도할 기회를 높인다. 이것은 그를 보다 능동적으로 만들고, 학습된 무기력의 위험을 감소시킬 수 있다. 또한 개인을 촉진하기 전에 기다려주는 것은 교사가 더 이상 촉진이 필요하지 않은 때를 알아차리도록 도와서 보다 일상적으로 의사소통 교환이 일어나게 한다. 연구에 따르면, 지적장애인은 구조화된 기다리기가 교수에 포함되었을 때 새로운 손짓 기호를 배우는 시간이 더 짧게 걸렸다(Liber et al., 2008). 이러한 결과는 도움을 주기 전에 의사소통을 주도하도록 개인에게 더 많은 시간을 주는 것이 중재를 더 효과적으로 만들 가능성이 있음을 시사한다.

구조화된 기다리기는 또한 표현 언어 그룹에 속한 심각한 운동장애인에게도 매우 중요한데, 거기에는 다른 이유가 있다. 운동장애로 인해 응답하고 대화를 주도하는 데 오랜 시간이 걸리므로, 의사소통 상대자의 기다림은 그들이 말을 준비할 충분한 시간을 준다. 다른 두 개의 주요 그룹에 속한 지적장애인 또한 비교적 느린 의사소통자가 될 수 있는데, 예를 들어 처리 속도가 느리기 때문에 응답하고 주도하는 데 시간이 필요하다. 따라서 구조화된 기다리기에는 이중 기능이 있다. 그것은 학습자가 의사소통할 필요를 만들고 의사소통 상대자의 속도를 늦춰 절대적으로 필요한 경우가 아니면 도움을 주어서는 안 된다는 것을 더 잘 인식하게 한다. 의도적으로 도움을 지연시키는 것은 매우 어린 아동에게도 사용될 수 있다.

일반적인 AAC 교수 전략

이 전략은 보다 직접적인 교수 활동으로의 전환 및 자기 주도적 의사소통과 언어를 강조한다.

선택 기회 제공하기

이것은 가장 일반적인 전략이다. 자연스러운 훈련과 특수 훈련 상황에서 모두 사용할 수 있고, 세 그룹에 모두 사용할 수 있다. 선택하기는 전형적인 초기 훈련 활동이고 또한 개인의 일상적인 의사소통의 일부이기도 하다. 개인의 관심과 선호도에 따라 음식, 음료, 장난감, 활동, 악기, 책 등을 선택할 수 있다(7장과 8장 참조).

선택하기는 개인에게 긍정적이다. 선택 상황을 정리하는 것은 비교적 교사가 하기 쉽고 학습자가 이해하기 쉽다. 따라서 개인이 AAC를 사용하도록 안내를 시작하는 실용적인 방법이다. 지원 언어 그룹이나 대체 언어 그룹에 속한 개인을 중재할 때, 안내된 선택하기는 자신의 활동에 영향을 미칠 수 있고, 지시를 따라야 하는 것뿐만 아니라 선택을 할 수도 있다는 것을 그들에게 가르치는 데 중요하다. 선택하기는 개인의 선택 의지와 자기 결정에 초점을 두므로, 손짓 기호와 그래픽 또는 유형 상징을 사용하여 이미 결정된 사건이나 활동을 개인에게 알리는 신호를 중요하게 정교화하는 것을 나타낸다. 표현 언어 그룹의 개인에게 선택을 강조하는 것은 학습된 무기력을 예방하고, 손짓 기호나 그래픽 상징을 사용하여 특정 목표를 성취할 수 있음을 보여 줄 수 있다.

중도 운동장애가 있는 많은 아동은 씹고 삼키는 데 어려움을 겪는다. 식사는 마지못해 또는 전혀 하지 않는 활동일 수 있다. 이런 아동에게 다양한 종류의 음식 중에서 선택하도록 요구하는 것은 최선의 전략이 아닐 수도 있다. 반면, 이 그룹의 아동은 언제 다음 한 입의 음식을 섭취하고 언제 마시고 싶은지의 관점에서 식사를 더 잘 통제하는 것이 유리할 수 있다. 선택은 그들이 무엇을 먹어야만 하는지에 대한 것이 아니라, 예를 들어 도우미가 그래픽 상징 *MORE*(더), *WAIT*(기다리다), *STOP*(그만)을 사용하여 언제 그들의 입에 음식을 넣어주어야 하는지에 관한 것일 수 있다.

자발적인 욕구 충족시키기

전략으로서 자발적인 욕구 충족시키기(fulfilling spontaneous wants)는 선택의 제공과 병행하여, 그리고 선택의 연속으로 도입될 수 있다. 요청하기를 위한 상태 또한 교사가 준비하고 학습자가 이해하기에 비교적 쉽다. 개인이 자신의 소원을 표현하는 것을 가르치고 미리 준비된 선택 사항에 대한 의존도를 줄이는 데 중재의 중점을 두는 것이 특히 중요하다. 자발적인 요청하기는 선택하기보다 더 능동적이고, 상황이 사전에 계획되어 있더라도 개인적인 선택 의지를 지원한다. 요청하기는 특별한 훈련 상황에서 사용될 수 있지만 자연적인 상황에서 가장 실용적이다. 세 그룹 모두 그들이 교사나 다른 성인이 계획하지 않은 무엇인가를 얻을 수 있거나 할 수 있다는 것을 발견하게 하는 것이 목표이다. 선택하기와 마찬가지로, 자발적인 욕구 충족하기는 학습된 무기력과 좌절을 예방하는 데 기여할 수 있다.

특정한 활동을 수행하려는 욕구 충족시키기와 관련된 의사소통 상황을 만드는 것은 개인의 관심사와 호불호에 대한 지식에 기반해야만 한다. 교사는 (교사가 아는) 개인이 좋아하는 특별한 사물을 포함하거나, 개인이 선호하는 활동에 전형적으로 사용되어 온 특별한 사물, 예를 들어 무언가를 만드는 데 사용될 수 있는 퍼즐이나 블록 등을 포함하는 상황을 구성해야 한다. 교사는 상황을 준비하고 어떤 방식으로든 개인이 대상을 원한다는 것을 보여 줄 때까지 기다렸다가 개인의 손을 적절한 손짓 기호로 만들거나 관련된 그래픽 상징을 가리키게 한 다음 그에게 그 대상을 제공한다. 마찬가지로, 개인이 뭔가를 얻거나 활동을 시작하기 시작할 때 교사는 그가 적절한 손짓 기호를 수행하거나 관련된 그래픽 상징을 가리키도록 도운 다음 잠시 동안 그가 원하는 사물을 사용하거나 원하는 활동에 참여하도록 한다.

욕구 충족시키기는 암묵적이고 명시적인 교수와 학습을 모두 포함할 수 있다. 암묵적 교수의 경우 지도 절차는 다음의 예와 같이 명시적 지시 없이 이루어진다.

> Henry는 7세의 자폐 아동이다. 그는 장난감 소방차의 사다리를 위아래로 움직이는 것을 좋아한다. 교사는 Henry와 함께 걸어가서 소방차를 지나갔다. Henry가 확실하게 소방차를 보고 멈춰서 만지려고 할 때, 교사는 그의 손으로 손짓 기호 CAR(자동차)의 형태를 만든 후에 Henry에게 소방차를 주었다.

CAR

손짓 기호: CAR

> Elaine은 중복장애가 있는 43세 여성이고, 이동을 위해 휠체어를 사용한다. 그녀는 빨대로 커피 마시는 것을 좋아하지만 주도적으로 커피를 요구한 적이 없었다. 그런 요청을 할 때에만 그녀는 음성 출력이 되는 전자적 의사소통 기기에서 그래픽 상징이 있는 키를 누를 수 있다. 교사는 그녀의 보조기기에 그래픽 상징 *COFFEE*(커피)를 넣고 Elaine 근처에 컵 두 개와 커피포트를 두

었다. Elaine이 교사를 바라볼 때 교사는 그녀에게 다가가서 Elaine이 *COFFEE* 키를 누르도록 도왔다. 기계가 "*coffee*(커피)"라고 말하고 교사는 Elaine에게 커피 한 잔을 따랐다.

PCS: *COFFEE*

Elaine의 사례에서, 중재의 초점은 단어 생성이 아니라 촉진 의존이 특징인 것처럼 보이는 의사소통에 대한 그녀의 주도성이었다. 촉진 의존(prompt dependence)은 지적장애인에게 일반적으로 일어난다(Brown & Cariveau, 2022; Gorgan & Kodak, 2019). Elaine은 키를 누르도록 촉진을 받으면 의사소통 기기의 키를 눌렀지만, 자신의 주도로 이 기술을 의사소통에 사용하지는 않았다. 교사는 Elaine이 그녀를 바라볼 때까지 기다리기 시작했고, 그녀는 Elaine이 음성 장치를 사용하도록 안내했다. 목표는 그녀가 다른 사람의 촉진 없이 무엇인가를 원한다고 의사소통하기 위해 어떻게 기기를 이용할 수 있는지 알려주는 것이었다.

명시적 교수에서 손짓 기호나 그래픽 상징의 기능과 무엇인가를 얻거나 하기 위해 자발적으로 상징을 사용하는 방법이 개인에게 설명되어야 할 것이다.

John은 6세이고, 뇌성마비로 인해 중도의 운동장애가 있다. 그는 통합 유치원에 다닌다. 그는 그래픽 상징이 있지만 어휘는 제한적인 의사소통 책을 가지고 있다. 교사와 또래 모두 예/아니요 질문만 하는 경향이 있어서 그 책은 거의 사용되지 않는데, John에게 일련의 선택을 제공한다. 오후에는 아동이 과일이나 간식을 먹는데, 교사는 각 항목에 대해 John에게 원하는지를 묻는다. John은 "no(아니요)"를 나타내기 위해 고개를 흔들고 "yes(예)"를 나타내기 위해 미소 지을 뿐이다. John의 주도와 적극적 의사소통을 증진하기 위해 교사는 어휘를 수정하고, 다른 교사와 또래 아동 모두에게 John에게 원하는 것을 물어볼 때 의사소통 책을 갖고 있는지 확인하고, John이 어휘가 부족할 때만 예/아니요 질문을 사용하라고 말한다.

손짓 기호나 그래픽 또는 유형 상징을 배우는 구어 이해가 제한된 많은 개인은 일반적으로 활동에 참여하는 활동이 드물고, 좋아하는 것이 적은 것처럼 보일 수 있다. 그러나 제한된 관심은 개인이 때로 수년에 걸쳐 동일한 일과 활동을 요구하는 유일한 이유는 아니다. 교수를 계획하는 사람은 때때로 상상력과 창의력이 부족하여 탐구와 다양성에 대한 개인의 요구를 해결하지 못한다. 친숙한 사람, 장난감, 게임, 가정용품, 음식, 과자, 과일, 옷과 신발, 악기, 태블릿과 같은 전자 장비, 체조, 야외 활동 등이 있다. 공예 세션에는 자연스럽게 손짓 기호 DRAW(그리다), PAPER(종이), CUT(자르다)과 GLUE(붙이다) 등에 대한 요청을 포함할 수 있다. 신체 활동은 DANCE(춤)일 수 있다. MAGAZINE(잡지)을 보는 것은 재미있을 수 있다. 나이가 들고 새로운 기술을 습득함에 따라, 중도 또는 최중도 지적장애인 또한 선호도와 관심사가 바뀔 것이다. 이것은 새로운 활동과 새로운 손짓 기호나 그래픽 상징의 필요를 의미하며, 이는 차례로 개인의 언어 발달을 촉진할 것이다. 교사와 다른 전문가는 항상 개인의 현재 발달 수준과 학습을 고려하고, 그가 새로운 활동을 요청하고 참여하도록 도와야 한다.

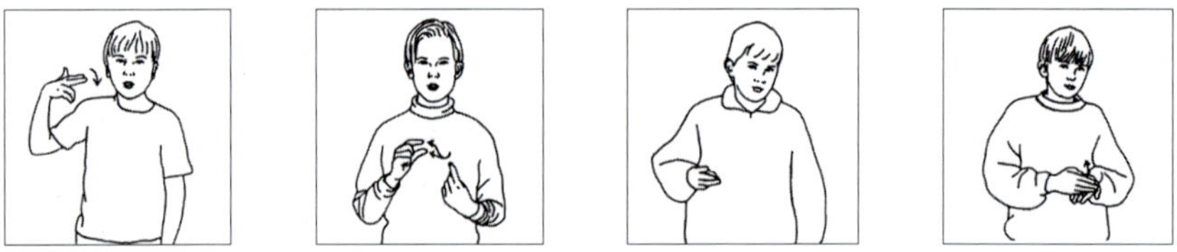

DRAW PAPER CUT GLUE

손짓 기호: DRAW, PAPER, CUT, GLUE

때때로 가르치는 손짓 기호나 그래픽 상징은 환경에서 쉽게 사용할 수 있는 것을 참조한다. 만약 개인이 그 사물을 스스로 가져갈 수 있다면, 그는 누군가에게 그것을 요청할 필요가 거의 없을 것이고, 그가 배운 손짓 기호나 상징의 유용성을 발견하지 못할 수 있다. 사실상 개인은 그가 그래픽 상징을 건네거나 손짓 기호를 만들도록 교사가 요구하는 이유를 이해하지 못할 수 있다. 이러한 상황을 관리하고 의사소통 중재를 개인에게 보다 의미 있게 만드는 몇 가지 방법이 있다. 벽의 높은 곳에 있는 개방 선반이 실용적일 수 있다. 선반이 열려 있기 때문에 거기에 놓인 모든 물건이 보이고, 개인에게 그것을 상기시키고, 그것을 잡고 싶은 소망을 유도할 수 있을 것이다. 선반이 벽 높은 곳에 있으므로 그는 혼자서 물건을 꺼내지 못하고, 자연스러운 해결책은 누군가에게 그를 위해 물건을 꺼내 달라고 요청하는 것이다. 따라서 개인이 의사소통으로 해결할 수 있는 문제이다. 이 전략의 목적은 개인이 뭔가를 얻는 것을 어렵게 만드는 것이 아니라 그가 눈에 보이지만 손에는 닿지 않는 물건을 손짓 기호나 그래픽 상징의 도움으로 얻을 수 있음을 이해하도록 돕는 것임을 강조해야 한다.

Mari는 최중도 지적장애가 있는 6세의 자폐 아동이다. 그녀의 의사소통 도구는 각각 4개의 사진이나 픽토그램이 있는, 약 20개의 스트립(strips)이 포함된 미니어처 인형 가방이다. 그녀는 유치원의 메인 교실에서 교사와 함께 다양한 활동을 하고 있다. Mari는 가방 뚜껑에 *MARI*(자기 사진) 옆에 그래픽 상징 *PUZZLE*(퍼즐)을 놓는다. 퍼즐은 다른 방에 있다. 그래서 Mari와 교사는 *MARI PUZZLE*을 '메모리 스트립'으로 옮기고, 퍼즐을 가지러 갈 때 이것을 가져온다(von Tetzchner et al., 2004).

PIC: *PUZZLE*

부모와 교사는 일반적으로 개인이 좋아하는 음식과 음료를 알기 때문에 초기 어휘는 종종 음식과 음료에 대한 많은 손짓 기호 또는 그래픽 상징으로 구성되곤 한다. 손짓 기호 MILK(우유), BISCUIT(과자), JUICE(주스) 및 SAUSAGE(소시지)와 같은 어휘 항목을 가르치기 위해 선택을 통해 상황을 만드는 것은 일반적으로 매우 쉽다. 그러나 식사 시간에 손짓 기호나 그래픽 상징 음식을 가르치는 것이 항상 실용적인 것은 아니다. 만약 개인이 자신이 원하는 음식을 가리키며 자신을 이해시킬 수 있다면, 개인이 이미 가지고 있는 의사소통 능력의 기능성을 감소시킬 뿐만 아니라, 개인이 좋아하는 상황을 망칠 우려가 있다. 교수는 식사가 일반적으로 제공되는 장소에서 수행될 수 있지만 식사가 시작되기 바로 전에 한다. 개인이 이러한 상황에서 일부 손짓 기호나 그래픽 상징을 사용하는 방법을 배우면 실제 식사 중에 신중하게 도입할 수 있다. 그러나 그가 원하는 것에 접근할 수 있고 가리키거나 다른 방식으로 자신을 이해시키는 경우, 그는 자연스러운 환경에서 손짓 기호나 그래픽 상징을 사용하도록 요청해서는 안 되며 AAC가 예상되거나 요구되는 교육 세션에서만 가능하다. 그에게 AAC가 필요하게 만드는 한 가지 방법은 식탁에 개인이 좋아하고 자주 먹는 것을 올려놓는 것을 '잊어서' 일상적인 식사 중에 원하는 음식을 얻기 위해 손짓 기호나 그래픽 상징을 사용하도록 안내하는 이 책략을 사용하는 것이다. 이것은 더 나아가 즉각적인 상황에는 없는 것을 얻기 위해 손짓 기호와 상징이 사용될 수 있음을 개인에게 보여 준다. 따라서 AAC는 개인이 긍정적인 방식으로 상황을 변경하는 데 사용할 수 있는 도구가 된다. 위의 예에서는 음식을 얻는 것이 사용되었지만 개인의 욕구를 충족시키기 위해 많은 것이 사용될 수 있으며 음식 이름은 초기 어휘에서 너무 많은 부분을 구성해서는 안 된다. 욕구 충족에는 손짓 기호 MORE(더)를 요구하기로 가르치는 것도 포함될 수 있으며, 여기서 개인은 계속 먹고, 놀고, 음악을 듣거나 다른 활동을 하고 싶다는 소망을 나타내도록 안내된다.

위짓 상징: *HOT–DOG, MORE*,

손짓 기호: FOOD, JUICE, SAUSAGE

의사소통 상대자에게 의사소통 시작하기

의사소통이 성공하려면 누군가가 개인의 의사소통 시도를 알아차려야 한다. 의사소통 상대자와 대화를 시작하거나 공동 관심과 참여를 확립하는 것은 의사소통의 핵심 요소이고, 따라서 의사소통 중재의 주요 대상이기도 하다. 여기에 설명된 전략은 개인이 AAC를 사용하는 방법을 배우는 것과 동시에 개인의 자발적 의사소통 주도를 지원하는 것을 목표로 한다. 이는 AAC를 발달시키는 중인 개인이 무언가에 대해 소통하기를 원할 때, 다른 사람에게 의사소통을 시작하는 것을 배우는 것이 교수에 통합되어야 함을 의미한다. 잠재적인 의사소통 상대자에게 대화를 시작하고 의사소통을 주도하는 것은 기본적인 대화 기술이다(11장 참조).

많은 중도 장애 아동은 구어를 습득하는 데 문제가 있는 경우에도 자주 의사소통을 시도한다. 음성을 내거나 몸짓을 하거나 의사소통 상대를 손으로 이끌 수 있다. 일부 중도 운동장애 아동은 어떤 발성도 할 수 없으므로 무언가를 의사소통하고 싶을 때 다른 사람의 주의를 끄는 데 문제가 있을 수 있다(p. 71 참조). 음성 출력이 되는 전자적 의사소통 기기를 사용하는 경우 주의를 끌거나 번갈아 가며 무언가를 말할 수 있다. 의사소통 보드나 책이 있다면 벨이나 '*Hello*'라고 말하는 작은 전자기기가 제공될 수 있다. 의사소통 도구에 접근할 수 없는 경우, '*I want my communication aid*'(내 의사소통 도구를 주세요)라고 말하는 작은 장치를 가질 수 있다. 일부 아동의 경우, 적절한 주의를 끄는 장치를 찾는 것이 어려울 수 있으며 대화 상대자가 주의를 기울이고 있는 경우에만 의사소통을 시작할 수 있을 것이다. 한 가지 해결책은 의사소통 도구의 사용을 원한다는 문구가 포함된 손목 밴드이며, 대화를 시작하고 싶을 때 그 손목 밴드를 볼 수 있다.

일부 자폐 아동은 자신이 바라보는 곳에 주의를 기울이지 않으면서, 다른 사람에게 의사소통을 시작하거나 접촉을 시도하는 경우가 거의 없다. 이 그룹의 경우 성공적으로 의사소통하기 위해서는 다른 사람의 관심을 끌 필요가 있음을 분명히 알게 하는 중재 전략을 적용할 필요가 있다. 이는 다른 사람의 시각적 관심이 의사소통 행위를 수행하는 단서가 된다는 것을 의미한다. 따라서 손짓 기호를 사용하는 개인의 경우 훈련의 목표는 손짓 기호를 시작하기 전에 상대방의 시각적 주의를 끄는 것을 확실하게 하는 것이다. 그래픽 의사소통을 사용하는 개인의 경우 의사소통 상대자에게 그래픽 상징이나 사진을 건네는 것이 훈련에 포함될 수 있다. 이것은 PECS(Bondy & Frost, 2002)의 기본 전략이지만, PECS는 훈련 세션과 발달 범위가 제한된 경우에 주로 적용된다. 그러나 그래픽 상징을 건네는 것은 자연스러운 환경에서 유용한 전략이다. 다른 사람과 상호작용과 의사소통을 시작하는 데 문제가 있는 아동과 성인의 경우, 대화를 시작하는 것은 진정한 의사소통 기능을 갖고 개인이 의미 있는 의사소통 '문제'를 해결하고 다양한 의사소통 목표를 달성하는 중재—특수 훈련과 자연스러운 상황 둘 다에서—의 일부라는 것이 중요하다.

AAC의 표현과 이해 교수하기

AAC 중재의 목표는 구어 능력이 제한된 개인에게 자신을 표현하고 다른 사람이 전달하는 내용을 이해할 수 있는 더 나은 수단을 제공하는 것이다. 사용 훈련에서 개인은 다른 사람에게 자신을 표현하도록 배운다. 이해 훈련에서 그들은 다른 사람이 그들과 의사소통할 때 사용하는 손짓 기호나 그래픽 상징을 해석하고 반응하도록 안내된다.

실제로 대부분의 의사소통 및 언어 중재에는 이해와 표현이 모두 포함된다. 그러나 초기 중재에서 이해나 표현에 우선순위를 두는 것에 대해서는 서로 다른 이론과 실제적 논쟁이 제시된다. 이해 훈련의 우선순위는 종종 아동이 단어, 손짓 기호나 그래픽 상징을 사용하도록 가르치기 전에 아동이 그것을 이해해야만 한다는 가정에 근거한다. 이러한 관점에서, 이해 훈련으로 시작하고 일단 이해되어야 손짓 기호나 그래픽 상징이 사용될 것이라고 가정하는 것은 당연하다. 일반적으로 언어 이해의 척도는 산출의 척도를 약간 초과하지만 상당한 편차가 있다(Bornstein & Hendricks, 2013). 연구에 따르면 전형적인 발달에서 이해와 사용은 동시에 발달하고 서로를 보완하는 경향이 있다. 때로는 아동이 단어나 기호를 사용하는 것이 동일한 단어나 기호를 이해하는 것보다 더 발전된 것처럼 보일 수 있다. 다른 때에는 이해가 먼저 발달한다(Bates et al., 1988; Hendriks, 2014). 자폐 아동은 표현 언어보다 언어 이해에서 더 장애가 있는 것처럼 보일 수 있다(Hudry et al., 2010). 당연히 아동은 단어를 듣거나 손짓 기호를 본 적이 있어야 그 단어나 기호를 사용할 수 있지만, 아동은 단어나 기호를 잘 이해하기 전에도 (정확하지는 않지만) 생산적으로 사용할 수 있다. 단어나 손짓 기호에 대한 아동의 명백한 조기 이해는 단어의 참조 기능에 대한 이해 없이도 사물 또는 범주와 단어 또는 손짓 기호 형태 사이의 연관성을 반영할 수 있다(Werker, 2018). 더욱이 단어의 의미와 사용은 즉각적이거나 고정되어 있지 않고 점진적이고 역동적으로 발달한다(Vihman, 2018). 아동이 새로운 단어를 배울 때, 그들은 곧 새로운 사용법을 시도하기 시작한다(Barrett et al., 1991). 그들은 배우기 위해 말한다(7장과 8장 참조).

훈련에 할당된 시간은 종종 제한되어 있어서, 교사는 우선순위를 정해야 한다. 일반적으로 표현 교수에 더 많은 시간을 할애하는 것이 가장 좋다. 이에 대한 몇 가지 주장이 있다. 다른 사람이 사용하는 손짓 기호나 그래픽 상징에 대한 개인의 이해는 그가 그 기호 또는 상징을 동일한 방식으로 사용하도록 만드는 것은 아니지만, 손짓 기호나 그래픽 상징의 사용을 가르치는 것은 항상 다른 사람이 사용한 그 기호나 상징이 참조하는 것에 대한 정보를 제공한다. 개인이 사용한 손짓 기호나 그래픽 상징에 대해 다른 사람이 반응할 때, 이러한 반응은 시간이 지남에 따라 개인이 손짓 기호나 상징이 이해되고 사용되는 방식을 이해하는 데 도움이 될 것이다. 따라서 이해 훈련이 표현 사용으로 이어지는 것보다 표현 교수가 이해를 지원할 가능성이 더 크다. 이에 따라 한 연구에서는 이해 훈련이 언어발달장애 아동의 사용 증가를 이끌지는 않는다는 사실을 발견했다(Leonard, 1981). 또 다른 연구에서 손짓 기호를 사용하도록 배운 한 그룹의 자폐 아동은 손짓 기호의 이해만 배운 비교 그룹보다 손짓 기호의 이해와 사용 모두에서 더 나은 결과를 보였다(Watters et al., 1981).

다운 증후군 아동에 대한 연구에서 Romski와 Ruder(1984)는 손짓 기호와 말을 동시에 사용하는 것이 말만 가르치는 것보다 더 나은 결과를 산출하지 않았다는 것을 발견했다. 이 결과는 일반적이지 않다. 왜냐하면 핵심어 손짓 기호(keyword signing)를 사용한 중재 연구는 일반적으로 이 그룹에서 매우 좋은 결과를 보고했기 때문이다(Clibbens, 2001; Launonen, 1996, 2019). 이 연구가 다른 연구와 구별되는 점은 아동에게 손짓 기호를 사용하도록 권장하지 않았다는 점이다. 손짓 기호와 말을 동시에 사용하거나 말만 사용하는 것은 교사였다. 이 연구는 움직임의 수행이 손짓 기호 획득에 역할을 할 수 있다는 가정을 뒷받침하고 학습자가 스스로 손짓 기호를 생성하는 것이 얼마나 중요한지를 강조한다.

중재에서 이해보다 표현에 우선순위를 두는 또 다른 중요한 이유는 표현 훈련이 개인에게 주변 환경에 영향을 미치는 방법을 직접적으로 가르치기 때문이다. 이해 훈련에서 개인은 답을 제시하거나 지시를 수행하는 반면, 이해 훈련을 주도하는 사람은 교사이다. 의사소통 주도성의 부족은 말을 거의 또는 전혀 하지 않는 개인이 보이는 공통적인 문제이고, 표현 훈련은 의사소통의 주도를 개인에게로 이동시키려고 의도한다. 표현 언어 그룹에서 도구를 사용하여 의사소통하는 중증 운동장애인의 교육에서 대부분의 시간 동안 매우 활동적인 사람은 일반적으로 교사인데, 학생의 도구적 의사소통이 매우 느린 경향이 있기 때문이다(Deliberato et al., 2018). 교실에서 표현적인 의사소통에 중점을 두는 것은 이 학생이 배운 것을 명확하게 나타내고 표현할 수 있는 더 많은 가능성을 제공하며, 이는 배운 주제를 이해하고 기억하는 데 중요할 뿐만 아니라 주제별 대화의 기초를 제공하는 데에도 중요하다. 마지막으로, 지식 습득에서 학습자의 능동적인 역할에 대한 발달 심리학의 강조는 표현 교수에 우선순위를 두는 것을 뒷받침한다(Nelson, 2007; Piaget, 1950; Tomasello, 2019).

그러나 표현 언어 교수에 우선순위를 두는 것은 중재에서 이해를 훈련할 자리가 없다는 것을 의미하는 것은 아니다. 다른 사람이 사용한 자신의 의사소통 방식에 대한 개인의 이해를 모니터하는 것은 중요하다(Dada et al., 2021). 특히 개인이 많은 수의 손짓 기호나 그래픽 상징을 습득한 후에는 동일한 어휘 항목의 표현적 사용과 이해를 동시에 가르치는 것이 유용할 수 있다. 또한 의사소통 상대자가 개인의 의사소통 체계를 사용하는 것은 중재의 통합된 부분이어야 한다. 연구에 따르면 구어가 거의 또는 전혀 없는 다양한 장애가 있는 아동은 핵심어 손짓 기호(Bonvillian et al., 2020a; Grove & Launonen, 2019) 또는 '도구적 언어 자극(aided language stimulation)'(Dada & Alant, 2009; O'Neill et al., 2018)을 사용하면 의사소통 상대자로부터 이익을 얻을 수 있다. 최소한의 구어를 사용하는 아동에 대한 대규모 연구는 음성 산출 장치를 사용한 표현 훈련의 중요성을 보여 주었고, 아동이 교사가 장치를 사용하는 것을 관찰하는 것만으로도 이익을 얻는다는 것을 발견했다(Romski et al., 2010). 또한 손짓 기호나 상징의 이해 훈련을 통해 가장 많은 혜택을 받은 개인은 레트 증후군이 있는 사람처럼 자발적인 움직임을 수행하는 능력이 제한적이고 표현 수단이 매우 제한적인 사람이다(von Tetzchner, 1997b).

마지막으로, 어휘를 선택할 때 개인의 언어 이해는 중요하다. 일반적으로 개인은 모르는 단어에 해당하는 손짓 기호나 그래픽 상징보다는 친숙한 구어 단어에 해당하는 기호나 상징의 사용 방법을 배우는 것이 더 빠르다(Clarke et al., 1986). 공유된 맥락인 상황과 관련된 양상을 이해하면 손짓 기호와 그래픽 상징을 쉽게 습득할 수 있을 것이다. 또한 전형적으로 발달하는 아동은 익숙한 상황에서 새로운 단어를 처음으로 사용하는 경향이 있다. 이는 새로운 형태는 오래된 기능으로 먼저 표현되고, 새로운 기능은 오래된 형태로 먼저 표현된다는 Slobin의 언어 습득 원칙과 일치한다(Slobin, 1973). 예를 들어, Bloom(1973)은 그녀의 딸이 처음에는 집 창문에서 봤던 자동차에 대해서만 *car*라고 말했다고 했다. 마찬가지로, 일반적으로 개인에게 익숙한 일과나 상황에서 손짓 기호나 그래픽 상징의 교수를 시작하는 것이 가장 좋은데, 그곳은 개인이 기호나 상징에 대해 가능한 기능을 부여하는 몇 가지 단서를 가질 수 있는 곳이다.

우발 교수 전략

'우발 교수(incidental teaching)' 또는 '환경 교수'에서, 훈련 장소와 시간은 항상 사전에 결정되지는 않지만 상호작용의 많은 내용이 계획된다(Hancock et al., 2016; Hart & Risley, 1982; McGee, 2022). 교사는 개인의 자연스러운 환경에서 다소 '우발적으로' 발생하는 잠재적 의사소통 상황을 사용한다(5장 참조). 교사는 일반적으로 개인이 어떤 사물이나 활동에 흥미가 있는지 알고, 그가 관심사와 관련된 손짓 기호나 그래픽 상징을 배우도록 계획하지만, 교육이 언제 어디서 이루어져야 하는지를 정확히 결정하지는 않았다. 교사는 개인이 무엇에 관심이 있는지 확실히 알지 못한 채 우발 교수를 실행할 수 있다. 교사는 개인이 무언가를 원할 것 같은 상황을 만들고 나서 관심의 표현이 나타날 때까지 기다릴 것이다. 따라서 우발 교수는 관찰하기, 기다리기, 반응하기 전략(Watch, wait & react)과 유사하지만, 일반적으로 더 많은 요소가 계획된다.

Eric은 6세 자폐 아동이다. 그는 닫힌 수납장 앞에 서서 그가 알고 있는 모든 손짓 기호를 수행하며, 그중 일부는 여러 번 수행한다. 교사가 수납장을 열자 Eric은 그 안에 있는 장난감 비행기를 향해 손을 뻗는다. 교사가 재빨리 Eric에게 손짓 기호 AIRPLANE(비행기)를 만들도록 손으로 안내한 다음, 그에게 장난감을 준다.

손짓 기호: AIRPLANE

Claire는 지적장애가 있는 10세 아동이다. 그녀는 손에 책을 들고 교사를 바라보며 서 있다. 교사는 그녀에게 그래픽 상징 READ(읽다)를 나타내도록 손으로 안내한 다음, 그들이 앉아 있는 소파에 오도록 한 후 Claire에게 책을 읽어 준다.

PCS: *READ*

Betty는 중복장애가 있는 8세 아동이다. 그녀는 휠체어 바구니에 놓인 의사소통 보드에 작은 그래픽 상징 어휘를 가지고 있다. 하루는 학교의 아침 모임 시간에 그녀가 매일 아침 아동 중 한 명이 전날의 페이지를 뜯는 큰 달력의 페이지를 열심히 들여다본다. 지원 인력은 픽토그램 *TEAR*(찢다)를 가져와서 Betty의 의사소통 보드에 다른 픽토그램과 함께 놓고 Betty가 그것을 가리키도록 도와준다. 그런 다음 교사는 달력을 Betty에게 가져오고, Betty는 보조교사의 도움을 받아 달력을 찢는다.

우발 교수에는 몇 가지 장점이 있다. 특수학급에서 일대일 교육을 받는 것보다 더 많은 교육 기회와 다양한 상황을 제공한다. 이는 아동이 단어 학습에서 새로운 예시와 새로운 상황 둘 다에 대해 일반화할 수 있어야 하기 때문에 중요하다(Sandhofer & Schonberg, 2020). 또한 대부분의 교육은 개인이 관심을 보이는 친숙한 환경과 상황 속에서 이루어지며, 이는 자신의 의사를 표현해야 할 필요성이 있음을 시사한다. 실제로 해당 개인은, 앞서 제시된 세 사례의 아동들처럼, 의사소통 문제를 해결하려는 노력을 하고 있을 수 있다.

우발 교수는 다른 수준의 계획을 의미할 수 있다. 교사와 다른 성인은 개인이 무언가를 원하거나 무언가를 검색하거나 다른 방식으로 할 말이 있음을 보여 주는 계획되지 않은 상황을 활용할 수 있다. 교사는 또한 개인이 AAC를 사용하여 얻을 수 있는 사물 및 활동과 관련된 단서를 배치하여 우발 교수를 준비할 수 있는데, 사물과 활동은 둘 다 새로운 어휘를 나타내고, 개인이 이미 사물과 활동을 요청하기 위한 표현 수단을 갖고 있는 것들이다. 이미 숙달된 어휘를 사용하는 것은 개인이 의사소통을 통해 무언가를 얻을 수 있음을 상기시켜 주고, 따라서 환경에서 특정한 것을 얻는 문제를 해결하기 위해 그가 의사소통을 사용하고, 그 결과 새로운 어휘를 습득하도록 암묵적으로 준비시킨다. 이와 유사하게, 교사는 개인이 의사소통하고 싶어할 것 같은 사건을 주선할 수 있는데, 아마도 비정상적이거나 일상적인 루틴에서 긍정적으로 중단되는 것일 수 있다(p. 387 참조). 이것은 우발 교수가 AAC 발달의 여러 단계에 있는 아동에게 사용될 수 있음을 의미한다. 상황에 따라 새로운 손짓 기호나 그래픽 상징, 아동이 알고 있거나 실행 중인 기호나 상징을 함께 사용할 수 있다. 그러나 우발 교수를 위해 계획되지 않은 상황을 활용하려면 관련 어휘에 쉽게 접근할 수 있어야 한다. 즉, 우발 교수를 담당하는 사람은 필요한 손짓 기호를 알고 있으며, 상황에서 사용할 수 있는 교수되거나 교수되지 않은 그래픽 상징에 쉽게 접근할 수 있어야 한다. 따라서 우발 교수를 위한 기회를 제공하는 것은 교사가 계획하거나 준비해서는 안 된다는 것을 의미하는 것이 아니라 오히려 그 반대이다. 교사는 가능한 의사소통 시나리오의 배열에 열려 있을 필요가 있기 때문이다.

전문가는 때때로 계획된 프로그램의 일부가 아닌 손짓 기호나 그래픽 상징을 가르치는 것이 어렵다는 것을 알게 된다. 일반적으로 이것이 문제의 원인은 아니지만, 교사는 아동의 의사소통 체계에 대한 지식이 제한적일 수 있다. 교사가 몇 가지 새로운 손짓 기호를 배우거나 쉽게 접근할 수 있는 적당히 큰 그래픽 상징 세트를 갖추는 데 그리 오래 걸리지 않아야 한다. 더 나아가, 개인의 관심 대상이 발견되었을 때 필요한 기호 또는 기호를 검색하기 위해 교사가 그를 데리고 손짓 기호 사전을 찾거나 그와 함께 그래픽 상징을 훑어보는 것은 좋은 전략이다. 개인은 어휘 항목을 공동으로 검색하는 것이 흥미로울 수 있고, 찾으려는 손짓 기호나 그래픽 상징을 찾았을 때 교사가 표현한 기쁨을 공유할 수 있다(7장, 8장 참조).

훈련 세션에서 개인의 새로운 손짓 기호 습득이 중단된 것처럼 보이는 경우가 있는데, 이는 우발 교수의 도입이 '신호 탭(sign tap)'을 켜는 것과 같다. 그 이유는 아마도 기호의 의미를 구별할 수 있는 단서가 부족한 동일한 상황에서 손짓 기호의 교수가 이루어졌기 때문일 것이다. 우발 교수의 상황적 변화는 각 기호의 사용을 개인에게 더 명확하게 만든다. 가르치는 상황 자체가 단조롭고 의례적이어서 더 이상 새로운 기호를 습득하는 데 기여하지 않았을 가능성도 있다. 이 설명은 예상치 못한 사건이 아동의 의사소통 시도에 긍정적인 영향을 미친다는 사실에 의해 뒷받침된다(McClenny et al., 1992). 이것은 일상의 루틴에 약간의 변화가 있을 때의 의사소통과 루틴이 동일하게만 반복되었을 때의 의사소통 사이에 있는 기능적 차이를 강조한다.

우발 교수에 대한 이 표현은 전문적인 문헌의 다른 설명과는 다소 다르다. 많은 문헌에서 우발 교수는 교수 상황을 확립할 수 있는 기회로 제시된다. 교육이 개인의 의사소통 주도에서 시작된다는 사실에도 불구하고 목표는 미리 결정되고, 교사는 촉진, 모방, 반복 등과 같이 특수교육에서 일반적으로 차용하는 방법을 사용한다(McGee et al., 1999; Warren & Kaiser, 1986). 이러한 전략은 의사소통의 자연스러운 흐름을 방해하고 '자발적인' 대화를 공식적인 교육으로 전환시킬 수 있다. 이 접근법은 환경의 기능이 훈련된 행동을 모방 및 수행하는 아동에게 보상과 피드백을 제공하고 아동이 내는 비음성적 발화를 구어로 해석하고 공식화하는 것이라는 행동 분석적 가정에 기초한 것으로 보인다(Reichle et al., 2021). 현재의 접근 방식에서 다양한 상황의 우발 교수가 갖는 목표는 개인이 의미 있는 의사소통 문제를 해결하고 의사소통 성공을 경험하도록 안내하는 것이다. 최중도 지적장애와 중도의 자폐범주성장애가 있는 사람을 위한 중재를 고안할 때 고전적 조건화와 조작적 조건화 같은 기본 학습 메커니즘이 역할을 할 수 있지만, 이 접근 방식으로 중재를 제한하는 것은 전문가가 AAC와 관련된 상황의 다른 측면을 활용하여 이익을 얻는 것을 방해할 수 있다. 인지 및 언어장애가 덜한 아동의 경우, 조건화는 중재의 중심 요소가 아닐 가능성이 높다.

이름대기

이름대기(naming)에는 이해와 사용의 요소가 모두 포함된다. 사람, 사물, 사건에 이름을 붙이는 것은 특히 언어 습득의 초기 단계에 있는 아동에게 핵심적인 언어 활동이다. 전형적인 초기의 이름대기 상황에서는 아동과 부모가 함께 놀거나 그림책을 보면서 사물, 동물, 사람의 이름을 묻고 알려준다. AAC가 포함된 중재에서는 손짓 기호와 그래픽 상징이 사람, 사물 및 동물의 이름을 명명하는 데 사용된다. 교육은 종종 개인이 사람, 사물 및 행동에 해당하는 그래픽 상징을 가리키거나 손짓 기호를 수행하는 것을 배우는 특수한 세션에서 이루어지는데, 이때 다른 것을 나타내는 기호나 상징의 사용은 포함시키지 않는다. 교사는 실제 사물이나 사물의 그림에 대한 이름대기를 한 후에 이를 학습자에게 보여 주고 "What is this?(이게 뭐지?)"라고 질문한다. 개인은 정확한 손짓 기호나 그래픽 상징을 생성하여 답해야 한다(Fischer, 1994: Kagohara et al., 2012).

Peter는 4세이다. 그는 심각한 운동장애가 있고 블리스 단어를 사용하며 좋은 구어 이해력을 보인다. 그는 어린이집에서 교사와 앉아 있다. 교사 주변에 다른 사물이 놓여 있고, 그녀는 사물의 이름을 말하는 동시에 사물 또는 사물의 그림을 가리킨다. Peter는 교사가 단어를 말할 때 의사소통 보드에서 해당 블리스 단어를 가리킨다. 때때로 그들은 역할을 바꾼다. Peter는 블리스 단어를 사용하여 사물의 이름을 지정하고 교사는 맞는 사물을 가리켜야 한다.

Kate는 14세의 자폐 청소년이다. 그녀는 몇 개의 손짓 기호와 몇 마디 구어 단어를 사용한다. 그녀는 교사와 함께 앉아 있고, 교사가 다양한 사물을 가리키며 *What is that?*(저것이 뭐지?)라고 말하는 동시에 손짓 기호 WHAT(무엇)을 표현한다. 그런 다음 Kate는 필요한 경우 약간의 도움을 받아 적절한 손짓 기호를 생성한다.

WHAT

손짓 기호: WHAT

이름대기는 예를 들어 공원이나 숲에서 걷거나 휠체어를 타고 갈 때, 버스로 여행할 때, 정원 가꾸기 또는 꽃을 수집할 때와 같이, 개인이 교사와 함께 환경의 일부를 탐색할 때와 같은 많은 일상적인 상황에서 중요하다.

이름대기는 전형적인 서술형 의사소통 활동이다(p. 215 참조). 손짓 기호나 그래픽 상징의 기능은 무언가를 요청하는 것이 아니라 자발적으로 또는 요청 시 정보를 제공하는 것이다. 이름대기에는 긍정적인 인정이 있을 수 있지만 이름을 배우는 것은 그 자체로 유용하며 칭찬이나 다른 보상이 필요하지 않다.

이름대기는 일반적으로 개인이 어떤 능력을 개발해 왔음을 요구한다. 즉, 물건을 얻거나 활동에 참여하기 위해 손짓 기호나 그래픽 상징을 사용하여 의사소통의 성공을 보여 준다. 이름대기는 개인이 질문을 받을 때에도 유용하지만, 이것이 초기 중재의 주요 목표는 아니다. 상대적으로 언어 능력이 좋은 학습자에게 이름대기는 특수교육 세션에서 다른 상황과 다양한 목적으로 사용할 수 있는 새로운 손짓 기호나 그래픽 상징을 습득하는 좋은 방법이다.

AAC 중재에서 이름대기는 종종 구어를 손짓 기호나 그래픽 상징과 연관짓는 데 자주 사용되며, 따라서 이름대기는 구어를 어느 정도 이해하는 아동에게 주로 사용된다(Stephenson, 2009a). 그러나 전형적인 발달을 보이는 아동의 경우 초기 이름대기는 다른 언어 형식에 대한 지식이 아니라 무언가에 대한 공유된 관심에 기반한다. 성인이나 아동은 참석하는 대상의 이름을 대거나 다른 사람의 주의를 무엇인가로 향하도록 이름을 말할 수 있다. 손짓 기호와 그래픽 상징은 이와 유사한 방식으로 사용될 수 있는데, 구어를 참조하지 않고 환경에서 눈에 띄고 흥미로운 부분의 이름을 명명한다.

구조화된 대화하기

의사소통은 본질적으로 상호적이며 대화는 언어 연구 및 중재의 자연스러운 단위이다. 의사소통은 그 자체로도 목적이지만 어휘와 문장 구조를 배우는 수단이기도 하다. 전형적이거나 비정형적인 의사소통 및 언어 기술은 의사소통 상호작용에서 가장 잘 습득되는데, 이는 아동뿐 아니라 대화에 기여하는 의사소통 상대자에게도 마찬가지다(11장 참조). 초기 대화는 공동 활동과 연관되고, 교사가 직접 선택하는 것을 포함하여 활동 내에서 선호 사항과 선택 사항에 대해 더 길게 순서를 주고받는 것이 포함된다. 예를 들어, 개인이 원하는 음식에 대해 긍정적인 협상을 하는 대화는 유치원에서의 일상적인 식사 중에 우연히 나타날 수 있다(p. 315 참조). 많은 초기 대화는 다양한 형태의 놀이를 중심으로 구성되는데, 질문, 제안, 의견은 일반적으로 그룹 안에서의 구성 놀이 및 역할 놀이에 통합되는 요소이다(10장 참조). 중도의 운동장애가 있는 의사소통 도구를 사용하는 청소년의 경우, 다양한 일상 및 사회 주제에 대한 구조화된 대화를 통해 일반 지식을 향상시키고 도구적 언어 발달을 지원하며 의사소통할 문제에 대한 더 많은 레퍼토리를 제공할 수 있다. 자폐범주성장애 및 지적장애가 있는 젊은 AAC 사용자의 경우, 대화는 그들이 알고 있거나 탐색에 관심이 있는 자료에 대해 구성될 수 있으므로 그들의 개념 형성과 사회적 이해에 기여할 수 있다. 예를 들어, 항상 보트와 비행기 등 자신의 특별한 관심사에 대해 대화하기를 매우 원하는 17세의 자폐 소년의 경우, 대화는 야외 활동, 버스 여행, 쇼핑센터나 박물관 방문 등에서 발생할 수 있다. AAC를 사용하여 개인과 구조화된 대화하기를 준비할 때 교사는 활동, 자료 또는 주제가 개인의 어휘에 적합한지 확인하고, 더불어 대화 중 새로운 손짓 기호나 그래픽 상징을 도입할 가능성이 있는 경우에 대비하여 새로운 어휘를 준비해야 한다.

AAC를 통한 구조화된 대화하기는 어휘, 문장 구성, 대화 기술, 화용적인 기능 등 언어 발달의 모든 측면을 지원할 수 있다(Luckins & Clarke, 2021; Soto & Clarke, 2017). 다양한 측면과 관련된 전략은 다음 장에서 설명되었다. 개인이 더 많은 능력을 발달시킴에 따라 더 많은 중재 세션이 구조화된 대화의 형태를 취할 것이다.

준비 훈련

일부 중재 접근은 의사소통 및 언어 중재가 실행되기 전에 숙달되어야 하는 특정 기술이 전제 조건으로 있다는 가정을 기반으로 한다. 따라서 이러한 중재는 종종 교사가 언어 습득의 전제 조건으로 여기는 기술, 지식 또는 활동을 가르치는 것으로 시작된다. 한 가지 예는 아동이 대상 영속성을 갖고 Piaget의 감각 운동 5단계나 6단계에 도달해야 한다는 요구 사항으로, 곧 거부된 아이디어이다(Chapman & Miller, 1980; Shane & Bashir, 1981). 모방 능력 또한 언어 습득에 필요한 전조로 여겨져 왔다(Piaget & Inhelder, 1969; Skinner, 1957; Tomasello, 2005). 그러나 아동이 언어를 발달시키기 위해 그러한 근본적인 전제 조건이 존재해야 한다는 가정은 경험적 근거가 거의 없으며, 종종 비효율적인 교육으로 이어지고 중도 및 최중도 장애인의 의사소통 기술 습득을 방해했다. 일반적으로 Piaget의 감각 운동 5단계 또는 6단계에서 습득되는 일부 과제를 수행할 수는 없지만, 그럼에도 불구하고 일부 언어 기술을 발달시킬 수 있는 개인에 대한 예가 많이 있다(Romski et al., 2003; Rowland & Schweigert, 2003). 대응하기(matching)는 그래픽 상징을 학습하는 데 중요한 기술로 여겨져 왔지만 일부 개인에게는 필요하기보다는 유용한 것으로 보인다(Franklin et al., 1996; Stephenson & Linfoot, 1996). 더 나아가, 만약 대응하기가 사물이나 상징의 제한된 세트로 제한되고 이런 일이 빈번히 반복된다면, 이는 아동의 개념 형성과 언어 이해를 확장시키는 수단이 아니라 단지 활동이 될 뿐이다.

제안된 전제 조건의 또 다른 유형은 구조화된 프로그램을 시작하기 전에 언어 중재의 실제적 구현 및 '준비도 레퍼토리' 설정과 관련이 있다. 언어 교육이 효과적으로 이루어지려면, 일부 기술이나 활동이 필요하거나 극히 도움이 된다고 여겨진다. 그러한 기술의 한 가지 예는 짧은 시간 동안 탁자 앞의 의자에 가만히 착석하는 것이다. 다른 예로는 주의를 기울이고, 교사를 바라보고, 지시를 따르는 능력이 있다(Lerman et al., 2016). 일부 저자는 의사소통 동기를 AAC 중재의 실질적인 전제 조건으로 강조하기도 했다(Bryen & Joyce, 1985; Light & McNaughton, 2014). 그러나 동기 부여의 부족과 의사소통 기회 부족을 구분하는 것은 거의 불가능하다. 개인은 의지 부족이 아니라 불가능할 수 있다. 개인이 스스로 동기 부족을 반박할 수 없기 때문에, 의지가 부족하다고 단정하는 것은 적절하지 않다. 마지막으로, 개인에게 동기가 부족하다는 믿음은 AAC를 소개하려는 교사의 동기를 감소시켜 개인에게 비참한 결과를 초래할 수도 있다.

언어 발달을 지원하고 이후 단계에서 더 효과적인 언어 교육에 기여할 수 있는 교수 기술과 활동은 긍정적일 수 있다. 이는 서로 다른 기술이 점진적으로 더 발전된 기술이 되어 가는 역동적인 체계의 틀 안에서 여러 중재 방법을 함께 고려하는 접근이다(Perone & Simmering, 2017). 그러나 그러한 기술을 가르치는 것이 의사소통 활동을 희생시키는 것이 되어서는 안 된다. AAC로 중재를 시작하는 데 필요한 요구 사항 없이도 그 기술은 전체 중재의 일부가 될 수 있다. 그러한 기술을 훈련할 필요가 있는 경우, 개인의 의사소통 및 언어 기술 습득을 불필요하게 지연시키지 않으면서 언어 중재와 병행시켜 수행할 수 있다.

특별한 관심을 받아 온 이론적, 실제적으로 증명된 여러 가지 조건이 있다. 여기에는 **눈 맞추기**(*eye contact*), **시선 방향**(*direction of gaze*), **주의력**(*attentiveness*), **착석하기**(*sitting still*), **행동 연쇄**(*behaviour chains*), **모방하기**(*imitation*) 및 **운동 기술**(*motor skills*)이 포함된다.

눈 맞추기

생애 초기부터 영아는 다른 사람의 눈에 주의를 기울인다(Bertenthal & Boyer, 2015). 사람이 서로의 눈을 바라보는 눈 맞추기는 대면 상호작용의 핵심 요소이고, 의사소통에의 집중과 시선 패턴은 대화 과정에 영향을 미칠 수 있다(Conty et al., 2015; Massé et al., 2017). 자폐 아동은 전형적으로 발달하는 유아에 비해 타인의 시선에 주의를 덜 기울이는 경향이 있다(Jones et al., 2008). 자폐범주성장애인을 대상으로 한 중재에서 사회적 상호작용에서의 눈 맞추기 훈련은 종종 주요한 목표이다(Rapp et al., 2019). 그러나 눈 맞추기가 언어 습득에 필요한 전제 조건이라는 가정은 뒷받침되지 않는다. 사실상 시력이 거의 없거나 전혀 없는 아동도 전형적인 언어 발달을 보인다(Pérez-Pereira & Conti-Ramsden, 2020). 또한 눈 맞추기에 너무 집중하면 AAC 중재에 어려움이 생길 수 있다. 왜냐하면 다른 사람의 눈을 바라보는 동시에 자신이나 다른 사람의 손짓 기호를 보거나 의사소통 보드나 도구의 그래픽 상징에 주의를 기울이거나, 환경 안에서 관련된 사물에 주의를 기울이는 것은 어려움이 있기 때문이다.

시선 방향과 주의력

사람이 주의를 기울이는 것은 유아기부터 성인기에 이르기까지 중요한 사회적 정보이다. 유아가 어디를 보고 있는지는 그들이 주의를 기울이는 것에 대한 중요한 단서이고, 많은 실험 연구에서 유아가 환경을 어떻게 인식하는지 조사하기 위해 시선 방향을 사용한다(Eckstein et al., 2017; Slone et al 2018). 또한, 많은 중도의 운동장애가 있는 도구적 의사소통자는 환경에 있는 사물을 상징적으로 가리키기 위해 아이 포인팅을 배우고, 전자적 의사소통 도구를 작동하기 위해 시선을 사용하는 법을 배운다(p. 77 참조).

시선 훈련에 대한 정당성은 주로 실용적이다. 시선 방향은 주의력의 표현으로 여겨지고, 특히 자폐 아동은 상황에서 중요한 것, 예를 들어 사람이나 사물로 시선이 향하도록 훈련받는다(Hustyi et al., 2023). 특별히 대안 및 지원 언어 그룹에 속한 지적장애가 동반된 자폐인의 경우 시선 방향 및 주의력에 대한 훈련을 받지만, 표현 언어 그룹에 속한 개인은 때때로 그래픽 의사소통 체계로 접근하기 전에 원하는 대상을 쳐다보도록 교육받는다.

공동 관심을 시작하고 이에 반응할 수 있는 능력은 언어 학습에서 개인의 성공을 위한 기본 전제 조건이다. 다른 사람에게 주의를 기울이는 것은 개인이 의사소통으로 인식될 손짓 기호나 그래픽 또는 유형 상징을 사용하기 위한 전제 조건일 수 있다(p. 214 참조). 심각한 운동장애에는 안구 운동이 포함되므로, 좋은 인지 기술을 가진 아동조차도 시선을 사용하기 어려울 수 있다. 자폐 아동이 가리키는 방향이 아닌 다른 방향을 볼 때, 그들의 가리키기는 의사소통으로 인식되지 않을 수 있다(Sarriá et al., 1996). 광범위한 운동장애가 있는 개인이 주의를 기울이고 있다는 것을 잠재적 의사소통 상대자가 확실히 알지 못하기 때문에 그들은 의사소통하는 것으로 인식되지 않을 수 있다. 그들은 머리를 들고 시선 방향을 바꾸는 등의 신체적 능력이 부족할 수 있다. 운동장애인이 시선으로 전자기기를 작동시키도록 훈련시키는 유용한 프로그램이 있다(p. 74 참조). 그러나 칭찬이나 먹을 수 있는 보상의 예시로서(Hustyi et al., 2023), 운동장애가 없는 아동에게 AAC를 도입하기 전에 시선을 '건조하게(dry)' 훈련하는 것은 특별히 생산적이지 않을 수 있다. 다른 사람과 접촉을 시작하고 관심을 끄는 방법에 대한 이해는 기능적 맥락에서 가장 잘 발달된다. 마찬가지로, 목적이 있는 이유가 명확하지 않은 한, 개인에게 다른 사람을 응시하도록 가르치는 것은 무의미할 수 있다. 예를 들어, 개인이 맞는 방향을 바라볼 때 작은 초콜릿을 주는 것과 같이 행동을 '강화'하는 것은 더 큰 혼란을 일으킬 수 있다. 주의력과 의사소통 주도는 특수 훈련보다 실제 의사소통 상황에서 더 쉽게 이끌어 낼 수 있다. 게다가, 전형적인 언어 발달에서, 어린 아동이 이미 주의를 기울이는 것에 대해 이야기하는 것은 이름을 대기 전에 성인이 먼저 아동의 주의를 어떤 것으로 이끌려고 할 때보다 단어 학습을 더 잘 촉진시킨다(Masur, 1997). 아동의 관심을 따르는 원칙이 초기 AAC 발달에도 유효하다고 믿을 만한 이유가 있다.

참조 대상을 보는 것은 종종 대화의 일부이다. 교사는 개인의 시선을 개인의 선택 또는 주의력의 첫 번째 지표로 사용할 수 있고, 손짓 기호 또는 그래픽 상징으로 특정 의미를 표현하는 데 도움이 되는 기초로 사용할 수 있다. 또한 시선은 '예'나 '아니요'를 나타내는 데 사용되는데, 의사소통상대자의 'yes hand'나 'no hand'[1]를 바라보는 것이 그 예이다. 그래픽 상징을 사용하는 중재에서 교사는 개인의 시선을 대상으로 향하게 하기 위해 먼저 대상을 가리키고, 그런 다음

1) 역주: 예를 나타내는 손과 아니요를 나타내는 손

개인의 시선을 그래픽 상징으로 이동시키려고 시도한다(Berg, 1998). 개인이 아이 포인팅 또는 시선 작동 의사소통 기기의 사용을 배우는 경우, 시선은 의사소통 표현의 '조음'의 일부이다. 이는 특별한 훈련을 필요로 하지만(p. 78 참조), 교사는 개인이 일상생활의 의사소통 환경에서 시선을 이용하도록 안내하기 위해 노력해야 한다.

착석하기

일부 중재자는 특히 지적장애 및 자폐범주성장애가 있는 개인이 특정 시간 동안 테이블 옆 의자에 가만히 착석하게 하는 데 상당한 시간을 소모한다(Arthur et al., 2023; Cook et al., 2023; Ivy & Schreck, 2016). 또한 착석하기는 지원 언어 그룹에 속하는 광범위하지 않은 장애가 있는 과잉행동 아동을 위한 중재 목표가 될 수 있다. AAC 중재에 교사는 개인이 착석하기, 예를 들어 SIT(앉다) 명령을 따르도록 훈련할 수 있다.

개인에게 책상 앞에 앉도록 가르치는 것은 유용하다. 왜냐하면 책상에서 할 만한 많은 활동, 예를 들어 그림 그리기, 블록 쌓기, 직소 퍼즐 맞추기 등에 더 쉽게 접근할 수 있기 때문이다. 앞으로 이러한 활동은 고유한 가치가 있으며 의사소통 및 언어 중재에도 활용될 수 있다. 그러나 착석 훈련은 의사소통 중재를 이유로 정당화되는 것이 아니라 개인이 책상 활동에 참여해야 한다는 목적에 따라 정당화된다. 의사소통 중재에서 개인이 착석하도록 훈련하는 것은 종종 비실용적인데, 교사가 개인이 배운 것을 취소해야 할 수도 있기 때문이다. 중재는 학습자가 특정 행동을 수행하고 손짓 기호를 표시하거나 그래픽 상징을 가리킨다는 것을 의미한다. 개인이 착석하도록 훈련하는 것은 우회일 수 있으며, 추가 작업과 의사소통 및 언어 중재의 실행 지연을 의미한다. 아래의 예시에서와 같이, 개인의 행동에 대한 중재를 수정하는 것이 더 나을 수도 있다.

> Tracy는 6세 자폐 아동이다. 그녀의 주된 관심사는 학교 복도에서 달리는 것이었다. 따라서 그녀가 배운 첫 번째 손짓 기호는 RUN(달리다)이었다. Tracy가 복도로 나가기 위해 문을 향해 움직이기 시작했을 때, 그녀는 방을 나가도록 허락받기 전에 살짝 멈춰서 손짓 기호 RUN을 표시하도록 안내받았다. 교사는 이것을 반복할 기회가 많았고 Tracy는 첫날부터 자발적으로 손짓 기호 RUN을 사용하기 시작했다. 손짓 기호 JUMP(뛰다)와 CLIMB(올라가다)에 대한 교육은 체육관에서 계속되었다(Steindal, 1990).

이 예는 가만히 있지 못하는 것도 중재에서 긍정적으로 활용될 수 있는 관심의 표현이 될 수 있음을 보여 준다.

의사소통 중재 초기에서 개인은 새로운 상황 때문에 불안하고 괴로울 수 있다. 그들은 무슨 일이 진행되고 있는지, 무엇을 기대해야 하는지 또는 어떤 요구가 그들에게 제시될지 모른다. 그들이 상황에 점차 익숙해짐에 따라, 상황에 대한 기대를 갖게 되고 자신에게 기대되는 바를 이해하게 될 것이다. 그러면 그의 고통도 사라질 것이다(Schaeffer et al., 1994).

행동 연쇄

행동 연쇄(Behaviour chains)는 '연쇄 형성 및 중단하기'(p. 232 참조) 전략의 주요 요소이지만 다른 용도도 있다. 자폐범주성장애 및 중증 지적장애가 있는 개인을 위한 언어 중재를 시작할 때, 교사는 종종 그들이 참여하는 활동이 거의 없고 의사소통할 수 있는 경험이 거의 없다는 것을 알게 된다. 이에 접근하는 한 가지 방법은 행동 연쇄, 즉 연속적으로 수행되는 여러 행동을 도입하는 것이다(Bancroft et al., 2011). 간단한 행동 연쇄는 매혹적인 블록 쌓기와 작은 탑 쌓기로 구성할 수 있다. 자전거 타는 법을 배우려면 일련의 고급 운동 기술이 필요하다. 행동 연쇄의 교수에는 종종 손짓 기호나 상징의 사용이 포함된다. 행동 연쇄를 도입하는 목표는 개인의 의사소통 기회를 늘리고 독립성 개발과 자신의 환경에 대한 이해를 지원하는 것이다. 최중도 지적장애인의 경우 모든 행동 연쇄가 손짓 기호나 그래픽 또는 유형 상징으로 식별되지는 않는다. 훈련이 진행되고 개인의 손짓 기호 또는 그래픽 상징이 사용이 확장됨에 따라, 어떤 기호나 상징을 포함하지 않고도 기존에 확립된 행동 연쇄를 사용하는 것이 실용적일 수 있다.

모방하기

모방은 다른 사람이 수행한 행동을 의도적으로 실행하는 것이며 사회적 학습에 뿌리를 두고 있다(Tomasello, 2005). 모방 훈련은 추가 학습을 위한 전제 조건이자 그 자체로 기능적인 기술이라고 주장되어 왔다(Deshais et al., 2022; Schreibman et al., 2015). 모방이 학습에 필요한 전제 조건이라는 가정은 모방 교수를 '메타 기술'로서, 즉, *Do as I do*(내가 하는 대로 하라)와 같은 지침을 따르는 일반적인 능력으로서 강조되어 왔다. 그러나 이러한 유형의 메타 기술은 일반적으로 발달 단계에서 상당히 늦게 나타나며, 아동이 모방하는 첫 번째 동작은 이미 습득한 동작이다. 한 살짜리 아동은 빗으로 자기 머리를 빗는 사람을 흉내낼 수 있지만, 장난감 자동차로 머리를 빗는 것은 거부할 것이다. 훨씬 나이가 많은 아동조차도, 예를 들어 누군가가 머리 위에 손을 얹으라는 것과 같은 행동을 요구받는다면 상당한 좌절감을 보일 수 있다(Guillaume, 1971). 아동이 이전에 습득하지 못한 행동을 모방하려고 시도하기 시작하여 모방이 학습 과정의 기능적 측면이 되는 시기는 중요한 발달 이정표이다. 모방은 마구잡이로 일어나지 않는다. 아동은 사물을 단순히 원 안으로 옮기는 것과 같이 그 행동에 명확한 목표가 없을 때보다는, 행동에 명확한 목표가 있거나 무언가에 영향을 미치거나 행동을 유발할 때 더 자주 행동을 모방한다(Elsner, 2007). 그러나 모방은 매우 초기의 발달 단계에서는 새로운 기술을 가르치는 데 적합한 전략이 아닐 수도 있다.

모방 훈련은 때때로 실제보다 더 기능적으로 보일 수 있다. 모방 훈련의 예비 단계에서 아동은 종종 모방하도록 기대된 행동을 수행하는 데 도움을 받는다. 나중에 그들이 이 행동을 모방할 수 있을 때, 이것은 그들이 모방하도록 배웠다는 지표로 받아들여진다. 그러나 아동이 일반적인 능력으로서의 모방이 아니라 특정한 행동을 수행하는 법을 배웠다는 또 다른 해석이 있을 수 있다. 비록 모방 훈련이 성공한 것처럼 보이기는 해도, 개인이 제시된 행동이나 소리를 모방한다는 의미에서, 이는 반드시 기술을 일반화하고 다른 사람이 사용하는 기호나 단어를 모방하기 시작할 것이라는 의미는 아니다. 자연스러운 환경의 상호작용에서 발생하는 모방은 일반화될 가능성이 더 높다(Ebbels, 2014).

모방이 언어 습득의 전제 조건이 아니라는 사실은 광범위한 운동장애가 있는 아동과 성인에 의해 완전히 입증되었다. 거의 어떤 행동도 흉내낼 수 없는 많은 개인이 그래픽 상징이나 쓰기를 통해 문제해결 능력, 좋은 구어 이해력과 언어 사용 능력을 개발한다. 또한 모방하는 법을 배우지 못한 중도 지적장애인도 그래픽 상징이나 손짓 기호를 사용하는 법을 배웠다.

여러 연구에서 말하기 훈련의 다른 전략과 비교할 때 모방의 효과는 제한적이라고 나타난다(Ebbels, 2014; Gibbon & Grundwell, 1990; Nelson et al., 1996). 손짓 기호 교육에서 모방과 민감한 손 안내(hand guidance)를 비교한 연구는 거의 없다. Iacono와 Parsons(1986)는 중도 지적장애가 있는 11~15세 청소년 3명을 중재하기 위해 이 두 가지 전략을 사용했다. 그들 중 두 명은 손짓 신호를 배운 적이 없었다. 세 번째 청소년은 몇 년 전에 DRINK(마시다) 기호를 사용하도록 배웠지만 자발적으로 기호를 사용한 적은 없었다. 그들의 모방 기술 평가에서 청소년 중 한 명(F.L.)은 열 개의 제스처 중 여섯 개를 모방했고 다른 두 명은 하나도 모방하지 않았다. 이 연구는 먼저 손짓 기호 BISCUIT(과자)과 DRINK(마시다) 또는 BISCUIT(과자)과 LOLLIPOP(사탕)을 모방하여 가르치도록 설계했다. 그런 다음 하나의 기호로 모방 훈련을 계속하면서 다른 하나는 손 안내로 가르쳤다. 마지막으로 두 기호 모두 손 안내로 훈련되었다. 결과는 모방이 이 청소년에게 좋은 중재 전략이 아니라는 것을 분명히 보여 주었다([그림 6.1]). 심지어 10가지 제스처 중 6가지를 모방한 F.L.은 모방 훈련에서 배우지 않았다. 세 명 모두 민감한 손 안내로부터 이득을 얻었다.

이런 결과는 7명의 학령전기 아동이 구어와 손짓 기호를 모방하도록 교육받고, 의사소통 중재에서 교사에게 그래픽 상징을 제공하여 손 안내를 받도록 한 연구에서 지지를 얻었다. 20회 세션 후 일곱 명의 아동 중 중 여섯 명은 말이나 손짓 기호를 모방하지는 않았지만, 그래픽 상징을 건네는 법은 빠르게 배웠다. 또한 음성 및 손짓 모방 훈련에서 아동은 빈번한 행동 문제를

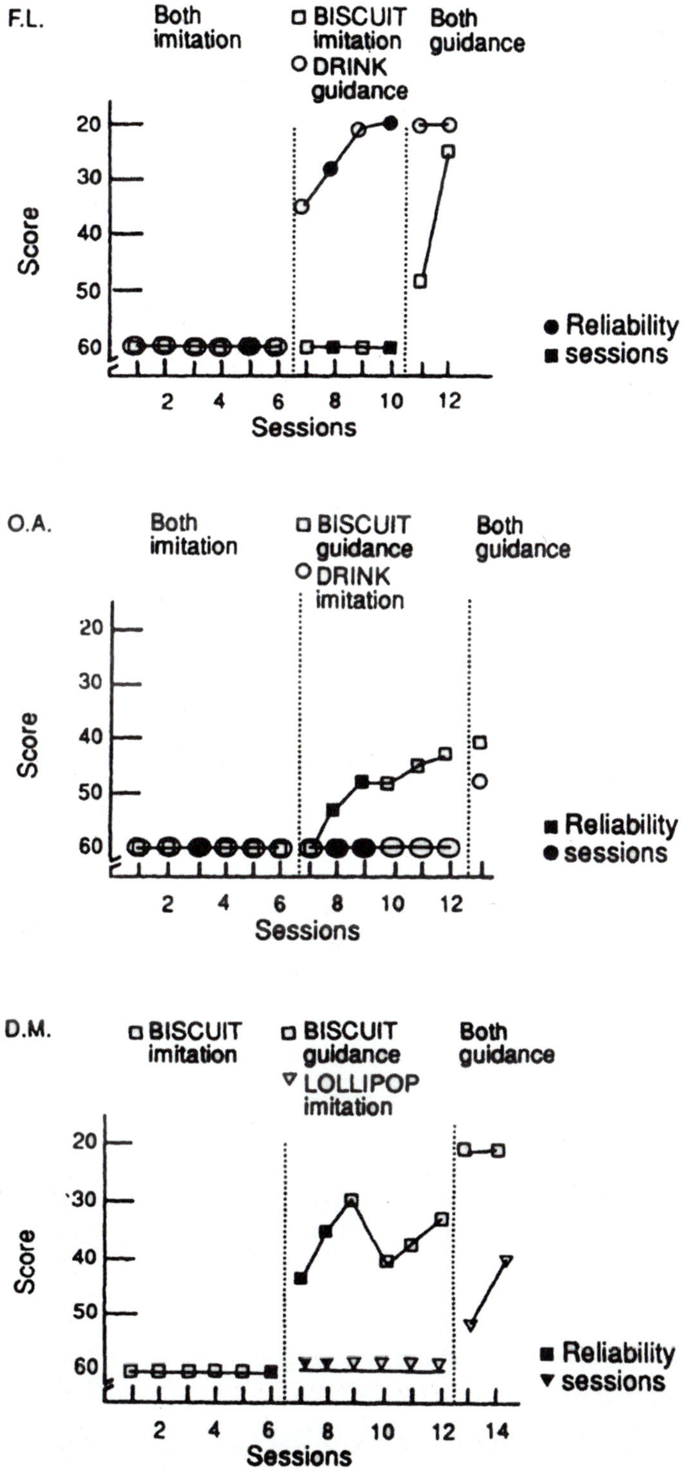

[그림 6.1] 모방과 손 안내에 기초한 교수에 의한 학습 변화(learning curves). 최하점 60점, 최고점 20점(Iacono & Parsons, 1986에서 발췌)

보인 반면, 손 안내로 그래픽 상징 훈련을 받는 동안에는 그러한 행동이 거의 관찰되지 않았다. 일곱 번째 아동은 구어와 손짓 기호를 모방하고 유사한 속도로 그래픽 상징을 제공하는 방법을 배웠다(Bondy & Frost, 1998).

아동에게 모방을 요청하는 것은 특정 행동을 유도하는 방법이다. 놀이, 일상 활동이나 가정에서의 활동처럼, 보다 의미 있는 아동의 행동을 유도하는 다른 방법이 있다. 많은 아동이 부모가 집안일을 하는 것을 관찰하고 같은 행동을 하려고 시도할 수 있다. 아빠가 한 것처럼 아이가 버튼을 누를 때, 그 행동은 반드시 직접적으로 모방되는 것이 아니라, 대상이 제공하는 새로운 행동 가능성을 발견한 결과이다(Yang et al., 2010). 실제적인 이유로 모방할 수 있다는 가정은 대체로 말소리 모방이 주요 요소인 전통적인 말하기 훈련의 유산이다. 특정 단어를 발음하도록 안내하기 위해 입술, 혀 및 기타 언어 기관의 다른 부분의 모양을 만드는 것은 쉽지 않기 때문에, 소리를 모방하지 않고 말하기 훈련을 수행하는 것은 어렵다. AAC 체계의 가장 큰 장점 중 하나는 모방이 필요하지 않다는 것이다. 왜냐하면 유형 또는 그래픽 상징을 가리키거나 손으로 건넬 때, 또는 손짓 상징을 표현할 때의 도움이나 지침은 다른 방식으로 주어질 수 있기 때문이다.

그러나 이것이 중재에서 모방을 피해야만 한다는 것을 의미하는 것은 아니다. 개인이 모방이 무엇인지 알고 훈련에서 모방의 기능을 이해한다면 모방은 유용한 전략이 될 수 있다. 자폐범주성장애와 지적장애가 있는 많은 아동과 성인은 자발적으로 모방한다. 이 그룹의 일부는 촉진을 받았을 때만 모방한다. 모방을 통해 습득된 기술이 자발적이고, 의사소통 상대자의 주도와는 무관하게 모방이 이루어지는 방식으로 개인의 기술을 활용하는 것이 중요하다.

운동 기술

모든 언어 산출에는 일종의 행동이 포함된다. 예비 운동 훈련은 운동장애 아동을 위한 중재에서 특히 강조되어 왔다. 특정한 의사소통 도구를 독립적으로 작동시키기 위해 소근육 운동 기술이 필요할 수 있지만, 일부 전자 보조도구는 개인이 안정적으로 앉아 있는 경우 눈을 응시하거나 최소한의 움직임으로도 작동할 수 있다(2장 참조). 때때로 전문가는 개인이 의사소통 도구를 제공받기 전에 보조도구를 작동하는 특정한 방법을 한 가지라도 숙달하도록 요구할 수 있다. 중등도 운동장애인은 손이나 머리로 스위치를 활성화할 수 있다. 그러나 작동 동작을 제어하는 데 개인의 주의와 기타 인지 자원이 많이 필요한 경우, 언어 학습 과정을 위한 인지 자원은 더 줄어들 것이다(p. 378 참조).

운동장애가 있는 아동과 성인의 발화 구성을 촉진할 때, 운동 기술의 훈련과 언어 훈련을 구분할 필요가 있다. 인지 부하를 낮게 유지할 필요가 있는 경우를 제외하고, 의사소통 도구를 작동하는 데 필요한 운동 기술의 훈련은 보조도구의 의사소통 사용 교육에 통합되어야만 한다.

이는 개인이 장치를 사용하여 게임을 하거나 환경 제어 또는 동일한 물리적 동작이 필요한 기타 활동을 수행하도록 허용함으로써 수행될 수 있다. 동시에 개인은 그래픽 의사소통 체계를 종속 양식으로 사용할 수 있으므로(p. 75 참조), 운동 성능에 집중해야 하는 부담 없이 그래픽 상징의 기능에 익숙해질 수 있다. 예를 들어, 개인에게 자동 스캐닝을 활용하는 의사소통 도구가 제공되면, 의사소통 도구는 먼저 의존적 스캐닝으로 사용할 수 있다. 이때 의사소통 상대자가 체계적으로 가리키며 올바른 열과 그래픽 상징 또는 단어를 가리켜 보일 때 개인은 표시를 한다. 이와 유사하지만 다른 상황에서, 개인은 자동 스캐닝을 작동하도록 훈련할 수 있다. 전부는 아니지만 일부는 독립적인 스캐닝을 다루고 운동 기술과 언어 능력을 통합하는 방법을 배울 수 있다. 다른 사람에게는 의존적 스캐닝이 계속해서 의사소통 도구를 사용하는 가장 좋은 방법일 수 있다(Smith et al., 2010).

운동 훈련을 위해 게임을 사용하는 것이 실용적일 수 있지만 게임을 하기 위해 개인의 의사소통 기기를 사용하는 것 역시 문제를 일으킬 수 있다. 환경 안에 있는 사람은 기기를 오락기로 생각할 수 있고, 개인과의 의사소통에 참여하는 대신 그가 뭔가를 하기 위해 필요할 때 기기를 사용하도록 제안할 수 있다. 이는 특히 도구적 의사소통자와의 대화에 적극적으로 참여할 대화 상대자가 부족한 경우, 의사소통 목적을 위한 기기 사용을 감소시킬 수 있다. 개인이 의사소통을 위한 도구 한 개와 환경적 제어나 놀이, 게임을 위한 여분의 도구를 갖는 것이 나을 것이다.

AAC의 공식적 교육

공식적인 AAC 교수 전략은 보통 구어에 대해 좋은 이해력을 가진, 상당히 발전된 기호 사용 또는 보조 언어 수준의 개인을 위해 필요하다. 교육은 개인의 언어 양식에 대한 것이고, 개인이 사용하는 손짓 기호나 그래픽 체계의 구조화된 질에 대한 설명과 이 체계에서 얼마나 다른 메시지가 표현될 수 있는지를 포함한다. 문해는 문자의 초기 사용자와 능력 있게 문자를 사용하는 대상 둘 다를 위한 공식적인 교육의 부분이다. 학교 과목으로서, AAC는 학교의 주요 언어 교수와 유사할 것이다. 교수에는 공식적 상황과 비공식적 상황에서 그리고 의사소통 상대자에 따라 얼마나 다르게 적용될 수 있는지를 포함하여, 언어의 모든 측면이 포함된다. 또한 시, 노래, 유사한 문화적 표현을 손짓 기호나 그래픽 상징으로 나타내는 것이 포함된다. 문자 그 이상의 문해는 문어를 사용하는 도구적 의사소통자를 위한 토픽이 될 것이다. AAC를 교수하기 위해서는 일반적인 교육적 능력과 교사의 기술에 더해 개인의 AAC 체계와 일반적인 AAC에 대한 지식이 요구된다.

예를 들어, 블리스 상징과 같은 보다 발전된 그래픽 체계를 배우는 개인의 경우, 어떻게 블리스 단어가 구어와 대응되는지를 배울 필요가 있고, 그 체계와 그래픽 의미 요소가 블리스 단어의 의미를 나타내는 방법을 설명하기 위해서는 구어를 사용하는 것이 최상의 방법일 것이다(p. 34 참조). 이에 접근하기 위한 전형적인 방식은 교사가 먼저 말을 사용하여 블리스 단어나 블리스 구조를 설명한 다음, 개인에게 블리스 단어로 주어진 질문에 답하거나 지시를 수행하도록 함으로써 이것이 얼마나 잘 학습되었는지를 확인하는 것이다.

개인의 AAC 의사소통 양식과 관련된 공식적인 교육은 또한 중요한데, 그 이유는 학생의 AAC 정체성, 긍정적인 자아관과 자기 결정의 발달을 지원하면서 이 양식을 언어로서 수용한다는 신호이기 때문이다.

기술 촉진의 문제

기술 촉진의 사용은 논란의 여지가 매우 크다. 이러한 기술은 실제로 AAC 교재에 속하지 않지만 계속해서 상당한 관심을 받고 있기 때문에(Beals, 2020), 일반적이고 논쟁의 여지가 없는 AAC 중재 형태와 어떻게 다른지 명확히 하기 위해 포함되었다. 메시지는 촉진을 받는 개인이 생성하는 것이 아니라 촉진자에게서 발생하기 때문에, '촉진된 의사소통'이라는 일반적인 용어는 여기에서 사용하지 않는다.

촉진 기법은 1960년대 후반과 1970년대 초반에 '숨겨진 기술'을 보여 주기 위해 덴마크에서 처음 보고되었고 어느 정도는 1960년대 후반과 1970년대 초반에 미국에서 보고되었지만, 1990년대 호주의 영향을 통해 더 알려지게 되었다(von Tetzchner, 1997c). 촉진 기술은 도우미(촉진자)가 중도의 의사소통 장애(일반적으로 자폐범주성장애와 관련됨)가 있는 개인이 글자, 그림 또는 그래픽 상징이 있는 전형적인 의사소통 보드를 가리키거나 전자적 의사소통 도구나 컴퓨터에 글자를 입력할 때 물리적으로 돕는 것으로 구성된다. 그러나 일반적인 섬세한 손 안내와 달리, 촉진자는 메시지 구성에 관여하지 않는다. 촉진자는 가리키기를 하도록 개인의 손을 잡고 전형적으로 검지를 펴면서 손 위의 손(hand-over-hand) 지원을 제공한다. 또한 이러한 종류의 도움은 독립적으로 가리키는 데 필요한 기계적인 운동 기술이 있는 것 같은 개인과 다른 경우에 그렇게 할 수 있는 개인에게도 제공된다. 촉진자는 장애가 있는 개인의 팔이나 소매를 잡거나 어깨, 다리 또는 다른 곳에 손을 얹을 수 있다. 촉진자는 개인의 움직임을 늦추고, 의사소통 보드에서 손을 떼게 하고, 명백한 실수를 피하게 할 수 있다. 또한 촉진자는 구두 촉진과 격려를 제공할 수 있다(Crossley, 1994).

많은 연구에서 촉진으로 생성된 메시지가 개인이 아닌 촉진자에게서 비롯된 것으로 밝혀졌기 때문에, 촉진 기술에는 논란의 여지가 있다(Hemsley et al., 2018; Schlosser et al., 2014). 게다가 촉진자와 함께 생성된 메시지에 개인의 부모나 다른 사람의 성적 또는 신체적 학대에 대한 고발이 포함된 경우가 몇 가지 있다(Boynton, 2012; Palfreman, 2012). 고발은 후에 항소되었으나, 관련된 사람들에게 상당한 피해를 입혔다. 따라서 가장 중요하고 매우 시급한 문제는 이러한 발언이 생성되는 방식이다. 세 가지 가능성이 있다: (1) 메시지는 장애가 있는 개인의 마음에서 시작되며, 개인이 촉진자의 세심한 손 안내를 받을 때만 분명한 언어와 의사소통에 대한 이해를 나타내거나 나타내지 않을 수 있다. (2) 촉진자가 이를 인지하지 못한 채 촉진자에 의해 메시지가 생성된다. (3) 메시지는 촉진자가 자신의 목적을 달성하기 위해 의식적으로 생성된다(von Tetzchner, 1996a, 2012).

일부 중도 의사소통 장애인이 다른 사람과 함께 자신을 표현할 수 있다는 사실은 의심되지 않는다. 이것은 논쟁의 여지가 없으며, 개인이 다른 수단을 통해 의사소통을 잘하거나 더 잘한다면 거의 관심이 없다. 촉진 기법 지지자의 논란의 여지가 있는 주장은 지시가 없거나 최소한의 지시를 받는 개인에게서는 발견되지 않은 의사소통 및 문자 기술을 드러냈다는 것이다(Biklen, 1990; Crossley & Remington-Gurney, 1992; Peña, 2019 참조). 수년 동안, Joe Deacon (p. 168 참조)의 이야기와 같이, 주변 사람이 생각하는 것보다 더 나은 인지 및 언어 능력을 가지고 있는 것으로 밝혀진 중도의 운동장애 및 언어장애인에 대한 보고가 가끔 있었다. 그러나 촉진 기법을 통해 이러한 의외의 능력이 드러났다는 주장은 실증 연구에 의해 반박된다(Hemsley et al., 2018; Schlosser et al., 2014). 많은 연구들이 촉진 기술의 사용을 평가하고 메시지가 생성되는 방법을 조사하기 위해 고안되었는데, 이는 장애인이 예기치 않은 언어 능력을 나타낸다고 주장하는 것이었다. 연구의 목적은 기본 설계를 매우 단순하게 만든다: 필요한 모든 것은 촉진을 통한 의사소통 상황인데, 여기서 장애인은 촉진자가 알지 못하거나 추측할 수 있으므로 소스가 될 수 없는 정보를 제공받는다. 이러한 연구에서 구두 또는 서면 메시지가 개인에게 전달되는데, 촉진자는 또한 시도의 일부에서 보거나 들을 수 있고, 다른 시도에서는 다른 메시지가 제공되거나 메시지가 제공되지 않는다. 일부 연구에서는 이어폰을 사용하여 청각적으로 차단하는 반면, 다른 연구에서는 촉진자의 시야에서 단어나 문장, 그림 또는 사물이 있는 카드를 숨기기 위해 시각적으로 차단하였다. 일부 연구에서 개인은 촉진자가 없는 상태에서 무언가를 듣거나 사물 또는 비디오를 본 다음 촉진자의 촉진을 통해 이에 대한 정보를 전달하도록 요청받았다. 연구는 촉진자가 동일한 정보를 받았을 때 촉진으로 생성된 메시지가 장애인에게 제공된 정보만을 반영한다는 것을 압도적으로 입증했다. 촉진자에게 장애인과는 다른 메시지가 제시된 경우, 출력은 장애인에게 제시된 메시지가 아니라 촉진자에게 제시된 메시지를 반영했다. 더욱이 평가 절차에 참여한 후, 때로는 법정 소송의 일부로, 많은 촉진자가 '자동 작성' 현상과 매우 유사하게 메시지에 대한 자신의 영향을 인식하지 못했다고 말했다(Todd, 2012; von Tetzchner, 1996a, 2012). 그들은 또한 촉진자로서 연루되어 온 비난에 대해 심각한 우려를 표명했다(Boynton, 2012).

따라서 기존 증거는 촉진 기법이 일반적으로 촉진자의 생각과 태도를 반영한다는 것을 분명히 보여 준다. 통제된 연구는 촉진자가 개인이 소유하지 않은 태도와 기술을 개인에게 돌리는 경향이 있음을 보여 준다. 촉진 기법은 지원보다는 지시적인 경향이 있으며, 촉진 기법에 노출된 개인보다 촉진자의 '예기치 않은' 영향력을 입증하는 것이 훨씬 쉬워 보인다(Chan & Nankervis, 2014; Schlosser et al., 2014). 의도적이고 민감한 손 안내는 AAC 중재에서 유용한 도구인 반면, 촉진 기술은 최소한 구어 또는 말이 부족한 개인을 위한 AAC 중재에서 자리를 차지하지 않는다.

이중언어 환경에서의 AAC

이중언어는 두 개 이상의 언어를 능숙하게 사용하는 것으로 정의된다(de Houwer, 2021). 이중언어와 다중언어의 출현율은 이민과 함께 증가하고, 이중언어는 오늘날의 사회에서는 매우 빈번하다(Bialystok & Werker, 2017; Grosjean, 2024). 모든 사회에는 AAC가 필요한 아동이 있고, 다른 아동 중에서와 마찬가지로 AAC를 사용하는 아동 중에서도 이중언어 사회에서 성장하거나 나라의 공식 언어와는 다른 가정 언어를 가진 환경에서 성장하는 아동이 많다(Tönsing & Soto, 2020).

이중언어가 인지와 언어에 미치는 영향에 대해 논의되어 왔지만, 오늘날 일반적인 견해는 이중언어는 문제가 아니라 이점일 수 있다는 것이다(Bialystok et al., 2022). 이에 따라 자폐범주성장애 또는 지적장애가 있는 이중언어 및 단일언어 아동은 초기 및 후기 아동기 모두에서 유사한 발달을 보인다(Gonzales-Barrero & Nadig, 2019; Petersen et al., 2012; Reetzke et al., 2015). 그러나 발달장애 아동은 그러한 장애가 없는 이중언어 아동보다 이중언어 교육 및 자원에 대한 접근성이 낮은 것으로 보인다(Kay-Raining Bird et al., 2016). AAC를 발달시키는 아동도 마찬가지이다. 여러 국가에서 실시한 연구에 따르면, AAC를 사용하는 자녀가 있는 소수 언어 배경을 가진 가정에는 가정 언어로 된 AAC 자원이 제공되지 않았다(Alder, 2017; Frick et al., 2022; McCord & Soto, 2004). 교사가 설명하는 아래 상황은 드문 일이 아니다.

> 확실한 것은 [학생들이] 이중언어를 사용한다고 느낀다는 것이다. 나는 가족이 루마니아인인 아동에 대해 생각하고 있다. 그래서 당연히 그들은 그와 루마니아어를 사용한다. […] 학교에서 그는 카스티야어를 말하는 친구가 몇 명 있기 때문에 카스티야어를 말하는 것처럼 느끼고, 우리가 그와 이야기하기 때문에 카탈루냐어를 말하는 것처럼 느낀다. […] 하지만 그의 AAC 체계는 카

탈로니아어로 되어 있다(Salisbury, 2022, p. 33).

더욱이, 코로나 19 펜데믹 기간 동안 AAC 서비스의 감소는 단일언어 인구에서보다 이중언어 인구에서 더 두드러졌다(King et al., 2022).

많은 연구에서, 전문가들은 AAC 중재에서 언어 배경을 중요하게 여기지 않는 것 같다. 예를 들어, Romski와 Sevcik(1996)은 연구에 참여한 아동 중 한 명이 중국어를 사용하는 가정 출신이라고 언급했지만, 가족이 이 아동과 대화할 때 영어를 사용했기 때문에 이는 연구에 아무런 의미가 없다고 주장했다. 몇몇 사례 연구 또한 소수 언어 배경을 가진 아동과 함께 일하는 전문가들이 아동이 가정 언어를 사용하여 가족과 의사소통해야 할 필요성을 어떻게 무시했는지 설명한다(Lund & Light, 2007; McCord & Soto, 2004). 따라서 이중언어 환경에서 AAC 사용을 지원하는 전략에 대한 지식은 제한적이다. 이 그룹을 위한 전문가의 중재 계획에는 혁신과 창의성이 모두 필요하다.

가족이 주로 주류 언어만 사용해야 하는지 아니면 가정 언어와 함께 주류 언어를 사용해야 하는지에 대한 질문은 이중언어 배경을 가진 아동의 특수교육에 대한 논의에서 종종 제기된다. 3세 자폐 아동을 둔 중국인 어머니의 사례에서 설명된 것처럼, 부모는 종종 전문가로부터 장애 아동에게 학교에서 사용하는 것과 같은 한 가지 언어만 사용하라고 조언받는다.

> 그리고 그 언어치료사는 우리가 두 가지 언어로 말하는 방식이 그의 언어 발달에 영향을 미친다고 말했을 것이다. 그녀는 이것이 일대일 치료를 받느냐 안 받느냐의 문제가 아니라 집에서 영어로 말해야 한다고 계속 주장했다(Yu, 2016, p. 428).

그 조언은 언어에 어려움을 겪는 아동은 한 가지 언어만 배우는 것이 더 쉽고, 아동이 혼란스러울 수 있으며, 가정 언어가 아동의 주류 언어 학습을 방해할 것이라는 믿음에 근거한 것이다. 그러나 이러한 믿음은 연구에 의해 뒷받침되지 않으며, 자폐범주성장애 및 지적장애가 있는 아동이 이중언어 상황에 의해 부정적인 영향을 받는다는 증거는 없다(Dai et al., 2018; Drysdale et al., 2015; Lund et al., 2017; Peña, 2016; Yu, 2013, 2016). 반대로 언어 학습의 초기 민감기에 두 가지 언어를 모두 학습할 기회를 제공하지 못하면 최적의 언어 발달과 사회적 기능이 저해될 수 있다(Lim et al., 2019; Moore & Pérez-Méndez, 2006; Yu, 2013).

AAC를 사용하는 이중언어 아동을 위한 주요 중재 목적은 의사소통 체계가 그들의 환경 안에서 두 구어 사이의 다리로서 기능해야 한다는 것이다. 아동이 구어를 어느 정도 이해할 수 있는 경우, 중재는 각 구어에서 손짓 기호 또는 그래픽 상징이 어떤 단어 또는 구에 해당하는지 아동에게 명확하게 알려야 한다. 아동이 그래픽 상징이 있는 의사소통 보드를 사용하는 경우, 전문가는 그래픽 상징 이미지 위에 한 언어로 설명을 쓰고 이미지 아래에 다른 언어로 된 설명을 써서 환경에 있는 사람이 아동의 이중언어 능력을 인식하도록 할 수 있다. 사진, 그림 및 기타 그래픽 자료도 이와 마찬가지다. 음성 출력 기능이 있는 많은 전자 장치에는 여러 언어가 포함될 수 있지만 이를 기능적으로 사용하려면 약간의 적응이 필요하다(Frick et al., 2023). 어휘가 가정 언어 상황에 적합하지 않은 경우 가정에서는 그 장치를 사용할 수 없다(McCord & Soto, 2004).

어떤 그래픽 체계도 이중언어 상황에 맞게 수정될 수 있지만, 블리스 상징은 특별히 구어를 이해하는 이중언어 아동에게 잘 적용될 수 있을 것이다. 많은 언어와 새로운 그래픽 상징에 적용될 수 있는 체계는 항상 국제적인 그룹에 의해 개발되었다. 더욱이, 아동이 블리스 단어를 사용하면 소수 언어를 사용하는 부모가 주류 언어에 대한 지식을 향상시키는 데에 도움이 되는데, 아래의 보기가 그러한 예를 설명한다.

> 중도 운동장애가 있는 이중언어를 사용하는 10대 학생이 블리스 상징으로 보조 언어를 발달시키는 데 초점을 둔 프로젝트에 참여했다. 프로젝트의 초기에 어머니는 노르웨이어를 사용하는 데 자신이 없어서 노르웨이어와 아랍어 어휘 둘 다를 포함한 표준 블리스 상징을 받았다. 블리스 상징의 소개와 아랍어와 노르웨이어 어휘의 적용 가능성은 어머니의 노르웨이어 구어 향상을 도왔다. 프로젝트의 종료 시점에서 어머니는 더 이상 AAC 세션에서 통역자가 필요하지 않다고 느꼈다.

환경에 있는 사람이 두 언어의 핵심어 손짓 기호를 표현하거나 그래픽 상징에 동일한 손짓 기호를 사용하는 경우, 이는 아동이 두 언어에서 동일한 의미를 가진 단어 간의 유사성을 인식하는 데 도움이 될 수 있다. 또한 모든 관련 언어 양식을 포함하는 사전이 있어야 한다. 예를 들어, 불가리아와 영국의 손짓 기호는, 드문 경우지만, 아동의 환경에서 둘 다 사용된다. 개인이 다른 손짓 기호 체계에 노출되면 이중 손짓 기호가 발생할 수 있다.

아동이 가정 환경과 학교에서 모두 사용할 수 있는 AAC 기술을 습득하고, 가족이 가능한 한 빨리 일상적인 의사소통에 유익한 AAC를 경험하도록 하는 것이 항상 중재의 목표이다. 이것은 가족과 다른 가까운 사람에게 가족의 구어와 언어 간 부호 전환에 대한 특별한 관심을 제공하면서, 아동이 이중언어로 접근할 수 있는 환경에 필요한 역량을 제공하는 것을 의미한다(King & Soto, 2022). AAC를 아동의 능력과 이중언어 상황에 맞게 조정할 때, 가족의 활동 및 의사소통 패턴에 반영된 문화도 고려되어야 한다. 다른 지역에서 온 가족이나 외국에서 온 가족의 경우 전문가가 해오던 것과는 다를 수 있다. 중재 결정은 가족의 몫이고, 그들이 내린 결정은 자녀의 가정에서 AAC의 발달과 사용을 촉진하기 위한 어휘와 일상의 선택에 차례로 영향을 미쳐야 한다(12장 참조).

AAC가 구어 발달에 미치는 영향

구어 부족은 구어가 거의 또는 전혀 없는 발달장애 아동의 부모에게 주요 관심사이고, 구어 촉진은 AAC를 소개하는 주요한 이유이다. 동시에 부모는 자녀의 구어 발달을 방해할 수 있다고 걱정하기 때문에, 손짓 기호나 그래픽 상징의 중재 시작을 꺼릴 수 있다(DiCarlo et al., 2001). 부모가 이런 우려를 갖는 것은 이해할 만한 일이다. 따라서 구어 발달을 방해하는 손짓 기호나 그래픽 상징에 대한 보고가 없다는 것을 알려주는 것이 중요하다. 사실상, 전형적인 발달을 보이는 아동의 부모 일부는 아동의 인지 및 언어 발달을 촉진하기 위해 아동이 말을 시작하기 전에 손짓 기호를 사용한다(Acredolo & Goodwyn, 2009; Seal & DePaolis, 2014).

많은 뇌성마비 및 운동장애 아동은 도구적 의사소통으로 초기 기간 이후에 알아들을 만한 구어를 발달시킨다(Hidecker et al., 2018; Kristoffersson et al., 2020). 조음에 어려움을 겪는 심각한 운동장애 아동이 있고, 일부는 말을 하는 데 필요한 구강 운동 조절을 전혀 발달시키지 못한다. 자신을 표현하려면 그들은 계속해서 AAC가 필요하다.

많은 연구에서 자폐범주성장애나 지적장애가 있는 개인의 구어 발달에 대한 손짓 기호와 그래픽 상징의 중재가 긍정적인 영향을 미친다는 것을 증명해 왔다(Cott, 2008; Dada et al., 2021; Dunst et al., 2011; Millar et al., 2006, Schlosser & Wendt, 2008). 한 연구는 7세 자폐 아동에 대해 언급하였는데, 이 아동은 말하기만 훈련받은 대상보다 더 많은 구어를 사용하였고, 구어와 수어의 동시 중재로 훨씬 더 빨리 단어를 배웠다(Carbon et al., 2006). Romski와 Sevcik(1996)은 그래픽 상징과 전자적 음성 출력 의사소통 도구를 도입한 후 지적장애 아동의 음성 명료도가 증가했음을 발견했다. 다른 연구는 음성 이해에 대한 도구적 언어 자극의 긍정적인 효과를 보고하였다(Elmquist et al., 2019). Bondy와 Frost(1998)는 PECS(Picture Exchange Communication System)로 그래픽 상징을 훈련받은 대부분의 2~5세 아동이 구어를 습득하는 것을 발견했는데, 이 중재는 중도와 최중도 지적장애 아동에게는 동일하게 효과적이지는 않았다. 다음의 사례는 그래픽 상징의 도입에 따른 말 발달과 그 습득 과정의 복잡성을 보여 준다.

> Robert는 3세에 자폐범주성장애 진단을 받았다. 그는 구어의 이해와 산출이 없었고 언어 발달에 대한 예후는 불확실하나 전반적으로 좋지 않다고 여겨졌다. 그는 몇 가지 손짓 기호를 배웠지만 손짓의 진행 속도가 느렸다. 따라서 그래픽 상징과 사진(사람)에 대한 중재가 3세 반에 시작되었다. 짧은 훈련 기간 후에 그는 그래픽 상징을 자발적으로 사용하기 시작했고, 자신이나 다른 사람을 발화의 에이전트로 사용하여 그래픽 상징을 다중 상징 발화로 결합하기 시작했다. 스태프는 항상 그래픽 상징과 함께 구어를 사용했으며 이미 습득한 손짓 기술을 유지하기 위해 계속해서 손

짓 기호로 음성을 보완했다. Robert가 사용하는 손짓 기호의 수도 그래픽 의사소통 도입 이후 다소 증가했다.

그래픽 상징을 시작한 지 약 1년 후 Robert는 천천히 말하기 시작했다. 그가 처음으로 한 말은 4세 8개월에 말한 *Mamma*(엄마)였다. 5세에 그는 훈련 중 교사가 들려준 동물 소리를 흉내 내기 시작했다. 또한 동물 사진을 보면 동물 소리를 냈지만 사진 속의 동물과 항상 일치되는 소리를 내는 것은 아니었다. 또한 그는 이때부터 단어 모방을 시도하기 시작했는데, 보통은 매우 성공적으로 모방하지는 못했더라도 억양은 종종 그가 모방하려는 단어와 비슷했다. 공식 및 비공식 평가에서 그의 구어 이해력은 여전히 제한적인 것으로 나타났다. 5세에 그는 자신의 이름에 반응했다. 6세에 Reynell Developmental Language Scales로 평가했을 때 그는 일부 단어는 이해했으나 간단한 문장조차 이해하지 못했다. 그는 검사하기 쉬웠고 단순히 문장의 의미를 이해하지 못하는 것 같았다. 이 시기에 그는 의사소통 폴더(p. 65 참조)에 발화 구성을 시작하기도 전부터 때때로 여러 그래픽 상징과 사진을 수집하였는데, 이는 그가 발화 전체를 계획했음을 보여 준다. 따라서 Robert가 구성한 그래픽 발화는 그의 구어 문장에 대한 이해보다 더 복잡했다.

그래픽 상징과 손짓 기호를 사용한 중재는 Robert가 다른 사람이 말하는 단어의 기능을 이해하는 데 도움이 되는 것 같았다. 그는 8세에 말하는 아이가 되었지만, 그를 잘 아는 사람도 그의 말은 종종 이해하기 어려웠다. 그는 자신을 이해시키는 데 어려움을 겪었고 성공하지 못했을 때 매우 좌절했다. 그래픽 상징은 자폐 및 의사소통 장애 아동의 치료 및 교육(TEACCH) 프로그램에 기반한 중재의 일부인 시각적 스케줄에 여전히 사용되었으며, 이 시기에 그는 자신의 구어를 보조하기 위해 그래픽 상징을 계속 사용함으로써 이득을 얻었을 것이다. 16세에 그의 구어는 발달했고 일반적으로 알아들을 수 있게 되었지만 그의 목소리는 종종 억지로 내는 것처럼 들렸다(von Tetzchner, 2019b).

말을 향한 Robert의 발달은 모든 음성 및 비음성 언어 양식이 서로를 지원한다는 총체적 의사소통의 기본이 되는 일반적인 가정과 일치한다. 따라서 표현적인 그래픽 언어 구조의 발달을 지원하는 중재는 손짓 기호와 구어 모두의 이해와 산출을 증가시킬 수 있다. Robert의 성취는 아동이 말 이해와는 독립적으로 비교적 복잡한 표현 언어 기술을 개발할 수 있으며 이러한 기술이 나중에 구어의 이해와 사용을 촉진할 수 있음을 보여 준다.

다른 연구에서도 자폐범주성장애나 지적장애가 있는 어린 아동이 그래픽 상징을 사용하여 중재한 후 말을 하기 시작하거나 말이 향상되었다는 유사한 결과를 보고한다(Carr & Felce, 2007; Nunes, 2008). 일부만 알아들을 수 있는 구어를 가진 아동은 음성 출력 도구를 사용한 중재 후에 향상된 언어를 보였다. 더욱이, 전통적인 언어치료의 혜택을 받지 못한, 언어 능력이 거의 또는 전혀 없는 일부 개인은 손짓 기호나 그래픽 상징의 사용을 처음 배운 후에 말하기 시작했다

(Casey, 1978; Romski et al., 1988). 일부 아동은 AAC를 사용한 후 6세에서 12세 사이에 말하기 시작했다(Pickett et al., 2009). 따라서 연구는 서로 다른 양식의 의사소통 기술이 서로에게 긍정적인 영향을 미친다는 가정을 확고히 뒷받침한다. 손짓 기호나 그래픽 상징으로 시작하는 것이 말을 포기한다는 의미는 아니다. 이와는 반대로, AAC 중재는 가능한 모든 방법으로 개인의 말을 지원하려고 노력하는 것을 의미한다!

말과 대안적 형태의 의사소통이 서로를 지원할 수 있다는 사실은 AAC가 부정적인 결과에 대한 두려움 없이 이른 나이부터 가르칠 수 있음을 의미하며, 따라서 빈약한 표현 수단의 잠재적인 부정적 영향을 예방할 수 있다. 생애 초기의 대안적 의사소통에 대한 접근이 그러한 기능을 가질 수 있다는 것은 매우 이른 시기에 손짓 기호 중재를 받은 다운 증후군 아동에 대한 연구에서 분명하게 나타난다. 그들은 평균적으로 8세 때 구어 측정의 차이가 감소했음에도 불구하고, 조기에 손짓을 하지 않은 비교 집단의 다운 증후군 아동보다 8세 때 더 나은 의사소통 및 사회적 기술을 보여 주었다(Launonen, 2003, 2019a).

따라서 AAC 중재는 결코 말에서 손을 떼는 것을 의미하는 것이 아니다. 사실, 말이 없거나 말 발달이 매우 지연된 아동에게 AAC를 제공하는 데 실패하면, 아동은 말 발달에 필요한 의사소통 지원을 받지 못하기 때문에 때때로 말을 덜 하게 되는 결과를 초래할 수 있다. Sigman과 McGovern(2005)은 자폐범주성장애와 지적장애가 있는 아동의 유아기부터 청소년기에 이르기까지 일반적으로 구어의 작은 발달 변화를 발견했다.

많은 연구에서 보고된 말 발달에 대한 AAC 중재의 긍정적인 영향에도 불구하고, 말하기를 배우지 못하는 아동이 항상 있을 것이다. 중증의 운동장애 아동은 말 산출을 위한 신체적 기초가 부족할 수 있지만, 운동장애가 아닌 아동 중 명료한 말 발달이 이루어지지 않는 아동도 있다(예: Ganz et al., 2008; Schwartz et al., 1998; von Tetzchner et al., 2004). 이런 아동에게 AAC 중재의 조기 시작은 부정적인 경험이 줄어들고 의사소통과 언어 발달의 최적인 경로가 보장됨을 의미한다. 말이 발달하지 않은 아동의 경우 AAC에 대한 접근성 부족은 극적일 수 있다. 왜냐하면 아동은 자신을 이해하게 만들고 자신이 원하는 것, 느끼고 생각하는 것을 전달할 방법이 없기 때문이다. 따라서 AAC는 구어 발달을 지원하는 도구일 뿐만 아니라 구어가 발달하지 않은 아동의 지식, 의사소통 및 상호작용의 습득도 지원하는 도구이다.

AAC 중재 종료하기

광범위한 운동장애 또는 기타 심각한 장애가 있는 일부 개인의 경우, AAC는 여전히 그들의 주요한 의사소통 형식이다(p. 106 참조). 그들은 최고 수준의 의사소통 및 언어 능력에 도달하기 위해 아동기 및 청소년기에 걸쳐 종합적인 AAC 중재가 필요하다. 일부의 경우 이것은 바른 철자법일 것이다. 전자기기를 사용하는 개인은 장비 및 지침에 대한 정기적인 업데이트가 필요하다. 발달장애가 있는 일부 성인은 그들의 연령과 발달에 맞춘 평생 지원이 필요하다(Balandin & Morgan, 2001; Iacono et al., 2013; Rombouts et al., 2016).

심각한 운동장애가 없는 개인의 경우 AAC 중재를 언제 중단해야 하는지에 대한 답은 간단하다. 개인이 말만으로 모든 상황에서 의사소통을 잘할 때이다. 그러나 손짓 기호와 그래픽 상징의 사용은 종종 너무 일찍 종료되며, 때로는 아동이 첫 단어를 말하기 시작할 때 이미 종료된다. 앞서 언급한 Robert의 경우처럼, 언어 능력이 부족한 많은 아동에게 말 발달을 가능하게 만든 것은 손짓 기호나 그래픽 상징의 지원이었다. 만약 지원이 중단되면, 보다 긍정적인 구어의 발달 또한 줄어들 수 있다. 아동이 그의 첫 번째 구어 단어를 말할 때, 손짓 기호와 그래픽 상징의 중재를 중단하는 대신, 교사는 아동이 현재 어려움을 겪고 있는 것을 관찰해야 하고, 아동의 언어 발달 측면을 지원해야 한다. 최적의 언어 이해와 사용을 지원하는 데 필요한 만큼 AAC 사용을 유지하면 더 많은 의사소통 상호작용과 사회적 상황에서의 참여를 보장할 것이고, 말이 매우 느리게 발달하고 때로는 청소년기 초기에 발달하기도 하는 개인의 좌절감이 줄어들 것이다(Pickett et al., 2009).

이 그룹의 아동에게 손짓 기호와 그래픽 상징은 주요한 의사소통 형태로 유지되고, 의사소통 발달의 최적의 경로를 보장하며, 말이 부족함에도 불구하고 부정적인 경험의 위험을 감소시킨다. 이것은 40년 이상에 걸친 한 남성의 특별한 사례에서 설명된다. 그는 유치원에서 손짓 기호를 소개받았고, 50세에 다양한 단어 군을 나타내는 손짓 기호와 구어 단어를 조합하여 최대 5개의 요소가 있는 문장을 사용하였다. 그의 말은 매우 이해하기 어려웠지만 손짓 기호가 그의 말을 더 알아듣기 쉽게 만들었다(Webster et al., 1973, 2016). 손짓 기호가 없었다면 그의 의사소통은 훨씬 더 제한되었을 것이고, 심각한 좌절과 도전적인 행동을 할 위험이 있었을 것이다.

구어는 인간의 기본적인 언어 양식이다. 언어 중재의 전반적인 목표는 모든 개인이 말을 발달시키는 것이다. 따라서 AAC는 말 발달을 촉진시키는 중요한 도구일 뿐만 아니라 알아듣기 힘들게 말하거나 말이 부족한 개인을 위한 말의 대안 또는 보완책이기도 하다. AAC의 너무 늦은 도입과 너무 이른 종결은 일반적으로 일어난다. 최적의 언어 발달을 촉진하기 위해 AAC 중재는 아동이 심각한 의사소통 및 언어 문제의 위험이 있음이 명백해지는 즉시 시작해야 하고, 개인이 구어 이해 및 이해할 수 있는 말을 생성하는 데 문제가 있는 한 유지되어야 한다. 조기에 시작하고 필요한 만큼 AAC 사용을 유지하는 것은 더 많은 의사소통 상호작용과 사회적 상황 참여, 압도적 도전의 감소, 평생에 걸쳐 더 나은 삶의 질에 기여할 것이다.

7장

초기 손짓 기호와 그래픽 상징

단어는 언어를 구성하는 기초이다. 아동이 새 단어를 배우기 위해서는 단어의 형태를 파악하고 단어의 의미와 사용이 이미 알고 있는 단어들과 어떻게 다른지 이해해야 한다. 언어 발달의 초기 단계에 아동은 단어가 참조(reference)하는 것을 배우고 이를 사람, 동물, 사물, 행동, 사건 등에 대해 의사소통하기 위해 사용한다. 그러나 단어를 배운다는 것은 단어 형태를 물건이나 행동 또는 개념적 범주와 연결하는 것 이상의 일이다. 아동은 무언가의 이름을 말하거나 활동에 대한 코멘트를 할 때와 같이, 단어를 사용할 때의 의사소통 기능, 단어 사용의 의도를 이해할 수 있어야 한다. 대부분의 단어는 하나 이상의 뜻으로 해석될 수 있는 다의성(polysemous)을 갖는다(Carston, 2021; Samuelsen & McMurray, 2017). 예를 들어 'hot(뜨거운)'이라는 단어는 사용 맥락에 따라 난방기구 또는 대화 주제를 말하는 것일 수 있다. 의미의 불명확성(disambiguation)을 없애는 명확화는 단어 이해의 중요한 측면이므로 언어 학습에서도 중요하며, 일반적으로 맥락적 특성의 도움으로 이루어진다(Agirre & Edmonds, 2007).

이 장은 처음 사용하는 30개 정도의 손짓 기호 또는 그래픽 상징에 대해 설명하고, 다음 장은 어휘의 확장을 다룬다. 처음 소개되는 손짓 기호나 그래픽 상징이 중요한 이유는 아동이 자신을 표현하는 능력의 기초와 손짓 기호나 그래픽 상징이 사용되는 방식에 대한 이해를 형성하기 위해 선정하기 때문이다. 이 장의 목적은 초기 단어의 목록을 추천하는 것이 아니라 구어가 제한된 아동을 위한 초기 어휘를 선택할 때 적용되어야 하는 원리를 제시하는 것이다. 전형적인 발달을 보이는 아동은 성인이나 또래와의 비공식적인 상호작용을 통해서 대부분의 단어를 배운다. 그들은 많은 단어를 접하게 되며 초기 어휘의 내용은 사람마다 다양하다(Bloom et al., 1994; Nation, 2015; Tardif et al., 2008). AAC를 사용하는 아동도, 이해하거나 이해 못 하거나 자신이나 타인에게 말해지는 단어를 많이 듣지만, 이를 표현하기 위한 방법이 없을 수 있다. 손짓 기호나 그래픽 상징으로 의사소통하는 아동 중에는 비공식적인 상호작용을 통해 단어를 배울 수 있는 사람이 거의 없는 경우가 많다. 그들은 다른 사람의 AAC 사용을 접할 기회가 적기 때문에 관찰을 통해 새로운 어휘를 배울 가능성이 희박하다(von Tetzchner et al., 2018). 어휘는 성인에 의해 선택되고, 어느 정도 계획된 상황에서 소개된다. AAC 사용 아동을 위해서는 대부분 전문가나 부모가 어떤 어휘를 우선적으로 선정할 지 결정하며, 따라서 아동이 표현할 수 있는 범위도 이에 따라 결정된다.

구어가 부족하거나 없는 아동들은 처음 손짓 기호나 그래픽 상징을 소개받는 연령뿐 아니라 구어 이해 능력과 지적 능력도 매우 다양하다. 한쪽 끝의 아동들은 AAC를 시작할 때 구어 이해 능력이 거의 또는 전혀 없는 경우이다(3장 참조). 이 그룹의 아동에게는, 손짓 기호나 그래픽 상징이 상징적 의사소통을 처음 접하는 것일 수 있다. 나이가 많더라도 그들의 의사소통 기능이나 초기 어휘는 전형적 발달을 하며 말을 막 시작하는 어린 아동과 유사하다. 초기의 손짓 기호나 그래픽 상징 사용의 목표는 아동이 장난감, 노래 및 다른 흥미 있는 물건이나 활동 중에서 간단한 선택을 할 수 있도록 지도하고 매일의 루틴을 이해하도록 하는 것이 될 수 있다. 처음 손짓 기호나 그래픽 상징을 가르치는 것은 시간이 좀 걸릴 수 있지만, 그 이후에 가르치는 어휘는 점차 학습 시간이 줄어든다. 반대편 끝에 있는 그룹은 같은 연령대의 그룹과 동일하거나 높은 지적 기능과 언어이해력을 가진 아동들로서, 이들에게 AAC는 오랫동안 원하던 것을 할 수 있게 해 주는 것이다. 이 그룹의 아동은 일반적으로 전형적 발달을 보이는 아동이 말하기 시작하는 연령보다 훨씬 늦은 나이에 표현 수단을 접할 수 있게 된다(von Tetzchner et al., 2018). 이들의 초기 손짓 기호나 그래픽 상징은 이들의 발전된 역량을 반영해야 하며 의사소통 상황을 좀 더 잘 통제할 수 있는 것을 목표로 해야 한다. AAC를 필요로 하는 대부분의 아동은 이 두 그룹 사이의 의사소통 능력과 인지 능력을 가지고 있다. 중도 운동장애가 있는 아동의 경우에는, 운동장애 때문에 쓸 수 있는 표현 수단을 얼마나 쉽게 사용할 수 있는가에 영향을 받을 수 있지만, 그래픽 상징을 알려준 첫날부터 '어휘 폭발(spurt)'을 보이는 아동도 있다.

초기 어휘가 기능을 잘하면 이후의 습득 과정을 촉진하기 때문에 처음 어휘를 선택하는 것은 중요하다. 처음 사용할 어휘를 선정하는 가장 중요한 원칙은 개인의 흥미나 요구, 필요를 고려하여 사용자의 전반적인 유용성에 기초하여 선택해야 한다는 것이다. 교사와 부모는 반드시 대상자가 표현하고 싶어 하는 것을 의사소통하는 데 사용될 수 있는 단어를 손짓 기호나 그래픽 상징 사용의 초기 어휘로 선정해야 한다. 개인의 흥미에 초점을 둠으로써 동기를 유발하고 주의를 집중하도록 할 수 있으며, 의사소통의 목적과 나아가 AAC 중재의 목적을 이해하기 쉽게 한다. 이러한 장점의 중요성은 아무리 강조해도 지나치지 않다. 중재는 아동의 동기와 주의집중 및 의사소통의 중요성에 대한 이해 강화를 추구해야 하지만, 중도 의사소통 및 언어장애가 있는 사람의 교육에서는 이러한 부분이 종종 부족한 것으로 보인다.

유용성의 원칙에 대해서는 일반적으로 동의가 되어 있지만 무엇이 유용한 것인가에 대해서는 동의가 부족한 편이다. 개인을 위한 유용성보다 환경 내의 다른 사람들의 관점에서 보는 유용성이 더 우선시되면, 돌봄과 순응에 관련된 어휘에 초점을 맞추게 되는 경우가 있다. 그러나 SLEEP(자다) 또는 WASH(씻다)와 같은 단어는 실제 상황보다는 인형 놀이를 할 때 더 유용할 수 있다. 아동이 돌봄을 필요로 하는 것은 맞지만 놀이나 다른 흥미 있는 활동에 초기 의사소통을 연결하는 것이 더 쉬울 수 있다. AAC 발달의 초기 단계에서, 개인을 위한 유용성은 활동 참여를 시도하고 원하는 물건을 요구할 수 있음을 말한다. 그런 의미에서 개인에게 유용한 어휘는 가장 가르치기 쉬운 것이기도 하다.

개인의 능력, 생활 환경과 흥미에 따라 활동이나 사물을 선택하지만, DOLL(인형), TRAIN(기차), ACTIVITY-BOARD(활동 보드) 등과 같은 놀이와 관련된 어휘가 흔히 선정된다(10장 참조).

WATER(물), APPLE(사과), BREAD(빵)와 같이, 과일이나 음식 및 음료수도 초기 어휘에서 공통적으로 볼 수 있다. 그러나 만약 APPLE(사과)과 BANANA(바나나)를 초기 어휘로 가르친다면, 아동이 자신의 선택을 표현할 수 있는 것을 중요하게 가르쳐야 한다. 나아가, 어휘는 교사가 훈련을 위해 가져온 자료를 요구하는 상황만이 아니라, 하루 전체에 걸쳐서 다양한 상황에서 사용할 수 있어야 한다.

구어가 약간 가능한 지원 언어 그룹에 속하는 사람을 위해서는, 요구하기 어려운 특정한 물건 또는 활동이 있거나 자신을 이해시키기 어려운 상황이 있을 수 있다. 어린 아동에게서 흔히 나타나는 장난감에 대한 다툼이 자주 일어난다면, MINE(내 것), YOURS(네 것), HIS(그의 것)/HERS(그녀의 것)가 유용할 것이다. FIRST는 "내가 먼저 가졌어" 또는 "내가 첫 번째 순서야"의 의미로 사용될 수 있다. 예민한 성격을 가진 아동에게는 ANGRY(화나다), CRY(울다), SAD(슬프다)와 같이 감정을 나타내는 기호나 상징이 필요한 상황도 있다. 그러나 전형적 발달을 하는 영유아는 기쁨, 관심, 분노와 같은 다양한 감정을 인식하고 표현할 수 있어도(Lewis, 2008), 감정 어휘를 이해하고 사용하는 것은 상대적으로 늦게 나타나며(Doost et al., 1999; Grosse et al., 2021) 매우 가르치기 어려울 수 있다. 지적장애 또는 자폐범주성장애 아동에게는 단어가 감정을 나타낸다는 것을 이해시키는 것이 어려울 수도 있다. 따라서 감정 어휘는 구어 이해 능력이 좋은 아동들을 위한 초기 어휘의 일부로 소개되어야 한다.

손짓 기호: FIRST, ANGRY, CRY

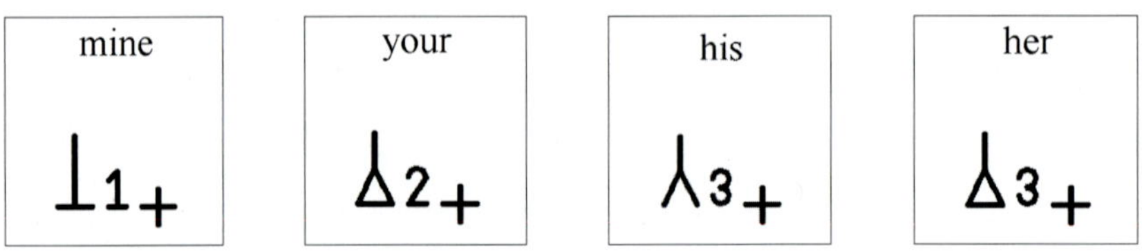

블리스 단어: *MINE, YOUR, HIS, HER*

표현 언어 그룹의 아동은 구어 이해 능력이 매우 우수하다. 따라서 이 그룹의 초기 어휘 목적은 어휘를 어떻게 사용하는가를 가르치는 것이 아니라, 손짓 기호나 그래픽 상징이 그들의 표현 의사소통을 확장하는 데 도움이 될 수 있다는 것을 알게 하는 것이다. 부모와 교사는 종종 아동이 의사소통 보드를 자발적인 의사소통을 위해 사용하지 않는다고 말한다(Moorcroft et al.,

[그림 7.1] 제한된 사용성을 가진 의사소통 보드의 예

2019; Salminen, 2001). 한 가지 이유는 의사소통 보드의 그래픽 상징이 사용자의 능력과 흥미를 반영하지 않았기 때문에 사용하지 않게 되는 것이다. 많은 초기 의사소통 도구는 [그림 7.1]에서와 같이 매우 제한된 사용을 한다.

주변 사람들이 아동이 배웠으면 하고 강하게 원하는 한 개 이상의 특정한 손짓 기호나 그래픽 상징이 있을 수 있다. 그들은 아동을 이해하고 아동에게 그들을 이해시키고자 한다. 어휘의 유용성은 이들의 필요 관점에서도 보아야 한다. 부모 및 아동의 환경 내 다른 가까운 사람들은 아동에게 무엇이 허용되고 무엇이 위험하며 아동이 어떻게 행동해야 하는지 설명할 수 있어야 한다. STOP(그만하다), GO-AHEAD(먼저 하다), ENJOY(즐기다), NO(안돼), WAIT(기다리다)뿐 아니라 HOT(뜨겁다), DANGEROUS(위험하다) 등도 환경 내 아동의 주변 사람에게 유용한 어휘가 될 수 있다. 그들은 또한 개인에게 앞으로 발생할 일에 관해 의사소통할 수 있어야 한다. 중도의 의사소통 문제가 있는 사람이 경험하는 불안과 행동 문제는 종종 다른 사람들이 그들이 원하는 것과 그 이유를 이해하지 못하는 것과 관련이 있다(South & Rodgers, 2017; von Tetzchner 2004). 대체 언어 그룹의 개인에게는 매일의 루틴을 쉽게 만들고 갈등과 오해를 줄여주는 손짓 기호나 그래픽 상징을 가르쳐야 한다(p. 220 참조).

초기 AAC 어휘는 종종 매일의 루틴과 관련된다. 그러나 의사소통 자체가 단순한 형식에 그치지 않고 개인의 의사소통 상황을 향상시키도록 하는 것이 필수적이다. 음식과 음료수에 관한 손짓 기호나 그래픽 상징이 초기 AAC 중재 단계에 적절할 수 있지만, 의사소통 증가로 연결되지 않기 때문에 부적절해지는 경우도 있다. 만약 아동이 이미 자신이 원하는 특정 물건을 명확하게 표현하는 방법을 갖고 있다면, 같은 표현을 위해 관습적인 손짓 기호나 그래픽 상징을 사용하는 목적이 아동에게는 그리 명확하게 느껴지지 않을 수 있다. 예를 들어, 눈 응시를 사용하여 식탁 위의 음식을 가리키는 것이 의사소통 보드의 상징을 가리키는 것보다 더 빠를 수 있다. 대부분의 아동이 그런 물건의 이름을 배워야 하며 이는 그들의 언어 발달 후반부까지 기다려야 할 수도 있다. 처음 사용하는 손짓 기호나 그래픽 상징은 학습자가 의사소통 상대자의 관심을 자신이 원하는 사물이나 활동으로 가져오는 가능성을 높일 수 있어야 하며, AAC를 사용하지 않고는 표현하기 어려웠던 것이어야 한다.

기존에 사용하고 있는 의사소통

대부분의 사람은 AAC 중재가 시작될 때 적어도 약간의 초보적 의사소통 기술을 가지고 있으며, 이는 종종 일반적이지 않고 특이한 표현의 형태이다. 손짓 기호와 그래픽 상징을 선택할 때 이런 의사소통 기술을 파악하여 고려해야 한다. 이러한 독특한 의사소통 표현은 일반적으로 아동과 가족 간의 상호작용을 통해 만들어지며, 가족과 다른 주변의 가까운 사람들이 이해할 수 있는 소리, 제스처, 얼굴 표현 등의 의미가 만들어지기까지 여러 해가 걸릴 수도 있다. 초기 AAC 중재는 이러한 기존의 의사소통 위에 만들어져야 하며, 이미 의사소통할 수 있는 것을 새로운 방법으로 표현하도록 만들려고 하면 안 된다. 예를 들어, 건포도를 먹고 싶다는 것을 표현하기 위해 입술을 핥는 아동이 있다면, RAISIN(건포도)은 그에게 가르치는 처음의 어휘에 포함되면 안 되는데, 그 이유는 RAISIN이 이미 그의 표현 의사소통의 일부이기 때문이다. 만약 교사가 손짓 기호나 그래픽 상징으로 RAISiN을 가르치려고 선택했다면, 이는 아동이 이미 구축한 의사소통을 잊어야 한다는 것을 의미한다. 기호나 상징이 그에게 아무런 의미를 갖지 못하거나 '건포도'가 아닌 다른 의미를 가질 수도 있다. 이런 경우에는 다른 손짓 기호나 상징으로 시작하는 것이 낫다. 초기 어휘의 목표는 이미 갖고 있는 표현의 형태를 바꾸는 것만이 아니라, 의사소통을 확장하고 더 많은 기술을 발달시키는 것이다.

RAISIN

손짓 기호: RAISIN

따라서 교사와 부모가 아동이 이미 가지고 있는 의사소통적 표현을 인식하고 이해할 수 있는 것은 초기 중재의 중요한 요소이다. 아동의 독특한 의사소통 형태를 관습적인 손짓 기호나 그래픽 상징으로 바꾸는 것은 아동이 여러 개의 손짓 기호 및 그래픽 상징을 배운 이후인 후기 중재 단계에 해야 한다. 또한 모든 특이한 의사소통 표현을 관습적인 것으로 바꾸는 것이 꼭 필요하거나 추천할 만한 것은 아니다. 때때로 특이한 표현이란 단순히 다른 사람이 인식할 수 있도록 아동이 산출할 수 있는 표현을 반영하는 것이다. 도구적 의사소통을 발달시키는 사람은 일반적으로 상징적 눈 응시, 제스처, 몸짓과 발성을 의사소통의 일부로 계속 사용할 것이다(Collins & Markova, 1999; Deliberato et al., 2018).

빠른 낱말 연결

전형적 발달을 보이는 아동이 단어를 처음 들을 때, 그들은 스스로 인식하지 못하더라도 단어의 의미와 사용에 대한 첫 번째 가정을 형성해야 한다. 단어 형태에 처음 의미를 부여하는 것을 '빠른 낱말 연결(fast mapping)'이라고 한다(Dollaghan, 1985). 빠른 낱말 연결은 동일한 단어를 나중에 다시 인식하고 다른 상황에서 사용할 수 있기 위해서 꼭 필요하다. 이는 고양이가 작은 네 발의 동물을 말한다는 것과 같이, 모르던 단어에 대해 그 형태와 사용에 대한 정신적 표상(mental representaion)을 형성함으로써 아는 단어로 바꾸어 갈 수 있도록 한다. 이렇게 의미를 처음 부여하는 일이 없으면, 아동은 단어를 들을 때마다 매번 새 단어로 생각하게 될 것이다. 빠른 낱말 연결은 단어의 의미와 일반적 사용에 대한 상당히 옳은 이해를 하게 하는데, 대부분의 초기 단어에 대해서 빠른 낱말 연결은 단순히 그 의미와 사용 시작을 위한 합리적인 초기 이해를 형성하기 위해 필요한 충분한 단서를 주는 것이다. 빠른 낱말 연결—맞거나 맞지 않은—이후에는, 단어의 확실한 의미와 다양한 사용에 대하여 배우는 과정이 천천히 이루어진다(Samuelson & McMurray, 2017). 단어의 복잡성과 의미는 빠른 낱말 연결에 영향을 줄 것이며, 언어발달장애 아동은 언어장애가 없는 아동보다 새로운 단어의 빠른 낱말 연결과 학습에 더 어려움을 겪는다(Alt & Plante, 2006).

빠른 낱말 연결 원리는 비구어 혹은 구어가 부족한 아동들의 구어 이해력 발달에도 적용되며, 손짓 기호와 그래픽 상징의 이해와 사용을 배우는 과정도 이와 유사하다. 아동은 손짓 기호나 그래픽 상징의 물리적 형태와 사용성에 대한 정신적 표상을 형성해야 한다. AAC 중재의 효율성은 전문가가 기호나 상징의 의미에 대한 맥락적 단서에 아동이 관심을 갖고 이해할 수 있는 의사소통 상황을 조성함으로써, 아동이 배울 수 있는 초기 기호나 상징을 잘 선정하는 것에 달려 있다.

과잉 확장과 과소 확장

단어 사용을 배우는 데는 시간이 걸린다. 언어 발달 초기에, 전형적으로 발달하는 아동의 단어 사용은 같은 단어를 어른이 사용하는 것에 비해서 광범위하거나, 협소하거나 다르기도 하다. 단어의 **확장**(*extension*)은 그 단어가 나타낼 수 있는 모든 보기, 예시(exemplars)를 말한다. 과잉 확장은 **멍멍**을 개와 고양이에게 모두 사용하는 경우와 같이, 단어를 관습적인 의미를 넘어서 사용하는 것을 말한다. Dromi의 딸, Keren은 생후 16개월 때 부엌의 특정 장에 있는 모든 물건을 *broom*(빗자루)이라고 불렀다(Dromi, 1993). 과소 확장은 단어를 일반적인 것보다 더 협소한 의미로 사용하는 것이다. 단어를 사용할 때는 맞게 사용하지만, 항상 적절하게 사용하지는 않는다(Griffiths, 1986). Keren이 생후 12개월에서 15개월 사이었을 때, 그녀는 하얀 장난감 코끼리만 "코끼리"라고 불렀다. 놀이터의 코끼리 모양의 미끄럼틀이나 엄마가 보여 주는 코끼리 사진이나 다른 장난감 코끼리는 절대로 "코끼리"라고 하지 않았다. Dromi는 딸의 초기 어휘에서 거의 비슷한 수의 과잉 확장과 과소 확장을 관찰할 수 있었다. 이는 단어의 사용이 고정된 것이 아니라는 것을 보여 준다. 시간이 지나면서, 언어 환경은 일반적으로 아동에게 단어의 부정확한 이해 및 사용을 교정하도록 충분한 단서를 제공한다. 과잉 확장과 과소 확장은 언어학습 과정의 일부이며, 손짓 기호나 그래픽 상징을 발달시키는 아동에게서도 과잉 확장과 과소 확장이 나타나는 것을 기대해야 한다. 따라서 교사는 손짓 기호와 그래픽 상징의 확장을 배우도록 도울 수 있는 의사소통 경험을 제공하도록 노력해야 한다.

일반 어휘와 특정 어휘

손짓 기호나 그래픽 상징의 사용은 **특정하다**(*specific*). 즉 사물이나 행동의 기초적 범주를 지칭할 수도 있고, 사물, 활동 및 사건의 보다 일반적이고 넓은 **종류**(*classes*)를 나타낼 수도 있다. COFFEE(커피), JUICE(주스), WEAVE(뜨다), SEW(꿰매다)는 특정 기호나 상징으로, DRINK(음료)와 WORK(일)는 일반적 기호나 상징으로 볼 수 있다. 예를 들어, WORK는 훈련, 바느질하기, 잔디 깎기를 모두 나타내기 위해 종종 사용된다. MORE는 무언가를 더 원하거나 활동의 지속 또는 반복을 요구할 수 있도록 교수되므로 특정 어휘로 간주될 수 있다.

SEW

WORK

손짓 기호: SEW, WORK

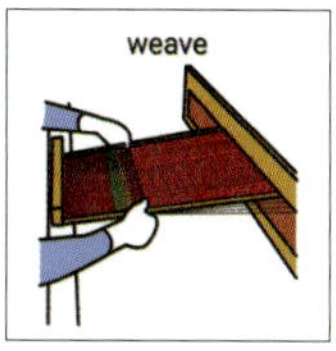

ARASAAC: *COFFEE, WEAVE*

지원 언어 그룹의 일부 아동과 대체 언어 그룹의 아동에게 초기의 표현을 위한 손짓 기호나 그래픽 상징은 특정 어휘여야 하는데, 그 이유는 나중에 새로운 손짓 기호나 그래픽 상징을 배울 때 생길 수 있는 혼동을 피하기 위해서이다. 예를 들어, OUT(바깥)을 실외에 있는 모든 활동을 나타내는 것으로 생각하지 않고 '그네'를 의미한다고 생각하는 것처럼, 일반적 상징을 특정한 구체적 기호나 상징으로 생각하여 교사가 의도한 것보다 더 좁은 의미로 해석할 수 있다. 만약 DRINK(음료) 기호를 교수하면서 그가 DRINK 손짓 기호를 표현할 때마다 주스를 준다면, 그는 암암리에 DRINK 손짓 기호가 'JUICE(주스)'를 의미한다고 가정할 것이다. 그는 나중에 DRINK 손짓 기호를 사용했는데 왜 물이나 우유가 주어지는지 이해하기가 어려울 수 있다. JUICE를 가르치기 위해서 교사는 문장을 만들기 위해 DRINK와 JUICE를 연결해야 하거나, 무엇을 마시고 싶은지 물어보고 JUICE(또는 WATER)를 답하도록 지도해야 한다. 그러나 이런 절차는 초기 어휘 발달 단계에서는 불필요하게 복잡하고 힘들며, 이해를 잘못하거나 좌절하게 될 수도 있다. 이는 많은 어휘를 배웠을 때 좀 더 적합한 절차이다. 아동이 DRINK를 표현할 때 여러 가지의 음료수를 얻게 될 때도 비슷한 상황이 생길 수 있다. 왜 DRINK를 표현했는데 서로 다른 음료수가 주어지는지 이해하는 것이 어려울 수 있다. 따라서 일반적 기호나 상징이 소개된 이후에 특정 손짓 기호나 그래픽 상징을 배울 때는 종종 이미 배운 것을 잊어버려야 할 수도 있다. 이러한 오해의 위험성은 특히 상황을 다르게 해석하거나 교사가 생각하는 것과 다른 단서를 이용하는 자폐범주성장애 아동에게 더욱 크다. 그들은 일반적 기호나 상징을 그들이 관심 있는 특정한 어떤 것을 나타내는 것으로 인식하는 경향이 있으며, 따라서 특히 손짓 기호나 그래픽 상징이 사용되는 상황에 주의를 기울인다. 교사는 이러한 초기 단계에서 '주스 또는 우유' 같이 선택을 제시하도록 한다.

대부분의 표현 언어 그룹의 아동과 일부 지원 언어 그룹의 아동은 전형적으로 발달하는 또래들의 구어 발화 시작 시기보다 더 늦은 나이에 AAC가 제공되며, 자신의 나이에 맞는 구어 이해력를 가진다. 이들을 위한 초기 어휘는 일반적 어휘와 구체적 어휘를 섞어서 제공하는 것이 좋을 수 있다.

어떤 손짓 기호나 그래픽 상징은 특정적 또는 일반적인 경우 모두에 사용될 수 있지만, 종종 일반적인 상황을 나타내는 데 사용된다. 예를 들면, 모든 종류의 음식의 앞에 EAT(먹다)를, 신체적 활동 앞에 SPORT(스포츠)를, 음악치료나 기타 음악적 활동의 앞에 MUSIC(음악) 상징을 사용하는 것이다.

손짓 기호: MUSIC

의사소통의 성공

초기 어휘 선정의 가장 중요한 목표는 자신이 이해받는다는 느낌, 즉 의사소통의 성공을 경험해야 한다는 것이다. 개인은 자신의 요구와 생각을 다른 사람에게 전달할 수 있어야 하며 사회적으로 수용되는 방법으로 환경 내의 사람들에게 영향력을 미칠 수 있어야 한다. 이는 특정 기호나 상징이 어떻게 사용되는지 배워야 한다는 것을 의미한다. 의사소통적 행동(communicative acts)이 성공한다는 것은 자신의 의사소통 의도가 의사소통 상대자에게 이해되는 것이다(p. 214 참조). 중재 초기 단계에서는, 대부분 손짓 기호나 그래픽 상징이 나타내는 사물이나 활동을 얻게 되는데(도구적 성공을 이루면서), 이는 기호나 상징의 사용이 변화를 가져온다는 것을 아동이 알 수 있게 가르치기 쉽고 실제적인 방법이기 때문이다.

초기 어휘를 가르칠 때, 개별 손짓 기호나 그래픽 상징은 서로 다른 결과를 가져와야 하는데, 그 이유는 각각을 하나의 일반적 의미의 변형으로 해석하는 상황을 피하기 위해서이다. 예를 들어 공, 보트, 가위 사물을 제시하고 BALL, BOAT, SCISSORS 손짓 기호나 그래픽 상징 표현을 가르치는 훈련에서, 아동의 수행—손짓 기호나 그래픽 상징 산출—에 대해 초콜릿이나 감자칩, 또는 다른 형태의 보상이나 칭찬을 제공하면 안 된다. 아동이 순응적이고 교사가 기대하는 행동을 할 수는 있지만, 서로 다른 기호의 의미를 배우는 대신 책상에 공이 있다면 BALL이 '초콜릿'을 의미하는 것으로, 보트가 있었다면 BOAT가 '초콜릿'을 의미하는 것으로, 가위가 있었다면 SCISSORS가 '초콜릿'을 의미하는 것으로 학습할 수도 있다. 따라서 상황에 따라 초콜릿을 얻는 방법이 여러 가지가 있다는 것을 학생이 배우는 것이 될 수 있다. 보상(초콜릿, 감자칩 등)이 주어지면, 학습자가 BALL과 '공' 범주나 공을 굴리거나 던지는 행동과의 연결, BOAT와 '보트' 범주나 욕조에서 보트를 가지고 노는 것과의 연결, SCISSORS 와 '가위' 범주 및 종이를 자르는 행동–기타 이 사물들과 관련된 행동과의 구체적인 연결을 이해하는 것을 배우기 어렵게 만들 수 있다. 간식이나 칭찬, 다른 종류의 보상이 사용될 때, 아동은 기호나 상징의 의미보다 이러한 보상에 더 주의를 기울일 수 있다.

위짓 상징: *BOAT, SCISSORS*

이런 종류의 보상을 제공하는 것은 행동 자체가 의미가 없거나 비의사소통적이라는 전제에 기초를 둔다. 손짓 기호나 그래픽 상징의 의미나 의사소통적 사용을 가르치기 위해서는, 서로 다른 여러 기호나 상징과 함께 보상을 주는 것이 아니라, 교사가 각 기호나 상징이 가지는 **참조적 기능**(*referring function*)과 관련된 의사소통적 사용을 보여 주어야 한다. 아동이 손짓 기호나 그래픽 상징을—훈련 상황 밖에서도—더 자주 사용한다면, 항상 기호나 상징을 사용하여 원하는 것을 얻는 것이 가능하지 않거나 바람직하지 않게 된다. 이해를 받는다는 의사소통적 성공은 여전히 동일하다. 아빠에게 CHOCOLATE을 표현한 후 초콜릿을 받은 아동이 기뻐할 수 있는데 이 초콜릿은 의사소통에 대한 보상이 아니라 그의 요구에 대해 대답해 줄 수 있는 여러 가지 중 하나이다. 아동의 요구에 대한 대답은 "안돼"일 수도 있고, 초콜릿을 받게되는 이유는 주말의 간식시간이기 때문이거나 착하게 잘 요구했기 때문이거나, 아빠가 생각하기에 숙제를 잘 마쳤기에 줄 만하다고 생각했을 수도 있다.

의사소통적 성공(이해받는 것)이 도구적 성공(원하는 것을 얻는 것)보다 더 중요하다. 따라서 의사소통 상대자는 아동이 원하는 것을 얻지 못한다는 대답을 해야 할 때도 그가 손짓 기호나 그래픽 상징을 이해했다는 점을 확실하게 전달하는 것이 중요하다. 많은 자폐범주성장애 및 지적장애 아동이 말로 하는 *no*(안돼)보다 그래픽 상징 NO를 더 잘 수용하는 경우가 있다는 것도 주목해야 한다(p. 371 참조). 한 가지 가능한 설명은 그래픽 표상보다 목소리에 감정이 더 담긴다는 점이다. 몇 번 반복하다 보면 말로 하는 no는 다소 감정적이 될 수 있다. 이는 아동이 흥분하거나 불안하게 되어 지시를 따르거나 다른 방법으로 상황을 관리하는 것에 어려움을 겪게 할 수 있다.

표현 언어 그룹에 속하는 언어 이해력이 좋은 개인을 위한 주요 목표는 대화와 다른 형태의 상호작용을 시작할 수 있어야 한다는 것이다. 또한 초기 손짓 기호나 그래픽 상징도 여러 상황과 많은 주제의 대화에서 사용할 수 있는 것이라야 한다. 이 그룹의 아동에게는 많은 초기 기호나 상징이 COME(오다), HELP(돕다), LOOK(보다), PLAY(놀다), GOOD(좋다), BAD(나쁘다), TALK(말하다) 등의 일반적인 어휘이다. 하지만 일반적 어휘 항목이 많더라도 아동이 반응적이고 수동적인 상태로 머물거나, 참여하는 활동의 결정도 주로 다른 사람에 의해 정해질 위험이 여전히 존재한다. 개인의 독립성과 자율성의 발달은 스스로 활동과 대화 주제를 결정할 수 있는 정도에 상당 부분 좌우된다. BOOK(책), COMPUTER(컴퓨터), DOLL(인형)과 같은 구체적 어휘도 표현 언어 그룹의 아동에게 유용하지만, 이러한 기호나 상징이 무언가를 요구하기 위해서만 사용되는 것이 아니라 사람이나 사물 및 행동에 대해 코멘트하고 말하기 위해 사용되도록 하는 것이 중요하다. 마지막으로 이 그룹을 위한 초기 어휘는 인사하기 위한 HELLO(안녕하세요), 선물을 받을 때 THANK YOU(감사합니다)와 같이 사회적 관습과 관련된 것도 포함할 수 있다. 이런 상징은 이 그룹의 아동도 필요한 표현 수단이 주어지면, 일반적인 사회적 관습이 동일하게 적용될 수 있다는 것을 일반 사람들이 아는 데 도움을 줄 수 있다.

ARASAAC: *COME, GOOD, BAD*

PCS: *HELLO, THANK YOU*

반복

의미 있는 의사소통 상호작용을 하는 것은 언어 발달을 돕는다. 세 그룹 모두에게 초기 손짓 기호나 그래픽 상징을 자주 사용할 기회를 갖게 하는 것이 목표가 되어야 한다. 대체 언어 그룹과 지원 언어 그룹에게는 선택되는 잠재적 의사소통 상황이 손짓 기호나 그래픽 상징을 배우기에 충분할 만큼 반복되어야 하며, 이는 아동이 AAC를 자발적으로 사용하지 않을 때 성인이 상기시킬 수 있는 상황을 포함해야 한다. 예를 들어, 수영과 승마는 아동들이 좋아하는 활동이기 때문에 SWIM(수영)과 RIDE(승마)는 손짓 기호나 상징으로 사용될 수 있다. 그러나 HORSE(말)와 RIDE는 표현 언어 교수의 초기 단계에 잘 맞지 않는데, 그 이유는 그런 활동은 주 1회 또는 더 드물게 이루어지기 때문이다. 아동의 자연적 환경에서 훈련이 이루어질 때, 가장 좋은 전략은 하루 중 여러 번 이루어지는 활동이나 루틴에서 사용될 수 있는 손짓 기호나 그래픽 상징으로 시작하는 것이다. 그러나 많은 전문가가 아동이나 성인이 자주 이야기하지 않고, 자연스럽게 반복 사용할 기회가 너무 적은 음식이나 다른 물건의 이름부터 시작한다. 특수 훈련(special training)과 계획된 교수 상황에서는 교사가 기호나 상징이 얼마나 자주 사용될 것인지를 조절할 수 있다. 어떤 사람들은 지루하지 않을 정도의 높은 강도 또는 집중적인 훈련을 통해 기호나 상징을 학습할 가능성이 있는 환경을 조성해 주는 것이 도움이 될 수 있다.

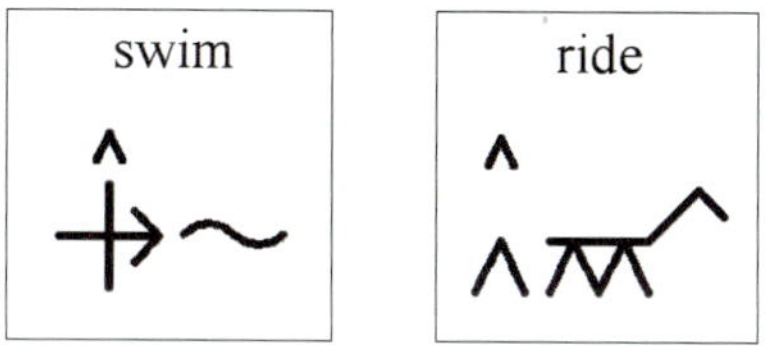

블리스 상징: *SWIM, RIDE*

반복이 반드시 교육적 상황이 동일해야 한다는 것을 의미하는 것은 아니며, 다양한 방식으로 반복해야 한다는 점을 기억해야 한다. 예를 들어, 두 개의 노래 중 선택하게 한다면, 5~10개의 노래 중에서 다양하게 제시할 수 있다. *WHEELS ON THE BUS*(버스 바퀴)와 *ITZY BITSY SPIDER*(작은 거미), 다음에는 *ITZY BITSY SPIDER*(작은 거미)와 *ROW, ROW, ROW OUR BOAT*(노를 저어라)와 같이 제시할 수 있다.[1)] 아동이 매번 같은 위치를 가리키거나 무작위로 가리키지 않는다는 것을 확인하기 위해, 교사는 아동이 좋아하는 게 확실해 보이는 노래가 있는지 관찰하고, 그 노래를 나타내는 그래픽 상징의 위치를 매번 다른 곳으로 배치해야 한다. 만약 학생이 자신이 선택한 결과를 좋아하지 않는 것으로 보이더라도, 교사는 그 노래를 불러야 하며, 그 후 다음에는 다른 노래를 선택하도록 지도하고 새로운 선택에 대해서는 좀 더 만족하는지 살펴본다(아동의 불만족이 선택된 노래 때문이 아닐 수도 있다). 아동이 좋아하는 활동이나 사물을 나타내는 기호나 상징은 대개 자연스러운 환경에서 여러 번 소개하기가 쉽다.

선행 연구들은 성인이 얼마나 자주 단어를 사용하는가가 전형적 및 비전형적 발달을 보이는 아동의 초기 어휘에 영향을 준다는 것을 보여 준다(Harris, 1992; Rowe et al., 2009). 구조화된 교수를 통해 학습한 그래픽 상징과 손짓 기호의 사용을 지원하고 확장할 수 있도록 환경 안의 사람들도 충분히 자주 사용해야 한다(12장 참조).

1) 역주: 한국의 예를 들면, 처음에 그래픽 상징으로 동요 '산토끼'와 '나비야'를, 다음에 동요 '나비야'와 '자전거'를 같이 제시할 수 있다. 더 자세한 설명은 8장 참조

운동 기술

손짓 기호 산출을 위해서는 소근육 운동 기술이 필요하다(Meier, 2019). 아동은 의사소통 상대자가 알아볼 수 있도록 손짓 기호를 표현할 수 있어야 하며, 교사는 필요한 운동 기술이 부족한 아동에게 손짓 기호를 가르치려고 하면 안 된다. 만약 손짓 기호 산출에 큰 어려움이 있는 아동이라면 기호의 의미 인식보다는 기호를 손으로 잘 표현하는 데 인지적 자원을 더 많이 사용하게 될 수 있다. 의사소통 상대자가 손짓 기호를 알아볼 수 있는 수준으로 산출할 수 있다면, 손짓 기호를 정확하게 표현하는 것보다 기능적으로 사용하는 것이 더 중요하다(12장 참조).

영아의 구어가 이해하기 어려울 수 있는 것과 마찬가지로, 손짓 기호도 미숙하게 표현될 수 있다. AAC를 필요로 하는 많은 사람은 손 움직임이 서투르고, 성인의 손짓 기호도 파악하기 어려울 수 있다(Moller & von Tetzchner, 1996). 손짓 기호가 유아스럽거나 서투르게 표현될 때 특히 손 모양의 독특성이 사라지는 경향이 있다. 예를 들어, 의사소통 상대자는 FOOD(음식)와 DRINK(음료) 같은 기호의 초기 표현을 혼동할 수 있다. 아동이 각 기호에 필요한 특정한 손 모양을 하지 않고 두 손짓 기호를 모두 손을 입으로 가져가는 것으로만 표현하기 때문이다. 따라서 초기 손짓 기호로 DRINK 대신 THIRSTY(목마르다)를 가르치는 것이 더 실용적일 수 있는데, 그 이유는 표현 위치가 다르기 때문이다. 이렇게 하면, 손 모양을 너무 많이 강조하지 않고 두 기호를 모두 가르칠 수 있다. 특히 초기 손짓 기호를 가르칠 때는 손짓 기호의 표현보다 기능을 강조해야 한다. 예를 들어, 영국 수어의 경우 CAR(자동차)와 MILK(우유)는 모두 두 손을 가까이 모으는 표현이며, CAR의 경우는 두 손을 좀 더 넓게 벌린다. CAR 대신에 DRIVE(운전하다)를 가르치는 것이 한 가지 방법인데 이는 아동이나 주변의 대화상대자 모두에게 DRIVE가 CAR보다 MILK와 더 구분하기 쉽기 때문이다.

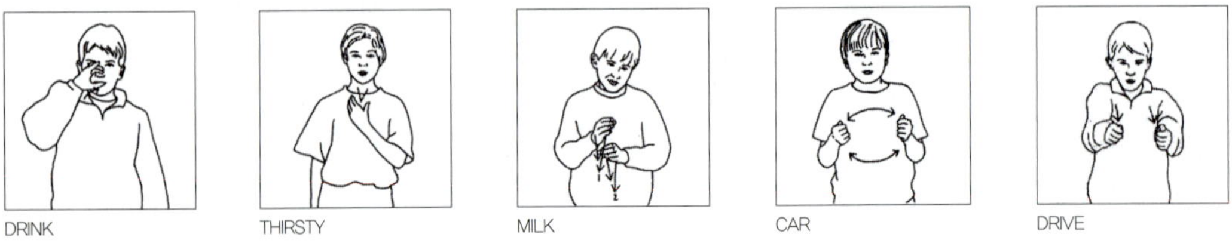

손짓 기호: DRINK, THIRSTY, MILK, CAR, DRIVE

복잡한 손짓 기호를 표현하기 쉬운 다른 기호로 대체하는 것이 항상 가능한 것은 아니다. 또 다른 방법은 손짓 기호의 표현 방법을 단순화하는 것이다(Bonvillian et al., 2020b; Grove, 1990). 하지만 이렇게 바꾸는 것이 항상 학습을 쉽게 만들지 않을 수도 있다. 그래픽 상징을 사용하도록 하는 것이 더 유용할 수도 있는데, 중도 의사소통장애가 있는 사람 중에는 그래픽 상징을 사용하는 데 필요한 운동 능력이 손짓 기호 사용보다 덜 필요함에도 불구하고 그래픽 상징보다 손짓 기호를 더 쉽게 배우는 경우도 있다. 각 손짓 기호의 독특한 동작 패턴이 손짓 기호를 구분하는 것을 돕는 것으로 보인다. 이를 위해서는 손짓 기호들의 동작 표현이 서로 구분할 수 있을 만큼 충분히 달라야 한다.

배우기 쉬운 손짓 기호와 어려운 손짓 기호를 구분하는 정해진 규칙은 없지만, 어떤 유형의 단순화가 이루어져야 하는가에 대한 단서를 주는 연구들이 있다. 손의 모양이 너무 복잡하거나 손가락이 일반적이지 않은 위치에 있지 않아야 한다. 양손이 같은 동작을 하는 대칭적인 기호가 두 손이 서로 다른 동작을 하는 비대칭적인 기호보다 배우기 쉽다. 예상할 수 있듯이, 하나의 동작만 있는 기호보다 두 개 이상의 동작이 있는 기호가 더 배우기 어렵다(Bonvillian et al., 2020b; Grove, 2019).

그래픽 상징을 사용할 때 필요한 주요 운동 능력은 어떤 상징을 나타내는지 의사소통 상대자가 명확히 알 수 있도록 상징을 가리키는 능력이다. 손이나 발, 헤드 포인터, 눈 응시 등 개인의 소근육 운동 기술에 따라 그래픽 상징을 가리키는 방법이 결정될 수 있다. 가리키는 방법을 가능한 한 단순하게 하여, 아동이 초기 어휘에 대한 긍정적인 습득 경험을 갖도록 하는 것이 중요하다. 중도의 운동장애가 있는 아동에게는 어떤 형태의 가리키기도 어렵고 힘들 수 있다. 이렇게 초기에는 보조된 스캐닝(assisted scanning)이 도움이 될 수 있는데, 이 경우에도 스캐닝해 주는 사람이 가리키는 그래픽 상징을 수용하거나 거부하기 위한 동작을 해야 한다. 전자 도구를 사용하게 되면 눈 응시를 사용할 수 있다(2장 참조).

개인의 환경 안에 있는 사람은 대부분 그래픽 상징으로 의사소통하는 사람과 대화하는 것에 익숙하지 않다. 도구적 의사소통자가 어느 정도 빠른 속도로 그래픽 상징을 지적할 수 있다면, 의사소통 상대방이 항상 대화 주도권을 잡는 일이 덜할 것이다. 어떤 아동에게는, 그래픽 상징을 의사소통 상대자에게 건네주는 것이 더 의사소통 기능을 명확하게 할 수 있는데, 이는 가리키는 것보다 더 좋은 운동 기능을 필요로 한다.

지각

개인의 감각 지각 능력에 따라 의사소통 체계 및 개별 손짓 기호와 그래픽 상징이 결정될 것이다. 최중도 시각장애가 있는 사람은 손을 접촉해서 표현하는 시청각장애인을 위한 표현 방법으로 손짓 기호를 사용하지 않는 한, 타인이 사용하는 손짓 기호를 구분하거나 손짓 기호 사용 여부를 알기가 어렵다(Willoughby et al., 2018). 시각은 손짓 기호 표현을 배울 때도 필요하다. 시력에 따라 그래픽 상징의 크기와 개별 상징의 선택이 이루어진다. 시력이 좋지 않으면 세밀한 이미지가 있는 그래픽 상징을 알아보기 어렵고 서로 비슷한 그래픽 상징을 구분하기 어려울 수 있다. 유형 상징이 필요하기도 하다(Roche et al., 2014).

시지각에 중요한 것은 일반적인 의미의 시각장애만이 아니다. **뇌성시각장애**(*cerebral visual Impairment*)는 시각 정보를 해석하는 능력을 방해하며(McDowell, 2023; Ortibus et al., 2019), 뇌 손상으로 인한 **시각 실인증**(*visual agnosia*)은 시감각을 처리하고 해석하는 것, 심지어 일반적 사물을 인식하는 것을 어렵게 할 수 있다(Farah, 2004; Humphrey & Riddoch, 1987; Sacks, 1987). 자극 과잉 선택성(Stimulus over selectivity)은 개인이 사물을 인식할 때 사용할 수 있는 단서 중 하나 혹은 아주 적은 수만을 사용하기 때문에 그래픽 상징을 구분하는 데 어려움을 겪게 한다(Lovaas et al., 1979; Ploog, 2010). 만약 특정 인물이나 사물을 인식하는 단서로 사용했던 특징이 바뀌면, 그들을 인식하지 못할 수 있다. 자극 과잉 선택성은 중도 지적장애가 있는 사람에게 많이 나타난다. 개인이 이를 가지고 있다고 생각되면 시각적 특성을 많이 공유하지 않는 그래픽 상징을 선정하여 혼동할 가능성을 줄이도록 한다. 만약 그래픽 상징 간의 차이를 파악하는 데 문제를 보인다면, 상징을 단순화하거나 상징의 형태나 색깔을 수정할 필요가 있다. 따라서 초기의 그래픽 상징은 가능하면 색깔과 형태 모두 서로 달라야 한다. 개인이 가지고 있는 구어 이해 능력의 수준이 어떻더라도 이를 활용해야 하며, 또한 단어의 음향적인 특성을 고려하는 것도 중요하다. 예를 들어, 언어발달장애가 있는 사람에게는 소리가 비슷한 단어(동음이의어)를 구분하는 것이 어려울 수 있다. 따라서 초기의 손짓 기호나 그래픽 상징으로 말소리가 비슷한 단어를 선정하지 않도록 조심해야 한다. 말소리의 유사성을 줄일 수 있도록 그래픽 상징에 함께 적는 글자를 바꿀 수도 있다.

도상성

도상성(Iconicity)은 손짓 기호 및 그래픽 상징과 참조하는 것과의 유사성이다. 유사성은 간단해 보일 수 있지만 도상성과 어휘 습득 간의 관계는 복잡하다(Ortega, 2017; von Tetzchner, 2015). 일반적으로 도상성은 손짓 기호와 그래픽 상징의 습득을 촉진할 수 있다고 가정되고 있다(1장 참조).

- 도상성은 손짓 기호의 표현이나 그래픽 상징의 이미지와 그들이 나타내는 사물이나 행동의 뚜렷한 특징과의 유사성이 있음을 의미한다.

도상성은 **투명성**(*transparency*)과 **반투명성**(*translucency*)의 관점으로 측정된다.

- **투명성**은 모르는 손짓 기호나 그래픽 상징에 대해, BALL 손짓 기호를 원 모양의 동작으로 나타내는 것이나 그래픽 상징의 둥그런 이미지와 같이, 기호의 모양이나 동작 또는 상징의 이미지로부터 그 의미를 쉽게 유추할 수 있음을 의미한다. 투명성은 종종 '추측 가능성(guessability)'으로 불리기도 하는데, 추측이라기보다는 시각적 단서에 기초한 유추이다.

BALL

손짓 기호 BALL

위짓 상징: *BALL*

- **반투명성**은 손짓 기호 HELP나 블리스 단어 SHOWER와 같이, 텍스트가 같이 제공될 때 손짓 기호의 모양이나 동작 또는 상징의 이미지와 그 의미와의 관계를 쉽게 인식할 수 있음을 말한다.

HELP

손짓 기호: HELP

블리스 상징: *SHOWER*

- **불투명성**(*opaqueness*)은 렉시그램의 DIRTY와 같이, 텍스트가 주어져도 손짓 기호 동작이나 그래픽 상징의 이미지와 그 의미와의 관계를 알 수 없음을 말한다.

렉시그램 상징: *DIRTY*

손짓 기호나 그래픽 상징은 형태와 의미 간의 관계가 정확한 관계가 아니더라도 불투명성을 가질 수 있다. 예를 들어, 미국 수어의 GIRL은 많은 사람들이 기호를 표현하는 방법—엄지손가락으로 볼을 가로지름(stroke across the cheek)—이 여자아이가 부드러운 볼을 가지고 있다는 것을 연결하여 인식하기 때문에 매우 반투명적이다. 이 기호의 동작은 지난 세기 초 미국의 여자아이들이 턱 밑을 끈으로 고정한 보닛 모자를 착용했다는 사실에서 유래되었다. 볼을 가로지르는 동작은 보닛 모자의 끈을 나타낸다(Klima & Bellugi, 1979).

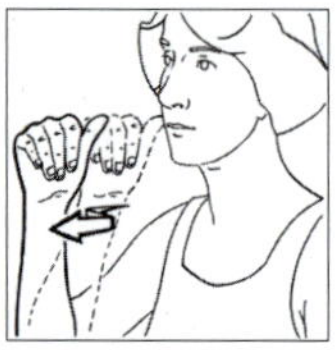

미국 수어(ASL): GIRL

손짓 기호

도상적인 손짓 기호는 표상되는 물건의 물리적 외관(예: 모양)이나 행동의 움직임(판토마임)에 대한 단서를 포함한다(Caselli & Pyers, 2017). 도상성과 손짓 기호 습득과의 관계는 연구되는 진단 그룹, 그리고 투명성이나 반투명성이 도상성의 척도로 사용되는가에 달려 있다(Meuris et al., 2014).

연구를 통해 전형적 발달을 보이는 대학생들에게 투명성이 손짓 기호 학습에 역할을 한다는 것이 밝혀졌다(Baus et al., 2013; Lieberth & Gamble, 1991). 투명성이란 기호를 몰라도 그 의미를 추론할 수 있음을 말하기 때문에, 이는 놀라운 일이 아니다. 전형적으로 발달하는 성인 및 청소년기 학생에게 투명한 기호는 어휘를 쉽게 유추할 수 없기 때문에 꼭 기억하고 있어야 하는 불투명한 기호보다 항상 더 높은 인식 점수를 얻을 것이다. 또한 어떤 사람(예: 대학생)에게는 투명한 기호가 다른 사람(예: 언어장애 아동)에게는 그렇지 않을 수도 있다. 영어의 MILK(우유) 기호는 소젖을 짜는 동작에서 유래되었으며, 손으로 소젖을 짜는 것을 쉽게 볼 수 있었던 지난 세기의 아동에게는 매우 투명한 기호였을 것이다. 오늘날에는 기호의 동작에 대한 유래를 설명하지 않으면 MILK를 손으로 소젖을 짜는 것과 연결할 수 있는 아동은 거의 없을 것이며, 투명하기보다는 반투명한 기호가 된다.

손짓 기호 인식(*recognition*)에 대한 연구는 높은 반투명성을 보이는 기호가 낮은 반투명성을 보이는 기호보다 더 잘 기억된다고 보고하였다(Griffith & Robinson, 1980). 반투명성이 높은 기호는 참조물의 어떤 측면이 포함되었는지 알면 유추하기가 쉬우므로 이는 예상할 수 있는 현상이다. 손짓 기호의 **사용**에 대해서는, 중도의 지적장애가 있는 사람이 기호를 배우는 데 반투명성이 중요하다는 것을 연구에서 밝히지 못했다(Trasher & Bray, 1984).

반투명성 지각에 대한 차이가 존재한다는 것은 지적장애인의 교육에서 자주 사용되는 사물 단어에 대한 100개의 미국 수어(American SIign Language, ASL) 연구에서 잘 나타난다. 전형적 발달을 보이는 6세 유아 그룹에서는 한 개의 기호(TELEPHONE, 전화)만을 반투명성이 높다고 평정했다. 건청(hearing) 아동과 학생은 약 절반가량의 기호에 대해 반투명성이 낮다고 평정한 반면, 농(deaf) 성인은 16개 기호에 대해서만 투명성이 낮다고 평정하였다(Griffith & Robinson, 1981).

농 성인들의 높은 반투명성은 아마도 수어 사용 경험이 많은 성인이 그렇지 못한 아동이나 성인에 비해 손짓 기호의 연관성(association)에 더 익숙하기 때문일 수도 있다. 도상성이 경험이나 문화와 관련된다는 사실은 프랑스의 수어 사용자가 독일 수어에서 온 손짓 기호보다 프랑스 수어에서 온 손짓 기호를 더 투명하다고 느낀다는 연구에서도 알 수 있다. 독일의 수어 사용자는 독일 수어에서 온 기호를 더 투명하다고 평정하였다(Occhino et al., 2017). 또 다른 연구에서는 청인 이탈리아인이 다른 나라의 농 수어 사용자보다 이탈리아 수어에서 온 기호의 의미를 더 잘 추론함을 보고하였다(Pizzuto & Volterra, 2000).

TELEPHONE(American Sign Language)

미국 수어(ASL): TELEPHONE

대학생들이 손짓 기호를 기억할 때 반투명성이 도움이 된다는 것은 놀라운 일이 아니다. 형태와 의미 간의 관계를 아는 것은 특정 손짓 기호를 기억하는 것을 더 용이하게 하며, 이런 관계성은 흔한 기억 방법이다(Klima & Bellugi, 1979; Luria, 1969 참조). 대학생들은 익숙하지 않은 손짓 기호의 의미를 도상적 특징으로부터 유추할 수 있지만, 손짓 기호의 이런 특성이 인지능력이 제한된 아동이나 성인이 손짓 기호를 배우는 것을 더 쉽게 하는 것은 아닌 것으로 보인다. 지적장애인이 투명하지 않은 기호보다 좀 더 투명한 기호를 더 빨리 배우지 않는 것으로 보이는 경우는 아마도 그러한 유사성을 활용하는 인지능력이 부족하기 때문일 것이다. 그들은 기호가 나타내는 사물이나 행동의 특성과 이를 표현하는 손짓 기호 간의 관계를 알아채지 못할 수 있다. 연구들은 전형적 발달을 보이는 성인이 평정한 반투명성과 지적장애인의 손짓 기호 인식(Miller, 1987)과 산출(Trasher & Bray, 1984) 간의 연관성(association)을 발견하지 못했다. 그러나 Goosens'(1983)는 지적장애인이 손짓 기호의 투명성을 평정했을 때 손짓 기호의 투명성과 인식 간의 긍정적 상관관계가 있음을 발견하였다.

전형적으로 발달하는 유아에게 도상성은 손짓 기호를 인식하는 데 별로 도움이 되지 않는 것으로 보인다(Baus et al., 2013; Miller, 1987). 미국수어의 도상적인 손짓 기호에 기초하여, 3세 미만의 농 아동은 생각만큼 초기의 발달 시기에 도상적인 손짓 기호를 더 많이 배우지 않는다. 기호의 도상적 특징을 지각하고 활용하는 것은 어린 아동이 가지지 못한 초언어적(metalingistic) 능력을 필요로 한다(Ortega, 2017). 나이가 많은 농 아동은 어린 아동보다 의미에 대한 도상적 단서에서 더 도움을 많이 받는 것으로 보인다(Bonvillian et al., 1983; Ortega, 2017). 도상성은 물건의 특성을 나타내는 기호보다 동작을 나타내는 기호(action signs)에 더 큰 영향력을 가지는 것으로 보인다(Hodge et al., 2018). 중도장애인을 위해서는 도상적인 손짓 기호를 선정해야 하며(Bonvillian et al., 2020a) 수어보다 AAC로 사용되는 손짓 기호 체계가 더 도상적 기호가 많다고 연구자들은 주장한다(Rombouts et al., 2020). 그러나 도상성이 손짓 기호 습득에 역할을 할 수 있지만, 위에서 언급된 연구들은 매우 어린 유아 또는 중도 지적장애인을 위한 초기 손짓 기호 어휘를 선정할 때는 도상성이 중요한 특징이 안 될 수도 있음을 시사한다. 개인의 일상생활에서의 손짓 기호의 유용성이 도상성보다 더 중요하다(Meuris et al., 2014).

따라서 도상성이 지적장애 유아의 초기 손짓 기호 습득을 촉진한다는 가정은 지지를 별로 받지 못한다. 그러나 도상성은 나이가 좀 더 많은 아동과 성인의 손짓 기호 인식과 산출에는 도움이 되는 것으로 보인다. 도상적인 손짓 기호를 선정하는 것은 기호를 배우기 시작하는 의사소통 상대자가 기호의 표현을 인식하고 기억하는 것을 도우며(Baus et al., 2013), 따라서 반응적이고 의사소통적 접근성이 있는 언어 환경을 형성하는 데 기여한다. 이러한 이유로 손짓 기호들이 동일하게 기능적이고 배우기 쉬운 것일 때는 도상성이 높은 것을 선정해야 한다.

그래픽 상징

그래픽 상징의 도상성을 평가할 때 그림의 유사성이 더 명확하다. 대부분의 그래픽 체계는 어느 정도 양식화된 그림으로 구성된다(1장 참조). 상징의 이미지가 나타내는 카테고리의 실례와 유사한 픽토그래픽(표상적) 상징은 아동의 학습을 돕거나 학습할 필요를 줄여주는 중요한 특성으로 종종 강조된다(Drager et al., 2004; Light & McNaughton, 2012a; Renner, 2014). 그래픽 상징 *HELP*의 여러 다양한 표현과 같이, 엄밀한 의미에서 픽토그래픽 상징은 아니지만 상징이 나타내고자 하는 것과 관련된 사물이나 행동을 묘사하는 상징도 있다. 이렇게 그래픽 상징을 형성하는 것을 환유어(metonym) 전략이라고 하며, 환유어 상징은 표의적(ideographic)이라고 불리기도 한다. 표현하기 쉽지 않은 단어가 많기 때문에 이런 상징들이 많이 만들어지게 된다.

대략적으로 픽토그래픽 상징은 투명한 반면, 표의적 상징은 반투명하다. 블리스 단어 *HOUSE*(집)와 *TREE*(나무), 위짓 상징 *CRY*(울다)와 *BALL*(공)은 표상적으로 간주된다. 블리스 단어 *FEEING*(감정), *PROTECTION*(보호)과 위짓 상징 *ON*(~에), *LARGE*(크다), *SMALL*(작다)은 표의적 상징의 예이다. 대부분의 픽토그램(PIC)과 PCS는 표상적이지만, 예를 들어 픽토그램의 *HOME*(가정), *FRIEND*(친구)와 PCS의 *HELP*(돕다)는 표의적이다.

연구가 많이 이루어진 것은 아니지만, 사물 범주를 나타내는 도상적 그래픽 상징은 투명한 경향이 있고, 행동이나 공간 관계, 다른 더 추상적 범주를 나타내는 도상적 그래픽 상징은 반투명한 경향이 있다. 손짓 기호에서의 도상성은 움직임과 관련이 있는 편이지만, 그래픽 상징에서의 도상성은 사물의 특성과 관련되는 경우가 더 많다. 다른 범주보다 사물을 참조하는 도상적 그래픽 상징이 상대적으로 더 많을 것이다(2장의 다른 그래픽 체계의 상징 참조). 그러나 예를 들어 '개' 범주를 나타내기 위해 선정된 이미지는 프로토타입이며(Rosch, 1978), 많은 개의 외형과 상당이 다를 수도 있다(von Tetzchner, 2015)

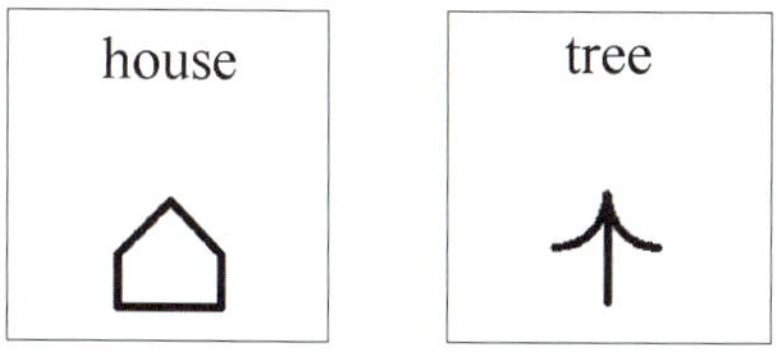

블리스 단어: *HOUSE, TREE*

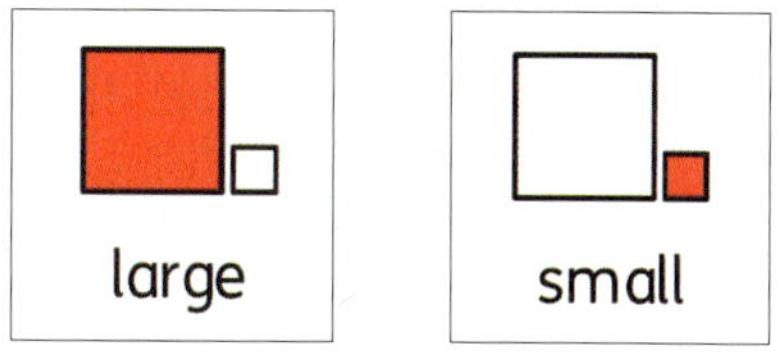

위짓 상징: *LARGE, SMALL*

PIC: *HOME, FRIEND*

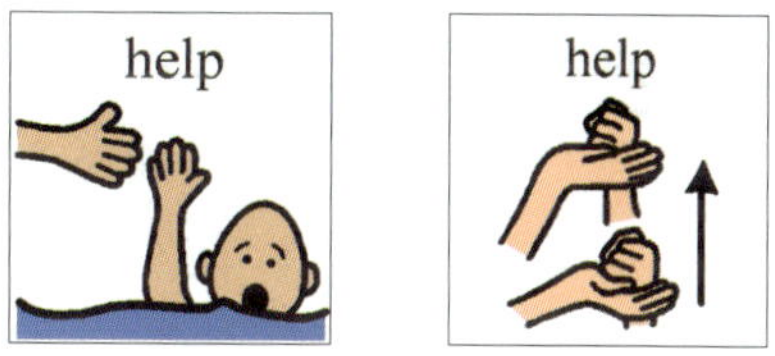

PCS: *HELP*

단일 체계 안에서의 그래픽 상징 비교연구는 별로 없다. 여러 연구에서 참여자가 그래픽 상징과 구어 단어를 연결하도록 가르치는 단순 연상(simple association) 과제를 사용한다. 이 방법을 사용하여 Fuller(1997)는 반투명한 블리스 단어가 덜 반투명한 블리스 단어보다 더 기억하기 쉽다는 것을 발견했다. 서로 다른 체계의 비교에서는 도상적 상징이 많은 체계가 비도상적 상징이 많은 경우보다 더 빨리 배운다는 것을 보여 주었다. 위짓 상징(Rebus)이 블리스 단어보다 배우기가 더 쉽다. 그러나 학습 속도가 매일의 생활에서 그래픽 상징의 기능성을 나타내는 최선의 척도는 아닐 수 있다.

어떤 전자적 의사소통 도구에서는 하나의 그래픽 상징이 전체 문장을 나타낼 수 있다. 선택의 범위가 좁더라도 문장의 내용을 추측하는 것은 하나의 단어를 추측하는 것보다 어렵다. 전형적 발달을 보이는 학령기 아동에게 36개의 문장을 그래픽 상징(PCS)과 대응시키도록 한 연구에서, 옳은 응답의 수는 매우 적었다. 또한 그들의 응답은 매우 다양했는데, 이는 아동이 그래픽 표현의 서로 다른 측면을 상징의 의미에 대한 단서로 사용했음을 나타낸다(Haupt, 2001). 이는 대체 언어 그룹과 지원 언어 그룹의 사용자를 위한 초기의 그래픽 상징은 하나의 단어를 나타내야 한다는 것을 말해 준다(9장 참조).

상징 체계 비교에 기초하면, 중재의 첫 단계에서는 도상적 그래픽 상징을 선정해야 하는 것으로 보일 수 있다. 그러나 중도 지적장애인은 상징의 이미지가 나타내고자 하는 것대로 항상 이해하지 않고, 특이한 특성(배우는 다른 그래픽 상징과 지각적으로 다른)이 도상성보다 더 중요할 수도 있다(Stephen, 2009a). 이는 비유적인(표상적인) 차이—대부분의 사람에게는 의미를 전달하기 때문에 두드러지는 것—가 이미지의 내용을 이해하지 못하는 사람에게는 명확하지 않을 수 있음을 시사한다. 예를 들어, 어떤 사람은 포크와 칫솔의 기능을 모르고, 포크에는 뾰족한 갈라진 부분이 있고 칫솔에는 칫솔모가 있다는 것을 모르기 때문에, PCS의 *FORK*(포크)와 *TOOTHBRUSH*(칫솔)의 차이를 모를 수 있다. 많은 최중도 지적장애인은 아마도 뇌성시각장애, 시각적 스캐닝 전략의 부족, 또는 자극 과잉 선택성 때문에 이러한 유형의 차이를 인지하는 데 어려움을 겪는다(Serna & Carlin, 2001).

전형적으로 발달하는 아동은 이른 시기에 그림에서 사물을 인식하는 반면 행동을 인식하는 것은 더 이후에 나타난다(Simcock & DeLoache, 2006). 그러나 많은 지적장애인은 그림에서 사물을 인식하는 것이 느리며 어려움을 갖는다(Stephen, 2009c; Warburg, 2001). 다른 종류의 그림 내용을 지각하는 것을 당연하게 생각하는 것에는 더욱 조심해야 한다. 예를 들어, 행동이나 전치사를 그림으로 명확하게 나타내는 것은 어려울 수 있다. 만약 그래픽 상징이 행동을 나타낸다는 것을 이해하지 못하면 사물을 표현하는 것으로 인식할 수도 있다. 픽토그램 *RUN*(달리다), *JUMP*(점프하다), *STAND*(서다)는 '남자' 또는 '사람'을 나타내는 세 개의 이미지로 쉽게 오해될 수도 있다. 상징 간의 그림의 유사성이 더욱 상징을 비슷하게 보이게 하고, 학습자를 돕기는커녕 더 혼란하게 할 수 있다(Oxley & von Tetzchner, 1999). 또한 의사소통 상대자가 그래픽 상징의 참조적 표현 기능의 가능성보다는 이미지 자체에 초점을 두어서, 개인의 의사소통 의도를 가정해 버릴 수 있다. 그러나 PCS의 *DOG* 이미지는 그대로 받아들일 수 있는 반면, *EAT* 상징의 경우 먹는 행동이 숟가락을 사용하지 않거나 먹는 주체가 개나 다른 동물이라면 숟가락이나 얼굴과 같은 상징 이미지의 일부는 무시되어야 한다(von Tetzchner & Oxley, 2013). 이런 유형의 추상성은 어린 초기 의사소통자나 의사소통 상대자에게 모두 명확하게 보이지 않을 수 있다.

PCS: *DOG, EAT*

그림 이해력(pictorial competence)의 중요한 측면은 이미지나 동영상의 내용과 현실과의 관계를 이해하는 것이다(von Tetzchner 2019a). 이런 유형의 이해력은 그래픽 상징을 사용하기 위해 필수적이며 그림에서 물건을 인식하는 능력보다 느리게 발달한다. 한 연구에서 영아가 성인이 케첩을 돼지 인형에게 뿌리는 것을 보았다. 그 후 각 아동에게 깨끗한 돼지, 목에 하얀 반점이 있는 돼지, 케첩이 뿌려진 돼지의 세 개의 사진을 보여 주고, 어떤 사진이 가장 돼지와 닮았는지 물어보았다. 케첩이 묻은 돼지가 아동의 앞에 있었지만, 2세 미만의 아동들은 상당히 무작위적으로 질문에 반응하는 것으로 보였다(Harris et al., 1997). 그림에서 사물이나 행동을 인식하는 것은 그림 이해력 발달의 첫 단계에 불과하지만, 의사소통을 위해 그래픽 상징을 사용하는 것을 배우는 초기 학습으로는 충분할 수 있다.

이러한 결과는 그래픽 상징을 사용하는 중재에서 그림을 인식하는 것과 그림 이해력을 당연하게 생각하면 안 된다는 것을 보여 주지만, 초기 교수에서 도상적 그래픽 상징의 사용을 반대하는 논쟁은 아니다. 그래픽 표상(representation)을 상징으로 사용하는 것에는 여러 요소가 영향을 미친다. 그림을 충분히 이해하는 능력을 발달시킨 사람에게는 도상적 특성이 그래픽 상징의 학습을 촉진할 가능성이 많으며, 언어 이해력도 개인이 이미지를 상징으로 사용하는 것을 배우는 데 영향을 미친다(Stephen, 2009b). 그러나 교사가 특정 그래픽 상징을 선택한 이유가 되는 비유적인(figurative) 내용을 지적장애인이 활용할 수 없다면 상징이 도상적으로 지각되지 않을 것이며, 전형적으로 발달하는 사람에게는 도상적인 특성으로 존재하지만 이들의 학습을 더 쉽게 만들지는 않을 것이다. 하지만 교사가 선정한 상징들이 이들이 변별하기 쉬운 것들이라면, 의사소통을 위해 도상적 그래픽 상징을 사용하는 것을 배우는 것은 가능한 일이다. 개인이 그래픽 상징을 구별할 수 있다면 도상적 상징을 사용하는 것이 유용할 수 있다. 왜냐하면 도상적 상징의 사용은 환경 내의 다른 사람들이 적절히 반응하도록 도울 수 있기 때문이다.

상징을 설명하고 의미를 명확하게 하고자 하는 소망은 가끔 매우 불행한 결과를 초래하기도 한다. *YES*(예)와 *NO*(아니요)는 약간의 구어 이해력이 있고 간단한 질문을 이해하는 아동을 위한 초기 그래픽 상징으로 자주 선정된다. 그러나 PCS나 다른 그래픽 의사소통 체계에서는 *YES*와 *NO*가 웃는 얼굴과 슬픈 얼굴로 표현되는데, 이는 이 두 단어의 사용에 전혀 부합하지 않는다. 감정적인 표현은 "슬프니?", "배고프니?", "그는 갔니?", "비가 오니?", "망가졌니?" 등의 질문에 대한 대답에 사용할 때 명백하게 오해의 소지가 있다. 결과적으로 아동은 그래픽 상징 *NO*는 부정적인 것으로, *YES*는 긍정적인 것으로 인식하게 될 수 있다. 또한 의사소통 상대자도 얼굴 그림의 감정적 요소를 인식하고 아동이 행복하거나 슬픈지 파악하는 단서로 사용할 수도 있으며, *YES*의 답을 기대하며 즐거움과 긍정적 소망을 나타내는 유형의 질문만 물어볼 수도 있다. 픽토그램의 *YES*와 *NO*도 일반적으로 무언가 긍정적이거나 부정적인 것과 연관되어 있다. PCS에 있는 YES와 NO와 중립적인 이미지를 포함하는 다른 그래픽 체계를 이용하는 것이 더 낫다.

PCS: *YES1, NO1, YES2, NO2*

PIC: *YES, NO*

그래픽 어휘 발달은 특정한 의미와 활용성을 가진 뚜렷한 그래픽 형태를 필요로 한다. 일부 연구자는 어린 아동들을 위해 '시각적 장면 디스플레이(visual scene display)'를 사용할 것을 추천한다(p. 88 참조). 그러나 이런 종류의 디스플레이를 가진 의사소통 도구는 명확한 형태의 어휘를 포함하지 않기 때문에, 아동에게 어떤 의미를 표현하는 일관된 물리적 방법으로서의 그래픽 상징을 배우는 기회를 줄 수 없다. 따라서 시각적 장면 디스플레이를 아동에게 사용하는 것은 추천되지 않는다. 폴더나 의사소통 책, 의사소통 보드 또는 격자구조로 조직화되어서 전자적 도구에 들어있는 그래픽 상징이 아동에게 의사소통을 위한 그래픽 양식을 소개할 때 더 잘 기능할 것이다(von Tetzchner, 2015; von Tetzchner & Stadskleiv, 2016).

유형 상징

유형 상징의 투명성이나 반투명성의 역할 또는 참조 대상(objects of reference)(p. 49 참조)에 대한 연구는 많지 않다. 보이지 않아서 촉각적 판별에 의존해야 하는 사람에게 유형 상징을 투명한 것이나 반투명한 것으로 만드는 특성, 즉 인식에 활용되는 특성은 시각적 인식에서 사용되는 것과 다를 수 있다(Isaacson & Lloyd, 2015; Perez-Pereira & Conti-Ramsden, 1999). 따라서 신호 상징 또는 활동을 나타내는 표현적 상징으로 사용되는 물건은 대개 참조하고자 하는 활동과 밀접하게 관련된다. 음료가 나올 것이라고 말하거나 음료를 요구하기 위해 컵을 사용하는 예와 같이, 이런 물건은 그 활동에만 관련하여 사용되는 경우가 종종 있다(Roche et al., 2014). 장난감을 포함한 실제 물건의 축소형 모델도 유형 상징으로 사용될 수 있다. 그러나 이런 모델은 시각장애인에게는 즉각적으로 인식되지 않을 수 있다. 예를 들어, 19개월 된 시각장애(blind) 아동이 자신의 다리로 걸어서 움직이기 시작했을 때 엄마는 작은 기린 인형의 다리로 아동의 주의를 끌려고 했다(von Tetzchner & Sedberg, 2005). 장난감 자동차가 교통을 위해 사용되는 차량을 나타내는 것처럼, 맹인은 그 모델이 나타내려고 하는 것을 배우는 데 의존할 수 있다. 이런 유형 상징은 따라서 투명하기보다는 반투명하다. 신발을 나타내기 위해 신발끈을 사용하거나 좌석 벨트 부속품으로 자동차를 나타내는 것과 같이, 환유어 전략과 개인이 만져서 인식할 수 있는 사물의 일부를 사용하는 것이 더 나을 수 있다.

볼 수 있는 사람이나 과거에 볼 수 있었기 때문에 시각적 특성에 기초한 정신적 이미지를 만들 수 있는 사람에게는 유형 상징의 투명성과 반투명성도 그래픽 상징과 어느 정도 유사할 수 있다. 중도 지적장애 청소년이나 성인에게는 구별하기 쉽고 서로 다른 기능을 나타낼 수 있는 비표상적인(non-figurative) 형태나 표면을 가진 유형 상징을 사용하는 것이 가능하다.

사물의 도상성은 종종 당연하게 여겨진다. 하지만 전형적인 발달을 보이는 유아는 사물의 상징적 기능, 즉 무엇인가 다른 것을 나타낸다는 것을 이해하는 데 어려움을 보인다. 따라서 시각장애가 없다면, 그래픽 상징이 초기 어휘를 위해서는 가장 좋은 선택일 수 있다.

단순한 개념과 복잡한 개념

중도 의사소통장애가 있는 사람을 위한 초기 언어 학습에서, 학습자가 손짓 기호와 그래픽 상징, 유형 상징을 얼마나 이해할 수 있는가를 고려하는 것은 필수적이다. 그러나 교육적 관점에서 볼 때 어떤 개념이 어렵고 쉬운지가 항상 명확한 것은 아니다. 예를 들어 'mummy(엄마)'와 'daddy(아빠)'는 그다지 어려운 개념으로 간주되지 않는다. 이는 전형적으로 발달하는 아동에게서 흔히 나타나는 초기 단어지만, 그럼에도 불구하고 제한적인 구어 이해력을 가진 개인에게 손짓 기호나 그래픽 상징 MUMMY와 DADDY를 이해시키고 사용하도록 가르치는 것은 어려울 수 있다. 왜냐하면 이 어휘의 의사소통적 기능을 개인에게 명확하게 하는 교수 상황을 만드는 것이 어렵기 때문이다. 아동의 환경에 있는 가까운 사람들이 일상 환경에서 자연스럽게 손짓 기호나 그래픽 상징 MUMMY와 DADDY를 사용하는 것이 더 나은 전략일 수 있다.

개념을 단순하거나 어려운 것으로 분류하는 대신, 그러한 개념을 가르치기 어렵거나 쉽게 만드는 상황을 변별하는 것이 더 나을 수 있다. 초기 어휘 선택을 위한 지침에서 Lahey와 Bloom(1977)은 첫 단어를 선택할 때 '시연의 용이성(ease of demonstration)'을 강조한다. 그들은 언어장애 아동을 위한 첫 어휘를 선택할 때 감정을 표현하는 단어를 제외시키라는 주장으로서 정신적 상태를 설명하는 것과 관련된 어려움을 언급한다.

Lahey와 Bloom이 제시한 지침은 주로 언어 발달이 지연되고 장애가 덜 광범위한 아동을 대상으로 했다. Lahey와 Bloom은 의사소통장애 아동은 다른 사람을 관찰함으로써 학습할 수 있다고 가정하는 것으로 보이고, 따라서 시연의 용이성은 상당히 문자 그대로 해석될 수 있다. 이는 표현 언어 그룹에 속하는 구어 이해력이 상대적으로 좋은 많은 개인에게 해당되는 경우지만, 보다 광범위한 의사소통과 언어장애가 있는 아동의 경우 첫 손짓 기호나 그래픽 상징에 대한 '시연의 용이성'은 암시적 교수 상황의 고안 문제, 즉 기호 또는 상징과 상황 변화 사이의 관계를 최대한 명확하게 만드는 상황을 고안하는 문제이다(p. 218 참조). 손짓 기호와 상징을 가르칠 때, 이는 상황 관련 단서가 눈에 띄고 명확해야 함을 의미한다. 표현적인 손짓 기호나 그래픽 상징을 가르치기 시작할 때, 그들이 참조하는 사물과 행위는 때때로 기능이나 디자인이 합리적으로 유사해야 하며, 이를 통해 개인이 그 기호나 상징이 사용되는 상황을 인식할 수 있고 시간이 지나면서 그 기능을 배우게 하는 빠른 낱말 연결이 가능해야 한다.

첫 손짓 기호와 그래픽 상징의 내용이 혼동될 수 있을 정도로 유사하지 않아야 한다는 점은 중요하다. 그러나 두 기호나 상징이 내용상 유사한지를 판단하는 것은 항상 쉬운 일이 아니다. '유사성'은 둘 다 동일한 기본 범주에 속하거나 하나가 다른 하나의 하위 집합임을 의미할 수 있다. 예를 들어, MILK(우유)와 JUICE(주스)는 모두 DRINK(음료)의 한 형태이다. APPLE(사과)과 BANANA(바나나)는 FRUIT(과일)이고, POTATO(감자)와 SAUSAGE(소시지)는 DINNER(저녁)에 속한다. 이것들은 모두 FOOD(음식)이다. 중재의 초기 단계에서 교사는 주어진 상황에서 동일한 범주에 속한 두세 가지를 사용하는 것이 일반적이나, 다른 초기 기호나 상징으로 표시되는 범주의 하위 그룹을 나타내는 기호나 상징을 사용하는 것은 피해야 한다. FOOD와 DRINK는 특정 음식을 나타내는 다른 손짓 기호나 그래픽 상징이 실행되는 동안 기호나 상징으로 사용되는 경우가 많지만, FOOD와 DRINK는 다른 음식 기호나 상징이 해당 하위 범주로서 기능하는 방식으로 사용되지는 않는다. FOOD의 의미는 "먹다" 또는 "당신은 지금 먹을 것이 있다"로 설명하는 것이 좋다. 마찬가지로, 신호로서 DRINK는 "당신은 지금 마실 것이 있다"로 번역될 수 있다. 이러한 방식으로 FOOD와 DRINK는 특정 음식이나 음료를 나타내는 손짓 기호나 그래픽 상징이 사용될 수 있는 **활동들**을 나타낸다(8장 참조).

손짓 기호나 그래픽 상징의 교수가 처음 시작되면, 개인은 유능한 언어 사용자들 사이에서 기호나 상징의 어휘에 해당하는 단어를 사용하는 방식과 유사한 일반적인 사용법을 배우지는 못할 것이다. 유능한 사용자는 *smoked sausage*(훈제 소시지), *sausage roll*(소시지 롤), *liver sausage*(간 소시지) 등의 다양한 방식으로 조합하여 *sausage*와 같은 단어를 적용한다. 의사소통 장애가 있는 개인은 먼저 기호와 상징의 **제한된 사용법**을 배운다. 예를 들어, 손짓 기호 SAUSAGE가 초기 어휘 항목으로 소개되는 방식은 그 의미를 "나는 핫도그가 먹고 싶어요"로 가장 잘 번역할 수 있을 것이다. SAUSAGE를 사용하여 "소시지가 있어요"라고 말하거나 SAUSAGE와 RED를 결합하여 "나는 빨간 소시지를 먹고 싶어요"라고 말하는 것은 훨씬 나중에 배우거나 전혀 배우지 못할 수도 있다(9장 참조). 단어 학습은 SAUSAGE 기호가 기능적으로 다른 상황에서 사용되는지에 따라 달라지는 점진적인 과정이다. 예를 들어, 한 개인이 같은 상황에서 TROUSERS(바지)와 SHIRT(셔츠) 손짓 기호를 연습한 후에 두 기호를 혼동했는데(Doherty, 1985), 이는 그가 어떤 방식으로는 그들이 유사하다고 인식했음을 나타낸다. 그는 바지와 셔츠 둘 중 어떤 것도 특정 일과와 연관시킬 수 없었다. 대신, 두 기호 모두 옷 입는 일과에서 '옷'을 의미하게 되었을 수 있다. 옷을 입는 상황에서는 개인이 그 둘을 구별할 수 있을 만큼 충분한 단서가 포함되지 않았을 수 있다. 어느 정도 시간이 지난 후에도 개인이 두 개의 손짓 기호나 그래픽 상징을 혼동하는 것처럼 보일 경우, 교사는 개인이 두 기호의 사용을 구분하기 위한 관련 단서를 인식할 수 있도록 교수 상황에 변화를 시도하거나, 두 기호 또는 상징 중 한 가지의 훈련과 다른 기호 또는 상징의 소개를 연속해서 하지 않음으로써 개인이 배운 한 가지 항목과 다른 항목을 구분하는 것이 더 쉽게 하였다. 만약 한 가지 기호나 상징이 생략된 경우, 남아 있는 기호나 상징은—적어도 초기에는—두 가지 항목에 대해 공통적인 내용을 구성할 것이다. 그러한 기호나 상징이 여전히 유용할 것이다.

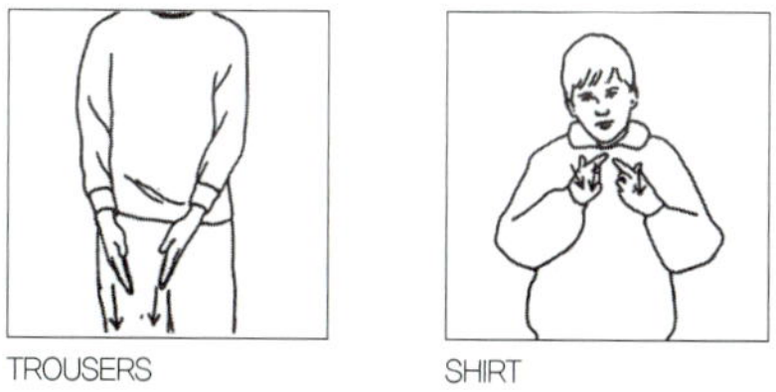

손짓 기호: TROUSERS, SHIRT

배우기 쉬운 개념적 내용의 단어를 찾는 또 다른 방법은 전형적으로 발달하는 어린 아동이 사용하는 단어를 등록하는 것이다(p. 341 참조). 이 단어들은 제한된 의사소통 기술을 가진 개인이 갖고 있거나 발달 과정에 있는 개념에 해당하므로, 첫 번째 단어 또는 기호나 상징으로 교수하기에 가장 적절한 것이라고 가정되어 왔고, 광범위한 의사소통장애가 있는 사람조차도 더 나이가 들었을 때 언어를 획득한다. 그러나 어휘의 선택은 개인의 연령을 고려해야 한다는 점을 강조하는 것이 중요하다. 지적장애가 있는 더 나이 든 아동과 성인을 위해 선택한 어휘 항목은 전형적으로 발달하는 어린 아동이 일반적으로 배우는 어휘 항목과는 달라야 한다. 표현된 개념의 복잡성은 여전히 더 어린 아동의 개념과 상당히 유사할 수 있다.

아동이 초기 언어 발달에서 일반적으로 표현하는 것에 대한 가정에 기초하여, Lahey와 Bloom(1977)은 첫 단어 선택에 대한 여섯 가지 규칙을 목록화하였다.

1. 대상어 *object words*(사물, 사람, 장소)는 개인이 참여하는 상황에 따라 비교적 자유롭게 선택될 수 있다.
2. 관계어 *relational words*(동사, 형용사, 전치사, 기타)는 전체 또는 다수의 대상어와 함께 사용

될 수 있도록 선택되어야 한다.

3. 내면의 상태(감정 포함)를 위한 단어는 시연하기 어렵고 가르치기도 어렵기 때문에 피할 것.
4. 긍정과 부정의 표현으로 *yes*(예)와 *no*(아니요)를 사용하지 말 것. no는 다른 중요한 조건을 표현하는 데 사용될 수 있다.
5. 대명사는 일반적으로 후기 단계에 습득되므로 피할 것. 대신 엄마, 아빠, 사람들의 이름을 사용할 것.
6. 색상과 반대말(예: 크다-작다)을 피할 것. 짝으로 이루어진 반대말은 후기 단계에 습득되어 아동에게 혼란을 줄 수 있으므로 짝으로 이루어진 요소 중 한 가지만 사용할 것. 예를 들어 '작다' 대신 '크지 않다'를 사용하는 것처럼 반대말 대신 'not(~않다)'를 사용하는 것이 좋다.

대부분의 이런 권고는 의미가 있다. 그러나 언어 발달의 초기 단계에서는 대상어와 관계어의 차이를 품사(word class)와 연결해서는 안 된다. 품사는 문장 안에서 단어의 기능에 기초하여 정의된다. 개인이 문장을 만들기 위해 단어를 결합하지 않는 한, 손짓 기호나 그래픽 상징이 특정한 품사에 속한다고 말하는 것은 별 의미가 없다(9장 참조). 따라서 JUMP(점프하다)와 WALK(걷다)는 두 개 이상의 기호나 상징으로 이루어진 발화에서 서로 다른 기능을 갖지 않는 한 ICE-CREAM(아이스크림)과 GRAPE(포도)와는 다른 품사에 속한다고 볼 수 없다. 의사소통 상황에 따라 ICE-CREAM은 대상 "아이스-크림"과 행위 "아이스크림을 먹다" 두 가지 모두를 나타내는 것으로 해석될 수 있다. JUMP는 명사 "점프"와 행위 "뛰어요" 두 가지로 사용될 수 있다.

Bloom과 Lahey가 거절이나 거부, 무존재, 행위의 중지와 특정 행위의 금지를 표현하기 위해 '아니요'를 사용하도록 제안한 것은 학술적인 동기가 있는 것 같다. NO는 교수의 초기 단계에서 비존재의 표현으로 사용되어서는 안 되는데, 성인이 개인의 행위나 사물을 오해하지 않고 부정하기 위해 NO를 사용할 수 있어야 하기 때문이다. 예를 들어, 아동이 손짓 기호로 CHOCOLATE을 표현했는데 교사가 NO라고 답했다면, 아동은 이를 초콜릿이 없다는 의미로 인식할 수 있다. 만약 동시에 책상 위에 초콜릿이 있거나 교사가 찬장에 초콜릿을 두는 것을 아동이 봤다면, 아동은 자신의 말이 이해되지 못했다고 믿고 계속해서 CHOCOLATE을 반복할 수 있다. 그는 오해를 받곤 했기 때문에, 그의 입장에서는 타당한 가정이다.

사물이 존재하지 않는다는 것을 표현할 수 있으면 유용한데, 특히 개인이 특정 사물이 없어졌다는 것을 알아 차린 경우에는 더욱 그렇다. 그러나 손짓 기호 GONE(없다)은 NO보다 더 나은 선택일 수 있다. 그러나 GONE이 GET(얻다), GIVE(주다), HELP(돕다)와 다르게 사용될지 의문이다. 이러한 손짓 기호와 그래픽 상징은 즉각적인 상황에서는 존재하지 않는 것을 얻기 위해 사용될 수도 있다. 어떤 기호나 상징이 교수하기에 가장 쉬운지를 찾아내는 것이 문제이고, GONE은 초기 어휘에 포함하기에 가장 적절한 기호임이 입증될 수 있다.

손짓 기호: GONE

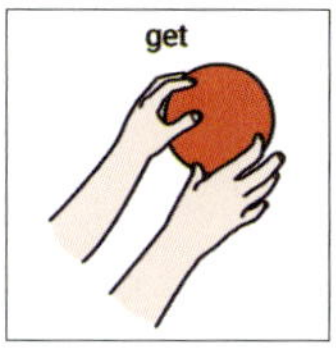

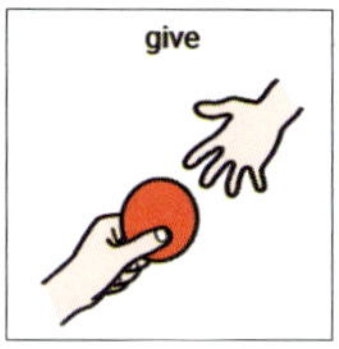

ARASAAC: *GET, GIVE, HELP*

초기에 기대할 수 있는 것

AAC 중재의 첫 번째 단계에 대한 기대는 개인이 세 가지 주요 그룹 중 어디에 속해 있는지와 교수 목표에 따라 달라진다(3장 참조). 표현 언어 그룹에 속하는 많은 개인은 중재 시작 시 상대적으로 좋은 구어 이해력을 가졌으므로 빨리 배울 것이라 기대된다. 그러나 학습자가 항상 중재의 목표인 첫 손짓 기호나 그래픽 상징을 자발적으로 사용하기 시작하는 데는 여전히 시간이 걸릴 수 있다. 지원 언어 그룹에 속한 아동 또한 빠른 발전을 보일 것이라 기대할 수 있는데, 이 그룹에 속한 많은 아동이 일부 구어를 사용할 수 있고 구어를 어느 정도 이해할 수 있기 때문이다. 대체 언어 그룹에 속한 개인은 가장 큰 어려움을 갖고 있으며, 발전에 대한 높은 정도의 불확실성을 나타낸다. 대부분의 개인은 손짓 기호나 그래픽 상징의 사용을 배울 때 어느 정도 의사소통 기술을 습득하지만, 어휘의 내용과 양에는 상당한 차이가 있다.

훈련이 학습자에게 잘 기능하고 개인의 자연스러운 환경에서 이루어지더라도 손짓 기호나 그래픽 상징을 자발적으로 사용하기까지는 수개월이 걸릴 수 있다. 특히 중도의 의사소통장애가 있는 성인은 학습된 의존성, 무기력과 수동성의 오랜 역사를 가지고 있을 수 있고, 이러한 장애를 극복해야만 자발적으로 어휘를 사용할 수 있게 된다. 최중도의 장애가 있는 개인의 경우, 너무 큰 기대를 갖지 말고 개인이 배울 수 있는 시간을 허락할 만큼 충분히 오랫동안 훈련을 지속하는 것이 중요하다. 또한 중재가 잘 진행되어 개인이 말하기 시작하더라도 AAC 중재를 즉시 종결해서는 안 된다. 자폐범주성장애와 지적장애 아동이 말을 시작한 후에도 말하고 싶은 단어를 찾는 데 도움을 주기 위해 한동안 계속해서 손짓 기호나 그래픽 상징을 사용하는 경우가 많다. 예를 들어, Bondy와 Frost(2002)는 유치원 연령 아동의 그래픽 의사소통과 말의 발달을 설명했다. 첫 번째 말소리는 PCS 중재가 시작된 지 6개월 후에 나타났고, 첫 단어는 다시 6개월이 더 지난 후에 나타났다. 중재 16개월 후에 아동은 그래픽 의사소통을 덜 사용하기 시작했다. 두 달 후, 그는 동일한 수의 그래픽 상징과 구어 단어를 사용하게 되었고, 그래픽 의사소통을 시작한 지 24개월 후에는 200개의 단어를 사용하고 그래픽 상징은 전혀 사용하지 않았다. 이는 첫 구어 단어가 나타난 시기부터 그래픽 의사소통 중단까지의 기간이 상당히 짧았다는 것을 의미한다. 그러나 아동은 말이 완전히 이어지기 전인 이 기간 동안 여전히 그래픽 상징의 수를 50%까지 증가시켰다.

다운 증후군 아동을 대상으로 한 연구에서 Launonen(2003)은 부모와 전문가가 아동이 3세 무렵에 첫 단어를 말하자마자 손짓 기호의 사용을 중단하는 경우가 많았으나, 그 아동 중 많은 수가 2년 후 5세에도 어휘가 부족할 때 말을 지원하기 위해 계속해서 손짓 기호를 사용한다는 것을 발견했다. 다른 관찰에 따르면, 자연스럽게 말하는 다운 증후군 청소년이 특정 단어가 부족할 때 자신의 말을 뒷받침하기 위해 때때로 손짓 기호를 사용하는 것으로 나타났다.

만약 교사가 AAC 중재를 너무 일찍 종결하고 개인의 환경에서 가까운 사람들이 손짓 기호나 그래픽 상징의 사용 및 반응을 중단한다면, 개인의 의사소통이 감소되고, 행동 문제의 위험이 증가되며, 의사소통과 언어의 긍정적인 발전이 지속되는 것을 방해할 수 있다.

8장

지속적인 어휘 발달

기능적 어휘의 구성은 AAC 중재의 기초이다. 기능적 어휘란 개인이 자신의 인지 및 언어 능력이 발달하고 다양한 사회적 및 사회체계 내에서의 활동에 참여할 수 있는 어휘에 접근할 수 있다는 것을 의미한다. 개인이 20~30개의 손짓 기호 또는 그래픽 상징을 사용할 수 있는 어휘 발달의 초기 단계(7장 참조)가 지나면 학습이 더욱 다양하고 복잡해지며 중재의 성격이 달라진다. 기본 중재 목표는 주요 사용자 그룹에 대해 동일하다: (1) 새로운 어휘 항목과 전략을 가르치고, (2) 문장 산출의 기초를 마련하고(9장 참조), (3) 대화 참여를 촉진하는 것이다(10장 참조). 그러나 이러한 목표는 세 사용자 그룹에 따라 강조되는 점이 다르다. 대체 언어 그룹에 속하는 사람들은 어휘의 전반적인 확장도 필요하지만 간단한 문장을 구성하는 데 도움이 될 수 있는 어휘 항목에 더 중점을 둔다. 지원 언어 그룹의 발달 하위 그룹에서 어휘 확장의 내용은 언어 발달에 따라 달라지며, 그 시점에 어떤 어휘 항목이 음성 언어 발달을 가장 잘 보완하고 지원하는지에 따라 달라지는 반면, 상황적 언어 하위 그룹의 사람은 자신의 음성 언어를 의사소통 상대자가 더 잘 이해할 수 있도록 도와주는 어휘를 필요로 한다. 표현 언어 그룹에 속하는 사람은 보다 유연한 어휘를 개발하여 자신의 인지 수준과 음성 언어 이해력에 맞는 다양한 의미를 표현할 수 있도록 지원해야 한다.

대체 언어 그룹에 속하는 많은 사람에게는 발달 과정을 예측하기 어려울 수 있기 때문에 첫 번째 어휘를 가르치는 것이 테스트 기간으로 작용하며, 일부는 초기 어휘를 배우는 데 오랜 시간이 필요할 수 있다. 개인이 첫 번째 손짓 기호나 그래픽 상징을 배우면 교육이 더 유연해질 수 있다. 의사소통 레퍼토리가 다소 넓어지면 교사는 다양한 교육 상황과 전략 중에서 선택할 수 있는 자유도가 높아진다(5장 및 6장 참조). 그러나 이는 교사와 어휘 선정을 담당하는 다른 사람들에게 새로운 요구 사항을 제시하기도 한다. 어휘의 확장은 일반적으로 이전 전략의 연속이자 단절을 의미한다. 어휘의 내용은 개인의 연령과 사회적 및 인지적 기능에 따라 달라지며, 이는 그가 사용하는 의사소통 방식과 무관하다. 따라서 교사는 미래의 언어 기술 습득을 지속할 수 있는 어휘를 제공하기 위해 장기적인 어휘 목표와 전략을 수립하는 것이 특히 중요하다.

의사소통 도구의 어휘집(lexicon)은 도구적 의사소통자가 어떤 주제에 대해 토론할 수 있는지, 어떤 종류의 대화가 가능한지를 결정한다(Murray et al., 2018; Neuvonen et al., 2022b; Smith et al., 2018 참조). 도구적 의사소통에 관한 연구는 의사소통 책이나 전자 기기의 그래픽 상징이 특정 환경에서 도구적 의사소통자에게 기능적인 것을 기준으로 선택되어야 한다고 강조한다. 그러나 도구적 의사소통을 발달시키는 대부분의 아동과 청소년이 돌봄, 간호 또는 이와 유사한 주제에 대한 대화에 거의 참여하지 않음에도 불구하고 돌봄과 간호 등을 위한 그래픽 상징이 여전히 많이 강조되고 있다. 대신 다양한 의사소통 기능과 다양한 상황에서 사용할 수 있는 그래픽 상징, 즉 일반적인 학습과 관심사를 반영하고 다양한 주제에 대해 대화할 수 있는 상징이 필요하다.

어휘의 크기 측정

어휘 선정에 대한 논의에서 크기는 기본이다. 말이나 글로 된 단어를 세는 데는 몇 가지 선택이 있다(Nation, 2015). 어휘소(*lexeme*)는 다양한 굴절(inflections)이 있는 단어로, 예를 들어 *boy-boys*, *run-runs-ran*, *big-bigger*에는 세 개의 어휘소가 있다. 개별 단어 형태가 아닌 어휘소를 세는 이유는 아동이 각각의 굴절된 단어 형태를 학습할 필요가 없기 때문이다. 아동이 기본적인 굴절 패턴을 익히면 각 단어를 개별적으로 학습할 필요가 없다. 한 단어 형태를 알면 어휘의 다른 구성 요소도 알 수 있지만, *run*, *runner*와 같이 불규칙한 굴절이 있는 단어는 예외이다. 렘마(*lemma*)는 예를 들어 사전에서 검색할 때 어휘소를 표현하기 위해 선택되는 단어이다. 어휘소는 같은 품사 내에 여러 단어를 포함한다. 단어군(*word family*)은 모든 굴절과 파생어를 포함하므로 관련된 여러 어휘를 포함할 수 있다. *run*과 *runner*는 서로 다른 어휘소에 속하지만 같은 단어군에 속한다.

전형적인 발달의 첫 번째 음성 단어와 마찬가지로, 첫 번째 손짓 기호와 그래픽 상징은 개별적인 형태이다. 그러나 블리스 상징 체계에는 명사를 동사(동작) 또는 형용사(수식)로 바꿀 수 있는 형태소 마커와 같은 기능을 하는 표시어가 있다(1장 참조). 예를 들어, 다른 표시어가 있는 *MOUTH*(입)는 *FOOD*(음식), *EAT*(먹다), *EDIBLE*(먹을 수 있는), *SPEAK*(말하다)를 나타낼 수 있다(p. 36 참조). *MIND*는 생각하는 사람처럼 사물(*BRAIN*), 행동(*TO THINK*) 또는 수식(*THINKING*)과 같은 다양한 의미 집단을 지칭하기 위한 기초가 될 수 있다. *MOUTH*와 *MIND*는 두 그래픽 상징군의 렘마로 간주될 수 있다.

위짓 상징과 민스피크에는 그래픽 상징의 의미를 수정하는 방법이 있다(1장 참조). 대부분의 그래픽 체계에는 문법 형태소를 표시하는 방법이나 굴절 형태가 없다. 그러나 도구적 의사소통자가 능숙해지면 그래픽 상징을 더욱 유연하게 사용할 수 있고, 상징이 두 가지 이상의 의미를 나타내는 다의적(polysemous) 상징을 사용할 수 있게 된다. 예를 들어, KETTLE는 "주전자"와 "요리하다"를 모두 표현하는 데 사용될 수 있다. 따라서 발전된 도구적 의사소통자를 위해서 의사소통 도구의 그래픽 상징은 그래픽 상징의 이미지가 나타내는 좁은 의미보다는 어휘집 또는 단어군을 나타내는 렘마로 기능할 수 있다.

Bonvillian과 동료들(2020a,b)이 제안한 1,000개의 단순화된 기호는 각각 여러 가지 관련 의미를 표현하는 데 사용된다(p. 323 참조). 그래픽 상징의 어휘는 손짓 기호군의 렘마로 간주될 수 있다.

손짓 기호 또는 그래픽 상징의 표현 어휘는 일반적으로 6세에 평균 4,000개, 13세에 11,000개의 단어군을 알고 있는 전형적인 발달을 보이는 또래의 평균 어휘보다 훨씬 적다(Brysbaert et al., 2016; Nation, 2015). 또래와 비슷한 이해력을 가진 아동이라 할지라도 손짓 기호나 그래픽 상징을 습득하는 속도가 느리면 어휘 선정에 영향을 미친다. 대체 수단을 통한 어휘 습득은 전형적인 언어 발달의 축소판일 뿐만 아니라 그 과정의 많은 측면이 질적으로도 다르다.

체계적인 어휘 선정

일부 손짓 기호 또는 그래픽 상징에는 사용자가 필요, 선호 및 관심을 표현할 수 있는 어휘 항목을 포함하고 있을 것이다. 초기 어휘는 대개 개인이 좋아하는 음식, 물건, 활동을 나타내는 항목과 YES(예), NO(아니요) 또는 LIKE(좋다), DISLIKE(싫다)와 같이 손짓 기호 또는 그래픽 상징과 함께 수락 또는 거부를 나타내는 항목으로 구성된다. 추가 어휘는 일반적인 유용성, 대부분의 개인이 정기적으로 필요로 하는 항목, 그리고 각 개인의 의사소통 기회, 관심, 생각, 감정 및 필요에 맞는 어휘 항목을 기반으로 해야 한다. 선정은 개인이 일반적으로 참여하거나 참여하고 싶은 상황, 좋아하는 동영상 및 텔레비전 프로그램, 인터넷의 손짓 기호 사전 또는 개인이 사용 중인 그래픽 상징 체계의 매뉴얼, 기타 수화 또는 상징 목록, 일반 사전 및 최근에 개인이 본 책 등을 검토하여 이루어질 수 있다. 어휘가 외부 AAC 전문가에 의해서만 결정되지 않는 것이 중요하다. 그들은 AAC에 대한 탄탄한 역량을 갖추고 있지만 개인의 일상생활과 학교 밖에서의 의사소통 상호작용에 익숙하지 않을 수 있다(von Tetzchner et al., 2018).

개인의 일상 환경의 주요 부분을 대표하는 어휘 작업 그룹을 구성하는 것이 실용적이다. 그룹에 속한 사람의 수는 다양하지만 너무 많거나 적으면 안 된다. 언어치료사나 특수교사와 같이 AAC 역량이 뛰어난 전문가가 한 명 이상 포함되어야 한다. 다른 일반적인 구성원은 담임 교사나 업무 관리자, 부모, 복지센터 직원, 거주시설 직원 및 기타 개인의 삶에서 중요한 역할을 하는 사람들일 수 있다. 또래는 자주 사용하는 특별한 또래 그룹 어휘를 가져오는 데 도움이 될 수 있다. 어휘 작업 그룹은 정기적으로 만나 개인의 발달, 학습, 활동 및 관심의 변화에 대한 최신 정보를 바탕으로 새로운 손짓 기호 또는 그래픽 상징을 논의해야 한다. 새로운 활동은 새로운 어휘를 필요로 할 수 있고, 새로운 어휘 항목은 개인의 활동과 사회 참여에 긍정적인 변화를 일으키는 데 도움이 될 수 있다. 이는 변증법적인 과정이다.

손짓 기호를 사용하는 아동의 경우, 성장함에 따라 일부 기호의 사용 빈도가 줄어드는 반면, 다른 기호의 사용 빈도는 자연스럽게 높아질 수 있다. 그래픽 상징을 사용하는 사람의 경우, 필요한 그래픽 상징을 찾는 데 시간이 걸릴 수 있으므로 의사소통 도구의 어휘 크기를 최대한 효율적으로 유지하기 위해 다소 제한해야 할 수도 있다. 동의어는 물론이고 같은 의미를 나타내는 다른 그래픽 상징을 피해야 할 수도 있다. 때로는 더 쉽게 탐색할 수 있도록 의사소통 지원에서 일부 초기 상징을 제거하는 것이 실용적일 수 있다. 예를 들어, 유치원에서 학교로 전환할 때 일부 그래픽 상징은 유치원의 활동 및 사람과 밀접하게 관련되어 있기 때문에 연계성이 떨어질 수 있다. 그러나 이러한 상징은 어떤 식으로든 개인이 계속 사용할 수 있어야 한다. 전자적 의사소통 도구에서 이러한 '오래된' 어휘 항목은 특별한 폴더에 보관하고, 종이에 인쇄된 그래픽 상징은 별도의 책이나 상자에 보관할 수 있다. 개인은 나중에 부모, 형제자매, 오래된 친구, 교사와 함께 이러한 항목을 보면서 이전의 날, 활동, 사람, 상징을 회상하는 것을 즐길 수 있다.

마지막으로, 작업 그룹에서 어휘에 대한 특정 변경 사항을 결정할 때마다 가정, 유치원 또는 학교, 임시 보호소 등 아동의 다양한 환경과 관련된 그룹 구성원에게 어휘 변경 사항을 실행할 책임을 할당해야 한다. 이렇게 하면 어휘에 대한 지식과 아동의 환경 전반에 걸친 의사소통의 일관성을 보장할 수 있다. 손짓 기호를 사용하는 경우, 이는 아동 본인은 물론 아동이 속한 환경의 중요한 성인과 또래에게 새로운 손짓 기호를 가르치는 것을 의미할 수 있다(12장 참조). 어휘 선정 및 실행 전략에 부모와 다른 가족 구성원을 적극적으로 참여시키면 AAC가 개인의 가정 환경에서 사용될 가능성이 높아진다.

특히 유용한 전략 중 하나는 특수교사인 Kerstin Helberg의 이름을 딴 '케르스틴의 방법(Kerstin's Method)'이다. 어휘 작업 그룹의 구성원들이 한 공간에 모여서 필요한 경우 다른 사람이 보충하는 방식이다. 각 구성원에게는 작은 종이를 주고, 그 위에 현재 구현해야 한다고 생각하는 손짓 기호 또는 그래픽 상징의 어휘를 각 단어마다 별도의 종이에 적게 한다. 이는 초기 어휘를 위한 항목일 수도 있고 개인의 기존 어휘를 보완하기 위한 제안일 수도 있다. 각 구성원이 제안을 다 쓴 후에는 어휘 제안이 적힌 종이를 '사람', '행동', '활동', '음식', '장난감', '속성' 등과 같은 라벨이 붙은 작은 상자 또는 테이블 위의 영역에 넣는다. 일부 항목은 여러 그룹 구성원이 제안했을 수도 있다. 중복된 것을 제거한 후에 그룹은 제안된 항목을 검토하고 현재 개인의 훈련에 포함할 항목을 결정한다. 사용하지 않은 항목은 보관했다가 향후 어휘 토론에서 고려할 수 있다.

손짓 기호나 그래픽 상징이 지속적으로 유용하게 사용될 수 있도록 당사자를 가능한 한 많이 과정에 참여시켜야 한다. 이는 언어 이해력이 비교적 높은 아동, 청소년 및 성인에게 특히 중요하지만, 지적장애 아동이나 노인의 참여도 시도해야 한다. 당사자는 어휘 선정과 의사소통 도구의 그래픽 상징 구성에 모두 참여해야 한다. 아동이 나중에 도구를 탐색하고 상징을 독립적으로 사용할 수 있으려면 위치를 아는 것이 필요하다. 언어 수업의 일환으로 교사와 개인은 단어와 그에 해당하는 그래픽 상징, 그리고 그래픽 상징을 언제 어떻게 사용할 수 있는지에 대해 논의해야 한다. 이러한 유형의 토론을 통해 교사는 개인의 구어 이해도와 생활 상황에 대한 통찰력을 얻을 수 있을 뿐만 아니라 개인에게 더 나은 환경을 제공할 수 있는 단서를 얻을 수 있다. 가능한 한 아동이 스스로 그래픽 상징을 선택할 수 있도록 해야 한다. 개인에게 중요하다고 생각하는 그래픽 상징이 있는 경우, 다른 기회에 "유용한 그래픽 상징이 있어요."라고 알려주며 제시할 수 있다.

대체 언어 그룹

구어 이해가 매우 제한적이라고 해서 반드시 최소한의 언어만 사용한다는 의미는 아니다. 음성 단어를 전혀 이해하지 못하는 사람도 손짓 기호나 그래픽 상징으로 구성된 어휘를 상당 부분 습득할 수 있다(von Tetzchner et al., 2005). 어휘를 확장하는 방법에는 여러 가지가 있다. 한 가지 주요 목표는 개인이 가능한 한 많은 상황에서 의사소통을 할 수 있어야 한다는 것이다. 교사는 개인의 손짓 기호나 그래픽 상징을 새로운 주제와 상황에 통합하여 하루 종일 다양한 용도로 사용할 수 있도록 도울 수 있다. 이러한 접근 방식을 **표면 지향적**(*surface-oriented*)이라고 할 수 있다. 전형적인 언어 발달을 보이는 아동은 사물의 이름을 배울 때 이름보다 그것이 무엇인지, 무엇을 하는지, 어떻게 하는지 알고 싶어하며, 이를 통해 새로운 지식과 관련 어휘를 배운다(Harris et al., 2010). 이에 따라 개인이 이미 AAC를 사용하고 있는 상황에서 새로운 손짓 기호나 그래픽 상징을 도입하여 동일한 주제나 영역 내에서 더 많은 기호나 상징을 사용하는 방법을 배우도록 할 수 있다. 이러한 접근 방식을 **도메인 지향적**(*domain-oriented*)이라고 할 수 있다. 도메인 지향적 어휘 확장은 표면 지향적 어휘 확장보다 더 깊은 지식의 기초를 제공한다. 도메인 지향적 전략은 주제에 대한 대화에 참여할 때 어휘가 개인에게 더 많은 말을 할 수 있는 기회를 제공하기 때문에 대화 기술 개발에 도움이 될 수 있다.

Jack은 36세의 지적장애인이다. 그는 새, 특히 공원에 있는 새에 관심이 많아서 직원에게 공원에 가서 새를 봐도 되는지 자주 물어본다. 그는 손짓 기호 BIRD를 사용하며 'birds(새)'라는 도메인은 손짓 기호 DUCK(오리), SPARROW(참새), BLACK-BIRD(검은 새), WING(날개), BEAK(부리), FLY(날다)와 몇 가지 색이름으로 확장된다.

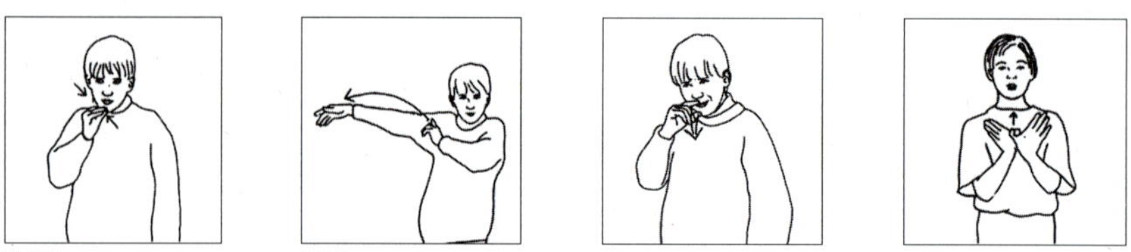

DUCK WING BEAK FLY

손짓 기호: DUCK, WING, BEAK, FLY

신호-유도된 기대 행동(signal-elicited anticipatory behaviour)에 반응하는 전략(p. 234 참조)은 Jack이 더 많은 발화를 사용하도록 유도하는 데 유용할 수 있다. 교사는 먼저 도메인 손짓 기호 BIRD를 사용하여 새 활동을 시작한 다음 Jack에게 도메인 내에서 두 가지 이상의 활동을 선택할 수 있도록 한다. 선택하기는 표현 훈련이 될 것이다.

Irene은 15세 자폐 아동이다. Irene은 공예를 좋아해 자수와 뜨개질을 배우고 있다. 그녀의 공예 수업은 손짓 기호 WORK로 시작된다. 그런 다음 선생님이 재료 바구니를 꺼내어 Irene에게 SEW(바느질)과 KNIT(뜨개질) 중 하나를 선택하게 한다.

PIC: *SEW, KNIT*

이러한 형태의 도메인 지향적 접근 방식은 개인이 무언가를 원하거나 무언가를 하고자 하는 상황에서 사용할 수 있지만 이름 지정에도 사용할 수 있다.

Ivan은 20세의 중도 지적장애인으로, 말을 거의 알아들을 수 없고 주로 그림과 사진으로 사람 이름을 부르며 의사소통을 한다. 그는 주간 센터에 다니며 다른 사람들과 함께 여행을 즐긴다. 선생님은 여행에서 찍은 사진을 컴퓨터 화면에 띄워 Ivan에게 보여 주고, 픽토그램과 사진을 사용하여 Ivan이 사람과 사물의 이름을 배우는 데 사용한다.

도메인 지향적 교수법의 중요한 특성 중 하나는 개인이 손짓 기호 또는 그래픽 상징의 사용법을 설명하는 데 도움이 된다는 점이다. 동일한 활동이나 상황에는 여러 가지 손짓 기호 또는 상징이 관련되기 때문에 각 손짓 기호 또는 그래픽 상징의 사용법을 설명할 필요가 있다. 이렇게 하면 새로운 어휘를 추가할 수 있는 여지가 생기고 개인이 자신에게 익숙한 활동 틀 내에서 더 긴 사회적 상호작용을 할 가능성이 높아진다(10장 참조).

어휘의 표면 지향적 확장과 도메인 지향적 확장 사이에는 모순이 없다. 이 두 가지 전략을 조합하면 일반적으로 최상의 결과를 얻을 수 있다. 교사가 표면 전략에만 의존하면 개인에게 많은 활동 어휘를 제공할 수 있지만 활동의 일부가 아닌, 전에 했던 의사소통만 할 위험이 있다. 반면에 교사는 '신체 부위'나 '동화'와 같은 몇 가지 주제에 초점을 맞춘 도메인 지향적 전략에만 의존하는 경우, 개인이 이러한 주제에 대해 의사소통하는 데 좋은 어휘를 얻을 수 있지만 다른 주제에 대해서는 그렇지 않을 수 있다. 주변 사람들은 처음에는 열광할 수 있지만, 매번 같은 이야기를 하는 것에 곧 지칠 수 있다. 따라서 개인이나 주변 사람들 모두 선택한 주제에 대해 항상 이야기하고 싶지만, 개인이 배운 손짓 기호나 그래픽 상징 때문에 다른 것에 대해 이야기하는 것이 어려울 수 있다. 새로운 어휘를 통해 개인이 더 흥미로운 주제를 가지고 소통할 수 있도록 하는 것이 항상 확장의 목표이다.

대비 및 제외

전형적인 발달을 보이는 아동은 단어 형태에 따라 새로운 단어, 새로운 용법 등 의미도 달라진다고 가정하는 것으로 보인다(Clark, 1992; Schmidt et al., 2016). 이러한 관찰에 기반하여 최중도 지적장애가 있는 개인에게 새로운 손짓 기호나 그래픽 상징을 소개하는 수단으로 대비(contrast) 및 제외(exclusion) 전략이 등장하게 되었다(Wilkinson et al., 2009). 이해력 훈련의 중요한 목표는 교사가 어떤 손짓 기호나 그래픽 상징을 제시하느냐에 따라 차이가 있다는 것을 개인이 인식하도록 하는 것이다. 한 번에 하나의 손짓 기호 또는 상징만 제시할 경우, 일부 개인은 손짓 기호를 단순한 동작으로 인식하거나 그래픽 상징을 다른 것을 나타내는 상징이 아닌 그 자체의 물리적 물체로 인식할 수 있다. 대비 전략을 사용하면 두 개의 그래픽 상징과 그 상징이 가리키는 대상을 동시에 제시할 수 있다. 예를 들어, 한 상징은 개인이 분명한 선호도를 보인 물건 또는 활동을 나타내고, 다른 상징은 개인이 덜 관심을 보이지만 혐오감을 느끼지는 않는 물건 또는 활동을 나타낸다.

> Tim은 최중도 지적장애와 운동장애를 가진 14세 청소년이다. 그는 왼손으로 물건을 잡고 들어올릴 수 있다. 드럼 스틱을 손에 쥐어 주고 드럼을 그의 무릎 위에 올려놓으면 드럼을 치는 것을 좋아한다. 서클 타임에 트라이앵글을 제시해도 관심을 보이지 않았다. 그에게 그래픽 상징 *DRUM*(드럼)을 가르치기 위해 먼저 드럼과 함께 그래픽 상징을 제시한 다음 그래픽 상징 *TRIANGLE*(트라이앵글)과 함께 보여 주었다. 그런 다음 악기들을 그의 시야에서 숨기고 그래픽 상징 *DRUM*과 *TRIANGLE*을 앞에 놓았다. 처음에 그는 그래픽 상징 *TRIANGLE*을 향해 손을 뻗었고 트라이앵글을 받았다. 그는 그것을 보았지만 다소 불만족스러워 보였고 선생님은 다시 선택할 것인지 물었다. 그래픽 상징과 그 상징이 의미하는 악기를 다시 보여 줬다. 악기를 숨기고 그래픽 상징 *DRUM*과 *TRIANGLE*을 Tim 앞에 놓았다. 이번에는 그래픽 상징 *DRUM*에 손을 뻗어 드럼을 얻었다. 이 과정을 다음 날에도 매일 몇 번씩 반복했고, 선생님은 그래픽 상징 *DRUM*과 함께 Tim이 거의 관심을 보이지 않던 다른 악기를 제시했다. 며칠에 걸쳐 팀이 서클 타임에 그래픽 상징 *DRUM*을 선택했을 때, 그래픽 상징 *DRUM*과 *TAMBURINE*(탬버린) 등 두 가지 악기

모두 Tim에게 흥미를 끌 수 있는 선택 항목으로 제공되었다.

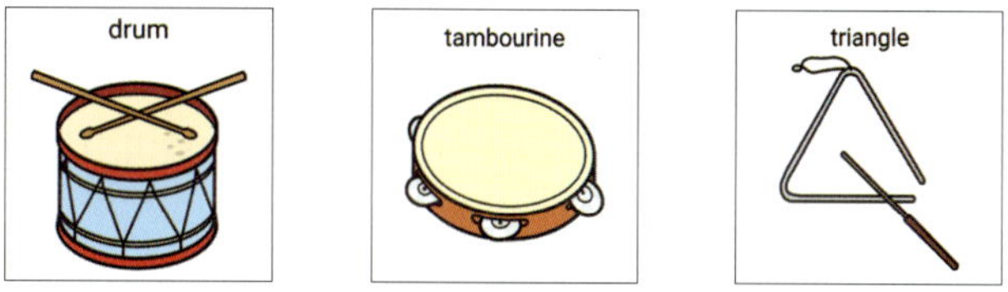

ARASAAC: *DRUM, TAMBOURINE, TRIANGLE*

상징 의미의 대비를 인식하는 것도 제외 전략의 기초가 된다. 새로운 장난감이나 다른 흥미로운 물건을 나타내는 손짓 기호 또는 그래픽 상징이 친숙한 손짓 기호 또는 그래픽 상징과 함께 제시된다. 개인은 친숙한 기호나 상징이 무엇을 가져다줄지 이미 알고 있기 때문에 새로운 기호를 만들거나 모르는 그래픽 상징을 선택해야 새로운 물건을 얻을 수 있다고 추론해야 한다. 제외는 또한 새롭고 매력적인 물건을 이미 친숙한 물건과 함께 제시함으로써 손짓 기호 HELP(돕다) 또는 WHAT(무엇)을 가르치는 데 유용한 전략이 될 수 있다. 손짓 기호 HELP 또는 WHAT을 가르치는 목적은 아동이 표현하는 방법을 모르고 현재 상황에서 가리킬 수 없는 것을 나타내는 기호나 상징을 배울 수 있다는 것을 쉽게 이해할 수 있도록 하는 것이다. 기호나 상징에 대한 어휘가 적은 일부 아동은 이러한 상황에서 모든 기호를 시도할 수 있다.

말을 하지 못하는 지적장애인이 단어 형태 간의 대비를 인식하는 경향이 강하다면 이는 실용적, 이론적으로 큰 의미가 있을 것이다. 예를 들어, 개인이 두 가지 손짓 기호 또는 그래픽 상징의 사용을 구별하지 못하는 것처럼 보이는 경우, 이는 산출 과정에서 두 기호를 구별하지 못하거나 기호가 지칭하려는 범주가 개인에게 충분히 구별되지 않기 때문일 수 있다. 또한 칭찬과 기타 일반적인 형태의 보상을 다양한 기호나 상징과 함께 사용하는 이전의 교육이 모두 동일한 의사소통 결과를 가져오기 때문에 이를 다르게 인식하고 사용하는 '자연스러운' 경향을 학습하지 못하게 만들었을 수도 있다(p. 217 참조).

부모는 전형적인 발달을 보이는 아동에게 단어의 의미를 설명할 때 종종 "이것은 크고 저것은 작다, 이것은 초록색이고 저것은 빨간색"과 같은 대비를 사용한다(Tribushinina et al., 2013). 어휘를 대비하는 것은 어휘 습득 과정 전반에 걸쳐 유용할 수 있는 전략이며 중재에 사용된다(Davies et al., 2023).

Dana는 2세 6개월의 다운 증후군 아동이다. Dana는 음성 언어가 거의 없어 가족들은 말과 함께 핵심어 기호를 함께 사용하고 있다. Dana는 약 30개의 손짓 기호를 사용하고 있으며 그 두 배의 손짓 기호를 이해한다. 이 가족은 손짓 기호 사용을 확대하고 있으며, 놀이와 사물 및 행동과 관련된 기타 활동에서 손짓 기호 FAST(빠르다)와 SLOW(느리다), LARGE(크다)와 SMALL(작다), HAPPY(행복하다)와 SAD(슬프다), ON(켜다)과 OFF(끄다)와 같은 반대말을 나타내는 기호를 강조하기 시작했다(Dark et al., 2019).

어휘를 선정할 때는 항상 대비되는 단어에 주의를 기울여야 하며, 대비되는 용어는 개인이 이로부터 혜택을 받을 수 있는 것으로 보이는 즉시 포함해야 한다.

사람 이름

사람의 이름대기를 하는 것은 언어의 기본 기능으로, 초기 발달에 나타나는 전형적인 기능이다(Hall, 2009). 가족, 또래, 교사 및 기타 사람들이 개인의 사회적 환경을 구성한다. 또한 자폐범주성장애 및 최중도 지적장애인은 사람에 대한 선호도를 나타낸다. 부모는 일반적으로 자녀가 '엄마', '아빠'와 형제자매 및 다른 가족 구성원의 이름을 표현할 수 있기를 강력히 원한다. 주변 사람들은 AAC 사용자와 자신이 하는 일에 대해 이야기하는 경향이 있으며, 일부 중재 프로그램은 주로 *I-WANT*(주세요) 또는 *I-SEE*(보여요)로 표현적인 그래픽 발화를 훈련하는 데 중점을 둔다(예: Bondy & Frost, 2002). 이러한 훈련 프로그램의 한계를 극복하고 개인이 의사소통할 수 있는 사람과 사건의 수를 확대하는 것이 중요하다. 손짓 기호나 그래픽 상징을 사용하는 사람은 다른 사람이나 자신이 직접 하지 않는 일에 대해 언급하거나 의사소통하기 위해 어휘 항목이 필요하다. 또한 지적장애와 자폐범주성장애인들은 일반적으로 주변에 누가 있는지, 주변 사람들이 무엇을 하고 있는지에 관심이 많다. 이러한 목적으로 AAC를 사용할 수 있는 적절한 어휘와 기회가 주어지면 많은 시간을 다른 사람에 대해 의사소통하는 데 사용한다. 문장에서 이름은 일반적으로 '행위자'(행동을 수행하는 사람) 또는 '수여자'(행동을 받는 사람)의 의미적 역할을 표현한다. 따라서 이름은 AAC에서 문장의 구성을 촉진하는 데 특히 중요하다(9장 참조).

이름을 사용하는 것이 즉각적인 의사소통에 영향을 미치지 않을 수 있기 때문에 사람들의 이름을 가르치는 좋은 방법을 찾기가 어려운 경우가 많다. 중도 지적장애 및 자폐범주성장애인은 이름 기호나 상징이 무엇을 의미하고 어떻게 사용되는지 이해하기 어려울 수 있다. 한 가지 방법은 주변 사람들이 가능한 한 많은 상황, 예를 들어 누군가가 오거나 떠날 때, 누군가가 특이한 행동을 할 때, 특정 또래나 교사와 함께 무언가를 할 때 손짓 기호나 그래픽 상징을 사용하여 사람의 이름을 부르는 것이다. 전문적인 환경에서는 누가 참석했는지, 누가 참석하지 않았는지를 표시하는 벽걸이형 보드가 유용할 수 있다. 그러나 이것은 AAC가 아닌 시각적 지원이다(p. 201 참조).

유치원, 학교, 주간보호 센터, 보호시설에서 직원의 교체는 종종 중요한 사건이다. 개인마다 좋아하는 사람, 특히 애착이 형성된 사람이 있기 마련이다. 학교와 기관에서는 개인에게 알리지 않고 직원이 변경되는 경우가 많기 때문에 어떤 직원이 있는지 없는지 파악하기 어려울 수 있다. 예를 들어, 있을 것으로 예상한 특정 직원이 부재하는 경우 개인은 자신이 이전에 한 어떤 일로 인한 것으로 생각하는 경우 처벌로 인식할 수 있다. 자폐성장애인은 사건을 예측하기 어렵고 앞으로 일어날 일에 대한 정보가 부족하면 불안과 공황 반응을 일으킬 수 있다(Kerns & Kendall, 2014). 또한 중도 지적장애인들은 누가 참석했는지, 왜 누군가가 참석하지 않았는지 이해하는 데 어려움을 겪을 수 있다. 개인의 AAC 체계에서 이름을 적극적으로 사용하면 대부분의 경우 개인이 어떤 직원이 참석했는지 알 수 있다. 실제로는 각 직원이 각 개인에게 도착했음을 알리고, 활동에 대한 손짓 기호 또는 그래픽 상징과 함께 이름을 사용하여 개인이 해야 할 일과 그 일을 할 때 함께 있어야 할 사람을 모두 표현하는 방식으로 이루어질 수 있다. 개인이 함께 있는 사람이 누구인지 알면 의사소통이 원활하게 이루어질 가능성이 높아진다. 또한 개인이 직접 사용할 수 있는 방식으로 이름을 노출하면 개인이 사람들에게 이름이 있다는 것을 이해하도록 유도할 수 있다.

개인이 손짓 기호를 사용하는 경우, 각 직원과 주변의 다른 사람들은 손짓 기호로 된 이름이 있어야 한다. 청인들은 수어를 사용하는 청각장애인에게 자신을 소개할 때 자신의 이름 첫 글자를 지문자로 사용하는 경우가 많다. 그러나 여러 사람이 같은 글자로 시작하는 이름을 가질 수 있으므로 손짓 기호로 이름을 만드는 것이 더 나을 수 있다. 또한 일부 글자는 소근육 운동능력이 저하된 청각장애인에게는 만들기 어려울 수 있다. 대신 수염, 콧수염, 긴 머리, 유난히 키가 크거나 힘이 세다는 등의 눈에 띄는 개인적 특성을 사용하여 기호를 구성할 수 있다. 그래픽 기반의 의사소통에서는 사람 이름 상징은 일반적으로 사람의 그림이나 사진을 사용한다. 유형 상징은 예를 들어 나무로 만든 독특한 형태이거나 '운전자'의 이름을 나타내는 장난감 자동차와 같이 개인과 관련된 것의 모형일 수 있다.

언어 기술이 어느 정도 발달한 사람의 경우, 다른 사람에 대한 대화에 참여하기 위해 이름 손짓 기호나 상징이 중요하다. 150개의 그래픽 상징과 사진으로 구성된 어휘를 가지고 있었고 그 중 약 50개가 3인칭 이름이었던 Bodil처럼 언어 기술이 다소 발달한 사람의 경우, 이름 기호나 상징은 다른 사람에 대한 대화에 참여하는 데 중요한 역할을 한다(p. 429 참조). 그러나 의사소통 도구에는 일반적으로 개인과 친밀한 관계에 있는 사람의 이름만 있다. 이는 어린 아동이나 표현 능력이 매우 제한적인 개인에게는 충분할 수 있다. 그러나 친숙한 사람에 대해 이야기할 수 있는 사람 이름 기호와 사진 외에도 AAC를 사용하는 대부분의 개인은 일반적으로 역할이나 관계에 대한 기호나 상징이 필요하다. 예를 들어, 한 아동이 어머니의 사진뿐만 아니라 또래의 어머니 또는 일반적인 어머니에 대해 이야기할 수 있는 그래픽 상징 *MOTHER*(어머니)를 가지고 있을 수 있다. 개인 이름 외에도 *I*(나), *YOU*(너), *HE*(그), *SHE*(그녀), *THEY*(그들), *WE*(우리) 등의 인칭 대명사가 필요한 경우가 많다.

사용 확대

손짓 기호 및 그래픽 상징의 사용을 확대하는 것은 어휘의 크기를 늘리는 것만큼이나 중요할 수 있다. 사용 확대란 하나의 특정 기호나 상징을 적용하여 동일한 대상의 여러 가지 예시, 동일한 행동의 여러 가지 수행을 다양한 상황에서 다른 손짓 기호나 그래픽 상징을 사용하여 문장으로 전달하는 것을 의미한다. 식탁 차리기와 관련된 확장된 언어 사용을 가르칠 때는 대상과 행동이 체계적으로 다양해진다. 예를 들어 그래픽 상징 *PLATE*(접시)는 큰 접시와 작은 접시, 색이 다른 접시를 가리키는 데 사용할 수 있다. 손짓 기호 JUICE(주스)는 식사마다 다른 유리잔, 컵, 주스의 종류(APPLE(사과), ORANGE(오렌지), TOMATO(토마토))를 사용하여 패턴을 다양하게 연습할 수 있다. 나중에는 사람에 대한 존대와 권위를 표현하기 위해 그래픽 상징으로 *HE HAVE JUICE*(그는 주스 마시다)를 말하는 등 비유적인 방식으로 그래픽 상징을 사용하는 방법을 배울 수도 있다.

위짓 상징: *TOMATO, PLATE*

사용 확대는 또한 손짓 기호 또는 그래픽 상징이 새로운 방식으로 사용된다는 것을 의미한다. 개인이 특정 기호나 상징을 사용하여 무언가를 얻는 방법을 이해한 것으로 보이는 경우, 이름을 지정하고 설명하는 데에도 사용할 수 있다. 그렇다고 해서 사물과 행동을 가리키는 모든 손짓 기호 및 그래픽 상징을 해당 사물과 행동을 요청할 때 먼저 사용해야 한다는 의미는 아니다. 오히려 손짓 기호나 그래픽 상징이 항상 무언가를 요청할 때만 사용된다고 유추하지 않도록 가능한 한 빨리 코멘트와 이름대기를 도입하는 것이 좋다(p. 237 참조).

자폐성 장애인의 경우 요구하지 않고 무언가를 코멘트하는 것은 상당히 고도의 의사소통 기술이지만, 다른 장애인은 어른들과 함께 앉아서 사람, 사물, 활동에 이름을 붙이는 것을 즐기며 종종 그림책을 이용하기도 한다. 코멘트를 유도하는 상황을 설계하는 것은 어려울 수 있지만 특이하고 재미있는 상황이 코멘트를 유도하기에 적합한 경우가 많다.

Billy는 구어가 없는 3세 아동이다. 선생님은 Billy에게 공의 이름을 가르쳐 주려고 했지만 Billy는 그 일에 전혀 관심을 보이지 않았다. 어느 날 한 도우미가 Billy의 맞은편에 앉은 선생님의 뒤로 슬그머니 다가와 선생님의 머리 위로 큰 공을 들고 떨어뜨리는 시늉을 했다. 이를 본 Billy는 흥분한 표정으로 선생님을 가리키며 *ball*(공)과 비슷한 말소리를 냈다(Halle et al., 1984).

"이게 뭐야?"의 의미인 손짓 기호 WHAT(무엇)에 대한 반응으로 사물의 이름대기를 가르치는 경우가 많다. 이 질문에 대답하는 것이 개인에게 즉각적으로 이해가 되지 않을 수도 있지만, 이 활동은 초기 아동과 성인의 상호작용에서 흔히 볼 수 있으며 대부분의 사람은 이를 사회적 루틴으로 학습할 가능성이 높다. 이름대기를 가르치는 주요 목표 중 하나는 개인이 새로운 손짓 기호나 그래픽 상징을 사용하여 무언가를 요청하도록 훈련하지 않고도 개인이 무언가를 얻기 위해 사용할 수 있는 손짓 기호나 그래픽 상징의 수가 증가한다는 것이다. 따라서 이름대기는 다양한 용도로 사용될 수 있는 새로운 어휘를 가르치는 데 있어 보다 경제적이고 실용적인 방법이다.

그러나 이름대기는 손짓 기호 WHAT(무엇)에 대한 대답으로만 가르쳐서는 안 되며 요청 이외의 다른 의사소통 기능을 포함하는 상호작용을 통해 가르쳐야 한다. 또한 교사는 교사와 학생이 번갈아 가며 이름을 알고 싶은 사물이나 활동으로 상대방의 주의를 유도하거나 현재 일어나고 있는 사건에 대해 의견을 묻는 상호작용을 만들어야 한다. 손짓 기호 WHAT을 사용하는 방법을 배우면 개인에게 다양한 사물의 이름을 물어볼 수 있는 도구가 제공되므로 의사소통할 때 자신의 마음을 따라갈 수 있다. 개인이 질문하는 내용을 통해 다른 사람들은 일반적으로 그의 관심과 관심사에 대한 통찰력을 얻을 수 있을 뿐만 아니라 자연스러운 환경에서 갑자기 흥미로운 것이 나타났을 때에도 통찰력을 얻을 수 있다.

PCS: *WHAT*

HELICOPTER

손짓 기호: HELICOPTER

Andrew는 선생님과 함께 공원을 산책하고 있다. 헬리콥터가 머리 위로 날아간다. Andrew는 헬리콥터를 가리키며 손짓 기호 WHAT을 표현한다. 선생님은 Andrew에게 손짓 기호 HELICOPTER(헬리콥터) 만드는 방법을 보여 준다.

개인이 손짓 기호 WHAT(무엇)으로 시작하는 상호작용은 일반적으로 교수 및 학습에 좋다. 이 상호작용은 사람, 사물, 행동, 사건 또는 활동에 대한 정보를 얻고자 하는 개인의 욕구를 기반으로 한다. 개인의 손짓 기호 WHAT은 새로운 손짓 기호 또는 그래픽 상징을 배우려는 관심과 동기가 있음을 나타낸다. 개인의 장애의 심각성으로 인해 어휘 선정에 대해 논의하는 것이 어렵거나 불가능한 경우에도 개인의 WHAT 사용은 점차적으로 사용자 중심의 어휘 성장으로 이어질 수 있다. 개인이 가끔 새로운 사물이나 활동에 대한 손짓 기호를 묻는 경우, 가능한 한 종합적인 기호 사전을 준비하는 것이 좋다. 마찬가지로, 도구적 의사소통을 사용하는 개인을 위해 교사와 가족은 가능한 한 많은 그래픽 상징이 있는 상자나 컴퓨터 프로그램을 준비해 두어야 한다.

지원 언어 그룹

지원 언어 그룹(supportive language group)에 속하는 개인은 인지 능력과 구어 이해도에 따라 대체 언어 그룹의 여러 전략과 표현 언어 그룹(expressive language group)의 전략의 혜택을 받을 수 있다. 발달 하위 그룹의 경우 AAC의 사용은 발달의 중간 단계를 나타낸다. AAC의 역할은 개인의 음성 언어 발달을 지원하고 언어가 충분히 발달할 때까지 표현 수단을 제공하는 것이다. 어휘의 선정은 (1) 개인이 현재 교육을 포함한 일상생활에서 대처하기 위해 가장 부족한 단어가 무엇인지, (2) 개인이 현재 학습하고 있는 구어를 가장 잘 지원하는 손짓 기호 또는 그래픽 상징이 무엇인지에 따라 달라진다. 따라서 어휘 선정은 아래 예시에서 볼 수 있듯이 언어 이해 및 사용의 진행 상황을 반영한다.

> Per는 중도 언어발달장애가 있는 3세 아동이다. 가끔 노르웨이어 단어와 비슷한 말을 하긴 했지만 대부분의 말은 부모도 알아들을 수 없었다. 이로 인해 그는 좌절감을 느꼈고 자주 화를 냈다. 평가 결과, 수용 언어 척도에서는 1세 수준, 표현언어 척도에서는 이보다 다소 낮은 점수를 받았다. 그는 가리키기 방식으로 의사소통을 했는데, 이 방법을 과도하게 사용했다. 그는 치즈를 매우 좋아했지만 이해하기 쉬운 방식으로 단어를 말할 수 없었다. 따라서 OST(치즈)는 그에게 처음으로 가르친 손짓 기호 중 하나였고, 그는 처음 도입된 지 2주 만에 도움 없이 손짓 기호를 사용했다. 이때 OST는 /p'/와 같은 약간의 파열음을 동반했다. 6주 후, /p'/는 /lop'/로 대체되었다. Per가 /ost/라고 말하기까지 8주가 더 걸렸다. 이틀 후 그는 OST 사용을 중단했고 손짓 기호는 더 이상 쓸 필요가 없게 되었다. 그 기능을 다한 것이다(von Techzner, 1984a).

6개월간의 손짓 기호 중재 후, Per의 수용 언어와 표현 언어 모두 1년 만에 향상되었다. 그는 더 많은 단어를 인식할 수 있게 되었고, 단어를 조합하여 문장을 만들기 시작했다. Per의 말은 더 이해하기 쉬워졌고 부모는 Per의 손짓 기호를 통해 Per가 말하는 내용을 해석할 수 있었다. 이해받지 못하는 것에 대한 좌절감이 줄어들면서 화를 내는 일도 사라졌다.

상황 하위 그룹에 속한 개인의 말의 명료도는 신체 상태와 주변 소음 수준, 그리고 상대방이 자신의 말에 얼마나 익숙한지에 따라 달라진다. 손짓 기호나 그래픽 상징으로 말을 보완하여 다른 사람이 자신의 말을 더 쉽게 해석할 수 있도록 어휘를 선택해야 한다. 철자를 배우는 사람은 자신이 말하려는 단어를 인식하지 못하는 청자를 위해 손글씨로 된 알파벳의 주요 문자를 사용하거나 문자와 단어가 적힌 작은 판을 단서로 사용할 수 있다.

손짓 기호 또는 그래픽 상징이 있는 핵심어는 일반적으로 성인 환경에서 개인의 주의를 특정 사물로 유도하고, 말과 동시에 기호 또는 상징을 사용하여 이해력을 지원하며, 다른 사람이 사용하는 자신의 언어 양식을 볼 수 있는 기회를 제공하기 위해 사용된다(Dark et al., 2019; Meuris et al., 2015; 6장 및 12장 참조). 그러나 지원 언어 그룹의 아동과 성인 모두 다른 사람이 이해하기 어려운 자신의 말을 보완하기 위해 핵심어를 사용하면 도움이 될 수 있다. 아동의 경우, 핵심어는 학습 과정에 있는 구어 발달에도 도움이 될 수 있다. 손짓 기호나 그래픽 상징을 사용하면 의사소통 '문제'를 적극적으로 해결하려고 노력하는 데 도움이 될 수 있다(p. 189 참조). 성인의 경우, 많은 사람들이 자신의 말을 이해하기 어려운 경우 핵심어 기호 또는 상징이 전 생애에 걸친 전략이 될 수 있다(Dark et al., 2019). 글을 읽을 줄 아는 성인은 이해할 수 없는 단어의 일부 또는 전체를 손짓 또는 인쇄된 철자로 표기할 수 있다.

표현 언어 그룹

표현 언어 그룹은 매우 이질적이다. 일부는 중도 지적장애를 가지고 있으며, 주된 문제가 표현 수단의 부족이라 하더라도 대체 언어 그룹에 속하는 사람들과 동일한 어휘로 도움을 받을 수 있다. 이 그룹에 속하는 다른 사람들은 일반적인 범위의 인지 능력을 가지고 있거나 경증 또는 중등도의 지적장애를 가지고 있다. 이들이 표현 수단을 필요로 하는 것은 주로 인지 장애가 아니라 구어의 이해와 표현 사이에 상당한 격차가 있기 때문이다.

이 부분에서는 음성 언어를 비교적 잘 이해하고 그래픽 상징을 사용하여 자신을 표현하는 표현 언어 그룹의 어휘 발달에 중점을 둔다. 이상적으로는 이 그룹이 일반적인 언어 발달을 보이는 또래와 비슷한 수준의 의사소통을 할 수 있는 표현 어휘를 확보해야 한다. 그러나 도구적 의사소통에 관한 문헌에서 1,000개 이상의 그래픽 상징이 포함된 어휘에 대한 설명은 드물다. 전자적 의사소통 도구를 사용하는 개인은 많은 어휘에 접근할 수 있지만 상징을 검색하는 데 필요한 시간으로 인해 이러한 어휘를 적극적으로 사용하는 데 제한이 있을 수 있다. 도구적 어휘집(aid lexicon)에서 그래픽 상징이 단어군을 나타내는 것으로 간주되더라도(p. 301 참조), 적극적으로 사용하는 어휘 크기는 전형적으로 발달하는 6세 아동의 평균 단어군 4,000개 또는 13세 아동의 단어군 11,000개에 훨씬 못 미칠 가능성이 높다(Nation, 2015; Sorell, 2015).

표현형 그룹에 속하는 일부 사람들은 손짓 기호를 주요 의사소통 수단으로 사용한다. 이들은 손 운동 기술이 뛰어나며 많은 어휘에 접근하는 데 큰 문제가 없다. 그러나 이들은 의사소통 접근성, 즉 주변에서 손짓 기호를 이해하고 사용하며 새로운 손짓 기호를 가르쳐 줄 수 있는 사람들에 의존한다. 전문가는 개인이 참여할 수 있는 대화의 깊이와 주제의 수를 늘리기 위해 손짓 기호 어휘를 늘릴 때 그래픽 상징과 동일한 전략을 적용할 수 있다. 표면 전략과 도메인 전략의 조합을 사용하는 것은 개인이 어휘를 늘리는 데 가장 잘 기능할 수 있다.

상황 확장

표현 언어 그룹에 속하는 많은 사람들은 심각한 운동장애를 가지고 있다. 이들은 이동성이 제한적이며 전형적인 발달을 보이는 또래에 비해 의사소통 및 기타 경험의 범위가 훨씬 좁은 경향이 있다(von Techzner et al., 2018). 이들의 그래픽 상징 사용을 확대하기 위해서는 다양한 활동에 참여할 수 있는 기회를 제공해야 한다(10장 참조). 유치원과 학교는 모든 아동의 사회 환경에서 중요한 부분을 차지하지만, 학교 시간 외에 또래와 함께하는 여가 시간과 야외 활동에 덜 참여하는 경향이 있는 운동장애 아동과 청소년에게는 더욱 중요하다. 의사소통 도구 사용 교육은 유치원과 학교의 요구 사항을 염두에 두고 계획되는 경우가 많다. 어휘가 주로 학교 수업 시간에 맞춰져 있는 아동들이 있다. 모든 아동이 학교에 다니면서 수학, 지리, 화학 및 기타 학교 과목과 관련된 새로운 어휘뿐만 아니라 많은 일반 어휘를 배운다(Nagy & Townsend, 2012). 영어를 사용하는 아동은 12년간의 학교 교육 기간 동안 매년 3,000~5,400개의 단어를 학습한다. 3~9학년을 위한 미국 교과서에는 약 88,500개의 단어가 포함되어 있다(Nagy & Anderson, 1984). 대부분의 아동은 이 단어들을 모두 알지 못하며 일부 단어는 평생에 한 번만 접할 수 있다(Beck et al., 1987). Marzano(2012)는 단어를 분석하여 유치원부터 12학년까지의 주요 학교 과목에서 기초적인 문해력을 갖추기 위해 필요한 약 15,000개의 고유 단어를 확인했다. 이러한 어휘에 대한 지식은 도구적 의사소통자와 또래 모두에게 똑같이 중요하다.

반면에 교사는 어느 정도 교실에서 벗어나 개인의 상황별 레퍼토리를 확장하고자 할 수도 있다. 이는 항상 쉬운 일은 아니며 전문가들의 혁신과 상상력에 도전할 수도 있다. 형제자매나 또래와 같은 젊은 조력자들은 또래 활동을 통해 의사소통 환경을 개인에게 맞게 조정하는 방법에 대한 도움과 지도를 받는다면 도구적 의사소통자의 상황 참여를 확대하는 데 핵심적인 역할을 할 수 있다(12장 참조). 좋은 전략은 도구적 의사소통자가 또래에게 활동의 신체적 행동을 하도록 지시하는 '행동 언어'에 또래를 참여시키는 것이다. 중요한 것은 또래가 행동을 수행할 때 개인의 어휘를 배우고 그래픽 상징이 공유된 의사소통 수단이 된다는 점이다. 이러한 맥락에서 사회 참여의 목적은 어휘력 발달이라는 점에 유의해야 한다. 또래 활동에 참여하는 것 역시 그 자체로 목표이며, 개인의 어휘력은 참여도를 높이는 데 기여할 수 있다(10장 참조).

전형적인 범위 내에서 구어 이해능력이 있는 도구적 의사소통자도 학교나 특수교육 상황 외에는 의사소통 도구에 대한 접근이 제한되는 경우가 많다(von Techzner et al., 2018). 확장된 환경에서 기호에 대한 이해와 사용의 확대로 이어지려면 개인이 필요할 때마다 의사소통 도구에 접근할 수 있어야 한다. 접근성이 제한되면 사용 가능한 어휘가 줄어들 가능성이 높다.

식사 시간 및 관리

식사 시간은 도구적 의사소통 사용을 지원하는 데 널리 사용되지만 의사소통은 주로 음식과 음료를 선택하는 것으로 구성되는 경우가 많다. 개인은 식사를 위해 설계된 제한된 어휘로 구성된 별도의 주제 보드(topic board)를 사용하거나 보조 도구를 전혀 사용할 수 없을 수도 있다(Ferm et al., 2005). 그러나 식사 중 대화가 개인이 먹고 싶은 음식이나 마시고 싶은 음식에 관한 것이라면 금방 지루해지거나 의미 없는 대화가 될 것이다. 일반적으로 일상적인 식사 중에는 선택해야 할 음식이 거의 없고 음식에 대해 할 말이 많지 않다. 또한 음식물을 보거나 가리키는 것만으로도 충분히 효율적인데 굳이 그래픽 상징을 사용해야 하는 이유가 개인에게 항상 명확하지 않다. 아동과 어른들이 자연스러운 말투로 식사 시간에 대화하는 것과는 상당한 대조를 이룬다. 그들은 먹는 음식에 대해 이야기하는 데 거의 시간을 할애하지 않고 자신이 한 일이나 해야 할 일 등 여러 가지 주제에 대해 이야기한다(Balandin & Iacono, 1998; Bova, 2021). 사용 가능한 그래픽 상징은 식탁에 표시된 내용을 중복하지 않고 보완해야 한다. 음식 이름은 사실 식사 중에 가장 적게 필요한 어휘 항목일 수 있다. 식사 중 대화를 원활하게 하기 위해 사람이나 사건에 대한 대화에 유용한 상징이 있는 보드를 아동이 주로 앉는 곳에 배치하여 접시 밑으로 들어가거나 숨겨지지 않도록 할 수 있다. 식사 중에 좀 더 전문적인 주제가 나왔을 때 사용할 수 있도록 도메인 보드를 쉽게 사용할 수 있도록 준비해 두는 것도 좋은 방법이다. 이것은 또한 사교적인 대화 및 소문과 관련된 어휘 필요를 드러내어 아동 중심의 어휘 선정에 기여할 수 있다.

광범위한 운동장애가 있는 사람은 대부분의 일상 활동을 할 때 다른 사람의 도움에 의존한다. 화장실에 의사소통 보드를 가져가는 것이 항상 쉬운 것은 아니지만, 특정 상황에서 중요한 그래픽 상징이나 글자를 화장실 벽에 붙이는 것은 가능하다. 어린 사녀의 경우 목욕 시간 장난감 및 놀이와 관련된 어휘가 될 수 있다. 다소 나이가 많은 아동과 성인의 경우 그래픽 상징 *HOT*(뜨겁다), *COLD*(차갑다), *STOP*(그만), *MORE*(더), *SHOWER*(샤워하다) 등의 상징을 통해 현재 상황을 어떻게 경험하고 있는지, 무엇을 바꿔야 하는지 표현할 수 있다. 이들은 도우미에게 자신이 어떻게 취급되는지 알리기 위해 그래픽 상징이 필요할 수 있다. 이러한 어휘를 통해 당사자는 자신을 잘 모르는 사람들의 행동을 지시하고 조정할 수 있다. 개인이 다른 사람들이 자신에게 적응하는 데 도움을 줄 수 있는 그래픽 상징을 가지고 있으면 도우미가 개인의 의견에 더 민감해지고 지시를 기대하기 때문에 그러한 적응이 자연스럽게 이루어질 것이다. 이는 일반적으로 상황을 개선하는 데 도움이 된다(Dalhoff, 1986).

ARASAAC: *HOT, COLD, SHOWER*

중도 운동장애인은 목욕탕, 화장실, 침실 및 기타 일상적인 돌봄 상황에서 부모, 도우미 또는 다른 사람과 많은 시간을 보내는 경향이 있으므로 이러한 상황에서 대화할 수 있어야 한다. 그러나 도우미는 간병에 집중하다 보면 자신도 개인의 의사소통 상대자라는 사실을 잊어버릴 수 있다. 이 상황에서도 특히 개인이 목욕을 좋아해서 자주 목욕을 하거나 장시간 목욕을 하는 것을 좋아하는 경우, 다른 이야기를 나누는 것이 좋다. 돌봄은 시간이 많이 걸리므로 목욕 및 기타 돌봄 활동이 조금 더 오래 걸리더라도 개인과 돌봄 제공자가 이 시간을 활용하여 크고 작은 문제에 대해 대화할 수 있다면 유리하다. 사실, 그 상황의 목적이 신체 훈련이나 다른 형태의 훈련일지라도 가능하면 대화를 시작해야 한다. 아동이 대화나 가능한 모든 활동에 참여하지 않고 서 있는 자세로 오랜 시간을 보내는 경우가 많다면 이는 기회와 시간을 낭비하는 것이다(10장 참조).

신체적 장애가 있는 사람은 그렇지 않은 사람보다 의료 서비스를 받는 데 더 많은 시간을 소비하는 경향이 있다. 환자의 의사를 경청하고 고려해야 하는 것이 일반적인 원칙이다. 이는 환자가 관련 어휘가 포함된 의사소통 도구를 이용할 수 있는 경우에만 가능하다. 치과 환경이나 병원용 도메인 보드는 도구적 의사소통자가 상황을 더 잘 통제하고 통증과 불편함을 표현할 수 있는 가능성을 제공할 뿐만 아니라 치과의사나 다른 의사에게 개인의 관점에서 볼 때 그들이 좋은 방식으로 일을 하고 있다는 것을 알려줄 수 있다(Hemsley & Balandin, 2014; Naidoo & Singh, 2020).

자동차 안에서

현대 사회에서 교통수단은 일상 생활의 일부이며 많은 사람이 주말과 휴일에 여행을 떠난다. 운전자는 도로를 주시해야 하고, 급제동과 급회전으로 인해 가리키기가 정확하지 않을 수 있으며, 전자기기가 너무 무거워 단단히 고정하기 어렵기 때문에 차 안에서 AAC를 사용하는 것은 종종 어렵다. 동시에 볼거리도 많고 언급할 만한 상황도 많다. 번호판, 난폭 운전자, 오토바이족(road-hogs)은 종종 아동과 청소년의 관심 대상이다. 개인에게 많은 어휘에 대한 접근 권한을 부여하는 것은 쉽지 않지만, 개인이 충분한 운동능력이 있는 경우 손짓 기호 외에도 일부 그래픽 상징에 접근 할 수 있다면 상황을 훨씬 더 적극적으로 고려하며 의사소통 할 수 있다. 자동차 여행이 익숙한 경로를 따라갈 때 교차로에서 *RIGHT*(오른쪽), *LEFT*(왼쪽), *STRAIGHT*(직진), *AHEAD*(앞쪽)를 말하는 '내비게이션' 역할을 하면 어린 도구적 의사소통자는 더 세심하게 주의를 기울이고 물리적 세계에 대해 더 많이 배울 수 있다. *RIGHT*(오른쪽), *LEFT*(왼쪽), *BEHIND*(뒤쪽), *AHEAD*(앞쪽)은 관심 지점의 위치를 나타낼 수 있다.

너무 무겁지 않은 음성 출력 장치를 사용하면 의사소통 상대자가 책이나 화면을 볼 필요가 없으므로 차 안에서 의사소통하는 데 문제가 없을 수 있다. 차 안에 여러 사람이 있는 경우, 좌석 배치로 인해 의사소통 보드를 보기 어려운 경우 소리내어 읽는 방식(청각적 스캐닝)이 실용적일 수 있다. 특정 목적지가 있거나 경로가 특히 흥미로운 장소를 지나가는 경우, 새로운 그래픽 상징을 소개할 수 있는 좋은 기회가 될 수 있으며, 성인이 자신의 의견을 뒷받침하는 핵심 상징으로 사용할 수 있다. 보고 있거나 이야기해야 할 것이 있으면 때때로 멈출 수도 있다. 의사소통 도구를 사용하는 여러 아동이 함께 여행하는 경우, 음성 출력 장치가 없으면 성인이 대화를 중계할 수 있다.

침대에서 그리고 밤에

운동장애가 있는 많은 사람은 침대에 앉고 일어날 때 도움이 필요하다. 일부는 자주 아파서 침대에서 오랜 시간을 보내기도 한다. 따라서 침대에 누워 있을 때도 의사소통을 할 수 있는 것이 중요하다. 부모는 종종 자녀의 침대 옆에 앉아 소소한 대화를 나누고, 오늘 있었던 이과 내일의 일에 대해 이야기하거나 동화나 다른 이야기를 읽어 준다. 이러한 대화와 다른 유형의 대화는 AAC를 사용하는 아동에게 많은 활동을 형성할 수 있는 문화적 기반을 제공하게 된다. 그러나 의사소통 도구를 사용하는 아동의 부모 대부분은 침대 옆에서 사용할 수 있는 도구가 없거나 있어도 침대 옆에서 대화할 때 많이 사용하지 않는다고 말한다(von Tetzchner, 2018). 연구에 따르면 성인이 이야기 속 등장인물, 그들이 하는 일, 그들에게 일어나는 일, 이야기를 읽는 동안의 느낌에 대해 아동과 대화하는 책 읽기는 단어 학습과 언어 발달에 긍정적인 영향을 미치는 것으로 나타났다(Clemens & Kegel, 2021; Flack et al., 2018). 그러나 이러한 상황에서 아동이 적극적으로 참여하려면 관련 어휘가 필요하고 의사소통 도구가 제공되어야 한다. 또한 밤에 의사소통을 할 수 있는 것이 아동에게 매우 중요한 경우가 있다. 아동이 울고 불안해하는 이유는 단순히 목이 마르기 때문일 수 있다. 아동이 목이 마르다고 표현할 수 있다면 마실 것을 주면 모두가 잠을 잘 수 있다. 또는 아동은 악몽이나 아파서 울 수도 있다.

> Kari는 뇌성마비를 앓고 있는 9세 아동으로 블리스 단어를 사용하고 있다. 어느 날 밤 Kari는 침대에서 떨어져 울면서 깨어났다. 어머니가 왔지만 Kari는 위로를 받지 못했다. Kari는 손전등 불빛 아래서(자고 있는 언니를 방해하지 않기 위해) 블리스 보드를 사용하여 자신이 걸을 수 있는 꿈을 꾸고 침대에서 일어나려고 했지만 바닥으로 쓰러졌다는 것을 설명했다. Kari는 자신의 꿈을 공유하고, 어머니는 딸이 생각하고 느끼는 것을 알고, 딸과 이야기할 수 있고, 딸의 고통의 이유를 알고 위로하는 것이 중요했다(McNaughton, 2003).

때로는 부모가 문제가 무엇인지 알아내는 데 오랜 시간이 걸릴 수 있다. 그 결과 수면 부족과 다음 날 아침의 짜증으로 이어질 수 있다. 벽이나 침대 옆 스탠드에 그래픽 상징을 붙여두면 불면의 밤을 줄이고 아이가 더 안정감을 느낄 수 있다.

어휘 선정 및 접근

의사소통 보드의 실제 디자인과 포함할 수 있는 그래픽 상징의 수는 개인의 운동 능력과 그가 사용하는 접근 방법에 따라 달라진다(2장 참조). 도구적 의사소통자가 직접 선택을 사용하는 경우, 상징이 너무 작거나 서로 너무 가깝게 배치되어 의사소통 대화상대자가 어떤 상징을 가리키고 있는지 종종 오해하지 않도록 하는 것이 중요하다. 한쪽에 배치할 수 있는 상징의 수에는 제한이 있으므로 어휘는 항상 사용자의 운동 및 언어 능력에 맞게 가능한 한 최선의 방법으로 조정되어야 한다. 이는 교사나 보호자가 특히 칠판이나 책에 새로운 상징을 추가하는 대신 상징을 교체해야 함을 의미할 수 있다. 새로운 그래픽 상징만 추가하면 도구적 어휘집이 너무 커져서 효율적으로 탐색하기 어렵고 의사소통 책이 너무 무거워져서 실제 사용하기 어려울 수 있다. 전자적 도구에 포함할 수 있는 그래픽 상징의 수에는 사실상 제한이 없지만, 상징이 너무 많으면 개인이 메시지를 구성하는 데 필요한 상징을 찾는 데 시간이 오래 걸리거나 상징을 전혀 찾지 못할 수 있기 때문에 실용적이지 않을 수 있다.

서로 다른 어휘가 의사소통 상호작용에 어떤 영향을 미치는지에 대한 지식은 제한적이지만, 도구적 어휘집은 때때로 개인이 관심 있는 것에 대해 의사소통할 수 있는 수단을 거의 제공하지 않는다. 한 실험 과제에서 한 아동은 음성 언어 이해력이 뛰어나고 악어에 대해 이야기하고 싶어 했음에도 불구하고, 어머니에게 교사가 주머니에 장난감 악어를 가지고 있다고 말하는 것이 거의 불가능했다. 아동과 어머니 모두 열심히 노력했지만, 어머니는 아동이 말하고자 하는 바를 유추하지 못했고, 아동의 의사소통 도구에는 이 메시지를 구성하는 데 유용한 상징이 포함되어 있지 않았다(Hagemoen et al., 2004). Carlson(1981)은 어휘가 변경되었을 때만 의사소통 보드를 사용하기 시작한 한 아동에 대해 설명하고 있다.

어휘는 유용해야 하지만 의사소통 및 언어 능력 발달을 지원하기 위해 어휘를 어떻게 구성하는 것이 가장 좋은지에 대한 일반적인 규칙은 없다. 일반적인 수준에서는 표면 전략과 도메인 전략(p. 304 참조)을 조합하는 것이 가장 좋은 접근 방식인 것 같다. 어휘는 대화에서 주제를 유지하기보다는 새로운 주제를 소개하기 위한 것이기 때문에 표면 지향적 확장은 주제의 수를 늘릴 수는 있지만 대화의 길이를 늘이지는 못한다. 도메인 지향적 전략은 깊이를 더하지만 주제가 반복되어 의사소통 상대자가 지루해할 수 있다(12장 참조). 따라서 의사소통의 유연성을 높이고 흥미로운 의사소통 상대자가 될 수 있도록 어휘 항목을 제공하는 것이 중요하다. 이러한 접근 방식을 결합하면 개인이 새로운 이슈에 대해 이야기할 수 있을 뿐만 아니라 각 주제에 대해 더 깊이 파고들 수 있다. 이는 대화에서 동등한 입장에 서고 의사소통 상대자가 흥미를 잃지 않도록 대화를 유지하는 데 도움이 될 수 있다.

의사소통 도구에 표시되는 어휘 항목은 의사소통 상대자가 개인을 평가하는 데 중요하며 상대자가 어떤 주제를 소개할지 결정할 수 있다. 의사소통 상대자는 때때로 의사소통 도구를 사용하는 사람을 실제보다 낮은 수준에서 기능하는 것처럼 취급하기도 한다(Basil, 1992; Wickenden, 2011a). 의사소통 보드의 일부 그래픽 상징이 유치해 보이면 이러한 경향이 강하게 될 수 있다. 따라서 이러한 상징은 도구적 의사소통자가 '성장'함에 따라 교체해야 한다. 예를 들어, 전형적으로 발달하는 청소년과 성인도 가끔 곰인형 테디베어에 대해 이야기하더라도 도구적 의사소통자가 청소년이 되면 TEDDY(테디베어)를 제거해야 할 수 있다. 이 단어에 대한 그들의 지식 정도는 보이지 않게 되나, 테디베어가 인지 수준을 표현하는 것으로 인식되지 않는다.

개인이 여러 페이지로 구성된 의사소통 책이나 페이지 수에 제한이 없는 전자적 의사소통 도구를 가지고 있더라도 어휘의 양을 늘리면서도 기능적인 탐색이 가능한 구조를 갖추는 데에는 한계가 있다. 접근 속도는 어휘의 구성에 따라 달라지며, 도구적 의사소통자가 의도한 항목을 찾고 발화를 구성하는 데 시간이 더 필요할 수 있다. 한 개인이 3개의 연속된 수준에서 4개의 그래픽 상징 중에서 선택할 수 있는 경우 총 64개의 상징이 제공된다. 각 페이지에 16개의 상징 있는 세 가지 수준(탐색을 위한 몇 가지 키 포함)을 사용하면 개인은 총 4,096개의 상징 조합(16×16×16)에 접근할 수 있다. 각 페이지에 24개의 상징 있으므로 총 개수는 13,824개이다. 소근육 운동 조절 능력이 좋은 사람은 각 상징에 빠르게 도달할 수 있지만, 운동장애가 심한 사람은 각 상징에 도달하는 데 시간이 상당히 오래 걸릴 수 있다. 또한 눈 응시 테크놀로지나 다른 형태의 직접 선택을 사용하는 개인 간에도 기기를 작동하는 데 필요한 속도, 정확성 및 노력에 큰 차이가 있다. 하나의 그래픽 상징을 가리키는 데 1분 이상이 걸리는 경우도 드물지 않다(Deliberato et al., 2018).

한 가지 중요한 문제는 개인이 화면에 표시되는 의사소통 페이지의 보기 외에 다른 시각적 지원 없이도 언제든지 각 상징의 위치를 기억할 수 있도록 상징을 구성하는 것이다. 각각 16개의 상징으로 구성된 3단계 검색 구조에서 총 256개의 서로 다른 화면(16×16)과 각 페이지에 24개의 상징이 있는 576개의 화면이 구성될 수도 있다. 일부 의사소통 체계는 주제별 및 알파벳별 구성 원칙을 조합하여 적용한다. 초기 수준은 그래픽 상징 *PEOPLE*(사람), *FOOD*(음식), *LOCATION*(위치)와 같은 도메인으로 구성된다. *FOOD*는 *FRUIT*를 포함한 다양한 음식 카테고리의 하위 페이지로 연결되며, 이 하위 페이지의 콘텐츠는 APPLE(사과), *APRICOT*(살구), *BANANA*(바나나), *CLEMENTINE*(귤) 등과 같이 알파벳순으로 구성된 또 다른 하위 페이지로 이어진다. 이렇게 하면 일관성 있게 그래픽 상징을 구성할 수 있는데, 개인은 일부 글자를 인식할 수 있어야 하고 상징 어휘의 첫 소리를 들을 수 있을 때 가장 효과적일 것이다.

PCS: *PEOPLE, LOCATION*

의사소통 도구의 어휘 구조는 아동의 인지 및 언어 발달에 따라 개선되는 것뿐만 아니라 가능한 한 안정적으로 유지되어야 한다. 어휘는 아동이 자신이 개발한 탐색 전략(navigating strategies)을 유지하고 이를 기반으로 계속 구축할 수 있도록 해야 한다. 개인의 일상을 설명할 때 교사보다 심오한 대화를 촉진할 수 있는 중심 도메인을 찾아야 한다. 어린 아동의 경우 *SHOP*(가게), *BABY*(아기), *CAR*(자동차), *DOCTOR*(의사), *DOLL*(인형)과 같은 도메인 상징을 역할 놀이, 게임 및 기타 활동과 함께 사용할 수 있다. 나이가 많은 아동과 청소년은 *SPORT*(스포츠), *POP MUSIC*(팝음악), *FILM STAR*(영화배우), *ANIMAL*(동물), *COMPUTER*(컴퓨터), *GAME*(게임), *BOOK*(책), 학교(*HISTORY*(역사), *MATHEMATICS*(수학), *GEOGRAPHY*(지리) 등) 또는 직장(*MEETING*(회의), *SEND*(회신), *READ*(읽기), *DISCUSS*(토론) 등)과 같은 특별한 관심사와 관련된 어휘 도메인이 필요할 수 있다. 개인이 의사소통 보드를 사용하는 경우, 학교, 청소년 클럽, 학교 버스, 영화관 등에서 또래 친구와의 가벼운 대화뿐만 아니라 특정 주제에 대한 작은 보드를 얻을 수 있다. 아동은 항상 일반적인 어휘에 접근할 수 있어야 한다.

PCS: *MATHEMATICS, GEOGRAPHY, DISCUSS*

도메인 지향적 어휘 구조를 만들 때 선생님은 개인이 알고 있는 그래픽 상징과 아직 모르는 상징을 모두 포함할 수 있다. 어휘는 아동이나 청소년이 학습한 내용을 반영해야 할 뿐만 아니라, 말을 할 수 있는 아동이 최근에 들은 단어의 의미를 시험해 보는 것과 마찬가지로 새로운 그래픽 상징의 사용에 대해 독립적으로 탐구할 수 있는 가능성을 제공해야 한다(Nelson, 2015). 이러한 방식으로 도구적 어휘집은 그 자체로 개인의 표현 및 수용 어휘력 발달을 지원할 수 있다. 개인이 필요로 하는 것으로 관찰된 새로운 상징을 추가하는 것 외에도, 예를 들어 1년에 4회 정도 어휘를 대대적으로 수정하여 개인이 기존 어휘에 의해 불필요하게 제한받지 않도록 해야 한다. 동시에, 사용자가 새로운 검색 전략을 개발하거나 익숙한 상징을 검색하는 데 시간을 낭비하지 않도록 지원의 전체 구조를 유지하고 그래픽 상징이 동일한 도메인에 남아 있고 상대적으로 고정된 위치를 갖는 것이 중요하다. 이를 보장하는 한 가지 방법은 의사소통 도구에 새로운 항목이 추가될 수 있도록 빈 자리를 남겨두는 것이다. 도구적 의사소통자는 항상 어휘의 변경 사항에 대한 정보를 받고 개정 작업에 가능한 한 많이 참여해야 한다.

전자적 의사소통 도구에 도메인 기반 의사소통 보드나 페이지를 추가로 도입하는 것도 의사소통 상대자에게 긍정적인 영향을 미칠 수 있다. 긍정적인 수정은 개인이 다양한 언어적 경험에 참여할 가능성을 높일 수 있다. 새로운 의사소통 보드를 본 또래 친구들뿐만 아니라 성인들도 의사소통 도구로 대화할 때 새로운 주제에 대해 토론하기 시작할 수 있다. 흥미로운 어휘가 포함된 도메인 보드나 페이지는 더 많은 사람들이 해당 개인과 대화를 시작하고 싶어하게 만들 수 있다.

조합과 다의어로 어휘 사용 확장

적극적인 AAC 사용자는 그래픽 상징이나 손짓 기호가 없는 의미를 전달해야 하는 대화에 자주 참여하게 된다. 따라서 이들은 의도한 의미를 표현하기 위해 필요한 기호나 상징을 사용할 방법을 찾아야 한다. 어휘 선정은 이러한 점을 고려해야 한다. 중재에는 손짓 기호 및 도구적 의사소통자가 기존에 사용하는 손짓 기호 또는 상징 사용을 넘어 표현할 수 있는 의미를 늘리는 데 도움이 되는 전략에 대한 교육이 포함되어야 한다. 이것이 어휘를 선정할 때 일반적인 사용 빈도가 가장 중요한 특징이 아닐 수 있는 이유 중 하나이다.

의사소통 도구의 어휘 항목은 단어를 나타낼 뿐만 아니라 다른 사람이 특정 의미를 유추할 수 있도록 하는 도구이기도 하다. 정확한 의미를 가진 그래픽 상징이 없거나 찾을 수 없는 경우, 가장 일반적인 전략은 다음의 창의적인 사례에서처럼 일반적으로 하나의 음성 단어로 표현할 수 있는 의미를 두 개 이상의 상징을 조합하여 구성함으로써 의사소통 상대자에게 더 많은 단서를 제공하는 것이다.

> Luke는 불수의적 뇌성마비를 앓고 있는 13세 청소년이다. Luke는 말을 자연스럽게 하지 못하며, 음성 출력 기능이 있는 전자적 의사소통 도구를 사용한다. 어느 날 아침, Luke의 어머니는 일어나자마자 허리가 아프다고 말했다. Luke는 음성 생성 장치로 "*physio tractor*"라고 표현했다. Luke의 어머니는 Luke가 tractor(트랙터)를 실수로 표현한 줄 알았고 *physiotherapist*(물리치료사)를 만나러 가야겠다고 말했다. Luke는 "*physio tractor*"를 반복하였다. 그때 Luke의 어머니는 Luke가 chiropractor(대체의학자)을 제안한 것이라는 것으로 알아차렸다. Luke는 의미론적 전략("*physio* 물리치료사")과 음운론적 전략("*tractor* 트랙터"가 *chiropractor*의 마지막 부분과 비슷하게 들림)을 결합한 것이다. 어머니가 Luke에게 이것을 말하는 것인지 질문하자 Luke는 자신이 의도와 표현 구성(construction)이 맞다고 확인해 주었다.

손짓 기호의 어휘력이 부족한 사람들도 비슷한 전략을 사용할 수 있다.

〈표 8.1〉은 사물 이름대기를 하는 어린 도구적 의사소통자가 사용한 자발적 전략의 몇 가지 예를 보여 주며, 그중 일부는 정확한 그래픽 상징이 없었다. "dog(개)"는 *ANIMAL*(동물), "helicoptor(헬리콥터)"는 *AIRPLANE*(비행기)처럼 상위 범주나 유사한 물체의 이름을 제시하는 것이 일반적인 전략이었지만, 의사소통 상대자가 도구적 의사소통자가 무엇을 가리키는지 유추하기 위해서는 추가 정보가 필요했다. 마찬가지로 'wheel(바퀴)'를 뜻하는 *BIG*(크다)+*ROUND*(원)도 똑똑하지만 *CAR*(자동차)와 함께 제시하면 더 이해하기 쉽다. feather(깃털)를 표현하기 위해 *HEN*(암탉)에 *PRAT-OF*(부분) 또는 이와 유사한 것이 필요하다. 많은 전략은 의미의 공동 구성과 서로 다른 정보를 조합하는 의사소통 상대자가 필요하다. 상대방은 보통 추론할 의미를 좁히기 위해 질문을 던진다. 이러한 구성은 대화적 상호작용에서 도구적 발화가 도구적 의사소통자와 일반 화자 공동의 노력 결과인 경우가 많다는 것을 반영한다(11장 참조).

요소들의 결합은 블리스 상징 체계의 고유한 요소이다. 블리스 문자(범주어 및 세부어 포함), 블리스 표시어와 전략적 상징을 결합하여 보다 구체적인 의미를 표현하는 블리스 단어를 구성한다(1장 참조). 한 연구에서 5세 아동 Yehonathan은 'taxi'(택시)라는 말을 표현하기 위해 블리

표 8.1 정확한 의미를 가진 그래픽 상징이 없을 때 도구적 의사소통자가 사용하는 일반적인 전략(Deliberato et al., 2018 참고)

전략	사물이름	예
비슷한 용어	Helicopter 헬리콥터	*AIRPLANE* 비행기
상위 용어, 보다 일반적인 용어	Scissors 가위 Dog 개	*TOOL* 도구 *ANIMAL* 동물
하위 용어, 보다 구체적인 용어	House 집	*HENHOUSE* 닭장
대명사, 예시	Boy 소년	*ROBERT* 로보트
지각적 특징	Wheel 바퀴	*BIG ROUND* 큰 원
기능	Spoon 숟가락	*EAT* 먹다
관련있는 아이템	Feather 깃털	*HEN* 암탉
음운론적 유사성	Wheel 바퀴	*BIL+JUL(CAR+CHRISTMAS, Swedish: Wheel = jul)*

스 단어 *CAR*(자동차)+*TOGETHER*(함께)+*MAN*(사람)을 결합하여 구성하였다(Soto & Seligman-Wine, 2003). 7세 Kari는 'dream(꿈)'을 말하기 위해 *THINK*(생각하다)+*SLEEP*(잠자다)을, 'problem(문제)'를 말하기 위해 *DIFFICULT*(어렵다)+*THINK*(생각하다)를 나타냈다(McNaughton, 2003). 의사소통 책이나 도구에는 일반적으로 여러 가지 관습화된 블리스 단어가 포함되어 있지만, 블리스 상징 체계의 본질은 개인이 다양한 블리스 요소를 결합하여 구어와 유사한 다양한 의미를 표현할 수 있다는 것이다.

위짓 상징(1장 참조)에도 비슷한 전략이 있으며([그림 1.11], p. 43 참조), 원칙적으로 모든 그래픽 체계의 상징을 결합하여 새로운 의미를 만들 수 있다. 이러한 개념을 나타내는 그래픽 상징이 없는 경우 *HOUSE*(집)+*LETTER*(편지)는 'postoffice(우체국)', *HOUSE*(집)+*SPORT*(스포츠)는 'gymnasium(체육관)', 위짓 상징인 *MAN*(사람)+*LIGHT*(불)은 'electrician(전기기사)'를 의미할 수 있다. 7세 Sander는 손짓 기호 CHURCH(교회)+BOOK(책) 결합을 통해 'Bible(성경)'을 말하였다(Brekke & von Tetzchner, 2003). 아동이 자신의 다리가 'sleeping(저리다)'이라고 말하기 위해 *LEG*(다리)+*BED*(침대)+*ROOM*(방)을 조합하는 구성은 진정한 은유일 수 있다.

다의성

다의성(polysemy)이란 한 단어가 두 가지 이상의 의미나 개념을 갖는 것을 의미한다. 다의성은 단어의 사용을 보다 유연하고 창의적으로 만드는 언어의 일반적인 특성이다(Carston, 2021). 또한 손짓 기호 및 그래픽 상징을 사용하여 둘 이상의 의미를 표현할 수도 있다. Bonvillian과 동료들이 제안한 1,000개의 단순화된 상징은 각각 여러 가지 관련 의미를 표현하는 데 사용된다(2020b). 예를 들어, DRAW(그리다)는 'drawing(그림)', 'art(예술)', 'artist(예술가)', 'design(디자인)', 'illustrate(삽화)' 또는 'sketch(스케치)'를 의미할 수도 있다. AGAIN(다시)은 'frequently(자주)', 'habit(습관)', 'often(종종)', 'once more(한 번 더)', 'practice(연습)', 'regularly(정기적으로)', 'repeat(반복)', 'routine(루틴)' 또는 'usually(보통)'을 의미할 수도 있다.

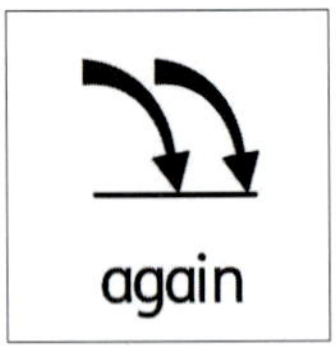

위짓 상징: *DRAW, AGAIN*

그래픽 상징의 다의성은 환유(metonymy)를 기반으로 할 수 있다. 환유는 더 큰 범주(예: '개'를 나타내는 푸들)를 나타내는 예시 또는 전달하고자 하는 사람이나 대상과 관련된 특성 등을 나타내는 예를 사용할 수 있다. 이러한 경우 도구적 의사소통자가 표현하는 의미는 상징에 적힌 글자와는 상당히 다를 수 있다. Sander가 그래픽 상징 *PISTOL*(권총)을 사용한 것이 좋은 예이다. 교사와 어휘 토론에서 Sander는 의사소통 보드에서 *PISTOL*(권총)을 요청했다. 그는 문자 그대로 '권총'을 의미하는 상징 어휘와 그래픽 상징이 없는 '위험한'이라는 의미를 모두 표현하기 위해 이 단어를 사용했다(Brekke & von Tetzchner, 2003). 또 다른 연구에서는 어린 도구적 의사소통자에게 다양한 사물의 이름을 말하도록 요청하였다. 한 아동은 총 그림의 이름대기를 할 때 그래픽 상징 *DIE*(죽다)를, 다른 아동은 *THING PERSON DEAD*(물건 사람 죽다), 세 번째 아동은 *CATASTROPHE*(재앙)을 사용했다(Deliberato et al., 2018).

Sander는 'visit(방문하다)'이라는 의미를 포함하도록 *JACKET*(재킷)의 용도를 확장했다. 어느 날 Sander는 교사에게 아버지가 허리가 좋지 않다고 말하기 위해 픽토그램 *TOES*을 사용했다. 그가 이 상징을 사용한 배경은 키가 큰 아버지가 허리가 아플 때면 소파에 누워 발을 소파 밖으로 뻗어, 이 상황에서 발가락은 매우 두드러진 특징이 될 것이다. Sander의 창의성과 이러한 독특한 연상법 사용은 때때로 그를 이해하기 어렵게 만들었고 유치원과 학교의 직원들은 때때로 이런 종류의 발언을 해석하기 위해 부모님의 도움이 필요했다(Brekke & von Tetzchner, 2003).

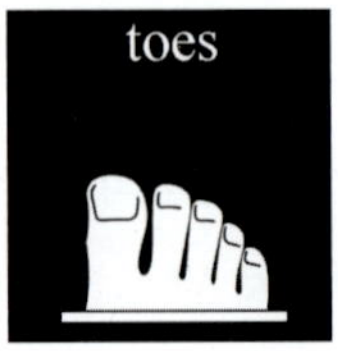

PIC: *TOES*

어휘력이 부족한 개인에게 다의어와 환유어를 적극적으로 사용하게 하는 것은 표현 어휘를 늘리기 위한 중요한 전략이다. 그래픽 상징 사용의 기저에 있는 다소 특이한 연관성은 아마도 도구적 의사소통을 사용하는 아동의 대화 중 상당수가 상대자가 도구적 의사소통자가 무엇을 말할지 알고 있는 일상적인 대화라는 점을 반영하는 것일 수 있다(p. 430 참조). 이러한 전략을 잘 아는 상대자와 덜 친숙한 아동 및 성인 모두에게 사용할 수 있으려면 도구적 의사소통자는 특정 상대방이 어떤 구조를 이해할 수 있는지에 대한 통찰력이 필요하다. 교사는 개인을 다양한 대화에 참여시키고 각 그래픽 상징을 단독으로 또는 다른 상징과 조합하여 다른 의미를 표현하는 데 어떻게 사용할 수 있는지 논의해야 한다. 개인이 그래픽 상징을 사용하여 특이한 방식으로 자주 표현하는 의미는 개인 그래픽 상징 사전에 포함시켜야 한다(p. 180 참조).

또 다른 일반적인 전략은 그래픽 상징의 이미지에 요소를 표시하는 것이다. 예를 들어, Sander는 그래픽 상징 HOSPITAL(병원)에서 십자가를 가리키며 "Red Cross(적십자)"라고 말했다(Brekke & von Tetzchner, 2003).

어휘 구성 전략은 개인이 표현할 수 있는 의미를 증가시키므로 블리스 상징 체계나 다른 의사소통 체계와 유사한 전략을 사용하여 그래픽 상징을 조합하여 새로운 의미를 구성하는 개인의 표현 어휘의 실제 크기를 추정하기 어렵게 만든다.

다의어와 환유어의 조합 사용은 때때로 의사소통 상대자에게 상당한 부담을 주며, 특히 도구적 의사소통자가 의사소통 상대자에게 알려지지 않은 것을 말할 때 더욱 그렇다(Murray et al., 2018; Neuvonen et al., 2022b; Smith et al., 2018). 의사소통 도구에서 개인이 접근할 수 있는 어휘와 그가 새로운 의미를 구성하는 데 사용하는 전략을 알아야 한다. 또한 상상력과 공감 능력은 개인이 말하려는 내용을 유추할 때 유용하다. 비교적 복잡하지 않은 문장도 때때로 의사소통이 어려울 수 있다. 한 아동은 자신의 의사소통 도구에 색을 나타내는 상징이 없고 옷 상징의 이미지가 서로 다른 색상이었기 때문에 여러 가지 옷의 그래픽 상징을 사용하여 색상을 표시했다. 이 아동의 전략을 인식하기 위해서는 상대방이 색 상징이 없다는 사실을 알고 있어야 하며, 이미지와 어휘의 문자적 의미와 아동이 나타내는 그래픽 상징의 의미를 넘어서는 것을 볼 수 있어야 했다.

이러한 예는 교사가 손짓 기호 또는 그래픽 상징을 사용하는 개인을 자신이 제공한 교육에 근거하여 '맞다' 또는 '틀리다'로만 보지 않는 것이 얼마나 중요한지를 보여 준다. 어린 도구적 의사소통자가 부정확하거나 비정상적인 방식으로 그래픽 상징을 사용하는 경우, 교사와 다른 의사소통 상대자는 그 아동의 상징 사용 의도를 파악하려고 노력해야 한다. 도구적 의사소통자는 그래픽 상징을 무작위로 선택하는 경우는 거의 없으며, 위의 예에서와 같이 자신이 사용하는 상징은 자신의 의미를 적극적으로 만들어내려고 노력한다는 것을 반영한다.

블리스 상징 체계를 최적으로 활용하기 위해서 도구적 의사소통자는 블리스 상징의 *PLURAL*

(복수형), *ACTION*(동작), *LOOK-LIKE*(비슷함)와 같은 문법적 및 전략적 기능을 나타내는 그래픽 상징을 갖추어야 하며, 이러한 상징을 어떻게 사용하는지에 대한 교육도 함께 제공되어야 한다. 아동이 픽토그램이나 PCS를 사용할 때 자발적으로 적용하는 전략 중 일부는 블리스 상징 전략에 포함되지만, 블리스 상징 체계를 접하지 않은 아동들에게서도 관찰되었다. 이는 아동들이 창의적이며 의사소통 문제를 해결하기 위해 사용할 수 있는 모든 수단과 기술을 사용한다는 것을 보여 준다.

AAC를 사용하는 개인과 정기적으로 의사소통하는 사람은 어휘 구성 및 발달을 지원하기 위해 충분한 교육을 받아야 한다(12장 참조). 그러나 개인은 가능한 한 자신의 체계에 대한 사전 지식이 없는 상대방과도 의사소통할 수 있는 방식으로 자신의 의사소통 체계를 사용하는 방법을 배워야 한다.

미리 만들어진 어휘

AAC 어휘를 만드는 데는 시간이 많이 걸리고 많은 전문가들이 이 작업에 대한 경험이 제한적이다. AAC 중재가 시작된 이래로 AAC가 필요한 많은 사람과 아동 또는 성인 모두에게 유용한 손짓 기호 또는 그래픽 상징을 위해 어휘를 미리 만들기(ready-made vocabularies) 위해 많은 노력을 기울여 왔다(Fried-Oken & More, 1992; Fristoe & Lloyd, 1980; Walker, 1976; Wilson, 1980).

원칙적으로 모든 그래픽 의사소통 체계는 선택적 어휘를 나타낸다. 어휘의 크기는 약 1,500개에서 40,000개까지 다양하며, 대부분 구어를 발달시키는 아동과 성인의 어휘보다 훨씬 작다(p. 301 참조). 의사소통 소프트웨어가 탑재된 전자기기를 개발하는 대부분의 회사는 다양한 언어 수준에서 기능하는 개인을 위해 어휘를 미리 개발하며, 종종 여러 가지 어휘를 제공한다. 아동을 위해 개발된 어휘는 시작하는 데는 유용할 수 있지만 개인의 전반적인 발달, 언어, 관심 및 사회 참여의 변화에 따라 수정하지 않으면 구속된 의사소통이 될 수 있다. 성인도 표현 레퍼토리를 수정하거나 확장하기 위해 지원이 필요할 수 있다(Andzik & Chung, 2022; Bosse & Wilkens, 2016; Holyfield et al., 2017).

마카톤 어휘(Makaton Vocabulary)(Grove & Walker, 1990; Walker et al., 2019)와 같은 일부 초기 어휘는 손짓 기호용으로 설계되었다. Bonvillian과 동료들(2020b)은 제작의 용이성과 다의성을 위해 간소화된 1,000개의 손짓 기호 세트를 제시하였다(더 개발될 예정). 그러나 대부분의 개발용으로 만들어지는 어휘는 그래픽 상징을 위한 만들어진 것이다.

핵심 및 기본 어휘

AAC 어휘, 특히 도구적 의사소통과 관련된 논의에서 일부 연구자들은 일반적으로 사람들이 말하고 쓰는 글에서 상대적으로 적은 수의 단어가 많은 부분을 차지한다는 사실을 지적했다. 일반적인 영어 텍스트에서 가장 빈번하게 사용되는 700개의 단어 형태가 텍스트의 70%를 차지하고, 가장 빈번하게 사용되는 2,500개의 단어 형태가 80%를 차지한다. 핵심 어휘(core vocabulary)에 대한 가장 일반적인 정의는 빈도만을 기준으로 하며, 일반적으로 대규모 음성 대화 또는 책과 기타 서면 자료의 필사본에서 측정되지만 단어 빈도는 연령(예: 미취학 아동, 청소년, 노인), 인구 통계(예: 노동 계급, 문화 엘리트, 이민자) 및 포함된 대화 문맥이나 서면 자료에 따라 다르다(Lee, 2001).

핵심 어휘의 다른 정의는 사용 빈도가 아닌 일반적인 유용성을 기준으로 한다. 예를 들어 가장 일반적이거나, 표시가 없거나, 언어의 중심이 되는 단어, 더 구체적인 단어(새, 가구)를 대체할 수 있는 상의어(hypernyms) 또는 상위 용어(superordinate), 인지적으로 기본적이거나 가장 두드러지는 단어, 가장 일반적인 의미에서 다양한 장르에서 가장 널리 사용되는 단어 등이 여기에 포함된다(Lee, 2001). 따라서 핵심 어휘에 대한 이러한 정의는 다양한 상황에서 사용 빈도와 유용성의 조화를 나타낸다.

빈도를 기준으로 할 때 핵심 어휘에는 주로 기능어가 포함되어 있다. 기능어는 대명사(*she, they*), 관사(*a, an*), 결정자(*this, that*), 전치사(*in, under, to*), 보조 동사(*to be, to have*), 접속사(*and, but*) 등 영어에서 약 300개의 단어로 구성된 폐쇄군(closed class) 구성된다. 이 어휘군은 새로운 기능어가 거의 생성되지 않기 때문에 폐쇄형이라고 불린다. 기능어는 그 기능이 문장의 다른 단어의 의미와 관련되어 있기 때문에 관계적 또는 문법적이라고도 한다(Bryesbaert et al., 2016; Montag et al., 2018). 기능어는 아동이 지시하는 말을 포함한 성인 말에서 매우 빈번하게 사용되지만(p. 454 참조), 대부분 조기에 습득한 단어는 아니다(Bates et al., 1995). 몇몇 기능어는 'here(여기)'와 'more(또)'와 같이 아주 일찍 배우는 경우가 많지만 대부분의 기능어의 의미는 복잡하고 배우기 어렵다. 유년기와 청소년기에 걸쳐 어휘의 성장 대부분은 열린군(open class) 단어로 구성되며, 시간이 지남에 따라 많은 단어가 다소 드물게 나타나는 경향이 있다(Montag et al., 2018). 어휘에서 핵심 어휘로 간주되지 않는 부분을 흔히 개인(*fringe*) 어휘라고 부른다. 이 어휘는 주로 명사, 동사, 형용사 및 부사와 같은 내용 단어로 구성된다.

보통의 말과 텍스트에서 자주 사용되는 단어가 한정되어 있다는 사실 때문에 연구자들은 AAC 사용자가 상대적으로 적은 수의 핵심 단어를 사용하여 효율적으로 의사소통할 수 있는지에 대한 의문을 제기했다(van Tilborg & Deckers, 2016; Witkowski & Baker, 2012). 이는 많은 사람들이 사용할 수 있는 표준 어휘를 찾는 과정에도 반영되어 있다. AAC 분야에서 '핵심 어휘'라는 용어는 주로 의사소통 상황, 주제, 의사소통 상대자에 따라 유용한 단어로 구성된 작은 어휘를 설명하는 데 사용된다. 이 어휘의 크기는 일반적으로 200~400개 단어로 가정하지만, 23개 단어로 구성된 어휘를 설명하는 경우도 있다(Laubscher & Light, 2020; van Tilborg & Deckers, 2016). Snodgrass와 동료들(2013)은 AAC의 핵심 어휘는 사용자의 의사소통의 기초를 형성하고, 시간이 지나도 거의 변하지 않으며, 대부분의 개인에게 유용하고, 개인에게 중요하고 관련성 있는 의사소통을 가능하게 해야 한다고 제안한다. 그러나 사용자에게 중요하고 관련성이 있다는 것은 사용 빈도와 일반적인 유용성을 기준으로 한 일반적인 어휘가 아니라 개별적으로 조정된 어휘를 의미한다. 따라서 '핵심 어휘'라는 용어는 상당히 다른 어휘 집합에 대해 사용된다. 어휘 항목의 선택은 빈도뿐만 아니라 다양한 고려 사항에 따라 이루어지기 때문에 '기본 어휘(Basic vocabulary)'가 더 정확한 용어일 수 있다. 여기서 이 용어는 주로 빈도를 기준으로 할 때 사용하지만 빈도만이 유일한 기준은 아니다.

일반적인 핵심 어휘에 속하는 대부분의 단어는 폐쇄군에 속하는 기능어이며 평균 크기의 어휘 중 매우 작은 부분을 차지한다(Lee, 2001). 대부분의 중재자들은 AAC를 사용하는 개인에게 다양한 일상 상황에서 모든 종류의 생각, 욕구, 감정을 표현할 수 있는 어휘를 제공하는 것이 중요하다고 강조한다. AAC 사용자가 어느 정도 깊이 있는 대화를 나누고 기본적인 욕구 이상을 표현할 수 있으려면 어휘가 다양한 의사소통 상황에서 유용해야 한다. 빈번한 일반 용어에 해당하는 그래픽 상징이 불균형하게 포함된 의사소통 도구는 관련 주제, 사물, 주제 또는 행동을 식별하기 위해 질문과 의견을 공식화하기 위해 의사소통 상대자에게 의존하게 되므로 개인의 독립적인 대화 기술 개발에 기여하지 못할 수 있다. 그 결과 주로 예/아니요 질문과 답변에 기반한 대화가 이루어질 수 있다(11장 참조). 기본 AAC 어휘에는 기능 어휘는 적지만 일반적인 사용성에 기반한 항목이 많아 메시지 구성에 충분한 구체성을 부여하지 못할 수 있다. 따라서 일반적인 핵심 어휘의 어휘집 항목이 AAC 어휘의 많은 부분을 차지해서는 안 된다. 반면에 내용 단어만 포함된 어휘는 복잡한 발화를 구성하기 어려울 수 있다.

AAC에 제시된 기본 어휘의 내용은 상당히 다양하다. 가장 작은 어휘를 제외하더라도 제시된 모든 어휘에서 발견되는 단어는 몇 개에 불과하며, 이는 참가자의 연령과 인구통계학적 특성, 언어 사용 표본이 추출된 대화 상황의 차이를 반영한다(Laubscher & Light, 2020). 가장 빈번한 100개의 단어 중 80%가 기능어인 일반적인 핵심 어휘와 달리 AAC에 제안된 기본 어휘의 절반은 명사, 동사, 형용사, 부사로 구성되어 있으며, 더 많은 단어가 포함될수록 내용 어휘의 상대적 비율이 증가한다.

van Tilborg와 Deckers(2016)는 유아부터 노인에 이르는 아동과 성인의 전형적인 발달 및 다양한 장애를 관찰한 결과를 바탕으로 AAC에 제안된 15개의 기본 어휘를 비교했으며, 총 1,852개의 단어가 포함되어 있다. 이 중 637개 단어는 하나의 목록에만 나타나는 고유 어휘였으며, 51개 단

표 8.2 기본 AAC 어휘의 일반적인 단어(출처: van Tilborg & Deckers, 2016)

어휘 목록	N	어휘 목록	N
To be, am, is, was, were, am't, wasn't, weren't	15	To see, saw	
To go, goes, going, gonna, went	15	We	
No, not	14	And	
That	14	Because	
All	13	Here	
To have, has, having, had, haven't	13	Just	
To want, wants, wanted	13	She	
I	12	Still	
Then	12	The	
To come, comes, came	12	They	
A	11	Time	
He	11	To do, doing, don't, did, didn't, does, doesn't	
It	11	What	
There	11	For	
To know	11	Hello, hi, hey, ey	
Yes. yea, yep	11	Oh	
You	11	OK, okay	
But	10	On	
Can, can't	10	People	
Good	10	So	
In	10	This	
My, mine	10	To	
To eat, eating	10	To make, made	
To like	10	To take, took	
To look, looking	10	Two	
To say, says, said	10		

N은 각 항목이 포함된 목록의 수를 나타낸다. 표에는 15개의 단어 목록 중 8개 이상에서 공유되는 어휘 항목이 포함되어 있다. 자세한 설명은 본문을 참조할 것

어는 8개 이상의 단어 목록에, 51개 단어 중 24개 단어는 15개 단어 목록 중 8~9개 목록에 나타났다(〈표 8.2〉). van Tilborg와 Deckers는 51개 단어를 핵심 어휘로 간주하고 있다. 모든 단어 목록에 나타난 유일한 어휘는 다양한 형태(*am, is, was, were*와 *goes, going, gonna, went*)로 존재하는 어휘였다. 어휘 간에 중복되는 어휘가 없다는 것은 모든 사람에게 핵심 어휘 또는 기본 어휘가 최선의 해결책이 아닐 수 있음을 나타낸다. 그러나 일반적으로 자주 사용되는 단어의 적당한 크기의 목록은 어린 그리고 고령의 도구적 의사소통자 모두에게 더 큰 그래픽 상징 어휘를 쌓기 시작할 때 좋은 자료가 될 수 있다.

기본 어휘를 넘어서

어휘 목록을 비교하는 것은 AAC를 사용하는 개인을 위한 어휘를 선정할 때 좋은 전략이 될 수 있다. 기본 AAC 어휘에 포함된 많은 내용 어휘는 아주 어린 나이부터 이미 유용할 수 있다. 언어 발달 초기 단계의 아동에게는 유용한 기능어가 거의 없다(Smith, 2014). 전형적인 발달에서 기능어는 나이가 들면서 증가하지만 그 속도는 매우 제한적이다. 의사소통 도구의 어휘는 기본 어휘와 개인 어휘 사이에 균형을 이루어야 한다는 일반적인 합의가 있다(Laubscher & Light; 2020; Stuart et al., 1997; van Tilborg & Deckers, 2016). 즉, 아동의 어휘가 확장됨에 따라 자주 사용하는 단어와 덜 자주 사용하는 단어가 모두 증가해야 한다. 전체 어휘는 자주 사용하는 작은 어휘의 증가와 다소 큰 기본 어휘의 증가와 함께 개인의 교육 수준과 사회의 주요 대화 주제를 반영하는 단어, 개인의 특별한 관심과 생활 상황을 반영하는 단어가 모두 포함되어야 한다. 내용 단어가 적기 때문에 대화의 맥락과 대부분의 생각 및 주제는 상황에서 파생되거나 암시되어야 한다. 이를 위해서는 의사소통 상대자가 상당한 수준의 지식을 공유하고 있거나 대화가 피상적인 수준에 머물러야 한다. 그러나 알려지지 않은 정보를 다른 사람에게 전달하는 것은 개인의 어휘력에 따라 달라지는 필수적인 언어 기능이다(Murray et al., 2018; Neuvonen et al., 2022b; Smith et al., 2018).

전형적인 발달을 보이는 아동이 자주 사용하는 것으로 보고된 단어는 AAC 어휘를 선정할 때 좋은 자료가 될 수 있다. 부모 보고를 기반으로 한 **맥아더-베이츠 의사소통 발달 목록**은 언어 발달 초기 단계의 도구적 의사소통자를 위한 어휘를 계획할 때 기초 자료로 제시되었다(Laubscher & Light, 2020; Soto & Cooper, 2021). 그러나 이 목록의 상당히 많은 어휘조차도 전형적인 발달을 보이는 많은 아동의 초기 어휘에서 발견되는 일반적인 단어만 포함하고 있으며 일부 초기 어휘에서만 발견되는 많은 단어와 개성을 반영하지 못하다. 예를 들어, 2세 때 한 아동은 어휘 목록에 기록되지 않은 단어를 어휘 목록에 등록된 단어만큼이나 많이 사용했다(Roy et al., 2015). Soto와 Cooper(2021)는 218개의 단어로 구성된 스페인어 시작 어휘를 제안하였는데, 그들은 어린 아동을 대상으로 한 실험에서 사용된 두 개의 스페인어 단어 목록과 스페인어 버전의 맥아더-베이츠 의사소통 발달 평가(미국 버전과 약 80%가 겹침)에서 추출한 어휘를 스페인어권 환경에서 어린 도구적 의사소통자를 위한 어휘를 선정할 때 참고할 수 있는 자료로 사용했다. 명사 103개, 동사 47개, 형용사 11개, 부사 13개를 포함하여 약 86%의 단어가 열린군에서 사용되었다. 동물 이름 22개, 사람 용어 15개, 음식과 음료 13개, 신체 부위 9개, 옷 3개, 활동 2개, 시간 단어 1개가 있다. 목록의 나머지 단어는 폐쇄군에 속하며 주로 대명사, 관사, 전치사 및 수사로 구성된다. 상당히 다양한 어휘이지만 Soto와 Cooper는 시작 어휘에 아동의 가족 배경, 문화, 생활 상황 및 개인적 관심사를 반영하는 어휘 항목을 추가해야 한다고 강조하였다.

블리스 상징 체계에는(p. 34 참조) 약 400개의 항목으로 구성된 표준 어휘가 있으며, 개별 사용자에 맞게 조정 및 확장할 수 있다. 표준 어휘는 기본 어휘는 아니지만 필요에 따라 새로운 어휘 항목을 만들기 위해 블리스 문자, 블리스 표시어 및 기타 블리스 단어와 결합할 수 있는 많은 일반 단어를 포함한다(Blissymbolics Communication International, 2020). 표준 어휘는 어휘 항목의 수가 너무 많아져 블리스 단어를 찾거나 구성하는 데 시간이 너무 오래 걸려 의사소통에 큰 장애가 되지 않으면서 어휘를 늘리도록 잘 설계되어 있다. 표준 블리스 상징 어휘는 다른 그래픽 체계를 사용하는 개인이 어휘를 선정할 때에도 유용한 참고자료가 될 수 있다(참고자료 참조).

일반적인 어휘 목록이 유용한 자료이기는 하지만, 의사소통 책이나 전자기기에 있는 그래픽 상징의 의미는 음성 어휘와 다르다는 점을 고려해야 한다. 전형적인 발달을 보이는 아동은 매우 드물게 사용하는 단어를 많이 배우며, 이러한 단어를 검색하는 데 오랜 시간이 걸리고 아동의 인지 자원이 많이 소모되므로 의사소통 책이나 도구에 포함되지 않을 수 있다. 활동에 대한 선택과 요구하기가 중재의 중심이기 때문에 그래픽 어휘가 많은 아동은 활동에 대한 어휘가 더 많고, 옷(개인 옷 입기 및 인형 놀이와 관련된 의사소통을 위해)과 동물에 대한 어휘가 더 적을 수 있다. 손 사용이 제한적인 아동은 '동작을 위한 언어', 즉 자신이 할 수 없는 신체적 동작을 다른 사람에게 지시할 수 있는 어휘가 필요할 것이다(10장 참조).

많은 의사소통 책은 페이지의 한 부분에 동일한 내용이 반복되도록 디자인되어 있는데, 이는 다른 그래픽 상징과 함께 자주 사용되는 기본 그래픽 상징 세트이다. 페이지의 다른 부분은 모두 다르며 어휘의 주요 부분을 담고 있다([그림 2.5] 참조). 예를 들어, 이 많은 어휘는 도메인에 따라 구성할 수 있다(2장 참조). 이러한 구성의 목적은 개인이 여러 단어로 된 발화를 더 쉽게 구성할 수 있도록 하기 위한 것이다. 이는 '기본' 페이지의 항목 선택이 전체 어휘와는 다소 독립적이라는 것을 의미한다. 다른 모든 일반적이거나 자주 사용되는 단어는 '기본' 페이지에 배치해야 한다. 기본 페이지의 내용은 상당히 안정적이지만 발화 복잡성이 증가함에 따라 약간 변경될 수 있지만 한 페이지로 제한된다. 주요 어휘는 개인의 인지 및 언어 능력과 사회 참여도에 따라 증가하게 된다. 전자적 의사소통 도구에서도 유사한 솔루션이 가능하다.

그래픽 상징 의사소통 도구를 사용하는 개인을 위한 기본 어휘와 주요 어휘 간의 균형을 고려할 때, 말이나 손짓 기호를 사용하는 개인에게는 적용되지 않는 우려 사항이 있다. 그래픽 상징의 수는 연령에 맞는 음성 언어 이해력을 갖춘 도구적 의사소통자의 경우에도 대부분의 말을 하는 사람이 접할 수 있는 단어 수보다 훨씬 적을 것이다. 어휘 선정에서 가장 어려운 일은 포함할 그래픽 상징을 찾는 것이 아니라 현재 상황에서 의사소통의 유연성을 크게 잃지 않으면서 어떤 것을 제외할 수 있는지 결정하는 것일 수 있다. 발전된 도구적 의사소통자의 경우, 기본 페이지의 어휘에는 발화를 구성할 때 의사소통 상대자에게 추가 단서를 제공하기 위해 **소리와 비슷함**(*SOUND-LIKE*), **비슷함**(*SIMILAR*) 또는 **유형과**(*TYPE-OF*) 같은 전략적 어휘도 포함되어야 한다. 이러한 용어는 자연스러운 말을 사용하는 개인보다 도구적 의사소통자가 더 자주 필요로 할 수 있다. 또 다른 시사점은 의사소통 도구에 이미 있는 어휘 항목을 조합하여 비교적 쉽게 구성할 수 있는 의미는 자주 사용하지 않는 한 개별 항목으로 선정해서는 안 된다는 것이다. 자연스런 화자의 일반적인 어휘에서 비교적 빈번하게 사용되는 어휘 항목도 생략해야 할 수 있다.

마카톤 어휘는 원래 지적장애인을 대상으로 손짓 기호를 가르치기 위해 고안된 프로그램으로, 나중에는 그래픽 상징을 가르치기도 했다(p. 42 참조). 마카톤 핵심 어휘에는 프로그램의 기초로 간주되어 가장 먼저 도입되어야 하는 어휘 항목이 포함되어 있다. 현재 MUMMY(엄마), DRINK(음료), ALWAYS(항상), BECAUSE(때문에) 등 다양한 어휘를 포함한 약 450개의 항목으로 구성되어 있다(Walker et al., 2019). 따라서 마카톤 핵심 어휘는 핵심이라기보다는 기본 어휘이다. 9개의 어휘 단계로 구성되어 있으며, 각 단계의 모든 항목을 반드시 학습할 필요는 없지만 단계 순서대로 어휘를 학습해야 한다(Grove & Walker, 1990). 최초의 마카톤 어휘는 시설에서 생활하는 성인 지적장애인의 의사소통을 관찰한 결과를 바탕으로 만들어졌으며, 아동 중심의 어휘 항목이 추가되기는 했지만 여전히 성인 관점이 두드러져 보인다. 아동에게 필요한 어휘가 누락된 항목이 많고, 아동이 사용하기에 한계가 있는 청결, 자조와 관련된 어휘가 다수 포함되어 있다. 첫 번째 단계에는 NURSE(간호사), DOCTOR(의사), BED(침대), TABLE(식탁), WHERE(어디), HERE(여기), SLEEP(자다), WASH(씻다), BATH(목욕하다), PLEASE(제발) 등이 포함된다. 2단계에는 예를 들어 BREAD(빵), BUTTER(버터), TEA(차), FIRE(불), CLEAN(깨끗한), DIRTY(더러운) 등이 포함된다. 장난감을 위한 어휘가 없고 놀이와 명확하게 관련된 어휘 항목이 거의 없다. 돌봄 어휘와 BED(침대)는 인형 놀이에서 사용할 수 있지만 옷은 부족하다(Grove & Walker, 1990). KNIFE(칼), FORK(포크), SPOON(숟가락)은 놀이와 식사 준비에 모두 유용할 수 있다. 마카톤이 처음 소개되었을 때 어휘, 단계 및 교육 절차는 상당한 비판에 직면했었다(Byler, 1985; Kiernan et al., 1982). 이후 수정이 이루어졌지만 주요 구조는 동일하다(Walker et al., 2019).

마카톤 리소스 어휘(*The Makaton Resource Vocabulary*)는 '성인을 위한 활동', '동물, 교통수단 및 차량', '춤', '드라마', '신체 부위, 기능, 감각 및 감정', '식사 시간', '의료', '일과 여가', '식물과 나무', '여름 게임 및 국제 스포츠 행사', '결혼식' 등 다양한 영역의 11,000개 이상의 항목으로 구성되어 있다. 마카톤 리소스 어휘는 특히 지적장애 성인을 위한 손짓 기호 또는 그래픽 어휘의 확장을 계획할 때 사용되는 손짓 기호 또는 그래픽 상징 체계와는 별개로 유용한 도구가 될 수 있다.

기본 어휘를 넘어 적절한 손짓 기호나 그래픽 상징을 찾는 것이 얼마나 중요한지는 다음 예시를 통해 알 수 있다.

> 뇌성마비가 있는 36세 Gerda는 읽고 쓸 줄 모르는 여성이였다. 그녀는 최근 24개의 블리스 단어가 적힌 보드를 받았다. 이 보드는 사실상 그녀의 첫 번째 표현 어휘였지만, 그녀의 언어 이해력은 훨씬 더 많은 표현 어휘를 사용할 수 있음을 시사했다. 그녀는 음성 출력이 가능한 전자적 의사소통 도구를 받고 전문가팀과 함께 어휘를 직접 선택했다. 그녀가 몇 가지 상징을 사용하기 시작하자 팀은 그녀의 환경에 대한 설명을 작성하고 의사소통 일기를 만들었다. 전문가팀과 함께 Gerda는 네 가지 표준 어휘를 검토했다.
>
> 이 과정을 거친 후 Gerda의 보드에 있는 그래픽 상징의 총 개수는 240개였다. 대부분은 일반적인 성격의 기호로, 예상 사용 빈도를 기준으로 선택되었다. 사용 빈도가 낮은 단어에 해당하는 상징은 피했다. 따라서 상징의 선택은 기본 어휘가 충족해야 하는 요구 사항에 따라 이루어졌다. 11개의 표준 어휘와 비교한 결과, 일부 어휘는 상당히 광범위했지만 보드에 있는 240개의 상징을 모두 포함하고 있는 어휘는 없었다. 대부분은 전체 상징의 50% 미만을 포함하고 있었다. 또한 모든 어휘의 총합인 2327개의 단어도 그녀의 기본 어휘 요구 사항을 충족하지 못했다(Yorkston et al., 1989).

일반적으로 AAC 중재에 적합한 어휘를 만드는 데 많은 노력을 기울여 왔다. 연령대에 따라 다소 차이가 있기는 하지만, AAC를 사용하는 대부분의 사람들이 사용하는 어휘에는 손짓 기호나 그래픽 상징이 포함되어 있기 때문에 일반적으로 적합한 어휘를 만드는 것은 불가능한 일처럼 보인다. 그러나 이러한 어휘는 다른 단어 목록과 함께 전문가가 중요한 사람 및 가능한 경우 당사자와 함께 손짓 기호 또는 그래픽 상징의 어휘를 선택할 때 유용한 자료가 될 수 있다.

발달적이고 균형 잡힌 어휘를 위한 24가지 원칙

초기 어휘의 기능은 개인이 사회적 상호작용, 의사소통 및 언어 사용(7장)을 할 수 있도록 안내하는 것이다. 처음 30개 정도의 손짓 기호나 그래픽 상징을 넘어서는 어휘를 선택할 때는 개인의 능력과 관심, 환경의 생태, 문화 및 사회적 관습에 따라 의사소통을 가능하게 하는 것이 목표이다. 초기 어휘는 개인의 관심, 선호, 좋아하는 것과 싫어하는 것을 기반으로 하며, 종종 사물과 활동의 선택에 초점을 둔다. 어휘력이 성장함에 따라 선정을 할 수 있게 되지만 그에 못지않게 중요한 것은 개인과 사회 전반의 일상, 가족, 유치원이나 학교, 또래 및 기타 상황에서 사람, 사건, 생각 및 일반적인 문제와 관련된 대화에 참여할 수 있는 가능성이다. 아래 제시된 24가지 원칙은 이 장에서 논의된 문제에서 파생된 것으로 우선순위가 정해지지 않았다. 이 원칙은 언어의 다양한 사용, 사람들이 이야기하는 주제의 다양성, AAC를 사용하는 아동, 청소년 및 성인을 위한 어휘를 선정할 때 고려해야 할 특별한 사항을 반영한다. 개별 원칙의 내용은 연령에 따라 다르며, 언어 발달 단계에 따라 개인마다 다소 다르게 적용될 수 있다.

전형적인 발달을 보이는 사람의 경우 어휘는 평생 동안 계속 증가한다. 20세부터 60세까지 사람들은 평균적으로 이틀에 한 번씩 새로운 어휘를 학습한다(Brysbaert et al., 2016). 대체적 의사소통 수단을 발달시키는 많은 사람이 비슷한 수준의 수용 및 표현 언어에 도달하지 못할 수도 있지만, AAC를 사용하는 모든 사람은 아동기와 청소년기, 그리고 나이가 들어감에 따라 새로운 활동에 참여하고 어휘력을 확장할 것으로 기대해야 한다. 손짓 기호와 그래픽 상징의 지속적인 선택은 기본 내용과 광범위한 내용의 균형을 맞추고 가능한 한 많은 주제와 다양한 목적에 대한 의사소통을 촉진하는 어휘를 제공하기 위해 노력해야 한다.

1. 언어 및 인지 능력과 연령에 맞는 어휘를 제공한다

어휘는 개인의 인지 능력을 반영하고 이해할 수 있고 학습할 수 있는 손짓 기호 또는 그래픽 상징을 포함해야 한다. 그러나 추상적이고 배우는 데 시간이 오래 걸릴 수 있는 기호나 상징을 배제하지 않는 것이 중요하다. 습득 속도보다는 의사소통 상호작용과 사회 참여에 있어 관련성과 유용성이 더 중요하다. 또한 전형적인 발달을 보이는 사람들은 단어를 완전히 이해하기 전에 다양한 상황에서 듣고 사용해야 하는 단어를 습득한다.

많은 AAC 사용자에게 있어 중재는 그들이 이해하는 것과 표현할 수 있는 것 사이의 간극을 좁히기 위한 것이다. 따라서 어휘를 선택할 때는 개인의 이해도가 중요하다. 그렇다고 해서 손짓 기호 또는 그래픽 상징이 도입되기 전에 해당 구어를 이해해야 한다는 의미는 아니다. 손짓 기호 또는 그래픽 상징을 사용하는 방법을 배우는 것은 구어의 이해와 산출을 모두 지원할 수 있지만, 해당 단어의 이해도에 따라 손짓 기호 또는 그래픽 상징을 가르치는 방법이 결정될 수 있다(6장 참조).

어휘는 개인의 연령을 반영해야 하며 지적장애가 있는 경우에도 연령에 맞게 표시되어야 한다. 이는 의사소통 상대방이 일반적으로 자신의 언어와 대화 주제를 의사소통 도구에 표시되는 그래픽 상징에 맞게 조정하기 때문에 도구적 의사소통자를 위한 어휘를 선정할 때 특히 중요하다.

아동과 성인을 위한 어휘 선정은 그 기능이 상당히 다를 수 있다. 둘 다 현재와 새로운 의사소통 '문제'를 해결할 수 있는 어휘가 필요하다. 그러나 아동에게는 어휘 성장의 초점이 새로운 어휘 습득을 지원하는 데 맞춰져 있을 수 있다. 성인도 새로운 어휘를 배울 기회가 필요할 수 있지만, 일반적으로 어휘의 성장은 평준화되며 일상생활에서 성인의 의사소통과 참여를 최적화하는 어휘를 확립하는 것이 더 중요하다.

2. 다양한 어휘를 제공한다

다양한 어휘는 개인의 의사소통을 확장하는 데 중요할 뿐만 아니라 일반적인 능력과 삶의 질에도 중요하다. 변형은 어휘 내용과 단어 클래스 모두에 적용된다.

아직 손짓 기호나 그래픽 상징을 주로 사용하여 선택을 하는 사람들에게는 인형, 장난감 자동차, 공과 같은 작은 사물뿐만 아니라 큰 사물(그네, 나무), 활동(걷기, 색칠하기), 장소(공원, 부엌), 사람(이름과 역할)을 나타내는 어휘가 포함되어야 한다. 어휘에는 크고 작음, 빨강 또는 파랑, 단맛 또는 짠맛(간식), 멀거나 가까움, 짧거나 길음(사물, 시간 등)과 같은 대조적인 특성이 포함될 수 있다.

의사소통 능력이 좀 더 발달한 사람의 경우, 다양한 어휘에 여러 영역과 지식 영역을 나타내는 손짓 기호 또는 그래픽 상징을 포함할 뿐만 아니라 문법 기호 또는 기호(복수형, 과거형)를 포함해야 한다. 얻다, 보다, 놀다, 돕다는 많은 사물 및 활동과 관련하여 사용될 수 있으며 새로운 손짓 기호 또는 그래픽 상징을 쉽게 습득할 수 있다.

3. '좋아요'와 '싫어요', '예'와 '아니요'를 표현할 수 있는 수단을 조기에 제공한다

예와 아니요는 매우 유용한 기호 또는 상징일 수 있지만, 예/아니요 질문에 답하려면 개인이 질문을 이해해야 한다. 이는 대체 언어 그룹의 많은 개인에게 해당되지 않을 수 있다. 일반적으로 예와 아니요는 음성 언어 이해력이 제한적인 사람들에게는 중재의 첫 단계에 적합하지 않다(7장 및 9장 참조). 이들에게 NO(아니요)는 '거부', '없음', '행동의 중단', 또는 '활동의 거부'를 의미할 수 있다(Lahey & Bloom, 1977). 대부분의 개인은 AAC가 시작될 때 거부를 표현할 수 있는 방법을 가지고 있으므로 AAC 중재의 초기 단계에서 새로운 표현으로 '아니요'를 가르치는 데 우선순위를 두어서는 안 된다. 'non-existence(없음)'을 표현할 때는 다른 사람들이 개인의 활동을 거부하는 수단으로 NO를 사용하기 때문에 GONE이 더 적합할 수 있다. 활동을 중단해야 함을 표현할 때는 NO보다 STOP이 더 좋다. WAIT는 일시적인 중지 또는 지연을 나타낼 수 있다. 또한 선생님이 '거부'와 '없음'을 위한 좋은 교육 상황을 설계하기 어려울 수 있다. 마지막으로, 예와 아니요는 다른 사람의 주도권에 따라 달라지므로 누군가는 질문을 해야 한다. 이는 반응형 수업 스타일로 이어질 수 있지만, YES와 NO는 상대방의 추론이나 해석을 확인하거나 거부하는 데 여전히 중요하다.

4. 개인의 활동과 관련된 어휘를 제공한다

대화는 항상 활동에 포함되어 있다(10장 및 11장 참조). 사회 참여는 모든 AAC 중재의 암묵적인 목표이며 관련 어휘는 공동 활동에 참여하기 위한 '티켓'이다. 어휘는 개인이 활동을 선택할 수 있을 뿐만 아니라 활동 내에서 적극적인 참여자이자 의사소통자가 될 수 있도록 해야 한다. 예를 들어, 레고로 집을 지을 때는 집을 짓는 어휘(창문, 지붕)뿐만 아니라 집을 짓는 동안 이야기를 만들거나(벽돌, 선물) 장난감 인형을 집으로 들어올 때(요리하기, 잠자기)에 필요한 어휘가 필요할 수 있다. 축구 경기를 관람할 때 관련 어휘로는 슛, 오프사이드, 온사이드, 심판, 승리, 패배, 태클, 세이브, 라이트, 예, 아니요, 좋은, 나쁜, 응원 및 숫자가 있을 수 있다. 학교에 다니는 학생의 경우, 학교 과목에 대한 어휘에 대한 접근이 필요하다. 일을 하면서 새로운 어휘를 배울 수도 있다.

5. 익숙한 어휘와 함께 새로운 어휘 항목을 발화에 도입한다

새로운 어휘 항목에 대해 알아가는 것은 손짓 기호나 그래픽 상징을 배우는 것 이상의 의미가 있다. 익숙한 어휘는 손짓 기호나 그래픽 상징의 의미와 용도에 대한 단서 역할을 할 수 있다. 따라서 익숙한 어휘와 함께 새로운 기호나 상징을 발화에 도입하면 언급된 사람, 사물, 행동 또는 장소에 대한 광범위한 정보를 얻을 수 있으므로 새로운 항목에 대한 더 깊은 개념적 지식(9장 참조)을 얻을 수 있다.

6. 향후 예상되는 활동에 대한 어휘를 제공한다

새로운 어휘를 선정한다는 것은 개인이 아직 사용하지 않는 손짓 기호나 그래픽 상징을 이용할 수 있도록 하는 것을 의미한다. 따라서 어휘 선정은 미래에 관한 것이다. 이는 어떤 손짓 기호나 상징이 개인의 의사소통과 참여 기회를 가장 잘 촉진할 수 있을지에 대한 예측을 의미한다. 이러한 예측은 개인의 언어 지원 환경의 주요 부분의 사람들이 참여하는 협업 과정의 결과여야 한다. 능력과 기술이 제한적인 개인의 경우, 기존 어휘와 새로운 어휘 항목에 대한 필요성을 평가하는 것은 항상 새로운 활동 계획의 일부가 되어야 한다. 능력이 더 뛰어난 개인의 경우, 어휘 선택은 학교에서의 진도(예: 새 학기가 시작될 때 수학 또는 사회 과학과 관련된 새로운 어휘) 또는 업무의 변화(예: 복사, 편지)를 반영할 수 있다.

7. 개인이 특별히 관심을 갖는 문제에 대한 어휘를 제공한다

대부분의 사람들은 자신이 특히 잘 알고 있는 특정 관심사와 주제를 가지고 있다. 아이들은 공룡, 자동차 또는 게임에 대해 많이 알고 있을 수 있으며, 이러한 지식은 새로운 어휘 항목(도메인 전략)을 제공하기 위한 단서가 될 수 있을 뿐만 아니라 이러한 영역 및 기타 선호하는 영역에 대해 의사소통할 때 필요한 일반적인 어휘가 될 수 있다. 이 어휘는 개인의 역량을 보여 주는 기능도 할 수 있다.

8. 행동을 나타내는 충분한 어휘를 제공한다

동사는 두 번째로 큰 품사에 해당되며 동사는 사람과 동물의 행동을 말하는 등 많은 의미를 표현하는 데 중요하다. 동사는 또한 사람과 사물의 관계를 정의하는 기능을 하기도 하므로 문장 구성에 중요하다(Lahey & Bloom, 1977; Tomasello, 1992). 행동을 나타내는 새로운 어휘 항목은 아동이 행동에 대한 관련 정보를 찾게 만드는 경향이 있다(Janakiefski et al., 2022).

9. 코멘트에 필요한 어휘를 제공한다: 형용사, 부사 및 전치사

사람, 사물, 위치, 행동 및 사건에 대한 설명에는 모든 어휘가 포함될 수 있지만 사람(키가 큰, 친절한), 사물(부드러운, 비싼), 상대적 위치(뒤, 아래), 행동(느린, 힘든) 및 사건(재미있는, 위험한)의 특징과 같이 설명에 특정한 어휘가 있는지 확인하는 것이 중요하다(Murray et al., 2018; Neuvonen et al., 2022c). 이 어휘에는 공원, 집, 학교, 동물원, 해변 또는 병원과 같은 장소도 포함될 수 있다.

10. 양과 수에 대한 어휘를 제공한다

여기에는 킬로, 리터, 미터와 같은 측정 단위, 많은, 적은, 더 와 같은 숫자 및 크기의 상대적 표시, 수 표현을 위한 0~9자리 숫자가 포함된다. 이러한 어휘 항목은 학교에서 중요하며 시간 관리와 다른 사람을 가르칠 때 유용하다.

11. 긍정적 및 부정적인 감정을 나타내는 어휘를 제공한다

감정 상태에 이름을 붙이는 것은 일반적인 인간 상호작용과 실제 및 가상의 사건에 대한 이야기에서 핵심적인 요소이다. 전형적인 발달 단계에 있는 3세 아동은 감정 어휘가 제한적이지만 일반적으로 어떤 일로 인해 누군가가 행복하거나 화가 났다고 말할 수 있다. 많은 감정 용어는 가르치기 어렵고 의사소통 능력이 제한적인 사람은 감정어가 거의 없을 수 있다. 그러나 그들은 행복, 재미, 슬픔과 같은 어휘 항목을 배울 수 있다. Doost와 동료들(1999)은 전형적인 발달을 보이는 10세 아동이 긍정적인 감정(기쁨, 행복, 좋음)을 나타내는 단어는 평균 8개, 슬픈 감정(불행, 외로움, 슬픔)을 나타내는 단어는 7개, 무서운 감정(무서운, 끔찍한, 화나는)을 나타내는 단어는 6개를 알고 있다는 사실을 발견했다. 감정 단어 개발에 관한 논문은 감정 어휘를 선정하는 데 참고할 수 있다(예: Grosse et al., 2021; Shablach & Lindquist, 2019). 청소년기에는 다양한 감정 단어의 필요성이 증가하며, 책 읽기는 청소년의 감정 단어 습득에 도움이 되는 것으로 밝혀졌다(Dylman et al., 2020).

12. 사진뿐만 아니라 이름도 제공한다

이름은 사람을 부르거나 그 사람에 대해 이야기할 때 필요하다. 손짓 기호의 경우, 개인 이름의 첫 글자를 알파벳 문자와 함께 이름으로 사용하는 것이 일반적이다. 개인이 지문자(manual letter)를 사용하는 경우, 의사소통 상대자는 해당 문자로 시작하는 이름을 가진 관련 개인을 추측해야 한다. 개인이 철자를 배우기 시작했다면 더 많은 글자를 추가하거나 그 사람의 특징(예: *B TALL*, *J DOCTOR*)을 사용하여 그 사람을 지칭할 수 있다.

그래픽 체계를 사용하는 사람의 경우 이름은 일반적으로 해당 사람의 사진으로 지정한다. 근거리 환경의 사람만 이름을 지정하고 그 수가 제한되어 있다면 이 방법이 효과적일 수 있다. 이웃, 정치인, 스포츠 선수, 배우, 역사적 인물, 록 스타 등 의사소통 도구에 사진으로 표현되지 않는 사람에 대해 의사소통하는 발전된 언어 기술이 있는 사람에게는 JOHN, MARY 같은 일반적인 이름을 나타내는 항목이 필요하다. 이러한 항목은 도구적 의사소통자가 해당 이름을 가진 사람을 선택하기 위한 항목으로 이미지 없이 글자만 제시될 수 있다. 때로는 의사소통 도구에 사진이 있는 사람과 이름이 같은 사람을 지칭할 때 그 사람의 사진을 표시한 다음 이름과 같음을 표시하는 것이 가능할 수도 있다.

I(나), ME(나를), YOU(너)가 누구를 가리키는지는 문맥상 암시되는 경우가 많지만 이러한 용어는 개인이 다양한 행동을 의사소통 상대자와 연관시키도록 가르치고, 아동이 또래를 활동에 포함하도록 지원하는 데 유용할 수 있다. 손짓 기호 I와 YOU는 지칭되는 사람(본인 또는 의사소통 상대자)을 가리키기 때문에 배우기 쉬운 경우가 많다. 그래픽 의사소통(및 말)에서는 상징의 대상이 표현하는 사람에 따라 달라지기 때문에 *I*(나)와 *YOU*(너)의 의미를 설명하기가 더 어렵다. 따라서 그래픽 체계 중재의 초기 단계에서는 대명사 대신 개인 이름을 사용하는 것이 더 나을 수 있다.

13. 다의성 가능성에 주의한다

대부분의 구어 단어는 두 가지 이상의 의미를 가지며, 문맥에 따라 의미나 개념이 달라질 수 있다. 다의성은 개인이 표현할 수 있는 의미의 범위를 넓혀주기 때문에 AAC에서 중요하다. Bonvillian과 동료들(2020a,b)은 각 손짓 기호가 여러 가지 관련 의미를 표현하는 데 사용될 수 있다는 점을 손짓 기호의 단순화의 일부로 간주한다. 그래픽 상징은 때때로 이미지가 나타내는 문자 그대로의 의미와는 상당히 다르지만 이해하기 쉬운 의미를 전달하는 데 사용된다. 예를 들어, Sander가 '위험하다'를 말하기 위해 *PISTOL*을 사용한 것이다(권총을 더해서)(p. 324 참조). PCS 체계에는 HELP(돕다) 상징 어휘가 있는 두 개의 상징이 있는데, 하나는 '무언가를 하는 것을 도와주세요'를 나타내는 환유 이미지이고 다른 하나는 '나를 구해 주세요'를 나타내는 이미지이다. 두 상징 모두 '도움'의 일반적인 의미이며, 두 상징이 공간을 두 배로 차지하기 때문에 도구적 의사소통자가 두 상징을 모두 사용할 필요는 없다. 어휘를 최대한 유연하게 사용하려면 의사소통 맥락에 따라 상대방이 다른 의미나 감각을 유추할 수 있는 이미지가 있는 그래픽 상징을 선정해야 한다.

14. 정보 검색을 위한 어휘를 제공한다

탐색은 인간의 기본적인 기능이며, 전형적인 발달과 비전형적인 발달을 모두 가진 아동과 청소년은 호기심을 갖고 적극적으로 정보를 찾아 세상을 탐색한다(De Simone & Ruggeri, 2022). 무엇이, 어디서, 누가, 어떻게, 언제, 왜와 같은 질문을 하기 위한 단어는 다양한 유형의 정보를 얻기 위한 언어적 도구이다. 손짓 기호나 그래픽 상징을 사용하는 사람들은 종종 단순한 '예' 또는 '아니요'만 대답하면 되는 예/아니요 질문을 많이 받는다. 상대방은 의문사를 사용하여 더 긴 발화를 구성하도록 장려할 수 있으며, 의문사를 학습하면 관심 있는 사물의 이름과 기능에 대해 문의하는 데 도움이 될 수 있다. 원하는 정보를 스스로 찾을 수 있게 되면 타인에 대한 의존도가 줄어들고 자기 효능감과 주체성을 높이는 데 기여할 수 있다.

15. 유치원 및 학교용 어휘를 제공한다

유치원 및 학교 출석을 위한 일반적인 어휘와 유치원 및 학교에서 배우는 과목에 대해 의사소통할 수 있는 항목(연령 수준보다 훨씬 낮은 과목 및 과제 포함)을 선정한다.

16. 일반적인 문제에 대한 어휘를 제공한다

또래와의 개인 및 그룹 대화는 일상적인 활동, 뉴스의 이슈, 음악 및 스포츠 이벤트, 영화, 범죄, 정치 등에 관한 것이 많다. 진정한 소통을 위해서는 정치인이 세제 개혁을 지지한다거나 한 밴드가 내년에 런던에서 콘서트를 연다는 등의 이슈를 설명할 수 있는 충분한 어휘와 함께 해당 개혁이나 콘서트에 대한 의견을 표현하는 어휘가 필요하다.

17. 시간 관리를 위한 어휘를 제공한다

많은 의사소통이 사건에 관한 것이며 시간은 사건의 핵심 요소이다. 시간 어휘는 다양한 유형의 대화뿐만 아니라 사건과 이야기에 대해 이야기하고, 과거와 미래의 사건을 타임라인(예: YESTERDAY, WEDNESDAY)에 배치하고, 시간에 대한 오해를 피하는 데에도 필요하다(Bodil, p. 489 참조). 시간을 이해하고 표현할 수 있는 능력은 개인의 자기관리에 중요하다. 시간 관리는 구조화에 내재된 요소이며(p. 198 참조), 시간에 대해 소통하는 것은 개인의 일상과 구조에 대한 내면화의 일부일 수 있다. 시간 어휘는 과제나 활동의 시간과 기간을 협상하는 능력, 즉 개인의 자율성 발달을 더욱 지원할 수 있다.

초기 시간 관리에는 활동의 순서를 나타내기 위해 먼저와 그 다음 또는 전과 후와 같은 용어가 포함될 수 있으며, 나중에는 시간 대기 또는 먼저 먹고 나서 숙제를 하라고 말할 수 있는 것이 유용할 수 있다. 교사나 부모가 시각적 스케줄을 사용하지만 성인이 이러한 용어를 전달하는 것만으로는 충분하지 않은 경우에도 시간 어휘를 사용할 수 있다. 또한 지적장애인은 사건에 대해 이야기하거나 자신을 조절하는 수단으로 시간과 관련된 발화를 구성하는 방법을 배워야 한다. 달력은 개인의 시간 이해를 반영하도록 설계할 수 있다.

18. 조합이 가능한 어휘 항목 선택한다

어휘를 조합하면 개인이 더 다양한 의미를 구성하고 지원 어휘집에서 더 많은 것을 얻을 수 있다. 조합은 (1) 어휘 항목이 부족한 경우 의미를 표현하거나 (2) 문장을 구성하는 데 사용할 수 있다. 두 가지 모두 개인이 더 구체적이고 복잡한 메시지를 전달할 수 있게 해 준다. 관계와 문법적 특징을 나타내는 손짓 기호 및 그래픽 상징을 포함하여 어휘 구성에 사용할 수 있는 어휘 항목을 제공하고, 새로운 어휘 항목을 구성하는 데 필요한 전략을 가르친다. 이러한 어휘의 대부분은 블리스 상징 체계에서 찾을 수 있다.

19. 내러티브를 위한 어휘를 제공한다

내러티브는 등장인물, 행동, 사물, 장소 및 시간 순서를 포함하는 사실 또는 허구의 이야기이다(11장 참조). 내러티브를 위한 어휘를 선택하는 것은 특정한 손짓 기호나 그래픽 상징이 필요한 것이 아니라, 개인이 흔하지 않은 행동과 사건에 대해 말할 수 있는 폭넓은 어휘를 확보하고, 공동 구성한 내러티브가 새로운 내용 없이 반복적인 사회적 일상이 되는 것을 방지하는 것을 의미한다. **하지만, 그리고, 전에, 때문에, 그때**와 같은 어휘 항목은 행동의 순서와 일관성을 확립하는 기능을 할 수 있으며, 개인의 어휘의 기본 부분에 포함될 수 있다.

20. 전략적 어휘를 제공한다

여기에는 공동 구성 및 의사소통 상대자가 올바른 추론을 할 수 있도록 안내하는 데 특별히 사용될 수 있는 어휘 항목이 포함된다. 이러한 어휘 항목은 '소리와 비슷하다' 또는 '비슷하다'와 같이 문자 그대로의 의미와 크게 다를 때 상대방이 의도한 의미를 유추할 수 있는 단서 역할을 할 수 있다. 이러한 항목은 그 자체로 문장을 지칭하거나 문장 구성의 일부가 아니지만, 의사소통 상대방이 보조 구문을 해석하고 가능한 경우 구어와 개인의 언어 양식으로 발화를 공식화하는 데 도움이 된다.

21. 개인이 어려움을 겪고 있는 핵심어를 제공한다

핵심어 손짓 기호 또는 그래픽 상징의 기능은 종종 개인의 구어 발달을 돕기 위한 것이다. 따라서 주변 사람은 개인의 언어 발달에 맞춰 핵심어 손짓 기호 또는 상징의 레퍼토리를 확장하고 개인이 학습 중인 구어 단어에 해당하는 어휘 항목을 선택해야 한다.

22. 의사소통의 성공과 실패에 주의를 기울인다

의사소통의 성공과 실패는 모두 개인이 특정 어휘 항목에 대한 필요를 가지고 있음을 나타낼 수 있다. 오랜 협상 끝에 아동이 동물원에서 곰을 봤다고 설명하는 데 성공했다면, 이는 동물에 대한 특별한 관심을 나타낼 수 있으므로 곰뿐만 아니라 다른 동물 이름도 필요할 수 있음을 의미한다. 개인이 표현하고자 하는 바가 해결되지 않았기 때문에 의사소통 실패를 사용하기가 더 어렵다. 그러나 실패한 의미 협상에서 새로운 어휘를 제공할 때 사용할 수 있는 단서가 여전히 있을 수 있다. 또한 잠재적으로 해결할 수 있는 '의사소통 문제'를 만들어 개인이 이를 해결할 수 있는 어휘와 전략적 수단을 가지고 있는지 관찰하는 것도 유용할 수 있다.

23. 어휘 항목이 어느 정도 빈도로 사용되는지 확인한다

어휘 학습에는 어느 정도의 반복이 중요하다. 많은 단어는 개인이 거의 사용하지 않으며 교사와 가족은 모든 어휘 항목이 합리적인 시간 내에 반복되도록 해야 한다. 다양한 상황에서의 사용은 어휘 항목의 확장을 학습하는 데 도움이 되며, 사용의 새로 고침은 기억과 유지에 중요하다. 그래픽 상징의 경우, 주변 환경에 있는 사람들은 개인이 최근에 사용하기 시작한 그래픽 상징과 개인이 한동안 사용하지 않은 그래픽 상징을 모두 표시하는 데 특별히 주의해야 한다. 이렇게 하면 그래픽 상징을 사용할 수 있는 시기를 상기시키고 그 위치에 대한 기억을 되살릴 수 있다.

24. 또래 상호작용을 위한 어휘를 선정한다

아동과 청소년은 단어를 배우는 사람이기도 하지만 단어를 발명하는 사람이기도 하다. 이들은 어른들이 일반적으로 사용하지 않거나 다른 의미와 감각을 가진 자신만의 어휘 항목과 표현을 가지고 있다. AAC를 사용하는 사람에게 또래 어휘는 포용력, 또래 대화 참여, 사회적 정체성에 중요한 역할을 한다. 전형적인 발달을 보이는 또래 친구들은 그래픽 상징을 선택하고 이미지와 어휘를 선택하는 데 참여할 수 있다.

개인 사전

개별적인 손짓 기호 그리고/또는 상징 사전은 AAC 중재가 시작되는 즉시 작성되어야 한다. 손짓 기호 사전에는 각 손짓 기호의 번역이나 어휘(렘마, lemma)를 알파벳 순서로 나열하고, 가능한 모든 잠재적 의미를 포함해야 한다. 이때 어떤 손짓 기호가 현재 교육 중인지, 실제로 사용되거나 이해되고 있는지, 혹은 그 둘 모두인지 표시해야 한다. 또한 사전에는 일반적으로 손짓 기호를 어떻게 표현하는지에 대한 설명이나 그림과 함께, 해당 개인이 실제로 이를 어떻게 표현하는지에 대한 정보도 포함해야 한다(Kristoffersen & Troelsgård, 2010).

그래픽 상징 사전에는 개인이 상징을 표시하고 의사소통 도구를 탐색하는 방법과 보드에 표시되지 않은 어휘적 의미를 표현하기 위해 고정된 상징 조합을 사용하는지 여부에 대한 설명이 포함되어야 한다(p. 321 참조). 유형 상징을 위한 사전에는 상징 그림이 포함되어야 하며, 그 상징이 어떻게 선택되었는지 설명해야 한다.

일부 정보는 모든 잠재적 의사소통 상대자가 사용할 수 있는 반면, 다른 일부는 선택된 사람만 사용할 수 있어야 한다. 따라서 정보를 안전하게 공유할 수 있는 방법을 찾아야 한다. 지정된 비밀번호로 보호되는 저장 장치를 사용하거나, 이러한 개요 및 목록을 작성하기 위해 설계된 앱에 이러한 기능이 내장되어 있을 수 있다.

사전은 두 부 이상 준비해야 한다. 개인이 소지한 사전은 적어도 모든 일상적인 환경에서 사전을 따라야 한다. 전자적 의사소통 도구를 사용하는 사람의 경우, 사전은 보조도구와 백업 저장소에 보관할 수 있다. 사전의 도움으로 해당 개인과 상호작용을 시작하는 또래 또는 성인은 해당 개인이 어떤 손짓 기호 또는 그래픽 상징을 사용하고 이해하는지 빠르게 파악할 수 있다. 손짓 기호 또는 상징 조합의 수가 많아지면 사전을 통해 주변 사람들이 해당 장애인이 어떤 손짓 기호 또는 그래픽 상징을 학습했거나 학습 중인지를 최신 상태로 파악할 수 있도록 도와준다.

사전은 또한 개인의 손짓 기호 또는 상징 사용을 확장하는 새로운 아이디어의 기초가 될 수 있다. 예를 들어, 교사는 손짓 동작 기호를 보고 동작 기호와 함께 사용할 수 있는 사물 또는 속성을 나타내는 기호를 찾을 수 있다. 마찬가지로, 교사는 사물 상징을 살펴보고 이러한 사물에 대해 의사소통할 때 사용할 수 있는 동작 상징 또는 기타 상징을 찾을 수 있다. 이 두 가지 접근 방식은 모두 도메인 지향 전략이다. 또한 사전을 통해 교사는 새로운 행동, 사물, 속성, 사람, 장소 또는 생각에 대해 손짓 기호나 그래픽 상징이 필요한지 여부를 쉽게 확인할 수 있다. 교사는 의미 또는 언어 범주 마커(행위자, 행동, 사물, 속성 등)를 사용하여 엑셀 또는 다른 프로그램에서 어휘를 정리하여 개인의 어휘 구조와 일부 유형의 단어가 너무 많거나 적은지 여부를 파악하는 데 도움을 줄 수 있다.

사전은 개인에게도 유용하며 가능하면 개인과 함께 사전을 만들어야 한다. 사전은 글을 읽지 못하는 사람이 특정 손짓 기호나 그래픽 상징을 쉽게 찾을 수 있도록 도메인 또는 기타 범주로 나눌 수 있다. 이 사전은 개인이 자랑스러워할 수 있는 일종의 리더(reader)가 될 것이다. 손짓 기호와 함께 글로 표기된 어휘가 함께 나열되어 있기 때문에 주로 손짓 기호로 의사소통하는 사람이 손짓 기호를 모르는 사람과 의사소통해야 할 때 유용하게 사용할 수 있다(p. 54 참조).

그래픽 상징에서 문자까지

대부분의 아동에게 읽기와 쓰기는 학업과 여가를 위한 기술이다. 아동은 학교에서 읽고 쓰는 법을 배우며, 문어는 대부분의 학교 활동에서 핵심적인 요소이다. 이해하기 쉬운 언어를 사용하지 못하고 그래픽 의사소통을 사용하는 아동에게 글쓰기는 가장 높은 수준의 능력을 나타낸다. 철자를 사용하면 어휘력 성장과 관련된 많은 문제가 해결된다. 글쓰기는 교육과 오락은 물론 대면 대화에서 광범위한 의사소통 기능을 수행할 수 있다. 따라서 개인이 기능적 읽기 능력을 습득할 가능성이 조금이라도 있는 한, 읽기와 쓰기를 가르치는 것은 항상 AAC 중재의 일부가 되어야 한다.

오늘날 일반적인 읽기 및 쓰기 교육은 말소리를 식별하고 혼합하는 능력(음운 인식), 문자와 소리의 관계, 단어 의미, 독해력 및 읽기 유창성에 초점을 맞추고 있다(Arciuli & Bailey, 2021). AAC를 사용하는 개인은 이러한 기술 또는 기타 관련 기술 중 하나 이상에 어려움을 겪기 때문에 일반적인 읽기 및 쓰기 교육은 종종 제한된 결과를 가져온다(Stauter et al., 2017). 대체 언어 그룹에 속하는 개인이 기능적인 읽기 및 쓰기 기술을 습득하는 경우는 거의 없다. 지원 언어 그룹의 일부 개인은 이러한 기술을 습득하는 데 어려움을 겪으며(Smith, 2005a), 그래픽 상징 체계의 표현 어휘가 많은 표현 언어 그룹의 많은 중도 운동장애인은 문해력을 느리게 습득한다. 읽기 및 쓰기 능력은 10대 후반에나 습득할 수 있으며, 일부는 초기 단계에서 멈추고 기능적 문해력을 달성하지 못하기도 한다(Dahlgren-Sandberg, 2006; Dahlgren-Sandberg et al., 2010; McNaughton, 2003). 그러나 상당한 편차가 있다. 제한된 언어에도 불구하고 쉽게 읽고 쓰는 법을 배우는 아동도 있고, 예상치 못한 시기에 읽기와 쓰기를 발달시키는 아동도 있다(Ferreira et al., 2007).

그래픽 의사소통 체계를 사용하면 인쇄물이 의미를 전달한다는 사실을 쉽게 이해할 수 있지만, 인쇄물이 문자로 구성되어 있다는 사실은 덜 이해할 수 있다(Bishop et al., 1994; Rankin et al.,

1994). 아래 예에서 볼 수 있듯이 그래픽 상징의 이미지 위나 아래에 글자가 있는 것만으로는 개인이 읽는 법을 배우기에는 충분하지 않다(Blischak and McDaniel, 1995).

> Rudi와 특수교사는 학교 문에 행복 단어가 적힌 카드를 붙이고 있었다. Rudi는 목록에 있는 올바른 행복 단어를 보고 그에 해당하는 행복 단어 카드를 찾아야 했다. Rudi는 복잡한 블리스 단어와 아직 배우지 않은 블리스 단어가 있어도 이 작업을 올바르게 수행했다. 그런데 갑자기 SCHULHOF(학교 운동장) 대신 SCHAUKEL(그네)을 선택했다. 그는 선택을 바꾸라는 메시지를 받았지만 카드에 인쇄된 단어를 가리키며 자신이 옳았다고 확신했다. 두 단어 모두 Sch로 시작했고 Rudi는 이 첫 글자에만 주의를 기울였기 때문에 그가 읽기 초기 단계에 있음을 알 수 있었다(Gangkofer & von Tetzchner, 1996).

따라서 그래픽 상징에서 글자로의 전환은 일반적으로 자동으로 이루어지지 않으며, 문자 언어는 명시적인 교육이 필요하다(Stadskleiv, 2020).

문해력 발달에 큰 차이가 있다는 것은 다양하고 창의적인 교육 전략이 필요하다는 것을 의미한다. 구어 발달은 일반적으로 읽기 학습의 기초로 간주된다(Lawrence & Snow, 2011; Suggate et al., 2018). 연구에 따르면 조음 문제와 읽기 및 쓰기 장애 사이에 밀접한 관계가 있음이 입증되었다(Liberman, 1999; Snowling & Hulme, 2021). 그러나 조음장애와 읽기 및 쓰기 장애 사이의 연관성이 있다고 해서 그러한 장애가 항상 언어가 없을 때 나타나는 것은 아니며, 조음 능력이 좋지 않으면 그러한 장애에 취약할 수 있다는 의미일 뿐이다. 읽기를 배우는 AAC 사용자와 더 어려움을 겪는 사용자를 구별하는 것은 알려지지 않았지만, 개인의 능력은 읽기 및 쓰기 습득에 다양한 방식으로 영향을 미칠 수 있다. 운동장애가 있는 아동은 자폐스펙트럼장애가 있는 아동과 다른 어려움을 경험할 수 있다. 문해력을 가르치는 데 사용되는 방법도 중요다(Barker et al., 2012; Sevcik et al., 2019; Yorke et al., 2021).

언어에 제한이 있는 고령의 자폐성 장애인은 문자-소리 대응에 대한 적절한 교육을 통해 도움을 받을 수 있지만, 추가 읽기로의 진도에 대한 정보는 부족하다(Caron et al., 2023). 교사는 개인이 교사가 말하는 소리에 해당하는 글자를 표시하도록 안내하고 개인에게 의미 있는 문맥에서 간단하고 점차적으로 긴 단어를 쓰는 작은 대화에 참여시킬 수 있다. 소근육 운동 능력이 좋은 학생은 인쇄된 글자와 지문자를 모두 사용할 수 있다. 지문자는 개인이 항상 사용할 수 있기 때문에 일상적인 상황에서 기능적으로 사용할 수 있으며 의사소통을 위해 철자를 사용할 수 있는 기회가 늘어날 수 있다.

말을 거의 또는 전혀 하지 못하는 아동은 일반적으로 '음운 인식'과 '철자 인식'을 발달시키기 위해 도움이 필요하다(Dessemontet et al., 2019; von Tetzchner et al., 1997). 음운 인식은 운율 및 기타 형태의 소리 놀이를 통해 촉진될 수 있지만, 이러한 활동은 언어가 없는 아동이 쉽게 이용할 수 있는 것은 아니다(Ferreira, 2007). 그러나 유치원에서 합성음 출력이 가능한 컴퓨터를 사용하면 읽기 교육을 시작하기 전에 소리를 발성하고 혼합하는 방법을 배울 수 있다. 아동들은 물리적 또는 디지털 키보드의 키를 활성화하여 합성음과 함께 '옹얼거리기'를 하고, 소리를 가지고 놀고, 우연히 또는 의도적으로 몇 가지 단어를 산출 할 수 있다. 이는 아동들이 아직 공식적인 문자 교육을 시작하지 않았더라도 음소–문자 대응 학습의 시작이다. 목표는 아동이 개별 문자와 연속된 문자에서 유도되는 소리를 스스로 탐색하는 것이므로 따라하기가 큰 역할을 해서는 안 된다.

이 접근법의 확장은 언어가 거의 또는 전혀 없는 아동을 위한 일반적인 읽기 교육의 대안이 될 수 있다(Elbro et al., 1996; McCarthy et al., 2015). 아동에게 읽기를 먼저 가르치는 대신 쓰기부터 시작한다. 컴퓨터는 아동이 쓴 연속된 문자(실제 단어인지 여부에 관계없이)를 합성음으로 발음한다. 따라서 컴퓨터는 말을 알아듣지 못하거나 말을 하지 못하는 아이들이 가장 어려워하는 사운드 블렌딩, 즉 글자에 해당하는 일련의 소리를 모아 단어를 발음하는 작업을 수행한다. 읽기 및 쓰기 장애가 있는 아동은 일반적으로 음성 단어를 인식하는 데 문제가 없다. 컴퓨터 음성 출력의 피드백이 철자 오류를 수정하고 올바른 철자를 확인하는 데 기초가 되기 때문에 글쓰기를 배울 수 있다. 이 기술은 철자를 검사하는 프로그램과 결합하여 *near*, *build*와 같은 영어 단어를 n-e-r, b-i-l-d로 쓰지 않도록 할 수 있지만, 일상적인 대화에서는 정확한 철자보다 상대방이 알아듣는 것이 더 중요하다. 컴퓨터나 전자적 의사소통 도구를 항상 사용할 수 있도록 하여 혼자서도 자연스러운 말하기 발달을 하는 아동들과 비슷한 방식으로 단어를 사용하고 이야기를 만드는 연습을 할 수 있도록 해야 한다(Nelson, 2015 참조).

연구에 따르면 이러한 접근 방식은 AAC를 사용하는 아동과 읽기 장애가 있는 구어 아동 모두에게 긍정적인 결과를 가져올 수 있다(Gruner et al., 2018; McCarthy et al., 2015; Schlosser & Blischak, 2001). 이는 실제로 언어가 거의 또는 전혀 없는 아동의 읽기 및 쓰기 장애를 예방하는 가장 효율적인 수단일 수 있다. 1980년대에는 전자적 의사소통 도구가 지금보다 덜 일반적이었다. 그러나 당시 스웨덴의 중도 언어 및 운동장애 아동 중 읽고 쓸 수 있는 대부분의 아동은 읽기를 배우면서 합성음 기능이 있는 컴퓨터를 접할 수 있었다(Hjelmquist & Dahlgren Sandberg, 1994). **예측 시스템**(p. 82 참조)은 단독으로 사용하거나 합성음과 함께 사용하면 읽기 학습에 어려움을 겪는 아동에게 유용한 도구이다(Newell, Booth & Beattie, 1991; von Tetzchner, Rogne & Lilleeng, 1997). 소근육 장애가 있는 청소년도 예측을 통해 철자 속도가 빨라진다는 사실을 발견했다(Atterström et al., 2023).

언어가 제한된 아동을 위한 조기 읽기 교육은 종종 일견 단어를 가르치는 데 많은 시간을 할애한다(Mandak et al., 2018; Ruppar et al., 2011). 말이 거의 없거나 전혀 없는 아동의 경우, 철자가 없는 시각적 단어나 다른 형태의 읽기보다는 쓰기부터 시작하는 것이 이들에게 문자 언어가 의사소통을 위한 수단이라는 점을 강조한다.

대면 의사소통을 위한 철자의 잠재력은 AAC를 사용하는 개인이 글쓰기를 배우게 하는 강력한 동기가 된다. 일부 아동의 경우, 문자를 사용하여 의사소통 '문제'를 해결하는 방법을 알게 되면서 읽기 및 쓰기 기술 습득이 가속화되기 시작했다. 예를 들어, Sander는 글자를 사용하여 의미를 명확히 할 수 있다는 것을 알게 되면서 읽기에 집중하기 시작했다. 교사는 처음부터 Sander에게 철자를 가르치는 대신 글자를 사용하여 행복 단어를 보완하고 행복 단어만 사용할 때보다 더 많은 의미를 표현할 수 있는 방법을 보여 주었다. Sander는 곧 'red'를 나타내는 r, 'blue'를 나타내는 b, 'yellow'를 나타내는 y 등과 함께 블리스 단어 COLOUR를 사용하여 색을 구분하는 데 글자를 사용했다. 아래 대화는 Sander(S)가 12세였을 때 문자를 어떻게 사용했는지 보여 준다. 그는 교사(T)와 학급 여행에 대해 대화하고 있었고, 교사는 그의 말을 번역했다(Brekke, 2001).

S: *TRIP CLASS PLACE+a FAMILY+v.*

T: Aksvik의 수업 여행

S: *WE PAST-TIME DRIVE CAR+t*

T: 우리는 택시를 운전했었어요.

S: *I AND TEACHER PAST-TIME JOURNEY BOAT.*

T: 나랑 선생님은 배를 타고 여행했어요.

S: *I SIT c-o-s-y+ONE.*

T: 나는 아늑한 가방('빈백')에 앉았어요.

S: *EAT+s DRINK+a-o-a AND w-t.*

T: 우리는 소시지를 먹고 코카콜라와 물을 마셨어요.

문해력 교육은 '말하기 기반 읽기 교육'과 유사한 그래픽 상징을 사용한 Sander의 언어 능력에 기반을 두었다. 그러나 이 맥락에서 '말하기'는 그래픽 상징을 사용하는 것이었다(Schulerud, 2002). 따라서 어린 도구적 의사소통자의 경우, 문해력 습득은 그래픽 상징을 사용한 의사소통을 기반으로 하며 그 연장선상에 있을 수 있다.

문자는 그래픽 상징의 의미를 조절하기 위해 다양한 방식으로 사용될 수 있다(1장 참조). 블리스 상징와 위짓 상징에서 문자는 체계의 일부이다. 위짓 체계에는 글쓰기 습득을 지원하기 위한 몇 가지 유용한 전략이 포함되어 있다(p. 42 참조). 예를 들어, 블리스 상징 사용자는 PET+c를 표시하여 'CAT(고양이)'를 말하고, 위짓 사용자는 s+ON을 표시하여 'SON(아들)'을 말할 수 있다. 음성 소리의 대응에 기반한 전략적 블리스 문자는 음운 인식의 발달을 지원할 수 있으며, 블리스 상징은 다른 방식으로 문해력 발달을 지원하는 데 사용될 수도 있다(Ottem, 2001). 이러한 글쓰기 전략은 블리스 상징이나 위짓 체계를 사용하지 않아도 다른 그래픽 의사소통 체계와 함께 적용할 수 있다. 그러나 그래픽 체계에서 글쓰기 문자로의 전환을 위한 절차와 훈련 전략을 개발할 필요가 있다(Sevcik et al., 2022; Yorke et al., 2021). 철자를 읽는 법을 배우는 도구적 의사소통자가 철자법에만 의존할 수 있을 정도로 철자를 잘 익히기까지는 오랜 시간이 걸리기 때문에 그래픽 상징과 문자를 통합하는 데는 오랜 기간이 소요될 것이다.

개인이 글쓰기 문자를 주요 의사소통 수단으로 사용할 수 있더라도 표현의 자유가 보장되는 만큼 자신이 사용하는 의사소통 방식에 가장 적합한 전략을 적용하는 것이 필요하다. 중도 운동장애가 있는 사람의 경우 철자보다 그래픽 상징을 선택하는 것이 더 빠를 때가 있다. 이 경우, 철자하는 데 시간이 거의 걸리지 않는 짧은 단어가 아니라 상대적으로 자주 사용되는 긴 어휘가 있는 상징을 그래픽 상징으로 표현해야 한다. 많은 청각장애인에게 그래픽 상징, 문자, 단어의 혼합은 특정 기간 동안 가장 빠르고 정확한 언어 사용을 구성할 수 있다. 또한 개인의 문자 사용은 의사소통 상대자가 그의 발언의 의미를 유추하는 데 도움이 될 수 있으며, 상대방은 이러한 혼합 전략을 지지하고 장려할 수 있다.

AAC를 사용하는 많은 아동은 읽기 및 쓰기를 배우는 데 어려움이 있음에도 불구하고, 교실에서 실제 읽기 지도를 받는 시간이 또래 아동보다 적다(Doneski-Nicol & Bartz, 2018). 부모가 책을 읽어주거나 텍스트에 관해 함께 이야기 나누는 것과 같은 문해 경험도 상대적으로 적으며, 이런 활동에서도 보다 소극적인 역할을 부여받는다(Dahlgren Sandberg, 1996; McNaughton, 1998). 그러나 이러한 차이점이 제한된 구어 능력을 가진 아동들 중 읽기 능력이 뛰어난 아동과 그렇지 않은 아동을 구별짓는 요소로 작용하지는 않는 것으로 나타났다. AAC를 사용하는 아동의 문해 경험을 확대하는 것이 중요하긴 하지만, 이들이 읽기와 쓰기 기술을 발달시키는 데 진정한 장애 요인은 보다 근본적인 문자 텍스트 처리의 문제이며, 이는 반드시 극복되어야 한다(von Tetzchner, 2010).

마지막으로, 읽기 및 쓰기 교육은 종종 늦게 시작되며 많은 중도 장애 아동은 책과 잡지에 대한 독립적인 접근이 제한적이다. 읽기를 배우지 못하거나 진도가 매우 느린 아동의 경우, 읽기가 아닌 다른 방법으로 정보에 접근하고 학교에서 습득한 지식을 표현하고 토론하는 데 필요한 수단을 확보하여 지식 발달과 학업 성취에 불필요한 방해를 받지 않도록 하는 것이 중요하다. 많은 교과서와 기타 책이 오디오 버전으로 제공되며, 텍스트 음성 변환(text-to-speech) 컴퓨터 프로그램은 텍스트를 합성음으로 표시할 수 있다. 문자 메시지 및 전자 메일과 같은 많은 문해력 활동은 그래픽 상징을 사용하여 수행할 수 있다(p. 70 참조).

9장

손짓 기호 또는 그래픽 상징으로 문장 구성

이 장에서는 문장 구성의 기초와 두 개 이상의 손짓 기호 또는 그래픽 상징이 포함된 발화 사용을 촉진하기 위한 전략을 제시한다. 단일 단어, 기호 또는 상징에서 문장으로의 전환은 아동의 언어를 더 효율적으로 만들어 주며 전형적인 언어 발달과 비전형적 언어 발달 모두에서 중요한 이정표가 된다. 전형적인 발달을 보이는 대부분의 아동은 생후 2세 후반에 두 개 이상의 단어로 발화하기 시작한다(Bates et al., 1995). 즉, 문장을 만드는 것은 고도의 기술이 아니며 손짓 기호나 그래픽 상징을 사용하는 아동은 지적 능력에 따라 조기에 문장을 구성하도록 장려해야 한다.

문장의 기능은 특정 의사소통 맥락 내에서 두 개 이상의 언어 요소 간의 관계를 표현하는 것이다. **아빠 자동차**라는 메시지는 어떤 식으로든 관련이 있을 수도 있고 없을 수도 있는 **아빠**와 **자동차**를 개별적으로 표현한 것과는 질적으로 다르다. **아빠 자동차**는 맥락에 따라 관계의 성격이 다를 수 있지만 '아빠'와 '자동차' 사이의 명확한 관계를 표현한다. 아빠가 자동차를 소유하고 있다, 아빠가 자동차 옆에 서 있다, 아빠가 자동차를 타고 오거나 갈 것이다, 아빠가 자동차에 앉아 있다, 아빠가 자동차를 좋아한다 등을 표현하고자 할 수 있다. 따라서 문장은 일반적으로 개별 단어보다 더 정확한 문장으로 구성되며 의사소통 상대자와 공통된 초점 요소를 더 많이 반영한다.

문장은 단순한 요청이나 현재의 의사소통을 넘어서는 데 필요하다. 두 개 이상의 요소가 포함된 발화는 사람, 사물, 행동, 생각 및 속성을 지정하고 과거와 미래의 사건에 대해 이야기하며 보다 다양한 내용을 표현하고 의미론적, 화용적으로 표현의 가능성을 확장할 수 있다. 문장을 이해하고 산출하려면 문장에 포함된 요소 간의 관계를 나타내는 공유된 방식이 필요하다. 음성 언어의 발달에서 문장 요소 간의 관계는 어순, 굴절, 문법 단어로 표시된다.

한두 단어로 이루어진 아동의 초기 발화에서도 다양한 관계적 내용을 표현한다(〈표 9.1〉). 사실, 초기 한 단어 발화의 대부분은 성인이 더 많은 단어를 사용하여 표현할 의도를 나타낸다는 의미에서 일어문이다(holopharse)(Barrett, 1982). **엄마**는 '엄마, 이리 와' 또는 '엄마, 하지마', **공**은 '공 줘' 또는 '공이 어디 있어?'를 의미할 수 있다. 어른들은 일반적으로 상황적 단서를 통해 아동의 의도를 유추한다. 한 단어로 된 발화에서 두 단어 이상의 발화로 전환하는 것은 점진적으로 이루어지는 경향이 있다. 아동은 충분한 어휘력과 인지적, 생산적 통제력을 갖추고 있어야 동일한 억양 프레임 내에서 두 개 이상의 단어를 계획하고 표현할 수 있다(Herr-Israel & McCune, 2011; Peters, 1995). 이러한 시기는 개인마다 큰 차이가 있다. 어떤 아동은 생후 15개월에 구문 구성을 사용하고, 어떤 아동은 2세부터 문장을 사용하기 시작하며, 일부는 그보다 더 이른 나이에 구문 구성을 사용한다(Rescorla & Schwartz, 1990; Zambrana et al., 2014). Ramer(1995)는 아동이 처음으로 두 단어를 발화할 때부터 발화 중 20%가 두 단어 이상이 될 때까지 걸리는 시

표 9.1 초기 발화에서 한두 단어로 이루어진 일반적인 의미관계(Bloom & Lahey, 1978 참조)

1. 존재 Existence

이 발화는 상황에 있는 사물을 가리키며 아동이 공, 저기, 저기 공 또는 저기 공과 같이 사물을 보거나 가리키고, 만지거나 집어 올리는 것을 말한다.

2. 존재하지 않음 Non-existence

어떤 사물이 상황에 존재하지 않거나 아동이 보지 못하지만 거기에 있을 것으로 예상하거나 찾아야 할 이유가 있는 경우이다. 아동은 아니요 또는 없다라고 말하거나 질문과 같이 억양이 상승하는 사물의 이름을 말하고 그것을 찾을 수 있다.

3. 반복 Recurrence

사라졌던 사물 또는 이와 유사한 사물이 다시 나타나거나 기존의 사물과 유사한 사물이 첫 번째 사물과 연관되어 나타난다. 아동은 더 많은 것을 다시 말하거나 다른 말을 할 수 있다.

4. 사라짐 Disappearance

어떤 사물이 상황에 있었다가 더 이상 존재하지 않는다. 갑자기 보이지 않거나 사라지거나 저절로 증발할 수 있다. 아동은 없어졌다, 없다, 안녕이라고 말할 수 있다. 한 아동이 구름 뒤로 사라지는 해를 가리키며 말했다: **없어졌어.**

5. 행위 Action

이 발화는 사물이나 사람의 위치가 아닌 행동을 바꾸는 것이 목적인 말이다. Marte가 샌드위치를 보며: **맛봐요! 먹어!**

6. 소유 Possession

이 발화는 사람과 사물 사이의 소유 관계를 나타낸다. John이 공을 가져가며: **내 거야!!**

7. 수식 Attribute

이 발화는 사물의 속성이나 특징을 나타낸다. Marte가 잼을 가리키며: **딸기. 빨게**

8. 부정 Negation

아동이 다른 사람의 발화 또는 아동 자신의 앞선 발화에 표현된 정체성, 상태 또는 사건을 부정한다. 엄마가 Anders에게 우유 한 잔을 건네며 질문한다: **우유 마실래?** Anders가 고개를 저으며 말한다: **아니.**

9. 거절 Rejection

이 발화는 아동이 어떤 행동을 거부하거나 물건을 거부한다는 것을 표현한다. 엄마가 말한다: **우유 마시고 싶지 않니?** Anders가 유리컵을 밀어버리며: **싫어.**

10. 장소 동작 Locative actions

이 발화는 사람이나 사물의 위치를 바꾸는 것을 목표로 하는 행동을 말한다. Anders가 인형을 의자에 놓는다: **앉아!**

간이 1개월 반에서 9개월 사이라는 것을 발견했다. 수어를 사용하는 청각장애 아동은 적절한 수어 환경이 갖춰진다면 건청 아동과 비슷한 나이에 문장을 사용하기 시작한다(Lillo-Martin & Henner, 2021; Rinaldi & Caselli, 2009).

AAC를 사용하는 아동은 단일 기호나 상징이 포함된 발화를 오랫동안 계속 사용하는 경향이 있으며, 상대방은 주로 상황적 단서를 사용하여 아동의 의사소통 의도를 추론한다(Binger & Light, 2008; Soto& Clarke, 2017; von Tetzchner & Grove, 2003). 많은 자폐범주성장애인과 지적장애인이 AAC 체계를 사용하지만 긴 발화로의 전환이 지연되고 일부는 문장을 사용하는 법을 배우지 못하기도 한다. 언어가 발달하는 지적장애 아동은 전형적인 발달을 보이는 아동보다 한 단어 발화를 더 오래 사용할 수 있으며, 문장을 만들기 시작할 때 상대적으로 더 많은 어휘를 사용한다(Thurman et al., 2022). AAC를 비교적 늦게 시작하는 경우가 많으며 AAC를 사용하는 개인의 발달 과정은 구어를 발달시키는 지적장애인과 직접 비교할 수 없다. 연구에 따르면 자폐범주성장애인과 지적장애인은 손짓 기호(Bonvillian & Blackburn, 1991; Grove & Dockrell, 2000; Grove, 2019a; Launonen & Grove, 2003) 또는 그래픽 상징(Finke et al., 2017; Nigam et al., 2006; Wilkinson et al., 1994) 문장을 이해하고 생성하는 방법을 배울 수 있는 것으로 나타났다. 또한 연구에 따르면 이 후자 그룹에 속하는 아동의 문장에서 발견되는 의미관계는 전형적인 발달을 보이는 어린 아동의 문장과 비슷하다고 하였다.

일부 개인이 주로 하나의 기호나 상징으로 발화를 사용하는 데에는 여러 가지 이유가 있을 수 있다. 신경학적 장애는 개인의 관련 인지 및 언어 기술 습득을 방해할 수 있다. 그러나 많은 중증 지적장애인은 구어 문장을 만든다(McLean et al., 1999). 또한 300단어 미만의 어휘는 지적장애 아동의 문장 형성을 제한한다고 알려져 있지만(Bates & Goodman, 1997), 어휘 크기보다는 사물, 자기 자신, 타인에 대해 이야기하는 것과 같은 아동의 활용적 능력이 이후의 문장 형성을 더 잘 예측한다(Foster-Cohen et al., 2021). 다중 손짓 기호를 사용하는 지적장애 아동과 단일 기호만을 사용하는 아동을 구분하는 것은 명확하지 않다(Grove, 2019a; Grove & Dockrell, 2000).

구어 이해력이 좋은 표현 언어 그룹의 많은 아동은 짧은 그래픽 문장을 만드는 경향이 있으며, 주로 단일 상징을 사용하는 경우가 많다(Binger & Light, 2008; Soto & Clarke, 2017; von Tetzchner & Martinsen, 1996). 모든 아동은 문장으로 자신을 표현할 수 있는 학습 기회가 필요하며, 구어를 잘 이해하는 어린 운동장애가 있는 도구적 의사소통자도 마찬가지이다. 이는 일반적인 범위의 구어 이해력은 있지만 말하기 능력이 부족한 6세 여아를 예로 들어 설명할 수 있다. 연구에 참여한 이 아동이 아버지, 어머니와 의사소통을 할 때 PCS로 생성된 114개의 발화 중 12개만 두 개 이상의 상징을 포함하고 있었고, 한 발화에는 네 개의 그래픽 상징이 포함되어 있었다(Smith, 2003). 그녀의 다중 상징 발화 발달을 방해한 것은 말장애가 아니라 문장을 구성하는 경험이 부족했기 때문이다. 운동장애가 없었다면 아마도 긴 문장으로 말을 했을 것이다.

의사소통 도구를 사용하는 지적장애, 자폐범주성장애, 중증 언어장애가 있는 대부분의 아동도 마찬가지이다. 따라서 이들이 주로 한 가지 상징 발화를 하는 데에는 다른 이유가 있을 것이다. 특히 그래픽 상징을 사용하는 운동장애 아동의 경우 각 상징을 선택하고 표시하는 데 시간이 필요하다. 자연스러운 화자와 도구적 의사소통자 간의 대화에서 적은 수의 도구적 어휘와 상호작용 패턴은 도구적 의사소통자가 생성하는 발화의 구조를 어느 정도 결정한다(Jagoe & Smith, 2016; Smith et al., 2018).

AAC를 사용하는 아동의 초기 어휘는 현재에 대해 의사소통하는 데는 효과적일 수 있지만 문장을 만드는 데는 효과적이지 않을 수 있다. 문장 발달을 촉진하기 위해 중재자는 문장을 구성하는 데 필요한 손짓 기호 또는 그래픽 상징을 제공하고(8장 참조), 문장 구성에 유용한 전략을 가르치고 더 긴 발화를 유도할 수 있는 활동에 참여시켜야 한다(10장 참조). 어린 아동에게 상징놀이는 언어 발달을 위한 영양 가득한 활동이며(Greaghe et al., 2021), 다양한 형태의 놀이가 그래픽 상징으로 문장을 가르치는 데 활용되어 왔다(Binger & Light, 2008). 개인이 더 긴 발화를 시작하고 과거 또는 미래의 사건에 대해 의사소통을 하기 시작하면 일반적으로 존재하지 않고 주로 자신과 관련 없는 사물과 행동에 대한 기호 또는 상징이 필요하다. LARGE(크다), FAST(빠르다), WET(젖다), RED(빨강)와 같은 속성을 나타내는 어휘, ON(위), IN(안), ABOVE(위로), UNDER(아래로)와 같은 공간적 관계, FIRST(처음), THEN(다음), TOMORROW(내일), YESTERDAY(어제)와 같은 시간적 어휘가 필요하다. 사람은 사회 환경의 중심 주체이므로 사람 이름은 개인의 어휘에서 중요한 부분을 차지한다. 교사가 다른 범주에 속하는 기호나 상징을 선택하는 것은 개인이 학습하는 문장 유형에 따라 어느 정도 달라질 수 있다. 그러나 개인이 비교적 고급 언어 능력을 갖추고 있더라도 교사는 개인의 의사소통 기회, 사회적 기능 및 전반적인 상황을 개선하는 데 가장 기여할 수 있다고 생각되는 손짓 기호 또는 그래픽 상징을 선택해야 한다.

직접 가르치는 사람 이외에도 아동의 의사소통 방식을 사용하는 주변 사람은 문장 구성에 대한 주요 정보원이다. 그러나 핵심어 기호를 사용하는 사람들은 구문적으로 연결된 두 개 이상의 기호를 말과 함께 사용하는 경우가 드물다(Grove, 2019a; Grove et al., 1996; Rombouts et al., 2019). 의사소통 상대자는 주로 교육 회기에서 말과 동시에 그래픽 상징을 사용해 왔지만(Drager, 2009; Romski & Sevcik, 1996), 최근에는 상대방이 말할 때 핵심 그래픽 상징을 나타내는 도구적 언어 모델링(aided language modelling) 또는 도구적 언어 자극(aided language stimulation)이 더 보편화되었다(Douglas et al., 2023; Jonsson et al., 2011; Sennott et al., 2016). 그러나 문장 구성을 지원하려면 주변 사람들이 손짓 기호나 그래픽 상징을 사용하는 개인과의 일상적인 상호작용에서 핵심 단어를 '핵심어 문장'으로 확장하는 것이 중요하다(12장 참조).

AAC 중재는 아동이 다양한 의미를 가진 문장을 구성하도록 지도해야 한다. 최적의 역량을 갖추기 위해서는 문장 구조를 개발하는 데 있어 성인의 도움이 필요하다. 언어 발달에 대한 사용 기반 관점에서 볼 때, 아동이 스스로 구성한 문장도 문장 발달의 기초가 된다(Tomasello, 2009a). AAC를 사용하는 개인은 또한 창의적이며 교사는 개인의 의사소통적 창의성을 지원할 수 있어야 한다.

기호 또는 상징 문장 지원 전략

손짓 기호 또는 그래픽 상징으로 문장을 가르칠 때 주된 목표는 각 손짓 기호 또는 그래픽 상징의 의미와 문장으로 표현된 의미에 어떤 영향을 미치는지 개인이 인식하도록 하는 것이다. 아동은 아래와 같은 질문에 대한 답이 필요하다.

- 특정 손짓 기호나 그래픽 상징이 추가되면 문장의 의미가 어떻게 바뀌나요?
- 문장에서 기호나 상징이 제거되면 문장의 의미가 어떻게 바뀌나요?
- 손짓 기호나 상징이 다른 것으로 대체되면 문장의 의미가 어떻게 바뀌나요?
- 문장에서 어떤 기호나 상징이 같은 위치를 차지할 수 있나요?
- 특정 의미를 표현하거나 특정 방식으로 의미를 변경하려면 어떤 기호나 상징을 추가 해야 하나요?
- 기호와 상징을 수정하여 의미를 변경하려면 어떻게 해야 하나요?

중재는 아동이 이러한 질문에 대한 답을 찾도록 유도해야 하며, 교사는 다양한 방법으로 문장 형성과 사용을 가르치려고 노력해야 한다. 이러한 전략과 아동의 문장 학습은 의사소통 상호작용에서 관찰된 기호 또는 상징의 일관성과 변화, 의미의 대조와 유사성을 기반으로 한다. 동일한 정보는 손짓 기호 또는 그래픽 상징이 있는 문장을 이해하는 데 도움이 된다.

피벗 전략

일반적인 언어 발달의 초기 단계에서는 특정 단어가 다른 단어보다 더 자주 사용되며 이러한 단어는 종종 다른 단어와 결합 된다. 이러한 종류의 단어를 '피벗(중심축, Pivot)'이라고 부른다(Braine, 1976). 아동 언어 연구에서 피벗은 상대적으로 고정된 위치 때문에 어순과 문장 구조 또는 구문의 시작 부분에 민감하게 반응하는 것으로 여겨져 특별한 관심을 받아왔다.

- 우유 없다, 개 없다, 케이크 없다에서 없다는 피벗이다.
- 여기 인형, 여기 나, 여기 신발에서 여기는 피벗이다.

피벗은 일반적으로 고정된 위치가 없지만 각 아동은 같은 위치에서 피벗을 사용하는 경향이 있다. 특정 아동의 경우 어떤 피벗은 발화의 항상 맨 앞에 나타나기도 하고, 어떤 피벗은 끝에 나타나기도 한다. 어떤 아동은 한 단어를 문장 처음에 피벗으로 사용하기도 하고, 다른 아동은 같은 단어를 문장 끝에 피벗으로 사용하기도 한다. 또한 피벗이 아닌 단어가 조합된 초기 두 단어 발화가 많으며 피벗도 때때로 결합되기도 한다(Tomasello, 2006).

일부 손짓 기호 및 그래픽 상징은 참조 대상 및 개인 환경과의 관련성에 따라 다른 기호보다 문장을 구성하는 데 더 적합하다(8장 참조). 이러한 기호를 피벗 개입 전략에 따라 문장 구성의 피벗으로 선택할 수 있다. 이들은 개인이 새로운 기호나 상징을 습득하고 기호나 상징을 결합하여 문장을 구성하는 데 도움을 줄 수 있다.

예를 들어, 피벗은 EAT APPLE(사과 먹다), EAT BANANA(바나나 먹다), EAT BREAD(빵 먹다)와 같이 여러 사물과 결합할 수 있는 동작 기호나 상징의 형태로 놀이에 도입하거나, SEE BALL(공 보다), GET BALL(공 받다), THROW BALL(공 던지다), ROLL BALL(공 굴리다), KICK BALL(공 차다)과 같이 다양한 동작 기호와 함께 사용할 수 있는 사물 기호로 도입할 수 있다. FINISH(끝나다), GET(얻다), GONE(없다), HAVE(있다), GIVE(주다)와 같은 기호 및 상징도 피벗으로 적합할 수 있다. FINISH WORK(일 끝나다), FINISH JUMP(뛰다 끝나다), BALL GONE(공 없다), BALL GIVE(공 주다)와 같이 다양한 사물 이름과 함께 사용할 수 있다. CARRY MILK(우유 운반하다), CARRY SACK(자루 운반하다), SIT CHAIR(의자 앉다), SIT FLOOR(바닥 앉다) 등과 같이 CARRY(운반하다)와 SIT(앉다)도 여러 사물 이름과 결합할 수 있다. Wilkinson과 동료들(1994)은 *Want*(원하다), *PLEASE*(부탁하다), *MORE*(더), *THROUGH*(통해), *HELP*(돕다), *YES*(예), *NO*(아니요)를 피벗이라고 보았지만, 이들은 각 아동이 고정된 위치에서 사용하지 않았기 때문에 피벗에 구문적 특성을 부여하는 고정 분포를 갖지 못했다.

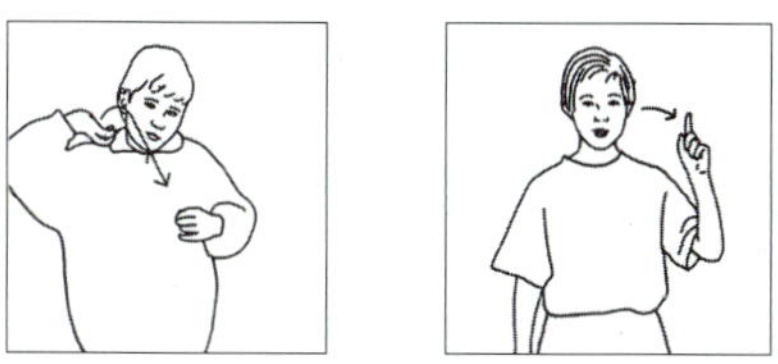

THROW SEE/LOOK

손짓 기호: THROW, SEE/LOOK

PCS: *FINISH, CARRY*

따라서 피벗 중심 중재에는 두 가지 주요 측면이 있다. 첫째, 아동의 표현 어휘의 다른 부분과 결합하기 쉬운 기호 및 상징을 우선시한다는 의미로, 지시적 제스처(deictic gestures)를 포함한다. 사물이나 위치를 가리키는 것은 초기 언어 발달에서 흔히 볼 수 있으며(Goldin-Meadow & Alibali, 2013), 손짓 기호나 그래픽 상징과 함께 사용될 수도 있다. 손짓 기호 CAR와 가리키기를 함께 사용하는 것은 '저기 차', '저 차' 또는 '차 줘'를 표현할 수 있다. CAR와 고개젓기는 '차 없어'를 의미할 수 있다. 둘째, 새로운 손짓 기호나 그래픽 상징을 선택할 때 아동의 피벗과 결합할 수 있는 것을 우선적으로 고려할 수 있다. 그러나 피벗 중심의 어휘 선택 전략은 피벗 기능에 대한 인식이 기호와 상징의 선택에 영향을 미친다는 것을 의미할 뿐이라는 점에 유의해야 한다. 특정 기호나 상징이 피벗으로 기능할지 여부는 아동의 실제 사용에 따라 달라진다. 피벗 범주 외부의 어휘 항목을 결합하는 것이 유용할 때도 있다. 피벗 선택은 개인이 자신의 표현 언어를 정리하는 데 도움이 될 수 있지만 기호 또는 상징 순서의 기능을 이해하지 못하는 것 같으면 나중으로 미룰 수 있다. 주요 목표는 개인이 하나 이상의 손짓 기호 또는 그래픽 상징을 사용하여 발화를 구성하도록 지도하는 것이다.

공식

아동은 창의적인 언어 사용자이다. 전형적인 언어 발달 초기에 아동은 의사소통 문제를 해결할 때 과거에 효과가 있었던 문장 구성을 다시 사용한다. 따라서 이러한 구조는 유사한 의미를 표현하기 위한 공식(formulas) 또는 프레임으로 기능하다(Theakston & Lieven, 2017; Tomasello, 2006). AAC를 사용하는 아동은 언어 레퍼토리가 상대적으로 적은 경향이 있기 때문에 여러 상황에서 동일한 발화 패턴을 사용할 수 있다. 사과나 책을 요청하기 위해 I GET APPLE(사과 주세요)과 I GET BOOK(책 주세요)을 배우면 I GET X(X 주세요)라는 공식을 개발할 수 있으며, 여기서 X는 APPLE(사과), JUICE(주스), BOOK(책), BALL(공) 등이 될 수 있다. 다른 일반적인 초기 공식으로는 WHERE X(X 어디 있어?), LOOK X(X 봐), WE X(우리 X)가 있습니다. X DO(X 하다)라는 공식은 어떤 일을 해야 하는 사람을 지정하는 데 사용할 수 있다. X Y는 사람과 수행해야 할 행동이 모두 열려 있는 공식일 수 있다. 주변 사람들이 핵심어 손짓 기호 또는 그래픽 상징을 사용하여 동일한 문장 구조를 만들면 개인이 공식을 학습하는 데 도움이 된다.

위짓 상징: *WHERE, GET*

공식은 언어 발달의 초기 단계에 유용하지만, 개인이 제한된 수의 공식만 가지고 있다면 표현적 의사소통이 다소 정형화될 수 있다. 따라서 개인은 다양한 문장 구성에 노출되어 그 의미가 어떻게 대조되는지, 특정 상황에서 왜 문장 구성 B가 아닌 문장 구성 A가 선택되는지 경험해야 한다. 공식은 이전에 확립된 문장 구조를 활용할 수 있게 해 주며, 대비의 원리는 새로운 문법 구조를 사용하도록 촉진한다. 교사(및 다른 성인)는 AAC를 사용하는 개인에게 공식과 개별 손짓 기호 또는 그래픽 상징이 변경될 때 문장의 의미가 어떻게 달라지는지 명확하게 설명해야 한다. 또한 p. 354의 질문에 따라 공식을 확장하도록 안내해야 한다.

의미유형

손짓 기호 또는 그래픽 상징을 사용하여 만든 문장은 개인이 사용하는 구어의 문법을 항상 따르지 않는다. 손짓 기호나 그래픽 상징으로 문장을 구성하는 것을 지원하기 위해 중재자는 대신 다른 도구를 사용하여 문장을 분석할 수 있다. 의미유형(semantic roles, 주제적 역할이라고도 함)은 초기 아동 언어를 분석하는 데 사용되어 왔으며 AAC를 사용하는 개인의 초기 언어를 분석하고 지원할 때도 유용하다(Tönsing, 2016).

의미론(*semantics*)은 단어와 문장의 의미에 관한 것이다(Chandler, 2002). 행동어(동사)는 문장 의미 분석에서 중요한 위치를 차지한다. 의미유형은 다른 단어들이 문장의 주동사와 어떤 관계를 맺고 있는지를 나타낸다. 따라서 의미유형은 누가, 무엇을, 누구와, 어디에서, 어떻게 행동하는지에 관한 것이다. 유형은 개인의 문장 구성을 지원하기 위해 행동을 나타내는 손짓 기호 및 그래픽 상징을 선택하는 것의 중요성을 강조한다. 〈표 9.2〉는 가장 일반적인 의미유형을 정의하고 2~3개 단어로 이루어진 아동의 초기 발화에서 일반적으로 발견되는 의미유형의 예를 보여 준다. 이러한 초기 발화의 대부분은 사물을 요청하기보다는 사건을 설명하는 경우가 많다는 점에 유의해야 한다.

전형적인 발달을 보이는 아동의 초기 문장은 주로 다음과 같이 동사의 어미 변형이 없는 내용 단어로 구성된다: *Doll sit*(인형 앉다), *Sit chair*(의자 앉다), *There Teddy*(저기 테디), *Teddy gone*(테디 없다), *Cat eat*(고양이 먹다). 이러한 문장은 일반적으로 행위자와 실체와 같은 소수의 의미유형으로 구성되며, 아동이 집중하고 있는 것과 상황 해석을 반영한다. 그러나 주변 사람들은 어린 도구적 의사소통자의 발화를 해석할 때 그 도구적 의사소통자가 행위자라고 가정하는 경향이 있다. 이들은 다른 사람의 행동에 대한 의사소통을 잘 기대하지 않는데, 이러한 행동은 종종 환경에서 가장 눈에 두드러진다. 이러한 방식으로 행위자가 암시되는 경우, 예를 들어 JOHN THROW(존 던지다), MARY SING(메리 노래 부르다)와 같이 또래나 성인에게 무언가를 부탁하는 발화에서 다른 사람을 행위자로 만들 수 있다는 가능성을 인지하기 어렵다.

표 9.2 2~3단어 아동 발화에서 흔히 볼 수 있는 의미유형

행위자(Agent)	행위를 수행하는 사람
행위(Action)	행위
수혜자(Patient)	누구에게 또는 어떤 일이 일어나는지
장소(Location)	행위가 발생하거나 무언가가 이동하는 위치 또는 이동 장소
소유자(Possessor)	어떤 것을 소유하는 사람
소유(Possession)	소유 대상
실체(Entity)	별도로 존재를 사진 실체 또는 사람
수식(Attribute)	실체의 특징
지시자(Demonstrator)	어떤 것을 가리키기 또는 지시하기
행위자+행위	*Baby cries*
행위+수혜자	*Pulls wagon*
행위자+수혜자	*Baby food*
행위+장소	*Sit chair*(한국어에서는 의자+앉아(장소+행위)로 나타남)
실체+장소	*Chair basement*
소유자+소유	*Mama glasses*
실체+수식	*Big tree*
지시자+실체	*There apple*
행위자+장소+시간	*I school today*
행위자+행위+수혜자	*Doggie eat food*
행위자+행위+장소	*Man sits car*
행위+수식+실체	*Cut big flower*
지시자+소유+소유자	*There scissors Mama*

ARASAAC: *THROW, SING*

문장에서 각 손짓 기호 또는 그래픽 상징의 의미론적 역할은 특정 의사소통 맥락에서 해당 기호가 갖는 기능에 따라 결정된다. 따라서 의미유형에 기반한 전략의 중요한 부분은 개인이 각 의미유형을 채울 수 있는 여러 어휘 항목을 얻는 것이다. 연구에 따르면 자폐범주성장애인

표 9.3 자폐범주성장애 아동과 지적장애 아동이 사용하는 손짓 기호 또는 그래픽 상징 문장

〈손짓 기호〉

Lisa, 3세, 다운 증훈군

CAR DRIVE FAST

DANGER PLAY ROAD

HURT *Lisa* CAR UNDER

Eric, 5세, 다운 증후군

MAN PLAY-ICE-HOCKEY

DOG ANGRY BARK YOU I AFRAID

CHOCOLATE DELICIOUS BUY SHOP

BOOKS BOOKS BOOKS BOOK "lots of books"

Ted, $6\frac{1}{2}$세, 자폐범주성장애

DADDY EAT

GO SCHOOL

MOTHER CAR

FATHER HAIRCUT

EAT CAKE

MORE CAKE

NO FOOD

NO GO

남아, 학령기 연령, 자폐범주성장애

NO MOTHER CAR PLAY SCHOOL

남아, 학령기 연령, 자폐범주성장애

PAPER HEAD(까꿍놀이를 요청하며)

(9개월에 나타난 유일한 두 개의 손짓 기호 발화였음)

Eric, 12세, 다운 증후군

WANT I SWEET WANT BAR CHOCOLATE

PLAY-GUITAR I WANT GUITAR ELECTRICITY(주제 코멘트 구조).

Ana, 13세, 다운 증후군

BREAD CAKE AWEET PICK-UP DRINK PICK-UP

Asha 14세, 지적장애

SLEEP GET UP BROTHER

GOOD FILM THAT FILM GOOD

Yayesh, 16세, 다운 증후군
WALK REACH CUDDLE HOT

〈그래픽 상징〉

Yvette, 5세, 운동 및 지적장애
TROUSERS PULLOVER "doll"(인형을 보며)

Magda, 7세, 운동 및 지적장애
CASETTE-PLAYER STORYBOOK
SHOWER WASH HAIR COMB

Alex, 10세, 지적장애
ALEX SWIM BUS DRIVE ALEX SHIT! BROKEN DOWN BUS

(from Basil & Soro-Camats, 1996; Bonvillian & Blackburn 1991; Fulwiler & Fouts, 1976: Gangkofer & von Tetzchner, 1996; Grove, 2019a; Heim & Baker-Mills, 1996; Launonen, 2003, 2019a; Launonen & Grove, 2003; Wilkonson et al., 1994)

과 지적장애인은 AAC를 사용하여 초기 문장을 생성할 수 있다(〈표 9.3〉).

도구적 의사소통을 통한 조기 중재에서는 활동, 사물 또는 상황을 표현하기 위한 사진에 아동이 등장하는 것이 일반적이다. 따라서 행위자와 사진에서 전달하고자 하는 의미 정보를 구별하기가 어렵다. 예를 들어, 사진에 아동이 등장하게 되면, "swing(그네)" 대신 "child swing(아동이 그네)"로, "drink(마시다)" 대신 "child drink(아동이 마시다)"로 의미가 해석될 수 있다. 어른은 이를 인지하지 못한 채 "(의미적) 행위자 X" 대신 "아동이 X"라는 공식을 아동이 학습하도록 유도할 수 있다. 이러한 문제를 방지하고 아동이 발화에서 행위자 역할을 더 잘 인식하도록 하려면 아동(행위자)의 사진 한 장과 함께 행위, 실체 또는 기타 의미유형 나타낼 수 있는 하나 이상의 사진이나 그래픽 상징을 함께 소개하는 것이 좋다. 이에 따라 PECS(Bondy & Frost, 2002)의 접근 방식에서 중심이 되는 *I-WANT*(주세요) 및 *I-SEE*(보여요)와 같은 그래픽 상징을 사용하는 것은 권장되지 않는다(p. 121 참조).

4세 자폐범주성장애 아동에게 의미유형 전략을 적용하여 "Robert"를 의미하는 그래픽 상징 사용을 가르쳤다(von Tetzchner, 2019b). 그의 의사소통 책에는 약 100개의 그래픽 상징과 사진이 들어 있었다. 책 뒷면에는 벨크로가 붙어 있었고, 그와 그의 의사소통 상대자가 그래픽 상징을 배치할 수 있는 접이식 '대화 페이지'가 있었다([그림 2.3] 참조, p. 65).

중재 초기에는 아동의 사진을 항상 그래픽 발화의 시작 부분에 배치하여 아동이 행위자가 되게 하였다. 그러나 아동의 사진은 의사소통 의도와 맥락에 따라 다른 행위자를 선택할 수 있을 때까지는 의미적 행위자로서의 진짜 기능을 하지 못했다. 교육 과정의 일환으로 Robert 사진(그의 이름을 나타냄)을 때때로 다른 사람의 사진으로 교체하여 행위자의 변화를 알리고 Robert에게 사람 사진의 의미적 기능을 인식하도록 했다. 예를 들어, Robert에게 특정 사람에게 도움을 요청할 수 있다는 것을 인식시키기 위해 Robert에게 아직 혼자서 다룰 수 없는 흥미로운 장난감을 제공했다. Robert는 탁구공을 공중에 날리는 '파이프'인 플립플롭(flip-flop)을 가지고 노는 것을 좋아했지만 직접 공을 공중에 날릴 수는 없었다. 교사인 Kari는 이를 이용해 *ROBERT*를 대신해 *KARI*(자신의 사진)를 행위자로 소개했다.

> Robert는 의사소통 책의 대화 페이지에서 보통 첫 번째 위치에 있는 그래픽 상징 *ROBERT* 다음에 *FLIP-FLOP*(플립플롭)을 놓았다. 선생님은 탁구공을 파이프 위에 올려놓고 Robert의 입에 넣어 주었다. 그는 불기를 시도했지만 성공하지 못했고 그는 파이프를 든 손을 선생님 쪽으로 다시 밀었다. 선생님은 *ROBERT*를 *KARI*로 바꾸며 "Kari가 불 거야"라고 말했다. 그녀는 파이프를 불기 시작했고, 공이 공중에 떠서 춤을 추기 시작했다. 그런 다음 이름(사진)을 다시 바꾸고 파이프를 Robert에게 주었다.

Robert가 발화에서 행위자의 의미유형을 이해했다는 첫 번째 분명한 징후 중 하나는 아래 상황에서 나타났다.

> Robert는 *ACTIVITY-BOARD*(활동 보드)를 꺼내서 대화 페이지에 남겨져 있던 그래픽 상징 *KARI*의 오른쪽에 놓았다. Kari가 활동 보드를 가지고 놀기 시작했다. Robert는 당황한 표정을 지으면서도 웃으며 한참을 지켜보았다. 그러더니 *KARI*를 떼어내고 대화 페이지에 그래픽 상징 *ROBERT*를 배치했다. Kari는 *ROBERT* 위에 *NO*(검은색 십자 표시가 있는 빨간색 카드)를 올려놓으며 대답했다. 그런 다음 *ROBERT*를 다시 책에 넣고 *KARI*를 다시 대화 페이지에 놓고 한동안 활동 보드를 가지고 놀았다. 그러자 Robert는 *ACTIVITY-BOARD*를 치우고 그가 아주 좋아하지만 스스로 조작할 수 없는 또 다른 장난감인 *BARREL*(통아저씨 룰렛 게임)로 교체했다. Kari는 열정적으로 다양한 소리를 내며 통을 열고 닫았다. Robet는 웃으며 그 모습을 지켜보았다.

개인이 아직 사진의 기능을 이해하지 못하는 경우에도 처음부터 중재의 일부로 사람 사진을 사용하여 행동 전 행위자 또는 기타 의미유형을 나타낼 수 있다. 위의 예에서 Robert는 의사소통 책이 소개되었을 때 문장을 만들지 못했다. 인물 사진이 항상 있었기 때문에 그는 스스로 문장을 구성하는 법을 배우기 전에 상징 문장을 사용했다. 이는 전형적인 발달을 보이는 아동의 언어 습득에서 필수적인 부분인 '배우기 위해 말하기'의 한 형태를 나타낸다(Bruner, 1983; Wells,

2009). 아동은 들은 문장을 사용하기 시작하고 대화 상대방의 대답에 따라 그 문장에 부여하는 의미를 조정한다.

Robert의 발화에서 자신이나 다른 사람의 사진은 보통 의사소통 보드 첫 페이지의 첫 번째 위치에 행위자로 배치되었지만, 다른 사진과 그래픽 상징의 순서는 다양했다. 때로는 Robert가 의사소통 책에서 제시된 순서대로 배치하기도 했다. Robert는 때때로 의사소통 책의 같은 페이지에 두 사람의 사진을 찍어 의사소통 보드 페이지에 나란히 배치하고, 동작 상징을 검색하여 그 옆에 배치했다(예: *OLAV KARI EAT*). 이것은 그가 의미관계 발화를 계획했지만 아직 정해진 상징 순서를 사용하지 않았음을 보여 준다. Robert가 자발적으로 선택한 어휘 항목은 선생님에게 그의 사고에 대한 통찰력을 제공하고 그의 문법 발달을 지도하는 데 도움이 되었다.

다양한 전략을 사용하여 아동이 다양한 의미유형과 다양한 복잡성을 가진 손짓 기호 및 그래픽 문장을 생성하도록 도울 수 있다(Bruno & Trembath, 2006; Rudd et al., 2007; Tönsing et al., 2014). 여러 사람과 동시에 상호작용하는 것은 서클 타임과 같은 자연스러운 환경에서 행위자를 가르치는 데 유용한 방법이다. 따라서 SAM JUMP(샘 뛰다), TEACHER JUMP(선생님 뛰다), SAM SLIDE(샘 미끄럼틀 타다), OLAV SLIDE(올라브 미끄럼틀 타다)와 같이 여러 사람이 여러 가지 사물과 여러 가지 방법으로 수행할 수 있는 동작에 대해 소통할 필요가 있다. 이러한 손짓 기호와 그래픽 상징을 사용한 설명은 활동 중이나 활동 후에 활동에 대해 의사소통하고 이야기를 만들 때 모두 사용할 수 있다(11장 참조).

동사 구조

동사의 도입은 손짓 기호 및 그래픽 상징을 사용한 문장 구성 교육에서 핵심이다. 동사는 의미유형의 관계적 의미에 있어서 닻(anchor)을 구성하며, 동사의 습득은 필수적이며 문법 발달에 연쇄적인 영향을 미친다(Ellis & Ogden, 2017; Horvath & Arunachalam, 2019). 동작 동사(action verbs)는 의도를 표현하는 구성 요소이며, 동작을 수행하는 사람과 동작을 받는 사람 또는 사물이 암묵적으로 존재하기 때문에 문장 구성을 위한 초기 개념적 틀을 보여 준다(Tomasello, 1992, 2003). 동사는 또한 차 안에 있다, 행복함을 느끼다와 같은 정적인 상태를 표현한다. 암묵적 요소를 명시적으로 만들면 동사를 다른 요소로 확장하고 문장을 구성할 수 있다. 예를 들어, 차다 동사는 누군가 발로 차고 있다는 것과 무엇인가에 차였다는 것을 의미한다. 발화가 길어질수록 아동이 이웃집 침실 창문으로 빨간 공을 차다와 같이 더 많은 암묵적 요소가 명시적으로 된다.

언어 발달의 초기 단계에서는 아동의 동작어가 동사에 대한 언어적 이해를 반영하지 못할 수 있다. Tomasello(2003)에 따르면 동사는 특정 활동에 기반을 둔 고립된 동작어를 기반으로 하는 개념적 구성물인 '동사 섬(verb islands)'이다. 동사는 의도적 행위의 '섬'이며 아동은 이러한 행동을 특정 사람, 장소 및 사물과 관계를 학습한다. 따라서 *Pencil draw*(연필 그리다)에서 *draw*(그리다)는 언어학적 품사인 동사가 아니라 'people who draw(그리는 사람)', 색과 종이와 같은 'objects to draw with(그리는 도구)'와 같이 관련된 행위 또는 의도를 표현한 것이다. 마찬가지로 *Feel happy*(행복 느끼다)는 어떤 감정 상태가 있고 누군가가 느끼고 있다는 것을 의미한다. 아동이 어떤 종류의 문장을 구성하는지는 아동이 알고 있는 동사와 표현하고자 하는 동작 및 상태에 따라 달라진다. 이는 AAC를 발달시키는 개인에게 다양한 동사와 관련 어휘를 제공하고(Savaldi-Harussi & Soto, 2018), 동사를 사용할 수 있는 활동을 만드는 것이 중요하다는 것을 강조한다(10장 참조). 동사 섬 구조를 더 많이 습득할수록 동사 섬 구조는 더 추상적인 문장 구조로 재구성된다. 따라서 동사 섬 구조는 나중에 문장을 구성하는 데 있어 경험적 토대이자 모델이 된다.

따라서 Tomasello는 언어 학습을 행동 및 활동의 수행 또는 상상된 수행과 연관시킨다. 이 이론의 중요한 시사점 중 하나는 개인이 여러 가지 손짓 기호 또는 그래픽 상징이 포함된 문장을 사용하도록 장려하기 위해서는 동사와 문맥적으로 관련된 명사를 나타내는 기호 및 그래픽 상징과 결합할 수 있는 동사로 의도를 표현할 수 있는 상황에서 아동의 의사소통을 향상시키기 위한 중재를 시도해야 한다는 것이다. 여기에는 예를 들어 일련의 행동을 나타내는 기호나 그래픽 상징이 일련의 사물을 나타내는 기호나 그래픽 상징과 결합하는 **매트릭스 전략**(*Matrix strategy*)이 포함될 수 있다(Nigam et al., 2006). Tönsing(2012)은 매트릭스 훈련에서 *CRY*(울다)-*LAUGH*(웃다)-*FALL*(넘어지다), *GIRL'S*(소녀의)-*BUNNY'S*(토끼의), *NOSE*(코)-*TUMMY*(배)-*PANTS*(바지)-*CAR*(자동차)-*TEDDY*(테디베어), *DIRTY*(더럽다)-*BROKEN*(고장나다)와 같은 의미관계에 기반한 어휘를 사용했다. 매트릭스는 함께 어울리는 것과 어울리지 않는 대조, 기호 또는 상징을 표시하는 데에도 사용할 수 있다([그림 9.1]). 매트릭스 훈련에서 선택한 손짓 기

	DOG 강아지	*GIRL* 여자아이	*MAN* 남자	*BIRD* 새	*WHALE* 고래
CRY 울다					
SWIM 수영하다					
LAUGH 웃다					
FALL 넘어지다					
SLEEP 자다					
FLY 날다					

[그림 9.1] 행위자와 행위를 나타내는 그래픽 상징을 결합하는 매트릭스 예시

호 또는 상징 세트의 조합은 개인의 놀이 또는 기타 일상생활 활동에서도 유용해야 한다는 점을 강조해야 한다(예: 만화 피규어 또는 장난감 동물을 행위자로 하고 FALL(넘어지다), BITE(물다), SPLASH(물 튀기다), STRETCH(뻗다), TICKLE(간지럽히다)을 동작으로 하는 문장)(Gevarter et al., 2023). Draw(당기다), PUSH(누르다), WASH(씻다)와 같은 행위와 BALL(공), CUP(컵), CAP(모자)과 같은 실체가 있는 발화도 놀이에 통합될 수 있다.

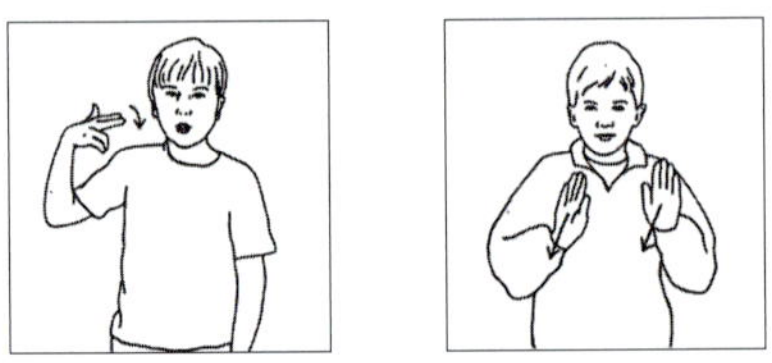
DRAW PUSH

손짓 기호: DRAW, PUSH

PCS: *FALL*

언어 발달 초기 단계의 아동은 동작의 확장을 이해하는 것이 사물에 대한 언급보다 더 어렵다. 친숙한 사물이 포함된 발화는 전형적인 언어 발달과 비전형적 언어 발달 모두에서 동사 교수와 학습에 유용한 맥락이 될 수 있다(Horvath & Arunachalam, 2019). 그래픽 상징의 초기 어휘는 동작보다 사물을 더 많이 포함하는 경향이 있으며 사물을 지칭하는 친숙한 상징은 동사 학습을 용이하게 할 수 있다. 중재자는 그래픽 상징에만 집중하기보다는 동작, 상태, 사람, 장소, 사물 등에 대한 상징을 다양한 문장과 다양한 상황 속에서 제시해야 한다.

기호 또는 상징 순서

단어의 순서는 문장에서 단어 간의 관계를 표시하기 위해 많은 언어(전부는 아니지만)에서 일반적으로 사용하는 방법이다. *John gives the key to Mary*(존이 메리에게 열쇠를 준다)는 *Mary gives the key to John*(메리가 존에게 열쇠를 준다)과는 다른 사건을 묘사한다.

연구에 따르면 대체 의사소통 수단을 발달시키는 많은 지적장애인은 다른 순서로 수화 또는 그래픽 상징 문장을 생성하는 것으로 나타났다. Grove와 Dockrell(2000)의 연구에 의하면, 두 개 이상의 손짓 기호를 사용하여 발화를 생성한 지적장애 아동의 경우 일반적으로 동사 앞에 주어가 오지만 그 순서가 목적어와 동사의 순서와 일치하지는 않는 것으로 나타났다. 일부 문장에서는 동사가 목적어 앞에 왔고, 다른 문장에서는 목적어가 동사 앞에 왔다. 그래픽 상징 문장을 가르칠 때, 교사는 행동을 하는 사람을 나타내는 상징을 먼저 배치하고 행동을 받는 사람의 상징을 마지막에 배치하는 경향이 있다(예: *JOHN GIVE APPLE MARY*(존 메리 사과 주다)). 그러나 상징 순서를 사용하는 방법에는 여러 가지가 있으며 아동과 성인이 실제로 사용하는 상징 순서도 다르다(Binger et al., 2017a,b; Sutton et al., 2004). 대부분의 교사는 환경에서 구어 문장과 유사한 순서를 사용하려고 노력하지만 그래픽 상징으로 문장을 생성할 때 구어의 어순이 항상 적절한 것은 아니다(von Tetzchner, 2021b).

어떤 사람들은 상황에서 한 순서가 다른 순서보다 나은 이유를 이해하는 데 어려움을 겪지만 여전히 두 개 이상의 기호 또는 상징을 사용하여 발화를 구성할 수 있다(Rudd et al., 2007). 고정된 문장 구조가 실용적이고 의사소통 상대자의 이해를 도울 수 있더라도 고정된 순서를 사용하지 않는 개인에게 여전히 둘 이상의 기호 또는 상징을 사용하여 발화를 구성하도록 격려해야 한다. 교사는 교수 회기에서 다양한 어순의 의미를 대조하여 기호 또는 상징의 순서를 훈련할 수 있다. 교수 회기에서 교사와 아동은 MOUSE CATCH CAT(쥐 고양이 잡는다)와 CAT CATCH MOUSE(고양이 쥐 잡는다), TEACHER ASK STUDENT QUESTION(선생님 학생 질문한다), STUDENT ASK TEACHER QUESTION(학생 선생님 질문한다) 또는 다소 비현실적으로 MOUSE EAT CHEESE(쥐 치즈 먹는다)와 CHEESE EAT MOUSE(치즈 쥐 먹는다) 등을 재미있게 흉내 내기를 할 수 있다. 그러나 교사는 항상 아동의 문장을 교정해서는 안 된다. 개인이 손짓 기호나 그래픽 상징을 정해진 순서대로 생성하는 것보다 더 복잡한 의미로 결합하는 방법을 배우는 것이 더 중요하다. 실제 의사소통 상황에서 개인이 생성하는 손짓 기호 또는 그래픽 상징의 순서는 여러 가지 요인에 의해 결정될 수 있다. 또한 문법을 포함한 구어에 대한 이해도가 높은 표현 언어 그룹의 아동은 기호나 상징의 순서에서 상당한 차이를 보일 수 있다. 이 그룹의 경우 단어 순서의 중요성은 명시적인 학교 교육의 일부가 될 것이다.

ARASAAC: *MOUSE, CAT, CATCH*

수평 및 수직 구조

전형적 발달을 보이는 아동이 문장 사용을 막 시작할 때, Bloom(1973)의 아래 예와 같이 사건과 관련된 한 단어 발화를 연이어 산출한다. Allison(1세 6개월)이 아버지에게 복숭아와 숟가락을 건네준다.

Daddy (아빠).

Peach (복숭아).
Cut (잘라).

의도한 의미는 "아빠, 복숭아 잘라주세요"와 같은 것일 수 있다. 연속적인 한 단어 발화는 동일한 문장 형태(sentence contour) 내에서 표현되지 않는다는 점에서 '진정한' 다단어 발화(multi-word utterances)와 다르다. Scollon(1976)은 이러한 단어 순서에서 단어 간의 관계를 **수직적 구조**(*vertical structures*)로 설명한다. 1세 7개월 Brenda는 신발을 Scollon을 향해 들어 보이며 아래 발화를 만들어 낸다.

mama (엄마)
mama (엄마)
mam (엄마)
s (띠)
sis (띠이)
su? (띠인)
sus (띤발)

Brenda의 수직적 구조 발화를 "이건 엄마의 신발이야"라고 해석할 수 있다. 이 말이 여러 번 반복되는 것은 아마도 Brenda가 이 의미를 표현하기 위해 얼마나 많이 노력했는지를 반영하는 것처럼 보인다. **수평적 구조**(*horizontal structure*)를 가진 유사한 발화로는 **엄마 신발**(*Mama shoe*)이 있을 수 있다. 수직적 구조를 가진 문장에서는 단어들이 시간적으로 서로 분리되어 있으며, 때로는 의미와 관련이 없는 의사소통 상대자의 발화에 의해 분리되기도 한다. 그러나 마비말장애로 인해 천천히 말하는 경우에 발화는 여전히 수평 구조로 인식된다.

일반적인 발달에서 쉼(pause)이 많은 단어의 관계적 사용, 즉 수직적 구조의 연속 발화는 한 단어 발화와 두 단어 발화 사이의 과도기적 단계를 나타낸다. 수직적 구조의 발화는 아동이 같은 문장 억양 내에서 단어를 표현하는 법을 배우기 전에 단어를 서로 의미 있게 연관시킬 수 있다는 것을 보여 주기 때문에 발달적으로 중요하다. 아동이 어릴 때 어른은 종종 아동의 한 단어 발화 사이에 무언가를 말하곤 한다. Scollon은 성인이 삽입한 발화가 주제적으로 관련이 없더라도, 아동의 발화는 주제와 관련이 있음을 보여 준다.

수직적 구조 발화는 손짓 기호와 상징 사이에 쉼이 있는 아동에게서 관찰될 수 있지만, 심한 소근육 운동장애의 어린 도구적 의사소통 아동에게는 특히 긴 발화를 생성하는 것이 어렵다. 의사소통 도구를 사용하는 아동이 산출하는 발화는 종종 수직적 구조를 가지며 발화의 그래픽 상징 사이에 상대적으로 긴 시간이 있다. 6세 Yvette(Y)와 그녀의 어머니(M)가 인형을 가지고 노는 아래의 예처럼 발화는 종종 의사소통 상대자의 해석과 함께 섞여 있다(Smith, 2003).

Y: (그래픽 상징으로) *TROUSERS*(바지) (피드백을 기다림).

M: *Trousers*(바지).

Y: (그래픽 상징으로) *SWEATER*(스웨터) (피드백을 기다림).

M: *Sweater*(스웨터).

Y: "Doll(인형)" (테이블 위의 인형을 바라봄).

M: 인형.

Yvette의 발화는 명사로만 구성되었지만 활동 내에서 의미관계를 나타내며, 엄마는 이를 *Put trousers and sweater on the doll*(인형에게 바지와 스웨터를 입혀주세요)를 의미한다고 해석했다. "dress(입다)" 또는 "put(입히다)"이라는 동작은 암시적이었다.

수직적 구조는 전형적 발달(Jacoby & Ochs, 1995)과 비전형적 발달(Brekke & von Tetzchner, 2003; Neuvonen et al., 2022c) 모두에서 아동의 초기 언어의 공동 구성적 특성을 보인다. 부모와 다른 성인은 아동이 기호 또는 상징으로 문장을 생성하는 데 도움을 줌으로써 관계적 문장 구조의 사용을 촉진한다. 수직적 구조는 중재의 관점에서 중요한데, 많은 아동이 주로 하나의 기호나 상징이 포함된 발화를 사용하고 긴 발화는 아주 늦게 사용하기 때문이다. 수직적 구조를 가진 발화는 하나의 일관된 발화로 생성되지 않더라도 두 개 이상의 기호나 상징을 서로 연관시킬 수 있는 가능성을 의미한다. 발화 구성을 마치면 그래픽 상징으로 *END*(끝)를 표시하도록 가르치고, 의사소통 상대자가 개인의 문장 완성 표시(indications)에 민감하게 반응하도록 지도하는 것이 유용할 수 있다. 음성 출력 전자기기를 사용하는 아동의 경우 개별 단어를 산출한 후 전체 문장을 말하는 것도 문장의 끝을 표시하는 한 가지 방법이 될 수 있다.

또한 어린 도구적 의사소통자의 단일 상징 발화(single-symbol utterances)의 연속 순서는 발화가 사람, 사물, 동작, 장소 등과 관련된 관계적 문장 구조보다는 시간 관련 내러티브 구조를 갖는 경향이 있다(11장 참조). 관계적 문장 구조의 구성을 촉진하려면 어린 도구적 의사소통자에게 충분한 시간을 주고 그들이 소개하는 주제에 대해 언급하도록 장려하는 것이 중요하다.

연쇄 전략

행동, 동작 및 사건은 의사소통 연쇄를 통해 이를 나타내는 손짓 기호 또는 그래픽 상징에 연결될 수 있다. 의사소통 연쇄(Communication chains)는 내러티브 지향(narrative-oriented, temporal, 시간적) 및 관계 지향(relation-oriented, conceptual 개념적) 기반을 모두 가질 수 있다. 내러티브 지향 연쇄는 일반적으로 실제 문장이 아닌 READ(읽다)+OUT(나가다) 또는 EAT(먹다)+WALK(걷다)와 같이 서로 이어질 수 있는 동작으로 구성된다. 지적장애 아동의 경우 이러한 유형이 전체 발화의 30~40%를 차지한다(Grove & Dockrell, 2000). 관계 지향 연쇄는 일반적으로 행위, 사물, 수식, 장소가 포함된 문장으로 구성되며, 예를 들어 BUY APPLE(사과 사다) 또는 WALK FOREST(숲속 걷다)와 같은 문장을 말한다. 이러한 연쇄 전략은 시각적 지원이 아니라 문장을 구성하는 전략이라는 점에 유의해야 한다(p. 201 참조).

특정 기호나 상징을 보다 일반적인 기호나 상징과 연결하여 문장을 만들 수도 있다. 예를 들어, OUT(나가다)은 먼저 개인이 밖에 나간다는 것을 나타내는 신호 기호 또는 상징으로 사용될 수 있으며(p. 220 참조), SWING(그네)와 WALK(걷다)는 표현적 기호 또는 상징으로 학습된다. 그런 다음 OUT WALK(걷다 나가다) 또는 OUT SWING(그네 나가다)과 같이 이 두 가지를 결합하여 개인이 산책이나 그네를 타러 나간다는 것을 표현할 수 있다. 개인에게 이 중 어떤 것을 하고 싶은지 말하도록 요청할 수 있다. 나중에 *OUT* X(X 나가다)는 OUT SHOP(가게 나가다), OUT VISIT(방문하다 나가다) 등을 구성하는 공식으로 사용될 수 있다. 보통 일반적인 의미를 가진 기호나 상징이 특정 기호 또는 상징보다 먼저 생성되기 때문에 이러한 연쇄는 개인이 주제와 설명 구조를 가진 문장을 개발하고 피벗 구조(pivot structure)에 접근하는 데 도움이 될 수 있다. 또한 OUT CAR SHOP(자동차 가게 나가다), OUT PLAY SWING(그네 놀다 나가다) 또는 OUT VISIT GRANDMOTHER(할머니 방문하다 나가다)와 같이 연쇄에 연결을 더 추가하여 두 개의 기호 또는 상징 이상으로 연쇄를 확장할 수도 있다. 사람을 추가하면 JOHN OUT PLAY(존 놀다 나가다) 또는 I JOHN OUT SHOP(나 존 가게 나가다)와 같이 다른 사람에 대한 의사소통에 연쇄를 추가로 사용할 수 있다.

연쇄를 사용하여 개인에게 문장을 사용하도록 가르치는 목적 중 하나는 대화하는 순간에 발생하지 않는, 즉 지금 여기에 포함되지 않은 사물을 포함하는 일련의 활동에 대해서도 의사소통할 수 있어야 한다는 것이다. 이를 통해 개인이 주도적으로 상황에 없는 물건을 요청하고, 현재 일어나고 있지 않은 사건을 언급하고, 자신이 하고 싶은 행동과 활동을 더 구체적으로 설명하고, 일어난 일과 일어날 일을 더 잘 파악하여 자기 결정력을 높이고 개인의 삶에 응집성(coherence)을 더하는 데 기여할 수 있다.

주제-코멘트

기호 또는 상징 순서를 사용하는 비문법적인 방법도 유용할 수 있다. 주제-코멘트(topic-comment) 구조는 흔히 기본적인 언어 구조로 간주되는데, 주제는 무언가를 전달하고자 하는 테마(theme)이고 코멘트(comment)는 그 주제에 대해 말하고 싶은 내용이다(Bambini & Torregrossa, 2010). 예를 들어, *Ball gone*(공 없다)에서 공은 주제이고 코멘트이다. *주제*를 제시하면 상황의 어떤 측면에 대한 주의를 공유하게 되고, 이를 통해 듣는 사람이 코멘트를 이해할 수 있다(von Tetzchner, 1985). 아래 예에서 아동은 어머니가 함께 주의 집중을 공유하는 것을 알아차릴 때까지 주제인 '봐!'(어머니가 보기를 원하는 사건으로 어머니의 주의를 돌리는 것)를 반복한 다음, '우와'라는 코멘트를 제시하였다(Martinsen &von Tetzchner, 1989).

아 동: 봐!
봐!
어머니: 응, 저기 봐.
아 동: 우와! (흥분한 표정)

만약 아동이 먼저 공동 관심의 초점을 형성하지 않고 '우와'라고 말했다면, 아동의 코멘트나 사건에 대한 관심 대신 아동의 상태를 반영하는 것으로 인식되었을 수 있다.

따라서 주제-코멘트 구조는 개인이 먼저 주제를 제시한 다음 주제와 관련된 내용을 코멘트로 이어 말하거나 지정하는 것을 의미한다. 주제는 동일한 손짓 기호 또는 그래픽 상징이 포함된 문장을 대조할 수 있다. 예를 들어, RED DRESS(빨강 드레스)에서 RED(빨강)가 주제이고 DRESS(드레스)는 해당 색상의 사물을 코멘트할 수 있다. DRESS RED(드레스 빨강)에서는 DRESS(드레스)가 주제이고 코멘트는 특정 드레스의 색상을 나타내는 RED(빨강)이다. 주제-코멘트 구성은 의사소통 상대자의 주의를 집중시키고, 상대방이 전달하고자 하는 내용을 쉽게 유추할 수 있도록 하며, 오해의 가능성을 줄여 준다. *FOOTBALL BOOK*(축구 책)과 같은 그래픽 문장을 구성하는 데는 시간이 걸릴 수 있다. 축구가 첫 번째 상징인 경우, 이 상징은 의사소통 상대자에게 개인이 축구에 대해 말하려고 한다는 것을 알리는 역할을 한다. 다음 상징인 BOOK(책)은 상대방이 축구에 관한 새 책을 받았다는 것을 유추하도록 유도할 수 있다. 아래 예에서 Cathy(C)와 교사(T)는 사진을 보고 있다. Cathy는 매우 흥분하여 지문자 J와 손짓 기호 FRIEND를 생성했다.

C: J FRIEND(친구).
T: 너와 John은 친구야.
C: FINSH(친구).
T: 그래, John은 학교를 마쳤어.

John이 주제로 설정되자 Cathy는 손짓 기호 FINISH(끝)를 표시하여 무언가를 끝냈다는 것을 표현했다. SCHOOL(학교)을 추가할 수도 있었지만 교사는 이것이 학교에 관한 것이라고 추론했다. 만약 Cathy가 FINISH(끝)로 시작했다면 교사는 Cathy가 사진을 그만 보거나 다른 일을 끝내고 싶다는 의미로 해석했을 수 있다. 따라서 주제–코멘트 전략은 의사소통 상대자의 정확한 추론과 해석의 가능성을 높일 수 있다.

주제–코멘트 구조는 모국어가 달라서 서로 의사소통에 어려움을 겪는 사람들이 사용하는 언어의 전형이다. 서로 정기적으로 의사소통을 하다 보면 두 언어의 요소가 섞인 작은 공유 언어가 발달할 수 있다. 이러한 언어를 **피진**(*pidgins*)이라고 하며 주로 거래(trade)에 사용된다(Khan & Akter, 2015). 주제–코멘트 구조는 함께 공유하는 언어 능력이 제한적인 상황에서 사용되기 때문에 이 전략은 AAC에 익숙하지 않은 상대방과 함께 AAC를 사용하는 사람들에게도 적합하다. 이는 대화를 시작하거나 새로운 주제를 소개하기 위한 전략이자 AAC 사용자가 대화 내용을 통제할 수 있는 수단이기도 하다. 동시에 더 적은 단어를 사용할 수 있는 경제적인 전략으로, 발화를 천천히 구성하는 개인에게도 유용하다(von Tetzchner, 1985; Woll and Barnett, 1998).

도구적 의사소통을 발달시키는 아동은 종종 주제를 나타내는 그래픽 상징만 만들어서 의사소통 상대자에게 맡기고 코멘트를 제공한다(von Tetzchner & Martinsen, 1996). 그러나 주제–코멘트 구조는 수직적 또는 수평적 구조로 최소 두 개의 손짓 기호 또는 그래픽 상징이 필요하다. 주제–코멘트 구조에 기반한 중재는 개인이 의사소통 상대자의 주의를 주제나 영역(domain)으로 유도한 다음 그에 대해 코멘트를 하도록 지도한다. 아동은 부모가 공에 집중하게 하려면 *BALL*(공)을 표시하고, 부모가 도구적 놀이에서 공을 차게 하려면 *KICK*(차다)을 표시할 수 있다(10장 참조). *BALL*(공)을 *먼저* 표시하면 비교 구문인 *Kick ball이* 있어도 *KICK*(차다)을 먼저 표시하는 것보다 어른이 공을 차게 할 확률이 높아진다. 아동이 그래픽 상징을 나타내는 데 시간이 오래 걸리는 경우, 이는 관련 **단서**(*cue*), 즉 아동이 전달하고자 하는 내용과 관련이 있다고 생각하는 것에 의사소통 상대자와 함께 집중하는 데 기여하기 때문에 음성 언어의 구조를 가진 발화보다 더 효율적인 전략이 될 수 있다(von Tetzchner, 1985).

문장 지도의 목적은 개인이 의도한 메시지를 효율적으로 전달하는 문장을 만들 수 있도록 돕는 것이다(Gibson et al., 2020). 대화 상황을 분석하는 한 가지 방법은 의사소통 상황과 관련된 **중요한 단어**(*critical words*), 즉 의도한 특정 메시지를 전달하는 데 필요한 단어를 파악하는 것이다(Bjerkan, 1975). 이를 통해 상대방이 메시지를 이해하기 위해 어떤 정보가 필요한지, 다른 사람이 이해하기 위해 발화에 어떤 요소가 포함되어야 하는지를 강조해야 한다. 주제에 대한 합의에 도달하려면 메시지의 중요한 정보에 대한 협상(negotiations)이나 명료화(clarifications)가 필요할 수 있다(Neuvonen et al., 2022c). 도구적 의사소통을 사용하는 개인은 발화를 덜 모호하게 만들기 위해 관련 상징을 서로 가깝게 배치하는 근접성 원칙을 적용할 수도 있다. 예를 들어,

속성을 나타내는 상징을 그 상징이 적용되는 사람이나 사물 가까이 배치하는 것이다(Sutton et al., 2004). 따라서 의사소통 역량(communicative competence)에는 다른 사람이 비판적으로 여길 수 있는 내용을 이해하는 것과 자신의 관점을 전달하는 것 모두를 포함한다. 중요한 단어 또는 중요한 정보에 기반한 중재 전략은 부모와 전문가가 상대방이 이해할 수 있는 메시지를 구성하는 개인의 능력을 극대화하는 손짓 기호 또는 그래픽 상징을 선택하는 데 도움이 될 수 있다. 또한 중요한 정보가 무엇인지, 중요한 기호나 상징이 문장에 포함되어야 하는지를 개인에게 명확하게 알려주는 방식으로 의사소통 상황을 조정하는 데 기여할 수 있다.

AAC를 사용하는 개인을 위한 문장 지도는 음성 언어의 문장 구조에 초점을 맞추는 경향이 있다(Binger et al., 2020; Savaldi-Harussi et al., 2019). 주제-코멘트 구조 또는 근접성 원칙에 기반한 발화는 주변 사람들이 생각하는 좋은 언어의 모습과 다를 수 있다. AAC를 사용하는 아동이 음성 언어의 구조를 가능한 한 잘 학습하고 공식적인 상황에서 사용하는 것이 중요하다. 하지만 일상적인 의사소통에서는 '정확성(correctness)'보다 '효율성(efficiency)'이 더 중요하다. AAC를 사용하는 개인에게 최적의 의사소통 방식을 보장하기 위해서는 일상적인 상황에서 '좋은' 문장에 대한 주변 사람들의 가정을 의식적으로 깨뜨려야 할 수도 있다.

부정하기

아동의 표현은 일찍부터 부정(negation)에 의해 수정되며(Bloom, 1998), AAC를 사용하는 아동도 부정으로 문장을 구성하는 방법을 일찍 시작할 수 있다. 아동은 일반적으로 거절을 표현하거나 '원하지 않음'을 표현하는 비언어적 수단을 가지고 있기 때문에 조기 중재에서는 아동이 원하는 것을 반영하지 않는 부정을 도입하는 것이 가장 실용적일 수 있다. 이러한 부정하기는 적어도 일정 기간 동안은 아동이 싫어하는 것을 자주 제시하여 거부하게 만드는 것을 의미하기 때문에 가르치기 어려울 수도 있다(6장 참조). 부정의 사용이 개인의 행동에만 연결되지 않는다면 여러 행위자의 사용을 촉진하기가 더 쉬울 것이다. 예를 들어, 가르칠 수 있는 부정은 'not here(여기 없다)', 'do not(하지 마)'가 있다.

부정은 반드시 사람의 행동과 연결될 필요는 없다. 교사는 대조(*contrast*) 접근법을 사용하여 사람과 동물이 특정한 행동을 하고 있거나 하지 않는 그림을 제시할 수 있다. 예를 들어, CAT SIT(고양이 앉다)과 CAT NOT SIT(고양이 아니다 앉다), TALL TREE(크나 나무)와 NOT TALL TREE(아니다 크다 나무), BICYCLE(자전거)와 NOT BICYCLE(자전거 아니다) 등 부정의 차이점을 설명하도록 알려준다. 부정문을 가르칠 때는 설명하기와 역할극도 유용할 수 있다. 예를 들어, 테이블 위에 올라가거나 개가 해서는 안 되는 일을 하는 개에 대해 이야기할 때 NO(안돼)가 포함된 문장이 필요한 경우가 많다(11장 참조).

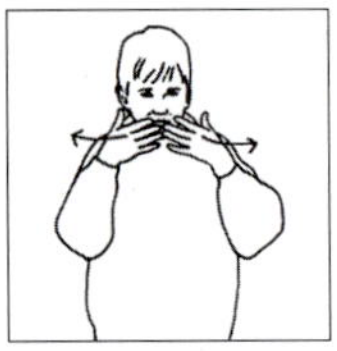
CAT

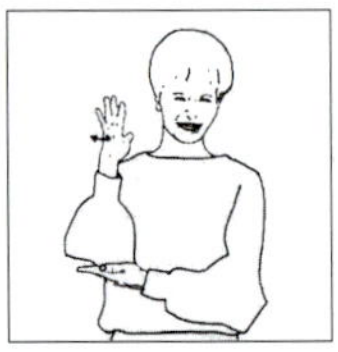
TREE

NO

손짓 기호: CAT, TREE, NO

앞의 Robert 사례에서 Kari는 'no(아니)' 또는 'not(안돼)'를 표현하는 데 사용되는 그래픽 상징 *NO*(검은색 십자가가 있는 빨간색 카드)를 소개했다. Robert는 그래픽 상징 *NO*(안 돼)가 말로 하는 *no*나 그래픽 상징 *NO*보다 더 잘 이해하고 *받아들이*는 것 같았고, 금세 직접 *NO*를 사용하기 시작했다. 그는 *SOUP*(수프) 위에 *NO*를 붙인 *KARI NO SOUP*(카리 안돼 수프)과 같이 세 가지 항목으로 문장을 만들었다. Robert가 사용하는 방식은 다른 그래픽 상징 위에 *NO*를 붙여 수식하는 방식이었지만, *NO*를 단독으로 사용하기도 했다.

채우기 전략

의미유형에 기반한 중재에서는 프레임과 빈칸 채우기(Fill-in) 슬롯이 있는 문장 구조를 사용하는 것이 일반적인 전략이다([그림 9.2] 참조). 이 방법은 특정 단어 순서를 가르칠 때 자주 사용되며 그래픽 상징의 의미유형을 명확히 하는 데에도 유용할 수 있다. Robert는 접이식(fold-out) 대화 페이지에 문장을 구성했는데, 그래픽 상징 문장을 구성하는 장소는 계획되거나 계획되지 않은 자연환경에서 채우기 전략을 적용하기 위한 전제 조건이 될 수 있다. 이러한 환경은 인기 있는 장난감이나 좋아하는 음식이 손이 닿지 않는 곳에 시각적으로 존재하여 의사소통이 가능할 수 있는 곳이다. 불완전한 문장은 개인이 보고 있는 동안 대화 페이지에 함께 배치할 수 있다. 그런 다음 개인에게 나머지 정보를 제공하여 문장을 완성하도록 유도할 수 있다:

OLA EAT ?

? EAT CARROT

? EAT CHOCOLATE

OLA READ ?

DOLL ? RED

? CAP

개인이 반응하지 않거나 길을 잃은 것처럼 보이면 교사는 선택할 수 있는 두세 가지 그래픽 상징(예: 빨간색일 수 있는 다른 책이나 인형의 옷)을 제시하여 도움을 줄 수 있다. 많은 도움을 받더라도 개인이 '문제'를 해결하는 것이 중요하다. 그러나 개인이 여전히 문장을 완성하지 못하면 교사는 상징을 제시하고 그 상징의 기능을 가능한 한 명확하게 보여 주면서 그래픽 상징을 선택하게 할 수 있다. 이러한 전략을 사용하려면 개인이 이미 관련 기술과 보다 구조화된 환경에서 유사한 구성을 만들 수 있는 능력을 보여 주어야 한다. 또한 개인이 발화에서 '누락된' 상징은 교사를 기쁘게 하기 위해 수행하는 게임이 아니라 자신의 관심사와 필요에서 비롯된 의사소통 행위로 경험하는 것이 중요하다. 빈칸 채우기 과제는 이해력에서 역방향으로 사용될 수도 있는데, 교사는 개인이 이미 알고 있는 상징이 있는 틀의 빈칸에 새로운 그래픽 상징을 배치하여 지시와 설명을 제공하는 방식이다(p. 221 참조).

시각적 조작 의사소통(*Visual Manipulative Communication*)(Arnesen & Wergeland, 1994)은 문장을 가르치기 위한 채우기 체계이다. 슬롯이 있는 플라스틱 틀과 프레임에 맞는 그래픽 상징과 색상 코드가 있는 카드로 구성된다. 사람과 동물의 그래픽 상징이 있는 카드는 파란색, 행동은 빨간색, 사물은 흰색으로 표시되어 있다. 같은 색상 코드를 가진 모든 그래픽 상징은 해당 색으로 표시된 슬롯에 넣을 수 있다. 개인은 같은 색으로 표시된 슬롯에 그래픽 상징이 있는 카드를 배치하여 문장을 만드는 방법을 배운다. 훈련의 초기 단계에서는 교사가 대부분의 그래픽 상징을 슬롯에 배치한다. 개인은 문장을 완성하기 위해 그래픽 상징을 하나만 채우고 나중에는 두 개만 채우면 된다. 나중에는 그래픽 상징을 사용하여 전체 문장을 구성할 수 있으며, 색상 코드를 사용하여 상징 순서를 지원한다. 이 교수의 중요한 요소는 교사가 각 그래픽 상징이 문장의 의미를 어떻게 변화시키는지 보여 주는 것이다. 빈칸 채우기 전략은 매트릭스의 사용과 결합될 수 있다(p. 363 참조).

또한 PECS에는 문장 구성 훈련을 위한 몇 가지 전략이 포함되어 있다. 개인은 교사가 선택한

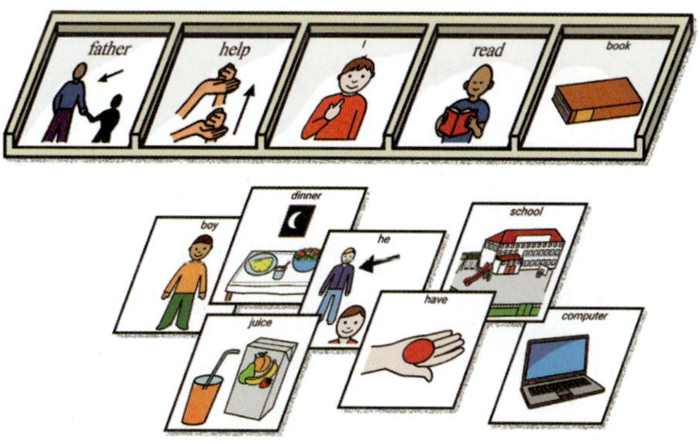

[그림 9.2] 문장 구성을 위한 틀

작은 그래픽 상징 세트(일반적으로 약 3~7개의 그래픽 상징)로 각 문장을 구성한다(Bondy & Frost, 2002; Brady, 2000). 문장은 *I-WANT*(주세요) 또는 *I-SEE*(보여요)로 시작하며, 예를 들어 *I-WANT APPLE*(사과 주세요) 또는 *I-SEE CAR*(자동차가 보여요)로 확장하여 *I-WANT RED APPLE*(빨간 사과 주세요) 또는 *I-SEE BIG CAR*(큰 차가 보여요)와 같이 다양한 속성을 표현할 수 있다. 그러나 문장에 개인이 행위자로서 몇 개의 시작 부분만 포함된 문장을 가르치면 문장의 내용이 불필요하게 제한된다. Bondy와 Frost는 자폐범주성장애 아동이 다른 사람과 의사소통을 하지 못한다는 가정 하에 자폐범주성장애 아동을 위한 PECS를 설계했다.

> PECS의 다음 단계는 'I want…cookie(쿠키 주세요)'와 같은 간단한 문장 구조를 가르치는 것이다. 이 시점에서 아동이 지칭할 다른 사람이 없기 때문에 'I-WANT(주세요)'는 단일 상징(아이콘)이므로 현재 독립된 "I"는 차별적 맥락이 없다(Bondy, 2012, p.791).

자폐범주성장애인은 다른 사람의 행동의 동기와 그들이 어떻게 느끼고 생각하는지 이해하는 데 어려움을 겪을 수 있지만, 다른 사람이 하는 일을 묘사하는 방법을 배울 수 있다. 이러한 묘사는 실제로 다른 사람의 생각, 감정, 동기에 대해 의사소통하는 방법을 배우는 데 중요한 기초가 될 수 있다. 또한 자폐성장애 사람들은 자신이 아는 사람들이 무엇을 하고 느끼고 있는지에 대해 의사소통하는 데 관심이 있으며, 누군가 재미있거나 신기하거나 이상한 행동을 할 때 그것에 대해 이야기하는 데 관심이 있다.

색 부호화는 그래픽 상징 문장을 가르칠 때 단어 품사나 의미유형을 표시하는 가장 일반적인 방법이다. 그러나 일반적으로 색 부호화가 도구적 의사소통자에게 도움이 된다는 것은 분명하지 않다. 의사소통 도구는 일반적으로 그래픽 상징의 어휘가 상대적으로 적기 때문에 각 어휘 항목의 사용을 가능한 한 많이 확장하는 것이 중요하다. 표현 어휘를 확장하는 한 가지 방법은 다양한 구문 범주의 동일한 그래픽 상징을 사용하는 것이다. 상징 문장을 가르칠 때 색 부호화를 사용하는 대신 제한된 문자적(literal) 또는 그림적(pictorial) 의미에 덜 집중하고 구어의 동음이의어 해석과 유사하게 의사소통 맥락에 따라 각 상징을 해석하는 방법을 결정하는 것이 더 좋을 수 있다(Piantadosi et al., 2012; Trott & Bergen, 2020). 예를 들어, 픽토그램이 때로는 사물을, 때로는 행동이나 위치를 나타내는 경우 의사소통이 더욱 유연하고 다양하게 이루어진다. 블리스 상징 체계에는 명사를 동사로 만드는 특수 마커가 있는데, 예를 들어 *SONG*을 (to) *SING*으로 만들 수 있다. 블리스 단어가 있는 의사소통 보드에는 종종 단어 품사를 나타내는 배경색이 있지만, 나이가 많고 능숙한 사용자는 이 부호화가 의사소통을 제한 한다고 경험하기 때문에 색을 제거해 달라고 요청하기도 한다(Kollar, 1999). 또한 단순화된 손짓 기호는 다른 단어 품사의 단어에 해당하는 의미를 나타낼 수도 있다(p. 323 참조).

굴절, 문법 기호 및 상징

변형의 기능은 단어와 문장의 내용을 수정하고 문장의 단어들 간의 관계, 예를 들어 누가 행동을 수행하고 누가 행동을 받는 사람인지를 명확히 하는 것이다. 영어에서 복수는 대부분 –*s*로, 과거형은 –*ed*로 표시된다. 연구에 따르면 도구적 의사소통자는 변형 훈련을 받으면 도움이 될 수 있지만(Binger, 2008; Savaldi-Harussi et al., 2019), 이는 구어 및 문어와 밀접한 관련이 있다. 손짓 기호나 그래픽 상징을 사용하는 개인은 복수형, 과거형 및 기타 수정(modification)을 표시하는 방법이 다를 수 있다.

변형은 수어의 필수적인 부분으로, 종종 수화 동작을 아날로그 방식으로 변형하는 형태로 나타난다(Fischer, 2000; Napoli, 2019). 즉, 수어가 가리키는 행동이나 대상의 특정 특성(예: 자동차의 크기)을 명시하기 위해 수어의 표현을 변경하는 것이다([그림 9.3]의 큰 차 또는 작은 차 참조). 손짓 기호를 사용하는 지적장애 및 언어장애인의 수화에서 이러한 변형은 거의 보고되지 않으며, 이러한 그룹에 대한 수화 교육의 일반적인 목표는 변형의 사용이 아닌 것으로 보인다. 중재는 종종 뒤따라야 할 문장 구조로 이어지지 않고 개별 핵심어에만 초점을 맞추는 경우가 많다(Grove, 2019a). 따라서 기호 동작의 문법적 수정은 중재에서 많이 사용되지 않는 잠재력을 나타낸다.

공식적인 교육이 부족하고 배울 수 있는 다른 기호가 거의 없음에도 불구하고 조사에 따르면 많은 지적장애 아동이 두 개 이상의 기호를 결합하고 기호 동작을 유사하게 수정하여 더 정확한 의미를 표현하는 것으로 나타났다(Bonvillian, 2019; Grove, 2019a; Rudd et al., 2007). 'run

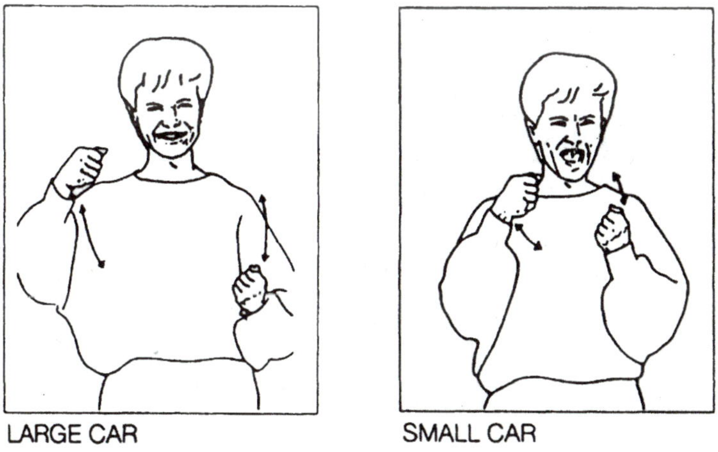

[그림 9.3] 손짓 기호의 수정: 큰 차와 작은 차

fast(빨리 달리다)'라는 의미로 RUN을 빠른 동작으로, '큰 사과'라는 의미로 APPLE을 큰 동작으로 수행할 수 있다(Grove & Dockrell, 2000; Launonen & Grove, 2003). 기호 수정이 굴절로 간주되려면 여러 기호에 적용되어야 한다. 체계적으로 사용되지 않기 때문에 굴절이 아닌 아날로그 수정의 예도 있다. 모자에 챙이 크다는 것을 나타내는 방식으로 HAT을 발음하는 것(HAT-WITH-BRIM)이 이러한 종류의 변형의 예이다. 손짓 기호를 사용하는 아동 사이에서 동사의 비중이 상대적으로 높은 것(약 25%)은 형용사 및 적당한 수의 전치사와 함께 아동의 자발적인 문장 생산에 기여할 수 있다(Grove, 2019a). 지적장애가 있고 언어가 제한된 8명의 아동을 대상으로 한 중재 연구에서 Rudd와 동료들(2007)은 매트릭스 디자인을 사용하여 동사 WALK(걷다), FLY(날다), JUMP(뛰다), CRAWL(기어가다)을 UP(위), DOWN(아래), FAST(빨리), SLOW(천천히)로 수식하고 명사 CIRCLE(원), CHILD(아동), HOUSE(집), BALL(공)을 BIG(큰), SMALL(작은), LOTS(많은), ONE(하나)로 수식하도록 가르쳤다. 아동들은 기호를 사용하여 동사 및 명사 수식에 해당하는 사물로 그림과 행동을 설명하도록 지도받았다. 훈련은 6주 동안 일주일에 두 번 30분씩 진행되었으며, 이 짧은 시간에도 아동들은 다양한 변형으로 기호의 많은 의미를 대조하고 이를 가르치지 않은 항목에 일반화하는 방법을 배웠다. 이 결과 교사가 손짓 기호를 변경할 수 있는 몇 가지 기호 수식을 가르치자마자 기호 수식을 포함하기 시작할 수 있었다.

주로 그림 상징이 있는 그래픽 체계를 사용하는 아동은 손짓 기호 SMALL(작은)과 그래픽 상징 *BIG*(큰) 또는 손짓 기호 FAST(빨리)와 그래픽 상징 *SLOW*(느린)와 같은 문법 상징을 사용하여 유사한 기능을 배울 수 있다. 위짓 상징과 블리스 상징에는 과거-시간, 미래, 복수 등 파생과 동일한 기능을 하는 여러 문법적 지표가 있다(1장 참조). 블리스 상징 체계에는 단어 품사를 지정하는 표시어(indicators)가 있다. 예를 들어, CYCLE(원)에 ACTION(행위)을 추가하면 명사 '자전거'가 동사 '자전거를 타다'로 바뀐다(p. 35 참조). 이러한 문법 마커는 픽토그램 및 PCS 체계의 일부가 아니지만 일부 사람들은 이러한 체계를 비슷한 방식으로 사용하고 있다. 한 어린 도구적 의사소통자는 '지난 시간'을 나타내는 표시어로 픽토그램 *HAVE*를 자연스럽게 사용했다(Brekke & von Tetzchner, 2003). 다른 아동들은 그래픽 상징인 사진 위에 *NO*를 붙여 부정을 표현하는 파생으로 *NO*를 사용하기도 했다(p. 361 참조).

블리스 단어: *BICYCLE(명사), BICYCLE(동사)*

블리스 상징 체계는 주로 전형적인 범위의 언어 이해력을 가진 표현 언어 그룹에 속하는 개인이 사용하며, 전형적인 발달을 보이는 아동들이 말을 시작하는 나이와 같은 시기인 첫돌 무렵에 그래픽 의사소통을 시작하는 아동에게는 첫 번째 체계가 아닐 수 있다. 아동의 언어 이해력이 일반적인 발달을 보이는 3세 아동과 거의 같을 때 도입하거나, 그보다 더 일찍 간단한 블리스 단어로 도입할 수 있다. 다른 상징 체계를 사용하는 아동을 대상으로 한 연구에 따르면 일부 미취학 연령의 도구적 의사소통자는 내용을 나타내는 그래픽 상징과 소유격, 복수형, 과거 시제와 같은 언어의 문법적 특징을 나타내는 기호를 결합하는 방법을 배울 수 있는 것으로 나타났다(Binger, 2008).

문장 발달을 돕기 위해 성인은 '*FETCH BOOK*(책 가져오기)' 또는 '*TURN-OFF LIGHT*(불 끄기)'와 같은 지시를 내리거나 무엇을 하고 있는지 말할 때 그래픽 문장을 사용해야 한다. 약간의 상상력과 개인의 관심사와 좋아하는 것에 대한 지식만 있으면 이 접근법을 표현 훈련에 사용할 수 있다. 교사와 개인은 지시를 주고받는 역할을 번갈아 수행할 수 있으며, 이때는 교사가 책을 가져오는 등의 신체적으로 가능한 행동을 해야 할 수도 있다. 이러한 발화는 사건에 대해 이야기할 때도 사용될 수 있으며, 종종 직원이나 다른 거주자의 이름과 함께 다음과 같이 사용할 수 있다: PETER GET TRAIN RAILS(피터 기차 레일 갖다) 또는 MARY FINISH DRINK WATER(메리 물 다 마시다).

미리 만들어진 문장

때때로 그래픽 상징의 어휘는 전체 문장이거나 문장의 일부분이기도 하다. 전자적 의사소통 기기를 사용하면 사용자가 하나 또는 몇 개의 그래픽 상징을 선택하여 합성 음성 출력으로 미리 만들어진 문장(ready-made sentences)을 말할 수 있다. 이는 음성 의사소통과 더 유사하고 스스로 만든 문장이 없을 때 발생하는 일부 문제를 극복하는 것처럼 보이기 때문에 실용적으로 보일 수 있다. 그러나 미리 만들어진 문장은 문장을 구성하는 것이 아니라 선택하기 때문에 의사소통을 고정 관념적으로 만들 수 있다. 아동은 일상적인 상호작용을 넘어 새로운 내용을 전달할 수 있는 문장을 구성하는 방법을 배울 수 있는 의사소통 경험이 필요하다. 따라서 아동이 도구적 언어 발달의 초기 단계에 있는 한, 미리 만들어진 문장 사용은 제한되어야 한다. 나이가 많고 능숙한 도구적 의사소통자의 경우, 미리 만들어진 문장이나 문장의 일부를 사용하는 것이 가벼운 대화(small talk)에 유용할 수 있으며 대화 속도를 높이는 데 기여할 수 있다(Savolainen et al., 2020).

미리 만들어진 문장의 가장 큰 문제점은 의사소통 상대자가 상황에 따라 동일한 방식으로 해석하는 경향이 있다는 것이다. 도구적 의사소통자는 상황에 맞게 의미를 조정할 수 있는 가능성이 제한적이다(Jagoe & Smith, 2020). 사회적 상황이나 일상적인 질문이나 빠른 코멘트가 필요하고 자주 반복되는 상황에서는 '이름이 뭐예요?', '좋아요', '다음 차례예요' 또는 '오해하셨군요'와 같이 미리 만들어진 일부 문장이 유용할 수 있다. '내 약이 필요해요' 또는 '새로운 앉은 자세가 필요해요'와 같이 특정 도움이 필요함을 나타내는 문장도 실용적일 수 있다. 공유하지 않은 사건에 대해 이야기 하거나 상황에서 명확하지 않은 생각을 표현할 때 미리 만들어진 문장은 덜 유용하다(Neuvonen et al., 2022a; Smith et al., 2018 참조). 발화의 실제 내용이 맥락에서 중요한 경우, 개인은 상징 별로 자신만의 문장을 구성해야 한다(Todman et al., 2008). 단일 상징은 문장보다 더 다양한 방식으로 해석될 수 있기 때문에 의사소통의 유연성을 높일 수 있다. 예를 들어, 의사소통 맥락에 따라 *BOOK*은 "책 주세요", "저기 책이 있다" 또는 "책을 치워 주세요"를 의미할 수 있다. 기기가 생성하는 미리 만들어진 말 '책 주세요'는 한 가지 의미만 가지지만, GIVE(주다), 가리키기 또는 MOVE(움직이다)를 더하면 의미가 구체화된다. 문장을 구성하는 교수 전략은 주로 개별 상징을 순서대로 나열하는 데 기반하며, 미리 만들어진 문장은 창의적인 문장 구성을 방해할 수 있는 전략을 개발하도록 아동을 이끌 수 있다. 아동에게 미리 만들어진 문장이 있는 것이 실용적일 수 있지만 너무 많은 문장은 언어 발달에 방해가 될 수 있다. 문장을 구성하는 개별 상징이 없는 아동은 독립적으로 문장을 만드는 방법을 배우지 못한다.

인지적 노력

구어를 잘 이해하는 아동뿐만 아니라 언어 이해력이 부족한 아동의 발화에서 단일 상징을 사용하는 비율이 높은 데에는 여러 가지 요인이 있을 수 있다. 한 가지 중요한 이유는 많은 의사소통 도구의 작동에 상당한 인지적 자원이 필요하기 때문이다.

전형적 발달을 보이는 어린 아동은 문장에서 실현되는 것보다 의미론적–구문론적 관계에 대한 지식이 더 풍부한 경향이 있다. 그 이유 중 하나는 발화의 물리적 생산인 조음에 아동의 인지적 자원이 일부 필요하기 때문이다. 아동이 조음에 어려움을 겪으면 내용에 쓰일 인지적 자원이 줄어든다. 마찬가지로 내용이 복잡하면 조음에 쓰이는 자원이 더 줄어든다. 아동은 최근에 습득한 어휘를 사용할 때보다 자동화된 익숙한 단어를 사용할 때 더 긴 문장을 만드는 경향이 있다(Bloom, 1998; Masterson, 1997).

따라서 발달 과정에서 발화 생성의 여러 측면 사이에는 어느 정도 상충 관계가 있는 것으로 보인다. 그래픽 상징을 사용하는 운동장애인의 경우, 문장 구성의 물리적 측면에 자연스러운 말을 사용하는 사람보다 더 많은 인지적 자원이 필요할 수 있으며 그 노력이 더 피곤할 수 있다. 해당 단어를 발음하는 것보다 그래픽 상징을 선택하는 데 더 오랜 시간이 걸린다. 각 상징에 대한 검색은 음성처럼 자동화되어 있지 않으며 인지 자원의 상당 부분을 차지할 수도 있다. 의도한 메시지를 머릿속에 유지하고 더 긴 발화를 구성하는 동시에 대화 상대자가 제기한 질문이나 의견을 기억하는 데 상당한 자원이 필요할 수 있다. 도구적 의사소통자는 그래픽 상징을 탐색하는 동안 전체 구성을 염두에 두어야 한다. 전자기기를 사용하는 경우 선택한 상징은 디스플레이에 표시되지만 의도한 발화를 계속 염두에 두어야 한다. 의사소통 보드나 책에서는 사용자가 발화를 구성할 때 '리허설 완충기(rehearsal buffer)' 역할을 할 수 있는 대화 장소나 페이지가 유용할 수 있다.

언어 경험

세 가지 주요 그룹에 속하는 개인은 음성 언어를 이해하는 능력에 차이가 있다. 어떤 사람은 연령에 적절한 말을 이해하는 반면, 어떤 사람은 AAC로 보완해야만 말을 이해한다. 어떤 사람들은 손짓 기호나 그래픽 상징을 혼자서 이해하고, 어떤 사람들은 음성과 함께 제시될 때만 기호나 상징을 이해한다.

어느 정도 말을 이해하는 아동의 경우, 한 가지 중요한 질문은 의미적 및 화용적 내용의 연결(매핑)이 그래픽 상징과 상징 텍스트의 연결이 어느 정도 일치하는가 하는 것이다. 전문가와 다른 의사소통 상대자 사이에서 일반적으로 가정하는 것은 거의 일치한다는 것이다. 그러나 말을 하는 아동은 AAC를 사용하는 아동보다 자신의 언어 양식에 훨씬 더 많이 노출되는 경향이 있으며, 손짓 기호나 그래픽 상징을 사용하는 아동보다 훨씬 더 광범위한 표현 언어 레퍼토리를 가지고 있다(7장 참조). AAC를 사용하는 아동은 다른 사람이 자신의 표현 언어 체계로 문장을 만드는 것을 관찰해야 하며, 그 가능성과 한계도 함께 관찰해야 한다. 자신의 언어 양식에 대한 노출이 제한되면 스스로 문장 구조를 만들거나 전혀 발달시키지 못한다. 따라서 가능한 한 빨리 의사소통 상대자가 개별 핵심 기호(key sign)나 상징으로 음성과 함께 보완해야 하며, 뿐만 아니라 음성을 보완할 때 구문적으로 관련된 손짓 기호나 그래픽 상징을 각 발화에 대해 최소 두 개 이상 사용하는 것이 중요하다. 의사소통 상대자는 '손짓 기호' 또는 '상징 지원 음성' 대신 '손짓 기호' 또는 '상징 문장 지원 음성'을 사용해야 한다(12장 참조). 의사소통 상대자는 자신의 구어 문장에 어떤 의미적 요소가 포함되어 있는지 주의 깊게 살펴보고 이러한 요소의 대부분을 손짓 기호 또는 그래픽 상징이 있는 지원 문장에 포함하도록 노력해야 한다. 동작과 함께 가장 빈번하게 사용되는 의미유형은 행위자, 사물, 수혜자, 장소이다(p. 357 참조).

핵심어 그래픽 상징을 사용하는 성인은 도구적 언어 자극을 제공하는 것(p. 353 참조) 외에도 정보를 추가하거나 발화의 일부를 수정하거나 다른 방식으로 내용을 더 명확하게 만드는 등 아동의 그래픽 발화를 확장할 수 있다(Soto et al., 2020). 확장(expansion)은 아동이 주도하는 말의 특징이자 언어치료에서 아동의 주도성과 언어 산출을 바탕으로 문장의 이해와 사용을 향상시키는 일반적인 기법이다(Nelson, 1996; Snow & Ferguson, 1977). 일반적인 발달 과정에서 부모가 아동의 발화를 확장시키는 것과 아동의 평균 발화 길이 사이에는 상관관계가 있는 것으로 나타났다(Che & Brooks, 2021). 어린 도구적 의사소통자의 경우, 성인의 확장은 아래 Clarke와 동료들(2017)의 예에서와 같이 성인이 아동의 발화를 말로 재구성하는 공동 구성의 일부인 경우가 많다. 13세 아동(N)은 음성 출력 의사소통 도구를 사용하고 있으며 교사(T)와 최근 가족과 함께 떠난 눈 여행에 대해 이야기하고 있다.

N: '*sled*'(썰매).

T: 그거 했어?

N: "Yes"(고개를 끄덕임).

T: 썰매를 탔다고?

N: "Yes"(고개를 끄덕임).

이 상황에서 아동은 단 하나의 내용 단어만 제공했다. 교사는 예/아니요 질문 대신 *wh* 질문(누가, 어디서, 언제 등)을 사용하여 아동이 더 많은 이야기를 하도록 격려할 수 있었을 것이다. 아래 예에서는 교사(T)가 중재 회기 중에 9세 여아(C)와 대화하고 있다.

T: *You wanted to talk about something?*(할 말이 있다고?)

C: "*C-a-m-p rock*".

T: *Camp rock, what is camp rock?*(캠프 락, 캠프 락이 뭐야?)

N: "*Is movie*"(영화예요).

T: *Camp rock, is movie or camp rock is a movie, is a movie?*[1](캠프 락, 영화인가, 캠프 락이 영화인가, 영화야?)

N: "*A movie*"(영화).

또한 일반적으로 도구적 어휘집(aid lexicon)이 제한되어 있으므로 성인은 아동이 확장된 발화의 전부 또는 적어도 일부를 산출할 수 있도록 아동의 발화를 확장하는 데 주의를 기울여야 한다.

1) 역주: 관사 a 사용을 강조하기 위한 문장임.

C: *BALL*(공).

A: {*THROW BALL I throw the ball to you*}.

음성 통역하는 것과 그래픽 발화의 재구성 및 이러한 발화의 확장을 구분하는 것이 중요하다. 도구적 의사소통자가 통역의 모든 단어에 해당하는 그래픽 상징을 생성하지 못할 수 있으므로 성인이 이 문장을 표현해야 한다. 위의 예에서 성인(A)은 "공을 너에게 던져준다"고 말하면서 아동(C)의 *BALL*(공)을 *THROW BALL*(공 던지다)로 확장한다. 이렇게 하면 대답의 형태로 아동의 요청을 인정하여 불필요하고 기능적이지 않은 반복을 피할 수 있다. 음성 문장과 병행하여 손짓 기호와 그래픽 상징으로 발화를 확장하면 의사소통 상대자가 다른 의미적 요소를 표현할 수 있는 가능성과 그 가능성을 인지할 수 있다는 장점도 있다. 예를 들어, 교사는 아동에게 정원이나 거리와 같은 위치를 표현하는 어휘 항목과 뒤 또는 앞과 같은 공간적 관계를 표현하는 어휘 항목을 제공하는 것을 잊어버렸다는 사실을 발견할 수 있다.

이해의 틀이 되는 문장

전형적인 발달을 보이는 아동은 문장에서 새로운 단어를 들을 때 문장 구조에 대한 지식과 문장에 포함된 익숙한 단어를 단서로 삼아 새로운 단어가 어떤 종류의 단어인지 추측한다(Babineau et al., 2020). 예를 들어, 문장의 일반적인 구성은 다른 단어가 동사가 아닌 경우 새 단어가 동사일 가능성이 높다는 것을 나타낸다. 이는 문장이 새로운 단어를 이해하기 위한 **구문적 틀**(*syntactic frame*)을 구성한다는 것을 의미한다. 또한 문장이 묘사하거나 관련되어 있는 상황의 요소는 아동이 새로운 단어를 해석하는 단서가 된다. 아동은 익숙한 단어가 어떤 의미유형을 나타낼 가능성이 있는지 알고, 새로운 단어가 다른 단어가 나타내지 않는 의미유형을 나타낸다는 암묵적인 가정을 바탕으로 해석을 하게 된다. 이런 식으로 이러한 상황은 문장에서 새로운 단어를 이해하기 위한 **의미론적 틀**(*semantic frame*)을 구성한다. 구문적 틀과 의미적 틀과 문장의 익숙한 단어는 함께 개인에게 새로운 손짓 기호 또는 그래픽 상징과 발화 전체의 의미를 이해할 수 있는 단서를 제공한다. 이러한 유형의 '부트스트랩 전략(bootstrap strategies)'은 전형적인 발달과 비전형 발달 모두에서 중요하다고 가정한다(Abend et al., 2017; Morgan & Demuth, 1996). 따라서 개인이 단일 손짓 기호 또는 그래픽 상징이 있는 발화를 주로 사용하면 더 복잡하고 구체적인 의미를 표현할 기회와 새로운 어휘를 습득하는 중요한 도구를 모두 잃게 된다.

언어 중재에서는 구문적 및 의미적 틀 개념에 기반한 전략을 도구적 언어 자극과 결합하여 익숙한 기호 또는 상징 어휘가 포함된 문장에 새로운 기호 또는 상징을 제시함으로써 개인의 이해를 지원할 수 있다. 예를 들어, 교사는 아동이 그래픽 상징 BOY(소년), BALL(공), TEACHER(선생님)를 알고 있을 때, 아동에게 그래픽 상징 GIVE(주다)와 KICK(차다)를 가르치기 위해 BOY(소년), GIVE(주다), BALL(공), TEACHER(선생님) 그리고 BOY(소년), KICK(차다), BALL(공), TEACHER(선생님) 중에서 하나를 선택하게 할 수 있다. 이해를 돕기 위해, 예를 들어 TEACHER(선생님), KICK(차다), BALL(공), BOY(소년)과 같이 동일한 항목으로 문장을 만들도록 지도할 수 있다. 이 전략은 중요한 정보에 대한 지식을 기반으로 하며(p. 370 참조), 교사는 아동이 새로운 기호나 상징에 올바른 의미를 부여하기 위해 알아야 할 내용을 분석했다고 가정한다. 교사는 아동이 발화에 포함된 다른 기호나 상징에 익숙하고 그 상황이 일반적으로 아동에게 알려져 있는지 주의하여 새로운 기호나 상징을 강조한다. 아동이 새로운 기호나 상징과 문장 전체에 의도된 의미를 부여하려면 상황적 단서와 익숙한 어휘가 모두 필요할 수 있다.

여기에 설명된 전략은 채우기 전략과 유사하지만, 채우기 전략의 목표는 개인이 문장을 **생성**하도록 가르치는 것인 데 비해 현재 전략의 목표는 익숙한 언어 틀에 새로운 기호나 상징을 제시하여 **이해력**을 가르치는 것이다. 이 두 가지 전략은 문장에서 손짓 기호 또는 그래픽 상징 간의 관계를 활용하고 개인의 이해를 촉진하려는 상호 보완적인 전략이다.

관점

대부분의 상황은 서로 다른 관점(perspectives)에서 인식될 수 있다. 의사소통은 하나의 관점을 선택하고 공유된 맥락을 확립하는 것을 의미한다(p. 214 참조). 개인과 의사소통 상대자가 서로 다른 관점을 바탕으로 의사소통을 하면 잘못된 해석과 오해가 발생할 수 있다. 단어, 기호 및 상징의 이해를 돕기 위한 한 가지 전략은 표현되는 발화의 관점을 명확히 하는 것이다. 예를 들어, 전형적인 발달을 보이는 3~4세 아동에게 *The cat is bitten by the duck*(고양이는 오리에게 물렸다)를 수행하도록 요청했을 때, 아동이 수행한 행동은 고양이가 오리를 무는 것이었다. 이러한 일련의 사건은 고양이와 오리에 대한 서로의 지식에 따른 것으로, 아동은 이러한 관점에서 문장을 해석했다. 연구자가 문장을 제시하기 전에 *Bad duck*(나쁜 오리)라고 말하여 아동의 관점에 대해 준비시키자, 아동은 문장을 듣고 그대로 해 보라는 지시에 오리가 고양이를 물게 했다(MacWhinney, 1982). 이와 유사한 전략을 사용하여 AAC를 사용하는 개인에게 손짓 기호 또는 그래픽 상징의 의미에 대한 다양한 단서를 제공할 수 있다. 관점에 대한 지침을 제공하는 것은 주제화와 어느 정도 유사하다. 두 가지 모두 제시된 메시지를 올바르게 해석할 수 있도록 개인의 맥락적 틀 또는 맥락을 지시하는 전략을 말한다.

언어 사용의 다양성

문장의 구성은 어떤 양식에서든 언어를 최대한 활용하기 위해 필요하다. 여기에 제시된 원칙과 전략은 손짓 기호 또는 그래픽 상징을 사용한 문장 구성의 발달을 촉진하기 위한 기초를 나타낸다. AAC를 사용하는 아동과 성인의 보다 다양하고 유연한 언어 사용을 지원하기 위해 이를 더욱 정교화할 수 있다. 학습에는 시간이 걸리며 단조로운 표현의 지루함을 방지하기 위해 제한된 수의 일상적인 상황에서 소수의 주제로만 의사소통을 제한하지 않는 것이 중요하다. 입력과 산출 모두의 다양성은 언어 학습을 지원한다(Plante et al., 2014; Schiff et al., 2021). 즉, AAC를 발전시키는 개인과 의사소통 상대자 모두 문장의 형식, 내용, 사용 및 맥락을 다양화해야 한다.

언어 구조의 일반적인 습득은 단어의 분포 통계에 대한 아동의 관찰, 단어가 다양한 방식, 다양한 목적, 다양한 상황에서 함께 사용되는 것을 관찰하는 데 달려 있다(Newport, 2016). 의미 분석은 개인의 의사소통, 문장에서 행위자. 행위, 실체, 수식, 수혜자 등의 기호 또는 상징을 사용하는 방식을 평가하는 데 유용한 도구가 될 수 있다. 반복적인 언어 상황은 개인의 의미 범위와 표현의 다양성을 감소시킬 수 있는 반면, 보다 다양한 의사소통 경험은 언어 구조의 새로운 측면을 습득하도록 촉진할 수 있다. 개인이 원하는 사물과 활동만을 가리키거나 기능적이지 않은 이름대기 훈련에 참여하는 경우, 언어가 무엇인지, 손짓 기호나 그래픽 상징을 어떻게 사용할 수 있는지에 대한 이해가 제한적일 수 있다. 문장 구성은 개인이 직접 한 물리적 사물과 행동이 아닌 다른 범주를 나타내는 어휘 항목의 습득을 용이하게 한다. 중재를 진단하고 평가할 때 전문가는 항상 다양한 환경에서 개인의 발화의 구조와 기능, 예를 들어 주제를 주로 표현하는지, 의사소통 상대자가 다른 모든 것을 기여하는지, 개인의 의사소통이 가능한 한 다양한지 등을 조사하는 데 주의를 기울여야 한다.

구어를 충분히 이해하는 학생의 경우, 교사는 손짓 기호나 그래픽 상징을 사용하여 문장을 가르칠 때 명시적인 전략을 사용할 수 있다. 이 그룹의 경우 개별 교육 회기뿐만 아니라 일반 교실에서도 문장 구성을 가르칠 수 있다. 그러나 모든 언어 사용은 맥락에 내재되어 있기 때문에 언어 자극의 상당 부분은 특정 훈련 상황 밖에서 이루어져야 한다(5장 참조).

10장

AAC, 참여와 활동

활동 안에서의 사회적 상호작용은 아동 발달의 모든 측면의 토대가 된다. 언어는 다양한 맥락에서 학습되고 사용되며 다양한 활동으로 들어가는 방법이기도 하다(Ervin-Tripp, 1996; Rowe & Weisleder, 2020). 일상적인 가정 및 지역사회 생활에서 함께하는 크고 작은 활동은 학습과 문화 형성의 생태계를 상징한다(Dunst et al., 2000; von Tetzchner, 2019a). 활동의 유형과 내용은 사회경제적, 문화적 배경에 따라 다양하며, 연령에 따른 활동의 변화는 개인의 성장과 발달을 반영한다(Elkonin, 1971; Verosov, 2006; Weisner, 2002). 장애는 참여를 어렵게 만들 수 있으며, 장애 아동과 청소년에게 사회 및 사회 활동 참여는 중재의 수단인 동시에 목표이기도 하다(Imms et al., 2017).

AAC를 발달시키고 있는 사람에게 활동 참여는 언어 이해 및 사용에서 맥락의 역할과 밀접한 관련이 있다(p. 214 참조). 사람과 사물은 개인이 어떤 형태로든 의사소통을 하고 언어를 사용할 수 있을 때 의사소통 및 언어적 행동을 포함한 행동 가능성을 나타낸다(Borghi, 2021). 언어 사용은 의사소통 활동에 참여하는 것과 언어 수단에 접근하는 것 모두에 달려 있다(von Tetzchner et al., 2018). 따라서 연령에 적합한 활동에 참여하는 것은 모든 양식의 의사소통과 언어 발달을 지원하기 위한 자연스러운 프레임워크이다(Clarke et al., 2012).

개인의 활동 내용에 따라 어떤 손짓 기호나 그래픽 상징을 학습하고 사용하게 될지 결정될 수 있다(Hedvall & Rydeman, 2010). 놀이 및 기타 여가 활동에서의 의사소통은 이해를 지원하고 발화를 구성하는 프레임워크를 확립하는 공통의 근거를 나타낸다(Bohn & Frank, 2019; Weisberg et al., 2013). 따라서 다양한 상황에서의 의사소통적 참여는 AAC 중재의 가장 중요한 목표이다(Batorowicz et al., 2014; Beukelman & Light, 2020).

AAC를 발달시키는 한 사람은 주변 사람들과 또래가 AAC를 거의 사용하지 않기 때문에 다양한 활동에 참여할 수 있는 지원과 훈련이 필요하다. 이들의 의사소통에서 비교적 큰 비중을 차지하는 것은 훈련 또는 유도 발화일 수 있다(Barker et al., 2013). AAC를 발달시키는 아동에게 훈련은 중요하지만 진정한 참여는 훈련 활동 이외의 의사소통과 언어 사용을 의미한다.

활동을 결정하고 사물을 선택하는 것은 일반적으로 AAC 훈련의 초기 단계에서 핵심 요소이다(6장 참조). 이는 사물과 활동의 이름을 조기에 학습하도록 지원하고 개인의 주체성과 자율성 발달을 촉진한다(Batorowicz et al., 2016). 요구하기와 선택하기는 AAC를 사용하는 청소년과 성인에게도 중요한 의사소통 기능이지만 일상 언어 사용의 일부에 불과하다. 따라서 AAC 중재는 활동을 선택하는 것 이상으로 활동 내에서 의사소통적 차례 주고받기를 하는 데 더 중점을 두어야 한다. 예를 들어, 식사하기 활동은 여러 가지 선택하기의 기회를 나타내며 AAC 훈련에서 일반적으로 사용되지만, 전형적인 발달을 보이는 아동의 식사 시간 대화는 다른 다양한 주제를 다룰 수 있다(Ferm et al., 2005; Hu et al., 2019). AAC를 발달시키는 아동은 모든 일상 활동(및 일부 특별 활동)에서 다양한 의사소통 목적을 위해 AAC를 사용하도록 지도해야 한다. 이 장에서는 선택하기 이상의 의사소통적 상호작용에서 AAC 사용을 지원할 수 있는 활동에 대해 설명하고자 한다.

통합은 많은 AAC 중재의 목표이지만 참여적 통합이란 항상 활동에서 다른 참여자와 똑같이 하는 것을 의미하지는 않는다(5장 참조). 운동 능력이 제한된 아동은 다른 아동이 공을 차는 동안 열심히 점수를 체크하고 해설을 할 수 있다. 둘 다 게임에 적극적으로 참여하지만 방식은 다르다고 할 수 있다.

루틴 활동과 다양성

많은 연구자와 전문가는 전형적인 초기 언어 발달(Bruner, 1983; Peters & Boggs, 1986)과 AAC 발달에서 루틴의 기능을 강조하고 있다(예: Gevarter et al., 2021; Kaiser & Wright, 2013; Mandak et al., 2017). 루틴은 아동이 다른 사람이 산출한 발화의 의미를 추론하고 자신의 발화를 산출하는 데 도움이 되는 친숙한 프레임워크로 구성된다. 따라서 루틴은 어휘 항목과 문장 구성을 도입할 수 있는 가능성을 나타내며 AAC를 통한 의사소통을 형성하는 데 자주 사용된다. 그러나 대부분의 의사소통이 루틴 활동에서 이루어지고 개인이 제한된 표현 어휘만 사용할 수 있는 경우, 아동은 일반적으로 루틴에서 '성장'하며 언어 발달이 최적으로 지원되지 않을 수 있다. 루틴 상황에 지나치게 집중하면 새로운 어휘 습득을 촉진하는 상황의 경험이 줄어들 수 있다. 언어 환경을 최대한 활용하려면 성인은 대화가 자연스러운 활동의 일부가 될 수 있는 다양한 상황을 만들어야 한다(11장 참조).

아동은 가사 일에 참여하는 것을 좋아하고 어른을 돕는 것에 대한 즐거움이나 자부심을 보인다. 이러한 활동은 어휘와 문장 공식 등 언어 발달의 틀을 나타낼 수도 있다(Clegg et al., 2021). 이러한 활동은 문화적으로 가치 있는 활동이기 때문에 이러한 활동에 대한 참여를 지원하는 것은 AAC 중재에서 자연스러운 부분이다. 이러한 활동은 비교적 운동 능력이 좋은 아동에게 일반적이며, 아동의 소근육 운동 능력이 충분히 좋다면 휠체어를 탄 아동에게도 적용될 수 있다. 예를 들어, 블렌더나 기타 전문 요리 기기의 스위치를 켜고 끌 수 있다. 소근육 운동장애가 심한 아동은 언어를 사용하여 어른이나 또래에게 지시하는 행동을 할 수 있다. 비록 전형적 발달을 하는 아동처럼 '도와줄' 수는 없지만, 운동 능력이 제한된 아동도 의사소통 도구를 사용하여 주제 보드를 사용하거나 그래픽 상징이 있는 레시피를 '큰 소리로' 읽으면서 청소, 케이크 굽기, 기타 집안 일을 엄마와 아빠에게 지시할 때 똑같이 자부심을 느낄 수 있다([그림 10.1]).

루틴을 넘어선 의사소통적 참여 지원은 의사소통 상대자에게 새로운 요구가 될 수 있다. 개

[그림 10.1] 빵 레시피를 '읽고' 아버지에게 베이킹 과정을 안내하는 운동장애 아동

인과 의사소통 상대자 모두 의사소통 성공을 경험해야 하는 것이 목표이다. 필요한 경우 의사소통 상대자가 손짓 기호나 그래픽 상징이 포함된 대화에서 성공을 경험할 수 있도록 상황을 더 투명하게 만들 수 있다. 동시에 AAC를 사용하는 개인의 기여가 거의 필요하지 않은 방식으로 상황을 설정하지 않는 것이 중요하다. 예를 들어, 부모는 종종 자녀에 대한 정보를 사용하여 자녀가 원하는 것을 유추하거나 추측한다. 장애 아동은 몇 가지 활동에 참여할 수 있으며 부모는 대부분의 활동에 익숙하다. 따라서 부모는 자녀의 표현적인 의사소통이 없어도 자녀가 원하는 것을 유추하기 쉬운 경우가 많다. 부모와 아동은 의사소통에 성공할 수 있지만 대화가 반복적이고 단조로워질 수 있다. 그래서 표현되는 모든 것이 맥락에서 예측 가능해야 한다. 개인은 변화를 가져올 수 있는 무언가를 전달해야 하며, 의사소통 상대자는 개인이 전달하는 내용을 정말로 이해하고 싶어해야 한다. 의사소통의 책임은 두 사람 모두에게 있지만 처음에는 의사소통 상대자가 더 많은 결정권을 가지고 있으므로 AAC를 사용하는 사람이 자신의 의견을 말할 수 있도록 해야 한다. 상대방의 낮은 기대치, 제한된 의사소통 책임, 그리고 차이를 만드는 의사소통은 실제 참여를 가로막는 일반적인 장벽이다(De Bortoli et., 2011; Moorcroft et al., 2019; von Tetzchner & Martinsen, 1996). 초기 AAC 발달 단계를 통과한 사람은 중재를 통해 루틴 활동에서 다양한 의사소통을 할 수 있을 뿐만 아니라 루틴을 넘어서는 다양한 활동에서 더 많은 의사소통적 상호작용을 할 수 있어야 한다.

놀이

놀이는 유아기의 핵심 활동이며, 놀이는 아동의 인지, 언어, 사회성 발달, 또래 관계, 자율성, 자기 효능감에 중요한 것으로 간주되고 있다(Lillard, 2017; Piaget, 1951; Ridgway and Quiñones, 2020; Vygotsky, 1967). 놀이는 감각운동놀이(sensorimotor play), 이동놀이(locomotor play), 신체놀이(exercise play), 거칠고 넘어지는 신체놀이(rough-and-tumble play), 구성놀이(constructive play), 역할놀이를 포함하는 상징놀이(symbolic play) 등 다양한 형태로 이루어질 수 있다. 장애 아동에게도 일반 아동과 마찬가지로 놀이가 중요하지만(Besio, 2017), 신체적 또는 인지적 장애가 있는 아동은 또래보다 놀이 시간이 적을 수 있다(Barron et al., 2017; Barton, 2015; O'Connor et al., 2021). 어린 아동을 위한 중재에서 놀이는 그 자체로 목표가 되는 경우가 많지만, 놀이는 또래 문화와 또래와의 사회적 상호작용으로 들어가는 관문이기도 하다. 따라서 AAC 중재에서는 놀이 활동에서 의사소통과 언어를 사용하는 것이 주요 요소가 되어야 한다(6장 참조). 이 장에서는 놀이에서 AAC를 사용하는 방법을 설명하기 위해 구성놀이와 역할놀이를 설명하고자 한다.

AAC를 사용하는 개인이 전형적인 발달을 보이는 또래보다 놀이에 덜 참여하는 데에는 여러 가지 이유가 있으며, 놀이 활동의 지도에는 중재 목표가 다를 수 있다. 중재자는 운동 기술, 언어 기술, 사회적 기술, 자기 조절 등 특정 중재 목표를 촉진하기 위해 구조화된 놀이와 유사한 활동을 사용할 수 있다(Feleihi et al., 2023; Gevarter et al., 2023a). 그러나 놀이의 가장 큰 특징은 놀이 그 자체 이상의 목적이 없다는 것이다(von Tetzchner, 2019a). 따라서 교육적 놀이와 유사한 활동은 실제 놀이가 아니라 아동이 동기를 부여하고 흥미를 느낄 수 있는 긍정적인 교육 활동이다. 마찬가지로 중요한 중재 목표는 장애 아동이 놀이를 목적으로, 특히 또래와 함께 놀이에 참여할 수 있도록 돕는 것이다(Besio, 2017). 놀이에서는 아동이 주도적인 역할을 해야 하지만, 성인이 놀이와 게임을 소개하고 새로운 놀이 시나리오로 아동을 안내할 수도 있다. 놀이 중재는 종종 성인이나 또래의 시범을 사용하며 때로는 비디오를 사용하기도 한다(Briet et al., 2023; Hine & Wolery, 2006; Persicke et al., 2023). 놀이 활동과 놀이와 유사한 교육 활동 사이의 경계는 상당히 모호할 수 있다. 두 활동 모두 참여는 AAC 발달을 지원할 수 있지만, 아동이 중재자가 '올바른' 일이라고 생각하는 것을 하거나 말해야 할 때는 다른 활동이라고 할 수 있다.

자폐성장애 아동을 위한 놀이에 초점을 맞춘 조기 중재 프로그램은 AAC 발달을 포함한 의사소통 및 언어 발달에 긍정적인 영향을 미치는 것으로 나타났다(Chang et al., 2016; Goods et al., 2013; Papacek et al., 2016). 대화를 동반한 놀이 활동 참여는 AAC 발달에 도움이 될 수 있지만, AAC는 놀이 기술이 제한된 아동의 놀이를 지원하는 수단으로도 사용될 수 있다(von Tetzchner, 1987). 그러나 AAC가 필요할 수 있는 진단 그룹에 속하는 아동을 위한 놀이 중재에 관한 대부분의 문헌에서는 AAC의 필요성이나 대체 의사소통 수단 및 언어 발달을 지원하기 위해 놀이를 사용하는 방법에 대해 거의 언급하지 않고 있다(예: Barton et al., 2020; Besio et al., 2017; Blanche, 2008).

아동의 놀이는 지각, 운동, 인지 능력은 물론 사회적, 언어적 기능을 반영할 것이다. 장애는 아동 놀이의 형태와 기능 모두에 영향을 미칠 수 있다(Barron et al., 2017; Besio et al., 2017). 아동의 초기 놀이의 대부분은 신체적 행동과 관련이 있으므로 운동장애는 아동의 놀이 기술 발달에 영향을 미칠 가능성이 높다(Pfeifer et al., 2011). 스스로 움직이고 손을 사용하는 능력이 떨어지는 아동은 운동 능력에 대한 요구가 너무 높기 때문에 다양한 형태의 놀이 및 기타 협력 활동에 필수적인 행동을 수행하지 못할 수 있다. 이들은 일반적으로 혼자서 또는 성인과 함께 놀이를 한다(Skär and Tamm, 2002). 중도 운동장애도 아동이 운동 놀이에 참여하는 데 방해가 될 수 있다. 운동장애가 있는 아동은 놀이를 이해하지만 놀이에 대한 접근성과 놀이 기술을 연습할 기회가 필요하다. 손 사용이 제한적인 아동에게는 물건을 이용한 상징적 놀이가 문제가 될 수 있다. 그러나 이 그룹의 아동이 성인과 또래로부터 필요한 도움과 지원을 받는다면 놀이 활동에서 소외될 필요는 없다(Graham et al., 2014).

자폐성장애 아동은 일반적으로 다른 사람을 이해하고, 미래를 상상하고 계획하며, 다른 사람이 세상을 실제와 다르게 인식할 수 있다는 사실을 깨닫는 데 어려움을 겪는다(p. 117 참조). 이 그룹은 서로 다른 역할과 사회적 상호작용을 하는 역할 놀이를 어려워하며, 여러 연구에 따르면 명시적으로 요청할 때 역할 행동을 할 수 있어도 역할 놀이를 시작하는 경우가 드물다고 한다(Jarrold et al., 1996; Kasari et al., 2013; Lam & Yeung, 2012). 따라서 AAC는 놀이의 기능을 이해하도록 돕는 수단이며, 놀이는 의사소통과 언어 발달을 촉진하는 데 사용된다. AAC를 발달시키는 자폐성 장애 아동의 놀이와 관련된 이중 어려움은 새로운 놀이 활동과 새로운 손짓 기호 또는 그래픽 상징을 동시에 도입하는 것을 가능한 한 피해야 한다는 것이다. 새로운 형태의 역할놀이는 새로운 손짓 기호나 그래픽 상징이 필요할 수 있지만, 새로운 형태의 놀이는 이미 학습한 어휘와 문장 구조로 도입해야 하며, 새로운 어휘와 문장 구조는 이미 익숙한 놀이 형태의 프레임워크 내에서 도입되어야 한다.

지적장애 아동은 전형적으로 다른 영역과 마찬가지로 놀이에서 지연을 보이며, 놀이 활동을 시작하고 수행하는 데 전형적인 발달을 보이는 아동보다 더 많은 도움이 필요하다(Layton et al., 2014; Venuti et al., 2009). 자폐성장애 아동은 특히 역할놀이에서 지연되는 경향이 있으며 구성놀이에서 더 잘할 수 있다(Papacek et al., 2016). 다양한 종류의 놀이는 다양한 형태의 언어 사용을 지원할 수 있다(Chu & Schulz, 2020; Lillard, 2015; Mertala et al., 2016).

놀이에서 동작을 위한 언어

아동의 운동장애로 인해 성인이 아동의 손을 움직여 물건을 밀거나 잡는 등 손으로 다른 놀이 행동을 구성하거나 수행할 수 없는 경우 물건에 대한 접근과 이동성을 가능하게 하기 위한 물리적 환경의 적응에 관한 많은 연구가 있다(Barron et al., 2017; Hsieh et al., 2020). 몇몇 아동은 보조 장치를 사용하여 로봇을 조작하는 방법을 배우지만(Bonarini & Besio, 2022; Espin-Tello et al., 2023), 놀이 이야기에 참여하려면 의사소통 도구가 필요하다. 심한 손 운동장애가 있는 아동의 경우, 언어(형식과 무관하게)가 놀이 참여의 주요 도구가 될 수 있다. 말을 거의 또는 전혀 알아들을 수 없음에도 불구하고 언어가 최고의 기술이며, 사물을 보여 주거나 조작하는 대신 필요한 신체적 행동을 다른 사람에게 지시하기 위해 창의적으로 언어를 사용할 수 있다. BAC(Becoming an Aided Communicator) 연구(Batorowicz et al., 2016)의 다음 예에서와 같이 그래픽 상징이나 문자를 사용하여 또래나 성인에게 자신이 신체적으로 할 수 없는 동작을 하도록 지시할 수 있다. 도구적 의사소통자(A)가 또래(P)에게 도구적 의사소통자만 볼 수 있는 다른 인형과 같은 방식으로 인형에게 옷을 입히라고 지시하고 있다. 그는 두 개의 스위치로 그래픽 상징을 선택하며 음성 생성 장치(SGD)를 작동하고 있다.

A: '*노란색.*'(AAC 기기 합성음)

P: 이 노란색 셔츠?

A: 응. '*갈색.*'

P: (인형에게 셔츠를 입히면서) 지금 팔을 넣고 있어. 갈색 바지 말하는 거야?

A: 응.

P: 여기 갈색 가방이 있네. 파란색 바지도 있고. 갈색 바지는 안 보여. 갈색 바지가 없어. 이거 말하는 거야? (카키색 바지 한 벌을 집어 들며).

A: 응. '*갈색.*'

P: (인형에게 바지를 입힌다).

A: '*갈색.*'

P: 갈색 가방 말하는 거야?

A: 응.

P: 스웨터는 어때? 여기 녹색 스웨터가 있어. 그게 어울린다(가방을 오른쪽에 놓는다).

A: '*신발.*'

P: 어떤 신발? 여기 신발은 이 갈색 신발만 있어. 아니면 이 슬리퍼? (슬리퍼 한 켤레를 가리킨다.)

A: '*파란색.*'

P: 뭔지 모르겠네. 이건 파란색이고, 이건 파란색에 가깝고, 이건 파란색 비슷하잖아. 어떤 거? (다른 슬리퍼를 가리키며).

A: "응"(고개를 끄덕임).

P: 여기 모자가 있어 (테이블에 남은 조각과 도구적 의사소통자를 바라본다.).

A: "모자 없어"(고개 돌림).

P: 이 인형 정말 귀엽다.

이 대화는 중도 운동장애 아동이 신체적 제한과 타인에 대한 의존에도 불구하고 어떻게 언어를 사용하여 동작을 하게 하고 개인의 자율성을 발전시키는 지를 보여 주고 있다. 상대방이 더 긴 발화를 하더라도 도구적 의사소통자는 의사소통에 책임을 가지고 상대방의 동작을 이끌었다. 놀이 활동과 장난감을 선택하는 것 외에도 놀이에서 AAC를 사용하는 방법에는 여러 가지가 있지만 장난감 및 기타 놀이 자료가 적합하고 아동에게 매력적으로 다가가는 것이 중요하다 (O'Connor et al., 2021).

구성놀이

구성놀이는 아동이 세상을 신체적으로 탐색하는 과정에서 자연스럽게 이루어지는 놀이이다. 또한 구성놀이에는 블록이나 레고로 집을 짓거나 점토로 피규어를 만드는 등 무언가를 만드는 것이 포함된다(Christie & Johnson, 1987). 대부분의 유치원은 이러한 유형의 놀이를 위한 시설을 잘 갖추고 있다. 전형적인 발달을 보이는 또래에 비해 중도의 운동장애가 있고 손 사용이 제한적인 아동은 사물을 조작하고 구성 놀이에 필요한 신체적 행동을 수행하지 못할 수 있으며 사물을 적극적으로 탐색할 기회가 적을 수 있다(Besio & Amelina, 2017; von Tetzchner & Grove, 2003). 이러한 아동에게 도구적 의사소통은 구성놀이에 참여하는 데 중요한 수단이다. 블록 세트와 UP(위), DOWN(아래), MORE(더), HIT(치다), FINISH(끝) 등의 그래픽 상징이 제시된 작은 의사소통 보드는 또래나 어른에게 탑을 쌓고 무너뜨리는 등의 신체 놀이 행동을 지시하는 도구적 언어를 사용은 구성 놀이를 처음 소개하는 데 유용할 수 있다([그림 10.2] 참조).

von Tetzchner와 Martinsen(1996)의 다음 대화에서처럼 구성놀이는 아동이 사물, 형태, 색깔, 공간 관계 등에 대해 의사소통하는 방법을 배우는 데 도움이 될 수 있다. 7세 George는 눈으로 가리키고, 파트너 보조 스캐닝(dependent scanning) 방식으로 의사소통을 한다. 그의 의사소통 책에는 845개의 픽토그램, 그림, 사진이 포함되어 있다. George와 그의 아버지는 네모난 판 위에 집을 짓고 있었다.

[그림 10.2] 또래에게 블록 탑을 쌓고 허물라고 지시하고 있는 어린 도구적 의사소통자

F: 우리 거실부터 시작하자.

G: "네"(눈동자 움직임).

F: 그래. 그리고 저기 소파. 소파. 거기가 거실이면 좋겠어?

G: (사각형과 집을 바라본다).

F: 아니면? (집을 돌린다).

여기? (다시 돌려서 George를 본다).

여기? (다른 방을 가리키며).

저기? (마지막 방을 가리키며).

여기? 거실을 어디로 할까? (George의 시선을 따라 가려고 한다).

G: (짓고 있는 집의 지붕을 바라본다).

F: 좋아.

G: "네" (시선 이동).

F: 여기? (가리키며).

결정하기가 많이 어렵니? 응?

집을 다시 지을까, 아니면 무슨 생각해?

G: "지붕" (아버지를 바라보고 재빨리 위를 바라본다).

F: 흠. 지붕. 지붕을 옮길까? 벽은?

G: "네" (눈동자 움직임).

F: 흠. 벽을 옮길까?

G: "네" (눈동자 움직임).

F: 이거? (가리키며). 옮길까?

G: "네" (눈동자 움직임).

F: 그래 (조지의 손을 잡고 벽을 움직인다).

어디로 옮길까? 그냥 치울까?

(사각형을 가리키며) 여기? (벽을 내려놓으며) 이렇게?

G: (아버지를 바라본다).

F: 너무 작다고 생각해?

G: "네" (눈동자 움직임).

F: 끝까지? (벽을 움직인다).

G: "네" (눈동자 움직임).

F: 그래.

위의 대화는 구성놀이에서 AAC의 긍정적인 잠재력을 보여 준다. 그러나 이 공유된 도구적 구성놀이에서 아버지는 아들의 의견에 주의를 기울이면서도 주도적인 역할을 유지했고, George의 거의 모든 기여는 동의의 표현이었다. George의 비교적 큰 도구적 어휘와 아버지의 세심한 태도에도 불구하고 이러한 상호작용은 George의 언어 발달과 구성놀이를 통한 물리적 세계 탐구를 거의 지원하지 못했다. 상호작용 전략에 아주 작은 변화를 주었다면 아버지는 George가 레고 조립을 주도하게 했을 것이고, George는 더 많은 발화를 더 길게 산출했을 것이며, 아버지는 George가 제안한 다양한 놀이 행동을 수행했을 것이다. 부모는 아동의 AAC 발달을 지원하기 위해 아동이 주도권을 가질 수 있도록 하는 안내하는 것이 필요할 수 있다(11장 및 12장 참조).

더 복잡한 결합형 구성에도 동일한 원리를 적용할 수 있다. 아동은 성장함에 따라 초기 구성놀이의 단순한 요소는 점차 전동 기차 세트, 인형 집, 복잡한 레고 구조물, 모형 비행기로 대체된다. 2차원 컴퓨터 화면에서 구조물을 만드는 것은 실제 물체를 조작하는 것과는 다르다. AAC를 사용하는 아동에게는 점차 더 복잡한 놀이 자료를 소개하고 점차 더 복잡하고 포괄적인 놀이 내러티브를 구성하도록 유도해야 한다(11장 참조). 또래 친구들은 AAC를 사용하는 아동과 함께 더 많은 아동 기반의 공동 구성놀이 시나리오를 구성하도록 안내할 수 있다(12장 참조). 이러한 구성은 블록으로 지은 집에 사는 인형이 집안일을 하거나 인형이 또래가 구우라고 지시한 점토 케이크를 먹는 역할 놀이 및 가상 놀이로 발전할 수 있다. 발전된 놀이 활동에서 AAC를 통합하는 원칙은 초기 놀이와 동일하다. 주제 보드는 도구적 언어 중재의 초기 단계에 유용할 수 있다. 그러나 놀이 활동이 더 복잡해지면 주제 보드는 놀이와 대화 모두의 창의성을 제한할 수 있다. 특정 놀이 시나리오와 관련된 어휘 항목은 오히려 아동의 주 의사소통 보드나 장치에 추가해야 한다.

가상놀이

가상놀이에서 아동은 간호사, 소방관, 해적, 강아지나 사자 등 사람이나 동물의 역할을 맡는다. 또한 인형, 액션 피겨 또는 기타 장난감 피규어를 이 유형의 놀이에 사용할 수도 있다. 가상놀이는 아동의 상상력을 반영할 뿐만 아니라 은유적으로 사고하는 인간의 기본적인 경향을 반영한다(Fauconnier & Turner, 2002; Lakoff & Johnson, 1980 참조). 가상놀이는 종종 사회적이며, 특히 아동이 부모와 함께 놀이를 할 때 흔히 볼 수 있다. 언어는 일반적으로 역할을 정하고 놀이 대화에 참여하는 데 있어 핵심적인 요소이다. 연령이 증가함에 따라 아동은 자립심이 강해지고 스스로 함께 놀 수 있게 된다(Christie & Johnson, 1987; Pellegrini, 2013). 협력놀이는 상호 보완적인 역할과 과제를 의미하며 특히 AAC를 사용하는 아동과 또래가 공동으로 참여하기에 좋다([그림 10.3]). 운동장애가 있는 아동에게 AAC는 놀이에서 역할을 맡을 수 있는 수단이다. 자폐 아동의 경우 가상놀이는 세상을 이해하는 데 도움이 될 수 있으며, 말 능력이 부족한 아동에게도 AAC는 이러한 형태의 놀이에 참여할 수 있는 수단이 된다.

놀이는 현재를 초월하여 AAC를 사용하는 사람이 새롭고 혼합된 정신 공간(Turner, 1996)으로 들어가게 하고, 실제 또는 상상의 인물 이름, 의사, 해적, 트롤, 호빗, 직업, 탐험 여행, 마법과 같은 행동 및 속성 등 평소에는 인식하거나 사용하지 않는 어휘를 사용할 수 있게 해 준다(예: 의사, 해적, 트롤, 호빗). 한 어머니는 딸의 의사소통 기기 사용을 유도하는 가장 좋은 활동은 어른, 인형과 함께 3자 대화를 나누고 세 사람 모두 의사소통 기기를 사용하여 의사소통을 하는 것이라고 설명했다(McNaughton et al., 2008).

AAC와 관련된 놀이 활동에서는 동물원이나 농장, 블록, 자동차, 공, 인형, 소꿉놀이 장난감과 같은 물건을 사용하는 일반적인 놀이 시나리오를 다양하게 변형하여 흥미롭고 창의적인 대화를 자극할 수 있다(Barton et al., 2020; Taylor & Iacono, 2003). 어린 아동과 지적장애 아동도 가상놀이에 참여할 수 있다(Barton & Wolery, 2008). 아래의 예에서는 2세 6개월의 다운 증후군 아동 Lisa(L)와 연구자(R)가 인형을 가지고 놀고 있다. Lisa는 손짓 기호와 음성 출력 전자기기를 사용하고 있으며, 연구자는 말을 하면서 손짓 기호를 사용하고, 의사소통 기기를 사용하고 있다(Iacono & Duncum, 1995, p. 253).

R: 아기가 뭐 하고 있어?

L: '자요.'

R: 잘했어. {아기가 자고 있어요 BABY SLEEP}.
'아기 자요.' 아기 자.

L: '아기 자요.'

L: (누워서 눈을 감았다가 일어나서) SLEEP(자다).

놀이 내용은 좋은 기능을 보이는 다운 증후군 유아에게 적합한 것이었다. Lisa는 자연스럽게 잠자는 아기 역할을 맡아 가상놀이에 참여했다. 위의 시나리오에서 Lisa의 발화 내용은 다소 반복적이지만 음성 출력이 가능한 기기의 손짓 기호 또는 그래픽 상징과 함께 LISA(리사) GOODNIGHT(잘자), TEDDY BABY(아기 테디 베어), HAT ON BABY 및 LISA FOOT가 포함되어 있다. Lisa가 인형이 무엇을 하고 있느냐는 질문에 "자요"라고 대답하자 연구자는 잘했어라고 답했다. 연구자가 인형이 잠을 자는 것이 좋다는 것을 전달하고자 했을 수도 있지만, Lisa가 대답 또는 정확하게 대답한 것을 칭찬한 것일 가능성이 더 높다. 그렇다면 잘했어는 놀이 대화와 무관한 메타-코멘트(meta-comment)이다. Barton(2016)은 칭찬이 의사소통과 놀이 행동의 흐름을 방해할 수 있으므로 놀이 활동에서 아동을 칭찬하지 말라고 조언한다. 아동의 발화에 반응하고 대답하는 것은 오히려 놀이를 확장하는 기능을 할 수 있다.

SLEEP
손짓 기호: SLEEP

PCS: *BABY, SLEEP*

특히 AAC 중재는 모든 아동이 의사소통을 원하지만 일부 아동은 의사소통 표현의 기능을 이해하는 데 어려움을 겪는다는 원칙에 기반한다. 놀이 활동을 설정하면 아동의 의사소통 참여를 유도할 수 있다. 아래 예는 아동의 분명한 관심을 활용하는 것이 얼마나 중요한지 보여 준다.

Hannah는 10세 뇌성마비로 인해 운동장애가 있다. 중도의 지적장애가 있고 기능적인 말이 전혀 없다. 운동장애와 일부 발성 문제로 인해 정확하지 않은 몇 가지 손짓 기호를 사용한다. 선생님은 시각적 지원으로 그래픽 상징으로 구성된 일과 스케줄 사용한다. Hannah의 이전 선생님은 그래픽 상징이 있는 주제 보드를 도입하려고 시도했지만 성공하지 못했다. 새 선생님은 Hanah가 인형을 가지고 노는 것을 좋아한다는 점을 활용하기로 결정했다. 첫 번째 놀이 세션에서 Hannah는 욕조에서 인형을 씻는 것을 특히 좋아하는 것 같았다. 선생님은 인형 놀이와 관련된 DRESS(옷), WATER(물), FEED(먹이), BATH(목욕하다), STROLLER(산책) 등의 그래픽 상징이 있는 간단한 주제 보드를 가져와 놀이를 하는 동안 관련 그래픽 상징을 표시한다([그림 10.3]). 하지만 Hannah는 이를 알아차리지 못하는 것 같았다. 두 번째 세션에서 선생님은 첫 번째 세션에서 인형 놀이로 사용했던 인형과 물건을 가져오지만 욕조를 가져오는 것을 '깜빡' 잊어버린다. 처음에는 Hannah가 선생님을 바라보며 소리만 낸다. 선생님은 Hannah에게 하고 싶은 말이 있는지 묻고 주제 보드를 보여 준다. Hannah가 *BATH*(목욕)을 빠르게 반복해서 가리키자 선생님은 욕조를 찾으러 갔다.

인형 놀이는 Hannah가 좋아하는 활동이었으며 교사의 '건망증'은 Hannah가 그래픽 상징을 사용하여 자신이 원하는 것을 표현할 수 있고, 상징을 통해 즉각적인 환경에서 관찰할 수 없는 것에 대해 의사소통할 수 있다는 것을 깨닫는 데 도움이 되는 것 같았다. 그래픽 상징는 종종 초기 시각적 지원을 위해 사용되며, 아동이 상징은 행동 지시라고만 믿는다면 상징의 의사소통적 사용에 그림자가 될 수 있다. Hannah는 그래픽 상징을 자신의 의사를 표현하는 수단으로 인식하지 않고 일상적인 활동과 연관시켰을 가능성이 있다. 따라서 그녀는 다른 상황에서는 거의 주의를 기울이지 않았다. 교사의 '건망증'은 Hannah가 그래픽 상징의 한 가지 의사소통 기능을 이해하는 데 도움이 되었다.

구성놀이는 아동의 능력에 맞게 조정하는 것이 중요하다. 다음 예는 발전된 언어 기술 발달을 지원하기 위해 또래와 함께 놀이를 사용하는 방법을 보여 준다.

[그림 10.3] 인형놀이를 하는 도구적 의사소통자

Marianne은 5세이고 중도 뇌성마비가 있다. Marianne는 말을 할 수는 없지만 많은 구어를 이해하고 있다. 그녀는 몇 가지 손짓 기호를 배웠지만 운동 협응력이 좋지 않아 다른 사람들이 이를 이해하기 어려웠다. 그녀는 비교적 정확하게 가리키며 그래픽 상징이 있는 의사소통 보드를 사용하고 있다. 그녀는 일반 유치원에 다니고 있으며 선생님들은 그녀와 다른 아이들의 언어 발달을 지원하기 위해 적응형(adapted) 놀이 활동에서 의사소통을 사용하고 있다. '누구'는 사람에 대한 대화에서 중요한 용어이지만 배우기 어려운 단어이기도 하다. 어느 날 아침 서클 타임에 선생님은 한 그룹의 아이들이 방 밖에 있을 때 다른 그룹의 아이들은 큰 러그 아래에 사람이나 인형을 숨기는 게임을 소개한다. 그런 다음 바깥 그룹이 방으로 들어오면 선생님은 대형 보드에 있는 *QUESTION WHO UNDER RUG*(누구 러그 밑에 질문)를 가리킨다. 안에 있던 그룹은 일련의 그래픽 상징 *QUESTION*(질문), *WHO*(누구), *WHAT*(무엇), *UNDER*(아래), *RUG*(러그), *BOY*(소년), *GIRL*(소녀), *TROUSERS*(바지), *T-SHIRT*(티셔츠), *SWEATER*(스웨터), *HAIR*(머리카락) 및 여러 가지 색깔을 사용하여 러그 아래에 있는 사람이나 인형에 대해 설명하거나 이야기한다. 아동은 *GIRL BROWN HAIR*(소녀 갈색 머리) 또는 *BOY BLUE TROUSERS*(소년 파란색 바지)와 같은 문장을 구성한다. 처음에는 선생님의 질문을 통해 아이들의 정보를 이끌어 내야 하는데, 여기에는 *WHAT*(무엇)의 사용이 포함된다. 또래 친구들은 칠판에 그래픽 상징을 붙이면서 동시에 상징의 어휘를 말한다. Marianne의 차례가 되었을 때, Marianne이 의사소통 보드에 그래픽 상징을 가리키면 선생님이나 또래가 같은 상징을 큰 보드에 붙인다. Marianne와 또래 친구들은 번갈아 가며 질문하고 대답하며 선생님이 질문할 차례가 되면 자연스럽게 같은 질문을 사용한다. 이를 통해 독립적인 또래 대화를 위한 토대를 마련한다(von Tetzchner et al., 2005).

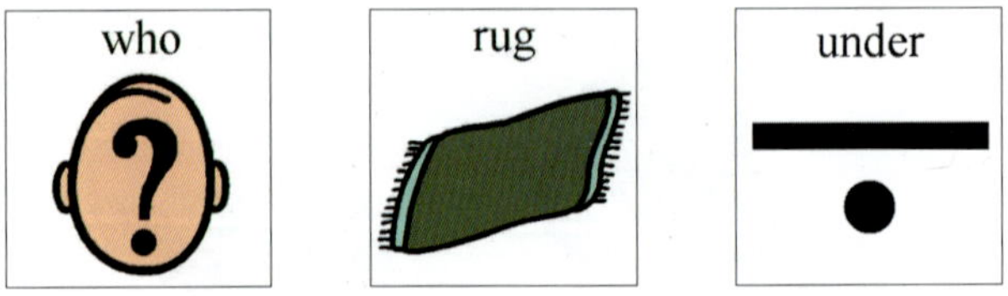

PCS: *WHO, RUG, UNDER*

Marianne과 또래 친구들 모두 이 게임의 혜택을 누렸다. 교사들은 Marianne와 또래 친구들의 언어 학습을 지원하는 다른 많은 적응형 게임을 소개했다.

이처럼 중재 연구는 자폐범주성장애 또는 지적장애 아동을 위한 사물놀이와 가상놀이 등 장애 아동의 다양한 놀이 기술을 다루었다(Barton et al., 2020). 많은 연구에서 먹을 수 있는 보상과 칭찬을 사용했다. 그러나 아동은 실제로 놀이를 배운 것이 아니라 보상을 받기 위해 특정 행동을 수행하라는 지시를 따랐을 수 있다.

바깥 놀이

놀이 중재 연구의 대부분은 실내 놀이에 관한 것이다. 그러나 전형적인 발달을 보이는 아동들은 유치원이나 학교의 놀이터, 마당, 동네의 놀이 공간에서 많은 시간을 보낸다. 바깥 놀이에는 그네, 클라이밍, 쌓기 등의 개인 놀이와 숨바꼭질, 경찰과 도둑잡기, 공놀이, 가상놀이, 탐험가 등의 사회적 놀이가 포함될 수 있다.

중도 운동장애가 있는 아동의 경우 다양한 형태의 야외 놀이에 어려움이 동반한다(Therrien et al., 2022). 아동의 참여에는 신체적, 조직적 적응, 보조 기술 또는 성인이나 또래의 도움이 필요할 수 있다. 도구적 언어를 사용하는 이 그룹의 아동의 경우, 적응을 하더라도 공놀이에 동등하게 참여하는 것은 불가능할 수 있지만 도구적 언어를 사용하여 코칭과 조직을 할 수 있다. 또래가 AAC에 능숙하고 의사소통이 가능한 놀이 환경이라면 공동의 구성 놀이와 사회적 놀이에도 행동 언어를 통해 참여할 수 있다.

자폐 아동은 일반적으로 야외 놀이기구에 물리적으로 접근할 수 있다. 그러나 이 그룹의 많은 아동은 새로운 것에 참여하는 것을 좋아하지 않으며 그네나 다른 형태의 놀이기구를 사용해 본 적이 없을 수 있다(Ripat & Becker, 2012). 야외 놀이터는 성인이나 또래의 지도를 통해 탐색할 수 있는 가능성을 보여 주며 일부 자폐 아동은 이러한 장비를 좋아한다는 사실을 발견할 수 있다. 이러한 놀이기구의 사용과 행동에 대한 의사소통은 새로운 어휘와 문장 구조를 습득하는 맥락을 나타낼 수도 있다.

활동의 일부인 대화 계획

스크립트는 주어진 활동 내에서 일반적으로 일어나는 일, 즉 사건의 순서, 말하는 내용 등을 표현한 것이다(Nelson, 2007; Schank & Abelson, 1977). 스크립트 활동은 놀이 중재, 특히 자폐 아동을 위한 가상놀이 중재에서 자주 사용된다(Hart Barnett, 2018). 또한 의사소통 및 언어 중재에도 사용된다. 활동 스크립트를 만들면 AAC를 사용하는 개인이 필요로 할 수 있는 어휘를 예측하는 데 도움이 될 수 있다(Taylor & Iacono, 2003).

중도 지적장애가 있는 나이가 많은 아동과 성인은 언어에 따라 차례를 정하는 활동과 같이 스크립트 대화가 포함된 활동을 통해 도움을 받을 수 있다. 언어 능력이 제한적인 사람에게는 대화 계획, 즉 특정 활동에서 사용할 대화문을 미리 작성하여 가르치는 것이 유용할 수 있다. 이는 8~25세의 자폐범주성장애 및 지적장애인 6명을 대상으로 한 연구에서 잘 확인할 수 있다(Sommer et al., 1988). 이들은 언어 능력이 거의 없거나 전혀 없었고 40~80개의 손짓 기호를 배웠지만 자발적으로 손짓 기호를 사용하는 경우는 거의 없었다. 중재의 목적은 이들이 게임을 하면서 서로 대화할 때 손짓 기호를 사용하도록 안내하는 것이었다. 이들은 모두 이 게임을 즐겼지만 서로 의사소통 없이 교사의 지시만 받고 게임을 수행했다. 아래의 대화 계획에는 YOU(너), I(나), WANT(원하다), (TO) PLAY(놀다), (TO) THROW(던지다), MORE(더), YES(예) 등 7가지 손짓 기호가 포함되어 있다.

P1: YOU WANT (TO) PLAY. (너 원하다 놀다)
P2: I WANT (TO) PLAY. (나 원하다 놀다)
P1: THROW. (던지다)
P2: (Throws). (던진다)
P2: YOU THROW. (너 던지다)
P1: (Throws). (던진다)
P1: YOU THROW. (너 던지다)
P2: (Throws). (던진다)
P2: YOU THROW. (너 던지다)
P1: (Throws). (던진다)
P2: PLAY MORE. (놀다 더)
P1: YES. (예)

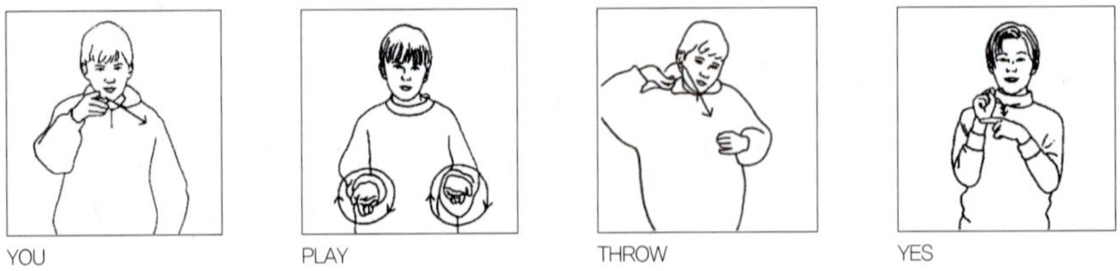

손짓 기호: YOU, PLAY, THROW, YES

교사는 먼저 각 참가자와 대화를 나눈 다음 참가자들이 짝을 지어 함께 대화할 수 있도록 도왔다. 참가자 중 한 명이 말을 멈추면 그가 표현해야 할 내용을 상기시켰다. 참가자 중 두 명은 대화 계획의 모든 요소를 사용하는 방법을 배웠고, 나머지 네 명은 일부 요소만 사용했다. 대화는 개인이 일반적으로 상호 작용하는 상황의 일부였다. 손짓 기호 문장은 의사소통 요소를 추가하고 기능적인 역할을 수행했다. 일부 개인은 훈련 회기가 끝난 후에도 게임을 할 때 일부 손짓 기호를 계속 사용했다. 이 연구에서 대화 계획의 모든 요소를 숙달한 두 사람은 이전에 오렌지 주스와 비스킷에 대한 대화를 수행하도록 교육받은 연구에 참여한 적이 있다. 그들은 대화가 너무 복잡하고 훈련 기간이 너무 짧았기 때문에 그다지 잘하지 못했을 것이다(Keogh et al., 1987). 이는 활동의 복잡성과 대화 계획을 참여자의 능력에 맞게 조정해야 할 필요성을 강조하는 동시에 경험의 누적 효과와 인지적 자원이 제한적인 경우 시간이 지나도 대화 계획으로 활동을 유지하는 것이 중요하다는 것을 보여 준다. 위에서 언급한 두 연구는 모두 특정 활동에 맞게 조정된 대화 계획을 사용했다. 그러나 대화 계획의 목표는 개인이 특정 활동에서 대화 요소를 사용하는 방법을 배우는 것뿐만 아니라 대화 계획이 점차 더 유연해지고 다른 사례와 다른 유형의 활동으로 일반화되어야 한다는 것이다.

역할 놀이에서 실제 세상으로

의사소통 행동의 범위와 개인이 참여하는 활동의 증가는 언어 사용의 기회가 더 많아지고 개인에게 사회가 개방된다는 것을 의미한다. AAC는 집, 유치원, 학교, 직장 및 기타 친숙한 상황뿐만 아니라 길거리, 가게, 카페, 회의장, 영화관 등에서 낯선 사람들과도 사용할 수 있다. 그러나 일부 개인은 AAC를 사용하는 사람과 의사소통하는 데 익숙하지 않은 잠재적 상대방에게 노출되는 것에 대해 불안해할 수 있으며 새로운 상황에 들어가는 것에 대해 걱정할 수 있다. 이러한 사람들은 새로운 활동에서 의사소통하기 전에 약간의 준비 교육이 필요할 수 있다. 개인의 역량과 자신감을 지원하기 위해서는 먼저 개인에게 상황과 그 상황에서 일어날 수 있는 일에 대해 간략하게 알려주어 안정감을 느낄 수 있도록 하는 것이 유용할 수 있다. 역할극은 새로운 상황에 대비하고 자신감을 얻는 한 가지 방법이다.

> Becky는 뇌성마비가 있는 9세 아동이다. 말을 어느 정도 할 수 있지만 거의 알아들을 수 없다. 그녀는 200개의 그래픽 상징이 있는 의사소통 책을 사용한다. 이 책에는 다양한 영역(미술, 간식, 조회(assembly) 등)의 여러 페이지가 포함되어 있다. Becky는 부모님과 함께 버거킹에 자주 가지만 직접 주문한 적은 한 번도 없다. 먼저 Becky와 선생님은 버거킹에서 일어나는 일, 예를 들어 주문을 하기 위해 기다려야 하고, 원하는 메뉴를 정확하게 주문하고 계산해야 한다는 것에 대해 이야기를 나눈다. 그런 다음 Becky와 선생님은 버거킹 도메인 페이지를 만든다. 교실에서는 반 친구들이 버거킹의 모형을 만들고 그중 한 명이 점원 역할을 한다. '점원'이 무엇을 원하는지 물어보면 Becky는 의사소통 책의 버거킹 페이지에 있는 항목을 가리킨다. 또한 점원이 Becky의 말을 제대로 이해했는지 여부를 알려주는 연습을 한다. Becky는 점원 역할을 맡은 반 친구와 함께 버거킹에 갔을 때 아무런 어려움 없이 원하는 햄버거를 주문한다(Mills & Higgins, 1984의 내용을 수정함).

PIC: *HAMBURGER*

활동 내 의사소통은 어휘, 문장 구성 및 화용적인 대화 기술에 대한 필요성을 드러내는 기능을 할 수 있다.

> Martin은 뇌성마비를 앓고 있는 12세 아동이다. Martin은 말은 못하지만 구어는 잘 이해한다. 그는 철자가 매우 느리지만 그래픽 상징과 활자가 있는 여러 주제별 페이지가 있는 전자적 의사소통 기기를 사용한다. Martin은 책 읽기를 좋아하지만 도서관에 가본 적이 없다. 준비 과정으로 선생님과 함께 도서관에 대해, 도서관이 어떤 곳인지, 책을 빌리는 절차에 대해 이야기를 나눈다. Martin은 도서관에서 유용하게 사용할 수 있는 몇 가지 철자를 연습한다(예: W-h-e-r-e a-r-e t-h-e b-o-o-k-s a-b-o-u-t l-i-o-n-s?, H-o-w m-a-n-y b-o-o-k-s c-a-n I b-o-r-r-o-w?). 그런 다음 같은 반 친구가 사서 역할을 한다. 그가 질문하고 Martin이 대답한다. 다음 날, 그들은 도서관에 가고, Martin은 새로운 상황을 쉽게 익히게 된다. 그는 원하는 책을 요청하고 빌려온다(Higgins & Mills, 1986의 내용을 수정함).

실제 상황에 참여함으로써 사람들은 자신이 살고 있는 사회에 대한 진정한 지식을 얻을 수 있으며, 이는 문화 형성의 중요한 부분이다. AAC를 사용하는 개인의 경우 의사소통 경험의 대부분은 가상 상황으로 구성된다. 역할극은 유용하지만 주로 AAC를 사용하는 개인을 준비시키는 데 사용해야 하며 실제 상황을 대체해서는 안 된다. 역할극의 목적은 개인이 실제 상황에 더 쉽게 참여할 수 있도록 하는 것이다. 이는 처음부터 교사와 학습자 모두에게 분명해야 하며 역할극을 시작함과 동시에 실제 참여를 계획해야 한다.

상호적 그림책 읽기

함께 그림책 읽기(Shared picture book reading)는 부모가 어린 자녀와 함께하는 흔한 활동이다. 어휘력 발달, 차례대로 읽기 및 일반적인 지식의 성장을 돕는 것으로 알려져 있다. 1세에서 5세 사이의 전형적인 발달을 보이는 아동을 대상으로 한 연구에 따르면 함께 그림책 읽기를 통한 중재는 수용 및 표현 언어에 작거나 중간 정도의 긍정적인 영향을 미치는 것으로 나타났다(Dowdall et al., 2020; McNally et al., 2024).

AAC를 발달시키는 개인은 또래보다 활동 참여 횟수가 적고 다양한 경험을 덜 하는 경향이 있다. 따라서 이 예에서처럼 책 읽기는 지금 그리고 여기 이외의 사물과 자기 자신이 아닌 다른 사람의 행동과 감정에 대해 의사소통할 수 있는 기반이 되므로, 공동 책 읽기(joint book reading)는 특히 이들에게 중요할 수 있다.

Thomas는 5세이고 뇌성마비가 있다. Thomas는 말을 하지 못하고 그래픽 상징이 있는 의사소통 책을 사용한다. Thomas는 Gunilla Bergström의 다섯 살 소년 Alfons Åberg에 관한 이야기책을 좋아한다. Thomas가 가장 좋아하는 책 중 하나는 밤에 잠을 자지 못하는 Alfons에 관한 책이다. Alfons는 목이 마르다, 양치질을 깜빡했다, 화장실에 가야 한다, 사자가 있을 것 같아서 옷장을 뒤져야 한다는 등 온갖 핑계를 대며 아빠를 부른다. 이야기는 아버지가 너무 피곤해서 거실 소파 밑에 있는 Alfons의 곰 인형을 찾다가 잠이 드는 것으로 끝난다. 거실 바닥에서 잠든 아버지를 발견한 Alfons는 침대에 기어들어가 잠을 잔다. Thomas에게는 이야기와 관련된 그래픽 상징이 있는 주제 표(topic table)가 있다. 그는 이야기를 너무 잘 알고 있어서 부모님이 책 속의 그림을 가리키고 코멘트를 달면서 주제 표의 그래픽 상징을 사용하여 이야기를 '크게' 읽을 수 있다. 그는 기본(main) 의사소통 보드를 사용하여 이야기에 코멘트를 달 수 있다([그림 10.4] 참조).

[그림 10.4] 함께 상호적 책읽기에서 그래픽 상징을 사용하는 Thomans와 엄마: *SLEEP*(자다), *THIRSTY*(목마르다), *TOILET*(화장실), *LION*(사자), *BRUSH-TEETH*(양치질), *TEDDY*(곰인형), *LOOK*(보다), *BED*(침대) 등의 그래픽 상징을 사용하고 있음.

상호적 또는 대화식 그림책 읽기는 아동이 능동적인 역할을 하고 읽는 동안 내용에 대한 대화에 참여한다는 것을 의미한다(Bedrosian, 1999; Edmister & Wegner, 2015). 따라서 AAC에서 함께 책읽기의 주요 목표는 읽기가 진정으로 공유되어야 한다는 것, 즉 아동이 가능한 한 능동적이고 주도권을 가져야 한다는 것이다. 가능하면 성인만 읽어야 하는 것이 아니다. 개인이 읽는 법을 배웠다면 손짓 기호나 그래픽 상징을 사용하여 텍스트를 '큰 소리로' 읽거나 전자기기로 철자를 입력할 수 있다. 또 다른 가능성은 개인이 혼자 또는 선생님과 함께 의사소통 책이나 음성 생성 장치에서 손짓 기호 또는 그래픽 상징을 사용하여 이야기를 만드는 글자 없는 책(p. 444 참조)을 사용하는 것이다. 또 다른 방법은 일반 텍스트를 그래픽 상징이나 손짓 기호 그림으로 대체하는 것이다. 만화는 더 흥미롭고 복잡한 이야기를 포함할 수 있으므로 함께 읽는 데 유용할 수 있다. 책을 함께 읽으면서 나누는 대화가 개인에게 긍정적이고 흥미로운 도전이 되는 것이 중요하다. 많은 아동이 이야기의 반복을 좋아하지만 주로 도구적 의사소통을 사용하는 세 명의 아동을 대상으로 한 연구에 따르면 한두 번 반복하면 참여도와 상호작용이 증가하는 경향이 있지만 같은 이야기를 더 많이 반복하면 감소하는 것으로 나타났다(Edmister & Wegner, 2015). 다행히도 함께 책읽기에 사용할 수 있는 다양한 책이 있다.

AAC와 소셜 미디어 참여

디지털 미디어를 통한 의사소통은 현대 사회 생활에서 중요한 활동이자 참여의 일부이다. 소셜 미디어에는 스마트폰, 태블릿 또는 컴퓨터를 통한 두 명 이상의 사람 간의 전자적 의사소통이 포함된다(Calvert, 2015; O'Keeffe, 2016). 아동, 청소년 및 성인은 소셜 미디어를 통해 일상적인 경험과 특별한 사건을 공유하고, 인터넷에서 특별한 관심에 대한 게임과 교류에 참여한다(Haughton et al., 2015; Rideout, 2015; Toh et al., 2019). 디지털 시대에 AAC를 사용하는 사람은 디지털 이벤트에 참여하기를 원하며, AAC를 사용하는 개인이 디지털 회의에 참여할 수 있도록 돕는 것은 자연스러운 중재 목표이다(Caron & Light, 2016; Hynan et al., 2015; King et al.,2020). 많은 전자적 의사소통 기기가 인터넷에 직접 접속할 수 있지만 컴퓨터와 동영상 링크를 통해 손짓 기호와 비전자적 의사소통 책이나 보드를 통해 의사소통할 수도 있다. 대화는 스마트폰으로 문자 메시지를 사용하거나(Wepener et al., 2021), 그래픽 상징 또는 텍스트가 있는 공유 화면 또는 합성 음성 출력 전자기기를 사용할 수 있다. 채팅이나 이메일을 통해 블리스 단어 또는 기타 그래픽 상징을 사용하여 대화할 수도 있다(DeRuyter et al., 2007; Lundälv et al., 2013; Sándor et al., 2002).

AAC를 사용하는 개인은 전형적 발달을 보이는 또래에 비해 인터넷 사용 빈도가 낮지만 인터넷을 자주 사용한다. 중도 운동장애가 있는 개인에게 인터넷과 소셜 미디어는 사회 및 사회 참여를 확대하는 중요한 수단이다(Bosse et al., 2020; Hemsley et al., 2017). 이들은 채팅이나 이메일의 형태로 대화의 기회를 제공한다.

그러나 철자법 문제, 소통할 수 있는 친구 수의 제한, 지원 부족, 낯선 사람과의 소통에 대한 불안 등 디지털 이벤트 참여가 저조한 이유는 여러 가지가 있다. 중도 운동장애가 있는 사람을 위한 온라인 모임의 장점은 대화가 시간이 지남에 따라 늘어날 수 있고 빠르게 소통할 필요가 없다는 것이다. 인터뷰에서 운동장애가 있는 청소년 및 성인 도구적 의사소통자들은 의사소통 상대자가 자신과 동일한 그래픽 체계를 읽거나 사용할 수 있다면 자신의 속도로 원하는 것을 전달할 수 있고 다른 사람의 통역에 의존하지 않아도 되기 때문에 장애를 덜 느낀다고 말했다(Caron & Light, 2016; Howery, 2018b). 즉, 전문가들은 디지털 의사소통을 위해 의사소통 기기를 수정해야 한다.

스포츠, 정치, 음악, 패션 및 크고 작은 사건에 대한 일반적인 뉴스는 많은 대화의 시작점이 되는 경향이 있다. 노르웨이에서는 상업 방송사 TV2의 학교 채널에 그래픽 상징이 선택항목으로 포함되어 있다. 이는 대면 의사소통을 위해 AAC를 사용하는 아동뿐만 아니라 노르웨이 언어 능력이 제한적인 이민자 아동에게도 유용한 것으로 입증되었다. 또래 친구들은 그래픽 상징을 통해 의사소통에 대한 통찰력을 얻을 수 있고, AAC 사용자와 함께 정보를 공유하며 토론할 수 있다. 또한 사용된 용어 중 상당수는 AAC 사용자와 또래 친구들 모두에게 생소한 것이므로 함께 학습하고 토론할 수 있는 기회가 된다.

도전적 상황에서의 AAC

이 부분의 내용은 장애인의 안전 및 복지와 관련된 많은 문제, 즉 책 한 권이 필요할 만큼의 많은 문제를 제기한다(Byrne, 2018; Clasby et al., 2022; Lindsey, 2019; Mitra, 2018; Steele, 2020 참조). AAC와 직접적으로 관련된 문제만 몇 단락으로 다룬다.

언어는 긍정적이거나 부정적인 감정적 사건에 대처하고 소통하기 위한 수단이다. 장애인을 위한 중재는 긍정적인 활동 참여에 초점을 맞추는 경향이 있지만, 개인이 어려운 상황에 직면했을 때 언어 기술은 똑같이 중요하다. AAC를 사용하는 개인은 화재, 홍수 및 기타 자연재해를 경험할 수 있다. 장애와 제한된 구어는 정서적 긴장, 학대, 팬데믹, 전쟁 및 기타 유형의 불안으로부터 보호해 주지 못한다. AAC를 사용하는 개인도 이러한 상황을 경험할 수 있다. 이러한 상황에서는 의사소통과 언어 기술에 특별한 요구가 있을 수 있다. AAC를 사용하는 개인과 그 가족, 교사는 이러한 상황에 대해 잘 알고 있어야 한다. AAC를 사용하는 개인은 도전적인 상황에 대해 이야기하고 위로를 구할 수 있는 언어 수단이 필요하며 슬픔, 고통 또는 학대에 대해 이야기할 때 격려와 안내가 필요할 수 있다.

손짓 기호 또는 그래픽 상징을 사용하는 개인에게 힘든 사건이나 정서적으로 힘든 문제에 대해 의사소통하는 데 필요한 수단을 제공하는 것은 이러한 문제에 대한 의사소통의 한 측면일 뿐이다. 관련 공공 서비스에서 손짓 기호 또는 도구적 의사소통을 통해 전달되는 이들의 메시지를 이해하고 인정해야 한다. 따라서 보건 의료 기관, 경찰서, 소방서, 법원 및 기타 공공 서비스에서 일하는 사람들을 위한 여러 교육 과정이 개발되었다(Bornman, 2023). 이를 통해 중앙 공공 서비스에서 AAC에 대한 인식과 역량이 향상되고 AAC를 사용하는 개인의 이러한 서비스에 대한 의사소통 접근성이 향상되었으며 개인의 취약성과 학대 위험이 감소했다(Bornman, 2017; Kryvonogova et al., 2023).

법정에서의 AAC

AAC를 사용하는 개인은 경찰이나 법정에서 피해자 또는 증인으로서 성희롱, 학대, 강도 또는 기타 의사소통이 필요할 수 있는 사건을 경험할 수 있다(Bryen & Wickman, 2011). AAC를 사용하는 개인은 다양한 종류의 경험을 표현할 수 있는 수단을 갖는 것이 중요하다. 이들은 다른 사람에게서 경험하거나 관찰한 부정적인 행동에 대해 설명해야 할 필요성이 있을 수 있다(Møller & von Tetzchner, 1996). 많은 사람이 언젠가 법정 소송에 연루되거나 법정에서 증인으로 서야 하는 경우가 있는데, 여기에는 AAC를 사용하는 사람도 포함된다(Bornman et al., 2011; Bryen & Wickman, 2011; White et al., 2020, 2021).

이러한 사건을 경험했거나 목격하고 정의를 구하거나 증인석에 서려면 사법 체계에 대한 지식과 사건의 장면과 행동을 설명하고 잠재적인 범죄 사건을 신고하는 데 필요한 언어 기술이 필요하다(White et al., 2015). 법정에서 증언하거나([그림 10.5] 참조) 신체적 또는 성적 학대를 신고하는 데 도움이 되는 몇 가지 주제 보드가 개발되어 있다.

Talking Mats는 의사소통 및 언어 장애가 심한 다양한 그룹의 사람들에게 사용되어 온 어려운 문제에 대해 더 쉽게 의사소통할 수 있도록 하는 접근 방식이다(Murphy & Cameron, 2008). Talking Mats는 사용자가 대화 주제를 표시할 수 있는 한 세트, 댓글 옵션이 있는 한 세트, 감정의 강도를 나타내는 시각적 척도 등 세 가지 그래픽 상징 세트가 포함된 디스플레이 또는 보드이다.

[그림 10.5] 법정 증언을 위한 주제 보드(출처: White et al., 2015)

병원에서의 AAC

많은 AAC 사용자는 중증 질환을 앓고 있으며 병원에서 시간을 보내는 데 익숙하다. 따라서 신체 부위, 통증 정도 표현, 치료가 잘 되고 있음을 나타내는 어휘가 있어야 한다(Johnson et al., 2016; Zaylskie et al., 2023). 팬데믹은 병원에서 의사소통 보드와 장치를 사용하고 BREATH(숨이 차다), COUGH(기침하다), HEAVY(무겁다), TIRED(피곤하다)와 같은 상태와 관련된 어휘가 필요할 수 있다(Altschuler et al., 2021; Garnett et al., 2022). 또한 AAC 사용자는 AAC에 익숙하지 않은 직원이 있는 병원에 있을 수도 있다. 따라서 중환자실이나 일반 병동에서 낯선 사람들과 의사소통하기 위한 전략이 필요하다.

위짓 상징: *BREATH, COUGH, HEAVY, TIRED*

AAC와 팬데믹

팬데믹은 AAC를 사용하는 아동, 청소년 및 성인을 위한 의료, 교육 및 사회 서비스에 큰 영향을 미쳤다(Allison & Levac, 2022; Barton-Hulsey et al., 2023). 잦은 홈스쿨링은 많은 나라의 아동과 청소년, 특히 장애가 있는 아동과 그 가족에게 어려움을 주었다(Fäldt et al., 2022; Mazrekaj & De Witte, 2024). 디지털 교실은 의사소통 도구를 사용하는 개인의 기능에 특별한 적응이 필요할 수 있다(Biggs et al., 2017). AAC를 사용하는 학생들과 온라인 의사소통을 광범위하게 사용할 수 있도록 준비해야 하는 교사에게는 교육이 더 힘들어질 수 있다. 팬데믹 기간 동안 일반적인 AAC 서비스는 종종 축소되고 어느 정도는 원격 의사소통을 통한 평가, 중재, 가이드 및 후속 조치로 대체되었다(Pujol et al., 2021; Zhang et al., 2022). 이는 원격 치료의 사용이 증가했음을 의미한다. 팬데믹 이전에도 원격 치료 전략이 사용되었지만 팬데믹 이후 많은 새로운 기술 솔루션이 제안 되었다(Lohmann et al., 2022; Nader & Erikson, 2023).

교육 그 자체보다 더 중요한 결과는 대부분의 학생이 경험한 사회적 상호작용이 감소한다는 점이다. 모든 학생은 교사 및 또래와 상호작용하는 새로운 방법을 배워야 했지만, 유치원이나 학교 밖에서 사회적 접촉이 적은 경향이 있었기 때문에 AAC를 사용하는 학생의 경우 그 결과가 더 심각했다(Fäldt et al., 2022). 학교에서의 물리적 만남이 줄어들면 교사는 AAC를 사용하는 학생을 위해 학급 친구들과의 사회적 상호작용을 구성해야 할 수도 있다.

사회적 불안과 전쟁 상황에서의 AAC

사회적 불안이나 전쟁 상황은 AAC를 사용하는 개인의 의사소통을 더 힘들게 만들 수 있다(Armitage, 2022). 중재자는 서비스를 제공하는 데 어려움을 겪을 뿐만 아니라 지적장애인이 공습 및 기타 어려운 상황에 대처할 수 있도록 새로운 그래픽 상징이나 사회적 상황 이야기를 만드는 등(Gray, 2022) 상황에 맞게 일을 조정해야 한다(Chaika, 2023). 즉각적인 도움이 필요하지만 안내와 교육을 위한 시간이 거의 또는 전혀 없을 수 있다. 개별화할 시간이 없을 때 시행할 수 있도록 의료 문제와 관련된 일부 표준 AAC 자료를 항상 준비해 두어야 한다. 나중에 수정할 수 있다(Dind et al., 2021; Goldberg et al., 2021; Hemsley et al., 2001). AAC를 사용하는 개인은 가족으로부터 분리되어 낯선 사람들에게 자신을 이해시켜야 할 수 있다. 이들에게는 AAC 사용을 설명하는 작은 카드가 있어야 한다. 전자기기는 고장이나 수리 가능성 또는 전원 연결 부족으로 인해 취약할 수 있다. 이러한 상황에서는 의사소통 책과 보드가 더 강력할 수 있다. 손짓 기호를 사용하는 개인은 손짓 기호를 이해하지 못하는 사람들을 위해 손짓 기호를 사용하는 이유에 대한 설명을 포함한 손짓 기호 사전이 필요할 수 있다(Kryvonogova et al., 2023).

사회적 불안이나 전쟁 상황에서는 모든 아동, 청소년, 성인이 힘든 상황에 대해 의사소통할 수 있어야 한다. 새로운 어휘 항목의 필요성은 Kryvonogova와 동료들(2023)이 제시한 아래 이야기에 잘 설명되어 있다.

> Anya는 3세이다. 아주 어릴 때부터 2년 넘게 AAC를 사용해 왔다. Anya는 30개의 그래픽 상징으로 구성된 활동적인 어휘를 가지고 있다. 알람 소리가 들리자 Anya는 얼굴을 찡그리고 손을 내밀며 아파트 안을 혼란스럽게 움직이기 시작했다. 부모는 Anya의 행동이 불안감 때문이라는 것을 깨달았다. 그들은 Anya가 반복되는 불안 발작에도 불구하고 올바른 방식으로 행동하고 대처할 수 있도록 어떻게 해야 하는지 설명해 주어야 했다. 그들은 Anya의 의사소통 보드에 *ALERT*(경고), *SHELTER*(대피소), *SIREN*(사이렌) 세 가지 새로운 상징을 도입했다. 부모는 공습 경보 시 행동 요령에 대한 사회적 상황이야기를 만들었다. 그래픽 상징을 핵심어로 사용하여 사이렌 소리가 들리면 빨리 움직여야 한다고 설명했다. 아동은 사이렌이 울리기 전은 물론이고 반복해서 경보가 울릴 때도 사회적 상황 이야기를 여러 번 읽었다. 잠시 후 Anya는 불안한 상황에서 어떻게 행동해야 하는지 이해하는 듯 보였고, 더 이상 사회적 상황 이야기를 따를 필요가 없어지면서 혼란스러운 행동이 사라졌다.

ARASAAC: *ALERT, SHELTER, SIREN, BOMB*

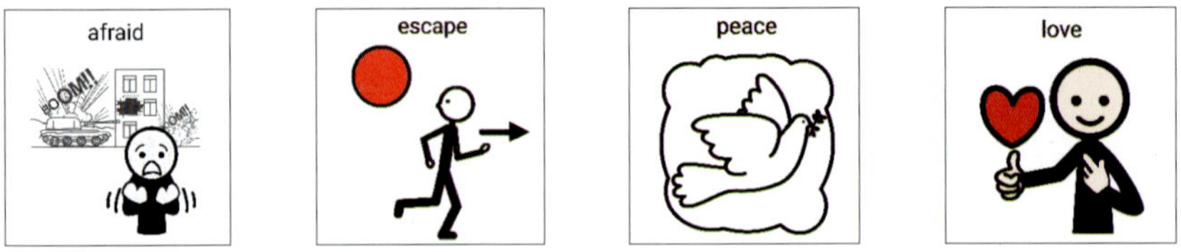

ARASAAC: *AFRAID, ESCAPE, PEACE, LOVE*

AFRAID(두렵다), PAIN(통증), HEAR(듣다), RELIEF(복지), AEROPLANE(비행기), BOMB(폭탄), ESCAPE(탈출하다), PROTECT(보호하다), RESCUE(구조하다), WAIT(기다리다), PEACE(평화), LOVE(사랑하다)와 같은 손짓 기호나 그래픽 상징에 대한 지식이 도움이 될 것이다. 개인이 당면한 상황과 관련된 긍정적이고 부정적인 생각과 감정을 모두 표현할 수 있으면 상황을 더 견딜 수 있고 심리적 긴장을 줄일 수 있다. 구어에 대한 이해도가 높은 사람은 어휘 선정에 참여할 수 있다. 자기 중재에 적극적으로 참여하는 것은 치유 과정에 긍정적으로 기여할 수 있다.

다행히도 대부분의 사람은 이런 상황에 거의 또는 전혀 관계가 없다. 그러나 이러한 상황은 AAC를 사용하는 개인도 의사소통할 수 있어야 하는 사회 생활의 일부다. 이러한 상황에 대한 지식과 이에 대한 의사소통 능력은 개인의 인지 및 언어 능력에 따라 달라진다. 아동은 사회가 어떻게 작동하는지를 배우기까지 상당히 많은 시간이 걸린다(von Tetzchner, 2019a). 이러한 상황에 대해 의사소통하는 방법을 배우려면 뉴스 기사, 이야기, 역할극에 대한 대화를 통해 학습해야 할 수 있다.

11장

대화 기술과 내러티브

대화(conversation)란 두 사람 이상이 참여하는 언어적 순서의 교환으로 정의될 수 있을 것이다. 이는 언어 사용의 기본 단위이고, 일상생활에서 일관된 대화를 통해 이해를 얻는 것은 인간 의사소통의 고유한 측면이다(Gunaratne et al., 2019). 아동은 대화를 통해 언어의 모든 측면을 사용하도록 배우고, 유능한 언어 사용자가 되려면 대화 기술이 필요하다(Clark, 2018; Veneziano, 2018). 그러므로 대화에 참여하고 대화를 관리하는 것은 AAC 중재의 궁극적인 목표가 되어야 하고, 또한 그 목적이 어휘, 문법적 기능과 언어 창의성을 향상시키는 것일 때에도 중요하다. 대화 시작하기, 대화 유지하기, 대화 끝내기는 기본적인 대화 기술이다. 또한 차례대로 이야기 나누기, 주제 바꾸기, 대화 상대에게 적응하기, 오해로 인해 발생한 대화의 단절 회복시키기는 필수적인 대화 기술이다. 대화 기술은 아동의 초기 의사소통 기술, 개념 형성, 도구 및 비도구 언어 기술이 혼합되어 나타난다(Veneziano, 2018). 내러티브(narratives)는 대화 기술의 정교화로 나타난다(Ervin-Tripp & Küntay, 1997). 내러티브는 또한 AAC를 사용하는 개인이 대체 언어 기술을 최대한 습득하도록 돕는 중재의 필수적인 부분이어야 한다. 이 장의 대부분은 도구적 의사소통과 그래픽 체계에 대한 것이지만, 대부분의 이슈는 손짓 기호를 사용하는 대화와 내러티브에도 적용된다.

전형적인 언어 발달의 초기에서, 성 인은 아동이 대화에 참여하도록 안내하고 격려함으로써 아동과의 대화를 구성한다. 아래 대화에서 성인(A)은 아동(C)의 발화를 의미 있는 실체로 연결한다.

A: *Yesterday you went to*… (어제 어디 갔었지.)

C:

A: *You went to Grand*… (어디 갔었지, 할…)

C: *To Grandmother.* (할머니네.)

A: *And you travelled by*… (또 뭐 타고 갔지.)

C: *Train.* (기차)

A: *You travelled together with*… (누구랑… 같이 갔지.)

C: *Mama.* (엄마)

A: *And*… (또…)

C: *Daddy.* (아빠)

A: *And we ate at Grandmother's. And then you got*… (그리고 할머니 집에서 먹었지. 뭐… 먹었지.)

C: *Pizza, juice, and cake.* (피자, 주스랑 케이크.)

초기 대화는 전형적으로 아동과 성인이 함께 하고 있거나 함께 했던 일에 관한 것이다. 그 내용은 어른이 요리하는 음식에 대한 것이거나 친척이나 친구 방문, 어린이집의 친구, 농장의 동물 등에 관한 것일 수 있다. 많은 초기 대화는 자주 반복되고, 아동은 다양한 단서에 대해 무엇을 말해야 할지 점진적으로 배운다. 일부 대화는 매일 반복될 수 있는데, 종종 "오늘 유치원에서 무엇을 했니?"와 같은 유도 질문으로 시작한다. 시간이 지남에 따라 아동의 참여는 더욱 자율적으로 되고 성인의 도움과 연결에 덜 의존하게 된다(Pan & Snow, 1999).

대화를 통해 정보, 생각, 관점, 감정을 교환할 수 있을 뿐만 아니라 사람들에게 영향을 미치고 또 영향을 받을 기회도 얻을 수 있다. 대화는 학교나 직장에서처럼 과제 지향적일 수 있고, 잡담, 사람이 우연히 만났을 때의 짧은 대화, 놀이나 식사하는 동안의 긴 대화 등과 같이 일상적인 대화일 수도 있다(Gilmartin et al., 2018). 대화에는 현재 상황이나 진행 중인 사건에 대해서 언급하기, 농담하기, 갈등에 참여하기, 조언이나 지침 제공하기 등과 같이 다양한 목적이 있을 수 있다(〈표 11.1〉 참조). 좋은 대화 기술은 다른 사람으로부터 배우는 것뿐만 아니라 개인이 자신만의 관점과 의견을 주장하고, 다른 사람과 협상하고 이해하는 것을 더 쉽게 만들어준다

표 11.1 **대화의 아홉 가지 주요 목적(출처: Egbert et al., 2021)**

1. **상황에 따른 해설**(situation-dependent commentary). 대화 참가자가 존재하는 사람이나 사물, 공유된 상황 맥락에서 발생하는 사건에 대해 언급할 때 발생한다.
2. **농담**(joking around). 가벼운 유머와 어두운 유머를 모두 포함하여 유머를 의도한 대화이다. 유머러스한 농담, 놀림 및 유혹도 포함된다.
3. **갈등에 참여하기**(engaging in conflict). 가벼운 논생뿐만 아니라 더 심각한 논쟁까지 포함하여, 모든 유형의 불일치가 포함된다.
4. **상황 파악하기**(figuring things out). 일이 진행 방법과 문제에 대한 최선의 해결책에 대한 토론을 포함하여 옵션이나 계획을 탐색하거나 고려하기 위한 토론이다.
5. **감정과 의견 공유하기**(sharing feelings and opinions). 불만을 표출하고 개인적인 관점을 공유하는 등 감정, 의견, 믿음에 대해 토론한다.
6. **조언과 지시 제공하기**(giving advice and instructions). 한 참가자가 다른 참가자에게 지시, 조언이나 제안을 제공할 때 발생한다.
7. **과거를 묘사하거나 설명하기**(describing or explaining the past). 과거의 실제 사건이나 과거의 사람이나 사건에 대한 기타 언급에 대한 이야기이다.
8. **미래를 묘사하거나 설명하기**(describing or explaining the future). 계획된 사건과 보다 가설적인 사건을 포함하여 미래의 사건과 의도에 대한 설명이나 추측이다.
9. **묘사 또는 설명하기(시간 중립적)**(describing or explaining(time-neutral)). 시간(과거 또는 미래)이 관련이 없거나 지정되지 않은 사실, 정보, 사람 또는 사건에 대한 묘사 또는 설명이다.

(Veneziano, 2013). 대화 기술의 향상은 개인의 사회 참여, 자립심과 평등 의식의 발달에 긍정적인 영향을 준다.

모든 주요 언어 그룹(3장 참조)에 속한 AAC 사용자는 대화 기술을 습득하는 데 어려움을 겪을 수 있다. 많은 AAC 사용자는 일상 업무를 수행할 때와 여가 시간 중 대화에 참여할 때 도움에 의존한다. 전반적인 목적은 개인이 다양한 목적을 위해 대화에 참여해야 한다는 것이다. 그러나 언어 이해, 사회적 기술, 관심의 측면에서 이들 그룹 간의 상당한 차이점은 그들의 대화 기술 향상을 위한 중재 목적과 방법이 다를 것임을 의미한다. 교사는 대화를 비디오로 녹화하여 상호작용 과정을 관찰하고, AAC 사용자의 역량과 기여뿐 아니라 대화 상대자로서 자신의 역할에 대한 통찰력을 얻을 수 있다.

대화 기술은 흥미로운 대화에 참여함으로써 가장 잘 발달된다. 따라서 AAC를 개발하는 개인을 위한 중재에는 훈련 회기에서의 대화뿐만 아니라 그들의 환경 안에 있는 가까운 사람들과의 대화 촉진도 포함되어야 한다. 전형적인 언어 발달의 초기 대화와 유사하게, 대화 상대자는 처음에 대화 과정을 통제하고, 개인을 격려하며, 그가 대화를 시작하고, 응답하고, 새로운 순서로 대화를 계속 이어갈 수 있도록 도울 수 있다(Soto et al., 2006, 2020). 도움은 점진적으로 감소시키지만, 대체 언어 그룹에 속한 개인은 남은 생애 동안 대화 지원과 안내가 필요할 수 있다(Webster et al., 2016 참조). 구조화된 대화는 어휘와 문법을 가르치는 데에도 사용된다(Luckins & Clarke, 2021; Soto & Clarke, 2018). 그러나 대화의 일부로서 어휘나 문법의 명시적 교수를 포함시키는 것은 대화의 흐름을 방해할 수도 있다. 그러므로 교사는 의사소통 문제 해결과 대화 기술을 향상시키려는 목적으로 하는 대화와 어휘나 문법적 기술을 향상시키기 위한 구조화된 대화를 구별해야 한다. 대화 기술에 목적을 둔 중재는 개인이 대화를 관리하고 대화 상대자의 역할을 배울 수 있도록 안내해야 한다. 부모와 기타 가까운 사람들은 개인에게 학습의 발판을 마련하고, 특히 개인의 새로운 학습으로 이어질 수 있는 새로운 요소를 점진적으로 일상의 대화에 엮을 수 있을 것이다.

전형적인 언어 발달에서, 성인과의 대화는 아동의 문화화 과정에서 중요한 부분을 구성한다(Veneziano, 2018). 이는 문화의 언어, 개념 및 가치를 학습하는 기회이다. 성인은 아동이 말하거나 행동하는 것에 대해 코멘트하고, 아동에게 사람, 사물, 행동의 이름을 알려주고, 특정한 사물이 사용되는 방식을 설명하며, 아동이 할 수 있는 것과 할 수 없는 것을 알려준다. 성인에게 있어서 아동이 대화에 기여하는 부분은 그들의 생각과 느낌뿐 아니라 언어 능력에 대한 통찰력을 준다. 언어 및 의사소통에 심각한 장애가 있는 아동과 운동장애로 인해 자신을 표현하는 데 어려움을 겪는 아동은 이러한 자연스러운 학습을 상당 부분 놓치는 경향이 있다. 더욱이, 반복적인 대화는 AAC 사용자와 의사소통 상대자 모두를 지루하게 만들 수 있다. 그러므로 AAC 중재의 핵심 목표는 의사소통의 대안적 수단이 개인에게 더 많은 학습 기회와 다양한 대화에 대한 접근을 제공해야 한다는 것이다. AAC를 사용하는 아동과 성인은 더 나은 대화 기술을 통해 다른 사람과의 사회적 상호작용에서 더 많은 혜택을 누릴 것이다.

대화 기술을 증진시키기 위한 중재 회기는 일반적으로 특정 주제에 관한 구조화된 대화가 포함된다. 계획된 내용은 교사의 현재 교육 목표를 반영한다. 주제는 개인(학습자)의 관심, 일반적 기능과 언어 능력에 따라 달라질 것이다. 예를 들어, 개인은 꽃이나 탈것을 가르칠 때 소개된 새로운 어휘를 사용하여 다른 사람을 흥미로운 대화에 참여시킬 수 있고, 때로는 의사소통 상대자를 놀라게 할 수도 있다. 또한 구조화된 대화는, 예를 들어 최근에 경험한 긍정적이거나 부정적인 감정적 상황에 대한 대화처럼, 가족과 또래가 사회적 루틴을 넘어 개인과의 의사소통 교류에 참여하도록 지원하는 데에도 유용하다. 더 긴 대화를 시도하면 스포츠, 정치, 유명 영화배우와 같이 개인과 의사소통 상대자 모두가 재미있고 흥미로워하는 토픽을 활용할 수 있다. 자기 공개(self-disclosure)를 통한 또래와의 대화는 우정 관계와 자아상의 발달에 중요한데(Rotenberg, 1995), 이는 또한 AAC 사용자 사이에서도 마찬가지다(Østvik et al., 2018; Wickenden, 2011a,b). 따라서 대화 훈련은 개인을 매력적인 의사소통 상대자로 만들 수 있는 주제에 대한 대화에 중점을 두고 광범위한 범위를 갖는다.

대화 시작하기, 바꾸기, 종료하기

비록 대화에 참여하는 사람들이 때때로 동시에 말하거나 다른 사람의 말에 거의 주의를 기울이지 않을 때도 있지만, 대부분의 참여자들은 그럼에도 불구하고 대화에 참여할 수 있다. 그러나 말을 할 수 없는 개인이 대화를 시작하려면 다른 사람의 관심을 끌 수 있는 다른 방법이 있어야 한다. 발성을 할 수 있거나, 혀로 딸깍거리는 소리를 내거나, 몇 개의 단어를 말하거나, 음성출력 의사소통 기기를 사용할 수 있다면, 이는 일반적으로 큰 문제가 되지 않는다. 소리를 낼 수 없는 상태에서 시각적 접촉에만 의존하는 개인의 경우 잠재적인 의사소통 상대자의 관심을 끄는 것이 어려울 수 있다. 그들이 대화를 주도하고자 할 때 그들의 시도는 간과될 수 있다. 성공은 올바른 방향을 바라보는 잠재적 의사소통 상대자에 달려있다. 개인이 의사소통 상대자의 대화 주도에 반응할 때에는 상황이 달라진다. 대화를 주도하는 사람은 대답하려는 개인에게 세심한 주의를 기울인다.

도구적 의사소통자와 관련된 대화에 관한 연구에 따르면, 대부분의 시간 동안 의사소통을 주도하려는 경향을 보이는 사람은 자연스러운 말을 하는 성인이나 또래인 것으로 나타났다(Bailey, 2013). 의사소통 도구를 사용하는 2~10세 아동과 그들의 어머니를 관찰한 결과, 어머니의 발화 중 65%가 대화를 주도했고, 아동의 발화 중 단지 8%만이 주도적인 것으로 나타났다(Pennington

& McConachie, 1999, 2001). 9세 아동에 대한 사례 연구에서는 그녀가 교사와 또래와 의사소통할 때 어떠한 주도나 자발적인 대화 차례도 없는 것으로 나타났다(Smith, 1991). 7~15세의 도구적 의사소통 아동 12명과 자연스러운 말을 사용하는 또래에 대한 연구에서, 또래들은 대부분의 대화를 주도한 반면 도구적 의사소통 아동은 대부분 반응적이었다(Clarke & Kirton, 2003). 6~11세의 도구적 의사소통 아동 23명을 대상으로 하는 다른 연구에서는, 117시간 동안 자발적인 주도가 매우 드물었다고 관찰되었다(Andzik et al., 2016). 이러한 결과는 대화 주도와 기타 대화 기술에 대한 훈련이 개인에게 필요하다는 점을 강조할 뿐만 아니라 의사소통 상대자 교육의 필요성도 강조한다(12장 참조).

더욱이, 한 연구에서는 운동장애 아동의 의사소통 주도 중 20~40%가 교실에서 간과된다는 것을 발견했다(Calculator & Dollaghan, 1982). 한 가지 이유는 그들의 주도가 예상되지 못했기 때문일 수 있다. 또 다른 이유는 중도 운동장애가 있는 많은 아동이 주변 사람들이 무시하는 데 익숙해진 비자발적인 소리나 움직임을 나타내기 때문일 수 있다. 소리를 발음하는 데 어려움을 겪는 일부 개인은 중요한 말을 하고 싶을 때 어려움을 겪는데, 증가된 흥분이 운동 통제를 저하시킬 수 있기 때문이다. 만약 그들이 음성 출력 기기를 사용하지 않는다면, 의사소통하려는 사람의 관심을 끌 수 있는 일종의 소리가 나는 장치가 필요할 수 있다. 부저나 벨이 실용적이지만, '*Hello*(안녕하세요)' 또는 이와 유사한 음성 출력이 되는 작은 장치가 더 나을 수도 있다. 개인이 관심을 끄는 소리를 계속해서 반복하더라도 그 소리가 듣기 좋고, 그 환경에 있는 사람들을 괴롭히지 않는 것이 중요하다. 음성 출력 의사소통 도구를 사용하는 개인의 경우 미리 만들어진 시작 문구(예: '*Hi, I'd like to talk to you*(안녕하세요, 이야기하고 싶습니다)')를 사용하면 대화를 더 쉽게 시작할 수 있다. 가벼운 터치 또한 누군가의 관심을 끌 수 있는 방법이지만, 상대방을 잘 알지 못할 때는 어색할 수 있다.

개인이 단어나 문장으로 대화를 시작한다면, 이는 그 대화의 의도된 내용으로 인식될 가능성이 있다. 도구적 의사소통자가 대화를 시작할 때 동일한 내용 문구를 적용하는 것은 드문 일이 아니다. 이는 반복적인 대화로 이어질 수 있고, 개인의 일상적인 의사소통 상대자를 지루하게 만들 수 있다. 따라서 개인이 대화를 시작할 때 다양한 콘텐츠를 사용하는 것이 중요하다. 교사는 개인이 다양한 주제나 상황에 대해 대화를 시작할 수 있는 작은 레퍼토리를 개발하도록 도울 수 있다.

대화가 의사소통 상대자에 의해 주도될 때, 대화가 끝나는 시기도 대화 상대자가 결정하는 경우가 많다. 이는 개인이 원하는 시기보다 더 이르거나 늦게 발생할 수 있다. 개인이 대화에서 물러나거나 상대방에게 대화를 그만하고 싶다고 말하는 것은 항상 쉬운 것이 아니다. 그러므로 그가 대화를 끝내기 위한 수단을 갖거나 전략을 배우는 것이 필수적이다. 예를 들어, 그래픽 상징으로 *END CONVERSATION*(대화 종료), 손짓 기호로 NICE TALK TO YOU(당신과 대화해서 좋았어요) 또는 이와 유사한 문구를 생성하는 것이다. 만약 상대방이 대화를 끝내고자 하는데 개인이 의사소통을 좀 더 원할 경우, *SPEAK MORE*, *NO FINISH*(이야기 더, 끝나지않다)와 같은 문구를 손짓 기호나 그래픽 상징으로 나타내서 이를 표현할 수 있어야 한다. 또한 주제의 변화를 나타내기 위해 손짓 기호로 DIFFERENT TOPIC(다른 주제)이나 I HAVE SOMETHING TO SAY(할 말이 있어요)를 사용할 수도 있다. 이러한 전략은 개인이 필요한 어휘에 접근할 수 있다고 가정한다. 많은 도구적 의사소통자는 그들의 의사소통 도구에 유용한 어휘 항목을 갖고 있는데, 그렇지 않은 경우에는 필요한 그래픽 싱징(또는 손짓 기호)을 제공받아야 한다. 그러나 도구적 의사소통자는 대화를 끝내는 경험이 거의 없으므로 이 기능을 위한 상징을 사용하는 방법에 대한 안내가 필요하다.

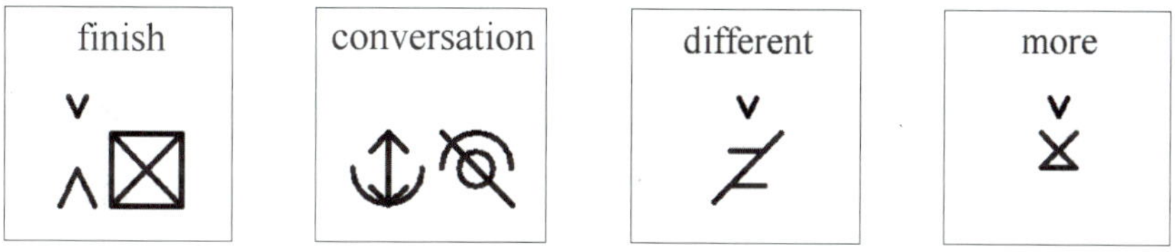

블리스 단어: *FINISH, CONVERSATION, DIFFERENT, MORE*

대화 차례 주고받기

대화를 유지하려면 개인이 자기 차례에 대화를 할 수 있어야만 하지만, 손의 사용이 제한된 도구적 의사소통자에게는 이것이 어려울 수 있다. 대화를 시작하는 데 걸리는 시간이 너무 길어서 대화 상대자가 지루해하고 차례를 넘겨받기 때문에 대화 순서를 잃을 수도 있다(Howery, 2018a; Smith et al., 2010). 한 연구에서, 취학 전 연령인 도구적 아동의 어머니는 자기 차례의 거의 모든 기회를 사용한 반면, 자녀는 대화 차례 기회의 절반만 사용했다. 이유는 어머니가 관찰되는 의사소통에서 성공하기를 원했기 때문에, 아동의 대답이 느린 경우 어머니가 아동의 차례를 맡았기 때문일 수 있다(Light et al., 1985).

대화에는 한 의사소통 상대자가 대화 상대자에게 다음 차례를 요구하는 다양한 형태의 의무적 전환이 있다. 이것은 질문일 수도 있지만, 상대방의 반응을 요구하는 코멘트일 수도 있다. 도구적 의사소통자가 하는 의무적 전환의 대부분은 질문에 대답하는 것이지만, 도구적 의사소통자가 항상 이러한 의무적 전환을 수행하는 것은 아니다(Pennington & McConachie, 1999). 이를 바꾸는 한 가지 방법은 개인이 대화에서 질문이 떠오를 때 질문할 기회를 인식하고 활용하도록 안내하는 반면, 의사소통 상대자는 대화에서 차례를 넘기기 전에 잠시 기다리도록 조언해 주는 것이다(Light et al., 1999).

도구적 의사소통자가 포함된 대화에는 일반적으로 각 상대방이 의사소통하는 정도에 대한 불균형이 있다. 자연스러운 말을 사용하는 의사소통 상대자는 도구적 의사소통자보다 훨씬 더 긴 대화 교환을 갖는다(Neuvonen et al., 2022a; Smith et al., 2018; von Tetzchner & Martinsen, 1996). 대화 상대자가 말하는 동안 재미있는 이야기를 하거나 농담을 하는 등 작은 코멘트를 하는 것은 도구적 의사소통자에게는 어려울 수 있다(Waller & O'Mara, 2003). 도구적 의사소통자가 많은 대화에 참여하고 자신의 말할 차례를 완전히 이행할 수 있는 기회는 대화 내용을 너무 많이 결정하지 않으려는 의사소통 상대자의 민감성과 배려에 달려 있다.

대화 전략으로서 토픽 코멘트하기

토픽-코멘트(Topic-comment) 구조는 문장 구성에 자주 사용되며(10장 참조) 대화에도 유용할 수 있다. 이는 대화를 시작하거나 새로운 주제를 소개하기 위한 전략과 대화 내용을 제어하는 수단을 모두 나타낸다. 예를 들어, 손짓 기호로 FOOTBALL MATCH(축구 경기)나 NEW MOVIE(최신 영화)를 표현하여 이러한 주제에 대한 대화를 시작하는 것이다. 이는 짧은 발화를 가능하게 하는 경제적인 전략으로, 느리게 의사소통하는 사람들에게 특히 유용하다(Woll & Barnett, 1998).

의사소통 도구를 사용하는 개인을 위한 중재는 종종 규범적인 태도와 '올바른(correct)' 언어에 대한 요구로 특징지어진다. 문장과 대화에 토픽-코멘트 구조를 사용하는 것은 언어가 어떻게 되어야 하는지에 대한 일반적인 가정과 다르며, 구어에 기초한 '올바른' 언어에 대한 규범적 개념을 허물어뜨리는 경향이 있다. 그러나 이는 대화의 각 차례마다 긴 시간이 걸릴 때 도구적 의사소통자가 대화에 가장 효과적으로 참여하도록 보장하는 데 필요할 수 있다. 그럼에도 불구하고 도구적 의사소통자는 도구적 의사소통에 익숙하지 않은 사람과의 대화에서 언어적으로 적응하고 가능하면 더 정교하거나 '올바른' 언어를 사용하는 것이 필요할 수 있고, 심지어 시간이 더 오래 걸리더라도 그렇게 해야 한다.

오해와 대화 회복

어린 아동이 포함된 대화에서는 오해나 이해의 부족이 흔히 일어난다(Clark, 2020). 반복을 요청하거나 대화 중에 의미를 명확하게 하려는 기타 시도는 화자에게 자신이 말한 내용이 어떤 면에서 불명확하다는 것을 알려준다. 언어 습득의 과정에서 아동은 의사소통 상대자가 이해하는지 확인하고, 성인이나 또래와의 대화에서 오해를 해결하는 방법을 학습한다(Aviezer, 2003; Laakso & Soininen, 2010).

도구적 의사소통자는 전형적으로 발달하는 개인보다 의사소통에서 더 많은 오해와 대화 단절을 경험하는 경향이 있다(Hjelmquist et al., 1996; Smith et al., 2018). 오해가 전체 대화의 단절로 이어지지 않게 하려면 의사소통자는 오해가 발생했다는 신호를 보내는 전략과 오해를 해결하는 전략이 필요하다. 이는 종종 의미에 대한 협상의 형태를 취한다(Neuvonen et al., 2022b).

대화 단절은 중도 운동장애가 있는 도구적 의사소통자가 자신을 표현하는 데 오랜 시간이 걸리는 것과 관련이 있다(Howery, 2018a; Smith et al., 2010). 의사소통 보드를 부정확하게 가리키면 오해가 발생하거나 전자적 의사소통 도구에서 의도한 것과 다른 말이 나올 수 있다. 다음의 예시와 같이, 의사소통 단절은 제한된 수의 그래픽 상징이나 단어로 자신을 표현하려고 할 때 개인이 직면하는 문제로 인해 발생할 수도 있다.

> 뇌성마비가 있는 12세 아동은 블리스 단어가 포함된 의사소통 보드를 사용하였다. 그녀는 기숙 학교에 다녔고, 크리스마스 휴가를 위해 집으로 돌아가는 중이었다. 그녀는 떠날 때 교사에게 *MOTHER HOLIDAY BOOK*(엄마 휴가 책)이라고 의사소통했다. 그녀는 학교를 떠나기를 거부했고 계속해서 같은 세 개의 블리스 단어를 반복했다. 한 시간 후, 교사는 큰 소리로 읽어 주었던 학교 성적표를 그녀가 집으로 가져가고 싶어 한다는 것을 깨달았다. 성적표에는 그녀가 수업 시간에 큰 진전이 있었다고 쓰여 있었다.

그녀가 입장에서는 모든 정보는 휴가, 엄마, 책에 있었다. 그녀는 끈질겼지만, 상대방에게 더 명확하게 전달하기 위해 그녀의 메시지를 바꾸지는 않았다.

의사소통 의도가 실패할 때, 전형적인 발달을 보이는 어린 아동은 상대방을 이해시키기 위해 많은 노력을 기울인다(Clark, 1992, 2020). 성인은 정보 누락으로 인한 의사소통 실패를 아동이 복구하도록 돕기 위해 구체적인 질문(예: 아이는 금발인가요?)이나 wh-질문(예: 아이의 옷 색깔은 무엇인가요?)과 같은 다양한 전략을 사용한다. 또한 성인은 아동에게 관련 정보를 제공하도록 안내할 때 재구성(recast)(예: 그래요. 아이의 옷은 파란색이에요.)을 사용하거나 더 정교하게 설명할 수 있다(예: 당신은 아이의 옷 색깔을 언급하지 않았어요. 두 여자아이가 있는데 그들의 옷 색깔이 달라요.)(Yildiz & Uzundağ, 2022). 성인 대화 상대자의 질문, 재구성, 기타 형태의 스캐폴딩은 자신의 노력과 함께 아동의 언어 학습을 지원할 수 있다. 그러나 아동이 의사소통 목표—사물이나 단순히 답을 얻는 것—를 지속적으로 성취할 수 있더라도, 복구 전략은 전형적으로 언어를 발달시키는 아동에게만 점진적으로 나타난다(Lloyd et al., 1995). 5세 이전에 아동은 대화 상대자에게 나타나는 혼란이나 놀람의 표현에 별로 주의를 기울이지 않는데, 이는 아동이 말하는 것을 이해하지 못했다는 것을 나타낼 수 있다. 또한 어린 아동은 자신의 이해 부족을 나타내지 못하는 경우가 많다(Garvey, 1977).

도구적 의사소통이 포함된 대화에서는 오해가 발생하는 상황을 조율하는 능력이 특히 중요하며, 이는 그래픽 상징을 사용하는 도구적 의사소통자에게 특히 중요한 대화 기술이다. 그러나 의사소통 단절을 복구하기 위한 전략은 의사소통 도구를 사용하는 아동에게는 더 느리게 발달하는 것으로 보인다(Cooper et al., 2021; Smith et al., 2018). 위의 예에서, 아동이 집으로 성적표를 가져갈 수 있었던 것은 아동의 끈기와 교사의 노력 덕분이었다. 그러나 아동은 자신의 말을 바꾸어 표현하지(rephrase) 않았고, 의사소통 상대자가 이해하지 못했을 때 의사소통을 명확히 하는 방법에 대해 충분한 안내를 받은 것 같지 않다. 다른 많은 어린 도구적 의사소통자와 마찬가지로, 아동의 의사소통 중 많은 부분은 그녀가 무엇을 말하려는지 성인들이 알고 있는 교육적 상황이거나 상황에서 쉽게 메시지를 추론할 수 있는 일상적인 상황에서 일어났다. 그러므로 그녀는 오해를 바로잡을 필요가 거의 없었을 것이다. 더욱이, 제한된 표현 수단을 가진 개인은 때때로 오해를 그냥 넘어가도록 허용되는데, 그들이 오해를 고치거나 교정하는 방법을 모르거나 교정하는 데 너무 오래 걸리기 때문이다(von Tetzchner & Martinsen, 1996).

손짓이나 도구적 언어 구성이 AAC가 포함된 대화에서 의사소통 단절의 유일한 원인은 아니다. AAC 사용자는 대화 상대자가 말하는 내용을 이해하는 데 문제가 있을 수도 있다. 따라서 설명을 요청하기 위한 몇 가지 방식이 필요한데, 예를 들어 손짓 기호나 그래픽 상징으로 WHAT YOU SAY? (뭐라고요?)또는 WHAT YOU MEAN? (무슨 뜻이에요?)라고 묻는 것이다.

AAC 사용자가 동등한 입장에서 흥미로운 대화에 참여하기 위해서는 자신과 의사소통 상대자의 오해를 관리하는 능력이 중요하다. 사실상, 오해가 해결되면 개인은 무엇이 잘못되었는지, 대화를 더욱 성공적으로 만들기 위해 어떤 종류의 전략을 활용할 수 있는지를 알게 되기 때문에, 개인의 긍정적 학습을 이끌고 언어 습득을 향상시킬 수 있다. AAC가 포함된 대화의 복잡성으로 인해 회복 전략은 AAC를 사용하는 개인을 위한 중재에 초기부터 필수적인 부분이 되어야 한다. 의사소통 상대자가 소통한 내용에 대해 오해하거나 잘못 이해했다는 것을 인식하게 하는 방법을 포함하여, AAC 사용자는 자신의 이해력에 맞춰 회복 전략을 배워야 한다(Cooper et al., 2021; Møller & von Tetzchner, 1996). AAC를 사용하는 개인이 명료화(clarefication) 질문을 사용하는 것도 말한 내용 중 그들이 이해한 것을 의사소통 상대자에게 알려주는 기능을 한다. 상대방은 핵심 어휘 손짓 기호나 그래픽 상징과 함께 음성 설명을 제공할 수 있는데, 이는 차례로 도구적 의사소통자의 명료화 전략의 습득을 촉진할 수 있다.

AAC 사용자의 일반적인 전략은 동일한 발화를 반복하는 것이다. 의사소통 상대자가 부주의하여 손짓이나 상징을 보지 못하거나 출력된 소리를 듣지 못한 경우 이것은 좋은 전략이 될 수 있다. 그러나 반복은 다음 발화의 시작으로 오해될 수 있고, 의사소통 상대자는 무엇에 대한 의사소통인지, 발화가 수정인지, 다시 말하기인지, 새로운 문장의 시작인지를 확신할 수 없다. 또 다른 기본적인 복구 전략은 그래픽 상징을 추가하거나 바꿈으로써 도구적 발화를 재구성하는 것이다. 예를 들어, 사건이 전날 일어났음을 명확히 하기 위해 YESTERDAY를 추가한다(Møller & von Tetzchner, 1996). MISUNDERSTANDING(오해)이나 MISTAKE(실수) 같은 손짓 기호나 그래픽 상징을 사용하여 개인에게 보다 명확하게 복구하도록 안내할 수 있다. 이러한 항목은 가능한 한 빨리 개인의 어휘에 포함되어야 하고, 개인은 발화에 대한 상대방의 해석이나 인지가 올바르지 않다는 것을 소통하기 위한 손짓 기호나 그래픽 상징을 사용하도록 배워야만 한다. 음성 출력 장치를 사용하는 도구적 의사소통자의 경우, '내가 의미하는 바는 정확히 그것이 아니에요'와 같은 발화가 유용하다. 정보는 등급이 매겨질 수도 있는데, ALMOST RIGHT(거의 맞다)는 상대방의 해석이 틀렸지만 완전히 틀린 것은 아님을 나타내고, VERY WRONG(너무 다르다)는 해석이 의사소통자의 의도와는 상당히 다르다는 것을 나타낸다. 개인은 소통하고자 의도했던 것을 명확하게 하려고 할 때, 손짓이나 상징을 반복하는 습관이 들기 전에 그러한 손짓이나 상징의 전략적 사용을 배워야 한다. 대화의 복구는 전형적으로 발달하는 아동뿐 아니라 지적장애 아동에게도 상당히 일찍부터 나타난다는 사실은(Barstein et al., 2018; Price et al., 2018) AAC를 사용하는 지적장애인에게 복구 전략을 가르칠 수 있음을 나타낸다.

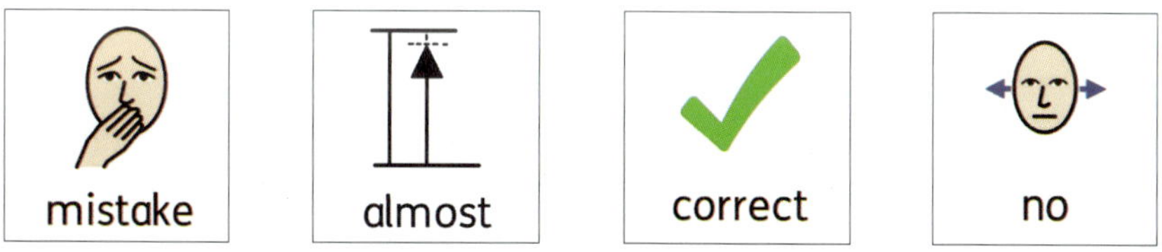

위짓 상징: *MISTAKE, ALMOST, CORRECT, NO*

해석적 공식화를 수정 또는 설명 요청과 구별하는 것은 중요하다. 교육 환경에서, 젊은 도구적 의사소통자는 교사의 안내에 따라 자신의 발화를 문법적으로 더 정확하게 만들기 위해 바꿀 수 있지만, 이러한 변화는 대화에서 상대방의 오해로 인해 동기화되는 것이 아니라 공식적인 교육적 목적을 갖는다(Binger & Light, 2007; Soto et al., 2020). 도구적 대화에서, 상대방은 일반적으로 도구적 의사소통자의 발화를 해석하고 공식화하는데, 그런 다음 도구적 의사소통자는 그 해석과 공식화가 올바른지 여부를 나타낸다. 그러나 사람들은 도구적 의사소통자에게 그래픽 발화를 반복하거나 다시 표현해 달라고 요청하고, 그래픽 발화가 잘 이해되었을 때조차도 요청하기도 한다. 이는 문법을 가르치는 것이 대화의 목적이 아닐 때는 적당하지 않다. 반복을 요청하는 것은 일반적으로 오류를 알리기 때문에, 반복이 필요하지 않을 때 아동이 그들의 답을 다양하게 하고 발화를 변경하게 만든다. 더욱이, 아동이 의사소통 시도를 거부하는 교정을 경험한다면, 이는 그들의 언어 발달에 부정적인 영향을 미칠 수 있다. 반면, 의미에 대한 진정한 협상은 아동이 거부를 느끼도록 하는 것이 아니라 오히려 긍정적인 방식으로 언어 발달에 영향을 미친다(Ceci & Bruck, 1993).

대체 언어 그룹

구어 이해력이 제한된 개인의 경우 대부분의 의사소통 중재는 선택과 현재 상황에 관한 것이다. 이러한 상호작용은 종종 교사나 다른 성인에 의해 시작되며, 초기의 목적은 다른 사람의 관심을 끌고 의사소통적 상호작용을 시작하는 유용한 방식을 개인에게 가르치는 것이다. 예를 들어, 다른 사람의 앞에서 손짓 기호를 사용하여 움직이거나, 의사소통 책이나 도구를 가져오거나, 그래픽 상징 위에서 손을 움직이는 것 등이다.

이 그룹의 개인을 위한 중재의 주요 목적은 종종 무엇인가를 얻는 수단으로 손짓 기호나 그래픽 상징을 사용하도록 가르치는 것이고, 정도는 덜하나 사물이나 활동의 이름을 대도록 가르치는 것이다(6장 참조). 그러나 개인이 무언가를 요청하거나 그것을 얻을 때, 대화는 일반적으로 두 개의 발화로 구성되고 의사소통 상호작용은 종료된다. 개인(I)은 손짓 기호로 무언가를 요청하고, 상대방(P)은 그것을 제공하는데, 다음 예시와 같다.

I: RAISIN(건포도)
P: {YOU RAISIN(너 건포도) *You can have a raisin*(너는 건포도를 먹을 수 있어)}.

상대방이 대화를 시작하면, 세 번의 대화 차례 교환이 있을 수 있다.

P: {WHAT(무엇) *What do you want to do?*(무엇을 하고 싶니?)}
I: OUT WALK(바깥 산책)
P: {JACKET(재킷) *Put on your jacket*(재킷을 입어)}.

이 그룹의 일부 개인은 의사소통과 언어에 더 기초적인 문제를 갖지만, 그들이 조금 더 길게 대화에 참여하도록 안내하려는 시도는 여전히 중요하다. 중재는 주로 요구-관련 대화의 패턴을 깨고자 하는 것이어야 하는데, 엄격하게 구조화되거나 의식화되어야 하는 상황에서는 예외이다. 위의 보기에서처럼, 대화의 상호교환은 교수 대신 질문이 있는 경우 계속될 것이다.

P: {JACKET WHAT CHOOSE(재킷 무엇 고르다) *Which jacket do you choose?*(무슨 재킷 고를래?)}
I: RED(빨간색)
P: {RED NICE(빨간색 좋다) *Red is nice colour*(빨간색 좋다).}

{WHERE GO(어디 가다) *Where do you want to go?*(어디 가고 싶어?)}

I: SHOP(가게)

대화는 살 물건의 리스트를 정하는 것으로 이어질 수 있었다. 산책하는 동안, 교사는 가는 길에 있는 사람, 사물, 사건에 대해 코멘트하면서 대화를 시작할 수 있었다.

지적장애인을 위한 AAC 중재는 학교와 직업 관련 활동에 초점을 두는 경향이 있으나, 개인은 모든 종류의 상황에서 대화에 참여하도록 안내되어야 한다. 개인이 대화 상대자 또는 친구와 공유했던 이전 경험에 대한 의사소통은 대화에 더 참여하게 만들 것이다. 친숙하거나 특이한 상황의 사진은 종종 대화 주제-코멘트 전략을 적용하여(p. 368 참조) 대안적 언어 그룹에 속한 개인과 더 긴 대화를 시작하는 좋은 방법이다. 현대적인 휴대폰은 개인과 관련된 최근 사건의 사진을 쉽게 찍을 수 있다. 사진은 대화에서 논의된 토픽에 대한 관심을 끄는 기능을 한다. 또한 사진은 개인의 기억을 지원하고, 선택한 토픽에 대한 관심을 유지하는 데 기여할 수도 있다. 예를 들어, 개인이 동물에 관심이 있는 경우, 토픽에 맞는 사진들은 달리고, 먹고, 누워 있고, 수레를 끄는 등 다양한 상황에 있는 말이나 다른 동물을 보여 줄 수 있다. 또한 교사가 새로운 상황과 사건의 사진을 이미 알려진 것들과 비교, 대조할 때 개인은 대화가 더 흥미로울 수 있다.

대화 토픽을 뒷받침하는 데 사용되는 사진과 개인의 의사소통 도구 어휘의 일부이고 대화에서 구어와 동일한 기능을 갖는 사진 및 그래픽 상징을 명확하게 구별하는 것이 중요하다. 기억(예: 동물원 방문)과 대화를 지원하기 위해 사진을 사용할 때, 개인은 사진을 가리키며 설명해서는 안 된다. 사진에 있는 사람, 사건, 사물의 이름을 대고, 사물, 사건, 장면에 대한 평가 코멘트를 하기 위해 그는 자신의 의사소통 도구에 있는 손짓 기호나 그래픽 상징을 사용하도록 안내되어야 한다. 예를 들어, FATHER SWIM(아빠 수영), MARY FUN(메리 웃기다), LARGE BALL(큰 공) 또는 WATER COLD(겨울 춥다). 대화에서는 개인이 사진을 가리키고 의사소통 상대자만이 기호, 상징이나 말로 코멘트하는 상황에서만 대화 차례가 전환되도록 해서는 안 된다.

전형적인 발달에서는 일반적으로 대화 기술과 기타 언어 기술 사이에 관계가 있다(Clark, 2018; Veneziano, 2018). 그러나 교사가 점진적으로 더 긴 대화에 참여시키려고 시도하기 전에 개인이 얼마나 많은 그래픽 상징이나 구어 단어를 숙지해야 하는지에 대한 고정된 규칙은 없다. 그보다는 적합한 토픽을 찾는 것이 문제이다. 전형적으로 발달하는 유아는 어휘력이 제한적일 수 있지만 여전히 부모와 다른 성인들과 간단한 대화에 참여한다. 대화를 통한 훈련은 40~80개의 손짓 기호나 그래픽 상징을 학습해 왔으나 자발적으로는 거의 사용하지 않았던 자폐범주성장애와 지적장애가 있는 개인에게 성공적인 것으로 입증되었다(Sommer et al., 1988). 대화 참여는 개인이 예전에 배운 기호와 상징의 사용을 늘리는 데 도움이 될 수 있다.

토픽에 관한 구조화된 대화(p. 250 참조)는 개인의 구어 이해가 매우 제한되고 대화 상대자가 개인의 의사소통 방식을 사용해야 하는 경우에도 유용한 전략이 될 수 있다(von Tetzchner et al., 2005). 대체 언어 그룹에 속한 개인을 대상으로 대화 기술을 직접 훈련하려는 시도는 혼란스러운 결과를 가져왔다. 하지만 일부 손짓 기호나 그래픽 상징을 배운 개인과 구조화된 대화를 하려고 시도할 만한 좋은 이유가 있다. 비록 대부분의 의사소통은 필요와 요구에 관한 것일 수 있지만, 중도 지적장애인에게도 AAC를 사용하여 다른 형태의 대화를 할 수 있는 기회가 제공되어야 한다. 필요나 원하는 것에 대한 대화는 DRUM TRACHER(드럼 선생님), CAR RED(자동차 빨간색), PANDA CUTE(팬더 귀엽다), JOHM ORANGE(존 오렌지) 손짓 기호와 같이 활동이나 사물 이상을 포함하도록 확장될 수도 있다. 일부 개인에게는 이것은 가능하지 않을 수도 있으나, 시도해 본 후에야 알 수 있다. 환경에 있는 사람들은 개인의 어려움에도 불구하고 일상적인 감정과 관계를 그들에게 귀속시키고, 그러한 이슈에 대해 의사소통할 필요성을 고려하는 것이 중요하다.

대체 언어 그룹에 속한 개인을 위한 중재에는 종종 구조화와 루틴이 포함된다(p. 198 참조). 구조나 루틴은 개인이 무슨 일이 일어나고 있는지 이해하고 의사소통의 의미를 추론하는 데 도움이 된다. 이는 또한 개인의 기대치를 높이는 데 기여하며, 이는 결국 의사소통의 기초가 될 수 있다. **계획**은 특정한 이벤트 과정에 대한 설명이다. 엄격한 구조의 의사소통 상황에서, 계획은 일상적이고 일반적인 문화적 지식과 대화에 대한 특정한 단서를 반영할 수 있다. 보다 광범위한 상황에서 유용한 대화 기술을 촉진하기 위한 계획이 고안될 수 있다. Heller와 동료들(1996)은 지적장애와 청각장애가 있지만 심각한 운동장애는 없는 세 명의 성인을 대상으로 보호 작업장 환경에서 작업 이외의 다른 사항에 대한 사회적 상호작용과 의사소통을 촉진하기 위해 계획형(plan-like) 접근 방식을 사용했다. 그들은 약 200개의 손짓 기호 어휘를 갖고 있었지만, 동료와의 상호작용에서는 기호를 사용하지 않았다. 따라서 그들에게는 PCS와 손짓 기호 그림이 포함된 두 개의 의사소통 보드가 제공되었는데, 하나에는 작업과 관련된 어휘 항목이 있고, 다른 하나에는 *HOW-ARE-YOU*(어떻게 지내요), *FINE*(좋다), *TIRED*(피곤하다), *SHOPPING*(쇼핑), *FOOTBALL*(축구), *TELEVISION*(텔레비전)과 같이 비작업 어휘가 포함되어 있었다. 세 명의 성인은 인사하고, 사물을 요청받았을 때 대답하고, 코멘트하고, 토픽에 대해 대화하고, 대화를 종료하는 방법에 대해 훈련을 받았다. 특별한 훈련 회기가 끝난 후 세 사람은 직장 동료들과 새로운 대화 기술을 사용하도록 안내받았다. 그 결과, 그들은 업무 이외의 다른 것들에 대해 더 많이 소통하였고, 직장에서의 사회적 상호작용에 더 많이 참여했다. 중재의 일부로 동료들은 관련된 손짓 기호에 대한 이해와 사용 방법을 배웠다. 따라서 중재는 세 명의 대상자와 그 환경 안의 다른 사람들 모두의 능력 변화를 의미했으며, 그들 모두는 사회적으로 이득이 있었다. 더욱이 직원들은 성인의 언어 환경의 일부로서 자신의 역할을 더 잘 인식하게 되었다.

지원 언어 그룹

의사소통 및 언어와 관련된 모든 문제는 대화 참여에 영향을 미칠 가능성이 높다. 심각한 발음 문제로 인해 의사소통 상대자가 그들이 말하는 내용을 이해하기 어렵게 만드는 어린 아동에게는 첫 번째 대화가 다소 답답한 경험이 될 수도 있다. 대화는 정체되는 경향이 있다. 일부 아동은 질문의 이해 여부와 상관없이 모든 질문에 *yes*(예)라고 대답하는 전략을 개발한다(Kettner & Carpendale, 2013).

부모와 기타 중요한 성인이 아동의 말을 이해하는 데 어려움을 가질 때, 그들은 주로 행동과 상황적 단서에 의존하여 아동이 말하려는 내용을 추론한다(Cress et al., 2013; Mohan et al., 2021). 의미에 대한 단서가 거의 없거나 전혀 없는 상황에서 성인의 이해는 제한될 것이다. 예를 들어, 부모들은 소음으로 인해, 특히 운전 중일 때 자녀의 말을 이해하기가 어렵다고 말한다. 그들은 대답이 옳기를 바라면서, 아동과 같은 방식으로 *yes*(예)나 *no*(아니요)를 시도할 수 있다. 때때로 그들의 답은 모호한 '음~' 소리일 뿐이다. 그러한 대답은 대화가 이어지도록 격려하지 않고, 아동은 관련성이 없거나 의미 없는 대답을 받는다고 느낄 때 의사소통을 포기할 수 있다. 성인은 아동이 말하는 것을 이해하지 못했을 때 대화를 계속하기 위해 일반적으로 아동에게 질문을 하거나 행동의 과정을 결정함으로써 대화를 통제한다. 이는 자신의 의사소통 목적을 달성하는 아동의 능력에 압력을 가한다.

발달 하위 그룹에 대한 AAC 중재의 목적은 말 발달을 지원하고, 아동이 더 쉽게 대화에 참여하고 다른 사람이 그들을 너 쉽게 이해할 수 있도록 하는 것이다. 아동이 그래픽 상징이나 손짓 기호를 사용하면 대화 상대자가 메시지를 이해하는 데 도움이 되므로 대화가 중단되거나 의사소통 상대자가 아동이 의미하는 바를 이해하려는 시도의 포기를 방지할 수 있다. 이는 아동에게 간접 학습을 위한 더 많은 기회를 제공하고, 성인이나 또래와의 의사소통 상호작용을 통해 아동에게 더 큰 혜택을 제공할 것이다(Luckins & Clarke, 2021). 더욱이, 음성 출력 의사소통 도구를 포함하여 AAC 양식으로 발화를 생성하는 것은 아동의 부정확한 말보다 더 빠를 수 있으며, 이는 아동이 보다 동등한 대화 상대자가 되도록 돕는다(Lüke, 2014).

지원 그룹에 사용되는 많은 중재 전략은 표현 언어 그룹에 속한 개인에게 사용되는 전략과 유사할 뿐만 아니라, 개인의 인지 기능과 구어 이해력에 따라 대체 언어 그룹의 개인에게 적용되는 전략과도 유사하다. 다양한 환경에서 정의된 토픽에 대하여 구조화된 대화에 중점을 둔다. 대화는 토픽을 설정하는 것으로 시작하는데, 예를 들어 자전거에 대해서 어떻게 생각하나요? 또는 내일 우리 산책 가기로 한 거 알고 있나요? 와 같이 말하는 것이다.

Robert는 8세 자폐범주성장애 아동이다. 그는 그래픽 상징을 사용하고, 이제 막 말하기 시작했다. 그의 말은 종종 이해하기 어려워서 그래픽 상징으로 그의 말을 계속해서 보조하였다. 그는 비행기와 배로 여행하는 것을 좋아하고, 여행에 대해 이야기하는 것을 좋아했다. 교사는 여행사의 안내 책자를 몇 권 가져와서 이를 비행기, 배, 그리고 비행기와 배에 관련된 사물과 이벤트에 대한 대화의 시작점으로 사용하였다. Robert는 수년 동안 이 관심을 유지했으며, 교사는 지리, 역사, 물리, 수학, 외국어로서의 영어를 그에게 가르치기 위해 대화 내용을 다양화시켰다.

토픽을 설정하는 데 사용되는 의사소통 방식은 개인의 이해도에 따라 달라진다. 개인이 주의를 기울이고 토픽을 이해했는지 확인하기 위해 교사는 예를 들어 BICYCLE(자전거)이나 WALK(산책)를 손짓으로 나타내거나 가리켜서 토픽을 확인하도록 개인에게 요청할 수 있다. 교사가 아동의 의사소통을 더 쉽게 이해할 수 있도록 간단한 일련의 이벤트를 준비할 수 있다. 이는 교사가 파악하거나 이해하기 쉽고, 개인이 대화에 독립적으로 기여할 수 있는 새로운 상황을 만드는 것을 의미한다. 즉, 교사가 표현하라고 한 것이 아닌 무엇인가(내용)를 전달하는 것이다.

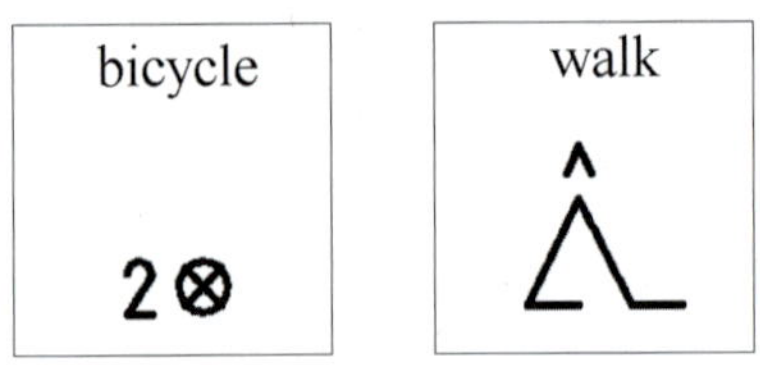

블리스 단어: *BICYCLE, WALK*

손짓 기호나 그래픽 상징을 사용하고 대화 토픽을 설정하는 것 외에도, 아동이 관심을 갖고 자주 의사소통하는 것에 대해 성인이 여러 가지 상황적 단서를 갖는 상황을 고안함으로써 조음장애 아동의 말명료도를 향상시킬 수 있다. 다양한 상황에서 대화를 나누는 것은 중요하고, 교사는 이를 간단한 방법으로 정리할 수 있다: 아동과 성인이 며칠 동안 같은 장난감을 가지고 함께 놀지만, 놀이의 내용은 다소 다르다(10장 참조). 성인은 아동이 대화에 참여하도록 장려하는데, 장난감을 가지고 무엇을 하고 있는지 코멘트하고, 아동의 놀이에 대한 이야기 내용을 제시하는 대화에 아동이 참여하도록 권장한다. 이러한 상황에서, 아동은 똑같이 불명료한 단어를 반복하지 않고도 자신이 말한 것이 더 잘 이해되는 경험을 할 것 같다. 성인은 점차 아동의 말과 특정 소리의 조음을 더 잘 인식하게 될 것이다. 대화는 그림이나 장난감을 중심으로 이루어질 수 있지만, 상황은 대화 상대자에게 알려지지 않은 정보를 아동이 자연스럽게 제공하는 데 기여해야 한다. 이는 아동이 언제 의사소통이 성공하고 실패하는지를 배우게 하는 데 필요하다(von Tetzchner, 2018).

대화 훈련의 핵심 요소는 개인과 교사가 대화 중 역할을 바꾸는 것이다. 질문을 하는 사람이 항상 교사이고 대답을 하는 사람이 항상 개인이어서는 안 된다. 또한 개인은 정보를 요청하고 활동을 장려해야 한다. 연구에 따르면, AAC를 사용하는 아동 중 그렇게 하는 경우는 거의 없다(Pennington & McConachie, 1999, 2001; von Tetzchner & Martinsen, 1996). 많은 대화가 정지 상태로 끝나기 때문에, AAC를 사용하는 개인은 일반적으로 시간이 지남에 따라 하나의 대화 토픽을 유지하는 경험이 거의 없다. 정도는 덜하지만, 전형적인 발달을 보이는 어린 아동에게도 이는 마찬가지다(Schley & Snow, 1992). AAC를 사용하는 아동이 토픽을 유지하고 대화에서 토픽을 따라갈 수 있도록 돕는 것은 중요한 목표이다. 역할 놀이는 유용하고 재미있지만, 다양해야 한다. 아동이 종종 반복하는 것을 좋아하더라도, 성인이 매번 같은 놀이를 시작하고 같은 코멘트를 한다면 대화는 정형화되고 의례화될 수 있다. 역할을 바꾸면 초기에 대화를 지속하는 데 중요한 성인의 스캐폴딩과 연쇄가 점차 줄어들 수 있고, 의사소통 책임의 더 큰 부분이 긍정적인 방식으로 아동에게 이전될 수 있다.

지원 언어 그룹에 속한 아동의 말은 이해하기 어렵기 때문에, 주변 사람들은 아동이 말할 의미가 없다고 가정할 수도 있다. 표현 언어 그룹의 개인에 대해서도 유사한 태도가 발견된다(Smucker et al., 2018; Wickenden, 2011a). 따라서 대화 중재의 중요한 목표는 대화 환경이 그들의 가능성과 제약에 맞게 조정될 때 개인이 흥미로운 대화에 참여할 수 있다는 것을 환경에 있는 사람들에게 보여 주는 것이다. 개인의 손짓 상징이나 그래픽 상징에 대한 어휘력과 문장을 구성하는 개인의 능력은 모두 중요하다. 환경에 있는 사람들이 개인에게 말하고자 하는 흥미로운 것이 있다는 것을 깨닫게 되면, 사회적 상호작용이 있는 상황에서 비공식적 언어 학습이 증가할 것이다. 발달적 지원 언어 그룹의 경우 이러한 학습은 시간이 지나면서 보다 공식화된 교육으로 보완될 수 있다.

다운 증후군 아동과 같은 지원 언어 그룹에 속한 일부 개인의 경우, 대화를 시작하는 문제는 의사소통 상대자가 하는 일과 그 밖에 일어나는 일에 반응하는 데 시간이 오래 걸릴 수 있다는 사실과 관련된다(Schworer et al., 2021; Silverman, 2007). 또한 이 그룹에서는 아동이 자기 대화 차례를 시작하기 전에 대화 상대자가 대화를 진행할 수도 있다. 이를 교정하는 가장 좋은 방법은 의사소통 상대자가 대화 차례를 갖기 전에 평소보다 조금 더 기다리도록 격려하고, 이런 종류의 기다림이 헛된 것이 아님을 개인적인 경험을 통해 확신하게 하는 것이다(p. 235 참조). 긍정적인 경험을 보장하기 위해서는 개인이 주도적으로 대화를 시작할 가능성이 있는 친숙한 상황에서 기다림이 이루어져야 한다. 개인의 말이 향상되기 시작할 때에도 대화를 주도하기 위해 개인이 계속해서 AAC를 사용하는 것이 중요하다. 특히 그를 잘 알지 못하는 성인과 아동에게는 개인의 말이 오랫동안 이해하기 어려울 수 있다(Launonen, 2019a).

지원 언어 그룹의 상황적 하위 그룹에 속하는 개인의 경우, 알아듣기 힘든 말의 문제는 청소년기와 성인기까지 계속된다. 의사소통 상대자가 이해한 척하고 그들이 말한 내용에 대해 모호하거나 부정확하게 대답하는 경우도 있고, 개인의 말을 이해하지 못하면 어색함을 느끼기 때문에 의사소통 상대자가 제대로 듣지 않고 계속해서 말하는 경우도 있다. 대화 길이를 늘이기 위해, 손짓 기호, 그래픽 상징, 문자로 말을 보완하여 상대방이 더 쉽게 이해하도록 할 수 있다. 철자를 배운 개인은 지문자나 글자로 자신의 말을 뒷받침할 수 있다. 이 그룹의 아동과 성인은 상황을 평가하는 방법을 배우고, 언제 오해를 바로잡을 필요가 있고, 이해받기 위해 무엇을 해야 하는지 알아야 한다. 중재에서 구조화된 대화는 대체 수단으로 그들의 의사소통을 보완하는 방법을 배우는 데 중요하다. 교사는 자신이나 다른 의사소통 상대자가 아동이 무엇을 말하려고 하는지, 때로는 토픽이 무엇인지조차 모르는 상황을 만들어 아동에게 이해되거나 이해되지 못하는 경험을 제공해야 한다. 때로는 그러한 상황에 친숙하지 않은 사람을 데려오는 것이 유용할 수 있다. 그들은 아동의 조음에 익숙하지 않아서 아동은 자신을 이해시키기 위해 평소보다 AAC를 더 많이 사용해야 할 수도 있다. 또 다른 중요한 중재 방법은 개인의 일반적인 의사소통 상대자에게 대화 전략에 대해 알려주고, 자신이 이해되었는지 여부를 알 수 있는 충분한 피드백을 받도록 하는 것이다. 개인이 친숙하지 않거나 드물게만 만나는 의사소통 상대방과 소통할 때, 그는 이해될 가능성을 최대화하는 방식으로 대화를 이끌도록 노력해야 한다. 이를 위해서는 그러한 상황에서 자신감을 가질 수 있도록 충분한 훈련과 경험이 필요하다.

일부 학교와 크고 작은 기관에서, 지적장애인은 거의 전적으로 직원과 의사소통할 때만 AAC를 사용할 수 있다(Marková et al., 1992; Meuris et al., 2015). 자율성과 독립적인 숙달에 대한 가능한 결과는 손짓 기호와 그래픽 상징으로 의사소통하는 지적장애 청소년 그룹에 대한 연구에서 설명되었다. 그들의 구어 이해력은 지적 능력과 상응한다. 하루는 그들이 간단한 게임을 시작하도록 도운 후 직원이 방을 나갔다. 잠시 후 청소년 중 한 명이 직원에게 게임에 대한 도움을 요청하러 갔다. 청소년들은 직원의 도움 없이는 게임을 계속할 수 없었다(Tavares & Peixoto, 2003). 직원이 유일한 의사소통 상대자일 때, 개인 간의 모든 사회적 상호작용과 의사소통은 그 직원의 행동과 태도에 의해 제약을 받게 된다(Brewster, 2007). 대화가 아동기 놀이를 대체하는 전형적으로 발달하는 청소년과는 달리, AAC를 사용하는 화자와의 우정 관계에서 대화는 더 적은 역할을 할 것이다(Østvik et al., 2018). 따라서 대화 훈련은 개인이 서로 의사소통할 수 있을 뿐만 아니라 전형적으로 발달하는 또래와도 의사소통이 가능하도록 기술을 촉진하는 것을 목표로 해야 한다.

표현 언어 그룹

표현 언어 그룹에서 이해력과 표현력 간의 격차는 대화에 참여할 수 있는 잠재력이 충족되지 않음을 의미할 수 있다. AAC 대화 전략(conversational AAC strategies)의 목표는 개인이 그 또래와 동등한 수준으로 대화에 기여할 수 있도록 돕는 것이다. 표현 언어 그룹의 아동과 성인이 의미 있는 대화에 참여하는 데 겪는 문제에는 다양한 요인이 영향을 미칠 수 있다. 이 그룹에 속하는 많은 개인은 손의 운동 통제 능력이 부족하여 느리게 언어를 산출한다. 보조자는 그들이 필요한 시간을 들여서 답하게 하기보다는 그들 대신 질문에 답하거나 말할 수 있다. 인터뷰에서 도구적 의사소통자는 의사소통에 충분한 시간과 기회를 제공하는 것이 훌륭한 의사소통 상대자의 가장 중요한 자질이라고 언급했다(Clarke et al., 2001; Howery, 2018a; Mendes et al., 2023). 또한 이 그룹의 개인 중에는 다운 증후군이나 자폐범주성장애인과 같이 손짓 기호를 사용하는 개인이 있는데, 구어는 이해하지만 말이 불명료하여 알아듣기 어려울 수 있다(Launonen, 2019a). 손짓이나 도구적 의사소통자 모두에게 있어서 중재에서 기대가 낮거나 의사소통 전략에 대한 초점이 부족한 경우 대화 능력이 낮아지고 다른 사람과 의사소통할 때 실패하는 경험이 많아질 수 있다. 그러나 이 그룹 내에는 상당한 차이가 있다. 어떤 사람에게는 의사소통 주도성의 부족과 수동적인 의사소통 스타일이 가장 먼저 관심을 가져야 할 문제이다. 다른 사람에게는 느린 의사소통과 적절한 전략의 부족이 중재의 가장 시급한 문제이다. 이런 문제는 서로 얽혀 있다. 좋은 해결책은 다양한 상황에서 의사소통에 접근할 수 있어야 하고, 개인과 대화상대 모두 새로운 방식으로 상호작용하는 법을 배워야 한다(12장 참조).

좋은 구어 이해력을 가진 표현 언어 그룹의 구성원에게는 대화 기술의 개발이 AAC 중재에서 가장 중요한 부분일 수 있다. 이러한 도구적 의사소통을 제약하는 것은 언어 기술의 부족이 아니라 그들이 아는 것을 사용할 기회가 부족하기 때문일 수 있다(von Tetzchner et al., 2018). '도움이 되는' 지배적인 의사소통 상대자와의 의사소통 경험은 수동적 의사소통 스타일의 발달에 중요한 역할을 했을 수 있다. 또한 도구적 의사소통자가 그래픽 체계를 사용할 수 있게 되고, 의사소통 도구를 기술적으로 숙달하게 되면 대화에 참여할 것이라고 일반적으로 가정되어 왔다(Salminen, 2001). 따라서 흥미로운 대화를 시작하고 유지하기 위한 전략은 현재 나타나는 많은 중재에서 보다 중요한 위치를 차지해야 한다.

표현 언어 그룹에 속하는 많은 사람은 연령별 또는 연령 수준에 가까운 구어 이해력을 가지고 있지만 이것이 복잡한 대화에 참여하기 위한 요구사항은 아니다. 특히 AAC 사용자에 대해 정상적인 감정과 관계를 귀속시키고, 그러한 문제에 대해 의사소통할 필요성을 인정하는 것이 중요하다. 이는 von Tetzchner의 다음 예시에 설명되어 있다(2019b).

Bodil은 43세이다. 그녀는 중도 지적장애인으로 말을 할 수 없었고, 작년에 약 150개의 사진과 픽토그램으로 된 그래픽 어휘를 습득했다. 그녀의 주요 관심은 사람이었고, 그녀의 의사소통 도구에는 사진 형식의 사람 이름 50개가 저장되어 있다. 대부분의 중재는 교사와 함께하는 주제별 대화로 구성되었다. 이 대화에서 그녀는 자신의 경험을 다른 사람과 나누고, 다른 사람과의 긍정적이거나 부정적인 정서적 만남을 말(그녀의 경우 그래픽 상징)로 나타낼 뿐만 아니라 그녀 자신을 '표현'하려는 진정한 필요성을 보여 주었다.

다른 연구에서도 도구적 의사소통자의 정체성 형성을 위한 표현 언어 능력의 중요성을 지적한다(Clarke et al., 2001). 평가에 따르면, Bodil의 언어 이해력은 그녀의 지적장애와 일치하는 것으로 나타났다. 그러나 그녀의 이해력과 표현력 사이에는 여전히 큰 격차가 있어서 그녀는 표현 언어 그룹에 속하게 되었다. 게다가 심각한 운동장애가 있는 것은 아니지만 언어는 그녀의 가장 큰 능력이다. 그녀가 그래픽 의사소통의 중재를 받은 1년의 과정에서 예상하지 못했던 통찰력과 그래픽 상징으로 메시지를 구성하는 능력을 보였다는 사실은 지적장애 성인을 위한 의사소통 중재가 얼마나 중요한지를, 가능하다면 최대한 의사소통적 틀 안에서 중재가 일어나야 함을 강조한다.

대화 전략(*conversational strategies*)과 더불어, 표현 언어 그룹에서 대화 기술을 향상시키기 위한 중재는 **환경 전략**(*environmental strategies*)과 **상대자 전략**(*partner strategies*)으로 나눌 수 있다. 환경 전략과 상대자 전략은 일상적 대화에서 개인의 참여를 늘리고 대화 상대자가 개인의 대안적 언어 양식에 적응하도록 환경을 변화시키는 것을 목표로 한다. 이 장의 많은 예시는 전형적인 기능에 접근하는 언어 이해력을 가진 개인과 관련이 있지만, 대부분의 전략은 다양한 수준의 지적장애인을 위한 중재에 적응하는 것이 가능하다.

환경 전략

중도 운동장애가 있는 많은 사람은 운동 기술보다 더 나은 언어 기술을 갖는다. 따라서 이러한 강점을 활용하려면 의사소통 상호작용 상황에서 많은 시간을 보내야 한다. 그러나 실제로는 그러한 상황에 상대적으로 적게 참여하는 경향이 있다(Pilesjö & Norén, 2017; von Tetzchner et al., 2018). 이들의 대화는 주로 전문적 도우미와 이루어질 수 있고, 대부분의 의사소통은 루틴 상황에서 이루어진다. 루틴 상황에서의 의사소통은 많은 중재 프로그램에서 강조되며, 루틴 활동은 운동장애가 없는 아동보다 하루 중 더 많은 부분을 차지하는 경향이 있다. 더욱이, 부모는 루틴 환경에서 자녀를 가장 잘 이해하기 때문에 루틴 상황에서 의사소통하는 경향이 있다.

아동이 학교에 다닐 때, 부모나 학교가 가정이나 학교가 알아야 한다고 생각하는 하루 중 일어나는 아동의 경험과 사건에 대해 일반적으로 쉽게 의사소통할 필요가 있다. 이는 가정과 학교 사이에 오고 가는 알림장이나 이메일 또는 앱을 통해 전자적으로 전달될 수 있다. 학교와 가정 간의 의사소통을 통해 가정과 학교 사이에 실용적인 정보가 체계적으로 전달된다. 그러나 정보에는 종종 개인 자신이 언급할 수도 있는 사건을 포함하므로, 그의 잠재적 의사소통 책임을 빼앗을 수 있다. 부모와 교사는 알림장이나 앱의 정보를 사용하고 거기에 언급된 토픽에 관해 대화를 시작하도록 선택할 수 있는데, 이는 아동이 가정이나 학교에 대해 말하고 싶은 내용을 결정하기 어렵게 만든다. 아래 Tetzchner와 Martinsen(1996)의 예시에서, 8세의 Henry는 심각한 말과 운동장애가 있고, 의존적 스캐닝(dependent scanning)으로 145개의 픽토그램이 포함된 의사소통 책을 사용한다. Henry의 아버지(F)는 방금 Henry(H)의 알림장을 읽었고, 그의 학교생활에 대한 대화를 시작하였다.

F: 오늘 동물에 대해 배웠니? 어떤 동물에 대해서 배웠어? 네 책에 있어서 내가 알아. 오늘 학교에서 어떤 동물에 대해서 배웠니?

H: *DOG*(개).

F: 그래. 개, 맞아. 오늘 학교에 개를 데리고 온 사람이 있었니? 누구였어? 오늘 누가 개를 학교에 데려왔니?

H: 테이블을 쳐다보고 웃는다.

F: *Mary*였니?

H: "No(아니요)"(고개를 흔든다).

F: 개를 데려온 사람은 *Joan*이었니?

H: "Yes(예)"(끄덕인다).

F: 그래, *Joan*이 개를 데려왔다고 네 책에 쓰여 있었어.

아버지가 내용을 알고 있었기 때문에, 그의 질문 중 상당수는 수사적(rhetorical)이었고, 진심 어린 질문이 아니었다. Henry의 유일한 기여는 *DOG*(개)이며, 이미 아버지가 알고 있는 내용이었다.

또한 루틴 대화에서 성인은 개인의 최소한의 기여만으로도 대답이 무엇인지를 매우 확실하게 추론할 수 있다. 그 결과 개인이 의도했던 내용을 전달하기 위한 충분한 정보가 그의 발화에 포함되어 있을 때 그는 배우지 못할 수 있다. 이는 개인의 화용론적 발달과 상대방의 이해 및 수정이나 정교화가 필요한지를 모니터하는 능력을 방해할 수 있다. 부모가 추가적인 공동 구성을 사용하여 더 많은 정보나 특정한 세부 사항을 질문하는 것이 더 좋을 것이다. 가정과 학교 간의 알림장이나 전자적 의사소통은 실용적인 도구다. 때로는 부모나 교사가 자녀와 소통할 만한 중요한 것이라고 여기는 사건에 대한 정보도 포함될 것이다. 그러나 일반적으로 AAC를 사용하는 개인은 가능한 한 많은 의사소통 책임을 가져야만 하고, 그들 스스로 다른 사람에게 전달하고 싶은 정보를 결정할 수 있어야만 한다.

대화와 정보 알림장에 대한 논의는 전문가가 AAC를 사용하는 개인의 능력과 제한점에 따라 환경을 조정할 때 발달적 관점을 갖는 것이 얼마나 중요한지를 보여 준다. 중재 조치가 영원히 지속되는 경우는 거의 없다. AAC 중재의 초기 단계에서 기능했던 전략은 더 이상 유용하지 않고 때로는 발달을 제한시키는 기능을 할 수도 있다. 이는 개인의 대화 기술에 초점을 두어야 할 때 특히 두드러진다.

전형적으로 언어 발달을 하는 청소년은 점점 더 많은 시간을 또래와 함께 보내고, 놀이 대신 대화가 선호하는 활동이 된다(von Tetzchner, 2019a). 청소년 도구적 의사소통자는 또래보다 대화에 참여하는 일이 적고, 그들의 대화는 성인과 이루어지는 경향이 있다(Andzik et al., 2016; Wickenden, 2011a). 따라서 또래와의 대화는 도구적 의사소통을 하는 청소년을 위한 중재에 주요 초점이 되어야 한다(Smith, 2005b, 2015, 12장 참조). 청소년이 성인과 상호작용하는 상황은 서로 상호작용하는 상황과는 다르다. 의사소통 도구를 사용하는 아동과 청소년 또한 성인과의 대화와 또래와의 대화가 다르고, 또래와 더 다양하게 대화를 나누는 것으로 보이며(Brekke & von Tetzchner, 2003), 또래와의 대화를 통해 청소년 문화에 접근할 수 있다(Wickenden, 2011a). 전문가들은 역할극이나 게임처럼 청소년 도구적 의사소통자가 성인의 도움 없이 또래와 직접적으로 상호작용할 수 있는 활동을 만들기 위해 열심히 노력해야 한다. 성인이 도구를 사용하는 아동 간에 중재자가 되어야 한다면, 아래 예시처럼 그들이 전하는 메시지에 영향을 주려고 하지 않고 단지 통역자로서만 기능하는 것이 중요하다.

> 의사소통 보드를 사용하고 몇 개의 손짓 기호를 사용하는 청소년들이 중재자 역할을 하는 교사와 함께 앉아 있었다. 여자아이가 자기 생일에 초대하고 싶은 아동의 명단을 작성하였는데 거기에 남자아이는 없었고, 남자아이는 자기도 참석하고 싶다고 열성적으로 표현했다. 교사는 그의 요청을 전달했다. 여자아이는 그래픽 상징 *NO*를 표시했고, 교사는 방해하지 않고, 즉 그녀가 대답을 바꾸도록 시도하지 않고 이 메시지를 그대로 남자아이에게 전달했다(Soro et al., 1992).

성인은 갈등이나 언쟁이 일어날 때조차도 불필요하게 방해하는 것을 삼가야 한다. 또한 AAC 사용자는 그런 상황을 경험하고 어떻게 대응해야 하는지를 배워야 한다. 이는 다음의 대화에 나타난다(von Tetzchner et al., 2005). Liv는 뇌성마비를 가진 3세 아동이다. 그녀는 말을 못 하고 픽토그램과 사진이 있는 의사소통 도구를 사용한다. 그녀는 통합 유치원에 다니고 유치원에서 점심을 먹었다.

Liv: "Finished eating(다 먹었어요)"(음식, 과일 또는 음료가 제공되었을 때 외면함), (키위 반쪽이 접시에 남아 있고, Liv는 키위 쪽으로 손을 뻗음).

교사: (Liv가 키위를 먹고 싶다고 생각해서 칼로 껍질을 깎고, 여러 조각으로 자른 후 Liv에게 줌).

Liv: "I don't want it(이거 먹기 싫어요)"(외면함).

교사: 너는 {*fruit* FRUIT(과일)}을 원한다고 했어.

Liv: *FRUIT*(과일)"you"(너) (다른 아동 중 한 명인 'Tonje'를 바라봄).

Tonje: 싫어, 나는 키위를 좋아하지 않아.

Liv: *FRUIT*(과일) "you"(너) ('Tonje'를 바라봄).

Tonje: 나는 키위를 좋아하지 않아.

Liv: (꽤 실망스럽게 보이기 시작함)

Tonje: *Elin*한테 키위 먹고 싶냐고 물어봐.

Liv: *FRUIT*(과일) "you(너)?"('Elin'을 바라봄).

Elin: 응, 고마워.

Liv: (긴장을 풀고 테이블에 있는 다른 아동에게 키위를 나누어 줌)

교사는 간섭하지 않았고, 아동은 스스로 일어난 갈등을 정리했다. 교사의 자제와 Tonje의 제안은 Liv가 그 상황에 대한 가능한 해결책이 있음을 깨닫고 또래로부터 무엇을 해야 하는지를 배우는 기회를 주었다. 다른 아동은 도구적 의사소통에 대해 배웠고 Liv와 의사소통을 하곤 하였다. 의사소통 도구에 대한 정보와 개인이 그 도구를 이용하는 방법은 또래에게 어린 도구적 의사소통자의 대화 어려움과 가능성에 대한 더 나은 통찰력을 제공한다(Beck & Fritz-Verticchio, 2003; Brekke & von Tetzchner, 2003).

아동이 언어를 사용하고 또래와 관련된 일반적인 갈등을 포함하여 다양한 정서적 측면이 있는 상황에 대처하는 방법을 배우려면 관련된 경험이 필요하다(Eisenberg et al., 2010; Kurki et al., 2017). AAC를 사용하는 많은 아동이 잠재적으로 부정적이고 도전적인 모든 상황으로부터 보호받는다(von Tetzchner, 2003, 2004). 그러나 중간 정도의 정서적 경험으로부터 아동을 보호함으로써 성인은 사실상 정서적, 사회적, 의사소통적, 문화적 학습의 중요한 기회를 막는 것일지도 모른다. 그 결과 중 하나는 정서적 자기 조절력이 더 낮아질 수 있다. 더욱이, 부정적이고 도전적인 경험에서 배제되지 않는다는 것은 보다 다양한 사회 참여를 의미할 가능성이 높다.

상대자 전략

개인이 AAC를 사용하는 경우 이는 대화에서 의사소통 상대자의 기능에 영향을 미친다. 의사소통 상대자는 자신의 발화를 생성하는 것과 더불어 도구적 의사소통자가 말하고 싶은 내용을 표현하는 데 적극적으로 참여해야 하며, 따라서 도구적 의사소통자의 발화를 공동 구성하는 데 기여해야 한다. 의사소통 책이나 보드를 사용하는 경우, 상대자는 도구적 의사소통자가 제시하는 대로 어휘를 말하고, 도구적 요소의 해석에 참여할 수 있다. 상대자는 각 요소의 의미를 추론하고, 요소를 조합하고, 도구적 의사소통자가 발화 구성을 완료하기 전에 잠정적으로 발화를 생성한다. 따라서 대화 상대자는 자신이 혼자 말할 때와 도구화된 메시지를 받을 때 모두 적극적으로 참여한다(Murray et al., 2018; Smith et al., 2018; Brekke & von Tetzchner, 2003).

대화 상대자의 경험과 능력은 다양하고, 개인의 대화 성공을 증진시킬 수도 있고 방해할 수도 있다. 대화 상대자는 이중 역할을 하기 때문에 가족 구성원이나 또래, 기타 일상적인 대화 상대자의 훈련은 도구적 의사소통자에게 더 나은 대화 기술 발달 기회를 제공하기 위한 중재의 중요한 요소이다(Kent-Walsh & McNaughton, 2005; Starble et al., 2005; 12장 참조).

도구적 의사소통자가 참여하는 대화에서 대화를 주도하고 토픽을 고르며 일반적으로 대화를 통제하는 사람은 주로 자연스러운 말을 하는 사람이다. 많은 도구적 의사소통자의 표현 수단이 제한되어 있기 때문에, 이는 종종 토픽에 대한 제안을 제한하고 이전 대화의 토픽을 반복하는 등의 **단순화 전략**(*simplification strategies*)을 포함시킨다. 도구적 의사소통자의 대화 참여는 주로 응답으로 구성되고, 대화 상대자는 예-아니요 질문을 많이 하여 가능한 답변의 수를 제한한다. 이는 도구적 의사소통자가 대화에 참여하는 것을 더 쉽게 만들 수 있지만, 다른 이슈를 소개하거나 자신의 의견을 표현하는 일은 그들에게 더 어려울 수 있다. 도우미로서의 역할은 상대자가 도구적 의사소통자를 과소평가하고 착각하게 만들고 개인이 실제로 알고 이해하는 것을 고려하지 못하도록 잘못 이끌 가능성이 있다. 그러한 태도는 특히 상대자가 대화에서의 이중 역할을 인식하지 못한 경우, 그리고 도구적 의사소통자가 제한된 수단에도 불구하고 의사소통 성취를 이루었음을 알아채지 못한 경우에 특히 명확하다(Collins & Marková, 1999; Smucker et al., 2018).

표현에 걸리는 시간

대화는 항상 시간이 오래 걸리고, 도구적 의사소통자와의 대화는 항상 두 대화자가 자연스러운 말을 사용할 때보다 더 오래 걸린다. 이는 도구적 의사소통자와 그들의 의사소통 상대자 모두에게 시간 관리를 잘하라는 요구를 의미한다. 한 연구에서 좋은 언어 기술을 가진 젊은 도구적 의사소통자는 한 개의 그래픽 상징으로 잘 알려진 사물의 이름을 대는 데 평균 1분이 소요되었다. 전형적인 발달을 보이는 참조 집단인 또래는 사물의 이름을 말하는 데 약 1초가 걸렸다(Deliberato et al., 2018). 대화를 여러 차례 주고받으며 정보와 견해의 상호교환이 포함된다면, 시간은 훨씬 더 오래 걸리게 된다. 도구적 의사소통자가 그의 평소 루틴이나 전형적인 토픽 밖의 무엇인가에 대해 의사소통할 때, 그가 이해하기 전에는 긴 시간이 걸릴 것이다(Murray et al.,

2018; Neuvonen et al., 2022b; Smith et al., 2018). 시간이 많이 소요된다는 점은 도구적 의사소통자가 자신의 생각이나 중요하다고 믿는 것을 표현하는 데 어려움을 주기도 한다. 그 결과는 때때로 의사소통 도구를 사용하지 않는 것이다(Salminen, 2001).

도구적 의사소통이 종종 오랜 시간이 걸린다는 사실에도 불구하고, 도구적 의사소통자는 그들의 또래보다 대화에 더 적은 시간을 보내는 경향이 있다. 시간 사용은 일반적으로 대화 상대자가 사용하는 비대칭 대화 구조과 전략의 주된 원인이다. 많은 대화 상대자가 참을성이 없고 기다리기 어려워한다(Smith et al., 2010). 한 연구에서는 3~6세 아동의 어머니가 아동에게 대화 차례를 넘겨준 지 1~2초 만에 말하기 시작했다(Light et al., 1985). 1초 이상의 쉼이 있을 경우, 어머니들은 92.5%의 비율로 말을 다시 시작한 것으로 나타났다. 그래픽 발화를 산출하는 데 더 오랜 시간이 걸리는 아동은 소리내기, 끄덕이기, 고개 흔들기 등의 행동으로 나타낼 수 있는 예-아니요 질문에 답할 수 있는 시간만 충분했다. 아동에게 충분한 시간을 주어야 하는 중요성은 아동과 가장 많이 의사소통을 한 어머니가 자신의 대화 순서가 오기 전에 가장 오래, 때로는 47초까지 기다렸다는 사실에서도 입증된다. 20분 동안 아동이 의사소통을 주도된 평균 횟수가 11회였는데, 어머니가 오래 기다려 주었던 아동은 45회였다. 의사소통 상대자가 구조화되거나 기대하며 기다리는 것을 배웠을 때 AAC를 사용하는 개인의 주도는 증가한다(Flink et al., 2022). 연구에 의하면 대화 과정을 통제하고 보다 동등한 입장으로 대화에 기여할 수 있으려면 AAC를 사용하는 개인은 대화 기술이 필요하고 대화 상대자는 대화를 계속하려는 충동을 억제해야 한다. 그래야만 느린 도구적 의사소통자가 자신의 기술을 적용하고 생각, 견해, 느낌을 표현할 수 있다(Howery, 2018b; Wickenden, 2011b).

추론과 해석

구어와 손짓 기호 또는 그래픽 상징이 항상 완벽하게 일치하는 것은 아니기 때문에, 의사소통 상대자는 개인이 구성한 의미를 어느 정도 추론하고 이를 공식화해야 한다. 대화 속도를 높이기 위해, 대화 상대자는 도구적 의사소통자가 계획된 발화의 모든 그래픽 상징을 표시하기 전에 자신의 해석을 제시할 수 있다. Howery(2018a)의 원문을 각색한 아래 발췌문에서 Jennifer(J)는 중도의 운동과 말 장애가 있고 음성 산출이 되는 의사소통 도구를 사용한다. 새 학기의 첫날 교사(T)는 Jennifer의 자리를 정하려고 했다. Jennifer는 메시지를 구성하기 시작했다. Jennifer의 도우미(A)와 여러 명의 아동(C)도 있었다.

T: 저쪽 자리 어때요?

J: '*Michelle*(미쉘)'.

T: *Michelle* 옆에 앉고 싶어요?

A: *Jennifer*는 작년에 *Michelle* 옆에 앉았어요.

J: '*Not*.'(아니요)

T: *Michelle* 옆에 앉고 싶지 않아요?

A: (교사를 바라보고 어깨를 으쓱함).

J: '*Here*'(*여기*).

(종이 울리고 다른 아동이 들어오기 시작함)

J: (계속해서 메시지를 구성함)

T: *Jennifer*, 오늘은 문 옆의 이 자리에 앉을 거예요. *Michelle*이 곧 여기에 앉을 거예요.

J: (계속해서 메시지를 구성함)

T: 좋아요, 여러분 조용히 하세요. (교실은 아동의 흥겨운 목소리로 가득 찼고, 그로 인해 Jennifer의 장치에서 나오는 소리를 듣기 어려웠음)

J: '*Sick*'(아파요).

C: 안녕, *Jen*, 그래, 미스 *M*은 많이 아파…

J: 'Michelle not here today she is sick.'(Michelle은 아파서 오늘 여기에 없어요.)

어린 도구적 의사소통자가 생성한 많은 발화가 단일 상징으로 구성되는 경우, 이는 부분적으로 이러한 발화의 대부분이 질문에 대한 응답이라는 사실에 기인한다(예-아니요 질문에 대한 다음 내용 참조). 그러나 이는 개인이 첫 번째 상징을 표시하자마자 대화 상대자가 전체 발화를 추론하기 시작한다는 것을 반영할 수도 있다. 목표는 의사소통의 속도를 높이는 것이지만 해석이 정확하지 않으면 Collins(1996)의 아래 대화처럼 대화가 더 길어질 수 있다. Fay(F)는 구어가 매우 제한되어 있고, 200개의 블리스 단어가 있는 의사소통 보드를 사용한다. 그녀는 돌봄 지원 인력(carer) Conrad(C)과 의사소통을 시작한다.

F: *FATHER*(아버지). *Mmm mmm*.(음…)

C: 아버지하고 이야기하고 싶어요?

F: *Holiday*(휴가).

C: (Fay를 바라본 다음 의사소통 보드를 바라봄)

F: *Holiday*(휴가). *Mm mm mm*.

C: 오, 당신은 가려고 하는군요, 어디…(의사소통 보드를 바라봄)

F: "No!"(아니요)(고개를 흔들며 소리냄).

C: 아버지랑 함께 휴가를…

F: (의사소통 보드 앞으로 기댐)

C: 맞아요. (몸을 약간 뒤로 빼고 알아들을 수 없는 소리로 말함)

F: *LIKE*(좋다).

C: 당신은 좋아해요.

F: *FATHER*(아버지). *Mmm mmm.*

C: 당신의 아버지.

F: (손가락을 옮겨서 다른 블리스 단어를 가리킴)

C: 휴가를 가요.

F: "Yes"(예)(끄덕임). *Mm*(음).

C: 맞아요.

C: (뒤로 앉아서) 당신은 그런 일이 생겼으면 하는군요.

F: *Mmm.* "Yes"(예)(끄덕임).

블리스 단어: *FATHER, HOLIDAY, LIKE*

이 유형의 대화에서, 대화 상대자는 성급한 해석을 해서는 안 되고, 더 많은 요소를 알고 도구적 의사소통자의 의미를 더 잘 추론할 수 있을 때까지 기다려야 한다. Conrad는 충분히 알지 못하고 앞서 나가서 전체 문장을 추측하려고 했다. Fay가 블리스 단어 *FATHER*(아버지)를 의사소통했을 때, Conrad는 블리스 단어의 의미를 인지하고 난 다음에, 단어를 기다리기보다는 Fay가 주어이고 아버지가 목적어라고 가정하고 Fay가 전하려는 전체 의미를 추측하려고 시도했다. 이것이 Fay에게 거부되었을 때(암묵적으로 계속해서 *HOLIDAY*(휴가)를 나타내고 Conrad의 추측을 무시함) Conrad는 Fay가 전달한 내용에 대한 충분한 정보 없이 다시 두 번째 해석을 제안했다. 이번에 Conrad는 Fay가 다음 휴가에 무엇을 하고 싶은지에 대해 말하면서 이전 대화를 이어서 한다고 생각했다. 실제로 Fay는 아버지가 휴가를 갔으면 좋겠다는 전혀 다른 의사소통을 했다. 이는 대화 중에 오해가 쌓이지 않도록 대화 상대자가 인내심을 가지고 해석의 확인을 위해 주의를 기울여야 함을 나타낸다. 확인을 구하는 것은 개인의 도구적 발화가 진지하게 받아들여진다는 것을 보여 준다(von Tetzchner & Jensen, 1999). 명확한 일과 상황을 제외하고, 대화 상대자는 발화에 대해 섣부르게 추측을 시작하지 말고, 발화의 가능한 의미를 추론할 만한 충분한 단서를 찾아야 한다.

이 논의는 전략으로서 중간 해석에 반대하는 주장을 의미하는 것은 아니다. 원시적인 추측조차도 일상적인 대화의 속도를 높여줄 수 있고, 발화 구성을 마치기 전에 상대자가 의미를 추론하는 것을 선호하는 도구적 의사소통자도 있다(Midtlin et al., 2015). 사용자를 잘 아는 사람은 이것을 효과적으로 할 수 있을 것이다. 친숙하지 않은 상황에서 성급한 추측은 개인의 메시지를 지연시키거나 방해할 수 있다. 또한 개인이 유능한 의사소통 상대자에 너무 의존하지 않는 것도 중요하다. 도구적 의사소통자는 대화 상대자가 의미를 잘 추론하지 못하거나 잘못된 길로 인도하는 추측을 할 때 자신의 의사를 이해시킬 수 있어야 한다.

예-아니요 질문하기

질문하기는 중요한 대화 기술이다. 그러나 구어와 도구 의사소통이 포함된 대화에서 도구적 의사소통자는 일반적으로 질문에 응답하는 반응적 역할을 하는 반면, 상대자의 대화 차례에는 **예-아니요** 질문이 많이 포함된다(Clarke & Kirton, 2003; Soto, 1999). 한 연구에서 성인 도구적 의사소통자는 8개의 요청과 질문, 163개의 대답을 생성한 반면, 화자인 상대자는 285개의 질문과 도전, 8개의 답을 생성했다(Wexler et al., 1983). 이와 같은 결과의 한 원인으로는 많은 의사소통 상대자가 개인이 그래픽 상징을 찾아야 할 때보다 제스처로 빠르게 답할 수 있는 질문을 할 때 대화 흐름이 더 원활하다는 것을 발견했기 때문일 수 있다.

게다가 많은 성인 질문은 수사적(rhetorical)이다. 즉, 질문하는 성인이 이미 대답을 알고 있는 것에 대한 질문이다(von Tetzchner & Martinsen, 1996). 이러한 질문은 성인과 어린 아동과의 대화뿐 아니라 학교에서 교사-학생이 상호작용할 때도 일반적이지만, 전형적으로 발달하는 나이 많은 아동과 다른 상황에 있는 성인이 관련된 대화에서는 일반적이지 않다. 도구적 의사소통자는 이를 인식하고 의사소통 상대자와 함께 있는 것 외에는 대화에 별로 관심이 없을 수도 있다. 청소년 도구적 의사소통자와 전형적으로 발달하는 또래와의 대화에서 수사적인 질문은 두드러지지 않는다(Clarke & Wilkinson, 2007). 이는 도구적 언어를 발달시키는 아동에게 또래 의사소통이 가질 수 있는 중요한 역할을 강조한다.

도구적 의사소통과 관련된 또 다른 일반적 특징은 개인이 대답할 충분한 시간이 주어지기 전에 질문 뒤에 더 구체적인 하위 질문이 이어질 수 있다는 점이다. 다음의 예시에서 교사(T)는 학생(S)과의 대화에 좋은 시작점이 될 수 있는 질문으로 시작한다(Harris, 1982).

T: 어젯밤에 뭐 했어요?

S: (의사소통 보드에 대답을 구성하기 시작함).

T: 집에 갔어요?

T: 영화관에 갔어요?

T: 텔레비전을 봤어요?

T: 디즈니 만화를 봤어요?

T: 오빠가 왔나요?

몇 가지 질문을 추가함으로써 교사는 대화가 시작되기도 전에 대화를 망쳤다. 학생이 질문 중 어떤 것에도 답하지 않았기 때문이다. 이는 의사소통 상대자에게 지침이 필요하다는 점을 강조한다. 대화 관리는 일반적으로 의사소통 상대자의 공동 책임이지만, 비대칭적 권한은 의사소통 상대자도 도구적 의사소통자의 기여를 보장할 책임이 있음을 의미한다.

예-아니요 질문의 지배적 사용은 특별히 AAC 사용자에게 해로운데, 이는 새로운 표현 어휘를 학습할 기회와 더 복잡한 메시지를 구성하는 전략을 시도할 기회를 감소시키기 때문이다. 도구적 의사소통자의 대화 기여를 증가시키기 위해서, 대화 상대자는 예-아니요 질문을 거의 사용하지 않아야 하는데, 단, 도구적 의사소통자가 표현하고자 하는 것을 표현하는 데 필요한 그래픽 상징을 갖지 못했을 수 있으므로 발화의 의미를 명확하게 하기 위해 필요할 때는 예외이다. 가능하다면 질문은 '예'나 '아니요'보다는 다른 답변을 촉진하는 무엇, 누구, 어디와 같은 단어로 시작하는 개방형 질문을 해야 하지만, 일반적인 목적은 질문의 수를 줄이는 것이어야 한다. 더 긴 발화의 사용을 촉진하기 위한 전략의 초점 또한 도구적 의사소통자의 대화적 기여를 증가시키는 것이다(9장 참조).

상대자의 의사소통 방식

많은 아동과 청소년은 의사소통 도구를 자발적으로 사용하는 경우가 드물다(Andzik et al., 2016). 그들이 보조 도구를 더 자주 사용하도록 하기 위해 교사와 부모는 개인이 이미 자신을 다른 방식으로 이해시켰던 상황에서 보조 도구를 사용하도록 권장하는 경우가 많다(Harris, 1982).

교사(T): 무엇을 줄까?

학생(S): "Ball(공)" (공을 가리킴)

T: 아니, 보드로 말해 줄래.

S: "Ball(공)" (공을 다시 가리킴)

T: 어떻게 하면 보드로 말하게 할 수 있을까

S: (머리를 무릎 선반으로 숙임)

성인은 AAC의 공식적 훈련을 위한 교육 회기를 제외하고 개인이 이미 효과적으로 의사소통할 수 있는 것을 표현하는 다른 방식을 요구해서는 안 된다. 교육적 상호작용은 일상적인 대화와는 다른 목적을 갖지만, AAC 훈련은 개인의 현재 기술이 불충분하거나 불확실하다고 느끼는 상황에서 의사소통하는 데 도움이 되어야 한다. 이는 개인에게 의사소통 도구가 필요하지 않거나 기능적이지 않은 때 사물 대신 그래픽 상징을 가리키기 때문에, 의사소통을 더 잘할 수 있게 될 것이란 믿음으로 의사소통 도구를 사용하도록 강요하려는 목적은 거의 없다. 위의 예시에서 학생은 그래픽 상징 '공'을 알지만 해당 상황에서는 공을 가리키는 것이 더 빠른 대답이었다. 그의 반응은 그 요구를 불필요한 잔소리로 경험했음을 보여 준다. 그러한 상황은 개인이 대화에 참여하려는 동기를 잃게 하는 부정적인 경험을 만든다.

때때로 교육 환경 외부의 의사소통 상대자가 교사 역할을 하고, Smith(2003)의 사례와 같이 도구적 의사소통자에게 무엇을 해야 할지 어느 정도 말한다. Yvonne(Y)은 뇌성마비가 있는 6세 아동이다. 그녀는 알아들을 수 있는 말을 하지 못했고, 250개의 그래픽 상징(PCS)을 가진 의사소통 보드를 사용했다. Yvonne는 연구 프로젝트에 참여하고 있었다. 그녀와 연구자는 어머니가 없는 상태에서 물을 뿜는 배를 가지고 놀았고, Yvonne의 과제는 어머니(M)에게 그들이 한 일을 말하는 것이었다.

M: {*GIRL girl*(여자아이)}니?
Y: "Yes"(예)(끄덕임).
M: 아니면 {*WOMAN* woman(여자 어른)}이니?
Y: "Yes"(예)(끄덕임).
M: 어떤 거? {*GIRL girl*(여자아이)} 아니면 {*WOMAN* woman(여자 어른)}? 손가락으로 가리켜 볼래?
Y: *GIRL*(*여자아이*)
M: 여자아이 맞아?
Y: "Yes"(예)(끄덕임, 웃음).
M: 그래. 너 했어? 무엇을 했어?
Y: (그녀 차트의 오른쪽을 바라봄).
M: 어, 미안하지만, 동사 먼저(차트의 녹색 부분을 가리킴).
Y: (차트의 왼쪽을 바라봄) E *ALLGONE*(E 없다),
M: 없어, 그건 아닌데, 뭔가가 없어진 거지. 여기 어딘가에 있어.
Y: *OPEN*(열다).
M: 좋아, 네가 그것을 열어봐.
Y: *PUT*(놓다).
M: 오, 네가 놓았구나. 무엇을 놓아? 미안. 이것이 열려 있구나. 나는 네가 하려고 하는 게

열려 있다고 생각했어. 무엇을 놓았니?

Y: (양쪽으로 손을 뻗음, 소리냄).

M: 넌 보드에 물이 있구나. 네 물 그림은 어디에 있지? 네 손가락(알아듣기 어려운 뭔가를 말함). 물 그림은 어디에 있지?

Y: *ABC*.

M: 이거? *ABC*? 그건 물 그림이 아니야. 물 그림은 어디에 있지? 너는 지금 그걸 알아야 해. 너는 물 그림을 분명히 알아.

Y: *WATER*(물).

M: 그거야. 물. 너는 물을 어디에 놓을래? 물이 어디에 있지? 물이 어디에 있지? 이게 켜져 있나? 위아래가 바뀌었나?

Y: *BOAT*(배).

M: 미안하지만. 잠깐 기다려. 전치사를 또 깜박했구나. 내가 말했지. 유감스럽지만 너는 그것을 사용해야 해.

Y: *UP*(위로).

M: 이제. 네 책을 보자.

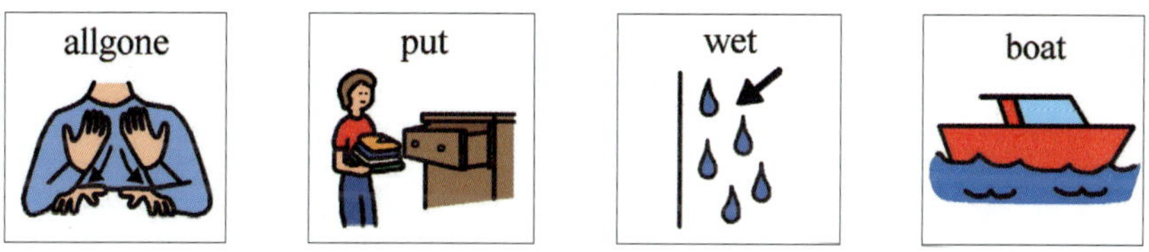

PCS: *ALLGONE, PUT, WET, BOAT*

이것은 교육적인 상황이 아니었다. 연구의 목적은 Yvonne가 놀았던 것을 어머니에게 전하기 위해 도구적 의사소통을 어떻게 사용하는지 관찰하는 것이었다. 그러나 대화는 어머니가 Yvonne에게 특정한 문장 구조를 사용하도록 하는 일종의 수업으로 전환되었다. 어머니는 Yvonne에게 동사와 전치사를 사용하라고 말했고, 단어 순서를 지정하였다. 어머니는 Yvonne가 말하는 내용을 이미 이해한 후에 특정 상징을 표시하도록 Yvonne에게 요청했다. 어머니는 Yvonne에게 어떤 상징을 사용하는지 알려주고 Yvonne가 말하는 내용을 실제로 알기도 전에 잘못된 그래픽 상징을 사용하고 있다고 주장했다. 어머니는 Yvonne의 의사소통 기능에 별로 관심을 기울이지 않는 것 같았다. 다른 많은 부모 및 교사와 마찬가지로, Yvonne의 어머니도 딸의 능력을 보여 주고 싶었고, 내용보다 의사소통의 형식에 더 중점을 두었는데, 아마도 많은 상황에서 내용이 알려져 있다고 가정했기 때문일 것이다.

Yvonne의 아버지(F)와 나눈 아래의 대화는 Yvonne가 공동 구성을 이끌어가는 보다 적응된 유형을 보여 준다. Yvonne는 아버지가 방을 나가서 없는 동안 자신의 비디오를 보았다.

F: 여기 뭔가 있어.

Y: *I*(나).

F: 너.

Y: E.

F: 응?

Y: (차트를 보고 가리킴).

F: 이거?

Y: "No(아니요)"(고개를 저음).

F: 어떤 거?

Y: *GO*(가다).

F: 너 가?

Y: "No(아니요)"(고개를 저음).

F: 뭐, 어디 있어? 여기 아래? 이거? 네가 말하는 거?

Y: "No(아니요)"(고개를 저음). *LOOK*(봐요).

F: 봐.

Y: "Yes(예)"(끄덕임).

F: 네가 보여. 찢지 마.

Y: *I*(나).

F: 너는 너를 보고 있니?

Y: "Yes(예)"(끄덕임).

F: 너는 나를 찾고 있니?

Y: *VIDEO*(비디오).

F: 비디오?

Y: "Yes(예)"(끄덕임).

F: 이거니?

Y: "Yes(예)"(끄덕임).

F: 뭐?

Y: (카메라를 가리킴).

F: 너는 비디오를 보니? 너 자신을?

Y: "Yes"(예)(머리를 끄덕임).

이는 공동 구성의 좋은 예시이다. Yvonne와 아버지는 그녀가 의미하는 것을 전달하기 위해 협력하였다. 그는 각 그래픽 상징에 대한 확인을 요청하였고 Yvonne가 상징을 표시하면 예비 해석을 제공하였다. 그러나 대화를 이끌고 메시지를 구성한 사람은 바로 Yvonne였다.

이 두 가지 예시는 도구적 의사소통자의 대화 기술 사용과 표현하려고 배우는 데 의사소통 상대자의 상호작용 스타일이 얼마나 중요한지를 보여 준다. 아버지의 스타일은 Yvonne에게 어머니와의 대화보다 더 많이 기여하기 위한 기회를 제공하는 것처럼 보였고, Yvonne는 어머니보다 아버지와 더 긴 그래픽 문장을 생성하였다. 양부모 모두 Yvonne가 의사소통에 성공하기를 원했지만 아버지의 스타일이 그녀의 언어 발달에 긍정적인 영향을 미칠 가능성이 더 높았을 것이다.

의사소통 상대자는 AAC를 사용하는 개인과 대화 전략을 사용하는 데 있어서 상당히 다르기 때문에, 환경에 있는 가까운 사람들이 좋은 의사소통 상대자가 되도록 안내하는 것이 중요하다(12장 참조). 그러나 중재는 또한 AAC 사용자가 아동과 성인의 의사소통 스타일과 AAC 능력에서 공통적인 차이점을 인식하고, 다른 사람과 상호작용할 때 이러한 차이점을 고려할 수 있는 방법을 인식하는 데 도움이 되어야 한다.

내러티브

모든 사회에서 인간은 사람과 사건에 대해 소통한다. 자신이 모르는 사건이나 그 세부 사항을 다른 사람에게 알려주는 능력은 인간 의사소통 능력의 핵심 요소이다. 내러티브(narrative)는 사람(또는 다른 인물)이 행동에 참여하고, 의도, 동기, 흥미와 감정을 갖는 시간과 공간 속에서 일어나는 일련의 사건을 표현하는 이야기이다(Labov, 1972). 이야기는 시작, 전개, 결론을 갖고, 종종 개인적인 경험이기도 한 실제나 허구의 사건에 대한 설명이다(Aksu-Koç & Aktan-Erciyes, 2018). 내러티브의 구성은 아동의 언어 발달에서 중요한 부분을 구성하고, 세상에 대한 학습과 자서전적인 기억의 발달을 위한 기초이다(Bruner, 1991; Nelson, 2010). 내러티브 기술은 다른 사람에게 긍정적이고 부정적인 사건에 대해 이야기할 때 전 생애에 걸쳐 중요하다(10장 참조).

전형적으로 발달하는 아동은 부모나 다른 성인의 도움을 받아 일찍부터 경험을 공유하고, 진행 중인 사건에 대해 코멘트하며(예: 아버지가 집에 오고 있다고 말하는 *Daddy car*(아빠 차)), 과거나 미래의 사건에 대해 말하기 시작한다. 내러티브는 사건에 대한 이러한 대화의 자연스러운 확장이며, 약 3세에 아동은 더욱 일관성 있게 이야기를 하기 시작한다(Küntay, 2004; Schick & Melzi, 2010). 이야기는 사건에 대해 생각하고, 사회적, 문화적 이해를 정신적으로 표현하는 특별한 방식이다(Bruner, 1986). 가십을 포함하여, 사회의 이야기에 익숙해지는 것은 문화화 과정의 부분이다(Foster, 2004, Guendouzi, 2020). 이러한 배경에서 개인이 과거, 현재, 미래의 사건에 대해 의사소통하고, 점진적으로 더 길게 내러티브를 생성하며, 가능하면 자율적인 이야기꾼이 되도록 돕는 것이 항상 AAC 중재의 목표가 되어야 한다. 하나 이상의 사건으로 구성된 내러티브를 전하는 능력은 손짓 기호와 그래픽 상징을 사용하는 개인 사이에서 촉진될 필요가 있는 중요한 기술(milestone skill)이다. 또한 중도 지적장애인은 일부 내러티브 기술을 발달시킬 수 있으나 계속적인 지원이 필요할 수 있다(Grove, 2022).

공동 구성(*co-construction*)은 전형적으로 발달하는 어린 아동의 내러티브 발달(Jacoby & Ochs, 1995)뿐만 아니라 사건에 대한 일상적인 의사소통의 스캐폴딩과 손짓 기호나 그래픽 상징을 사용하는 아동을 위한 내러티브 중재(Grove & Tucker, 2003; Launonen, 2019a; Solomon-Rice & Soto, 2011)에서도 기본적인 과정이다. 공동 구성은 둘 이상의 의사소통 상대자가 내러티브에 대한 요소와 순차적 순서에 기여하는 것을 의미한다. 중재에는 이야기책 읽기와 다시 말하기, 개인의 이야기나 가상의 이야기 생성이 포함될 수 있다(Soto et al., 2007).

내러티브 생성을 지원하는 방법에는 여러 가지가 있다. 개인, 친숙한 성인과 또래의 사진을 순서대로 넣은 가정용 앨범을 포함하여, 흥미로운 순서의 사진과 이벤트가 담긴 비디오는 내러티브를 이끌어내고 유지하는 데 유용하다. 『개구리 이야기(Frog Where Are You?)』 같은 글 없는 그림책은 전형적으로 발달하는 아동의 스토리텔링과 문해력(literacy)을 자극하는 데 사용된다(Grolig et al., 2020; Honaker & Miller, 2024; Serafini, 2014). 내러티브를 이해하고 구성하기 위해, 아동은 그림의 세부 사항에 주의를 기울여야 한다. 글 없는 그림책과 만화는 손짓 기호나 그래픽 상징으로 구조화된 내러티브 훈련에 사용된다(Soto et al., 2007). 이는 개인이 창의력을 발휘하고, 표현 수단을 사용하여 사건의 정서적 측면을 포함하여 이야기를 전할 수 있는 기회를 준다(Rangel-Rodríguez et al., 2021). 그러나 이 자료는 단지 지원을 해 줄 뿐이고, 개인은 자신의 표현 수단인 손짓 기호, 그래픽 상징, 문자, 제스처 등을 가지고 내러티브를 구성해야 한다. 개인이 허구이거나 실제의 과거 사건에 대한 의사소통에 접근하는 방법은 부모나 교사에게 개인의 내러티브 구성 능력에 대한 통찰력을 제공하며, 이는 중재를 위한 내용 자료와 내러티브 전략을 선택하기 위한 기초가 될 수 있다(Adams et al., 2010). 성인과 함께 내러티브를 구성하는 것은 개인이 자신과 다른 사람에 대해 배울 수 있는 기회이기도 하다(Waller, 2006).

교사가 이끄는 초기 내러티브 공동 구성

초기 내러티브는 개인의 최근 경험, 즉 직접 경험하거나 관찰했던 것을 묘사하는 경향이 있다. 중도 지적장애인은 자신이 경험한 사건의 행동을 모방함으로써 행위를 통해 중요한 경험을 전달할 수 있지만, 사건에 대해 어느 정도 공유된 지식에 의존할 수도 있다(Ellis, 2007). 공동 스토리텔링(Joint story telling)은 아동과 성인의 능력에 맞게 조정되어야 한다. 간단한 허구의 이야기는 제한된 언어 기술을 가진 개인을 공동 스토리텔링에 참여시키는 기능을 할 수 있다(Grove, 2022). 사진의 내용을 설명하는 것도 유용한 시작이 될 수 있다.

Mari는 16세이고, 자폐범주성장애와 중도의 지적장애가 있다. 그녀는 말을 할 수 없었고, 공식적, 비공식적 평가 모두 구어 이해력이 부족한 것으로 나타나 대체 언어 그룹에 속하였다. 그녀는 약 100개의 그래픽 상징이 포함된 의사소통 책을 갖고 있었고, 몇 개의 손짓 기호를 사용하였다. 수년 동안 Mari는 사물과 활동을 명확하게 선택했지만, 교사는 다른 언어 기능을 소개하려는 시도를 하지 않았다. 시도된 적이 없었기 때문에, 그녀가 사건에 대해 이야기하는 법을 배울 수 없다는 증거는 없었고, 그녀에게 사진의 내용과 사건을 설명하도록 가르치기 위해 새로운 중재 접근이 실행되었다. Mari는 우스꽝스러운 옷을 입는 것을 좋아했고, 그녀와 교사는 다양한 의상을 입고 함께 여러 장의 사진을 찍었다. 예를 들어, 마녀 모자를 쓴 Mari의 사진이 있었고, 모자를 쓴 교사의 사진도 있었다. Mari는 마녀 모자를 쓴 자기 사진 아래에 자기 이름 사진과 픽토그램 HAT(모자)을 넣고, 교사가 모자를 쓰고 찍은 사진 아래에 TEACHER(선생님)와 HAT(모자)을 넣는 방법을 배웠다. Mari는 사진 보기와 사진 아래 작은 설명 그래픽 문장을 넣는 것을 확실히 즐겼다.

PIC: *GIRL, TEACHER, HAT*

교사는 Mari의 명확한 선택에 만족하였다. 그녀가 구어에 대한 이해력을 보이지 않았기 때문에, 그들은 그녀가 신호와 상징을 사용하는 다른 방법을 배울 수 있을 것이라 생각하지 않았었기에 다른 사용법을 도입할 이유를 찾지 못했다. Mari의 수행은 이러한 가정이 틀렸다는 것을 입증했고, 사진 설명 활동에 대한 Mari의 참여는 이 활동이 훨씬 더 일찍 성공적으로 시작되었을 수도 있었음을 나타낸다. 이는 아동이 중도의 지적장애를 가지고 있고 구어 이해력이 거의 없다 하더라도 의사소통 기능을 확장시키려는 노력은 항상 중요하다는 점을 강조한다.

공동 스토리텔링에서, 성인은 아동의 발화를 확장하고 이야기에 새로운 요소를 추가한다(Soto et al., 2007). 개인의 어휘가 제한된 경우, 확장에는 너무 많은 추가 요소가 포함되어서는 안 된다. 마찬가지로, 새로운 내러티브를 공동 구성하기 위해 새로운 자료가 도입될 때, 교사는 개인이 가진 어휘의 일부인 손짓 기호나 그래픽 상징을 주로 포함시켜야 한다. 내러티브는 어휘와 문장 구조를 가르치는 데에도 사용될 수 있지만 이것이 목표라면 친숙한 이야기에 변화를 주어 사용하는 것이 더 나을 수 있다. 지적장애인의 경우 새로운 내러티브 내용과 새로운 어휘를 동시에 다루는 것은 어려울 수 있다. Slobin(1973)의 '작동 원리(operating principle)'에 따르면, 개인이 먼저 기존 형식(현재 어휘)으로 새로운 기능을 표현하도록 하고 나서 기존(이미 정립된) 의사소통 기능으로 새로운 형식을 도입하는 것이 일반적으로 더 쉽다.

일상생활에서 내러티브 기술을 활용하기 위해서는 개인이 자신의 내러티브를 시작하고, 자신이 무엇을 말하려고 하는지 모르는 누군가에게 이것을 말해 보는 경험이 필요하다. 만약 손짓 기호나 그래픽 상징을 사용하는 개인이 의사소통 상대자가 제시해서 이미 알고 있는 내러티브를 다시 말하는 데에만 사용하는 경우, 그의 기여는 내용이 이미 알려져 있으므로 다양한 세부 정보를 제공할 필요가 없다는 가정에 기초하게 될 것이다(Launonen, 2019b; von Tetzchner, 2018).

중도 지적장애인의 이야기는 그들이 주변 환경 및 개인적인 경험과 관련될 수 있지만, 판타지와 모험 이야기도 인간 의사소통과 문화의 중심이다. 아기 돼지 삼형제와 같은 단순한 이야기와 오디세이, 걸리버여행기와 같은 고전 작품은 모두 지적장애인에 맞게 각색되어 의사소통 중재에 사용되었다(Grove, 1998, 2022).

중재 목적: 성인이 이끄는 내러티브에서 스스로 만드는 내러티브로

내러티브는 사건의 주체, 행위, 기타 요소를 설명하고 그 사건의 도덕적이고 정서적인 측면을 평가한다(Labov, 1972). 자기 주도적 내러티브에는 어느 정도의 기억력, 언어 기술과 사회적 이해력이 필요하다(Hudson & Shapiro, 1991). 전반적인 중재 목표는 AAC 사용자가 내러티브의 더 많은 부분을 생성하도록 안내하는 것이다. 내러티브 발달의 다양한 단계에 있는 개인의 스토리텔링과 내러티브 발달을 지원하는 데 유용한 다수의 전략이 있다. 좋은 구어 이해력과 더 향상된 도구적 언어 기술을 가진 AAC 사용자의 경우, 내러티브 속 인물과 행위에 대한 더 많은 정교함과 평가를 유도하기 위해 내러티브 중재에 인물, 행위, 장소, 시간, 의도와 감정에 대한 개방형 질문(wh-질문)을 활용할 수 있다(예: 누가 도망갔나요? 마녀가 무엇을 했나요? 개구리는 어디로 갔나요? 그 아이는 언제 왔나요? 왜 그는 개를 데려갔나요? 개구리의 기분은 어땠나요? 개의 행동에 대해 당신은 어떻게 생각하나요?).

도구적 의사소통자가 좋은 구어 이해력을 갖고 있더라도, 내러티브 구성을 주도하는 상대자와의 공동 구성은, Soto와 동료들(2006)의 예시와 같이 일련의 예-아니요 질문이 포함된 일종의 심문으로 바뀔 수 있다는 위험이 있다. Heidi(H)는 도구적 의사소통을 하는 8세 아동이다. 그녀의 과제는 교사(T)가 제시하는 '옛날 옛적에 한 유리성에 공주가 살고 있었어요'와 같이 이야기의 시작을 완성하는 것이다.

T: 좋아. 너는 *Erica*와 함께 노래를 부르는 공주에 대해 나에게 말하려고 해. 그들은 바깥에 있니?

H: "Yes(예)" (끄덕임).

T: 아니면 그들은 바깥에 대해 노래를 부르고 있니?

H: "No(아니요)" (고개를 흔듦).

T: 그래, 그들은 바깥에 있어.

H: "Yes(예)" (끄덕임).

T: 성의 바깥에?

H: "Yes(예)" (끄덕임).

T: 그래, 그들은 바깥에서 노래 외에 무엇을 하고 있니?

H: 아하~~ 하하(메시지 구성을 시작함)

T: 너는 모르니?

H: "Yes(예)" (끄덕임).

예-아니요 질문은 빠른 설명과 확인에 유용할 수 있지만 일반적으로 개인의 대화 참여를 증가시키고 내러티브를 발달시키는 데 기여하지는 않으므로 최소한으로 유지해야 한다. 내러티브 지원을 위한 지침은 Grove와 Tucker(2003)에서 발췌한 〈표 11.2〉에 제시되어 있다. 또한 여기에는 내러티브 생성을 방해할 수 있는 몇 가지 성인의 행동이 제시되어 있다. 여기에는 개인이 의사소통하는 내용에 대한 주의 부족, '그건 틀렸어'와 같은 직접적인 교정, 다른 방식으로 말하도록 요구하기만 하는 교정, 그리고 많은 예-아니요 질문이 포함된다. 성인이 답을 알고 있다는 것을 개인이 알고 있을 때, 확장 없이 공유된 경험에 대해 너무 많은 프롬프트를 제공하는 반복적인 피드백은 개인이 새로운 이야기를 구성할 이유를 거의 제공하지 않는다. 또한 개인이 성인이 제시한 문장의 빈칸만 채우는 연습(예: 그러고 나서 우리는 _____에 갔나요?)은 내러티브 발달에 어려움을 겪는 상대적으로 좋은 구어 이해력을 가진 아동을 낙담시킬 수 있다.

공동 구성을 하는 중재의 목표는 개인이 더 많이 기여할 기회를 만드는 것이지만, 많은 도구적 의사소통자, 특히 중도 운동장애가 있는 경우, 계속해서 필요한 것보다 더 적은 역할을 수행한다. 표현 언어 그룹에 속한 도구적 의사소통 청소년의 발화는 von Tetzchner와 Martinsen(1996)의 아래 예시처럼 일련의 개별 그래픽 상징으로 구성된다. Eva(E)는 5;4세로, 285개의 픽토그램 상징을 포함한 의사소통 책과 사진을 사용한다. 그녀와 어머니(M)는 이모를 방문하는 것에 대해 의사소통을 하고 있었다.

표 11.2 **스토리텔링(storytelling)과 내러티브 발달 지원을 위한 지침(출처: Grove & Tucker, 2003)**

1. **역할 모델이 될 것:** 개인에게 손짓 기호나 그래픽 상징으로 개인적인 이야기를 들려주고, 비슷한 경험을 했는지 물어보세요.
2. **주제를 확장할 것:** 질문(예: 그런 다음 무슨 일이 일어났나요? 기분이 어땠나요?)을 함으로써 개인이 자신의 이야기에 더 많이 기여할 수 있도록 도와주세요.
3. **반복:** 기대하는 억양으로 개인이 전달한 내용을 반복하세요(예: 넘어졌나요?).
4. **반복 및 확장:** 개인이 전달한 내용을 반복하고 추가 정보를 덧붙이세요(예: 넘어져서 무릎을 다쳤군요!)
5. **의사소통적 관심:** 긍정적인 참여와 책임감을 가지고 예리하게 주의를 기울이고 있음을 보여 주세요.
6. 개인에게 오리엔테이션과 평가를 제공하도록 지시하는 질문을 명확히 하세요.
7. **끈기:** 개인의 주의를 유지하고 대화에 대한 그의 기여를 격려해 주세요.
8. **관심:** 개인이 말하는 내용에 대한 응답으로 자신의 기여를 제공하여 내러티브에 대한 관심을 보여 주세요.
9. **공유되지 않은 경험 장려:** 개인이 말하는 내용에 관심을 보이고 개인이 경험한 새로운 것이 무엇인지 이해하기 위해 진심으로 노력하고, 특히 일상적인 상호작용이나 성급한 추론을 기반으로 한 추측을 피하십시오.
10. **새로운 의사소통 상대자:** 개인의 경험을 모르는 새로운 사람을 포함시키세요.
11. **풍부한 정보:** 개인이 새로운 이야기에 대한 가능한 주제를 배울 수 있는 방식으로 창의성을 보여 주고 풍부한 피드백을 제공해 주세요.

M: 우리가 *Kari* 이모네 갔을 때, 너는 무엇을 가져갔니?

E: *BICYCLE*(자전거).

M: 우리가 *Kari* 이모네 갔을 때 너는 자전거를 가져갔지.

E: *BICYCLE*(자전거). (TO) BICYCLE(자전거 탔어). (팔을 위아래로 들어 올림. '자전거를 타다'라는 흉사인임)

M: 그래, 너는 거기서 자전거를 탔어.

M: 음?

E: *SANDBOX*(모래 상자).

M: 너는 모래 상자 안에도 있었니?

E: "Yes(예)" (끄덕임).

M: 흠.

E: *SWING*(그네)

M: 그러고 나서 너는 그네를 탔지.

E: "Yes(예)" (끄덕임).

M: 흠.

E: *SEESAW*(시소).

M: 그리고 시소가 거기 있었지. 우리가 *Kari* 이모네 방문했을 때 *Eva*는 놀이터에 있었어.

PIC 상징: *BICYCLE, SWING*

이 대화에서 Eva는 어머니의 질문 "너는 무엇을 가져갔니?" 다음에 *BICYCLE*(자전거)을 표시했다. 이것은 Eva가 동사 (*TO*) *BICYCLE*(자전거 타다)과 목적어 *SANDBOX*(모래상자), *SWING*(그네), *SEESAW*(시소)를 사용하여 이야기의 추가 내용에 기여한 루틴 대화였다. 그녀는 이러한 내용을 자세히 설명하거나 추가 설명을 하려고 시도하지 않았다. 방문은 공유된 지식이었고, Eva와 어머니가 특정 방문에서 무엇을 했는지 다시 이야기하는 대화였다.

Eva와 마찬가지로, 어린 도구적 의사소통자는 종종 몇 가지 그래픽 상징을 사용하여 성인 상대자에게 다음과 같이 말하면서 특정 사건이나 사건의 측면에 대한 이야기를 하도록 지시한다: X에 대해 말해 주세요. 여기서 X는 여행, 사람, 이벤트 등이 될 수 있다. 내러티브의 공동 구성에서 상징의 특정한 화용론적 사용을 **지시어**(*directive*)라고 부른다. 도구적 의사소통자는 그래픽 상징을 사용하여 화자 상대자가 자신을 대신해서 이야기하기를 원하는 특정 이벤트에 대한 내러티브를 공식화하도록 지시하기 때문이다. 위의 예시에서 어머니는 Eva의 단일 상징 발화를 정교화시켰고, Eva가 그것에 대해 더 코멘트하거나 확장하도록 권장하지는 않으면서 어머니 자신이 그 역할을 했다.

Ana(A)는 뇌성마비가 있는 8세 아동이다. 그녀는 (부분적으로 불명료한) 자연스러운 말을 사용하고 음성이 생성되는 전자적 의사소통 도구를 사용한다. 그녀는 최근의 생일 파티에 대해 언어치료사(S)와 말하고 있다(Solomon-Rice & Soto, 2011).

S: 그날 기분이 어땠니?

A: '*Nervous*'(긴장했어요).

S: 정말 (웃음) 긴장됐니?

A: "Yes(예)" (끄덕임).

S: 세상에. 그것을 적어 놓을게. (이젤에 씀)

S: 긴장감에 대해 질문하고 싶어. 내가 무슨 질문을 하고 싶은지 아니?

A: *What*(무엇)?

S: 왜 긴장했어? (스토리 문법 지도에서 *WHY*를 가리킴). 왜?

A: *My birthday*(내 생일)

S: 생일이었으니까? (웃음) 생일이라서 긴장했어? (이젤에 적음).

A: (음성을 냄, 불명료함).

S: 흠?

A: (음성을 냄, 불명료함).

S: Vantage(의사소통 도구 이름)로 질문하자. 밴티지로 말해 볼래?

A: '*Eleanor*(엘리노아).'

S: 엘리노아에 대한 어떤 거?

A: "Coming(가요)."

S: 오, 엘리노아.

A: "Coming(가요)."

S: 가는구나.

위의 대화는 의사소통 외부화의 보기이며, 의사소통 상대자가 Ana가 무슨 말을 하려는지 알지 못하는 작은 개인적 내러티브이다. 또한 이것은 공동 구성인데, 언어치료사가 Ana의 이야기를 뒷받침하기 위해 코멘트하고 안내 질문을 했기 때문이다.

공동 구성에서 교사의 역할을 점차 줄이고 내러티브에 대한 개인의 책임을 높이기 위해, 중재는 어린 아동에게 반복적으로 들려주는 표준 이야기책의 이야기보다는 새로운 사건이나 이야기가 포함된 단계적인 과정을 따를 수 있다. 목표는 내러티브 기술을 가르치는 것이지, 인기 있는 특정한 이야기를 가르치는 것이 아니다. 이를 위해서는 내용의 변화가 필요하다(Plante et al., 2014). 언어 양식은 중요하지 않고, 개인은 손짓 상징, 그래픽 상징, 구어나 문어를 사용할 수 있다.

1. 교사는 생일 파티, 자전거, 휠체어 여행, 요리하는 사람 등 개인에게 흥미로운 인물, 동물, 사물 및 행위가 포함된 친숙하고 명확한 사건을 묘사하는 사진을 제시한다. 교사는 개인이 사진에 있는 것의 이름을 대거나 코멘트를 하도록 권장한다. 여기에는 FUNNY(재미있다), BIG(크다), NICE(좋다) 같은 평가가 포함될 수 있다. 개인은 교사의 안내를 받아 한 개 이상의 발화를 생성해야 한다. 만약 이것이 가능하지 않다면, 교사는 사진에 나온 사건의 설명에 한두 가지 요소를 추가할 수 있다.
2. 교사는 케이크를 굽는 사람이나 공 던지기 같은 일상의 사건에 대한 2~4장의 짧은 연속 사진이나 짧은 비디오를 보여 준다. 내용은 개인의 경험과 표현 수단에 맞게 조정되어야

한다. 개인은 손짓 기호나 그래픽 상징으로 그 사건에 대한 정보를 전달하도록 권장된다. 교사는 주도해야 하지만 개인이 제시할 수 있는 어떤 표현이라도 신중하게 확장하고 발전시켜야 한다. 예-아니요 질문은 확인을 위해 사용될 수 있으나 가능한 한 피하도록 한다.

3. 교사는 개인에게 그림이 있는 책의 이야기를 들려 준다. 그런 다음 그들은 함께 이야기를 다시 말한다. 이야기의 복잡성은 개인의 표현 수단에 맞게 조정되어야 한다. 교사가 주도하고, 제안과 개방형 질문을 사용하여 아동에게 다시 말하는 데 기여할 수 있는 기회를 준다. 예-아니요 질문은 확인을 위해 사용될 수 있으나 가능한 한 피하도록 한다.
4. 교사는 내용에 대해 어떤 것도 말해 주지 않고 더 긴 연속 그림이나 글자 없는 그림책을 제시하고, 자료에 근거하여 교사에게 이야기를 하도록 개인을 장려한다. 개인이 주도하지만 교사는 필요시 지원하고 공동 구성을 한다.
5. 교사는 개인에게 이야기를 읽어 주거나 글자 없는 그림책인 경우 내용을 말해 주면서 개인을 읽고 말하는 데 참여시킨다. 그런 후 그 이야기를 모르는 친숙한 사람을 데려오고, 그림이나 책을 이용하여 그 사람에게 이야기를 다시 말하도록 요청한다. 그 사람은 다른 교사, 보조원, 부모나 또래가 될 수 있다. 개인이 주도해야 하지만, 새로운 사람이 공동 구성에 참여하여 설명과 세부 사항을 질문하고 제안을 할 수 있다. 교사는 동석하고 있다가 대화 상대자가 이해하지 못하거나 개인이 막히면 도움을 제공한다.
6. 교사는 개인에게 이야기를 읽어 주거나 글자 없는 그림책인 경우 내용을 말해 주면서 개인을 읽고 말하는 데 참여시킨다. 개인은 그림 자료를 사용하지 않으면서 그 이야기를 모르는 다른 교사, 보조원, 부모나 또래에게 이야기를 다시 들려 준다. 반복적인 과제가 되지 않게 하기 위해, 다시 말하기는 바로 이루어지기보다는 당일 나중이나 그다음 날에 한다. 개인이 주도해야 하지만, 새로운 사람이 설명과 세부 사항을 질문할 수 있다. 교사는 동석하고 있다가 대화 상대자가 이해하지 못하거나 개인이 막히면 도움을 제공한다.
7. 개인은 일련의 그림이나 글자 없는 책을 이용하여 그 이야기를 모르는 사람에게 이야기를 들려 준다(교사가 읽어 주지 않음). 교사는 동석하고 있다가 대화 상대자가 이해하지 못하거나 개인이 막히면 도움을 제공한다.
8. 개인은 다른 교사, 보조원, 부모, 또래 등 그 사건이나 이야기를 모르는 다른 사람에게 최근 경험이나 스스로 지어낸 가상의 이야기를 들려 준다. 교사는 동석하고 있다가 대화 상대자가 이해하지 못하거나 개인이 막히면 도움을 제공한다.

이러한 전략은 〈표 11.2〉의 지침에 주의하면서 중간 단계와 단계의 주변을 변형시켜 보완할 수 있을 것이다. 중요한 것은 아동의 행동이 아니라 이야기의 내용에 중점을 두어야 한다는 점이다. 내러티브 회기가 끝난 후 교사는 개인을 칭찬하기보다는 그 이야기의 흥미로운 요소를 강조해야 한다. 그러나 교사는 회기가 끝날 때(그 회기가 괜찮았다면) 개인이 정말 좋은 이야기꾼이라고 말할 수 있을 것이다.

일부 도구적 의사소통자는 전자적 의사소통 도구에 미리 만들어진 이야기를 저장하지만, 이야기는 수명이 짧은 경향이 있고, 모든 일상적인 의사소통 상대자가 들었을 때 거의 기능하지 않을 수 있다.

12장

언어 환경

언어 발달은 사회적 과정이고, 언어 환경은 언어를 배우는 곳이자 연습하는 곳이다. 아동은 사회적 관계에 참여하고 언어 공동체에 있는 보다 유능한 구성원과 상호작용을 함으로써 의사소통과 언어의 기능을 배운다(Bruner, 1983; Nelson, 2007). 가족 구성원, 또래, 다른 사람과의 의사소통 상호작용의 양과 질은 아동의 언어 발달에 영향을 미친다(Rowe & Weisleder, 2020). 대화는 항상 의사소통 상대자가 어느 정도 상호적으로 적응함을 의미하고, 언어 발달의 초기 단계에 있는 개인이 참여하는 상호작용에서는 더 유능한 의사소통 상대자가 학습 중인 상대에게 적응한다. 이는 초기의 아동-성인 대화의 아동 지향적인 언어에서 관찰될 수 있지만(Rowe & Snow, 2020), 4세 아동조차 2세 아동과 성인에게 다르게 말한다(Shatz & Gelman, 1973). 아동 지향적 언어의 특징은 농 부모가 그들의 어린 자녀에게 하는 수어와(Holzrichter & Meier, 2000; Masataka, 1992) 어린 아동에게 하는 성인의 제스처에서도 나타난다(Dunst et al., 2012).

전형적인 언어 발달과는 달리, AAC 발달은 주로 그래픽 상징이나 손짓 기호를 직접 가르치는 계획된 과정이다(6장 참조). 교수는 중요하나 AAC 훈련 회기는 일반적으로 시간, 범위 및 변수가 제한된다(Barker et al., 2013; Kleinert et al., 2023). 중재자는 주 2~3회 이하로 회당 1~2시간 정도 아동을 볼 수 있는 반면, 부모는 매일 놀이와 기타 활동에서 아동과 많은 시간을 상호작용하게 된다(Weisberg & Jones, 2019). 유치원의 성인과 또래 역시 어린 아동의 언어 환경에서 큰 부분을 차지한다. 언어 환경은 대안적 언어 양식을 개발하는 아동에게 똑같이 중요하고, 환경 적응은 모든 AAC 중재의 자연스러운 부분이다. 전반적인 목표는 개인에게 이해하고 사용할 수 있는 의사소통 수단을 제공하고 언어 환경을 의사소통적으로 접근 가능하게 만드는 것이다(von Tetzchner & Stadskleiv, 2016). 의사소통적 접근이란 환경 안에 있는 가까운 사람들이 개인의 표현 언어를 이해하고 그가 이해할 수 있는 언어 양식으로 개인에게 답하는 것을 의미한다. 의사소통적으로 접근 가능한 언어 환경이란 아동의 의사소통이 칭찬이나 보상보다는 소통에 부합된다는 것을 의미한다. 언어 환경은 AAC를 사용하고 의사소통 문제 해결을 통해 학습할 수 있는 기회를 나타내야 한다. 따라서 AAC 중재는 개인에게 AAC의 일부 형태를 가르치는 것 이상이고, 더 넓은 목표는 개인의 의사소통 문제 해결과 AAC 발달 및 사용을 지원하는 언어 환경을 조성하는 것이다. AAC 중재의 결과는 개인이 하루 종일 다양한 목적으로 AAC를 사용할 수 있어야 하고, 그 환경에 있는 모든 가까운 사람에게 이해받을 수 있어야 한다는 것이다.

언어 발달은 다양한 사람과 다양한 상황에서 언어를 사용하는 것이 필요하다. 아동의 자발적이고 능동적인 의사소통 문제 해결과 언어 사용은 모든 언어 발달에서 필수적인 과정이다(Tomasello, 2003). 많은 부모와 교사가 개인의 AAC 발달에 적극적으로 개입하고, 개인의 의사소통을 가능한 최선의 방법으로 지원하기 위해 그들이 무엇을 해야 하는지 정보를 찾고 있다(Berenguer et al., 2022; Stadskleiv, 2017). 그러나 개인이 비교적 좋은 구어 이해력을 갖고 있는 경우, 환경 안의 사람들은 개인의 표현 언어 양식을 배우고 사용할 필요성을 항상 인식하지는 못한다. 그 결과 자연스러운 말을 하는 의사소통 상대자가 AAC 사용자에게 말하는 것과 같은 음성 양식에서는 한 방향의 의사소통만 있을 수 있는데, 이는 개인의 AAC 발달을 지원하기 위한 필수적 환경 요소가 부족함을 의미한다. 가족이나 교사의 AAC 역량이 부족한 경우 개인의 표현 기여도가 감소할 수 있다(Doak, 2021; Kim et al., 2021; Snell et al., 2008). 이는 AAC 경험이 적은 교사의 교실에서는 주로 **예-아니요** 질문에만 의존하는 예시에서 분명하게 나타난다. 또한 AAC 사용 지적장애 성인과 일하는 돌봄 직원은 성인을 상호 의사소통에 참여시키는 데 필요한 AAC 기술과 이해가 부족할 수 있다(Bunning, 2018; Møller & von Tetzchner, 1996). 따라서 AAC 중재의 목표는 항상 개인의 AAC 훈련을 넘어 가족, 또래, 교사, 기타 직원 및 다른 가까운 사람을 포함하여 개인의 사회적 환경에 있는 사람들 사이에서 AAC 역량을 구축하는 것이다(Blackstone, 1999; Kent-Walsh & McNaughton, 2005).

아동이 손짓 기호를 생성하거나 그래픽 상징을 표시하는 것이 정확하지 않을 수 있다. 이는 훈련 회기에서 다루어질 수 있지만, 가정 환경에 있는 가족이나 다른 사람이 아동이 의사소통하려는 손짓 기호나 상징이 무엇인지 이해하고 의도된 의미를—어느 정도 의미를 협상한 후에—추론할 수 있는 한 일상적인 의사소통에서는 정확성이 중요하지는 않다. 의사소통은 또한 부모가 AAC를 발달시키는 자녀와의 일상 대화와 의미의 공동 구성에서 하는 스캐폴딩의 기초이기도 하다(Jonsson et al., 2011; Neuvonen et al., 2022a).

이 장에서 제시하는 전략의 주요 목표는 가족, 또래, 교사, 기타 사람들이 AAC를 사용하여 개인과 상호작용하도록 안내하고, 의사소통 가능성을 창출하여 개인의 언어 발달, 사회적 참여, 성인과 또래와의 관계를 지원하는 것이다. 또한 의사소통 상대자이자 AAC의 일상 교육에 참여하는 교사와 기타 사람들을 위한 지침도 포함하고 있다. 그들에게 필요한 지침은 개인의 능력과 어려움에 따라 다를 것이다. 최소한의 구어를 가진 자폐 아동을 의사소통 상호작용에 참여시키는 것은 뇌성마비로 인한 중도의 운동장애로 AAC가 필요한 개인과는 다른 형태의 적응을 요구한다. 따라서 이 장은 가까운 사람들이 하루 종일 다양한 상황에서 다양한 목적으로 AAC를 사용하는 개인과 의사소통하는 유능한 의사소통 상대자가 되도록 돕는 중재 절차에 대한 것이다.

초기와 후기 언어 환경 적응시키기

AAC를 발달시키는 개인은 구어가 주요 의사소통 방식인 환경에서 성장한다. 그들은 전형적으로 보다 종합적인 중재 프로그램의 일부로 기본적인 AAC 기술을 배우지만, 이는 AAC 발달을 완전히 지원하기에는 충분하지 않다. 그들의 일상적인 언어 환경에는 그들의 언어 방식을 사용하는 일부 사람이 포함되어야 하고, 이를 통해 새로운 어휘와 문장 구조에 대한 관찰 학습이 가능해야 한다. 아주 소수의 부모와 기타 가까운 사람만이 AAC에 대한 사전 경험을 가지고 있다. 따라서 그들은 개인의 특정한 능력과 장애, 언어 방식, 의사소통 기술에 맞게 지역사회 환경을 접근 가능하게 만들고 적응시키는 데 도움과 지침이 필요하다고 표현한다(Hanley et al., 2023).

아동은 훈련 회기 외에는 손짓 기호를 적게 사용하거나 그래픽 상징에 덜 접근하는 경향이 일반적으로 관찰된다(Doak, 2021; von Tetzchner et al., 2018). 한 가지 이유는 의사소통 접근이 제한되었기 때문일 것이다. AAC를 발달시키는 많은 개인은 의사소통 기회가 거의 없기 때문에 의사소통 능력이 낮은 사람이 될 위험이 있다(Goldbart & Marshall, 2004). 그들은 의사소통에 관심이 있는 어떤 것도 갖고 있지 않다고 평가될 수 있고(Bird et al., 1989; Mellman et al., 2010), 직원들은 다른 업무로 인해 개인의 주도에 반응할 시간이 매우 부족하다고 느낄 수도 있다(Fisher et al., 2014; Møller & von Tetzchner, 1996).

연구에 의하면, 환경 안에 있는 가족이나 다른 자연스러운 의사소통 상대자의 AAC 역량을 나타내는 중재는 개인의 대체 언어 방식 발달을 지원하는 것으로 나타났다(Hanley et al., 2023; Kent-Walsh et al., 2015; van der Meer et al., 2017). 잠재적인 의사소통 상대자는 일반적으로 AAC에 대해 배우고, 다양한 능력과 장애가 있는 개인이 AAC를 발달시키는 방법에 대해 배운다. 근접 환경에 있는 사람들이 손짓 기호나 그래픽 상징을 사용하는 개인의 성취도와 개인이 이러한 수단으로 의사소통할 수 있는 능력, 의사소통 상대자로서 그들 자신이 어떻게 개인의 지속적인 언어 발달을 지원할 수 있는지를 인식하는 것이 특히 중요하다(von Tetzchner & Stadskleiv, 2016). 이런 정보는 AAC 과정에서 가족, 교사, 또래나 기타 가까운 사람에 대한 체계적인 안내를 통해 제공될 수 있다.

잠재적인 의사소통 상대자에 대한 교육과 지원 계획은 장기적인 관점에서 이루어져야 한다. 비록 의사소통 상대자가 유능한 구어 사용자이기는 해도, 대안적 언어 방식을 배우는 것은 느리고 힘들 수 있다. 이는 다원적인(transactional) 상호적 과정이다(Sameroff, 2009): 언어 지원적인 환경은 개인을 더 나은 의사소통자로 만드는 데 기여하고, 이는 환경 안에 있는 사람들의 새로운 긍정적 교육 요구를 만들어 냄으로써 그들의 긍정적인 영향을 증가시키고, 개인을 더 나은 의사소통자로 만드는 일이 이어진다. AAC 지원 계획은 초기 단계만을 위한 계획이 아니고, 이는 실제로 성인기까지 확장될 수 있다. 모두는 아니어도 아동기 후기와 청소년기까지 계속해서 AAC를 사용하는 많은 개인은 평생 손짓 기호나 그래픽 상징이 필요하다(Balandin & Morgan, 2001; Cumley & Stuart, 2005; Webster et al., 2016). 성인기에도 개인의 교육과 언어 기술을 유지하고, 직장이나 성인 생활의 다른 역할에서 이루어지는 의사소통과 같이 관련된 새로운 어휘를 제공하고 추가적인 언어 기술의 발달을 지원하려면 유능한 언어 환경이 필요하다(Bryen, 2008;

Hughes et al., 2022; McNaughton et al., 2012).

초기의 주요 목표는 부모와 다른 가족 구성원의 민감성을 높이고, 아동의 의사소통에 반응하고 의사소통을 시작하는 방식을 안내함으로써 가정에서 의사소통적으로 접근 가능하도록 만드는 것이다. 말 발달을 못하거나 말 발달이 심각하게 지연될 위험을 조기 진단받은 영유아 및 아동의 경우, 전문가는 아동이 6개월이 되었을 때부터 가족에게 AAC를 소개할 수 있다(Launonen, 1996, 2019b; Romski et al., 2015). 가능하면 아동이 손짓 기호나 그래픽 상징에 주의를 기울이고 사용을 시작하기 전에 가족에게 일부 손짓 기호나 그래픽 상징을 이해하고 사용하는 방법을 가르쳐야 한다. 아동보다 앞서 있다는 것은 아동이 처음으로 손짓 기호나 그래픽 상징을 사용하기 시작할 때 부모가 준비가 되어 있다는 것을 의미하고, 부모가 자녀와의 초기 의사소통에서 더 유능하고 편안할 뿐만 아니라 더 즐겁고 참여적인 분위기를 만들 가능성이 높다(Launonen, 2019b).

AAC를 발달시키는 아동이 다니고 있거나 곧 다니게 될 어린이집에서 전형적인 발달을 보이는 아동과 교사는 초기 언어 환경의 핵심 부분이다. 아동이 환경 안의 특정 사물, 활동 및 사건에 관심을 보일 때, 그리고 아동의 관심을 특정 사람, 사물 및 환경의 다른 측면으로 유도하려고 할 때, 그들은 말과 함께 핵심어 손짓 기호를 생성하거나 핵심어 그래픽 상징을 사용할 수 있다. 교사와 또래는 아동이 그 그룹에 합류하기 전에 손짓 기호나 그래픽 상징을 배워야 하고, 그럼으로써 의사소통 상대자가 될 준비가 되어야 한다(von Tetzchner et al., 2005).

AAC를 사용하는 더 나이 든 아동과 성인을 위한 추가 환경 적응은 그들의 의사소통과 언어 발달에서의 진전에 따라 달라진다. 이해력과 표현 능력이 제한된 개인의 경우, 자신의 행동을 의사소통으로 과잉 해석하는 것이 계속해서 중요한 환경 전략이 될 수 있다(p. 228 참조). 환경에 있는 사람들은 일반적으로 개인의 발성에 매우 반응적이지만, 팔 움직임이나 신체 자세와 같은 다른 양식으로 표현된 개인의 의사소통적 노력에는 반응하지 못할 수도 있다(Snell et al., 2008). 환경 안에 있는 가까운 사람들에게 개인의 움직임, 얼굴 표정, 신체 자세를 해석하거나 과잉 해석하여 안내하면 개인이 반응할 가능성이 높아지고, 결과적으로 자기 주도적 행동과 공동 관심을 촉진시킬 수 있지만, 개인에게 근거 없는 의도를 돌리지 않도록 해석을 조심스럽게 해야만 한다(Dhondt et al., 2023; Grove et al., 1999) (p. 100 참조).

보다 발전된 AAC 역량을 갖춘 아동과 성인의 경우, 환경 안에 있는 사람들이 개인의 루틴을 뛰어넘어 그의 의사소통 체계를 이해하고, 그가 이해하는 (의사소통적 접근) 방식으로 답변할 수 있는 사람과 점진적으로 더 복잡한 대화에 참여할 기회를 찾아야 한다. 중요한 것은, 전문가는 환경 안에 있는 사람들이 개인이 이해하고 표현할 수 있는 것을 인식하고, 잠재적인 의사소통 상대자에게 이러한 모든 상황을 자발적인 훈련으로 전환하지 않고 일상적인 의사소통 상황에서 개인의 우연 학습을 어떻게 스캐폴딩 할 수 있는지를 보여 주어야 한다(p. 245 참조).

광범위한 운동장애가 있는 개인의 일상은 자발적인 대화 기회가 거의 주어지지 않는 고정된 루틴으로 채워져 있는 경우가 많다(von Tetzchner & Grove, 2003). 이러한 개인의 잠재적인 의사소통 상대자들을 안내할 때, 중요한 목표는 그들이 다양한 일상의 의사소통 상황, 특히 부모와 다른 대화 상대자가 개인이 의사소통하고 싶은 것이 무엇인지 사전에 알지 못하는 의사소통 상황에서 개인이 무엇에 대해 의사소통하고 싶은지를 알아낼 수 있는 의사소통 상황을 만들도록 돕는 것이다(Murray et al., 2018; Wickenden, 2011c).

환경에 있는 사람들 사이에서 그래픽 상징에 대한 인식을 높이는 일반적인 방법은 환경의 개체(예: 화장실, 의자, 거울, 텔레비전, 라디오, 침대)에 그래픽 상징으로 명칭을 붙여두는 것이다. 이를 통해 환경에서 그래픽 상징을 볼 수 있고, 다른 사람이 핵심어 그래픽 상징을 사용하기 더 쉬워져서 개인이 사물의 그래픽 이름을 배우는 데 도움이 될 수 있다. 그러나 이것이 개인의 의사소통 도구 사용을 대체해서는 안 된다. 그는 환경 안에 있는 사물에 붙여둔 그래픽 상징을 가리켜서는 안 되고 그의 도구에서 상응하는 상징을 가리켜야 한다. 이러한 적응은 그래픽 언어 발달의 초기 단계에 유용할 수 있고, 이러한 방식으로 사용되는 그래픽 상징은 일반적으로 개인이 학습하는 과정에서 배우는 상징들이다. 그러나 개인의 소지품과 기타 관련 물건을 두는 자료장과 서랍에 명칭을 붙여놓는 것도 유용하다. 그것들은 환경의 표준 부분이 되어 정리를 하고 자신의 물건이 어디에 있는지를 기억하는 데 도움이 될 수 있다. 관련된 전략은 자주 사용하는 주제의 보드나 개별 그래픽 상징을 벽에 걸어두는 것이다. 예를 들어, 놀이 관련 보드나 상징을 놀이 코너의 벽에 걸어두어서 놀이 시간에 보다 다양한 의사소통을 촉진하는 것이다.

말과 손짓 기호 또는 그래픽 상징의 동시 사용

AAC를 사용하는 대부분의 아동은 환경 안에서 구어에 대해 어느 정도 이해하고 있으며, 환경에서 구어 발화는 다양한 상황에서 언어가 사용되는 방법에 대한 정보의 중요한 원천이다. 의사소통 상대자가 차례를 주고받으면서 말하는 방식은 대화에서 개인의 역할을 크게 결정한다. 그들은 개인의 구어 이해와 표현 의사소통의 방식 모두에 맞게 자신의 말을 조정할 수 있다. 예–아니요 질문은 개인이 확인하거나 거부하기만 하면 되므로 의사소통 상대자의 발화에서 큰 부분을 차지하는 경우가 많다. 예–아니요 질문은 대화에서 중요한 요소지만(Hörmeyer & Renner, 2013), AAC를 사용하는 개인은 상대방의 질문에 단순히 '예'나 '아니요'로 대답하는 것보다 의사소통 주도와 더 다양한 언어 사용을 촉진하는 언어 환경이 필요하다(p. 434 참조). 그들은 아직 자신의 어휘에 포함되지 않은 손짓 기호나 그래픽 상징이 포함된 발화를 사용하는 다른 사람을 관찰하고, 점점 더 많은 수의 손짓 기호나 그래픽 상징을 사용하며, 보다 다양한 발화를 생성하도록 긍정적으로 도전할 필요가 있다. 따라서 기호와 상징은 언어 환경의 자연스러운 일부가 되어야 한다. 환경 안의 사람들은 동시에 사용하는 손짓 기호나 그래픽 상징이 있거나 없는 상태에서 하는 자신의 구어 사용을 의식해야 한다. 그뿐만 아니라 AAC를 사용하는 개인과 의사소통할 때 코멘트와 개방형 질문의 수를 늘리는 등 언어를 다양화해야 할 필요성도 인식해야 한다.

단순화된 말은 일부 개인이 말한 내용을 이해하는 데 도움이 될 수 있고, 구어 발화를 손짓 기호나 그래픽 상징과 더 쉽게 맞출 수 있게 한다. 그러나 이 수정의 효율성은 개인의 구어 이해력과 환경 안에서 사람들이 기호 또는 상징과 구어 사이의 대응을 더 쉽게 이해하도록 사용하는 단서에 따라 달라진다. 대체 언어 그룹의 개인은 말을 듣는 것만으로는 혜택에 제한적일 것이다. AAC를 배우는 개인에게 최적화된 언어 환경에서, 사람들은 그와 의사소통할 때 가능한 한 그의 언어 방식을 사용하고, 항상 손짓 기호를 수행하거나 그래픽 상징을 가리키면서 말을 한다. 개인의 구어 이해가 매우 제한적이거나 부족할 때조차도 동시적 의사소통은 개인이 그렇게 할 수 있는 능력이 있는 경우 기호나 상징을 구어 단어와 연관시키는 데 도움이 될 수 있다(von Tetzchner, 2019b). 그들은 자신의 언어 방식이 다른 사람들에 의해 어떻게 사용되는지에 대한 정보가 필요하지만, 말은 결코 생략되어서는 안 된다.

손짓 기호

흔히 '총체적 의사소통(total communication)'이라고 불리는 말과 기호의 동시 사용은 오랜 역사를 갖는데, 특히 핵심 단어 손짓 기호의 형태에서 그렇다. 환경 안에 있는 사람은 손짓 기호와 함께 천천히 명확하게 말한다. 연구에 의하면, 이는 구어와 손짓 기호 모두에 대한 이해와 사용을 향상시키는 데 도움이 되는 것으로 나타났다(Grove & Launonen, 2019; Rombouts et al., 2017).

어느 정도 알아들을 수 있는 구어를 하는 개인은 자신의 말을 보완하기 위해 핵심 단어 손짓 기호를 사용할 수 있지만 중재 조치로서 핵심 단어 손짓 기호는 주로 환경 안에 있는 사람을 대상으로 한다(Cologon & Mevawalla, 2018). 이는 자폐범주성장애와 지적장애인을 위한 환경의 가장 일반적인 환경 수정(adaptation)이다(Bonvillian, 2019; Launonen, 1996, 2019a,b). 개인이 단순화된 수화를 사용한다면, 환경 안의 사람들도 단순화된 수화를 사용해야 하며, 여기에는 여러 관련 의미를 나타내기 위한 기호의 사용도 포함된다(Bonvillian et al., 2020a,b)(p. 323 참조). 환경 안에 있는 여러 그룹의 사람이 유능한 수화 사용자(signer)가 되어 개인과의 의사소통 대부분에서 그리고 개인이 있는 곳에서 손짓 기호를 사용할 때, 그들은 자연스러운 화자가 주류인 환경 안에서 손짓 기호를 하는 소수집단(enclaves)을 만드는 것이다. 가정, 유치원, 학교, 어린이집, 기관, 또는 유사하게 제한된 환경에는 그러한 소수집단이 포함될 수 있다. 어떤 사람들은 평생에 걸쳐 그러한 소수집단이 필요하다.

말이 동반된 핵심 단어 손짓 기호에서 의사소통 상대자는 일반적으로 구조적 일관성 없이 하나 또는 몇 개의 손짓 기호를 사용하고 문법 기능을 위한 기호를 생략한다(Grove, 2019a,b). 이는 제한된 수화 능력을 가진 의사소통 상대자의 손짓 기호 사용을 더 쉽게 만들어 주지만, 이러한 구조화되지 않은 손짓 기호의 사용은 간단한 수화 문장에 대한 정보도 제공하지 못한다. 손짓 기호를 발달시키는 대부분의 개인은 행위자, 행위와 대상이 포함된 간단한 문장 구조를 배울 수 있고, 수화 발화에도 전치사와 시간 어휘가 포함될 수 있다. 다른 사람이 간단한 수화 문장을 사용하는 것을 보는 것은 개인의 문장 사용과 언어 창의력을 향상시킬 것이다. 보다 발전된 수화 사용자는 더 복잡한 문장 구조를 관찰할 수 있는 기회를 가져야 하고, 적절한 언어 수준에 도달하면 더 많은 기능어를 나타내는 수화 기호의 사용 기회를 가져야 한다(8장과 9장 참조).

일반적으로 스스로 손짓 기호를 생성하는 것보다 다른 사람의 손짓 기호를 인식하는 것이 더 어렵다. 계획되지 않은 일상 상황에서 개인이 생성한 손짓 기호는 특히 인식하기 어려울 수 있다. 교육 상황에서, 교사는 특정 기호를 이끌어 내려고 노력하고, 일반적으로 개인이 수행하려는 손짓 기호가 무엇인지 알고 기호가 제대로 표현되지 않은 경우에도 손짓 기호에 적절하게 반응할 것이다. 좀 더 자연스러운 의사소통에서는 개인의 의도가 분명하지 않을 수도 있고, 동일한 기호가 이해되지 않을 수도 있다. 그 결과 훈련 상황 밖에서 개인의 손짓 기호가 종종 실패하고 좌절감을 느끼게 될 수 있다. 그러므로 환경 안에 있는 사람들을 대상으로 하는 손짓 기호 교육의 중요한 부분은 기호의 이해를 목표로 해야 한다. 일반적인 훈련 전략은 다른 잠재적 의사소통 상대자가 인식해야 하는 손짓 기호를 한 사람이 수행하게 하는 것이다. 개인의 손짓 기호를 표현하는 비디오를 녹화하여 직원들에게 손짓 기호 수행 방법을 가르칠 수 있다. 추가 단서 없이 손짓 기호를 인식하는 것도 좋은 훈련인데, 개인이 언급하는 사물이나 행동을 보여 주지 않고 소리 볼륨을 낮추어 무엇을 말하고 있는지 들을 수 없는 비디오를 녹화하는 것이다.

그래픽 상징

새로운 그래픽 상징이 교육 회기에 도입될 수 있으나 동시에 개인의 일상 대화에도 포함되어야 한다. 그러나 훈련 회기 밖에서는 환경에 있는 사람들이 개인에게 무엇을 해야 하는지 또는 선택 사항을 제시할 때 주로 그래픽 상징을 사용한다. 환경에 있는 사람들이 그래픽 상징으로 핵심 단어를 사용하는 경우는 거의 보고되지 않았다. 대부분의 의사소통 상대자는 개인의 이해를 지원하거나 도구적 의사소통자와의 대화 일부로 새로운 어휘 항목을 소개하기 위해 자신의 의사소통 보드나 개인의 의사소통 보드를 사용하지는 않는다(Binger & Light, 2007; Doak, 2021). 대부분의 '도구적 언어 자극(aided language stimualtion)'은 그래픽 상징의 사용을 배우고 '모델링'하는 훈련 상황에서 발생하고(6장 참조), 집에서는 거의 발생하지 않는다(Tegler et al., 2021). 핵심 단어 손짓 기호를 더 자주 사용하는 한 가지 이유는 개인과 환경 안의 사람 모두 항상 손짓 기호를 만들 수 있는 수단인 손을 갖고 있는 데 반해, 의사소통 도구는 많은 상황에서 사용할 수 없고, 사용할 수 있을 때조차도 의사소통 상대자가 도구를 사용하는 것이 실용적이지 않을 수 있다(Batorowicz et al., 2014; Doak, 2021; von Tetzchner et al., 2018). 의사소통 도구의 사용 가능성은 의사소통 접근과 가족 및 다른 사람의 도구적 의사소통 사용에 필요하다. 전자적 장치가 고장날 경우를 대비해 의사소통 보드나 의사소통 책이 백업 기능을 할 수 있다. Bodil과 직원 간의 대화(p. 489 참조)는 의사소통 상대자가 그래픽 상징을 핵심 단어로 사용할 수 있고, 이는 전자적 장치보다 의사소통 보드나 의사소통 책을 사용하는 것이 쉬울 수 있음을 보여 준다(Smith et al., 2010). 의사소통 상대자가 환경 중재로서 말과 그래픽 상징을 동시에 사용하는 목적은 아동이 특정 발화를 산출하도록 유도하거나 개인이 즉시 또는 지연하여 반복해야 하는 발화를 '모델링'하려는 것이 아니라 개인을 보다 도구화된 언어에 노출시켜서 대화 안에서 자신의 순서를 사용하게 하는 것이다.

그래픽 상징은 일반적으로 상징에 제시된 어휘가 있으므로 읽을 수 있는 환경에 있는 사람은 각 그래픽 상징의 디자인을 배울 필요가 없다. 그러나 부모나 교사는 그래픽 체계가 어떻게 구성되어 있는지, 그리고 개인의 의사소통 보드나 장치에 특정 상징이 포함된 이유가 무엇인지를 배워야 한다. 그들은 또한 개인의 창의적 사용과 특이한 조합을 포함하여 각 개인이 그래픽 상징을 사용하는 방법을 배워야 한다(p. 164 참조). 많은 도구적 의사소통자는 빈약한 운동 협응력 때문에 그들이 가리키는 위치와 방법을 이해시키기 어려울 수 있다. 비디오 영상은 개인이 상징을 가리키는 방식을 설명하는 유용한 도구인데, 그럼으로써 환경 안의 사람들이 메시지를 오해할 위험을 줄여 준다. 직원들은 서로 말하지 않고 개인의 그래픽 상징을 사용하여 의사소통함으로써 개인 체계가 갖는 잠재력과 제한점에 대한 통찰력을 얻을 수 있을 것이다.

의사소통 상대자가 말에 그래픽 상징을 동반하면, 제한된 구어 이해력을 가진 개인도 가능하다면 그들의 이해력을 증가시킬 수 있다. 그래픽 상징에 해당하는 구어 단어가 있다는 사실에 대한 개인의 이해를 촉진하기 위해, 환경에 있는 사람들은 가능할 때마다 말과 함께 그래픽 상징을 사용해야 한다. 이러한 방식으로 개인은 다양한 상황에서 말과 결합된 그래픽 상징을 경험할 수 있고, 이를 통해 상징-단어 대응이 어느 정도 맥락에 따라 달라질 수 있음을 배울 수 있다. 구어를 어느 정도 이해하는 개인의 경우, 환경 안에서 그래픽 상싱과 말의 동시적 사용은 그가 더 쉽게 구어 이해와 말 발달을 할 수 있게 해 줄 것이다(Sterrett et al., 2023; von Tetzchner, 2019b).

가족 안에서의 AAC

가족은 대부분의 아동에게 있어서 삶의 중심이다. 부모와 형제자매는 일반적으로 어린 아동의 가장 중요한 의사소통 상대자이다. 부모는 놀이와 기타 활동에서 아동과의 의사소통에 참여하고, 의사소통 기회를 만들며, 아동이 의사소통과 언어 능력을 갖추도록 안내한다(Adamson et al., 2020; Service et al., 1989). 아동이 아직 스스로 해결할 수 없는 문제를 해결하려고 할 때 성인이 아동에게 주는 도움을 '스캐폴딩(scaffolding)'이라고 한다(Belland, 2014; Wood et al., 1976). 스캐폴딩은 아동의 문제 해결이 함께 해결하는 것에서 혼자 해결하는 것으로, 상호 의존에서 독립으로 진행된다는 생각에 기초한다. 이 용어는 교육에서 자주 사용되지만, 언어 스캐폴딩은 원래 아동이 부모와 다른 유능한 언어 사용자로부터 얻는 비공식적인 지도에 대해 사용되었다(Shvarts & Bakker, 2019). 의사소통 스캐폴딩은 어린 아동이 즉각적인 의사소통 문제를 해결하는 데 도움이 되는 경험을 제공하고, 미래에 필요한 도움 없이 유사한 문제를 해결할 수 있는 기반을 마련한다. 성인은 아동의 과제를 해결해 주는 것이 아니라, 아동이 문제를 해결하기에 필요한 만큼만 도움을 주어야 한다(Bruner, 1983). 아동의 언어 발달은 부모의 스캐폴딩 기술, 민감성과 반응성, 아동의 주도에 대한 긍정적 반응, 아동에게 친숙한 루틴과 기타 상황에서의 부모의 언어 사용에 의해 영향을 받는다(Bruner, 1990).

아동은 형제자매와 함께 많은 시간을 보내고, 부모보다도 더 많은 시간을 형제자매와 보내기도 한다(Howe & Recchia, 2014). 더 나이 든 형제자매는 동생의 언어 사용에 영향을 미치고(Bridges & Hoff, 2014), 형제자매의 AAC 사용에도 긍정적인 영향을 미칠 수 있다(Gatt, 2022). 장애 형제자매와 비장애 형제자매는 일반적으로 함께 보내는 시간이 다른 형제자매보다 적지만, 친구나 또래 관계가 적은 장애 아동에게 형제자매는 매우 특별한 역할을 하는 경향이 있다(Petalas et al., 2015). 특별한 관계는 종종 평생 지속되는데, 형제자매가 AAC를 사용할 때도 마찬가지다(Dew et al., 2008; Rossetti & Hall, 2015).

의사소통과 언어 발달의 조기 중재는 일반적으로 자녀를 위한 풍부한 언어 환경을 조성하는 데 있어 부모에게 중요한 역할을 제공한다(Adamson et al., 2020; Yoder & McDuffie, 2006). 많은 연구가 부모를 AAC 훈련자로 만드는 것을 목표로 한다(예: Anderson et al., 2015; Ganz & Hong, 2014; Gona et al., 2014; Granlund et al., 2008). 부모는 6장에 언급된 전략의 일부를 포함하여 일반적인 훈련 전략들을 배운다. 일부 부모는 가정 훈련이 유용하다고 생각하는 반면, 다른 부모는 그러한 훈련 과제가 스트레스를 준다고 생각한다(Donato et al., 2018; Goldbart & Marshall, 2004; King et al., 2020). 한 어머니는 자신이 경험한 많은 요구사항에 대해 다음과 같이 설명했다: "나는 우리 아이의 영양사 같고, 치료사 같고, 교사 같다는 느낌이 들어요. 그리고 마침내 나도 엄마치럼 느끼고 싶은 지점이 오죠."(O'Neill & Wilkinson, 2020, p. 249). 더욱이 훈련 회기 이외의 많은 교정은 개인의 언어 발달을 지원하지 않을 수 있다(Smith, 2003). 전형적인 언어 발달은 여러 면에서 '자가 교정(self-corrective)'이다. 즉, 아동은 어른이 대화의 흐름을 방해하지 않고도 무엇이 맞고 틀렸는지를 암묵적으로(implicitly) 배운다. 부모의 피드백은 형태의 언어적 '오류'를 지적하기보다는 의사소통 성공과 관련된 것으로 보인다(Brown & Hanlon, 1970; Nikolaus & Fourtassi, 2023).

AAC를 발달시키는 아동은 다른 정규적인 의사소통 상대자가 거의 없는 경향이 있기 때문에 가족 내에서의 일상적인 의사소통 상호작용이 훨씬 더 중요할 수 있다. 학교에서 AAC를 직접 가르치는 것이 중요하지만 AAC를 발달시키는 아동은 AAC 훈련보다 가정에서 더 많은 시간을 보낸다(Harrington et al., 2023). 면담 연구에 의하면, 부모는 AAC 역량의 습득, AAC가 필요한 이유에 대한 설명, 자녀의 AAC 사용을 지원하고 대화에 참여하기 위한 도움이 매우 필요하다고 표현했다(Fäldt et al., 2020; Launonen, 2003, 2019b; Marshall & Goldbart, 2008). 그들은 구체적으로 가족의 일상생활에 AAC를 통합하는 방법에 대한 지침을 요구했다(Berenguer et al., 2022). 가족 구성원이 의사소통 상대자 교육을 받고, AAC의 기능을 이해하고, 일상 활동에서 아동의 의사소통 노력을 인식할 때 아동은 유능한 손짓 기호나 그래픽 상징의 사용자가 될 가능성이 더 높아진다(Tegler et al., 2021). AAC를 사용하는 젊은 성인들은 가족은 AAC 발달에 있어서 가장 중요한 지원의 원천이고, 가족과의 접촉이 줄어들 때 경험하는 상실에 대해 언급하였다(Cooper et al., 2009).

ComeAlong 코스(ComeAlong courses)(Fäldt et al., 2020; Jonsson et al., 2011), 도구적 언어 자극(Aided Language Stimulation)(Goosens, 1989), 핵심어 손짓 기호(Keyword Signing)(Cologon & Mevawalla, 2018), AAC의 상대자 적응 향상시키기(Improving Partner Applications of Augmentative Communication Techniques, IMPAACT) (Timpe et al., 2021) 등 부모 안내에 대한 몇 가지 접근 방식이 있다. 이 접근들은 가족을 위한 AAC 중재에 존재하는 공통적인 특징뿐 아니라 가변성을 함께 반영한다. 기능적인 프로그램은 다음과 같은 네 개의 주요 요소가 포함되어야 한다:

1. AAC 개관으로, 참석자가 많은 일반적인 과정일 수 있다.
2. 둘 이상의 가족이 참여하는 그룹 회기로, 해당 가족 안에서 AAC가 필요한 개인과 관련된 주요 이슈에 초점을 둔다.
3. 전문가의 지도에 따라 부모-자녀 및 형제자매 상호작용을 포함하는 개별 가족 회기로, 종종 비디오 녹화와 후속 논의를 포함한다.
4. 부모의 경험, 생각, 어려운 점과 해결책을 공유하는 그룹 회의로, 전문가의 지시 없이 진행된다.

부모는 자녀의 AAC 훈련에 대한 결정에 적극적인 역할을 해야 하고, 이를 위해서는 관련 지식이 있어야 한다. 전문가들은 부모와 함께 사용된 방법, 결과, 기타 관찰 및 영향에 대한 평가

표 12.1 AAC와 발달장애 관련 과정에 포함된 일반적인 정보

- 의사소통과 언어의 전형적인 발달과 비전형적인 발달
- 의사소통적 접근
- 용어: 보완대체의사소통(AAC)
- 손짓 기호 체계, 그래픽 의사소통 체계와 유형 상징
- 의사소통 도구와 의사소통 폴더와 책을 만드는 방법
- 의사소통 기기의 용어
- AAC가 필요한 진단 그룹: 운동장애, 자폐범주성장애, 지적장애, 말/언어발달장애
- 생애 주기에 걸친 AAC: 아동, 청소년, 성인을 위한 사용 및 지원
- AAC와 말 발달
- AAC와 철자 쓰기
- AAC가 필요한 개인에 대한 평가
- 어휘 발달과 어휘 선정
- AAC 문장 구성
- AAC로 대화하기
- 의사소통 실패: 오해, 협상, 수정
- AAC 중재에 대한 발달적 접근
- AAC 중재와 사용을 위한 개별 계획
- AAC 중재 전략
- 활동에서 참여 지원하기
- AAC와 놀이
- AAC를 사용하는 아동에 대한 언어 지원적 환경
- AAC를 사용하는 개인에 대한 의사소통 상대자 되기
- 가족과 일상생활에서의 AAC
- 가족 안에서 AAC 스캐폴딩하기
- 가족 구성원에 대한 교육적 필요
- 교실에서의 AAC: 개별 훈련을 넘어서
- 또래에게 AAC 역량 키워주기
- 가족과 유치원 및 학교 간의 협력
- 가족 안과 밖에서의 AAC와 삶의 질
- 도전 행동과 의사소통
- AAC 사용하기: 창의적 과정

를 거쳐야 한다(4장 참조). 부모는 일반적인 AAC 발달의 기초, AAC의 다양한 방식, AAC와 말 발달, 다양한 AAC 방식에 대한 연구 결과 및 임상적 경험에 대한 일반적인 정보와 자녀의 진단 그룹에 대한 정보를 받아야 한다(〈표 12.1〉 참조). 일반적인 AAC 과정은 부모에게 자녀의 손짓 기호 및 그래픽 상징 발달의 잠재력을 이해할 수 있는 기초를 제공한다. 손짓 기호 과정과 전자적 의사소통 도구의 기술적 측면에 관한 과정은 필요한 요소이지만 충분하지는 않다. 부모는 훈련의 실제에 기초가 되는 주요한 이론적 가정과 경험적 기초에 대해 배워야 한다. AAC는 말을 방해하지 않으며 아동에게 말 발달이 가능할 때 말을 향상시키는 것이 목표라는 점을 강조하는 것이 특히 중요하다(p. 342 참조). 장애가 있는 형제자매가 있는 아동을 지원하기 위한 프로그램이 많이 있다(Haukeland et al., 2020; Nguyen et al., 2023). 형제자매는 AAC를 발달시키는 아동에게 중요한 자원이지만 그들에게는 AAC 지침이 필요하다(Gatt, 2022). 나이가 든 형제자매는 가족 프로그램의 일부 또는 전부에 참여하거나 대부분의 정보나 안내를 부모로부터 받을 수 있을 것이다. 형제자매는 또한 또래 프로그램에 참여할 수도 있다.

시간이 지남에 따라 개인의 요구가 변하고 AAC 중재나 기술에 새로운 발전이 있으므로 일반적인 과정이 반복되어야 한다. 그러나 부모를 위한 일반적인 AAC 과정과 중재 및 교수 방법에 대한 논의는 AAC의 사용이 가정에서 잘 실행된다는 것을 보장하지는 않는다. 장애 아동을 위한 개별화된 중재의 필요성은 일반적으로 인정되고 있고(Kasari et al., 2021; Sevcik et al., 2022), 가족 프로그램도 마찬가지로 개별화되어야 한다. 더욱이 아동에게 가장 적합한 AAC 발달 경로는 첫 번째 시도에서 발견되지 않을 수도 있다. 예를 들어, 손짓 기호에서 이득이 없었던 개인은 그래픽 상징에서 더 나은 결과를 얻을 수 있고, 그래픽 상징에 문제가 있었던 개인이 손짓 기호로 더 나은 결과를 얻을 수 있다(von Tetzchner, 2019b). 많은 부모가 자녀에게 적합한 중재 방식의 조합을 발견하기에 앞서 여러 가지 접근을 시도한다(Sevcik et al., 2022).

그룹 회기와 개별 회기는 가족 구성원을 의사소통 상대자로 삼는 데 초점을 둔다. 유용한 전략에는 역할 놀이와 의사소통 상호작용에 대한 비디오 녹화가 포함된다(Fäldt et al., 2020; Kim et al., 2021). 부모는 유치원이나 학교에서 교사가 AAC를 사용하여 자녀와 상호작용하는 것을 관찰하고, 자녀가 어떻게 그래픽 상징을 가리키거나 손짓 기호를 수행하는지를 확인할 수 있다. 교사가 아동–부모와 아동–형제자매의 상호작용에 대해 설명하는 가정 방문은 가족뿐 아니라 가정에서의 의사소통에 대해 더 나은 인상을 받을 수 있어서 교사에게도 유용하다. 가정 방문은 가정 내에서 아동의 의사소통 기회에 중재를 더 잘 적용하고, 가족 구성원이 이러한 기회를 활용할 가능성을 높이는 추가적인 기능을 한다. 가정 회기는 언어 환경의 이 부분이 항상 개인의 기술과 능력에 최적으로 적응되도록 정기적으로 반복될 수 있다.

그룹 회기에 항상 전문가를 참여시킬 필요는 없다. 비슷한 경험을 가진 부모들은 때로 서로에게 최고의 길잡이이자 조력자이다. 부모 전용 그룹에 대한 이슈는 전문가와의 논의를 통해 후속 조치를 취할 수 있다(Biggs & Hacker, 2021a; O'Neill, 2018).

부모는 자녀의 AAC 발달에 중요한 자원이지만 전문가들은 때때로 부모가 AAC 중재에 장애물이라고 불평하기도 한다. 예를 들면, 부모는 AAC가 자녀의 말 발달을 방해할 수 있다고 우려하기 때문이다(Donato et al., 2018). 반면 많은 부모는 전문가보다 자신들이 자녀의 AAC 발달을 실행하고 지원하는 데 앞장서고 있다고 보고한다(Marshall & Goldbart, 2008; O'Neill & Wilkinson, 2020). AAC 과정은 가족의 노력과 그들이 하고 있는 일의 중요성을 인정하고, 결과가 부모의 노력만큼 가치가 있다는 점을 강조해야 한다. 그러나 과정은 또한 AAC를 사용하는 것이 얼마나 '비실용적'이고 느릴 수 있는지, 특히 심각한 운동장애가 있는 도구적 의사소통자의 경우 더 그럴 수 있다는 것에 대해 부모가 준비할 수 있도록 해야 한다.

대부분의 부모는 가족 내에서 AAC가 최적으로 기능하도록 하기 위한 지침과 전략이 필요하다. 예를 들어, 부모는 전형적으로 언어 발달을 하는 자녀와 대화할 때 요리나 집안일 같은 다른 일로 바쁜 경우가 많다. 자녀가 AAC를 사용할 때, 부모(와 다른 사람들)는 자녀가 손짓 기호를 만들거나 그래픽 상징을 가리키기 전에 자녀의 시각적 주의를 확인하기 위해 하던 일을 잠시 멈춰야 할 수도 있다. 자녀에게 심각한 운동장애가 있고 주의를 끌기 위해 소리를 내지 못한다면(p. 154 참조), 부모는 자녀의 의사소통 시도를 포착하기 위해 정기적으로 자녀를 관찰해야 한다. 부모는 의사소통이 이러한 활동의 일부가 되도록 일상적인 활동을 변경해야 할 수도 있다. 특히 자녀가 눈에 띄는 성취를 나타내기 전의 시기에 부모는 지속적인 지원이 필요하다(Glacken et al., 2019). 자녀가 처음으로 구어 단어를 말하거나 단어와 유사한 음성을 내면 가족이 AAC 사용을 중단할 우려가 있다(p. 267 참조). 가족은 모든 기능에 대해 말이 충분히 발달할 때까지는 가족이 집에서 계속해서 AAC를 사용하도록 보장하는 지침이 필요할 수 있다(Launonen, 2003, 2019b).

소그룹 회기는 각 아동의 의사소통 가능성과 부모가 이러한 가능성을 어떻게 최대로 활용할 수 있는지에 초점을 맞춰야 한다. 부모는 특히 자녀가 의사소통 주도를 하고 실제 맥락에서의 대화에 참여할 기회를 제공하는 전략을 배우고 사용하는 것이 필요하다. 가족이 충분한 지침을 받지 못한다면, 자녀가 가정에서 좋아하는 활동에 참여할 가능성과 의사소통 기회에 부정적인 영향을 미칠 수 있다(Doak, 2021). 그 결과는 소극성과 사회적 참여 부족이 될 수 있다.

Margarida는 말을 할 수 없었고, 다른 사람이 들을 수 있을 만큼 크게 음성을 낼 수 없었다. 8세가 될 때까지 그녀는 자신의 필요, 요구, 생각, 감정을 효율적으로 전달할 수단이 없었다. 그녀가 학교에서 귀가했을 때 부모가 자신들의 일상 업무에 전념하는 동안 그녀는 텔레비전을 앞에 두고 소파에 앉아 있었다. 걸을 수도, 목소리를 낼 수도 없는 그녀는 자신의 의지로 이동할 수도 없었고, 심지어 텔레비전의 채널을 바꾸는 것조차 할 수 없었다. 부모는 그녀가 문제를 일으키는 일 없이 두세 시간 동안 가만히 있었기 때문에 그녀가 텔레비전 보는 것을 좋아한다고 말했다. PCS와 블리스 단어가 있는 의사소통 보드가 전체 가족에게 소개되었을 때, 부모는 Margarida가 더 활발하고 자기주장이 강해졌으며, 텔레비전 프로그램과 다른 활동을 능동적으로 선택하는 것을 관찰했다. 그녀는 주의를 끌기 위해 움직임을 사용했고, 말하고 싶은 것을 표현하기 위해 의사소통 보드를 이용했다 (Lourenço et al., 1996).

부모에게는 AAC 지침이 필요하지만, 부모는 자녀와의 고유한 경험을 갖고 있으며, 운동장애가 있는 자녀가 근처 호수에서 작은 배를 탈 수 있게 하는 것과 같은 일상생활의 의사소통과 활동에 대해 전문가와는 다른 우선순위를 가질 수 있다(Biggs & Hacker, 2021a; Stadskleiv, 2017). AAC 중재 프로그램은 부모의 경험이 공유된 팀 지식의 일부가 되고, 가족의 우선순위가 의사소통 계획에 포함되며, 가족이 중재의 '소유권'을 공유할 때 더 크고 지속적인 효과를 가질 가능성이 높다(p. 151 참조). 이것은 협력적인 노력이다. 부모는 자문을 받지만 중재 절차의 실행에 대한 전적인 책임을 갖지는 않는다. 부모 프로그램의 역할은 무엇보다도 부모가 자녀와의 대화에 참여하는 것을 돕는 일이다. 자녀가 심각한 장애를 갖고 있다면, 이는 그 자체로 충분히 힘든 일이다. 옷 입기, 씻기, 먹기와 같은 일상적인 활동을 자녀와 함께 수행하는 데 부모에게는 상당한 시간과 자원이 필요할 수 있다(Goldbart & Marshall, 2004). 부모와 자녀가 놀이와 기타 즐거운 활동에 함께 참여할 시간이 거의 없을 수도 있다. 부모 프로그램은 부모가 자녀와 함께 공동 활동과 의사소통에 참여하고, AAC를 사용하는 자녀와 부모 모두에게 일상 활동과 루틴이 가능한 한 원활하고 다양하며 흥미롭게 이루어질 수있도록 도와야 한다.

긴 방학은 AAC를 발달시키는 아동과 그 부모에게는 어려운 시간이 될 수 있다. 부모는 자녀와 자신들에게 의미 있는 활동으로 하루를 채우는 것이 어렵다는 것을 발견할 수 있다. 가족은 방학 동안 자녀를 위한 의사소통 기회를 계획하고, 계획된 여름 활동 동안 필요할 수 있는 새로운 손짓 기호나 그래픽 상징을 결정하는 데 도움을 받아야 한다(8장 참조). 일부 국가에서는 방학 동안 운영되는 AAC 캠프를 선택할 수 있는데, 이 경우 아동은 AAC를 사용하는 다른 아동을 만날 수 있다(Bell, 2018; Berger & Feucht, 2012; Bruno & Trembath, 2006). 형제자매 또한 AAC 캠프 참석이 유용하다는 것을 발견한다(Hutchinson et al., 2019). 동시에, 방학은 부모와 형제자매가 아동과 대화를 나눌 수 있는 시간을 더 많이 갖고, 가족의 바쁜 일상생활에서는 볼 수 없었던 아동의 의사소통 성취도 향상을 경험하는 기간이 될 수도 있다.

부모에게 자녀가 사용하는 의사소통 체계를 가르치는 것은 가족 프로그램에서 필요한 부분이지만, 전문가는 때때로 초기 단계에서 부모를 여분으로 남겨놓고 싶어 한다. 그들은 유치원이나 학교에서 AAC 시작하고 나서 아동이 어느 정도 진전을 보인 후에 가정에 AAC를 소개할 것을 제안한다. 그러나 이렇게 함으로써 전문가는 부모가 자녀와 최적으로 의사소통하는 것으로부터 부모를 사실상 '보호'할 수 있다. 한 어머니가 자신의 심정을 다음과 같이 표현했다.

> 나는 아이보다 앞서 그들이 아이에게 손짓 기호를 가르치기 전에 아이의 기호를 배우고 싶어요. 예를 들어, 아이는 이제 내가 어떻게 손짓으로 나타내는지 모르는 색상을 알아요. 아이는 사물을 명확하게 표현할 수 있는데, 내가 그 손짓 기호를 모르기 때문에 이해하지 못한다는 것은 아주 어리석은 일이에요. 의사소통할 사람이 없으면 의사소통 방법을 가르칠 필요가 없어요(von Tetzchner, 1996b).

반면, 일부 부모는 종합적인 손짓 기호 과정에 참석하기 위해 베이비시터를 찾고, 매주 유일한 자유 저녁 시간을 보내기 위해 애를 쓴다. 1년 후 그들은 수백 가지의 손짓 기호를 배우게 된다. 같은 기간 동안 자녀는 고작 10~20개 정도의 손짓 기호만을 배웠을 수도 있다. 첫 번째 손짓 기호나 그래픽 상징(또는 단어)의 습득은 종종 시간이 걸리기 때문에, 이것은 아동에게 나쁜 시작이 아닐 수 있다(7장 참조). 그러나 부모는 큰 희망을 갖고 자유 시간을 투자한 중재의 결과가 좋지 않다고 느끼며 실망할 수 있다. 가족은 발달장애인을 가르치는 전문가가 조직한 소규모 코스에 참석할 수도 있다. 자녀가 10개의 손짓 기호 사용을 배우고 가족 구성원이 50~100개 정도의 손짓 기호를 알고 그들의 말과 핵심 단어 손짓 기호를 함께 사용한다면, 소비한 시간과 에너지의 측면에서 좋은 결과가 있을 것이다. 만약 자녀의 손짓 기호 발달이 빠르게 나타나면, 가족은 학습 노력을 가속화 하고 다시 자녀보다 앞서 나가도록 동기 부여가 될 것이다.

그래픽 상징을 배우는 아동의 가족은 자녀의 그래픽 의사소통 체계가 어떻게 작동하는지에 대한 철저한 지침이 필요하다. 교육을 위한 이러한 필요성은 블리스 상징과 같은 체계에서 분명하게 나타나지만, 픽토그램과 PCS와 같은 그림(pictographic) 체계에서는 부모가 자녀의 발화를 스캐폴딩하고 그래픽 상징을 최적의 방식으로 사용할 수 있도록 명확한 설명이 필요하다. 그래픽 상징은 단순히 부수적인 그림의 모음이 아니라 당분간 또는 영구적인 말의 대안으로 아동의 구어를 대체하거나 보완하는 아동의 단어(words)라는 점이 강조되어야 한다. 일부 부모는 보통의 그림을 코멘트하는 것과 같은 방식으로 아동이 가리키고 있는 그래픽 상징의 이미지에 대해 말하기 시작한다(Basil, 1992). 이는 그래픽 상징이 의도한 언어적 기능을 약화시킨다. 따라서 전문가들은 아동의 그래픽 상징을 '그림'이라고 부르지 말고 아동의 그래픽 언어 발달이 매우 초기 단계에 있더라도 상징의 새로운(emerging) 언어적 기능을 가족들에게 상기시켜야 한다. 도보 여행, 생일, 기타 함께 하는 가족 행사와 같은 사진이나 비디오의 일상적 사건을 코멘트하기 위해 그래픽 상징을 사용할 수 있는 방법을 가족들에게 보여 주어야 한다. 아동이 자신의 단어(그래픽 상징)를 사용하여 사진에 있는 내용에 대해 의사소통하는 것이 중요하며, 아동이 사진 속의 사람과 사물을 단지 가리키기만 하고 그에 대한 스토리텔링은 부모나 형제자매가 하도록 맡기는 것이 아니다(p. 443 참조). 이 또한 소그룹 회기에서 하기에 좋은 활동이다.

부모가 아동의 발달을 따라가는 것이 중요하다. 일부 손짓 기호나 그래픽 상징은 어린이집이나 학교에서 처음 소개되지만, 가능한 한 빨리, 가급적 교실에서 소개되는 것과 거의 동시에 부모의 레퍼토리에 포함되어야 한다. 마찬가지로, 가정에서 처음 소개되는 손짓 기호나 상징은 가능한 한 빨리 학교 활동에 포함되어야 한다. 교사는 아동과 부모에게 '의사소통 숙제'를 제시할 수 있는데, 예를 들어 특정 학교 과목에 대해 대화를 나누는 것이다. 그러나 교사는 가정에서의 AAC가 단순히 학교를 마치고 숙제를 하는 것이라고 간주해서는 안 된다. 학교 공부를 넘어서 부모가 아동과 의사소통할 때 새로운 어휘를 사용하도록 격려되어야 하고, 교사는 가정에서의 성공으로부터 배워야 한다. 전문가들은 가정 상황을 고려해야 하고, 가정 환경에 대한 지식과 가정 환경이 아동의 언어와 의사소통 발달을 지원하기 위해 어떻게 가장 잘 적응될 수 있는지에 대한 지식을 바탕으로 도움과 지침을 제공하는 동시에 가족의 총체적 요구, 잠재력 및 제한점을 고려해야 한다. 예를 들어, 개인이 학교에서 그래픽 체계를 배우는 동안 가정에서는 부모가 손짓 기호를 사용하는 경향이 있다면, 학교에서도 손짓 기호를 지원해야 한다.

아동의 AAC 발달이 느릴 때 부모는 그의 발전을 알아차리지 못할 수도 있고, 새로운 기술이 가정에서 활용되지 않을 수도 있다. 전문가가 일반적으로 그리고 의사소통 및 언어의 측면에서 아동의 발전을 관찰하고 가족에게 알리는 것은 후속 조치의 중요한 부분이다. 그들은 아동의 새로운 손짓 기호나 그래픽 상징이 어떤 차이를 만드는지, 즉 AAC가 있거나 없는 경우에 무엇을 표현할 수 있는지를 지적해야 한다. 개인은 볼 수 있지만 가족 구성원은 볼 수 없는 사물, 사진 또는 그림에 대해 개인이 의사소통하는 의사소통 과제는 개인과 가족 자신의 AAC 기술과 성취도를 설명하는 데 유용하다(p. 325 참조).

부모에게는 때때로 가족이 즐기는 모든 다른 활동을 침해할 만큼 광범위한 의사소통 과제가 주어진다(Goldbart & Marshall, 2004). 더욱이, 부모가 적절히 후속 조치를 취하지 않고 있다고 생각하는 전문가의 비판을 듣는 것도 드문 일은 아니다(Moorcroft et al., 2019). 그러나 가족 프로그램의 목적은 가정을 교실로 바꾸는 것이 아니다. 과제는 아동의 숙제이고, 교사는 이러한 과제를 제시할 때 가족 상황을 고려해야만 한다. 전문가는 그들의 일을 사무실에 남겨두는 동안 잊을 수 있지만, 부모는 항상 그들의 책임을 갖고 있다.

가족 훈련의 일부가 아동의 가정에서 이루어진다는 것은 중요하지만, 가족이 1~3주 동안 함께하는 AAC 과정과 워크숍은 장점이 있다. 아동과 부모는 약간 다른 프로그램을 갖는다. 아동은 AAC 사용자 그룹에서 집중적인 AAC 교육을 받을 수 있고, 여기에는 가끔 가족도 참여하여 상호작용의 참여와 좋은 기술을 촉진시킨다. 부모는 AAC와 관련된 이론 및 실제적인 이슈에 대한 강의에 참석한다. 그들은 어휘 선정, 둘 이상의 손짓 기호나 상징으로 이루어진 발화 구성, 역할 놀이, 다양한 형태의 그룹 활동에 대한 논의에 참여한다. 특히 이런 워크숍을 통해 부모는 일상의 업무에서 잠시 벗어나 관련된 이슈에 심도 있게 집중하는 시간을 갖는다는 점에서 특별히 의미가 있다. 가족은 서로를 알아가고 경험, 문제, 해결책을 교환하는 부모 네트워크를 형성할 수 있다. 이러한 종류의 과정은 부모와 아동 모두의 의사소통을 변화시키는 것이 입증되었다(Bruno & Dribbon, 1998; Fäldt et al., 2020).

그룹으로서, 아버지는 어머니와는 다소 다른 부모 스타일과 실제를 갖고(Yaffe, 2023), 아동을 향한 언어도 다른 경향이 있다(Hilvert et al., 2023). 아버지의 참여는 다양하며, 일부는 어머니보다 AAC 중재에 더 많이 관여하는 반면, 다른 아버지들은 자녀와의 의사소통에 덜 관여하고, 자녀의 의사소통 기술을 충분히 활용하지 못할 수 있다(Biggs & Hacker, 2021b; Mandak et al., 2017; Smith, 2003; Sweeney, 1999). AAC와 관련된 부모 프로그램이 성 역할에 초점을 맞추지 않는 경향이 있지만, 부모의 책임 분담은 여전히 권장될 수 있다. 전문가들은 아버지와 어머니 사이의 관심 차이를 건설적인 방식으로 활용할 수 있는데, 예를 들어 음악, 춤, 스포츠에 관심이 있는 아버지에게 AAC를 사용하여 자녀에게 이러한 활동과 관련 어휘를 소개하는 과제를 부여함으로써 자녀의 경험과 언어 학습을 확대할 수 있다.

AAC가 필요한 아동을 돌보는 것은 일반적으로 가족에게 광범위한 범주의 요구사항을 부여하고, 부모를 안내할 때 이러한 사항을 평가해야 한다. **가족 자원과 지원 가이드**(*The Family Resource and Support Guide*)(Dunst et al., 1994)는 가족의 다양한 자원과 요구에 대한 통찰력을 얻는 데 유용하다(Sexton & Rush, 2012 참조). **AAC를 위한 보조 공학 척도의 가족 영향 평가**(*The Family Impact of Assistive Technology Scale for Augmentative and Alternative Communication*)(Ryan & Renzoni, 2019)는 도구적 의사소통 중재가 어떻게 가족의 일상생활에 영향을 미치는지에 대한 개요를 얻는 데 사용될 수 있다.

마지막으로, 다음 어머니의 코멘트는 중재에 소요되는 시간이 너무 짧다는 것을 나타낸다(Tegler et al., 2021, p. 22).

> 이해하기 어려워요. 저는 언어치료사로부터 많은 정보를 받았지만, 이해하기 어렵습니다.

AAC 가족 지원은 장기적인 업무이다. 부모와 형제자매는 아동의 AAC 체계를 어떻게 사용할 수 있는지 배울 시간이 필요하다. 아동이 새로운 의사소통 체계와 대화 기술을 개발하고 습득함에 따라 가족에게도 긍정적인 발달을 반영하는 새로운 도움과 안내가 필요하게 될 것이다.

AAC와 또래 환경

또래는 어릴 때부터 아동의 사회생활에서 중요한 위치를 차지한다. 영유아(infants)는 특히 다른 영유아와 아동의 행동에 주의를 기울인다(Bradley et al., 2024). 어린 아이가 엄마 옆에 앉아 있을 때 근처에 있는 한 살짜리 아이는 엄마보다 그 아이를 더 많이 쳐다볼 것이다(Lewis et al., 1975). 아동의 학습과 의미 형성은 대부분 또래 문화의 활동 내에서 일어나고 있으며, 이는 어느 정도 독립적이지만 사회 전체에서 아동의 삶의 일부로 발전한다. 또래와의 상호작용 및 의사소통은 성인과의 상호작용 및 의사소통과는 질적으로 다르다. 그들은 경쟁과 협력을 포함하여 성인과의 관계가 제공할 수 없는 경험과 자연스러운 학습 기회를 제공한다(Dunn, 1999; Kemple, 2004). 또래 간에는 사회적 권력이 보다 평등하게 분배되는 경향이 있지만, 상호작용 상황에 따라 역할에는 차이가 있을 수 있다. AAC를 사용하는 개인에게는 또래와 친구를 사귀는 것이 어려울 수 있지만, 그들의 의사소통 체계는 또래 관계와 우정을 형성하는 수단이 되기도 한다(Therrien et al., 2023).

또래 관계는 연령과 발달에 따라 변한다. 아동의 사회적 세계가 확장됨에 따라 또래와의 공동 의미 형성과 의사소통이 더욱 중요해진다. 놀이와 기타 어린이 주도 활동에서 많은 일이 일어나고 있다(10장 참조). 청소년기에는 대화가 주요 또래 활동으로 놀이를 대신한다. 그러나 AAC를 사용하는 아동과 청소년은 또래보다 성인과 더 많이 소통하는 경향이 있다(Berenguer et al., 2022). 성인기에 또래와 다양한 주제에 대해 대화를 나누는 것은 사회생활의 필수적인 부분이다.

따라서 AAC를 사용하는 어린이, 청소년 및 성인을 위한 또래 상호작용을 지원하는 데는 여러 가지 이유가 있다. AAC를 사용하는 개인의 인지적, 언어적, 사회적 능력은 상당히 다르며 중재는 항상 개인의 기능에 맞는 언어 환경 구축을 목표로 해야 한다. 그러나 동급생과 다른 동료에게 개인을 '말을 하지 않는 사람(non-speaking)' 또는 '도구적 의사소통자'로 소개하기보다는 음악, 패션 또는 스포츠에 관심이 있는 사람, 이야기꾼, 공상과학 괴짜 등으로 소개할 수 있을 것이다. 이는 우정으로 이어질 수 있는 공동 관심사 및 활동에 대해 동료와 대화할 가능성을 높인다(Therrien, 2019; Østvik et al., 2018).

자신의 체계를 사용하는 또래와의 의사소통은 AAC 사용자의 의사소통과 언어 발달에 긍정적인 영향을 미치는 것으로 나타났다(Barker et al., 2013). 또래 중재의 목표는 전체 또래 커뮤니티에 영향을 미치고, 공유 역량을 만들고, AAC를 사용하는 개인에 대한 또래의 이해를 높이고, AAC를 사용하는 개인의 또래 상호작용을 증가시키는 것이다.

아동기

또래는 AAC를 발달시키는 아동의 초기 환경을 적응시킬 때 언어 환경의 중요한 부분이자 귀중한 자원이다(Barker et al., 2013; Fisher & Shogren, 2012; von Tetzchner et al., 2005). 학교 밖에서는 또래와의 접촉이 적은 경향이 있기 때문에, 통합교육 환경에서 장애 아동에게 같은 반 친구들은 특별히 중요한 것으로 보인다(Batorowicz et al., 2014; Chen et al., 2020; Chung et al., 2012). 많은 연구에서 또래 훈련의 결과로 의사소통이 증가되고 대화가 더 균형 잡힌 것으로 나타났다(Barker et al., 2013; Chung & Douglas, 2015; Romski & Sevcik, 1996). 연구에 의하면 운동 장애 아동이 성인 대신 다른 아동에게 도움을 받을 때 덜 의존적이라 느끼고(Madge & Fassam, 1982), 통합 환경에서 성인 보조인이 지속적으로 존재하면 아동이 비장애 또래와 의사소통하는 것을 방해하는 것으로 나타났다(Cole-Lade & Bailey, 2020; Giancreco, 2010).

AAC를 사용하는 같은 반 친구에 대한 아동의 태도와 관심은 다양하다. 일부는 호기심과 동정심을 갖고 상호작용에 참여하고, 다른 일부는 덜 참여하거나 의사소통을 거의 시작하지 않으며, 일부는 AAC를 사용하는 아동에 대해 거의 이해하지 못하거나 부정적이다(Biggs & Hacker, 2021a,b; Chung & Douglas, 2015). 이는 아동 사이에서 예상되는 보편적인 편차이다. 모두가 AAC를 사용하는 개인과 상호작용하도록 권장되어야 하지만, 긍정적인 참여는 자발적인 참여에서만 나타난다. 일반적으로 학급에는 AAC를 사용하는 아동의 핵심 또래 그룹이나 친구가 되는 일부 아동이 있다. 우리의 경험에 의하면 나이는 AAC를 사용하는 아동과 또래 사이의 관계를 형성하는 데 중요한 요소로 보인다. 사실상 통합 유치원에 다니는 같은 그룹의 아동이 인근의 일반 학교로 진학하는 것이 장기간의 또래 관계와 진정한 통합을 촉진하는 최상의 방법인 것 같다.

또래의 AAC에 대한 이해와 AAC를 사용하는 아동에 대한 태도는 그들의 상호작용에 영향을 미칠 것이다. 여러 연구가 또래의 태도에 영향을 미치는 요인을 보고하였는데, 개인이 의사소통 보드나 음성 산출 전자적 의사소통 기기를 사용하는지 여부가 그 예이다(Radici et al., 2022; Versteeg, 2020). 그러나 또래 태도에 영향을 미치는 가장 좋은 방법은 그들에게 손짓 기호나 그래픽 상징을 사용하는 방법을 가르치고, AAC를 사용하는 아동의 노력과 성취에 대한 통찰력을 제공하는 것이다. 〈표 12.1〉에 제시된 대부분의 정보는 또래에게 제시할 수 있지만, 또래의 나이와 능력을 고려해야 한다. 연습이 중요하다. 한 연구에서는 역할 놀이에서 AAC를 사용하는 것과 함께 AAC에 대한 정보를 제공하는 것이 AAC에 대한 정보만 제공하는 것보다 아동의 태도에 더 많은 긍정적인 영향을 미치는 것으로 나타났다(Beck & Fritz-Verticchio, 2003). 따라서 AAC에 대한 또래 자신의 경험은 그들의 태도에 긍정적인 영향을 미쳤다. 그들에게 AAC를 사용하도록 안내하는 것 또한 또래를 유능한 의사소통 상대자로 만드는 최상의 방법이다. 그 결과는 짧은 대화 교환을 넘어서는 성공적인 의사소통이 될 수 있다(Østvik et al., 2018). 그러나 그들은 어떤 환경에서도 함께 의사소통할 수 있어야 한다. 예를 들어, 또래는 의사소통 도구가 고장나고 백업용 의사소통 책을 사용할 수 없는 경우 일련의 예-아니요 질문을 사용하는 방법을 배울 필요가 있다.

또래의 AAC 역량을 증가시키는 데 사용되는 일반적인 전략은 AAC에 대한 교실 수업과 학급 토론, AAC를 사용하는 아동과 자연스러운 말을 사용하는 아동이 함께 과제를 수행하는 또래 그룹, AAC 사용자와 급우들이 정기적으로 만나서 게임을 하거나 공통 관심사인 비교육적 주제에 대해 토론하는 학급 클럽이나 서클 오브 프렌즈(circle of friends) 클럽 등이다(Brekke & von Tetzchner, 2003; Hunt et al., 2002). 연구에서는 종종 또래가 개인의 발화를 촉진하고 칭찬하며, 기대 지연을 사용하고, 개인이 유용하다고 여길 만한 발화를 '모델링'하도록 지시한다(Chung & Carter, 2013; Ganz & Hong, 2014). AAC 사용자에게 충분한 시간을 주는 것이 중요하지만, 이러한 전략을 교수하는 것은 또래가 대화 주제를 논의하는 것보다 개인의 발화 구성에 더 집중하게 만들 수 있다. 그 대신 공유된 AAC 역량, 언어와 관련된 공동 활동, 다양한 대화가 또래의 언어 환경을 다루는 중재에서 주요한 목표가 되어야 하며, 이는 다음의 예시에서 잘 보여 주고 있다.

> Sander는 동네 학교의 일반 학급에 다닌다. 그는 뇌성마비와 중도 운동장애가 있으며, 구어에 대한 이해력이 좋았지만 알아들을 수 있게 말하지 못한다. Sander의 의사소통 방식은 '사적인' 것이 아니라 가능한 한 그의 환경 안에 있는 많은 사람과 공유되도록 하는 것이 명시적인 목표였다. 그의 그래픽 체계(처음에는 픽토그램, 두 번째는 블리스 상징)는 교실의 교육과정에 포함되어 학급 전체가 그 체계에 익숙해졌다. 교실의 각 학생은 Sander의 블리스 보드의 복사본을 만들었다. 수업 시간에 새로운 주제가 소개될 때마다 관련 블리스 단어가 설명되었고, 블리스 단어는 종종 칠판의 제목으로 사용되었고, 아동들이 그룹 작업으로 만들어서 벽에 걸어 놓은 포스터에도 자주 사용되었다. 블리스 보드는 Sander와 몇 명의 급우가 함께 하는 학급 클럽에서도 사용되었다. 급우가 매우 흥미로워하는 블리스 단어의 빈번한 번역을 통해, 그들은 블리스 상징 체계가 실제로 어떻게 작동하는지와 구어 문장을 블리스 단어로 번역하는 것이 얼마나 어려울 수 있는지를 발견했다. Sander는 전문가였고, 다른 아동은 종종 단어나 문구를 어떻게 번역해야 할지 확신이 없을 때 그에게 자주 질문하였다. 블리스 단어로 농담을 할 때 Sander는 탁월했다. 블리스 단어의 사용은 학급 문화의 일부가 되었다(Brekke & von Tetzchner, 2003).

Sander의 이야기는 AAC 사용과 관련된 공유된 활동이 또래와의 AAC 중재의 핵심 요소라는 점을 잘 보여 준다. 학급에서 실시하는 많은 공유된 활동이 또래의 태도에 미치는 긍정적인 효과는 한 학급 친구의 다음과 같은 말에서 잘 설명된다. "*Sander*는 이런 식으로 말할 수 있는 행운아예요.”

AAC를 사용하는 아동과 또래가 함께 AAC를 사용하는 방법을 조사하는 창의적인 방법은 『개구리 이야기』(Mayer, 1969)나 『비밀 상자』(Lehman, 2011) 같은 글 없는 그림책의 이야기를 만드는 것이다. 이런 책의 내용은 3세에서 성인까지, 대부분의 연령층에 적합하다. 개별 아동이나 소그룹이 만든 이야기는 손짓 기호나 그래픽 상징과 함께 말로 발표하거나 글로 발표할 수 있고, 내용과 이야기를 비교할 수 있다.

여러 가지 그림(pictographic) 상징은 이해하기 쉽지만, 상징 위에 적힌 어휘를 읽지 못하는 아동은 잘못 해석할 수 있다(Fallon et al., 2003; Smith, 1996). 또래는 도구적 의사소통자와의 대화뿐 아니라 유치원이나 학교에서 더 일반적으로 그래픽 상징을 사용하는 경우 지침이 필요하다. 학교에서 학급은 주 1회 그래픽 상징 수업을 하고 모든 아동은 그래픽 상징으로 보고서를 쓰거나 발표를 할 수 있다. 그래픽 상징이 단순히 부수적인 그림이 아니라 그 사용법을 배워야만 한다는 사실은 부정적인 것만은 아니다. 이는 또래에게 상징을 더 흥미롭게 만들고 상징을 사용하는 아동의 지위를 높일 수 있다. 연구에 의하면 학급의 모든 아동은 그래픽 상징을 학습하면 도움이 될 수 있다. 한 연구는 블리스 상징 체계에 대한 설명이 아동에게 다양한 범주의 특징을 인식하게 한다는 사실을 발견했다(Brekke & von Tetzchner, 2003). 이에 이어서 철자 읽기와 쓰기에서 글자의 사용에 관한 유사한 수업이 이어졌다.

AAC를 의사소통의 주요 방식으로 삼아 성장하는 것은 아동의 삶에 여러 방식으로 영향을 미친다. 『*A Voice of Her Own*』(Yong & Yong, 2021), 『*Speechless*』(Darbishire, 2018), 『*I Talk in Different Ways*』(Hartmann, 2022)와 같은 책은 전형적으로 발달하는 아동에게 AAC를 사용하는 아동의 성취와 어려움이 주는 통찰력을 줄 수 있다. AAC에 관한 문헌은 AAC 사용 아동의 의사소통에 대한 정보를 또래가 가질 필요성이 있다고 강조한다. 그러나 AAC 사용 아동의 루틴과 일상생활은 전형적으로 발달하는 아동과는 다를 수 있다. AAC 사용 아동 또한 학급 친구의 흥미와 활동에 대한 정보가 필요할 것이다. Brekke와 von Tetzchner(2003)의 아래 예시처럼, 정보의 상호 교환은 공유된 통찰력, 학습자의 공동 사회와 아동문화에 대해 기여할 수 있다.

학업의 일환으로 Sander와 학급 친구들은 그들의 일상생활에 대한 작은 스크립트를 작성한다([그림 12.1] 참조). 학급 친구들이 철자 쓰기를 하는 동안 Sander는 블리스 단어를 사용한다. 이 스크립트를 통해 학급의 모든 아동이 참여하는 이벤트에 대한 개인적인 경험과 관점을 공유할 수 있다. 사건에 대한 설명, 토론 및 역할 놀이를 통해, 아동들은 스크립트에서 다루는 상황에 대한 공유된 이해를 발달시킨다. 예를 들어, 생일 축하에 관한 Sander와 학급의 다른 아동의 스크립트를 비교하고, 유사점과 차이점을 논의한다. 이러한 대화를 통해 Sander와 학급 친구들은 다양한 관점에 대한 통찰력을 얻고 사회적 지식을 증가시킨다.

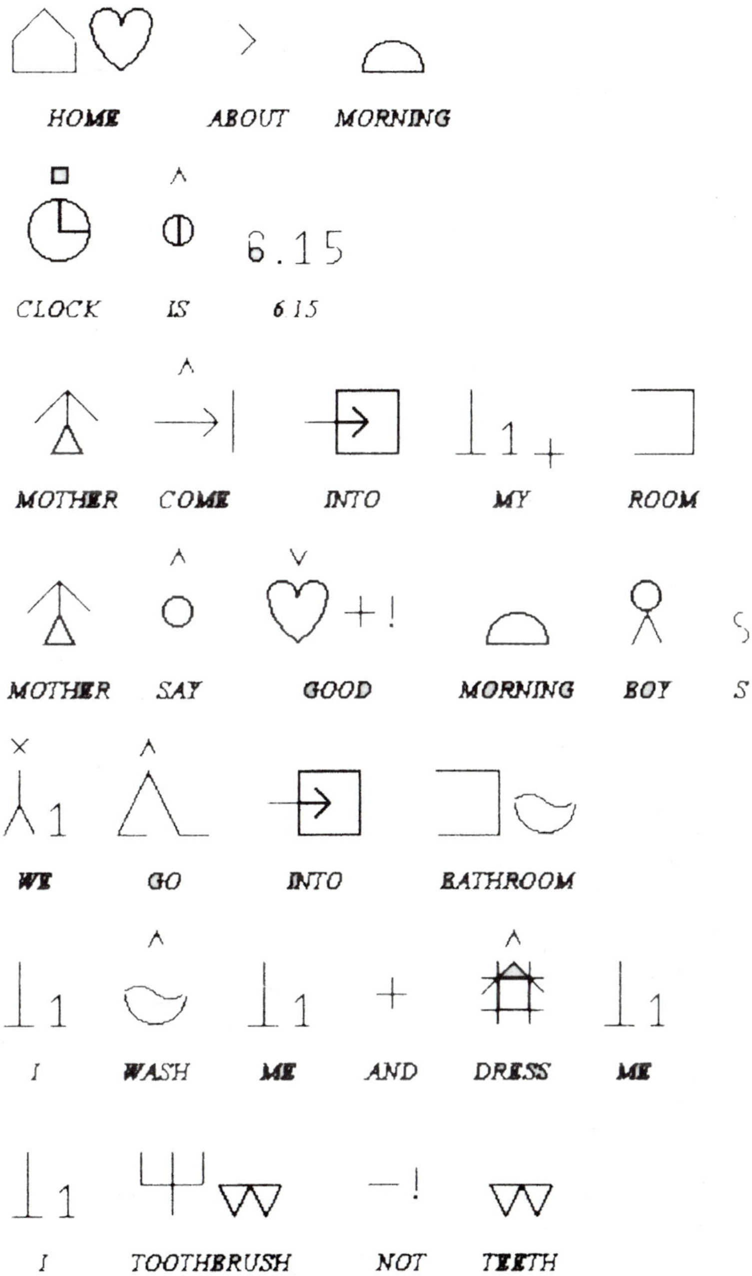

[그림 12.1] Sander가 블리스 단어로 만든 일상생활의 스크립트

자연스러운 말을 하는 의사소통 상대자가 AAC를 사용하는 아동과의 대화를 지배하는 경향이 있다는 것은 일반적인 조사 결과지만, 또래가 의사소통 상대자인 경우에는 덜 두드러지는 것 같다(Clarke & Wilkinson, 2009). 더욱이, 일반적인 범위의 인지 발달을 보이는 AAC 사용 아동

의 경우, AAC 사용자의 관심사와 선호도가 일반적으로 또래와 일치하기 때문에 성인보다 또래가 AAC 사용자의 관심과 선호도에 대해 더 잘 알 수 있다. 이는 또래와의 대화의 중요성을 강조한다.

또래 환경은 AAC를 사용하는 자폐범주성장애와 지적장애가 있는 아동에게 중요하다. 또래 상호작용을 촉진하기 위한 중요한 논쟁은 AAC를 사용하는 아동의 의사소통 시도에 대한 또래의 시작과 반응이 이 아동들의 좌절과 분노를 감소시키고 공유된 긍정적 경험의 수를 증가시킬 수 있다는 점이다. 유치원에서 교사는 이야기 나누기 시간(circle time)을 이용하여 모든 아동에게 손짓 기호와 그래픽 상징을 소개함으로써 AAC를 사용하는 아동이 유치원에서 의사소통적으로 접근할 수 있게 만들 수 있다. 아래의 이야기는 의사소통적으로 접근 가능한 환경이 어떻게 통합을 지원하는지를 보여 준다(von Tetzchner et al., 2005).

Ole는 이중언어 배경을 가진 5세의 자폐 아동이다. 평가에서는 연령 수준보다 중등도 정도로 낮은 비구어적 인지 기술을 가졌다고 나타났고, 구어 이해력은 두 언어 모두에서 18개월 된 아동의 이해력과 비슷했다. Ole는 일반 유치원에서 6명의 자폐 아동이 있는 소그룹 적응 수업에 참여한다. 교사와 다른 아동은 손짓 기호를 배웠고, 모든 사람이 Ole의 손짓 기호를 이해하였다. 많은 아동과 성인이 Ole보다 앞서서 그가 아직 사용을 시작하지 않은 손짓 기호를 사용함으로써 특수교사와의 개별 손짓 기호 훈련 외에도 새로운 손짓 기호를 학습할 기회가 주어진다. Synne은 같은 유치원에서 전형적인 발달을 보이는 5세 아이다.

Synne: (집에서 인형을 가져와서 바닥에 인형을 세운다.)

Ole: (Synne 앞에 스스로 자리한다) "Borrow(빌려줘)." (손을 뻗지만 그가 해야 하는 다른 표현을 기억하지는 못하는 것 같다.)

Synne: (Ole를 쳐다보고 그가 BORROW를 기호로 표현하도록 돕는다) Borrow(빌려줘) {DOLL doll(인형)}.

Ole: {BORROW *Borrow*(빌려줘)} {DOLL *doll*(인형)}. (Synne과 함께 손짓 기호와 말을 동시에 한 후 미소 지으며 인형에 손을 뻗는다.)

Synne: (Ole에게 인형을 준다.)

Ole는 어느 정도 말을 할 수 있지만, 말을 명확하게 표현하기 위해 손짓 기호에 의존하는 경우가 많다. Synne은 Ole가 그의 의도라고 여겨지는 것을 손짓 기호로 표현하도록 도와줌으로써 Ole의 의사소통을 스캐폴딩하고, 비슷한 상황에서 교사가 반응하는 것을 본 것과 유사하게 인형을 빌리고 싶은지 물어봄으로써 대화를 이어갔다. 중요한 것은 그녀는 주제를 유지하고 의사소통에 대한 칭찬이나 기타 메타 의사소통적 코멘트(의사소통에 대한 의사소통)로 상호작용을 방해하지 않는다는 점이다.

두 아동은 인형놀이 영역으로 함께 걸어가고, Ole는 Synne의 인형을 침대에 눕혔다. Synne은 다른 인형을 찾아서 먹이고 재우며 놀기 시작했다. 이것은 다음의 일이 일어날 때까지 잠시 계속되었다.

Synne: 내 인형을 돌려 줄래? (갖고 있던 다른 인형을 Ole에게 내밀면서 다른 인형을 제안한다.)

Ole: "No"(아니) (고개를 흔든다).

Synne: {FINISHED *finished*(끝났어)} {BORROW *borrow*(빌려주는 거)}

Ole: (인형을 Synne에게 주고 다른 인형을 수락하고 인형 침대에 뉘었다.)

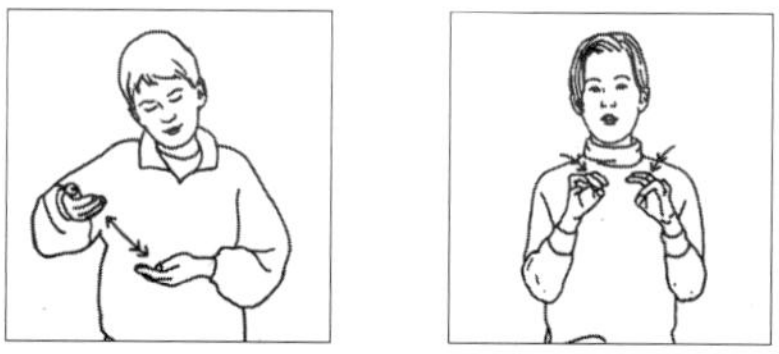

손짓 기호: DOLL, FINISHED

성인의 지도를 통해 배운 'borrow(빌리다)'와 'finished(끝났다)' 단어와 손짓 기호에 대한 의사소통적 실천은 아동 사이에 긍정적인 상호작용을 제공한 것으로 보인다. AAC 중재에서 FINISHED는 활동에 대한 자신의 참여와 다른 사람의 행동을 규제하기 위해 중요하고, 유치원에서 교사와 아동 모두에게 자주 사용되었다. 위의 예시에서, Synne은 Ole가 인형 돌려 주기를 거부했을 때 BORROW와 함께 규제하는 방식으로 FINISHED를 사용한다. 이것은 상당한 발전이었다. 만약 비슷한 상황이 몇 달 전에 일어났다면, Ole는 아마도 Synne에게 허락을 구하지 않고 Synne의 인형을 가져가려고 했을 것이고 Synne은 아마도 저항하며 소리 지르기 시작했을 것이다. 상호 교환이 공동 놀이로 이어졌을 가능성은 매우 낮다. 유용한 의사소통적 루틴과 중요한 아동의 이벤트와 관련하여 'borrow'를 소개함에 따라 교사는 사회적 기술과 문화적으로 적절한 지식 및 의사소통의 발달을 촉진하였다.

Ole와 Synne 사이에 일어났던 의사소통은 성인의 직접적인 지도나 참여 없이 이루어졌다는 점에서 주목할 만하다. 통합은 양방향의 과정이다. AAC 사용자는 지역사회의 구성원이고 다른 구성원과 일상적이고 특별한 경험을 공유한다. 이것은 공유된 의사소통 방식을 의미한다. AAC 사용자의 제한된 언어 능력 때문에, 또래는 개인의 손짓 기호나 그래픽 상징을 이해하고, 의사소통에서 이러한 기능 중 일부를 사용하는 방법을 배워야 한다. 학교나 유치원의 모든 아동은 일부 손짓 기호나 그래픽 상징을 배우는 것이 상당히 일반적인데, 이들은 AAC를 사용하는 학생에게 식당, 산책 등을 갈 것이라고 말하고, 그들이 그런 활동을 하고 싶은지 물어볼 때 주로 이런 기호나 상징을 사용한다. 그러나 그들이 개인의 의사소통 방식을 사용하는 것은 놀이나 다른 활동 중에 일어나는 대화에서도 포함되어야 한다.

의사소통 스타일의 개인차는 대화에 영향을 미치므로 또래 중재에서도 이를 고려해야 한다. 표현 언어 그룹에 속한 더 나이 많은 아동 중 많은 수가 상대방의 특성을 인식하고 상대방에 맞춰 의사소통을 조정(adapt)하는 것 같다(Mendes et al., 2023). Buzolich와 Lunger(1995)는 중도의 운동장애가 있는 12세의 도구적 의사소통자인 Vivian에게 의사소통 상대자 훈련을 받기 위해 선발된 세 명의 학급 급우의 의사소통 스타일에 대해 코멘트해 달라고 요청했다. 그 결과 Vivian과 급우 모두 자신의 의사소통 스타일을 알게 되면서 전략을 수정하게 되었다. 상대방이 서로에게 더 잘 적응할수록 의사소통은 더 효과적이었다.

청소년기

청소년기는 아동기의 발달 경로를 완성하고 보다 자율적이고 독립적인 존재를 위한 과정을 나타낸다(Soenens et al., 2018). 청소년은 평생 지속될 수 있는 관계를 구축한다(von Tetzchner, 2019a). 청소년기에는 친구와 또래와의 의사소통이 변화하는데, 이는 청소년기에 일어나는 신체적, 정신적 변화, 정체성 형성과 청소년 문화를 반영한다. 청소년은 사람, 음악, 대중문화, 패션, 정치, 스포츠, 농담 등 많은 것에 대해 함께 이야기하는 데 많은 시간을 보내고, 인정을 받고 정서적 지지를 얻고자 자기 개방(self-disclosure)과 자신과 타인에 대해 이야기하는 시간을 늘린다(Nippold et al., 2014). 청소년의 언어는 새로운 단어와 표현이 많이 포함하고, 사회 내의 언어 사용에서 일어나는 지속적인 변화에 기여한다(Kirkham & Moore, 2013). 대화는 종종 쇼핑과 다른 여가 활동에 포함되며, 또래 대화를 증가시키려는 목적의 중재에서는 AAC를 사용하는 청소년과 또래를 연령과 발달 기능에 맞춰 공동 활동에 참여시키도록 노력해야 한다([그림 12.2]). 예를 들어, 수업 시간에 교사는 소그룹으로 특정 주제에 관한 토론을 조직할 수 있다(Ratcliff & Cress, 1998).

아동기 또래 중재와 관련된 많은 이슈는 청소년기에도 적용된다. 주요 전략은 동일하다: 또래에게 AAC에 대한 정보 제공하기, 손짓 기호와 그래픽 상징 교수하기, 의사소통 상대자로서 역량 증진시키기, 개인의 체계와 의사소통하는 연습 제공하기. 장애로 인해 AAC를 사용하는 청소년은 계속해서 다양한 지원 서비스가 필요하고, 전문적인 돌봄교사가 가장 빈번하게 의사소통하는 상대자일 것이다(Holyfield et al., 2017). 청소년기는 개인이 일반적인 범주의 지적 능

[그림 12.2] 또래와 쇼핑하는 도구적 의사소통 청소년

력이든 지적장애이든 상관없이 새로운 가능성과 요구를 의미한다(Holyfield & Caron, 2019). 또래와의 공유 활동과 대화는 항상 청소년 커뮤니티 참여의 시작을 나타낸다. 학령기의 중재가 AAC를 사용하는 아동을 위한 의사소통 접근과 또래 상호작용을 만드는 데 성공적이었다면, 청소년기의 또래 지도 및 적응은 기능에서의 차이점이 그리 크지 않을 때 이전 전략을 지속하면서 더 정교화시키는 것을 나타내는데, 자율성과 또래 상호작용에서 동등한 역할을 하는 데 보다 더 초점을 둔다. 이는 또래가 AAC를 사용하는 개인을 동등하게 대하도록 안내해야 함을 의미한다. 중도 운동장애가 있는 개인은 많은 상황에서 또래에게 도움을 받는 것을 선호할 수 있지만, 또래가 대화에서 모델이자 도우미 역할을 맡는 경우 이는 대화의 내용과 순서 교환에 영향을 미칠 수 있고 수평적인 또래 관계의 발달을 방해할 수 있다(Rossetti & Keenan, 2018). 가능하다면, 의사소통은 또한 AAC를 사용하는 또래 간의 상호작용을 포함해야 한다.

또래 언어 환경과 또래 상호작용은 AAC를 사용하는 청소년에게 특히 중요하다. 그들은 십대로 인식되기를 원하고, 청소년 언어 사용, 부모와 다른 성인에 대한 청소년기의 반항 등 청소년 문화를 공유하기를 원한다(Wickenden, 2011a, 2015). 비록 직접적인 AAC 교수가 여전히 도움이 될 수 있지만, 이 연령대를 위한 대부분의 AAC 중재에서는 또래와의 상호작용이 주요 초점이 되어야 한다. 그러나 AAC 사용 청소년의 경우 성인 없이 또래와 대화에 접근하는 것이 제한적일 것이다(Biggs et al., 2017; McCarty & Light, 2022). 오늘날 소셜미디어는 젊은 사람 간에 자연스러운 사회적 참여의 원천이다. 이는 시간적 압박을 줄일 수 있기 때문에 많은 도구적 의사소통자가 사회적 참여에 더 쉽게 접근할 수 있게 해 준다(Grace et al., 2023; Howery, 2018a). 문어에 어려움을 겪는 사람에게는 청소년기의 특징인 언어 사용의 변화가 두드러지지 않을 수도 있다. 그들은 개인적인 사건과 감정에 대해 또래에게 말하거나 어려운 상황에 대처하기 위해 담화(narration)를 사용하는 경험이 거의 없을 수 있다. 아동기와 청소년기에 또래와 더 많이 상호작용하는 것은 개인적이고 사회적인 사건에 대한 더 나은 이해로 이어질 수 있고, 개인의 성인기로의 전환과 자율성에 긍정적인 영향을 미칠 수 있다. 청소년기의 또래 상호작용은 성인 생활에서 더 많은 또래 의사소통을 위한 다리 역할을 할 수 있다(Smith, 2005b, 2015).

성인기

청소년기에서 성인기로의 전환은 전형적인 발달과 비전형적인 발달 모두에 있어 주요한 변화이며, 때때로 '초기 성인기'라고 불리는 연장된 기간이다(Arnett, 2015). 전형적인 발달에서는 의존에서 독립으로, 의무적 학교 출석에서 교육, 직업, 생활 방식에 관한 개인적인 선택으로의 전환이며, 이와 관련된 모든 사회적 역할, 목표 및 책임의 변화가 수반된다. 성인의 사회적 환경에는 정기적으로 의사소통하는 가족, 동료, 지인, 친구가 포함되고, 때때로 카페에서 이루어지기도 하는 또래 대화는 성인 생활의 필수적인 부분이다([그림 12.3]).

일부 개인은 유치원에서 노년기까지 AAC를 사용한다(Parrott, 2016). AAC를 사용하는 성인은 그들의 의사소통 체계가 자신을 더 독립적으로 만들어 주고, 사고 싶은 옷이나 주문하고 싶은 음식, 염색하고 싶은 머리의 색과 같은 것 등을 스스로 결정할 수 있게 해 준다고 보고한다

[그림 12.3] 카페에서 의사소통 도구를 사용하는 성인

(Cooper et al., 2009; Wickenden, 2010). 한 청년은 자신에 대한 소식과 미디어의 일반적인 뉴스를 다른 사람에게 말하는 것이 다른 사람과의 관계를 형성하는 데 도움이 된다는 것을 알게 되었다(Iacono et al., 2013). 그 이유는 아마도 잠재적인 의사소통 상대자는 그가 자신이 모르는 것을 알고, 그가 의사소통하기에 재미있는 사람이 될 수 있다는 것을 깨달았기 때문일 것이다. 이는 상대방이 모르는 정보를 교환하여 동년배와 실제적인 대화를 가능하게 하는 것이 중요함을 보여 준다. 이는 이미 아동기에 촉진되어야 하는 것이지만, 새로운 동년배와 반복해야 할 수도 있다. 중재는 동년배가 조력자의 역할만 맡는 위험에 대응하고 동등한 입장에서 대화를 장려하도록 노력해야 한다.

그러나 AAC를 사용하는 청년의 경우 전형적으로 발달하는 또래에 비해 성인기로의 전환이 덜 두드러질 수 있고, 자율성과 독립성을 덜 경험할 수 있다. 직장과 기타 활동에서의 공식 및 비공식적 대화를 할 때 새로운 어휘(8장 참조)와 대화 기술(11장 참조)이 요구될 수 있으므로 성인 생활은 추가 AAC 중재가 필요할 수 있다. 아동기와 청소년기에는 급우와의 대화가 제한될 수 있지만, 학교는 또래에게 자연스럽게 접근할 수 있는 사회적 체계이다. 학교를 떠나는 청년은 보통 다양한 교육 및 직업적 경로를 선택하고 새로운 사회적 네트워크를 구축할 수 있다. AAC를 사용하는 성인의 경우 학교를 떠나는 것은 또래와의 접촉을 감소시키는 경향이 있고 많은 사람이 외로움에 대해 말한다(Cooper et al., 2009).

따라서 성인을 위한 AAC 중재의 중요한 목표는 전형적으로 기능하는 성인과 일부 형태의 AAC를 사용 또는 사용하지 않는 장애인 모두에게 초기의 또래 관계를 유지하고 새로운 관계의 확립을 촉진하는 것이다. 또래 환경은 기회의 빈도와 일상적인 의사소통의 질 모두에 있어 매력적이어야 한다. 성인을 대상으로 하는 교육 프로그램은 또래로서 그들을 덜 지배적으로 만들고 AAC를 사용하는 개인의 시작과 순서 교대에 더 주의를 기울이게 만들 수 있다(Light et al., 1992).

성인 AAC 사용자의 우정에 대한 인터뷰 결과, 그들은 상호성, 헌신, 관계의 깊이를 강조할 뿐만 아니라 공유 활동, AAC 의사소통 방식에 대한 수용, 유머 감각, 그리고 시간이 지나도 지속되는 의사소통을 강조하였다. 또한 그들은 우정 발달에 있어서 부모, 교사, 전문가의 역할을 언급하였다(Josol et al., 2023; Therrien, 2019). 이것은 또래 간의 AAC 대화 역량을 지원하고 유지하며 또래와 함께 선호 활동에 참여하는 것이 AAC 사용자의 언어 발달과 우정 및 성인 연령의 기타 또래 관계를 촉진하는 데 중요하다는 것을 의미한다. 더 나아가 낭만적이고 성적인 관계에서의 의사소통에는 새로운 어휘 항목이 추가되어야 할 수도 있다. 최근 사랑에 빠진 한 청년은 그의 의사소통 보드에 *MISS*(미스), *LOVE*(사랑하다), *KISS*(키스하다), *HUG*(안다) 등을 넣어달라고 요청하였다(von Tetzchner, 1986). 운동장애가 있는 도구적 의사소통자는 친밀한 상황에서 작용하는 특별한 의사소통 전략을 발달시킬 필요가 있다(Sellwood et al., 2022). 이에 대한 대화는 청소년과 성인을 위한 AAC 중재의 한 부분이 될 수 있다.

개인이 학교를 떠난 후에 의사소통 접근성을 만드는 데 유용한 중재 방법은 개인의 지적 능력과 수용 및 표현 언어에 따라 다르다. 일부는 잠재적인 의사소통 상대자인 동료에게만 소개하면 되고, 다른 일부는 의사소통을 시작하고 동료의 대화 시작에 대답하는 데 더 많은 도움이 필요할 수 있다. 내용과 전략은 또래의 능력에 따라 달라지지만, 연구에 의하면 발달장애 성인 사이에 또래 상호작용을 증가시키는 것이 가능하다고 밝혀졌다(Beck et al., 2009). 이러한 중재는 동료에게 개인의 의사소통에 대한 통찰력을 주고, 그들이 숙달할 수 있는 의사소통 전략을 적용하는 데 도움이 되어야 한다. 일부 개인은 다른 사람이 자신을 바보처럼 보는 것 같이 느끼기 때문에 의사소통 보드나 장치를 공개적으로 사용하거나 심지어 가지고 가는 것도 꺼린다(Iacono et al., 2013). 의사소통 프로그램과 기타 일반적으로 사용되는 기술이 적용된 태블릿과 스마트폰은 AAC 기술과 관련된 낙인을 감소시켰다. 그러나 여전히 환경에 있는 가까운 사람에 대한 교육의 필요성뿐만 아니라, 도구적 의사소통자가 부정적인 생각을 극복하고 직장에서 의사소통 도구 사용을 촉진하도록 돕는 것이 강조되고 있다.

의사소통 도구는 직장에서 중요한 도구가 될 수 있다(p. 78의 [그림 2.9] 참조). 보호작업장(sheltered work)은 AAC를 사용하는 개인이 직업을 찾고 일을 하는 많은 사람이 직장에서 AAC를 사용하지 않는 경우 가장 일반적인 곳이다(Bosse & Wilkens, 2016). 그러나 연구에 따르면, 손을 잘 사용하는 손짓 기호나 그래픽 상징 사용 자폐인은 가게에서 일하기, 청소, 준비, 포장하고 짐 싣기뿐만 아니라 고객에게 서비스를 제공하는 것도 즐길 수 있다(Lerman, 2023). 직업을 갖고 돈을 버는 것은 개인의 삶을 더 풍요롭게 만들고 좋은 직장 생활과 자기 존중감, 동료와의 사회적 상호작용을 위한 기초가 된다. 게다가 많은 고용주는 개인의 자부심을 공유하고 AAC를 사용하는 고용인에게 필요한 부가적인 노력을 들일 만큼 도구적 의사소통자가 가치가 있다는 것을 알게 된다(Richardson et al., 2019).

AAC를 사용하는 자폐범주성장애와 지적장애가 있는 성인은 주로 가족 및 직원과 의사소통하는 경향이 있다. 주간 센터와 지원받는 가정에서 그들이 함께 보내는 시간이 많더라도, 자기들끼리 의사소통이 거의 되지 않을 수 있다(Cooper et al., 2009). 말하는 지적장애인과 AAC를 사용하는 지적장애인 간의 상호작용을 촉진하는 것도 중요한 목표이다. 자연스러운 말을 사용하는 많은 지적장애인은 손짓 기호나 그래픽 상징을 사용하는 개인과 더 많이 의사소통하기를 원하고, 개인의 좋은 의사소통 상대자가 되도록 훈련이 필요하다. 이 중재의 내용은 다른 의사소통 상대자 교육과 상당히 유사하지만 또래의 능력과 장애에 맞게 조정하고, 역할극과 실제적인 지도에 중점을 둔다. 또래 중재는 AAC를 사용하는 개인의 언어 환경을 크게 확장할 수 있다. 또한 이 프로그램은 직원이 개인의 자기표현 능력을 중요하게 여기고, AAC를 자율적이고 직원에게서 독립적으로 사용하도록 촉진하기 위해 기꺼이 시간과 자원을 투자할 것을 시사한다.

환경에 있는 사람이 개인의 의사소통 방식을 사용하고 이를 진지하게 받아들이는 모습을 보이면 그의 지위가 높아질 가능성이 높다.

> 지적장애인을 위한 주간 센터에서는 매주 젊은 사람의 모임이 있었다. 한 청년은 손짓 기호를 사용하였고, 다른 사람들은 말을 할 수 있었다. 그 청년은 구어에 대한 이해력이 좋았고 약 200개의 손짓 기호를 능동적으로 사용하였다. 센터에 있는 다른 젊은 사람들은 손짓 기호를 배운 적이 없어서 그 모임에서 그를 이해하는 데 어려움이 있었다. 그래서 교사 중 한 명이 그를 위해 통역의 역할을 했고, 이는 다른 젊은 사람들에게 깊은 인상을 남겼다. 그들은 그가 표현한 내용에 많은 주의를 기울였고 그룹 안에서 그의 자존감은 높아졌다(Steindal, 1990).

이것은 긍정적인 해결책이었지만, 이에 더해 그들은 원하는 젊은 사람들에게 손짓 기호를 가르치기 시작하여 공유된 의사소통 방식을 만들었어야 했다. 또한 공유된 방식은 AAC를 사용하는 개인이 주간 센터와 보호 주택에서 수년 동안 지속될 수 있는 새로운 사회적 관계를 구축하는 데 도움이 될 것이다. 한 연구에서는 세 명의 지적장애인이 AAC 의사소통 방식을 사용하는 친구와 의사소통하기 위해 손짓 기호를 가르쳐 달라고 요청하였다(Meuris et al., 2015).

역할 모델로서의 성인 AAC 사용자

성인은 항상 아동의 언어 환경의 일부이다. 전형적인 언어 발달을 보이는 아동은 자신이 학습하는 언어를 능숙하게 사용하는 아동, 청소년, 성인에게 둘러싸여 있다. AAC를 발달시키는 아동은 자신과 같은 언어 방식을 의사소통의 주요 수단으로 사용하는 성인을 만나는 일이 거의 없다(von Tetzchner et al., 2018). 그들은 배우거나 본받을 만한, 도구적 의사소통이나 손짓 기호를 사용하여 대화에 참여하는 성인과 의사소통하거나 관찰할 수 없다.

가능하다면 서비스나 부모 협회는 손짓 기호나 도구적 의사소통을 발달시키는 아동에게 자신과 비슷한 방식으로 의사소통하는 성인을 만날 수 있는 가능성을 주어야 한다. AAC를 사용하는 청소년과 성인은 유치원 및 학교에서 교사나 지원 인력으로 일하거나, 아래 '어린이날'과 같은 중재 계획에서 특별한 임무를 맡을 수 있다.

> 이야기 나누기 시간(circle time)에, 아동은 자신을 소개하고 도구적 의사소통으로 부를 노래와 놀이할 도구를 선택했다. 도구적 의사소통을 사용하는 청소년이 첫 번째 모임 시간을 주도하였다. 그녀는 그녀가 쓴 낚시 여행에 나온 고양이와 개에 관한 동화(children's story)를 발표했다.

> 도구적 의사소통의 가능성을 실제로 보여 줌으로써, 그녀는 유치원 아동과 그 부모에게 역할 모델이 되었다(Stadskleiv, 2017, p. 7).

역할 모델이 된다는 것은 능력이 떨어지는 AAC 사용자가 모방할 수 있는 발화를 생성하는 것을 의미하는 것이 아니라 도구적 의사소통자 또는 손짓 기호 사용자로서 언어 방식과 삶의 상황에 대한 보다 넓은 통찰력을 제공한다는 의미이다.

교사 및 관련 직원에 대한 지원

유치원, 학교, 기관 및 직장의 교사와 기타 직원은 AAC와 관련된 중재에서 중심 역할을 하는 경향이 있다. 그들은 또한 AAC를 사용하는 아동, 청소년, 성인에게 가장 빈번한 의사소통하는 상대자 중 하나이므로, 일상적인 언어 환경의 핵심 부분을 구성한다. 직원 교육에는 보조 인력(assistants), 생활 지도사(relief carers), 주방 직원 등 AAC를 사용하는 개인과 접촉할 수 있는 모든 사람이 포함되어야 한다. 개인과 의사소통할 수 있는 기회가 가장 많은 사람은 보조 인력인 경우가 많다. 교사가 최적의 방식으로 훈련가와 의사소통 상대자로서의 기능을 수행하려면 장기간에 걸친 AAC 전문가의 안내와 지원이 필요하다.

교실에서 AAC 지원하기

유치원과 학교의 교사와 기타 직원은 AAC를 발달시키는 아동과 많은 시간을 보낸다. 일상 상황에서 의사소통과 언어에 대한 그들의 관찰은 평가와 훈련을 하는 동안 다른 전문가가 하는 관찰만큼 중요한데, 여기에는 교실에서 일상적인 활동을 하는 동안 개인에게 질문을 할 때를 포함한다([그림 12.4]). 교사와 보조 인력은 종종 6장에서 제시된 전략 중 일부를 실행하여 직접적인 AAC 교육의 주요 부분을 담당한다(Andzik et al., 2019; Kashinath et al., 2022).

특수교육을 포함한 교사 교육은 일반적으로 AAC를 사용하는 학생을 위해 교사를 준비시키지 않는다. AAC의 사용이 상당히 보편화되었지만, 많은 교사가 AAC에 대한 지식이 거의 없고, AAC를 사용하는 학생과 함께 일해 본 경험이 제한적이거나 전혀 없다. 심지어 특수교사로 여러 해 동안 일해 본 교사조차도 마찬가지다. 일부 교사는 일반적인 AAC 과정에 참석하지만, 많은 교사가 AAC 방식을 그들의 학생에게 가르치면서 그와 동시에 AAC와 학생의 의사소통 방식에 대해 배운다. 교사는 학급에 AAC를 사용하는 아동이 있다는 것에 긍정적일 수 있지만, 경험과 능력이 부족하여 그들은 불확실하고 불안하며 압도당할 수 있다(Leatherman & Wegner,

[그림 12.4] 일반 교실의 화이트보드 앞에서 손짓 기호를 하는 다운 증후군 아동

2022). 이는 숙련된 특수교사조차도 AAC 전문가나 그들보다 AAC 경험이 더 많은 사람으로부터 지도와 지원이 필요할 수 있음을 의미한다(Aldabas, 2022; Andzik et al., 2019; Da Fonte et al., 2022). 더욱이 교육적 배경이 거의 없는 보조 인력의 경우 AAC를 사용하는 아동과 청소년을 포함하여 중도 장애가 있는 개인의 교육을 할당받을 수도 있다. 그들의 AAC 경험과 기술은 다양하지만 대부분 AAC 훈련을 수행하기 위한 지도와 도움이 많이 필요할 것이다.

교사는 개인의 의사소통과 언어 발달에 대한 기대뿐 아니라 그러한 기대 뒤에 있는 불확실성에 대해서도 알 필요가 있다. 이는 그들이 관찰력을 갖고 새로운 상황에 민감하게 반응하며 기대한 것이 성취되는지 또는 추가하거나 덜어내는 방향으로 수정되어야 하는지를 나타내도록 발달을 기록하도록 도울 것이다. 개인과 교사의 AAC 역량과 사용은 둘 다 시간이 지남에 따라 변한다. 교사는 AAC 입문 지원 패키지를 시작할 수 있지만 이것만으로는 충분하지 않다. AAC 지원은 장기적으로 진행되어야 하고, AAC 영역 안에 있는 지식 개발과 관련된 업데이트를 포함하여 개인의 AAC 및 기타 기술 개발과 교사의 지원 요구에 맞춰 변경되어야 한다(Snodgrass, 2016). 〈표 12.2〉는 교사가 AAC 과정에서 중요하다고 생각하는 정보 중 일부이고, AAC 교육에서 누락된 내용을 보여 준다(Aldabas, 2018; Andzik et al., 2019; Cole-Lade & Bailey, 2020). Senner와 Baud(2017)는 다섯 가지 요소로 구성된 교사 교육을 제안했다: (1) 이론/전략 설명, (2) 시범과 모델링, (3) 연습, (4) 피드백, (5) 코칭. 교육 내용은 교사의 역량, 학습자의 능력, 관련된 의사소통 체계에 따라 달라질 것이다.

개별 그래픽 상징이나 손짓 기호의 의미를 학습하는 것은 일반적으로 AAC 교육에서 가장 쉬

표 12.2 **교사가 AAC 교육에서 중요하다고 찾은 정보와 누락된 정보**

- AAC에 대한 일반적인 정보와 AAC 실행 방법
- AAC 사용의 철학과 목적
- 교실이나 기관에서 사용되는 체계에 대한 정보
- 학생의 AAC 사용을 지원하는 방법
- 학생을 수업에 참여시키는 방법
- 학급의 모든 사람을 AAC에 참여시키는 방법
- 학급을 준비하는 방법과 학급 내 아동의 배치 방법
- AAC 기술을 교수하는 방법
- AAC 어휘의 선택
- 대화에서 AAC를 지원하는 방법
- 일반 교육과정에서 AAC를 활용하는 방법
- AAC에 맞는 교수적 수정 방법
- 학급 안팎에서 AAC 활동 계획하기
- 해당 분야의 기술 발전에 따른 기술 정보

운 부분이다. 교사는 손짓 기호, 그래픽 상징 및 유형 상징 형성의 기초, 체계 구성의 기초가 되는 아이디어에 대해 배워야 한다. 그들에게 체계의 선택 이면에 있는 일반적인 원칙과 개인의 체계 선택의 특정한 이유를 소개해야 한다. 그러나 대안적 의사소통 수단의 작동 방법과 가장 잘 가르치는 방법을 배우는 데에는 시간이 걸린다. 몇 개의 손짓 기호를 가르치거나 그래픽 상징이 어떻게 생겼는지 보여 주는 것만으로는 충분하지 않다. 교사의 의견에 따르면, 다음 교사와 같이 충분한 훈련 없이 중재 전략을 실행하도록 요청받는 경우도 있다: "우리는 종종 이것(행동 연쇄 방해 전략)에 대해 약간의 상실감을 느꼈고, (우리는) 더 많은 교육이 필요해요"(Tegler et al., 2021, p. 22).

AAC 전문가는 개인의 평가와 관련된 측면과 개인의 강점과 약점이 아동과의 상호작용에 미칠 수 있는 영향에 대해 교사와 보조 인력에게 알려주어야 한다. 그들은 특정한 중재 전략을 실행하는 방법을 가르쳐야 할 뿐만 아니라 이 전략이 실행되는 이유와 일반적인 AAC 중재의 이론적 기초도 설명해야 한다. 한 전문가는 AAC를 사용하는 아동을 어떻게 인식해야 하는지에 대한 이러한 유형의 훈련이 왜 중요한지를 다음과 같이 표현하였다:

> 이론적 배경과 중재 방법론에 대한 연구를 배우는 것은 장애 아동을 이해하는 데 필수적이었어요. 이것은 내가 그 아이를 완전히 다른 방식으로 여기고 대하도록 만들었어요(Mendes & Rato, 1996).

AAC의 일상적인 사용은 개인이 AAC 중재의 모든 이득을 얻고 AAC의 장기적인 사용을 이루는 데 중요하다. 일부 프로그램은 손짓 기호와 그래픽 상징을 사용하여 의사소통하는 방법을 직원에게 교육하여 개인의 AAC 발달과 사용을 지원하고 유지하는 데 중점을 둔다(Cole-Lade & Bailey, 2020; Kashinath et al., 2022; Meuris et al., 2015).

의사소통 책이나 장치, 개별적이니 기호와 상징 사진의 업데이트를 포함한 자료 준비는 AAC 중재의 필수 요소이고, 종종 학급 교사나 특수교사에 의해 실행된다. 그러나 이는 시간이 많이 소요되고, 이를 수행하려면 교사와 다른 사람에게 충분한 근무 시간이 할당되어야 한다. 준비 시간의 부족은 개인의 최적인 AAC 발달에 방해가 될 수 있다(Andzik et al., 2019; Finke et al., 2009).

의사소통 상대자로서 교사 지원하기

의사소통적 접근에는 의사소통 상대자의 역량이 필요하다. AAC를 사용하는 개인과 일상적으로 접촉하는 유치원과 학교의 모든 교사는 관련 정보를 받아야 하고, 적절한 의사소통 상대자 기술을 발달시키기 위한 도움을 받아야 한다. 손짓 기호와 그래픽 상징은 다소 자연스러운 제스처나 그림뿐 아니라 개인의 언어 방식이란 것을 그들이 이해하는 것이 중요하다. 어린이집 교사가 더 나은 의사소통 상대자가 되도록 훈련받고 일상적인 환경에서의 AAC 사용을 촉진하기 위한 전략을 배웠을 때, 어린 의사소통자의 총체적 의사소통이 향상된다(Kaiser et al., 1993). AAC 사용 경험은 AAC 발달의 기초이고 자발적인 의사소통의 기회는 제한적일 수 있기 때문에, 교사와 보조 인력은 개인의 자발적인 AAC 사용을 권장하고 항상 개인에게 필요한 관심과 시간을 제공하도록 노력해야 한다.

방과 후 AAC 훈련 지원하기

학교를 마친다고 해서 AAC 발달이나 AAC 중재가 중단되는 것은 아니다. 또한 주간 센터와 보호시설(sheltered house)에서 AAC를 사용하는 청소년과 성인과 일하는 직원은 AAC와 관련된 교육 작업을 수행할 수 있는데, 예를 들어 아동기에 AAC에 접근할 기회를 갖지 못했던 개인에게 AAC 실행을 하거나 이전에 받았던 중재를 계속하거나 새롭게 하는 것이다. 따라서 그들은 AAC 중재를 시작하거나 지속하는 데 안내가 필요하다. 이는 개별적인 훈련 회기를 포함할 수 있으나, 손짓 기호나 그래픽 상징을 사용한 의사소통을 가르치기 위해 자연 발생 상황을 이용하는 우연 학습이나 환경 중심 중재가 가장 적절할 수 있다.

직원의 퇴직과 이직이 있으므로, 계획된 중재 절차를 유지하기 위해 지속적으로 직원 교육과 지침이 필요하다. 직원 교육과 재교육은 정기적으로 이루어져야 하고, AAC 중재의 모든 측면을 목표로 해야 한다. 직원 중 일부가 외부 AAC 전문가로부터 집중 교육을 받았다면, 다른 직원과 지식을 공유하여 교육이 환경에 미치는 전체적인 영향을 높여야 한다(Granlund et al., 1992). 여기에 포함된 반복은 또한 집중 교육을 처음 받은 직원의 인식과 역량을 높여줄 것이다.

의사소통 상대자로서 교육영역 외의 직원 지원하기

직원이 의사소통 상대자 역할을 하는 것은 성인의 의사소통을 유지하고 손짓 기호나 그래픽 상징을 사용하는 데 중요하다(Andzik & Chung, 2022: Webster et al., 1973, 2016). AAC를 사용하는 개인이 평생 의사소통에 접근 가능한 환경을 유지하기 위해서는 직원 교육과 지침이 지속적으로 필요하다. 한 연구에서는 8명의 직원이 두 시간짜리 워크숍에 4회 참석하여 핵심 단어 손짓 기호를 배웠다. 그 후 8명의 직원이 나머지 직원에게 매주 2개의 손짓 기호를 가르쳤고, 이후 지적장애 성인에게 손짓 기호를 사용하기 시작했다. 개인과 직원 모두 매일 손짓 기호의 사용이 증가하였다(Meuris et al., 2015). 직원에게 그래픽 상징과 의사소통 도구를 사용하는 대화 상대자 기술을 가르칠 때 유사한 조직이 유용할 수 있다.

직원 교육에서는 AAC가 개인의 언어 방식이라는 점과 직원이 의사소통이 가능한 상태에 있는 것, 가능할 때마다 다른 활동보다도 의사소통 상호작용에 우선순위를 두는 것이 중요하다는 점을 강조해야 한다. 직원이 개인의 의사소통 체계에 관심을 갖고 이해를 보이면 이는 의사소통 방식과 개인 모두에 대한 긍정적인 태도와 존중을 의미하며 그의 자존감을 높일 수 있다. 더불어, 직원이 개인의 AAC 체계가 복잡하다는 것을 알게 되면, 그들은 이를 개인에게 말하며 체계 사용에 대한 그의 기술과 숙련도를 존중한다고 설명해야 한다. 이는 개인이 더 유능하다고 느끼고, 다른 사람의 이해 부족으로 인한 좌절감을 덜 느끼게 할 수 있다. 또한 그에게 직원을 위한 교사로서의 기능을 할 좋은 기회를 제공하고, 직원에게는 그의 능력을 활용할 기회를 제공할 수 있다(p. 185 참조).

직원은 각 개인이 의사소통이 이루어지기를 원하는 방식에 대해 정기적으로 알아야 하는데, 예를 들어 개인이 발화 구성을 마치기 전에 개인의 의도를 추론하고 메시지를 해석해야 하는지 여부를 알아야 한다. 어떤 사람은 그런 것을 선호하지만, 다른 사람은 그들이 발화 구성을 완성하기까지 상대방이 기다리기를 원한다. 직원은 의사소통 주도권을 장악하지 않고 개인의 의사소통 시도에 대해 민감하고 반응하도록 하는 지침이 필요할 수 있다(11장 참조). 이는 직원이 의사소통 상대자로서 자신의 역할을 인식하고 있음을 의미한다. Mendes와 Rato(1996)는 개인과 직원 간의 상호작용 비디오를 포함하는 장기간의 훈련 과정을 실행했다. 두 명의 참가자가 다음과 같이 보고했다:

나는 그 여자아이가 의사소통을 위해 사용하는 모든 시도, 방법, 가능성을 인식하기 시작했고, 그녀의 모든 노력이 오해를 받아 좌절감으로 끝나는 상황을 피하면서 아이의 차례에 시간을 할애했어요.

가장 중요한 요소는 대화 상대자로서 나의 기술 발달이었어요. 나는 아동의 행동을 관찰하고, 주의를 기울이고, 더 잘 반응하는 법을 배웠어요. 나는 내 의사소통 상대자에게 내 말을 적응시키기 시작했어요(Mendes & Rato, 1996, p. 349).

교육은 직원에게 일상적인 의사소통에서 일어날 수 있는 어려움뿐 아니라 특정 개인과 관련하여 너무 초보적인 수준의 의사소통 촉진을 방지하는 것에 대해서도 알려야 한다. 직원이 개인이 직면할 수 있는 문제에 대해 알게 되면 그가 그러한 문제를 극복하도록 돕는 것이 더 쉬워진다. 따라서 직원 교육은 그들이 AAC 체계를 가능한 한 효과적으로 사용하도록 개인을 돕고, 그럼으로써 그들 자신과 개인의 기여가 더욱 평등해질 수 있다.

AAC 교육을 담당하는 사람이 일반 직원이라면 AAC와 관련된 계획하지 않은 상황에서 본보기가 되는 의사소통을 보여 줌으로써 나머지 직원에게 모델로서 기능해야 한다. 많은 직원에게 손짓 기호와 그래픽 상징을 사용하는 것은 새로운 경험이며 AAC가 관련된 상호작용에 참여하는 다른 직원을 관찰하면 그들이 배운 것을 사용하려는 시도가 더 쉬울 수 있다.

도구적 의사소통자와 자연스러운 말을 사용하는 의사소통 상대자 간의 대화를 포함하여 모든 대화에서는 진정성과 참여가 중요하다. 아래 예시에서는 상대방의 참여로 인해 모범적인 대화가 되었다.

Bodil은 42세이다. 그녀는 지적장애가 있고, 말을 하지 못하지만 일부 구어를 이해할 수 있으며, 약 150개의 어휘 항목이 포함된 의사소통 보드와 몇 개의 손짓 기호를 사용했다(p. 429 참조). 하루는 그녀가 AAC 교사에게 그 전날 다녀온 낚시에서 같이 온 사람과 커피와 케이크를 먹었던 일에 대해 이야기했다. 이 대화는 30분 이상 소요되었다. 그날 늦게 Bodil과 교사는 직원 중 한 명과의 대화를 비디오로 녹화하기 위해 그녀의 집으로 갔다. Bodil은 즉시 *FISHING-TRIP*(낚시 여행)을 가리켰고, 그 여행에 대해 이야기하기 시작했다. 그러나 직원은 다음 주 화요일에 계획하고 있는 낚시 여행에 대해 말하기 시작했다. 그는 다른 사람을 언급하며 그들이 주스와 케이크를 먹을 것이라고 말했다. 그들은 분명히 의견이 일치하지 않았다! 그 직원은 그의 정보가 맞고 Bodil이 틀렸다고 주장했다. Bodil은 그들이 두 개의 다른 낚시 여행에 대해 의사소통하고 있다는 것을 처음으로 깨달았다. 그녀는 웃기 시작했고, 손짓으로 FUN을 나타낸 후 그녀가 고대하는 여행을 표현하면서 달력의 화요일을 가리켰다(Møller & von Tetzchner, 1996).

PIC: *FISH, TRIP, FUN*

13분 동안 지속된 이 대화를 하는 동안 Bodil은 17개의 손짓 기호와 제스처를 34회 생성했다. 그녀는 의사소통 보드에서 16개의 그래픽 상징을 33회, 8개의 인물 사진을 14회 가리켰고, 달력을 3회 사용했다. 직원은 Bodil의 손짓과 그래픽 발화를 구어로 표현했고, 자신의 대화 순서를 따라가며 의사소통 보드를 14회 가리켰고, 그 문제를 심각하게 받아들이고 그녀가 틀렸다는 것을 확신시키고 싶어 한다는 것을 보여 주었다.

이 대화는 Bodil이 그렇게 오해가 깊어지는 것을 발견하고 수정할 수 있음을 보여 주었기 때문에 중요했다. 직원은 Bodil이 갔던 낚시 여행에 대해 몰랐고, 단지 그녀가 실수했거나 실제 사건에 대해 말하지 않았다고 가정했다. 교사는 또한 Bodil이 그 여행에 대한 정보를 오해했을 수 있다고 생각했는데, 그녀의 제한된 구어 이해력 때문에 그럴 가능성을 생각하지 않았다. 그러나 나중에 Bodil이 실제로 그녀가 설명한 낚시 여행을 갔었다는 것이 다른 사람에 의해 확인되었다. 두 번의 여행이 있다는 것을 이해했다는 증거를 처음으로 제시한 사람은 Bodil이었다. 그녀는 직원이 잘못된 신념을 가졌다는 것을 이해했고, 따라서 마음을 이해하고 있다는 증거를 보여 주었다(von Tetzchner, 2019a 참조). 이 사건으로 인해 Bodil에 대한 직원의 관점, 그녀의 성찰과 능력이 재정의되었다. 의사소통자로서 그녀의 지위는 높아졌고, 직원은 그녀의 의사소통에 대해 더 나은 통찰력을 얻고, 그녀와 더 발전된 대화에 참여할 필요성이 드러났다.

좋은 교육 프로그램은 의사소통 상대자로서 자신의 업무와 역할을 둘 다 이해하고 숙달하는 유능한 직원을 양성하는 데 도움이 되고, AAC를 학습하고 사용하는 과정에서 개인의 언어 환경의 중요한 부분을 차례로 구성하게 된다. 언어 발달은 결코 멈추지 않고, 언어는 시간이 지남에 따라 변하며, 사람들은 평생 새로운 단어와 표현을 배운다(Sankoff, 2018, 2019). 이는 손짓 기호나 그래픽 상징을 사용하는 개인도 평생 지원이 필요하다는 것을 의미한다. 거기에는 항상 직원의 변화가 있을 것이고, 손짓 기호나 그래픽 상징을 사용하는 사람의 전 생애에 걸쳐 지속적인 직원 교육이 필요함을 의미한다.

마치며

전반적인 목표는 AAC를 사용하는 개인이 주류 사회에 속해 어릴 때부터 노년기까지 점점 더 크고 작은 사회적 활동과 이벤트에 참여해야 한다는 것이다. 이를 위해서 개인의 발달에 따라 적응하고 변화하는 접근 가능한 언어 환경이 필요하다. AAC를 발달시키는 개인을 위한 접근 가능한 언어 환경에는 많은 잠재적 의사소통 상대자가 포함될 수 있다. 유능한 상대자는 개인이 대체 의사소통 수단을 획득할 수 있게 하고, 개인이 그 수단을 사용할 수 있도록 환경을 조성한다. 자원은 항상 가장 효율적인 방식으로 사용되어야 하지만, 중재 조치에 가능한 한 적은 시간이 소요되는 것이 목적은 아니다. 그 결과 최소한의 교육만 받고 사람들의 잠재력이 충분히 실현되지 못할 위험이 있다.

환경 내 사람들을 유능한 의사소통 상대자로 만드는 것을 목표로 하는 중재에는 큰 이점이 있는데, 그러한 중재가 제공되지 않으면 결과가 심각할 수 있다. 실제로 유능하고 지원적인 환경이 없다면, AAC 중재는 그 목표를 달성하지 못할 가능성이 높다. 가족, 또래 및 교사의 AAC 역량을 지원하려면 항상 시간과 자원이 필요하지만, 자원과 시간은 잘 소요된다. AAC를 사용하는 개인의 능력, 기술, 자기효능감은 다양하므로, 사회적(social) 참여 및 사회 체계 내에서의(societal) 참여의 내용과 성격도 다양하다. 그러나 AAC를 사용하는 개인이 그들의 잠재력대로 의사소통과 언어 기술을 발달시키도록 지원하는 환경 또한 그들의 삶을 최대한 살기 좋게 해 줄 것이다.

용어 해설

AAC. 보완대체의사소통.

개념(Concept). 사물, 사건, 사람, 아이디어 등의 범주에 대한 정신적 표상. *(개념의)* 내포*(intension (of a concept))*, *(개념의)* 외연*(extension(of a concept))* 참조.

(개념의) 내포(Intension (of a concept)). 개념이 포함하는 모든 속성, 내용. *(개념의)* 외연*(extension (of a concept))* 참조.

(개념의) 외연(Extension (of a concept)). 개념이 적용되는 모든 실제 및 가능한 예시. *(개념의)* 내포*(intension (of a concept))* 참조.

개별화 교육 계획(Individual education plan). 개인의 교육 내용과 조직을 설명하는 계획. 개별화 재활 계획*(individual habilitation plan)* 참조.

개별화 재활 계획(Individual habilitation plan). 개인의 미래에 대한 비전, 단기 및 장기 중재 목표, 다양한 중재 영역에 대한 책임 할당에 기반한 광범위한 계획으로, 개별화 교육 계획*(individual education plan)*에 포함됨. 재활*(habilitation)* 참조.

개인 어휘(Fringe vocabulary). 핵심으로 간주되지 않는 어휘 항목들. 주로 내용어로 구성된 명사, 동사, 형용사 및 부사임. 기본 어휘*(basic vocabulary)*, 핵심 어휘*(core vocabulary)* 참조.

검사(Test). 측정 도구로, 또래나 특정한 발달 기준과 비교하여 개인의 성과를 평가하기 위한 질문이나 과제 모음.

공동 관심(Joint attention). 두 명 이상의 사람들이 공통의 관심 초점을 공유하면서 동시에 상대방도 같은 관심 초점을 공유하고 있다는 사실을 알고 있는 것.

과소 확장(Under-extension). 단어를 그 일반적인 의미보다 더 제한적으로 사용하는 것. 과잉 확장*(over-extension)* 참조.

과잉 확장(Over-extension). 단어를 보통 지칭되는 범주를 넘어서는 사례에 사용하는 것. 과소-확장*(under-extension)* 참조.

관찰 학습(Observational learning). 다른 사람의 행동과 그 행동의 기능 및 결과를 관찰함으로써 배우는 것.

구문론(Syntax). 언어에서 단어와 구의 문법적 배열.

그래픽 의사소통 상징(Graphic communication symbol). 이미지와 어휘(*gloss*)로 구성된 시각적 기호로, 일반적으로 그래픽 의사소통 체계(*graphic communication system*)의 일부임.

그래픽 의사소통 체계(Graphic communication system). 일상적인 의사소통에 사용하기 위한 그래픽 상징 세트.

근접 발달 영역(Zone of proximal development). 아동이 특정 지식이나 전문 분야에서 더 숙련된 사람들과 협력하여 상호 의존적으로 기술을 습득하는 것으로, 독립적 숙달과는 반대의 개념임. 스캐폴딩(*scaffolding*), 발달 유지 영역(*zone of developmental maintenance*) 참조.

기본 어휘(Basic vocabulary). 다양한 대화 맥락에서 유용하다고 여겨지는 어휘 집합. 핵심 어휘(*core vocabulary*), 개인 어휘(*fringe vocabulary*) 참조.

내재화(Internalization). 개인이 다른 사람과의 상호작용에서 사용했던 문제 해결 전략을 독립적으로 채택하거나, 다른 사람의 태도, 특성 및 기준을 자신의 것으로 채택하는 경우와 같이, 외부 과정을 내부 과정으로 재구성하는 과정.

눈 응시 접근(Eye gaze access). 아이 트래킹 기술을 사용하여 전자적 의사소통 도구나 기타 기술 장치를 작동하는 것.

단어군(Word family). 어미 변화와 파생어를 포함한 단어의 모든 변형. 렘마(*lemma*), 어휘소(*lexeme*), 형태론(*morphology*) 참조.

단일 단어 발화(Holophrase). 언어 발달 초기에 전체 문장의 기능을 단어 하나로 된 발화로 나타내는 것.

대근육 운동 기술(Gross motor skills). 신체, 팔, 다리의 움직임. 소근육 운동 기술(*fine motor skills*) 참조.

대조적 원칙(Contrast principle). 어린 아동이 새로운 단어를 배울 때마다 그 단어가 이전에 배웠던 단어와는 다른 의미를 갖는다고 가정하는 가설.

도구적 성공(Instrumental success). 의사소통을 활용하여 다른 사람이 특정한 일을 하도록 만드는 데 성공하는 것. 의사소통적 성공(*communicative success*) 참조.

도구적 언어(Aided language). 그래픽 상징이나 문자, 또는 유형 상징과 같이, 그래픽 모드로 구성된 언어. 그래픽 상징(*graphic symbol*), 유형 상징(*tangible symbol*) 참조.

도구적 언어 자극(Aided language stimulation). 도구적 의사소통자의 언어 모드에서 전체 또는 일부 발화를 생성하면서 자연스러운 말을 사용하는 의사소통 상대자.

도구적 의사소통(Aided communication). 사용자 외부의 표현 항목(예: 문자, 그래픽 상징, 사물)을 지시하여 생성된 의사소통 표현.

도구적 의사소통(Instrumental communication). 무언가를 얻거나 다른 사람에게 특정한 일을 시키는 것을 목표로 하는 의사소통 행위. 서술형 의사소통*(declarative communication)* 참조.

(도구적 의사소통에서의) 접근(Access (in aided communication)). 개인이 의사소통 보조 기기에서 유형 상징, 그래픽 상징, 문자, 단어 등을 나타내는 물리적 방식. 청각 스캐닝*(auditory scanning)*, 직접 접근*(direct access)*, 눈 추적 접근*(eye-gaze access)*, 스캐닝*(scanning)* 등을 참조.

도상성(Iconicity). 손짓 기호나 그래픽 상징의 형태와 그것이 참조하는 사물이나 사건의 형태 또는 실행 간의 유사성.

도전행동(Challenging behavior). 사회적으로 용납되지 않고 다른 사람들에게 도전적이라고 인식되는 행동. 예를 들어 자신이나 타인에게 상해를 입히는 것.

디지털 음성(Digitized speech). 전자적으로 녹음되고 저장된 자연 음성으로, 때때로 음성 출력 의사소통 기기에서 사용됨. 합성 음성*(synthetic speech)*, 보이스 블렌딩*(voice blending)* 참조.

렘마(Lemma). 특정 어휘소(lexeme)를 나타내기 위해 선택된 단어 형태를 의미. 예를 들어, 사전에서 항목의 표제어로 사용. 어휘소*(lexeme)*, 형태소*(morphology)*, 품사*(word class)*, 단어군*(word family)* 참조.

로우테크 의사소통 도구(Low technology communication aid). 비전자적, 종이 기반의 의사소통 도구. 하이테크 의사소통 도구*(high-technology communication aid)* 참조.

말 산출 기기(Speech-generating device, SGD). 합성 음성이 산출되는 전자적 의사소통 보조 기기. 음성 출력 의사소통 도구*(voice output communication aid)* 참조.

모방(Imitation). 다른 사람이 한 행동에 상응하는 행동을 고의적으로 실행하는 것.

문법(Grammar). 언어에서 문장이 어떻게 형성되는지를 설명하는 규칙. 형태론*(morphology)*와 구문론*(syntax)*을 포함함.

문자-음성 전환(Text-to-speech). 언어의 문자와 단어를 말로 변환시키기 위한 규칙. 합성 음성*(synthetic speech)*, 보이스 블랜딩*(voice blending)* 참조.

문화화(Enculturation). 문화의 실제, 관습, 규범, 가치 등의 습득.

민감한 (양육자)(Sensitive (caregiver)). 아동의 상태를 이해하고, 아동의 신호와 행동에 신속하고 적절하게 반응하며, 아동이 극복할 수 있는 도전을 제공하는 능력. 반응적*(양육자) (responsive (caregiver)*, 신호*(signal)* 참조.

반응적 (양육자)(Responsive (caregiver)). 개인의 신호와 행동에 대해 빠르고 적절한 반응을 제공하는 것. 민감한 *(양육자)(sensitive (caregiver))*, 신호*(signal)* 참조.

발달 유지 영역(Zone of developmental maintenance). 개인이 점차 기술을 상실하는 진행성 상태에서 다른 사람의 지원을 통해 유지되는 상호의존적 숙달. 근접 발달 영역*(zone of proximal* *development)* 참조.

발달성 협응장애(Developmental coordination disorder). 운동 협응 동작을 수행하는 능력에 영향을 미치는 신경발달장애. **실행증***(dyspraxia)* 참조.

발달장애(Developmental disorder). 선천적이거나 유아기 또는 아동기에 나타나며, 외부적 부상에 의해 발생하지는 않는 장애.

변형 집합(Variation set). 같은 정보를 약간 다른 방식으로 표현하는 일련의 진술로, 아동 지향적 언어에서 흔히 나타남.

보완대체의사소통(Augmentative and alternative communication, AAC). 말의 기능을 보완하거나 대체하는 비음성적 표현.

보이스 블렌딩(Voice blending). 개인의 디지털 음성과 일반적인 합성 음성을 결합시키는 것으로, **디지털 음성***(digitized speech)*, **합성 음성***(synthetic speech)* 참조.

비도구적 의사소통 체계(Unaided communication system). 자신의 몸을 사용하여 의사소통하는 언어 표현.

비언어적 의사소통(Non-verbal communication). 제스처와 다른 얼굴, 몸 또는 (언어적 내용을 뺀) 음성 등의 다른 행동. **전언어적***(pre-verbal)*, **언어적***(verbal)* 참조.

비유적 언어(Figurative language). 은유나 직유를 사용하여 사실이나 생각을 표현하는 언어.

비전형적 발달(Atypical development). 대다수 인구의 발달과는 현저히 다른 발달 과정. **전형적 발달***(typical development)* 참조.

상징(Symbol). 그 자체보다 다른 것, 손짓, 단어나 이미지 등을 나타내는 실재.

상징적 제스처(Symbolic gesture). 사물이나 범주를 언급할 때 사용하도록 특정하거나 이름을 부여하는 동작임. **지시적 제스처***(deictic gesture)* 참조.

서술형 의사소통(Declarative communication). 정보를 제공하고 다른 사람의 주의를 사람, 사물, 아이디어와 같은 특정 대상에 집중시키는 것을 목적으로 하는 의사소통, **도구적 의사소통***(instrumental communication)* 참조.

선별 도구(Screening instrument). 보다 철저하고 시간이 소요되는 방식으로 검사를 받아야 할 사람들을 식별하기 위해 설계된 고안된 간단한 질문지, 체크리스트 또는 검사 도구.

소근육 운동 기술(Fine motor skills). 손과 손목의 소근육을 움직이고 사용하는 데 관련된 기술. **대근육 운동 기술***(gross motor skills)* 참조.

손짓 기호 체계(Manual sign system). AAC의 한 형태로, 구어의 주요 요소를 나타내도록 구성된 시각적-손짓 언어 체계. **수어***(sign language)* 참조.

수어(Sign language). 농사회에서 발달한 국가적인 시각-수화 언어로, 주로 팔, 손, 손가락의 움직임을 사용하며, 신체 움직임, 입술의 움직임 및 얼굴 표정으로 보완됨.

수용 언어(Receptive language). 개인이 이해하는 언어. **표현 언어***(expressive language)* 참조.

스캐닝(Scanning). 의사소통 장치로 표현하고자 하는 메시지를 만들기 위해 커서나 화살표 같은 마커를 해당 표현으로 이동시키거나(지시적 스캐닝), 마커가 해당 표현의 위치에 있을 때 이를 표시하여(자동적 스캐닝) 메시지를 생성하는 것. **청각적 스캐닝***(auditory scanning)*, **직접 선택***(direct selection)*, **파트너 보조 스캐닝***(partner assisted scanning)* 참조.

스캐폴딩(Scaffolding). 아동의 독립적인 대응 기술을 넘어서서 새로운 기술과 지식을 발달시킬 수 있도록, 성인이나 더 경험이 많은 또래가 아동의 수준에 맞추어 제공하는 외부 규제, 도움 및 지원. **근접 발달 영역***(zone of proximal development)* 참조.

시각적 스케줄(Visual schedule). 개인이 하루의 활동과 계획을 이해하도록 돕고, 그가 일어날 일을 준비하도록 돕기 위한 시각적 지원. **시각적 활동 스케줄***(isual activity schedule)*, 시각적 지원*(visual support)* 참조.

시각적 지원(Visual support). 개인이 문제를 조직화하고 해결하며 일상생활의 행동을 수행하도록 돕기 위해 소개하는 시각적 요소. **시각적 활동 스케줄***(visual activity schedule)*, **시각적 스케줄** *(visual schedule)* 참조.

시각적 활동 스케줄(Visual activity schedule). 개인이 행동이나 과제를 구성하고 조직하도록 돕기 위한 시각적 지원. **시각적 스케줄***(visual schedule)*, **시각적 지원***(visual support)* 참조.

시간 지연(Time delay). 개인이 발화를 시작하거나 응답할 시간을 주기 위해 AAC 중재에서 그리고 대화 파트너에 의해 사용되는 전략.

실행증(Dyspraxia). 자발적 움직임을 일부 또는 완전히 수행할 수 없는 장애. **발달성 협응장애** *(developmental coodination disorder)* 참조.

아동-지향적 언어(Child-directed language). 성인과 나이가 많은 아동이 영유아와 상호작용할 때 언어 형식, 내용 및 구조를 조정하는 것.

아이 트래킹(Eye tracking). 눈의 움직임을 기록하는 기술.

어휘 발달(Lexical development). 어휘의 발달.

어휘(Gloss). 그래픽 의사소통 상징의 일부인 글자.

어휘소(Lexeme). 다양한 굴절형을 가진 단어. **렘마***(lemma)*, **형태론***(morphology)*, **단어군***(word family)* 참조.

언어적(Verbal). 어떤 양식으로든 언어를 의미함.

(언어에서의) 공식(Formula (in language)). 초기 언어 발달에서의 간단한 발화 구성.

(언어에서의) 수직 구조(Vertical structure (in language)). 몇 가지 항목(단어, 손짓 기호, 그래픽 상징)으로 구성된 발화로, 동일한 억양이나 발화 구조 내에 있지는 않지만, 항목들 사이에 짧은 멈춤이 있는 것. *(언어에서의)* **수평 구조***(horizontal structure (in language))*, **연속된 한 단어 발화**

(successive one-word utterance) 참조.

(언어에서의) 수평적 구조(Horizontal structure (in language)). 동일한 억양 패턴 내에 있거나 도구적 언어 구조로 구성된 여러 단어로 이루어진 발화. **수직적 구조***(vertical structure)* 참조.

언어 기능(Language function). 언어의 목적. 언어를 사용하여 다른 사람에게 무언가를 전달함으로써 달성하고자 하는 목적, **화용론***(pragmatics)* 참조.

(언어 발달에서의) 확장(Expansion (in language development)). 아동이 하는 말을 더 길고 복잡한 문장으로 바꾸어 표현하기.

언어 행위(Language act). 인사말, 질문, 내레이션, 약속 또는 명령과 같은 언어적 발언을 통해 수행되는 행동.

언어 환경(Language environment). 언어를 배우고 실천하는 사회적 환경. **의사소통 접근** *(communicative access)* 참조.

언어의 조정적 기능(Regulating function of language). 개인이 자신의 행동을 조절하기 위한 언어 사용.

언어적 의사소통(Verbal communication). 어떤 양식으로든 언어를 사용한 의사소통.

역동적 디스플레이(Dynamic display). 의사소통 책에서 페이지를 변경하는 것과 유사하게 기능적으로 변화하는 화면 디스플레이.

역동적 평가(Dynamic assessment). 주어진 기간 동안 특정한 도움과 훈련을 받은 후, 특정 유형의 과제를 해결하는 데 얼마나 많은 진전이 있었는지 기록하여 아동의 인지 능력을 측정하는 것.

연속된 한 단어 발화(Successive one-word utterances). 초기 언어 발달 중의 발화로, 몇 개의 주제적으로 관련된 단어들로 구성되지만, 단어는 같은 억양이나 발화 구조 내에 있지 않은 방식으로 조음되며, 단어 사이에 짧은 쉼이 있음. **수평 구조***(horizontal structure)*, **수직 구조** *(vertical structure)* 참조.

예측(Prediction (in aided communication)). 도구적 의사소통자가 생성하고 있는 단어나 문장을 완성하기 위해 전자적 의사소통 도구(또는 사람)에 의해 제공된 제안.

유형 의사소통 상징(Tangible communication symbol). 전형적으로 나무나 플라스틱으로 만들어진 물질적인 의사소통 상징으로, 작은 물건이나 물건의 모형으로 구성됨. **참조 대상***(object of reference)* 참조.

음성 언어(Vocal language). 음성이나 말로 생성된 언어.

음성 출력 의사소통 도구(Voice output communication aid, VOCA). 디지털 또는 합성 음성이 있는 의사소통 도구. **말 산출 기기***(speech generating device)* 참조.

의도성(Intentionality). 행동 목표에 대한 개념, 목표 달성에 관한 감정 및 계획을 포함하는 목표 지향적 결정.

의미 축약(Semantic compaction). 일부 전자기기에 사용되는 부호화 체계로, 민스피크와 같이 제한된 수의 그래픽 상징과 결합하여 사전에 준비된 발화를 생성함.

의미론(Semantics). 단어나 구의 의미를 연구하는 언어학의 한 분야.

의사소통 능력(Communicative competence). 개인이 접근할 수 있고 이용할 수 있는 방식으로 발화를 이해하고 사용하는 데 필요한 능력과 기술.

의사소통 접근(Communicative access). 개인이 배울 수 있는 사람들로 구성된 언어 환경으로, 사람들은 개인의 의사소통 방식을 이해하고, 개인이 이해할 수 있는 방식으로 답변함. 언어 환경(*language environment*) 참조.

의사소통(Communication). 생각, 이야기, 요구, 아이디어, 감정 등을 한 명 이상의 사람에게 의도적으로 전달하는 것.

의사소통적 성공(Communicative success). 개인의 의사소통 의도가 의사소통 상대자에 의해 이해되는 것. 도구적 성공(*instrumental success*) 참조.

이중언어(Multilingualism). 두 개 이상의 언어에 대한 숙달. 가정 내에서만, 또는 가정과 사회 사이에서 연습될 수 있음.

일반화(Generalize). 어떤 면에서 비슷한 사건에 대해 같은 방식으로 인지하고 반응하는 것.

자기조절(Self-regulation). 자신의 생각, 감정, 반응, 행위를 점검하고 적응하여 환경의 요구, 도전 및 기회에 대처하고 목표를 달성할 수 있는 능력. 자제력(self-control)이라고도 함.

자기효능감(Self-efficacy). 자신의 삶을 주도하거나 통제하는 경험; 다양한 상황과 사건을 처리할 수 있는 자신의 능력에 대한 믿음.

자동화(Automatization). 반복적인 실행으로 인해 운동 및 인지 과정의 의식적 조절이 감소하는 현상.

자율성(Autonomy). 삶의 다양한 과제와 관련하여 독립적인 결정을 내리는 것.

작업 기억(Working memory). 개인이 단기적으로 기억하려고 하거나 문제를 처리할 때 개인이 하는 것과 관련된 기억 체계의 일부.

장애(Disability). 개인의 능력과 환경의 요구 사이의 차이.

재활(Habilitation). 선천성 장애나 조기의 후천성 장애가 있는 개인의 기능, 상호 작용 및 삶의 질을 개선하고 지원하기 위한 중재 노력.

전보식 말(Telegraphic speech). 초기 언어 발달에서 생성되는 짧고 불완전한 발화로, 주로 내용 단어를 포함함.

전언어적 의사소통(Pre-verbal communication). 아동이 언어의 이해와 사용을 시작하기 전에 보이는 아동의 의사소통 기술 비언어적(*non-verbal*), 언어적(*verbal*) 참조.

전형적 발달(Typical development). 대부분의 인간의 발달 과정을 특징짓는 경로. 비전형적 발달

(atypical development) 참조.

(정신적) 표상(Representation (mental)). 개인이 세상에 대한 이해와 지식을 정신적으로 저장하는 것.

제스처(Gesture). 주로 의사소통 수단으로 사용되며 사회 체계 내에서 일관되게 해석되는 구분되는 움직임. **지시적 몸짓***(deictic gesture)*, **상징적 몸짓***(symbolic gesture)* 참조.

지문자(Hand alphabet). 알파벳 철자를 손으로 나타내는 방식.

지시적 제스처(Deictic gesture). 가리키는 몸짓. 환경 안에 있는 어떤 것의 이름을 말하지 않고 다른 사람의 주의를 그곳으로 이끄는 몸짓. **상징적 제스처***(symbolic gesture)* 참조.

직접 선택(Direct selection). 그래픽 상징, 문자나 단어를 가리키거나 만지거나 건네주거나 키보드의 키를 누르는 것. 스캐닝*(scanning)* 참조.

참조 대상(Object of reference). 상징을 언급하는 데 사용되는 사물이나 사물의 모델. **유형 상징** *(angible symbol)* 참조.

청각적 스캐닝(Auditory scanning). 도구적 의사소통자가 사용할 수 있는 어휘를 전자 장치 또는 의사소통 상대자가 읽을 수 있도록 고안된 의사소통 도구. *(도구적 의사소통에서의)* **접근***(access (in aided communication))*, **파트너 보조 스캐닝***(partner assisted scanning)*, **스캐닝** *(scanning)* 참조.

체크리스트(Checklist). 개인, 부모나 대상을 잘 아는 사람이 답변하는 특정 관찰 범주, 질문, 또는 진술이 포함된 설문지나 인터뷰. 이는 종종 개인의 한 영역 또는 여러 영역에서의 발달을 평가하는 데 사용됨.

(초기 발달에서의) 신호(Signal (in early development)). 의사소통 의도가 없는 유아의 행동과 표현을 성인이 유아의 흥미, 선호도, 전반적인 상태를 나타내는 지표로 사용하는 것.

촉수어(Tactile sign). 촉각과 손 움직임으로 인지되고 생성되는 손짓 기호.

추상화(Abstraction). 사람, 물건, 사건 등과 같은 구체적인 것을 덜 구체적인 특징이나 측면, 유사성과 연관된 일반화된 범주로 만드는 인지 과정.

파트너 보조 스캐닝(Partner assisted scanning). 의사소통 상대자가 체계적으로 그래픽 상징과 의사소통 도구에 있는 그래픽 상징, 단어 또는 문자를 가리키는 곳에 접속하는 방법, 도구적 의사소통자가 의사소통 상대자가 나타내는 항목을 수용하거나 거부하는 것. **접속** *(access)*, **청각적 스캐닝***(auditory scanning)*, **스캐닝***(scanning)* 참조.

평균발화길이(Mean length of utterance, MLU). 어휘 항목(또는 형태소)의 발화당 평균 개수. 보통 100개의 발화를 기초로 계산하며, 일반적으로 어린 아동의 언어 숙달 수준을 측정하는 데 사용됨.

표준화 (검사)(Standardization (test)). 검사 대상인 인구의 대표 표본에서 검사 항목이 해결된 방식을 조사하고, 행정 지침을 개발하며, 주어진 인구 내에서 점수 분포를 추정하는 것을 목표로 함.

표현 언어(Expressive language). 개인이 만들어 내는 언어. **수용언어**(*receptive language*) 참조.

하이테크 의사소통 도구(High-technology communication aid). 일반적으로 정보 기술을 기반으로 하는 전자적 의사소통 도구. **로우테크 의사소통 도구**(*low-technology communication aid*) 참조.

학습된 무기력(Learned helplessness). 자신이 거의 통제할 수 없다고 느꼈던 상황을 경험한 결과로 자기 결정력과 환경에 영향을 미칠 수 있는 능력이 부족한 경험. **자기효능감**(*self-efficacy*) 참조.

합성 음성(Synthetic speech). 소프트웨어를 사용하여 문자와 단어를 음성으로 변환하는 규칙을 포함하는 인공적 음성. **디지털 음성**(*digitized speech*), **문자-음성 전환**(*TTS*), **보이스 블렌딩**(*voice blending*) 참조.

핵심어/키워드(Keyword). 주요 단어에 해당하는 음성 발화에 수반되는 손짓 기호 또는 그래픽 상징.

핵심 어휘(Core vocabulary). 언어 사용에서 매우 높은 빈도로 나타나는 어휘 집합. **기본 어휘**(*basic vocabulary*), **개인 어휘**(*fringe vocabulary*) 참조.

형태론(Morphology). 단어 형성의 원칙으로 어간과 굴절을 포함함. **문법**(*grammar*), **어휘소**(*lexeme*), **구문론**(*syntax*), **품사**(*word class*) 참조.

화용론(Pragmatics (in language)). 매일의 사용에서 언어의 기능. **언어 기능**(*language function*). **의미론**(*semantics*) 참조.

참고자료

몸짓 상징, 손담
https://www.nise.go.kr/onmam

위톡 그림 상징
https://www.nise.go.kr/lifelong

한국보완대체의사소통학회
http://www.ksaac.or.kr/

한국형 AAC 상징 검색 시스템
http://symbol.ksaac.or.kr

American Sign Language; Dictionary
https://www.handspeak.com

Aragonese Portal of Augmentative and Alternative Communication (ARASAAC)
http://arasaac.org

Autism International Foundation; Non-profit organization supporting services to autistic children throughout the developing world.
https://autisminternationalfoundation.org

Blissymbolics Communication International
www.blissymbolics.org

British Sign Language; Dictionary
https://www.signdictionary.co.uk

CanChild; Non-profit research centre located at McMaster University, Canada
https://canchild.ca/en

Cerebral Palsy Foundation
https://www.yourcpf.org

Communication, Access, Literacy and Learning (CALL), Scotland
https://www.symbolsforall.org.uk/home/

Communication Matrix
https://communicationmatrix.org

Communication Matters, UK chapter of ISAAC
https://www.communicationmatters.org.uk

Enable Ireland
https://enableireland.ie

European Academy of Childhood Disability
https://www.eacd.org

Everyone Communicates; Information about AAC Resources
http://www.everyonecommunicates.org

International Association for the Scientific Study of Intellectual and Developmental Disabilities (IASSIDD)
https://iassidd.org

International Cerebral Palsy Society
https://www.cpint.org

International Disability Alliance (IDA); Network of organizations of persons with disabilities
https://www.internationaldisabilityalliance.org

International Down Syndrome Society; International network for families with members who have Down syndrome
https://www.ds-int.org

International Society for Augmentative and Alternative Communication (ISAAC)
https://www.isaac-online.org

International Society for Autism Research
https://www.autism-insar.org

ISAACAUSTRALIA; Australian chapter of ISAAC
https://isaacaustralia.com

ISAAC-Canada; Canadian chapter of ISAAC
https://isaac-canada.org

ISAAC Singapore; Singapore chapter of ISAAC
http://isaac-singapore.org

Makaton
https://www.makaton.org

Minspeak
https://minspeak.com

MyChild; Provides information about cerebral palsy, aimed at USA
https://www.cerebralpalsy.org

National Disability Services Organization, Ireland
https://www.ndsa.ie

Open AAC Initiative; contains links to various free services.

https://www.openaac.org

Pictogram Ideogram Communication (PIC)|

http://www.pictoworld.com

Picture Communication Symbols (PCS) at Tobii Dynavox

https://goboardmaker.com/pages/picture-communication-symbols

Rehabilitation International, Non-profit organization

https://www.riglobal.org

Scope; Disability equality charity, UK

http://www.scope.org.uk/

SignHow, Global sign language dictionary with signs from deaf communities worldwide

https://www.signhow.co

United Cerebral Palsy, USA

https://ucp.org

UNICEF initiative for AAC for children

https://www.unicef.org/innovation/stories/giving-every-child-voice-aac-technology

USSAAC; American chapter of ISAAC

https://ussaac.org

Widgit Symbols

https://www.widgit.com

World Health Organization: International Classification of Diseases, 11th revision

https://icd.who.int/browse11/l-m/en

참고문헌

국립특수교육원(2017). 중도 · 중복장애학생 의사소통 몸짓 언어 개발 기초 연구 보고서. 국립특수교육원.

국립특수교육원(2018). 중도 · 중복장애학생 의사소통을 위한 몸짓상징 「손담」 교수학습자료집. 국립특수교육원.

국립특수교육원(2019). 중도중복장애학생을 위한 손담 가이드북. 국립특수교육원.

박은혜, 김영태, 홍기형, 연석정, 김경양, 임장현(2016). 이화-AAC 상징체계 개발 연구. 보완대체의사소통연구, 4(2), 19-40.

이현주, 박은혜, 김정연, 주혜선, 황정현, 구정아, 이설희(2019). 중도 · 중복장애학생을 위한 몸짓상징체계 개발 연구. 특수교육, 18(1), 197-224.

Aasen, G. & Næ rland, T. (2014) Enhancing activity by means of tactile symbols: A study of a heterogeneous group of pupils with congenital blindness, intellectual disability and autism spectrum disorder. *Journal of Intellectual Disabilities*, *18*, 61-75.

Abbeduto, L., Thurman, A. J., Bullard, L., Nelson, S. & McDuffie, A. (2019) Genetic syndromes associated with intellectual disabilities. In C. Armstrong and L. Morrow (Eds.), *Handbook of medical neuropsychology: Applications of cognitive neuroscience* (pp. 263-299). New York: Springer.

Abend, O., Kwiatkowski, T., Smith, N. J., Goldwater, S. & Steedman, M. (2017) Bootstrapping language acquisition. *Cognition*, *164*, 116-143.

Achenbach, T. M. & Rescorla, L. A. (2000) *Manual for the ASEBA preschool forms and profiles*. Burlington, VT: University of Vermont, Research Center for Children, Youth, and Families.

Achenbach, T. M., Ivanova, M. Y. & Rescorla, L. A. (2017) Empirically based assessment and taxonomy of psychopathology for ages $1\frac{1}{2}$-90+ years: Developmental, multi-informant, and multicultural findings. *Comprehensive Psychiatry*, *79*, 4-18.

Achenbach, T.M. & Rescorla, L.A. (2001) *Manual for the ASEBA School-Age Forms and Profiles*. Burlington, VT: University of Vermont, Research Center for Children, Youth, and Families.

Achmadi, D., Sigafoos, J., van der Meer, L., Sutherland, D., Lancioni, G. E. et al. (2014) Acquisition, preference, and follow-up data on the use of three AAC options by four boys with developmental disability/delay. *Journal of Developmental and Physical Disabilities*, *26*, 565-583.

Acredolo, L. & Goodwyn, S. (2000) *Baby signs*. London: Vermilion.

Adams, K., Helmbold, B. & Lucky, K. (2010) I tell you a story": Using narrative re-tell to assess AAC competencies. Presented at 14th International Society of Augmentative and Alternative Communication Conference, Barcelona, Spain. July 26-29, 2010.

Adamson, L. B. & Dunbar, B. (1991) Communication development of young children with tracheostomies. *Augmentative and Alternative Communication*, *7*, 275-283.

Adamson, L. B., Kaiser, A. P., Tamis-LaMonda, C. S., Owen, M. T. & Dimitrova, N. (2020) The developmental landscape of early parent-focused language intervention. *Early Childhood Research Quarterly*, *50*, 59-67.

Adolph, K. E. & Hoch, J. E. (2019) Motor development:

Embodied, embedded, enculturated, and enabling. *Annual Review of Psychology*, *70*, 141–164.

Agirre, E. & Edmonds, P. (Eds.) (2007) *Word sense disambiguation: Algorithms and applications*. New York: Springer.

Ahmmed, A. U., Asif, A. & Winterburn, S. (2022) Visual processing impairment in children with suspected auditory processing disorder: A transdisciplinary dimensional approach to diagnosis. *American Journal of Audiology*, *31*, 268–283.

Ahonniska-Assa, J., Polack, O., Saraf, E., Wine, J., Silberg, T., Nissenkorn, A., & Ben-Zeev, B. (2018) Assessing cognitive functioning in females with Rett syndrome by eye-tracking methodology. *European Journal of Paediatric Neurology*, *22*, 39–45

Aksu-Koç, A. & Erciyes, A. A. (2018) Narrative discourse: Developmental perspectives. In A. Bar-On and D. Ravid (Eds.), *Handbook of communicative disorders: Theoretical, empirical, and applied-linguistic perspectives* (pp. 329–356). Boston: Mouton de Gruyter.

Alant, E., Life, H. & Harty, M. (2005) Comparison of the learnability and retention between Blissymbols and CyberGlyphs. *International Journal of Language and Communication Disorders, 40*, 151–169.

Alant, E., Zheng, W., Harty, M. & Lloyd, L. (2013) Translucency ratings of Blissymbols over repeated exposures by children with autism. *Augmentative and Alternative Communication*, *29*, 272–283.

Aldabas, R. (2022) Professional training needs for using augmentative and alternative communication in inclusive classrooms: Voices from Saudi Arabia. *Journal of Special Education Technology*, *37*, 163–173.

Alder, E. C. (2017) English and non-English-speaking families utilizing Augmentative and Alternative Communication (AAC) at home. Master Thesis, California State University, East Bay.

Allen, A. A. & Shane, H. C. (2014) Autism spectrum disorders in the era of mobile technologies: Impact on caregivers. *Developmental Neurorehabilitation*, *17*, 110–114.

Allison, K. M. & Levac, D. E. (2022) Impact of the COVID-19 pandemic on therapy service delivery and functioning for school-aged children with disabilities in the United States. *Disability and Health Journal*, *15*, 101266.

Alm, N. & Newell, A. F. (1996) Being an interesting communication partner. In S. von Tetzchner and M. H. Jensen (Eds.), *Augmentative and alternative communication: European perspectives* (pp. 171–181). London: Whurr/Wiley.

Almirall, D., DiStefano, C., Chang, Y. C., Shire, S., Kaiser, A. et al. (2016) Longitudinal effects of adaptive interventions with a speech-generating device in minimally verbal children with ASD. *Journal of Clinical Child and Adolescent Psychology*, *45*, 442–456.

Alt, M. & Plante, E. (2006) Factors that influence lexical and semantic fast mapping of young children with specific language impairment. *Journal of Speech, Language, and Hearing Research, 49*, 941–954

Altschuler, T., Santiago, R. & Gormley, J. (2021) Ensuring communication access for all during the COVID-19 pandemic and beyond: supporting patients, providers, and caregivers in hospitals. *Augmentative and Alternative Communication*, *37*, 155–167.

American Psychiatric Association (2013) *Diagnostic and Statistical Manual of Mental Disorders, Fifth Edition*. Arlington, VA: American Psychiatric Association.

Amor, A. M., Hagiwara, M., Shogren, K. A., Thompson, J. R., Verdugo, M. Á. et al. (2019) International perspectives and trends in research on inclusive education: A systematic review. *International Journal of Inclusive Education*, *23*(12), 1277–1295.

An, S., Feng, X., Dai, Y., Bo, H., Wang, X. et al. (2017) Development and evaluation of a speech-generating AAC mobile app for minimally verbal children with autism spectrum disorder in Mainland China. *Molecular Autism*, *8*, 1–12.

Andersen, G. L., Irgens, L. M., Haagaas, I., Skranes, J. S., Meberg, A. E., & Vik, T. (2008) Cerebral palsy in Norway: prevalence, subtypes and severity.

European Journal of Paediatric Neurology, 12, 4-13.

Andersen, G. L., Mjøen, T. R. & Vik, T. (2010) Prevalence of speech problems and the use of augmentative and alternative communication in children with cerebral palsy: a registry-based study in Norway. *Perspectives on Augmentative and Alternative Communication, 19*, 12-20.

Anderson, D. K., Lord, C., Risi, S., DiLavore, P. S., Shulman, C. et al. (2007) Patterns of growth in verbal abilities among children with autism spectrum disorder. *Journal of Consulting and Clinical Psychology, 75*, 594-604.

Anderson, K. L., Balandin, S. & Stancliffe, R. J. (2015) Alternative service delivery models for families with a new speech generating device: Perspectives of parents and therapists. *International Journal of Speech-Language Pathology, 17*, 185-195.

Andzik, N. R. & Chung, Y. C. (2022) Augmentative and alternative communication for adults with complex communication needs: a review of single-case research. *Communication Disorders Quarterly, 43*, 182-194.

Andzik, N. R., Chung, Y. C., Doneski-Nicol, J. & Dollarhide, C. T. (2019) AAC services in schools: A special educator's perspective. *International Journal of Developmental Disabilities, 65*, 89-97.

Andzik, N., Chung, Y.-C. & Kranak, M. (2016) Communication opportunities for elementary school students who use augmentative and alternative communication. *Augmentative and Alternative Communication, 32*, 272-281.

Anglin, J. M. (1993) Knowing versus learning words. *Monographs of the Society for Research in Child Development, 58*, 10.

Ankenman, K., Elgin, J., Sullivan, K., Vincent, L. & Bernier, R. (2014) Nonverbal and verbal cognitive discrepancy profiles in autism spectrum disorders: Influence of age and gender. *American Journal on Intellectual and Developmental Disabilities, 119*, 84-99.

Arciuli, J. & Bailey, B. (2021) The promise of comprehensive early reading instruction for children with autism and recommendations for future directions. *Language, Speech, and Hearing Services in Schools, 52*, 225-238.

Armitage, R. C. (2022). War in Ukraine: public health, rehabilitation and assistive technologies. *Disability and Rehabilitation: Assistive Technology, 17*, 989-990.

Armstrong, D. D. (2001) Rett syndrome neuropathology review 2000. *Brain and Development, 23*, S72-S76.

Arnesen, B. & Wergeland, E. (1994) *VMK - Visuelt manipulativt kommunikasjonssystem*. Porsgrunn: Wabe forlag.

Arnett, J. J. (2015) *Emerging adulthood: The winding road from the late teens through the twenties , Second edition*. New York, NY: Oxford University Press.

Arthur, S. M., Creem, A. N., Bahry, S., Cauchi, J. & Leaf, J. B. (2023) Evidence-based interventions to teach social skills. In J. Matson (Ed.), *Handbook of clinical child psychology: Integrating theory and research into practice* (pp. 903-921). Cham, Switzerland: Springer.

Atterström, A., Malmqvist, J., Anderberg, E., & Swärd, A. K. (2023) Experiences about reading and writing development narrated by students with severe speech and physical impairment. *International Journal of Disability, Development and Education, 70*, 1101-1119.

Aviezer, O. (2003) Bedtime talk of three-year-olds: Collaborative repair of miscommunication. *First Language, 23*, 117-139.

Babineau, M., Shi, R. & Christophe, A. (2020) 14-month-olds exploit verbs' syntactic contexts to build expectations about novel words. *Infancy, 25*, 719-733.

Baggetta, P. & Alexander, P. A. (2016) Conceptualization and operationalization of executive function. *Mind, Brain, and Education*, 10, 10-33.

Bailey, P. (2013) The 'Telling Stories' Project: A case series study of narrative interaction between children who use speech generating devices and their educational staff. Doctoral dissertation, University of

East Anglia.

Baio, J., Wiggins, L., Christensen, D. L., Maenner, M. J., Daniels, J. et al. (2018) Prevalence of autism spectrum disorder among children aged 8 years—autism and developmental disabilities monitoring network, 11 sites, United States, 2014. *MMWR Surveillance Summaries*, *67*, 1.

Baker, B. L., Marquis, W. A., & Feinfield, K. A. (2016) Early intervention and parent education. In A. Cass et al. (Eds.), *The handbook of intellectual disability and clinical psychology practice* (pp. 311-338). Abingdon, UK: Routledge.

Baker, B. (1982) Minspeak: A semantic compaction system that makes self-expression easier for communicatively disabled individuals. *Byte, 7,* 186-202.

Baker, B. (1986) Using images to generate speech. *Byte, 11,* 160-168.

Balandin, S. & Iacono, T. (1998) Topics of meal-break converstaions. *Augmentative and Alternative Communication, 14,* 131-146.

Balandin, S. & Morgan, J. (2001) Preparing for the future: Aging and alternative and augmentative communication. *Augmentative and Alternative Communication*, *17*, 99-108.

Bambini, V. & Torregrossa, J. (2010) Cognitive categories behind early Topic/Comment structures. In M. Chine (Ed.), *Topic, struttura dell'informazione e acquisizione linguistica* (pp. 35-58). Milan: Franco Angeli.

Bamford, C. K., Masso, S., Baker, E., & Ballard, K. J. (2022) Dynamic assessment for children with communication disorders: A systematic scoping review and framework. *American Journal of Speech-Language Pathology*, *31*, 1878-1893.

Bancroft, S. L., Weiss, J. S., Libby, M. E. & Ahearn, W. H. (2011) A comparison of procedural variations in teaching behavior chains: Manual guidance, trainer completion, and no completion of untrained steps. *Journal of Applied Behavior Analysis*, *44*, 559-569.

Banda, D. R., Grimmett, E. & Hart, S. L. (2009) Activity schedules: Helping students with autism spectrum disorders in general education classrooms manage transition issues. *Teaching Exceptional Children*, *41*, 16-21.

Bandura, A. (1997) *Self-efficacy: The exercise of control.* New York, NY: W. H. Freeman.

Baranello, G., Signorini, S., Tinelli, F., Guzzetta, A., Pagliano, E. et al. (2020) Visual Function Classification System for children with cerebral palsy: Development and validation. *Developmental Medicine and Child Neurology*, *62*, 104-110.

Barba-Colmenero, F., Robles-Bello, M. A. & Valencia-Naranjo, N. (2024) The relationship between learning potential in preschool children and their cognitive abilities. *Educational Psychology, 30.* 11-18.

Barker, R. M., Akaba, S., Brady, N. C. & Thiemann-Bourque, K. (2013) Support for AAC use in preschool, and growth in language skills, for young children with developmental disabilities. *Augmentative and Alternative Communication*, *29*, 334-346.

Barker, R. M., Saunders, K. J. & Brady, N. C. (2012) Reading instruction for children who use AAC: Considerations in the pursuit of generalizable results. *Augmentative and Alternative Communication, 28,* 160-170.

Baron, L. S. & Arbel, Y. (2022). An implicit-explicit framework for intervention methods in developmental language disorder. *American Journal of Speech-Language Pathology*, *31*, 1557-1573.

Barrett, M. J. (1982) The holophrastic hypothesis: Conceptual and empirical issues. *Cognition*, *11*, 47-76.

Barrett, M. J., Harris, M. & Chasin, J. (1991) Early lexical development and maternal speech: A comparison of children's initial and subsequent uses of words. *Journal of Child Language, 18*, 21-40.

Barron, C., Beckett, A., Coussens, M., Desoete, A., Cannon Jones, N. et al. (2017) *Barriers to play and recreation for children and young people with disabilities: Exploring environmental factors.* Berlin: De Gruyter.

Barstein, J., Martin, G. E., Lee, M. & Losh, M. (2018) A duck wearing boots?! Pragmatic language strategies for repairing communication breakdowns across genetically based neurodevelopmental disabilities. *Journal of Speech, Language, and Hearing Research*, *61*, 1440-1454.

Barton, E. E. (2015) Teaching generalized pretend play and related behaviors to young children with disabilities. *Exceptional Children*, *81*, 489-506.

Barton, E. E. (2016) Critical issues and promising practices for teaching play to young children with disabilities. In B. Reichow et al. (Eds.), *Handbook of early childhood special education* (pp. 267-286). Basel: Springer.

Barton, E. E., Murray, R., O'Flaherty, C., Sweeney, E. M. & Gossett, S. (2020) Teaching object play to young children with disabilities: A systematic review of methods and rigor. *American Journal on Intellectual and Developmental Disabilities*, *125*, 14-36.

Barton, A., Sevcik, R. A. & Romski, M. A. (2006) Exploring visual-graphic symbol acquisition by pre-school age children with developmental and language delays. *Augmentative and Alternative Communication, 22,* 10-20.

Barton, E. E. & Wolery, M. (2008) Teaching pretend play to children with disabilities: A review of the literature. *Topics in Early Childhood Special Education*, *28*, 109-125.

Barton-Hulsey, A., Collins, S. C., Therrien, M. C., Biggs, E. E., Romano, M., & Coltellino, B. (2023) Augmentative and alternative communication services during the COVID-19 pandemic: Contextual determinants of the parent-speech-language pathologist partnership. *American Journal of Speech-Language Pathology*, *32*, 2889-2907.

Basil, C. (1989) Personal communication.

Basil, C. (1992) Social interaction and learned helplessness in severely disabled children. *Augmentative and Alternative Communication, 8,* 188-199.

Basil, C. & Soro-Camats, E. (1996). Supporting graphic language acquisition by a girl with multiple impairments. In S. von Tetzchner and M.H. Jensen (Eds.), *Augmentative and alternative communication: European perspectives* (pp. 270-291). London: Whurr/Wiley.

Bates, E., Bretherton, I. & Snyder, L. (1988) *From first words to grammar: Individual differences and dissociable mechanisms.* Cambridge: Cambridge University Press.

Bates, E., Dale, P.S. & Thal, D. (1995) Individual differences and their implications for theories of language development. In P. Fletcher and B. MacWhinney (Eds.), *Handbook of child language* (pp. 96-151) Oxford: Basil Blackwell.

Bates, E. & Goodman, J. C. (1997) On the inseparability of grammar and the lexicon: Evidence from acquisition, aphasia and real-time processing. *Language and cognitive Processes*, *12*, 507-584.

Batorowicz, B., Campbell, C., King, G., von Tetzchner, S. & Missiuna, C. (2014) Social participation of school-aged children who use communication aids: The views of children and parents. *Augmentative and Alternative Communication, 30*, 237-251.

Batorowicz, B., McDougall, S. & Shepherd, T. A. (2006) AAC and community partnerships: The participation path to community inclusion. *Augmentative and Alternative Communication*, *22*, 178-195.

Batorowicz, B., Stadskleiv, K., Renner, G., Sandberg, A. D. & von Tetzchner, S. (2018) Assessment of aided language comprehension and use in children and adolescents with severe speech and motor impairments. *Augmentative and Alternative Communication, 34,* 54-67.

Batorowicz, B., Stadskleiv, K., von Tetzchner, S. & Missiuna, C. (2016) Children who use communication aids instructing peer and adult partners during play-based activity. *Augmentative and Alternative Communication*, *32*, 105-119.

Baus, C., Carreiras, M. & Emmorey, K. (2013) When does iconicity in sign language matter? *Language and Cognitive Processes*, *28*, 261-271.

Baxter, S., Enderby, P. Evans, P. & Judge, S. (2012) Barriers and facilitators to the use of high-technology augmentative and alternative communication devices: a systematic review and qualitative synthesis. *International Journal of Language and Communication Disorders*, *47*, 115-129.

Beals, K. P. (2020) Review of Communication alternatives in autism: Perspectives on typing and spelling approaches for the nonspeaking by Edlyn Vallejo Peña. *Journal of Evidence-Based Social Work, 17*, 361-367.

Bean, A., Harris, K., Kim, H., DiGiovine, C. & Sonntag, A. M. (2023) A scoping review of communication outcomes measures in augmentative and alternative communication. *Assistive Technology*, doi.org/10.1080/10400435.2023.2251041

Beauchamp, F., Bourke-Taylor, H. & Brown, T. (2018) Therapists' perspectives: Supporting children to use switches and technology for accessing their environment, leisure, and communication. *Journal of Occupational Therapy, Schools, and Early Intervention*, *11*, 133-147.

Beck, A. R. & Fritz-Verticchio, H. (2003) The influence of information and role-playing experiences on children's attitudes toward peers who use AAC. *American Journal of Speech and Language Pathology, 12,* 51-60.

Beck, A. R., Stoner, J. B. & Dennis, M. L. (2009) An investigation of aided language stimulation: Does it increase AAC use with adults with developmental disabilities and complex communication needs? *Augmentative and Alternative Communication*, *25*, 42-54.

Beck, I. L., McKeown, M. G. & Omanson, R. C. (1987) The effects and uses of diverse vocabulary instructional techniques. In M. G. McKeown & M. E. Curtis (Eds.), *The nature of vocabulary acquisition* (pp. 147-163). Hillsdale, NJ: Lawrence Erlbaum.

Bedrosian, J. (1999) Efficacy research issues in AAC: Interactive storybook reading. *Augmentative and Alternative Communication*, *15*, 45-55.

Beghdadi, M. (2019) Texhnology in education. In S. von Tetzchner et al. (Eds.), Juvenile neuronal ceroid lipofuscinosis, childhood dementia and education (pp. 373-398). Trondheim: Sn ø fugl.

Bekteshi, S., Konings, M., Vanmechelen, I., Deklerck, J., Ortibus, E. et al. (2020) Eye gaze gaming intervention in children with Dyskinetic cerebral palsy: A pilot study of task performance and its relation with dystonia and Choreoathetosis. *Developmental Neurorehabilitation*, *23*, 548-556.

Bell, J. L. (2018) KiwiChat Camp: Experiences and perceptions of children with complex communication needs and their family/whānau. Master Thesis, Massey University, Albany, New Zealand

Belland, B. R. (2014) Scaffolding: Definition, current debates, and future directions. In J. M. Spector et al. (Eds.), *Handbook of research on educational communications and technology* (pp. 505-518). Cham, Switzerland: Springer.

Bello, A., Stefanini, S., Rinaldi, P., Onofrio, D. & Volterra, V. (2020) Gestural symbolic strategies in children with Down syndrome. *Gesture*, *19*, 299-334.

Bendel, O. (2019) The synthetization of human voices. *AI and Society, 34,* 83-89.

Bennett, C. R., Bex, P. J., Bauer, C. M. & Merabet, L. B. (2019) The assessment of visual function and functional vision. *Seminars in Pediatric Neurology, 31,* 30-40.

Berenguer, C., Martínez, E. R., De Stasio, S. & Baixauli, I. (2022) Parents' perceptions and experiences with their children's use of augmentative/alternative communication: A systematic review and qualitative meta-synthesis. *International Journal of Environmental Research and Public Health*, *19*, 8091.

Berg, Å. & Sørhuglen, M. (1980) *Tegn med psykisk utviklingshemmede*. Breistein, Norway: Vestlandsheimen.

Berg, M. H. (1998) Children's use of pointing cues in aided language intervention Presented at The 8th Biennial Conference on Augmentative and Alternative Communication, Dublin, August 1998.

Berger, R. J. & Feucht, J. (2012) "Thank you for your words," Observations from a disability summer camp. *Qualitative Inquiry, 18*, 76-85.

Berger-Sweeney, J. (2011) Cognitive deficits in Rett syndrome: What we know and what we need to know to treat them. *Neurobiology of Learning and Memory, 96*, 637-646.

Berry, D. C. & Dienes, Z. (1993) Towards a working characterisation of implicit learning. In D. C. Berry & Z. Dienes (Eds.), *Implicit learning. Theoretical and empirical issues* (pp. 1-18) Hillsdale, NJ: Lawrence Erlbaum.

Bertenthal, B. I. & Boyer, T. W. (2015) The development of social attention in human infants. In A. Puce & B. I. Bertenthal (Eds.), *The many faces of social attention: Behavioral and neural measures* (pp. 21-65). Cham, Switzerland: Springer.

Besio, S. (2017) The need for play for the sake of play. In S. Besio et al. (Eds.), *Play development in children with disabilities* (pp. 9-52). Berlin: De Gruyter.

Besio, S. & Amelina, N. (2017) Play in children with physical impairment. In S. Besio et al. (Eds.), *Play development in children with disabilities* (pp. 120-136). Berlin: De Gruyter.

Besio, S., Bulgarelli, D. & Stancheva-Popkostadinova, V. (Eds.) (2017) *Play development in children with disabilties*. Berlin: De Gruyter.

Besio, S., Bulgarelli, D. & Stancheva-Popkostadinova, V. (Eds.) (2018) *Evaluation of children's play. Tools and methods*. Warsaw, Poland: De Gruyter.

Beukelman, D. R. & Light, J. C. (2020) *Augmentative and alternative communication. Supporting children an adults with complex communication needs, Fifths edition*. Baltimore, MD: Paul H. Brookes.

Beukelman, D. R., Yorkston, K. M., Poblete, M. & Naranjo, C. (1984) Frequency of word occurrence in communication samples produced by adult communication aid users. *Journal of Speech and Hearing Disorders, 49*, 360-367.

Bialystok, E., Hawrylewicz, K., Grundy, J. G. & Chung-Fat-Yim, A. (2022) The swerve: How childhood bilingualism changed from liability to benefit. *Developmental Psychology, 58*, 1429-1440.

Bialystok, E. & Werker, J. F. (2017) The systematic effects of bilingualism on children's development. *Developmental Science, 20*, e12535.

Biggs, E. E., Carter, E. W. & Gustafson, J. (2017) Efficacy of peer support arrangements to increase peer interaction and AAC use. *American Journal on Intellectual and Developmental Disabilities, 122*, 25-48.

Biggs, E. E. & Hacker, R. (2021a) Engaging stakeholders to improve social validity: Intervention priorities for students with complex communication needs. *Augmentative and Alternative Communication, 37*, 25-38.

Biggs, E. E. & Hacker, R. E. (2021b) Ecological systems for students who use AAC: Stakeholders' views on factors impacting intervention and outcomes. *Research and Practice for Persons with Severe Disabilities, 46*, 259-277.

Biklen, D. (1990) Communication unbound: Autism and praxis. *Harvard Educational Review, 60*, 291-315.

Binger, C. (2008) Classroom-based language goals and intervention for children who use AAC: Back to basics. *Perspectives on Augmentative and Alternative Communication, 17*, 20-26.

Binger, C., Kent-Walsh, J., Harrington, N. & Hollerbach, Q. (2020) Tracking early sentence-building progress in graphic symbol communication. *Language, Speech, and Hearing Services in Schools, 51*, 317-328

Binger, C., Kent-Walsh, J. & King, M. (2017) Dynamic assessment for 3- and 4-year-old children who use augmentative and alternative communication: Evaluating expressive syntax. *Journal of Speech, Language, and Hearing Research, 60*, 1946-1958.

Binger, C., Kent-Walsh, J., King, M., & Mansfield, L. (2017a) Early sentence productions of 3- and 4-year-old children who use augmentative and alternative communication. *Journal of Speech, Language, and Hearing Research, 60*, 1930-1945.

Binger, C., Kent-Walsh, J., King, M., Webb, E. & Buenviaje, E. (2017b) Early sentence productions of 5-year-old children who use augmentative and alternative communication. *Communication Disorders Quarterly, 38,* 131-142.

Binger, C. & Light, J. (2007) The effect of aided AAC modeling on the expression of multi-symbol messages by preschoolers who use AAC. *Augmentative and Alternative Communication, 23,* 30-43.

Binger, C. & Light, J. (2008) The morphology and syntax of individuals who use AAC: Research review and implications for effective practice. *Augmentative and Alternative Communication, 24,* 123-138.

Binger, C., Renley, N., Babej, E. & Hahs-Vaughn, D. (2021) A survey of school-age children with highly unintelligible speech. *Augmentative and Alternative Communication, 37,* 194-205.

Bird, F., Dores, P.A., Moniz, D. & Robinson, J. (1989) Reducing severe aggressive and self-injurious behaviors with functional communication training, *American Journal on Mental Retardation, 94,* 37-48.

Bishop, D. V. M. (2003) *Test for Reception of Grammar 2.* London: The Psychological Corporation

Bishop, D. V. M., Snowling, M. J., Thompson, P. A., Greenhalgh, T. & Catalise Consortium. (2016) CATALISE: A multinational and multidisciplinary Delphi consensus study. Identifying language impairments in children. *PLOS One, 11,* e0158753.

Bishop, D. V. M. (2006) What causes specific language impairment in children? *Current Directions in Psychological Science, 15,* 217-221.

Bishop, D. V. M. (2014) Ten questions about terminology for children with unexplained language problems. *International Journal of language and Communication Disorders, 49,* 381-415.

Bishop, D. V. M. (2017) Why is it so hard to reach agreement on terminology? The case of developmental language disorder (DLD) *International Journal of Language and Communication Disorders, 52,* 671-680.

Bishop, D. V., Snowling, M. J., Thompson, P. A., Greenhalgh, T., and thr Catalise-2 Consortium (2017) Phase 2 of CATALISE: A multinational and multidisciplinary Delphi consensus study of problems with language development: Terminology. *Journal of Child Psychology and Psychiatry, 58*(, 1068-1080.

Bishop, K., Rankin, J. & Mirenda, P. (1994) Impact of graphic symbol use on reading acquisition. *Augmentative and Alternative Communication, 10,* 113-125.

Bishop, N., Aziz, A. & Barth, C. (2014) Phenotypic variation in autism spectrum disorder: Insights from syndromic forms of Autism. In V- B- Patel, V. R. Preedy and C. R. Martin (Eds.), *Comprehensive guide to autism* (pp. 1715-1736). London: Springer.

Bjerkan, B. (1975) En re-definering av stamming og en analyse av stammingens situasjonsvariabilitet. Thesis, University of Oslo.

Blackstone, S. W. (1999) Circles of communication partners. *Augmentative Communication News, 12,* 1-2.

Blackstone, S. W. & Bruskin, D. M. (1986) *Augmentative communication: An introduction.* Rockville: American Speech-Language Hearing Association.

Blackstone, S. W. & Hunt-Berg, M. (2012) Social Networks: A communication inventory for individuals with complex communication needs and their communication partners. Verona, Wisconsin: Attainment Company.

Blackstone, S. W., Luo, F., Barker, R. M., Sevcik, R. A., Romski, M., Casella, V., & Roman-Lantzy, C. (2022) Profiles of children with cortical visual impairment who use augmentative and alternative communication: A retrospective examination. *American Journal of Speech-Language Pathology, 31,* 2707-2721.

Blackstone, S. W., Luo, F., Canchola, J., Wilkinson, K. M. & Roman-Lantzy, C. (2021) Children with cortical visual impairment and complex communication needs: Identifying gaps between needs and current practice. *Language, Speech, and Hearing Services in Schools, 52,* 612-629.

Blackstone, S. W., Williams, M. B. & Wilkins, D. P. (2007) Key principles underlying research and practice in AAC. *Augmentative and Alternative*

Communication, *23*, 191-203.

Blackwell, A. K., Harding, S., Babayiğit, S. & Roulstone, S. (2015) Characteristics of parent-child interactions: A systematic review of studies comparing children with primary language impairment and their typically developing peers. *Communication Disorders Quarterly*, *36*, 67-78.

Blair, C. (2016) Executive function and early childhood education. *Current Opinion in Behavioral Sciences*, *10*, 102-107.

Blanche, E. I. (2008) Play in children with cerebral palsy: Doing with - not doing to. In L. D. Parham and L. S. Fazio (Eds.), *Play in occupational therapy for children* (pp. 375-393). Saint Louis, MO: Mosby Elsevier.

Blischak, D. M. & McDaniels, M. A. (1995) Effects of picture size and placement on memory for written words. *Journal of Speech and Hearing Research, 38*, 1356-1362.

Bliss, C. (1965) *Semantography (Blissymbolics)* Sydney: Semantography Publications.

Blissymbolics Communication International (2020). The fundamental rules of Blissymbolics: Creating new Blissymbolics characters and vocabulary. Uppsala, Sweden: Blissymbolics Communication International.

Bloom, L. (1973) *One word at a time*. The Hague: Mouton.

Bloom, L. (1998) Language acquisition in its developmental context. In W. Damon et al. (Eds.), *Handbook of child psychology, Volume 2* (pp. 309-420) New York: Wiley.

Bloom, L. & Lahey, M. (1978) *Language development and language disorders*. New York: Wiley.

Bloom, L., Tinker, E. & Margulis, C. (1994) The words children learn: Evidence against a noun bias in childrren's vocabularies. *Cognitive Development, 8*, 431-450.

Bloom, Y. (1990) *Object symbols: A communication option*. North Rocks, Australia: North Rocks Press.

Boers, E., Janssen, M. J., Minnaert, A. E., & Ruijssenaars, W. A. (2013) The application of dynamic assessment in people communicating at a prelinguistic level: A descriptive review of the literature. *International Journal of Disability, Development and Education*, *60*, 119-145.

Bohn, M. & Frank, M. C. (2019) The pervasive role of pragmatics in early language. *Annual Review of Developmental Psychology*, *1*, 223-249.

Bonarini, A. S. & Besio, S. (2022) *Robot play for all: Developing toys and games for disability*. Cham, Switzerland: Springer.

Bondy, A. (2012) The unusual suspects: Myths and misconceptions associated with PECS. *The Psychological Record*, *62*, 789-816.

Bondy, A. S. & Frost, L. A. (1998) The Picture Exchange Communication System. *Seminars in Speech and Language, 19*, 373-424.

Bondy, A. S. & Frost, L. A. (2002) *A picture's worth: PECS and other visual communication strategies in autism*. Bethesda, MD: Woodbine House.

Bonis, S. (2016) Stress and parents of children with autism: A review of literature. *Issues in Mental Health Nursing*, *37*, 153-163.

Bonvillian, J. D. (2019) Sign acquisition and development by hearing children with autism spectrum disorders. In N. Grove and K. Launonen (Eds.), *Manual sign acquisition in children with developmental disabilities* (pp. 115-131) New York: Nova.

Bonvillian, J. D. & Blackburn, D. W. (1991) Manual communication and autism: Factors relating to sign language acquisition. In P. Siple and S. D. Fischer (Eds.), *Theoretical issues in sign language research. Volume 2: Psychology* (pp. 255-277). Chicago, IL: Chicago University Press.

Bonvillian, J. D., Kissane Lee, N., Dooley, T. T. & Loncke, F. (2020a) *Simplified aigns: A manual sign-communication system for special populations, Volume 1: Principles, background, and application*. Cambridge, UK: Open Book Publishers.

Bonvillian, J. D., Kissane Lee, N., Dooley, T. T. & Loncke, F. (2020b) *Simplified signs: A manual sign-communication system for special populations,*

Volume 2: Sign lexicon, descriptions, and memory aids. Cambridge, UK: Open Book Publishers.

Bonvillian, J. D. & Nelson, K. E. (1976) Sign language acquisition in a mute autistic boy. *Journal of Speech and Hearing Disorders*, *41*, 339-347.

Bonvillian, J. D., Nelson, K. E. & Rhyne, J. M. (1981) Sign language and autism. *Journal of Autism and Developmental Disorders*, *11*, 125-137.

Bonvillian, J. D., Orlansky, M. D., & Novack, L. L. (1983). Developmental milestones: Sign language acquisition and motor development. *Child Development*, 54, 1435-1445.

Booth, T. (1978) Early receptive language training for the severely and profoundly retarded. *Language, Speech, and Hearing Services in Schools, 9,* 142-150.

Borgestig, M., Rytterström, P., & Hemmingsson, H. (2017). Gaze-based assistive technology used in daily life by children with severe physical impairments-parents' experiences. *Developmental Neurorehabilitation*, *20*, 301-308.

Borghi, A. M. (2021) Affordances, context and sociality. *Synthese*, *199*, 12485-12515.

Bornman, J., Nelson Bryen, D., Kershaw, P. & Ledwaba, G. (2011) Reducing the risk of being a victim of crime in South Africa: You can tell and be heard! *Augmentative and Alternative Communication*, *27*, 117-130.

Bornman, J. (2017) Preventing abuse and providing access to justice for individuals with complex communication needs: The role of augmentative and alternative communication. *Seminars in Speech and Language, 38,* 321-331.

Bornman, J. (2023) The ABC's of AAC training for police officers and legal practitioners: From science to solutions. Presented at 5th International Conference on Augmentative and Alternative Communication -AAC beyond the AAC system. Sofia, Bulgaria, November 24-26, 2023.

Bornman, J., Alant, E. & Du Preez, A. (2009) Translucency and learnability of Blissymbols in Setswana-speaking children: An exploration. *Augmentative and Alternative Communication, 25,* 287-298

Bornman, E. Alant, E. & Meiring, J. (2001) The use of a digital voice output device to facilitate language development in a child with developmental apraxia of speech: A case study. *Disability and Rehabilitation*, *23*, 623-634.

Bornstein, M. H. & Hendricks, C. (2013) Screening for developmental disabilities in developing countries. *Social Science and Medicine*, *97*, 307-315.

Bosse, I. K., Renner, G. & Wilkens, L. (2020) Social media and internet use patterns by adolescents with complex communication needs. *Language, speech, and hearing services in schools*, *51*(4), 1024-1036.

Bosse, I. K. & Wilkens, L. (2016) Research and intervention to improve institutional structures for adult aac users. In M. Antona and C. Stephanidis (Eds.), *Universal access in human-computer interaction. Methods, techniques, and best practices* (pp. 161-171). Cham, Switzerland: Springer.

Boster, J. B., Findlen, U. M., Pitt, K. & McCarthy, J. W. (2023) Design of aided augmentative and alternative communication systems for children with vision impairment: Psychoacoustic perspectives. *Augmentative and Alternative Communication, 40,* 57-67.

Bova, A. (2021) Co-construction of argumentative discussions between parents and children during mealtime conversations. A pragma-dialectical analysis. *Learning, Culture and Social Interaction*, *29*, 100519.

Bowring, D. L., Totsika, V., Hastings, R. P., Toogood, S. & Griffith, G. M. (2017) Challenging behaviours in adults with an intellectual disability: A total population study and exploration of risk indices. *British Journal of Clinical Psychology, 56,* 16-32.

Boynton, J. (2012). Facilitated Communication—what harm it can do: Confessions of a former facilitator. *Evidence-Based Communication Assessment and Intervention*, *6*, 3-13.

Bradley, B. S., Selby, J. & Stapleton, M. (2024) *Babies in groups: Expanding imaginations*. Oxford, UK:

Oxford University Press.

Brady, N. (2000) Improved comprehension of object names folowing voice output communication aid use: Two case studies. *Augmentative and Alternative Communication, 16,* 197-204.

Braine, M. D., & Bowerman, M. (1976) Children's first word combinations. *Monographs of the Society for Research in Child Development, 41*, 1-104.

Branson, D. & Demchak, M. (2009) The use of augmentative and alternative communication methods with infants and toddlers with disabilities: A research review. *Augmentative and Alternative Communication*, *25*, 274-286

Brekke, K. M. (2001) *Utvikling av en grafisk kommunikasjonsform*. Stavanger: Senter for atferdsforskning.

Brekke, K. M. & von Tetzchner, S. (2003) Co-construction in graphic language development. In S. von Tetzchner and N. Grove (Eds.), *Augmentative and alternative communication: Developmental issues* (pp. 176-210). London: Whurr/Wiley.

Brewster, S. (2007) Asymmetries of power and competence and implications for AAC: interaction between adults with severe learning disabilities and their care staff. Dissertation, University of Birmingham.

Bridges, K. & Hoff, E. (2014) Older sibling influences on the language environment and language development of toddlers in bilingual homes. *Applied Psycholinguistics*, *35*, 225-241.

Briet, G., Le Maner-Idrissi, G., Seveno, T., Le Marec, O. & Le Sourn-Bissaoui, S. (2023) Peer mediation in play settings for minimally verbal students with autism spectrum disorder. *Autism and Developmental Language Impairments*, *8*, 23969415231204837

Brij, R. S. (2019) Effects of visual supports with and without systematic instruction on the acquisition of daily living skills for students with autism spectrum disorder and intellectual disability. Dissertation, Flinders University, Australia

Broberg, M., Ferm, U. & Thunberg, G. (2012) Measuring responsive style in parents who use AAC with their children: Development and evaluation of a new instrument. *Augmentative and Alternative Communication*, *28*, 243-253.

Brock, K. L. & Thomas, E. (2021) The effectiveness of aided aac modeling for Belizean children: A case study. *Perspectives of the ASHA Special Interest Groups*, *6*, 1182-1197.

Brown, A. & Cariveau, T. (2022) A systematic review of simultaneous prompting and prompt delay procedures. *Journal of Behavioral Education*, doi.org/10.1007/s10864-022-09481-6

Brown, R. & Hanlon, C. (1970) Derivational complexity and order of acquisition in child speech. In J. R. Hayes (Ed.), Cognition and the development of language (pp. 11-53). New York: Wiley.

Bruner, J. S. (1975) The ontogenesis of speech acts. *Journal of Child Language, 2*, 1-19.

Bruner, J. S. (1983) *Child's talk*. Oxford, UK: Oxford University Press.

Bruner, J. S. (1986) Actual Minds, Possible Worlds. Cambridge, MA: Harvard University Press.

Bruner, J. S. (1990) *Acts of meaning*. Cambridge, MA: Harvard University Press.

Bruner, J. S. (1991) The narrative construction of reality. *Critical Inquiry, 18,* 1-21.

Bruno, J. (2010) *Test of aided-communication symbol performance*. Pittsburgh, PA: Dynavox Mayer Johnson.

Bruno, J. & Dribbon, M. (1998) Outcomes in AAC: Evaluating the effectiveness of a parent training program. *Augmentative and Alternative Communication, 14,* 59-70.

Bruno, J. & Trembath, D. (2006) Use of aided language stimulation to improve syntactic performance during a weeklong intervention program. *Augmentative and Alternative Communication*, *22*, 300-313.

Bryan, L. C. & Gast, D. L. (2000) Teaching on-task and on-schedule behaviors to high-functioning children with autism via picture activity schedules. *Journal of Autism and Developmental Disorders*, *30*, 553-567.

Bryen, D. N. (2008) Vocabulary to support sociallyvalued adult roles. *Augmentative and Alternative Communication*, *24*, 294-301.

Bryen, D. N. & Joyce, D. G. (1985) Language intervention with the severely handicapped: A decade of research. *The Journal of Special Education, 19,* 7-39.

Bryen, D. N. & Wickman, C. H. (2011) Ending the silence of people with little or no functional speech: Testifying in court. *Disability Studies Quarterly*, *31*(4)

Brysbaert, M., Stevens, M., Mandera, P. & Keuleers, E. (2016) How many words do we know? Practical estimates of vocabulary size dependent on word definition, the degree of language input and the participant's age. *Frontiers in Psychology*, *7*, 1116.

Buchholz, M., Holmgren, K. & Ferm, U. (2020) Remote communication for people with disabilities: Support persons' views on benefits, challenges, and suggestions for technology development. *Technology and Disability*, *32*, 69-80.

Bulgarelli, D., Corno, F. & De Russis, L. (2018) Collaborative accessible gameplay with one-switch interfaces. In *2018 IEEE Games, Entertainment, Media Conference (GEM) Galway, Ireland, Auguust, 2018* (pp. 95-100).

Bunning, K. (2018) Commentary on "promoting positive communication environments: a service evaluation": The communication partnership as a focus for change. *Tizard Learning Disability Review*, *23*, 201-206.

Burkhart, L. J. (1987) *Using computers and speech synthesis to facilitate communicative interaction with young and/or severely handicapped children.* College Park: Burkhart.

Burnley, A., St Clair, M., Bedford, R., Wren, Y. & Dack, C. (2023) Understanding the prevalence and manifestation of anxiety and other socio-emotional and behavioural difficulties in children with developmental language disorder. *Journal of Neurodevelopmental Disorders, 15,* 1-21.

Buzolich, M. J. & Lunger, J. (1995) Empowering system users in peer training. *Augmentative and Alternative Communication, 11,* 37-48.

Byiers, B. J. & Symons, F. J. (2012) Issues in estimating developmental level and cognitive function in Rett syndrome. *International Review of Research in Developmental Disabilities, 43,* 147-185..

Byler, J. K. (1985) The Makaton vocabulary: An analysis based on recent research. *British Journal of Special Education, 12,* 113-129.

Byrne, G. (2018) Prevalence and psychological sequelae of sexual abuse among individuals with an intellectual disability: A review of the recent literature. *Journal of Intellectual Disabilities*, *22*, 294-310.

Cairns, P., Power, C., Barlet, M. & Haynes, G. (2019) Future design of accessibility in games: A design vocabulary. *International Journal of Human-Computer Studies*, *131*, 64-71.

Calculator, S. (1988) Evaluating the effectiveness of AAC programs for persons with severe handicaps. *Augmentative and Alternative Communication*, *4*, 177-179.

Calculator, S. N. (2009) Augmentative and alternative communication (AAC) and inclusive education for students with the most severe disabilities. *International Journal of Inclusive Education, 13*, 93-113.

Calculator, S. & Dollaghan, C. (1982) The use of communication boards in a residential setting: An evaluation. *Journal of Speech and Hearing Disorders, 47,* 281-287.

Calder, S. D., Brennan-Jones, C. G., Robinson, M., Whitehouse, A. & Hill, E. (2022) The prevalence of and potential risk factors for developmental language disorder at 10 years in the Raine Study. *Journal of Paediatrics and Child Health*, *58*, 2044-2050.

Calderoni, S. (2023) Sex/gender differences in children with autism spectrum disorder: A brief overview on epidemiology, symptom profile, and neuroanatomy. *Journal of Neuroscience Research*, *101*, 739-750.

Calvert, S.L. (2015) Children and digital media. In M. H. Bornstein et al. (Eds.), *Handbook of child psychology and developmental science, Seventh edition, Volume 4: Ecological settings and processes in developmental systems* (pp. 375-415) Hoboken, NJ: Wiley.

Camaioni, L., Perucchini, P., Muratori, F., Parrini, B. & Cesari, A. (2003) The communicative use of pointing in autism: Developmental profile and factors related to change. *European Psychiatry, 18*, 6-12.

Camden, C. & Silva, M. (2021) Pediatric teleheath: Opportunities created by the COVID-19 and suggestions to sustain its use to support families of children with disabilities. *Physical and Occupational Therapy in Pediatrics*, *41*, 1-17.

Cameron, R. J. (1986) *Portage: Pre-schoolers, parents and professionals*. Windsor: NFER-Nelson.

Campos, J., Anderson, D. I., Barbu-Roth, M. A., Hubbard, E. M., Hertenstein, M. J. & Witherington, D. (2000) Travel broadens the mind. *Infancy, 1*, 149-219.

Cancer, A., Minoliti, R., Crepaldi, M. & Antonietti, A. (2020) Identifying developmental motor difficulties: A review of tests to assess motor coordination in children. *Journal of Functional Morphology and Kinesiology*, 5, 16.

Capone, N. C. & McGregor, K. K. (2004) Gesture development. *Journal of Speech Language and Hearing Research* 47, 173-186.

Carbone, V. J., Lewis, L., Sweeney-Kerwin, E. J., Dixon, J., Louden, R. & Quinn, S. (2006) A comparison of two approaches for teaching VB functions: Total communication vs. vocal-alone. *The Journal of Speech-Language Pathology and Applied Behavior Analysis, 1*, 181-192.

Carey, S. (1978) The child as word learner. In M. Halle, J. Bresnan and G.A. Miller (Eds.), *Linguistic theory and psychological reality* (pp. 264-293) Cambridge, MA: MIT Press.

Carlier, M. & Roubertoux, P. L. (2014) Genetic and environmental influences on intellectual disability in childhood. In D. Finkel D. and C. A. Reynold (Eds.), *Behavior genetics of cognition across the lifespan* (pp. 69-101). New York: Springer.

Carlson, F. (1981) A format for selecting vocabulary for the nonspeaking child. *Language, Speech, and Hearing Services in Schools, 12*, 240-145.

Carlson, S. M., Zelazo, P. D. & Faja, S. (2013) Executive function. In P. D. Zelazo (Ed.), *The Oxford handbook of developmental psychology: Volume 1. Body and mind* (pp. 706- 742). Oxford, UK: Oxford University Press.

Carnahan, K. D., Arner, M. & Hägglund, G. (2007) Association between gross motor function (GMFCS) and manual ability (MACS) in children with cerebral palsy. A population-based study of 359 children. *BMC Musculoskeletal Disorders*, *8*, 1-7.

Caron, J. G. & Light, J. (2016) Social media has opened a world of open communication: Experiences of adults with cerebral palsy who use augmentative and alternative communication and social media. *Augmentative and Alternative Communication*, *32* 25-40.

Caron, J. G. & Light, J. (2017) Social media experiences of adolescents and young adults with cerebral palsy who use augmentative and alternative communication. *International journal of Speech-Language Pathology*, *19*, 30-42.

Caron, J. G., Light, J. & McNaughton, D. (2023) Effects of adapted letter-sound correspondence instruction with older learners with complex communication needs and autism spectrum disorder. *Augmentative and Alternative Communication*, *39*, 45-59.

Carpenter, M. & Liebal, K. (2011) Joint attention, communication, and knowing together in infancy. In A. Seemann (Ed.), *Joint attention: New developments in psychology, philosophy of mind, and social neuroscience* (pp. 159-181). Cambridge, MA: MIT Press.

Carr, D. & Felce, J. (2007) The effects of PECS teaching to Phase III on the communicative interactions between children with autism and their teachers *Journal of Autism and Developmental Disorders*, 37, 724-737.

Carr, A. & O'Reilly, G. (2016a) Diagnosis, classification and epidemiology. In A. Carr et al. (Eds.), *The handbook of intellectual disability and clinical psychology practice* (pp. 3-44). Hove, UK: Routledge.

Carr, A. & O'Reilly, G. (2016b) Lifespan development and the family lifecycle. In A. Carr et al. (Eds.), *The handbook of intellectual disability and clinical psychology practice* (pp. 45-74). Hove, UK: Routledge.

Carr, E. G., Levin, L., McConnachie, G., Carlson, J. I., Kemp, D. C. & Smith, C. E. (1994) *Communication intervention for problem behavior: A user's guide for producing positive change*. Baltimore. MD: Paul H. Brookes.

Carr, E. G., Reeve, C. E. & Magito-McLaughlin, D. (1996) Contextual influences on problem behavior in people with developmental disabilities. In L. K. Koegel et al. (Eds.), *Positive behavioral support: Including people with difficult behavior in the community* (pp. 403-423). Baltimore. MD: Paul H. Brookes.

Carston, R. (2021) Polysemy: Pragmatics and sense conventions. *Mind and Language*, *36*, 108-133.

Carter, M. & Grunsell, J. (2001) The behavior chain interruption strategy: A review of research and discussion of future directions. *Journal of the Association for persons with Severe Handicaps*, *26*, 37-49.

Caselli, N. K. & Pyers, J. E. (2017) The road to language learning is not entirely iconic: Iconicity, neighborhood density, and frequency facilitate acquisition of sign language. *Psychological Science, 28*, 979-987

Caselli, N. K., Lieberman, A. M. & Pyers, J. E. (2020) The ASL-CDI 2.0: An updated, normed adaptation of the MacArthur bates communicative development inventory for American sign language. *Behavior Research Methods*, *52*, 2071-2084.

Casey, L. O. (1978) Development of communicative behavior in autistic children: A parent program using manual signs. *Journal of Autism and Childhood Schizophrenia, 8*, 45-59.

Cass, H., Reilly, S., Owen, L., Wisbeach, A., Weekes, L. et al. (2003) Findings from a multidisciplinary clinical case series of females with Rett syndrome. *Developmental Medicine and Child Neurology*, *45*, 325-337.

Ceci, S. J. & Bruck, M. (1993) The suggestibility of the child witness: A historical review and synthesis. *Psychological Bulletin, 113*, 403-439.

Chaika, M. (2023) Working as a therapist while suffering war in Ukraine. *Intervention Journal of Mental Health and Psychosocial Support in Conflict Affected Areas*, *21*, 170-175.

Chan, J. & Nankervis, K. (2014) Stolen voices: Facilitated communication is an abuse of human rights. *Evidence-Based Communication Assessment and Intervention, 8*, 151-156.

Chandler, D. (2002) *The basics*. London, UK: Routledge.

Chang, E. F. & Anumanchipalli, G. K. (2020) Toward a speech neuroprosthesis. *Jama*, *323*, 413-414.

Chang, Y. C., Shire, S. Y., Shih, W., Gelfand, C. & Kasari, C. (2016) Preschool deployment of evidence-based social communication intervention: JASPER in the classroom. *Journal of Autism and Developmental Disorders*, *46*, 2211-2223.

Chapman, R. S. & Miller, J. F. (1980) Analyzing language and communication in the child. In R. L. Schiefelbusch (Ed.), *Nonspeech language and communication* (pp. 159-196) Baltimore: University Park Press.

Charman, T., Drew, A., Baird, C. & Baird, G. (2003) Measuring early language development in preschool children with autism spectrum disorder using the MacArthur Communicative Development Inventory (Infant Form) *Journal of child language*, *30*(1), 213-236.

Che, E. S. & Brooks, P. J. (2021) Maternal repetition and expansion of child utterances at the outset of combinatorial speech promote growth in MLU. In D. Dionne and L.-A. Vidal Covas (Eds.), *Proceedings of the 45th annual Boston University Conference on Language Development* (pp. 120-133). Somerville, MA: Cascadilla Press

Chelly, J., Khelfaoui, M., Francis, F., Chérif, B. & Bienvenu, T. (2006) Genetics and pathophysiology of mental retardation. *European Journal of Human Genetics*, *14*, 701-713.

Chen, C. C., Farmer, T. W., Hamm, J. V., Brooks, D. S., Lee, D. et al. (2020) Emotional and behavioral risk configurations, students with disabilities, and perceptions of the middle school ecology. *Journal of Emotional and Behavioral Disorders*, *28*, 180-192.

Chen, M., Hyppa-Martin, J., Bunnell, H. T., Lilley, J., Foo, C. et al. (2023) Voice banking to support individuals who use speech-generating devices: development and evaluation of Singaporean-accented English synthetic voices and a Singapore Colloquial English recording inventory. *Augmentative and Alternative Communication, 39*, 208-218.

Chiang, H.-M. & Kemp, K. (2019). Curriculums. In J. L. Matson (Ed.), *Handbook of intellectual disabilities: Integrating theory, research, and practice* (pp. 775-794). Cham, Swizerland: Springer.

Christie, J. F. & Johnson, E. P. (1987) Reconceptualizing constructive play: A review of the empirical literature. *Merrill-Palmer Quarterly, 33*, 439-452.

Chu, J. & Schulz, L. E. (2020) Play, curiosity, and cognition. *Annual Review of Developmental Psychology*, *2*, 317-343.

Chung, Y. C. & Carter, E. W. (2013) Promoting peer interactions in inclusive classrooms for students who use speech-generating devices. *Research and Practice for Persons with Severe Disabilities*, *38*, 94-109.

Chung, Y. C., Carter, E. W. & Sisco, L. G. (2012) Social interactions of students with disabilities who use augmentative and alternative communication in inclusive classrooms. *American Journal on Intellectual and Developmental Disabilities*, *117*, 349-367.

Chung, Y. C. & Douglas, K. H. (2015) A peer interaction package for students with autism spectrum disorders who use speech-generating devices. *Journal of Developmental and Physical Disabilities*, *27*, 831-849.

Clark, C. R. (1981) Learning words using traditional orthography and the symbols of Rebus, Bliss and Carrier. *Journal of Speech and Hearing Disorders, 46*, 191-196.

Clark, E. V. (1992) Conventionality and contrast: Pragmatic principles with lexical consequences. In A. Lehrer and E. F. Kittay (Eds.), *Frames, fields and contrasts* (pp. 171-188). Hove, UK: Lawrence Erlbaum.

Clark, E. V. (2018) Conversation and language acquisition: A pragmatic approach. *Language Learning and Development*, *14*, 170-185.

Clark, E. V. (2020) Perspective-taking and pretend-play: Precursors to figurative language use in young children. *Journal of Pragmatics*, *156*, 100-109.

Clarke, H., McConachie, H., Price, K. & Wood, P. (2001) Views of young people using augmentative and alternative communication systems. *International Journal of Language and Communication Disorders, 36*, 107-115.

Clarke, M. & Kirton, A. (2003) Patterns of interaction between children with physical disabilities using augmentative and alternative communication and their peers. *Child Language Teaching and Therapy, 19*, 135-151.

Clarke, M., Newton, C., Petrides, K., Griffiths, T., Lysley, A. & Price, K. (2012) An examination of relations between participation, communication and age in children with complex communication needs. *Augmentative and Alternative Communication*, *28*, 44-51.

Clarke, M. & Wilkinson, R. (2007) Interaction between children with Cerebral Palsy and their peers 1: Organising and understanding VOCA use. *Augmentative and Alternative Communication, 23*, 336-348.

Clarke, M. & Wilkinson, R. (2009) The collaborative construction of non-serious episodes of interaction by non-speaking children with cerebral palsy and their peers. *Clinical Linguistics and Phonetics, 23*, 583-597.

Clarke, M. T., Sargent, J., Cooper, R., Aberbach, G., McLaughlin, L. et al. (2022) Development and testing of the eye-pointing classification scale for children with cerebral palsy. *Disability and Rehabilitation*, *44*, 1451-1456.

Clarke, M. T., Soto, G. & Nelson, K. (2017). Language learning, recasts, and interaction involving AAC: Background and potential for intervention. *Augmentative and Alternative Communication*, *33*, 42-50.

Clarke, S., Remington, B. & Light, P. (1986) An evaluation of the relationship between receptive speech skills and expressive signing. *Journal of Applied Behavior Analysis, 19,* 231-239.

Clasby, B., Mirfin-Veitch, B., Blackett, R., Kedge, S. & Whitehead, E. (2022) Responding to neurodiversity in the courtroom: A brief evaluation of environmental accommodations to increase procedural fairness. *Criminal Behaviour and Mental Health*, *32*, 197-211.

Clegg, J. M., Wen, N. J., DeBaylo, P. H., Alcott, A., Keltner, E. C. & Legare, C. H. (2021) Teaching through collaboration: Flexibility and diversity in caregiver-child interaction across cultures. *Child Development*, *92*, e56-e75.

Clemens, L. F. & Kegel, C. A. (2021) Unique contribution of shared book reading on adult-child language interaction. *Journal of Child Language*, *48*, 373-386.

Clibbens, J. (2001) Signing and lexical development in children with Down syndrome. *Down Syndrome Research and Practice*, 7, 101-105.

Cognolato, M., Atzori, M. & Müller, H. (2018) Head-mounted eye gaze tracking devices: An overview of modern devices and recent advances. *Journal of Rehabilitation and Assistive Technologies Engineering*, *5*, 1-13.

Cole-Lade, G. M. & Bailey, L. E. (2020) Examining the role of paraeducators when supporting children with complex communication needs: A multiple case study. *Teacher Education and Special Education*, *43*, 144-161.

Collins, B. E. & Neul, J. L. (2022) Rett syndrome and MECP2 duplication syndrome: disorders of mecp2 dosage. *Neuropsychiatric Disease and Treatment*, 2813-2835

Collins, S. (1996) Referring expressions in conversations between aided and natural speakers. In S. von Tetzchner and M. H. Jensen (Eds.), *Augmentative and alternative communication: European perspectives* (pp. 89-100). London: Whurr/Wiley.

Collins, S. & Marková, I. (1999) Interaction between impaired and unimpaired speakers: Inter-subjectivity and the interplay of culturally shared and situation specific knowledge. *British Journal of Social Psychology, 38,* 339-368.

Cologon, K. & Mevawalla, Z. (2018) Increasing inclusion in early childhood: Key Word Sign as a communication partner intervention. *International journal of inclusive education*, *22*(8), 902-920.

Compañ-Rosique, P., Molina-Carmona, R., Gallego-Durán, F., Satorre-Cuerda, R., Villagrá-Arnedo, C. & Llorens-Largo, F. (2019) A guide for making video games accessible to users with cerebral palsy. *Universal Access in the Information Society*, *18*, 565-581.

Connelly, R. (2013) Interpreting test scores. *Institute of Education, Discussion Paper*,1.

Contaldo, N., Satta, E., Zambon, Y., Paltrinieri, S. & Bertaccini, A. (2016) Development and evaluation of different complex media for phytoplasma isolation and growth. *Journal of Microbiological Methods*, *127*, 105-110.

Conty, L., George, N. & Hietanen, J. K. (2016) Watching Eyes effects: When others meet the self. *Consciousness and cognition*, *45*, 184-197.

Conway, N. (1986) My perceptions of communication aids. Presented at the 2nd Biennial Conference on Augmentative and Alternative Communication, Cardiff 1986.

Cook, A. M., Polgar, J. M. & Encarnação, P. (2020) Assistive Technologies: Principles and Practice, Fifth Edition. St. Louis, MO: Elsevier.

Cook, J. L., Baruni, R. R. & Lanovaz, M. J. (2023) Noncompliance. In *Handbook of applied behavior analysis for children with autism: Clinical guide to assessment and treatment* (pp. 313-338). Cham: Springer International Publishing.

Cooper, L., Balandin, S. & Trembath, D. (2009) The loneliness experiences of young adults with cerebral palsy who use alternative and augmentative communication. *Augmentative and Alternative Communication, 25,* 154-164.

Cooper, B., Soto, G. & Clarke, M. T. (2021) Prompting for repair as a language teaching strategy for augmentative and alternative communication. *Augmentative and Alternative Communication, 37,* 251-260.

Cordier, R., Munro, N., Wilkes-Gillan, S., Speyer, R. & Pearce, W. M. (2014) Reliability and validity of the Pragmatics Observational Measure (POM): A new observational measure of pragmatic language for children. *Research in Developmental Disabilities, 35,* 1588-1598.

Costigan, F. A. & Light, J. (2010) Effect of seated position on upper-extremity access to augmentative communication for children with cerebral palsy: Preliminary investigation. *American Journal of Occupational Therapy, 64,* 596-604.

Cott, J. (2008) Critical Review: The effect of sign language on speech production in children with developmental disabilities. School of Communication Sciences and Disorders, University of Western Ontario,

Coulmas, F. (2022) *Language, writing, and mobility: A sociological perspective.* Oxford, UK: Oxford University Press.

Creel, D. J. (2019) Visually evoked potentials. *Handbook of Clinical Neurology, 160,* 501-522.

Creer, S., Cunningham, S., Green, P. & Yamagishi, J. (2013) Building personalised synthetic voices for individuals with severe speech impairment. *Computer Speech and Language, 27,* 1178-1193.

Creer, S., Enderby, P., Judge, S. & John, A. (2016) Prevalence of people who could benefit from augmentative and alternative communication (AAC) in the UK: determining the need. *International Journal of Language and Communication Disorders, 51,* 639-653.

Cress, C. J., Grabast, J. & Burgers Jerke, K. (2013) Contingent interactions between parents and young children with severe expressive communication impairments. *Communication Disorders Quarterly, 34,* 81-96.

Crossley, R. (1994) *Facilitated communication training.* New York: Teachers College Press.

Crossley, R. & Remington-Gurney, J. (1992) Getting the words out: Facilitated communication training. *Topics in Language Disorders, 12,* 29-45.

Cumley, G. D. & Stuart, S. (2005) The aging process and the affect on successful AAC use. *Perspectives on Augmentative and Alternative Communication, 14,* 22-25.

Cummings, L. (2008) *Clinical linguistics.* Edinburgh: Edinburg University Press.

Cummings, L. (2014) *Pragmatic disorders.* Dordrecht, The Netherlands: Springer.

Cunningham, B. J., Thomas-Stonell, N. & Rosenbaum, P. (2021) Assessing communicative participation in preschool children with the Focus on the Outcomes of Communication Under Six: A scoping review. *Developmental Medicine and Child Neurology, 63,* 47-53.

Da Fonte, A. Boesch, M. C., DeLuca, E. R., Papp, S. K., Mohler, A. E. et al. (2022) Current preparation status in AAC: Perspectives of special education teachers in the United States. *Augmentative and Alternative Communication, 38,* 29-40.

Dada, S. (2019) A comparison of special education teachers' attitudes toward various augmentative and alternative communication systems. In S. Halder and V. Argyropoulos (Eds.), *Inclusion, equity and access for individuals with disabilities* (pp. 153-178). London: Palgrave Macmillan.

Dada, S. & Alant, E. (2009) The effect of aided language stimulation on vocabulary acquisition of children with little or no functional speech. *American Journal of Speech-Language Pathology, 18,* 50-64.

Dada, S, Flores, C., Bastable, K. & Schlosser, R. W. (2021) The effects of augmentative and alternative communication interventions on the receptive language skills of children with developmental disabilities: A scoping review, *International Journal of Speech-Language Pathology, 23*, 247-257

Dahlgren Sandberg, A. (1996) Literacy abilities in nonvocal children with cerebral palsy. Thesis, Gothenburg University.

Dahlgren Sandberg, A. (2006) Reading and spelling abilities in children with severe speech impairments and cerebral palsy at 6, 9, and 12 years of age in relation to cognitive development: a longitudinal study. *Developmental Medicine and Child Neurology*, *48*, 629-634.

Dahlgren Sandberg, A. & Hjelmquist, E. (1996) Sound and silence: Interaction in aided language use. In S. von Tetzchner & M. H. Jensen (Eds.), *Augmentative and alternative communication: European perspectives* (pp. 137-152). London: Whurr/Wiley.

Dahlgren Sandberg, A., Smith, M. & Larsson, M. (2010) An analysis of reading and spelling abilities of children using AAC: Understanding a continuum of competence. *Augmentative and Alternative Communication*, *26*, 191-202.

Dai, Y. G., Burke, J. D., Naigles, L., Eigsti, I. M. and Fein, D. A. (2018) Language abilities in monolingual- and bilingual-exposed children with autism or other developmental disorders. *Research in Autism Spectrum Disorders*, *55*, 38-49.

Dalhoff, F. (1986) *Forstår han hvad man sier?* Fredrikshavn, DK: Dafolo Forlag.

Darbishire, K. (2018) *Speechless*. London: Stickhouse Publishing.

Dark, L., Brownlie, E. & Bloomberg, K. (2019) Selecting, developing and supporting key word sign vocabularies for children with developmental disabilities. In N. Grove and K. Launonen (Eds.), *Manual sign acquisition in children with developmental disabilities* (pp. 215-245). New York: Nova

Davies, C., Ebbels, S., Nicoll, H., Syrett, K., White, S. & Zuniga-Montanez, C. (2023) Supporting adjective learning by children with developmental language disorder: Enhancing metalinguistic approaches. *International Journal of Language and Communication Disorders*, *58*, 629-650.

Davis, T., Parab, P., May, D. M. & Ruetsch, C. (2023) Characteristics, conditions, and healthcare service utilization patterns of individuals diagnosed with Rett Syndrome: An analysis of administrative claims data. *Future Rare Diseases*, *3*, FRD41.

de Almeida Barbosa, R. T., Bulle de Oliveira, A. S., Ferreira de Lima Antão, J. Y., Crocetta, T. B., Guarnieri, R. et al. (2018) Augmentative and alternative communication in children with Down's syndrome: Aa systematic review. *BMC Pediatrics*, *18*, 160.

De Bortoli, T., Arthur-Kelly, M., Foreman, P., Balandin, S. & Mathisen, B. (2011) Complex contextual influences on the communicative interactions of students with multiple and severe disabilities. *International Journal of Speech-Language Pathology*, *13*, 422-435.

De Houwer, A. (2021) *Bilingual development in childhood*. Cambridge University Press.

de Marchena, A. B., Eigsti, I. M. & Yerys, B. E. (2015) Brief report: Generalization weaknesses in verbally fluent children and adolescents with autism spectrum disorder. *Journal of Autism and Developmental Disorders*, *45*, 3370-3376.

De Simone, C. & Ruggeri, A. (2022) Searching for information, from infancy to adolescence. In I. Cogliati-Dezza et al. (Eds.), *The drive for knowledge: The science of human information-seeking* (pp. 77-97). Cambridge: Cambridge University Press.

De Villiers, T. (2007). Why Peirce matters: The symbol in Deacon's Symbolic Species. *Language Sciences*, *29*, 88-108.

Deacon, J. (1974) *Tongue tied*. London: Spastics Society.

Deacon, T. W. (2011) The symbol concept. In M. Tallerman & K. Gibson (Eds.), *The Oxford handbook of language evolution* (pp. 393-405). Oxford: Oxford University Press.

Deacon, T. W. (2017) Human variability and the origins and evolution of language." In M. Tibayrenc and F. J. Ayala (Eds.), *On human nature: Biology, psychology, ethics, politics, and religion* (pp. 557-564). Cambridge, MA: Elsevier.

Deich, R. F. & Hodges, P.M. (1977) *Language without speech*. London: Souvenir Press.

Delarosa, E., Horner, S., Eisenberg, C., Ball, L., Renzoni, A. M. & Ryan, S. E. (2012) Family impact of assistive technology scale: Development of a measurement scale for parents of children with complex communication needs. *Augmentative and Alternative Communication*, *28*(3), 171-180.

Deliberato, D., Jennische, M., Oxley, J., Nunes, L., Walter, C. et al. (2018) Vocabulary comprehension and strategies in name construction among children using aided communication. *Augmentative and Alternative Communication*, *34*, 16-29.

Dell, A. & Newton, D. (2014) Assistive technology to provide access to the curriculum and increase independence. In L. Florian (Ed.), *The SAGE handbook of special education, Second edition* (pp. 703-717). London: SAGE

DeLoache, J. S. (2004) Becoming symbol-minded. *Trends in Cognitive Sciences*, *8*, 66-70.

DeLoache, J. S., Miller, K. F. and Pierroutsakos, S. L. (1998) Reasoning and problem solving. In W. Damon et al. (Eds.), *Handbook of child psychology, Volume 2* (pp. 801-850). New York: Wiley.

DeMauro, S. B., Wei, J. L. & Lin, R. J. (2016) Perspectives on neonatal and infant tracheostomy. *Seminars in Fetal and Neonatal Medicine,* 21, 285-291.

Denman, D., Speyer, R., Munro, N., Pearce, W. M., Chen, Y. W. & Cordier, R. (2017) Psychometric properties of language assessments for children aged 4-12 years: A systematic review. *Frontiers in Psychology*, *8*, 1515.

Deramore Denver, B., Froude, E., Rosenbaum, P. & Imms, C. (2022) Measure of early vision use: Development of a new assessment tool for children with cerebral palsy. *Disability and Rehabilitation, 44,* 4055-4065.

DeRosa, N. M., Sullivan, W. E. & Roane, H. S. (2019) Evidence-based treatment. In J. L. Matson (Ed.), *Handbook of Intellectual Disabilities* (pp. 485-500). Los Angeles, CA: Springer.

Deruyter, F., McNaughton, D., Caves, K., Bryen, D. N. & Williams, M. B. (2007) Enhancing AAC connections with the world. *Augmentative and Alternative Communication*, *23*, 258-270.

Deshais, M. A., MacDonald, J. & Quiroz, L. (2022) Generalized Imitation and Applied Behavior Analysis. In J. L. Matson and P. Sturmey (Eds.), *Handbook of autism and pervasive developmental disorder: Assessment, diagnosis, and treatment* (pp. 821-844). Cham: Springer.

Dessemontet, R. S., Martinet, C., de Chambrier, A. F., Martini-Willemin, B. M. & Audrin, C. (2019) A meta-analysis on the effectiveness of phonics instruction for teaching decoding skills to students with intellectual disability. *Educational Research Review*, *26*, 52-70.

Detheridge, T. & Detheridge, M. (2002) *Literacy through symbols: Improving access for children and adults, Second edition*. Abingdon, UK: Routledge

Detheridge, T., Whittle, H. & Detheridge, C. (2002) *The Widgit Rebus Symbol Collection*. London: Widgit.

Dew, A., Balandin, S. & Llewellyn, G. (2008) The psychosocial impact on siblings of people with lifelong physical disability: A review of the literature. *Journal of Developmental and Physical Disabilities*, *20*, 485-507

Dewart, H. & Summers, S. (1995) *Pragmatics profile of everyday communication in children*. Windsor, UK: NFER-NELSON

Dhondt, A., Van Keer, I., van der Putten, A. & Maes, B. (2023). Analysis of early expressive communicative behaviour of young children with significant cognitive and motor developmental delays. *British Journal of Learning Disabilities*, *51*, 24-37.

DiCarlo, C. F., Stricklin, S., Banajee, M. & Reid, D. H. (2001) Effects of manual signing on communicative verbalizations by toddlers with and without disabilities in inclusive classrooms. *Journal of the Association for Persons with Severe Handicaps, 26*, 120-126.

Didden, R., Sturmey, P., Sigafoos, J., Lang, R., O'Reilly, M. & Lancioni, G. (2012) Nature, prevalence and characteristics of challenging behavior. In J. Matson (Ed.), *Functional assessment for challenging behaviors* (pp. 25-44). New York: Springer.

Dind, A. J., Starr, J. S. & Arora, S. (2021) iPad-based apps to facilitate communication in critically ill patients with impaired ability to communicate: A preclinical analysis. *Indian Journal of Critical Care Medicine, 25*, 1232-1240.

Dixon, L. S. (1981) A functional analysis of photo-object matching skills of severely retarded adolescents. *Journal of Applied Behavior Analysis, 14*, 465-478.

Doak, L. (2021) Rethinking family (dis) engagement with augmentative and alternative communication. *Journal of Research in Special Educational Needs, 21*, 198-210.

Doherty, J. E. (1985) The effect of sign characteristics on sign acquisition and retention: An integrative review of the literature. *Augmentative and Alternative Communication, 1*, 108-121.

Dollaghan, C. (1985) Child meets word: 'Fast mapping' in preschool children. *Journal of Speech, Language, and Hearing Research, 28*, 449-454.

Dombrowski, S. C., J. McGill, R., Farmer, R. L., Kranzler, J. H. & Canivez, G. L. (2022) Beyond the rhetoric of evidence-based assessment: A framework for critical thinking in clinical practice. *School Psychology Review, 51*, 771-784.

Donato, C., Spencer, E. & Arthur-Kelly, M. (2018) A critical synthesis of barriers and facilitators to the use of AAC by children with autism spectrum disorder and their communication partners. *Augmentative and Alternative Communication, 34*, 242-253.

Doneski-Nicol, J. & Bartz, J. M. (2018) Early literacy and AAC for learners with complex communication needs. In *Autism spectrum disorders: Breakthroughs in research and practice* (pp. 392-427). Hershey, PA: IGI Global.

Doost, H. T. N., Moradi, A. R., Taghavi, M. R., Yule, W. & Dalgleish, T. (1999) The development of a corpus of emotional words produced by children and adolescents. *Personality and Individual Differences, 27*, 433-451.

Douglas, S. N., Meadan, H., Biggs, E. E., Bagawan, A. & Terol, A. K. (2023) Building family capacity: Supporting multiple family members to implement aided language modeling. *Journal of Autism and Developmental Disorders, 53*, 2587-2599.

Dowdall, N., Melendez-Torres, G. J., Murray, L., Gardner, F., Hartford, L. & Cooper, P. J. (2020) Shared picture book reading interventions for child language development: A systematic review and meta-analysis. *Child Development, 91*, e383-e399.

Draffan, E. A., Ding, C., Wald, M. & Newman, R. (2020, July) Multilingual Symbolic Support for Low Levels of Literacy on the Web. In *Companion publication of the 12th ACM Conference on Web Science* (pp. 60-63). New York: The Association for Computing Machinery

Drager, K. D. R. (2009) Aided modeling interventions for children with autism spectrum disorders who require AAC. *Perspectives on Augmentative and Alternative Communication, 18*, 114-120.

Drager, K. D. R., Light, J. C., Carlson, R., D'Silva, K., Larsson, B. et al. (2004) Learning of dynamic display AAC technologies by typically developing 3-year-olds: Effect of different layouts and menu approaches. *Journal of Speech Language Hearing Research, 47*, 1133-1148.

Drager, K. D. R., Reichle, J. & Pinkoski, C. (2010) Synthesized speech output and children: A scoping review. *American Journal of Speech-Language Pathology, 19*, 259-273.

Dromi, E. (1993) The mysteries of early lexical development: Underlying cognitive and linguistic processes in meaning acquisition. In E. Dromi (Ed.), *Language and cognition: A developmental perspective* (pp. 32-60). Norwood, NJ: Ablex.

Drysdale, H., van der Meer, L. & Kagohara, D. (2015) Children with autism spectrum disorder from bilingual families: A systematic review. *Review Journal of Autism and Developmental Disorders*, *2*, 26-38.

Dugan, L., Campbell, P. H. & Wilcox, M. J. (2006) Decision-making about assistive technology use with infants and toddlers. *Topics in Early Childhood Special Education, 26*, 25-32.

Dunn, D. M. (2019) *Peabody Picture Vocabulary Test, Fifth edition*. Bloomington, MN: NCS Pearson.

Dunn, J. (1999) Siblings, friends, and the development of social understanding. In W. A. Collins and B. Laursen (Eds.), *Relationships as developmental contexts* (pp. 263-279). Mahwah, NJ: Erlbaum.

Dunn, L. M., Dunn, D. M., Sewell, J., Styles, B., Brzyska, B. et al. (2009) *The British Picture Vocabulary Scale, Third edition*. London: GL Assessment.

Dunst, C. J., Gorman, E. & Hamby, D. W. (2012) Child-directed motionese with infants and toddlers with and without hearing impairments. *Center for Early Literacy Learning*, *5*(8)

Dunst, C. J., Hamby, D., Trivette, C. M., Raab, M. & Bruder, M. B. (2000) Everyday family and community life and children's naturally occurring learning opportunities. *Journal of Early Intervention*, *23*, 151-164.

Dunst, C. J., Meter, D. & Hamby, D. W. (2011) Influences of sign and oral language interventions on the speech and oral language production of young children with disabilities. *Center for Early Literacy Learning*, *4*, 1-20.

Dunst, C. J., Trivette, C. M. & Deal, A. G. (1994) *Enabling and empowering families*. Cambridge, MA: Brookline books.

Durand, V. M. & Moskowitz, L. J. (2019) The link between problem behavior and communication impairment in persons with developmental disabilities. *Current Developmental Disorders Reports*, *6*, 138-144.

Dylman, A. S., Blomqvist, E. & Champoux-Larsson, M. F. (2020) Reading habits and emotional vocabulary in adolescents. *Educational Psychology*, *40*, 681-694.

Ebbels, S. (2014) Effectiveness of intervention for grammar in school-aged children with primary language impairments: A review of the evidence. *Child Language Teaching and Therapy*, *30*, 7-40.

Eckstein, M. K., Guerra-Carrillo, B., Singley, A. T. M. & Bunge, S. A. (2017) Beyond eye gaze: What else can eyetracking reveal about cognition and cognitive development? *Developmental Cognitive Neuroscience, 25*, 69-91.

Edman, P. (1991) Relief Bliss: A low tech technique. *Communicating Together, 9*, 21-22.

Edmister, E. & Wegner, J. (2015) Repeated reading, turn taking, and augmentative and alternative communication (AAC). *International Journal of Disability, Development and Education*, *62*, 319-338.

Edwards, S., Letts, C. & Sinka, I. (2011) *The New Reynell Developmental Language Scales*. London: GL-Assessment.

Egbert, J., Wizner, S., Keller, D., Biber, D., McEnery, T. & Baker, P. (2021) Identifying and describing functional discourse units in the BNC Spoken 2014. *Text and Talk*, *41*, 715-737.

Ego, A., Lidzba, K., Brovedani, P., Belmonti, V., Gonzalez-Monge, S. et al. (2015) Visual-perceptual impairment in children with cerebral palsy: A systematic review. *Developmental Medicine and Child Neurology*, *57*, 46-51.

Ehrhart, F., Sangani, N. B. & Curfs, L. M. (2018) Current developments in the genetics of Rett and Rett-like syndrome. *Current Opinion in Psychiatry*, *31*, 103-108.

Eisenberg, N., Spinrad, T. L. & Eggum, N. D. (2010) Emotion-related self-regulation and its relation to children's maladjustment. *Annual Review of Clinical Psychology*, *6*, 495-525.

Elbro, C., Rasmussen, I. & Spelling, B. (1996) Teaching reading to disabled readers with language disorders: A controlled evaluation of synthetic speech feedback. *Scandinavian Journal of Psychology, 37*, 140-155.

Elder, C. H. & Haugh, M. (2018) The interactional

achievement of speaker meaning: Toward a formal account of conversational inference. *Intercultural Pragmatics*, *15*, 593-625.

Eliasson, A. C., Krumlinde-Sundholm, L., Rösblad, B., Beckung, E., Arner, M. et al. (2006) The Manual Ability Classification System (MACS) for children with cerebral palsy: Scale development and evidence of validity and reliability. *Developmental Medicine and Child Neurology*, *48*, 549-554.

Eliasson, A. C., Ullenhag, A., Wahlström, U. & Krumlinde-Sundholm, L. (2017) Mini-MACS: Development of the Manual Ability Classification System for children younger than 4 years of age with signs of cerebral palsy. *Developmental Medicine and Child Neurology*, *59*, 72-78.

Elkonin, D. B. (1971) Development of speech. In A. V. Zaporozhets and D. B. Elkonin (Eds.), *The psychology of preschool children* (pp. 111-182). Cambridge, MA: MIT Press

Ellawadi, A. B. & Weismer, S. E. (2014) Assessing gestures in young children with autism spectrum disorder. *Journal of Speech, Language, and Hearing Research*, *57*, 524-531.

Ellis, N. C. (2008). The dynamics of second language emergence: Cycles of language use, language change, and language acquisition. *The Modern Language Journal*, *92*, 232-249.

Ellis, N. C. & Ogden, D. C. (2017) Thinking about multiword constructions: Usage-based approaches to acquisition and processing. *Topics in Cognitive Science*, *9*, 604-620.

Ellis, V. (2007) The narrative matrix and wordless narrations: A research note. *Augmentative and Alternative Communication, 23,* 113-125.

Elman, J. L., Bates, E. A., Johnson, M. H., Karmiloff-Smith, A., Parisi, D. & Plunkett, K. (1996) *Rethinking innateness. A connectionist perspective on development.* London: MIT Press.

Elmquist, M., Simacek, J., Dimian, A. F. & Reichle, J. (2019) Impact of aided AAC interventions on speech comprehension of children with neurodevelopmental disabilities: A critically appraised topic. *Evidence-Based Communication Assessment and Intervention*, *13*, 67-84.

Elsahar, Y., Hu, S., Bouazza-Marouf, K., Kerr, D. & Mansor, A. (2019) Augmentative and alternative communication (AAC) advances: A review of configurations for individuals with a speech disability. *Sensors*, *19*, 1911.

Elsner, B. (2007) Infants' imitation of goal-directed actions: The role of movements and action effects. *Acta Psychologica, 124*, 44-59.

Elvrum, A. K. G., Beckung, E., Sæther, R., Lydersen, S., Vik, T. & Himmelmann, K. (2017) Bimanual capacity of children with cerebral palsy: Intra- and interrater reliability of a revised edition of the bimanual fine motor function classification. *Physical and Occupational Therapy in Pediatrics*, *37*, 239-251.

Emberti Gialloreti, L., Mazzone, L., Benvenuto, A., Fasano, A., Garcia Alcon, A. et al. (2019) Risk and protective environmental factors associated with autism spectrum disorder: evidence-based principles and recommendations. *Journal of Clinical Medicine*, *8*, 217.

Emerson, E. & Einfeld, S. (2011) *Challenging behaviour, Third edition.* Cambridge: Cambridge University Press.

Emerson, E. & Robertson, J. (2011) The estimated prevalence of visual impairment among people with learning disabilities in the UK. *Learning Disabilities Observatory report for RNIB and SeeAbility*.

Emmorey, K. & Lane, H, (Eds.) (2000) *The signs of language revisited.* London: Lawrence Erlbaum.

Enns, C., Haug, T., Herman, R., Hoffmeister, R., Mann, W. & McQuarrie, L. (2016) Exploring signed language assessment tools in Europe and North America. In M. Marschark et al. (Eds.), *Diversity in deaf education* (pp. 172-218). New York: Oxford University Press.

Ervin-Tripp, S. M. (1996) Context in language. In D. I. Slobin et al. (Eds.), *Social interaction, social context, and language: Essays in honor of Susan Ervin-Tripp* (pp. 21-36). Mahwah, NJ: Lawrence Erlbaum.

Ervin-Tripp, S. M. & Küntay, A. (1997) The occasioning and structure of conversational stories. In T. Givin (Ed.), *Conversation: Cognitive, communicative and social perspectives* (pp. 133-166). Amsterdam: John Benjamins.

Espín-Tello, S. M., Gardeazabal, X. & Abascal, J. (2023) The use of robots for augmentative manipulation during play activities among children with motor impairment: A scoping review. *Disability and Rehabilitation*, *45*, 896-910.

Fäldt, A., Fabian, H., Thunberg, G. & Lucas, S. (2020) "All of a sudden we noticed a difference at home too": parents' perception of a parent-focused early communication and AAC intervention for toddlers. *Augmentative and Alternative Communication*, *36*, 143-154.

Fäldt, A., Klint, F., Warner, G. & Sarkadi, A. (2022) Experiences of children with disabilities during the COVID-19 pandemic in Sweden: A qualitative interview study. *BMJ Paediatrics Open, 6,* e001398.

Fallon, K., Light, J. & Achenbach, A. (2003) The semantic organization patterns of young children: Implications for augmentative and alternative communication. *Augmentative and Alternative Communication, 19,* 74-85.

Farah, M. J. (2004) *Visual agnosia*. Cambridge, MA: MIT Press.

Fauconnier, G. & Turner, M. (2002) *The way we think: Conceptual blending and the mind's hidden complexities*. New York: Basic Books.

Feallock, B. (1958) Communication boards for the non-vocal individual. *American Journal of Occupational Therapy, 12,* 60-63.

Felder, F. (2018) The value of inclusion. *Journal of Philosophy of Education*, *52*, 54-70.

Feleihi, S., Abedanzadeh, R. & Saemi, E. (2023) 'Let them play' the effect of active play on motor proficiency and social maturity of children. *Early Child Development and Care*, *193*, 201-210.

Ferguson, C. A. (1978) Learning to pronounce: The earliest stages of phonological development in the child. In F.D. Minifie and L.L. Lloyd (Eds.), *Communicative and cognitive abilities - Early behavioral assessment* (pp. 273-297). Baltimore, MD: University Park Press.

Ferm, U. Ahlsén, E. & Björck-Åkesson, E. (2005) Conversational topics between a child with complex communication needs and her caregiver at mealtime. *Augmentative and Alternative Communication, 21,* 19-40.

Ferm, U., Amberntson, B. & Thunberg, G. (2001) Development and evaluation of a MinspeakTM application using Blissymbols: Experiences from two case studies. *Augmentative and Alternative Communication*, *17*, 233-244.

Fernández-Batanero, J. M., Montenegro-Rueda, M., Fernández-Cerero, J. & García-Martínez, I. (2022) Assistive technology for the inclusion of students with disabilities: A systematic review. *Educational Technology Research and Development*, *70*, 1911-1930.

Ferreira, J., Rönnberg, J., Gustafson, S. & Wengelin, Å. (2007) Reading, why not? Literacy skills in children with motor and speech impairments. *Communication Disorders Quarterly*, *28*, 236-251.

Finke, E. H., Davis, J. M., Benedict, M., Goga, L., Kelly, J. et al. (2017) Effects of a least-to-most prompting procedure on multisymbol message production in children with autism spectrum disorder who use augmentative and alternative communication. *American Journal of Speech-Language Pathology*, *26*, 81-98.

Finke, E. H., McNaughton, D. B. & Drager, K. D. R. (2009) "All children can and should have the opportunity to learn": General education teachers' perspectives on including children with autism spectrum disorder who require ACC. *Augmentative and Alternative Communication, 25,* 110-122.

Fischer, U. (1994) Learning words from context and dictionaries: An experimantal comparison. *Applied Psycholinguistics, 15,* 551-574.

Fischer, S. D. (2000). More than just handwaving: The mutual contributions of sign language and linguistics. In K. Emmorey and H. Lane (Eds.), *The signs of language revisited* (pp. 173-188). Mahwah, NJ: Lawrence Erlbaum.

Fischer, S. D. (2017) Crosslinguistic variation in sign language syntax. *Annual Review of Linguistics*, *3*, 125-147.

Fisher, K. W. & Shogren, K. A. (2012) Integrating augmentative and alternative communication and peer support for students with disabilities: A social-ecological perspective. *Journal of Special Education Technology*, *27*, 23-39.

Fisher, W. W., Greer, B. D., Querim, A. C. & DeRosa, N. (2014) Decreasing excessive functional communication responses while treating destructive behavior using response restriction. *Research in Developmental Disabilities*, *35*, 2614-2623..

Fiske, S. I., Haddeland, A. L., Skipar, I., Bootsma, J. N., Geytenbeek, J. J. & Stadskleiv, K. (2020) Assessing language comprehension in motor impaired children needing AAC: Validity and reliability of the Norwegian version of the receptive language test C-BiLLT. *Augmentative and Alternative Communication*, *36*, 95-106.

Flack, Z. M., Field, A. P. & Horst, J. S. (2018) The effects of shared storybook reading on word learning: A meta-analysis. *Developmental psychology*, *54*, 1334-1346.

Fletcher, K. L. & Reese, E. (2005) Picture book reading with young children: A conceptual framework. *Developmental Review*, *25*, 64-103.

Flink, A. R., Åsberg Johnels, J., Broberg, M. & Thunberg, G. (2022) Examining perceptions of a communication course for parents of children with profound intellectual and multiple disabilities. *International Journal of Developmental Disabilities*, *68*, 156-167.

Fluss, J. & Lidzba, K. (2020) Cognitive and academic profiles in children with cerebral palsy: A narrative review. *Annals of Physical and Rehabilitation Medicine*, *63*, 447-456.

Fodstad, J. C., Rojahn, J. & Matson, J. L. (2012) The emergence of challenging behaviors in at-risk toddlers with and without autism spectrum disorder: A cross-sectional study. *Journal of Developmental and Physical Disabilities*, *24*, 217-234.

Foreman, P. & Crews, G. (1998) Using augmentative communication with infants and young children with Down syndrome. *Down Syndrome Research and Practice*, *5*, 16-25.

Foster, E. K. (2004) Research on gossip: Taxonomy, methods, and future directions. *Review of General Psychology*, *8*, 78-99.

Foster-Cohen, S., van Bysterveldt, A. & Papp, V. (2021) The roles of language use and vocabulary size in the emergence of word-combining in children with complex neurodevelopmental disabilities. *Journal of Child Language*, *48*, 202-214.

Foxx, R. M., Kyle, M. S., Faw, G. D. & Bittle, R. G. (1988) Cues-pause-point training and simultaneous communication to teach the use of signed labeling repertoires. *American Journal of Mental Retardation, 93,* 305-311.

Franklin, K., Mirenda, P. & Phillips, G. (1996) Comparisons of five symbol assessment protocols with nondisabled preschoolers and learners with severe intellectual disabilities. *Augmentative and Alternative Communication*, *12*, 63-77.

Frick, B. J., Bean, A. F. & Sonntag, A. M. (2023) Multicultural considerations in augmentative and alternative communication. *Assistive Technology*, *35*, 435-450.

Fried-Oken, M. & More, L. (1992) Initial vocabulary for nonspeaking preschool children based on developmental and environmental language samples. *Augmentative and Alternative Communication, 8,* 1-16.

Fristoe, M. & Lloyd, L. L. (1980) Planning an initial expressive sign lexicon for persons with severe communication impairment. *Journal of Speech and Hearing Disorders*, *45*, 170-180.

Fritz, H. L. & Sewell-Roberts, C. (2020). Family stress associated with cerebral palsy. In F. Miller et al. (Eds.), *Cerebral palsy* (pp. 515-545). Cham, Switzerland: Springer.

Frizelle, P., Allenby, R., Hassett, E., Holland, O., Ryan,

E. et al. (2023) Embedding key word sign prompts in a shared book reading activity: The impact on communication between children with Down syndrome and their parents. *International Journal of Language and Communication Disorders*, *58*, 1029-1045.

Fu, C., Armstrong, D., Marsh, E., Lieberman, D., Motil, K. et al. (2020) Consensus guidelines on managing Rett syndrome across the lifespan. *BMJ Paediatrics Open*, *4*, e000717.

Fuller, D. R. (1997) Initial study into the effects of translucency and complexity on the learning of Blissymbols by children and adults with normal cognitive abilities. *Augmentative and Alternative Communication*, *13*, 30-39.

Fuller, D. R. & Lloyd, L. L. (1987) A study of physical and semantic characteristics of a graphic symbol system as predictors of perceived complexity. *Augmentative and Alternative Communication, 3*, 26-35.

Fulwiler, R.L. & Fouts, R.S. (1976). Acquisition of American sign language by a noncommunicating autistic child. *Journal of Autism and Childhood Schizophrenia, 6*, 43-51.

Funayama, M. & Nakajima, A. (2023) Development of self-made gestures as an adaptive strategy for communication in an individual with childhood apraxia of speech. *Cognitive and Behavioral Neurology, 36*, 249-258.

Gangkofer, M. & von Tetzchner, S. (1996) Cleaning-ladies and broken buses. A case study on the development of Blissymbol use. In S. von Tetzchner and M. H. Jensen (Eds.), *Augmentative and alternative communication: European perspectives* (pp. 292-308). London: Whurr/Wiley.

Ganz, J. B. & Hong, E. R. (2014) Naturalistic aided AAC instruction. In J. B. Ganz (Ed.), *Aided augmentative communication for individuals with autism spectrum disorders* (pp. 55-75). New York: Springer.

Ganz, J. B., Simpson, R. & Corbin-Newsome, J. (2008) The impact of the Picture Exchange Communication System on requesting and speech development in preschoolers with autism spectrum disorders and similar characteristics. *Research in Autism Spectrum Disorders, 2*, 157-169.

Garber, N. & Veydt, N. (1990) Rett syndrome: A longitudinal developmental case report. *Journal of Communication Disorders, 23*, 61-75.

García, J. C., Díez, E., Wojcik, D. Z. & Santamaría, M. (2020) Communication support needs in adults with intellectual disabilities and its relation to quality of life. *International Journal of Environmental Research and Public Health*, *17*, 7370.

Garcia, L. F., de Oliveira, L. & de Matos, D. (2014) Word and sentence prediction: Using the best of the two worlds to assist AAC users. *Technology and Disability, 26*, 79-91.

Garcia, L. F., de Oliveira, L. C. & de Matos, D. M. (2016) Evaluating pictogram prediction in a location-aware augmentative and alternative communication system. *Assistive Technology, 28*, 83-92.

Garnett, R., Davidson, B. & Eadie, P. (2022) Parent perceptions of a group telepractice communication intervention for autism. *Autism and Developmental Language Impairments*, doi.org/10.1177/23969415211070127

Garrett, S. (1986) A case study in tactile Blissymbols. *Communicating Together, 4*, 16.

Garvey, C. (1977) The contingent query: A dependant act in conversation. In M. Lewis and L. A. Rosenblum (Eds.), *Interaction, conversation and the development of language* (pp. 63-93). New York: Wiley.

Gatt, M. (2022) Improving augmentative and alternative communication use between mothers, siblings, and children with communication disabilities. Dissertation, University of Kent, UK.

Georgila, K. (2023) Considerations for child speech synthesis for dialogue systems. Presented at Language-Based AI Agent Interaction with Children Workshop (AIAIC) - Co-located with IWSDS, Los Angeles, California, USA, February 21, 2023.

Geschwind, N. (1972) Language and the brain. *Scientific American, 233*, 76-83.

Gevarter, C., Groll, M., Stone, E. & Medina Najar, A. (2021) A parent-implemented embedded AAC intervention for teaching navigational requests and other communicative functions to children with autism spectrum disorder. *Augmentative and Alternative Communication*, *37*, 180-193.

Gevarter, C., Najar, A. M. & Siciliano, M. (2023a) Teaching children with autism to create multi-symbol messages on augmentative alternative communication applications during play. *Advances in Neurodevelopmental Disorders*, 7, 314-328.

Gevarter, C., Prieto, V., Binger, C. & Hartley, M. (2023b) Dynamic assessment of AAC action verb symbols for children with ASD. *Advances in Neurodevelopmental Disorders*, 7, 329-343.

Geytenbeek, J., Harlaar, L., Stam, M., Ket, H., Becher, J. G. et al. (2010) Utility of language comprehension tests for unintelligible or non-speaking children with cerebral palsy: A systematic review. *Developmental Medicine and Child Neurology*, *52*, e267-e277.

Geytenbeek, J. J., Mokkink, L. B., Knol, D. L., Vermeulen, R. J. & Oostrom, K. J. (2014) Reliability and validity of the C-BiLLT: A new instrument to assess comprehension of spoken language in young children with cerebral palsy and complex communication needs. *Augmentative and Alternative Communication*, *30*, 252-266.

Giangreco, M. F. (2010) Utilization of teacher assistants in inclusive schools: Is it the kind of help that helping is all about?. *European Journal of Special Needs Education*, *25*, 341-345.

Gibbon, F. & Grunwell, P. (1990) Specific developmental language learning disabilities. In P. Grunwell (Ed.), *Developmental speech disorders* (pp. 135-161). Edinburgh: Churchill Livingstone.

Gibson, R. C., Dunlop, M. D., Bouamrane, M. M. & Nayar, R. (2020) Designing clinical AAC tablet applications with adults who have mild intellectual disabilities. In *Proceedings of the 2020 CHI Conference on Human Factors in Computing Systems, Honolulu, HI, USA, 25-30 April 2020* (pp. 1-13).

Gillon, G. T. & Moriarty, B. C. (2007) Childhood apraxia of speech: Children at risk for persistent reading and spelling disorder. *Seminars in Speech and Language*, 28, 48-57.

Gilmartin, E., Saam, C., Vogel, C., Campbell, N. & Wade, V. (2018, July) Just talking-modelling casual conversation. In *Proceedings of the 19th Annual SIGdial Meeting on Discourse and Dialogue* (pp. 51-59).

Gioia, G. A., Isquith, P. K., Guy, S. C. & Kenworthy, L. (2000) *BRIEF: Behavior Rating Inventory of Executive Function*. Lutz, FL: Psychological Assessment Resources.

Glacken, M., Healy, D., Gilrane, U., Gowan, S. H. M., Dolan, S. et al. (2019) Key word signing: Parents' experiences of an unaided form of augmentative and alternative communication (Lámh). *Journal of Intellectual Disabilities*, *23*, 327-343.

Glenn, S., Cunningham, C., Poole, H., Reeves, D. & Weindling, M. (2009) Maternal parenting stress and its correlates in families with a young child with cerebral palsy. *Child: Care, Health and Development*, *35*, 71-78.

Gohsman, M. K. (2021) *Identification of opportunity barriers and supports for individuals using augmentative and alternative communication (AAC) and stakeholders*. Dissertation, Old Dominion University, USA.

Goldbart, J. & Marshall, J. (2004) "Pushes and pulls" on the parents of children who use AAC. *Augmentative and Alternative Communication*, *20*, 194-208.

Goldberg, M. A., Hochberg, L. R., Carpenter, D. & Walz, J. M. (2021) Development of a Manually Operated Communication System (MOCS) for patients in intensive care units. *Augmentative and Alternative Communication*, *37*, 261-273.

Goldenberg, E. R., Repetti, R. L. & Sandhofer, C. M. (2022) Contextual variation in language input to children: A naturalistic approach. *Developmental Psychology*, *58*, 1051-1065.

Goldin-Meadow, S. & Alibali, M. W. (2013) Gesture's role in speaking, learning, and creating language.

Annual Review of Psychology, *64*, 257–283.

Goldin-Meadow, S. (2020) Using gesture to identify and address early concerns about language and pragmatics. *Pediatrics*, *146* (Supplement 3), S278–S283.

Goldman, S., Wang, C., Salgado, M., Greene, P., Kim, M. & Rapin, I. (2009) Motor stereotypies in children with autism and other developmental disorders. *Developmental Medicine and Child Neurology, 51*, 30–38.

Gona, J. K., Newton, C. R., Hartley, S. & Bunning, K. (2014) A home-based intervention using augmentative and alternative communication (AAC) techniques in rural K enya: What are the caregivers' experiences? *Child: Care, Health and Development*, *40*, 29–41.

Gonzalez-Barrero, A. M. & Nadig, A. (2019) Vocabulary and grammatical skills of bilingual children with autism spectrum disorders at school age. *Journal of Autism and Developmental Disorders*, *49*, 3888–3897.

Goods, K. S., Ishijima, E., Chang, Y. C. & Kasari, C. (2013) Preschool based JASPER intervention in minimally verbal children with autism: Pilot RCT. *Journal of Autism and Developmental Disorders*, *43*, 1050–1056.

Goosens', C. A. (1983) The relative iconicity and learnability of verb referents represented in Blissymbolics, Rebus symbols, and manual signs: An investigation with moderately retarded individuals. Dissertation, Purdue University.

Goosens', C. A. (1989) Aided communication intervention before assessment: A case study of a child with cerebral palsy. *Augmentative and Alternative Communication, 3,* 14–26.

Gorgan, E. M. & Kodak, T. (2019) Comparison of interventions to treat prompt dependence for children with developmental disabilities. *Journal of Applied Behavior Analysis*, *52*, 1049–1063.

Grace, E., Raghavendra, P., McMillan, J. M. & Gunson, J. S. (2019) Exploring participation experiences of youth who use AAC in social media settings: Impact of an e-mentoring intervention. *Augmentative and Alternative Communication*, *35*, 132–141.

Grace, E., Shipman, J., Raghavendra, P. & McMillan, J. M. (2023) "You got an instant conversation": Goal progress and perceptions following an e-mentoring social media intervention for young people who use augmentative and alternative communication. *Journal of Communication Disorders*, *103*, 106328.

Graham, N., Truman, J. & Holgate, H. (2014) An exploratory study: expanding the concept of play for children with severe cerebral palsy. *British Journal of Occupational Therapy*, *77*, 358–365.

Granlund, M., Björck-Åkesson, E., Wilder, J. & Ylvén, R. (2008) AAC interventions for children in a family environment: Implementing evidence in practice. *Augmentative and alternative communication*, *24*, 207–219.

Granlund, M., Terneby, J. & Olsson, C. (1992) Creating communicative opporptunities through a combined in-service training and supervision package. *European Journal of Special Needs Education, 7,* 229–252.

Gray, C. (2022) Social stories. In N. Grove (Ed.), *Storytelling, special needs and disabilities practical approaches for children and adults, Second edition* (pp. 152–158). London: Routledge.

Creaghe, N., Quinn, S. & Kidd, E. (2021) Symbolic play provides a fertile context for language development. *Infancy*, *26*, 980–1010.

Greenspan, S. & Woods, G. W. (2014) Intellectual disability as a disorder of reasoning and judgement: The gradual move away from intelligence quotient-ceilings. *Current Opinion in Psychiatry*, *27*, 110–116.

Griffith, P. L. & Robinson, J. H. (1980) Influence of iconicity and phonological similarity on sign learning by mentally retarded children. *American journal of Mental Deficiency, 85,* 291–298.

Griffith, P. L. & Robinson, J. H. (1981) A comparative and normative study of the iconicity of signs rated by three groups. *American Annals of the Deaf, 126,* 440–449.

Griffiths, P. (1986) Early vocabulary. In P. Fletcher and

M. Garman (Eds.), *Language acquisition, Second edition* (pp. 279-306). Cambridge: Cambridge University Press.

Griffiths, T. (2020) *Access to eye-gaze control technology for children with cerebral palsy*. Dissertation, University College London.

Grolig, L., Cohrdes, C., Tiffin-Richards, S. P.& Schroeder, S. (2020) Narrative dialogic reading with wordless picture books: A cluster-randomized intervention study. *Early Childhood Research Quarterly*, *51*, 191-203.

Grosjean, F. (2022) *The mysteries of bilingualism: Unresolved issues*. Hoboken, NJ: John Wiley.

Grosjean, F. (2024) *On bilinguals and bilingualism*. Cambridge, UK: Cambridge University Press.

Grosse, G., Streubel, B., Gunzenhauser, C. & Saalbach, H. (2021) Let's talk about emotions: The development of children's emotion vocabulary from 4 to 11 years of age. *Affective Science*, *2*, 150-162.

Grove, N. (1990) Developing intelligible signs with learning-disabled students: A review of the literature and an assessment procedure. *International Journal of Language and Communication Disorders*, *25*, 265-293.

Grove, N. (1998) *Literature for all*. London: David Fulton.

Grove, N. (2019a) Multi-sign utterances by children with intellectual disabilities: Patterns of use, assessment and intervention. In N. Grove and K. Launonen (Eds.), *Manual sign acquisition in children with developmental disabilities* (pp. 271-292). New York: Nova.

Grove, N. (2019b) Pragmatic skills of key word signers. In N. Grove and K. Launonen (Eds.), *Manual sign acquisition in children with developmental disabilities* (pp. 293-314). New York: Nova.

Grove, N. (2022) *Storytelling, special needs and disabilities, Second edition*. Abingdon, UK: Routledge.

Grove, N., Bunning, K., Porter, J. & Olsson, C. (1999) See what I mean: Interpreting the meaning of communication by people with severe and profound intellectual disabilities. *Journal of Applied Research in Intellectual Disabilities*, *12*, 190-203.

Grove, N., Dark, L., Brownlie, E. & Bloomberg, K. (2019) Assessment and intervention for problems in sign production. In N. Grove and K. Launonen (Eds.), *Manual sign acquisition in children with developmental disabilities* (pp. 247-270). New York: Nova..

Grove, N. & Dockrell, J. (2000) Multi-sign combinations by children with intellectual impairments: An analysing of language skills. *Journal of Speech, Language and Hearing Research*, *43*, 309-323.

Grove, N., Dockrell, J. & Woll, B. (1996) The two-word stage in manual signs: Language development in signers with intellectual impairment. In S. von Tetzchner and M. H. Jensen (Eds.), *Augmentative and alternative communication: European perspectives* (pp. 101-118). London: Whurr/Wiley.

Grove, N. & Launonen, K. (Eds.) (2019) *Manual sign acquisition in children with developmental disabilities*. New York: Nova. .

Grove, N. & Tucker, S. (2003) Narratives in manual sign by children with intellectual impairments. In S. von Tetzchner, & N. Grove (Eds.), *Augmentative and alternative communication: Developmental issues* (pp. 229-255). London, UK: Whurr/Wiley.

Grove, N. & Walker, M. (1990) The Makaton Vocabulary: Using manual signs and graphic symbols to develop interpersonal communication. *Augmentative and Alternative Communication*, *6*, 15-28.

Grove, N. & Woll, B. (2017) Assessing language skills in adult key word signers with intellectual disabilities: Insights from sign linguistics. *Research in Developmental Disabilities*, *62*, 174-183.

Grunér, S., Östberg, P. & Hedenius, M. (2018) The compensatory effect of text-to-speech technology on reading comprehension and reading rate in Swedish schoolchildren with reading disability: The moderating effect of inattention and hyperactivity symptoms differs by grade groups. *Journal of Special Education Technology*, *33*, 98-110.

Gudmundsson, E. & Gretarsson, S. J. (2009) Comparison of mothers' and fathers' ratings of their children's verbal and motor development. *Nordic Psychology*, *61*, 14-25.

Guendouzi, J. (2020) Social functions of gossip in adolescent girl's talk. *Discourse Studies*, *22*, 678-696.

Guillaume, P. (1971) *Imitation in children*. Chicago: Chicago University Press.

Gulsrud, A. C., Hellemann, G. S., Freeman, S. F. & Kasari, C. (2014) Two to ten years: Developmental trajectories of joint attention in children with ASD who received targeted social communication interventions. *Autism Research*, *7*, 207-215.

Gunaratne, C., Senevirathna, C., Jayalath, C., Baral, N., Rand, W. & Garibay, I. (2019) A multi-action cascade model of conversation. Presented at the 5th International Conference on Computational Social Science. University of Amsterdam, The Netherlands, July 17-20, 2019.

Guralnick, M. J. (2005) Inclusion as a core principle in the early intervention system. In M. J. Guralnick (Ed.), *The developmental systems approach to early intervention* (pp. 59-69). Baltimore, MD: Paul H. Brookes.

Guralnick, M. J. (2011) Why early intervention works: A systems perspective. *Infants and Young Children*, *24*, 6-28.

Guralnick, M. J. (2017) Early intervention for children with intellectual disabilities: An update. *Journal of Applied Research in Intellectual Disabilities*, *30*, 211-229.

Gustason, G., Pfetzing, D. & Zawolkow, E. (1980) *Signing Excact Englsih, Third edition*. Los Alamitos, California: Modern Signs Press.

Hagberg, B. & Hagberg, G. (1997) Rett syndrome: Epidemiology and geographical variability. *European Child and Adolescent Psychiatry, 6 (Supplement 1)*, 5-7.

Hagberg, B. & Skjeldal, O. H. (1994) Rett variant: A suggested model for inclusion criteria. *Pediatric Neurology, 11,* 5-11.

Hagemoen, M. K., Opsal, K., Hellberg, K., Krabbe, S., Bor ø y, A. & von Tetzchner, S. (2004) "Jeg har noe å si!" Strategisk språkbruk hos barn som utvikler alternativ og supplerende kommunikasjon. Oslo: Oslo National Hospital.

Hagood, M. C. (2002) Critical literacy for whom? *Reading Research and Instruction, 41*, 247-266.

Haley, S. M., Coster, W. J., Dumas, H. M., Fragala-Pinkham, M. A. & Moed, R. (2012). *The Pediatric Evaluation of Disability Inventory - Computer Adaptive Test*. Boston, MA: CRE Care.

Hall, I., Strydom, A., Richards, M., Hardy, R., Bernal, J. & Wadsworth, M. (2005) Social outcomes in adulthood of children with intellectual impairment: Evidence from a birth cohort. *Journal of Intellectual Disability Research*, *49*, 171-182.

Hall, D. G. (2009) Proper names in early word learning: Rethinking a theoretical account of lexical development. *Mind and Language*, *24*, 404-432.

Hall, J. A., Horgan, T. G. & Murphy, N. A. (2019) Nonverbal communication. *Annual Review of Psychology*, *70*, 271-294.

Halle, J. W., Alpert, C. L. & Anderson, S. R. (1984) Natural environment language assessment and intervention with severely impaired preschoolers. *Topics in Early Childhood Special Education, 4,* 36-56.

Hamid, A. & Kristensson, P. O. (2024). 40 years of eye typing: Challenges, gaps, and emergent strategies. In J. Nicholls (Ed.), *Proceedings of the ACM on Human-Computer Interaction*, *8* (ETRA), 1-19.

Hamrick, L. R. (2023) Novel approaches for characterizing social communication and language development of young children with neurogenetic syndromes. *International Review of Research in Developmental Disabilities, 64,* 51-95.

Hancock, T. B., *Ledbetter*-Cho, K., Howell, A. & Lang, R. (2016) Enhanced milieu teaching. In R. Lang, T. B. Hancock and N. N. Singh (Eds.), *Early intervention for young children with autism spectrum disorder* (pp. 177-218). Cham, Switzerland: Springer.

Hanley, E., Martin, A. M., Dalton, C. & Lehane, E. (2023) Communication partners experiences of communicating with adults with severe/profound intellectual disability through augmentative and alternative communication: A mixed methods systematic review. *Journal of Intellectual Disabilities*, *27*, 1107-1134.

Hansen, S. G., Carnett, A. & Tullis, C. A. (2018) Defining early social communication skills: A systematic review and analysis. *Advances in Neurodevelopmental Disorders*, *2*, 116-128.

Happé, F. & Frith, U. (Eds.) (2010) *Autism and talent*. Oxford, UK: Oxford University Press.

Happé, F. & Frith, U. (2020) Annual research review: Looking back to look forward - Changes in the concept of autism and implications for future research. *Journal of Child Psychology and Psychiatry*, *61*, 218-232.

Happé, F., Ronald, A. & Plomin, R. (2006) Time to give up on a single explanation for autism. *Nature Neuroscience*, *9*, 1218-1220.

Haque, S., Vaphiades, M. S. & Lueck, C. J. (2018) The visual agnosias and related disorders. *Journal of Neuro-Ophthalmology, 38*, 379-392.

Harrington, N., Buchanan, C., Kent-Walsh, J. & Binger, C. (2023) Supporting communication and language development in preschool children using aac. In M. M. Smith (Ed.), *Clinical cases in augmentative and alternative communication* (pp. 42-61). Abingdon, UK: Routledge.

Harris, D. (1982) Communicative interaction processes involving nonvocal physically handicapped children. *Topics in Language Disorders, 2*, 21-37.

Harris, J., Golinkoff, R. & Hirsh-Pasek, K. (2011) Lessons from the crib for the classroom: How children really learn vocabulary. In S. Neuman and D. Dickinson (Eds.), *Handbook of early literacy research, Volume 3* (pp. 49-65). New York, NY: The Guilford Press.

Harris, M. (1992) *Language experience and early language development: From input to uptake*. London, UK: Erlbaum.

Harris, P. L., Kavanaugh, R. D. & Dowson, L. (1997) The depiction of imaginary transformations: early comprehension of a symbolic function. *Cognitive Development, 12*, 1-19.

Harrison, J. E., Weber, S., Jakob, R. & Chute, C. G. (2021) ICD-11: An international classification of diseases for the twenty-first century. *BMC Medical Informatics and Decision Making*, *21*, 206.

Harrison, P. & Oakland, T. (2015) *Adaptive behavior assessment system, Third edition*. Torrance: Western Psychological Services.

Hart, B. M. & Risley, T. R. (1982) *How to use incidental teaching for elaborating language*. Lawrence, KS: H and H Enterprises.

Hart, S. M., Hill, M. F. & Gaffney, J. S. (2021) Timetabling a transition with dignity: Perspectives of young adults with significant support needs. *Journal of Intellectual and Developmental Disability*, *46*, 227-238.

Hart Barnett, J. (2018) Three evidence-based strategies that support social skills and play among young children with autism spectrum disorders. *Early Childhood Education Journal*, *46*, 665-672.

Hartmann, A. C. (2022) *I talk in different ways*. Publisher: 4 Little Monkeys.

Hassan, L. (2023) Accessibility of games and game-based applications: A systematic literature review and mapping of future directions. *New Media and Society*, doi.org/10.1177/14614448231204020

Hasson, N. & Joffe, V. (2007) The case for dynamic assessment in speech and language therapy. *Child Language Teaching and Therapy*, *23*, 9-25.

Haughton, C., Aiken, M. & Cheevers, C. (2015). Cyber Babies: The impact of emerging technology on the developing infant. *Psychology Research*, *5*, 504-518.

Haukeland, Y. B., Czajkowski, N. O., Fjermestad, K. W., Silverman, W. K., Mossige, S. & Vatne, T. M. (2020) Evaluation of "SIBS", an intervention for siblings and parents of children with chronic disorders. *Journal of Child and Family Studies*, *29*, 2201-2217.

Haupt, E. (2001) The iconicity of selected picture communication symbols for rural Zulu-speaking children. Master thesis, University of Pretoria.

Hawkes, R. (1998) A visual communication-based intervention approach for challenging behaviour. Presented at The 8th Biennial Conference on Augmentative and Alternative Communication, Dublin, August 1998.

Hayes, C. (2014) Positive and negative aspects of inclusion services. *Journal of the American Academy of Special Education Professionals, 5, 60-65.*

Haywood, H. C. & Lidz, C. S. (2006) *Dynamic assessment in practice: Clinical and educational applications*. Cambridge, UK: Cambridge University Press.

Hedvall, P.-O. & Rydeman, B. (2010) An activity systemic approach to augmentative and alternative communication. *Augmentative and Alternative Communication, 26,* 230-241.

Heikura, U., Linna, S. L., Olsen, P., Hartikainen. A. L., Taanila, A. & Jarvelin, M. R. (2005) Etiological survey on intellectual disability in the northern Finland birth cohort 1986. *American Journal on Mental Retardation, 110,* 171-180.

Heilmann, J., Weismer, S. E., Evans, J. & Hollar, C. (2005) Utility of the MacArthur-Bates Communicative Development Inventory in identifying language abilities of late-talking and typically developing toddlers. *American Journal of Speech-Language Pathology, 14,* 40-51.

Heimann, M., Laberg, K. E. & Nordoen, B. (2006) Imitative interaction increases social interest and elicited imitation in non-verbal children with autism. *Infant and Child Development 15,* 297-309.

Heller, K. W., Allgood, M. H., Davis, B., Arnold, S. E., Castelle, M. D. & Taber, T. A. (1996) Promoting ontask-related communication at vocational sites. *Augmentative and Alternative Communication, 12,* 169-178.

Helverschou, S. B. & Martinsen, H. (2011) Anxiety in people diagnosed with autism and intellectual disability: Recognition and phenomenology. *Research in Autism Spectrum Disorders, 5,* 377-387.

Heim, M. J. M. & Baker-Mills, A. E. (1996). Early development of symbolic communication and linguistic complexity through augmentative and alternative communication. In S. von Tetzchner and M.H. Jensen (Eds.), *Augmentative and alternative communication: European perspectives* (pp. 232-248). London: Whurr/Wiley.

Hemmingsson, H., Ahlsten, G., Wandin, H., Rytterström, P. & Borgestig, M. (2018) Eye-gaze control technology as early intervention for a non-verbal young child with high spinal cord injury: A case report. *Technologies, 6,* 12.

Hemmingsson, H. & Borgestig, M. (2020) Usability of eye-gaze controlled computers in Sweden: a total population survey. *International Journal of Environmental Research and Public Health, 17,* 1639.

Hemsley, B. & Balandin, S. (2014) A metasynthesis of patient-provider communication in hospital for patients with severe communication disabilities: Informing new translational research. *Augmentative and Alternative Communication, 30,* 329-343.

Hemsley, B., Balandin, S., Palmer, S. & Dann, S. (2017) A call for innovative social media research in the field of augmentative and alternative communication. *Augmentative and Alternative Communication, 33,* 14-22.

Hemsley, B., Bryant, L., Schlosser, R. W., Shane, H. C., Lang, R. et al. (2018) Systematic review of facilitated communication 2014-2018 finds no new evidence that messages delivered using facilitated communication are authored by the person with disability. *Autism and Developmental Language Impairments, 3,* 1-8.

Hemsley, B., Sigafoos, J., Balandin, S., Forbes, R., Taylor, C., Green, V. A. & Parmenter, T. (2001) Nursing the patient with severe communication impairment. *Journal of Advanced Nursing, 35,* 827-835.

Hendriks, P. (2014) *Asymmetries between language production and comprehension*. Dordrecht, Netherlands: Springer.

Henriksen, M. W., Breck, H., von Tetzchner, S., Paus, B., Skjeldal, O. H. & Brodtkorb, E. (2018) Epilepsy in classic Rett syndrome: Course and characteristics in adult age. *Epilepsy Research*, *145*, 134–139.

Henriksen, M. W., Breck, H., von Tetzchner, S., Paus, B. & Skjeldal, O. H. (2020) Medical issues in adults with Rett syndrome-a national survey. *Developmental Neurorehabilitation*, *23*, 106–112.

Herer, G. R. (2012) Intellectual disabilities and hearing loss. *Communication Disorders Quarterly*, *33*, 252–260.

Herman, R., Grove, N., Holmes, S., Morgan, G., Sutherland, H. & Woll, B. (2004) Assessing British Sign Language: Production test (narrative skills). London: City University Publication.

Herman, R. & Roy, P. (2006). Evidence from the wider use of the BSL Receptive Skills Test. *Deafness and Education International*, *8*, 33–47

Herr-Israel, E. & McCune, L. (2011) Successive single-word utterances and use of conversational input: A pre-syntactic route to multiword utterances. *Journal of Child Language*, *38*, 166–180.

Hervás, R., Bautista, S., Méndez, G., Galván, P. & Gervás, P. (2020) Predictive composition of pictogram messages for users with autism. *Journal of Ambient Intelligence and Humanized Computing*, *11*, 5649–5664.

Hesselberg, F. & von Tetzchner, S. (2008) Organisering av tjenester og samarbeid. In S. von Tetzchner et al. (Eds.), *Habilitering: Tverrfaglig arbeid for mennesker med utviklingsmessige funksjonshemninger* (pp. 85–107). Oslo: Gyldendal Akademisk.

Hesselberg, F. & von Tetzchner, S. (2016) *Pedagogisk-psykologisk arbeid*. Oslo: Gyldendal Akademisk.

Hetzroni, O. E. (2013). Use of technology for literacy acquisition among children with communication difficulties. In A. Shamir & O. Korat (Eds.),*Technology as a support for literacy achievements for children at risk* (pp. 221–234). Dordrecht: Springer.

Hidecker, M. J. C., Paneth, N., Rosenbaum, P. L., Kent, R. D., Lillie, J. et al. (2011) Developing and validating the Communication Function Classification System for individuals with cerebral palsy. *Developmental Medicine and Child Neurology*, *53*, 704–710.

Hidecker, M. J. C., Slaughter, J., Abeysekara, P., Ho, N. T., Dodge, N. et al. (2018) Early predictors and correlates of communication function in children with cerebral palsy. *Journal of Child Neurology*, *33*, 275–285.

Higginbotham, D. J. (2010) Humanizing vox artificialis: The role of speech synthesis in augmentative and alternative communication. In J. Mullennix and S. Stern (Eds.), *Computer synthesized speech technologies: Tools for aiding impairment* (pp. 50–70). Hershey, PA: IGI Global.

Higgins, J. & Mills, J. (1986) Communication training in real environments. In S. W. Blackstone & Bruskin, D. M. (Eds.), *Augmentative communication: An introduction* (pp. 345–352). Rockville: American Speech and Hearing Association.

Hilvert, E., Lorang, E., Maltman, N. & Sterling, A. (2023) Assessing the quantity and quality of language used by mothers and fathers of children with Down syndrome during shared book reading. *Journal of Child Language*, *50*, 778–790.

Hine, J. F. & Wolery, M. (2006) Using point-of-view video modeling to teach play to preschoolers with autism. *Topics in Early Childhood Special Education*, *26*, 83–93.

Hine, N. & Arnott, J. L. (2002) Assistive social interaction for non-speaking people living in the community. In *Proceedings of the ACM SIGCAPH conference on Assistive technologies* (pp. 162–169). New York: ACM Press.

Hitoglou, M., Ververi, A., Antoniadis, A. & Zafeiriou, D. I. (2010) Childhood autism and auditory system abnormalities. *Pediatric Neurology*, *42*, 309–314.

Hjelmquist, E. & Dahlgren Sandberg, A. (1996) Sounds and silence: Interaction in aided language use. In S. von Tetzchner and M. H. Jensen (Eds.), *Augmentative and alternative communication: European perspectives* (pp. 137–152). London: Whurr/Wiley.

Hjelmquist, E., Dahlgren Sandberg, A. & Hedelin,

L. (1994) Linguistics, AAC, and metalinguistics in communicatively handicapped adolescents. *Augmentative and Alternative Communication, 10*, 169-183.

Hodges, L. E., Özçal i şkan, Ş. & Williamson, R. (2018) Type of iconicity influences children's comprehension of gesture. *Journal of Experimental Child Psychology, 166*, 327-339.

Hodges, P. M. & Schwethelm, B. (1984) A comparison of the effectiveness of graphic symbol and manual sign training with profoundly retarded children. *Applied Psycholinguistics, 5*, 223-253.

Hofmann, V. & Müller, C. M. (2021) Peer influence on aggression at school: How vulnerable are higher risk adolescents? *Journal of Emotional and Behavioral Disorders, 29*, 83-92.

Hollo, A., Wehby, J. H. & Oliver, R. M. (2014) Unidentified language deficits in children with emotional and behavioral disorders: A meta-analysis. *Exceptional Children, 80*, 169-186.

Holyfield, C. & Caron, J. (2019) Augmentative and alternative communication technology innovations to build skills and compensate for limitations in adolescent language. *Topics in Language Disorders, 39*, 350-369.

Holyfield, C., Drager, K. D., Kremkow, J. M. & Light, J. (2017) Systematic review of AAC intervention research for adolescents and adults with autism spectrum disorder. *Augmentative and Alternative Communication, 33*, 201-212.

Holzrichter, A. S. & Meier, R. P. (2000) Child-directed signing in American Sign Language. In C. Chamberlain et al. (Eds.), Language acquisition by eye (pp. 25-40). Mahwah, NJ: Erlbaum.

Honaker, J. D. & Miller, R. T. (2024) Wordless but not silent: Unlocking the power of wordless picture books. *TESOL Journal, 15*, e721.

Hoppenbrouwers, G., Stewart, H. & Kernot, J. (2014) Assistive technology assessment tools for assessing switch use of children: A systematic review and descriptive analysis. *Technology and Disability, 26*, 171-185.

Hörmeyer, I. & Renner, G. (2013) Confirming and denying in co-construction processes: A case study of an adult with cerebral palsy and two familiar partners. *Augmentative and Alternative Communication, 29*, 259-271.

Horn, E. M. & Jones, H. A. (1996) Comparison of two selection techniques used in augmentative and alternative communication. *Augmentative and Alternative Communication, 12*, 23-31.

Horton, E. L., Renganathan, R., Toth, B. N., Cohen, A. J., Bajcsy, A. V. et al. (2017) A review of principles in design and usability testing of tactile technology for individuals with visual impairments. *Assistive technology, 29*, 28-36.

Horvath, S. & Arunachalam, S. (2019) Optimal contexts for verb learning. *Perspectives of the ASHA Special Interest Groups, 4*, 1239-1249.

Hourcade, J., Everhart Pilotte, T., West, E. & Parette, P. (2004) A history of augmentative and alternative communication for individuals with severe and profound disabilities. *Focus on Autism and Other Developmental Disabilities, 19*, 235-244.

Howe, N. & Recchia, H. (2014). Sibling relationships as a context for learning and development. *Early Education and Development, 25*, 155-159.

Howery, K. (2018a) Out of time: The experience of speech-generating device users. *Communication Disorders Quarterly, 40*, 40-49.

Howery, K. (2018b) When my voice is not my voice: Speaking through a speech generating device. *Phenomenology and Practice, 12*, 4-17.

Howlin, P. A., Gordon, R. K., Pasco, G., Wade, A. & Charman, T. (2007) The effectiveness of Picture Exchange Communication System (PECS) training for teachers of children with autism: A pragmatic, group randomised controlled trial. *Journal of Child Psychology and Psychiatry, 48*, 473-481.

Hsieh, Y. H., Granlund, M., Odom, S. L., Hwang, A. W. & Hemmingsson, H. (2022) Increasing participation in computer activities using eye-gaze assistive technology for children with complex needs. *Disability and Rehabilitation: Assistive Technology,*

19, 492–505.

Hsieh, H,, Liu, C. & Chen, P. (2020) Lego robots in puppet play for children with cerebral palsy. In M. Antona and C. Stephanidis (Eds.), *Universal access in human–computer interaction: Design approaches and supporting technologies* (pp. 465–476). Thousand Oaks, CA: Springer.

Hu, J., Torr, J., Wei, Y. & Jiang, C. (2019) Mealtime talk as a language learning context: Australian Chinese parents' language use in interactions with their preschool–aged children at the dinner table. *Early Child Development and Care, 191*, 415–430,

Hudry, K., Leadbitter, K., Temple, K., Slonims, V., McConachie, H. et al. (2010) Preschoolers with autism show greater impairment in receptive compared with expressive language abilities. *International Journal of Language and Communication Disorders*, *45*, 681–690.

Hudson, J. A. & Shapiro, L. R. (1991) From knowing to telling: The development of children's scripts, stories, and personal narratives. In A. McCabe and C. Peterson (Eds.), *Developing narrative structure* (pp. 89–136). London, UK: Lawrence Erlbaum.

Hughes, D. M., Vento–Wilson, M. & Boyd, L. E. (2022) Direct speech–language intervention effects on augmentative and alternative communication system use in adults with developmental disabilities in a naturalistic environment. *American Journal of Speech–Language Pathology*, *31*, 1621–1636.

Hughes, J. R. (2009) Update on autism: A review of 1300 reports published in 2008. *Epilepsy and Behavior*, *16*, 569–589.

Humphreys, G. W & Riddoch, M. J. (1987) *To see but not to see. A case study of visual agnosia*. London: Lawrence Erlbaum.

Hunnicutt, S. (1984) Bliss symbol–to–speech conversion: "Blisstalk". *Speech Transmission Laboratory Quarterly Progress and Status Report, 25*, 58–77.

Hunsley, J. & Mash, E. J. (2007) Evidence–based assessment. *Annual Review of Clinical Psychology*, *3*, 29–51.

Hunt, E., Nang, C., Meldrum, S. & Armstrong, E. (2022) Can dynamic assessment identify language disorder in multilingual children? Clinical applications from a systematic review. *Language, Speech, and Hearing Services in Schools*, *53*, 598–625.

Hunt, P., Soto, G., Maier, J., Müller, E. & Goetz, L. (2002) Collaborative teaming to support students with augmentative and alternative communication needs in general education classrooms. *Augmentative and Alternative Communication*, *18*, 20–35.

Hustyi, K. M., Ryan, A. H. & Hall, S. S. (2023) A scoping review of behavioral interventions for promoting social gaze in individuals with autism spectrum disorder and other developmental disabilities. *Research in Autism Spectrum Disorders*, *100*, 102074.

Hutchinson, M., McPhedran, T., Miller, C., Wilson, T., Adams, K. & Pollock, K. (2019) Sibling Perspectives on an AAC camp experience. Poster presented at the annual convention of the American Speech–Language–Hearing Association (ASHA), Orlando, FL, USA, November, 2019.

Hynan, A., Goldbart, J. & Murray, J. (2015) A grounded theory of Internet and social media use by young people who use augmentative and alternative communication (AAC). *Disability and Rehabilitation*, *37*, 1559–1575.

Hynan, A., Murray, J. & Goldbart, J. (2014) 'Happy and excited': Perceptions of using digital technology and social media by young people who use augmentative and alternative communication. *Child Language Teaching and Therapy*, *30*, 175–186.

Iacono, T., Bould, E., Beadle–Brown, J. & Bigby, C. (2019) An exploration of communication within active support for adults with high and low support needs. *Journal of Applied Research in Intellectual Disabilities*, *32*, 61–70.

Iacono, T. A. & Duncum, J. E. (1995) Comparison of sign alone and in combination with an electronic communication device in early language intervention: Case study. *Augmentative and Alternative Communication, 11*, 249–259.

Iacono, T., Goldbart, J., Douglas, S. N. & Garcia-Melgar, A. (2022) A scoping review and appraisal of AAC research in inclusive school settings. *Journal of Developmental and Physical Disabilities*, *34*, 963-985.

Iacono, T., Lyon, K., Johnson, H. & West, D. (2013) Experiences of adults with complex communication needs receiving and using low tech AAC: an Australian context. *Disability and Rehabilitation: Assistive Technology*, *8*, 392-401.

Iacono, T., Lyon, K. & West, D. (2011) Non-electronic communication aids for people with complex communication needs. *International Journal of Speech-Language Pathology*, *13*, 399-410.

Iacono, T. A. & Parsons, C. L. (1986) A comparison of techniques for teaching signs to intellectually disabled individuals using an alternating treatment design. *Australian Journal of Human Communication Disorders, 14,* 23-34.

Im-Bolter, N. & Cohen, N. J. (2007) Language impairment and psychiatric comorbidities. *Pediatric Clinics of North America, 54,* 525-542.

Imms, C., Granlund, M., Wilson, P. H., Steenbergen, B., Rosenbaum, P. L. & Gordon, A. M. (2017) Participation, both a means and an end: A conceptual analysis of processes and outcomes in childhood disability. *Developmental Medicine and Child Neurology*, *59*, 16-25.

Isaacson, M. D. & Lloyd, L. L. (2015) The potential for developing a tactile communication system based on Blissymbolics. *Developmental Neurorehabilitation*, *18*, 47-58.

Itard, J. M. (1801) *Memoire sur les premier developpments de Victor de L'Aveyron.* Paris: Goujon

Iuzzini-Seigel, J., Moorer, L. & Tamplain, P. (2022) An investigation of developmental coordination disorder characteristics in children with childhood apraxia of speech. *Language, Speech, and Hearing Services in Schools*, *53*, 1006-1021.

Ivy, J. W. & Schreck, K. A. (2016) The efficacy of ABA for individuals with autism across the lifespan. *Current Developmental Disorders Reports*, *3*, 57-66.

Jackson, L., Ryndak, D. & Wehmeyer, M. (2010) The dynamic relationship between context, curriculum, and student learning: A case for inclusive education as a research-based practice. *Research and Practice in Severe Disabilities, 34,* 175-195.

Jacoby, S. & Ochs, E. (1995) Co-construction: An introduction. *Research on Language and Social Interaction*, *28*, 171-183.

Jagoe, C. & Smith, M. M. (2016) Relevance in the context of multimodality and aided communication. In M. M. Smith and J. Murray (Eds.), *The silent partner? Language, interaction and aided communication* (pp. 229-246). Guildford, UK: J&R Press.

Jakobson, R. (1968) *Child language, aphasia and phonological universals.* Paris: Mouton.

James, S., Ziviani, J. & Boyd, R. (2014) A systematic review of activities of daily living measures for children and adolescents with cerebral palsy. *Developmental Medicine and Child Neurology*, *56*, 233-244.

Janakiefski, L., Tippenhauer, N., Liu, Q., Green, M., Loughmiller, S. & Saylor, M. M. (2022) Gaining access to the unknown: Preschoolers privilege unknown information as the target of their questions about verbs. *Journal of Experimental Child Psychology*, *217*, 105358.

Jarrold, C., Boucher, J. & Smith, P. K. (1996) Generativity deficits in pretend play in autism. *British Journal of Developmental Psychology*, *14*, 275-300.

Jenkinson, R., Milne, E. & Thompson, A. (2020) The relationship between intolerance of uncertainty and anxiety in autism: A systematic literature review and meta-analysis. *Autism*, *24*, 1933-1944.

Jennische, M. (1988) Alternative and augmentative communication routes used by a nonspeaking autistic boy. Presented at the Bienniel Conference of the International Sociaty for Augmentative and Alternative Communication, Anaheim, USA, August, 1988.

Jennische, M. & Zetterlund, M. (2015) Interpretation and construction of meaning of Bliss-words in children.

Augmentative and Alternative Communication, 31, 97-107.

Jimenez-Gomez, C., Haggerty, K. & Topçuoğlu, B. (2021) Wearable activity schedules to promote independence in young children. *Journal of Applied Behavior Analysis, 54,* 197-216.

Johnson, E., Bornman, J. & Tönsing, K. M. (2016) An exploration of pain-related vocabulary: Implications for AAC use with children. *Augmentative and Alternative Communication, 32*, 249-260.

Johnson, K. T., Narain, J., Ferguson, C., Picard, R. & Maes, P. The ECHOS platform to enhance communication for nonverbal children with autism: A case study. In *Extended abstracts of the 2020 CHI Conference on Human Factors in Computing Systems, Honolulu April 25-30, 2020* (pp. 1-8).

Johnson, R. (1981) *The picture communication symbols.* Solana Beach, CA: Mayer-Johnson.

Johnson, R. (1985) *The picture communication symbols - Book II.* Solana Beach, CA: Mayer-Johnson.

Johnson, R. (1992) *The picture communication symbols - Book III.* Solana Beach, CA: Mayer-Johnson.

Johnson, R. (2001) *The Picture Communication Symbols.* Solana Beach, CA: Mayer-Johnson.

Jones, J. & Stewart, H. (2004) A description of how three occupational therapists train children in using the scanning access technique. *Australian Occupational Therapy Journal, 51*, 155-165.

Jones, K. (1979) A Rebus system of non-fade visual language. *Child: Care, Health and Development, 5,* 1-7.

Jones, W., Carr, K. & Klin, A. (2008) Absence of preferential looking to the eyes of approaching adults predicts level of social disability in 2-year-old toddlers with autism spectrum disorder. *Archives of general psychiatry, 65*, 946-954.

Jonsson, A., Kristoffersson, L., Ferm, U. & Thunberg, G. (2011) The ComAlong communication boards: Parents' use and experiences of aided language stimulation. *Augmentative and Alternative Communication, 27*, 103-116.

Jordan, M., Neto, G. N. N., Brito Jr, A. & Nohama, P. (2020) Virtual keyboard with the prediction of words for children with cerebral palsy. *Computer Methods and Programs in Biomedicine, 192*, 105402.

Josol, C. K., Fisher, M. H. & Athamanah, L. S. (2023) Perspectives of adults without disabilities on their friendships with individuals with intellectual and developmental disabilities. *Journal of Intellectual Disabilities, 27*, 613-632.

Judge, S., Hawley, M. S., Cunningham, S. & Kirton, A. (2015) What is the potential for context aware communication aids?. *Journal of Medical Engineering and Technology, 39*, 448-453.

Judge, S., Murray, J., Lynch, Y., Meredith, S., Moulam, L. et al. (2023) Attributes of communication aids as described by those supporting children and young people with AAC. *International Journal of Language and Communication Disorders, 58*, 910-928.

Kaga, K. (2009) *Central auditory pathway disorders.* Tokyo: Springer.

Kagohara, D. M., van der Meer, L., Achmadi, D., Green, V. A., O'Reilly, M. F. et al. (2012) Teaching picture naming to two adolescents with autism spectrum disorders using systematic instruction and speech-generating devices. *Research in Autism Spectrum Disorders, 6,* 1224-1233.

Kaiser, A. P. & Roberts, M. Y. (2011) Advances in early communication and language intervention. *Journal of Early Intervention, 33*(4), 298-309.

Kaiser, A. & Wright, C. (2013) Enhanced milieu teaching: Incorporating AAC into naturalistic teaching with young children and their partners. *Perspectives on Augmentative and Alternative Communication, 22*, 37-50.

Kaiser, A. P., Ostrosky, M. M. & Alpert, C. I. (1993) Training teachers to use environmental and milieu teaching with nonvocal preschool children. *Journal of The Association for Persons with Severe handicaps, 18,* 188-199.

Kalman, S. J. & Pajor, A. (1996) Psychological and sociological aspects of introducing augmantative and alternative communication in Hungary: Tales, facts and numbers. In S. von Tetzchner and M.

H. Jensen (Eds.), *Augmentative and alternative communication: European perspectives* (pp. 355-372). London: Whurr/Wiley.

Kan, P. F. & Windsor, J. (2010) Word learning in children with primary language impairment: A meta-analysis. *Journal of Speech, Language, and Hearing Research, 53,* 739-756

Kanner, L. (1943) Autistic disturbances of affective contact. *The Nervous Child, 2,* 217-250.

Kanto, L., Syrjälä, H. & Mann, W. (2021) Assessing vocabulary in deaf and hearing children using Finnish Sign Language. *The Journal of Deaf Studies and Deaf Education, 26,* 147-158.

Karlsson, P., Bech, A., Stone, H., Vale, C., Griffin, S., Monbaliu, E. & Wallen, M. (2019) Eyes on communication: Trialling eye-gaze control technology in young children with dyskinetic cerebral palsy. *Developmental Neurorehabilitation, 22,* 134-140.

Karlsson, P., Griffiths, T., Clarke, M. T., Monbaliu, E., Himmelmann, K. et al. (2021) Stakeholder consensus for decision making in eye-gaze control technology for children, adolescents and adults with cerebral palsy service provision: Findings from a Delphi study. *BMC Neurology, 21,* 63.

Kasari, C., Chang, Y. C. & Patterson, S. (2013) Pretending to play or playing to pretend: The case of autism. *American Journal of Play, 6,* 124-135.

Kasari, C., Freeman, S. & Paparella, T. (2006) Joint attention and symbolic play in young children with autism: A randomized controlled intervention study. *Journal of Child Psychology and Psychiatry, 47,* 611-620.

Kasari, C., Gulsrud, A. C., Shire, S. Y. & Strawbridge, C. (2021) *The JASPER model for children with autism: Promoting joint attention, symbolic play, engagement, and regulation.* New York: Guilford Press.

Kasari, C. & Smith, T. (2016) Forest for the trees: Evidence-based practices in ASD. *Clinical Psychology: Science and Practice, 23,* 260-264

Kashinath, S., Dukhovny, E. & Polit, P. (2022) Effects of a coaching intervention on paraeducator use of aided language modeling in classroom settings: A pilot investigation. *Communication Disorders Quarterly, 44,* 33-44.

Kay-Raining Bird, E., Genese, F. & Verhoeven, L. (2016) Bilingualism in children with developmental disorders: A narrative review. *Journal of Communication Disorders, 63,* 1-14.

Kelly, K. R. & Bailey, A. L. (2013) Dual development of conversational and narrative discourse: Mother and child interactions during narrative co-construction. *Merrill-Palmer Quarterly, 59,* 426-460.

Kelly-Vance, L. & Ryalls, B. O. (2008) Best practices in play assessment and intervention. In A. Thomas and J. Grimes (Eds.), *Best practices in school psychology, Volume 2* (pp. 549-560). Bethesda, MD: National Association of School Psychologists.

Kemp, N. (2023) Digital communication, texting, and literacy acquisition. In Y. Ye et al. (Eds), *Routledge international handbook of visual-motor skills, handwriting, and spelling* (pp. 446-457). London: Routledge.

Kemple, K. M. (2004) *Let's be friends: Peer competence and social inclusion in early childhood programs.* New York: Teachers College Press.

Kent, R. D. & Vorperian, H. K. (2013) Speech impairment in Down syndrome: A review. *Journal of Speech, Language, and Hearing Research, 56,* 178-210.

Kent-Walsh, J. & McNaughton, D. (2005) Communication partner instruction in AAC: Present practices and future directions. *Augmentative and Alternative Communication, 21,* 195-204.

Kent-Walsh, J., Murza, K. A., Malani, M. D. & Binger, C. (2015) Effects of communication partner instruction on the communication of individuals using AAC: A meta-analysis. *Augmentative and Alternative Communication, 31,* 271-284.

Keogh, D., Whitman, T., Beeeman, D., Halligan, K. & Starzynski, T. (1987) Teaching interactive signing in a dialogue situation to mentally retarded individuals. *Research in Developmental Disabilities, 8,* 39-53.

Kerns, C. M. & Kendall, P. C. (2014): Autism and anxiety: Overlap, similarities and differences. In T. E. Davis et al. (Eds.), *Handbook of autism and anxiety* (pp. 75-89). New York: Springer.

Kessler, B. & Treiman, R. (2015) Writing systems: Their properties and implications for reading. In A. Pollatsek and R. Treiman (Eds.), *The Oxford Handbook of Reading* (pp. 10-25). New York: Oxford University Press.

Kettner, V. A. & Carpendale, J. I. (2013) Developing gestures for no and yes: Head shaking and nodding in infancy. *Gesture*, *13*, 193-209.

Khan, I. J. & Akter, M. S. (2021) Pidgin and creole: Concept, origin and evolution. *British Journal of Arts and Humanities*, *3*, 164-170.

Kidd, E., Donnelly, S. & Christiansen, M. H. (2018) Individual differences in language acquisition and processing. *Trends in Cognitive Sciences*, *22*, 154-169.

Kiernan, C. (1977) Alternatives to speech: A review of research on manual and other forms of communication with the mentally handicapped and other non-communicating populations. *The British Journal of Mental Subnormality*, *23*, 6-28.

Kiernan, C., Reid, B. & Jones, L. (1982) *Signs and symbols*. London: Heinemann.

Kildal, E., Stadskleiv, K., Boysen, E. S., Øderud, T., Dahl, I. L. et al. (2021) Increased heart rate functions as a signal of acute distress in non-communicating persons with intellectual disability. *Scientific Reports*, *11*, 6479.

Kim, S., Park, H., Shin, S., Kim, S., Park, H. & Shin, S. (2021) The effects of parent education on perceptions of augmentative and alternative communication. *Communication Sciences and Disorders*, *26*, 834-846.

Kim, S. H. & Lord, C. (2013) The behavioral manifestations of autism spectrum disorders. In J. D. Buxbaum and P. R. Hof (Eds.), *The neuroscience of autism spectrum disorders* (pp. 25-37). Oxford, UK: Academic Press.

King, M. R., Romski, M. & Sevcik, R. A. (2020) Growing up with AAC in the digital age: A longitudinal profile of communication across contexts from toddler to teen. *Augmentative and Alternative Communication*, *36*, 128-141.

King, M. R. & Soto, G. (2022) Code-switching using aided AAC: Toward an integrated theoretical framework. *Augmentative and Alternative Communication*, *38*, 67-76.

King, M. R., Ward, H., Soto, G. & Barrett, T. S. (2022) Supporting emergent bilinguals who use augmentative and alternative communication and their families: Lessons in telepractice from the COVID-19 pandemic. *American Journal of Speech-Language Pathology*, *31*, 2004-2021.

Kirk, S. A., McCarthy, J. J. & Kirk, W. D. (1968) *The Illinois Test of Psycholinguistic Abilities, Revised edition*. Urbana, Illinois: University of Illinois Press.

Kirkham, S. & Moore, E. (2013) Adolescence. In J. K. Chambers and N. Schilling (Eds.), *The handbook of language variation and change, Second edition* (pp. 277-296). Malden, MA: Wiley-Blackwell.

Kleinert, H. L., Kearns, J., Land, L. A., L. Page, J. & Kleinert, J. O. R. (2023) Peer-assisted aided AAC modeling for students with complex communication needs. *Teaching Exceptional Children*, *55*, 268-277.

Klima, E. S. & Bellugi, U. (1979) *The signs of language*. Cambridge, MA: Harvard University Press.

Knight, V., Sartini, E. & Spriggs, A. D. (2015) Evaluating visual activity schedules as evidence-based practice for individuals with autism spectrum disorders. *Journal of Autism and Developmental Disorders*, *45*, 157-178.

Koegel, L. K., Ashbaugh, K. & Koegel, R. L. (2016) Pivotal response treatment. In R. Lang et al. (Eds.), *Early intervention for young children with autism spectrum disorder* (pp. 85-112). Cham, Switzerland: Springer.

Koegel, L. K., Bryan, K. M., Su, P., Vaidya, M. & Camarata, S. (2019) Intervention for non-verbal and minimally-verbal individuals with autism: A systematic review. *International Journal of Pediatric Research*, *5*, 1-16.

Koegel, R. L., Koegel, L. K. & Surratt, A. (1992) Language intervention and disruptive behavior in preschool children with autism. *Journal of Autism and Developmental Disorders*, *22*, 141-153.

Kollar, Z. (1999) Growing up with Blissymbols. Paper at Second Regional Eastern and Central European Conference on AAC, Prague, Czech Republic, November 11-13th, 1999.

Kollinzas, G. (1983) The communication record: Sharing information to promote sign language generalization. *Journal of the Association for Persons with Severe Handicaps, 8*, 49-55.

Kotrba, A. (2015) *Selective mutism: An assessment and intervention guide for therapists, educators and parents*. Eau Claire, WI: PESI Publishing and Media.

Koyama, T. & Wang, H.-T. (2011). Use of activity schedule to promote independent performance of individuals with autism and other intellectual disabilities: A review. *Research in Developmental Disabilities*, *32*, 2235-2242.

Kraat, A. W. (1985) *Communication interaction between aided and natural speakers: A state of the art report*. Toronto: Canadian Rehabilitation Council for the Disabled.

Kratochwill, T. R. & Shernoff, E. S. (2004) Evidence-based practice: Promoting evidence-based interventions in school psychology. *School Psychology Review*, *33*, 34-48.

Kristensson, P. O., Lilley, J., Black, R. & Waller, A. (2020) A design engineering approach for quantitatively exploring context-aware sentence retrieval for nonspeaking individuals with motor disabilities. In *Proceedings of the 2020 CHI Conference on Human Factors in Computing Systems* (Paper 198).

Kristoffersen, J. H. & Troelsgård, T. (2010) Making a dictionary without words: Lemmatization problems in a sign language dictionary. In S. Granger and M. Paquot (Eds.), *eLexicography in the 21st century: New challenges, new Applications* (pp. 165-172). Louvain-la-Neuve, Belgium: Presses Universitaires de Louvaine.

Kristoffersson, E., Dahlgren Sandberg, A. & Holck, P. (2020) Communication ability and communication methods in children with cerebral palsy. *Developmental Medicine and Child Neurology*, *62*, 933-938.

Kron, A. T., Kingsnorth, S., Wright, F. V. & Ryan, S. E. (2018) Construct validity of the family impact of assistive technology scale for augmentative and alternative communication. *Augmentative and Alternative Communication*, *34*, 335-347.

Krstic, S. & Littorin, E. (2014) The iconicity and learnability of Blissymbols: A study of the interpretations of blissymbols by kenyan children with diverse language backgrounds. Thesis, University of Linköping.

Kryvonogova, O., Trapizanova, N., Palamarchuk, D. & von Tetzchner, S. (2023) Augmentative and alternative communication in times of unrest and war: Report from Ukraine. Poster at 19th Biennial Conference of the International Society for Augmentative and Alternative Communication, Cancun, Mexico, July 24-27, 2023.

Kuntay, A. C. (2004) Lists as alternative discourse structures to narratives in preschool children's conversations. *Discourse Processes*, *38*, 95-118.

Kurki, K., Järvenoja, H., Järvelä, S. & Mykkänen, A. (2017) Young children's use of emotion and behaviour regulation strategies in socio-emotionally challenging day-care situations. *Early Childhood Research Quarterly*, *41*, 50-62.

Kurmanaviciute, R. & Stadskleiv, K. (2017) Assessment of verbal comprehension and non-verbal reasoning when standard response mode is challenging: A comparison of different response modes and an exploration of their clinical usefulness. *Cogent Psychology*, *4*, 1275416.

Kvale, A. M., Martinsen, H. & Schj ø lberg, S. (1992) Milj ø messige betingelser for trivsel og l æ ring hos autistiske barn og voksne. Oslo: Landsforeningen for Autister.

Laakso, M. & Soininen, M. (2010) Mother-initiated repair sequences in interactions of 3-year-old children.

First Language, *30*, 329-353.

Labov, W. (1972) The transformation of reality in narrative syntax. In W. Labov, *Language in the inner city* (pp. 354-396). Philadelphia: University of Pennsylvania Press.

Lahey, M. & Bloom, L. (1977) Planning a lexicon: Which words to teach first. *Journal of Speech and Hearing Disorders, 42,* 340-350.

Lai, C. L. E., Lau, Z., Lui, S. S., Lok, E., Tam, V. et al. (2017) Meta-nalysis of neuropsychological measures of executive functioning in children and adolescents with high-functioning autism spectrum disorder. *Autism Research*, *10*, 911-939.

Lakoff, G. & Johnson, M. H. (1980) *Metaphors we live by*. Chicago: Chicago University Press.

Lam, Y. G. & Yeung, S. S. S. (2012) Cognitive deficits and symbolic play in preschoolers with autism. *Research in Autism Spectrum Disorders*, *6*, 560-564.

Lancioni, G. E., Olivetti, M., Singh, N. N., O'Reilly, M., Sigafoos, J. & Alberti, G. (2019) Recent technology-aided programs to support adaptive responses, functional activities, and leisure and communication in people with significant disabilities. *Frontiers in Neurology*, *10*, 643.

Lancioni, G. E., Sigafoos, J. , O'Reilly, M. F. & Singh, N. N. (Eds.) (2013) *Assistive technologies. Interventions for individuals with severe/profound and multiple disabilities*. New York: Springer.

Lancioni, G. E., Singh, N. N., O'Reilly, M. F., Green, V. A., Van der Meer, L. et al. (2016) A speech generating device for persons with intellectual and sensory-motor disabilities. *Journal of Developmental and Physical Disabilities*, *28*, 85-98.

Landa, R. J., Gross, A. L., Stuart, E. A. & Faherty, A. (2013) Developmental trajectories in children with and without autism spectrum disorders: the first 3 years. *Child Development*, *84*, 429-442.

Lane, H. (1977) *The wild boy of Aveyron*. London: George Allen and Unwin.

Lang, R., McLay, L. & Rispoli, M. (2023) Advanced language models: Potential to improve augmentative and alternative communication for individuals with intellectual and developmental disabilities. *Advances in Neurodevelopmental Disorders, 7*, 481-484.

Langarika-Rocafort, A., Mondragon, N. I. & Etxebarrieta, G. R. (2021) A systematic review of research on augmentative and alternative communication interventions for children aged 6-10 in the last decade. *Language, Speech, and Hearing Services in Schools*, *52*, 899-916.

Lanphere, A. & Terlektsi, E. (2023) Communication needs of a deaf child with cerebral palsy and how to support these: A case study. *Deafness and Education International*, *25*, 101-120.

Laubscher, E. & Light, J. (2020) Core vocabulary lists for young children and considerations for early language development: A narrative review. *Augmentative and Alternative Communication*, *36*, 43-53.

Launonen, K. (1996) Enhancing communication skills of children with Down syndrome: Early use of manual signs. In S. von Tetzchner and M. H. Jensen (Eds.), *Augmentative and alternative communication: European perspectives* (pp. 213-231). London: Whurr/Wiley.

Launonen, K. (2003) Manual signing as a tool for communicative interaction and language: The development of children with Down syndrome and their parents. In S. von Tetzchner and N. Grove (Eds.), *Augmentative and alternative communication: Developmental issues* (pp. 83-122). London: Whurr/Wiley.

Launonen, K. (2019a) Sign acquisition in Down syndrome: Longitudinal perspectives. In N. Grove & K. Launonen (Eds.), *Manual sign acquisition in children with developmental disabilities* (pp. 89-113). New York: Nova.

Launonen, K. (2019b) Signing at home. In N. Grove & K. Launonen (Eds.), *Manual sign acquisition in children with developmental disabilities* (pp. 337-358). New York: Nova.

Launonen, K. & Grove, N. (2003) A longitudinal study of sign and speech in a boy with Down syndrome. In S. von Tetzchner and N. Grove (Eds.), *Augmentative and alternative communication: Developmental issues* (pp. 123-154). London: Whurr/Wiley.

Lauricella, A. R., Cingel, D. P., Blackwell, C., Wartella, E. & Conway, A. (2014) The mobile generation: Youth and adolescent ownership and use of new media. *Communication Research Reports*, *31*, 357-364.

Lave, J. & Wenger, E. (1991) *Situated learning*. Cambridge: Cambridge University Press.

Lawrence, J. F. & Snow, C. E. (2011) Oral discourse and reading. In M. L. Kamil et al. (Eds.), *Handbook of reading research, Volume 4* (pp. 320-337). New York: Routledge.

Layton, T., Chuang, M. C. & Hao, G. (2014) Play behaviors in chinese toddlers with Down Syndrome. *Journal of Psychological Abnormalities in Children*, *3*, 131.

Leach, M. M. & Oakland, T. (2007) Ethics standards impacting test development and use: A review of 31 ethics codes impacting practices in 35 countries. *International Journal of Testing*, *7*, 71-88.

Leatherman, E. M. & Wegner, J. R. (2022) Augmentative and alternative communication in the classroom: Teacher practices and experiences. *Language, Speech, and Hearing Services in Schools*, *53*, 874-893.

Lee, D. Y. (2001) Defining core vocabulary and tracking its distribution across spoken and written genres: Evidence of a gradience of variation from the British National Corpus. *Journal of English Linguistics*, *29*, 250-278.

Lee, E. S., Hwang, E. J., Hur, T. S., Woo, Y. S. & Min, H. K. (2003) A study on the predicate prediction using symbols in augmentative and alternative communication system. In L. Chittaro (Ed.), *Human-computer interaction with mobile devices and services* (pp. 466-470). Berlin: Springer.

Leekam, S. R., Nieto, C., Libby, S. J., Wing, L. & Gould, J. (2007) Describing the sensory abnormalities of children and adults with autism. *Journal of Autism and Developmental Disorders*, *37*, 894-910.

Lehman, B. (2011) *The secret box*. New York: Clarion Books.

Lenneberg, E. H. (1967) *Biological foundations of language*. New York: Wiley.

Leonard, H. & Wen, X. (2002) The epidemiology of mental retardation: Challenges and opportunities in the new millennium. *Mental Retardation and Developmental Disabilities Research Reviews*, *8*, 117-134.

Leonard, L. B. (1981) Facilitating linguistic skills in children with specific language impairment. *Applied Psycholinguistics, 2*, 89-118.

Leonet, O., Orcasitas-Vicandi, M., Langarika-Rocafort, A., Mondragon, N. I. & Etxebarrieta, G. R. (2022) A systematic review of augmentative and alternative communication interventions for children aged from 0 to 6 years. *Language, Speech, and Hearing Services in Schools*, *53*, 894-920.

Lerman, D. C. (2023) *Neurodevelopmental disabilities and employment: Helping learners prepare for social demands in the workplace*. Abingdon, UK: Routledge.

Lerman, D. C., Valentino, A. L. & Leblanc, L. A. (2016) Discrete trial training. In R. Lang, T. B. Hancock, & N. N. Singh (Eds.), *Early intervention for young children with autism spectrum disorder* (pp. 47-83). Cham, Switzerland: Springer.

Lesher, G., Moulton, B. & Higginbotham, D. J. (1998) Techniques for augmenting scanning communication. *Augmentative and Alternative Communication*, *14*, 81-101.

Leung, J. P. (1994) Teaching spontaneous requests to children with autism using a time delay procedure with multi-component toys. *Journal of Behavioral Education*, *4*, 21-31.

Lewis, B. A., Miller, G. J., Iyengar, S. K., Stein, C. & Benchek, P. (2023) Long-term outcomes for individuals with childhood apraxia of speech. *Journal of Speech, Language, and Hearing Research*, 1-17.

Lewis, M. (2008) The emergence of human emotions. In M. Lewis, J. M. Haviland -Jones & L. F. Barrett (Eds.), *Handbook of emotions, Third edition* (pp. 304-319). London: Guilford Press.

Lewis, M., Young, G., Brooks, J. & Michalson, L. (1975) The beginning of friendship. In M. Lewis & L. A. Rosenblum (Eds.), *Friendship and peer relations: The origins of behavior* (pp. 27-66). New York: Wiley.

Lewis, S., McGrath, K. & Reuppel, J. (2004) Language identification and language specific letter-to-sound rules. *Colorado Research in Linguistics, 17,* 1-8.

Liber, D. B., Frea, W. D. & Symon, J. B. (2008) Using time-delay to improve social play skills with peers for children with autism. *Journal of Autism and Developmental Disorders, 38,* 312-323.

Liberman, A. (1999) The reading researcher and the reading teacher need the right theory of speech. *Scientific Studies of Reading, 3,* 95-111.

Licence, L., Oliver, C., Moss, J. & Richards, C. (2020) Prevalence and risk-markers of self-harm in autistic children and adults. *Journal of Autism and Developmental Disorders, 50,* 3561-3574.

Lieberth, A. K. & Gamble, M. E. B. (1991) The role of iconicity in sign language learning by hearing adults. *Journal of Communication Disorders, 24,* 89-99.

Lifter, K., Mason, E. J., Cannarella, A. M. & Cameron, A. D. (2022) *Developmental Play Assessment for Practitioners (DPA-P) guidebook and training website: Project play.* Abingdin, UK: Routledge.

Light, J., Barwise, A., Gardner, A. M. & Flynn, M. (2021) Personalized early AAC intervention to build language and literacy skills: A case study of a 3-year-old with complex communication needs. *Topics in Language Disorders, 41,* 209-231.

Light, J. C., Beukelman, D. R. & Reichle, J. (2003) *Communicative competence for individuals who use AAC: From research to effective practice.* Baltimore, MD: Brookes.

Light, J., Binger, C., Agate, T. L. & Ramsay, K. N. (1999) Teaching partner-focused questions to individuals who use augmentative and alternative communication to enhance their communicative competence. *Journal of Speech, Language and Hearing Research, 42,* 241-255.

Light, J. C., Collier, B. & Parnes, P. (1985) Communicative interaction between young nonspeaking physically disabled children and their primary caregivers. Part I: Discourse patterns. *Augmentative and Alternative Communication, 1,* 74-83.

Light, J. C., Dattilo, J., English, J., Gutierrez, L. & Hartz, J. (1992) Instructing facilitators to support the communication of people who use augmentative communication systems. *Journal of Speech and Hearing Research, 35,* 865-875.

Light, J. C. & McNaughton, D. (2012a) Supporting the communication, language, and literacy development of children with complex communication needs: State of the science and future research priorities. *Assistive Technology, 24,* 34-44,

Light, J. C. & McNaughton, D. (2012b) The changing face of augmentative and alternative communication: Past, present, and future challenges. *Augmentative and Alternative Communication, 28,* 197-204.

Light, J. C. &, McNaughton, D. (2014) Communicative competence for individuals who require augmentative and alternative communication: A new definition for a new era of communication? *Augmentative and Alternative Communication, 30,* 1-18.

Light, J., Roberts, B., Dimarco, R. &Greiner, N. (1998) Augmentative and alternative communication to suport receptive and expressive communication for people with autism. *Journal of Communication Disorders, 31,* 153-180.

Lillard, A. S. (2015) The development of play. In L. S. Liben and U. Mueller (Eds.), *Handbook of child psychology and developmental science, Seventh edition, Volume 2: Cognitive processes* (pp. 425-468). New York: Wiley.

Lillard, A. S. (2017) Why do the children (pretend) play? *Trends in Cognitive Sciences, 11,* 826-834.

Lillehaug, H. A., Klevberg, G. L. & Stadskleiv, K. (2023) Provision of augmentative and alternative communication interventions to Norwegian preschool children with cerebral palsy: Are the right children receiving interventions? *Augmentative and*

Alternative Communication, 39, 219-229.

Lillo-Martin, D. & Henner, J. (2021) Acquisition of sign languages. *Annual Review of Linguistics*, *7*, 395-419.

Lim, N., O'Reilly, M. F., Sigafoos, J., Ledbetter-Cho, K. & Lancioni, G. E. (2019) Should heritage languages be incorporated into interventions for bilingual individuals with neurodevelopmental disorders? A systematic review. *Journal of Autism and Developmental Disorders*, *49*, 887-912.

Lindberg, B. (1987) *Retts syndrom - En kartlegging av psykologiske och pedagogiska erfarenheter i Sverige*. Stockholm: Högskolan för lärarutbildning i Stockholm.

Lindberg, B. (2006) *Understanding Rett syndrome: a practical guide for parents, teachers, and therapists*. Newburyport, MA: Hogrefe Publishing.

Lindsey, J. (2019) Testimonial injustice and vulnerability: A qualitative analysis of participation in the Court of Protection. *Social and Legal Studies*, *28*, 450-469.

Lindström, C. (2019) Contributing to a tactile language: Partners communicative accommodation to a bodily/tactile modality. *Journal of Deafblind Studies on Communication*, *5*, 50-72.

Lloyd, P., Camaioni, L. & Ercolani, P. (1995) Assessing referential communication skills in the primary school years: A comparative study. *British Journal of Developmental Psychology, 13*, 13-29.

Lock, A. (1980). *The guided reinvention of language*. London: Academic Press

Logan, K., Iacono, T. & Trembath, D. (2017) A systematic review of research into aided AAC to increase social-communication functions in children with autism spectrum disorder. *Augmentative and Alternative Communication*, *33*, 51-64.

Lohmann, M. J., Kappel, A. & Taylor, M. S. (2022) Augmentative and alternative communication and remote learning. *Rural Special Education Quarterly*, *41*, 48-54.

López, S. A., Corno, F. & De Russis, L. (2017) Design and development of one-switch video games for children with severe motor disabilities. *ACM Transactions on Accessible Computing (TACCESS)*, *10*, 1-42.

Lorah, E. R., Holyfield, C., Griffen, B. & Caldwell, N. (2022) A systematic review of evidence-based instruction for individuals with autism using mobile augmentative and alternative communication technology. *Review Journal of Autism and Developmental Disorders, 11*, 210-224.

Lorang, E., Maltman, N., Venker, C., Eith, A. & Sterling, A. (2022) Speech-language pathologists' practices in augmentative and alternative communication during early intervention. *Augmentative and Alternative Communication*, *38*, 41-52.

Lord, C., Bishop, S. & Anderson, D. (2015) Developmental trajectories as autism phenotypes. *American Journal of Medical Genetics Part C: Seminars in Medical Genetics, 169*, 198-208.

Lord, C., Brugha, T. S., Charman, T., Cusack, J., Dumas, G. et al. (2020) Autism spectrum disorder. *Nature Reviews Disease Primers*, *6*, 1-23.

Lord, C., Rutter, M., DiLavore, P. C., Risi, S., Gotham, K. & Bishop, S. L. (2012) *Autism Diagnostic Observation Schedule, Second edition (ADOS-2)*. Torrance, CA: Western Psychological Services.

Lotter, V. (1966) Epidemiology of autistic conditions in young children: 1. Prevalence. *Social Psychiatry*, *1*, 124-135.

Lourenço, L., Faias, J., Afonso, R., Moreira, A. & Ferreira, J. M. (1996) Improving communication and language skills of children with developmental disorders: Family involvement in graphic language intervention. In S. von Tetzchner and M. H. Jensen (Eds.), *Augmentative and alternative communication: European perspectives* (pp. 309-323). London: Whurr/Wiley.

Lovaas, O. I., Koegel, R. L. & Schreibman, L. (1979) Stimulus overselectivity in autism: A review of research. *Psychological Bulletin, 86*, 1236-1254.

Luchsinger, R. & Arnold, G. E. (Eds.) (1965) *Voice - Speech - Language*. Belmont: Wadsworth.

Luckins, J. M. & Clarke, M. T. (2021) Can conversation-based intervention using speech-generating devices improve language in children with partially intelligible speech? *Communication Disorders Quarterly*, *42*, 131-144.

Ludlow, A., Skelly, C. & Rohleder, P. (2012) Challenges faced by parents of children diagnosed with autism spectrum disorder. *Journal of Health Psychology*, *17*, 702-711.

Lüke, C. (2014) Impact of speech-generating devices on the language development of a child with childhood apraxia of speech: A case study. *Disability and Rehabilitation: Assistive Technology*, *11*, 80-88.

Lund, E. M., Kohlmeier, T. L.& Durán, L. K. (2017) Comparative language development in bilingual and monolingual children with autism spectrum disorder: A systematic review. *Journal of Early Intervention*, *39*, 106-124.

Lund, S. K. (2015) Longitudinal studies of aided language development. In S. von Tetzchner and J. Oxley (Eds.), *Processes of aided language development in cognitively high-functioning children and adolescents. Proceedings of a seminar at the Twelfth Biennial Research Symposium of the International Society for Augmentative and Alternative Communication, Lisbon, Portugal, July 25-26, 2014* (pp. 11-17). Toronto: ISAAC.

Lund, S. K. & Light, J. (2006) Long-term outcomes for individuals who use AAC: Part I - what is a "good" outcome? *Augmentative and Alternative Communication, 22,* 284-299.

Lund, S. K. & Light, J. (2007) Long-term outcomes for individuals who use augmentative and alternative communication: Part II - Communicative interaction. *Augmentative and Alternative Communication, 23,* 1-15.

Lund, S. K. & Troha, J. M. (2008) Teaching young people who are blind and have autism to make requests using a variation on the Picture Exchange Communication System with tactile symbols: A preliminary investigation. *Journal of Autism and Developmental Disorders*, *38*, 719-730.

Lundälv, M. & Derbring, S. (2012a) Towards general cross-platform CCF based multi-modal language support. In K. Miesenberger et al. (Eds.), *Computers helping People with special needs* (pp. 261-268). Berlin: Springer.

Lundälv, M. & Derbring, S. (2012b) AAC vocabulary standardisation and harmonisation. In K. Miesenberger et al. (Eds.), *Computers helping People with special needs* (pp. 303-310). Berlin: Springer.

Lundälv, M., Derbring, S., Brännström, A., Farre, B. & Nordberg, L. (2013) Inclusive AAC-multi-modal and multilingual language support for all. In P. Encarnação edet al. (Eds.), *Assistive technology: From research to practice* (pp. 332-339). Berlin: IOS Press.

Luria, A. R. (1969) *The mind of a mnemonist.* London: Jonathan Cape.

Lynch, Y., McCleary, M. & Smith, M. M. (2018) Instructional strategies used in direct AAC interventions with children to support graphic symbol learning: A systematic review. *Child Language Teaching and Therapy*, *34*, 23-36.

MacKay, D., Wills, S. & Waller, A. (2007) Bliss-Dasher - Efficient semantic writing with any muscle. Paper presented at International Workshop on Blissymbolics, Dundee, July 2007.

MacWhinney, B. (1982) Basic syntactic processes. In S. Kuczaj (Ed.), *Language development. Volume 1. Syntax and semantics* (pp. 73-136). Hillsdale, New Jersey: Erlbaum.

MacWhinney, B. (2015) Language development. In R. M. Lerner et al. (Eds.), *Handbook of child psychology and developmental science, Sevent edition, Volume 2 Cognitive processes* (pp. 296-338). New York: Wiley.

Madge, N. & Fassam, M. (1982) *Ask the children.* London: Batsford.

Madigan, S., McArthur, B. A., Anhorn, C., Eirich, R. & Christakis, D. A. (2020) Associations between screen use and child language skills: A systematic review and meta-analysis. *JAMA Pediatrics*, *174*, 665-675.

Maharaj, S. C. (1980) *Pictogram ideogram communication.* Regina, Canada: The George Reed Foundation for the Handicapped.

Maharaj, S. C. (2022a) *The dignity of symbols*. Available at https://pictoworld.com

Maharaj, S. C. (2022b) *Pictograms for all ages*. Available at https://pictoworld.com

Maloney, E. S. & Larrivee, L. S. (2007) Limitations of age-equivalent scores in reporting the results of norm-referenced tests. *Contemporary Issues in Communication Science and Disorders*, *34*, 86-93.

Mandak, K., O'Neill, T., Light, J. & Fosco, G. M. (2017) Bridging the gap from values to actions: A family systems framework for family-centered AAC services. *Augmentative and Alternative Communication*, *33*, 32-41.

Mandak, K., Light, J. & Boyle, S. (2018) The effects of literacy interventions on single-word reading for individuals who use aided AAC: A systematic review. *Augmentative and Alternative Communication*, *34*, 206-218.

Mandy, W. & Lai, M. C. (2016) The role of the environment in the developmental psychopathology of autism spectrum condition. *Journal of Child Psychology and Psychiatry*, *57*, 271-292.

Mann, W. & Haug, T. (2015) New directions in sign language assessment. In M. Marschark and P. E. Spencer (Eds.), *The Oxford handbook of deaf studies in language* (pp. 412-421). New York, NY: Oxford University Press.

Manzoor, M. & Vimarlund, V. (2018) Digital technologies for social inclusion of individuals with disabilities. *Health and Technology*, *8*, 377-390.

Marchman, V. A. & Dale, P. S. (2023) The MacArthur-Bates Communicative Development Inventories: Updates from the CDI Advisory Board. *Frontiers in Psychology*, *14*, 1170303.

Marchman, V. A., Dale, P. S. & Fenson, L. (2023) *The MacArthur-Bates Communicative Development Inventories: User's guide and technical manual, Third edition*. Baltimore, MD: Brookes.

Marina, K., Drynan, D. & Tiessen, E. (2012) Evaluation of methods for teaching electronic visual scanning to children with cerebral palsy: Two series of case studies. *Disability and Rehabilitation: Assistive Technology*, *7*, 249-260.

Marková, I., Jahoda, A., Cattermole, M. & Woodward, D. (1992) Living in hospital and hostel: The pattern of interactions of people with learning difficulties. *Journal of Intellectual Disability Research, 36,* 115-127.

Marschik, P. B., Pini, G., Bartl-Pokorny, K. D., Duckworth, M., Gugatschka, M. et al. (2012) Early speech-language development in females with Rett syndrome: Focusing on the preserved speech variant. *Developmental Medicine and Child Neurology*, *54*, 451-456.

Marshall, J. & Goldbart, J. (2008) 'Communication is everything I think.'Parenting a child who needs Augmentative and Alternative Communication (AAC). *International Journal of Language and Communication Disorders*, *43*, 77-98.

Martinsen, H. and von Tetzchner, S. (1989) Imitation at the onset of speech. In S. von Tetzchner, L. S. Siegel and L. Smith (Eds.), *The social and cognitive aspects of normal and atypical language development* (pp. 51-68). New York: Springer-Verlag.

Marx, O. (1967) The history of biological basis of language. In E. Lenneberg, Biological foundations of language (pp. 443-469). New York: Wiley.

Marzano, R. J. (2012) A comprehensive approach to vocabulary instruction. *Voices From the Middle*, *20*, 31-35.

Masataka, N. (1992) Motherese in a signed language. *Infant Behavior and Development, 15*, 453-460.

Massé, B., Ba, S. & Horaud, R. (2017) Tracking gaze and visual focus of attention of people involved in social interaction. *IEEE Transactions on Pattern Analysis and Machine Intelligence, 40,* 2711-2724.

Masterson, J. J. (1997) Interrelationships in children's language production. *Topics in Language Disorders, 17,* 11-22.

Masur, E. (1997) Materbnal labelling of novel and familiar obejcts: Implications for children's development of lexical constraints. *Journal of Child Language, 24,* 427-439.

Mathisen, B., Arthur-Kelly, M., Kidd, J. & Nissen, C.

(2009) Using MINSPEAK: A case study of a preschool child with complex communication needs. *Disability and Rehabilitation: Assistive Technology, 4*, 376-385.

Mathy-Laikko, P., Iacono, T., Ratcliff, A., Villarruel, F., Yoder, D. & Vanderheiden, G. (1989) Teaching a child with multiple disabilities to use a tactile augmentative communication device. *Augmentative and Alternative Communication, 5*, 249-256.

Mayer, M. (1969) *Frog, where are you?* New York: Dial Press.

Mazrekaj, D. & De Witte, K. (2024). The impact of school closures on learning and mental health of children: Lessons from the COVID-19 pandemic. *Perspectives on Psychological Science, 19*, 686-693.

McCarthy, J. H., Hogan, T. P., Beukelman, D. R. & Schwarz, I. E. (2015) Influence of computerized sounding out on spelling performance for children who do and do not rely on AAC. *Disability and Rehabilitation: Assistive Technology*, *10*, 221-230.

McCarty, T. V. & Light, J. C. (2022) Supporting peer interactions for students with complex communication needs in inclusive settings: Paraeducator roles. *Perspectives of the ASHA Special Interest Groups*, *7*, 229-244.

McClenny, C. S., Roberts, J. E. & Layton, T. L. (1992) Unexpected events and their effect on children's language. *Child Language Teaching and Therapy, 8*, 229-245.

McCord, M. S. & Soto, G. (2004) Perceptions of AAC: An ethnographic investigation of Mexican-American families. *Augmentative and Alternative Communication, 20*, 209-227.

McDonald, E. T. & Schultz, A. R. (1973) Communication boards for cerebral-palsied children. *Journal of Speech and Hearing Disorders, 38*, 73-88.

McDowell, N. (2023) A review of the literature to inform the development of a practice framework for supporting children with cerebral visual impairment (CVI). *International Journal of Inclusive Education, 27*, 718-738.

McGee, G. G. (2022) Incidental teaching research: Early beginnings through recent innovations. In J. B. Leaf et al. (Red.), *Handbook of applied behavior analysis interventions for autism: Integrating research into practice* (pp. 185-206) .Cham, Switzerland: Springer.

McGee, G. G., Morrier, M. J. & Daly, T. (1999) An incidental teaching approach to early intervention for toddlers with autism. *Journal of the Association for Persons with Severe Handicaps*, *24*, 133-146.

McGregor, K. K. (2017) Semantics in child language disorders. In R. G. Schwartz (Ed.), *Handbook of child language disorders, Second edition* (pp. 392-415). New York: Routledge.

McGrew, J. H., Ruble, L. A. & Smith, I. M. (2016) Autism spectrum disorder and evidence-based practice in psychology. *Clinical Psychology: Science and Practice*, *23*, 239-255.

McIntyre, S., Goldsmith, S., Webb, A., Ehlinger, V., Hollung, S. J. et al. (2022) Global prevalence of cerebral palsy: A systematic analysis. *Developmental Medicine and Child Neurology*, *64*, 1494-1506.

McKearnan, K. A., Kieckhefer, G. M., Engel, J. M., Jensen, M. P. & Labyak, S. (2004) Pain in children with cerebral palsy: a review. *Journal of Neuroscience Nursing*, *36*, 252-259.

Mckinnon, C. T., Meehan, E. M., Harvey, A. R., Antolovich, G. C. & Morgan, P. E. (2019) Prevalence and characteristics of pain in children and young adults with cerebral palsy: A systematic review. *Developmental Medicine and Child Neurology*, *61*, 305-314.

McLarty, M. (1997) Putting objects of reference in context. *European Journal of Special Needs Education, 12*, 12-20.

McLay, L., Hansen, S. & Carnett, A. (2019) TEACCH and other structured approaches to teaching. In S. Little & A. Akin Little (Eds.), *Behavioral interventions in schools: Evidence-based positive strategies* (pp. 299-322). Washington: American Psychological Association.

McLay, L., Schäfer, M. C., van der Meer, L., Couper, L., McKenzie, E. et al. (2017) Acquisition, preference and follow-up comparison across three AAC modalities taught to two children with autism spectrum disorder. *International Journal of Disability, Development and Education*, *64*, 117–130.

McLay, L., van der Meer, L., Schäfer, M. C., Couper, L., McKenzie, E. et al. (2015) Comparing acquisition, generalization, maintenance, and preference across three AAC options in four children with autism spectrum disorder. *Journal of Developmental and Physical Disabilities*, *27*, 323–339.

McLean, L. K., Brady, N. C., McLean, J. E. & Behrens, G. A. (1999) Communication forms and functions of children and adults with severe mental retardation in community and institutional settings. *Journal of Speech, Language, and Hearing Research*, *42*, 231–240.

McLeod, S. & Harrison, L. J. (2009) Epidemiology of speech and language impairment in a nationally representative sample of 4- to 5-year-old children. *Journal of Speech, Language, and Hearing Research*, *11*, 155–170.

McNally, S., Leech, K. A., Corriveau, K. H. & Daly, M. (2024) Indirect effects of early shared reading and access to books on reading vocabulary in middle childhood. *Scientific Studies of Reading*, *28*, 42–59.

McNaughton, D., Bryen, D., Blackstone, S., Williams, M. & Kennedy, P. (2012) Young adults with complex communication needs: Research and development in AAC for a "diverse" population. *Assistive Technology*, *24*, 45–53.

McNaughton, D. & Light, J. C. (1989) Teaching facilitators to support the communication skills of an adult with severe cognitive disabilities: A case study. *Augmentative and Alternative Communication*, *5*, 35–41.

McNaughton, D. & Light, J. C. (2015) What we write about when we write about AAC: The past 30 years of research and future directions. *Augmentative and Alternative Communication*, *31*, 261–270

McNaughton, D., Rackensperger, T., Benedek-Wood, E., Krezman, C., Williams, M. B. & Light, J. C. (2008) "A child needs to be given a chance to succeed": Parents of individuals who use AAC describe the benefits and challenges of learning AAC technologies. *Augmentative and Alternative Communication*, *24*, 43–55.

McNaughton, S. (1998) Reading acquisistion of adults with severe congenital speech and physical impairments: Theoretical infrastructure, empirical investigation, educational application. Dissertation, University of Toronto.

McNaughton, S. (2003) Blissymbol learners, their language and their language partners: Development through three decades. In S. von Tetzchner, and N. Grove (Eds.), *Augmentative and alternative communication: Developmental issues* (pp. 357–387). London, UK: Whurr/Wiley.

McNaughton, S. (2014) The early years of graphic communication systems – and the many issues still to be understood. In L. Lloyd et al. (Eds.), *Augmentative and alternative communication: Research issues and needs. Proceedings of the 13th Biennial Research Symposium of the International Society for Augmentative and Alternative Communication, Pittsburg, USA, August 3–4, 2012* (pp. 61–66). Toronto: ISAAC.

McNeil, M. R., Ballard, K. J., Duffy, J. R. & Wambaugh, J. (2017) Apraxia of speech theory, assessment, differential diagnosis, and treatment: Past, present, and future. In P. van Lieshout et al. (Eds.), *Speech motor control in normal and disordered speech: Future developments in theory and methodology* (pp. 195–221). Rockville, MD: ASHA Press

Meadan, H., Ostrosky, M. M., Triplett, B., Michna, A. & Fettig, A. (2011) Using visual supports with young children with autism spectrum disorder. *Teaching Exceptional Children*, *43*, 28–35.

Mei, C., Reilly, S., Bickerton, M., Mensah, F., Turner, S. et al. (2020) Speech in children with cerebral palsy. *Developmental Medicine and Child Neurology*, *62*, 1374–1382.

Mei, C., Reilly, S., Reddihough, D., Mensah, F., Pennington, L. & Morgan, A. (2016) Language outcomes of children with cerebral palsy aged

5 years and 6 years: a population-based study. *Developmental Medicine and Child Neurology*, *58*, 605-611.

Meier, R. P. (2019) Acquiering signed languages as first languge: The milestones of acquisition and the form of early signs. In N. Grove and K. Launonen (Eds.). *Manual sign acquisition in children with developmental disabilities* (pp. 59-86). New York: Nova.

Mellman, L. M., DeThorne, L. S. & Hengst, J. A. (2010) "Shhhh! Alex has something to say": AAC-SGD use in the classroom setting. *Perspectives on Augmentative and Alternative Communication*, *19*, 108-114.

Melo, C., Ruano, L., Jorge, J., Pinto Ribeiro, T., Oliveira, G. et al. (2020) Prevalence and determinants of motor stereotypies in autism spectrum disorder: A systematic review and meta-analysis. *Autism*, *24*, 569-590.

Mendes, E., Batorowicz,B., Jennische, M., Oxley, J. von Tetzchner, S. & Launonen, K. (2023) Uncovering children's views on being an aided communicator. Presented at 19th Biennial Conference of the International Society for Augmentative and Alternative Communication, Cancun, Mexico, July 24-27 2023.

Mendes, E. & Rato, J. (1996) From system to communication: Staff training for attitude change. In S. von Tetzchner and M. H. Jensen (Eds.), *Augmentative and alternative communication: European perspectives* (pp. 342-354). London: Whurr/Wiley.

Mertala, P., Karikoski, H., Tähtinen, L. & Sarenius, V. M. (2016) The value of toys: 6-8-year-old children's toy preferences and the functional analysis of popular toys. *International Journal of Play*, *5*, 11-27.

Mesibov, G. B. & Shea, V. (2010) The TEACCH program in the era of evidence-based practice. *Journal of Autism and Developmental Disorders*, *40*, 570-579.

Mesibov, G. B., Shea, V. & Schopler, E. (2004) *The TEACCH approach to autism spectrum disorders*. New York: Springer.

Meuris, K., Maes, B., De Meyer, A. M. & Zink, I. (2014) Manual signing in adults with intellectual disability: Influence of sign characteristics on functional sign vocabulary. *Journal of Speech, Language, and Hearing Research*, *57*, 990-1010.

Meuris, K., Maes, B. & Zink, I. (2015) Teaching adults with intellectual disability manual signs through their support staff: A key word signing program. *American Journal of Speech-Language Pathology*, *24*, 545-560.

Midtlin, H. S., Næss, K. A. B., Taxt, T. & Karlsen, A. V. (2015) What communication strategies do AAC users want their communication partners to use? A preliminary study. *Disability and Rehabilitation*, *37*, 1260-1267.

Millar, D. C., Light, J. C. & Schlosser, R. W. (2006) The impact of augmentative and alternative communication intervention on the speech production of individuals with developmental disabilities: A research review. *Journal of Speech, Language, and Hearing Research*, *49*, 248-264.

Miller, M. S. (1987) Sign iconicity: Single-sign receptive vocabulary skills of nonsigning hearing preeschoolers. *Journal of Communication Disorders, 20*, 359-365.

Mills, J. & Higgins, J. (1984) An environmental approach to delivery of microcomputer-based and other communication systems. *Seminars in Speech and Language*, 5, 35-45.

Milward, S. J. & Carpenter, M. (2018) Joint action and joint attention: Drawing parallels between the literatures. *Social and Personality Psychology Compass*, *12*, e12377.

Mishra, A., Ceballos, V., Himmelwright, K., McCabe, S. & Scott, L. (2021) Gesture production in toddlers with autism spectrum disorder. *Journal of Autism and Developmental Disorders*, *51*, 1658-1667

Misra, V., Pandey, D. J., Sharma, B. D. & Maheshwari, B. B. (2019) Evaluation of correlation between ocular manifestations and severity of mental retardation. *Journal of Advanced Medical and Dental Sciences Research*, 7, 136-139.

Mitra, S. (2018) *Disability, health and human development*. New York: Plagrave Macmillan.

Mitteer, D. R., Randall, K. R., Van Winkle, L. J. & Greer, B. D. (2020) Incorporating discriminative stimuli into functional communication training with augmentative and alternative communication devices: A tutorial. *Augmentative and Alternative Communication*, *36*, 63-70.

Miyake, A. & Friedman, N. P. (2012) The nature and organization of individual differences in executive functions: Four general conclusions. *Current Directions in Psychological Science*, *21*, 8-14.

Mizuko, M. (1987) Transparency and ease of learning of symbols represented by Blissymbols, PCS, and Picsyms. *Augmentative and Alternative Communication*, *3*, 129-136.

Mohan, M., Bajaj, G., Deshpande, A., Anakkathil Anil, M. & Bhat, J. S. (2021) Child, parent, and play - An insight into these dimensions among children with and without receptive expressive language disorder using video-based analysis. *Psychology Research and Behavior Management, 14*, 971-985.

M ø ller, S. & von Tetzchner, S. (1996) Allowing for developmental potential: A case study of intervention change. In S. von Tetzchner and M. H. Jensen (Eds.), *Augmentative and alternative communication: European perspectives* (pp. 249-269). London: Whurr/Wiley.

Molinaro, M., Broman, A. T., Rathouz, P. J. & Hustad, K. C. (2020) Longitudinal development of receptive vocabulary in children with cerebral palsy and anarthria: Use of the MacArthur-Bates CDI. *Developmental Neurorehabilitation*, *23*, 285-293.

Montag, J. L., Jones, M. N. & Smith, L. B. (2018) Quantity and diversity: Simulating early word learning environments. *Cognitive Science*, *42*, 375-412.

Moorcroft, A., Scarinci, N. & Meyer, C. (2019) A systematic review of the barriers and facilitators to the provision and use of low-tech and unaided AAC systems for people with complex communication needs and their families. *Disability and Rehabilitation: Assistive Technology*, *14*, 710-731.

Moorcroft, A., Scarinci, N. & Meyer, C. (2020) 'We were just kind of handed it and then it was smoke bombed by everyone': How do external stakeholders contribute to parent rejection and the abandonment of AAC systems? *International Journal of Language and Communication Disorders*, *55*, 59-69.

Moorcroft, A., Scarinci, N. & Meyer, C. (2021) "I've had a love-hate, I mean mostly hate relationship with these PODD books": Parent perceptions of how they and their child contributed to AAC rejection and abandonment. *Disability and Rehabilitation: Assistive Technology*, *16*, 72-82.

Moore, S. M. & Pérez-Méndez, C. (2006) Working with linguistically diverse families in early intervention: Misconceptions and missed opportunities. *Seminars in Speech and Language, 27,* 187-198.

Moores, D. F. (2010) The history of language and communication issues in deaf education. In M. Marschark and P. E. Spencer (Eds.),*The Oxford handbook of deaf studies, language, and education*, *Volume 2* (pp. 17-30). Oxford, UK: Oxford University Press.

Morel, G. M. & Spector, J. M. (2023) *Foundations of educational technology: Integrative approaches and interdisciplinary perspectives, Third Edition*. Abingdon, UK: Routledge.

Morgan, J. L. & Demuth, K. (Eds.) (1996) *Signal to syntax: Bootstrapping from speech to grammar in early acquisition*. New York: Psychology Press.

Mphahlele, L. (2020) Context-specific inclusive education: A local perspective on the enterprise. *Educational Research and Reviews, 15,* 210-213.

Muharib, R. & Alzrayer, N. M. (2018) The use of high-tech speech-generating devices as an evidence-based practice for children with autism spectrum disorders: A meta-analysis. *Review Journal of Autism and Developmental Disorders*, *5*, 43-57.

Mundy, P. & Bullen, J. (2022) The bidirectional social-cognitive mechanisms of the social-attention symptoms of autism. *Frontiers in Psychiatry*, *12*, 752274.

Mundy, P., Delgado, C., Block, J., Venezia, M., Hogan, A. & Seibert, J. (2003). *Early Social Communication Scales (ESCS).* Coral Gables, FL: University of Miami.

Mundy, P., Sigman, M. & Kasari, C. (1990) A longitudinal study of joint attention and language development in autistic children. *Journal of Autism and Developmental Disorders*, *20*, 115-128.

Murphy, J., & Cameron, L. (2008) The effectiveness of Talking Mats® with people with intellectual disability. *British Journal of Learning Disabilities*, *36*, 232-241.

Murray, J., Lynch, Y., Goldbart, J., Moulam, L., Judge, S. et al. (2020) The decision-making process in recommending electronic communication aids for children and young people who are non-speaking: The I-ASC mixed-methods study. *Health Services and Delivery Research*, *8*, 1-158.

Murray, J., Sandberg, A. D., Smith, M. M., Deliberato, D., Stadskleiv, K. & von Tetzchner, S. (2018) Communicating the unknown: descriptions of pictured scenes and events presented on video by children and adolescents using aided communication and their peers using natural speech. *Augmentative and Alternative Communication*, *34*, 30-39.

Murza, K. A., Schwartz, J. B., Hahs-Vaughn, D. L. & Nye, C. (2016) Joint attention interventions for children with autism spectrum disorder: a systematic review and meta-analysis. *International Journal of Language and Communication Disorders*, *51*, 236-251.

Musiek, F. E., Chermak, G. D. & Cone, B. (2019) Central deafness: A review of past and current perspectives. *International Journal of Audiology*, *58*, 605-617.

Naber, F. B. A., Bakermans-Kranenburg, M. J., van IJzendoorn, M. H., Dietz, C., van Daalen, E. et al. (2008) Joint attention development in toddlers with autism. *European Child and Adolescent Psychiatry*, *17*, 143-152.

Nader, D. T. & Erickson, K. A. (2023) Teletherapy, AAC and COVID-19: The experiences of speech language pathologists providing teletherapy during a global pandemic. *Augmentative and Alternative Communication, 39,* 146-156

Nagy, W. E. & Anderson, R. C. (1984) How many words are there in printed school English? *Reading Research Quarterly, 19*, 304-330.

Nagy, W. & Townsend, D. (2012). Words as tools: Learning academic vocabulary as language acquisition. *Reading Research Quarterly*, *47*, 91-108.

Naidoo, M. & Singh, S. (2020) A dental communication board as an oral care tool for children with autism spectrum disorder. *Journal of Autism and Developmental Disorders*, *50*, 3831-3843.

Napier, J. & Leeson, L. (2016) *Sign language in action.* Basingstoke, UK: Palgrave Macmillan.

Naples, A., Tenenbaum, E. J., Jones, R. N., Righi, G., Sheinkopf, S. J. & Eigsti, I. M. (2023) Exploring communicative competence in autistic children who are minimally verbal: The Low Verbal Investigatory Survey for Autism (LVIS). *Autism*, *27*, 1391-1406.

Napoli, D. J. (2019) Morphological theory and sign languages. In J. Audring and F. Masini (Eds.), *The Oxford handbook of morphological theory* (pp. 594-614). Oxford, UK: Oxford Univerwsity Press.

Napoli, D. J. & Sutton-Spence, R. (2014) Order of the major constituents in sign languages: Implications for all language. *Frontiers in Psychology*, *5*, 376.

Narayanan, U. G., Fehlings, D., Weir, S., Knights, S., Kiran, S. & Campbell, K. (2006) Initial development and validation of the Caregiver Priorities and Child Health Index of Life with Disabilities (CPCHILD). *Developmental Medicine and Child Neurology*, *48*, 804-812.

Nation, I. S. P. (2015) Which words do you need? In J. R. Taylor (Ed.) *Handbook of the word* (pp. 568-581). Oxford, UK: Oxford University Press.

Navarro, I. I., Cretcher, S. R., McCarron, A. R., Figueroa, C. & Alt, M. (2020) Using AAC to unlock communicative potential in late-talking toddlers. *Journal of Communication Disorders*, *87*, 106025.

Neisworth, J. T. & Bagnato, S. J. (2004) The mismeasure of young children: The authentic assessment alternative. *Infants and Young Children*, *17*, 198-

212.

Nelson, K. E., Camarata, S. M., Welsh, J., Butkovsky, L. & Camarata, M. (1996) Effects of imitative and conversational recasting treatment on the acquisition of grammar in children with specific language impairment and younger language-normal children. *Journal of Speech and Hearing Research, 39,* 850-859.

Nelson, K. (1996) *Language in cognitive development: The emergence of the mediated mind.* Cambridge, MA: Cambridge University Press.

Nelson, K. (2007) *Young minds in social worlds: Experience, meaning and memory.* Cambridge, MA: Cambridge University Press

Nelson, K. (2010) Developmental narratives of the experiencing child. *Child Development Perspectives, 4,* 42-47.

Nelson, K. (2015) Making sense with private speech. *Cognitive Development, 36,* 171-179.

Nerișanu, R., Nerișanu, R.-A., Maniu, I. & Neamțu, B. (2017) Cerebral palsy and eye-gaze technology. Interaction, perspective and usability. A review. *Acta Medica Transilvanica, 22,* 59-62.

Neul, J. L., Kaufmann, W. E., Glaze, D. G., Christodoulou, J., Clarke, A. J. et al. (2010) Rett syndrome: Revised diagnostic criteria and nomenclature. *Annals of Neurology, 68,* 944-950.

Neuvonen, K., Launonen, K., Smith, M., Stadskleiv, K. & von Tetzchner, S. (2022c) Strategies in conveying information about unshared events using aided communication. *Child Language Teaching and Therapy, 38,* 78-94.

Neuvonen, K. A., Smith, M. M., Launonen, K. & von Tetzchner, S. (2022a) Communication partner strategies in negotiation for meaning in interactions involving aided communication. *Clinical Linguistics and Phonetics, 37,* 1104-1123.

Neuvonen, K., van Balkom, H., Deliberato, D. & von Tetzchner, S. (2022b) Vocabulary use in aided communication. In S. von Tetzchner and J. Murray (Eds.), *Becoming an Aided Communicator (BAC): Theory, methods, findings and practical implications. Proceedings of a study day, University of Leeds, June 21st 2022* (pp. 21-26). Leeds, UK: Communication Matters.

Newell, A. F., Booth, L. & Beattie, W. (1991) Predictive text entry with PAL and children with learning difficulties. *British Journal of Educational Techneology, 22,* 23-40.

Newport, E. L. (2016) Statistical language learning: Computational, maturational, and linguistic constraints. *Language and Cognition, 8,* 447-461.

Newport, E. L., Bavelier, D. & Neville, H. J. (2001) Critical thinking about critical periods: Perspectives on a critical period for language acquisition. In E. Dupoux (Ed., *Language, brain and cognitive development: Essays in honor of Jacques Mehler* (pp. 481-502). Cambridge, MA: MIT Press.

Nguyen, L., Bootsma, J., Ketelaar, M., Di Rezze, B., Jack, S. M. & Gorter, J. W. (2023) Programs to prepare siblings for future roles to support their brother or sister with a neurodevelopmental disability: A scoping review. *Current Developmental Disorders Reports, 10,* 47-79.

Nigam, R., Schlosser, R. W. & Lloyd, L. L. (2006) Concomitant use of the matrix strategy and the mand-model procedure in teaching graphic symbol combinations. *Augmentative and Alternative Communication, 22,* 160-177.

Nikolaus, M. & Fourtassi, A. (2023) Communicative feedback in language acquisition. *New Ideas in Psychology, 68,* 100985.

Nippold, M. A., Frantz-Kaspar, M. W., Cramond, P. M., Kirk, C., Hayward-Mayhew, C. & MacKinnon, M. (2014) Conversational and narrative speaking in adolescents: Examining the use of complex syntax. *Journal of Speech, Language, and Hearing Research, 57,* 876-886.

Norrelgen, F., Fernell, E., Eriksson, M., Hedvall, Å., Persson, C. et al. (2015) Children with autism spectrum disorders who do not develop phrase speech in the preschool years. *Autism, 19,* 934-943.

Norrie, C. S., Waller, A. & Hannah, E. F. (2021) Establishing context: AAC device adoption and support in a special-education setting. *ACM Transactions on Computer-Human Interaction, 28*, 1-30.

Novak, I., Hines, M., Goldsmith, S. & Barclay, R. (2012) Clinical prognostic messages from a systematic review on cerebral palsy. *Pediatrics, 130,* e1285-1312.

Ntoa, S., Margetis, G., Antona, M. & Stephanidis, C. (2014) Scanning-based interaction techniques for motor impaired users. In G. Kouroupetroglou (Ed.), *Assistive technologies and computer access for motor disabilities* (pp. 57-89). Hershey, PA: IGI Global.

Nunes, D. R. (2008) AAC Interventions for autism: A research summary. *International Journal of Special Education, 23,* 17-26.

O'Connor, D., Butler, A. & Lynch, H. (2021) Partners in play: Exploring 'playing with'children living with severe physical and intellectual disabilities. *British Journal of Occupational Therapy, 84*, 694-702.

O'Keeffe, G. S. (2016) Social media: Challenges and concerns for families. *Pediatric Clinics, 63*, 841-849.

O'Neill, J., Bansal, R., Goh, S., Rodie, M., Sawardekar, S. & Peterson, B. S. (2020) Parsing the heterogeneity of brain metabolic disturbances in autism spectrum disorder. *Biological Psychiatry, 87*, 174-184.

O'Neill, T. (2018) Perspectives of parents of children with cerebral palsy on the supports, challenges, and realities of integrating AAC into everyday life. Dissertation, Pennsylvania State University.

O'Neill, T., Light, J. & Pope, L. (2018) Effects of interventions that include aided augmentative and alternative communication input on the communication of individuals with complex communication needs: A meta-analysis. *Journal of Speech, Language, and Hearing Research, 61*, 1743-1765.

O'Neill, T. & Wilkinson, K. M. (2020) Preliminary investigation of the perspectives of parents of children with cerebral palsy on the supports, challenges, and realities of integrating augmentative and alternative communication into everyday life. *American Journal of Speech-Language Pathology, 29*, 238-254.

O'Neill, Y. V. (1980) *Speech and speech disorders in Western thought before 1600*. London: Greenwood Press.

Oates, A., Bebbington, A., Bourke, J., Girdler, S. & Leonard, H. (2011) Leisure participation for school-aged children with Down syndrome. *Disability and Rehabilitation, 33,* 1880-1889.

Occhino, C., Anible, B., Wilkinson, E. & Morford, J. P. (2017) Iconicity is in the eye of the beholder: How language experience affects perceived iconicity. *Gesture, 16*, 100-126.

Olaszi, P., Koutny, I. & Kálmán, S. L. (2002) From bliss symbols to grammatically correct voice output: A communication tool for people with disabilities. *International Journal of Speech Technology, 5*, 49-56.

Oliver, C. B. & Halle, J. W. (1982) Language training in the everyday environment. *Journal of the Association for the Severely Handicapped, 8,* 50-62.

Oliver, C., Ellis, K., Agar, G., Bissell, S., Chung, J. C. Y. et al. (2022) Distress and challenging behavior in people with profound or severe intellectual disability and complex needs: Assessment of causes and evaluation of intervention outcomes. *International Review of Research in Developmental Disabilities, 62*, 109-189.

Oliver, M. (2019) Communication devices and electronic aids to activities of daily living. In In J. B. Webster and F. P. Murphy (Eds.), *Atlas of orthoses and assistive devices, Fifth edition* (pp. 403-417). Philadelphia, PA: Elsevier.

Olsson, B. & Rett, A. (1987) Autism and Rett syndrome: Behaviourial investigations and differential diagnosis. *Developmental Medicine and Child Neurology, 29,* 429-441.

Olsson, B. & Rett, A. (1990) A review of the Rett syndrome with a theory of autism. *Brain and Development, 12,* 11-15.

Oommen, E. R. & McCarthy, J. W. (2015) Simultaneous natural speech and AAC interventions for children with childhood apraxia of speech: Lessons from a speech-language pathologist focus group. *Augmentative and Alternative Communication*, *31*, 63-76.

Orellana, C. I., Wada, R. & Gillam, R. B. (2019) The use of dynamic assessment for the diagnosis of language disorders in bilingual children: A meta-analysis. *American Journal of Speech-Language Pathology*, *28*, 1298-1317.

Ortega, G. (2017) Iconicity and sign lexical acquisition: A review. *Frontiers in Psychology*, *8*, 1280.

Ortibus, E., Fazzi, E. & Dale, N. (2019) Cerebral visual impairment and clinical assessment: The European perspective. *Seminars in Pediatric Neurology*, 31, 15-24.

Østvik, J., Balandin, S. & Ytterhus, B. (2018) Interactional facilitators and barriers to social relationships between students who use AAC and fellow students. *Society, Health and Vulnerability*, *9*, 1438692.

Ottem, E. (2001) Use of pictographic-articulatory symbols to promote alphabetic reading in a language-impaired boy: case study. *Augmentative and Alternative Communication*, *17*, 52-60.

Osguthorpe, R.T. & Chang, L.L. (1987). Computerized symbol processors for individuals with severe communication disabilities. *Journal of Special Education Technology*, *8*, 43-54.

Oxley, J. D. & von Tetzchner, S. (1999) Reflections on the development of alternative language forms. In F.T. Loncke et al. (Eds.), *Augmentative and alternative communication: New directions in research and practice* (pp. 62-74). London: Whurr/Wiley.

Pae, S. (2003). Validity and reliability of the Korean adaptation of MCDI. *Korean Journal of Communication Disorders*, *8*, 1-14.

Paget, R., Gorman, P. & Paget, P. (1976) *The Paget Gorman Sign System, 6th Edition*. London: Association for Experiment in Deaf Education.

Palfreman, J. (2012) The dark legacy of FC. *Evidence-Based Communication Assessment and Intervention*, *6*, 14-17.

Palisano, R. J., Rosenbaum, P., Bartlett, D. & Livingston, M. H. (2008) Content validity of the expanded and revised Gross Motor Function Classification System. *Developmental Medicine and Child Neurology*, *50*, 744-750.

Palisano, R., Rosenbaum, P., Walter, S., Russell, D., Wood, E. & Galuppi, B. (1997) Development and reliability of a system to classify gross motor function in children with cerebral palsy. *Developmental Medicine and Child Neurology*, *39*, 214-223.

Pan, B. A. & Snow, C. E. (1999) The development of conversational and discourse skills. In M. Barrett (Ed.), *Development of language* (pp. 229-249). Hove, UK: Psychology Press.

Paolieri, D. & Marful, A. (2018) Norms for a pictographic system: The Aragonese portal of augmentative/alternative communication (ARASAAC) system. *Frontiers in Psychology*, *9*, 2538.

Papacek, A. M., Chai, Z. & Green, K. B. (2016) Play and social interaction strategies for young children with autism spectrum disorder in inclusive preschool settings. *Young Exceptional Children*, *19*, 3-17.

Parette, H. P., Boeckmann, N. M. & Hourcade, J. J. (2008) Use of writing with symbols 2000 software to facilitate emergent literacy development. *Early Childhood Education Journal*, *36*, 161-170.

Park, I. & Kim, Y. R. (2018) Effects of TEACCH structured teaching on independent work skills among individuals with severe disabilities. *Education and Training in Autism and Developmental Disabilities*, *53*, 343-352.

Park, E. H., Kim, Y. T., Lim, J, H., Kim, K. Y., Yeon, S. J., Hong, K. H. Park, K. T. & Lee, Y. S.(2014). *Development of Korean AAC program: Culturally appropriate symbols & linguistic features*, The International Society for Augmentative and Alternative Communication (ISAAC) Conference, Lisbon.

Park, K. (1997) How do objects become object of reference? *British Journal of Special Education*, *24*, 103-114.

Parrott, L. (2016) Communication participation of adults who are lifelong aided communicators. In M. M. Smith and J. Murray (Eds.), *The silent partner? Language, interaction and aided communication* (pp. 247-267). Guildford, UK: J&R Press.

Partey, F. A., Addo-Danquah, R. G., Bonku, L. K. & Sarfo-Adu, K. (2018) Investigating unconventional abbreviations in SMS texts. *International Journal of Applied Linguistics and English Literature*, 7, 25-32.

Paul, R. & Elwood, T. J. (1991) Maternal linguistic input to toddlers with slow expressive language development. *Journal of Speech, Language, and Hearing Research*, *34*, 982-988.

Paul, R. (1997) Facilitating transitions in language development for children using AAC. *Augmentative and Alternative Communication*, *13*, 141-148.

Paul, R. (2020) Language disorders. In A. Gallagher et al. (Eds.), *Handbook of clinical neurology, Volume 174* (pp. 21-35). Amsterdam: Elsevier.

Paulson, A. & Vargus-Adams, J. (2017) Overview of four functional classification systems commonly used in cerebral palsy. *Children*, *4*, 30.

Pecukonis, M., Skwerer, D. P., Eggleston, B., Meyer, S. & Tager-Flusberg, H. (2019) Concurrent social communication predictors of expressive language in minimally verbal children and adolescents with autism spectrum disorder. *Journal of Autism and Developmental Disorders*, *49*, 3767-3785.

Pellegrini, A. D. (2013) Play. In P. D. Zelazo (Ed.), *Oxford handbook of developmental psychology, Volume 2: Self and other* (pp. 276-298). New York: Oxford University Press.

Peña, E. V. (Ed.) (2019) *Communication alternatives in autism: Perspectives on typing and spelling approaches for the nonspeaking*. Jefferson, NC: McFarland.

Pennington, B. F. (2015) Atypical cognitive development. In R. M. Lerner et al. (Eds.) *Handbook of child psychology and Developmental Science, Seventh edition, Volume 2: Cognitive Processes* (pp. 995-1037). New York: Wiley.

Pennington, L. & McConachie, H. (1999) Mother-child interaction revisited: Communication with non-speaking physically disabled children. *International Journal of Language and Communication Disorders, 34*, 391-416.

Pennington, L. & McConachie, H. (2001) Interaction between children with cerebral palsy and their mothers: The effects of speech intelligibility. *International Journal of Language and Communication Disorders, 36*, 371-393.

Pennington, L., Virella, D., Mjøen, T., da Graça Andrada, M., Murray, J. et al. (2013) Development of The Viking Speech Scale to classify the speech of children with cerebral palsy. *Research in Developmental Disabilities*, *34*, 3202-3210.

Percy, A. K., Lane, J., Annese, F., Warren, H., Skinner, S. A. & Neul, J. L. (2018) When Rett syndrome is due to genes other than MECP2. *Translational Science of Rare Diseases*, *3*, 49-53.

Pereira, J. A., de Medeiros, S., Zanchettin, C. & Fidalgo, R. D. N. (2022) Pictogram prediction in alternative communication boards: A mapping study. In *Anais do XXXIII Simpósio Brasileiro de Informática na Educação* (pp. 705-717). Porto Alegere, Brazil: SBC.

Pérez-Pereira, M. & Conti-Ramsden, G. (1999) *Language development and social interaction in blind children*. Hove, UK: Psychology Press.

Pérez-Pereira, M. & Conti-Ramsden, G. (2020) *Language development and social interaction in blind children, Classic edition*. Abingdon, UK: Routledge.

Perfect, E., Hoskin, E., Noyek, S. & Davies, T. C. (2020) A systematic review investigating outcome measures and uptake barriers when children and youth with complex disabilities use eye gaze assistive technology. *Developmental Neurorehabilitation*, *23*, 145-159.

Perfetti, C. A., & Dunlap, S. (2008) Learning to read: General principles and writing system variations. In K. Koda and A. M. Zehler (Eds.), *Learning to read across languages* (pp. 13-38). Abingdon, UK: Routledge.

Perone, S. & Simmering, V. R. (2017) Applications

of dynamic systems theory to cognition and development: New frontiers. *Advances in Child Development and Behavior*, *52*, 43-80.

Persicke, A., Meshes, E., Najdowski, A. C. & Moon, E. I. (2023) Teaching play skills. In J. L. Matson (Ed.), *Handbook of applied behavior analysis: Integrating research into practice* (pp. 963-977). Cham, Switzerland: Springer.

Persico, A. M. & Napolioni, V. (2013) Autism genetics. *Behavioral Brain Research, 251,* 95-112.

Petalas, M. A., Hastings, R. P., Nash, S. & Duff, S. (2015) Typicality and subtle difference in sibling relationships: Experiences of adolescents with autism. *Journal of Child and Family Studies*, *24*, 38-49.

Peters, A. M. (1995) Strategies in the acquisition of syntax. In P. Fletcher and B. MacWhinney (Eds), *The handbook of child language* (pp. 462-482). Oxford, UK: Basil Blackwell.

Peters, A. M. & Boggs, S. T. (1986) Interactional routines as cultural influences on language acquisition. In B. Schieffelin and E. Ochs (Eds.), *Language socialization across cultures* (pp. 80-96). Cambridge: Cambridge University Press.

Peters, B., Eddy, B., Galvin-McLaughlin, D., Betz, G., Oken, B. & Fried-Oken, M. (2022) A systematic review of research on augmentative and alternative communication brain-computer interface systems for individuals with disabilities. *Frontiers in Human Neuroscience*, *16*, 952380.

Peters, N. A. & Kirstein, I. J. (1978) A communication system for nonoral handicapped children. *Rehabilitation Psychology*, *25*, 213-219.

Petersen, J. M., Marinova-Todd, S. H. & Mirenda, P. (2012) An exploratory study of lexical skills in bilingual children with autism spectrum disorder. *Journal of Autism and Developmental Disorders*, *42*, 1499-1503.

Pfeifer, L. I., Pacciulio, A. M., Santos, C. A. D., Santos, J. L. D. & Stagnitti, K. E. (2011) Pretend play of children with cerebral palsy. *Physical and Occupational Therapy in Pediatrics*, *31*, 390-402.

Phillips, W., Gómez, J. C., Baron-Cohen, S., Laá, V. & Rivière, A. (1995) Treating people as objects, agents, or "subjects": How young children with and without autism make requests. *Journal of Child Psychology and Psychiatry*, *36*, 1383-1398.

Piaget, J. (1950) *The psychology of the child.* London: Routledge and Kegan Paul.

Piaget, J. (1951) *Play, dreams and imitation in childhood.* London, UK: Heineman.

Piaget, J. & Inhelder, B. (1969) *The psychology of the child.* London: Routledge and Kegan Paul.

Piantadosi, S. T., Tily, H. & Gibson, E. (2012) The communicative function of ambiguity in language. *Cognition*, *122*, 280-291.

Pickett, E., Pullara, O., O'Grady, J. & Gordon, B. (2009) Speech acquisition in older nonverbal individuals with autism: A review of features, methods, and prognosis. *Cognitive and Behavioral Neurology*, *22*, 1-21.

Picton, T. W. (2010) *Human auditory evoked potentials.* Abingdon, UK: Plural Publishing.

Pilesjö, M. S. & Norén, N. (2017) Teaching communication aid use in everyday conversation. *Child Language Teaching and Therapy*, *33*, 241-253.

Pinkoski-Ball, C., Reichle, J. & Munson, B. (2012) Synthesized speech intelligibility and early preschool-age children: Comparing accuracy for single-word repetition with repeated exposure. *American Journal of Speech-Language Pathology, 21,* 293-301,

Pirila, S., van der Meere, J., Pentikainen, T., Ruusu-Niemi, P., Korpela, R. & Kilpinen, J. (2007) Language and motor speech skills in children with cerebral palsy. *Journal of Communication Disorders, 40,* 116-128.

Pizzuto, E. & Volterra, V. (2000) Iconicity and transparency in sign languages: A cross-linguistic cross-cultural view. In K. Emmorey and H. Lane (Eds.), *The signs of language revisited* (pp. 261-286). Mahwah, NJ: Lawrence Erlbaum.

Plante, E., Ogilvie, T., Vance, R., Aguilar, J. M., Dailey, N. S. et al. (2014) Variability in the language input to children enhances learning in a treatment context. *American Journal of Speech-Language Pathology, 23*, 530-545.

Ploog, B. O. (2010) Stimulus overselectivity four decades later: A review of the literature and its implications for current research in autism spectrum disorder. *Journal of Autism and Developmental Disorders, 40*, 1332-1349.

Pohodich, A. E. & Zoghbi, H. Y. (2015) Rett syndrome: Disruption of epigenetic control of postnatal neurological functions. *Human Molecular Genetics, 24*, R10-R16.

Porter, G. & Cafiero, J. M. (2009) Pragmatic organization dynamic display (PODD) communication books: A promising practice for individuals with autism spectrum disorders. *Perspectives on Augmentative and Alternative Communication, 18*, 121-129.

Potharaju, N. R. (2022) Excessive crying in children with cerebral palsy and communication deficits. *Neurology, 11*, 25-44.

Poulin-Dubois, D. & Graham, S. A. (1994) Infant categorization and early object-word meaning. In A. Vyt et al. (Eds.), *Early child development in the French tradition: Contributions from current research* (pp. 207-225). Hillsdale, NJ: Erlbaum.

Presson, A. P., Partyka, G., Jensen, K. M., Devine, O. J., Rasmussen, S. A. et al. (2013) Current estimate of Down syndrome population prevalence in the United States. *The Journal of Pediatrics, 163*, 1163-1168.

Price, J. R., Vizoso, A., Ellerbee, T., Roberts, J. E. & Sideris, J. (2018) Communication breakdowns and repair strategies of children with Down syndrome. *Advances in Neurodevelopmental Disorders, 2*, 16-24.

Prizant, B. (2009) Treatment options and parent choice: Is ABA the only way? *Autism Spectrum Quarterly, Spring*, 28-31.

Pujol, C. L., Nevares, A. & Schladant, M. (2021) Increasing access to augmentative and alternative communication services for people with complex communication needs during Covid-19 and beyond. *Developmental Disabilities Network Journal, 1*, 170-191.

Pullin, G. & Hennig, S. (2015) 17 ways to say yes: Toward nuanced tone of voice in AAC and speech technology. *Augmentative and Alternative Communication, 31*, 170-180

Purwowibowo, P., Hendrijanto, K. & Trihartono, A. (2018) Total communication learning model: Using pictures, writing and reading to increase language capacity for deaf children. *Advances in Social Science, Education and Humanities Research, 307*, 99-102.

Quinto-Pozos, D. & Adam, R. (2020) Language contact considering sign language. In A. P. Grant (Ed.), *The Oxford handbook of language contact* (pp. 679-693). Oxford, UK: Oxford University Press.

Qvortrup, A. & Qvortrup, L. (2018) Inclusion: Dimensions of inclusion in education. *International Journal of Inclusive Education, 22*, 803-817,

Radhakrishnan, S., Gerow, S. & Weston, R. (2020) Resurgence of challenging behavior following functional communication training for children with disabilities: A literature review. *Journal of Developmental and Physical Disabilities, 32*, 213-239.

Radici, E., Heboyan, V., Mantovani, F. & De Leo, G. (2022) Attitudes and perceived communicative competence: The impact of different AAC means of communication among Italian teenagers. *International Journal of Disability, Development and Education, 69*, 976-986.

Raghavendra, P. & Fristoe, M. (1990) "A spinach with a V on it": What 3-year-olds see in standard and enhanced Blissymbols. *Journal of Speech and Hearing Disorders, 55*, 149-159.

Raghavendra, P. & Fristoe, M. (1995) "No shoes; they walked away?": Effects of enhancement on learning and using Blissymbols by normal 3-year-old children. *Journal of Speech and Hearing Research, 38*, 174-188.

Ramer, A. (1976) Syntactic styles in emerging language. *Journal of Child Language, 3*, 49-62.

Rangel-Rodríguez, G. A., Badia, M. & Blanch, S. (2021) Encouraging emotional conversations in children with complex communication needs: An observational case study. *Frontiers in Psychology, 12*, 2225.

Rankin, J. L., Harwood, K. & Mirenda, P. (1994) Influence of graphic symbol use on reading cmprehension. *Augmentative and Alternative Communication, 10*, 269-281.

Rapin, I., Dunn, M. A., Allen, D. A., Stevens, M. C. & Fein, D. (2009) Subtypes of language disorders in school-age children with autism. *Developmental Neuropsychology, 34*, 66-84.

Rapp, J. T., Cook, J. L., Nuta, R., Balagot, C., Crouchman, K. et al. (2019) Further evaluation of a practitioner model for increasing eye contact in children with autism. *Behavior Modification, 43*, 389-412.

Ratcliff, A. E. (1994) Comparison of realtive demands implicated in direct selection and scanning: Considerations from normal children. *Augmentative and Alternative Communication, 10*, 67-74.

Ratcliff, A. E. & Cress, C. J. (1998) Guidelines for enhancing reciprocal peer communication with adolescents who use augmentative/alternative communication. *Journal of Children's Communication Development, 20*, 25-35.

Rebuschat, P. (Ed.) (2015) *Implicit and explicit learning of languages*. Amsterdam: John Benjamins.

Reetzke, R., Zou, X., Sheng, L. & Katsos, N. (2015) Communicative development in bilingually exposed Chinese children with autism spectrum disorders. *Journal of Speech, Language, and Hearing Research, 58*, 813-825.

Reichle, J., O'Neill, R. E. & Johnston, S. S. (2021) Advances in AAC intervention: Some contributions related to applied behavior analysis. *Augmentative and Alternative Communication, 37*, 206-216.

Reichle, J. & Ward, M. (1985) Teaching discriminative use of an encoding electronic communication device and Signing Exact English to a moderately handicapped child. *Language, Speech, and Hearing Services in Schools, 16*, 58-63.

Renieri, A., Mari, F., Mencarelli, M. A., Scala, E., Ariani, F. et al. (2009) Diagnostic criteria for the Zappella variant of Rett syndrome (the preserved speech variant). *Brain and Development, 31*, 208-216.

Renner, G. (2014) Semiotic aspects of graphic signs in general and blissymbolics specifically In L. L. Lloyd et al. (Eds.), *Augmentative and alternative communication:Research issues and needs. Proceedings of the 13th Biennial Research Symposium of the International Society for Augmentative and Alternative Communication, Pittsburg, USA, August 3-4, 2012* (pp. 77-90). Toronto: ISAAC.

Resch, J. A., Mireles, G., Benz, M. R., Grenwelge, C., Peterson, R. & Zhang, D. (2010) Giving parents a voice: A qualitative study of the challenges experienced by parents of children with disabilities. *Rehabilitation Psychology, 55*, 139-150.

Rescorla, L. A., Ginzburg, S., Achenbach, T. M., Ivanova, M. Y., Almqvist, F. et al. (2013) Cross-informant agreement between parent-reported and adolescent self-reported problems in 25 societies. *Journal of Clinical Child and Adolescent Psychology, 42*, 262-273.

Rescorla, L. A. & Schwartz, E. (1990) Outcome of toddlers with specific expressive language delay. *Applied Psycholinguistics, 11*, 393-407.

Reyes-Martín, J., Simó-Pinatella, D. & Font-Roura, J. (2022) Assessment of challenging behavior exhibited by people with intellectual and developmental disabilities: A systematic review. *International Journal of Environmental Research and Public Health, 19*, 8701.

Richardson, L., McCoy, A. & McNaughton, D. (2019) "He's worth the extra work": The employment experiences of adults with ASD who use augmentative and alternative communication (AAC) as reported by adults with ASD, family members, and employers. *Work, 62*, 205-219.

Riddoch, M. J. & Humphreys, G. W. (2003) Visual agnosia. *Neurologic Clinics, 21*, 501-520.

Rideout, V. (2015) *The Common Sense Census: Media use by tweens and teens*. San Francisco, CA: Common Sense Media.

Ridgway, A. & Quiñones, G. (2020) *Peer play and relationships in early childhood: International research perspectives*. Cham, Switzerland: Springer.

Rinaldi, P. & Caselli, C. (2009) Lexical and grammatical abilities in deaf Italian preschoolers: The role of duration of formal language experience. *Journal of Deaf Studies and Deaf Education*, *14*, 63-75.

Rinaldi, R., Batselé, E. & Haelewyck, M. C. (2022) Attachment and challenging behaviors in adults with intellectual disability: A scoping review. *Journal of Mental Health Research in Intellectual Disabilities*, *15*, 197-216.

Ripat, J. & Becker, P. (2012) Playground usability: what do playground users say? *Occupational Therapy International*, *19*, 144-153.

Robertson, C. E. & Baron-Cohen, S. (2017) Sensory perception in autism. *Nature Reviews Neuroscience*, *18*, 671-684.

Roche, L., Sigafoos, J., Lancioni, G. E., O'Reilly, M. F., Green, V. A. et al. (2014) Tangible symbols as an AAC option for individuals with developmental disabilities: A systematic review of intervention studies. *Augmentative and Alternative Communication*, *30*, 28-39.

Rodríguez-Ortiz, I. R., Pérez, M., Valmaseda, M., Cantillo, C., Díez, M. A. et al. (2020) A Spanish Sign Language (LSE) adaptation of the Communicative Development Inventories. *Journal of Deaf Studies and Deaf Education*, *25*, 105-114.

Rogoff, B. Matusov, E. & White, C. (1996) Models of teaching and learning: Participation in a community of learners. In D. R. Olson and N. Torrance (Eds.), *The handbook of education and human development* (pp. 373-398). Oxford, UK: Blackwell.

Roman-Lantzy, C. (2007) *Cortical visual impairment. An approach to assessment and intervention*. New York: American Foundation for the Blind.

Rombouts, E., Maes, B. & Zink, I. (2017) Maintenance of key word signing in adults with intellectual disabilities: Novel signed turns facilitated by partners' consistent input and sign imitation. *Augmentative and Alternative Communication*, *33*, 121-130.

Rombouts, E., Maessen, B., Maes, B. & Zink, I. (2020) Key word signing has higher iconicity than sign language. *Journal of Speech, Language, and Hearing Research*, *63*, 2418-2424.

Rombouts, E., Sheehy, K., Buchanan-Mellon, J. & Grove, N. (2019) Signing in school. In N. Grove and K. Launonen (Eds.), *Manual sign acquisition in children with developmental disabilities* (pp. 359-377). New York: Nova.

Romski, M. A. & Ruder, K. F. (1984) Effect of speech and speech and sign instruction on oral language learning and generalization of action+object combinations by Down's syndrome children. *Journal of Speech and Hearing Research, 49,* 293-302.

Romski, M. A. & Sevcik, R. A. (1996) *Breaking the speech barrier*. Baltimore: Paul H. Brookes.

Romski, M. & Sevcik, R. A. (2005). Augmentative communication and early intervention: Myths and realities. *Infants and Young Children*, *18*, 174-185.

Romski, M., Sevcik, R. A., Adamson, L. B., Cheslock, M., Smith, A. et al. (2010) Randomized comparison of augmented and nonaugmented language interventions for toddlers with developmental delays and their parents. *Journal of Speech, Language, and Hearing Research, 53,* 350-364.

Romski, M., Sevcik, R. A., Barton-Hulsey, A. & Whitmore, A. S. (2015) Early intervention and AAC: What a difference 30 years makes. *Augmentative and Alternative Communication*, *31*, 181-202.

Romski, M. A., Sevcik, R. A. & Fonseca, A. H. (2003) Augmentative and alternative communication for persons with mental retardation. In L. Abbeduto (Ed.), *Language and communication* in mental retardation (pp. 255-280). Boston: Academic Press.

Romski, M. A., Sevcik, R. A. & Pate, J. L. (1988) Establishment of symbolic communication in persons with severe retardation. *Journal of Speech and Hearing Disorders, 53,* 94-107.

Rondal, J. A. (2009) Spoken language in persons

with Down syndrome: a life-span perspective. *International Journal of Early Childhood Special Education*, *1*, 138-163.

Rosch, E. (1978) Principles of categorization. In E. Rosch & B. B. Lloyd (Ed.), Cognition and categorization (pp. 27-48). Hillsdalle, New Jersey: Lawrence Eaarlbaum.

Rose, S. A., Djukic, A., Jankowski, J. J., Feldman, J. F., Fishman, I. & Valicenti-Mcdermott, M. (2013) Rett syndrome: an eye-tracking study of attention and recognition memory. *Developmental Medicine and Child Neurology*, *55*, 364-371.

Rosen, N. E., Lord, C. & Volkmar, F. R. (2021) The diagnosis of autism: From Kanner to DSM-III to DSM-5 and beyond. *Journal of Autism and Developmental Disorders*, *51*, 4253-4270.

Rosenbaum, P., Eliasson, A. C., Hidecker, M. J. C. & Palisano, R. J. (2014) Classification in childhood disability: Focusing on function in the 21st century. *Journal of Child Neurology*, *29*, 1036-1045.

Rosenbaum, P., Paneth, N., Leviton, A., Goldstein, M., Bax, M. et al. (2007) A report: The definition and classification of cerebral palsy April 2006. *Developmental Medicine and Child Neurolology, 49* (Supplement 109), 8-14.

Rossetti, Z. & Hall, S. (2015) Adult sibling relationships with brothers and sisters with severe disabilities. *Research and Practice for Persons with Severe Disabilities*, *40*, 120-137.

Rossetti, Z. & Keenan, J. (2018) The nature of friendship between students with and without severe disabilities. *Remedial and Special Education*, *39*, 195-210.

Rotenberg, K. J. (1995) Moral development and children's differential disclosure to adults versus peers. In K. J. Rotenberg (Ed.), *Disclosure processes in children and adolescents* (pp. 135-147). Cambridge, UK: Cambridge University Press.

Roth, T. L. & Sweatt, J. D. (2011) Annual research review: Epigenetic mechanisms and environmental shaping of the brain during sensitive periods of development. *Journal of Child Psychology and Psychiatry*, *52*, 398-408.

Roth, R. M., Isquith, P. K. & Gioia, G. A. (2013) Assessment of executive functioning using the Behavior Rating Inventory of Executive Function (BRIEF). In S. Goldstein and J. A. Naglieri (Eds.), *Handbook of executive functioning* (pp. 301-331). New York: Springer.

Rowe, M. L., Levine, S. C., Fisher, J. A. & Goldin-Meadow, S. (2009) Does linguistic input play the same role in language learning for children with and without early brain injury? *Developmental Psychology*, *45*, 90-102.

Rowe, M. L. & Snow, C. (2020) Analyzing input quality along three dimensions: interactive, linguistic and conceptual. *Journal of Child Language, 47,* 5-21.

Rowe, M. L. & Weisleder, A. (2020) Language development in context. *Annual Review of Developmental Psychology*, *2*, 201-223.

Rowland, C. (2004a) *Communication Matrix, Revised edition.* Portland, OR: Oregon Health and Science University.

Rowland, C. (2004b) *Communication Matrix. . . Especially for Parents.* Portland, OR: Oregon Health and Science University.

Rowland, C. & Schweigert, P. (2000) Tangible symbols, tangible outcomes. *Augmentative and Alternative Communication*, *16*, 61-78.

Rowland, C. & Schweigert, P. (2003) Cognitive skills and AAC. In J. C. Light et al. (Eds.), *Communicative competence for individuals who use AAC* (pp. 241-276). Baltimore, MD: Brookes.

Roy, B. C., Frank, M. C., DeCamp, P., Miller, M. & Roy, D. (2015) Predicting the birth of a spoken word. *Proceedings of the National Academy of Sciences*, *112*, 12663-12668.

Roy, P. & Chiat, S. (2022) Design of spoken language tests for hearing L1 children. In T. Haug et al. (Eds.), *The handbook of language assessment across modalities* (pp. 15-27). Oxford, UK: Oxford University Press.

Rudd, H., Grove, N. & Pring, T. (2007) Teaching productive sign modifications to children with intellectual disabilities. *Augmentative and Alternative Communication, 23,* 154-163.

Ruppar, A. L., Dymond, S. K. & Gaffney, J. S. (2011) Teachers' perspectives on literacy instruction for students with severe disabilities who use augmentative and alternative communication. *Research and Practice for Persons with Severe Disabilities, 36,* 100-111.

Rutherford, M., Baxter, J., Grayson, Z., Johnston, L. & O'Hare, A. (2020a) Visual supports at home and in the community for individuals with autism spectrum disorders: A scoping review. *Autism, 24,* 447-469.

Rutherford, M., Lahood-Kullberg, B., Baxter, J., Johnston, L. & Cebula, K. (2020b) Pupils' views on visual timetables and labels in mainstream primary classrooms. *Good Autism Practice, 21,* 11-22.

Rutter, M., Bailey, A. & Lord, C. (2003) SCQ. *The Social Communication Questionnaire.* Torrance, CA: Western Psychological Services.

Ryan, J. (1977) The silence of stupidity. In J. Morton and J. C. Marshall (Eds.), *Psycholinguistic series, Volume 1. Developmental and pathological* (pp. 99-124). London: Elek Science.

Ryan, S. E. & Renzoni, A. M. (2019) *Family Impact of Assistive Technology Scale for Augmentative and Alternative Communication (FIATS-AAC), Manual, Volume 2.0.* Toronto: Holland-Bloorview Kids Rehabilitation Hospital.

Ryan, S. E., Shepherd, T. A. & Renzoni, A. M. (2019) *Family Impact of Assistive Technology Scale for Augmentative and Alternative Communication. FIATS-AAC Manual, Version 2.0.* Available at: https://www.hollandbloorview.ca/research-education/bloorview-research-institute/outcome-measures/family-impact-assistive-technology.

Ryan, S. E., Shepherd, T. A., Renzoni, A. M., Servais, M., Kingsnorth, S. et al. (2018) Responsiveness of a parent-reported outcome measure to evaluate AAC interventions for children and youth with complex communication needs. *Augmentative and Alternative Communication, 34,* 348-358.

Rytterström, P., Borgestig, M. & Hemmingsson, H. (2016) Teachers' experiences of using eye gaze-controlled computers for pupils with severe motor impairments and without speech. *European Journal of Special Needs Education, 31,* 506-519.

Sacks, O. (1987) *The man who mistook his wife for a hat.* Cambridge: MIT Press.

Sacks, O. (1996) *The island of the colour-blind.* London. UK: Pan Macmillan.

Saito , Y. & Turnbull, A. (2007) Augmentative and alternative communication practice in the pursuit of family quality of life: A review of the literature. *Research and Practice for Persons with Severe Disabilities, 32,* 50-65

Salisbury, J. R. (2022) Investigating bilingual AAC practices in bilingual communities. Masters Thesis, University of Massachusetts, Amherst..

Salminen, A.-L. (2001) *Daily life with computer augmented communication.* Helsinki: Stakes National Research and Development Centre for Welfare and Health.

Sameroff, A. J. (Ed.) (2009) *The transactional model of development: How children and contexts shape each other.* Washington, DC: American Psychological Association.

Sameroff, A. J. (2010) A unified theory of development: A dialectic integration of nature and nurture. *Child Development, 81,* 6-22.

Sameroff, A. J. & Fiese, B. H. (2000) Transactional regulation: The developmental ecology of early intervention. In J. P. Shonkoff and S. J. Meisels (Eds.), *Handbook of early childhood intervention, Second edition* (pp. 135-159).

Samuelson, L. K. & McMurray, B. (2017) What does it take to learn a word? *Wiley Interdisciplinary Reviews: Cognitive Science, 8,* e1421.

Sandhofer, C. & Schonberg, C. (2020) Multiple examples support children's word learning: The roles of aggregation, decontextualization, and memory dynamics. In J. B. Childers (Ed.), *Language and concept acquisition from infancy through childhood: Learning from multiple exemplars* (pp.159-178). Cham, Switzerland: Springer.

Sandler, W. (2017) The challenge of sign language phonology. *Annual Review of Linguistics, 3*, 43-63.

Sandler, W. & Lillo-Martin, D. (2017) Sign languages. In M. Aronoff and J. Rees-Miller (Eds.), *The handbook of linguistics, Second edition* (pp. 371-396). Chichester, UK: John Wiley.

Sándor, N., Várady, G., Szalmás, A., Sik-Lányi, C. & Kálmán, Z. (2002) Electronic usage of Bliss symbols. In P. Sharkey et al. (Eds.), *Proceedings of the 4th International Conference on Disability, Virtual Reality and Associated Technologies, Veszprém, Hungary, September 18-20 2002* (pp. 33-38). Reading, UK: University of Reading.

Sandweiss, A. J., Brandt, V. L. & Zoghbi, H. Y. (2020) Advances in understanding of Rett syndrome and MECP2 duplication syndrome: Prospects for future therapies. *The Lancet Neurology, 19*, 689-698.

Sankoff, G. (2018) Language change across the lifespan. *Annual Review of Linguistics, 4*, 297-316.

Sankoff, G. (2019) Language change across the lifespan: Three trajectory types. *Language, 95*, 197-229.

Sargent, J., Clarke, M., Price, K., Griffiths, T. & Swettenham, J. (2013) Use of eye-pointing by children with cerebral palsy: What are we looking at? *International Journal of Language and Communication Disorders, 48*, 477-485.

Sarriá, E., Gómez, J. C. & Tamarit, J. (1996) Joint attention and alternative language intervention in autism: Implications of theory for practice. In S. von Tetzchner and M. H. Jensen (Eds.), *Augmentative and alternative communication: European perspectives* (pp. 49-64). London, UK: Whurr/Wiley.

Savaldi-Harussi, G. Lustigman, L. & Soto, G. (2019) The emergence of clause construction in children who use speech generating devices. *Augmentative and Alternative Communication, 35*, 109-119.

Savaldi-Harussi, G. & Soto, G. (2018) Early verbal categories and inflections in children who use speech-generating devices. *Augmentative and Alternative Communication, 34*, 194-205.

Savatt, J. M. & Myers, S. M. (2021) Genetic testing in neurodevelopmental disorders. *Frontiers in Pediatrics, 9*, 526779.

Savolainen, I., Klippi, A., Tykkyläinen, T., Higginbotham, J. & Launonen, K. (2020) The structure of participants' turn-transition practices in aided conversations that use speech-output technologies. *Augmentative and Alternative Communication, 36*, 18-30.

Schaeffer, B., Raphael, A. & Kollinzas, G. (1994) *Signed speech for nonverbal students*. Seattle, Washington: Educational Achievement Systems.

Schaeffer, J., Abd El-Raziq, M., Castroviejo, E., Durrleman, S., Ferré, S. et al. (2023) Language in autism: domains, profiles and co-occurring conditions. *Journal of Neural Transmission, 130*, 433-457.

Schaffer, H. R. (1989) Language development in context. In S. von Tetzchner et al. (Eds.), *The social and cognitive aspects of normal and atypical language development* (pp. 1-22). New York: Springer.

Schalock, R. L., Luckasson, R. & Tassé, M. J. (2021) *Intellectual disability: Definition, diagnosis, classification, and systems of supports, Twelfth edition*. Washington DC: American Association on Intellectual and Developmental Disabilities.

Schank, R. C. & Abelson, R. P. (1977) *Scripts, plans, goals, and understanding*. Hillsdale, NJ: Lawrence Erlbaum.

Schick, A. & Melzi, G. (2010) The development of children's oral narratives across contexts. *Early Education and Development, 21*, 293-317.

Schiff, R., Ashkenazi, P., Kahta, S. & Sasson, A. (2021) Stimulus variation-based training enhances artificial grammar learning. *Acta Psychologica, 214*, 103252.

Schiørbeck, H. & Stadskleiv, K. (2008) Utredning og tiltak ved kognitive vansker. In S. von Tetzchner et al. (Eds.), *Habilitering: Tverrfaglig arbeid for mennesker med utviklingsmessige funksjonshemninger* (pp. 239-290). Oslo: Gyldendal Akademisk

Schjølberg, S. (1984). Forståeligheten av talen til barn med språkvansker. Thesis, University of Oslo.

Schley, S. & Snow, C. E. (1992) The conversational skills of school aged children. *Social Development, 1,* 18-35.

Schlosser, R. W. (1997a) Nomenclature of category levels in graphic symbols, Part I: Is a flower a flower a flower? *Augmentative and Alternative Communication, 13,* 4-13.

Schlosser, R. W. (1997b) Nomenclature of category levels in graphic symbols, Part II: The role of similarity in categorization. *Augmentative and Alternative Communication, 13,* 14-29.

Schlosser, R. W., Balandin, S., Hemsley, B., Iacono, T. Probst, P. & von Tetzchner, S. (2014) Facilitated communication and authorship: A systematic review. *Augmentative and Alternative Communication, 30,* 359-368.

Schlosser, R. W. & Blischak, D. M. (2001) Is there a role for speech output in interventions for persons with autism? A review. *Focus on Autism and other Developmental Disabilities, 16,* 170-178.

Schlosser, R. W. & Koul, R. K. (2015) Speech output technologies in interventions for individuals with autism spectrum disorders: A scoping review. *Augmentative and Alternative Communication, 31,* 285-309.

Schlosser, R. W. & Lee, D. (2000) Promoting generalization and maintenance in augmentative and alternative communication: A meta-analysis of 20 years of effectiveness research. *Augmentative and Alternative Communication, 16,* 208-226.

Schlosser, R. W. & Lloyd, L. L. (1997) Effects of paired-associate learning versus symbol explanations on Blissymbol comprehension and production. *Augmentative and Alternative Communication, 13,* 226-238.

Schlosser, R. W. & Raghavendra. P. (2004) Evidence-based practice in augmentative and alternative communication. *Augmentative and Alternative Communication, 20,* 1-21,

Schlosser, R. W. & Sigafoos, J. (2009) Navigating evidence-based information sources in augmentative and alternative communication. *Augmentative and Alternative Communication, 25,* 225-235.

Schlosser, R. W. & Wendt, O. (2008) Effects of augmentative and alternative communication intervention on speech production in children with autism: a systematic review. *American Journal of Speech-Language Pathology, 17,* 212-230.

Schmidt, A., de Oliveira Franco, M. G., dos Santos Lotério, L. & Gomes, G. F. (2016) Learning name-object relations after a single exclusion trial in 18-to 48-month-old children. *The Psychological Record, 66,* 53-63.

Schneider, W., Niklas, F. & Schmiedeler, S. (2014) Intellectual development from early childhood to early adulthood: The impact of early IQ differences on stability and change over time. *Learning and Individual Differences, 32,* 156-162.

Schopler, E., Lansing, M. D., Reichler, R. J. & Marcus, L. M. (2005). *Psychoeducational Profile, Third edition.* Austin, Texas: Pro-ed.

Schreibman, L., Dawson, G., Stahmer, A. C., Landa, R., Rogers, S. J. et al. (2015) Naturalistic developmental behavioral interventions: Empirically validated treatments for autism spectrum disorder. *Journal of Autism and Developmental Disorders, 45,* 2411-2428.

Schulerud, A. (2002) *Bridge over troubled water-Utvikling av lesekunnskap med alternativ og supplerende kommunikasjon som språklig grunnlag.* Skien: Habiliteringstjenesten.

Schwartz, I. S., Garfinkle, A. N. & Bauer, J. (1998) The Picture Exchange Communication System: Communicative outcomes for young children with disabilities. *Topics in Early Childhood Special Education, 18,* 144-159.

Schwartz, J. B. & Nye, C. (2006) A systematic review, synthesis, and evaluation of the evidence for teaching sign language to children with autism. *EBP Briefs, 1,* 1-17.

Schworer, E. K., Fidler, D. J. & Daunhauer, L. A. (2021) Early regulatory skills and social communication development in infants with Down syndrome. *Brain Sciences, 11,* 208.

Scollon, R. (1976) *Conversations with a one year old*. Honolulu: University of Hawaii Press.

Scope (2008) *No voice, no choice: Professional experiences of the provision and support of alternative and augmentative communication (AAC)*. London: Scope.

Scott, S. & Beidel, D. C. (2011) Selective mutism: An update and suggestions for future research. *Current Psychiatry Reports*, *13*, 251-257.

Scott, J. A. & Henner, J. (2021) Second verse, same as the first: On the use of signing systems in modern interventions for deaf and hard of hearing children in the USA. *Deafness and Education International, 23,* 123-141,

Seal, B. C. & DePaolis, R. A. (2014) Manual activity and onset of first words in babies exposed and not exposed to baby signing. *Sign Language Studies*, *14*, 444-465.

Seifer, R., Sameroff, A., Dickstein, S., Schiller, M. & Hayden, L. C. (2004) Your own children are special: Clues to the sources of reporting bias in temperament assessments. *Infant Behavior and Development*, *27*, 323-341.

Seligman, M. E. (1972) Learned helplessness. *Annual Review of Medicine*, *23*, 407-412.

Seligman, M. E. & Darling, R. B. (2007) *Ordinary families, special children: A systems approach to childhood disability, Third edition*. London: Guilford Press.

Sellers, D., Mandy, A., Pennington, L., Hankins, M. & Morris, C. (2014) Development and reliability of a system to classify the eating and drinking ability of people with cerebral palsy. *Developmental Medicine and Child Neurology*, *56*, 245-251.

Sellers, D., Pennington, L., Bryant, E., Benfer, K., Weir, K. et al. (2022) Mini-EDACS: Development of the Eating and Drinking Ability Classification System for young children with cerebral palsy. *Developmental Medicine and Child Neurology*, *64*, 897-906.

Sellwood, D., Raghavendra, P. & Walker, R. (2022) Facilitators and barriers to developing romantic and sexual relationships: lived experiences of people with complex communication needs. *Augmentative and Alternative Communication*, *38*, 1-14.

Senner, J. E. & Baud, M. R. (2017) The use of an eight-step instructional model to train school staff in partner-augmented input. *Communication Disorders Quarterly*, *38*, 89-95.

Sennott, S. C., Akagi, L., Lee, M. & Rhodes, A. (2019) AAC and artificial intelligence (AI). *Topics in Language Disorders*, *39*, 389-403.

Sennott, S. C., Light, J. C. & McNaughton, D. (2016) AAC modeling intervention research review. *Research and Practice for Persons with Severe Disabilities*, *41*, 101-115.

Sennott, S. C. & Mason, L. H. (2016) AAC modeling with the iPad during shared storybook reading pilot study. *Communication Disorders Quarterly*, *37*, 242-254.

Serafini, F. (2014) Exploring wordless picture books. *The Reading Teacher*, *68*, 24-26.

Serna, R. W. & Carlin, M. T. (2001) Guiding visual attention in individuals with mental retardation. *International Review of Research in Mental Retardation,* 24, 321-357.

Service, V., Lock, A. & Chandler, P. (1989) Individual differences in early communicative development: A social constructivist perspective. In S. von Tetzchner et al. (Eds.), *The social and cognitive aspects of normal and atypical language development* (pp. 23-49). New York: Springer.

Sevcik, R. A., Barton-Hulsey, A., Bruce, S., Goldman, A., Ogletree, B. T. et al. (2022) It's never too late: Debunking myths about communication and adults with severe disabilities. *Intellectual and Developmental Disabilities*, *60*, 416-425.

Sevcik, R. A., Barton-Hulsey, A., Walters, C. & Romski, M. (2019) Reading interventions for individuals with intellectual and developmental disabilities: A review. *International Review of Research in Developmental Disabilities*, *57*, 81-118.

Sexton, S. & Rush, D. (2012) The family resource support guide. *CASEtools*, *6*, 1-14.

Shablack, H., & Lindquist, K. A. (2019) The role of

language in emotional development. In V. LoBue et al. (Eds.), *Handbook of emotional development* (pp. 451–478). Cham, Switzerland: Springer.

Shadiev, R. & Yang, M. (2020) Review of studies on technology-enhanced language learning and teaching. *Sustainability*, *12*, 524.

Shane, H. C. & Bashir, A. S. (1981) Election criteria for the adoption of an augmentative communication system: Preliminary considerations. *Journal of Speech and Hearing Disorders*, *45*, 408–414.

Shanmugarajah, K., Rosenbaum, P., Zubairi, M. & Di Rezze, B. (2021) A narrative review of function-focused measures for children with neurodevelopmental disorders. *Frontiers in Rehabilitation Sciences*, *2*, 709978.

Sharpe, P. A. (1992) Comparative effects of bilateral hand splints and an elbow orthosis on stereotypic hand movements and toy play in two children with Rett syndrome. *American Journal of Occupational Therapy*, *46*, 134–140.

Shatz, M. & Gelman, R. (1973) The development of communication skills: Modification in the speech of young children as a function of the listener. *Monographs of the Society for Research in Child Development*, *38*.

Shenouda, J., Barrett, E., Davidow, A. L., Sidwell, K., Lescott, C. et al. (2023) Prevalence and disparities in the detection of autism without intellectual disability. *Pediatrics*, *151*, e2022056594.

Shepherd, G. (1977) Social skills training: The generalization problem. *Behavior Therapy*, *8*. 1008–1009.

Shepherd, T. A., Campbell, K. A., Renzoni, A. M. & Sloan, N. (2009) Reliability of speech generating devices: A 5-year review. *Augmentative and Alternative Communication*, *25*,145–153.

Shepherd, T. A. & Haaf, R. G. (1995) Comparison of two training methods in the learning and generalization of Blissymbolics. studies. *Augmentative and Alternative Communication*, *11*, 154–164.

Sherman, E., Tan. J. E. & Hrabok, M. (2022) *A compendium of neuropsychological tests: Fundamentals of neuropsychological assessment and test reviews for clinical practice, Fourth edition*. Oxford, UK: Oxford University Press.

Shore, B. J., Allar, B. G., Miller, P. E., Matheney, T. H., Snyder, B. D. & Fragala-Pinkham, M. (2019) Measuring the reliability and construct validity of the Pediatric Evaluation of Disability Inventory – Computer Adaptive Test (PEDI-CAT) in children with cerebral palsy. *Archives of Physical Medicine and Rehabilitation*, *100*, 45–51.

Shriberg, L. D., Kwiatkowski, J. & Mabie, H. L. (2019) Estimates of the prevalence of motor speech disorders in children with idiopathic speech delay. *Clinical Linguistics and Phonetics*, *33*, 679–706.

Shvarts, A. & Bakker, A. (2019) The early history of the scaffolding metaphor: Bernstein, Luria, Vygotsky, and before. *Mind, Culture, and Activity*, *26*, 4–23.

Sidener, T. M., Shabani, D. B., Carr, J. E. & Roland, J. P. (2006) An evaluation of strategies to maintain mands at practical levels. *Research in Developmental Disabilities*, *27*, 632–644.

Sigafoos, J., Didden, R., Schlosser, R., Green, V. A., O'Reilly, M. F. & Lancioni, G. E. (2008) A review of intervention studies on teaching AAC to individuals who are deaf and blind. *Journal of developmental and Physical Disabilities*, *20*, 71–99.

Sigafoos, J., Kagohara, D., van der Meer, L., Green, V. A., O'Reilly, M. F. et al. (2011) Communication assessment for individuals with Rett syndrome: A systematic review. *Research in Autism Spectrum Disorders*, *5*, 692–700.

Sigafoos, J., O'Reilly, M. F., Lancioni, G. E., Zhang, D. & Marschik, P. B. (2022). The Inventory of Potential Communicative Acts (IPCA): Narrative review of reliability, validity, and clinical utility. *Evidence-Based Communication Assessment and Intervention*, *16*, 105–122.

Sigafoos, J., Roche, L., O'Reilly, M. F. & Lancioni, G. E. (2021) Persistence of primitive reflexes in developmental disorders. *Current Developmental Disorders Reports*, *8*, 98–105.

Sigafoos, J., Roche, L., O'Reilly, M. F., Lancioni, G. E. &

Marschik, P. B. (2023) Updated systematic-narrative review on communication intervention in Rett Syndrome: 2010-2022. *Augmentative and Alternative Communication*, *39*, 241-255.

Sigafoos, J., van der Meer, L., Schlosser, R., Lancioni, E. G., O'Reilly, M. F. & Green, V. A. (2016) Augmentative and alternative communication (AAC) in intellectual and developmental disabilities. In J. K. Luiselli and A. J. Fischer (Eds.), *Computer-assisted and web-based innovations in psychology, special education, and health* (pp. 255-285). New York: Academic Press.

Sigafoos, J., Woodyatt, G., Keen, D., Tait, K., Tucker, M. et al. (2000). Identifying potential communicative acts in children with developmental and physical disabilities. *Communication Disorders Quarterly, 21,* 77-86

Sigman, M. & McGovern, C. W. (2005) Improvement in cognitive and language skills from preschool to adolescence in autism. *Journal of Autism and Developmental Disorders*, *35*, 15-23.

Silverman, W. (2007) Down syndrome: Cognitive phenotype. *Mental Retardation and Developmental Disabilities Research Reviews*, *13*, 228-236.

Simacek, J., Reichle, J. & McComas, J. J. (2016) Communication intervention to teach requesting through aided AAC for two learners with Rett syndrome. *Journal of Developmental and Physical Disabilities*, *28*, 59-81.

Simcock, G. & Deloache, J. S. (2006) Get the Picture? The effects of iconicity on toddlers' re-enactment from picture books. *Developmental Psychology, 42,* 1352-1357.

Simunovic, M. P. (2010) Colour vision deficiency. *Eye*, *24*, 747-755.

Sireci, S. G. & O'Riordan, M. (2020) Comparability issues in assessing individuals with disabilities. In A. Berman et al. (Eds.), *Comparability issues in large-scale assessment* (pp. 177-204). Washington DC: National Academy of Education Press

Skär, L. & Tamm, M. (2002) Disability and social network. A comparison between children and adolescents with and without restricted mobility. *Scandinavian Journal of Disability Research*, *4*, 118-137.

Skinner, B. F. (1957) *Verbal behavior*. New York: Appleton-Century-Crofts.

Slobin, D. I. (1973) Cognitive prerequisites for development of grammar. In C. A. Ferguson and D. I. Slobin (Eds.), *Studies of child language development* (pp. 175-208). New York: Holt, Rinehart and Winston.

Slone, L. K., Abney, D. H., Borjon, J. I., Chen, C. H., Franchak, J. M. et al. (2018) Gaze in action: Head-mounted eye tracking of children's dynamic visual attention during naturalistic behavior. *JoVE Journal of Visualized Experiments*, *141,* e58496.

Smith, A. L. & Hustad, K. C. (2015) AAC and early intervention for children with cerebral palsy: Parent perceptions and child risk factors. *Augmentative and Alternative Communication*, *31*, 336-350.

Smith, L. & von Tetzchner, S. (1986) Communicative, sensorimotor, and language skills of young children with Down syndrome. *American Journal of Mental Deficiency, 91,* 57-66.

Smith, M. M. (1991) Assessment of interaction patterns and AAC use: A case study. *Journal of Clinical Speech and Language Studies, 1,* 76-102.

Smith, M. M. (1996) The medium or the message: A study of speaking children using communication boards. In S. von Tetzchner and M.H. Jensen (Eds.), *Augmentative and alternative communication: European perspectives* (pp. 119-136) London: Whurr.

Smith, M. M. (2003) Environmental influences on aided language development: The role of parental adaptation. In S. von Tetzchner and N. Grove (Eds.), *Augmentative and alternative communication; Developmental issues* (pp. 155-175). London, UK: Whurr/Wiley.

Smith, M. M. (2005a) *Literacy and augmentative and alternative communication*. London: Academic Press.

Smith, M. M. (2005b) The dual challenges of aided

communication and adolescence. *Augmentative and Alternative Communication, 21,* 67-79.

Smith, M. M. (2014) Supporting vocabulary development in children who use augmentative and alternative communication. *Journal of the Speech-Language-Hearing Association of Taiwan, 33,* 35-59.

Smith, M. M. (2015) Language development of individuals who require aided communication: Reflections on state of the science and future research directions. *Augmentative and Alternative Communication, 31,* 215 -233.

Smith, M. M. (2016) Evidence for impact and impact of evidence. *Augmentative and Alternative Communication, 32,* 227-232

Smith, M. M. (2019) Innovations for supporting communication: opportunities and challenges for people with complex communication needs. *Folia Phoniatrica et Logopaedica, 71,* 156-167.

Smith, M. M., Batorowicz, B., Dahlgren Sandberg, A., Murray, A., Stadskleiv, K. et al. (2018) Constructing narratives to describe video events using aided communication. *Augmentative and Alternative Communication, 34,* 40-53.

Smith, M. M. & Grove, N. (1999) The bimodal situation of children learning language using manual and graphic signs. In F. T. Loncke et al. (Eds.), *Augmentative and alternative communication: New directions in research and practice* (pp. 8-30). London: Whurr/Wiley.

Smith, M. M., Manduchi, B., Burke, É., Carroll, R., McCallion, P. & McCarron, M. (2020) Communication difficulties in adults with Intellectual Disability: Results from a national cross-sectional study. *Research in Developmental Disabilities, 97,* 103557.

Smith, M. M., Murray, J., von Tetzchner, S. & Langan, P. (2010) A tale of transitions: The challenges of integrating speech synthesis in aided communication. In J. Mullennix and S. Stern (Eds.), *Computer synthesized speech technologies: Tools for aiding impairment* (pp. 234-256). Hershey, PA: IGI Global.

Smith-Lewis, M. (1994) Discontinuity in the development of aided augmentative and alternative communication systems. *Augmentative and Alternative Communication, 10,* 14-26.

Smucker, L. M., McCarthy, J. W., Benigno, J. P. & Boster, J. B. (2018) Personal contact through personal narratives: Attitudes of fifth-grade children toward children who use augmentative and alternative communication. *Journal of Advances in Education Research, 3,* 148-157.

Snell, M. E., Chen, L. Y., Allaire, J. H. & Park, E. (2008) Communication breakdown at home and at school in young children with cerebral palsy and severe disabilities. *Research and Practice for Persons with Severe Disabilities, 33,* 25-36.

Snodgrass, M. R. (2016) Supporting a school team in planning and implementing AAC for a child with intellectual disability. Dissertation, University of Illinois at Urbana Champaign, USA.

Snodgrass, M. R., Stoner, J. B. & Maureen & Angell, E. (2013) Teaching conceptually referenced core vocabulary for initial augmentative and alternative communication. *Augmentative and Alternative Communication, 29,* 322-333.

Snow, C. E. & Ferguson, C. A. (Eds.) (1977) *Talking to children.* Cambridge, UK: Cambridge University Press.

Snowling, M. J. & Hulme, C. (2021) Reading disorders revisited - The critical importance of oral language. *Journal of Child Psychology and Psychiatry, 62,* 635-653.

Soenens, B., Vansteenkiste M. & Van Petegem, S. (Eds.) (2018) *Autonomy in adolescent development: Towards conceptual clarity.* Abingdon, UK: Routledge.

Solomon-Rice, P. & Soto, G. (2011) Co-construction as a facilitative factor in supporting the personal narratives of children who use augmentative and alternative communication. *Communication Disorders Quarterly, 32,* 70-82.

Sommer, K. S., Whitman, T. L. & Keogh, D. A. (1988) Teaching severely retarded persons to sign interactively through the use of a behavioral script. *Research in Developmental Disabilities, 9,* 291-304.

Sorell, J. (2015) Word frquencies. In J. R. Taylor (Ed.), *Handbook of the word* (pp. 68-88). Oxford, UK: Oxford University Press..

Soro, E., Basil, C. & von Tetzchner, S. (1992) *Teaching initial communication and language skills to AAC users. Part 1: Children and adolescents with impairment of language comprehension and expression.* Video presented at Fifth Biennial Conference on Augmentative and Alternative Communication, Philadelphia, August 1992.

Soto, G. (1999) Understanding the impact of graphic sign use on the message structure. In F. T. Loncke et al. (Eds.), *Augmentative and alternative communication: New directions in research and practice* (pp. 40-48). London, England: Whurr₩ Wiley.

Soto, G. & Clarke, M. T. (2017) Effects of a conversation-based intervention on the linguistic skills of children with motor speech disorders who use augmentative and alternative communication. *Journal of Speech, Language, and Hearing Research*, *60*, 1980-1998.

Soto, G. & Clarke, M. T. (2018) Conversation-based intervention for adolescents using augmentative and alternative communication. *Augmentative and Alternative Communication*, *34*, 180-193.

Soto, G., Clarke, M. T., Nelson, K., Starowicz, R. & Savaldi-Harussi, G. (2020) Recast type, repair, and acquisition in AAC mediated interaction. *Journal of Child Language*, *47*, 250-264.

Soto, G. & Cooper, B. (2021) An early Spanish vocabulary for children who use AAC: developmental and linguistic considerations. *Augmentative and Alternative Communication*, *37*, 64-74.

Soto, G., Hartmann, E. & Wilkins, D. (2006) Exploring the elements of narrative that emerge in the interactions between an 8-year-old child who uses a device and her teacher. *Augmentative and Alternative Communication, 22,* 231-241.

Soto, G., Müller, E., Hunt, P. & Goetz, L. (2001) Critical issues in the inclusion of students who use augmentative and alternative communication: An educational team perspective. *Augmentative and Alternative Communication*, *17*, 62-72.

Soto, G. & Seligman-Wine, J. (2003) Child-driven development of graphic communication: A case study. In S. von Tetzchner and N. Grove (Eds.), *Augmentative and alternative communication: Developmental issues* (pp. 211-228). London, UK: Whurr/Wiley.

Soto, G. & Yu, B. (2014) Considerations for the provision of services to bilingual children who use augmentative and alternative communication. *Augmentative and Alternative Communication, 30,* 83-92,

Soto, G., Yu, B. & Henneberry, S. (2007) Supporting the development of narrative skills of an eight-year old child who uses an augmentative and alternative communication device. *Child Language Teaching and Therapy, 23,* 27-45.

South, M. & Rodgers, J. (2017) Sensory, emotional and cognitive contributions to anxiety in autism spectrum disorders. *Frontiers in Human Neuroscience*, *11*, 20.

Sparrow S. S., Cicchetti D. V. & Saulnier C. A. (2016) *Vineland Adaptive Behavior Scales*, *Third edition.* San Antonio, TX: Pearson.

Spriggs, A. D., Mims, P. J., van Dijk, W. & Knight, V. F. (2017) Examination of the evidence base for using visual activity schedules with students with intellectual disability. *The Journal of Special Education*, *51*, 14-26.

St Clair, M. C., Pickles, A., Durkin, K. & Conti-Ramsden, G. (2011) A longitudinal study of behavioral, emotional and social difficulties in individuals with a history of specific language impairment (SLI). *Journal of Communication Disorders*, *44*, 186-199.

Stadskleiv, K. (2015) Assessment of cognitive processes in aided communicators. In S. von Tetzchner and Judith D. Oxley (Eds.), *Processes of aided language development in cognitively high-functioning children and adolescents. Proceedings of the Twelfth*

Biennial Research Symposium of the International Society for Augmentative and Alternative Communication, Lisbon, Portugal, August 25-26, 2014 (pp. 87-99). Toronto: ISAAC.

Stadskleiv, K. (2017) Experiences from a support group for families of preschool children in the expressive AAC user group. *Augmentative and Alternative Communication*, *33*, 3-13.

Stadskleiv, K. (2020) Cognitive functioning in children with cerebral palsy. *Developmental Medicine and Child Neurology*, *62*, 283-289.

Stadskleiv, K., Batorowicz, B., Massaro, M., van Balkom, H. & von Tetzchner, S. (2018a) Visual-spatial cognition in children using aided communication. *Augmentative and Alternative Communication, 34*, 68-78.

Stadskleiv, K., Jahnsen, R., Andersen, G. L. & von Tetzchner, S. (2018b) Neuropsychological profiles of children with cerebral palsy. *Developmental Neurorehabilitation*, *21*, 108-120.

Stadskleiv, K., van Balkom, H. & von Tetzchner, S. (2022) Cognition and assessment. In S. von Tetzchner and J. Murray (Eds.), Becoming an Aided Communicator (BAC): Theory, methods, findings and practical implications. Proceedings of a study day, University of Leeds, June 21st 2022 (pp. 10-20). Leeds, UK: Communication Matters.

Stadskleiv, K., von Tetzchner, S., Batorowicz, B., van Balkom, H., Dahlgren Sandberg, A. & Renner, G. (2014). Investigating executive functions in children with severe speech and movement disorders using structured tasks. *Frontiers in Psychology,* 5, 992.

Stancliffe, R. J., Larson, S., Auerbach, K., Engler, J., Taub, S. & Lakin, K. C. (2010) Individuals with intellectual disabilities and augmentative and alternative communication: Analysis of survey data on uptake of aided AAC, and loneliness experiences. *Augmentative and Alternative Communication*, *26*, 87-96.

Standart, S. & Couteur, A. L. (2003) The quiet child: A literature review of selective mutism. *Child and Adolescent Mental Health*, *8*, 154-160.

Starble, A., Hutchins, T., Favro, M., Prelock, P. & Bitner, B. (2005) Family-centered intervention and satisfaction with AAC device training. *Communication Disorders Quarterly, 27,* 47-54.

Stauter, D. W., Myers, S. R. & Classen, A. I. (2017) Literacy instruction for young children with severe speech and physical impairments: A systematic review. *Journal of Occupational Therapy, Schools, and Early Intervention, 10,* 389-407,

Stauter, D. W., Prehn, J., Peters, M., Jeffries, L. M., Sylvester, L. et al. (2019). Assistive technology for literacy in students with physical disabilities: A systematic review. *Journal of Special Education Technology*, *34*, 284-292.

Steele, L. (2020) *Disability, criminal justice and law: Reconsidering court diversion*. Abingdon, UK: Routledge.

Steenbuch, R. (1957) Jeg lever også. Oslo: Land og Kirke.

Steffenburg, H., Steffenburg, S., Gillberg, C. & Billstedt, E. (2018) Children with autism spectrum disorders and selective mutism. *Neuropsychiatric Disease and Treatment, 14*, 1163-1169.

Steindal, K. (1990) Personal communication.

Steinhausen, H. C., Wachter, M., Laimböck, K. & Metzke, C. W. (2006) A long-term outcome study of selective mutism in childhood. *Journal of Child Psychology and Psychiatry*, *47*, 751-756.

Stenberg, N., Bresnahan, M., Gunnes, N., Hirtz, D., Hornig, M. et al. (2014) Identifying children with autism spectrum disorder at 18 months in a general population sample. *Paediatric and Perinatal Epidemiology, 28*, 255-262.

Stenberg, N., Schjølberg, S., Shic, F., Volkmar, F., Øyen, A. S. et al. (2021) Functional outcomes of children identified early in the developmental period as at risk for ASD utilizing the The Norwegian Mother, Father and Child Cohort Study (MoBa). *Journal of Autism and Developmental Disorders*, *51*, 922-932.

Stephenson, J. (2009a) Iconicity in the development of picture skills: Typical development and implications for individuals with severe intellectual disabilities. *Augmentative and Alternative Communication, 25*,187-201.

Stephenson, J. (2009b) Picture-book reading as an intervention to teach the use of line drawings for communication with students with severe intellectual disabilities. *Augmentative and Alternative Communication, 25,* 202-214.

Stephenson, J. (2009c) Recognition and Use of Line Drawings by Children with Severe Intellectual Disabilities: The Effects of Color and Outline Shape. *Augmentative and Alternative Communication, 25,* 55-67.

Stephenson, J. & Linfoot, K. (1996) Pictures as communication symbols for students with severe disability. *Augmentative and Alternative Communication, 12,* 244-255.

Steriadis, C. E. & Constantinou, P. (2003) Designing human-computer interfaces for quadriplegic people. *ACM Transactions on Computer-Human Interaction,10,* 87-118.

Sterrett, K., Holbrook, A., Landa, R., Kaiser, A. & Kasari, C. (2023) The effect of responsiveness to speech-generating device input on spoken language in children with autism spectrum disorder who are minimally verbal. *Augmentative and Alternative Communication, 39*, 23-32.

Stokes, T. F., Baer, D. M. & Jackson, R. L. (1974) Programming the generalization of a greeting response in four retarded children. *Journal of Applied Behavior Analysis, 7,* 599-610.

Stuart, S., Beukelman, D. & King, J. (1997). Vocabulary use during extended conversations by two cohorts of older adults. *Augmentative and Alternative Communication, 13*, 40-47.

Su, P. L., Castle, G. & Camarata, S. (2019) Cross-modal generalization of receptive and expressive vocabulary in children with autism spectrum disorder. *Autism and Developmental Language Impairments, 4*, 1-18.

Suggate, S., Schaughency, E., McAnally, H. & Reese, E. (2018) From infancy to adolescence: The longitudinal links between vocabulary, early literacy skills, oral narrative, and reading comprehension. *Cognitive Development, 47*, 82-95.

Sundqvist, A. & Rönnberg, J. (2010) A qualitative analysis of email interactions of children using augmentative and alternative communication. *Augmentative and Alternative Communication, 26,* 255-266.

Sutton, A., Morford, J. P. & Gallagher, T. M. (2004) Production and comprehension of graphic symbol utterances expressing complex propositions by adults who use augmentative and alternative communication systems. *Applied Psycholinguistics, 25*, 349-371.

Sweeney, L.A. (1999) Moving forward with families: Perspectives on augmentative and alternative communication research and practice. In F. T. Loncke et al. (Eds.), *Augmentative and alternative communication: New directions in research and practice* (pp. 231-254). London: Whurr/Wiley.

Tager-Flusberg, H. & Kasari, C. (2013) Minimally verbal school-aged children with autism spectrum disorder: The neglected end of the spectrum. *Autism Research, 6*, 468-478.

Takesian, A. E. & Hensch, T. K. (2013) Balancing plasticity/stability across brain development. *Progress in Brain Research, 207*, 3-34.

Tan, C. D. (2018) "I'm a normal autistic person, not an abnormal neurotypical": Autism spectrum disorder diagnosis as biographical illumination. *Social Science and Medicine, 197*, 161-167.

Tan, X. Y., Trembath, D., Bloomberg, K., Iacono, T. & Caithness, T. (2014) Acquisition and generalization of key word signing by three children with autism. *Developmental Neurorehabilitation, 17*, 125-136.

Tardif, T., Fletcher, P., Liang, W., Zhang, Z., Kaciroti, N. & Marchman, V. A. (2008) Baby's first 10 words. *Developmental Psychology, 44*, 929-938.

Tarquinio, D. C., Hou, W., Neul, J. L., Lane, J. B., Barnes, K. V. et al. (2015) Age of diagnosis in Rett syndrome: Patterns of recognition among diagnosticians and risk factors for late diagnosis.

Pediatric Neurology, *52*, 585-591.

Tavares, L. & Peixoto, A. (2003) Late development of independent conversation skills with manual and graphic signs through joint activities. In S. von Tetzchner and N. Grove (Eds.), *Augmentative and alternative communication: Developmental issues* (pp. 272-286). London: Whurr/Wiley.

Taylor, R. & Iacono, T. (2003) AAC and scripting activities to facilitate communication and play. *Advances in Speech-Language Pathology, 5,* 79-93.

Tegler, H. (2020) Social interaction involving nonspeaking children with severe cerebral palsy and intellectual disability. The role of communication partners and speechgenerating devices. Dissertation, Upsalla University.

Tegler, H., Pless, M., Blom Johansson, M. & Sonnander, K. (2021) Caregivers', teachers', and assistants' use and learning of partner strategies in communication using high-tech speech-generating devices with children with severe cerebral palsy. *Assistive Technology*, *33*, 17-25.

Terband, H., Maassen, B. & Maas, E. (2019) A psycholinguistic framework for diagnosis and treatment planning of developmental speech disorders. *Folia Phoniatrica et Logopaedica*, *71*, 216-227.

Thapar, A., Cooper, M. & Rutter, M. (2017) Neurodevelopmental disorders. *The Lancet Psychiatry*, *4*, 339-346.

Theakston, A. & Lieven, E. (2017) Multiunit sequences in first language acquisition. *Topics in Cognitive Science*, *9*, 588-603.

Therrien, M. C. S. (2019) Perspectives and experiences of adults who use AAC on making and keeping friends, *Augmentative and Alternative Communication, 35,* 205-216,

Therrien, M. C., Barton-Hulsey, A. & Wong, S. (2022) A scoping review of the playground experiences of children with AAC needs. *Augmentative and Alternative Communication*, *38*, 245-255.

Therrien, M., Rossetti, Z. & Østvik, J. (2023) Augmentative and alternative communication and friendships: Considerations for speech-language pathologists. *Perspectives of the ASHA Special Interest Groups*, *8*, 151-163.

Thomas, M. S., Alfageme, O. O., D'Souza, H., Patkee, P. A., Rutherford, M. A. et al. (2020) A multi-level developmental approach to exploring individual differences in Down syndrome: Genes, brain, behaviour, and environment. *Research in Developmental Disabilities*, *104*, 103638.

Thomas-Stonell, N. L., Cunningham, B. J., Robertson, B. & Rosenbaum, P. (2020) *The Focus on the Outcomes of Communication Under Six (FOCUS) manual, Second edition.* Toronto: CanChild.

Thurman, A. J., Bullard, L., Kelly, L., Wong, C., Nguyen, V. et al. (2022) Defining expressive language benchmarks for children with Down syndrome. *Brain Sciences*, *12*, 743.

Timpe, E. M., Kent-Walsh, J., Binger, C., Hahs-Vaughn, D., Harrington, N. & Schwartz, J. B. (2021) Using the ImPAACT Program with preschoolers with Down syndrome: A hybrid service-delivery model. *Augmentative and Alternative Communication*, *37*, 113-128.

Tincani, M. (2004) Comparing the Picture Exchange Communication System and sign language training for children with autism. *Focus on Autism and other Developmental Disabilities*, *19*, 152-163.

Tincani, M., Crozier, S. & Alazetta, L. (2006) The Picture Exchange Communication System: Effects on manding and speech development for school-aged children with autism. *Education and Training in Developmental Disabilities, 41,* 177-184.

Todd, J. T. (2012) The moral obligation to be empirical: Comments on Boynton's "Facilitated communication - what harm it can do: Confessions of a former "facilitator". *Evidence-Based Communication Assessment and Intervention, 6,* 36-57.

Todman, J., Alm, N., Higginbotham, J. & File, P. (2008) Whole utterance approaches in AAC. *Augmentative and alternative communication*, *24*, 235-254.

Toffalini, E., Giofrè, D. & Cornoldi, C. (2017) Strengths and weaknesses in the intellectual profile of different subtypes of specific learning disorder: a study on 1,049 diagnosed children. *Clinical Psychological Science*, *5*, 402-409.

Toh, S. H., Howie, E. K., Coenen, P., & Straker, L. M. (2019). "From the moment I wake up I will use it… every day, very hour": A qualitative study on the patterns of adolescents' mobile touch screen device use from adolescent and parent perspectives. *BMC Pediatrics*, *19*, 1-16.

Tomasello, M. (1992) *First verbs: A case study of early grammatical development*. Cambridge: Cambridge University Press.

Tomasello, M. (2003) *Constructing a language. A usage-based theory of language acquisition*. London, UK: Harvard University Press.

Tomasello, M. (2005) "Cultural constraints on grammar and cognition in Piraha: Another look at the design features of human language": Comment. *Current Anthropology, 46*, 640-641.

Tomasello, M. (2006) Acquiring linguistic constructions. In W. Damon et al. (Eds.), *Handbook of child psychology, Sixth edition, Volume 2: Cognition, perception and language* (pp. 371-384). New York, NY: Wiley.

Tomasello, M. (2009b) *Why we cooperate*. London: MIT Press.

Tomasello, M. (2009a) The usage-based theory of language acquisition. In E. L. Bavin (Ed.), *The Cambridge handbook of child language* (pp. 69-87). Cambridge, UK: Cambridge University Press.

Tomasello, M. (2016) The ontogeny of cultural learning. *Current Opinion in Psychology*, *8*, 1-4.

Tomasello, M. (2019) Becoming human: A theory of ontogeny. Cambridge, MA: Harvard University Press.

Tomasello, M. (2020) The adaptive origins of uniquely human sociality. *Philosophical Transactions of the Royal Society B*, *375*, 20190493.

Tomasello, M., Carpenter, M., Call, J., Behne, T. & Moll, H. (2005) Understanding and sharing intentions: The origins of cultural cognition. *Behavioral and Brain Sciences*, *28*, 675-691.

Tomasello, M., Carpenter, M. & Lizskowski, U. (2007) A new look at infant pointing. *Child Development, 78*, 705-722.

Tönsing, K. M. (2012) Using a matrix strategy to teach graphic symbol combinations to children with limited speech during shared storybook reading. Dissertation, University of Pretoria.

Tönsing, K. M. (2016) Supporting the production of graphic symbol combinations by children with limited speech: A comparison of two AAC systems. *Journal of Developmental and Physical Disabilities*, *28*, 5-29.

Tönsing, K. M., Bartram, J., Morwane, R. E. & Waller, A. (2024a) Designing electronic graphic symbol-based AAC systems: A scoping review. Part 1: System description. *Disability and Rehabilitation: Assistive Technology, 19*, 1079-1091.

Tönsing, K. M., Bartram, J., Morwane, R. R. & Waller, A. (2024b) Designing electronic graphic symbol-based AAC systems: A scoping review. Part 2: Application of human-centred design. *Disability and Rehabilitation: Assistive Technology, 19*, 1092-1102.

Tönsing, K. M., Dada, S. & Alant, E. (2014) Teaching graphic symbol combinations to children with limited speech during shared story reading. *Augmentative and Alternative Communication*, *30*, 279-297.

Tönsing, K. M. & Soto, G. (2020) Multilingualism and augmentative and alternative communication: examining language ideology and resulting practices. *Augmentative and Alternative Communication, 36*, 190-201.

Topper, S. T. (1975) Gesture language for a non-verbal severely retarded male. *Mental Retardation, 13*, 30-31.

Tøssebro, A.-G., von Tetzchner, S., Christal, A., McElrone, D., Siggs, M., Oxley, J. D. & Cameron, J. (2019) Communication and language in education and intervention for children and adults with juvenile neuronal ceroid lipofuscinosis. In S. von Tetzchner et al. (Eds.), *Juvenile neuronal ceroid lipofuscinosis, childhood dementia and education* (pp. 231-256).

Trondheim: Snøfugl Forlag.

Trasher, K. & Bray, N. (1984) Effects of iconicity, taction, and training technique on the initial acquistion of manual signing by the mentally retarded. Presented at the 17th Annual Gatinburg Conference on Research in Mental Retardation, Gatinburg, 1984.

Treviranus, J. & Roberts, V. (2003) Supporting competent motor control of AAC systems. In J. Light et al. (Eds.), *Communicative competence for individuals who use AAC* (pp. 107-145). Baltimore, MD: Brookes

Tribushinina, E., Van Den Bergh, H., Kilani-Schoch, M., Aksu-Koç, A., Dabašinskienė, I. et al. (2013) The role of explicit contrast in adjective acquisition: A cross-linguistic longitudinal study of adjective production in spontaneous child speech and parental input. *First Language*, *33*, 594-616.

Trief, E., Bruce, S. M., Cascella, P. W. & Ivy, S. (2009) The development of a universal tangible symbol system. *Journal of Visual Impairment and Blindness*, *103*, 425-430.

Trief, E., Cascella, P. W. & Bruce, S. M. (2013) A field study of a standardized tangible symbol system for learners who are visually impaired and have multiple disabilities. *Journal of Visual Impairment and Blindness*, *107*, 180-191.

Troseth, G. L., Pierroutsakos, S. L. & DeLoache, J. S. (2004) From the innocent to the intelligent eye: The early development of pictorial competence. *Advances in Child Development and Behavior, 32,* 1-35.

Trott, S. & Bergen, B. (2020) Why do human languages have homophones?. *Cognition*, *205*, 104449.

Trudeau, N., Sutton, A., Morford, J. P., Côte-Giroux, P., Pauze, A.-M. & Vallée, V. (2010) Strategies in construction and interpretation of graphic-symbol sequences by individuals who use AAC systems. *Augmentative and Alternative Communication, 26,* 299-312.

Trudeau, N., Cleave, P. & Woelk, E. (2003) Using augmentative and alternative communication approaches to promote participation of preschoolers during book reading: A pilot study. *Child Language Teaching and Therapy, 19,* 181-210.

Tsibidaki, A. (2020) Family functioning and strengths in families raising a child with cerebral palsy. *Research in Developmental Disabilities*, *106*, 103767.

Tungate, A. S. & Conners, F. A. (2021) Executive function in Down syndrome: A meta-analysis. *Research in Developmental Disabilities*, *108*, 103802.

Turner, M. (1996) *The literary mind: The origins of thought and language*. New York: Oxford University Press.

Tzuriel, D. (2021) *Mediated learning and cognitive modifiability*. New York, NY: Springer.

Uchino, J., Suzuki, M., Hoshino, K., Nomura, Y. & Segawa, M. (2001) Development of language in Rett syndrome. *Brain and Development*, *23*, S233-S235.

Unicode Consortium (2020) *The Unicode Standard Version 13.0 - Core Specification*. Mountain View, CA: Unicode Consortium.

Urbanowicz, A., Ciccone, N., Girdler, S., Leonard, H. & Downs, J. (2018) Choice making in Rett syndrome: A descriptive study using video data. *Disability and Rehabilitation*, *40*, 813-819.

Vaivre-Douret, L., Lalanne, C. & Golse, B. (2016) Developmental coordination disorder, an umbrella term for motor impairments in children: Nature and co-morbid disorders. *Frontiers in Psychology*, *7*, 502.

Valencia, S., Cave, R., Kallarackal, K., Seaver, K., Terry, M. & Kane, S. K. (2023) "The less I type, the better": How AI language models can enhance or impede communication for AAC users. In S. Schmidt et al. (Eds.), *Proceedings of the 2023 CHI Conference on Human Factors in Computing Systems, Hamburg, Germany, April 23-28, 2023* (Article 830, pp. 1-14). New York: Association for Computing Macheney.

Valencia-Naranjo, N. & Robles-Bello, M. A. (2020) Dynamic assessment in preschoolers with Down syndrome and nonspecific intellectual disability. *Psicología Educativa*, *26*, 101-107.

Valera-Pozo, M., Adrover-Roig, D., Pérez-Castelló, J. A., Sanchez-Azanza, V. A. & Aguilar-Mediavilla, E.

(2020) Behavioral, emotional and school adjustment in adolescents with and without developmental language disorder (DLD) is related to family involvement. *International Journal of Environmental Research and Public Health*, *17*, 1949.

Valle, C. L., Chenausky, K. & Tager-Flusberg, H. (2021) How do minimally verbal children and adolescents with autism spectrum disorder use communicative gestures to complement their spoken language abilities? *Autism and Developmental Language Impairments*, *6*, 23969415211035065.

Van Daal, J., Verhoeven, L. & Van Balkom, H. (2007) Behaviour problems in children with language impairment. *Journal of Child Psychology and Psychiatry*, *48*, 1139-1147.

van der Mark, E. J., Conradie, I., Dedding, C. W. & Broerse, J. E. (2017) How poverty shapes caring for a disabled child: A narrative literature review. *Journal of International Development*, *29*, 1187-1206.

van der Meer, L., Matthews, T., Ogilvie, E., Berry, A., Waddington, H. et al. (2017) Training direct-care staff to provide communication intervention to adults with intellectual disability: A systematic review. *American Journal of Speech-Language Pathology*, *26*, 1279-1295.

van der Meer, L., Sigafoos, J., Sutherland, D., McLay, L., Lang, R. et al. (2014) Preference-enhanced communication intervention and development of social communicative functions in a child with autism spectrum disorder. *Clinical Case Studies*, *13*, 282-295.

van der Merwe, E. & Alant, E. (2004) Associations with Minspeak icons. *Journal of Communication Disorders*, *37*, 255-274.

van Oosterom, J. & Devereux, K. (1985) *Learning with Rebus glossary*. Back Hill, UK: Earo, The Resource Centre.

van Riper, M. (2007) Families of children with Down syndrome: responding to "a change in plans" with resilience. *Journal of Pediatric Nursing*, *22*, 116-128.

van Tilborg, A. & Deckers, S. J. R. M. (2016) Vocabulary selection in AAC: Application of core vocabulary in atypical populations. *Perspectives of the ASHA Special Interest Groups*, *1*, 125-138.

Vanderheiden, G. C. (2002) A journey through early augmentative communication and computer access. *Journal of Rehabilitation Research and Development*, *39*, 39-53.

Veneziano, E. (2013) A cognitive-pragmatic model for the change from single-word to multiword speech: A constructivist approach. *Journal of Pragmatics, 56*, 133-150.

Veneziano, E. (2018) Learning conversational skills and learning from conversation. In A. Bar-On and D. Ravid (Eds.), *Handbook of communication disorders: Theoretical, empirical, and applied linguistic perspectives* (pp. 311-328). Berlin: De Gruyter Mouton.

Venkatagiri, H. S. (2010) Digital speech technology: An overview. In J. Mullennix and S. Stern (Eds.), *Computer synthesized speech technologies: Tools for aiding impairments* (pp. 28-49). Hershey, NY: Medical Information Science Reference.

Venuti, P., De Falco, S., Esposito, G. & Bornstein, M. H. (2009) Mother-child play: children with Down syndrome and typical development. *American Journal on Intellectual and Developmental Disabilities*, *114*, 274-288.

Veresov, N. (2006) Leading activity in developmental psychology: Cconcept and principle. *Journal of Russian and East European Psychology*, *44*, 7-25.

Versteeg, A. (2020). Peer attitudes toward a school aged AAC user: Does use of high vs low tech device matter? Manuscript, University of western Ontario.

Vertanen, K., Trinh, H., Waller, A., Hanson, V. L. & Kristensson, P. O. (2012) Applying prediction techniques to phoneme-based AAC systems. In *Proceedings of the Third Workshop on Speech and Language Processing for Assistive Technologies, Montreal, Canada, June 7-8, 2012* (pp. 19-27). Kerrville, TX: Association for Computational Linguistics.

Vessoyan, K., Smart, E., Steckle, G. & McKillop, M.

(2023) A scoping review of eye tracking technology for communication: Current progress and next steps. *Current Developmental Disorders Reports*, *10*, 20-39.

Vihman, M. M. (2018). First word learning. In S.A. Rueschemeyer and M. Gareth Gaskell (Eds.), *The Oxford handbook of psycholinguistics, Second edition* (pp. 714-736). Oxford, UK: Oxford University Press

Viljoen, E., Bornman, J., Wiles, L. & Tönsing, K. M. (2017) Police officer disability sensitivity training: A systematic review. *The Police Journal*, *90*, 143-159.

Vilvarajan, S., McDonald, M., Douglas, L., Newham, J., Kirkland, R. et al. (2023) Multidisciplinary management of Rett syndrome: Twenty years' experience. *Genes*, *14*, 1607.

Vinkel, M. N., Rackauskaite, G. & Finnerup, N. B. (2022) Classification of pain in children with cerebral palsy. *Developmental Medicine and Child Neurology*, *64*, 447-452.

Vissers, L. E., Gilissen, C. & Veltman, J. A. (2016) Genetic studies in intellectual disability and related disorders. *Nature Reviews Genetics*, *17*, 9-18.

Vivanti, G., Duncan, E., Dawson, G. & Rogers, S. J. (2017) *Implementing the group-based Early Start Denver Model for preschoolers with autism*. Cham, Switzerland: Springer.

Volkmar, F. R. & McPartland, J. C. (2014) From Kanner to DSM-5: autism as an evolving diagnostic concept. *Annual Review of Clinical Psychology*, *10*, 193-212.

von Tetzchner, S. (1984a) Facilitation of early speech development in a dysphatic child by use of signed Norwegian. *Scandinavian Journal of Psychology, 25,* 265-275.

von Tetzchner, S. (1984b) Tegnspråksoppl æ ring med psykotiske/autistiske barn: Teori, metode og en kasusbeskrivelse. *Tidsskrift for Norsk Psykologforening, 21,* 3-15.

von Tetzchner, S. (1985) Words and chips-pragmatics and pidginization of computer-aided communication. *Child Language Teaching and Therapy, 1,* 295-305.

von Tetzchner, S.(1986) Samtaler om kommunikasjon. *CP-bladet, 32* (3), 17-20.

von Tetzchner, S. (1987) Hjulpet lek. *CP-Bladet, 33* (4), 12-13.

von Tetzchner, S. (1990) Tilbakeblikk. *CP-Bladet, 36* (4), 5-9.

von Tetzchner, S. (1996a) Facilitated, automatic and false communication: Current issues in the use of facilitating techniques. *European Journal of Special Needs Education, 11,* 151-166.

von Tetzchner, S. (1996b) The contexts of early aided language acquisition. Presented at the 7th Biennial Conference of the International Society for Augmentative and Alternative Communication, Vancouver, August 1996.

von Tetzchner, S. (1997a) The use of graphic language intervention among young children in Norway. *European Journal of Disorders of Communication, 32,* 217-234.

von Tetzchner, S. (1997b) Communication skills of females with Rett syndrome. *European Child and Adolescent Psychiatry, 6 (Supplement 1),* 33-37.

von Tetzchner, S. (1997c) Historical issues in intervention research: Hidden knowledge and facilitating techniques in Denmark. *European Journal of Disorders of Communication, 32,* 1-18.

von Tetzchner, S. (2003) *Utfordrende atferd for mennesker med l æ rehemning*. Oslo: Gyldendal Akademisk.

von Tetzchner, S. (2004) Early intervention and prevention of challenging behaviour in children with learning disabilities. *Perspectives in Education, 22,* 85-100.

von Tetzchner, S. (2006) Communication impairments in girls with Rett syndrome. Invited presentation in Autism Affinity Distinguished Lecture Serie, Center for Autism Research and Treatment, University of California, Los Angeles, December 1st 2006.

von Tetzchner, S. (2010) Why reading is difficult for children with motor impairments: On motor theories of speech perception, analysis by synthesis, embodied cognition and mirror neurons. Presented at the 14th Biennial Conference of the International Society for Augmentative and Alternative Communication, Barcelona, Spain, August 26-31 2010.

von Tetzchner, S. (2012) Understanding facilitated communication: Lessons from a former facilitator - Comments on Boynton, 2012. *Evidence Based Communication Assessment and Intervention, 6,* 28-35.

von Tetzchner, S. (2015) The semiotics of aided language development. *Cognitive Development, 36,* 180-190.

von Tetzchner, S. (2018) Introduction to the special issue on aided language processes, development, and use: An international perspective. *Augmentative and Alternative Communication, 34,* 1-15.

von Tetzchner, S. (2019a) *Child and adolescent psychology: Typical and atypical development.* Abingdon, UK: Routledge.

von Tetzchner, S. (2019b) Manual signs and graphic symbols as complementary forms of augmentative and alternative communication. In N. Grove and K. Launonen (Eds.), *Manual sign acquisition in children with developmental disabilities* (pp. 195-212). New York: Nova.

von Tetzchner, S. (2021a) Challenging behaviors: Processes, prevention and intervention. In S. von Tetzchner et al. (Eds.), *Development, assessment and intervention of autism spectrum disorders in childhood: International and Chinese* perspectives (pp. 351-375). Beijing, China: Guangming Daily Press

von Tetzchner, S. (2021b) Becoming an aided communicator (BAC): Basic ideas and aims. Presented at Communication Matters Virtual Conference, Leeds, UK, September 13-17, 2021.

von Tetzchner, S. & Basil, C. (2011) Terminology and notation in written representations of conversations with augmentative and alternative communication. *Augmentative and Alternative Communication, 27,* 141-149.

von Tetzchner, S., Brekke, K. M., Sjøthun , B. & Grindheim, E. (2005) Constructing preschool communities of learners that afford alternative communication. *Augmentative and Alternatve Communication, 21,* 82-100.

von Tetzchner, S. & Grove, N. (2003) The development of alternative language forms. In S. von Tetzchner and N. Grove (Eds.), *Augmentative and alternative communication: Developmental issues* (pp. 1-27) London, UK: Whurr/Wiley.

von Tetzchner, S., Jacobsen, K. H., Smith, L., Skjeldal, O. H., Heiberg, A. & Fagan, J. F. (1996) Vision, cognition and developmental characteristics of girls and women with Rett syndrome. *Developmental Medicine and Child Neurology, 38,* 212-225.

von Tetzchner, S. & Jensen, K. (1999) Communicating with people who have severe communication impairment: Ethical considerations. *International Journal of Disability, Development and Education, 46,* 453-462.

von Tetzchner, S. & Jensen, M. H. (1996) Introduction. In S. von Tetzchner and M. H. Jensen (Eds.), *Augmentative and alternative communication: European perspectives* (pp. 1-18). London: Whurr/Wiley.

von Tetzchner, S., Launonen, K., Batorowicz, B., Nunes, L., Walter, C. et al. (2018) Communication aid provision and use among children and adolescents developing aided communication: An international survey. *Augmentative and Alternative Communication, 34,* 79-91.

von Tetzchner, S., Lippe-Holstein, J. & Haugen, P. K. (2019) Behavioral and emotional reactions to a difficult life situation. In S. von Tetzchner et al. (Eds.), *Juvenile neuronal ceroid lipofuscinosis, childhood dementia and education* (pp. 519-534). Trondheim: Snøfugl Forlag

von Tetzchner, S. & Martinsen, H. (1996) Words and strategies: Communicating with young children who use aided language. In S. von Tetzchner and M. H. Jensen (Eds.), *Augmentative and alternative communication: European perspectives* (pp. 65-88). London: Whurr/Wiley.

von Tetzchner, S. & Øien, I. (1989) *Rett syndrom: Forløp og tiltak*. Video. Oslo: Norsk forening for Rett syndrom.

von Tetzchner, S., Øvreeide, K. D., Jørgensen, K. K., Ormhaug, B. M., Oxholm, B. & Warme, R. (2004) Acquisition of graphic communication by a young girl without comprehension of spoken language. *Disability and Rehabilitation, 26*, 1335-1346.

von Tetzchner, S. & Oxley, J. (2013) Introduction to Blissymbol research and practice issues In L.L. Lloyd et al. (Eds.), *Augmentative and alternative communication research issues and needs. Proceedings of the 2012 ISAAC Research Symposium* (pp. 53-60). Toronto: ISAAC.

von Tetzchner, S., Rogne, S. O. & Lilleeng, M. K. (1997) Literacy intervention for a deaf child with severe reading disorders. *Journal of Literacy Research*, *29*, 25-46.

von Tetzchner, S. & Sedberg, T. (2005) Young blind children in activities with joint attention. Presented at X. International Conference for the Study of Child Language, Berlin, Germany, July 25-29 2005

von Tetzchner, S. & Stadskleiv, K. (2016) Constructing a language in alternative forms. In M. M. Smith and J. Murray (Eds.), *The silent partner? Language, interaction and aided communication* (pp. 17-34). Guildford, UK: J&R Press.

von Tetzchner, S., Torjussen, K., Carlin, P. E. & Smith, L. (2002) Cross-modal matching of object pictures with natural sounds and word forms in girls with Rett syndrome. In *Proceedings of the Joint Conference of the IX International Congress for the Study of Child Language and the Symposium of Research in Child Language Disorders, Madison, July 2002* (pp. 129-130). Madison, Wisconsin: University of Madison.

Vygotsky, L. (1962) *Thought and language*. Cambridge, MA: MIT Press.

Vygotsky, L. S. (1967) Play and its role in the mental development of the child. *Soviet Psychology*, *5*, 6-18.

Wagner, K. R. (1985) How much do children say in a day? *Journal of Child Language, 12*, 475-487.

Walker, J. F. & Archibald, L. M. (2006) Articulation rate in preschool children: A 3-year longitudinal study. *International Journal of Language and Communication Disorders*, *41*, 541-565.

Walker, M. (1976) *Language programmes for use with the revised Makaton vocabulary*. Surrey, UK: M. Walker.

Walker, M., Mitha, S. & Riddington, C. (2019) Cultural issues in developing and using signs within the Makaton Language programme in different countries. In N. Grove and K. Launonen (Eds.), *Manual sign acquisition in children with developmental disabilities* (pp. 391-408). New York: Nova.

Waller, A. (2006) Communication access to conversational narrative. *Topics in Language Disorders, 26*, 221-239.

Waller A. and O'Mara, D. (2003) Augmentative and alternative communication and the development of personal story telling. In S. von Tetzchner and N. Grove (Eds.), *Augmentative and alternative communication: Developmental issues* (pp. 256-271). London, UK: Whurr/Wiley.

Walter, C., Stadskleiv, K., Murray, J. & von Tetzchner, S. (2022) After BAC - Participants' reflections on involvement in research. In S. von Tetzchner and J. Murray (Eds.), Becoming an Aided Communicator (BAC): Theory, methods, findings and practical implications. Proceedings of a study day, University of Leeds, June 21st 2022 (pp. 46-50). Leeds, UK: Communication Matters.

Wandin, H. (2020) Symbol-based communication intervention for individuals with Rett syndrome: Current practices, assessment of visual attention, and communication partner strategies, Dissertation, Upsalla University, Sweden.

Warburg, M. (2001) Visual impairment in adult people with intellectual disability: Literature review. *Journal of Intellectual Disability Research*, *45*, 424-438

Warren, S. F. & Kaiser, A. P. (1986) Incidental teaching: A critical review. *Journal of Speech and Hearing Disorders, 51*, 291-299.

Watson, L. R., Crais, E. R., Baranek, G. T., Dykstra, J. R. & Wilson, K. P. (2013) Communicative gesture use in infants with and without autism: A retrospective home video study. *American Journal of Speech-Language Pathology, 22,* 25-39.

Watson, M. M. & Lof, G. L. (2008, November) Epilogue: What we know about nonspeech oral motor exercises. *Seminars in Speech and Language, 29,* 339-344.

Watters, R. G. Wheeler, L. J. & Watters, W. E. (1981) The realtive efficiency of two orders for training autistic children in the expressive and receptive use of manual signs. *Journal of Communication Disorders, 14,* 273-285.

Webster, C. D., Fruchter, D., Dean, J., Konstantareas, M. M. & Sloman, L. (2016) Lessons that linger: A 40-year follow-along note about a boy with autism taught to communicate by gestures when aged six. *Journal of Autism and Developmental Disorders*, *46*, 2561-2564.

Webster, C. D., McPherson, H. M., Sloman, L., Evans, M. A., & Kuchar, E. (1973). Communicating with an autistic boy by gestures. *Journal of Autism and Childhood Schizophrenia, 3*, 337-346.

Weierink, L., Vermeulen, R. J. & Boyd, R. N. (2013) Brain structure and executive functions in children with cerebral palsy: A systematic review. *Research in Developmental Disabilities*, *34*, 1678-1688.

Weindrich, D., Jennen-Steinmetz, C., Laucht, M., Esser, G. & Schmidt, M. H. (2000) Epidemiology and prognosis of specific disorders of language and scholastic skills. *European Child and Adolescent Psychiatry*, *9*, 186-194.

Weisberg, D. S., Zosh, J. M., Hirsh-Pasek, K. & Golinkoff, R. M. (2013) Talking it up: play, language development, and the role of adult support. *American Journal of Play*, *6*, 39-54.

Weisberg, H. R. & Jones, E. A. (2019) Individualizing intervention to teach joint attention, requesting, and social referencing to children with autism. *Behavior Analysis in Practice*, *12*, 105-123.

Weisner, T. S. (2002) Ecocultural understanding of children's developmental pathways. *Human Development*, *45*, 275-281.

Wellnitz, S. A., Kästel, I., Vllasaliu, L., Cholemkery, H., Freitag, C. M. & Bast, N. (2021) The Revised Children's Communication Checklist-2 (CCC-R): Factor structure and psychometric evaluation. *Autism Research*, *14*, 759-772.

Wells, G. (2009) *The meaning makers: Learning to talk and talking to learn*. Bristol, UK: Multilingual Matters.

Wepener, C., Johnson, E. & Bornman, J. (2021) Text messaging "Helps Me to Chat": Exploring the interactional aspects of text messaging using mobile phones for youth with complex communication needs. *Augmentative and Alternative Communication*, *37*, 75-86.

Werker, J. F. (2018a) Perceptual beginnings to language acquisition. *Applied Psycholinguistics*, *39*, 703-728.

Werker, J. F. (2018b) Speech perception, word learning, and language acquisition in infancy: The voyage continues. *Applied Psycholinguistics*, *39*, 769-777.

Westley, M. B. (2018) Creating and evaluating New Zealand-accented synthesised voices using model talker voice banking technology. Thesis, University of Canterbury,

Wetherby, A. M. & Prizant, B. M. (2002). *Communication and Symbolic Behavior Scales: Developmental Profile* (1st normed edition). Baltimore, MD: Paul H. Brookes.

Wexler, K., Blau, A., Leslie, S. & Dore, J. (1983) Conversational interaction of nonspeaking cerebral palsied individuals and their speaking partners, with and without augmentative communication aids. Manuscript, Helen Hayes Hospital, New York.

Whalen, C. & Schreibman, L. (2003) Joint attention training for children with autism using behavior modification procedures. *Journal of Child Psychology and Psychiatry*, *44*, 456-468.

White, R. M., Bornman, J. & Johnson, E. (2015) Testifying in court as a victim of crime for persons with little or no functional speech: Vocabulary implications. *Child Abuse Research: A South African*

Journal, 16, 1-14.

White, R. M., Bornman, J., Johnson, E. & Msipa, D. (2021) Court accommodations for persons with severe communication disabilities: A legal scoping review. *Psychology, Public Policy, and Law, 27*, 399-420.

White, R. M., Bornman, J., Johnson, E., Tewson, K. & Van Niekerk, J. (2020) Transformative equality: Court accommodations for South African citizens with severe communication disabilities. *African Journal of Disability*, *9*, 1-12.

Whitman, T. L., O'Callaghan, M. & Sommer, K. (1997) Emotion and mental retardation. In W. E. MacLean (Ed.), *Ellis' handbook of mental deficiency, psychological theory and research, Third edition* (pp. 77-98). Mahwah, NJ: Lawrence Erlbaum.

Wickenden, M. (2010) Talk to me as a teenage girl: An anthropological study of identity and lifeworlds with teenage AAC users. *Communication Matters*, *24* (3), 4-8.

Wickenden, M. (2011a) Talk to me as a teenager: Experiences of friendship for disabled teenagers who have little or no speech. *Childhoods Today*, *5*, 1-35.

Wickenden, M. (2011b) Talking to teenagers: Using anthropological methods to explore identity and the lifeworlds of young people who use AAC. *Communication Disorders Quarterly*, *32*, 151-163.

Wickenden, M. (2011c) Whose voice is that?: Issues of identity, voice and representation arising in an ethnographic study of the lives of disabled teenagers who use augmentative and alternative communication (AAC). *Disability studies quarterly*, *31*, 4.

Wickenden, M. (2015) The life worlds of adolescent aided communicators In S. von Tetzchner & J. D. Oxley (Eds.), *Processes of aided language development in cognitively high-functioning children and adolescents. Proceedings of the 2014 ISAAC Research Symposium* (pp. 33-45). Toronto: ISAAC.

Wilkinson, K. M., Light, J. & Drager, K. (2012) Considerations for the composition of visual scene displays: Potential contributions of information from visual and cognitive sciences. *Augmentative and Alternative Communication*, *28*, 137-147.

Wilkinson, K. M., Romski, M. A. & Sevcik, R. A. (1994) Emergence of visual-graphic symbol combinations by youth with moderate or severe mental retardation. *Journal of Speech and Hearing Research, 37*, 883-895.

Wilkinson, K. M., Rosenquist, C. & McIlvane, W. J. (2009) Exclusion learning and emergent symbolic category formation in individuals with severe language impairments and intellectual disabilities. *The Psychological Record*, *59*, 187-205.

Willinger, U., Brunner, E., Diendorfer-Radner, G., Sams, J., Sirsch, U. & Eisenwort, B. (2003) Behaviour in children with language development disorders. *The Canadian Journal of Psychiatry*, *48*, 607-614.

Willoughby, L., Iwasaki, S., Bartlett, M. & Manns, H. (2018) Tactile sign languages. In J.-O. Östman and J. Verschueren (Eds.), Handbook of pragmatics (pp. 239-258). Amsterdam: John Benjamins.

Wilson, K. D. (1980) Selection of a core lexicon for use with graphic communicative systems. *Journal of Childhool Communication Disorders*, *4*, 111-123.

Witkowski, D. & Baker, B. (2012) Addressing the content vocabulary with core: Theory and practice for nonliterate or emerging literate students. *Perspectives on Augmentative and Alternative Communication*, *21*, 74-81.

Wolff, N., Stroth, S., Kamp-Becker, I., Roepke, S. & Roessner, V. (2022) Autism spectrum disorder and IQ - A complex interplay. *Frontiers in Psychiatry*, *13*, 856084.

Woll, B. & Barnett, S. (1998) Toward a spsiolinguistic perspective on augmentative and alternative communication. *Augmentative and Alternative Communication, 14*, 200-211.

Wood, D., Bruner, J. S. & Ross, G. (1976) The role of tutoring in problem solving. *Journal of Child Psychology and Psychiatry, 17*, 89-100.

Woodward, J. & Ferretti, R. (2014) The evolving use of

technology in special education: is 'effectiveness' the right question?. In L. Florian (Ed.), *The SAGE handbook of special education, Volume 2* (pp. 731-747). London: SAGE

Woodward, A. L. & Markman, L. (1998) Early word learning. In W. Damon et al. (Eds.), *Handbook of child psychology, Fifth edition. Volume 2: Cognition, perception and language* (pp. 371-420). New York: Wiley.

Woodyatt, G. C. & Ozanne, A. E. (1992) Communication abilities in a case of Rett syndrome. *Journal of Intellectual Disability Research, 36,* 83-92.

Woodyatt, G. C. & Ozanne, A. E. (1993) A longitudinal study of communication behaviours in children with Rett syndrome. *Journal of Intellectual Disability Research, 37,* 419-435.

Woolfe, T., Herman, R., Roy, P. & Woll, B. (2010) Early vocabulary development in deaf native signers: A British Sign Language adaptation of the communicative development inventories. *Journal of Child Psychology and Psychiatry*, *51*, 322-331.

World Health Organization (2022) *International Classification of Diseases Eleventh Revision (ICD-11).* Geneva: World Health Organization.

Wren, Y., Miller, L. L., Peters, T. J., Emond, A. & Roulstone, S. (2016) Prevalence and predictors of persistent speech sound disorder at eight years old: Findings from a population cohort study. *Journal of Speech, Language, and Hearing Research*, *59*, 647-673.

Wren, Y., Pagnamenta, E., Peters, T. J., Emond, A., Northstone, K., Miller, L. L. & Roulstone, S. (2021) Educational outcomes associated with persistent speech disorder. *International Journal of Language and Communication Disorders*, *56*, 299-312.

Wright, C. A., Kaiser, A. P., Reikowsky, D. I. & Roberts, M. Y. (2013) Effects of a naturalistic sign intervention on expressive language of toddlers with Down syndrome. *Journal of Speech, Language, and Hearing Research*, *56,* 994-1008.

Wu, D., Wolff, J. J., Ravi, S., Elison, J. T., Estes, A. et al. (2024) Infants who develop autism show smaller inventories of deictic and symbolic gestures at 12 months of age. *Autism Research, 17,* 838-851.

Yaffe, Y. (2023) Systematic review of the differences between mothers and fathers in parenting styles and practices. *Current Psychology*, *42*, 16011-16024.

Yang, D., Sidman, J. & Bushnell, E. W. (2010) Beyond the information given: Infants' transfer of actions learned through imitation. *Journal of Experimental Child Psychology*, *106*, 62-81.

Y ı ld ı z, E. & Uzundağ, B. A. (2022) Mothers' descriptions of referents are related to children' s communicative competence. *Cognitive Development*, *64*, 101258.

Yin Foo, R., Guppy, M. & Johnston, L. M. (2013) Intelligence assessments for children with cerebral palsy: a systematic review. *Developmental Medicine and Child Neurology*, *55*, 911-918.

Yoder, P. & McDuffie, A. (2006) Teaching young children with autism to talk. *Seminars in Speech and Language*, 27, 161-172.

Yong, S. & Yong, 2021 *A voice of her own.* Singapore: Yong.

Yorke, A. M., Caron, J. G., Pukys, N., Sternad, E., Grecol, C. & Shermak, C. (2021) Foundational reading interventions adapted for individuals who require augmentative and alternative communication (AAC): A systematic review of the research. *Journal of Developmental and Physical Disabilities*, *33*, 537-582.

Yorkston, K. M., Honsinger, M. J., Dowden, P. A. & Marriner, N. (1989) Vocabulary selection: A case report. *Augmentative and Alternative Communication, 5,* 101-109.

Youngstrom, E. A., Van Meter, A., Frazier, T. W., Hunsley, J., Prinstein, M. J. et al. (2017) Evidence-based assessment as an integrative model for applying psychological science to guide the voyage of treatment. *Clinical Psychology: Science and Practice*, *24*, 331-363.

Yu, B. (2013) Issues in bilingualism and heritage language maintenance: Perspectives of minority-language mothers of children with autism spectrum disorders. *American Journal of Speech-Language Pathology*, *22*, 10-24.

Yu, B. (2016) Bilingualism as conceptualized and bilingualism as lived: A critical examination of the monolingual socialization of a child with autism in a bilingual family. *Journal of Autism and Developmental Disorders*, *46*, 424-435.

Zambrana, I. M., Pons, F., Eadie, P. & Ystrom, E. (2014) Trajectories of language delay from age 3 to 5: Persistence, recovery and late onset. *International Journal of Language and Communication Disorders*, *49*, 304-316.

Zangari, C., Lloyd, L. L. & Vicker, B. (1994) Augmentative and alternative communication: An historic perspective. *Augmentative and Alternative Communication, 10,* 27-59.

Zaylskie, L. E., Biggs, E. E., Minchin, K. J. & Abel, Z. K. (2023). Nurse perspectives on supporting children and youth who use augmentative and alternative communication (AAC) in the pediatric intensive care unit. *Augmentative and Alternative Communication*, doi.org/10.1080/07434618.2023.2284269

Zeidan, J., Fombonne, E., Scorah, J., Ibrahim, A., Durkin, M. S. et al. (2022) Global prevalence of autism: A systematic review update. *Autism research*, *15*, 778-790.

Zhang, S., Hao, Y., Feng, Y. & Lee, N. Y. (2022) COVID-19 pandemic impacts on children with developmental disabilities: Service disruption, transition to telehealth, and child wellbeing. *International Journal of Environmental Research and Public Health*, *19*, 3259.

Zimmerman, K. N., Ledford, J. R., Gagnon, K. L. & Martin, J. L. (2020) Social stories and visual supports interventions for students at risk for emotional and behavioral disorders. *Behavioral Disorders*, *45*, 207-223.

Zirpoli, T. J. & Bell, R. Q. (1987) Unresponsiveness in children with severe disabilities: potential effects on parent-child interactions. *The Exceptional Child*, *34*, 31-40.

찾아보기

AAC 모니터링 134, 135, 178
AAC 평가 134
AAC 피라미드 132, 133
E-Tran 77
PECS 121, 265, 373

ㄱ

가족 영향 척도 151
같은 모양 35
같은 소리 35
개별 재활 계획 132
개인 어휘 327
계획된 교수 193
공동 관심 214
공동 관심 중재 216
공동 구성 444, 447
과소 확장 275
과잉 해석 200, 228
과잉 확장 275
관계 지향 368
교육적 통합 190
구어 결핍 119, 121
구조화하기 198
국제 블리스 상징 의사소통 34
국제 지문자 48
그래픽 상징 51, 288, 460
그래픽 상징 사전 342
그래픽 의사소통 상징 28, 33, 54
그림 이해력 290
그림의사소통상징 28, 39
근접 발달 영역 139
기능적 어휘 300
기본 어휘 328
기본 평가 134

ㄴ

내러티브 412, 443
내러티브 지향 367
내비게이션 85
눈 응시 77

ㄷ

다운 증후군 116, 117, 298
다의성 323
단서 200
단순 스캐닝 75
단순화 전략 434
단어군 301
대비 및 제외 전략 306
대체 언어 그룹 106, 125, 155, 162, 189, 273, 304, 422
대체적 의사소통 28
대화 기술 412
대화 차례 주고받기 417
도구적 놀이 74
도구적 언어 전략 79
도구적 의사소통 29, 95
도구적 의사소통자 18, 23, 88, 189
도메인 지향적 304, 321
도상성 284
도전행동 176
독립적 스캐닝 76
독립적 의사소통 29
디지털 음성 71

ㄹ

레트 증후군 122
렘마 301
로우테크 69
리버스 42

ㅁ

마비말장애 104, 109
마카톤 42
마카톤 어휘 332
명령형 의사소통 215
명시적 교수 218
모방하기 255
무발화 23
미리 만들어진 문장 377
민스피크 44

ㅂ

반투명성 285, 286
발달 그룹 105
발화 구성 96
발화 산출 96
범주어 35
보완적 의사소통 28
복구 전략 420
분류 도구 140
불투명성 285
블리스 단어 34
블리스 문자 34
블리스 상징 18, 28, 34, 70
블리스 표시어 34
비도구적 의사소통 29
비언어 17
비언어적 23, 120
비음성 17
비음성적 28, 120
비전자적 의사소통 도구 62, 64
빠른 낱말 연결 275

ㅅ

사용 확대 310
상대자 전략 433
상호적 그림책 읽기 402
상황 그룹 105
상황적 구조 199
서술형 의사소통 215
세부어 35
소셜 미디어 72
손담 31
손짓 기호 17, 28, 30, 51, 54, 286, 459
손짓 기호 사전 342
수어 30
수직적 구조 366
수평적 구조 366
순차 스캐닝 76
스위치 79
스캐닝 79, 91
스캐폴딩 462
시각적 스케줄 201
시각적 장면 디스플레이 88
시각적 조작 의사소통 373
시각적 지원 201
시각적 활동 스케줄 202
신호-유도된 기대 행동 305
신호-유도된 기대 행동에 반응하기 234
심볼스틱스 28

ㅇ

아라곤 AAC 포털 40
아이 포인팅 77
암묵적 교수 218
어휘 폭발 271
어휘 폭발기 111
어휘소 301
언어 습득 지원 체계 188, 190
언어발달장애 111
언어적 17, 120
역동적 평가 139, 140
역할 모델 483
연쇄 전략 367
연쇄 형성 및 중단하기 232
예측 83
우발 교수 245
운동 기술 258
운동장애 108
원격 의사소통 72
위젯 상징 28, 42
위톡 그림 상징 41
유도적 스캐닝 75
유사 의미 35
유형 상징 28, 49, 58, 292
유형 상징을 위한 사전 342
음성 언어 16
의미 축약 70

의미관계 351
의미유형 357, 358
의미의 공동구성 99
의사소통 도구 62, 86
의사소통 상대자 23, 99, 487
의사소통 상자 65
의사소통 연쇄 367
의사소통 주도 416
의사소통 책 65
의사소통 폴더 65
의사소통의 성공 278
의사소통적 자율성 20
의존적 의사소통 29
이름대기 248
일과 시계 148
일반 어휘 276
일반화 128, 195

ㅈ

자기 집중 156
자기효능감 73
자동적 스캐닝 75
자발적 교수 193
자연스러운 상황에서의 훈련 192
자율성 101
자조 기술 155
자존감 73
자폐범주성장애 117
적응형 키보드 81
전언어적 120
전자적 의사소통 도구 62, 69
접근 74
주제-코멘트 368
증거 기반 평가 133
증거 기반의 실제 211
지문자 17
지시어 449
지시적 제스처 356
지원 언어 그룹 105, 189, 272, 277, 312, 425
지적장애 114
직접 선택 75, 76, 91

ㅊ

채우기 전략 372
초기 AAC 어휘 273
초기 어휘 271, 278
촉각 상징 49
촉수어 체계 31
총체적 의사소통 53, 114, 229, 459
최소 발화 119, 121
축약어 82

ㅋ

키보드 81

ㅌ

토픽-코멘트 418
통합 190
통합교육 191, 472
투명성 285, 286
특수 훈련 192
특정 어휘 276

ㅍ

파트너 보조 스캐닝 76
표면 지향적 304
표준화 검사 136
표현 언어 그룹 104, 189, 272, 277, 313, 428
프레임 구조 198
피벗 354
픽토그램 28, 38

ㅎ

하이테크 69
학습 잠재력 139
학습된 의존성 205
한국형 보완대체의사소통 기본 상징체계집 40
합성 음성 71, 94
핵심 단어 손짓 기호 459, 460
핵심 어휘 327
행동 연쇄 255
행동장애 129
홈사인 163
환경 전략 430
환경 중심 교수법 192

저자 소개

Stephen von Tetzchner

노르웨이 오슬로대학교 심리학과의 발달심리학 및 학교심리학 분야 명예교수이다. 전형적인 발달과 비전형적인 발달 전반, 특히 의사소통 및 언어 발달에 관한 폭넓은 주제를 포함하고 있으며 지적장애, 운동장애, 청각장애, 시각장애, 레트 증후군, 투렛 증후군, 자폐범주성장애 등이 있는 사람들의 발달을 연구해 왔다. 특히 보완대체의사소통(AAC)이 필요한 아동의 의사소통 및 언어 발달을 발달적 관점에서 연구해 왔으며, 현재 16개국의 연구진이 참여하는 국제 프로젝트 '도구적 의사소통자 되기(Becoming an Aided Communicator, BAC)'를 주도하고 있다.

서울대학교, 이화여자대학교를 비롯해 유럽, 아프리카, 아시아 등 전 세계의 많은 대학에서 강연하였으며, 캘리포니아 버클리대학교, 뉴질랜드 매시대학교, 남아프리카공화국 프리토리아대학교, 미국 루이지애나대학교 등에서 초빙교수로 활동했다. 다양한 국가의 연구자들과 함께 많은 학술 논문과 교재를 집필하였으며, 주로 다룬 주제는 전형 및 비전형 아동·청소년 발달, 언어 발달, AAC, 재활, 문제행동, 학교심리, 바텐병, 자폐범주성장애 등이다.

2016년에 'ISAAC 펠로우십 우수상(ISAAC Fellowship Award)'을, 2023년에는 'Communication Matters 연구상(Communication Matters Research Award)', '재활 국제 100주년 기념상(Rehabilitation International Centennial Award for Significant Contributions)', 'ISAAC 공로상(ISAAC Distinctive Service Award)'을, 2025년에는 'ISAAC 노르웨이 특별 공로상(ISAAC Norway Honourable Award for Extraordinary Contributions to the field of AAC)'을 수상하며 AAC 분야에 대한 기여를 인정받았다.

Harald Martinsen

노르웨이 오슬로대학교 특수교육과의 발달심리학자이자 명예교수이다. 주요 연구 분야는 정서, 의사소통, 언어, 사회성 발달이며, 특히 자폐범주성장애 아동의 비전형적인 발달에 중점을 두고 있다. 많은 학술 논문과 교재를 집필했으며, 노르웨이 자폐 협회(Norwegian Autism Association)와의 협력을 통한 풍부한 임상 경험을 갖추고 있다. 노르웨이 발달심리학의 주요 인물로서, 자폐범주성장애 아동과 성인을 위한 서비스 발전에 핵심적인 역할을 해 왔다.

Kristine Stadskleiv

노르웨이 오슬로대학교 특수교육과의 신경심리학자이자 교수이다. 주요 연구 분야는 다양한 신경발달장애 아동의 인지 및 언어 발달, 이들을 위한 평가 및 중재, 특히 AAC 관련 평가 및 중재이며, 심한 신체적·인지적 장애로 인해 평가가 어려운 아동의 인지 및 언어 능력을 평가하는 방법 개발에 크게 기여했다. 학술 및 임상 논문, 도서 그리고 장애 아동의 부모를 위한 기사 등을 다수 집필했으며, 학교 심리학자 및 오슬로 대학병원 소아신경과의 재활 전문가로서 폭넓은 임상 경험을 가지고 있다. 노르웨이 AAC 전문가 집단의 핵심 인물로, 뇌성마비 및 기타 장애 아동을 위한 서비스 개발, 특히 AAC 관련 서비스 발전에 중요한 기여를 하고 있다.

역자 소개

박은혜(Park Eunhye)

미국 오리건대학교 대학원 졸업(특수교육학 박사)

미국 버지니아대학교 방문교수, 한국지체 · 중복 · 건강장애학회 회장,
한국보완대체의사소통학회 회장 역임

현 이화여자대학교 특수교육과 교수
한국특수교육학회 회장, 한국보완대체의사소통학회 이사

연석정(Yeon Seok Jeong)

이화여자대학교 대학원 졸업(언어병리학 박사)

이화여자대학교 발달장애아동센터 전임연구원 역임

현 인하대학교 교육대학원 교수
한국보완대체의사소통학회 편집위원장

이현주(Lee Hyun Joo)

이화여자대학교 대학원 졸업(특수교육학 박사)

서울애화학교 교사 역임

현 이화여자대학교 특수교육과 강사
한국보완대체의사소통학회 이사

발달장애 아동, 청소년, 성인을 위한

보완대체의사소통

Introduction to Augmentative and Alternative Communication for Children, Adolescents and Adults with Developmental Disorders

2025년 8월 5일 1판 1쇄 인쇄
2025년 8월 10일 1판 1쇄 발행

지은이 • Stephen von Tetzchner · Harald Martinsen · Kristine Stadskleiv
옮긴이 • 박은혜 · 연석정 · 이현주
펴낸이 • 김진환
펴낸곳 • ㈜학지사
04031 서울특별시 마포구 양화로 15길 20 마인드월드빌딩
대표전화 • 02-330-5114 팩스 • 02-324-2345
등록번호 • 제313-2006-000265호

홈페이지 • http://www.hakjisa.co.kr
인스타그램 • https://www.instagram.com/hakjisabook

ISBN 978-89-997-3467-0 93370

정가 32,000원

역자와의 협약으로 인지는 생략합니다.
파본은 구입처에서 교환해 드립니다.